Studienausgabe 3.I

Hans Urs von Balthasar
Apokalypse der deutschen Seele

Studienausgabe Hans Urs von Balthasar
Unter der Leitung von Prof. DDr. Alois M. Haas, Zürich

1. Die Entwicklung der musikalischen Idee
   Versuch einer Synthese der Musik (1925)
   Bekenntnis zu Mozart (1955)

2. Geschichte des eschatologischen Problems in der modernen deutschen Literatur
   Abhandlung zur Erlangung der Doktorwürde der philosophischen Fakultät I der Universität Zürich (1930)

3. Apokalypse der deutschen Seele
   Studien zu einer Lehre von letzten Haltungen
   - I. Der deutsche Idealismus (1937)
     Mit einem Geleitwort von Alois M. Haas
   - II. Im Zeichen Nietzsches (1939)
   - III. Vergöttlichung des Todes (1939)

4. Von den Aufgaben der katholischen Philosophie in der Zeit (1946)

Hans Urs von Balthasar

Apokalypse der deutschen Seele

Studien zu einer Lehre von letzten Haltungen

BAND I

Der deutsche Idealismus

Johannes

Erste Auflage
Verlag Anton Pustet, Salzburg · Leipzig 1937

Zweite unveränderte Auflage unter dem Titel „Prometheus"
F. H. Kerle Verlag, Heidelberg 1947

Druck: Kösel, Kempten
ISBN 3 89411 348 0

Inhaltsübersicht

Inhaltsübersicht

HINWEIS DES VERLAGS

Die vorliegende Ausgabe der dreibändigen „Apokalypse der deutschen Seele“ H. U. von Balthasars gibt das noch in Fraktur gedruckte Original von 1937-1939 seitengleich und inhaltlich unverändert wieder. Vormals gesperrte Stellen sind hier kursiv gedruckt; entsprechend lautet der öfter wiederkehrende Vermerk des Autors: „Von mir kursiv“. Im Inhaltsverzeichnis des ersten Bandes wurden auch die Untertitel mit Seitenzahlen versehen.

Druckfehler wurden stillschweigend korrigiert, die Zitate nur bei fraglichen Stellen nachgeprüft. Korrigierend eingegriffen wurde zudem nur in wenigen Fällen bei offensichtlicher Inkonsequenz der Zitierweise des Verfassers.

Die vom Verfasser seinerzeit verwendeten Ausgaben der erwähnten Autoren wurden nicht durch neuere Editionen ergänzt. Wenn der Verfasser Einzeltexte oder Gesamtausgaben zitiert, gibt er normalerweise bei der Erstzitierung die genaue Referenz, so daß spätere Zitierungen mit Abkürzungen und Verweisen leicht anhand des Personenregisters im 3. Band entschlüsselt werden können.

ZUM GELEIT

Von Alois M. Haas

Noch vor der Publikation seiner Zürcher Dissertation im Jahre 1930 über die Geschichte des eschatologischen Problems in der modernen deutschen Literatur hat Hans Urs von Balthasar diesem Thema – in den Jahren 1928-1929 – in einer ersten kürzeren Fassung von Band I und II der *Apokalypse der deutschen Seele* (hinfort: *AdS*) eine ausführlichere Behandlung angedeihen lassen, deren Manuskript verschollen ist. Zwischen 1933 und 1935 hat er dann die ersten beiden Bände, ergänzt um einen dritten, während seiner ersten Jahre im Jesuitenorden unter ziemlichem Zeitdruck in der vorliegenden Form in einem handschriftlichen Manuskript von 1200 Seiten ins Reine geschrieben, da ihm – wie Briefe belegen – im Orden eine Schreibmaschine nicht zur Verfügung stand![1] Als das Werk dann erscheinen konnte, dokumentierte es die germanistisch-philosophische Herkunft seines Verfassers in einer Weise, die dann auch seiner schier gleichzeitig aus dem Geiste der Kirchenväter konzipierten Theologie jene innere Spannung zwischen wissenschaftlicher und künstlerischer Orientierung mitgab, die das Geheimnis und die un-

[1] In einem im Jesuiten-Archiv in Zürich erhaltenen Brief an den P. Provinzial vom 10. Aug. 1935 schreibt von Balthasar aus Barollière: „Ich komme wirklich sehr schwer ohne Schreibmaschine aus. Ich schrieb das ganze Ms (der *AdS*) von Hand, so hatte ich nur 1 Exemplar, das endlos bei Kösel vor Anker lag und alle Bewegungsfreiheit lähmte. Das möchte ich nicht mehr mitmachen." Ähnlich äußert er sich in einem kurz vor seiner Priesterweihe am 26. 7. 1936 in Lyon abgefaßten Brief an seinen Vetter (und Zensor seines Werks) P. Rudolf von Moos, wo er diesem für seine „ermunternden Lobsprüche" und seine „große mühselige Arbeit" der kritischen Lektüre dankt (der Brief ist ebenfalls im Zürcher Jesuiten-Archiv aufbewahrt). In diesem Brief charakterisiert er die Entstehungs- und Publikationssituation folgendermaßen: „Ich bin mir... wohl bewußt, daß vieles nicht ‚au point' ist. Zu schnell gearbeitet. Aber ich hatte keine Muße. Ich hätte es gern publiziert, wo es noch einen lebendigen Sinn gehabt hätte – jetzt!? Dem Benziger ist in der Wartezeit nun auch noch die Geduld ausgegangen, er hat mich fallen gelassen. So hab ich wenig Hoffnung mehr: Herder, Kösel, Hegner, Oldenburg, Benziger... keiner will anbeißen, – allen ist es zu groß –." Schließlich – in einem undatierten Brief von Mai/Juni 1937 an den Pater Provinzial – kann er mitteilen, daß der erste Band bei Anton Pustet, Salzburg-Leipzig, noch im selben Jahr erscheinen wird. – Für den Hinweis auf diese Briefe danke ich Prof. Dr. Iso Baumer und cand. phil. Christoph Baumer (Fribourg), die sich beide angelegentlich mit der Biographie und dem kulturgeschichtlichen Rang Hans Urs von Balthasars beschäftigen, recht herzlich. – Auf die eigentlichen Abfassungszeiten verweist Balthasar in *AdS I*, 17, selber.

nachahmliche Attraktion seiner ganzen künftigen theologischen Schriftstellerei ausmacht. Aber in einem noch viel tieferen Sinn ist Balthasars Beschäftigung mit Themen und Geschichte der deutschen Literaturgeschichte, wie sie ihm das Studium der Germanistik in Zürich, Berlin und Wien eröffnete, auch Leitmotiv seines methodischen Zugangs zur Theologie geworden. Er memoriert im Blick auf sein Studium in Wien die germanistische Herkunft seiner theologischen Wahrnehmungsweise mit folgender Begründung:

> ...ich studierte in Wien nicht Musik, sondern vor allem Germanistik, und was ich dort lernte, war das, was ich später in meinem theologischen Schrifttum ins Zentrum stellte: das Erblicken-, Werten- und Deutenkönnen einer *Gestalt*, sagen wir: den synthetischen Blick (im Gegensatz zum kritischen Kants, zum analytischen der Naturwissenschaft), und dies Gestaltsehen verdanke ich dem, der nicht abließ, aus dem Chaos von Sturm und Drang auftauchend, lebendige Gestalt zu sehen, zu schaffen, zu werten: Goethe. Ihm danke ich dieses für alles Hervorgebrachte entscheidende Werkzeug... Dies war das für alles Spätere unentbehrliche Instrument. Als ich am Ende meiner Studien die geistliche Laufbahn wählte, trat Jesus Christus und sein Werk, wie es in der Kirche fortlebt, in den Mittelpunkt; Christus als der, für welchen er selber sich ausgab: als den Sohn und Boten des göttlichen Vaters, der ‚die Welt sosehr geliebt hat, daß er seinen Einzigen dahingab', um ihr, der entfremdeten, das Heil wiederzugeben. Die deutsche Kultur vom frühen Mittelalter bis in die Neuzeit war christlich gewesen, vom 18. Jahrhundert an entfremdete sie sich immer mehr von ihren Grundlagen. So erhob sich für mich zunächst die Frage: Wie stehen die Großen, auf denen diese neuere Kultur ruht, in ihrem Letzten, Innersten zum christlichen Erbe: sie alle, von Herder und Lessing über Kant und die Idealisten, die Weimarer, Jean Paul und Hölderlin, Hebbel, Wagner, Nietzsche bis zu den Lebensphilosophen, zu Hofmannsthal, zu Rilke, zu Scheler? Prometheus und Dionysos gegen den Gekreuzigten, aber waren nicht auch jene beiden Gekreuzigte? Das fragt mein dreibändiger Erstling: ‚Die Apokalypse der deutschen Seele', ein Werk, das völlig neu geschrieben werden müßte.[2]

Dem Germanisten und Philologen, dem die Theologie Berufung und Sendung wurde, konnte die so existentiell konstituierte Interdisziplinarität hinfort auch nicht im geringsten mehr genommen werden. Mit der methodologisch in der Germanistik grundgelegten, gestaltorientierten Wahrnehmungsform wurde für Balthasar eine

---

[2] Hans Urs von Balthasar, Dank des Preisträgers an der Verleihung des Wolfgang Amadeus Mozart-Preises am 22. Mai 1987 in Innsbruck, in: Elio Guerriero, Hans Urs von Balthasar. Eine Monographie, Freiburg 1993, 419-424, hier 420f.

Spannung wirksam, die nicht nur seine theologischen Hervorbringungen im Sinn einer positiv sich bemerkbar machenden ästhetisch-musischen Prägung profilieren, sondern umgekehrt vor allem auch seine germanistischen Publikationen von allem Anfang an mit der Signatur theologischer Tiefenstruktur versehen sollte.[3] Denn das „Übergewicht der Sendung", von dem Balthasar in seinem *Kleinen Lageplan zu meinen Büchern*[4] 1955 spricht, macht sich, wie am vorliegenden Werk deutlich wird, vor allem auch – und schon sehr früh – in seinen spezifisch germanistischen Arbeiten geltend. Man darf von einem eigentlichen theologischen Apriori sprechen, das alle seine germanistisch oder allgemein literarisch-philologisch orientierten Arbeiten imprägniert.[5] Weit entfernt davon, daß dieses theologische Apriori Balthasar zu einem fehlorientierten Germanisten

---

[3] Das germanistische Erkenntnisinteresse ist bei Balthasar in doppelter Weise immer spürbar: als Sachinteresse an germanistischen Gegenständen (der Dichtung) und als begleitendes methodologisches Interesse an germanistischer Forschung (die er immer bei gegebener Gelegenheit beizog). Vgl. H. U. von Balthasar, Unser Auftrag. Bericht und Entwurf, Einsiedeln 1984, 32: „Erst viel später, als der Blitz der Berufung schon Jahre hinter mir lag und ich die philosophischen Studien in Pullach (aus der Ferne von Erich Przywara chaperoniert) und die vier Jahre Theologie in Lyon (inspiriert durch Henri de Lubac) neben meinen Mitschülern Daniélou, Varillon, Bouillard und vielen andern absolviert hatte, verstand ich, welch große Hilfe für die Konzipierung meiner Theologie die Kenntnis Goethes, Hölderlins, Nietzsches, Hofmannsthals und besonders der Kirchenväter, auf die mich de Lubac verwies, werden sollte. Das Hauptpostulat meines Werkes ‚Herrlichkeit' war die Fähigkeit, eine ‚Gestalt' in ihrer zusammenhängenden Ganzheit zu sehen: der goethesche Blick sollte auf das Phänomen Jesu und die Konvergenz der neutestamentlichen Theologien angewendet werden. Die Väter hatten auf ihre Art diesen Blick, der auch jenseits aller modernen Analytik seine Gültigkeit behält. – Wenn ich meinem Dissertationsthema und der daraus entwickelten ‚Apokalypse der deutschen Seele' nachsinne, so war der Grundimpuls der Wunsch, die großen Gestalten der modernen deutschen Geistesgeschichte auf ihre letzte, oft verborgene religiöse Haltung hin zu ‚enthüllen' (apokalyptein heißt ja enthüllen), sie gleichsam ‚beichten' zu lassen. Ist das Werk auch nur unvollkommen ausgereift – die meisten Kapitel müßten neu geschrieben werden –, so könnte doch einiges darin noch gültig sein."

[4] Hans Urs von Balthasar, Kleiner Lageplan zu meinen Büchern – 1955, in: ders., Mein Werk. Durchblicke, Freiburg 1990, 15-36, hier 26.

[5] Im folgenden nehme ich – in grundsätzlich revidierter und erweiterter Form – Themen und Deutungen meiner Studie: ‚Hans Urs von Balthasars *AdS*. Im Spannungsbereich von Germanistik, Philosophie und Theologie' (in: K. Lehmann/W. Kasper [Hrgg.], Hans Urs von Balthasar. Gestalt und Werk, 62-77) wieder auf. Gewicht und Funktion von Balthasars theologischem Apriori wären eigens zu interpretieren. Jedenfalls vergewaltigt dieses theologische Apriori Dichtung und Philosophie in keinem Fall: Denn die ihren Inhalt repräsentierende dichterische und denkerische Formgestalt kann in dieser Sicht gleichzeitig in ihrer allem historisch Gegebenen aufgeprägten Vorläufigkeit und auf anderes nicht reduzierbaren

machen könnte, bezeugt es ihn um so inständiger als interdisziplinär orientierten Theologen, dem in Kunst, Philosophie und Theologie eigentlich nichts fremd ist, der – im Blick auf den *Renouveau catholique* Frankreichs[6] – den deutschen und protestantischen, das Ästhetische und Ethisch-Religiöse „tragizistisch" zerreißenden Kierkegaardianern zuruft: „Ist denn die *Tatsache*, daß die große Kunst christlich ist, ein – Problem?"[7] Die in diesem Satz optimistisch ausgesprochene Annahme einer fundamentalen Christlichkeit auch und gerade großer Dichtung dürfte heute beispielsweise von einer Realisationstheorie her kaum mehr uneingeschränkte Anerkennung finden[8], wie sie Dorothee Sölle mit dem Anspruch vertritt, daß „‚das, was uns unbedingt angeht', [sich] in der Profanität der künstlerischen Gestalt" realisiert und „verbirgt" und daß die Theologie die Aufgabe hat, „dieses Verborgene zu entdecken".[9] Die Bedingun-

---

Endgültigkeit, kurz in ihrer unhinterfragbaren Geschichtlichkeit, gesehen und gedeutet werden. Diese zwischen Endgültigkeits- und Vergänglichkeitsfiguration oszillierende Gestalt aber ist genauestens der nahezu kinematographisch faßbare Bildcharakter aller „Mythen"! Vgl. dazu Balthasars eigene Erklärungs- und Deutungsversuche in *AdS III*, 394-406 und in: Kleiner Lageplan (wie Anm. 4), 10-12, 33f., 38 (Hinweis darauf, daß er jeweils während der Semesterferien und der Arbeit an den *Stimmen der Zeit* in München an der *AdS* gearbeitet habe). Was Balthasar mit ‚Mythos' meint, siehe in: ders., ‚Apokalypse der deutschen Seele', Schönere Zukunft 14 (Wien 1938) 57-59, hier 58.

[6] Dazu gehören vor allem auch Balthasars auf die französische Literatur ausgreifende Arbeiten, wie etwa seine Bernanos-Monographie oder die Übersetzungen von Bernanos, Péguy u. a. Vgl. die Hinweise in Rechenschaft 1965, in: Mein Werk (wie Anm. 4), 37-73 und: C. Capol (Hrg), Hans Urs von Balthasar. Bibliographie 1925-1990, Freiburg 1990. Diese Vermittlung des französischen zum deutschen Sprachraum hin, die Balthasar im literarischen und theologischen Bereich unverdrossen geleistet hat, ist noch keineswegs angemessen zur Kenntnis genommen.

[7] Kleiner Lageplan (wie Anm. 4), 31 (kursiv von mir).

[8] Der Grund liegt ganz schlicht darin, daß Balthasar die ganze Fülle der Mythenbildung von Dichtung, Philosophie und Theologie auf eine explizit christliche Mythik hin konvergieren läßt, während die Tendenz der heutigen Literaturtheologie deutlich auf eine rein philosophische Diskursvermittlung zwischen Religion und Literatur hin tendiert. Aber auch bei den Literaten dürfte Balthasar wenig Chancen haben, akzeptiert zu werden. K.A. Horst (Kritischer Führer durch die deutsche Literatur der Gegenwart. Roman – Lyrik – Essay. München 1962, S. 456) diagnostiziert „verständnisvolle Intoleranz in den Essays von Hans Urs von Balthasar. Echte Integrierung kommt auf diesem Wege nicht zustande, weil die Phänomene zwar eingekreist, aber nicht assimiliert werden." Diesen Eindruck dürfte er an Balthasars Essay: Die Gottesfrage des heutigen Menschen, Wien/München 1956, gewonnen haben, den er in der *Neuen Zürcher Zeitung* seinerzeit höchst ungnädig rezensierte.

[9] D. Sölle, Realisation. Studien zum Verhältnis von Theologie und Dichtung nach der Aufklärung, Darmstadt/Neuwied 1973, 20 (die als Habilitationsschrift

gen, unter denen heute noch von denen, die es so wissen wollen, ein Bezug zwischen („autonomer“[10]) Literatur und christlicher Religion anerkannt wird, hat Walter Jens in Fortführung und Variation der Sölleschen Thesen und ins Angesicht von Karl Barths ‚Kunstfeindlichkeit‘[11] folgendermaßen dogmatisch festgehalten:

> So ganz, scheint es, geht es ohne sie (die Kunst) offenbar doch nicht – und, in der Tat, es geht *wirklich* nicht ohne sie, wenn Theologie erfahren möchte, wie sich nicht nur der Christ, sondern im weiteren Sinn der *homo religiosus*, der Mensch mit seinem ‚Ewigkeitsbezug‘ in der profanen, mündigen, gottlosen, aber auf den verborgenen Gott angewiesenen Welt ausnimmt: in seiner Angst und Endlichkeit, seiner Schuld und Tragik, seiner Sünde und Skepsis. Nur in der Kunst, der Literatur voran, wird in nichtreligiöser Rede mit Hilfe einer *theologia concretissima* mitten im Profanen das ‚Andere‘ sichtbar; scheint Verborgenes auf, das dem Menschen Authentizität gibt; deutet sich, wie immer verrätselt, die Totalität des Menschseins an; gerät im Augenblick des Gelingens ein ‚Unbedingtes‘ hinter dem Vermittelten, ein ‚letzter Grund‘, ein metaphysischer, Sinn gebender Faktor ins Blickfeld, der den beschriebenen Fakten ihren Stellenwert gibt: ihre Signifikanz im Plan eines zeichenhaft evozierten Gesamt.[12]

Solcher säkularistisch aufgeweichter, begrifflich und inhaltlich verwaschener Orts- und Sinnbestimmung des Bezugs von Theologie und Literatur, die letztlich diese doch zur *ancilla* jener macht, hätte Balthasar sicherlich aufs klarste widersprochen. Für ihn war *theologia* in einem ganz anderen Sinn *concretissima*: Christentum war ihm

---

präsentierte Arbeit kennt die Balthasarsche *AdS* nicht); vgl. dies., Thesen über die Kriterien des theologischen Interesses an Literatur, Almanach für Literatur und Theologie 4 (Wuppertal-Barmen 1970) 206f.: wegleitend bei diesen Thesen ist ein weithin säkularisierter Begriff von „Theologie“ („Theologische Begriffe sind solche, die den Menschen in seiner Totalität aussprechen und die ihn auf sein ewiges, d. h. authentisches Leben beziehen“), verbunden mit einem in sich widersprüchlichen „Entdecken der nicht religiösen Interpretation, das die Theologie leisten soll“.

[10] Gemeint ist die ästhetische Identität von Literatur, wie sie für moderne Erzeugnisse von Literatur als grundlegend zu gelten hat. Vgl. D. Mieth, Braucht die Literatur(wissenschaft) das theologische Gespräch? Thesen zur Relevanz ‚literaturtheologischer‘ Methoden, in: W. Jens/H. Küng/K. J. Kuschel (Hrg.), Theologie und Literatur. Zum Stand des Dialogs, München 1986, 164-177.

[11] Daß dieser Vorwurf von beschränkter Gültigkeit ist, belegt im Blick auf Barths ästhetische Metaphorik Hans-Wilhelm Pietz, Das Drama des Bundes. Die dramatische Denkform in Karl Barths Kirchlicher Dogmatik, Neukirchen-Vluyn 1998.

[12] W. Jens, Theologie und Literatur: Möglichkeiten und Grenzen eines Dialogs im 20. Jahrhundert, in: Jens u.a. (Hrgg.) (wie Anm. 10), 30-56, hier 52.

nie bloß Angelegenheit einer pathetisch verklausulierten, in die Fakten- und Lebenswelt einverborgenen ‚autonomen', ‚mündigen' oder sonstwie säkularisierten Anonymität, sondern immer konkret die entschiedene Sache entweder einer die Welt in strahlendes Licht rückenden Glaubenseröffnung oder dann – negativ – die einer Verweigerung dieses Glaubens. Diese thematisch artikulierte Christlichkeit, die sich mit einem verblasenen Absoluten, das uns „unbedingt angeht"[13], niemals zufriedengeben kann, sondern sich kompromißlos auf die in Jesus Christus geschehene, unaufhebbar geschichtliche, von Sünde und Schuld erlösende Offenbarung stützt, ist – ganz abgesehen einmal von der Problematik um die grundsätzliche Frage, ob Christliches sich nicht nur in der expliziten Berufung auf das Heilsereignis in Jesus Christus, sondern auch implizit und verborgen literarisch dokumentieren läßt – letztlich das entscheidende Schibboleth einer wirklich *christlichen* Literaturtheologie[14], die diesen Namen verbürgterweise tragen und verdienen will. Damit ist kein Wort gesagt gegen eine auf verborgene, aber erschließbare Christlichkeit von Literatur abzielende „Literaturtheologie"[15], die ihre natürlich unbestrittene Bedeutung gerade heute hat und haben muß. Im Gegenteil, eine solche wird erst ermöglicht durch eine explizite Christlichkeit, die um ihren eigenen thematisch fundierten Charakter weiß und die auch fähig ist, dessen Grundoptionen und Zielvorstellungen angemessen zu umschreiben und gegebenenfalls – über das historische Phänomen einer inhaltlich „christlichen" Dichtung hinaus – wahrzunehmen. Erst im Kontext einer solchen ‚Unterscheidung der Geister'[16] lassen sich Kriterien

---

[13] Vgl. These 6 von D. Sölle, Realisation (wie Anm. 9), 207.

[14] In der vorsichtigen Fassung, wie D. Mieth (Braucht die Literatur[wissenschaft], wie Anm. 10) ihn verwendet, ist der Begriff unverdächtig. Ich würde noch weiter gehen als Mieth und durchaus akzeptieren wollen, daß Theologie der Literatur „wertend" gegenübertreten darf, nur soll sie das in voller Sachkenntnis und in abstrichloser Anerkennung der *künstlerischen* Qualität eines literarischen Werkes tun. „Werten" ist ja nicht identisch mit einem Vorgehen, das ‚religiöse Freiheit' vergewaltigt; im Gegenteil, eine theologische Bewertung eines literarischen Mythus müßte dessen Herkunft aus der subjektiven Freiheit seines Schöpfers gerade erst deutlich machen, um dieses Produkt verstehen und damit „werten" zu können.

[15] Vgl. Mieth (wie Anm. 10).

[16] Vgl. Hans Urs von Balthasar, Theologik III: Der Geist der Wahrheit, Freiburg 1987, 355-375, und Dictionnaire de Spiritualité III, Paris 1957, 1222-1291: Discernement des Esprits; M. Schneider, „Unterscheidung der Geister". Die ignatianischen Exerzitien in der Deutung von E. Przywara, K. Rahner und G. Fessard, Innsbruck [2]1987, besonders 12-16 und 200-205.

einer realen Differenz zwischen ‚christlicher' und ‚nichtchristlicher' Tendenz von Dichtung ausmachen und benennen.

I

Mit Fug und Recht darf das, was Hans Urs von Balthasar in seinen theologisch ausgerichteten Studien in zahlreichen Ansätzen immer wieder implizit oder explizit versucht hat, mit „Literaturtheologie" bezeichnet werden. Er hat sich dabei – bei seinen weitgespannten, insbesondere die französische (und auch englische) Literatur der Moderne umfassenden Interessen – nie auf die deutsche Literatur eingeschränkt. Man wird daher seine germanistischen Intentionen immer einbezogen sehen müssen in eine Grundabsicht, Literatur als solche für theologisch relevant zu halten.[17] Gegenüber der heutigen Diskussion um Literaturtheologie ist zunächst darauf hinzuweisen, daß dieser Versuch nichts Usurpatorisches oder unangemessen Missionarisches hat,[18] sondern schlicht eine immer gebotene Dehnung des offenen christlichen Blicks auf die Kultur realisiert. Daß Literatur zu einem *locus theologicus* werden kann, ist christlich gesehen kein Phänomen der „Heimholung" oder „Taufe" im Sinne einer Vereinnahmung, sondern ganz einfach ein (oft weithin vergessenes) Datum der christlichen Wahrnehmungspflicht. Der Christ hat alles, was ihm kulturell begegnet, ohne Rücksicht auf eigene oder fremde Empfindlichkeiten einzusehen: „Prüft alles; was gut ist, behaltet" (1 Thess 5,21).[19]

Gerade bei Balthasar ist aber die Beschäftigung mit Literatur nun nicht unter einen bloßen christlichen Pflichtaspekt zu rücken; hohe musische Empfindsamkeit und künstlerische Befähigung prädestinierten ihn zu einem sachgemäßen und kongenialen Umgang mit Dichtung, Musik und bildender Kunst. Balthasars ästhetische Sensibilität gehört zu seiner Sendung – eine Kombination, die ihn sowohl den Theologen wie Literaten und Philologen suspekt machen

---

[17] Vgl. oben Anm. 3 und unten Anm. 19.

[18] Wie es die Diskussionen (vgl. Anm. 10) um D. Mieths Thesen als Befürchtung aussprechen.

[19] H. U. von Balthasar, Die Gottesfrage des heutigen Menschen, München 1956, 136ff.; ders., Prüfet alles – das Gute behaltet (Interview mit Angelo Scola), Ostfildern 1986 (Neuausgabe in Vorbereitung), 8f.: zur *AdS* und 38ff.: zu Fragen der christlichen Kultur. Insbesondere ist hierbei auf die theologische Wahrnehmungslehre Balthasars hinzuweisen, die er im ersten Band seiner *Herrlichkeit* (wie unten Anm. 21) entwickelt hat.

mußte, sofern sie seine Arbeiten überhaupt wahrnahmen. Und in der Tat ist die Vermutung, daß Balthasar mit seinen Studien zur Literatur von den Philologen kaum wahrgenommen wurde, zutreffend. In den in den 60er und 70er Jahren – mit wichtigen Vorgängern in den 50er Jahren – anhebenden Methodendiskussionen wurde sein Name nie genannt. Allenfalls griffen einzelne Altgermanisten – F. Ohly und seine Schule, M. Wehrli, K. Ruh, W. Haug – punktuell auf die *Herrlichkeit* zurück. Daß aber in diesem weitverzweigten Werk eine vollumfängliche Literaturtheologie mit allem methodologischen Zubehör und entsprechenden Fallstudien vorliegt, müßte gelegentlich Thema einer intensiven Untersuchung werden. Im Moment können nur ein paar (ganz provisorisch gedachte) Indizien auf Balthasars Tätigkeit als Germanist mit theologischer Absicht gegeben werden.

Wenn ich recht sehe, so sind es – grob vereinfacht – immer wieder vier Gesichtspunkte, unter denen sich Balthasar mit Literatur befaßt hat. Der erste ist – als religiöses Apriori – ein eschatologischer[20], der zweite ein transzendental ästhetischer[21], der dritte ein theodramatischer[22] und der vierte ein theo-logischer[23]. Im Sinn einiger zur Lektüre hinführender Bemerkungen sei im folgenden ohne Rücksicht auf die Vielschichtigkeit der in der *AdS* angelegten methodologischen und inhaltlichen Problematik ein paar Aspekten – gewissermaßen kursorisch und unerlaubt eklektisch – nachgegangen.

---

[20] Er soll in den folgenden Ausführungen thematisiert werden. Zum Thema vgl. jetzt H. Vondung, Die Apokalypse in Deutschland, München 1988, 14, Anm. 17, der Balthasar vorhält, die Chance „nicht genutzt" zu haben, eine eigentlich thematisch orientierte Analyse der ‚deutschen Apokalypse' zu schreiben, „obwohl er eine Fülle an Material verarbeitet und wichtige Einsichten vermittelt". Vgl. auch Gunter E. Grimm, Werner Faulstich und Peter Kuon (Hrgg.), Apokalypse. Weltuntergangsvisionen in der Literatur des 20. Jahrhunderts, Frankfurt a.M. 1986 (suhrkamp tb. materialien). Balthasars Werk ist hier unerwähnt. Neuerdings vgl. Gerhard R. Kaiser (Hrg.), Poesie der Apokalypse, Würzburg 1991 (64 wird von Wolfgang Braungart, Apokalypse und Utopie, 63-102, Balthasars Dissertation [vgl. unten Anm. 25] erwähnt).

[21] Hier wäre ausführlich einzugehen auf Balthasars mehrbändiges Werk: Herrlichkeit. Eine theologische Ästhetik, Einsiedeln 1961-1969, wo weniger der Fluß der literarischen Mythenbildung als deren „Gestalt" im Vordergrund steht.

[22] Zu konzentrieren hätte sich diese Untersuchung insbesondere auf Theodramatik I: Prolegomena, Einsiedeln 1973, wo die Allegorie von der Welt als Schauspiel, womit die Apokalypse schließt, entfaltet wird.

[23] Vgl. Balthasars Theologik, drei Bände, Einsiedeln 1985-1987. Über Programm und Methodik der balthasarschen ‚Trilogie': Ästhetik, Theodramatik und Theologik gibt das Schlußbändchen mit dem Titel *Epilog* (Trier 1987) einen konzisen Bericht.

II

Sowohl vom Methodischen wie vom Gewicht der inhaltlichen Durchführung her imponiert das aus der bei Robert Faesi[24] verfaßten Zürcher Dissertation[25] erwachsene, dreibändige Werk *Die Apokalypse der deutschen Seele*. Die wenigen, die das Werk lasen – die meisten allerdings resignierten nach der Lektüre von Band I –, bescheinigten Balthasar hohe Könnerschaft in der Deutung schwieriger literarisch-philosophischer Sachverhalte (besonders des deutschen Idealismus und des neuzeitlichen Immanenzgedankens in Dichtung und Philosophie) und anerkannten (positiv) den Schwierigkeitsgrad der Lektüre[26]; so sein Lehrer Faesi in einer Besprechung von 1937:

---

[24] Vgl. *AdS III*, 53; zur Person vgl. M. Brauneck (Hrg.): Autorenlexikon, Reinbek 1984, S. 158: „Robert Faesi, *10. 4. 1883 Zürich, †18. 9. 1972 Zollikon bei Zürich. F. studierte Germanistik, wurde 1911 Privatdozent an der Univ. Zürich und war dort 1922-53 Prof. – F., in dessen Werk sich die wissenschaftliche Kenntnis literarischer Formen und Traditionen dokumentiert, widmete sich mit Vorliebe der Schweizer Vergangenheit, wobei ihm die Verbindung von Fiktion und geschichtlichen Fakten zu anekdotischer Plastizität gelang." Für diesen und andere Hinweise danke ich Frau Josiane Aepli. Faesi galt gegenüber Emil Ermatinger als der den Studenten gegenüber liberalere Geist. Ein besonderes Interesse an Literaturtheologie bezeugt er nicht. Vgl. immerhin: Der Heilige in der modernen Dichtung, in: Zeitschrift für Deutschkunde 40 (1926), 34-49, und sein religionskritisches Gedicht ‚Logen, Gogen': Zeitgemäße Theologen, in: ders., Ungereimte Welt gereimt, Zürich 1946, 57f.

[25] Vgl. Geschichte des eschatologischen Problems in der modernen deutschen Literatur (Diss.), Zürich 1930. Studienausgabe (= *StA*), Freiburg 1998.

[26] An Besprechungen der *AdS* sind mir – dank der Hilfe von Frau Cornelia Capol (Hans Urs von Balthasar-Archiv, Basel) – die folgenden bekannt geworden: O.F. Bollnow, *ADS I*, in: Die Literatur 40 (1937/38) 183f.; *AdS II und III*, in: ebd. 41 (1938/39) 761-763; A. Delp, *AdS I-III*, in Scholastik 16 (1941) 79-82; K. Färber, Prometheus, in: Der christliche Sonntag Nr. 48 (27.11.1949) 380; F. W., *AdS I*, in: Kath. Kirchenzeitung 77 (Salzburg-Leipzig 1937), Nr. 52; J. Gülden, *AdS I-III*, in: Leipziger Werkblätter, Bücherumschau Weihnachten 1938, 13f.; J. G., Eine eschatologische Durchleuchtung der Zeit von Lessing bis Nietzsche, in: Elsass-Lothringer-Zeitung, Nr. 281 (3.12.1937) 4 (Beiblatt); L. Gläser, *AdS I*, in: Schönere Zukunft 14 (1938/39) 294 und ebd., 12 (Wien 1.8.1937) Nr. 44, 1173; R. Jelke, *AdS*, in: Theol. Literaturblatt 60 (1939) 270; O. Karrer, *AdS I*, in: Vaterland (Luzern 13.8.1937) 3; F. Knorr, *AdS I*, in: Zeitschrift für deutsche Geisteswissenschaft 1 (1938) 378; J. Lesser, Von deutschen Denkern und Dichtern. Zu *AdS* von Hans Urs von Balthasar, in: Luzerner Tagblatt und Zentralschweizerischer Anzeiger Nr. 48 (26.2.1938) 3; J. Lotz, Prometheus, in: Scholastik 25 (Freiburg 1950) 466; L. Malevez, *AdS I-III*, in: Nouvelle Revue Théologique (1940) 586f.; W. Milch, *AdS I*, in: Chronik des Wiener Goethe-Vereins 43 (1938) 48; M. Müller, *AdS*, in: Tagespost Nr. 83 (Freiburg i.Br., 8./9.4.1939); W. M., Eschatologie als Grundwissenschaft. Hans Urs von Balthasar, *AdS*, in: Der kleine Bund. Literarische Beilage des ‚Bund', Bern, 12.3. 1939, Jg. 20, Nr. 11, 81-82; ohne Verfasserangabe: Kirche, Kultur

„Balthasars Werk ist eines, das hohe Ansprüche stellt, aber auch hohe Ansprüche befriedigt.“[27] In der Germanistik hatte das Werk kaum einen Widerhall – sieht man ab von der Besprechung Faesis und der vorsichtigen Werner Milchs, der sich kritisch zur Methode und zur Goethedeutung Balthasars äußert. Bekannt ist Theodor Haeckers ungerechter Aufschrei in seinen *Tag- und Nachtbüchern*:

> ‚Die Apokalypse der deutschen Seele‘ ist peinlicher noch als die Suhle Sörgels, denn sie stellt ganz andere Prätentionen! Der Vergleich Georges mit Isaias, jawohl Isaias, ist eine schauerliche Blasphemie; nein wäre es, wenn der Mann dieses Niveau erreichte; aber er tut es nicht. So ist es Gewäsch. Es ist nicht einmal ‚Literatur‘, die ein Gefühl für Qualität voraussetzt. Aber das gerade fehlt ihm. Er kann keinen ‚Satz‘ schreiben.[28]

Otto Friedrich Bollnow, von dem zwei sehr positive Besprechungen über das ganze Werk vorliegen, charakterisiert den Inhalt des Werkes folgendermaßen:

---

und Geschichte. *AdS*, in: Die Börse (Wien 24.12.1937) Nr. 51/25, 3-4; Prometheus. Studien zur Geschichte des deutschen Idealismus, in: Der Überblick Nr. 42, Jg. 4 (München, 22.10.1949) 2; Prometheus. Studien zur Geschichte des deutschen Idealismus, in: Theologie und Glaube (Paderborn 1951) Heft 1; Studien zur Geschichte des deutschen Idealismus, in: Rivista Israelita de Mexico, Publicaciones en Alemán, Juni 1952, 8; *AdS*, in: Archives de Philosophie 15 (1939/40) Suppl. 54; *AdS*, in: Kölnische Volkszeitung, 16.4.1939; *AdS*, in: Seele 19, 8. Heft (Regensburg 1937) 238. + Beiblatt, Eschatologie, 228; *AdS*, in: Sendung des Buches. Grundkatalog deutscher Literatur, Nachtrag 8/9, Nürnberg, 203-204; H. Richtscheidt, *AdS*, in: Blätter für deutsche Philosophie 13 (1939/40) 336 (40); M. Schmaus, *AdS*, in: Ärzteblatt für Süddeutschland 5 (1938) 54; ders., *AdS*, in: Der katholische Gedanke, Heft 1 (1938), Übersicht über die neuere religiöse und theologische Literatur, 54; W. Schultz, Prometheus, in: Theol. Literaturzeitung 75 (1950) 669-670; A. Stoecklin, *AdS I*, in: Schweizerische Hochschulzeitung, Heft 7 (Zürich, März 1938) 452f.; V. Suchy, Prometheus, in: Wissenschaft und Weltbild 3/1952; K. Thieme, Apokalypse oder Requiem?, in: Hochland 36/2 (München 1939) 158-162; J. W., *AdS I und II*, in: Vaterland (Luzern), 18.4.1940. Im Manuskript liegen vor: Österreichische Radioverkehrs A.G., Bücherstunde, *AdS*, gesprochen von Dr. Alois Nager, 17. Okt. 1937, 2 S.; Claire Lucques, L'Apocalypse de l'âme allemande, Mars 1945, 26 p.; Lektoratsbericht über *AdS I und II*, erstattet am 9.10.1936, 15 S. Eine Selbstanzeige durch H. U. von Balthasar erfolgte in: Schönere Zukunft 14 (1938) 57-59 (siehe Anm. 5). Die Dissertation wurde wenigstens von Th. Spoerri, Die Götter des Abendlandes. Eine Auseinandersetzung mit dem Heidentum in der Kultur unserer Zeit, Berlin [4]1932, S. 130, zur Kenntnis genommen.

[27] R. Faesi, *AdS I*, in: Neue Zürcher Zeitung, Nr. 1382, vom 1. August 1937; ders., *AdS II-III*, in: ebd., Nr. 63, vom 13. Januar 1942.

[28] Th. Haecker, Tag- und Nachtbücher, Frankfurt 1975, 240; Haecker bezieht sich auf eine Stelle in *AdS III*, 47f.

> Es handelt sich um eine großangelegte und mit eindringlichen Interpretationen bis ins einzelne durchgeführte Auseinandersetzung des katholischen Standpunkts mit der gesamten Geschichte des Immanenzgedankens, das heißt den Bestrebungen, die Welt und das Leben unter Vermeidung transzendenter Setzungen rein aus ihnen selbst zu verstehen.[29]

Dagegen reibt sich Karl Thieme schon beim Titel an dem „für den Freund sauberen Denkens sehr schwer erträglichen Schillern des Sprachgebrauchs, das sich durch die ganzen sechzehnhundert Seiten des Gesamtwerks fortsetzt, eine Fülle von Äquivokationen bewirkt und es durchwegs maßlos erschwert festzustellen, was der Verfasser eigentlich sagen will".[30]

Es bleibt – trotz dieser mehr oder weniger aphoristischen Stellungnahmen – schließlich doch bei einer mageren Ausbeute: Balthasars „umfangreichem Erstling" war keine Rezeption beschieden, die der Absicht der Studie auf gleichem Niveau entsprochen hätte, die, „auch wenn sie die Bedingtheit sachlicher, fast unbeteiligter Darstellung nicht verlassen, dennoch geradenwegs hinzielt auf Forderung und Ermöglichung unbedingter Entscheidung"[31]. Und in der Tat, damit ist etwas vom methodisch Entscheidenden – das uns hier einzig interessieren soll – in den Blick gerückt: Das theologische Apriori – das die Rezensenten den „katholischen Standpunkt"[32] Balthasars nannten – ist das Befragungsmuster selbst, unter dem hier literarische, philosophische und religiös geprägte Texte abgehandelt und interpretiert werden, und – mehr noch – die Insinuation an den Leser, in den vorgestellten literarischen, philosophischen und theologischen Positionen der Letzthaltung sich mit einer Frage an sich selbst konfrontiert zu sehen, die sich wesentlich nicht unterscheidet von der Frage, die an die Texte selbst gestellt wurde. Darin bezeugt sich ein genuin jesuitisches Motiv der ignatianischen *Exerzitien*, das alle Betrachtung der Welt- und Menschheitsdaten einmünden läßt in eine Entscheidungshilfe für das Je-Mehr Gottes, dem gerade wegen seiner Transzendenz die Ehre vor allem gelassen werden muß. Das Vehikel dieser Wahl ist die Entscheidung, die im

---

[29] O.F. Bollnow, in: Literatur (wie Anm. 26) 761.

[30] K. Thieme, in: Hochland (wie Anm. 26), 158.

[31] Vorbemerkung zur 2. Auflage von *AdS I*: Prometheus. Studien zur Geschichte des deutschen Idealismus, Kerle, Heidelberg 1947, V. Im hier vorliegenden Band *AdS I* der *StA*, 735.

[32] O.F. Bollnow (wie Anm. 29).

Durchstoßen durch den Reichtum der menschlichen Bilderwelt zu einer „Letzthaltung“ findet, die eigentlich nur ratifiziert, wozu die Schöpfung und der in ihr gegenwärtige Mensch „disponiert“ sind, nämlich derart, „daß der einzige Grund, das eine oder andere zu begehren oder zu behalten, sei der ausschließliche Dienst, die Ehre und Glorie Seiner Göttlichen Majestät“[33]. Eine ignatianische Ästhetik zeigt sich hiermit schon in der Zielabsicht des Werkes – *mutatis mutandis* eine Haltung, die den Barockjesuiten und ihren ästhetisch-literarischen Produktionen noch nicht fremd war. Der Zeitpunkt des Erscheinens – kurz vor dem Ausbruch des Zweiten Weltkriegs in ideologisch düsterer Zeit – war für das *opus magnum* des jungen Jesuiten aber nicht günstig. Die Entscheidungen waren so gefallen, daß damals in Deutschland die „Seele“ nicht mehr zu „retten“[34] war.

Immerhin fand die *AdS* nach dem Krieg eine intensive Resonanz in der 1947 erschienenen Zürcher Dissertation des jüdischen Religionsphilosophen Jacob Taubes mit dem Titel *Abendländische Eschatologie*, über die Uwe Justus Wenzel sich, wie folgt, geäußert hat:

> Bis in den Duktus hinein ist diese Studie dem katholischen Universalgenie Hans Urs von Balthasar verpflichtet, zu dem der Student Jacob Taubes des öfteren von Zürich nach Basel pilgerte. Wer Balthasars dreibändige ‚Apokalypse der deutschen Seele‘ (1937/39) parallel zu Taubes' Erstling liest, wird den – vielleicht ohnedies irreführenden – Begriff ‚geistiges Eigentum‘ nicht mehr verstehen.[35]

Taubes' imitatorische Annäherung und Verwertung Balthasarschen Gedankenguts hat kaum Schule gemacht; sie blieb relativ einsam und verborgen wie die *Abendländische Eschatologie* selbst, die über 40 Jahre hinweg ein bloßer Geheimtip der eschatologisch Interessierten war.

---

[33] Ignatius von Loyola, Die Exerzitien. Übertragen von H. U. von Balthasar, Freiburg [11]1993, (die 16. Bemerkung) 12 . Vgl. dazu von Balthasar (wie Anm. 4), 18f.

[34] *AdS I* der *StA*, Einführung, 4.

[35] Jacob Taubes, Abendländische Eschatologie. Mit einem Anhang, München [2]1991; U. J. Wenzel, Aufs Ende gesehen. Gesammelte Aufsätze von Jacob Taubes, Neue Zürcher Zeitung Nr. 86, 13.4.1996. Auf den starken Einfluß Balthasars macht auch Michele Ranchetti im Vorwort zur italienischen Übersetzung des Buches aufmerksam: Jakob Taubes, Eschatologia occidentale. Prefazione di Michele Ranchetti, Garzanti 1997, 7-15, hier 7.

Balthasar selber vermochte die in seinem Erstlingswerk gewonnene Übersicht über die deutsche Geistesgeschichte selber dann in der im Verlag Schwabe (Basel) herausgegebenen Reihe *Sammlung Klosterberg, Europäische Reihe* (1942-52) fruchtbar zu machen: In 51 Bändchen gelang es ihm, einen Überblick über jene geistige Zeugenschaft der deutschen Literatur- und Geistesgeschichte vorzustellen, der ihm am Herzen lag:

> Balthasars Herausgebertätigkeit bei der Europäischen Reihe der Sammlung Klosterberg ist mehr als eine Episode. Bei dieser Arbeit konnte er die ersten Früchte einer Ernte einbringen, die er während seines Germanistikstudiums (1924-1928) in Zürich, Wien und Berlin ausgesät hatte. Mehr noch als durch die ‚Apokalypse der deutschen Seele', deren Wirkung unter der Ungunst der Zeit ihres Erscheinens (1937-1939) sehr gelitten hatte, ist Balthasar dann durch die ‚Europäische Reihe' einem größeren Publikum im deutschsprachigen Raum bekannt geworden. Insofern bleibt das Jahrzehnt der Herausgeberschaft eine wichtige Etappe auf seinem Lebensweg, die bislang von der Forschung noch nicht gewürdigt worden ist.[36]

Es zeigt sich, daß die ausgelegte Saat nicht nur aufging, sondern wirklich auch Frucht trug: Balthasars nicht unbedingt positives Fazit aus dem Gang durch eine nahezu 700jährige Geschichte des deutschen Geistes – immer mehr zeigte sich ihm ein prometheisches Verfügen des endlichen menschlichen Geistes über das nur Gott vorbehaltene Eschatologische! – mußte zu einer Haltung führen, die den geschichtlichen Gang umkehrte, so daß nicht mehr der endliche menschliche Geist das Ewige zu halten vermochte, sondern Gott selber als das Eschaton schlechthin alles begründet und allem vorweg ist.[37]

III

Wäre in der Kriegszeit genügend Geduld und Besinnung vorhanden gewesen, um die *Apokalypse der deutschen Seele* gründlich zu lesen, so hätte deren ideologiekritische Tendenz aus christlichem Geist

---

[36] Manfred Lochbrunner, Hans Urs von Balthasar als Herausgeber der Sammlung Klosterberg, Europäische Reihe (1942-1952). Vorabdruck aus der ‚Officina' 1999 den Mitteilungen des Hauses Schwabe, Basel 1998, 15.

[37] Karl Josef Wallner, Gott als Eschaton. Trinitarische Dramatik als Voraussetzung göttlicher Universalität bei Hans Urs von Balthasar, Heiligenkreuz 1992 (Heiligenkreuzer Studienreihe, Bd. 7), 29ff.

vielleicht klarer, als es tatsächlich der Fall war, zutage treten können. Allerdings gibt es Schranken im Werk selber, die es einer unmittelbar zeitkritisch interessierten Lektüre entziehen. Wenn sich Balthasar auf die „mythische Darstellung“[38] der Georgeschule[39] beruft, so schließt er sich einer Interpretationsweise an, die im Rückgriff auf geistesgeschichtlich eingestellte Problemgeschichte dem Verdacht anheimfällt, „die zeitlose Menschlichkeit schicksalhafter Grenzsituationen (...) zum ausschließlichen Thema der Literatur“ zu erklären und die „große Dichtung als zeitloses Gespräch der Menschheitsführer (...) von der nichts besagenden geschichtlichen Tradition“[40] abzuheben. Auf der anderen Seite aber ist Balthasars Betonung dessen, was die geistesgeschichtliche Schule als ‚Geist‘ bezeichnet, in Richtung auf einen ‚*konkreten* Geist‘ in Rechnung zu stellen. Eschatologie ist ihm „das Wissen vom Stehen des konkreten Geistes vor seinem eigenen (...) Letzten“[41]. Deshalb – um dieser Konkretheit der Person willen – zieht er dem Begriff ‚Geist‘ den der ‚Seele‘ vor, der „allerkonkreteste personale Wirklichkeit“ meint, Seele im Sinne von ‚Seelen retten‘[42]. Nun ist gerade dieses Allerkonkreteste des Personenkerns ein Verborgenes; es ist als Innen nach außen „verschleiert“[43]. Seele steht „vor sich selber noch als vor einer verschlossenen Türe“[44]. Der Terminus „Apokalypse“ dient in diesem Zusammenhang als konkret chargierter Begriff für Eschatologie und intendiert im Sinne der Wortbedeutung „Enthüllung“, „Offenbarwerden“. *Apokalypse der deutschen Seele* besagt mithin die Bewegung auf den Letzten Sinn zu, das Aufleuchten des ewigen Schicksals des Menschen, Offenbarwerden als Vollendung und Wahrheit des Menschen.[45] Mit andern Worten: Balthasars giganti-

---

[38] *AdS I* (wie Anm. 34), 15.

[39] Ebd., 16.

[40] P. G. Völker, Die inhumane Praxis einer bürgerlichen Wissenschaft, in: M. L. Gansberg/P. G. Völker (Hrgg.), Methodenkritik der Germanistik. Materialistische Literaturtheorie und bürgerliche Praxis, Stuttgart ^{2}1971, 63. Das Völkersche Klischee kann auf Balthasar kaum zur Gänze angewandt werden, wenn man bedenkt, wie bei ihm die konkrete Kriegspoesie eigens behandelt wird und wie ideologiekritisch orientiert seine Studien letztlich sind.

[41] *AdS I* (wie Anm. 34), 11.

[42] Ebd., 4. Vgl. zum folgenden die Dissertation von J. Gesthuisen, Das Nietzsche-Bild Hans Urs von Balthasars. Ein Zugang zur ‚Apokalypse der deutschen Seele‘, Rom 1986, 45-108, hier 47.

[43] *AdS I* (wie Anm. 34), 3.

[44] Ebd., 6.

[45] Vgl. ebd., 12.

scher Versuch unternimmt es, in einer mehr oder weniger strukturierten Reihung monographischer Einzelanalysen zunächst den ganzen deutschen Idealismus (über Lessing, Herder, Kant, Fichte, Schelling, Novalis, Hölderlin, Schiller, Goethe, Jean Paul, Hegel), sodann – im zweiten Band – die Geschichte der Lebensphilosophie in der zweiten Hälfte des 19. Jahrhunderts (mit Bergson und Klages, Hofmannsthal, George, Spitteler, Rilke und vielen anderen) – gipfelnd in einer Konfrontation zwischen Nietzsche und Dostojewskij – und schließlich – im Schlußband – die moderne Existenzphilosophie (viele Dichter, Scheler, Husserl, Heidegger, Rilke, K. Barth) Revue passieren zu lassen, allerdings nicht im Sinn einer unverbindlich und neutral gemeinten Darstellung, sondern im Sinn eines Gerichts, das im Aufweis des endzeitlichen Scheiterns auch der geringsten Möglichkeit eines Immanenzgedankens den Boden entzieht. Im ganzen haben wir eigentlich ein Werk vor uns, das die Absicht verfolgt, das erkennende und dichtende Weltgestalten der Moderne analytisch auf seine religiöse Tauglichkeit hin zu überprüfen und so das im Wesen des Menschen angelegte Transzendieren als eine Bewegung zu fassen, in der deren Ziel – die göttlich verfügte und im Glauben gekannte Endgestalt alles Seienden – tatsächlich in den Blick kommt. Daß die Bilanz weithin eine negative oder doch widersprüchliche ist, konnte den jungen Jesuiten jedoch nicht beirren: Der Aufweis des Grundwiderspruchs in der Sinndeutung der Moderne zwischen „voller Verklärung der Welt, der Vergottung der Erde“ einerseits und dem „reinen Fallen, dem Weg ins Nichts und ins Gericht“ andererseits signalisiert eine Grundwidersprüchlichkeit von „weltgeschichtlichen Dimensionen“, deren „Negativität“ letztlich „die Positivität“ ist.[46] Bild dafür ist das Kreuz, das alle Dialektik von Leben und Tod überholt hat. So finden alle Mythen der deutschen Geistesgeschichte ihre *reductio in crucem:*

> Die Ausdehnung des Daseins zwischen ‚Leben‘ und ‚Geist‘, zwischen ‚Prometheus‘ und der ‚Göttin Seele‘, zwischen existentialer und idealer Wahrheit zwischen Erde und Himmel, diese Ausdehnung des Daseins, die ihm allererst seine *Letzthaltung* und seine volle Wahrheit gibt, diese Ausdehnung ist eine Kreuzigung. Der ‚Widerspruch‘ der ganzen idealistischen Dialektik (1. Band) wie der ‚Widerspruch‘ zwischen Natur und Geist (2. u. 3. Band) ist *mythisch* und konkret das Sich-Kreuzen der Kreuzesbalken. ‚Denn wenn im Kreise der Mittel-

[46] *AdS III* der *StA*, 434.

punkt verloren ist‘, sagt Bonaventura, ‚so kann er anders nicht wiedergefunden werden als durch zwei sich rechtwinklig schneidende Linien.‘ Und wenn der Epheserbrief die Weltdimensionen ausspannt: ‚Daß ihr erstarket, um mit allen Heiligen zu fassen, welches die Breite und die Länge ist, die Höhe und die Tiefe‘, so wendet Origenes diese Dimension auf das Kreuz an: ‚Wer Christo mitgekreuzigt ist und mit Ihm mitausgespannt, der ist es, der die Breite und die Länge, die Höhe und die Tiefe begreift.‘ Augustin folgt ihm darin. Christus gibt der Welt ihre Gestalt und ihr Gesetz, indem Er im Kreuze das *lebt,* was das Kreuz bildhaft ausdrückt. Hier finden deshalb auch der ‚gefesselte Prometheus‘ und der ‚gekreuzigte Dionysos‘ ihre Aufklärung.[47]

Damit wird das „aufklärerische“, methodische Prinzip dieser Deutung der (idealistischen, lebensphilosophischen und existentialistischen) Erkenntnis- und Dichtungsmythen deutlich: Es ist – in resoluter Abrückung von apologetischen Kampfstrategien – die Selbstentlarvung der Mythen im Licht des Mythus vom Kreuz:

> Es gilt darum, nach dieser Rückführung der entscheidenden Mythen der deutschen Geistesgeschichte auf den Mythus des Kreuzes, zu sehen, in welchem Sinne dieser Mythus die letzte Gestalt der Welt ist und darin die letzte Haltung des Menschen vorzeichnet. Denn es scheint ja nicht selbstverständlich, daß ein so ‚zufälliger‘ geschichtlicher Vorgang wie die Kreuzigung eines ‚Menschen‘ in einem Winkel des Römerreiches nicht nur den ganzen Gang der Welthistorie, sondern tiefer die Innerlichkeit *jedes* einzelnen Menschen, ja seine ganze ontologische Seinsstruktur im voraus bedinge und bestimme. Wenn sich das aber als richtig erwiese, so wäre eben jedes Sein und jedes mögliche Denken christlich...[48]

Das letzte mythische Bild, das Balthasar für die sich selber offenbarende Dialektik des Weltgeschehens und -deutens findet, ist die Kategorie des Spiels, wie sie ihm der Barock und vor allem natürlich Hofmannsthal in der Allegorie des Welttheaters präsentieren:

> Das Wort, das gleichzeitig die ungeheure Pracht der steigenden Welt-Brandung und die fallende Leere ihres hohlen Schaumes festhält, dieses Wort heißt: *Spiel.* Denn ‚Spiel‘ sagt, daß die Tragödie der Welt, bis hinab in ihre Höllen, doch umklammert ist von einem schauenden, wägenden Blick, daß sie ‚Spiel *vor...*‘ ist und so nicht ein Absolutes.[49]

---

[47] Ebd., 434f.
[48] Ebd., 435.
[49] Ebd., 442.

Nach solcher barocker Relativierung aller Weltimmanenz ist dann – in einer mythischen Reprise von Hofmannsthals *Großem Welttheater* – der Weg frei für die große erlösende Geste des Engels hinauf zum Weltenrichter: „Hinauf! Vor Meisters Angesicht! / Bereitet euch auf ungeheures Licht.“[50]

IV

Der Gang, den Balthasar durch die neuzeitliche, vor allem deutsche Geistesgeschichte beschreitet, umfaßt – vom ausgehenden Mittelalter bis in die Gegenwart – ganze 700 Jahre. Die komplexen und kaum leichthin systematisierbaren Figurationen dieser Zeitenfolge lassen sich nach ihm in groben Umrissen in vier Phasen festhalten, wenn thematisch die jeweils vorwaltenden Letzthaltungen im Zentrum der Betrachtung stehen.[51]

Die erste Phase vom ausgehenden Mittelalter mit seiner „von der transzendenten Heilstatsache so voll beherrschten Eschatologie“[52], in der die individuelle, allgemeine und Natur-Eschatologie einheitlich zusammenklingen, bis zum Anbruch der Neuzeit, wo in der Zeit des Humanismus und der Reformation, des Barock und der Aufklärung die Einheit der christlichen Eschatologie auseinanderfällt, ist beherrscht vom *Christus-Mythos*. Die zweite, von Humanismus und Reformation bis ins 19. Jahrhundert dauernde Phase mit ihrem Gipfel im deutschen Idealismus ist vom *Prometheus-Mythos* geprägt. Nietzsche und Kierkegaard – beide im Kampf miteinander um die Geltung von Christus oder Dionysos – signalisieren die Krise, aus der dann die dritte Phase mit ihrer Dominanz des *Dionysos-Mythos* erwächst. In der Zeit der Niederschrift seines Werks sieht Balthasar eine vierte Phase anbrechen, die wiederum – im Sinn einer neuen Möglichkeit und Hoffnung – im Zeichen des *Christus-Mythos* stehen soll. Geschichtsphilosophisch sieht und begreift Balthasar „Epochen als strukturierte Zeitgestalten“[53], indem

[50] Ebd., 449.

[51] Zur Deutung des im Nachfolgenden skizzierten Ordnungsgefüges halte ich mich dankbar an Werner Löser, Im Geiste des Origenes. Hans Urs von Balthasar als Interpret der Theologie der Kirchenväter, Frankfurt a.M. 1978, 46-50, der meines Wissens erstmals mit gebotener Deutlichkeit auf diese Systematisierung hingewiesen hat.

[52] *AdS I*, 23 und Löser (wie Anm. 51), 46.

[53] Löser (wie Anm. 51), 48.

er sie sowohl mythisch wie existentiell eschatologisch deutet. Das eschatologische Schicksal des Menschen ist immer ein existentielles in dem Sinne, daß der einzelne konkrete Mensch zunächst in seinem Verhalten und Denken zum Letzten eingefordert ist. Mythisch wird diese Eschatologie dann, wenn der Tatsache Rechnung getragen wird, daß es im Denken und Formen jedes Einzelnen immer auch „um den Horizont *des* Menschen überhaupt"[54] geht, was sofort in den Bereich der Ideen zurückführt. Methodisch trägt Balthasar dieser Doppelpoligkeit der Eschatologie Rechnung dadurch, daß er „die wichtigsten Gestalten der deutschen Geistesgeschichte" in Form von Einzelstudien monographisch behandelt. Es „sind" dies „Lessing, Herder, Kant, Fichte, Schelling, Novalis, Hölderlin, Schiller, Goethe, Jean Paul, Hegel, Hebbel, Wagner, Kierkegaard, Nietzsche, Bergson, Klages, George, Spitteler, Rilke, Hofmannsthal, Dostojewski, Husserl, Scheler, Heidegger und Karl Barth"[55]. Damit wird ein bei Balthasar immer wieder auch in andern Studien faßbares Grundprinzip sichtbar: Wahrheit ist für ihn – und damit bezeugt er sich als ein der Moderne verpflichteter Geist – immer zuerst existentiell, sie ist ihm ein geschichtlicher Akt, der sich in einer denkerischen und künstlerischen Einheitsgestalt fassen läßt, wenn er überhaupt geschichtlich fruchtbar geworden ist. Dem entsprechend entwickelt er als zünftiger Theologe nicht zuerst ein System allgemein gültiger Wahrheit, sondern blickt auf die Gestaltenfülle der theologisch belangvollen Figurationen von Heiligkeit, wie sie sich im Lauf der Kirchengeschichte in der Kirche artikuliert und durchgesetzt haben.

Mythisch wird der existentielle Charakter der Eschatologie, wenn der Mensch innewird, daß ihm sein Eschaton noch nicht voll enthüllt ist. Die Seele steht vor einer Fülle von Bildern endzeitlicher Gestalt, wie sie die Geistesgeschichte ihr darbietet. Sie könnte sie – in Form einer ‚referierenden Eschatologie' zu ordnen versuchen.

> Es kann sich aber auch die einzelne Seele, die Augen vor diesem ungeheuren Andrang von Bildern schließend, in sich selber besinnen auf ihr konkretes Eschaton. Auf die möglichen Wege ihrer Selbstenhüllung und von da aus auf die Wege der Enthüllung jeder Seele. Sie wird von den ‚letzten Dingen', von denen sie *jetzt* weiß und die sie *jetzt* als auf ihr Innerstes hinweisend angehen, sich ihren Weg zu ihrem letzten

---

[54] Ebd., 49.
[55] Ebd.

> Schicksal bahnen. Aber weil ihre Apokalypse gerade noch *nicht* erfolgt ist, weil sie also vor sich selber noch als vor einer verschlossenen Türe steht, kann sie auch den Logos ihres Eschatons nur verhüllt begreifen. Sei es, daß sie ihn selber formuliere (in Philosophie oder Kunst) oder daß er ihr von Gott als *logos Theou* gesagt werde (in Theo-logie), sie wird ihn selber nur durch Bilder verstehen können. Diese zweite, existentielle Eschatologie wird also ebenso mythisch sein wie die historische. Alle direkt-rationelle Aussage über das ‚Letzte' ist für ein wesenhaft verborgenes *Konkretes* unmöglich. Sie trifft nur eine allgemeine und abstrakte Wahrheit, eine Sächlichkeit, die bestenfalls selber wieder ‚Mythus' für das konkret zu Geschehende sein kann.[56]

Daß mit solchen Worten der ‚mythische' Charakter auch des christlichen und biblischen Redens von Gott nachhaltigst betont wird, sei nebenbei bemerkt. Für Balthasar ist mit diesen Worten eine Option gefordert, die aus theologischen Gründen auf das in menschlichen Kunstprodukten, d.h. in Mythen[57], integrierte Eschaton nicht Verzicht leisten kann, sondern alles daran setzt, die „von Anschauung genährte und gesättigte (Wahrheitsform)... als die höchste gesetzt" erscheinen zu lassen, auch wenn sie „mehr oder weniger geschichtlichen Charakter tragen muß"[58]. So ist Balthasars Methode bestrebt, diesem Sachverhalt insofern Rechnung zu tragen, „als sie die tiefsten Wahrheitsbestrebungen einer geistesgeschichtlichen Epoche in einem Mythus zusammenzufassen und auszusprechen"[59] versucht. Die nicht unbedingt christlich imprägnierten Mythen – der Prometheus- oder Dionysos-Mythus – erweisen sich in solcher Sicht „alle (als) ein Teilausdruck letzten Wahrheitsstrebens", und es stellt sich dem Christen die Frage: „Was ist dem von christlicher Seite entgegenzusetzen? Unmittelbar gewiß nicht die Wahrheits-Form scholastischer Denkart. Sondern nur der einzige, zentrale ‚Mythus' des Christentums selber: die *fleisch*gewordene, *zeit*gewordene, *Anschauung* gewordene, ewige Wahrheit. Christus als ‚Mythus' im besagten Sinn (der natürlich reale Geschichtlichkeit nicht im mindesten ausschließt) kann darum mit dem mystischen Letztsinn des deutschen Idealismus und der Lebensphilosophie in ein lebendiges Gespräch

---

[56] *AdS I*, 6f.; zitiert bei Löser (wie Anm. 51), 49f.

[57] Vgl. dazu H. U. von Balthasar, ‚Apokalypse der deutschen Seele', Schönere Zukunft (wie Anm. 5), 58; zitiert bei Löser (wie Anm. 51), 50, Anm. 22.

[58] Balthasar (wie Anm. 57).

[59] Ebd.

treten, er kann sich als jene konkrete Wirklichkeit ausweisen, welche diese Perioden in ihrem tiefsten Sinn meinten"[60]. Philosophie, Theologie und Kunst sind daher zwar nicht als absolute Diskursformen, denen vergönnt wäre, eine direkte Sprache zu sprechen, sondern als Redeformen des Hinweisens und Meinens zu rezipieren, was nicht hindert, daß „die Realität und Geltung des im Bild Gemeinten"[61] erhalten bleibt.

V

Wer sich nicht die Mühe vergegenwärtigt, die zur Aufarbeitung und darstellerischen Bewältigung der modernen, mythischen Sinnangebote und deren intendierter Selbstentlarvung notwendig war, kann nicht ermessen, was für eine literargeschichtlich-philosophisch-theologische Leistung in diesem dreibändigen Erstlingswerk vor uns liegt. Die Stunde, die eigentliche Tragweite dieses sowohl vom Methodischen wie Inhaltlichen her monumentalen und genialen Wurfs einzuschätzen, scheint gekommen zu sein. Sicherlich ist der Vorwurf schnell bei der Hand, wir hätten es hier mit einem letzten, wenn auch sehr respektablen Versuch zu tun, im Rückgriff auf barocke Deutungsprinzipien die Moderne und ihre emanzipatorische Dynamik christlich zu relativieren und damit einzubergen. Im Rahmen säkularer Denkstrukturen – denen sich die Christen aller Denominationen immer kleinmütiger beugen – hat das seine Richtigkeit. Im Kontext einer christlichen Gläubigkeit, die auf der universellen Gültigkeit ihrer Inhalte beharrt, ist die Pflicht, die denkerisch-dichterisch theologischen Weltentwürfe – kongenial! – zu deuten und zu prüfen, eine unverzichtbar notwendige. Kein Christ ist davon zu dispensieren, falls er diesen Namen zu Recht tragen will. In solcher Hinsicht stellt sich Balthasars Erstlingswerk als der sowohl methodisch wie inhaltlich eindrückliche und gelungene Versuch einer Bestandsaufnahme der eschatologischen Mythik des neuzeitlichen deutschen Geisteslebens dar, in dem dessen tiefste Intentionen gewissermaßen aus dem eigenen Material heraus den formalen Sinn einer letzten Option für oder gegen den christlichen Gott erhalten – unter der Voraussetzung, daß das Christliche das Unausweichliche schlechthin ist.

---

[60] Ebd.
[61] Löser (wie Anm. 51), 50.

Von einer solchen Voraussetzung her ist es naturgemäß klar, daß das methodische Vehikel der Darstellung einer solchen Apokalypse (einer Selbsteröffnung der darzustellenden Sachverhalte) nicht ein schlicht germanistisches oder philosophisches oder theologisches sein kann. Jedes Sich-Versteifen auf einen Methodenmonismus würde eine Einengung der Perspektive bedeuten. Aber auch ein additiv vorgehender Methodenpluralismus vermöchte das hochgesteckte Ziel einer selber mythisch gewordenen Selbsteröffnung der Mythen im Zugriff der Deutung nicht zu fassen. Die *Summe* philosophischer, künstlerischer und theologischer Deutungsansätze vermag das „verschleierte Innen" der „Seele" deshalb nicht zu erreichen, weil alle genannten Disziplinen „in ihrem Reden vom Letzten nicht eine direkte Sprache führen, sondern – wie gesagt – ‚hinweisen' und ‚meinen'"[62]. Die gebotene Methode, die „Apokalypse" der „Seele" zu erreichen, ist daher „weder als philosophisches, theologisches oder literaturwissenschaftliches (Vorgehen) im eigentlichen Sinne"[63] anzusehen, sondern als ein mythisches, dessen Konvergenzpunkt „die geschichlich konkrete Existenz"[64] ist. Der Ereigniszusammenhang, in dem sich die einzelnen Wissenschaftszweige treffen, ist ein Vorgang der gegenseitigen Überschreitung auf diesen Konvergenzpunkt hin: „Wie also Literaturwissenschaft für uns in Philosophie übersteigt, so diese wiederum in Kunst; beide aber (wie Theologie) auf die geschichtlich konkrete Existenz. Gerade dieser Transzendenzpunkt aller drei soll der geometrische Ort dieser Studien sein."[65] Philosophie, Dichtung und Theologie sind „Mittel" und „Werkzeuge der Selbstenthüllung der Seele"[66]. Balthasars Methodenbewußtsein, das keinesfalls ein unentwickeltes ist, orientiert sich an Ernst Bertrams *Versuch einer Mythologie* am Beispiel Friedrich Nietzsches, der ihm um so unentbehrlicher ist, „als (...) Mythus, Bild und Spiegel zum einzig ‚Objektiven' wird, das sich ein existierendes Subjekt zum Selbstverständnis hin vorhält, oder das zwischen zwei existentiell dialogisch sich unterhaltende Subjekte

[62] *AdS I* (wie Anm. 34), 7. Hier wird den „Mythen der historischen Eschatologie in ihrer Unübersehbarkeit... – wie tote Muscheln, am Strand der Geschichte ausgeworfen" – das „*wirklich* darin Gemeinte: ihr konkretes Hineingestelltwerden in ihr Letztes" entgegengestellt: „Der Faden, der vom Bild zum Abgebildeten führt, darf nie ganz reißen."

[63] Ebd., 7.

[64] Ebd., 9.

[65] Ebd.

[66] Ebd., 4.

(zuletzt Gott und Seele) als vermittelnd-‚objektives' Medium tritt"[67]. Der so erheblich gemachte Mythus „bleibt (...) *zwischen* Philosophie und Kunst, als wahrhaft objektiv gültiger, aber nicht in ‚Begriff' klärbarer, er bleibt auch zwischen Philosophie, Kunst und Theologie als monologisches oder dialogisches Wesenswort der Seele"[68]. Schon im Vorwort zu seiner Dissertation zeigt Balthasar, daß er selber seinen Versuch, „eine Problemgeschichte der letzten Dinge als Mythengeschichte zu bieten"[69], als ‚neuartig' und ‚gewagt' erkennen muß. „Die Art, wie hier Philosophie und Theologie zur Erläuterung von Kunstwerken, und diese umgekehrt, ohne wesentliche Rücksicht auf ihre ästhetischen Qualitäten zu problemgeschichtlichen Untersuchungen herangezogen werden, mag befremden und der Erfolg solcher Methode wird ihre einzige Rechtfertigung sein."[70] Ja, er spricht sogar von „Methodensynkretismus"[71], heute als interdisziplinäre Bemühung um eine sachgemäße Texterschließung längst ein Postulat auch philologischer Forschung! Mußte er 1945 in einer Selbstpräsentation noch bekennen, daß seine Studien in der *Apokalypse der deutschen Seele*, „zum unüberwindlichen Befremden aller rechtdenkenden Fachleute, Dichtung, Philosophie und Theologie von Lessing bis heute in einer christlichen Gesamtdeutung darzustellen unternahmen"[72], so dürfte er heute – wenn es denn den „Fachleuten", die dauernd davon reden, auch Ernst damit ist! – triumphierend darauf hinweisen, Interdisziplinarität geübt zu haben als sie noch einen wissenschaftsgeschichtlichen Skandal darstellte. Der Triumph wäre billig, wenn Balthasar nicht längst recht bekommen hätte. Alle, die sich heute – in naiver Unmittelbarkeit – auf die Autonomie von Literatur und deren ihr eigene mythische Prägekraft versteifen, dürften das eigentlich nicht tun, ohne sich zuvor redlich mit Balthasars sowohl methodisch wie gehaltlich exemplarischem Werk auseinandergesetzt zu haben.

Obwohl sich Balthasar mit Recht von Philologie und Literaturwissenschaft methodisch absetzt, ist doch festzuhalten, daß er dieses wegleitende Werk nicht geschrieben hätte, wenn er nicht eine

---

[67] Ebd., 16.
[68] Ebd.
[69] Geschichte des eschatologischen Problems (wie Anm. 25), 3.
[70] Ebd., Vorwort.
[71] Ebd., 211, Anm. 1.
[72] „Es stellt sich vor": Hans Urs von Balthasar, in: Mein Werk (wie Anm. 4), 11f., zitiert bei J. Gesthuisen (wie Anm. 42), 98, Anm. 109.

germanistische Ausbildung und Formung empfangen hätte. Die Feinstruktur seiner Analysen könnte das belegen. Wenn er die neuere deutsche Geistesgeschichte am Leitfaden ihrer Mythen „gleichsam in einem Bilderbuch“[73] darstellen möchte, so rekurriert er im Blick „auf den unteilbaren Strom von Bildern und Bildungen“[74] auf „die lebende Seele“[75], die „die Gestalt, die vor ihr steht, zurücktauchen (kann) in den schöpferischen Vorgang, der sie emporhob, die starren Bildchen magisch in lebendigen Ablauf verwandeln, sie kann auch an diese mythischen Formungen ihrer eigenen Apokalypse das Leben zurückgeben, das sie gebar. Das ist dann kein ästhetisches Beschauen von Gefügen, sondern selber erneute, wiederholte und vertiefte Apokalypse der Seele“[76]. „Menschlicher Geist vermag diesen Reichtum, wie Bergson es gerne ausführte, nicht anders als in kinematographischer Methode nachzuzeichnen.“ Die „einzelnen Bilderchen des Filmstreifens“ präsentieren dann, „was lebendige Bewegung war“.[77] Angelegt ist in dieser Methodik, was Balthasars später unnachahmlicher Buchtitel als Fazit geschichtlicher Erfahrung intendiert: *Das Ganze im Fragment*.[78] Daß für eine solche Zielabsicht der Beitrag der Humanwissenschaften in ihrer Gesamtheit[79] gerade gut genug ist, versteht sich heute als ein gerechtfertigtes methodologisches Prinzip. Am einzelnen Bildchen – das in diesem geschichtlichen Zusammenhang nie zur festen „Gestalt“ gerinnen darf – muß die Bemühung aller Philologien, Philosophien und Theologien gewissermaßen konzentrisch ansetzen, so daß das historisch Gewordene in den Ursprung, der es gebar, zurückversetzt und so erst sichtbar wird – einen Augenblick lang, der einlöst, was Nietzsche für die Geschichtsschreibung als lebendige Verbindung von Geschichte und Gegenwart forderte[80]: die historische Gestalt im

[73] *AdS I* (wie Anm. 34), 15.

[74] Ebd., 16.

[75] Ebd., 17.

[76] Ebd.

[77] Ebd., 16.

[78] Das Ganze im Fragment. Aspekte der Geschichtstheologie, Einsiedeln 1963, Freiburg ^{2}1990.

[79] Vgl. V. Kapp, Ästhetik und Dramatik. Zu den Prolegomena der ‚Theodramatik‘ von Hans Urs von Balthasar, in: Literaturwissenschaftliches Jahrbuch – Görresgesellschaft, NF 15. Bd., Berlin 1974, 260-272, hier 261, zitiert bei J. Gesthuisen (wie Anm. 42), 98, Anm. 109.

[80] Vgl. K. Anglet, Zur Phantasmagorie der Tradition. Nietzsches Philosophie zwischen Historismus und Beschwörung. Eine Studie auf der Grundlage der zweiten und dritten Unzeitgemäßen Betrachtung, Würzburg 1989.

Spiegel ihrer eigenen Apokalypse – zum Letzten hin. Damit ist die Forderung Nietzsches gleichzeitig erfüllt und – christlich – brüskiert: in der Abweisung aller „Wiederkehr des Gleichen"[81] zugunsten der mythischen Anschaulichkeit der „Gegensatzformel"[82]: ‚Dionysos oder der Gekreuzigte'. Es ist dies eine Auffassung, die sich dem seit Jahrhundertbeginn (etwa bei Walter Benjamin) dokumentierenden „Ausfall der Eschatologie"[83] zugunsten einer messianischen Zeitkonzeption (nach der [den Juden] „jede Sekunde die kleine Pforte (wurde), durch die der Messias treten konnte"[84]) darin entgegenstellte, daß sie dem Christus-Mythus als einem geschichtlich vergangenen, aber jederzeit bis ins Ende gültigen im Wortsinn end-zeitlichen Rang zubilligt.

---

[81] Vgl. A. M. Haas, „Der schwerste Gedanke". Die ewige Wiederkunft des Gleichen, in: du, Die Zeitschrift der Kultur, Heft Nr. 6, Juni 1998, 38-40.

[82] *AdS I*, 8.

[83] K. Anglet, Messianität und Geschichte. Walter Benjamins Konstruktion der historischen Dialektik und deren Aufhebung ins Eschatologische durch Erik Peterson, Berlin 1995, 18.

[84] Walter Benjamin, Gesammelte Schriften, hrg. von R. Tiedemann und H. Schweppenhäuser, Frankfurt a.M. 1974ff., hier I, 704 (zitiert bei Anglet [wie Anm. 83], 20).

Einführung

Apo-kalypsis heißt Enthüllung, heißt also soviel wie Offenbarung: revelatio. Offen liegt aber das Außen, verschleiert das Innen. Seele ist dieses Innen.

„Vorstürmt aus dunkelster Kammer die Seele und aufrauscht und
schluchzend
Rüttelt an Stäben des süßen Verließes . . .“

Ihre Sprache ist jetzt nur ein Winken und Zeichengeben. Und doch ist sie Sinn und Kern des Ganzen. Was immer in Philosophie, Dichtung und Theologie lebendig ist, geht den Weg nach innen, den Novalis den geheimnisvollen genannt hat. Die Ebene des Alltags bleibt immer zögernder zurück, die wachsende Helle des Wirklichen blendet die Begriffe, Strahlen brechen aus, die die Apparate der Sachlichkeit nicht mehr einfangen: in dieser Heimlichkeit wird die Welt unheimlich, in dieser Enthüllung apokalyptisch. Es gibt kein lebendig geisteswissenschaftliches Tun, das nicht unter das schrägere oder steilere Licht dieser inneren Erscheinung fiele. Denn zum Teil ist sich Seele immer schon enthüllt: im Ineinanderblick von Mensch und Umwelt blickt Licht von innen auf, ein Funke aus dem mittelsten Herd. Aber das Zwielicht, das sich einen Augenblick lang verbreitet, genügt gerade, den dunklen Eingang ins eigentliche Licht zu weisen.

> „Aber bewältigtest du's? Warst du nicht immer
> noch von Erwartung zerstreut, als kündigte alles
> eine Geliebte dir an?“[1]

„Apokalypse der Seele“ ist darum nur ein konkreteres Wort für Eschatologie. Diese ist die Lehre vom „Eschaton“, vom Letzten, Äußersten. Jedes Wissensgebiet hat zunächst ein solches Eschaton, und daß es dieses nicht überschreite, darüber wacht die Methoden-

[1] Rilke: I. Elegie (Ges. W. III, 260).

lehre der Wissenschaften. Aber das sind doch relative Eschata, die auf ein letztes und absolutes zurückweisen, wie jede Eschatologie auf einen Logos vom ewigen Eschaton zurückweist. Es mag zunächst scheinen, daß Philosophie, deren Gegenstand „Sein sofern Sein" ist und somit Seinsgrenze und Grenze überhaupt, mit diesem Logos gleichlautend sei. Aber wenn wir Eschatologie als „Apokalypse der Seele", das heißt als das Hindurchführen zur allerkonkretesten Wirklichkeit, verstehen, wenn anderseits der Philosophie von ihrem Gegenstand her (auch wo sie Existentialontologie ist) ein unverbrüchliches Abstandhalten auferlegt ist, können sich beide Felder doch nicht decken. Vielmehr wird sich solche Eschatologie der Philosophie als eines Mittels bedienen, ohne darum die zwei anderen Gebiete, welche vorzüglich auf Enthüllung des Konkreten zielen, aufzugeben: Theologie als die Rede vom allereinmaligsten Gott, der nur zu *diesem* Menschen spricht, nicht zu „Wesen" oder „Existenz" – und Kunst, sofern auch ihr einziges Thema dies ist: Allgemeinstes im unwiederholbaren Augenblick zu zeigen.

Indem nun Philosophie, Theologie und Kunst das Eschaton umkreisen und gleichsam in einer apokalyptischen Spirale von außen nach innen, von Alltag zu Wunder, von Sache zu Geist vordringen, sind sie Geisteswissenschaften, das heißt Werkzeuge der Selbstenthüllung der Seele. Wir sagen hier „Seele" (und nicht „Geist") nicht in dem Sinn einer bloß „psychologischen" oder auch „philosophischen" Wirklichkeit, sondern um jenes Konkret-Letzte zu treffen, das sich etwa in der Rede „Seelen retten" (statt „Menschen" oder „Geister retten") ausspricht. Eschatologie läßt sich dann als die Lehre vom Verhältnis der Seele zu ihrem ewigen Schicksal definieren, dessen Erreichung (Erfüllung, Angleichung) ihre Apokalypse ist. Das „apo-" unterstreicht, daß es sich um eine Bewegung, einen Vorgang handelt, das „-logie" aber, daß dieser Vorgang sich wirklich auf einen letzten Sinn zubewegt. Aber gerade als konkreter Vorgang muß diese Eschatologie sich durchaus nicht im abstrakten Raum der Ideen, sondern im geschichtlichen Raum der Existenz bewegen: Es gibt letztlich nur die Situation *dieses* einzelnen, zeitlichen Menschen vor dem Geheimnis seines Schicksals. Wir können also nichts anderes tun, als solchen Vorgängen, die sich geschichtlich vollzogen haben, uns anzuschließen, wobei aber das „Geschichtliche" als solches ebensowenig Selbstzweck ist, als es das „Philologische" usf. war. Indem wir konkrete Menschen auf ihren letzten Horizont hin interpretieren, geht es uns doch nicht um diese Menschen als solche, sondern um den Horizont *des* Menschen überhaupt, welches „überhaupt" uns wieder aus dem Geschichtsraum in den Ideenraum zurückführt.

Wenn wir nun diese Eschatologie gleichzeitig als eine „Lehre von letzten Haltungen" bezeichnen, so liegt der Vorwurf nahe, wir beschränkten den herkömmlichen Begriff der Eschatologie willkürlich auf das rein Subjektive. Darauf ist zunächst zu erwidern, daß im Vorgang der Apokalypse, um den es geht, die Begegnungen der Seele, in denen allein sie sich enthüllt: Umwelt, Dinge, Menschen, Geschichte, Gott, keineswegs „Mittel" ihrer Selbstverwirklichung bedeuten, sondern Schicksale, in die sie immer schon gestellt ist und die ihr eigenes werden können. Nicht nur die Philosophie Goethes, Schellings, Hegels, Husserls und Heideggers hat dieses ursprünglichste natürliche Offenbarungsgesetz zu ihrem eigentlichen Grunde, nicht nur ist die Zuordnung erscheinender Innerlichkeit im Spiegel des Äußern das Formalste aller Kunst, sondern gerade auch die Theologie behauptet, daß die Enthüllung der Seele nur in einer vorgängigen, einfassenden, „inneren" und „äußeren" Apokalypse Gottes möglich ist. So holen wir, trotz unseres subjektiven Ansatzes, doch auch den theologischen Begriff von Eschatologie wieder ein: Offenbarung der Seele und Offenbarung Gottes sind in ihrer strengen Zuordnung nur *eine* Geschichte, als der Funkensprung von Seinsmitte zu Seinsmitte und darin Lichtung der Zentren. Ja, dieser Unterschied von Mittel und Schicksal ist so entscheidend, daß er gerade auch inhaltlich zum Herzproblem aller wirklichen Eschatologie wird. Wir können daher auf den erhobenen Vorwurf weiterhin entgegnen, daß in der Tat alle „objektive" Eschatologie nur ein Teilmoment in der umfassenderen Enthüllung der Seele ist. Alles Apokalyptische in Natur und Weltgeschichte, alles Posaunenblasen, Zornschalengießen und Abgrundentriegeln, ja alle Weltbrände, alle Untergänge und neuen Paradiese sind nur die aufgeschlagene Bühne, die Instrumentierung und die Gleichnisse der wirklichen Apokalypse, der des Menschen. Und insofern ist der Ansatzpunkt im Subjektiven, sosehr er sich ins Objektive ausweiten muß, doch der entscheidende, ist das Ausgehen einer Eschatologie von der „Haltung" der Seele ihrem letzten Schicksal, ihrem möglichen Ganzseinkönnen richtiger und tiefer als das Ausgehen von „objektiven" Endmöglichkeiten.

Wir haben damit von den zwei möglichen Arten, Eschatologie

zu treiben, schon die eine gewählt: statt der „positiven", „erzählenden" die „mythische", „existentielle". Die erste treibt sich als Wissenschaft unter Wissenschaften, lebt im Medium der Geschichte, untersucht und sammelt die Quellen, in denen die Völker über Tod und Verklärung, Gericht, Sühne und Himmel nachgesonnen haben, die prophetischen und anderen Dokumente, die auf eine künftige Entwicklung sowohl der individuellen wie der sozialen Eschatologie Hinweise enthalten. Sie wird dabei schnell auf die alles beherrschende Form des Mythus stoßen, wird die Bilder sammeln, ordnen und ihren Sinn zu enträtseln suchen. Ein unübersehbares Feld solcher Mythen: von den Vedas und dem chinesischen Kanon zur Genesis und Johannes-Apokalypse, von Zarathustra zur Orphik und Gnosis, flutet weiter durch das Mittelalter und seine pneumatischen Apokalypsen zum eschatologischen Jahrhundert Luthers, Münzers und Böhmes, hinein in die tausendarmigen Kanäle moderner Sekten, adventistischer, theosophischer und okkultistischer Konventikel aller Färbungen, hinein in die völkerkundlichen Mythensammlungen, in das Heer der Apokalypsenkommentare, in die säkularisierten Formen philosophisch-evolutionistisch-technischer Reich-Gottes-Erwartung. All das zu ordnen, was Menschheit über ihr Eschaton gedacht hat, das wäre positive, referierende Eschatologie.

Es kann sich aber auch die einzelne Seele, die Augen vor diesem ungeheuren Andrang von Bildern schließend, in sich selber besinnen auf ihr konkretes Eschaton. Auf die möglichen Wege ihrer Selbstenthüllung und von da aus auf die Wege der Enthüllung jeder Seele. Sie wird von den „letzten Dingen", von denen sie *jetzt* weiß und die sie *jetzt* als auf ihr Innerstes hinweisend angehen, sich ihren Weg zu ihrem letzten Schicksal bahnen. Aber weil ihre Apokalypse gerade noch *nicht* erfolgt ist, weil sie also vor sich selber noch als vor einer verschlossenen Türe steht, kann sie auch den Logos ihres Eschatons nur verhüllt begreifen. Sei es, daß sie ihn selber formuliere (in Philosophie oder Kunst) oder daß er ihr von Gott als logos Theou gesagt werde (in Theo-logie), sie wird ihn selber nur durch Bilder verstehen können. Diese zweite, existentielle Eschatologie wird also ebenso mythisch sein wie die historische. Alle direkt-rationelle Aussage über das „Letzte" ist für ein wesenhaft verborgenes *Konkretes* unmöglich. Sie trifft nur eine allgemeine und abstrakte Wahrheit, eine Sächlichkeit, die bestenfalls selber wieder „Mythus" für das konkret zu Geschehende sein kann. Aber ein grundlegender Unterschied zeigt sich doch: Die Mythen der historischen Eschatologie in ihrer Unübersehbarkeit sind, wie tote Muscheln, am Strand der Geschichte ausgeworfen. Und wer kennt nicht den seltsamen Überdruß, ja den geheimen, sich selbst ungern eingestandenen Ekel nach längerer Beschäftigung mit ebendiesen berückenden mythischen Eschatologien: mit Origenes, Eriugena oder Joachim von Floris, Böhme oder Rudolf Steiner, selbst Plotin, Schelling oder neurussischen Gnostikern, von den alten ganz zu schweigen? Unser Unbehagen ist das Gewissen der Existentialität, die genau das Maß für die Lebendigkeit eschatologischer Mythik gibt: Soviel als Kleid und Ausdruck lebendigen Daseins nötig ist, soweit ist Mythik gestattet. Das übrige sind „Neugierblicke in verhängte Himmel". Existentielle Eschatologie wird sich an Christi Antwort eine Warnung nehmen: „Es ist nicht eure Sache, zu wissen, . . . Tag und Stunde weiß allein der Vater." Sie wird also alles soweit klären, als es die Situation klärt, in der die Seele ihrer Apokalypse entgegengeht. Nicht die möglichen objektiven Zuständlichkeiten einer anderen Welt (Beschaffenheit des peinigenden Feuers, Zeitdauer und Arten der Reinigung, psychologische Bedingungen einer unmittelbaren Schau Gottes – oder: Wann und Wie des Weltendes, der historischen Endzeit, die Parusie) werden vor allem ihre Beachtung finden, sondern *in* all dem und durch all das hindurch der Ausdruckswert für das *wirklich* darin Gemeinte: ihr konkretes Hineingestelltwerden in ihr Letztes. Der Faden, der vom Bild zum Abgebildeten führt, darf nie ganz reißen.

Darum gilt, daß Philosophie, Theologie und Kunst in ihrem Reden vom Letzten nicht eine direkte Sprache führen, sondern hinweisen und „meinen".[1] Um solches Meinen geht es uns allein, wenn wir diese drei Formen geistigen Tuns hier anwenden. Wir möchten daher unser eigenes Tun auch weder als philosophisches, theologisches oder literarwissenschaftliches im eigentlichen Sinne ausgeben.

Wir heben aus der Fülle des geschichtlichen Stoffes zwei Zeit-

---

[1] Für alle drei Gebiete gilt: Dies „Meinen" sagt nichts gegen die wahre „Objektivität" des Bildes, nichts gegen seine absolute Geltung, solang es Menschen gibt. Für Theologie insbesondere gilt: Auch sie ist, sosehr in ihr der Quell der Wahrheit selbst redet, ein Reden in die Welt hinein und weil konkreteres, darum noch bildhafteres als das der Philosophie. „Mythus" sagt für uns also geradezu ein Zuviel an „Objektivität", als Verhüllen der gemeinten „Subjektivität".

spannen heraus, als zu unserem Ziel besonders geeignet, und weil aus ihrem Zueinander die letzten Fragen unserer Gegenwart sich ergeben: Die neuere deutsche Geistesgeschichte von der Aufklärung bis heute (zu der wir gegen Ende einige Studien über ausländische Denker oder Dichter einflechten) umfaßt die ersten zwei Bände. Das Selbstverständnis des Menschen ist in ihr betont vom Philosophischen und Ästhetischen her bestimmt, das heißt von den Gebieten, die dieses Selbstverstehen betont vom Menschen her und zu ihm hin aufbauen. Dennoch wird sich die entscheidende Frage dieser „menschlichen" Eschatologie zum dritten, religiösen Pol hinbewegen und von ihm her (und dies notwendig in der Auseinandersetzung mit dessen konkreter Erscheinung als Christentum) auch die entscheidende Antwort und das Selbstverständnis erhalten: als letzte Übereinstimmung oder letzter Gegensatz. Um das Konkrete dieser christlichen Eschatologie, die sich ihrerseits betont vom Theologischen her aufbaut und die den Inhalt des dritten Bandes bilden soll, in seiner Ursprünglichkeit zu fassen, wird diese im biblischen Raum selbst betrachtet werden, wo es nicht um bloße christliche „Endlehre" geht, sondern Rede vom Ende unmittelbar gehört, gelebt und befolgt wird. Alle christliche Eschatologie hat ihren einzigen Mittelpunkt in der Weise, wie Christus im Ende steht und ins Ende stellt. Von dieser Mitte werden wir das Blickfeld rückwärts ins Alte Testament und vorwärts über Paulus und Johannes hinaus noch zu den Hauptformen patristischer „existentialer" Eschatologie ausweiten: zu Origenes und Augustinus.

Wollten wir eine Gegensatzformel für diese zwei Eschatologien, so bietet sich als die kürzeste und zugleich bedeutungsbeladenste die Nietzsches an: „Dionysos und der Gekreuzigte." „Dionysisch" ist die Letzthaltung nicht nur Nietzsches, sondern der ganzen Kette von Hamann über Schelling und die Romantiker bis zu George und – Karl Barth. Es ist der Orgelpunkt der deutschen Seele, der in diesem Worte hörbar wird. Sofern es aber überall im Grenzen ans Religiöse sich mit dem Christlichen auseinandersetzt – als Kampf, Einverleibung oder Anerkennung –, wird die wesentliche Auseinandersetzung von „Dionysos" und „dem Gekreuzigten" nicht erst im dritten, sondern durchaus schon im ersten Bande anheben.

Unsere erste Aufgabe wird es also sein, die Letzthaltung des deutschen Geistes am Leitfaden der eschatologischen Mythik zu suchen, welche sich dieser Geist als Spiegel und Ausdruck seines Selbstverstehens geschaffen hat. Am eschatologischen Mythus einer Zeitspanne soll sich das eigentliche Wesenswort dieser Zeit offenbaren, im Bilde sich, klarer als in jeder abstrakten Theorie, die Seele der Epoche spiegeln. Dies rechtfertigt es unmittelbar, daß die Bildwerdung im dichterisch-eschatologischen Gleichnis uns besonders beschäftigen wird. Aber durch die literarisch-geisteswissenschaftlichen Fragen (Sammlung der Gestaltungen eines Mythus, geistiges Verstehen der Form- und Gehaltsbildung) dringen wir sogleich zur tieferen: Was veranlaßt eine Zeit, sich gerade *dieses* Mythus (etwa Prometheus, Faust, Don Juan, und spezieller eschatologisch: Ahasver, Götterdämmerung, Antichrist, wiederkehrender Christus, Weltbrand, usf.) als ihres Selbstausdruckes zu bedienen? Hier muß dann ein unvermeidlicher und fruchtbarer methodischer Zirkel entstehen: das innere Verstehen einer letzten Zeitlage wird nicht nur ein Licht werfen auf die Tatsache, daß *dieser* Mythus ihr zum Gewand werden, sondern darauf, daß er an diesem Punkt seiner Biographie *diese* (vertiefte) Deutung erfahren mußte.[1] Daß er hier zu seiner Wahrheit kam. Umgekehrt wird aber dieses innere sieghafte Durchleuchten seiner Wahrheit darauf hinweisen, daß hier sich Entscheidung, Enthüllung, Apokalypse vollzog. Das übersteigt das Feld der literaturgeschichtlichen Monographie und reicht ins Philosophisch-Religiöse hinein. In Gundolfs „Geschichte des deutschen Shakespeare“ und seinem „Cäsar“ sind Beispiele solcher Geschichtsschreibung gegeben. Doch für uns ist der Mythus und seine Wandlungen nicht wie für Gundolf Gegenstand, sondern Symptom, Hinweis auf eine innere Situation der Seele. Gerade so aber wird uns dann auch das Gebiet der Philosophie und ihrer „Systeme“ selber mythisch. Philosophie ist fortschreitende Einkreisung der Seinsfülle durch Wesensbilder, und so, als Aphorismus, Syllogismus oder System immer nur Ersatz des Gemeinten. Alles Denken hat so sehr Gleichniswert, daß es ihn auch dort behält, wo es über gestalthafte Gedankenbauten hinaus nur noch offene Fragen und Aporien ins Dunkle vorstreckt. Das Wie und Warum solchen Fragens hat seine eigene,

[1] Dieser Zirkel wird für die Darstellung den Nachteil haben, daß sich Apokalypse der Seele nicht immer direkt am Mythus wird aufweisen lassen, daß also längere Erörterungen notwendig sein können, die scheinbar nichts „Eschatologisches“ an sich haben, aber notwendig sind, um das Einmaliger *dieser* Apokalypse *dieser* Seele in *diesem* eschatologischen Mythus allererst sichtbar werden zu lassen.

unverwechselbare Gestalt, die vom existentiellen Fragenden aus geprägt wird, einen Denkrhythmus, der von allem Was des Gedachten ablösbar bleibt und für sich allein ein eigenes Bild, einen Mythus darstellen kann. Wie also Literaturwissenschaft für uns in Philosophie übersteigt, so diese wiederum in Kunst; beide aber (wie Theologie) auf die geschichtlich konkrete Existenz. Gerade dieser Transzendenzpunkt aller drei soll der geometrische Ort dieser Studien sein. Sie können sich also ausdrücklich auch gegen „eigentliche Theologie" abscheiden, sofern sie keine theoretische Weiter-Auswicklung des Wortes Gottes in menschliche Systematik sein wollen, sondern schlichte Schilderung des Stehens der Seele in diesem Wort.[1] Sie scheiden sich gegen „eigentliche Philosophie" ab durch ihre mythische „Einklammerung" der philosophischen Gestaltungen und deren Beziehung auf eine menschliche Situation,[2] gegen

---

[1] Sofern auch das „Theologie" ist, wird unser letzter Band primär theologisch sein, ohne dadurch seine durch die Methode erheischten Beziehungen zu Philosophie und Kunst aufgeben zu können.

[2] Dies bedarf noch einer Verdeutlichung. Man wird vor allem keine „systematische" Philosophie hier suchen dürfen im Sinne einer eigenen „ontologischen" oder „metaphysischen" Grundlegung, aber auch keine „systematische" Eschatologie, wie diejenige Heideggers systematisch heißen kann. Das Eigentümliche der vorliegenden Studien ist vielmehr, aus historischen Weltanschauungsstrukturen wie aus einzelnen Steinen ein Gebäude zu bauen, das einen außerhistorischen Sinn hat. Sie stehen so zwischen Geschichte und System, in einer Mitte, die sich nur darum von Hegel unterscheidet, weil ihnen diese Mitte zwischen „objektiv" und „subjektiv" als höchst labile, eben kreatürliche, erscheint, – als Mitte des Mythischen, nicht des absoluten Geistes. So entsteht hier, trotz des Umfangs dieser Studien, auch keine „geschlossene" existentiale Eschatologie (erst der letzte Teil wird in etwa ein Theoretisches abrunden können), schon gar nicht im Sinne Heideggers, sondern nur eine breite Induktion zu einer solchen hin auf der Grundlage dessen, was, vor Heidegger, von Scheler als „immanentes Prinzip" einer Eschatologie bezeichnet wurde („Tod und Fortleben", Nachlaßband I, 402): die Frage nach dem Eschaton des Menschen „ausschließlich aus dem Gehalte, der in der Fülle unserer irdischen Lebenserfahrung gegeben ist", zu entscheiden. Geduldiges Hinhorchen auf die „geistigen Erfahrungen" (ebd. S. 33), in denen das Eschatologische zur Gegebenheit kommt, im Grunde also die nunmehr unverlierbare phänomenologische Methode, an den Führern des deutschen Geisteslebens selber erprobt, wird dieses zarte und kostbare Material erst einmal zu Tage fördern müssen, aus welchem die philosophische Schmiedekunst nur immer zu hastig diese oder jene Beweisform hämmert, ein Hinhorchen, das, wie gesagt, passiv-objektiv gerade dann ist, wenn es zugleich schöpferisch-blickend ist.

Wer schließlich das Vage im Gebrauch mancher philosophischer Ausdrücke tadeln möchte, so vor allem den Gebrauch des „Modewortes" existential, der sei auf die Rechtfertigung dieses Vorgehens vor allem im Goethe-Kapitel verwiesen.

„Philologie“ durch die Auswahl des Stoffes und seine Gruppierung nach über-philologischen Gesichtspunkten. Dennoch wird zumal in diesem Band eine bedeutsame Verwandtschaft der seelischen Apokalypse zum Bildgewand der Kunst hervortreten. Nicht nur ist hier immer besonders eindringlich der Rückgang der Seele aus dem verdeckend Alltäglichen in die Feierlichkeit der möglichen Vollendung Ereignis geworden, die ersehnte, verhüllte Apokalypse in der Begeisterung des Schönen vorausgenommen, sondern im Dionysischen wird dieser Zugang zum bevorzugten. Wie sehr die Problematik des ästhetischen Menschen die wesentliche der gemeinten Zeitspanne ist, hat jüngst Karl Justus Obenauer gezeigt. Das hindert nicht, daß diese Tatsache dionysischer Verwandtheit zur Kunst für uns selber ein Gleichnis der Existenz ist, und so mehr als ästhetischen Wertes. Übrigens ist es auch umgekehrt klar, daß gerade das Ästhetische als solches und seine Idealität von besonders eindringlichem Bildwert für die existentielle Situation sein muß. Kierkegaard hat dies genügend betont.

Neben den erwähnten Gebieten können auch andere Felder der Geistes- und Naturwissenschaft, sofern sie irgendwelche Grenzen zum Eschatologischen haben, Mythus der Existenz werden. Physik, als Weltend- und Entropielehre, Technik, Psychologie des Endes und der Katastrophe, Pathologie u. a. können an einem Punkte ihrer sachlich-“objektiven“ Entwicklung plötzlich wie leuchtend und durchscheinend werden in eine tiefere, „subjektive“ Situation der Zeit, was man dann als die „Eschatologisierung“ des Gebiets bezeichnen kann.

Es ist aber klar, daß dieser Versuch, den wir unternehmen, deswegen nicht „Eschatologismus“ zu sein braucht, in jenem Sinne eines Wesenloswerdens alles Weltlichen und einer erd- und kulturfeindlichen Unmittelbarkeit zum Gericht.[1] Denn alles Weltliche ist naturhafter, unentbehrlicher *Spiegel* des Geistes, der zu sich kommen soll. Ebensowenig aber wird hier von jenem „eschatologischen Loch“ im Weltbild gesprochen werden können, das Brunner an Schleiermacher aufdeckt.[2] Denn alles Weltliche *ist* Spiegel und als solches wesenhaft über sich ins Geistige weisend. In der Mitte hält sich existentielle Apokalyptik, die aus der Verhülltheit der Gegenwart weder in die falsche Katastrophe einer vermeint-

---

[1] Vgl. E. Przywara: Eschatologismus (Stimmen der Zeit, Juni 1929, 229).
[2] Emil Brunner: Die Mystik und das Wort, Tübingen 1924.

lichen oder mißverstandenen Endzeitlichkeit stürzt, noch in die falsche Ruhe einer kulturselig deistischen Zeitewigkeit.

An diese letzte Bemerkung kann sich sachgemäß eine kurze Erörterung über die eschatologischen Grundkategorien anschließen. Eschatologie bestimmten wir als das Wissen vom Stehen des konkreten Geistes vor seinem eigenen, ihn vollendenden, aber ihm verhüllten Letzten, das ihm als seine Apokalypse in Selbstverwirklichung sich enthüllen soll.

Vom Subjekt dieses Wissens aus scheidet sich Eschatologie zunächst in individuelle und soziale, je nachdem der konkrete Geist sich in seiner relativen Einzelheit oder relativen Verbundenheit in konkreter Gemeinschaft betrachtet. Konkreter Gemeinschaft: denn auch hier ist es durchaus existentielle Apokalyptik, wenn sie auch die Vielheit der Geister als solche zum Subjekt hat. Es ist also weder eine einfache Vielheit individueller Schicksale, noch eine abstrakt-ideale Einheit „objektiven" Geistes, sondern eine subjektive Schicksalsgemeinschaft, die vor ihr Letztes gestellt ist, beispielsweise in der Wirklichkeit Volk, Staat, Kultur, Kirche. Zu diesen zwei Aspekten des Subjekts tritt als dritter noch der Naturaspekt. Konkreter Geist ist nicht reiner Geist, gerade weil er sich selber nicht voll besitzt, sondern eschatologisch ist. Als solcher ist er eingesenkt in Natur, die ihm zugleich Kleid und Spiegel, Verhüllung und Offenbarung ist. Und weil er so selber im Wesen Natur *ist* (und nie aus Natur in reinen Geist übergehen kann – denn wenigstens seine Geschichte und „Vergangenheit" behielte er „nach" diesem Übergang), nimmt auch Natur teil an der Apokalypse. Jene Natur, die der konkrete Geist unmittelbar *ist*, wird an ihr als Subjekt teilnehmen, die Um-Natur, die ihm Spiegel und Gleichnis ist und so seinem Schicksal als Mittel und Weg verwoben, wird indirekt (in obliquo) in die Vorgänge der Apokalypse hineingezogen.

Neben diesen am Subjekt selbst gewonnen Kategorien stehen jene, die sich aus der Bezüglichkeit des Subjekts auf sein Eschaton ergeben. Hier erhebt sich der Streit um die Worte „axiologische" und „teleologische" Eschatologie, an dem wir wegen der „Konkretheit" unseres Ausgangspunktes nicht vorbeigehen können. Denn die doppelte Beziehung, die sich darin ausdrückt, ist nichts als die Formel dieser Konkretheit. Das Verhüllte und Ausstehende *ist* Schicksal, nicht irgendein gleichgültiges Gut, ein Wert unter anderen. Darum besteht eine wahre Unmittelbarkeit zu ihm durch den

Ausstand hindurch: axiologisches Verhältnis. Und dies so sehr, daß es sich als das sachlich Primäre erweist: Weil diese (verhüllte) Unmittelbarkeit besteht, ist teleologische Blickrichtung, als auf die Strecke hin zur Verwirklichung, überhaupt möglich. Axiologie heißt also Schicksalsgegenwart der letzten Dinge, Teleologie Weg der Verwandlung von Schicksalsgegenwart in Erfüllungsgegenwart.

Die Worte gehen auf Troeltsch[1] zurück und wurden, obschon vielfach angegriffen, von Althaus[2] übernommen. Georg Hoffmann[3] lehnt sie wieder ab. Der Grund der Verdächtigkeit von „Axiologie“ liegt in ihrer von Troeltsch herstammenden, versteckten Gleichsetzung mit „Wertlehre“. Werte sind zwar allgemein jene über alle teleologische Geschichte je senkrecht einfallende Ewigkeit, an der der Geist mißt. Aber Wertlehre, wie sie geschichtlich vorliegt, hat einen starken Zug, ihr Objekt von der anstrebenden Subjektivität loszulösen, die Werte „in sich“ zu betrachten und sie erst in zweiter Linie Werte „für . . .“ sein zu lassen. Wertlehre ist, dem Ziel nach wenigstens, völlig unabhängig von allen geschichtlichen Verwirklichungen. Konkreter Geist nun aber, der in seiner Schicksalssituation steht, ist wurzelhaft, als ganzer, ein geschichtlicher. Die Beziehung des Ausstandes geht nicht nachträglich in die (geschichtliche) der Ausstandsbehebung über, sondern Teleologie ist nur die sich entspannende Feder der Schicksalsspannung. Konkreter Geist ist also nie nur axiologisch oder teleologisch zu seinem Eschaton hin, sondern in unlösbarer Dialektik beides.

So aber, um das Wesen, das heißt die Polarität dieser Doppelbeziehung zum Ausdruck zu bringen, sind die Worte axiologisch-teleologisch (oder gleichmeinende) doch unumgänglich notwendig. Nur so sind sie freilich auch (gegen Traub[4] und andere Angreifer) zu verteidigen, denn alle Mißverständnisse gehen auf die Verselbständigung und damit Entspannung des axiologischen Pols in „objektive“ Wertewigkeit zurück. Hoffmann[5] wirft Althaus vor, seine „Axiologie“ verdiene den Titel Eschatologie nicht, denn „nur dann könnte rechtmäßig von einer axiologischen *Eschatologie*

---

[1] Die letzten Dinge (Chr. Welt, 22, 1908).
[2] Die letzten Dinge, 3. Aufl., 1926.
[3] Das Problem der letzten Dinge in der neueren evangel. Theol., 1929.
[4] Die christl. Lehre v. d. letzten Dingen (Z. Th. K., 1925).
[5] A. a. O. 50 ff.: „Teleologische und axiologische Eschatologie?“

geredet werden, wenn auch die Gegenwartsbeziehung zum Ewigen wirklich eschatologisch, als Beziehung auf etwas in der Zeit Ausstehendes, also nicht im Sinne der praesentia salutis verstanden wird". Die Fragwürdigkeit des Begriffs, meint Hoffmann, zeige sich deutlich daran, daß Althaus die Eschatologie Karl Barths als rein teleologische ansehe, während doch Karl Barth, wie Althaus selbst, von Troeltschs Problemstellung ausgehe und gerade im Gegensatz zu aller Teleologie eine rein axiologische Eschatologie auszubauen bemüht sei.

Aber die Verschiedenheit zwischen Barth und Althaus hebt sich dadurch, daß beide das Wesen axiologischer Schicksalsgegenwart des Eschatons anders fassen. Barth wird den Ton auf „Schicksal" legen, das heißt auf den Ausstand, die Leere, die alles Zugreifen verhindert,[1] Althaus auf „Gegenwart", als auf das „Ergreifen" des Heils durch allen Ausstand hindurch. Eine unvermeidliche Doppeldeutigkeit, die sich nicht nur als Dialektik *zwischen* Axiologie und Teleologie kundtut, sonder (*weil* beide untrennbar sind) auch in der Bestimmung jedes einzelnen der beiden Pole, kommt hier zum Ausdruck, und Barth wie Althaus sind sich dessen genugsam bewußt. Alles Haben heißt hier auch Nichthaben, alle Leere aber Sehnsucht und Sollen.

Hoffmann unterschiebt daher Althaus zu Unrecht einen nach Troeltschs Art (zur Wert-Beziehung) verengten und verharmlosten Begriff der „Axiologie". Althaus spricht (im Hinblick auf Windelband[2]) davon, daß die „Ewigkeitsbeziehung sofort zur Spannung auf das Ewige hin" wird, „indem das Ewige als Norm in die Zeit eintritt".[3] Dasselbe aber sagt Hoffmann, daß nämlich „das Ewige immer nur ‚in actu', in der lebendigen Spannung des gegenwärtigen Augenblicks auf seinen letzten Sinn erreicht" wird.[4] Was Hoffmann also (in Hinblick auf Theodor Siegfried[5]) „aktuelle Eschatologie" nennt, ist dasselbe, was Althaus unter „axiologischer" versteht. Diese Spannung im axiologischen Pol selber kann dann auch mit Tillich[6] dahin ausgesprochen werden, daß alles Geschehen einen Erfüllungs- und Entscheidungscharakter

[1] Vgl. besonders: Zur Lehre vom Heiligen Geist (München 1930), S. 94-100.
[2] Präludien: „Sub specie aeternitatis" (3. Aufl.), 453 ff.
[3] Althaus a. a. O. 20.
[4] Hoffmann a. a. O. 53.
[5] Endgeschichtliche und aktuelle Eschatologie (Z. Th. K., 1923).
[6] Eschatologie und Geschichte (Chr. Welt, 17. Nov. 1927, 1039).

hat. Das zweite verhindert den Übergang axiologischer Eschatologie in „Wertlehre". Umgekehrt regt sich gerade gegen Hoffmann selbst der Verdacht, daß er die Tiefe des Paradoxes, das dieses Verhältnis von Haben-Nichthaben andeutet, selbst nicht erfaßt hat, daß ihm vielmehr der Vorausbesitz des „Heils" (als Heilsgewißheit, die einen Zweifel an der Erlangung des eigenen Heils gar nicht in Frage kommen läßt) den existentiellen Fragecharakter wieder in eine harmlose „Wertlehre" hinübergleiten läßt.[1] – Mit dem Fragezeichen versehen, das zu ihrem innersten Wesen gehört, werden wir die Begriffe verwenden.

Das eben Ausgeführte läßt denn auch die Ersetzung der Begriffe teleologisch-axiologisch durch zeitlich-überzeitlich, die Hoffmann vorschlägt, als unglücklich erscheinen. Das axiologische Verhältnis *ist* zeithaft, wenn es auch das Mehr-als-Zeitliche des Geistes nachdrücklich betont. Aber der konkrete Geist hat letzte, ewige Dinge doch nur so, daß er sie eben – nicht hat. Die Geschichte der Eschatologie wird erweisen, daß die *Zerlegung* der eschatologischen Situation in eine zeitliche und überzeitliche, „geschichtliche" und „übergeschichtliche" eine Zerstörung der eigentlich primären Lage ist, ein „abkünftiger Modus". Die gewiß vorhandene Beziehung von Axiologie auf „Gegenwart" und „Augenblick", von Teleologie auf „Zukunft" ist selbst von zweiter Hand. Gilt das allgemein, so im besonderen auch für den Frage-Umkreis dionysischer Apokalypse. Wo in ihr das eschatologische Problem in seiner ganzen Tiefe sich aufrollt, das heißt in der Zeit des Idealismus und wieder in der Zeit von Nietzsche bis heute, da entfaltet es sich stets ausdrücklich als Frage *zwischen* Axiologie und Teleologie, nie als das reine Entweder-Oder von beiden. Wenn darum eine spätere Strukturforschung solche Zerfällungen vornimmt, um reine „Typen" herauszuheben, so hat sie damit das Lebendig-Konkrete der Situation sich entgleiten lassen. Solche Zerfällung ist, als „Abkünftigkeit", selber *Symptom* für ein tieferes, tragisches Stehen vor dem Letzten. Darum zielt, um ein Beispiel zu geben, eine Typologie von „Klassik" und „Romantik" wie die Fritz Strichs[2] von Anfang an am Lebendigen vorbei. Die unentrinnbare Dialektik von „Vollendung" und „Unendlich-

[1] Vgl. Hoffmann a. a. O. 64, 77-85, 110, 116.

[2] Deutsche Klassik und Romantik oder Vollendung und Unendlichkeit, 2. Aufl., München 1924.

keit" ist, weil sie *die* menschliche Situation ist, auch die Situation von Klassiker so gut wie Romantiker. Beides werden nur Weisen des Stehens *in* dieser Situation sein und beide zusammen werden die eine Weise des Stehens bilden, die „deutschen Idealismus" gegenüber anderen Weisen bezeichnet.

Gerade die Unentrinnbarkeit konkreten Stehens im Ende als konkreter Verhülltheit von Haben in Nichthaben, von Erfüllung und Ewigkeit in Schicksal und Unendlichkeit verbietet uns jedes zutappende Greifen mit fertigen, „rationalen" Begriffen. Unsere Methode muß sich vom Gegenstand her durchformen lassen und dem Mythus gemäß, den sie behandelt, eine mythische Darstellung sein. Wenn Geist *sich* konkret in Bildern versteht und so auf sich zugeht, so wird Geist auch in Bildern und an Bildern am tiefsten verstanden. Wenn wir also die Geschichte der Apokalypse des deutschen Geistes gleichsam in einem Bilderbuch darstellen, so wollen wir damit am anschmiegendsten seinem Selbstverständnis uns nachtasten. Ernst Bertram hat an Nietzsche den „Versuch einer Mythologie" gewagt; sowenig wir glauben, daß er dabei das letzte Tiefenbild Nietzsches, das wirkliche Eschaton dieses Gewaltigen zu zeigen vermochte, die Methode, die ja die der ganzen Schule Georges ist, ist unentbehrlich. Denn sie räumt auf mit dem Traum einer historischen „Objektivität", der Nietzsche selber seinen grimmigsten Kampf angesagt hatte. Sie ist für uns um so unentbehrlicher, als uns Mythus, Bild und Spiegel zum einzig „Objektiven" wird, das sich ein existierendes Subjekt zum Selbstverständnis hin vorhält, oder das zwischen zwei existentiell-dialogisch sich unterhaltende Subjekte (zuletzt Gott und Seele) als vermittelnd-„objektives" Medium tritt. Mythus wird so jener „objektive" Geist, von dem Hegel glaubte, ihn noch objektiver in den „Begriff" aufklären zu können. Aber, wie wir früher sagten, auch Begriff bleibt uns *Mittel* des Selbstverständnisses und so selber Bild und Mythus. So bleibt dieser *zwischen* Philosophie und Kunst, als wahrhaft objektiv gültiger, aber nicht in „Begriff" klärbarer, er bleibt auch zwischen Philosophie, Kunst und Theologie als monologisches oder dialogisches Wesenswort der Seele.

Freilich, das Selbstverständnis einer historischen Epoche stellt sich in einem unabteilbaren Strom von Bildern und Bildungen dar, die wie das Wogen von Wellen ineinander überquellen und zerfließen.[1] Menschlicher Geist vermag diesen Reichtum, wie Bergson es gerne ausführte, nicht anders als in kinematographischer Methode nachzuzeichnen. Er muß in die einzelnen Bilderchen des Filmstreifs zerlegen, was lebendige Bewegung war:

„Von innen treibt sich Form auf Form heraus
Mit einer Riesenkraft in stetem Schwalle.
Mich überkommt ein ungeheurer Rausch,
Die Hände beben, solches nachzubilden . . .
Nur ist es viel zu viel und alles wahr:
Eins muß empor, die anderen zerfließen."[2]

Aber das „geistige Band" und das Geheimnis der Bewegung besitzt immer wieder die lebende Seele. Sie kann die Gestalt, die vor ihr steht, zurücktauchen in den schöpferischen Vorgang, der sie emporhob, die starren Bildchen magisch in lebendigen Ablauf verwandeln, sie kann auch an diesen mythischen Formungen ihrer eigenen Apokalypse das Leben zurückgeben, das sie gebar. Das ist dann kein ästhetisches Beschauen von Gefügen, sondern selber erneute, wiederholte und vertiefte Apokalypse der Seele.

* * *

Die zwei ersten Bände dieser Studien entstanden in erster, kürzerer Fassung 1928-1929, wurden aber (mit Ausnahme einzelner Teile, wie des Kapitels „Kierkegaard und Nietzsche", das fast unverändert übernommen werden konnte) zwischen 1933 und 1935 in diese erweiterte Fassung umgeschmolzen.

---

[1] Um dem stofflichen Überreichtum zu steuern, war es notwendig, nur die Großen wirklich reden zu lassen. Die Kleineren und Kleinen mußten je auf das Wesenswort beschränkt werden, das sie zu einem bestimmten Thema zu sagen hatten. Auch die Auswahl der „Großen" selber behält etwas Willkürliches, was aber in Anbetracht der Stoffülle unvermeidbar war.

[2] Hofmannsthal: Das kleine Welttheater (Die Gedichte und kleineren Dramen, S. 64-65).

Vorgeschichte

DIE AUFLÖSUNG DER ESCHATOLOGISCHEN EINHEIT

I. Das Mittelalter

Der Ganzheitsanspruch des scholastischen Weltbildes mußte sich in der Einheit seiner Eschatologie deutlicher als auf jedem andern seiner Gebiete rechtfertigen, nicht nur soweit als die Lehre von der Vollendung Prüfstein der Einheitlichkeit jeder Weltanschauung ist, sondern weil hier die verschärften Spannungen des Natürlich-Übernatürlichen, Menschlich-Göttlichen, Sündig-Erlösten und Sinnlich-Geistigen mit einer geradezu ungestümen Unerbittlichkeit auf den eschatologischen Fluchtpunkt hin zusammenlaufen. Die ins Christliche hineingezogenen antiken Formen geben ihr Eigengepräge darin auf und werden in die Bewegtheit der neuen, wesentlich religiösen und übernatürlichen Perspektive hineingerissen. Die ewig-umkreisende Welt des Aristoteles gibt zwar noch das Vorbild für den statischen Stufenbau der Seinsreiche, die zwischen Erscheinung und Idee tragisch ringende Seele Platons gibt zwar noch den metaphysichen Plan an für den thomistischen Menschen als „Grenze" zwischen Leibwelt und Geistwelt,[1] die stoische Weltperiodenlehre leiht zwar noch einzelne Bestandteile, wie die des Weltbrandes, der neuen Endlehre, – keine dieser geistigen Welten aber hat den geringsten Einfluß auf das Eigentümliche der christlichen Eschatologie. Nicht ein kosmologisches, sondern ein zugleich historisches und übernatürliches Geschehen ist es, das ihr Formprinzip ausmacht. Dadurch hebt sie sich auch klar von den spätantik-gnostischen Eschatologien ab, welche das Historische wieder in antikem Sinn kosmologisch und das Übernatürliche naturalistisch-immanent zurückbiegen. Die christliche Eschatologie ist diesem philosophischen Mythus gegenüber eindeutig positiv geschichtstheologisch: Schöpfung im Gnadenstand, Erlösung und Vollendung sind die Angelpunkte dieses Dramas zwischen Gott und Menschheit, von Gott her betrachtet. Vom Menschen her aber antworten auf die göttlichen Taten zwischen Schöpfung und Erlösung der Sündenfall und das „Zersplittern" des einen Adam, nach einem Wort Augustins,[2] zwischen Er-

[1] Quaest. de anima, a. I, c.
[2] Enarr. in Psalmos: Ps. 95, 15.

lösung und Vollendung die Kirche als fortlaufender Anschluß der Menschheit an den Gottmenschen als das „Haupt" des mystischen All-Leibes, als den neuen einzigen Adam. Aber wie die Gnadenschöpfung und die Menschwerdung unberechenbarste Offenbarung Gottes war, so ist auch, eben weil es *Gottes* Tun ist, die Vollendung, worauf jene beiden zielen, absolut ursprингend und unberechenbar. „Niemand weiß den Tag noch die Stunde, auch nicht die Engel im Himmel, auch nicht der Sohn, nur der Vater."[1] Vor diesem absoluten Sprung verschwinden alle innergeschichtlichen Bewegungen: sei's die eines Fortschritts als Ausbreitung des Reiches Gottes, sei's die auch von Katastrophen, wie die Apokalypse und die eschatologischen Reden des Evangeliums sie weissagen, jenen Ausbreitungsgedanken schrill durchkreuzend. Aber auf diesen absoluten Sprung hin laufen alle Linien zusammen: auch die weltgeschichtlichen Mittlelpunkte von Schöpfung und Erlösung zentrieren sich in ihm.

1. Er ist Zentrum der individuellen Eschatologie: das Gericht (das zugleich immanentes Selbstgericht – als Ergebnis des ganzen Lebens – und absolut transzendentes Gerichtetwerden von oben bedeutet) ist der Absolutpunkt der Geschichte des Einzelnen als eines natürlich-übernatürlichen Wesens. Die Auferstehung ist volle Wahrung und Übererfüllung seiner leib-geistigen Einheit als endlicher Person.

2. Er ist Zentrum der allgemeinen Eschatologie als Gesamtgericht über die Einheit der Menschheit, als gleichzeitige Verwerfung des „Reiches dieser Welt" und Enthüllung der Herrlichkeit des „Leibes Christi" und der „Braut Christi".

3. Er ist Zentrum der Natur-Eschatologie: „Denn das sehnsüchtige Harren der Schöpfung wartet auf die Enthüllung der Söhne Gottes. Denn es ist die Schöpfung unter die leere Vergeblichkeit gespannt . . ."[2] Auch für die Natur, welche „neuer Himmel und neue Erde"[3] werden will, hängt die Vollendung am geschichtlichen Schlußakt Gottes: das kosmologische Ende am historischen.

Diese drei Seiten der Vollendung sind unlöslich ineinander verflochten: Die Vollendung des Einzelnen vollzieht sich nur in der Gliedschaft des Leibes Christi und in der Auferstehung des Fleisches.

[1] Mk. 13, 32.
[2] Röm. 8, 19-20.
[3] Offenb. Joh. 21, 1.

Die Vollendung der Kirche vollzieht sich nur durch die persönliche Heiligkeitsreife all ihrer Glieder und durch die Leiblichkeit ihres Hauptes (als totale Menschwerdung). Die Natur vollendet sich als Wohnstatt und geradezu Teil des Menschen,[1] und also, weil der Mensch nur als mystischer Christus sich vollendet, auch durch die Kirche.

Sofern nun diese und jedes ihrer Glieder dieser großen Vollendung entgegenstreben, wie die Natur ihr entgegen-„seufzt", ist dies alles teleologische Eschatologie. Sofern sich aber darin das neutestamentliche Pathos der „ungewissen Stunde des Bräutigams" durchhält, ist dies zeitliche Schreiten quer durchschnitten von axiologischem Endverhältnis: jeder Augenblick ist unmittelbar zum Ende, kann über absolutes Heil und Unheil entscheiden. Die Kirche *ist* wesentlich fleischgewordene Gegenwart des Ewigen in der Zeit; Natur aber und die ganze statische Hierarchie und Gesetzlichkeit der Welt hängt in jedem Augenblick an nichts als dem Gutdünken der schaffend-erhaltenden Allmacht: „Sein Gutdünken ist die Notwendigkeit aller Dinge."[2] – So ist gleicherweise im zeithaften Längsschnitt wie im punkthaften Querschnitt diese Eschatologie Einheit. Aber so wenig ist sie in sich beruhigte Einheit, daß gerade das Geflecht der drei Anblicke sie zu einer innerlich dynamischen machen, einer Bewegtheit, welche die aller Endlehre zwischen Axiologie und Teleologie noch vertieft. Und doch führt dies ganze Gewebe schnell zum Dunkel eines unerforschlichen Ratschlusses Gottes, als dem keinem Geschöpf je verliehenen Schlüssel aller Eschata. Alle Unruhe und Sehnsucht zum Ende hin mußte sich immer wieder blind in dieses Dunkel ergeben und stillen. In solcher von der transzendenten Heilstatsache so voll beherrschten Eschatologie haben offenbar die Idee einer eigenständigen Eschatologie der menschlichen Kultur neben der kirchlichen und die Idee einer irgendwie zeitlich-richtunghaften Eschatologie der Natur (im Sinne modernen Evolutionismus oder auch Entropismus) keinen entscheidenden Platz. Nur in gewissen Keimen: der beliebten Periodisierung der Weltgeschichte einerseits und dem umstrittenen Problem der Weltewigkeit (creatio ab aeterno) anderseits, liegen spätere Weltanschauungsgefüge verhüllt. Aber eine richtunghafte Geschichts- oder Naturbetrachtung findet in einer „summa theologica" keinen

---

[1] „Diese ganze Kreatur ist im Menschen, ja vielmehr ist der Mensch." Augustin a. a. O. In Ps. 118. en. 12, 1.

[2] Augustin: De Genesi ad litt. 6, 15, 26.

Platz: von dieser höchsten Warte aus ist die ganze Zeitlichkeit das stets und überall gleichartige Feld für Kampf, Leiden und Prüfung der Gerechten, das Gebiet der untentwirrbaren Vermischtheit des Guten und Bösen und, tiefer, des Leids als Strafe und Verwerfung und des Leids als Erziehung, Heil, Erlösung. Hell vertrauender Vorsehungsglaube und Wirken in „Furcht und Zittern“ dürfen sich hier gegenseitig nicht antasten, das Wesentliche an der Existentialität dieser Eschatologie ist dieser in der absoluten Überlegenheit des Begnadenden beruhende Doppelrhythmus von eschatologischer Beruhigung und Unruhe, von Liebe und Furcht.[1]

Über dem Grundschema erhebt sich freilich die bunte Fülle der Einzelgestalten: eingebautes oder doch geduldetes Legendengut, Apokalyptisches, Mystisches, Apokryphes geben dem Bild des Endes die dem harrenden, gläubigen Gemüt erwünschte Greifnähe. Antichristsagen, Umstände der letzten Ankunft und Zustände des Jenseits werden in den Summen erörtert, und nicht minder dringt bis ins einzelne ausgeformtes Mythengut in die universale Geschichtschreibung. So mündet Otto von Freisings Historie in eine – im ganzen Werk schon latente – Eschatologie: ihm ist das Greisenalter der Menschheit gekommen, die müde Zeit, versinnbildet durch die tönernen Füße des Kolosses Daniels. Doch auch die verstärkte Spannung der Gegensätze weist nach ihm auf das nahe Ende. Dichtung vermittelt zwischen Geschichtschreibung und Volkssage: die anfänglich gelehrte Antichrist-Literatur, von Adsos „libellus de antichristo“ (954) ausgehend, wird durch die Spiele und im 13. Jahrhundert durch die Dichtung der Fahrenden populär. Durch Walther, Reimar von Zweter, Konrad von Würzburg, durch die großen Dichtungen Frau Avas und Heinrichs von Neustadt dringt weitere eschatologische Mythik aus der Kirche in Kunst und Volk hinaus: alles großpolitische und religiöse Geschehen wird sofort ins Eschatologische gespiegelt, als chiliastischer Endreichtraum, der sich an Karl dem Großen, Barbarossa oder Friedrich dem Zweiten entzündet, oder als chiliastisches Papsttum in den Engelpapst-Sagen.[2] Seinen un-

---

[1] Vgl. W. Rehm: Der Todesgedanke in der dtsch. Dichtung (Dtsch. Vierteljahrschrift, Buchreihe 14, Halle 1928).

[2] Max Büdinger: Die Universalhistorie i. Mittelalter (Denkschr. d. Akad. d. Wiss., Wien, Bd. XLVI), 1898. – Reuschel: Untersuchungen z. d. dtsch. Weltgerichtsdichtungen (Diss.), Leipzig 1895. 2. Teil: Beitr. z. Gesch. d. dtsch. Spr. u. Litt., XX. – E. Wadstein: Die eschatol. Ideengruppe usw., Leipzig 1896. – G. v. Zezschwitz: Das mittelalt. Drama v. Ende d. röm Kaiserreiches, Leipzig 1877. – Kampers: Die dtsch. Kaiseridee in Prophethie u. Sage, 1896; ders: Mittelalt. Sagen v.

mittelbarsten Ausdruck fand dieser Eschatologismus in den periodisch wiederkehrenden, das ganze Volk hinreißenden Weltgerichtserwartungen, die von der des Jahres 1000 an sich bis ins 14. Jahrhundert unvermindert durchhalten. In einem Punkte aber sammelt sich all dies unklare Gären zu kristallener theoretisch-theologischer Prägung: in Joachim von Floris Schrifttum,[1] und im selben Augenblick wird blitzhaft klar, wie dieser chiliastische Eschatologismus etwas mit dem christlichen Geschichtsbewußtsein wurzelhaft Unvereinbares darstellt. Wohl war in dieser Theologie der Geschichte „alles geformt an den christlichen Verheißungen und Erwartungen, aber übertragen auf eine neue Zeit und verkündigt mit einem neuen Geschichtsanspruch, der seine Rechtmäßigkeit und heilsgeschichtliche Begründung neben dem Geschichtsanspruch der römischen Kirche und gegen ihn erst durchzusetzen hatte".[2] Freilich hatten die Kirchenväter, dann Isidor, Beda, Rupert von Deutz eine Periodisierung der Weltgeschichte nach dem Siebentagewerk mit einer Endperiode des Weltsabbats durchgeführt, aber das gesamte innergeschichtliche Geschehen blieb für das christliche Bewußtsein immer einheitlich hinüberbezogen auf die jenseitige Erfüllung. Joachim reißt, wie Burdach bemerkt, „die Scheidewand nieder zwischen Wirklichkeit und Himmlischem. Er pflanzt die Erfüllung in eine fest datierbare nahe Zukunft".[3] Das große platonische Bild-Wahrheit-Verhältnis, das Origenes und Augustin zwar zwischen Altem Bund und Evangelium, dann aber weiterhin zwischen irdischer Geschichte und Jenseits aufstellten, verwandelt sich für Joachim in eine innergeschichtliche Potenzenreihe: das jenseitige Reich wird zum Endreich des Geistes. Das „evangelium aeternum", das für Origenes jenseitige Erfüllung der auf Erden endgültigen Botschaft Christi war,[4] wird für Joachim zur innergeschichtlichen „Wahrheit" der von der römischen Kirche dargestellten verhüllten Form der christlichen Heilsverkündigung: alle „Verhülltheit", für

---

Paradiese u. v. d. Holze des Kreuzes Christi, 1897; ders.: Vom Werdegange der abendländ. Kaisermystik, 1924. – F. Baethgen: Der Engelpapst (Schr. d. Königsberger Gel.-Ges., Geisteswiss. Kl., 10, 2), Halle 1933.

[1] Ernst Benz: Die Kategorien des eschatologischen Zeitbewußtseins (Dtsch. Vierteljahrschr. f. Lit.-Wiss. u. Geistesg., 11 [1933], S. 200 bis 229); ders.: Ecclesia spiritualis. Kirchenidee u. Geschichtstheologie d. franzisk. Reformation, Stuttgart 1934.

[2] Eccl. spir., S. 3.

[3] Reformation, Renaissance, Humanismus, 1926², 41.

[4] Peri Archon, III, 6, 8; VI, 3, 13.

christliches Bewußtsein der Grundcharakter alles Diesseitigen, wird für Joachim zu einer überwindbaren Stufe der Geschichte. So war die Radikalisierung der franziskanischen Spiritualen, die Joachim folgten, in eine offene Feindschaft zu Rom völlig folgerichtig: Rom war rechtmäßiges Haupt des zweiten Reiches; im angebrochenen dritten aber wird es, wenn es auf seinen Absolutheitsanspruch nicht verzichtet, zum Antichrist, – flammendes Kennwort, das nun ohne Unterbruch bis zu Luther weitergegeben wird.[1]

Neben dieser innergeschichtlich-chiliastischen Weise, die christliche Eschatologie zu erschüttern, steht eine zweite: die neuplatonisch-gnostische. War dort die endgültige, ewigkeitliche Bedeutung einer Geschichtsperiode das Unchristliche, so hier die Zerstörung der Vollendungstranszendenz durch eine aus den „Bedürfnissen" der Seele aufgebaute, stufenweise aufsteigende Läuterung durch alle kosmischen Sphären bis zur Rückkehr ins göttliche „Pleroma". Schon bei Origenes war diese „Himmelfahrt" der Seele bezeichnenderweise mit der Lehre der „Wiederbringung aller Dinge", der Endlichkeit der Höllenstrafe und Erlösung aller Kreatur verbunden, und blieb es auch bei seinem mittelalterlichen Fortsetzer Scotus Eriugena. Aber eben die Festlegung solcher Vorstellungen in die Form einer „Lehre", in die Beruhigung eines wenn auch noch so esoterischen „Wissens" bedeutet der unantastbaren Freiheit des Vollendungsaktes Gottes gegenüber für christliches Bewußtsein einen unerträglichen Zugriff, eine gnostische Naturalisierung des Übernatürlichen und den Widersinn einer anthropozentrischen Theologie.

Zwei Richtungen also bedrohten vor allem die christliche Endlehre: der vulgäre wie gelehrte Chiliasmus maßt sich einen innergeschichtlichen Absolutheitsstandpunkt an, zieht den Himmel auf die Erde herab, die naturalistische Gnosis stellt den Menschen auf den jenseitigen Absolutheitsstandpunkt, hebt ohne Sprung die Erde in den Himmel. Beides sollte in der Folge seine unbedingte Durchführung erhalten.

[1] Preusch: Vorstellungen vom Antichrist usw., Leipzig 1906.

II. Reformation und Humanismus

1. Die Reformation ändert kaum etwas am theoretischen Aufriß der alten Endlehre. Nur die Wertbetonungen verschieben ihren Schwerpunkt. Nicht die Kirche ist der ursprünglichste Träger des eschatologischen Geschehens: „der persönliche Mensch ist schuldig und hat persönlich als Strafe den persönlichen Tod verdient und erleidet ihn als solchen, nicht als Erbtod für die Sünde Adams."[1] „Aller Ton liegt auf der Individualeschatologie."[2] Überwindung des Todes im tief dem Tode verfallenen Einzelnen wird zum Mittelpunkt der Endbetrachtung. Zwischen Todesangst der Verlorenheit und Lebensjubel des Erretteten schwingt Luthers mystische Existentialität. So erwacht ein bisher unbekanntes Pathos dem Tod gegenüber: Trotz und Verachtung dem Feind, der erst jetzt in der Kunst verfratzt wird, jubelnde Seligkeit, aus seinen Krallen entkommen zu sein. Von einer andern Seite bereitet sich eine tiefere Wandlung vor: Wenn seit Augustinus eucharistische Realgegenwart und mystischer Leib Christi innigst verflochtene Begriffe waren, so zeigt sich an der Fragwürdigkeit der – auch leibhaften – Gegenwart Christi die tiefere Fragwürdigkeit seiner mystischen „Leiblichkeit" ausdruckhaft an: an deren Stelle rückt eine rein „geistige" Verbundenheit der Glieder. Durch beides hindurch aber wird klar, daß die eschatologische Stellung der Natur, der Materie, des Leibes erschüttert ist. „Die lutherischen Theologen lehren geschlossen . . . die völlige Vernichtung dieser Welt",[3] – freilich mit Ausnahme der Menschenleiber. Aber dieser Mangel an Folgerichtigkeit drängt weiter zu einer Fragwürdigkeit auch der Auferstehung. War nicht auch der Leib, wie Welt und Geschichte überhaupt, nur eine „Stätte der Übung, Versuchung, Bewährung für den Glauben"?[4] Trotz alldem wahrt Luther das Schema der Endlehre in seiner überkommenen Gestalt; erhoffte er auch selbst den „lieben jüngsten Tag" noch vor der Jahrhundertmitte, so hat er doch seine Jenseitigkeit bis zuletzt täuferischem Chiliasmus gegenüber verteidigt. Was sich im protestantischen Freiheitsprinzip bei Luther grundlegte, sollte erst allmählich seine Folgen auch auf die Eschatologie ausdehnen.

---

[1] Rehm a. a. O. 139.

[2] Althaus: Christliche Eschatologie (RGG.[2], Bd. 2, Sp. 349).

[3] Althaus: Christl. Eschatologie, ebd.

[4] Ebd. Sp. 350.

2. Aber Luthers Mystik war selbst als ganze eine Antithese zu einer zweiten weltanschaulichen Strömung, die vom Mittelalter zur Neuzeit überleitet. Hatten schon die Araber im Hochmittelalter durch die Lehre von der doppelten Wahrheit die Einheit von Glauben und Wissen zerspalten, so verbreiterte sich die Kluft, als im Gegensatz zur wissensfeindlichen Mystik der „religio moderna" die exakte Naturwissenschaft ihren Entdeckungszug begann. War ihr erstes Ziel auch nur die Aufstellung eines abstrakten Reichs von Gesetzen, aus dem die Natur verständlich würde, so blieb sie doch nicht lange bei der bloßen Methodenfrage: Die Erfolge selbst mußten dazu verleiten, die Methode zum allgemeinen Denkschema, das als solches in offenen Gegensatz zu dem der Eschatologie trat, und schließlich zum Schema der Dinge selbst zu erheben. Ein beziehungslos in sich ruhendes, aller eschatologischen Beweglichkeit bares Weltbild ergab sich daraus. Der erste Ausdruck der veränderten Lage war das statische Welterleben des Humanismus, Brunos kosmisches Unendlichkeitsgefühl, die Wiederbelebung antiker Formen der ewigen Wiederkehr. Aber erst mit dem späteren Rationalismus gewinnt der neue Gesetzbegriff des Abstrakt-Allgemeinen seine volle Anwendung: Der „mos geometricus" ist Forderung voller Verstehbarkeit der Welt bis zum Idealziel einer „mathesis universalis", gleichwie die Astronomie nach der „Weltformel" strebte. So müssen Möglichkeitsbedingung der Erscheinungen und des Erkennens übereinstimmen, was auf das neuentdeckte Kontinuum und Differential angewandt besagt: Gibt es in der Ebene der Zahl und des Gesetzes keinen Sprung, so auch in der der Erscheinungen nicht; oder logisch gewendet: Enthält das Subjekt seine Prädikate eingewickelt in sich, so auch die Substanz ihre Attribute, Modi, Tätigkeiten. Werden kann nur das innerlich-notwendig Vorgebildete. Die Grundvoraussetzungen der alten Eschatologie sind damit von der neuen Weltanschauung aus dem Reich des „Wissens" in das des „bloßen Glaubens" oder „Hoffens" übersetzt. Enderwartung und apokalyptische Theologie werden Angelegenheit des Separatismus und der Sekte.

Hingegen bildet das „Wissen" selbständig neue Grundkategorien aus: Die Weltgesetze, nach denen es die Erscheinungen zu durchklären trachtet, sind ewig-zeitlos „in mente divina", jenem eigentlichen Kern des Göttlichen, den Sein Wille nur nach außen kundgibt: Es entsprach einem „mechanismus metaphysicus", daß Gott die beste Welt wählte. Die zeitliche Welt selbst aber entfaltet die in ihr präformierten Ideen bis zur Deckung mit den in Gott koexistierenden, und dies in der lückenlosen Monadenreihe vom Stoff bis zum höchsten Bewußtsein. Darum ist der Begriff der unendlichen Annäherung an das (abstrakte) Urbild der Grund aller folgenden Endlehre. Das „Gesetz" des Fortschritts wird den übrigen naturwissenschaftlichen zugesellt, ohne daß fürs erste sein reiner Postulatcharakter zu Bewußtsein kommt.

Das Gesetz aber ist allgemein. Das Einzelne wird also, in dem Weg darauf hin, seine Einzelheit als Schranke ablegen müssen. Die Vorstellung des allgemeinen Idealmenschen liegt dem humanistischen Weltbürgertum wie dem neuen Stoizismus zugrunde. Die Versuche, im Streit der christlichen Bekenntnisse einen natürlichen Versöhnungspunkt zu finden, tun ein Übriges. Melanchthons „lumen naturale", Bacons „lex naturalis", Charrons Trennung von Moral und Religion weisen in gleicher Richtung und münden bei Grotius in die Naturrechtstheorie.

Die beiden Grundstrebungen aller Endlehre erhalten durch all dies eine neue Gestalt. Das dynamische Moment sammelt sich durchaus am Pol des rein Teleologischen, als unendlich bewegte Entwicklung dem Ideal entgegen: „progressus quidam perpetuus liberrimusque totius universi" (Leibniz). Das statische aber sammelt sich am Pol des rein Axiologischen, wo über allem Werden die zeitlos richtungweisenden Gesetze, als Ideen Gottes, stehen. Diese letzte Form gewinnt ihren bildhaften Ausdruck in der „Utopie": die in ihr geschilderten Zustände schweben schlechthin normativ über der Zeitwirklichkeit.[1] Die Ferne des utopischen Inselreiches und der Schiffbruch versinnbilden den scharfen Schnitt zwischen Gesetz und Wirklichkeit; die Gütergemeinschaft, welche die meisten, im Anschluß an Campanellas „Sonnenstaat", verkünden, ist die gewichtige Folgerung aus der Vorstellung des „allgemeinen" Menschen. Wenn einmal diese Idee aus der Philosopie ins öffentliche Bewußtsein übergehen wird, dann werden die Utopien aus

[1] Freilich hatte auch das Mittelalter seine Träume eines vollkommenen Staates, den die Kreuzzüge im Heiligen Land zu verwirklichen hofften. Aber Kreuzzugsgeschichten und Endzeit-Legenden in ihrer mannigfachen Verwobenheit zeigen gerade, daß die Vollendung des Staates von der der Kirche nicht ablösbar schien. Erst die Trennung von Staat und Kirche (als „Natur" und „Übernatur") schuf die eigentliche Voraussetzung der Utopie als selbständig natürlichen, zeitlosen Eschatons. Morus nimmt wirklich eine antike Tradition auf (Plato, Plotin), wenn er seine „Utopia" schreibt.

ihrer Zeitlosigkeit heraustreten und ihr Wort in der Bereitung der Französischen Revolution mitsprechen können.[1]

3. Aber eben in diese Erneuerung der Kategorien offenbart sich doch die tiefere Übereinstimmung von Reformation als „Glauben" und Naturfreudigkeit als „Wissen". Nicht nur tritt der Mensch entscheidend in die Mitte, als „freier Christenmensch" zwischen Gott und Teufel oder als der strahlende Dämon, wie ihn Pico in „de hominis celsitudine et dignitate" gezeichnet hat, sondern dies ausdrücklich unter dem Zeichen des unendlich Werdenden, sowohl bei Luther wie bei Leibniz. Und scheinen auch die Gegensätze bedeutend: indem Luther den Einzelnen als solchen anspricht, Pico, Montaigne und die Aufklärung aber den „Typus" Mensch, so überdeckt dieser Gegensatz nur eine tiefere, gemeinsame Fragwürdigkeit. Bei Luther steht der Einzelne in einer Dialektik von Schuld und Rechtfertigung als „Nichts" und „Alles", die sich in Kalvins Vorbestimmungslehre zu einer solchen des „Nichts oder Alles" verschärft. Die Entwertung der „Werke", als Unterbindung der Übergänge von Gesinnung zu Ausdruck, Gnade zu Natur, hat aber ihre Entsprechung im Dualismus des cartesianischen Weltbildes, das sich im Okkasionalismus von Malebranche zu einer vollen Beziehungslosigkeit verschärft. In beiden Weltanschauungen ist das Gleichgültigwerden der äußeren Welt und des Leibes, ihr eschatologisches Wegfallen und somit ein offener Spiritualismus die letzte Folge. „Das Gesetz", erklärt Luther, „bleibt außer dem Himmel, das ist, es bleibt außer dem Herzen und Gewissen. Dagegen bleibt die Freiheit des Evangelii außer der Welt, das ist, außer dem Leibe und seinen Gliedern." Nur steigert sich die Fragwürdigkeit der Person im Übergang vom Protestantismus (als Fragwürdigkeit der Leib-Seele-Einheit) zum Weltbild der Wissenschaft um die Bedrohung der individuellen Geistigkeit selbst und damit um die der Unsterblichkeit. Dem Spiritualismus als Ziel der „unendlichen Entwicklung" (Teleologie) entspricht überindividuelle Geistigkeit in der Blickrichtung der „allgemeinen Gesetzlichkeit" (Axiologie). Leibniz suchte dem freilich durch die Vorstellung der „Involution" zu entgegnen, nach der die Seele

---

[1] Kleinwächter: Die Staatsromane, Wien 1891. – Anonym: Schlaraffia politica, Leipzig 1892. – Brüggemann: Utopie und Robinsonade, Weimar 1914 (Forsch. z. neueren Lit.-Gesch., hrg. v. Muncker, 46). – L. Stein: Zur Sozialphilos. d. Staatsromane (Arch. f. Gesch. d. Philos., 1895, II, 438).

sich je nur eines „äußeren“ Leibes entledigt und einen je geistigeren behält. Aber diese Vorstellung kann die Grundstrebung zum abstrakten Spiritualismus nur hemmen, nicht überwinden.

Doch der Gedanke der „Präformation“ (als eingehüllte Gegenwart aller späteren Möglichkeiten) mußte gerade in ihrer Verknüpfung mit dem Eschaton des gesetzhaft Allgemeinen zu einer weiteren Form von Eschatologie führen, die ausdrücklicher Stoa-Erneuerung ist: Wenn, trotz „unendlicher Entwicklung“, die letzten Dinge je schon verhüllt gegenwärtig sind, so auch und gerade der Tod als natürliche Grenze des Daseins. Einwohnung des Todes war schon dem Reformationszeitalter ein vertrauter Gedanke, Montaignes „Philosophieren heißt Sterbenlernen“ meint dies und zielt nachdrücklich auf eine stoische, keineswegs mittelalterlich-christliche Todesvergegenwärtigung. In diesem neuen Erleben des innerlichen Endens und Durchgrenztseins des Menschlichen entspringt ein eschatologisches Motiv, das erst viel später, im Klassischen, und wieder bei Spengler, Simmel, Rilke, Heidegger, zu vollem Klingen kommt. Und nochmals tritt dieses Stoische (als denkende und existierende Meisterung des eigenen Todes) mit dem Protestantischen zusammen in einen Gegensatz zum Mittelalterlichen, sofern auch dessen „Heilsgewißheit“ das volle Vorausnehmen des Ewigen und Hintersichhaben des Todes bedeutet.

Die zarteste, aber auch innerste Annäherung dieser beiden Weltsichten wird von hier aus erblickbar: Sosehr die Todeseinwohnung einen Schleier von Schwermut und Resignation über das menschliche Leben zieht, so unbedingt ist in ihnen trotzdem der eschatologische Optimismus. Sowohl der heilsgewisse wie der entwicklungsgewisse Mensch spricht das „Tod, wo ist dein Stachel“ mit einer letzten Überlegenheit. Folgerichtige Durchführung des Präformationsgedankens bedroht die freie Entscheidung; diese kann bei Leibniz nur noch ein bereitwilliges Mitgehen mit der vorbestimmten Ordnung sein. Das moralisch Böse wird damit zum metaphysich Unvollkommenen. Geschichte ist der Weg ins Bessere, die endzeitliche Entfesselung Satans widerspricht geradewegs ihrer Grundbewegung. Und folgerichtig entbrennt dann im 18. Jahrhundert der Kampf um die Ewigkeit der Hölle, wobei sich die Angreifer so gut im protestantisch-gläubigen wir im aufklärerischen Lager befinden.

Das vorläufige, allgemeinste Ergebnis ist demnach ein allseitiger Immanentismus spiritualistischer Richtung. Das bewährt sich am besten an der Tatsache, daß selbst die Versuche einer Überwindung des Rationalismus und einer Versöhnung von Welt und Überwelt sich in den Bahnen eines spiritualistischen Neuplatonismus bewegen: von Bruno und dem italienischen Platonismus zu Paracelsus und Böhme und endlich zu Shaftesbury.

III. Barock und Aufklärung

1. Das 17. Jahrhundert hat den wurzelhaften Gegensatz der neuen und der christlichen Endlehre nicht durchschaut. Wenigstens nicht im hellen Feld des Begriffs. Denn im dunkleren des Lebensgefühls, der existentialen Stimmung war der Kampf beider Gestalten schon in vollem Gange. Die Gestimmtheit des Barock ist der Schauplatz dieser gleichsam unsichtbaren, unterirdischen Schlacht. Die Pole von Weltprunk und Weltnichtigkeit, einwühlender Lust und kältester Abkehr, zwischen denen die barocke Seele schwingt, zeigen es, daß nicht mehr christliche Seele aus zeitlicher Unvollkommenheit in jenseitige „Heimat" hinüberstrebt, sondern eine neue Existentialität, die mit sinnlich-unsinnlicher Schwermut in der Wahl zwischen Immanenz und Transzendenz überhaupt steht. Cysarz[1] und Ermatinger[2] haben verschärfte Spannung zwischen Extremen als ihr Grundgesetz aufgewiesen, tiefer und genauer dann Julius Rütsch[3] die abgründige Problematik dieser Seele geschildert, welche hinter ihrer vordergründigen verschwenderischen Weltliebe die doppelte Haltung einer Angst um sich selbst (um ihre Identität in der unendlichen Verwandlung, also einer „Ichangst" aus „Weltangst") und eines stoischen Rückzugs auf einen unangreifbaren Innenpunkt (gegenüber allem Ansturm des Welt- und Lastermeeres) einnimmt. Diese doppelte Bestimmtheit ergibt sich mit Folgerichtigkeit aus der oben geschilderten Lage: okkasionalistische Trennung von Geist- und Leibwelt einerseits, Einwohnung des Todes anderseits. Und eben im gegenseitigen Sichfragwürdigmachen dieser Angst um sich und dieses übersteigerten Selbstgefühls, an dem erkennbar wird, „wie schwankend die Grenze zwischen Ideal und

[1] Deutsche Barockdichtung, 1924.
[2] Barock und Rokoko, 1926.
[3] Das dramatische Ich im deutschen Barocktheater, 1932.

Kritik da läuft,“[1] die Grenze zwischen cornelianischer Verfolgung des unbedingten inneren Ideals und der Narziß-Verliebtheit in dieses eigene Ideal, zeigt sich der wahre Grund dieser Seele. „Das Doppelgleichnis von Narziß und von der Verwandlung“ sind „die eigentlichen barocken Mythen“.[2]

Aber all das vollzieht sich, wie gesagt, nur als Kampf zwischen Lebensformen, nicht zwischen Dogmen. Spielt er doch zum Teil auf der Jesuitenbühne. Gestalt und Requisit der alten Eschatologie bleiben darum unangetastet, nur der Ton ist verändert. Jenes heiter-spielerische Potpourri aus allen bisherigen endzeitlichen Motiven: goldener Zeit und biblischer Apokalypse, deutscher Kaisersage, joachimitischem Gottesstaat und utopischer Sozialreform, das ein Narr im „Simplizissimus“ sich braut und verkündet, hebt sich doch seltsam unwirklich vom düsteren, erdschweren Vordergrund ab. Was Günter Müller über Hoffmannswaldau sagte, gilt von einem großen Teil der eschatologischen Dichtung des Barock: es sind „persönliche Konfessionen eines säkularisierten Menschen, . . . der die vage ersehnte Ewigkeit in den Formen des ihm verdorrten Glaubens denkt“.[3] Das Dogma wird, noch bevor es als Dogma erledigt ist, schon als solches zum Mythus. In Moscheroschs Satire „Das Jüngste Gericht“[4] zeigt sich eine noch weitere Stufe der Säkularisierung: der bittere Schwank nützt die Weltgerichtssituation als komische Lage von unerwarteter psychologischer Brauchbarkeit, eine Verwendung, die später von der romantischen Ironie (Tieck) aufgenommen werden wird.

2. Der Kampf zwischen Immanenz und Transzendenz entscheidet sich im 18. Jahrhundert zugunsten der ersten: das leibnizische Weltbild dringt unaufhaltsam ins christliche Bewußtsein ein. Aber auch hier ist es nicht sosehr die Auseinandersetzung zweier Lehren, als der Durchbruch einer neuen Haltung, welche die schwankende Existentialität des Barock aufhebt und die sich eindeutig als eine Haltung reiner „Zuversicht“ darbietet. Der zuletzt von Kant ausgesprochene „Grundsatz“: „alle Naturanlagen eines Geschöpfes sind

---

[1] 113.

[2] 99.

[3] Gesch. d. dtsch. Liedes, München 1925, 99. Beispiele barocker Weltenddichtung bieten Schefflers „Sinnliche Beschreibung der vier letzten Dinge“ (1675), Blankenauers „Letztes Gericht und Todesprozeß“ (1678), „Die Ewigkeit“ des Esaias Rompler von Löwenhalt („Erstes Reimgebüsch“, 1647).

[4] „Visiones de Don de Quevedo“, 1644.

bestimmt, sich einmal vollständig und zweckmäßig auszuwickeln",[1] gibt zugleich die Ursache und den Gegenstand dieser „Zuversicht"; an ihm haben sich nun die Teile der mittelalterlichen Eschatologie zu messen und zu bewähren, um in das neue System übergehen zu dürfen.

Der Einzelne muß sich vollenden; da aber dieses Leben erfahrungsgemäß dazu nicht ausreicht, so ist seine Unsterblichkeit denknotwendige Annahme. „Ich strebe, glücklich zu werden", sagt Creuz, „weil, unvollendet auf dieser Erde, ich dort vollendet werden muß." Das „muß" ist das Neue. Was einstmals „Glauben" war auf Grund göttlicher Versicherung, wird hier „Glauben" als „Zuversicht" auf Grund eines Postulats. Fällt einmal diese Zuversicht dahin, so wird Unsterblichkeit überhaupt fraglich werden und, wie bei Reimarus, in den Verdacht einer „Hilfskonstruktion" rücken.

Zuversicht zu Unsterblichkeit sagt zugleich solche zum Tode. Schon Leibniz hatte die Neigung, den Tod in einen Übergang, sein Einmaliges in ein Quantitatives zu verwandeln. Der Tod ist nicht mehr Ende, sondern punkthafter Augenblick zwischen zwei Existenzformen. Die Barockstimmung des Sterbenlernens kehrt sich um in eine solche des Lebenlernens: „Wir können das Leben nicht unrichtiger beurteilen", sagt Vauvenargues, „als wenn wir es vom Tode aus sehen".

Dies meint weiterhin Zuversicht zum moralischen Schicksal der Seele. Alle Bestrebungen des Jahrhunderts von Leibniz bis Nicolai: Theologie, Philosophie, Pietismus und Dichtung vereinen sich zur Ehrenrettung des Guten und „Widerlegung" des Bösen.[2] „Vorsehung" ist im Grunde nur noch ein Name für Entwicklung nach vorbestimmten Vernunftgesetzen, für die „Erziehung" des Menschengeschlechts, in welcher Strafe nur als bessernde einen Sinn behalten kann. Damit wird der Begriff einer ewigen Hölle widersprüchlich. Eberhard, in seiner Sokrates-Apologie, wird zum Wortführer der „Wiederbringung", von Gottsched über Klopstock (mit seiner aufsehenerregenden „Erlösung" des Teufels Abbadona) zu Nikolai (im „Sebaldus Nothanker") schließt sich die Front, während dieselbe Lehre auch von pietistischer Seite sich auszubreiten

---

[1] „Idee z. e. allg. Geschichte i. weltbürg. Absicht", 1784 (Akad.-Ausg. 8, 18).

[2] Kremer: Das Problem der Theodizee im 18. Jh. (Kantstudien, Erg.-H. 13, 1909). – Karl Aner: Die Theologie der Lessingzeit, Halle 1929.

beginnt (Petersen, Gerhard). „Gott", wird Schleiermacher sagen, „kann die Menschen, die er offenbar nicht zur Vollkommenheit, sondern nur zum Streben nach derselben geschaffen hat, unmöglich darum strafen, weil sie nicht vollkommen geworden sind". Diese Zuversicht betrifft endlich und vor allem die nächstliegende Dimension des Entwicklungsfortschrittes, die Geschichte. Diese Haltung schuf denn auch die eigentliche Geschichtswissenschaft, nicht nur durch Erschließung unabsehbaren Materials für das neue Bedürfnis der Menschheit, ihre aufsteigende Lebensgeschichte zu lesen, sondern vielmehr noch durch Verleihung eines formalen Ordnungsprinzips: Voltaire als erster ordnet den Stoff nach dem immanenten Vernunftgehalt und schafft damit den Begriff der Kulturgeschichte. Ihr Schema ist zunächst nur die einfache aufsteigende Linie, höchstens nach den drei „Seelenkräften" des „Allgemeinmenschen" abgeteilt: Sinnlichkeit, Einbildungskraft, Vernunft, wobei dann die letzte, als Überwindung der Vorstufen, in ihrer spiritualistisch-abstrakten Reinheit zum endzeitlichen Geschichtsziel der Bewegung wird.

Die Zeit war ihrer Einzigartigkeit und Würde in diesem Entwicklungswege viel zu bewußt, als daß sie die innere Bedenklichkeit dieses „Chiliasmus der Vernunft" durchschaut hätte: den Widerspruch nämlich, daß die Vernunft, im Augenblick selbst, da sie ihre Betrachtung vom Tanszendenten ab- und der inneren Fülle der Welt zuzuwenden scheint, rastloser als je an allen Einzelgestalten vorüberflieht, um sie von einem unwirklichen, unerreichbaren Ende her als reine Mittel und Vorstufen zu entwerten. Eine absolute Ferne zu den letzten Dingen verbindet sich mit einem naiven Richten von ihnen her, und die unvermittelte Einheit eines extrem geschichtlichen (teleologischen) und extrem ungeschichtlichen (axiologischen) Moments bildet so das eigentliche Kennzeichen der Aufklärungs-Eschatologie.

Von drei Seiten her vor allem begannen die Probleme über dieses Weltanschauungsgefüge hinauszudrängen:

Die Frage nach dem Wesen der Individualität läßt sich nicht mehr aufschieben: Luther und Descartes hatten die Leib-Seele-Bindung gelöst, die Gesetzesmetaphysik mit der Vorstellung der allgemeinen Vernunft eine Art von Averroismus erneuert. Hume und Bayle ziehen die Folgen für das Wesen des Einzelgeistes und seiner Ewigkeit, Voltaire schwankt, aber seine materialistischen Schüler leugnen offen, und während in Deutschland Mendelsohns „Phädon“ seine Erfolge erntet, zieht sich Lichtenberg auf die rein psychologische Deutung zurück: der Unsterblichkeitsglaube ist nützlich, um „die Menschen von vielen Untaten abzuhalten“. Ohne diese Erschütterung des Individualitätsbegriffs ließe sich auch die rasche Verbreitung des Seelenwanderungsglaubens nicht deuten: hier bot sich den Nachkommenden ein Weg, den bereits geschwächten Personbegriff mit dem Fortschrittsglauben in Einklang zu bringen.

An zweiter Stelle wurde die naive Vorstellung geradlinigen geschichtlichen Fortschritts doch bald am Tatsachenbeweis möglicher Rückläufe und Entartungen erschüttert. Sollte nicht die Grundlage der neuen Weltsicht selbst ins Wanken geraten, so mußte ein neues Entwicklungsschema, das Fortschritt und Entartung zu versöhnen vermochte, und damit schließlich doch eine neue eschatologische Perspektive gefunden werden. Die Geschichtsdialektik des Idealismus kündigt sich von ferne an.

Endlich aber mußte sich doch die Ungeklärtheit des Formalen der neuen Eschatologie im Ganzen enthüllen. Sie lag vor allem darin, daß mit der Lösung jenes übernatürlichen Endpunktes, der die verschiedenen Eschata in eins knüpfte, die einzelnen Reihen in unabhängige Entwicklungsdimensionen auseinanderfielen, die möglicherweise gleichgültig nebeneinander lagen: Wie verhält sich der vollendete Einzelne zur noch unvollendeten Gemeinschaft? Welcher Sinn kann überhaupt als Ziel der sozialen (historischen) Eschatologie aufgestellt werden? Welche Rolle kommt in der individuellen wie sozialen Vollendung der Natur zu? Was ist ihr eigenes Letztziel? Aber hinter all diesen Teilfragen erhebt sich erst die entscheidende Grundfrage: Ist ein Streben in unendlicher Annäherung überhaupt sinnvoll und begreifbar? Und wenn nicht, – ist dann nicht ein Stillstehen als Erschöpfung aller Entwicklungsmöglichkeiten für einen Geist noch viel unbegreiflicher? Das Problem der Grenze tut sich in seiner Tiefe auf, und Kant wird sich an ihm versuchen. Deutlich aber zielt bereits die allgemeinste Formalproblematik der neuen Eschatologie auf einen Versöhnungspunkt zwischen Ruhe und Bewegung, Besitz und Annäherung, welcher nicht mehr der transzendente christliche ist, sondern diesen wahrhaften Mittel- und Treffpunkt der Weltwege neu besetzen muß. So wird auch erst die Periode, die um diese Mitte bewußt kämpfen wird, nicht schon Barock und Aufklärung, zu einer wirklichen Messung am christlichen Weltbild. Die Entscheidung fällt zwischen Mittelalter einerseits, der Kant-Goethe-Hegel-Zeit anderseits.

IV. Chiliastische Theologie

Für diese Entscheidung ist es aber von ausschlaggebender Bedeutung, daß das Altchristliche als eine gleichsam inoffizielle Weltanschauung neben der Aufklärung weiterbesteht und als solche in den deutschen Idealismus mit eingeht. Diesen Anteil kurz zu bestimmen, diene dieser letzte Abschnitt der Vorgeschichte.

Wir sahen, daß zwei Grundstrebungen das Katholische schon im Mittelalter gefährdet hatten: eine Gnosis, die den Ewigkeitsstandpunkt, und ein Chiliasmus, der den absoluten Geschichtsstandpunkt sich herausnahm. Hatte die Kirche damals die Macht, solche sektiererische Auswüchse von sich auszuscheiden, so war ihnen im Protestantischen von vornherein weiterer Spielraum gelassen. Und war nun der ganze naturwissenschaftliche Rationalismus bis zur Aufklärung eindeutig eine säkularisierte Gnosis, so sehen wir im Gegensatz dazu den Chiliasmus in der protestantischen Sekte die Übermacht gewinnen. Schon die Täuferbewegung war der joachimitischen Hauptform des mittelalterlichen Chiliasmus gegenüber eine Verschärfung und Radikalisierung gewesen, sofern eine mystische Geschichtsdeutung sich in ihr ausdrücklich zu einer magischen Herbeizwingung des letzten Reiches erhöhte, zu jenem „geduldlosesten, rebellischsten, ernstlichsten Willen zum Paradies", in dem man mit Recht ein Gegenstück zur „utopischen Alchimie" des Paracelsus sehen konnte.[1] Die protestantische Beschränkung der Offenbarung auf den Text der Schrift hat von anderer Seite dem chiliastischen Denken neue Antriebe gegeben. Das daraus folgende Bestreben, die Schrift zu einer Summe nicht nur der Gottesweisheit, sondern auch der Geschichtstheologie zu erheben, förderte notwendig die geschichtsimmanente Deutung der Apokalypse. Coccejus begründet diese biblische Theologie in den Niederlanden, mitten unter den Erneuerungsversuchen der protestantischen Geistigkeit durch Gisbert Voet, Brakel und Witzius. Der Gedanke der organischen Einheit der Schrift, als der Urkunde des Bundes Gottes mit den Menschen,[2] verbindet sich in Coccejus mit starker Neigung zur Eschatologie, jedoch so, daß er sich darauf beschränkt, die Erfüllung der Prophetien in Vergangenheit und Gegenwart nachzuweisen. „In

[1] E. Bloch: Thomas Münzer, München 1921, 75, 80.
[2] G. Schrenk: Gottesreich und Bund im älteren Protestantismus, Gütersloh 1923.

futuris praedicendis semper fui timidus", gesteht er. Aber eben dies Maßhalten des „chiliasmus subtilis" weicht bald wieder unbedingteren Gestalten. Als nach Brakel und Labadie der Chiliasmus unter Theodor Undereyck nach Deutschland verpflanzt wird, tritt neben die kirchlich-gemäßigte Richtung (die von Campegius Vitringa und Fr. Ad. Lampe fortgeführt wird) eine radikalere. Der unruhige Agitator Heinrich Horche verkündet auf Grund von Visionen das nahe Gericht und findet in Samuel König, dem Haupt des Berner Pietismus, einen Gesinnungsgenossen.[1] 1685 machen dann J. W. Petersen und seine Frau die „Entdeckung" des Chiliasmus und verbreiten ihn in zahllosen Schriften. Selbst Franke wandte sich der Lehre zeitenweise zu. Spener und der hallische Pietismus sind mäßiger, er verzichtet auf die Hoffnung, den Jüngsten Tag zu erleben, die sein Schwager Horb zum Glaubensartikel erhoben hatte.[2] Der andere große Zweig des Pietismus, der württembergische, liefert in Bengel den bedeutendsten und einflußreichsten chiliastischen Theologen. Aber auch ihn kennzeichnet eine ähnliche Mäßigung, die ihn seine Endzeitberechnungen nur als Hypothesen ausgeben ließ.[3]

Sosehr nun aber dieser ganze Chiliasmus mit seiner Erwartung eines plötzlich als deus ex machina einfallenden Endes der Aufklärung entgegengesetzt scheint, so tief ist er doch unterirdisch mit ihr verbunden, nicht nur durch sein mathematisches Meistern der Geschichte und der Offenbarung, sondern durch gewisse gemeinsame Lehren, welche aus der pietistischen Gnosis Jakob Böhmes und Weigels sich herleiten lassen. Zunächst ließ sich deren Vorstellung eines „Säkulums des Geistes" sowohl als aufklärerisches „Vernunftreich" wie als chiliastisches „tausendjähriges Reich" auslegen. Tiefer aber führt die kabbalistische Idee des Adam-Kadmon als des kosmischen, gesetzhaften Urmenschen, welche sich zu einer Verweltlichung ins Rationalistische eignete, zumal wenn der Mystiker auf Grund der naturhaften Einwohnung dieses göttlichen Gesetzes als „Christus" oder als „Jungfrau Sophia" in der Einzelseele die innere Gleichheit aller Menschen und die Gleichgültigkeit aller äußeren Konfession erschloß. Schon Peter Poiret hatte diesen Schluß gezogen, und die gegenkirchliche Polemik Dippels und Gottfried Arnolds baut auf ihm auf. In Joh. Chr. Edelmanns

---

[1] Ritschl: Geschichte des Pietismus, Bonn 1880, I, 265 ff., 406.
[2] Ebd. II, 122.
[3] Vgl. Ritschl, III, 78.

„Unschuldigen Wahrheiten" vollzieht sich endlich bewußt die Gleichsetzung der Sophia-Einwohnung mit den „eingeborenen Ideen" des Rationalismus. Damit ist die Reich-Gottes-Theologie als ganze der Verweltlichung preisgegeben: Arnold setzt an die Stelle der geschichtlichen Kirche die naturhafte Einheit der Menschen, in Semler fließt die Übernatur restlos in Natur ein.

In gleicher Weise teilt der Pietismus die „Zuversicht" der Aufklärung bezüglich der endgültigen Aufhebung des Bösen. Böhmeschüler, Petersen, Arnold und die meisten Anhänger des mystischen Radikalismus verbreiten die Lehre von der „Wiederbringung aller Dinge", welche die Geister so fesselt, daß sie allmählich die chiliastischen Naherwartungen verdrängt und zum eigentlichen Mittelpunkt des eschatologischen Fragekreises wird. Oetinger nimmt sie in seinen Schriften rückhaltlos an, will sie aber als esoterische Lehre behandelt wissen, die dem Glaubenden „in seinem geistlichen Alter bekannt wird".[1] Von Oetinger geht sie auf Phil. M. Hahn und weite Kreise des Württemberger Pietismus über, und Oetingers nähere Erklärung von der „Selbstverzehrung" des Bösen wird zu einer bedeutsamen Vorstufe der idealistischen Eschatologie, welche ihrerseits auf die Theologie rückstrahlen und Rothes theosophisches System erzeugen wird.

Wenn nun endlich auch noch mit Semler der Angriff auf die Johannes-Offenbarung beginnt, die Lessing nur noch als Werk irgendeines Gnostikers anspricht, wenn anderseits der neue Pietismus von Tersteegen her allem Apokalyptischen innerlichst abhold ist, so scheint die Kraft der christlichen eschatologischen Strömung an ihr Ende gelangt zu sein. Und doch, wiesehr auch die Theologie Bengels und Oetingers mit aufklärerischen Keimen durchsetzt sein mochte, sie ist es doch gewesen, die zwei unverlierbare Grundeinsichten des Christlichen über die Aufklärung hinweg der Folgezeit vermittelt hat.[2] Die erste ist der lebendige Sinn für das Theologische im Geschichtsvorgang, so gut in seinem Ablauf, als fortgehender Geschichte Gottes mit der Menschheit, wie zumal in seiner Vollendung. Die zweite, im Grund eine Vertiefung der ersten, ist der vor allem durch Oetinger ausgebaute Organismusgedanke, welcher in bedeutsamer Weise auf den Idealismus vorausweist. „Ich will die Leibnizsche Philosophie passieren lassen", meint Oetinger, „wenn

[1] Wörterbuch, S. 683.

[2] H. v. d. Goltz: Die theol. Bedeutung Bengels u. seiner Schule (Jahrb. f. dtsch. Theol., 6), 1861.

ich ihr den Kopf abgehauen und die Idee vom Leben aufgesetzt." Leben aber werde nicht in der „mechanischen" Denkungsart der Leibnizianer, sondern nur in der „phänomenologischen" begriffen. Eine Ganzheit ist stets leiblich, ein Geist ohne Körper undenkbar. So wird die „Verkörperung" Gottes das Endziel der Welt, als Teilnahme aller am mystischen Leib des Erlösers, durch welche sich dann auch die Naturverklärung anschließt. Die Schwächung dieser beherrschenden endzeitlichen Blickrichtung ist für Oetinger der sicherste Beweis eines Zerfalls der Theologie.[1] Darum genügt ihm aber auch weder Bengel noch Böhme; anderseits bleibt ihm Swedenborg, dessen transzendentale Aufschlüsse er sich gerne aneignet, doch ein „mechanischer Denker": An Stelle der Topographie der Überwelt sollte deren organische Erfassung treten. Auch stand Swedenborgs Vorstellung vom inneren Gedächtnis, in dem sich die Summe des Lebens aufbewahrt, jener rein geisthaften Eschatologie nahe, die die letzten Dinge lediglich in der subjektiven Innerlichkeit sich ereignen ließ. Sebastian Frank hatte so gedacht und der ganze Pietismus vom „Innwendigen Himmelreich" (Czepko) neigte zu solcher Fassung. Demgegenüber wahrt Oetinger die substantielle Leiblichkeit der letzten Dinge, welche ihm seine mystische Gleichung zwischen Moral und Chemie verbürgt. Das Weltgericht ist als solches zugleich der „große Tag der chemiae universalis", die geistig-physische Feuerprobe.[2]

Neben Oetinger steht Christian August Crusius,[3] wie dieser den Bengelschen Chiliasmus mit dem Grundgesetz der Geist-Leiblichkeit einigend. Die Leibwerdung Christi gilt ihm als Abschluß des ersten Äons, die Verklärung alles Fleisches in das Bild des Herrn als Ende des zweiten. Er erhebt Einspruch gegen die Phänomenalisierung des Stoffes bei Leibniz und vertritt, im Anschluß an Andreas Rüdiger, von neuem die Wechselwirkung von Geist und Körper. Jener bleibt nach dem Tode unvollendet, weil erst „die Leiblichkeit das Ende des Werkes Gottes ist". Das Innere muß sich nach außen kehren, das Äußere aber sich verinnerlichen. Dieses Außensein war Sündenfolge, es ist nicht die Kennzeichnung des Leiblichen als solchen. Auch Crusius erwartet ein tausendjähriges Reich, aber auch für ihn ist es nicht Abschwächung der

[1] Auberlen: Die Theosophie Oetingers, Tübingen 1847, S. 520.
[2] 628.
[3] Franz Delitzsch: Die biblisch-prophetische Theologie usw. (Bibl.-theol. Studien v. Delitzsch u. Casparri, I), 1845.

Transzendenz der Vollendung, nach dem glücklichen Jahrtausend soll, vor dem Gericht, Satan nochmals zu einer Endschlacht entfesselt werden.

Die Organismustheologie bot so doch einen Rückhalt für unveräußerliche christliche Ideen, die in der Aufklärung verlorengegangen waren. Aber ihr apokalyptischer Ballast ließ sie wie einen Fremdling inmitten des Vernunftjahrhunderts erscheinen. Diese Eschatologie war nicht die Spiegelung der letzten Haltung ihrer Zeit. Sie war höchstens Wegweiser für eine neue Generation, welche, einem tieferen Weltbild zustrebend als dem der Aufklärung, über den Gegensätzen eine neue Eschatologie aufbauen sollte, die wirklich der Mythus ihrer Letzthaltung war. Nur aus einer vertieften Existenz aber konnte dieser Umguß zu erwarten sein.

1. Einstieg

LESSING

Auf dem Wege dieses Überganges tritt uns ein verschwiegenes Antlitz entgegen, dessen Schweigen so unüberhörbar ist, daß es aufzulauschen zwingt. Und was es uns an Zügen entgegenhält, ist – Rätsel und Maske. Sie wechseln vom Christen zum Aufklärer, zum Stoiker, Spinozisten und Mystiker, sie scheinen zu lächeln über das, was sie vertreten, und durch ihr Lächeln noch scheinen sie ernster auf ein Unenthüllbares zu weisen. Das ist das Neue, das Aufreizende an Lessing, daß er unter lauter enthüllten, aufgeklärten Gesichtern eine Maske trägt.

Gewiß müssen wir zunächst die Fäden unserer „Vorgeschichte" hier fortspinnen, denn Lessing steht im Kampfgewühl der Weltanschauungen, ja er wird zu einem Mittelpunkt des Kampfes zwischen Aufklärung und Christentum. Aber etwas ist anders geworden: so hell seine Klinge blitzt, so sicher seine Hiebe treffen, irgendwie ist er nicht dabei, schaut er halb zerstreut zu, widerspricht sich, scheint um etwas zu streiten, was die anderen, Freund und Feind, nicht sehen. Eine verborgene Dimension ist ihm offen, in der er vielleicht noch Sieger ist, wenn er in der äußeren unterlag.

Die neue Eschatologie hat bis zu seiner Zeit zwei Hauptformen ausgebildet: eine statische (vom Täufertum über Utopie zur ungeschichtlichen Aprioristik des Rationalismus) und eine dynamische (von der Aufhebung der eschatologischen Transzendenz zum allgeschichtlichen Evolutionismus mit spiritualistischer Tendenz). In Lessing wird das Problem *zwischen* beiden, das Problem des Wesens des Geschichtlichen, letztlich des Christlich-Geschichtlichen, aus der Stufe naiven Neben- und Ineinanderliegens der Gegenpole zu dem bewußter Fragestellung erhoben. Die Frage ist für das Selbstverständnis der neuen Eschatologie nicht länger umgehbar: Wie verhält sich das geschichtlose Vernunftchristentum, das Apriori des Systems, zur historischen Entwicklung des Christentums, zum Aposteriori der Geschichte überhaupt? Oder noch allgemeiner – da doch eine Beziehung zwischen beiden bestehen muß –: Ist das Zeitliche die Offenbarung des Ewigen *so*, daß es, als Zeitliches, wie ein immer durchsichtiger werdender Vorhang, negativ ein Ewiges wachsend bloßlegt, oder *so*, daß es, *als* eine reifende Frucht, positiv ein Ewiges zur Vollendung bringt, oder endlich *so*, daß es, als Zeitliches, zwar positiv reift, aber durch einen ihm eingesenkten Keim von Ewigkeit, den es nicht „austrägt", der vielmehr es „austrägt", so daß es durch sein positives Reifen zugleich negativ das Wesen dieses Ewigen wachsend vorzeigt? Die erste (statische) Lösung läßt das Geschichtliche immer belangloser („faktischer") werden vor dem sich aufklärenden Licht des Vernünftigen („Notwendigen"). Die zweite (dynamische) Lösung steigert es im Gegenteil zur Würde des „Ewigen" selbst. (Beides, wie wir wissen, berührt sich: der weggezogene Schleier ist vielleicht nur das Sichaufklären des Ewigen selbst.) Die dritte Lösung, die christliche, steht zwischen den Berührungsgegensätzen, ernstlich Ewiges auf Zeitliches, zeitlich Bleibendes bauend. Die Grenze ist scharf und schmal: Während ein Johann Jakob Heß zur Wiederbelebung echt christlichen Geistes die schlicht-lebendige Historie der Bibel von neuem zu sehen sucht, untergräbt ein Reimarus das Christliche durch abtrennende Bloßlegung desselben Geschichtlichen in seiner nackten Faktizität. Kein Zweifel, daß Lessing in diesen letzten Weg einbiegt: indem er die tiefen Grundwasser des Ewigen, die frei das ganze Erdreich der Geschichte durchziehen und bewässern, in ein einziges Becken zu sammeln versucht, glaubt er, dessen reine Gestalt zu destillieren und das Geschichtliche so zur Belanglosigkeit auszutrocknen: „Was kümmert es mich, ob die Sage wahr oder falsch ist, die Früchte sind vortrefflich." Die Ringparabel im Nathan steht hier: nach der Ausschöpfung aller geschichtlichen Zuflüsse ins gemeinsame Becken der humanen Religion, wo alle Wasser farblos sind, bleibt von jenen freilich nur noch das dürre Flußbett übrig, ein Gerippe des Lebens. So war in Reimarus' Bibelkritik der lebendigste Punkt des Christentums, das Berührungswunder von Zeit und Ewigkeit, und so dessen wahres „Eschaton", die Auferstehung Christi, zum phantastischen toten Gerüst, einem rein „faktischen" – Betrug ausgehöhlt worden; so geht Lessing in der Historisierung der Johannes-Apokalypse in Semlers Richtung weiter („Historische Einleitung in die Offenbarung Johannis"), durchaus ernsthaft auf den „Umsturz des abscheulichsten Gebäudes von Unsinn", die historische Gestalt des Christentums, zielend. Und sobald er von der Polemik zum Aufbau übergeht, schlägt auch bei ihm, dem Gesetz der Aufklärung entsprechend, das statisch Ewige ins dynamisch Ewige von präformierter Entwicklung um. In der „Erziehung des Menschengeschlechts" setzt er seine Geschichtsauffassung der christlichen gegenüber: schon der Begriff „Er-ziehung" weist ins Immanente, auf Weckung und Ausfaltung schon vorgebildeter Möglichkeiten des Zöglings. „Erziehung ist Offenbarung", für den Einzelnen, ja, – aber „Offenbarung ist Erziehung" (§ 2), für die Menschheit. „Sie gibt nichts, was [der Mensch] nicht aus sich selber haben könnte, nur geschwinder und leichter" (§ 4). Die Mysterien des Christentums sind nichts als „das Fazit, welches der Rechenmeister seinen Schülern voraussagt" (§ 76). Diese positive Bibelkritik und innerhistorische Entwicklungsidee, die im scharfen Tageslicht stehen, haben eine entsprechende Metaphysik zum Hintergrund, die aber schon wesentlich verdunkelt, ja kaum in den ersten Umrissen klar erscheint. Auswicklung, als Grundbegriff, fordert zur Vollendung der Seelen Zeit, unabsehbare Zeit sogar, da Lessing Weh ruft über das menschliche Geschlecht, wenn in der Ökonomie des Heils auch nur eine Seele verlorengehen sollte. So greift er notwendig zur Hilfshypothese der Seelenwanderung, die immer höhere Entfaltung der Seele zu ermöglichen. Aber die Verbindung beider Eschatologien, der historisch-sozialen, die offenbar auf ein (statisches) Vernunftreich hinzielt, und der kosmisch-individuellen, die eine ins Unendliche weisende, offene Hyperbelbahn beschreibt, wird dann erst zum eigentlichen Problem. Mögen anfangs beide einträchtig gehen, als höhere Wiedergeburt und höhere Kultur, sie müssen doch bald auseinanderziehen: am erreichten Maximum irdischen „Reiches" haben die ins Ewige zielenden Seelen nichts mehr zu „lernen", aus seinem Stoffe nichts mehr zu bilden. Der Sinn beider „Eschata" läßt sich nicht einen. Aber Lessing scheint auf nähere Klärung durchaus keinen Wert zu legen. Ja, das irdische „Erdreich", das Reich der Vernunft, von dem sich die Schleier des „faktisch" Historischen zurückgeschoben, ist vielleicht nur ein Bild oder ein Postulat für ein unendliches Streben und die zeitlich-unendliche Seelenwanderung vielleicht nur ein Ausdruck für ein zeitloses Fortschreiten. War Lessing nicht, wie Jakobi erschrocken entdeckte, Spinozist, und mußte er nicht als solcher ein ewiges Wandern in der Zeit als Fluch der Ruhelosigkeit empfinden? Und das zeitliche Endreich umgibt zwar Lessing mit einer zugleich prophetisch-magischen und erdhaften, echt chiliastischen Färbung, die er der Württemberger Apokalyptik ausborgt: „Sie wird gewiß kommen, die Zeit des neuen, ewigen Evangeliums . . . Vielleicht, daß selbst gewisse Schwärmer des 13. und 14. Jahrhunderts einen Strahl [davon] aufgefangen hatten und nur den

Anbruch derselben als zu nahe verkündeten."[1] Also Chiliasmus auf weitere Sicht – oder vielleicht nur der Schwung des Chiliasmus, herübergepflanzt in die zeitlich-unendliche Evolution: „Ist nicht die ganze Ewigkeit mein?" fragt das emphatische Schlußwort, und dieses „Ewigkeit" meint doch wohl „unendliche Zeit", unendliche Möglichkeit des Weiterschreitens. Dann aber kehrt sich das ursprüngliche Verhältnis gerade um: die individuelle Eschatologie axiologisch, die soziale teleologisch, aber das erste als „Glaube" (das heißt vom Entwicklungsschema aus nicht erreichbar), das zweite als „Postulat". Löst sich dann aber das Knäuel der Probleme nicht im Durchhauen des Knotens, in der Flucht vor der Lösung, wenn der berühmteste Satz Lessings Streben über Finden stellt, das Eschaton formalen Schwunges zur Wahrheit über das Eschaton besitzenden Ruhens in ihr:" ... ich fiele Ihm mit Demut in Seine Linke und sagte: Vater, gib! Die reine Wahrheit ist ja doch nur für Dich allein!"?

Aber diese Kapitulation gibt sich bei Lessing nicht als eine abgerungene Einräumung, sondern als der Ausdruck des ungezwungensten Sich-nicht-Interessierens an jenen umstrittenen Hintergründen; oder betrachtet Lessing vielleicht gar diesen Rückschritt als einen taktischen – Sieg? In einem Bruchstück: „Womit sich die geoffenbarte Religion am meisten weiß, macht mir sie gerade am verdächtigsten" stehen die Worte: „Über die Bekümmerung um ein zukünftiges Leben verlieren Toren das gegenwärtige. Warum kann man ein künftiges Leben nicht ebenso ruhig abwarten als einen künftigen Tag? Dieser Grund gegen die Astrologie ist ein Grund gegen alle geoffenbarte Religion. Wenn es auch wahr wäre, daß es eine Kunst gebe, das Zukünftige zu wissen, so wollten wir diese Kunst lieber nicht lernen. Wenn es auch wahr wäre, daß es eine Religion gebe, die uns von jenem Leben ganz ungezweifelt unterrichtete, so sollten wir lieber dieser Religion kein Gehör geben."[2]

Bedeutsamste Worte, die Lessing mit einem Schlag über *beide* Fronten stellt: über die Mathematik der „Ökonomie" Bengels, die Jenseitsphänomenologie Oetingers, die transzendentale Topographie Swedenborgs, den behäbigen Wahrheitsbesitz Götzes und – Jakobis so gut wie über Eberhards Gegenbeweise und philan-

---

[1] Erz. d. M., § 86. Vgl. Fritz Gerlich: Der Kommunismus als Lehre vom tausendjährigen Reich, 1920, 142 ff.

[2] Lessings Werke, hrg. v. Petersen u. Olshausen (Bong), XXI, 255.

thropische Aufhebung der Hölle. Gegen beide hat er einen grundsätzlichen Einwand: nicht unmittelbar gegen ihr Daß, sondern gegen ihr Wie. Vor diesem Einwand aber verschwindet zunächst der umstrittene Gegensatz aus dem ersten Rang der umstrittenen Fragen der Eschatologie, es verschwindet sogar die triftige Festlegung Lessings auf Spinozismus, Evolutionismus, Immanentismus. Suchen wir diesen Einwand zu verstehen. Zwei Bruchstücke didaktischer Gedichte sollen vorausgehen. Das eine: „Aus einem Gedichte über die menschliche Glückseligkeit“:

„[Gott] ist von mir zu trennen,
Ich aber nicht von Ihm. Er wär', wär' ich auch nicht,
Und ich fühl' was in mir, das für Sein Dasein spricht.“[1]

Nicht daß wir daraus einen christlichen, antispinozistischen Lessing lesen wollten. Das Wort ist lediglich Hinweis auf eine Erfahrung. Um dieselbe Zeit arbeitet Lessing an einem großen Lehrgedicht „Die Religion“. „Von den sechs Gesängen, die ich größtenteils darüber ausgearbeitet habe“, ist nur der Anfang des ersten gedruckt worden. Er enthält ein dunkles Nachtgemälde der in Innenschau ergrübelten Selbsterkenntnis. „Man glaube nicht“, sagt Lessing im Vorwort, „daß er seinen Gegenstand aus den Augen verliert, wenn er sich in den Labyrinthen der Selbsterkenntnis zu verlieren scheint. Sie, die Selbsterkenntnis, war allezeit der nächste Weg zu der Religion, und ich füge hinzu, der sicherste.“

„Den ernsten ersten Blick, den ich in mich geschossen,
Hat mein erstauntes Herz mit Schwermut übergossen.
Verloren in mir selbst, sah, hört' und fühlt' ich nicht;
Ich war in lauter Nacht und hoffte lauter Licht.“[2]

Diese Nacht ist das unvordenkliche Tier- und Gier-Dasein des Menschen und unter dem animalischen das satanische. Das Lutherische des je nur zugedeckten Sündenpfuhls wird wieder gründlich Erlebnis, vorausweisend auf Kants radikales Böse, auf Hamann, Schiller, Goethe, hier aber in der bezeichnenden Gestalt der materialistischen „Nachtseite“ zum aufklärerisch-deistischen Optimismus. Die „rein natürliche“ Tugend enthüllt sich tiefer als geschminktes Laster:

---

[1] I, 174.
[2] 187, 189.

„Großmut ist Ruhmbegier; Keuschheit ist kaltes Blut;
Treusein ist Eigennutz, und Tapferkeit ist Wut;
Andacht ist Heuchelei, Freigebigkeit Verschwenden;
Und Fertigkeit zum Tod, Lust seine Pein zu enden . . .“

Und die Schlußwendung vollends kennzeichnend für einen ausgehöhlten, ins Leere gestellten „Glauben“:

„Gott, Geister, ewig Leben . . .
Vielleicht ein leerer Ton, den Dichter kühn zu heben.“[1]

Es ist kein Zweifel, dies Grelle, Wühlende verschwindet völlig im späteren, immer verschwiegeneren Lessing, ja es hatte wohl in den fehlenden Gesängen gewiß schon sein reichliches Gegengewicht gefunden. Der Abgrund der Begierlichkeit („Beweinenswerter Wunsch! Mein Himmel, meine Hölle!“) öffnet sich nur blitzartig, um dann überdeckt zu bleiben. Aber erinnern wir uns seiner, wenn wir nun Lessings seltsamen Aufsatz „Leibniz, von den ewigen Strafen“,[2] eine Verteidigung der Ewigkeit der Hölle in Form einer Verteidigung der Meinung Leibnizens, zur Hand nehmen. Es ist gewiß keine Apologie der christlichen Hölle. „Ich gebe es zu, daß Leibniz die Lehre von der ewigen Verdammung sehr exoterisch behandelt hat und daß er sich *esoterisch* ganz anders darüber ausgedrückt haben würde.“ Also: esoterisch verwandelt sich Ewigkeit in Endlichkeit? Nur daß man dies „Esoterische“ mit Oetinger vorsichtig und geheim behandeln und nicht wie Herr Eberhard vor aller Welt ausbreiten sollte? Ist das Lessings Meinung? Hören wir weiter: „Vielmehr bin ich überzeugt und glaube es erweisen zu können, daß sich Leibniz nur darum die gemeine Lehre von der Verdammung nach ihren exoterischen Gründen gefallen lassen, ja gar sie lieber noch mit neuen bestärkt hätte, weil er erkannte, daß sie mit einer großen Wahrheit seiner esoterischen Philosophie mehr übereinstimmte als die gegenseitige Lehre.“ So liegt Leibnizens Meinung jenseits von beiden exoterischen Formeln. Fehlt nun aber Lessing nicht gegen seinen eigenen Grundsatz, wenn er diese esoterische Meinung selbst ans Licht ziehen will, „exoterisch“ macht? Seine Deutung ist auch flach genug. Sie sagt einfach, „daß nichts in der Welt ohne ewige Folgen ist“, eschatologisch ausgedrückt: „daß jede Verzögerung auf dem Wege zur Vollkommenheit in alle Ewigkeit nicht einzubringen ist und sich also in alle Ewigkeit durch

[1] I, 196, 195.
[2] XXI, 139-161.

sich selbst bestraft". Dagegen aber hat Eberhard nichts Ernstliches einzuwenden; es ist letztlich ein Streit um die Wortbezeichnung, ob man dieses Nichteinholen „Hölle" oder „Fegefeuer" oder „Himmelsleiter" nennen mag. Der reiche Prasser, sosehr er „fortschreitet", wird den höher oben „fortschreitenden" Lazarus nie einholen: in dieser echt aufklärerisch-mathematischen Fassung der Seligkeit bleibt demnach nur der relative Abstand als die „Kluft" zwischen Abrahams Schoß und Hölle unveränderlich.

Aber Lessing ist nicht ganz zu Ende: „Wer hierwider (nämlich gegen diese fortrückende Hölle des Prassers) im Ernste den Einwurf machen kann, daß auf diese Weise Hölle und Himmel in eins fließen und jeder Sünder sich sonach *trösten kann, über kurz oder lang dennoch einmal in den Himmel zu kommen, der ist gerade derjenige, mit dem man sich über dergleichen Dinge in gar keine Erklärung einlassen müßte.* Für ihn mag es nur immer beim Buchstaben bleiben. Denn auf ihn und seinesgleichen wurde gerade beim Buchstaben gesehen."[1]

Halten wir diese Worte zu den früheren über die „verbotene" Eschatologie als astrologischen Fürwitz, so beginnen wir zu verstehen, worum es hier geht. Es geht *gegen* eine objektive Behandlung der Eschatologie als zuhandener Wissenschaft *für* eine subjektive Innerlichkeit des je-eigenen Eschatons. In dieser Sphäre aber läßt sich das Problem Eberhards überhaupt nicht *so* erörtern, als ob die Hölle – der unabsehbare innere Abgrund der Innenschau – einmal schlechthin überholt, aufgehoben würde, aber auch nicht *so*, als ob dieser Abgrund das eigentliche ewige Los und Sein des Menschen wäre. Beides geht nicht wie eine Rechnung auf. Eine neue eschatologische *Haltung* kündet sich an, ein neues Stehen im Ende, eine existentielle Eschatologie.[2] Der himmelblaue Himmel und die kohlschwarze Hölle der Aufklärer, Begriffe, die eindeutig waren wie Zahlen, sind überwunden zu einem neuen Wissen um beide: Durch die Nacht der Innenschau („ich war in lauter Nacht und hoffte lauter Licht") hindurch der existentielle Blick in eine mögliche ewige Nacht, durch das innere Licht („und ich fühl' was in mir, das für sein Dasein spricht") hindurch derselbe Blick in ein wirkliches, mir mögliches ewiges Licht.

---

[1] XXI, 157 (von mir kursiv).

[2] Vgl. Kierkegaard: Unwissenschaftliche Nachschrift, 2. Teil: Etwas über Lessing usw. (Jenaer Ausgabe VI, 147-197).

Und wer sich nicht ganz in dies ungeheuerliche Zwielicht gestellt hat, das jetzt die Innerlichkeit füllt, den heißt Lessing schweigen, obschon aussichtslos, weil das Schweigen eben mit jenem Sichhineinstellen anhebt. Was Lessing zur Erklärung Leibnizens noch beifügt, kann nicht anders gedeutet werden denn als das Hinwerfen dieses – jetzt das Wesen der Seele ausmachenden – Zwielichts an die Wand der Ewigkeit, nicht um eine Theorie des Jenseits zu geben, sondern um den Sinn für ein mögliches Verstehen von Himmel und Hölle zu schärfen. Und doch liegt in seinen Worten noch etwas mehr, schon der Ansatz einer durch die neue Haltung hindurch neu gewonnenen objektiven Eschatologie, wie sich später ergeben wird. So können wir, trotz alldem, was an angebrochenen Problemen von Lessing unvollendet blieb, mit diesen Worten, die uns im vollen Sinn den Einstieg ins Neue weisen, seine Betrachtung schließen:

„Daß sie [die reinliche Trennung zwischen Himmel und Hölle] mit dem Wesen der Seele streitet, ist daher klar, weil die Seele keiner lauteren Empfindung fähig ist, das ist, keiner solchen Empfindung fähig ist, die bis in ihr kleinstes Moment nichts als angenehm oder nichts als unangenehm wäre; geschweige daß sie eines Zustandes fähig sein sollte, in welchem sie nichts als dergleichen lautere Empfindungen entweder der einen oder der anderen Art hätte ... Wenn es wahr ist, daß der beste Mensch noch viel Böses hat und der schlimmste nicht ohne alles Gute ist, so müssen die Folgen des Bösen jenem auch in den Himmel nachziehn und die Folgen des Guten diesen auch bis in die Hölle begleiten; ein jeder muß seine Hölle noch im Himmel und seinen Himmel noch in der Hölle finden."[1]

---

[1] XXI, 157-158.

HERDER

I. Von Klopstock zu Hamann

Die neue Weltschau, die sich in Lessing ankündigt, in einem tieferen Blick für das Historische der Einzel- wie der Menschheitsexistenz, mündete doch noch allzusehr in Spiritualismus und Vergötterung der klaren, durchsichtigen Idee, in eine rationalistische Eschatologie. Aus anderen Bereichen dringt gleichzeitig eine zweite geistesgeschichtliche Welle weiter ins neu erahnte Land vor.

Dieses Neue, aus verborgensten Quellen des schöpferischen Widerstands sich sammelnd, verdichtet sich zum erstenmal in Klopstock. Freilich bleibt auch sein Messias, als die große Dichtung des innerlichen, pietistischen Protestantismus, noch vorwiegend spiritualistisch. Sie verharrt in einer erdfern-immateriellen Geister- und Seelenwelt, deren dichterische Unmittelbarkeit und Naivität freilich anziehend ist, die aber, an Dantes Gestaltung des Transzendenten gehalten, unplastisch-musikalisch bleibt. Aber diese „Entkörperlichung“ hat nichts mehr gemein mit der „Allgemeinheit“ der Aufklärung, sowenig als die „Allgemeinheit“ der Musik mit der der Mathematik verwechselbar ist. Das Gefühl, die Innigkeit, die zarte Inwendigkeit, aus denen diese Gestalten gebildet sind, verleiht ihnen doch eine, wenn auch verminderte, Existentialität, eine Art Astralleiblichkeit, wie den Seelen von Homers und Vergils Unterwelt. Durch die Feinfühligkeit des Klopstockschen Empfindens hindurch gelingt auch schon eine Natur- und Situationenschau, die über die Menschenwelt hinaus den Kosmos selbst an solcher feineren Leiblichkeit teilhaben läßt. Die großen Naturoden und die kleineren Naturgedichte zeigen, wie aus reiner, zusammengeballter Intensität diese musikalische Gestalt entsteht. Wahrt Klopstocks Messias im gedanklichen Gerüst – mit Ausnahme der aufklärerischen Erlösung Abbadonas, des Reueteufels – die alte christliche Eschatologie, die er im 16., 18. und 19. Gesang in geschickter Technik in den Rahmen der Golgothahandlung verflicht, so ist doch auch hier das Unterscheidende, Neue, die große lyrische Linienführung. Sie erklärt es auch, wie sich ein Auferstehungshymnus der „Geistlichen Lieder“ so überraschend natürlich (mit Beifügung einer Strophe) in den Schlußsatz von Gustav Mahlers Auferstehungssymphonie einfügen lassen konnte.

Was bei Klopstock innere Natur war, wird freilich in der „seraphischen Dichtung“ des jungen Wieland schnell Manier. Sein „Gesicht von dem Weltgericht“[1] gehört in diese allzu künstliche Epoche seines Schaffens, die sich im weich-wollüstigen Klang schon als Maske jener ganz anders gearteten Welt andeutet, die sich bald darauf offenbarte. Uriel verkündet der schlafenden Erde das Ende, Christus erscheint, mit Ihm „tausendmal tausend Engel, der obersten Sphäre Bewohner“, Posaunen künden die Urständ. Die Schuldigen bleiben hier unrettbar. Erde verklärt sich und die „Erstgeborenen der Tage“ erfüllen sie mit ihrem Glanz.

Auch Jung-Stilling, trotz seiner stärkeren Neigung zur Apokalypse, bleibt im Grunde der Aufklärung näher. Sein magischer Vorsehungsglaube, in der Selbstbiographie verteidigt, zeitigte weniger die demütige Haltung Klopstocks letzten Dingen gegenüber, als die Steigerung eines prophetischen Selbstgefühls. Die Apokalypsen-Deutung („Siegesgeschichte der christlichen Religion“) kann schon im Titel unbewußte Abhängigkeit von der so verhaßten Aufklärung anzeigen, wenn auch das Mathematische Bengelscher Endberechnung – schon um 1790 als Fehldeutung durchschaut – weniger bestimmten Aussagen weicht. Niemand kennt Stunde noch Tag. Trotzdem hält Stilling die Naherwartung fest und wird im „Grauen Mann“, im „Heimweh“ (1794) und in seiner Zeitschrift zum Herold des Gerichts vor dem chiliastischen Reiche.

Im Bestreben nach Weiterung des pietistischen Blickkreises geht Lavater mit Stilling einig. Auch er hat, in einer nur mit Hamann vergleichbaren Schärfe, an der Jenseitigkeit der Eschatologie festgehalten, sie auf nichts als die eine Person Christi, ihr Leiden und ihre Auferstehung gegründet. Er enthielt sich, sosehr ihn die Apokalypse fesselte, aller rationalistischen Deutung, ja glaubte, wie er dem Bengelschüler Hasenkamp schrieb, daß Bengel „dem Christentum mehr geschadet hat als Semler und Teller“. Aber seine Frömmigkeit, die persönlichen, zeitüberwindenden Umgang mit Christus sucht, zieht mehr magisch als mystisch immer mehr die Wege wunderbarer Gebetserhörungen und des Okkultismus. So wird er, wie Unger überzeugend dargelegt hat,[2] unmittelbarer Wegbereiter einer ganz anderen Eschatologie als der seinen: der magischen Apokalyptik von Novalis, welcher Lavaters Schriften wohl kannte.

[1] Anonym in „Fragmenten in der erzählenden Dichtungsart von verschiedenem Inhalte“ usw., Zyrich, verlegens Conr. Orell u. Comp., 1755.

[2] Herder, Novalis und Kleist, 166.

Wenn er etwa die Frage erhebt: „Könnte es nicht in Gottes Plane liegen, eine neue Epoche seiner unmittelbaren Offenbarungen anzubahnen?“, so liegen die Übergangswege blitzhaft vor Augen. Seine Nachwirkung gründet auf solchen Sätzen, nicht auf der umständlichen Paraphrase der Apokalypse in Hexametern, „Jesus Messias, die Zukunft des Herrn“ (1780), die er gegen das eben erschienene Werk Herders „Maran Atha, das Buch von der Zukunft des Herrn“ (1779) veröffentlichte.

Ein damals unveröffentlichtes eschatologisches Eposbruchstück „Die Zukunft“ des Grafen F. L. Stolberg,[1] künstlerisch fast wertlos, zeigt indes eine andere, von Lessing wie Klopstock ausgehende Wirkungslinie. Löste jener die Bilderfülle der Apokalypse historisierend von der unmittelbaren dogmatischen Grundlage los, so hatte dieser seine eschatologischen Messiasgesänge mit einer Fülle von frei erfundenen Einzelperioden geschmückt, die eine eigenständige Neubildung eschatologischer Mythik auf der altdogmatischen Grundlage einleitet. Beides befördert eine Verselbständigung des Mythischen überhaupt als eines in sich ruhenden, bildlichen, ästhetisch-gleichnishaft bedeutsamen Gehalts. In diesem Sinne wird bei Stolberg die Bilder- und Motivfülle der Apokalypse sinnbildlich übertragbar auf rein weltliche Eschatologie: die geistig-politische Befreiung der Menschheit durch Religion, Kunst, soziale Freiheit. Damit ist ein Schritt nicht nur über Bengel, sondern auch über Stilling hinaus getan. Statt das Maß der Geschichte zu sein, wird die Apokalypse an der Geschichte gemessen. Aber diese Strebung, auch wenn sie sich im folgenden weiter behauptet, wird dabei doch wieder in ein tieferes, metaphysisches, nicht rein säkulares Geschichtsverstehen eingebaut. Die Wendung dahin heißt Sturm und Drang.

Schon Klopstocks zartes oder brausendes Gefühl war eine Lokkerung der Existentialität im Sinne einer Befreiung der Subjektivität aus den Banden des „allgemein“ Wahren. Diese Lockerung schreitet folgerichtig weiter zu einer Erhebung, ja Vergötterung dieser Subjektivität in ihrer reinen bewegunghaften Innerlichkeit. Nicht nur öffnet sich in ihr ein seit langem verschütteter Innenraum von ungemessenen Dimensionen, dieser Raum ist selbst erfüllt von unsichtbarem Sturmwind, der weht, wo er will, von einem irrationalen, von keiner objektiven Geschichtschreibung festzuhaltenden Urgeschehen, das tiefer gesehen Ur-Geschichte und so

[1] Fragment in 5 Gesängen, hrg. von Otto Hartwig in Schnorrs Archiv für Literaturgeschichte, XIII, 1885.

Maß der Weltgeschichte ist. Das Schema der abstrakten Entwicklung (gemäß den Altersstufen des „allgemeinen" Menschen) als Vorzeichnung der Historie weicht dem des konkreten, einmaligen „Original-Genies". Die Innerlichkeit ist das erstgeschichtliche Geschehen, das Sein im Kern darum subjektive Geschichte. So beginnt sich, von neuer Seite her, der verderbliche Bruch zwischen axiologischer Eschatologie, als rein statisch ungeschichtlicher (im Sinnbild des Robinson), und teleologischer Eschatologie, als rein dynamisch weltgeschichtlicher, zu schließen. Im ungeheuren Rhythmus der neuen Seele, ihrem Aufbruch, ihrer Offenbarung liegt der Schlüssel der gewaltigen Rhythmen der Apokalypse. Dasein wird Apokalypse der Seele.

Auf der Höhe, die dieses Weltgefühl in existentialphilosophischer Überschau beherrscht, steht Hamanns Idee des Seins als subjektivgeschichtlicher Apokalypse, in scharfer Front gegen die theoretische Wahrheit der Aufklärung, die eindimensional im Reich allgemeiner Wahrheit verharrt. Aber Denken selbst ist, wie Hamann sagt, „der zufälligste und abstrakteste Modus unserer Existenz"[1] und ruht auf einer Basis, die von tiefer und reicher Wahrheit ist. „Wenn uns unser Gebein verhohlen ist, weil wir im Verborgenen gemacht, weil wir gebildet werden unten in der Erde; wie viel mehr werden unsere Begriffe im Verborgenen gemacht und können als Gliedmaßen unseres Verstandes betrachtet werden."[2] Das Wahre ist die unendliche Vielfalt, qualitativ-farbige Breite der Existenz: „Wenn *eine* Wahrheit (ruft er den Rationalisten zu) gleich der Sonne herrscht, das ist Tag. Seht ihr anstatt dieser einzigen so viel als Sand am Ufer des Meeres, hiernächst ein klein Licht, das jenes ganze Sonnenheer an Glanz übertrifft, das ist eine Nacht, in die sich Poeten und Diebe verlieben."[3] Ist aber diese Tiefe der Existenz die Wahrheit, dann geht sie im Begriff nicht auf, dann ist dessen „Engelssprache"[4] nichts für Menschen, welche diese Existenzdimension nur *indirekt*, im Bild, Gleichnis, Mythus andeuten können. In der zweiten muß die dritte Dimension ahnbar werden. „Ad oculum et unguem Wahrheiten und Lügen zu demonstrieren, ist meine Sache nicht. Bei mir ist von Sturmwinden die Rede, die man sausen hört, ohne selbige anders als an den Wirkungen sehen

[1] Zweifel u. Einfälle (1776).
[2] Sokratische Denkwürdigkeiten, I.
[3] Aesthetica in nuce.
[4] Ebd.

zu können, und die in den Lüften herrschen, ohne daß man ihre Gestalt, Anfang und Ende mit den Fingern zeigen kann." Darum ist Sokrates, der „seine Mitbürger aus den Labyrinthen ihrer gelehrten Sophisten zu einer Wahrheit lockte, die im Verborgenen liegt, zu einer heimlichen Weisheit, zum Dienst des unbekannten Gottes",[1] der eigentliche Führer Hamanns, wie er der Kierkegaards sein wird. Sokrates ist das Genie der Existenz und darum des Indirekten. Sein Beruf „kommt mit dem meinigen darin überein, daß ich ein höheres Heiligtum auf eine analogische Art zu entweihen und gemein zu machen gesucht"[2] – das der Göttin Vernunft. Ein höheres: Weil es sich die Vollwahrheit über die christliche Offenbarung hinaus anmaßt. Denn diese ist nichts als die Apokalypse der Wahrheit unserer Existenz durch die höchste Existenz, so wie jene die (solche Existenz tiefer verhüllende) Apokalypse der Wahrheit eines „abstrakten und zufälligen Modus" ihrer besagt. „Alle Religionen [haben] eine Beziehung auf den Glauben einer einzigen, selbständigen und lebendigen Wahrheit . . ., die, *gleich unserer Existenz*, älter als unsere Vernunft sein muß und daher nicht durch die Genesin der letzteren, sondern durch eine unmittelbare Offenbarung der ersteren bekannt werden kann. Weil unsere Vernunft bloß aus den äußeren Verhältnissen sichtbarer, sinnlicher unstetiger Dinge den Stoff ihrer Begriffe schöpft, um selbige nach der Form ihrer inneren Natur selbst zu bilden . . ., so liegt der Grund der Religion in unserer *ganzen Existenz*."[3] Daher das Paradox: Vernunft, scheinbar so geistig, ist ans Sinnliche gebunden, Existenz, als Ganzheit einer sinnlichen Natur, übersteigt das Sinnliche, *weil* sie existentielle Wahrheit ist. Denn diese ist Rede des Seins, Logos, und damit Apokalypse des inneren Abgrundes. Keine Rede, die in Begriff auflösbar ist, weil Begriff *weniger* ist als Logos, nichts „Reines", weil das „Reine", das der Mensch existierend erreicht, weniger ist als die mit Sinnlichkeit und Leidenschaft vermischte „Unreinheit" seines totalen Logos. Nur in dieser Unreinheit der unauflösbaren Sinnlichkeit-Geistigkeit-Ganzheit des Menschen ist er selbst Bild der höchsten Existenz. *Analogie* muß darum das Grundwort sein, und *„diese* Analogie des Menschen zum Schöpfer erteilt allen Kreaturen ihr

[1] Sokr. D., II.
[2] An F. C. v. Moser, 1773.
[3] Zweifel und Einfälle.

Gehalt und ihr Gepräge".[1] Dieses Paradox, daß das Unreine „reiner" sei als das Reine, das Paradox alles Symbols und Mythus, aller Rede und – Kreatur ist das einzige, unerschöpfliche Problem Hamanns: „An diesem Markknochen nage ich und werde mich zu Tode darüber nagen. Noch bleibt es immer finster über dieser Tiefe für mich; ich warte noch immer auf einen apokalyptischen Engel mit einem Schlüssel zu diesem Abgrund."[2] Es geht also um eine höhere Mitte, zwischen Idee und Sinnlichkeit („Heere von Anschauungen in die Veste des reinen Verstandes hinauf – und Heere von Begriffen in den tiefsten Abgrund der fühlbarsten Sinnlichkeit hinab . . . auf einer Leiter, die kein Schlafender sich träumen läßt"[3]), aber Mitte, die höher und tiefer nur als Dynamik *zwischen* beiden ist, als Entbindung der existentialen Intensität: „Sinne und Leidenschaften". Darum ist die eigentliche Tiefendimension der Existenz energeia, ist sie subjektiv, ist Tiefe der Seele, vollendet sich die Welt im Menschen. „Die Schöpfung des Schauplatzes verhält sich aber zur Schöpfung des Menschen wie die epische zur dramatischen Dichtkunst. Jene geschah durchs Wort; die letzte durch die Handlung." Durch eine Tat aber, die nur die Tiefe der Rede Gottes selber ist. Denn indem die Seelentiefe sich apokalyptisch öffnet, klingt in ihr das Urwort selbst, der göttliche Logos. Eine innere, subjektive Analogie *(ἀναλογία νοήσεως* gegenüber *ἀναλογία νοήματος)* läßt die Bewegtheit der Seelenkräfte zum lebendigen Gleichnis und Durchscheinen der höchsten existentialen Dynamik, der Rede Gottes *im Sein,* werden. *So* wird Seelentiefe Logos, als Analogie im Urgeschichte zeugenden Dia-logos zwischen Gott- und Menschwort. „Rede, daß ich dich sehe! – – Dieser Wunsch wurde durch die Schöpfung erfüllt, die eine Rede an die Kreatur durch die Kreatur ist", in der Seele „eigentlich nichts als ein Zeigefinger des verborgenen Menschen in uns".[4] „Die Ehrfurcht gegen das Wort in seinem Herzen, auf dessen Laut er immer aufmerksam war",[5] machte Sokrates zum Philosophen der Existenz, denn sie zeugt von seinem Wissen um den Je-Einmaligkeits- und darum den Wunder-Charakter des Daseins. „Alle Wunder sind tägliche Begebenheiten, stündliche Er-

---

[1] Aesthetica in nuce.
[2] An Herder, 1784.
[3] Metakritik, 1784.
[4] Aesthetica in nuce.
[5] Sokr. D., III.

fahrungen des Lebens in Gott",[1] „ja, ich bekenne, daß dieses Wort Gottes ebenso große Wunder an der Seele des frommen Christen, er mag einfältig oder gelehrt sein, tut, als diejenigen, die in [der Bibel] erzählt weden".[2] Was erzählt wird, die Weltgeschichte als Heilsgeschichte, als Rede Gottes mit dem Volke, ist nur der subjektive Vorgang, ins Große gezogen. Existenz ist Wiedererinnerung der Heilsgeschichte, diese ist Summe der Existenz. „Ich erkannte meine eigenen Verbrechen in der Geschichte des jüdischen Volks, ich las meinen eigenen Lebenslauf und dankte Gott für seine Langmut."[3] – Über dieser neuen Basis, auf die Hamann die Weltgeschichte stellt, hat er selber kein Gebäude aufgeführt. Ihn bewegt nur die Subjektivität selber, wie es Hegel in seiner großen Hamannbesprechung bedeutsam ausführt. Die Synthese seines Prinzips mit der Universalhistorie der Aufklärung überließ er seinem Freunde Herder.

Er selbst lebt innen im ontologischen Dialog wie in einem immerwährenden Liebesgeheimnis: „Wenn also die göttliche Schreibart auch das Alberne – das Seichte – das Unedle erwählt, um die Stärke und Ingenuität aller Profanskribenten zu beschämen: so gehören freilich erleuchtete, begeisterte, mit Eifersucht gewaffnete Augen eines Freundes, eines Vertrauten, eines Liebhabers dazu, in solcher Verkleidung die Strahlen himmlischer Herrlichkeit zu erkennen."[4] Darum allein ist die Johannes-Apokalypse „dunkel", weil sie aus dem Zweidimensional-Objektiven in die Tiefe der Subjektivität hineinreicht und so das helle Geheimnis dieser selbst – nur ihr erkennbar – zum Gegenstande hat: „In Ihrer Theorie", schreibt er an Herder, „ ist das selbst enthalten, was ich meine, nämlich, daß die Erfüllung des Buchs nichts als eine Figur einer höheren Erfüllung sei. Folglich ist eine buchstäbliche Auslegung nicht möglich, und eine historische Approximation kann den Geist und Sinn nur auf die Hälfte aufschließen. Das übrige bleibt immer prophetisch und geistlich und heterogen für alle Geschichte, so wie das, was kein Auge gesehen, kein Ohr gehört, was in keines Menschen Herz kommen kann."[5]

So wird auch klar, daß für Hamann, den Denker der konkreten,

[1] Bibl. Betrachtungen, 1758.
[2] Lebenslauf.
[3] Ebd.
[4] Kleeblatt hellenistischer Briefe, 1759.
[5] An Herder, 1780.

nicht der „möglichen“ Welten, ontologische „Offenbarung“ ohne weiteres übergeht in die heilsgeschichtliche Offenbarung, die nur die Konkretgestalt jener ist. Dann muß aber schließlich die formale Unauflösbarkeit des Gleichnisses, der Rede als Verhüllung und Enthüllung ihm unmittelbar durchsichtig sein in das konkreteste Geheimnis Christi, des Mittelpunktes der Schöpfung: seine letzte „Entleerung“ in Tod und „Gott-Transparenz“ in Auferstehung. Im „Buch der Schöpfung“, nicht erst in der Bibel, hört er: „in allen Ein Ton von unermeßlicher Höhe und Tiefe! Ein Beweis der herrlichsten Majestät und leersten Entäußerung! Ein Wunder von solcher unendlichen Ruhe, die Gott dem Nichts gleich macht, daß man Sein Dasein aus Gewissen leugnen oder ein Vieh sein muß; aber zugleich von solcher unendlichen Kraft, die alles in allem erfüllt, daß man sich vor Seiner innigsten Tätigkeit nicht zu retten weiß“.[1] Nicht erst in der Knechtsgestalt des Wortes als „Heilige Schrift“ (fast ein Widerspruch!), schon in der Rede der Schöpfung bewundert Hamann die „Demut“ Gottes,[2] die längst vor Golgotha das Gesetz der Moria, der Torheit (Hamann schreibt das Wort in großen Buchstaben), zum Weltgesetz gemacht. „Es gehört zur Einheit der göttlichen Offenbarung, daß der Geist Gottes Sich durch den Menschengriffel der heiligen Männer, die von Ihm getrieben worden, ebenso erniedrigt und Seiner Majestät entäußert, als der Sohn Gottes durch die Knechtsgestalt, und wie die ganze Schöpfung ein Werk der höchsten Demut ist. Den allein weisen Gott in der Natur bloß bewundern, ist vielleicht eine ähnliche Beleidigung als der Schimpf,[3] den man einem vernünftigen Mann erweist, dessen Wert nach seinem Rock der Pöbel schätzt.“[4] Aber diese Offenbarung der Demut Gottes ist als solche die Seiner Herrlichkeit, und die *existentielle* Erkenntnis dieser Demut – die Selbstentleerung der Kreatur, die zu schaffen Gottes Demut war – ist der Augenaufschlag zu dieser Glorie. „Auch hat der Begriff des höchsten Wesens die Weltweisen in Irrtümer und Vorurteile verleitet, welche so kräftig und verderblich sind als die Vorstellungen, die sich die Juden unter dem Bilde eines Monarchen von dem Messias machten. ‚Ich bin ein Wurm und kein Mensch‘: Diese Empfindungen des gekrönten Psalmisten scheinen *der ein-*

[1] Aesthetica innuce.
[2] An Lindner, 1759.
[3] Hamann schreibt: „mit dem Schimpf“.
[4] Kleeblatt usw.

zige Wegweiser zu sein, um den gesuchten Begriff von einer Majestät der Existenz zu erreichen. Die Kennzeichen der Offenbarung sollten daher nicht mit dem Typo eines metaphysichen Ölgötzen, sondern mit dem kündlich großen Geheimnisse eines Fleisch gewordenen Wortes verglichen werden."[1] Eschatologisch ausgedrückt: „Nichts als die Höllenfahrt der Selbsterkenntnis bahnt uns den Weg zur Vergötterung."

Hamanns Eschatologie trägt denn auch ganz die Züge der Doppelrhythmik des Symbols. Sie ist axiologische Bewegtheit in die Tiefe, aber durch die Verdecktheit der Gottesrede hienieden nur eine Glaubensbewegung: „bis zur völligen Aufdeckung und Apokalypse des am Anfang verborgenen und geglaubten Geheimnisses in der Fülle des Schauens von Angesicht zu Angesicht". Eine Bewegung aber, die im Zu-hin immer das Von-weg in die Ohnmacht bleibt, und das bis in die Angst: „Diese Angst in der Welt ist der einzige Beweis unserer Heterogeneität. Denn fehlte uns nichts . . ., kein Heimweh würde uns anwandeln. Diese impertinente Unruhe, die heilige Hypochondrie ist vielleicht das Feuer, womit wir Opfertiere gesalzen und vor der Fäulnis des laufenden saeculi bewahrt werden müssen." So liegt zweifellos in Hamanns Eschatologie ein gewaltiges Ans-Ende-Drängen, ein Telos, das sich aus der Enge und Paradoxie der axiologischen Ewigkeitsbeziehung herausängstigt und -sehnt.

Es liegt aber hintergründiger doch noch etwas anderes darin, das erst den *ganzen* Hamann kennzeichnet. Ist die Analogiestruktur, oder was dasselbe ist, der All-Symbolismus letzte Weltwirklichkeit, in der selbst erst Gottes Letztes als Seine „Demut" sichtbar wird, so wird dieser Rhythmus von Vollendung in Entleerung, Majestät in Demut, Durchsichtigsein im Zeichen – die Bewegtheit also menschlicher Wirklichkeit zu einer letzten *Mitte* zwischen (und so über) Gott und Welt: „Alles Göttliche ist aber auch menschlich; weil der Mensch weder leiden noch wirken kann als nach der Analogie seiner Natur, sie sei eine so einfache oder zusammengesetzte Maschine, als sie will. Diese communicatio göttlicher und menschlicher idiomatum ist ein Grundgesetz und Hauptschlüssel aller unserer Erkenntnis und der ganzen sichtbaren Haushaltung."[2] Hier zeigt sich der Untergrund von „Sturm und

[1] Königsbergische Zeitung, 1764.

[2] Des Ritters von Rosencreuz letzte Willensmeinung über d. göttl. und menschl. Ursprung der Sprache, 1772.

Drang" in Hamann: Die „Sinne und Leidenschaften" als Weitung und Weite des inneren Raums sind zuletzt nicht Mittel und Weg, sondern der Äther und die Luft des Dialogs zwischen Gott und Mensch. Hamann berauscht sich an der Geheimniswirklichkeit des symbolischen Seins: „Was Homer den alten Sophisten war, sind für mich die heiligen Bücher gewesen, aus deren Quelle ich bis zum Mißbrauche vielleicht mich überrauscht."[1] Symbol ist ihm schon „Fülle": „Mein ganzes Christentum [ist] ein *Geschmack an Zeichen* . . . Hier ist Fülle für Hunger und Durst – eine Fülle, die nicht bloß, wie das Gesetz, einen Schatten der zukünftigen Güter hat, sondern αὐτὴν τὴν εἰκόνα τῶν πραγμάτων, insofern selbige, durch einen Spiegel im Rätsel dargestellt, gegenwärtig und anschaulich gemacht werden können; denn das τέλειον liegt jenseits."[2] Das Teleion liegt jenseits, gewiß, aber es wird vorgeschmeckt im Geschmack an Zeichen. Das Erlebnis des transzendenten Heils ist in seiner Immanenz festgehalten. Diese Erlebniswirklichkeit des Umganges mit Gott spricht stark aus der Selbstbiographie, jener „Trost", der Hamann überschwemmte und „dessen Quelle ich mir selbst nicht zuschreiben kann . . . Ich bin erschrocken über den Überfluß desselben". Und so betont sich die tiefe Christlichkeit Hamanns leise ins Dionysische, das Geheimnis des Wortes ins Eleusische: „Wagt euch also nicht in die Metaphysik der schönen Künste, ohne in den Orgien und Eleusinischen Geheimnissen vollendet zu sein. Die Sinne aber sind Ceres, und Bacchus die Leidenschaften; – alte Pflegeeltern der schönen Natur . . ."[3]

II. Herder und der Weltinnenraum

Die existentiale Apokalyptik von Sturm und Drang ist gegenüber der geistigen, deistisch beruhigten Eschatologie der Aufklärung scharfe Antithese. Die Synthese zu schaffen mußte ein Geist berufen sein, der den ganzen Umbruch zur Existenz selber eingeleitet hatte, aber Existenz doch und gerade in ihrer weltgeschichtlich-empiri-

---

[1] An Jakobi, 1784.
[2] An Lavater, 1778.
[3] Aesthetica in nuce.

schen Breite fassen wollte: Herder.[1] Existenz als Geschichte, wie Hamann sie begriff, ist ihm Fülle aller geschichtlichen Existenz, Menschheit, „Humanität“; aber nicht abstrakt-gesetzliche, sondern je konkrete, und darum in Mythen, nicht in Lehren sich darstellende. Darum verwandelt sich Hamanns existentiale Urgeschichtlichkeit des Daseins für Herder sogleich in zeitliche Urgeschichte, der ewige Entsprung aus den göttlichen Quellen in einen urzeitlichen. Hinter Klopstocks Bardenprimitivität und Bodmers Minnesinger-Mittelalter geht es zurück in die Genesis, die Vedas, die Edda, hinter den apriorisch konstruierten Urzustand Rousseaus in ein sachlich-geschichtlich darstellbares Patriarchentum. Hier war methodisch beides vereint: aufgeklärte objektive Sachforschung mit enthusiastischer Mythendeutung, denn das Objekt selber gab sich zugleich als geschichtliches Dokument und als Mythus. Herder kann daher beides fordern: einen „hypothesen-freien Geist“, der, „wie der Schöpfer unseres Geschlechts oder wie der Genius der Erde unparteiisch sehen und leidenschaftslos richten kann“,[2] und einen liebend-begeisterten Sinn, der sich jeder konkreten Geschichtsgestalt sorgsam annimmt.

Damit ist also zunächst das abstrakte Entwicklungsschema zugunsten eines Relativismus der geschichtlichen Formen zurückgedrängt. „Jede menschliche Vollkommenheit [ist] national, säkular und am genauesten betrachtet individuell.“[3] Daraus ergibt sich ein Stufenreich morphologischer Formen: der unwiederholbare Einzelmensch, das unwiederholbare Volk, der unwiederholbare Kulturkreis: Gestalten, die in- und übereinander sich aufbauen, ohne die niedrigere ins Abstrakte aufzuheben. Jede ein geist-stoffliches Gesamt, ein Mythus, ein Organismus.

Aber auch in zeitlicher Abfolge ist das Ganze der Geschichte Sinngestalt, und für den morphologischen, überschauenden Blick auch im Nacheinander als Sinn-Bild lesbar. Das aber heißt nun doch auch Fortschritt, Teleologie, jedoch nicht auf einen abstrakt-gesetzlichen Allgemeinmenschen hin, sondern auf die alle zeitlich früheren einverleibende volle Sinngestalt „Mensch“, „Humanität“. „Ein Tag hat den andern, ein Jahrhundert das andre gelehrt: die Tradition ist reicher geworden . . . Möge in dem ungeheuren Schnee-

---

[1] Herders sämtl. Werke, hrg. v. Suphan, Berlin. – R. Unger: Herder, Novalis und Kleist. (Dtsch. Forschungen, hrg. v. Panzer und Petersen, 9, 1922).

[2] Werke 14, 85.

[3] 5, 505.

ball, den uns die Zeiten zugewälzt haben, so viel Unrat, so viel Verwirrung sein, als da will";[1] alles integriert sich letztlich doch in die Harmonie des konkreten Menschenbildes. In dieser vollen Einverleibung alles Vergangenen liegt das Neue gegenüber der vom Zukunftsideal allein beherrschten Fortschrittsidee der Aufklärung. Statt Auswickeln des Verworrenen ins Vernunftklare, Geisthafte ist Fortschritt nun Einbauen des Vorläufigen ins Menschlich-Ganzheitliche. Erde bleibt Erde, „auch das beste Herz ist und bleibt immer ein Menschenherz, Körper bleibt Körper".[2] Das heißt aber näher: ein Zeitalter *reiner* Weisheit ist „eine utopische Zeit: denn immer wird dem Menschen ein Gewicht nötig bleiben, das ihn an die Erde hält, damit er nicht in die Lüfte fliege".[3]

„Humanität" ist so der synthetische Begriff zwischen Aufklärung und Sturm und Drang: transzendent als höchste, noch unverwirklichte Vollgestalt (Eidos), immanent als sich je schon in den vergänglichen Teilgestalten ausprägende Ganzheit (Morphe). So ist jede Zeit unmittelbar zu Gott (axiologisch), gerade sofern sie eine niedrigere Potenz des eschatologischen Ganzen (teleologisch) verwirklicht. Dann bricht sich aber auch die gerade Linie des Aufstiegs in „sehr abspringende, krumme Linien durch alle gebildete Nationen", von Gestaltsgipfel zu Gestaltsgipfel, durch „Maxima allerlei Art"[4]. Es sind qualitative Maxima, einmalige Höchstleistungen, „ein glücklich getroffenes Maximum oder Minimum seiner Art, eine aufgelöste Formel, die einzig so aufzulösen war",[5] denn

„Nicht allen gönnte die Natur
Das allgepries'ne Glück,
Zu bilden auf des Meisters Spur
Ein ewges Meisterstück".[6]

Entwicklung des Menschengeschlechts ist diese höchst dynamische, stete Umlagerung der Elemente, die sich zu einmalig qualitativen Höchstgestalten ballen und, wo das Optimum überschritten ist, neuen Verschränkungen zueilen, welche doch, weil das Geschlecht ein Traditionsgedächtnis besitzt, dieses vergangene Höchste mit-

---

[1] 14, 237 („Ideen", III).
[2] 15, 273 („Über die Seelenwanderung").
[3] 16, 355 („Palingenesie", Nr. 44).
[4] 14, 229 („Ideen", III).
[5] 16, 42 („Über die menschliche Unsterblichkeit").
[6] 29, 104 („Der Nachruhm").

einverleiben können. „Offenbar ist es auch, daß die ganze Zusammenordnung unseres Geschlechts auf dergleichen wechselnde Schwingungen eingerichtet und berechnet worden."[1] Denn stellt jedes Volk je das Ganze dar, so doch unter wechselndem Formvorrang, etwa der Politik, der Moral, der Kunst.[2] „Die Nationen blühen auf und ab", aber „die Natur des Menschen bleibt immer dieselbe",[3] indem sie immer reiner sie selbst wird.

Aber diese Synthese betrifft vorerst allein die Eschatologie des Geschlechts. Sie ist Apokalypse konkreter, irdischer Humanität. Aber wie steht das Telos der Einzelseele zu diesem Geschichtsziel? Wenn sich doch, nach dem Aufklärungsprinzip, alle Naturanlagen eines Geschöpfs einmal „vollständig und zweckmäßig auszuwikkeln" bestimmt sind – wird ihm dann die relative Vollendungspotenz genügen, die es in diesem einmaligen Erdenleben erhalten kann? Muß nicht auch es Anteil erhalten an der höchsten, eschatologischen Potenz? Nun gibt es freilich jene schöne und selbstlose Art des Weiterwirkens, das in dem stummen, anonymen Eingehen des eigenen Wirkens, Bildens, Leidens in den großen Traditionsstrom besteht, der dem Ende zufließt,[4] eine Unsterblichkeit, die weit realer ist als die von Nachruhm und Namengedächtnis. Aber selbst wenn der Einzelne dieses Optimum der eschatologischen Menschheit erreichte – namenlos, wie es Herder sich denkt, oder sogar persönlich durch Palingenesie im Sinne Lessings –: was dann? Was ist denn „Humanität"? „Alles auf der Erde ist Stückwerk, und soll es ewig und ewig ein unvollkommenes Stückwerk, so wie das Menschengeschlecht eine bloße Schattenherde, die sich mit Träumen jagt, bleiben?"[5] Das Vegetative und Tierische erfüllt in seinem Kreise seine Idee vollkommen. Der Mensch aber, der doch die höchste Formgestalt dieser Erde ist, scheint dieser Rundung in der Idee selber zu entbehren. Er geht nicht darin auf, Typ einer noch so edlen „Menschenrasse (wenn mir das unedle Wort erlaubt ist)"[6] zu sein. „Es ist befremdend und doch unläugbar, daß unter allen Erdenbewohnern das menschliche Geschlecht dem Ziel seiner Bestimmung am meisten fern bleibt. Jedes Tier erreicht, was es in

[1] 14, 233-234.
[2] 229.
[3] 205.
[4] 16, 28-50 („Über die menschliche Unsterblichkeit").
[5] 13, 164 („Ideen", I).
[6] 13, 151.

seiner Organisation erreichen soll: der einzige Mensch erreichts nicht, eben weil sein Ziel so hoch, so weit, so unendlich ist."[1]

Damit wird aber die ganze Morphe Mensch selber übersteigend. Sie weist weiter, über sich hinaus. Die ganze historische Gestaltenfülle, die sich auf das Eschaton der Humanität zubewegt, ist selbst nur „immanente Humanität" gegenüber einer in ganz andere, kosmische Dimensionen sich entwickelnden, „transzendentalen". Die Weltgeschichte wird gekreuzt und umklammert von einer Weltallgeschichte. Die horizontale Ebene des geschichtlichen Werdens ist durchbrochen von zahllosen Linien eines vertikal-aufsteigenden himmlischen Werdens.

So ist nun die Herdersche Synthese von Statisch-Dynamisch innerhalb der Geschichte selber in einem größeren Zusammenhang These geworden, der die Antithese einer kosmischen Dynamik entgegentritt. Es droht eine neue Zerfällung von „Gestalt" und „Prozeß". Das allgemeine Werden tritt zunächst als Integrationsvorgang von „Gestalten" auf: „Vom Stein zum Kristall, vom Kristall zu den Metallen, von diesen zur Pflanzenschöpfung, von den Pflanzen zum Tier, von diesen zum Menschen sehen wir die Form der Organisation steigen. Bei dem Menschen stand die Reihe still; wir kennen kein Geschöpf über ihm, das vielartiger und künstlicher organisiert sei: er scheint das Höchste, wozu eine Erdorganisation gebildet werden konnte."[2] Mensch als *Gestalt* ist also zunächst Einverleibung aller Seinsstufen, und so die differenzierteste, subtilste Gestalt der Erde. Aber diese ganze Ausschachtelung der Gestalten scheint nur ein erster, provisorischer Werdensprozeß, Aufschlagen der Weltbühne, auf dem das *eigentliche* Werden sich erst vollziehen soll, Stufung der Stockwerke eines Hauses, das nun bewohnt werden soll. „Wir werden darauf gestoßen, auch ein Reich unsichtbarer Kräfte anzunehmen, das in eben demselben, genauen Zusammenhange und dichten Übergange steht, als wir in den äußeren Bildungen wahrnehmen."[3] Diese „aufsteigende Reihe von Kräften" ist dann erst eigentlich „die wahre Stufenleiter der Geschöpfe", die wir selber nicht oder nur in den organischen Formen transparent vor uns sehen. „Als die Tore der Schöpfung geschlossen wurden, standen die einmal erwählten Organisationen als bestimmte Wege und Pforten da, auf denen

[1] 190.
[2] 167.
[3] 167.

sich künftig in den Gränzen der Natur die niedern Kräfte aufschwingen und weiter bilden sollten. Neue Gestalten erzeugeten sich nicht mehr; es wandeln und verwandeln sich aber durch dieselbe untere Kräfte, und was Organisation heißt, ist eigentlich nur eine Leiterin derselben zu einer höhern Bildung."[1]

Es ist deutlich, daß in diesem vertikalen Werden die aufklärerische Idee der Entwicklung stärker anklingt als im horizontalen. Leibniz ist hier der Gewährsmann. Freilich ist über ihn hinaus die Idee des Organischen und die Unmöglichkeit betont, daß ein weltlicher Geist ohne Stoffleib und Sphäre sich „bilde". Dieses glühende innere Kräftereich hat die mystischen Farben von Sturm und Drang und Hamann entliehen. Aber gerade die stärkere Betonung des Leibes läßt jede Organisationsstufe zu einem immer erneuten Sichlosreißen von diesem Leibe erscheinen, und damit ist ein selbst über Leibniz hinaus gesteigerter Spiritualismus die nächste Gefahr. Leib wird Mittel: „Das Werkzeug kann durch äußerliche Umstände zerrüttet werden",[2] „wenn die Hülle wegfällt, so bleibt die Kraft, die voraus, obwohl in einem niedrigern Zustande und ebenfalls organisch, dennoch vor dieser Hülle schon existierte".[3] So ist selbst der Tod, ganz im Sinne von Leibniz, ein nur Äußerliches, nur die Umkleidung Betreffendes: „Nehmet die äußere Hülle weg und es ist kein Tod in der Schöpfung; jede Zerstörung ist Übergang zu höherem Leben."[4]

„In Labyrinthen der Schöpfung
steigen wir auf und ab,
der Tritt im Niedersinken
hebt uns empor."[5]

Tod ist nur „die wohltätige Betäubung, die ein Wesen umhüllet, in dem jetzt die organischen Kräfte zur neuen Ausbildung streben".[6] Gerade weil Herder (mit Hamann) so klar von der organischen Natur der Geistes-Bildung gesprochen hatte, muß er jetzt auch Bonnets (und damit Leibnizens) Theorie der Palingenesie[7] ablehnen. „Niemand hat in unserem Gehirn ein geistliches Gehirn, den

[1] 177.
[2] 170.
[3] 174.
[4] 178.
[5] 29, 596 („Verwandlung").
[6] 13, 194.
[7] „Palingénésie philosophique", 1769.

Keim zu einem neuen Dasein entdeckt; auch das kleinste Analogon dazu ist im Bau desselben nicht sichtbar."[1] Nein: Leib ist je neuer, vom Geist unterschiedener, wenn auch ihm unentbehrlicher Stoff. Er ist vielleicht immer höherer, feinerer Stoff, aber nicht Abstoßung immer feinerer Hüllen des Geistes. Es gibt Evolution, nicht Involution.[2] Behält Bonnets Theorie der Ausbildung eines geistigen Leibes an sich eine größere Nähe zur Organismusidee – Geist ist dann auf allen seinen Stufen von innen her leibbildend – so sucht Herder seinen stärkeren Spiritualismus durch den Gedanken der „Bildung der Seele" zu verhüllen: „Je mehr du hier zum innern Lichtkern sammelst, desto mehr hast du dort."[3] Alle bildenden Eindrücke hinterlassen in der Seele eine Spur, die ihr in der Ausbildung ihrer höheren Leiblichkeit helfen wird. Aber alle Leiblichkeit wird, eschatologisch betrachtet, zuletzt doch aufgehoben, die Brücken hinter dem Heer der „Kräfte" verbrannt, die Bühne abgebrochen. Nur die Ewigkeit des Kräfteaufstiegs ließe auch die Materie ewig sein. Aber Materie selber ist gar nicht etwas dem Geist absolut Entgegengesetztes.[4] Materie eines höheren Geistes ist selbst noch niedrigerer Geist, und so müßte am Ende des Prozesses die „Materie" sich der Aufstiegsbewegung selber anschließen. Mittelalterliche Eschatologie hatte daran gedacht, Tiere und Pflanzen aus der apokalyptischen Neuen Erde zu verbannen, da sie wesentlich Übergang und Vorstufe zum Menschen waren.[5] Nun aber müßte auch die Erde selber als eine solche Vorstufe aufgehoben werden. An Stelle von Verklärung setzt der Evolutionismus fortschreitende Vernichtung.[6] Fortschreitende – denn die Geistwerdung ist nur asymptotisch zu verstellen. „Wir bleiben immer Geschöpfe, wenn wir auch die Schöpfer großer Welten würden."[7] „Einen Geist, der ohne und außer aller Materie wirkt, kennen wir nicht."[8] So bleibt zuletzt doch nur Perspektive in immer höhere Reiche: „Selbst, glaube ich, das ewige Leben wird nur stufenweise genossen werden."[9]

---

[1] 165.
[2] Vgl. 176.
[3] 5, 674.
[4] 13, 172.
[5] Thomas von Aquin: De potentia, q. 5, a. 9.
[6] Vgl. 15, 286.
[7] 326 („Liebe und Selbstheit").
[8] 13, 172.
[9] 16, 385.

„Sehen Sie gen Himmel, Gottes Sternenschrift, die Urkunde unserer Unsterblichkeit, die glänzende Charte unserer weitern Wallfahrt! Wo endet das Weltall?

Vielleicht sind uns auch Ruheörter, Gegenden der Zubereitung, andre Welten bestimmt, auf denen wir, wie auf einer goldenen Himmelsleiter, immer leichter, tätiger, glückseliger zum Quell alles Lichts emporklimmen, und den Mittelpunkt der Wallfahrt, den Schooß der Gottheit, immer suchen und nie erreichen, denn wir sind und bleiben eingeschränkte, unvollkommene, endliche Wesen. Wo ich indessen sei, und durch welche Welten ich geführt werde, bin und bleibe ich immer an der Hand des Vaters, der mich hieher brachte und weiter rufet: *immer* als in Gottes *unendlichem Schooße*."[1]

* *
*

Das ist Herders Eschatologie als Lehre. Es ist damit erst die Schale seiner „Apokalypse der Seele". Wie Seele in diesen unendlichen Perspektiven ins Horizontal-Endgeschichtliche und Vertikal-Eschatologische, zwischen „Gestalt" und „Kraft", „Vollendung" und „Unendlichkeit" steht, das gilt es nun zu sehen. Menschliche Seele erkennt sich selber als die letzte Organisation einer aufsteigenden Reihe erscheinender Formen, der innen die aufsteigende Reihe von Kräften entspricht. Indem sie in sich hinabblickt, erkennt sie sich so als die Trägerin unendlich-urweltlicher Überlieferungen, die bis zu ihr heraufgedrungen sind. Vertikal ist sie Behältnis aller Bildung aus Stein, Pflanze und Tier, horizontal ist sie Gedächtnis aller Gestalten vergangener Menschheit. Seele *ist* die Spitze dieses doppelten Wachstums, Welle, in der die Geschlechter und Seinsstufen sich weiterwälzen. Aber in diesem doppelten inneren Abgrund geht der Blick nicht nur in das Dunkel des Ursprungs zurück: all diese Kraft ist drängende, zur Entfaltung und Bildung wogende, all diese Gestalten sind die niedrigen, aber doch schon totalen Potenzen der eschatologischen Ganzheit, die aber ist das Urschöpferische und die Urgestalt: Gott. Der Blick abwärts ins Dunkel-Anonyme ist darum geheimnisvoll auch ein Blick ins Endgeheimnis: noch unerlöst, noch ungestaltet, blitzt in allem das verhüllte Ahnen eines unendlichen Urbildes auf. So ist Seele wirklich „Sohn schaudernder Mitternacht"[2] und Kreuzweg aller

---

[1] 15, 272.
[2] 29, 341 („Mein Schicksal").

dunklen Weltstraßen. Ihre Tiefe ist die Tiefe der Welt, der Brunnenspiegel auf dem Grunde aber ist ein lockenderes Geheimnis: nicht mehr Welt!

„Die *Seelen*, mehr als Welten! – Heil'ge Seele,
da ward mir Gottes Wink,
als mich mein Wesen, als aus Grabeshöhle
ein Schauer, mich umfing,

ein Gottes-Schauer. Ich sah Bild, wie Züge
von Geistesangesicht,
das ging vorüber und des Bildes Züge,
sein Antlitz sah ich nicht . . .

Wo war ich? – Ach! – der Gottheit Schatten winken,
sein Abhauch, Seele, winkt
mit Schaur auf Schauer schon, und – ich – soll trinken,
wie Aug aus Auge trinkt . . .

O nenn, o nenn es nicht, was über Seelen
ein Schleier Gottes hängt
und tiefe Tiefen (niemand kann sie zählen)
zu Seinem Bilde drängt."[1]

Nun enthüllt sich die Abgründigkeit menschlichen Daseins erst ganz: Die innere Weltfülle, die in ihr drängt und als Saft steigt, der weltgeschichtliche Innenraum der Seele, der zugleich wirklicher Weltraum ist, transzendiert nach unten (zur Quelle) wie nach oben (zum Ziel) in einen Gottesraum, in den sie wie wehrlos und ohne Abschluß übergeht. Ihre ganze „Bildungs"-Geschichte weist über sich auf ein Gottesbild, das ihr je schon dunkel im Seelenabgrund liegt. Weltgeschehen, das sie erforscht, wird so selber sakral und untrennbar von Gottes-Dienst. Abgrundenthüllung sind beide. Aber Seele ist ohnmächtig, diesen Abgrund zu bannen, diese Schätze zu fördern, in diese Nacht wirkliches Licht zu bringen. Nur Gott, als der Schöpfer, kennt die Ausmaße und die Weite der Dimensionen.

---

[1] 29, 376-378 („Die Menschenseele").

„Wer bin ich? alles erwacht in mir! mein Geist . . .
Höhen . . . Tiefen – – ich schaudre . . . die nur Gott durch-
mißt! . . .
Dunkel liegt mein Grund! – Leidenschaft durchfleußt
ihn unendlich und braus't! – braus't! - Geist du bist
eine Welt, ein All, ein Gott, Ich! -

. . . Es schläft in mir! im Schooß des Chaos schläft
welche Gedankenwelt!
um einen Punkt dehnt ein unendlich Feld
sich in der Ferne Schatten. Hier schläft
um mein Jetzt die Asche von Vergangen,
in ihr der Keim der ganzen Künftigkeit . . .

. . . Wolkenhoch erwach ich am Segel und unter mir
ruht ein Ozean! Doch in den hohlen Tiefen
donnert herauf Neptun;
. . . es rauscht das Feld in mir
von Todten, die sich ins Leben riefen.[1]
. . . Aus der Tiefe, dir
aus dem Abgrund webt sich Weltengebäu und sinnst und tastest
zum Saume des Ends hinan!
Nur tief umhüllt! in schwangerem Schooß
mit Wolken umhüllt! in Kluft des erbrausenden Meers
da ruht die keimende Nachwelt.[2]

O spräch ich „Sey!" und meine ganze Welt
erstünde mir, *dem Gott*, so! welche Millionen
der Zoll der ganzen Schöpfung, tief versenkt
ins Meer der Nacht![3]
. . . Wer fand den Sonnenspiegel, in's dunklen Meers
verhüllte Schätze zu sehn, wer fand
das Auge dieser neuen Schöpfung?
und ging hinein im Triumph? und nahm
im Triumph die tiefen Welten gefangen? und kam und nannte
den Herrscher des Abgrunds sich.

---

[1] 258-259 („Zweites Selbstgespräch").
[2] 323 („Der Genius der Zukunft").
[3] 259.

Es liegt verflochten, und unentwirrt
der Taten Gespinnst! Des Glückes unerforschlichen Knäul
webt ab die leitende Zeit nur![1]
. . . Wer ruft dich Frühlingswind! der mich von Banden
enteist! o welche Sonne gebiert
aus mir ein Tempe und weckt ein hohes Ährenheer
wie Riesen aus Jasons Saat entstanden!
Entwälzt kein Herkul den Felsen mir, und entführt
der Hölle mein Gold! – Wer spricht zum Meer:
Gib deine Todten her!"[2]

Nur Gott vermag die ganze Enthüllung. Wir bleiben uns selber dunkel und unbekannt. „Ins eigentliche Dispensatorium des Lebens zu dringen ist keinem Sterblichen gelungen."[3] Freilich gelingen oft unverhoffte Blicke in die wirklichen Tiefen und Möglichkeiten der Dinge, abnorme Gedächtnisse, einseitig ausgebildete Seelenkräfte vermögen in dieser apokalyptischen Enthüllung weiter zu gehen als die andern. „Daß meistens Krankheiten und gegenseitige Mängel diese Schätze zeigten, ändert in der Natur der Sache nichts."[4] Herder nimmt damit Gedanken und Wege der Romantik voraus. Auch Genie ist „Krankheit", und der größte Kenner des Herzens, Shakespeare, drang damit tiefer als alle in diesen Abgrund hinab:

„Denn er grub ins Menschenherz zur Höllenglut
erschüttert, Simson, seine Tempelsäulen
Er, fast sein Schöpfer."[5]

Aber gerade dieser titanische Abstieg, den ein Genie versucht, ist nicht der Weg zur Apokalypse für uns. Denn der unendliche Drang, der da aus dem Abgrund heraufrauscht, ist zwar gewiß auch *unser* Leben. Unsere Seele ist in alledem, und aus alledem zusammen geworden. Aber nicht der Zugriff der Bemächtigung erfaßt diese Fülle, bannt das lockende Antlitz im Grunde, sondern das hingebende Mitströmen mit dem Weltstrom, eine Öffnung der Seele in dieses Vorüber der Vergänglichkeit.

---

[1] 323.
[2] 259.
[3] 16, 376.
[4] 13, 199.
[5] 29, 260.

„Ermanne dich. Das Leben ist ein Strom
Von wechselnden Gestalten. Welle treibt
Die Welle, der sie hebet und begräbt . . .

Ermanne dich. Nein, du gehörst nicht dir;
Dem großen guten All gehörest du.
Du hast von ihm empfangen und empfängst;
Du mußt ihm geben, nicht das Deine nur,
Dich selbst, dich selbst: denn sieh, du liegst, ein Kind,
Ein ewig Kind an dieser Mutter Brust . . .

Jedwedes Wort der Lippe, jeder Zug
Des Angesichtes ist ein *fremdes Gut*,
Dir angeeignet, doch nur zum Gebrauch.
So, immer wechselnd, stets verändert schleicht
Der Eigner fremden Gutes durch die Welt.
Er leget Kleider und Gewohnheit ab,
Verändert Sprache, Sitten, Meinungen,
Wie sie der Zeiten rastlos gehnder Schritt
Ihm aufdrängt, wie die große Mutter ihm
In ihrem Schooße bildet Herz und Haupt.

Nur wenn uneingedenk des engen Ichs
Dein Geist in allen Seelen lebt, dein Herz
In tausend Herzen schlaget; dann bist du
Ein Ewiger, Allwirkender, ein Gott,
Und auch, wie Gott, *unsichtbar-namenlos*."[1]

Das große, einzige Gesetz von Selbstverschenkung in die Welt hinaus sichert allein den Zusammenhang mit der eigenen Weite der Seele, die sich selbst durch alle Welt ausgießt, „quodammodo omnia", wie alte Scholastik es sagte. Aber in solcher Hingabe *erhellt* sie sich selbst und die Welt – *als* das Dunkle, nicht Selbstleuchtende, Fremde, sich selber Geschenkte. In die Falten ihres Reichtums dringt dann ihr Licht, aber nur Falten, Kleider enthüllend und auch das Licht noch als einen fremden Glanz, der nicht aus ihr selber ist:

---

[1] 29, 131-139 („Das Ich").

„Betrogener Narcissus, bist denn *Du*
Was du im Quell anlächelst? Sehnsuchtsvoll
In allen Spiegeln suchst? dem Echo selbst
Abzwingst? Ich dein Schatte mehr als du?“

Seele ist dann wie das „Scheinen“ zwischen der Lichtquelle Gottes und der beschienenen Welt. Je reiner sie „scheint“, um so mehr nimmt sie teil am strömenden Lichtquell, selbst schöpferisch. Dieses „Selbst“, das hinter allen Gewändern von Tun, Charakter, Ich, Persönlichkeit sich verbirgt, ist göttlich – aber nicht selbst Gott. „Nur Der, in dem alles ist, der alles hält und träget, darf sagen: ‚Ich *bin* das Selbst, außer mir ist keiner.‘“ Wir aber, „je mehr Geist und Wahrheit, das ist, je mehr tätige Wirklichkeit, Erkenntnis und Liebe des *Alls zum All* in uns ist, desto mehr *haben* und genießen wir Gott.“[1] Die Seelen sind reale Anteilnehmer an Gott, aber doch nur dies. In der Nähe der Teilnahme, die ein Liebesgeheimnis ist, können sie allein zunehmen. Mag die Seele immer wieder zurückbeben vor ihrem eigensten Wesen,

„ . . . wer bist Du
den Brunn zu öffnen, wo mit ewgem Streben
die Gottheit quillet! Du?“[2]

so weiß sie sich doch immer wieder als „Sohn des Hauses“, „Kind des . . . Vaters“,[3] und wagt es, ihr eigenes Flügelbreiten als ein Sichbergen unter Seine Flügel zu verstehen:

„Fall an sein Herz, an seine Brust,
als Kind in seinen Schooß;
Du bist in Vaters Lieb und Lust
mehr als die Schöpfung groß.“[4]

In dieser Öffnung der Hingabe, die der Seele die Welt und Gott auf ihrem Grunde zeigt, vollzieht sich also das Paradoxe: in ihr wird Seele reich, schöpferisch, ja mitschaffend.

„Vergiß dein Ich: *Dich selbst* verliere nie.
. . . Du selbst bist, was aus allem du dir schufst

[1] 16, 575 („Gott“).
[2] 29, 377.
[3] 13, 190.
[4] 29, 602.

Und bildetest und wardst und jetzo bist,
Dir selbst, dein Schöpfer selbst und dein Geschöpf.[1]

Wo Liebe, schaffende Liebe
Hinschaut mit zauberndem Blick,
Kommt ihr vom Bilde des Anschauns
Die Gegenliebe zurück."[2]

Schaffende Liebe waltet und weltet, und indem sie strahlt, weckt sie ihre Tiefen ans Licht. Denn zunächst sind diese ja für sie das Fremde, das „Objektive": Geschichte vergangener Völker, die Geschichte der Kräfte, die in Pflanzen und Tieren geschlummert hatten, bevor sie sich zu ihr erhoben. Als erstes ist also Seele das Produkt, das Ergebnis dieses Werdens, das sich in ihr selbst überhöht. Seele ist, für Herder wie für Leibniz, erst das Bewußtsein; das aber ist eine Frucht der Natur, nicht ihr Schöpfer. „Nicht unsere Vernunft wars, die den Leib bildete, sondern der Finger der Gottheit, organische Kräfte."[3] Seele ist „der große Zusammenfluß niederer organischer Kräfte",[4] „die wie ein voller Strom aus der Erde brechen – zum untrüglichen Wahrzeichen, daß er nicht erst den Augenblick aus ein paar Regentropfen zusammengeflossen, sondern lange, lange schon als Strom verdeckt unter der Erde geflossen sei, vielleicht manche Höhlen durchbrochen, manche Klippen mit sich gerissen, manchen Unrat an sich gesetzt habe –".[5] Seele bricht hervor aus den tierischen Kräften, die aufdrängen, aber doch als ein völlig Neues, Unrückführbares; wie das Allgemeine sich über alles Besondere erhebt („Wissen Sie, was der Mensch bei dieser fortgehenden Tierfabel ist? Nichts als der allgemeine Satz, die Moral"[6]), der Bau über dem Fundament („Also wäre die Tierbildung nur eine *Grundlage* des menschlichen Charakters"[7]). Und in dieser Unrückführbarkeit erweist sie sich nun zugleich als ein schöpferisches Zentrum, eine selbsttätige Synthese. Was nur Kreuzpunkt und Resultante sich schneidender Kräfte schien, potenziert sich zum eigenmächtigen, schaffenden Eigensein:

---

[1] 29, 139 („Das Selbst").
[2] 29, 91 („Liebe und Gegenliebe").
[3] 13, 174.
[4] 13, 181.
[5] 15, 259.
[6] 15, 283.
[7] 15, 285.

„ . . . Ich
bins, in dem die Schöpfung sich
punktet, der in alles quillt
und der alles in sich füllt.[1]

Mich fing ich! Welt und Gott ein All! in mir!
Selbst bin ich Lied, und Welt und Phöbus mir!“[2]

Der innere Phöbus, der aus den fremden Tierkräften emporblitzt, wendet sich sogleich auf diese zurück und beginnt sie aufzuhellen – die Lichteinheit der Seele sich in ihre Werdensfarbigkeit zu brechen:

„Wer bist du, neu erwachte Seele,
die in sich selbst als eine Sonne blickt
und gießt in Einem zarten strahlenden Gedanken
der Farben ganzes Meer?“[3]

So wird es ein schöpferisches Wechselspiel zwischen den seelebildenden Naturkräften, die von unten empor und von rückwärts herandrängen, und der Seele selbst, die diese in einer schöpferischen Anamnese als ihre eigene Geschichte erkennt, zwischen schöpferischem Chaos und schöpferischem Kosmos. Diese Rückblicke der Seele „in den tiefen, dunklen Brunnen der Vorwelt“[4] sind darum nicht weniger „objektive“ Geschichtsforschung, weil sie schöpferische Erinnerung sind:

„Im Hain der Götterträume! Der Mutter Nacht
uralter Schooß umhüllte den wachen Geist;
da ging er in den Labyrinthen
ferner Aeonen und starrt' am Abgrund'

des Ursprungs. Welten, Völker und Zeiten, wann
sind sie begonnen? wann in unendlichen
Ruhewigkeiten riß ihr Rad sich
feurigen Schwungs in den wüsten Äther?

---

[1] 29, 444 („Die Schöpfung“).
[2] 253.
[3] 361 („Morgengesang“).
[4] 15, 254.

Dich Erde! Dich du kleinere Erdenwelt!
Du Mensch! Ein Tier – und Engel – und Staub – und Blitz –!
Von welcher Sonn', in welchem Tale
troffst du zusammen, und standst, und dachtest . . ."[1]

Wenn die Seele so ein unrückführbares, eigenes Selbst ist, dann ist sie dies also untrennbar *als* das Gedächtnis der Zeiten selber. So *ist* sie wesentlich der schöpferisch wachsende Schneeball der Zeit, und so ein Übergang von Vergangen in Kommen. Als Selbst ist sie Mitschöpferin der Zukunft, als kosmisches, sich entfaltendes Kräfteleben aber liegt auch in ihr das Zukünftige schon ungestalt, keimhaft verborgen. Nun versteht es sich, wie Herder von einer Möglichkeit der Weissagung, sogar von einer „Wissenschaft der Zukunft"[2] reden konnte. Wären wir Gott, besäßen wir unser Selbst zu eigen, so wäre auch hier unser dunkles Ahnen helles Wissen. So aber, weil wir selber, als Natur, in der Bewegung des Übergangs mitbegriffen sind, vermöchte diese Wissenschaft über einige Syllogismen, aus sichern Prämissen der Vergangenen gezogenen Schlüssen,[3] nicht hinauszugehen. Und doch, so glaubt Herder, wird diese Wissenschaft mit fortschreitender Kenntnis der Natur- und Geschichtsgesetze immer reicher werden.[4] Immer bewußter wird der Pfeil der Zeiten, die Seele, ihren Flug vollbringen und ihr Licht in die durchfahrene Nacht vorauswerfen:

„Mit Flammenzügen glänzt
in der Seelen Abgründen der Vorwelt Bild
und schießt weitüber weissagend starkes Geschoß
in das Herz der Zukunft! Siehe da steigen
der Mitternacht Gestalten empor!
. . . Denn es liest der Geist in seines Meers
Zauberspiegel die Ewigkeit – – –

. . . Siehe da kommen
der Anfurt hohe Boten mir schon! umkränzen mit Freudengesang
die Gipfel des Schiffs. Ich seh! ihr Götter, da grünen
Gebürg, wie Säulen des Triumphs! . . .
O Land! o Land! der schwarzen Überfahrt
Schlünden entrann ich, o Land!"[5]

---

[1] 29, 324.
[2] 16, 382; vgl. 370.
[3] 372.
[4] 375.
[5] 29, 322-323.

In alldem aber bleibt bestehen, daß die enthüllende, die eigentlich apokalyptische Haltung der Seele nicht ein raffendes Forschen ist, sondern jene sich anonym verschenkende Hingabe, die Herder „Glaube" nennt. Dieser Glaube ist im Grunde ein großes, sich breitendes Vertrauen in die vorsehenden, gütigen Wege der Natur. Er ist damit nicht der Gewißheit überhaupt entgegengesetzt, sondern der logischen Form „philosophisch-demonstrierter Gewißheit".[1] Glauben heißt „mit Liebe zutrauend fortgehen",[2] und gerade *so* ist „Glaube die *Basis* aller unserer Urteile, unseres Erkennens, Handelns und Genießens".[3] Aber solche vertrauende Hingabe als *Basis* teilt sich dem ganzen Vorgang der „Apokalypse der Seele" mit. Nur Gott weiß beherrschend. Wir wissen hingebend. Darum behält unser Wissen das Paradox des Gewinns im Verlust, des Lichtwerdens im Gehen ins Dunkel, solange wir Geschöpfe, geschaffene Schöpfer sind. Das gibt dem Weltbild Herders jenen alles durchherrschenden Charakter des Dämmernden zwischen Licht und Dunkel, des Fließend-Übergangshaften, in Auflösung sich Bildenden, des zwischen Schlaf und hellem Wachsein Hingehenden, damit aber des Urwelthaft-Frühen, jenen Charakter des Schoßseins, das ihn zum Vater der größten deutschen Generation machte.

III. Offenbarung Johannis und Weltoffenbarung

Ist dieses Weltbild wie wenige das einer seelischen Apokalypse, so ist es ganz natürlich, daß Herder auch ein Erwecker biblischer Apokalyptik wurde – der einzige wohl der großen deutschen Geister. Die Johannes-Offenbarung mußte gerade ihm einen tiefen, lebendigen Sinn öffnen, weil sein ganzes Wesen auf Apokalypse eingestimmt war. Und das, wie wir sahen, weder als Neugier einer beherrschen wollenden Geheimwissenschaft, wie sie doch in all den Chiliasmen der vergangenen Jahrhunderte bis zu Bengel hin im Hintergrund stand, noch auch als trocken historisches Interesse, wie es etwa Lessing an diesem Buche nahm. Auch hier sollte Herder

[1] 16, 380.
[2] 16, 381.
[3] 16, 386.

eine eigentümliche, schöpferische Synthese zwischen Hamannscher Mystik und aufklärendem Rationalismus schaffen. Herder schaltet ausdrücklich alle mystisch-magischen Deutungen aus,[1] welche *hinter* den Bildern einen verborgenen Sinn, hinter dem Buchstaben einen zweiten Buchstaben wittern. Er wendet sich aber ebenso scharf gegen die Rationalisten, die bei der Rückführung der Bilder auf die jüdische Zeitgeschichte stehenbleiben. Diesen mag die ganze neutestamentliche Apokalyptik als eine Hinausvertröstung der Apostel für die Gläubigen gelten, die vergeblich auf Christi Ankunft warten – „erstes christliches Handwerk".[2] Oder günstigstenfalls konnte eine wohlwollende Forschung annehmen, all die Weissagungen hätten sich damals, zeitgeschichtlich, erfüllt. Herder weist das als „metaphorischen Dunst" ab,[3] ohne deshalb die zeitgeschichtliche Erklärung der Bilder abzuweisen. Die Apostel erwarten *wirklich* das nahe Ende.[4] Ihre Weissagungen sind *wirkliche* Weissagungen.[5] Gerade darum aber mußte Johannes, um diese apokalyptischen Wahrheiten zu schildern, sie in jene Bilder kleiden, die den Zeitgenossen selbst das Apokalyptische durchsichtig werden ließen. Er mußte, genau wie es Christus in seinen eschatologischen Reden getan, Weltende an den Vorgängen in Judäa, am Krieg und am Fall Jerusalems erläutern. „Dies ist die gewöhnliche Sprache der Prophezeiung. Die Bilder müssen . . . bedeutend, durch sich verständlich gewesen sein",[6] das heißt, entweder in ihrem Bildsinn aus der alttestamentlichen Sprache bekannt oder aus der Anschauung der damaligen historischen Vorgänge einsichtig. Wer also den mystischen, *wirklich* mystischen Sinn verstehen will, der muß die – historische Methode anwenden, die Bilder aus dem zeitgeschichtlichen Rahmen heraus zu verstehen, zu *sehen* suchen. Dann aber gerade *als Bilder* zu sehen suchen. „Kriechender Zusammensetzungsgeist ist also nicht Deutsinn der Offenbarung. Jedes ganze Bild spricht, und jedes ganzen Bildes Sprache ist verständlich."[7] „Wer bist du Koth, daß du das Bild nicht fühlest!"[8] „Freilich sinds *Siegel* des Buchs seiner Ge-

[1] 9, 233-234.
[2] 259.
[3] 261.
[4] 261.
[5] 208.
[6] 105.
[7] 10; vgl. 133. 233.
[8] 11.

heimnisse; aber nur *Siegel*. Die äußern, schweren, verwirrenden Hüllen; aber das Buch ist in der Hand des Lamms. Es bricht sie und der Inhalt ist etwas Tiefers. Sie sind nicht Inhalt, sondern Siegel. Auch Forschenden, Unverschämten sollen sie nichts als Siegel bleiben."[1] Bild, Mythus als der Ausdruck eines inneren Vorgangs, Gestalt einer inneren Kraft, ist überall Herders mittelste Weltwirklichkeit. Bild ist mehr als Begriff, denn in ihm wird das Unsichtbare sichtbar, konkret angeschaut. Aber Bilder wollen *gesehen* sein, sonst bleiben sie Siegel. So hatte Christus in der Zerstörung Jerusalems seine apokalyptische Ankunft gesehen. „Allemal knüpfte Er sie als große und kleine Welt zusammen, daß auch die Farben in einander flossen." „Johannes war zum Zeugen dieser Zukunft Jesu ausdrücklich ernannt. Die eine sollte er erleben: in ihr die andre sehn und zeugen."[2] Diese „Ankunft" aber ist das Apokalyptische der Welt überhaupt. Es ist deren Wesen: Durchsicht zu sein auf einen immer kommenden, einbrechenden, richtend-begnadenden Gott. „Stelle sich jeder nun unter die Rechte der Allmacht."[3] „Siehe, er kommt! er kommt! ist der Inhalt des Buches, seine unzählige Trompetenstimme!"[4] „Er kommt! Der Engel schwurs. Die Siegel bereitetens vor. Die Briefe aller Gemeinden rufen: Ich komme!"[5] Die auseinandergefaltete Bilderfülle zeigt nicht nur je im einzelnen diesen einen Mittelpunkt, sondern gerade auch in ihrem überstürzten Sichablösen. „Im ganzen Buch ist Eile, Gegenwart, Ankunft: ein brechendes Siegel, ein fliegender Trommetenhall, ein durch den Himmel fahrendes Zeichen, Boten, Gesichte, die sich drängen und fast auf einmal sind – wäre es möglich, daß die vier Lebendigen zugleich riefen, und vier Siegel schnell aufeinander brächen, und die vier ersten Trommeten fast auf einmal die Elemente zerwühlten, und ich die Gesichte zusammen setzen könnte, daß sieben Gemeinden um einen Menschensohn flammen; auf einmal das Lamm der seligen Höhe und die Tiere der Verwüstung unten erscheinen, und Babel als Weib, als Stadt, als Tier, als Ungeheuer dem Geist auf Einmal sich eindrückte; dies und noch unsäglich mehr – wäre es möglich, wäre mirs möglich gewesen; so könnte ich vielleicht auf einen *ganzen*

---

[1] 31.
[2] 31.
[3] 31.
[4] 107.
[5] 52.

Eindruck der Deutung und Bedeutung dieses Buchs rechnen. Aber . . . das Bild steht da und lebt und atmet, die Worte müssen es zerteilen . . . Ich eilte, drängte . . ., habe ich es vermocht, *Ein* Bild zu geben, wie es dasteht? *Ein* Bild zu deuten, wie es schwebt zwischen Himmel und Erde?“[1]

Dieses Schweben des Bildes ist das Mythische, als das Sicheingießen der ewigen Gegenwart des Himmels in das zeitliche Nacheinander der Erde, das Sichausgießen des Gott-Zentrums in die Umkreise der Schöpfung. „Mittelpunkt der Offenbarung Johannes! im Himmel Des, der ist und war und kommt, des Allumfassers ist's schon vollendet. Das Reich ist schon sein: die Toten auferwekket: Gericht und Lohn ewig schon vor Ihm – was sich in der langsamen Erdenfolge, in der auch Worte und Bilder nachkriechen müssen, erst in langen Kapiteln entwickelt.“[2] „Das Mannigfache soll Eins werden: das Todte soll leben.“[3] Gottes ewiges, axiologisches Kommen legt sich für uns auseinander in eine axiologische, aber verhüllte Gegenwart seiner Ankunft und eine teleologische, sie zeitlich enthüllende. Alles Weltgeschehen, Tod, Hunger, Krankheit und Krieg und das übrige so zu sehen, wie Johannes seine Zeitereignisse sah, dies heißt die Apokalypse verstehen, weil es das Apokalyptische aller Dinge verstehen heißt – im selben Sinn, wie eben für die Seele alles Dasein apokalyptisch war. „Dein Buch der Ratschläge, du Unanschaubarer, ist verschlossen, . . . wann[4] ahnen wir Deine Gegenwart? Wann merken wirs, daß unser Verhängnis in Deiner Hand schwebet?“[5] „Nur erst, da der Geist des Christentums sank, machte man aus diesem Glauben, dieser nachgefühlten Gegenwart und Hoffnung, kalte Theorie; schob die Zukunft des Herrn, weil sie ihnen noch ungelegen gekommen wäre, immer weiter, endlich bis ans Ende der Welt, in den Abgrund der Zeiten, die wir nicht erleben. Man dichtete sich immer einen neuen Antichrist, der erst untergehen müsse, eh der Herr komme; so lange sei man sicher.“[6] Aber nicht nur solches Sichverschanzen gegen Gott ist menschlich, auch die Dämmerung des Schlummers zwischen Wachen und Schlaf, auch die immer neue Vergeßlichkeit der ungeheuren Ankunft Gottes ist es. Darum mündet Herders apo-

[1] 234-235.
[2] 51.
[3] 9.
[4] Herder schreibt: „wenn“.
[5] 239-240.
[6] 262.

kalyptisches Denken in die Bitte zu diesem immer wachsenden Wachsein hin. Seele, als innerster Lichtkern, schläft freilich nicht, aber alle ihre sinnlichen Verzweigungen in die Welt sind wie ebensoviel Lider über ihrem offenen Auge. Die Bitte geht an Christus, den ganz Erwachten, der im Ölbergdunkel, als im Herz der Menschheit, betet:

„Wachet, wachet, ruft die Stimme
der Wächter auf des Tempels Zinne,
wach auf, du Stadt Jerusalem!

. . . Ach, wir schlummern all und schlafen!
Der Hirte schlummert mit den Schafen,
die Lamp' ist da, wo ist das Licht?

Herr, wer wird vor dir bestehen!
wer, vor dein Angesicht zu gehen
erkühnen, wenn die Erd entflieht!

. . . Erlöser, stehe bei!
Erneuer, mach uns neu,
betend, brünstig
in Mitternacht,
wenn nichts mehr wacht,
wir schlummern – unser Herze wacht!“[1]

Aber dieser Anruf an Christus bringt uns aus der Apokalypse der Johannes zurück in die unterscheidende Apokalyptik Herders. An diesem Punkt gerade wird klar, daß sie nicht mehr altchristliche Eschatologie ist. Altchristliche Apokalypse ist ebenso entschieden überzeitlich wie endzeitlich, beides aber in der Einheit des verklärten Gott-Menschen zusammengehalten. Auferstehung des Leibes als Eingliederung in diesen ist *das* Eschaton des Menschen. Bei Herder besteht wohl auch, wie gezeigt wurde, die endzeitliche (horizontale) neben der überzeitlichen (vertikalen) Apokalypse. Selbst in seiner Apokalypsendeutung flicht sich diese Zweiheit ein: scharf will Herder das „tausendjährige Reich“ als endzeitliches Reich gereinigter Humanität vom transzendenten, aus dem Himmel absteigenden, ewigen Jerusalem unterschieden wissen, das die

---

[1] 29, 464-467.

Vollendung im Jenseits bedeutet. Aber der große Bruch zwischen sozialer und individueller Eschatologie, der mit der Schwächung und schließlichen Leugnung der leiblichen Auferstehung seit der Reformation und dem Rationalismus einsetzte, bleibt so auch bei Herder bestehen. Am zeitlichen Endreich der reinen Menschlichkeit haben die Einzelnen nur anonym, durch Nachwirkung ihrer Taten, teil. Sie selber steigen vertikal auf, zum überzeitlichen Endreich über-menschlicher, über-leiblicher Geistigkeit, in ewiger Approximation an Gott. So ist es auch konsequent, wenn vom Standpunkt des zeitlichen Endreichs die Hölle als *ewiger* Pfuhl des Feuers beschrieben wird. Denn „Hölle" ist für Herder das Prinzip der Trägheit und Bosheit, von dem wir uns immer mehr reinigen. „Wir lassen den Kalk unserer Gebeine den Steinen, und geben den Elementen das ihrige wieder."[1] Der in diesem Aeon unverwandelbare oder doch faktisch unverwandelte Erdenrest ist die Hölle der Apokalypse. „Konnts in der Bildersprache schöner und bestimmter gesagt werden, daß . . . was ins Leben gehn will, auch Natur des Lebens sein müsse, was Leichnam ist, sinkt als Asche des Weltengebäudes, in den zweiten Tod darnieder." – „Wie ihr barmherziger[2] Chaosschichter und Formenschöpfer in neuen Aeonen die Asche, das caput mortuum des vorigen Aeons umwandelt: es war nicht ein Buch des Lebens: es unterliegt dem zweiten Tode, in ewigem unabsehlichem Abgrunde."[3] Diese dunklen Worte der ersten Fassung von 1772 klären sich in der Druckfassung von 1779 doch eindeutig dahin, daß der Abgrund, der Feuersee und der zweite Tod mythische Darstellung der Selbstverzehrung des Bösen, des Todes und alles Leidens sei („Kurz, Tod, alles Böse, alles Übel ist an dieser Schöpfung verschwunden – –"[4]). Hölle gibt es also höchstens vom Standpunkt der horizontalen Eschatologie aus. Aber sie selbst als Ganzes ist ja eine Vorläufigkeit zur vertikalen. Dieser Aufstieg der Kräfte und Seelen ist für Herder sosehr das große, tragende Grundgesetz der Natur, daß eine Palingenesie als strafender Abstieg in Tiere mit Entrüstung, auch eine solche „im Kreise", das heißt innerhalb der irdisch-menschlichen Geschichte, mit Bestimmtheit abgelehnt wird. Die Idee des Bösen ist in Herders Eschatologie nur in einer völlig verblaßten, aufklärenden Gestalt

[1] 13, 191.
[2] Suphan: „barmherzigen".
[3] 9, 89.
[4] 220.

vertreten.[1] Nicht eine letzte Geist-Entscheidung entscheidet das ewige Schicksal, sondern allein die Entscheidung der „Natur" (voluntas ut natura), der unversehrbare, geradlinige Wille zu Glück und Vollkommenheit.

Liegt in diesem „Naturalismus" Herders Schwäche, so liegt darin doch zugleich sein Eigenstes, Innigstes. Denn dieser Auftrieb ins Geistige und Helle ist unendlich verschieden von dem Geistpathos der späteren Aufklärung. Er ist ganz schwebende, resultierende Mitte zwischen einer schwärmerischen Liebe zur irdischen Menschlichkeit und einer Sehnsucht über alle Grenzen hinaus ins Unendliche. Man hat Herder als Vorbild des Ur-Faust sehen wollen. Nichts war blinder für sein wahres Wesen, das nicht faustisch zwischen den Extremen irdischer Tathandlung und unendlicher Verströmung unerlöst taumelt, sondern zwischen Erde und Himmel eine unwägbare und doch einmalig ausgeprägte Schwebe gefunden hat. Sein Humanismus, sosehr er griechische Züge annimmt und in den Götterbildern die schönsten Mythen reiner Menschlichkeit bewundert, kann sich in der Approximation an dieses Ideal nicht befriedigen. „Wenn Sie vor die Statue eines hochherzigen Apollo treten, fühlen Sie nicht, was Ihnen zu der Gestalt fehlet? Können Sie es hier erlangen und kann sich Ihr Herz an derselben freuen, wenn Sie auch zehnmal wieder kämen?"[2] Weil aber der Mensch des Evolutionsglaubens nicht beides haben kann: das menschliche und übermenschliche Ideal, nach dem er sich sehnt, so wird seine Situation nun ein großes, schmerzliches Sichentscheiden am Kreuzweg von Gott und Welt, Seele und Leib, „Christentum" und Griechentum. Herder wählt die kosmische, „transzendentale" Vollendung. Sein Abschied von der Erde und dem großen Reich der dunklen und doch inwendig glühenden Kräfte, in die er sich so gern vertiefte, ist von wundervoller Unbeschwertheit.

> „O Schattenspiel der Welt! . . . kann Ewiges
> der Geist sich auf Dir träumen? Und doch bebt
> das bange Herz, Dich zu verlassen, schlägt
> unruhig wie ein Fisch dicht überm Meer.

---

[1] Vgl. besonders die „Drei Gespräche über die Seelenwanderung", 16, 243-334.
[2] 15, 301.

. . . Und so denn will ich Dich genießen, will
Dich jetzt auch ansehn, mütterliches Land,
Du reichst mir Blumen, doch nur für den Tag,
erquickst mit Früchten, nur den Wanderer,
der nacket aus Dir ankam und Dich nackt
verlassen wird, wenn seine Stunde schlägt.
Dann lebe wohl, Du liebes Erdenrund,
Du Tropfe Stein und Leimen[1], der dem Schooß
des Chaos einst entfloß und festgerann
und sich begrünte, dann ein großes Heer
von Lebenden gebar und sie begrub
und wieder wegschmilzt in des Chaos Nacht."[2]

„Du hast weiter kein Anrecht an sie: sie hat kein Anrecht an dich: mit dem Hut der Freiheit gekrönt und mit dem Gurt des Himmels gegürtet, setze fröhlich deinen Wanderstab weiter."[3] Erde ist „nur ein Mittelklang, . . . ein leiser Übergang"[4] in der unendlichen Harmonie der Sphären, „eine Herberge für Wanderer, ein Irrstern, auf dem Zugvögel ankommen und Zugvögel wegeilen".[5] Dieser leise Übergang, der Erde heißt, ist nur *als Übergang* so rührend schön, zwischen dem Nichts, aus dem sie, wie der Zugvogel, den sie beherbergt, stammt, und der Gottesfülle, der auch ihre Kräfte einst zustreben werden. „Man fühlt in diesen Augenblicken so ganz die Schönheit und das Nichts der Erde . . ."[6] Diese große Musik ihrer Kräfte ist eine endliche Symphonie: „Beben, Wallen und Fallen der Natur ist Rauschen vom Fußtritt des Richters, dem auch ihre Bange und Ahnung entgegenzittert . . ."[7]

Der Mensch Herders, als Gotteswanderer und Weltenzugvogel, eint also zwar in seiner Geistigkeit und Losgelöstheit höchste Menschlichkeit mit Über-Menschlichkeit. Aber objektiv, im Weltbild, brechen beide doch auseinander. Herder hat wohl versucht, die schöne Einheit von „Gestalt" und „Kraft", mit der sein Denken einsetzte, auch bis zum Ende durchzuführen. So ist ja aller Geist, auch der über-menschliche, noch leiblich, so baut stets

---

[1] = Lehm.
[2] 29, 613-614 („Die Erde").
[3] 13, 200.
[4] 29, 559.
[5] 13, 195.
[6] 15, 271.
[7] 9, 30.

innere Kraft die äußere Form. So ist ferner jeder Einzelne anonym am Gelingen des Menschbildes beteiligt und so erhält dieses Gelingen selber wieder glückliche Rückwirkung auf die ansteigende, vertikale Entwicklung der Kräfte: Denn wenn die Vervollkommnung der „Gestalt" nicht unmittelbar schon innere, moralische Vervollkommnung der Seelen mitbesagt – als ob der Kultivierte besser wäre als der Primitive –, so erleichtert diese sozusagen technische Vervollkommnung der menschlichen Form doch die Ausbildung der innern Humanität.[1] Weiterhin verharrt auch der erdentrückte Geist in liebender und „segnender" Haltung über „seiner Kindheit väterliche Flur" geneigt, die Geschicke der Erde teilnahmsvoll verfolgend. Und schließlich bleibt, so sicher er ist, der ganze Zukunftstraum „nur Glaube", in jenem fein abgestimmten Sinn dieses Wortes, der von der Aufklärung her noch merklich nachklingt, „nur Glaube", der nicht die ehernen Methoden der rationalen Philosophie zur Stütze hat, sondern auf Ahnungen, Postulaten des Herzens, auf punktierte Linien über die festen Umrisse hiesigen Daseins hinaus und den Enthusiasmus einer Gefühlsgewißheit sich gründet. – Alles das verbindet bis zuletzt enger und harmonischer „Gestalt" und „Kraft", Leib und Seele in Herders Weltbild. Aber es kann über den schmerzlichen Riß, der die innersten Strebungen der Seele zerfällt, nicht hinwegtäuschen; die in ihrer Vereinbarkeit sich selbst tief unbegreifliche Doppelliebe zu Gott und Welt.

Herder hat erkannt, daß, wie Erde jetzt gestaltet ist, diese Einheit nicht möglich wird. Nicht nur weil Erde als Ganzes vergänglich ist. Sondern tiefer, tragischer, weil das Optimum einer vollkommenen Gestalt selber nur eine labile Spitze ist, die keiner hier in diesem Fleische zur breiten Basis des Daseins austreten kann. Es ist die griechische Wahrheit einer dämonischen, innern Zerbrechlichkeit des Glückes, die vom Maß des Kairos weiter ins Unmaß der Hybris treibt: „Ein mitleidiges Gefühl bemächtigt sich unser, wenn wir dergleichen unglücklich-Glückliche jetzt auf der Wegscheide ihres Schicksals sehen und bemerken, daß sie den Mangel an Kraft, um fernerhin vernünftig, billig und glücklich sein zu können, selbst fühlen."[2] So wird dieses ganze labile Dasein aufgegeben, wird Menschsein als Ganzes zum Flugplatz.

[1] 17, 112-123.

[2] 14, 231-232 (Herder schreibt: „daß sie, um fernerhin usw. . . . den Mangel an Kraft selbst in sich fühlen").

Diese Preisgabe ist der objektive Ausdruck für das Geheimste in Herders sich verströmendem Lebensrhythmus: „Übergang“ ist das Innerste seines Wesens, Sichhingeben, krampflos, an das chaotisch-schöpferische Strömen und Wallen der unendlichen Natur. Auf ihren Flüssen sich treiben lassen heißt ihren Gesetzen folgen. Stehnbleiben, Festhalten, für sich Genießen heißt ihnen widerstehn. Die schmerzliche Frage des „Augenblicks“, in dem zeitlose Ewigkeit inmitten des Fließens sich verwirklichen soll, die die Nachzeit so sehr beschäftigen wird, besteht für Herder noch nicht. Augenblick ist das Sichvergleiten in den Reichtum der Welt: Behalten im Sichverlieren.

„Und die goldnen, süßen Stunden
Wären dir wie Nichts verschwunden?
Sieh, ein holder Augenblick
Bringt dir Tausende zurück!

Heil uns! jedes Jetzt hat Flügel;
Die Erinnrung hält die Zügel;
Jeder Augenblick enteilt;
Süßes Angedenken weilt.

Keine meiner Lebensstunden
War mir dann wie Nichts verschwunden
Jeder Tropfe Freud und Leid
Mehrt den Strom der Süßigkeit.

Diesen Schatz in mir zu häufen,
Weit und weiter stets zu greifen,
Im Besitz der Künftigkeit
Macht mein Jetzt zur Ewigkeit.“[1]

Aber solcher „Besitz“ wird nie zu etwas, was man zu eigen hat. Es ist nur der Besitz des Zugvogels, der die Lüfte „besitzt“, die er durchfliegt. Licht der Welt bleibt immer Dämmerung der gleitenden Lichtwellen im nächtigen Raum, ein Schauern der Wärme durch die Kälte der Welt:

„Nur Dämmerung ist unser Blick,
Nur Dämmerung ist unser Glück.[2]

[1] 29, 593-594.
[2] 74.

Meines Lebens verworrene
Schattenfabel! o früh, frühe begann sie schon
dunkel. Bebte den kommenden
Lebensflüchtling ein Schaur hier auf die Wüste der
Erde, daß er in Wüste sich
unterm Klange der Nacht inne ward, daß ihm Schaur
mächtig ewig ins Innre drang!
Daß ihm Leben und Tod, Schlummer und Auferstehn,
Freud und Wonne des Lebens ihm,
hoher Göttergedank und der zerfließenden
Seele Fülle, wie Wandeltraum
hindurch schwebet! . . .[1]

Sieh an! es fließt wie Nebelstrom,
Was Sonnen sind und Sterne!
Sieh an! da wehn die Schatten hin!
Ach Daphne! Wonn' und Schöne
Des Lebens saust wie dunkler Klang
Entfernter Silbertöne."[2]

Dieses Weltgefühl liebend sich vergleitenden Dämmerns ist gewiß dem christlicher All-Hingabe sehr nahe. Beide setzen sich gleicherweise einem prometheischen Ergreifen und Sichbemächtigen entgegen. Aber was im Christlichen wesentlich ein Geschehen im Geiste des Menschen ist, als Verhältnis zwischen Gottperson und Menschperson, das ist bei Herder ganz ins Naturhafte getaucht. Natur ist ihm der über Geist und Leib übergeordnete Begriff. „In der Natur ist alles verbunden, Moral und Physik, wie Geist und Körper. Moral ist nur eine höhere Physik des Geistes."[3] Daher die Ablehnung einer Dialektik des Geschichtslaufes,[4] als ob dieser aus scharfen geistigen Sätzen und Gegensätzen seine Dynamik erhalte, daher auch die Ablehnung eines andern Weltgerichts als dessen, welches die immanenten Naturgesetze unserer Seele an uns vollziehen,[5] daher auch, vom Schwanken zwischen theologischer und naturaler Geschichtschreibung (im ersten Entwurf der „Ideen"), das immer stärkere Gravitieren zur letztern hin (in der letzten

[1] 340-341.
[2] 312.
[3] 15, 275.
[4] 16, 352-353.
[5] 374; 9, 88.

Gestalt des Hauptwerks). Darum fehlt im Gottesbild die herbstliche, liturgische Kühle des Abstandhaltens vor der unnahbaren Heiligkeit des geistigen Gottes. Es vertritt sie das überklingende Vertrauen auf die gütige Gottnatur und das hingebende Sichverhallen in den „Segensabgrund“[1] der Ewigkeit:

„Im Sein nur wohnest du, und überall
Ein unzerteilter Geist, Ein göttlicher
umfassender Gedank', ein Gottesherz,
in dem wir schlummerten und schlummern, das
uns neu gebiert und immer fortgebiert,
uns läutert und uns immer höher treibt
und mehr mich kennet, tausendfach mich mehr
erfaßt und liebet, als mein eigen Herz.

So . . . schiffe froh, mein Schiff des Lebens; Sturm
und Welle mag dir nichts; Dein Hafen ist,
Dein Anker, selbst Dein Schiffbruch ist in Gott.“[2]

In diesem Meer ist Schwachheit die Seligkeit des Geschöpfs („Muß nicht Schwachheit unsre liebe Dämmrung sein?“[3]), denn sie ist gemilderte Abschattung göttlicher Überhelle:

„O Wandelgang der Schöpfung! Labyrinth,
das, dunkel uns, sich ganz von Lichte webt
und nur zu-göttlich hell, uns dunkel wird.“[4]

Aber diese Schwachheit ist doch wieder Aufleuchten einer Parzelle Gotteslicht im nachtdunklen Raum der Welt:

„Da fliegt der leuchtende Funke Gottes,
der Sommerwurm! Kleiner Wurm,
Funke Gottes! komm! glänze mir!
Wer warst du, daß die schaffende Hand
dich so hat angeglüht
mit Sonnenglanz! mit Sonnenglut!
. . . und duftest Flamm' und ziehst
den Funken des Blitzes – kleiner Wurm!
Wunderwurm!“[5]

[1] 29, 445.
[2] 610.
[3] 562.
[4] 609.
[5] 365-366.

Doch nicht das leuchtende Tierlein, sondern der Schmetterling ist Herders letztes immer wiederkehrendes Sinnbild des Menschen. Er ist der Bürge der Möglichkeit einer unwahrscheinlichsten Verwandlung aus grauer Erdenschwere in lichtes Geniendasein:

„Leichtes, liebes, luftigs Ding,
Schmetterling,
wohl mir, wohl, daß ich dich habe.
Flattre mir, der trägen Raupe mir,
flattre du mir Auferstehung für.“[1]

Er ist ferner Bürge, daß solche Wandlung nicht ein transzendentes Wunder zu sein braucht, sondern Naturgesetz, einer Natur freilich, die nur das Wirken Gottes besagt. Er ist zuletzt jene Unbeschwertheit, die hingebend durch die Schönheit des Sommers wiegt und sich, wenn es herbstet, auch in den tiefern Schoß Gottes vertraulich eingaukelt.

„Allmächt'ge Güte, Vater aller Wesen,
Du Herz, das sich in jedem Herzen reget,
Du Mutterhand, die alles hebt und träget
Und mich, auch mich zu deinem Kind erlesen:

Ich knie vor dir als Kind in stiller Demut,
Du siehst ja innig, was ich will und denke,
Du lenkest selbst mein Herz, wenn ich es lenke,
Und gibst mir selbst die Träne süßer Wehmut . . .

Was kann ich dir, als was ich ganz bin, geben?
Denn, Freund, du gabst mir, was ich bin und habe.
Mein Wunsch, dir treu zu sein, ist deine Gabe,
Mein Licht ist dein, mein Trost und all mein Leben . . .

Nie will ich töricht dir mein Herz verhüllen,
Nie tobend kühn die Wahrheit von mir scheuchen.
Wenn alles weicht, sollst du nicht von mir weichen;
Denn du nur kannst und wirst mein Herz erfüllen.“[2]

* * *

[1] 414.
[2] 566-567.

KANT UND SCHILLER

I. Kants transzendentale Endlehre

Der Übergang von der Welt Herders zu der seines mächtigsten Gegners, Kants, erinnert an den Prozeß, den dieser in seiner Allgemeinen Naturgeschichte und Theorie des Himmels gezeichnet hat, von jenem zeugungsträchtigen Chaos, wo „alle Planeten und Kometen . . . im Anfang aller Dinge in ihren elementarischen Grundstoff aufgelöset“[1] allmählich sich in Ordnungsbahnen zu schwingen beginnen, zu einem mathematisch-durchsichtig geformten, ehernen Gesetzen folgenden Kosmos. Denn für Herder ist das „Innre der Natur“ ein glühender Vulkangrund, der freilich Lava der aufgestuften Formen nach außen wirft, aber doch im lebendigen, unerkalteten Kern nie an diese Formen gebunden bleibt. Die Entelechie, die sich emporentwickelt, durchbricht immer wieder die Grenzen des „Wesens“ (Pflanze, Tier, Mensch), um sie als tote Schale hinter sich zu lassen, von Natur geradlinig ins Geisthafte sich zu palingenesieren. Ja selbst die Transzendenzen zwischen Seele-Wesen und dem auf ihrem Grunde aufschimmernden Bilde des Gott-Wesens verdämmern ineinander, auch wenn unendliche Annäherung ein volles Ineinanderfließen immer verhindert. Subjektiv blieb es darum nicht minder ein sich Gott „ans Herz werfen“.

Nach dem Analogon der Steigerung der Gestalten, bemerkt dazu der Rezensent Kant, würde aber doch nur „geschlossen werden können, daß irgend anderswo, etwa in einem anderen Planeten wiederum Geschöpfe sein dürften, die die nächsthöhere Stufe der Organisation über dem Menschen behaupteten, nicht aber, daß *dasselbe Individuum* hiezu gelange. Bei den aus Maden oder Raupen sich entwickelnden fliegenden Tierchen ist hier eine ganz eigene und von dem gewöhnlichen Verfahren der Natur verschiedene Anstalt, und auch da folgt die Palingenesie nicht auf den *Tod*, sondern nur auf den *Puppenzustand*“.[2] Nicht der Falter, sondern der Phönix böte, wenn seine Metamorphose Tatsache wäre, hier einen wirklichen Analogiebeweis. „Es ist also

[1] Kants Werke (hrg. v. G. Hartenstein, 10 Bde., 1838 ff.), VIII, 266.
[2] IV, 322.

zwischen der Stufenerhebung ebenderselben Menschen zu einer vollkommenern Organisation in einem andern Leben, und der Stufenleiter, welche man sich unter ganz verschiedenen Arten und Individuen eines Naturreichs denken mag, nicht die mindeste Ähnlichkeit."[1] Man wird sich also fragen müssen, ob bei Herder „nicht statt nachbarlicher Übergänge aus dem Gebiete der philosophischen in den Bezirk der poetischen Sprache zuweilen die Grenzen und Besitzungen von beiden völlig verrückt seien".[2] Wo Herder Sein (als lebendigen Aktus) und Wesen (als form- und grenzhafte Essenz) zerspaltet, da muß Kant für deren Einheit einstehen: die Grenze, die Form ist dem Seienden innerlich.

Kant zeigt sich schon in diesem Ansatz als der Philosoph des *Geistes*. Herders Natur ist dem Chaos näher. Natursein erhält sein Wesen im Mit-sein mit anderen Naturen, von außen und so vom Zu-fall. Die „Grenze" des geworfenen Pfeils sind Luftwiderstand und Erdanziehung. Geistsein aber hat sein Wesen aus sich und setzt sich so auch sein „Grenze", als innere Individualität, Unverwechselbarkeit, sich ründende innere Welt. Dann aber heißt hier Grenze etwas völlig Neues: Indem der Geist zugleich sich selbst in seiner innerlich durchgrenzten Wesenheit zu sehen bekommt (da Geist Re-flexion ist) und diese Durchgrenztheit als die Bedingung seiner eigenen Möglichkeit von Geistsein begreift, enthüllt sich ihm eine neue Möglichkeit von Eschatologie. Seine letzten Dinge sind nun nicht mehr (naturhaft) Gott und Weltdinge, sondern die Voraussetzungen seines (endlichen) Geistseins: an die Stelle der „metaphysischen" tritt die „transzendentale" Eschatologie. „Apokalypse der Seele" erhält damit sozusagen eine neue Dimension, von deren Höhe aus die Selbstverwirklichung sich vollziehen kann. Aber es ist nicht eine Dimension neben anderen, sie lagert sich vielmehr den übrigen vor. Nur durch sie hindurch werden alle anderen Eschata allererst legitimiert, denn erst sie ordnet diese zu „Bedingungen der Möglichkeit der Erkenntnis", als Selbsterkenntnis, Selbst-Apokalypse. So wird die Transzendentalphilosophie geradezu Methodik der innern Apokalypse. Als solche ist sie dann zunächst klare Zerfällung der dämmernden Welt Herders in Licht und Nacht. Die „Dämmerung, . . . womit das schwache Licht der Metaphysik das Reich der Schatten sichtbar macht",[3] ist für

[1] IV, 322-323.
[2] IV, 331.
[3] III, 60.

Kant die Beleuchtung, die der Scharlatan – verkörpert im Geisterseher Swedenborg – benötigt, um seine Kunst spielen zu lassen. Aber jene „Metaphysik, in welche ich das Schicksal habe, verliebt zu sein", ist „eine Wissenschaft von den Grenzen menschlicher Vernunft, und da ein kleines Land jederzeit viel Grenze hat, überhaupt auch mehr daran liegt, seine Besitzungen wohl zu kennen und zu behaupten, als blindlings auf Eroberungen auszugehen, so ist dieser Nutzen der erwähnten Wissenschaft der unbekannteste und zugleich der wichtigste".[1] Ja, wenn gar diese Wissenschaft „in Philosophie ausschlägt, die über ihr eigenes Verfahren urteilt, und die nicht die Gegenstände allein , sondern deren Verhältnis zu dem Verstande des Menschen kennt, so ziehen sich die Grenzen enger zusammen und die Marksteine werden gelegt, welche die Nachforschung aus ihrem eigentümlichen Bezirke niemals mehr ausschweifen lassen".[2]

Denn diese Eigenerkenntnis innerer Wesensdurchgrenztheit ist so sehr eine solche innerer *Be*grenztheit, so wenig also eine glänzende Enthüllung des Geistes, daß „ich nicht einmal . . . weiß, was das Wort *Geist* bedeute".[3] „Reiner" Geist ist gewiß nicht diese von so scharfen inneren Linien durchfurchte Struktur, in der Reflexion, Geistigkeit je nur im Zueinander einer ungeistigen Vielheit von sinnlichen Formen und verstandlichen Kategorien aufblitzt, deren geisthafte Einheit also nur in einem Wegblicken von sich selber in die Vielheit rezeptiver Erfahrung sich ereignet. Die erste innere Grenzsetzung ist hier also Anerkennen, daß geistiger Selbstbesitz sich nur als die höchste Spitze (Einheit der Apperzeption) einer Mannigfaltigkeit verwirklicht, welche, an sich genommen, Un-geist ist. Er ist also *Synthesis* (der Apperzeption), ohne darum doch, wie es Herder angenommen hatte, „Produkt" der naturhaften (tierischen) Vielheit zu sein. Er ist Synthesis, die doch als Einheit wiederum die Bedingung der Möglichkeit der eigenen naturhaften Vielheit ist und so ihr vorausliegt. Dann geht aber die letzte Frage um das Wesen eines solchen endlichen Geistes an dieses „Voraus" der Einheit.

Als Verstand geht der Geist restlos darin auf, Erfahrung zu synthetisieren. Er erblickt sich also im Spiegel der Natur und nur darin. Aber das Zueinander selber, in welchem der Geist sich selbst als endlicher erkennt und kritisiert, weist auf einen Einheitsgrund,

---

[1] 105.
[2] 107.
[3] 50.

von dem aus allein solche Kritik und Erkenntnis möglich ist: die Unendlichkeit der Vernunft. Gegenständlich wird diese Einheit nicht, weil sie keinen Spiegel hat, sich zu sehen. Wo sie es versucht, ist „dialektischer Schein" das Ergebnis, eine Spiegelfechterei ohne Spiegel. Sie ist das Bestimmende, und so gerade nicht Bestimmbare, der „Blick", und so weder Seh-organ noch Gegenstand. Aber auf dieses „Jenseits", das im Geiste doch sein ganzes Wesen ausmacht, geht Kants volles Interesse. Seine *Grenz*setzungen, die die menschliche Vernunft in ein eingezäuntes Feld sinnlicher Wahrnehmung verweisen, sind als solche Grenz*setzungen*, also die Leistung einer Macht, die jenseits der Grenze diese als solche allererst erkennt. Aber das Verhältnis von beiden Gebieten, dem begrenzten und dem grenzsetzenden, ist kein einfaches Nebeneinanderliegen. Nicht nur sind beide der Eine Geist, nicht nur erweist sich die Erfahrung als endliche innerlich auf eine denkbare Totalität hingeordnet, sie ist darüber hinaus in sich antinomisch und so ganz sich selber transzendierend. Von jenseits aber ragt in sie hinein ein positiver, gesetzgebender Ruf, der das ganze Reich des Endlichen kategorisch beherrscht und durch eine Hinordnung auf einen letzten, ihm transzendenten Wert, der allein Wert in sich und für sich ist, relativiert. Diesen letzten Punkt, der selber nicht erscheint und doch Quell- und Zielpunkt des ganzen Systems ist, nennt Kant darum „Zweck an sich selbst",[1] das „Heilige", die „feierliche Majestät".[2] Es ist der ewige Fluchtpunkt, den alles Zeitliche nie einholt, weil er diesem gegenüber radikales Jenseits ist, das eigentliche „Ende aller Dinge".

In einem merkwürdigen kleinen Aufsatze, der ebendiese Aufschrift trägt, betrachtet Kant dieses „Ende aller Dinge" in seinen zwei Hauptaspekten.[3] Er setzt ein mit der Frage, was es wohl heißen möge, wenn man vom Sterbenden sage, er gehe „aus der Zeit in die Ewigkeit". Es kann keine ins Unendliche fortgehende Zeit gemeint sein, sondern nur „ein Ende aller Zeit, bei ununterbrochener Fortdauer",[4] was auf eine unvorstellbare Form der Existenz weist. „Dieser Gedanke hat etwas Grausendes an sich, weil er gleichsam an den Rand eines Abgrunds führt", nämlich an Grenze schlechthin, „und doch auch etwas Anziehendes; denn

[1] IV, 201.
[2] IV, 190.
[3] „Das Ende aller Dinge" (1794), VI, 393-408. Der dritte Aspekt, das „verkehrte" Ende, ist den beiden ersten nicht gleichgeordnet, sondern dem zweiten untergeordnet.
[4] VI, 393.

man kann nicht aufhören, sein zurückgeschrecktes Auge immer wieder darauf zu wenden", weil Grenze das verlockendste Phänomen ist.

Als endendes Endliches hat dieses sein „natürliches Ende", wobei „natürlich", wie Kant anmerkt, sich auf das physisch oder moralisch Endliche beziehen kann.[1] Es ist das Ende des *Transzendierenden.* Als geendetes Endliches, das von jenseits seiner Natur herübergeholt und in dieses Jenseits gelandet ist, hat es sein „übernatürliches" oder „mystisches" Ende, das Resultat der *Transzendenz.*

Der erste Aspekt der Grenze ist in theoretischer Hinsicht nichts als die Ratlosigkeit der Vernunft, einen Schluß der Zeit überhaupt zu finden. Er wird daher zu dem hilflosen Bilde eines „jüngsten" Tages greifen, das nichts weiteres enthält als die leere Behauptung, *daß* Zeit irgendwo in Ewigkeit transzendiert. Aber weil das Endliche von seiner Endlichkeit vorzüglich und positiv durch den Ruf des praktischen Imperativs weiß, so wird diese theoretisch unvorstellbare Transzendenz zum mythischen Ausdruck der praktischen Beziehungen des Endlichen zu seinem letzten Schicksal. Dieser „jüngste Tag" als Zeitende wird zugleich als Gerichtstag, „das Begnadigungs- oder Verdammungs-Urteil des Weltrichters", also als „das eigentliche Ende aller Dinge in der Zeit"[2] gedacht werden müssen. Das theoretisch belanglose Sichvorstellen eines Zeitendes – wo doch jeder Zeitaugenblick wesentlich Übergang zu einem folgenden sagt, und so nur eine unendliche (ebenso unvorstellbare) Zeitreihe angenommen werden sollte – und des richtend-abschließenden Geschehens in ihm hat also den Wert eines Mythus der axiologischen Ewigkeitsbeziehung des Ethischen. Daß die Menschen „überhaupt ein Ende der Welt" erwarten, bedeutet im Mythus, „daß die Dauer der Welt nur sofern einen Wert hat, als die vernünftigen Wesen in ihr dem Endzweck ihres Daseins gemäß sind"[3] – sonst wäre dieses sinnlos wie „ein Schauspiel, das gar keinen Ausgang hat" –, daß sie es als „Ende mit Schrecken" erwarten, bedeutet im Mythus, daß die Ewigkeitsbeziehung als eine tragisch verderbte, verkehrte gesehen wird. So besagen denn auch alle Mythen über den Ausgang dieses Gerichts je ein praktisches „Als ob": In der Möglichkeit von Himmel und Hölle öffnet sich

[1] VI, 400.
[2] 394.
[3] 397.

bildhaft die unendliche Kluft zwischen Gut und Böse, die das sittliche Bewußtsein sich „ nicht als aneinander grenzend und durch allmähliche Stufen (der größeren oder minderen Helligkeit) sich ineinander verlierend“[1] denken kann, so daß es – wenn theoretisch auch das System der „Unitarier“ (der Rettung aller) nicht unmöglich ist – „in praktischer Absicht . . . das dualistische System“ wird annehmen müssen. Denn die jeweils im Leben gemachte Erfahrung eines möglichen unendlichen Aufstiegs der Pflichtbefolgung und eines ebenso möglichen Abstiegs der Pflichtverweigerung zeichnen im Mythus die Verlängerungslinien ins Transzendente: Himmel und Hölle.[2] Damit wird zuletzt auch das theoretisch immer „denkbare“ Abbrechen der Zeitreihe zum moralischen Mythus, als ethisches Bewußtsein, „daß wir jetzt (dieses *Jetzt* aber ist so alt als die Geschichte) in der letzten Zeit leben, der jüngste Tag und der Welt-Untergang vor der Tür ist“.[3]

Wenn nun das vom Diesseits Hinübertranszendierende den Sinn dieser Bewegung selber nur im Mythus fassen kann, so noch viel mehr das „übernatürliche Ende“ dieser Transzendenz, den Zustand, in den es überschreitet. Ab Gewissensruf, der von drüben her im Diesseits erschallt, kann es „in praktischer Absicht wohl verstehen“,[4] was Weltende, Gericht, Himmel und Hölle heißt. Aber der Sinn des Schwurs des Engels in der Apokalypse „bei dem Lebendigen von Ewigkeit zu Ewigkeit, . . . daß hinfort keine Zeit mehr sein soll“,[5] ist nicht nur als Übergang, sondern auch als neuer Zustand unvorstellbar. Denn dieser müßte als „Unveränderlichkeit“ vorgestellt werden, womit wir uns einen Begriff der Zeitlosigkeit erschleichen würden. Doch das ist wieder unmöglich, „alsdann wird nämlich die ganze Natur starr und gleichsam versteinert“;[6] woran wir erkennen, daß wir hier so sehr endliche Wesen sind, daß auch unser Denken, als unsere scheinbar zeitenthobene Tätigkeit, als „Reflektieren . . . nur in der Zeit geschehen kann“; und uns daher unveränderliches Leben „der Vernichtung gleich scheinen“ muß. Daher uns nichts übrig bleibt, als diese Unveränderlichkeit selbst als Gleichheit in der Zeit zu denken: „Die Bewohner der andern Welt werden daher so vorgestellt, wie sie, nach Verschiedenheit

[1] VI, 222.
[2] 233.
[3] 177.
[4] 400.
[5] 400.
[6] 402.

ihres Wohnorts . . ., entweder immer dasselbe Lied, ihr Halleluiah, oder ewig dieselben Jammertöne anstimmen."[1] Aber dieser undenkbare Zustand (zwischen Starre des Zeitlosen und Fluß des Ewiggleichen) wird als solcher doch wieder unentbehrlicher Mythus des praktisch-axiologischen Verhältnisses zum Ewigen. Er *meint* im Bilde zunächst, „daß der Vernunft in (praktischer) Absicht auf den Endzweck, auf dem Wege beständiger Veränderungen nie Genüge getan werden kann"; weil aber das Theoretische selber sich nur zur Vorstellung einer „ins Unendliche (in der Zeit) fortgehende[n] Veränderung, im beständigen Fortschreiten zum Endzweck" erheben kann, so bleibt nichts übrig, als in diesem Bild ein „Als ob" zu sehen: „Wir müssen unsere Maxime so nehmen, als ob, bei allen ins Unendliche gehenden Veränderungen vom Guten zum Besseren, unser moralischer Zustand, der Gesinnung nach (der homo nooumenon, ‚dessen Wandel im Himmel ist'), gar keinem Zeitwechsel unterworfen wäre."[2] Die Idee Herders vom unendlichen Progresse zu Gott hin kann die Vernunft nicht beruhigen, es sein denn, daß sie schon jetzt den „Endzweck [als] endlich einmal *erreicht*"[3] sich vorstellen kann. Bei der Konstruktion *dieser* Synthesis, zwischen ewigem Progreß (Transzendieren) und endgültigem Anlangen (Transzendenzergebnis), „gerät der nachgrübelnde Mensch in die Mystik (denn die Vernunft, weil sie sich nicht leicht mit ihrem immanenten, d. i. praktischen Gebrauch begnügt, sondern gern im Transzendenten etwas wagt, hat auch ihre Geheimnisse), wo seine Vernunft sich selbst, und was sie will, nicht versteht, sondern lieber schwärmt".[4] Was sie will, ist die ihr unvollziehbare Synthesis von Personsein (welches allein in Reflexion, das heißt in Zeit möglich ist) und Ewigkeit. Indem sie also das zweite Glied ergreift, kommt sie schwärmend zum „Ungeheuer von System . . . von dem . . . Abgrund der Gottheit, durch das Zusammenfließen mit derselben und also durch Vernichtung seiner Persönlichkeit [sich] verschlungen zu *fühlen*, . . . alles lediglich darum, damit die Menschen sich endlich doch einer *ewigen Ruhe* zu erfreuen haben möchten, welches denn ihr vermeintes seliges Ende aller Dinge ausmacht; eigentlich ein Begriff, mit dem ihnen

[1] Ebd.
[2] 401.
[3] 402.
[4] 402-403.

zugleich der Verstand ausgeht und alles Denken selbst ein Ende hat".[1]

Das Ergebnis ist also: Apokalypse der Seele, als ihr endgültiges Ganzseinkönnen, in dem der Sinn ihres Transzendierens (natürliches Ende) sich vom Erfüllungssinn der erreichten Transzendenz (übernatürliches Ende) her klären würde, – diese Apokalypse ist „Geheimnis der Vernunft". Stärker als je bisher in der Geschichte der neueren Eschatologie bricht hier das Tragische im Problem menschlichen Ganzseinkönnens auf. Die „Lösung" Leibniz-Herders von der unendlichen zeitlichen Annäherung ist freilich eine *Forderung* dieser Endlehre – das wird sogleich noch klarer werden –, aber keineswegs schon ihre Lösung selber. Wie diese unendliche Annäherung zugleich wirkliches Ganzsein ist, das erst ist die volle Problemstellung.

Das Menschbild Kants offenbart sich hiermit als ein *Geheimnis im tragischen Dualismus.* Denn in den Menschen ragt eine Macht hinein, die ihm nie gegenständlich werden kann und die ihn doch in seiner Naturhaftigkeit aufsprengt und relativiert. Er, der selbst „eine von den Erscheinungen der Sinnenwelt" ist und „der die ganze Natur sonst lediglich nur durch Sinne kennt, erkennt sich selbst auch durch bloße Apperzeption, und zwar in Handlungen und innern Bestimmungen, die er gar nicht zum Eindruck der Sinne zählen kann",[2] und die ihn, weil diese ihm scheinbar allein objektive Wahrheit verbürgen, über seine eigene Wahrheit hinaus in ein Dunkel übersteigen lassen, das ihm selbst und seinem Vermögen völlig unangemessen ist. Sein Deuten wird damit im genauen Sinn exzentrisch. Und sein moralisches Bewußtsein enthüllt ihm weiterhin – zwar nicht den gegenständlichen Charakter dieses absoluten, ihm selbst exzentrischen Mittelpunktes, wohl aber dessen absolute Forderung von Anerkennung, zu deren Gunsten jeglicher naturhafte Wert restlos unterzuordnen ist. Weil aber dieser „König der dunklen Kammer" nie *er*scheint, sondern höchstens in sinnlichen Zeichen sein Daß und Wie *durch*scheinen läßt, so ist dem Menschen in all seinem Tun nur sein Ausgerichtetsein auf ihn hin bewußt, niemals aber sein wirklicher, letzter Wert, der eine Intuition, ein Gegenständlichwerden seines exzentrischen Zentrums voraussetzte. „Die eigentliche Moralität der Handlungen (Verdienst und Schuld) bleibt uns daher, selbst die

[1] 403.
[2] II (Kritik der reinen Vernunft), 426.

unseres eigenen Verhaltens, gänzlich verborgen. Unsere Zurechnungen können nur auf den empirischen Charakter bezogen werden. Wieviel aber davon reine Wirkung der Freiheit, wieviel der bloßen Natur oder dem unverschuldeten Fehler des Temperaments oder dessen glücklicher Beschaffenheit (merito fortunae) zuzuschreiben ist, kann niemand ergründen und daher auch nicht nach völliger Gerechtigkeit richten."[1] „Die Maximen kann man nicht beobachten, nicht allemal in sich selbst."[2]

Dieser absolute Fluchtpunkt, der selbst nie faßbar wird, stellt sich darum als ein geradezu unheimliches Paradox vor. Denn auf der einen Seite ist es gewiß der Kern, das Zentrum, das unendlich Wertvolle und Unverwechselbare des Menschen, hinter das auch Gott selber nicht zurückgehen kann, um es in irgendeinem Sinne als Mittel zu gebrauchen.[3] Es ist der Punkt, wo der Mensch absolut *frei* ist und absoluter Gesetzgeber für alle Kreise der Natur seines Wesens, der Punkt der Auto-nomie. Auf der andern Seite aber ist dieser Punkt eben *Flucht*punkt, und damit *Grenze* (wenn auch *als Zentrum*). Der „Mensch" aber, der dieses Grenze-Zentrum hat, ist dann als Ganzer die Transzendenz der Natur auf diesen Punkt hin, den sein Wesen zwar noch „einschließt", aber nur so, daß er in allem übrigen, was er ist, Untertan dieser freien Gesetzgebung ist. Daß also das *αὐτός* und das *νόμος* nur in diesem punktförmigen Zentrum zusammenfallen. Das Paradox besteht somit darin, daß das Eschaton des Menschen einerseits als absolute Freiheit der Selbstbestimmung, anderseits als absolutes, über der Existenz aufgerichtetes und uneinholbares Gesetz erscheint. Oder anders: Die Selbstgesetzgebung, welche dann vollendet wäre, wenn das Selbst (als Totalität des homo phaenomenon und nooumenon) mit dem Gesetz zusammenfiele, ist ein Grenzbegriff. Bis dahin ist das „Gesetz" frei und der Mensch „unter" dem Gesetz. Oder nach dem frühern: Das „Voraus" der Einheit vor der Synthesis der Mannigfaltigkeit ist das „Voraus" des „Gesetzes" vor der Totalität von Natur und Pflicht als Freiheit.

Gerade das aber ist dann der tragische Dualismus, der die Apokalypse der Seele beherrscht. Es ist ein *wesentlicher* Dualismus, der sich für Kant konkret in der Antagonie von Heiligkeit und

[1] II, 429.
[2] VI, 178.
[3] IV, 201-202.

Glückseligkeit darstellt. Heiligkeit ist der Ausdruck für das absolute, uneinholbare „Über" des Gesetzes vor aller Natur, die es selber nie zur adäquaten „Erfüllung" bringen kann; deswegen, weil sie auch im pünktlichsten Gehorsam noch in knechthaftem Dienstverhältnis zu diesem höchsten Herrn im Hause bleibt. Glückseligkeit aber ist der Ausdruck dafür, daß die totale Synthesis der Natur nun auch die Einheit des „Voraus" des Gesetzes bis zur Deckung einholt, daß alles Triebhafte der Natur also wirklich Spiegel des verborgenen Zentrums geworden ist. Das wäre dann erst *volle* Freiheit, in der die Freiheit des Gesetzes *(νόμος)* und die Knechtschaft des Gesetzgebers *(αὐτός)* zur wahren, vollendeten Autonomie sich einten und die Seele zu ihrer ganzen Apokalypse gelangte. Der Konflikt geht also, genauer gesagt, nicht eigentlich zwischen Heiligkeit und Glückseligkeit, sondern zwischen Heiligkeit und Totalität (als Synthesis von Heiligkeit und Glückseligkeit), oder, wie Kant auch sagt, zwischen „oberstem Gut" (das keinem andern untergeordnet werden kann) und „höchstem Gut" (in das das oberste Gut unverletzt als Teilmoment eingeht).[1] Die beiden Aspekte des Eschatons sind zunächst nun einzeln zu betrachten.

Das oberste Gut ist die unendliche, unbezahlbare Wertigkeit des Zentrums im Menschen, der „Menschheit in seiner Person".[2] Diese Unendlichkeit drückt sich darin aus, daß ihr Gesetz je über alle Leistungen der Natur hinaus ist, uneinholbar, das heißt unbezahlbar, in irgendeinem Wechsel für andere Werte. „Alles Gute, . . . das nicht auf moralisch-gute Gesinnung gepfropft ist, ist nichts als lauter Schein und schimmerndes Elend."[3] Noch schärfer: „Was nicht aus diesem Glauben geschieht, das ist Sünde . . . Denn wenn andere Triebfedern nötig sind, die Willkür zu gesetzmäßigen Handlungen zu bestimmen, als das Gesetz selbst (z. B. Ehrbegierde, Selbstliebe überhaupt, ja gar gutherziger Instinkt, dergleichen das Mitleiden ist), so ist es bloß zufällig, daß diese mit dem Gesetze übereinstimmen; denn sie könnten ebensowohl zur Übertretung antreiben. Die Maxime, nach deren Güte aller moralische Wert der Person geschätzt werden muß, ist also doch gesetzwidrig und der Mensch ist bei lauter guten Handlungen dennoch böse."[4] Wie also der Heiligkeitswert des Gesetzes un-bezahlbar ist (in Glück),

---

[1] IV, 229-230 (Kritik der praktischen Vernunft).
[2] 201.
[3] 304 („Idee z. e. allg. Geschichte" usw.).
[4] VI, 190 („Religion innerhalb" usw.).

so ist er un-ersetzbar durch noch so „gute“ Motive oder Taten der Naturordnung. Und weil diese Heiligkeit *immer* letzter Fluchtpunkt aller Natur ist, so gibt es zwischen Gehorsam (Tugend) und Ungehorsam (Bosheit) kein indifferentes Drittes. Diesen absolut überlegenen Charakter des Heiligen haben nach Kant alle jene mißdeutet, die in irgendeiner Form einen Monismus von Tugend und Glück vertraten. Also nicht nur der Epikureer mit dem Axiom: „sich seiner auf Glückseligkeit führenden Maxime bewußt sein, das ist Tugend“, sondern ebensowohl der Stoiker mit seinem Grundsatz: „sich seiner Tugend bewußt sein, ist Glückseligkeit“.[1] Hier irgendwie „Identität zu ergrübeln“, muß wegen des ewigen Vorrangs der Heiligkeit notwendig scheitern. Nicht nur ist die Rückführung der Tugend auch auf edelstes Glück „*schlechterdings* unmöglich“, „das zweite ist *auch unmöglich*, . . . weil keine notwendige und zum höchsten Gut zureichende Verknüpfung der Glückseligkeit mit der Tugend in der Welt, durch die pünktlichste Beobachtung der moralischen Gesetze, erwartet werden kann.“[2] Nun scheint freilich die Erfahrung, daß Tugend froh macht, diese Synthese in einfacher Annäherung oder Konvergenz als verwirklichbar hinzustellen. Aber nicht nur behält diese Erfahrung den Charakter einer zufällig-aposteriorischen Synthese, die Erfahrung selber lehrt klar, daß in ihr „Tat“ und „Lohn“ sich nicht gleichgeordnet sind. Denn das Frohsein des Tugendhaften bezeichnet „nicht einen Genuß, wie das der Glückseligkeit“, sondern nur ein „Analogon“ dazu: Es ist das Erlebnis der inneren Freiheit, als „Unabhängigkeit von Neigungen“, das Bewußtwerden des unendlichen Wertes des inneren Kerns und seiner Überlegenheit über alle Natur. Damit aber ist es nur „negatives Wohlgefallen an seiner Existenz“, die höchstens eine „intellektuelle Zufriedenheit“, aber keine „ästhetische“ genannt werden kann. „Die Neigungen wechseln, wachsen mit der Begünstigung, die man ihnen widerfahren läßt, und lassen immer ein noch größeres Leeres übrig, als man auszufüllen gedacht hat.“[3] Das Selbstbewußtsein der Freiheit kann darum, „genau zu reden, nicht Seligkeit“ genannt werden, weil es die Konvergenz von Freiheit und Natur nicht verbürgt, sondern nur das „Voraus“ der Freiheit zum Gegenstand hat. Nur insofern, nämlich „seinem Ursprunge nach“, ist es „der

---

[1] IV, 230-231.
[2] 233.
[3] 238.

Selbstgenugsamkeit analogisch, . . . die man nur dem höchsten Wesen beilegen kann".[1]

Dieses „Voraus" ist es aber so sehr, daß es im strengen Sinne ewig ist. Hier allein also, und nicht aus Analogiebetrachtungen in der Natur,[2] in welcher dieses Einzige wirklich Ewige nie vorkommt, hat der Gedanke menschlicher Unsterblichkeit seinen tiefen Sinn. Nicht so sehr darum, weil diese als „unendlicher Progressus" Aussicht auf eine endgültige Angleichung des „Gehorsams" an das „Gebot" eröffnet und so eine natürliche Anwartschaft auf das „ewige Glück" zu begründen beginnt, sondern letztlich eben um dieses ewigen Vorrangs des Heiligen willen, das in des Menschen Herz lebt. Weil das Gesetz so heilig ist, muß der Mensch sich eine Ewigkeit lang (approximierend, aber vergeblich) bemühen, als Ganzer heilig zu *sein*. Unsterblichkeit ist ein Postulat der praktischen Vernunft, sofern diese eine Ahnung von der „feierlichen Majestät" des Heiligen in uns erhalten hat. Nur so, als ewiges Heilig-*werden*, wird dem Sinn des Gesetzes Genüge getan, wird es nicht „herabgewürdigt, indem man es sich als *nachsichtlich* (indulgent), und so unserer Behaglichkeit angemessen, verkünstelt" oder als „unerreichbare Bestimmung" überhaupt fahren läßt.[3] Am einen, innersten Fluchtpunkt der Seele (scintilla animae) ist ihre ganze Wirklichkeit *so* relativiert, daß sie daran stets aufgehoben (weil relativiert von ihm) und doch verewigt ist (weil relativ auf ihn).

Gerade dieses Doppelverhältnis zeigt aber, daß das oberste Gut noch nicht das höchste Gut ist, das „ganze und vollendete Gut, als Gegenstand des Begehrungsvermögens vernünftiger endlicher Wesen, denn um das zu sein, wird auch Glückseligkeit dazu erfordert, und zwar nicht bloß in den parteiischen Augen der Person, die sich selbst zum Zwecke macht, sondern selbst im Urteile einer unparteiischen Vernunft".[4] Aber dieser Einheit von Heiligkeit und Glückseligkeit ist, nach allem Gesagten, nur als „eine Synthesis"[5] denkbar. „Weil aber diese Verbindung als a priori, mithin praktisch notwendig, folglich nicht als aus der Erfahrung abgeleitet, erkannt wird, . . . so wird die Deduktion dieses Begriffs *transzendental* sein müssen. Es ist a priori (moralisch) notwendig, *das*

[1] 239.
[2] 323 („Recension über Herders Ideen" usw.).
[3] IV, 244; vgl. Anm.
[4] 229.
[5] 232.

höchste Gut durch Freiheit des Willens hervorzubringen; es muß also auch die Bedingung der Möglichkeit desselben lediglich auf Erkenntnisgründen a priori beruhen."[1] Aber die Möglichkeit, daß ein Wesen, dessen höchster Wert Heiligkeit ist, nicht damit (analytisch) auch die volle Beherrschung der Natur, die zur Glückseligkeit erfordert wird, besitzt, diese Möglichkeit beweist, daß der Mensch „nicht zugleich Ursache der Welt und der Natur selbst" ist, daß es also, wenn diese Synthesis zustande kommen soll, eines beiden Teilen übergeordneten Wesens bedürfte, um sie zu vollziehen. Wie also Heiligkeit des Gesetzes die Unsterblichkeit „postuliert", so die Synthesis von Heiligkeit und Glückseligkeit Gott. Nur diese der Freiheit wie der Natur überlegene Einheit kann Bürge der sittlichen Glückseligkeit sein. Das erkannt zu haben ist der große Fortschritt von stoischer zu neutestamentlicher Moral. Stoische „Tugend war ein gewisser Heroismus des über die tierische Natur sich erhebenden *Weisen*, der ihm selbst genug ist, Andern zwar Pflichten vorträgt, selber aber über sie erhoben, und keiner Versuchung zu Übertretung des sittlichen Gesetzes unterworfen ist".[2] Stoische Moral stellt sich je schon in die Synthesis, die sie vom erreichten Standpunkt der Heiligkeit aus *meistern* zu können glaubt. Sie verwechselt die Synthesis des kategorischen Imperativs mit der Synthesis, die nur Gott vollziehen kann, und ist so höchster Stolz. „Die christliche Moral, weil sie ihre Vorschrift (wie es auch sein muß) so rein und unnachsichtlich einrichtet, benimmt dem Menschen das Zutrauen, wenigstens hier im Leben, ihr völlig adäquat zu sein, richtet es aber doch auch dadurch wieder auf, daß, wenn wir so gut handeln, als in unserem *Vermögen* ist, wir hoffen können, daß, was nicht in unserem Vermögen ist, uns anderweitig werde zustatten kommen."[3] Damit ragt das Geheimnis der Gnade in die innere, ontologische Struktur menschlicher Ethik herein, denn damit „ist das Postulat der Möglichkeit des *höchsten abgeleiteten Guts* (der besten Welt) zugleich das Postulat der Wirklichkeit eines *höchsten ursprünglichen Guts*", das die Einheit, die wir nur anstreben, nicht verwirklichen können, herstellt. Die Idee Gottes, die für die theoretische Vernunft nur „transzendent" war, wird durch dieses praktische Postulat „immanent", und ein wirklicher Gegenstand des

[1] Ebd.
[2] IV, 249.
[3] 250.

Denkens, wenn auch keine (theoretische) Erweiterung der Erkenntnis.[1] Diese Immanenz gründet in der „*Pflicht* . . . das höchste Gut zum Gegenstande meines Willens zu machen, um es nach allen meinen Kräften zu befördern“,[2] einer Pflicht, die *direkt* freilich immer nur die Verwirklichung der Heiligkeit auferlegt, aber indirekt, und durch diese hindurch, die (ihr selbst unmögliche) Verwirklichung der Synthesis von Heiligkeit und Glückseligkeit. Die apriorische und doch unverwirklichbare Stimme der Natur kann uns also im letzten Grunde, soll sie nicht völlig paradox sein, nur dazu auffordern wollen, durch unser Heiligkeitsstreben *würdig* jener Glückseligkeit zu werden, die uns, als Synthesis von oben herab, durch Gnade geschenkt wird. Indem der Mensch etwas *soll*, was er nicht *kann*, bricht die Philosophie innerlich zu Theologie auf. Sie *ist* deshalb, wie Kant bemerkt, nicht Theologie; denn die *Wirklichkeit* der Gnade und des Synthesisvollzugs ist selber kein Objekt mehr für sie, und allein der Anteil der (autonomen) praktischen Vernunft, das heißt das reine Streben zur Synthesis hin, geht sie in diesem Zusammenspiel thematisch an.[3]

Damit erhält das Grenzproblem vom „Ende aller Dinge“, als das Problem des (immanent) Transzendierenden (als Gegenstand der Philosophie) und des (immanierend) Transzendenten (als Gegenstand der Theologie) seine schärfste Zuspitzung. In diesem Doppelaspekt wird die Grenze nun noch zu betrachten sein.

Zunächst also heißt das Geheimnis der Synthesis: Offenheit des Transzendierenden. Der eigentümliche Charakter dieses Überschritts ergibt sich zunächst schon aus dem des Heiligen in uns. Denn das „höchste Gut“ liegt ja für uns *nur* in der Linie der Verlängerung des „obersten Guts“, nur durch dieses hindurch kann und soll es erstrebt werden. Alles andre wäre verhüllte Sinnlichkeit. Das Heilige aber war daran kenntlich, daß es immer je einen Schritt über alle Angleichung hinaus und darum schlechthin uneinholbar war. Darum, und weil alle Würdigkeit der Gesetzeserfüllung nie in ein Fordern von Lohn übergehen kann, bleibt aller Knechtsdienst am Heiligen in allem Müssen immer ein Tun-*dürfen*. Dieses Dürfen ist dabei nur der subjektive Widerschein der objektiven Tatsache, daß die höchste Einheit des Menschen synthetisch ist. *Das* ist der tiefste Grund, warum, in Hinsicht auf diese Einheit, die Be-

[1] 257 ff.

[2] 266-267; vgl. 252.

[3] 251.

dingungen ihrer Möglichkeit „*Postulate*" sind und nicht „Erkenntnisse", die die Vernunft einfachhin zu dem Schatz ihrer übrigen Besitztümer legen kann: Sie sind für das Denken „der spekulativen Vernunft . . . an sich noch keine Erkenntnisse; doch sind es (transzendente) *Gedanken*, in denen nichts Unmögliches ist."[1] Freilich werden diese „Gedanken" nun als notwendige Bedingungen der Möglichkeit der höchsten Synthesis „Objekte", aber immer nur solche, von welchen die Vernunft „gar keinen theoretischen *Gebrauch*" machen kann.[2] Sie sind nichts, was fixierend festgelegt werden könnte, im Gegenteil: die Vernunft wird mit diesem Schatze „negativ, d. i. nicht erweiternd, sondern läuternd . . . zu Werke gehen, um einerseits den *Anthropomorphismus* als den Quell der Superstition, oder scheinbare Erweiterung jener Begriffe durch vermeinte Erfahrung, anderseits den *Fanatismus*, der sie durch übersinnliche Anschauung oder dergleichen Gefühle verspricht, abzuhalten".[3] Das heißt: die Vernunft kann und darf sich dieser Begriffe nicht „bemächtigen" als ihres Eigentums. Darum ist es kein freies „Sich-etwas-Wählen" zum Ziel, sondern ein tieferer Gehorsam im Überschreiten: „Nicht zum Behuf einer beliebigen spekulativen Absicht, sondern eines praktisch notwendigen Zwecks des reinen Vernunftwillens, der hier nicht *wählt*, sondern einem unnachlaßlichen Vernunftgebote *gehorcht*."[4] Aber eben dieser *Gehorsam* schützt den Überschreitenden vor dem Verdacht, „aus bloß *subjektiven* Gründen [zu] *wünschen*", sosehr anderseits dieses Gebot seinem Wunsch entsprechen mag. An diesem Charakter des Gehorsams scheitert der Einwurf Feuerbachs. Der Überschreitende „*darf*"[5] nicht anders handeln, auch wenn dieses Handeln als Ganzes ein Handeln-*dürfen* bleibt. So zeigt sich das Paradoxe darin, daß, wo er nicht beliebig „wählen" darf, er doch – wählen muß. Denn die Distanz, die ihm der Dürfens-Charakter der Transzendenz läßt, nötigt ihn, das Gedurfte in Freiheit zu ergreifen. Damit offenbart sich der eigentümlich „*subjektive*" Charakter dieser Transzendenz. Die „objektive" Struktur des Geistes fordert aus sich nur: Streben nach Heiligkeit und dadurch Streben nach dem „höchsten Gut", ob dieses sich nun

[1] 258.
[2] Ebd.
[3] 259.
[4] 267.
[5] 268.

durch unbekannte Naturkräfte oder durch göttliche Gnade synthetisiere. Sache des *Subjekts* (als des „Besitzers" dieser „objektiven" Struktur des Geistes) ist es, zwischen diesen Möglichkeiten zu *wählen*. Der letzte Sinn der Transzendenz enthüllt sich nur existentiell. „Oben hatte ich gesagt, daß, nach einem bloßen Naturgange in der Welt, die genau dem sittlichen Werte angemessene Glückseligkeit nicht zu erwarten und für unmöglich zu halten sei, und daß also die Möglichkeit des höchsten Guts, von dieser Seite, nur unter Voraussetzung eines moralischen Welturhebers könne eingeräumt werden. Ich hielt mit Vorbedacht mit der Einschränkung dieses Urteils auf die *subjektiven* Bedingungen unserer Vernunft zurück, um nur dann allererst, wenn die *Art* ihres Fürwahrhaltens näher bestimmt werden sollte, davon Gebrauch zu machen. In der Tat ist die genannte Unmöglichkeit *bloß subjektiv*, d. i. unsere Vernunft findet es *ihr unmöglich*, sich einen so genau angemessenen ... Zusammenhang ... nach einem bloßen Naturlaufe begreiflich zu machen."[1] In diesem „es ist *mir* unmöglich" liegt der Unterschied der existentiellen Wahlsituation gegenüber allem rein theoretisch-objektiven „es ist unmöglich". Hier *gibt* es keine „Objektivität" mehr. So kann sich der Charakter des Transzendierens schließlich in einem Worte zusammenfassen, das sowohl die Basis naturhafter Notwendigkeit wie den Überbau geistig freien „Dürfens" ausdrückt: „Be-dürfnis."[2] In der Feststellung dieses Charakters schließt die Analyse des Akts des Transzendierens. Der *Sinn* dieses Aktes aber bestimmt sich voll erst von seinem Ziele her. Indem er zugleich mit dem „obersten Gut" (Heiligkeit) das „höchste abgeleitete Gut" (Glück und Tugend als Einheit) meint, transzendiert er beide auf das „höchste ursprüngliche Gut" hin, das in dieser Synthesis (von Glück und Tugend) gemeint ist; doch so, daß diese selbst auch hier nur durch die „Übereinstimmung mit der *Heiligkeit* seines Willens" hindurch erstrebt wird. „Daher diejenigen, welche den Zweck der Schöpfung in die *Ehre Gottes* ... setzen, wohl den besten Ausdruck getroffen haben."[3]

---

[1] 269.
[2] 270.
[3] 233-234.

II. Zwischen Person und Gesetz

Wenn sich der letzte Sinn des Aktes der Transzendenz durch seinen „subjektiv"-existentiellen Charakter schon dem Besitze der „spekulativen Vernunft" entzog, so muß das noch weit mehr der Fall sein, wenn derselbe Akt von der andern Seite, von der als vollzogen gedachten Synthesis her betrachtet wird. Tritt in sie vom Menschen aus Freiheit als Wahl ein, so von Gott aus Freiheit als Gnade. Beide Momente machen das sich in dieser höchsten Synthesis vollziehende Geschehen zu einem aller Meta-physik unzugänglichen Meta-historischen. Das erkennt Kants Tiefblick, sobald er das *konkrete* ethische Verhalten ins Auge faßt, das sich *je schon als Religion*, das heißt, als Verhalten zu Gott erweist. Wenn eine „Kritik der praktischen Vernunft" nur bis dahin gelangen kann, Möglichkeit und Notwendigkeit einer Wahl (und damit die Tatsache des Meta-historischen *überhaupt*) aufzustellen, so muß eine Untersuchung des *Vorgangs* dieses Meta-historischen (das als solches schon das letzte Ergebnis reiner *Wesens*forschung war), also eine Untersuchung über „*Religion* innerhalb der Grenzen der bloßen Vernunft", selber bereits im Konkret-(Meta-)historischen *einsetzen*, weil es hier Meta-physisches überhaupt nicht mehr gibt. Das erste, was Kant dabei entdeckt, ist das Faktum der „Einwohnung des radikalen Bösen in der menschlichen Natur". Dieses Faktum betrifft den Menschen „zwar allgemein als Mensch, mithin so, daß [es] . . . zugleich den Charakter seiner Gattung ausdrückt" und darum „angeboren" genannt werden kann, aber dies doch nur in dem Sinne, daß der Mensch *faktisch* so auftritt, ohne daß in seiner *Natur* ein notwendiger Grund dieser Verfassung angegeben werden könnte".[1] „Er ist *von Natur* böse, heißt soviel als: dieses gilt von ihm in seiner Gattung betrachtet; nicht als ob solche Qualität aus seinem Gattungsbegriffe (dem eines Menschen überhaupt) könne gefolgert werden (denn alsdann wäre sie notwendig), sondern er kann nach dem, wie man ihn durch die Erfahrung kennt, nicht anders beurteilt werden."[2] Und erst auf Grund dieser Erfahrung des

---

[1] VI, 179-180 („Religion innerhalb" usw.).

[2] 192. Es ist also schlechthin falsch, wenn vielfach behauptet wird, das „radikale Böse" bei Kant sei identisch mit der Unaufhebbarkeit der Endlichkeit oder Sinnlichkeit des Geistes.

Daseins von Bösem wird der Blick der Vernunft überhaupt auf die Analyse der „Beschaffenheit desselben" und seines „Begriffs"[1] gelenkt. Der Mensch tritt je schon als solcher auf, der sich (ethisch) gegen sein höchstes Gesetz, und darum (religiös) gegen Gott entschieden hat und damit (ethisch) schuldig, (religiös) sündhaft ist. Dieses „je schon" ist all-geschichtlich, aber darum „jünger" als das „je schon" des Wesens. Es hat einen Ursprung, der *nach* diesem liegt, und der daher legitim im Mythus des Urzeitlichen ausgedrückt wird, wenn es auch nur ein Mythus für das unvorstellbare Vor-zeitliche ist.[2] „Wir müssen . . . von einer moralischen Beschaffenheit, die uns soll zugerechnet werden, keinen Zeitursprung suchen; so unvermeidlich dieser auch ist, wenn wir ihr zufälliges Dasein *erklären* wollen."[3] Diese selbe „*Unbegreiflichkeit*, zusammt der näheren Bestimmung der Bösartigkeit unserer Gattung drückt die Schrift . . . dadurch aus, daß sie das Böse, zwar am Weltanfange, doch noch nicht im Menschen, sondern in einem *Geiste* von ursprünglich erhabener Bestimmung voranschickt, wodurch also der *erste* Anfang alles Bösen überhaupt als für uns unbegreiflich, . . . der Mensch aber nur *durch Verführung* ins Böse gefallen, also nicht von Grund aus . . . verderbt" vorgestellt wird.[4]

Die natürlich-geschichtliche Verderbnis der menschlichen Natur zeigt sich in der dreifachen Stufung von Gebrechlichkeit (das moralische Motiv ist nur im „Wollen", nicht im „Vollbringen" das Ausschlaggebende), zu Unlauterkeit (pflichtmäßige Handlungen werden nicht rein aus Pflicht getan), zu Verkehrtheit (Annehmen böser Maximen). Aber alle drei bezeichnen nur einen *Hang* der Natur, „*der vor jeder Tat vorhergeht*, mithin selbst noch nicht Tat ist",[5] sofern Tat ein Handeln *nach* Maximen ist. Wohl aber sind sie Tat als jener „Gebrauch der Freiheit, . . . wodurch die oberste Maxime (dem Gesetze gemäß oder zuwider) in die Willkür aufgenommen" wird.[6] Wird nun auch das Reich der Freiheit und der ersten Entscheidung nie selber sichtbar, so wird dieser Hang „bei der Menge schreiender Beispiele, welche uns die

---

1 196.
2 203.
3 204.
4 206.
5 189, 191.
6 191.

Erfahrung *an den Taten* der Menschen vor Augen stellt", zum förmlichen Beweise.[1] Die an sich indifferente Disposition der Menschennatur, derzufolge diese verschiedene, moralische und sinnliche Handlungsmotive bereit hat, ist innerlich *formal* gestört: in der Unterordnung, die die letzten unter die ersten wesenhaft haben sollten.[2] *Dieses* rein Formale, das aller Einzeltat vorausliegt als unbegreifliche Verkehrtheit des Herzens, macht das Böse zu einem *radikalen*,[3] also nicht etwa seine Unvertilgbarkeit.[4] Denn es sitzt faktisch in jener selben Tiefe des Geistes, in der der Ruf des Heiligen in ihm erschallt, und ist „eine gewisse Tücke"[5] als Fertigkeit, die Lauterkeit dieses Rufes zu überhören, eine „Unredlichkeit, sich selber blauen Dunst vorzumachen", indem sich die Neigung heiligspricht und das Zweitletzte (das gewiß auch ein Wert ist) für das Letzte ausgibt. Damit ist es wesentlich Hang zum Ungehorsam und darin zum Verkehren der existentiellen Subjektivität in objektiv abwägbare Quanten.

Aber wenn der Grundtrieb abwärts, also ausdrücklich von der Richtung auf die Synthesis des „höchsten Guts" weggeht, wie soll *dann* noch der Mensch auf sein eigenes Ganzseinkönnen hoffen? Nun übersteigt dieses wirklich „alle unsere Begriffe, denn wie kann ein böser Baum gute Früchte bringen?"[6] Und doch hat dieser (rein faktische) Hang die Forderung der Natur nach dieser eschatologischen Ganzheit nicht aufgehoben. „Denn ungeachtet jenes Abfalls erschallt doch das Gebot." „Folglich müssen wir es auch können, sollte auch das, was wir tun können, für sich allein unzureichend sein, und wir uns dadurch nur eines für uns unerforschlichen höheren Beistandes empfänglich machen."[7] Zunächst möchte es zwar scheinen, daß durch allmähliches Training zu gesetzmäßigen Handlungen die Umkehr und damit auch die Annäherungsbewegung doch möglich wäre. Aber solches erzeugt doch nur „empirische" Tugend (virtus phaenomenon), so wie historische Entwicklung der Menschheit nur kulturellen, nicht dadurch schon moralischen Fortschritt verbürgt. Wahre Umkehr forderte eine

---

[1] 193.
[2] 197.
[3] 198.
[4] 206.
[5] 199.
[6] 207.
[7] Ebd.

„Revolution" in der Gesinnung",[1] durch die „ein neuer Mensch" in einer „Art von Wiedergeburt" entstehen müßte. Doch sittliche Kraft zu dieser Revolution, die ein Motiv von der überwältigendsten Macht braucht, hat ja noch immer, woran sie sich neu entzünde. Das Wunder des göttlichen Fünkleins im Seelengrund, als des Quellpunkts allen Wertes, als der innerste Besitz, zu dem wir doch nur stets als zu einem über uns Stehenden, Geschenkten emporblicken können, dieses Wunder hat das Böse nicht zerstört: „Die Unbegreiflichkeit dieser, eine göttliche Abkunft verkündigenden Anlage muß auf das Gemüt bis zur Begeisterung wirken und es zu den Aufopferungen stärken, welche ihm die Achtung für seine Pflicht nur auferlegen mag."[2] Aber gerade dieser Punkt, als „Grenze" und „exzentrisches Zentrum", führt damit doch unerbittlicher, als eine Kritik der praktischen Vernunft es tun konnte, vor das Problem seiner Transzendenz, seines Gnadencharakters. Hier erst, wo die Lage des Menschen, der eine nun fast hoffnungslose Aufgabe durch seine Natur gestellt bekommt, zu einer verzweifelten geworden ist, ragt das Theologische unaufhaltsam in die Ethik hinein. Nicht so, als ob die Gnade nun selber Objekt dieser letztern würde, denn Gnade entgeht wesensmäßig allem Zugriff einer anthropologischen Wissenschaft. Aber doch so, daß die Grenzlinie zum Ewigen hin sich immer schmiegsamer der jenseits liegenden, nicht-erscheinenden Realität angleicht. Es wird menschliches Handeln zu dem, was Thust in die Formel „Anstrengung des Zunichtewerdens" gekleidet hat: die Einheit von vollem, tätigen Selbsteinsatz mit dem Bewußtsein, das Ziel mit diesem Einsatze doch nie erreichen zu können. Gerade das erste hat Ethik immer wieder einzuschärfen. Kein lutherisches Die-Waffen-Strekken, noch auch ein bloßes Sich-Gott-Anschmeicheln, sondern *tätige* Verzweiflung und wirkendes Gebet. Ethik muß bei der Forderung beharren, „daß ein Jeder so viel als in seinen Kräften ist, tun müsse, um ein besserer Mensch zu werden; und nur alsdann, wenn er sein angebornes Pfund nicht vergraben . . . er hoffen könne, was nicht in seinem Vermögen ist, werde durch höhere Mitwirkung ergänzt werden".[3] Theoretisch besteht da gewiß eine unlösbare „Antinomie":[4] Nur auf Grund seiner Bereit-

[1] 209-210.
[2] 212-213.
[3] 215.
[4] 289.

schaft kann er Gnade hoffen, und doch ist für ihn und seine Herzensverkehrtheit Bereitschaft selber schon Gnade. Theoretisch „übersteigt diese Frage das ganze Spekulationsvermögen unserer Vernunft. Aber fürs Praktische . . . ist kein Bedenken“:[1] wir haben mit unserer Vor-Bereitung zu beginnen. Kants religiöses Denken ist hier von einem alles beherrschenden Gefühl des Anstands beherrscht, das die „überschwenglichen Ideen“ von „Gnadenwirkungen, Wundern, Geheimnissen, Gnadenmitteln“ „als einen *erweiterten Besitz* sich *zuzueignen*“ scheut.[2] Die Vernunft „bestreitet nicht die Möglichkeit, . . . sie rechnet sogar darauf, daß, wenn in dem unerforschlichen Felde des Übernatürlichen noch etwas mehr ist, als sie sich verständlich machen kann, was aber doch zur Ergänzung des moralischen Unvermögens notwendig wäre, dieses ihrem guten Willen, auch unerkannt, zustatten kommen werde, mit einem Glauben, den man den (über die Möglichkeit desselben) *reflektierenden* nennen könnte, weil der *dogmatische*, der sich als ein *Wissen* ankündigt, ihr unaufrichtig und vermessen vorkommt“.[3] Die Gnade läßt sich nicht in ethische Regeln einbauen. Das würde „eine Regel von dem voraussetzen, was wir (in gewisser Absicht) Gutes selbst zu *tun* haben, um etwas zu erlangen; eine Gnadenwirkung aber zu erwarten bedeutet gerade das Gegenteil, nämlich, daß das Gute . . . nicht unsere, sondern die Tat eines anderen Wesens sein werde“.[4] Die *Zuversicht*, daß unsere innere Umkehr Gnade sei, ist selber nicht ein gewisses, uns die Gnade auslieferndes Erlebnis, „man täuscht sich nirgends leichter“ als bei diesem „Fühlen“.[5] Wir haben kein anderes „Zeichen“ als unsern eigenen, im vergangenen Leben sich durchhaltenden *Wunsch*, trotz aller Abkehr vom Guten, um-gekehrt zu ihm zu gehen. Eine solche „lautere Gesinnung“ in aller Unlauterkeit des Nichtkönnens „ist der Tröster (Paraklet), wenn uns unsere Fehltritte wegen ihrer Beharrlichkeit besorgt machen. Gewißheit ist . . . weder möglich, noch . . . zuträglich“.[6]

Aber mit dieser Gesinnungsumkehr, welche als solche selber nie erscheint, wird nun auch dem ganzen Prozeß der „unendlichen

---

[1] 291.
[2] 215.
[3] 215-216.
[4] 216.
[5] 232.
[6] 234-235.

Annäherung" ein neuer Sinn zuteil: Das radikale Böse ist als solches zwar aufhebbar, aber nicht als ungeschehen auszulöschen. Die Uneinholbarkeit der Heiligkeitsforderung potenziert sich durch diese Unauslöschbarkeit abermals zu einem verzweifelten Paradox: Der Mensch kann „in einem fernerhin geführten guten Lebenswandel keinen Überschuß über das, was er jedesmal an sich zu tun schuldig ist, herausbringen",[1] um damit seine Schuld abzuzahlen. Die unendliche Heiligkeit des verletzten Gesetzes aber fordert „unendliche Strafe". Hier kann sich nun die Unendlichkeit des Prozesses in „Hölle" verwandeln – aber das ganz im Sinne Lessings. Denn wenn der homo nooumenon seine Umkehr vollzogen hat (die selber, als Gnade, nur geglaubt werden kann), dann ist er wirklich „der neue Mensch", der „dem *alten* abstirbt" und ebendies Absterben als fortgesetztes Ausgehen aus dem früheren hat selbst Leidens- und Strafcharakter und kann, weil der „neue Mensch" (aus Gnade) sündelos ist, ihm auch als Sühne und Verdienst angerechnet werden.[2] Hier wird vollends klar, was die oberste Synthesis des „höchsten Guts" nunmehr bedeutet. Diese Synthesis war schon im ersten Aspekt Gnade, weil alle Erfüllung von Heiligkeit nie zu einem *Anspruch* auf Glückseligkeit wird. Nun aber wird der Gnadencharakter potenziert, weil die Erfüllung von Heiligkeit (die als *Umkehr* selbst schon Gnade voraussetzt) jetzt, aus Gnade, zugleich noch als Sühne des radikalen Bösen angerechnet werden soll.

Aber diese Potenzierung öffnet doch nur tiefer den Blick für das, was schon in der ersten Stufe das (gegenüber aller christlichen Vollendungslehre) Eigentümliche und Paradoxe der Kantschen Eschatologie war. Die Synthesis besagt dort, daß (aus Gnade) die unendliche Annäherung des Gesetzesgehorsams an das Heilige, die des Heiligen nie so „würdig" wird, daß es ihm „geschuldet" würde, mit diesem ins eins gesetzt wird: der *νόμος gilt* als vom *αὐτός* eingeholt, und die Autonomie wird geschenkt. (Denn „Glückseligkeit ist der Umstand eines vernünftigen Wesens in der Welt, dem es, im Ganzen seiner Existenz, *alles nach Wunsch und Willen geht*, und beruhet also auf der Übereinstimmung der Natur zu seinem ganzen Zwecke, imgleichen zum wesentlichen Bestimmungsgrunde seines Willens".[3] Das heißt:

[1] 236.
[2] 239-240.
[3] IV, 246.

die oberste Synthesis *ist* erfüllte Autonomie.) In dieser Synthesis ist das eine Glied zwar die zeitlose Ewigkeit des „Nomos", das Seelenfünklein, in dem das Licht der Autonomie schon glänzt (wenngleich erst als ewiger Fluchtpunkt und daher noch als das „Über" der Pflicht), das andere Glied aber die unendliche Zeitreihe der Annäherung selber: als *Ganzes* (nicht erst im – unerreichbaren – Endpunkt) tritt sie in die Synthesis ein. Das unendliche Streben *gilt* (vor Gott und aus Gnade) als Je-Erreichthaben. Dann freilich *gilt* (für das empirische Individuum, das ein solches ewig bleibt) die Approximation zwar als Synthesis, *ist* es aber nur vom Standpunkt Gottes aus, für den allein der unendliche Prozeß überblickbar und synthetisierbar ist. Anders und bündiger: der Mensch kann auf die Erlangung des „höchsten Guts" zwar *hoffen*, aber er erlangt es nur *vor Gott*. Wo sie für Gott als Besitz gilt, ist sie für ihn „ein ins Unendliche herausgerücktes Ziel"; „Aussicht in eine *selige Zukunft*"[1], die aber nie Ewigkeitsgegenwart wird.

Dasselbe zeigt sich dann notwendig verschärft im zweiten Aspekt der Synthesis. Die Umkehr aus der Sünde, die (aus Gnade) den neuen Menschen schafft, ist gewiß „ein Verdienst, das uns aus *Gnaden* zugerechnet wird. Denn damit das, was bei uns im Erdenleben (vielleicht auch in allen künftigen Zeiten und Welten) immer nur im bloßen *Werden* ist (nämlich ein Gott wohlgefälliger Mensch zu sein), uns gleich, als ob wir schon hier im vollen Besitz desselben wären, zugerechnet werde, dazu haben wir doch wohl keinen Rechtsanspruch (nach der empirischen Selbsterkenntnis); soweit wir uns selbst kennen (unsere Gesinnung nicht unmittelbar, sondern nur nach unseren Taten ermessen), so daß der Ankläger in uns eher noch auf ein Verdammungsurteil antragen würde. Es ist also immer nur ein Urteilsspruch der Gnade".[2] Wir haben keinen Rechtsanspruch, „sondern nur *Empfänglichkeit*, welche Alles ist, was wir unsererseits uns beilegen können".[3] Aber mag nun auch unsere Gesinnung (virtus nooumenon) *vor Gott*, „weil sie den Grund des kontinuierlichen Fortschritts bildet, „als Einheit des Ganzen die Stelle der Tat in ihrer Vollendung"[4] *vertreten*, uns selber, als empirisch

[1] IV, 244, Anm.
[2] VI, 240-241.
[3] Ebd. Anm.
[4] 239-240, Anm.

Strebenden, bleibt ewig die Empfänglichkeit an Stelle des Empfangs, die offene Hand an Stelle der Gabe. Die Synthesis ist so freilich eine solche „von oben herab“,[1] *bleibt* es aber so sehr, daß sie kein endgültiges „nach unten hinein“ wird.

Es geht im Grunde für Kant hier um die Überbrückung des unendlichen Abgrunds, den schon die erste Kritik aufgerissen hatte und der nichts als die Fortführung des altprotestantischen und Descartesschen zwischen Geist und Leib (Sinnlichkeit, „Ausdehnung“) ist. Homo nooumenon ist das schlechthin Zeitlose, Gottes ewige Idee, „kein erschaffenes Ding, sondern Sein Eingeborner Sohn, . . . Abglanz Seiner Herrlichkeit“.[2] Homo phaenomenon ist das schlechthin Zeitliche, das höchstens aus Gnade als ewig *gelten*, es aber nie *sein* kann. In der Kritik der reinen Vernunft öffnet sich die Dialektik einer solchen „reinen“ Zeitlichkeit: das Zeitliche fordert einen Anfang, den es anderseits wieder schlechthin nicht haben kann.[3] Damals war die „Auflösung der kosmologischen Dialektik“[4] leicht, es galt nur, die beiden Antithesen auf das Phänomenon und Nooumenon zu verteilen. Hier aber gilt es, diese letzteren selbst zu synthetisieren und damit auch, durch sie hindurch, die Antithesen der reinen Vernunft. Damit mündet Kants Eschatologie breit aus ins *Geheimnis*. Die „Freiheit ist . . .dasjenige, was, wenn sie auf das letzte Objekt der praktischen Vernunft, die *Realisierung der Idee* des moralischen Endzwecks, angewandt wird, uns *unvermeidlich* auf heilige Geheimnisse führt“.[5] Heiliges Geheimnis, „Mysterium“ sagt mehr als „Verborgenheiten (arcana) der Natur“ und „Geheimnishaltung (secreta) der Politik“: es sagt das schlechthin Uneinsehbare, das uns doch direkt in unserem Wesen betrifft.[6] Es ist als solches der eigentliche „*Abgrund* des Geheimnisses“,[7] der sich als ein dreifacher öffnet: als Geheimnis der Berufung (zwischen Geschöpflichkeit als völliger Knechtschaft, und Freiheit als Wirkenkönnen Gott gegenüber), als Geheimnis der Genugtuung (zwischen menschlicher „Spontaneität“, welche ewig zwischen Pflicht und Tat gespannt bleibt, und Begnadung, in der Gott, scheinbar gegen alle inneren

[1] I, 296 („Der Streit der Fakultäten“).
[2] VI, 223.
[3] II, 344 ff.
[4] 389 ff.
[5] 315.
[6] 315-316, Anm.
[7] 316.

Gesetze dieser Spontaneität, deren tragische Spannung „aus der Fülle Seiner eigenen Heiligkeit zu ersetzen" unternimmt), als Geheimnis der Erwählung (zwischen Priorität der menschlichen Bewilligung oder Verweigerung und der göttlichen Gnadenwahl).[1]

Gewiß zeigt sich Kant in dieser Mündung am schärfsten als der über alles Systematisieren, alle Vernunftarchitektonik je tiefere Aporetiker, als den ihn Nikolai Hartmann gesehen hat. Aber seine „Geheimnisse" erhalten darin doch eine für die Vernunft selbst nicht mehr tragbare Härte, gegen die die Geheimnisse christlicher Eschatologie etwas milder sich Lösendes haben. Es geht, wie aus der Reduktion der obersten Synthesis (des höchsten Guts) auf die kosmologische Zeitantinomie vollends klar wird, letztlich um das Geheimnis der Identität des Widerspruchs: Unvereinbares *gilt* als vereint, Unerreichbares als erreicht, Zeit gilt als Ewigkeit. Kant gelangt darum zu einer *Dialektik* zwischen Zeit und Ewigkeit, während ältere Philosophie und christliche Theologie die Lösung in Richtung auf eine *Analogie* der Zeit in den zeitlichen Dingen suchte. Die je einheitliche, existentielle Zeitlichkeit eines Seienden, die als solche zwischen reiner erfüllter Ewigkeit (aeternitas) und reiner, chronologischer Zeitlichkeit (tempus) steht (als „aevum"), wird von Kant, immer in der Folge von Descartes-Luther, zerfällt in die Pole, zu denen es sich wohl begrifflich, aber nicht real auflösen läßt. Eine solche Zeitlichkeit, die sich eher einer existentialen Phänomenologie erschlösse als der ideal-mathematischen Methode Kants, wäre dann freilich schon *früher* „Geheimnis", hätte aber nicht den Preis des „Geheimnisses als Widerspruchs-Einheit" zu zahlen, mit dem Kant seine rationalen, zergliedernden Schritte erkauft.

Was so am Zeitproblem sichtbar ist, geht durch Kants ganze Problematik hindurch. Es zeigt sich zuletzt darin, daß die Synthesis des „höchsten Guts", zu der Gott von oben herab Seine Gnade zu geben hat, ein Synthetisieren von außer her bleibt. Gott *ist* niemals die Synthesis, er *ist* niemals die Seligkeit des Menschen, als der Punkt, wo Heiligkeit für ihn zum Glück ausschlägt, sondern Gott *schafft* nur die Synthesis, in der dem Menschen „alles nach Wunsch und Willen geht".[2] Nicht *Gottes* Weisheit wird zum inneren Licht der Seele, zu dem sie sich öffnet, „denn [sie] *kann uns gar nicht inhärieren*; weil die Natur unseres

[1] 320-321.
[2] IV, 246.

Verstandes dessen unfähig ist",[1] sondern das *eigene* Fünklein, sosehr dieses selber für Kant „Idee Gottes" und „Wort Gottes" ist,[2] leuchtet uns in die Ewigkeit. Gott wird, in diesem Aspekt von Kants Ethik, gerade weil seine Gnade nicht „inhärieren" kann, zum *Mittel*, ja zum „ideologischen Überbau" der höchsten Idee des Menschen. Gottes Heiligkeit als *Person* spielt in der Begriffsbestimmung von „Sünde" keine Rolle, sondern „das Sittlich-Böse (Übertretung des moralischen Gesetzes, als *göttlichen* Gebotes, *Sünde* genannt) [führt] nicht sowohl wegen der *Unendlichkeit* des höchsten Gesetzgebers, dessen Autorität dadurch verletzt worden (von welchem überschwänglichen Verhältnisse des Menschen zum höchsten Wesen wir nichts verstehen), sondern als ein Böses in der *Gesinnung* und den Maximen überhaupt (wie *allgemeine* Grundsätze vergleichungsweise gegen einzelne Übertretungen) eine *Unendlichkeit* von Verletzungen des Gesetzes, mithin der Schuld bei sich".[3]

Wenn aber die Universalität des (generisch) Allgemeinen und nicht die des konkret Höchstexistierenden das Heilige ist, dann droht der ganzen Kantschen Eschatologie die Wendung zum Immanenten. Jene „Offenheit" ins Theologische wird eine „anthropologische Kategorie", das Theologische selber entweder, wie Kant sagt, „immanent und konstitutiv, indem [seine Ideen] Gründe der Möglichkeit sind, das *notwendige Objekt* der reinen praktischen Vernunft (das höchste Gut) *wirklich* zu machen",[4] oder darüber hinaus zum bloßen „Als ob". „Die Menschheit in unserer Person" ist „*Subjekt* des moralischen Gesetzes, mithin dessen, . . . was an sich heilig ist".[5] Gnade *könnte* dann wohl nur noch ein Mythus für die höhere Rezeptivität des Menschen bedeuten, wie das Ding an sich ein Mythus für die sinnliche Rezeptivität sein *konnte*, und ihr Wunder und Geheimnis selber nur das tiefste, sich selber beschenkende Geheimnis des Seelenfünkleins. Im Begriff der „Menschheit . . . in ihrer moralischen Vollkommenheit" als *Idee* Gottes und „Abglanz Seiner Herrlichkeit"[6] wird der Ort dieser Auswechslung völlig deutlich. Ist der Mensch im transzendenten Aspekt Kants das Wesen, das Gott *gemäß* Seiner

[1] VI, 322, Anm.
[2] 223.
[3] 237.
[4] IV, 258-259.
[5] 254.
[6] VI, 223.

Idee von ihm synthetisiert, so ist er im immanenten Aspekt je *identisch* mit dieser Idee. Jene Gleichsetzung, die schon Lessing vorgenommen hatte, mit der Begründung, daß in der Idee, die Gott vom Geschöpf hat, dessen Kontingenz und Nichtigkeit ja enthalten sein muß, wenn sie *wahr* sein soll, daß man also keine Ursache habe, das Geschöpf von dieser Idee zu unterscheiden, diese Gleichsetzung kehrt hier wieder. Dann aber kehrt sich auch das Verhältnis zwischen Meta-physik und Meta-historie wieder um. Die große Reduktion, die Kant in „Religion innerhalb" von aller historischen Offenbarung in die innere Offenbarung „innerhalb der Grenzen der reinen Vernunft" vollzieht, ist zwar noch nicht selbst diese Umkehrung, denn diese vollzieht sich erst *„innerhalb"* dieser Grenzen, bereitet sie aber doch in ihrer formalen Bewegung schon vor. Aber wenn der ganze Mensch „Idee Gottes" ist, dann erhält Gottes Wille eine ähnliche Neben- und Unterordnung unter den Intellekt wie bei Leibniz:[1] die Stellung der reinen, mittelhaften Exekutive. Dann hängt letztlich alles nicht an einem geschichtlichen Geschehen zwischen zwei existentiellen (wollenden) Subjekten, sondern dieses Geschehen ist selber wieder umgriffen von der „Metaphysik" der Ideen. Dann wird „Gesetz" klar über „Person" gestellt. Dann ist „das höchste . . . Ziel der moralischen Vollkommenheit endlicher Geschöpfe . . . die Liebe des Gesetzes,[2] und eine Religion, wo „alles . . . zuletzt auf einen unbedingten Ratschluß Gottes hinausläuft; ‚Er erbarmt Sich, welches Er will, und verstokket, welchen Er will', . . . der salto mortale der menschlichen Vernunft"[3] – und *damit* das Unannehmbare. Dann muß jene „rein praktische" Lösung der Antinomie zwischen Gnade und Handeln doch den Geschmack des Pelagianismus bekommen,[4] wie auch jener alte, von Kant aufgegriffene Grundsatz christlicher Aszese, man solle so handeln, als ob alles von uns abhänge, dann ohne seinen unentbehrlichen Nachsatz genommen würde, der ihn erst zum christlichen macht, nämlich dabei auch so vorzugehen, als ob die Gnade alles wirkte.

Kant hat natürlich diese Systematisierung der Immanenz nie vollzogen, sowenig er es für das „Ding an sich" getan hat. Er bleibt selbst wesentlich in der existentiellen Wahlsituation stehen, in

[1] „bloß ein allsehendes Wissen . . .", VI, 295, Anm.
[2] 323.
[3] 295.
[4] Vgl. 291. 294. 309 u. a.

die er den Menschen stellt: Die *Art* seiner Vollendung: ob er an die Natur (letztlich an die Geheimnisse des eigenen Seelenfünkleins) oder an Gott glauben will, kann der Mensch sich nur *wählen*. Das Paradox der Exzentrizität seines Zentrums ist entweder nur eine ontologisch-existentiale „Kategorie“ unter anderen, oder es besagt den Aufbruch seines Zentrums zu einem absolut Jenseitigen und damit das „Ende“ der Metaphysik.

Kant läßt es in der Schwebe. Aber seine Nachfolger systematisieren die Immanenz zur Mystik-Metaphysik des Seelenfünkleins. Von höherer Warte erscheint Kant freilich als ein Glied zu diesem Resultate hin. Denn die durchgehende Analogie zwischen Gott und Geschöpf in christlicher Eschatologie ist in den Jahrhunderten von Aufklärung und Protestantismus wachsend einer dialektischen Widerspruchseinheit gewichen. In Lessings „Spinozismus“ ist diese Dialektik schon voll ausgebildet, und auch in Herders Vorstellung der „göttlichen Kräfte“ geht die Annäherung geradlinig in Gott hinein. Von den zwei Polen („Subjekt-Objekt“, „Noësis – Noëma“), die im Geschöpf zerspalten, in Gott identisch sind, ist je einer schon das Göttliche. Herders Unterscheidung von Ich und Selbst zielt auf das gleiche wie Kants Trennung von homo phaenomenon und nooumenon. Nur daß bei Herder das „Selbst“ noch eindeutiger das transzendent Göttliche bezeichnete, homo nooumenon aber zweideutiges Schillern zwischen immanenter Göttlichkeit und Teilhabe an transzendenter Gott-Autonomie ist. In Fichte vollendet sich diese Entwicklung.

War Herders Eschatologie formal durch die Kreuzung individueller (vertikaler) und sozialer (horizontaler) Entwicklung gekennzeichnet, so konnte dieses Kategorienpaar für Kant bisher unberücksichtigt bleiben. Denn gerade das, wodurch seine Unterscheidung für Herder so bedeutend wurde, die Trennung von innerer Entelechie und äußerer Wesensform, hatte Kant verworfen. So ergibt sich seine (soziale) Geschichtsphilosophie unmittelbar aus den Prinzipien seiner (individualen) Geist-Eschatologie überhaupt. Wenn Herder für die einzelne Entelechie in seiner Annäherungsidee das Hauptgewicht auf die Vergeistigung legte, als das immer reinere Ablegen der groben Materie und die immer mehr verinnerlichte „Organisation“ des Geistes, so hat Kant gegen einen solchen „Spiritualismus“ nichts einzuwenden. Diese Hypothese scheint ihm „der Vernunft günstiger, . . . nicht bloß wegen der Unmöglichkeit, sich eine denkende Materie verständlich zu machen, sondern vornehmlich wegen der Zufälligkeit, der unsere Existenz nach dem Tode ausgesetzt wird, daß sie bloß auf dem Zusammenhalten eines gewissen Klumpen Materie in gewisser Form beruhen soll, anstatt daß sie die Beharrlichkeit einer einfachen Substanz als auf ihrer Natur gegründet denken kann". Der Mensch kann kein „Interesse dabei finden, einen Körper, . . . den er selbst im Leben nie recht liebgewonnen hat, in Ewigkeit mitzuschleppen".[1] Aber diese Idee, mit der Kant dem Zeitgeist opfert, ist ihm doch nur eine Anmerkung wert. Was ihn beschäftigt, ist vielmehr, daß die Endlichkeit (Phänomenalität) des Mensch-Wesens dabei niemals zur Aufhebung gelangen kann. Dieselbe Tendenz verrät seine Geschichtseschatologie. Gewiß mag es auch einen Fortschritt der Gattung geben, aber dieser Fortschritt wird nie dahin gelangen können, die wesentliche Spannung im Menschen, welche ihn immer neu in die Entscheidung und unter den Ruf der Pflicht stellt, aufzuheben. Von „philosophischem Chiliasmus", der das Böse auf Erden aufzuheben hofft, will Kant daher nichts wissen. Denn die menschliche Natur hat faktisch eine aus Gut und Bös gemischte, ursprüngliche Anlage, „die Wirkungen können das Vermögen der wirkenden Ursache nicht übersteigen; und so kann das Quantum des mit dem Bösen im Menschen vermischten Guten ein gewisses Maß des letzteren nicht überschreiten".[2] Und da fernerhin die „quantitative" Verteilung dieser Mächte im nooumenalen Charakter uns selber unerfahrbar bleibt, so wäre „der Standpunkt der Vorsehung, der über alle menschliche Weisheit hinausliegt", nötig, um prophetische Geschichtsdeutung zu treiben. Der Sinn einer Entwicklung der Gattung kann also logischerweise nur auf eine indirekte Beförderung der Moralität gehen, durch Herstellung jenes geistigen Klimas, das ihr am wohltätigsten ist. „Nicht ein immer wachsendes Quantum von *Moralität* in der Gesinnung, sondern Vermehrung der Produkte ihrer *Legalität* in pflichtmäßigen Handlungen . . . also in den Phänomenen der sittlichen Beschaffenheit des Menschengeschlechts wird der Ertrag . . . der Bearbeitung desselben zum Bessern allein gesetzt werden können."[3] Zum ersteren wäre „eine Art von neuer Schöpfung (übernatürlicher Einfluß) erforderlich",[4] der aller Erfahrung wider-

---

[1] VI, 304-305, Anm.
[2] I, 283.
[3] I, 294.
[4] I, 295.

spricht. Kants Prognosen und zugleich konkrete Vorschläge einer Verbesserung der Menschheit zielen also lediglich auf äußere Kultur, „Legalität". In diesem Sinne fordert er den aufgeklärten Staat, den Völker-Bund und die endliche Abschaffung des Krieges. Aber er weiß dabei, daß seine Idee des „ewigen Friedens" kein beruhigtes Ausspannen sein könnte, ja dürfte. Denn es ist Natur des Menschen (ob „wesentlich" oder bloß „faktisch", sagt Kant hier nicht), sich nur im „Antagonismus" einer „ungeselligen Geselligkeit"[1] zu entfalten. „Der Mensch will Eintracht; aber die Natur weiß besser, was für seine Gattung gut ist; sie will Zwietracht." Widerstand ist das durchgängige Gesetz der Natur, „zur neuen Anspannung der Kräfte . . . anzutreiben", und verrät damit „wohl die Anordnung eines weisen Schöpfers; und nicht etwa die Hand eines bösartigen Geistes".[2] Solche, dem englischen Liberalismus entlehnte Gedanken lassen selbst das irdische Idealreich als ein innerlich notwendig gefährdetes erscheinen, denn es müßte ein Zustand sein, „der nicht ohne alle *Gefahr* sei, damit die Kräfte der Menschheit nicht einschlafen, aber doch auch nicht ohne ein Prinzip der *Gleichheit* ihrer wechselseitigen *Wirkungen und Gegenwirkungen*, damit sie einander nicht zerstören".[3]

Wie sehr Kants Geschichtsphilosophie in alldem empirisch und vorsichtig zu Werke geht („denn wir müssen uns von Menschen in ihren Fortschritten . . . nicht zu viel versprechen"[4]), zeigt sich darin, daß er nicht nur auf Geschichte der „Legalität" sich beschränkt, sondern auch diese nur indirekt, an gewissen „hindeutenden" „*Geschichtszeichen*",[5] etwas der Tatsache der Französischen Revolution, in ihrem Gesetze zu erfassen sucht. Und auch die Entwicklung der Legalität zögert er letztlich noch, als eine innere, naturhafte Emporbildung zu verstehen. Denn „aus so krummem Holze, als woraus der Mensch gemacht ist, kann nichts ganz Gerades gezimmert werden. Nur die Annäherung zu dieser Idee ist uns von der Natur auferlegt".[6] „So ist bei dieser Gebrechlichkeit der menschlichen Natur . . . die Hoffnung ihres Fortschreitens nur in einer Weisheit von oben herab (. . . Vorsehung) als positiver Bedingung, für das aber, was hierin von *Menschen* erwartet

[1] IV, 297.
[2] 298.
[3] I, 304.
[4] 295.
[5] 286.
[6] IV, 300.

und gefordert werden kann, bloß negative Weisheit zur Beförderung dieses Zwecks zu erwarten",[1] Wegräumung der Hindernisse, zumal des Krieges.

Damit ist eine parallele Lage wie in der Einzel-Eschatologie geschaffen. Auch die Anstrengung um Legalität endet wie die um Moralität in die „Anstrengung des Zunichtewerdens". Beide Situationen zeigen, daß es Kant jedesmal um wirklich *geist*hafte Geschichte geht, gegenüber der *natur*haften Herders. Geschichtssinn ist nicht etwas, worin der Mensch als Individuum oder Gattung wie in einem vorgezeichneten Geleise fährt, sondern etwas, was der Geist, als das eigentlich geschichtliche Sein, selber spendet. Geschichte hat den Sinn, den der Geist ihr gibt, freilich nicht allein, sondern im Sinngespräch mit der ihn vollendenden Gnade. Hier wird nun freilich der Ort sichtbar, wo aus der aposteriorischen Geschichtsphilosophie Kants die apriorische der folgenden Zeit wie mit einem Schlage herausspringen konnte. Es bedurfte dazu einzig noch, den „Standpunkt der Vorsehung" immanent als „Standpunkt im Seelenfünklein" zu verstehen und der Spekulation den von Kant verweigerten Eintritt in dieses „Allerheiligste" des Herzens zu öffnen.

Kant selber ging in seiner eigenen Entwicklung den entgegengesetzten Weg: von zuversichtlichen kosmologischen Spekulationen und selbst analogischen Konstruktionen („Von den Bewohnern der Gestirne" in der „Allgemeinen Naturgeschichte usw."[2]) zu immer nüchternerer Empirie (bis zur Kritik von Herders „Ideen"[3]), und damit von einem impliziten Apriori der allgemeinen Evolution zu einer immer klareren Erkenntnis, daß dieses Apriori subjektive, regulative Idee sei, außer wo sie sich auf spärliche und unsichere Erfahrungshinweise stützen konnte.[4] Und doch war auch diese Bewußtwerdung des Entwicklungsgedankens als regulative Idee historisch das notwendige Zwischenglied zwischen einer gewissermaßen noch naiven Entwicklungsgläubigkeit bei Herder und der Entwicklungskonstruktion aus der Kraft des Geistes bei Fichte. Sofern Kant des Entwicklungsschemas selbst nicht entraten kann, gehört er freilich wieder eng mit Herder zusammen. Mit ihm verbindet ihn

---

[1] I, 296.
[2] VIII, 362-381.
[3] IV, 313-337.
[4] IV, 309. Zur Entwicklung Kants vgl. R. Unger: „Der bestirnte Himmel über mir . . ."(Kant-Festschrift) 1924.

die Forderung der Entfaltung des Eidos Mensch innerhalb der weltgeschichtlichen Progression der *Gattung*, da es sich erfahrungsgemäß am Individuum nicht entfaltet. Hier liegt dann bei beiden wieder der Bruch zwischen Individual- und Sozial-Eschatologie, die sie beide in verschiedenen Progressionsebenen sich vollziehen lassen. Hier regt sich schließlich auch bei Kant noch ein gewisses gläubiges Vertrauen auf die große Künstlerin Natur, die auch aus „der Zwietracht der Menschen Eintracht selbst wider ihren Willen emporkommen"[1] lasse, und wodurch er das Übergangsglied zwischen Leibniz-Herder und Hegels „List der Idee" bildet.

Mit Herder verbindet ihn schließlich auch das Schwankende in der Festlegung des historisch-sozialen Eschatons. Denn freilich steht für Kant das eine fest: die Entwicklung betrifft direkt nur die „Legalität" des Guten, nicht die „Moralität". Aber die Beziehung zwischen diesen Begriffen läßt sich doch verschieden deuten. Drei Stufen sind denkbar: 1. Es besteht ein Fortschritt der Moralität, der aber nur vom Standpunkte der Vorsehung aus feststellbar ist und den man glauben oder als vernünftige regulative Idee anwenden darf. 2. Es besteht ein Fortschritt der Legalität, die als Idee an gewissen „Geschichtszeichen" indirekt ablesbar wird. 3. Der Fortschritt der Legalität als Bodenbereitung einer höheren Moralität ist somit wirkliche indirekte Offenbarung auch der letzteren. – Kant hat sich zwischen diesen drei Formen nicht eindeutig entschieden. Die erste, eigentlich für seine Idee von Sittlichkeit konsequente Form wird immer wieder von den zwei anderen her bedroht.[2] Denn letztlich sinnvoll ist der Prozeß doch erst, wenn er den Fortschritt des „einzig Notwendigen" auf Erden befördert. Und die „unendliche Annäherung" an die Heiligkeit,[3] welche die Moralität selber postuliert, betrifft diese selbst und nicht nur die Anstrengung um Legalität. Damit aber zeigt sich bei Kant eine gewisse Milderung der scharfen Kluft zwischen Sittlichkeit und Sinnlichkeit an, welche ihn wiederum Herder nähert. Die Werte der Kultur sind eben doch auch Werte, so gut wie der unbedingte Wert des Sittlichen. Sie bilden so eine Art Brücke, wie in der Kritik der reinen Vernunft der „Schematismus" den Übergang zwischen Verstand und Sinnlichkeit wiederherzustellen trachtete. Freilich kommen beide zu spät.

---

[1] IV, 294 f.

[2] Vgl. K. R. Brotherus: Kants Philosophie der Geschichte, Helsingfors 1905. – F. Medicus: Kants Philosophie der Geschichte, 1902.

[3] IV, 245, Anm.

Der „Schematismus“ vermag zwei Vermögen, die keiner einheitlichen Wurzel entspringen, nicht nachträglich zu verbinden. Auch die Kirche, das „*Schema* eines unsichtbaren Reiches Gottes auf Erden“,[1] bleibt ewig „streitende Kirche“, weil sie *nur* Erscheinung ist, so wie das „Schema“ des Verstandesbegriffs nur eine „formale und reine Bedingung der Sinnlichkeit“ ist.[2]

III. Schiller und das Gesetz der neuen Endlehre

Der Weg von Lessing über Herder zu Kant war wachsendes Eindringen in den inneren Raum der Seele, vom Aufleuchten des inneren Lichts zum Abstieg in den natur- und geschichtsweiten Innenraum, zur Zentrierung dieses Innenraums um das innerste Fünklein. Alles weist in dieser zunächst geraden Linie darauf hin, daß in ihr die weltanschauliche Disponierung für einen neuen Menschen sich vollziehe, die Hausbereitung für eine diese neue Weltsicht *lebende* Seele. Aber gerade um diese Disponierung zu vollenden, mußte als letztes zu den allgemeinen Kategorien des Lebensraumes noch das „Existential“ treten, die das formale und doch konkretere Wie des Bewohnens dieses Raumes, den konkreten Lebensrhythmus hinzugab.

Dieser existentiale Rhythmus aber ergibt sich fast von selbst, wenn der Lebensraum Herders und Kants (der beiden entscheidenden Begründer des neuen Menschen, neben denen Lessings lebendiger Einfluß stark zurücktrat) nicht in einem abstrakten Nacheinander, sondern in ihrem konkret ineinanderzulebenden Gegensatz gesehen wird. *Diese* Polarität wird dann notwendig den Rhythmus der neuen Existenz grundlegen.

So, als Gegensätze gesehen, reicht die Trennung der Weltbilder schon ein ganzes Jahrhundert zurück. Kants Philosophie des Geistes, mit seinem scharfen, dualistischen Helldunkel, und Herders Philosophie der Natur in ihren weich dämmernden Umrissen waren in Leibniz noch verbunden. Mathematische, analytische Klarheit und religiös-enthusiastische Allentwicklung zerfallen aber bald bei seinen Erben. Schon bei ihm hatte die rationale Methode, von Descartes

[1] VI, 308.
[2] II, 159.

übernommen, die Freiheit aus der Natur verdrängt und schließlich in Gott zurückgetrieben, wo sie freilich noch einmal von den „Ewigen Ideen“ bedroht wurde. So war der Kantsche Dualismus nur das letzte Glied einer vom Rationalismus gehüteten Tradition. Sosehr Kant dann auch dieses kontinentale Erbe mit dem englischen Empirismus verband, es geschah durchaus unter dem Primat des ersteren. – Die zweite Leibnizsche Tradition aber fand ihren Träger in Shaftesbury,[1] in bedeutsamer Fortführung jenes Menschbildes, das in Herbert von Cherburys „lumen naturale“ und im französischen Moralismus seit Montaigne seine Quellen hatte. Anstatt nun, wie die erste Leibnizsche Tradition, durch die mathematische Methode zu einem Eschaton „reiner Wahrheit“ und „Gesetzhaftigkeit“ zu gelangen, durch den alle übrigen Wertgebiete zu Entwicklungsvorstufen erniedrigt werden, betrachtet Shaftesbury den Menschen je in seiner endgültigen Fülle von Wahr-Gut-Schön. Newtons mathematisches, Cherburys ethisches und Platons ästhetisches Ideal haben gleich unmittelbaren Anspruch an das konkrete Leben des Menschen, und dessen verschiedene Akthaltungen sind alle unmittelbare „Erscheinung“ seines geistigen Zentrums. Weil dieses Zentrum (das Eidos) hier schon selbst die Fülle der Wertmöglichkeiten in Einheit *ist*, kann sein Erscheinen auch nur je konkrete Fülle mit höchstens prävalent sich betonenden (theoretisch-ethisch-ästhetischen) Akthaltungen sein. Gegen die Radikalisierung der Freiheit bei Kant, die dazu hin tendierte, das unverwechselbar Einmalige eines konkreten Menschen in ein formales allgemeines Pflicht-*Gesetz* aufzuheben, bleibt Shaftesburys Idee im Menschen in der Konkretheit, wie sie platonische Ideen haben, bleibt sie „individuelles Gesetz“.

Die Nachteile dieser Anthropologie werden in Shaftesburys begeistertem Schüler Herder deutlich. Die „Fülle“ der Werte wird zu einem verschwimmenden, vitalistischen Naturalismus. Die „Seelenvermögen“ werden „Triebe“. Das Sittliche entfaltet sich konfliktlos aus dem Vitalen. So sind die tragischen Konflikte des Kantschen Dualismus, um deren Milderung sich die dritte Kritik müht, bei Herder gar nicht vorhanden. Shaftesburys „moral grace“, die blumenhaft einheitlich aus dem Naturgrund emporwächst, ist für Kant ein unerreichbar fernes Ziel. Den analogischen Entfaltungs-

[1] Walzel: Shaftesbury und das Geistesleben des 18. Jahrhunderts. (Germanisch-Romanische Monatsschrift, 1909). – Weiser: Shaftesbury und das deutsche Geistesleben (1916). – Kremer: Das Problem der Theodizee im 18. Jahrhundert (Kantstudien, Ergänzungsheft 13, 1909).

stufen der Einheit von Ideal und Real steht bei Kant der rastlose dialektische Kampf zwischen beiden entgegen.[1] Den sich ins Allleben hingebend öffnenden Armen Herders entgegnet Kants strenge, das Chaos formende Hand.

Der aufgerissene Gegensatz zwischen Geist und Natur war *die* Frage, die sich an die Folgezeit richtete. Diese Synthesis mußte gesucht und lebend versucht werden. Indem Schiller hier als Erster in die Lücke trat, wurde er zum wahren Gründer der neuen Generation. Alles schien ihn zu dieser Aufgabe vorherzubestimmen: Er verband Kants Ideenklarheit mit Herders Naturliebe und Empfänglichkeit, ja, er war (als Dichter) idealistischer als Kant und (als Mediziner) realistischer als Herder. Und wenn er in einer ersten Periode unter dem Einfluß Leibniz-Shaftesburys (durch Ferguson-Garve-Abel vermittelt) zugleich seine nüchtern-physiologischen Studien treibt (welche selbst wieder um die Leib-Geist-Synthese sich drehen), in einer zweiten unter dem Einfluß Kants zugleich seine ästhetische Theorie gegen Kant entwickelt, so mußte die dritte Periode als Synthesis dieser beiden Synthesen wahrhaft auf die gesuchte Mitte zielen und damit die zwischen zwei „Lebensanschauungen" konkrete Anthropologie begründen. Denn diese Mitte als gelebter Rhythmus zwischen Geist und Natur beantwortet am unmittelbarsten die Frage, die durch ihre Kluft gestellt war, die Frage: Was ist der Mensch?

Objektiv war denn auch diese Mitte kaum mehr zu verfehlen. Kant sowohl wie Herder konvergierten schon auf sie hin. Für Kant tritt zur theoretischen und praktischen Akthaltung die ästhetische hinzu, und zwar als Mitte, nicht nur zwischen wahr-gut, sinnlich-geistig, sondern als ausdrücklicher Vorbau einer teleologischen (also Herderschen) Naturbetrachtung: Geist zu Natur hin. Für Herder entfaltet sich umgekehrt der Schönheitssinn als letzte, kostbarste Blüte der Natur, die sich im Enthusiasmus als Ahnung eines reinen Geisterreichs nach oben öffnet: Natur zu Geist hin. Schiller führt also nur die begonnenen Linien zusammen, wenn er den Mittelbegriff der Schönheit als „erscheinender Freiheit" begründet. *Erscheinende* Freiheit, also selbst Natur –, darin hatte Kant recht. Aber doch erscheinende *Freiheit*, also wirkliches Bild von einem mehr als Natürlichen, das mußte über ihn hinaus festgehalten werden. Wirkliches Erscheinen, Sichausprägen einer Idee hatte

[1] Vgl. G. Jacoby: Herders und Kants Ästhetik (Leipzig 1907).

Herder begriffen, daß aber die Idee nicht morphologisch im Erscheinenden sich erschöpfte, sondern im Erscheinen frei blieb, das galt es über ihn hinaus zu verteidigen. Indem Schiller als schöpferischer Künstler diese von beiden gezeigte Mitte *lebt*, wird sie in ihm nun wahrhaft das neue Zentrum, damit aber das entscheidende neue Eschaton.

Als solches zeigt es jedoch tiefer noch eine Notwendigkeit, die nicht am einfachen Rhythmus zwischen Kant-Herder ablesbar ist, sondern erst dem Blick sich öffnet, der es mit dem Eschaton christlicher Seele vergleicht. Dieses aber war (als individuelle, soziale und Natur-Eschatologie in einen Knoten bindendes) konkrete Mitte: der Gottmensch. Er allein verbürgt hier dem Einzelnen seine Vollendung als Apokalypse seiner innersten Idee, und das als Mensch-Idee, indem Auferstehung des Leibes eine (Herdersche und schließlich auch Kantsche) Sublimierung ins Reingeistige verhindert und so eine Identität des sozialen Eschatons (Entfaltung der Mensch-Idee in Gattung[1]) mit dem individuellen ermöglicht. Christus als transzendentes und doch existentiales Prinzip band die dem Menschen unverbindbaren, auseinanderstrebenden Linien in eins. Der Akt des Menschen aber, zu diesem seinem Eschaton zu streben, war dann ein sich hinvertrauender Glaube, der darin „rational" auf ein erkennbares Objekt sich bezog. Mit der Aufhebung dieses Prinzips löste sich die eschatologische Einheit in selbständige Linien mit je eigenem Eschaton. Eine neue Mitte, falls sie möglich sein sollte, konnte nun allein dort gesucht werden, wo diese Linien sich noch kreuzten: im konkreten Menschen. Vom Zentrum seines Innern aus mußten die Strahlen ausgehend gedacht werden, und die Kraft dieses Zentrums mußte sie zugleich als Einheit binden und divergierend in die Welt hinaus und zu Gott hin senden können. Denn immer vollzieht sich Apokalypse der Seele im Spiegel von Welt und Gott, immer also wird Welthaltigkeit und Religion das Medium ihrer Selbstfindung sein. Der Unterschied zwischen christlicher und, wie wir nun sagen dürfen, dionysischer Seele besteht nur darin, daß die strahlensammelnde Linse und der Brennpunkt für jene in einem existentialen Drüben, für diese in ihrem eigenen existentialen Innen sich findet. Christlich ist das Primäre ein „von sich weg zu Christus hin Glauben", dionysisch ein „in sich hinein an

[1] Kant (IV, 295). „Am Menschen sollten sich diejenigen Naturanlagen, die auf den Gebrauch seiner Vernunft abgezielt sind, nur in der Gattung, nicht aber im Individuum vollständig entwickeln."

die eigene Tiefe und Göttlichkeit Glauben". *Dieser* Glaube ist nicht mehr primär „rational" (*vertrauend* auf ein fremdes Objektives), sondern „enthusiastisch", weil den En-Theos, den Gott-Innen, *erweckend.* Als solcher ist es „ästhetischer" Glaube, der von der Kraft der dionysischen Berauschung lebt. Christlich-*objektiver* Apokalypse als nüchtern-glaubender Ver-geistigung tritt dionysisch-*subjektive* als trunken-gläubige Be-geisterung entgegen. Wo das Theoretische wie das Ethische nur zu einem rein idealen, abstrakten Eschaton gelangen, zur transzendentalen „Idee" der Vernunft und dem ewig als „Gesetz" über der Existenz schwebenden Ruf der Pflicht, da schafft jene eine Synthesis im existentialen der Seelenmitte:

„Deine Zauber binden wieder
Was die Mode streng geteilt."[1]

Von dieser existentialen Mitte aus gehen nun die offenbarenden Strahlen in die Höhen und Tiefen der *Idee* hinaus, die den Rand der großen, Welt und Gott mitumfassenden Aureole um diese Mitte bildet. Aus der Kraft des „Enthusiasmus" gebiert sich das Offenbarende, und der Glaube – nicht Petri, der auf den Wogen zu Christus wandelt, sondern Kolumbus' wird nun zunächst das Sinnbild.

„Steure, mutiger Segler! Es mag der Witz dich verhöhnen
Und der Schiffer am Steur senken die lässige Hand.
Immer, immer nach West! Dort *muß* die Küste sich zeigen,
Liegt sie doch deutlich und liegt schimmernd vor deinem Verstand.
Traue dem leitenden Gott und folge dem schweigenden Weltmeer!
Wär sie noch nicht, sie stieg' jetzt aus den Fluten empor . . ."[2]

Das ist das apokalyptisch Schöpferische des neuen Glaubens. Er wird in der Mitte zwischen zwei abstrakten Taten theoretischen Gesetzeswissens und praktischen Gesetzesgehorsams als *konkrete*, „ästhetische" Mitte geboren. Also nicht sosehr das, *worauf* dieser Glaube (objekthaft) geht, unterscheidet ihn *letztlich* vom Christlichen (Idee gegen Existenz), sondern das, *worin* er (akthaft) gründet (Existenzzentrum innen gegen Existenzzentrum außen). Auch er kann seinen letzten Stützpunkt

---

[1] „An die Freude."
[2] „Kolumbus."

nur in der Existenz haben. Schiller vergleicht daher seine Geistigkeit mit der christlichen, nicht mit der Kantschen: „Ich finde in der christlichen Religion virtualiter die Anlage zum Höchsten und Edelsten . . . Hält man sich an den eigentümlichen Charakterzug des Christentums, der es von allen monotheistischen Religionen unterscheidet, so liegt er in nichts anderem als in der *Aufhebung des Gesetzes* oder des kantischen Imperativs . . . Es ist also . . . Darstellung *schöner* Sittlichkeit oder der Menschwerdung des Heiligen und in diesem Sinn die einzige *ästhetische* Religion."[1] Hier wird deutlich, wie das Tiefste des deutschen Idealismus ein einziges Aug-in-Aug zum Christentum ist: Menschwerdung des Heiligen, als konkrete Apokalypse der Seele ist ihr einziges Thema. Ist im Christlichen der Gottmensch Urbild des Menschlichen, so kann Schiller nun das (gewiß aphoristische, aber doch erhellende) Wort sagen: „ der Dichter ist der einzig wahre *Mensch* . . ."[2], denn der Mensch *ist* Dichter seiner selbst.

Aber mit dieser Festlegung der neuen Mitte ist doch erst das Objektiv-Inhaltliche dieser Lebensform umschrieben. Das Entscheidende, der konkrete Rhythmus, das Lebendig-Unfaßbare (und so scheinbar Formale) muß sich daraus erst ergeben. Dieser Rhythmus ist das Leben zwischen Kantscher Geistwelt und Herderscher Naturwelt, und dies unterscheidend von der ästhetisch-enthusiastischen Glaubensmitte aus. Diese letzte aber, gerade sofern sie nicht an ein transzendentales Glaubensobjekt hin geknüpft ist, wird sich vorzüglich als jenes atmosphärische, in sich ruhende Medium der Existenz geben, die Heidegger Gestimmtheit nennt. Sie schwingt hier zunächst zwischen Herders Lebensgefühl als Begeisterung für die göttliche Natur und Kants Lebensgefühl als Begeisterung für die heilige Majestät der Pflicht. Aber dieses Zwischen erst läßt sie ganz charakteristisch werden. Denn eins dieser „Lebensgefühle" bedroht, ja vernichtet je das andere. In Herders monistischem Rhythmus erscheint der Dualismus Kants als die allen Enthusiasmus ertötende Sünde des kalten Intellekts, als Desillusion der alleinen Naturbegeisterung. In Kants dualistischem Rhythmus erscheint der Monismus Herders als die allen Enthusiasmus des

---

[1] Über Goethes „Wilhelm Meister" (Werke hrg. von Otto Günther und Georg Witkowski, Leipzig), Bd. 17, S. 591 (= An Goethe, 17. August 1795).

[2] Ebd. 588 (An Goethe, 7. Jänner 1795).

Heiligen ertötende Sünde des Naturalismus, ebenfalls als Desillusion der nur in der Spannung von Geist-Natur sich offenbarenden Menschenwürde. So geschieht das Seltsame. Die je in sich einheitlichen (begeisterten) Lebensgefühle Kants und Herders schmelzen in dem Schillers nicht zusammen, wie es im *objektiven* Eschaton (des Schönen) möglich war, sondern der Lebensrhythmus, der resultiert, ist ein tragischer. Er hat von Kant das Objektiv-Formale, Dualistische übernommen, aber ins Subjektiv-Formale (zwischen Illusion und Desillusion) gewendet. Er hat ebenso von Herder das Objektiv-Formale, Monistische übernommen, als Gebundenheit dieses Lebensrhythmus an die eine Innerweltlichkeit mit dem Zentrum im eigenen Herzen, ohne Ausgang zu einem transzendent-existentialen Glaubensobjekt. So ist in Schiller die ganze objektive Leistung der Synthesis in eine neue Mitte senkrecht durchschnitten von den neuen Kategorien des Lebensrhythmus: positiver Enthusiasmus als dionysische Welttrunkenheit in Flut des Herzens, negativer Enthusiasmus als dionysische Weltangst und Weltverzweiflung in Ebbe des Herzens. Diese subjektiv-formalen Kategorien sind zum Begriff aller modernen Eschatologie ebenso grundlegend wie die objektiv-inhaltlichen. In ihnen enthüllt sich tiefer jeweils der Sinn der Apokalypse: weltverklärendes Aufleuchten der inneren Göttlichkeit, in der Kraft des „subjektiven" Blicks, begeistert-gläubig aus den Dingen hervorgeschaut, und Weltuntergangs-Erlöschen derselben Göttlichkeit, als grausam-nüchterne Desillusion des töricht „dichtenden" Herzens.

Vom ersten Anfang an steht Schillers Seele in diesem doppelten Kreuzpunkt sich gegenseitig entwurzelnder Haltungen. Da ist zunächst die göttlich-berauschte, lichtströmende Welt Leibniz-Shaftesburys, die in der „Theosophie des Julius" ihre höchste Darstellung findet: alliebender, todloser, ineinander sich spiegelnder Kosmos, ein einziges, hallendes Echo der Gottheit. Und doch steht dieser ganze Entwurf als ein „altes Papier" in einem Brief, dessen Rahmen ihn aufhebt: „Möglich, mein Bester, daß das ganze Gerüste meiner Schlüsse ein bestandloses Traumbild gewesen . . ." Wie eine schwach befestigte Etikette läßt sich alle Idee von der festen Existenz glatt und mühelos abziehen. „Unsere reinsten Begriffe sind keineswegs *Bilder* der Dinge, sondern bloß ihre notwendig bestimmten und koexistierenden Zeichen." Chiffren, mit denen sich rechnen und wirklich *be*rechnen läßt wie Kolumbus auf einen Kalkül hin auszog und „diese Insel seines

Papiers“ fand. Aber kein naturhaftes Band knüpft Idee und Existenz,[1] sie verhalten sich wie Schein (schöner, nützlicher – aber doch Schein) und herbe Wahrheit. – Daneben steht aber auch die ernüchterte, verwissenschaftlichte Welt in ihrer Entgötterung und Öde, wie sie Schiller unter wechselnden Gestalten entgegentrat: als die bittere Physiologie hinter dem „Schein“ enthusiastischer „reiner“ Liebe, als die Verzweiflung des Todes hinter dem „Schein“ des ewigen Geistes im Menschen, als die herbe Ernüchterung der Vernunftkritik hinter dem „Schein“ synthetischen, intuitiven Denkens, als die kalte Aszese des Christentums hinter dem „Schein“ des mythisch-vollen, griechischen Daseins. Und das Kahle dieser Winterlandschaft bringt in ihm den Gedanken nicht zur Ruhe, daß im Schein und seinem sömmerlichen Reichtum mehr „Wahrheit“ liege als in *dieser* Wahrheit. Aber gerade diese gegenseitige Entwurzelung läßt den jungen Schiller in den positiven Aspekt beider Möglichkeiten sich mit einer faustischen verzweifelten Leidenschaftlichkeit einbohren, die immer auf der Flucht vor neuer Desillusion ist. Die „Phantasie an Laura“ ist solches Sichhineinrasen in den kosmischen Eros bis zur Erotisierung des Weltuntergangs („Weltenbrand wird Hochzeitsfackel werden, Wenn mit Ewigkeit die Zeit sich traut“[2]). Aber „Melancholie an Laura“ und „Eine Leichenphantasie“ sind das gleiche blind-leidenschaftliche Sichverwühlen in die Schauer des Todes als der letzten Realität. („Dieser Kelch, woraus mir Gottheit düftet – Laura – ist vergiftet“[3]) Die gegenseitig sich ineinander aufhebende Rhythmik der Gestimmtheit tritt endlich bildhaft auf in den zwei Dialogen „Der Spaziergang unter den Linden“ und „Der Jüngling und der Greis“, die in eine ausweglose Antithetik auslaufen. Im erstern tritt wiederum das Bild des Kolumbus auf – als vollkommenes Symbol für die Scheidung vom Wirklichkeit und Ideal –, hier vom Pessimisten verhöhnt: „Tausend und abermaltausend Segel fliegen gespannt, die glückliche Insel zu suchen im gestadlosen Meere, . . . wie viele sind ihrer, die es finden?“[4]

Freilich waren diese weiten Pendelausschläge zu einem Teil Zeichen der Jugend, deren Flamme gleichzeitig in den besessenen

[1] Philosophische Briefe, Bd. 17, S. 205-206.
[2] „Phantasie an Laura.“
[3] „Melancholie an Laura.“
[4] 17, 160.

Visionen der „Räuber“, in der dämonischen Pathetik von „Kabale und Liebe“ und „Fiesco“ sich ausloderte. Die Besinnung der Reife brachte da wohl Milderung, aber doch nur, um das gleiche Problem auf geläuterter Ebene fortzuführen. Was Schiller nach seiner Begegnung mit Goethe und Kant zu dessen Lösung unternimmt, gehört aber schon in den reifsten Bestand der Folgezeit, von dem später zu reden sein wird. Hier soll davon nur das noch sichtbar gemacht werden, was als Abschluß der Wegbereitung zu gelten hat, das, wodurch der Stand-Punkt des neuen Menschen eine letzte, hindeutende Einkreisung erfährt.

Die theoretische Problematik Schillers kristallisiert sich immer eindeutiger um die Kategorienpaare: Schönheit – Wahrheit und Schönheit – Sittlichkeit (Vollendung – Tragik, Anmut – Würde). Jede dieser Kategorien ist im wachsenden Vertrautwerden zu einer Art Totalität geworden, die die ganze Weltbreite (die alle vier zusammen darstellen) je unter einem prävalenten Gesichtspunkt zeigt. Das ist selbst schon eine lebend errungene Synthese. Aber um die auf solche Weise welthaltig gewordenen Kategorien doch wieder als Koordinatensystem zur Bestimmung des Menschenwesens brauchen zu können, mußte noch der *Tiefenraum* der Geschichte als dritte Dimension dazugenommen werden. In ihm ließ sich eine Ordnung gewinnen, die das verwirrende Gegeneinander der Lebensrhythmen zu einem tieferen, sinnvollen Nacheinander gliederte. Die Geschichtsperiodik, die Schiller von den „Künstlern“ bis zu den „Briefen über die ästhetische Erziehung des Menschen“ so meisterlich handhabt, entfaltet diese Ordnung. Der „schöne Schein“ gilt ihr allgemein als Vorstufe zu einer höheren Ebene reiner Wahrheit, während anderseits die nüchtern zerlegende Wahrheit sich in die höhere des ästhetischen Scheinens zu verklären hat. Die Vollendung des Menschen (als Schönheit) geschieht durchgehend durch die aufsprengende Tragik des Sittlichen hindurch, während anderseits diese Tragik zur Offenbarung höherer Schönheit führt. So beginnt sich darin ein dialektisches, dreiteiliges Geschichtsschema abzuzeichnen, in welchem das Formale Herders die Thesis beherrscht: Monismus von Schön-Wahr und Schön-Gut als „Natur“, dargestellt im griechischen Menschen; die Antithesis das Formale Kants: Dualismus der Kategorien, dargestellt in der nachchristlichen oder modernen Welt, deren Aufhebung ineinander die höhere Synthesis bilden sollte: das Zukunftreich der Menschheit. Und doch, untersucht man näher die „Briefe über die ästhetische Erziehung", so bricht diese formale Schematik in eine Reihe von inhaltlich verschiedenen Ordnungsformen auseinander:

1. Rohe Natur	→	Veredelte Natur	→	Freiheit (Brief 20,23,24).
2. „Düsterer Naturzustand"	→	„Sorge und Furcht" als Ergebnis „reiner" Vernunft	→	„Wohltätiger Schein, der die Leere ausfüllt u. d. Armseligkeit zudeckt" (Brief 24,26).
3. Edle Natur	→	Tragik des Erhabenen	→	„Geheiligte Natur" (Brief 23, Anm.).
4. Edle Natur als schöne Einheit	→	Rohe Zivilisation als Differenzierung	→	Höhere Totalität (Brief 6)

Im ersten dieser Schemata (die sich noch weiterhin differenzieren ließen) ist das Schöne Übergang und Mittel der Erziehung. Im zweiten ist es Synthesis als erlösender Schein über tragischem Zwiespalt. Im dritten ist es der Siegeskranz der tragischen Muse, für die (Kantsche) sittliche Sprengung sinnlich-schöner Geschlossenheit. Im vierten ist es Vollkommenheit und damit „Wahrheit" selbst des zersplitterten Menschen. – Solche Zerlegung eines Kunstwerkes in abstrakte Schemata hat gewiß den Beigeschmack des Pedantischen. Denn sicherlich verbinden sich alle diese Gesichtspunkte vor dem genießenden Blicke zu *einem* reichen Einzel- und Gattungsschicksal. Und doch ist sie dort unvermeidlich, wo es um den *Sinn* einer Entwicklung geht, letztlich also um die Zielsetzung der Zukunft und darin um das Eschaton, das Wesen des Menschen überhaupt. Aus dem *Geschichts*raum als solchem, sosehr dieser als dritte Dimension zu den „objektiven" und „subjektiven" Kategorien klärend hinzutritt, ist die entscheidende *Sach*- und Wertfrage nicht zu lösen. Vielmehr fragt die Vielheit möglicher Eschata, die sich in historischer Sicht öffnet, eindringlicher zurück nach dem eigentlichen, „letzten" Eschaton.

Sachlich-objektiv war nun gewiß die Idee des „Organismus" (sei's des lebendigen in der Natur oder des künstlichen im Kunstwerk), sofern er „erscheinende Freiheit" und damit „Schönheit" bedeutete, der entscheidende Mittelbegriff. Aber Kant sowohl wie Herder strebten in ihrem religiösen Denken doch zu einem *exzentrischen* Zentrum hin, sofern der „organische Geist" (Herder) und die „approximierende Sinnlichkeit" (Kant) zu einem lockenden, wenn auch ewig fliehenden, göttlichen Fluchtpunkt gravitierten. So ist denn auch das erste der vier skizzierten Schemata Schillers „offen" zu einem über-organischen, geisthaften *Einfachen* hin, jenem Göttlichen in der Seele, das erst im Zerbrechen des organisch Schönen wahrhaft aufblitzt.

„Zeigt sich der Glückliche mir, ich vergesse die Götter des Himmels;
Aber sie stehn vor mir, wenn ich den Leidenden seh'."[1]

Zwischen diesen beiden letzten Dingen ist also das seltsame Zentaurenwesen Mensch gestellt, aufragend mit halbem Leib aus der tierhaft organischen Geschlossenheit, ohne sie doch preisgeben zu können oder zu wollen. Solchen Widerspruch zu schlichten konnten zwei Wege beschritten werden.

Einmal ein (mehr Herderscher) geradliniger Aufstieg von Natur zu Geist, der die höhere Stufe jeweils als erfüllende Transzendenz der niederen versteht. So hat Schiller ein analogisches Stufenreich der Schönheit gebaut, in dem sich deutlich fünf Grade unterscheiden: 1. Im Kunstwerk (etwa einer Plastik) erhält der Stoff in der schönen Form etwas vom Wesen der Freiheit; er wird damit „objektiver Geist" und der Künstler das Abbild des höchsten Schöpfers, „Prometheus under Jove" hatte Shaftesbury ihn genannt. 2. Was im Kunstwerk äußerlich synthetisiert ist, das lebt das Organische von innen heraus, in der Pflanze, im Tier ist erscheinende Freiheit, die in ihrer Geschlossenheit selbst Vorbild des zwiespältigen Menschlichen wird:

„Suchst du das Höchste, das Größte? Die Pflanze kann es dich lehren.
Was sie willenlos ist, – sei du es wollend. Das ist's!"[2]

3. Als organisch-tierisches Wesen besitzt auch der Mensch „architektonische" Schönheit. Aber er muß, 4. als Geist, eine neue Erscheinungsform des Schönen besitzen, das, was Shaftesbury moral grace nannte, „Anmut" als reine Transparenz des Geistes und seiner Freiheit *im* Leibe. 5. Doch diese Freiheit kann eine solche *vom* Leibe werden, dann öffnet sich Schönheit ein letztesmal über sich hinaus und gebiert die Erhabenheit als ihre höchste Gestalt, die ihr selbst nicht mehr ganz, sondern der Freiheit angehört, die in ihr nun unmittelbar durchleuchtet: „Durch den Riß gesprengter Särge . . ."[3]

---

[1] „Theophanie."
[2] „Das Höchste."
[3] „An die Freude."

Aber dieser geradlinige Aufstieg, wie er im Christlichen etwa einer vor-sündlichen Menschheit zugedacht werden könnte, mündet doch bezeichnenderweise in eine Dissonanz. Darum muß diese selbst von Anfang an in Rechnung gezogen, das Tragische im Menschen, vielleicht eine ihm wesentliche Schuldhaftigkeit, als notwendig mitsprechend im Bau der letzten Vollendung betrachtet werden. Das wäre vorwiegend Kantsche Sicht. Dann ist das Schema gebrochen, der Mensch bleibt als „Natur" Einflüssen ausgeliefert, die er nicht beherrschen kann und denen er nur mit der innern Erhabenheit seiner Freiheit *von* dieser Natur zuvorkommen kann. Es „bleibt ihm, um keine Gewalt zu leiden, nichts anderes übrig, als: ein Verhältnis, welches ihm so nachteilig ist, ganz und gar aufzuheben und eine Gewalt, die er der Tat nach erleiden muß, dem Begriffe nach zu vernichten." Das „heißt aber nichts anderes, als sich derselben freiwillig unterwerfen".[1] Wenn aber diese Auslieferung an die Natur dem Menschen innerwesentlich ist, dann scheint „die hohe, dämonische Freiheit in seiner Brust"[2] abermals sein Letztes zu sein. Nur daß jetzt die Schönheit, als Spiel und Schein, diese Tragik unterbricht mit der Vorzeigung der eschatologischen Möglichkeit einer Synthesis von Freiheit und Natur, die *Idee* und der tragischen Existenz wesenhaft unerreichbar bleibt. Es sei denn, daß dieses „Spiel", in dem der Mensch im Spiegel seine Vollendung erblickt, selber schon Eschaton wäre. Daß also dieses Federleichte der Idee schon selber die eigentliche Erlösung aus der Schwere der Existenz wäre. Dann gäbe es freilich keine dauernde Verklärung, da diese Schwere immer wieder als „Desillusion" aus der Höhe der Idee zurückzöge, sondern höchstens Alternative, oder Approximation. Vermöchte dionysische Seele nicht mehr als solche Alternative von Erlösung und – Verdammung? Aber wäre das Tragische der Existenz denn wirklich „Verdammung"? Oder ist nicht diese Schwere des Existierens erlösender als alles schöne Spiel mit der Idee? Dann aber müßte über das zweite Schema (Eschaton als „schöner Schein") zum dritten geschritten werden: das Letzte am Menschen wäre *jene* Schönheit, die nur die tragische Weihe gibt. Und doch schweift nochmals der Blick über diese Doppelung in eine mögliche höhere Einheit hinaus, als Einheit dieser tragischen Weihe mit dem leichten

---

1 „Über das Erhabene", 17, 619.
2 626.

Ideal des Spiels. Das erst wäre wahrhaft und endgültig menschliche Idee –, wäre „Totalität“ (das Eschaton des vierten Schemas). Die Möglichkeit dieser Totalität ist die letzte Frage, die der „Einstieg“ in den neuen, noch dunklen Raum der Seele aufzuwerfen hatte und die er an die große Generation stellt, welche diesen Raum lebend enthüllen soll.

2. Weltschau

Das war das einzigartig Fruchtbare dieses Augenblicks: daß der weiterschreitende Einstieg zugleich (in Lessing und Kant) theoretische, rationale Schau einer neuen, inneren Seelenwelt und (in Sturm und Drang, Hamann, Herder, Schiller) ein von Leben glühendes, bebendes Dasein in diesem Raume war. Gerade als dieses Konvergieren höchster intellektueller (wenn auch noch nicht vollebendiger) mit höchsten vital-emotionalen (wenn auch noch nicht vollgestalteten) Kräften kündete sich der Kairos, den Hamann ahnte, wenn er ausrief: „Der nächste Aeon wird wie ein Riese von Rausch erwachen." Riesig wurde er nicht als Zeitalter ungeheuerster Systematik, als das einzige, das sich mit der allfassenden Weltschau des Mittelalters wieder vergleichen darf, sondern weil diese grenzenlosen Ausschaublicke Rausch und Leben sind, weil hier Fichte, Schelling, Baader, Hegel und Schopenhauer in ihrem Weltschauen zusammenstehn, verständigt sind mit Goethe und Schiller, Hölderlin, Novalis und Jean Paul, den Schlegels, Kleist, Görres, Brentano. Nur so, nur als *eine* Periode höchster Lebensdeutung in Schau und Existenz zugleich ist jener Vergleich mit dem Mittelalter möglich und sinnvoll, wo die Zelle so nah am Chorgestühl, Theorie und Mystik beide so nah an Politik und Tatbegeisterung standen.

Gewiß war schon die Konvergenz der theoretischen Problemgruppen einzig, und der horoskopische Augenblick schien aus ihnen wie Schicksal aus einer Sternbilderkonstellation zu entspringen. Aber auch dieser Funkensprung selbst ist schon übertheoretisch und der *Mut* zum Ganzen ist ohne den Sturmwind, der von Klopstock, Hamann, Herder her sich erhob, nicht erklärlich. Das „System", um das es ging, war von Anfang an wirklich sy-stema, Zusammenstehn aller menschlichen Teilwirklichkeiten zu einem schöpferisch Ganzen. Theoretisches System spiegelt solche Totalität wieder, die selbst eine mehr als nur geschaute ist. Auch Goethe ist Totalität, selbst wenn sein „Faust" sich schon in der ersten Szene vom „System" abwendet. Fichte, der Freiheitsredner, Schelling, der Naturforscher, Baader und Novalis, die Bergkundigen, Hegel, der Politiker, wußten wohl um diesen Spiegelsinn. Das System ist „geschlossen" nur, indem es die ewige Ungeschlossenheit des Lebens in sich atmend erhält. „Die Wissenschaftslehre", sagt Fichte, „hat also absolute Totalität. In ihr führt eins zu allem und alles zu einem. Sie ist aber die einzige Wissenschaft, die vollendet werden kann . . . Alle andern Wissenschaften sind unendlich und können nie vollendet werden, denn sie laufen nicht wieder . . . in ihren Grundsatz zurück." Gerade so aber, indem das Denken eine geheimnisvolle innerliche Lebendigkeit, das Leben eine umfangende Logik zu offenbaren begann, entflammte sich im Bewußtsein der Zeit eine wirklich apokalyptische Erwartungs-Unruhe: „Es ging durch die Epoche etwas von dem Hauche der eschatologischen Hoffnungen aus der Zeit des ersten Christentums, jetzt oder niemals muß der Tag der Wahrheit anbrechen, er ist nahe, wir sind berufen, ihn herbeizuführen."[1] „Die Zeit ist da, und nicht verborgen Soll das Mysterium mehr sein" (Novalis). „Die Zeit ist reif, höheres Dasein zu offenbaren" (Schubert). „Die Zeit ist da, das innere Wesen der Gottheit kann offenbart und dargestellt werden, alle Mysterien dürfen sich enthüllen und die Furcht soll aufhören" (F. Schlegel). „Wir sind dem Erwachen nahe" (Novalis).

„Die Erde regt sich, grünt und lebt,
Des Geistes voll ein jedes strebt
Den Heiland lieblich zu empfahn
Und beut die vollen Brüst' ihm an." (Novalis)

Es ist in diesen Rufen etwas Chiliastisches, das in seiner Überzeugungstiefe, den innersten Schatz gefunden, das unterste Gold gefördert zu haben, die endzeitliche Selbstgenügsamkeit der Aufklärung ungeduldig überflügelt. Denn das Bewußtsein, zum erstenmal auf einem Gipfel weitesten Fernblicks zu stehn, erfüllt mit dem jungen Goethe das ganze Geschlecht der Zeit mit einer Tiefe von Seligkeit und Rausch, die es berghoch über die kühle Klarheit der Aufklärungsideen hinaufhebt, einer dionysischen Tiefe des Erlebens, die an ihrer eigenen Sättigungsfülle fast zerbricht und die den zerbrechenden Menschen doch so vergöttlicht, daß er in seinem Todessturz noch die Titanen der Tiefe zur Ehrfurcht zwingt:

„Weit, hoch, herrlich der Blick
Rings ins Leben hinein!
Vom Gebürg zum Gebürg
Schwebet der ewige Geist
Ewigen Lebens ahndevoll . . .

[1] R. Kroner: Von Kant bis Hegel, I, 1.

Trunknen vom letzten Strahl
Reiß mich, ein Feuermeer
Mir im schäumenden Aug',
Mich geblendeten Taumelnden
In der Hölle nächtliches Tor!

Töne, Schwager, ins Horn,
Raßle den schallenden Trab,
Daß der Orkus vernehme: ein Fürst kommt.
Drunten von ihren Sitzen
Sich die Gewaltigen lüften."[1]

Sonne, Feuer, Glut wird so zum allgemeinsten Gleichnis der Zeit, in tausend Formen wiederkehrend, so wie ein herdloses Licht das Sinnbild der Auf-klärung war. In diesem Gleichnis spricht sich der unverändert durchgehaltene, aber in eine neue Lebensdimension vertiefte Grundzug des Optimismus aus: „Freude, schöner Götterfunken . . ." Und wir wissen schon, welches dieser Götterfunke ist, der als Zentrum die Weltkräfte um sich zusammenschießen läßt, zum Sy-stem um das Zentrum als „schöner" Funke und berauschende Glut: scintilla animae.

„Sofort nun wende dich nach innen,
Das Zentrum findest du da drinnen,
Woran kein Edler zweifeln mag.
Wirst keine Regel da vermissen;
Denn das selbständige Gewissen
Ist Sonne deinem Sittentag."[2]

Die Grundbewegung des „deutschen Idealismus" geht nach innen. Er ist die Besitznahme des im „Einstieg" eroberten Raums. In diesen Raum Licht zu bringen, oder besser, das in ihm verborgene Licht aufleuchten zu lassen, wird ihm Welt, Natur, Nicht-Ich, Objekt notwendig sein. Aber sie sind nur Spiegel des Innen, Weg zu ihm und so Teil von ihm selbst. „Nach innen geht der geheimnisvolle Weg", bleibt Leitspruch der Epoche. Im Leuchten des äußeren Lichts glüht nur je höher das innere, im Abbild das Urbild. Kants Entdeckung des transzendentalen Subjekts ist darum für F. Schlegel das Zeichen, „daß die Menschheit aus

[1] „An Schwager Kronos" (Urfassung).
[2] Gott und Welt: „Vermächtnis".

allen Kräften ringt, ihr Zentrum zu finden". „Zentrum" wird ihm, dann Baader und endlich Schelling zum Grundbegriff.

Aber damit auch zum Grundproblem, wie es sich schon bei Kant stellte: als Verhältnis von *αὐτός* und *νόμος* in der Sonne des „selbständigen Gewissens". Fünklein ist immer exzentrische Mitte, das mein Höchstes, Tiefstes, Erstes und Letztes nur darum ist, weil es meine Grenze ist. Gerade so, als Einheit von Gesetzessonne über meinem *ganzen* Sein und als Fünklein, wo ich erst wirklich Ich, Wahrheit, Fülle bin, ist es Grenz-Begriff. Mensch ist ineins Ganzsein zu dieser Grenze hin und Ganzsein von ihr her. So wird Weltinnenraum nunmehr zu einem Raum ungeheuerster Dynamik: zum Fluten des All zum göttlichen Licht, zum schönen Götterfunken an seiner „Grenze" – als seine Mitte, und zum je helleren Aufblitzen dieses Funkens Gottes in allen sich herandrängenden Weltspiegeln, zum Lichtfluten von der Mitte zum Umkreis hin – als zur Lichtganzheit.

„Und was nicht war, das will nun werden
Zu reinen Sonnen, farb'gen Erden
In keinem Falle darf es ruhn."[1]

So aber wird der eigentliche Mittelpunkt zum Doppelübergang der Bewegtheit: ins Zentrum (aus dem Umkreis der Natur, des All) und zum Umkreis (als zur Ganzheit „Gottes", des Ich, des Geistes). Dieser Mittelpunkt als Kreuzpunkt einer doppelten Bewegtheit ist der Mensch. Mit der Welt ist er je als Ganzer zu Gott hin, mit Gott je als Ganzer zur Welt hin. Sein Wesenssinn, sein Logos *ist* dieses Doppelfluten durch ihn hindurch, dieses doppelte „*δια*", ist „Dia-Logos". Das Ungeheure, Apokalyptische dieser Lage entdeckt zu haben, regte die Zeit bis zu jenen eschatologischen Worten auf. Die Menschsituation wird hier bis ins Äußerste emporgespannt. Denn je ganz mit der Welt zum Gottzentrum *hin* zu sein, heißt: dieses Zentrum nicht *sein*; je ganz vom inneren Feuer her zur Welt *hin* zu sein, heißt: diese Welt nicht *sein*. Bei Hamann und Herder gab es wohl schon Sein als existentiale Geschichte, als „Dialogik". Aber es war dort wesentlich nur die Hinbewegung zum Zentrum *hin*, plotinisch-christlicher Regressus. Darum gab es kein Sy-stema. Ein solches wird erst möglich, wo

[1] Gott und Welt: „Eins und Alles".

das Zentrum nicht im reinen Vonsichwegblick betrachtet wird, sondern wo vom Zentrum her im entgegengesetzten Blick die herandrängenden Spiegel und Blicke der Welt betrachtet werden, wo der Mensch schöpferisch mit Gott in die Welt schreitet: plotinischer Egressus, der für das Christentum vor aller Menschheit und Kreatur von Gott allein ausging und darum dem Menschen ewig uneinholbar ist. Christlich gibt es kein System. Indem aber der Idealismus das exzentrische Zentrum als diesen Systempunkt im doppelten δια festhält, erscheint die letzte Folge: Gott, als das zum Ganzsein erwachte, entfachte Seelenfünklein, als das wirklich zentrische Zentrum (das der Mensch nie sein kann), Gott ist absolut nur in der Ganzheit des Relativen, ist der Ewige durch die Zeit, der Unabhängige durch das Abhängige. Nicht als ob er jemals nicht gewesen wäre, oder zeitlich wäre, oder relativ. Denn Nichtsein, Zeit und Relativität gehören allein dem Spiegel, der Natur. Aber er ist doch jenes nur, sofern auch dieses alles ist. So aber ist das δια, das doppelt durch den Menschen geht, nicht einfache Dialogik der Liebe. Denn das Unendlich-Dynamische ist „Basis" des Ewig-Statischen, das Naturhafte „Basis" des Geistigen und des Personhaften. Indem das Fluten des δια geschieht, „entsteht" zwar Gott nicht eigentlich, aber *ist* Er. Damit wird es zu einem Vorpersönlichen, auf dem Dialogik der Liebe erst möglich wird – das Urgesetz der *Dialektik*, in dem Gottes eigenes Sein allererst „wird".

Und doch ist dieses doppelte δια, das alle Abgründe bannt, *das* Gesetz des Menschen, das Gefüge des exzentrisch zentrierten Daseins, und zwar gerade in seiner höchsten, letzten Sinngebung, ist es also das Gesetz der vollen Apokalypse der Seele. Und nicht nur im Zielpunkt des Geschehens, der Verwirklichung dieser Apokalypse, schon in seiner Zielrichtung offenbart dieses Gesetz darum das Geistigste, Persönlichste, Existentiellste, was Menschenseele denken, wollen, sein-wollen kann. Ein Ziel wird aufgesteckt, das weit über alles „Denken" und „Wollen" hinausliegt, ein mystisches Ziel. So wird Goethes Wort wahr: „Ein geistreicher Mann sagte, die neuere Mystik sei die Dialektik des Herzens, und deswegen mitunter so staunenswert und verführerisch, weil sie Dinge zur Sprache bringe, zu denen der Mensch auf dem gewöhnlichen Verstandes-, Vernunft- und Religionswege nicht gelangen würde. Wer sich Mut und Kraft glaube, sie zu studieren, ohne sich betäuben zu lassen, der möge sich in diese Höhle des Trophonios versenken, jedoch auf eigene Gefahr."[1] Was hier aus einiger Kühle und Distanz gesagt wird, gilt voll für das Lebendigste des Idealismus: Er ist Dialektik des Herzens, weil er die des Menschen in seiner Existenz ist, und ebendadurch „Mystik", aber „neuere", gegenüber der christlichen. Dieses „Gegenüber" aber ist scharf dadurch gekennzeichnet, daß in christlicher Mystik das exzentrische Zentrum nur im δια des Regressus, also in seiner strengen Exzentrizität Zentrum ist (was nicht hindert, daß dieser Regressus in Gott *als solcher* zur Totalität der Kreatur führt und somit zum Egressus zu sich selbst), während idealistische Mystik das doppelte δια mitvollzieht und somit ein drittes, bewegtes Zentrum zwischen Exzentrizität (der Kreatur zu Gott) und Zentrum (Gottes zur Kreatur hin) in Besitz nimmt. *So* ist sie Dialektik des Herzens, daß sie dessen zwei Grundsehnsüchte: zur Welt-Ganzheit sich zu weiten und diese Ganzheit zu Gott rückzuführen, gleichschaltet. Gesetz des Herzens wird Gesetz des All.

Dann ist es aber auch offenbar, daß, wie alle christliche Mystik sich nur durch Nacht und Qual hindurch (als δια des Regressus) den Weg zum Zentrum bahnen kann, diese Nacht, trotz allem umgreifenden Optimismus, sich in idealistischer Mystik zur Doppelnacht verdunkeln muß. Denn das zweifache δια durchbohrt das „Herz in der Mitte" wie mit zwei Schwertern. Es ist der „Schmerz der Dialektik", von dem Hegel spricht. Denn jede der zwei Grundbewegungen kann sich nur *gegen* die andere vollziehen. Indem sich die Bewegung der Natur zu Gott hin im Menschen vollendet, indem er ganz sich öffnender, hingebender und aufnehmender Spiegel des Urfeuers wird, ist er das Absolute an der Grenze seiner Hingabehaltung. Indem der Mensch aber vom Gottzentrum aus schaffend in die Welt hinaus wirkt, bis die peripherischste Tat sein inneres Feuer zum höchsten Aufglanz schürt, ist er das Absolute an der Grenze seiner Tathaltung. Beide Haltungen kreuzen sich in der Dialektik des Herzens, und es gibt nur den Ausweg, je eine durch die Verneinung der andern zu ermöglichen. Schöpferische Ganzheit muß zum Verrat an der Hingabeganzheit, diese zum Verrat an jener werden. Das ist die Urtragik dialektischer Mystik, daß ein Licht nur durch eine Nacht aufleuchten, eine Liebe nur durch eine Schuld sich verschenken kann. Es ist die Lage der *Schöpferischen Negation*.

[1] Maximen und Reflexionen, III.

Wird alles Höchste menschlichen Daseins letztlich im Bilde kund, so mußte hier ein solches entspringen. Der junge Goethe fand es, 1773 schon, im Prometheusmythus.[1] Und noch spät bekennt er: „Der mythologische Punkt, wo Prometheus auftritt, war mir immer gegenwärtig und zu einer belebten Fixidee geworden.“ Aber dem Mythus vom Lichtbringer Prometheus war in Goethes Entwicklung eine Vorstufe vorausgegangen, ein Mythus von Luzifer, dem Demiurgen, den er als Ergebnis seiner „hermetischen, mystischen, kabbalistischen“ Studien am Ende des achten Buches von Dichtung und Wahrheit erzählt. Die drei göttlichen Personen, von Ewigkeit die in sich geschlossene Gottheit bildend, erschaffen, „da . . . der Produktionstrieb immer fortging“, ein Viertes, „das aber schon in sich einen Widerspruch hegte, indem es, wie sie, unbedingt und doch zugleich in ihnen enthalten und durch sie begrenzt sein sollte. Dies war nun Lucifer, welchem von nun an die ganze Schöpfungskraft übertragen war, und von dem alles übrige Sein ausgehen sollte. Er bewies sogleich seine unendliche Tätigkeit, indem er die sämtlichen Engel erschuf, alle wieder nach seinem Gleichnis, unbedingt, aber in ihm enthalten und durch ihn begrenzt. Umgeben von solcher Glorie, vergaß er seines höheren Ursprungs und glaubte ihn in sich selbst zu finden.“ Daher entsprang das Böse. „Je mehr er sich nun in sich selbst concentrierte, je unwohler mußte es ihm werden, so wie allen den Engeln, denen er die süße Erhebung zu ihrem Ursprung verkümmerte.“ Dem Engelabfall folgt der der ganzen Schöpfung, deren Prinzip Luzifer war. Durch seine „einseitige“ Konzentration entsteht die Materie, das Schwere, Feste, Finstere, ohne doch in sich böse zu sein, da sie mittelbar aus Gott stammt. Die einseitig sich konzentrierende Schöpfung hätte „sich selbst aufräumen müssen“, das „Feld wäre wieder rein“ geworden, hätten die Elohim nicht eingegriffen und dem Weltsein eine Gegenbewegung verliehen, „die Fähigkeit, sich auszudehnen, sich gegen sie zu bewegen; der eigentliche Puls des Lebens war wieder hergestellt, und Lucifer selbst konnte sich dieser Einwirkung nicht entziehen.“ Das Stoffliche lichtet sich, das Licht tritt auf und so die eigent-

[1] Vgl. F. Saran: Goethes Mahomet und Prometheus (Bausteine zur Geschichte der neueren deutschen Literatur, XIII, Halle 1914. Mit Bibliographie). O. Walzel: Das Prometheussymbol von Shaftesbury bis Goethe (Neue Jahrbücher von Ilberg-Richter, Bd. 26, 1910. Separat, Leipzig 1910). E. v. Lasaulx: Prometheus: Der Mythos und seine Bedeutung, Würzburg 1843.

liche Wirklichkeit dessen, „was wir mit dem Worte Schöpfung zu bezeichnen pflegen. Nur eins fehlt dieser Schöpfung noch, ein „Wesen, welches die ursprüngliche Verbindung mit der Gottheit wiederherzustellen geschickt wäre, und so wurde der Mensch hervorgebracht, der in Allem der Gottheit ähnlich, ja gleich sein sollte, sich aber freilich dadurch abermals in dem Falle Lucifers befand, zugleich unbedingt und beschränkt zu sein, und da dieser Widerspruch durch alle Kategorien des Daseins sich an ihm manifestieren und ein vollkommenes Bewußtsein so wie ein entschiedener Wille seine Zustände begleiten sollte, so war vorauszusehen, daß er zugleich das vollkommenste und unvollkommenste, das glücklichste und unglücklichste Geschöpf werden müsse. Es währte nicht lange, so spielte er auch völlig die Rolle des Lucifer. Die Absonderung vom Wohltäter ist der eigentliche Undank, und so ward jener Abfall zum zweiten Mal eminent, obgleich die ganze Schöpfung Nichts ist und Nichts war als ein Abfallen und Zurückkehren zum Ursprünglichen".

Es ist offenbar, wie sehr diese Mythologie, die lange vor dem systematischen Idealismus entstand, dessen Grundgefüge vorausnimmt und zugleich seine geistesgeschichtliche Ahnenreihe: Gnosis – Plotin – Scotus Eriugena – Böhme – Kabbala klarlegt. Das aber mit der unterscheidenden Strebung, das Menschengesetz, die Dialektik des Herzens mit ihrem doppelten δια in die Mitte zu rücken. Luzifer ist nicht Gott und hat doch die ganze Schöpferkraft. Er hat in sich den Widerspruch, „unbedingt und doch begrenzt", „unbedingt und beschränkt" zu sein. Seiner Schöpfung, die ihn mit solcher „Glorie" umgibt, wird er Spiegelzentrum, und vergißt so den höheren Ursprung, die „süße Erhebung". Das Absolute seiner Tathaltung wird Verneinung seiner Hingabe. Indem Gott diese letztere erlösend der Welt schenkt, wird die konzentrierende Verselbstung des Licht-trägers aber erst wirklich Licht, erst eigentlich Schöpfung. In ihr geht die eigentliche Mitte-als-Widerspruch-Situation auf den Menschen über. Er ist Gott „ähnlich, ja gleich" und doch „zugleich bedingt und beschränkt", absolut und relativ, vollkommen und unvollkommen, glücklich und unglücklich. Damit ist auch klar, daß das Dialogische dieser Weltstruktur (die „süße Erhebung" und „Absonderung als der eigentliche Undank") fundiert ist in einem vorpersönlich Dialektischen („die ganze Schöpfung nichts . . . als ein Abfallen und Zurückkehren"), daß also Schuld und Erlösung Überbau einer tieferen Notwendigkeit sind. So zieht

Goethe selbst die Lehre: „Man sieht leicht, wie hier die Erlösung nicht allein von Ewigkeit her beschlossen, sondern als ewig notwendig gedacht wird, ja daß sie durch die ganze Zeit des Werdens und Seins sich immer wieder erneuern muß." Gottes Menschwerdung wird so durchaus „natürlich", und alle Religionen deuten dunkler oder klarer auf sie hin. „Genug, wenn nur anerkannt wird, daß wir uns in einem Zustande befinden, der, wenn er uns auch niederzuziehen und zu drücken scheint, doch Gelegenheit gibt, ja zur Pflicht macht, uns zu erheben und die Absichten der Gottheit dadurch zu erfüllen, daß wir, indem wir von der einen Seite uns zu verselbstigen genötigt sind, von der andern in regelmäßigen Pulsen uns zu entselbstigen nicht versäumen."

Diese Worte sind freilich ein Kommentar des alten Goethe, der die eigentliche Luzifer-Situation, auf eine später darzustellende Weise, bereits überschritten hat. Der Mythus selbst weist anderseits durch seine Vorstellung der in sich geschlossenen Gottheit auf eine Weltansicht zurück, die der gnostisch-kabbalistischen noch vorausliegt. Denn diese erhält ihre Zuspitzung erst dort, wo Luzifer-Mensch *so* Mitte ist, daß er nicht nur den notwendigen Regressus der Welt zu Gott regelt, sondern ebenso den notwendigen Egressus des Absoluten zur Welt, als zu seiner Basis-Totalität. Angedeutet ist dies freilich bereits in den Worten: „Da jedoch der Produktionstrieb immer fortging", die eine vorpersönliche Notwendigkeit des Weltschaffens in Gott vermuten lassen.

Nun versteht sich plötzlich in viel tieferer Weise der Ausspruch Goethes, daß der mythologische Punkt, wo Prometheus auftritt, ihm stets gegenwärtig und belebte Fixidee geworden sei. Das Prometheus-Fragment von 1773 erhält wahrhaft grundlegende Bedeutung. Es ist die originäre Neuschöpfung des Luzifer-Mythus, der in seiner Gottesidee und seinem primär-moralischen Schuldbegriff sich nicht schmiegsam genug für ein Sinnbild der dialektischen Situation erwiesen hatte.

Prometheus *ist* schöpferische Negation als dynamische Weltmitte zwischen „Hen" und „Pan". Hatte schon der gnostische Luzifer dem christlichen gegenüber den Vorteil, schaffen zu können – Goethe fand den Satan Miltons zwar brav genug gezeichnet, aber er bleibe immer im Nachteil der Subalternität, er nannte auch seinen eigenen Mephisto ein viel zu negatives Wesen, um dämonisch heißen zu können –, so war Prometheus eigentlicher Weltdemiurg, der zu Zeus emporrufen darf:

„Ich habe sie geformt nach meinem Bilde,
Ein Geschlecht, das mir gleich sei,
Zu leiden, weinen, zu genießen und zu freuen sich
Und dein nicht zu achten,
Wie ich!"

Aber dieses, daß seine Welt *lebt*, daß sie Konzentration und Expansion in sich eint, unterscheidet sie von der Welt des Luzifer-Demiurgen. Der Unterschied kann nur im veränderten Begriff des Absoluten zu suchen sein. Und wirklich: der dreieinige Gott des ersten Mythus hat sich im Prometheus in vier verschiedene Aspekte des Göttlichen über Prometheus aufgeteilt. Zuoberst „das Schicksal", „die allmächtige Zeit", ganz nahe daran und vielleicht identisch damit „der Lebensquell". Darunter Zeus und die Götter, wie Prometheus dem obersten Schicksal untertan, endlich eine der Göttinnen, Minerva, die Beschützerin des Prometheus, das Ideal, die Muse, die Geliebte. Diese Vielheit im Göttlichen ist nichts als die Aufspaltung der verschiedenen dialektischen Beziehungen Prometheus' zum Göttlichen selbst. Als totaler Schöpfer („welchem von nun an die ganze Schöpfungskraft übertragen war") ist er Negation der Hingabe und Unterordnung. Nur *er* kann konzentrieren und expandieren:

„Göttern? Ich bin kein Gott,
Und bilde mir so viel ein als Einer.
Unendlich? – Allmächtig? –
Was könnt ihr?
Könnt ihr den weiten Raum
Des Himmels und der Erde
Mir ballen in meine Faust?
Vermögt ihr zu scheiden
Mich von mir selbst?
Vermögt ihr mich auszudehnen,
Zu erweitern zu einer Welt?"

Und doch: „Ich bin kein Gott." Prometheus kann ganz-aktiv nur sein, wenn er auch ganz-passiv ist. Er kann nach seinem Bilde nur schaffen, wenn er sein Bild, sein Ideal schaut: Minerva, die Göttin. Da Merkurs Vermittlungsversuch scheiterte, tritt diese zu Prometheus, der sie mit geöffneter Seele empfängt:

„Und du bist meinem Geist,
Was er sich selbst ist;
Sind von Anbeginn
Mir deine Worte Himmelslicht gewesen!
Immer, als wenn meine Seele zu sich selbst spräche,
Sie sich eröffnete
Und mitgeborne Harmonieen
In ihr erklängen aus sich selbst,
Und eine Gottheit sprach,
Wenn ich zu reden wähnte,
Und wähnt' ich, eine Gottheit spräche,
Sprach ich selbst.
Und so mit dir und mir
So ein, so innig
Ewig meine Liebe dir!"

Geheime innere Passivität im Prometheus-Ich ist Liebe zu seinem höheren Ich, das heimlich dialogisch ihm gegenübersteht, ihn lockt und flieht und von der Nähe der Identität bis zur Ferne des Überseins, vom reinen inneren Zentrum des Fünkleins bis zur strengen Exzentrizität einer hoch und gnadenhaft herabstrahlenden Sonne geheimnisvoll-dynamisch sich ausspannt. Diese Hingabehaltung bis ins Höchste empor erschließt Prometheus den „Lebensquell", Minerva öffnet ihm denselben, gegen den Willen ihres Vaters Zeus. So werden jene Tonbilder, die anfangs leblos im Hain herumstanden, die ästhetischen Werke, die rein „erscheinende Freiheit", Leben und göttergleich, trotz des Widerspruches gegen Zeus. Die Hingabehaltung, absolutes „Fühlen" hat es erwirkt:

Prometheus: „Sie mögen hier gebunden sein
Von ihrer Leblosigkeit,
Sie sind doch frei,
Und ich fühl' ihre Freiheit."

Minerva: „Und sie sollen leben!
Dem Schicksal ist es, nicht den Göttern,
Zu schenken das Leben und zu nehmen;
Komm'! Ich leite dich zum Quell des Lebens all,
Den Jupiter uns nicht verschließt:
Sie sollen leben und durch dich!"

Die Zweideutigkeit des Gottesbildes ist also zunächst nichts als die *subjektive* Dialektik des Herzens in Prometheus: schöpferische Negation. Es ist damit genau Fortführung der Spitzensituation Kants: Einerseits echte Transzendenz zum Gott-über (Minerva zu Lebensquell), anderseits Verweigerung der Unterwerfung (Kants Ablehnung jedes Gebets) bis zur Immanentisierung des Göttlichen zum Zentrisch- („reine Spontaneität") Exzentrischen („Über" als „reines allgemeines *Gesetz*", Maxime) des „ewigen Schicksals". Aber indem diese von Kant nie systematisierte Zweideutigkeit nunmehr zum Systemprinzip wird, überträgt sie sich auf das *objektive* Gottesbild selber. Hier wird Goethes Gestaltung der Jupiterfigur symbolisch. Jupiter steht einerseits wirklich unter dem Schicksal. Seine Freiheit kann nichts gegen die Freiheit des Prometheus:

„Ihr Wille gegen Meinen!
Eins gegen Eins,
Mich dünkt, es hebt sich! . . .
Das was *ich* habe, können sie nicht rauben,
Und was sie haben, mögen sie beschützen."

Es ist konsequente Weiterbildung der Leibnizschen Gottesidee, in der Gottes Wille *unter* seinem Intellekt steht, Gott die beste Welt wählen *muß* in einem „mechanismus quidam metaphysicus", die Weiterbildung auch von Kants Gottesidee, der gemäß Gott nichts gegen die ununtergreifbare Autonomie der Freiheit vermag, welche, wenn sie gehorcht, der Idee ihrer selbst in Gott, nicht der Freiheit und Personhaftigkeit Gottes gehorcht, der gemäß also „die Liebe des Gesetzes", und nicht der „salto mortale der menschlichen Vernunft" in den Abgrund der Personfreiheit Gottes „das höchste Ziel der moralischen Vollkommenheit endlicher Geschöpfe" ist. – Zeus-Gott steht also unter dem Schicksal. In letzter Konsequenz führt dieser Gedanke nicht nur zur Unmächtigkeit Gottes der Welt gegenüber, auf die Prometheus baut („Mußt mir meine Erde doch lassen stehn, und meine Hütte, die du nicht gebaut"), sondern zur Notwendigkeit ebendieser Welt für die Totalität Gottes selber, welche Prometheus höhnisch-negativ verachtet:

„. . . Und meinen Herd,
Um dessen Glut
Du mich *beneidest*.

Ich kenne nichts Ärmeres
Unter der Sonn' als euch, Götter!
Ihr nähret kümmerlich
Von Opfersteuern
Und Gebetshauch
Eure Majestät,
Und darbtet, wären
Nicht Kinder und Bettler . . ."

Das ist nichts als das karikierte Bild des Gottes, der, wie schon die Gnosis wollte, „Sehnsucht" nach Menschenliebe empfindet, der in den tausend Weltspiegeln, die in Liebe geöffnet ihm zugekehrt sind, seine totale Glückseligkeit, seine vom „An sich" zum vollen „Für sich" erwachende Personalität findet.

Aber damit zeigt sich auch die andere Seite des Jupiter Goethes. Mag er auf Welt angewiesen sein als seine „Basis", er ist in diesem Verhältnis eben doch das Ewige über dem Zeitlichen, das Unbedingte über dem Bedingten. Jupiter zeigt sich zu Anfang des zweiten Aktes nicht als kleinlicher Rächer, sondern als milde und weise Vorsehung, welche den Trotz des Prometheus in ihre Pläne schon einbezogen hat:

„Über alles, was ist
Unter dem weiten Himmel,
Auf der unendlichen Erde,
Ist mein die Herrschaft.
Das Wurmgeschlecht vermehrt
Die Anzahl meiner Knechte,
Wohl ihnen, wenn sie meiner Vaterleitung folgen!
Weh ihnen, wenn sie meinem Fürstenarm
Sich widersetzen!"

Und als Merkur, der Göttersohn, sich zur sühnend-erlösenden Menschwerdung anbietet:

„Noch nicht! In neugeborner Jugendwonne
Wähnt ihre Seele sich göttergleich.
Sie werden dich nicht hören, bis sie dein
Bedürfen. – Überlaß sie ihrem Leben!"

Ist also das *Gottes*bild hier objektiv dialektisch geworden, so überträgt sich dieselbe Grundstruktur (der subjektiven Dialektik des Herzens) auch auf die objektive Struktur der erschaffenen *Welt*, ja, sie erhält hier erst ihren eigentlichen Namen. Denn Welt ist nichts anderes, wie der Luzifer-Mythus schon wußte, als die Dialektik des „Abfallens und Zurückkehrens zum Ursprünglichen", der Mensch, in dem dieser Rhythmus zu „vollkommenem Bewußtsein" erwacht, nichts anderes als die Widerspruchseinheit des vollkommensten und unvollkommensten Daseins, und das so radikal, daß es sein letztes Wesen ausmacht: „Da dieser Widerspruch durch alle Kategorien des Daseins sich an ihm manifestiert." So zeigt die Folge des Dramas Prometheus unter seinen Gebilden: erste Kulturtaten werden versucht, und ins vitale Vollglück mischt sich sogleich der Streit um den Besitz. Aber Prometheus sieht darin keinen Sündenfall, sondern Natur:

„Ihr seid nicht ausgeartet, meine Kinder,
Seid arbeitsam und faul,
Und grausam, mild,
Freigebig, geizig,
Gleichet all euren Schicksalsbrüdern,
Gleichet den Tieren und den Göttern."

Das vollendet sich in der Szene, wo Pandora fragend zu ihrem Vater Prometheus tritt. „Namenlose Gefühle" durchrauschen sie, sie hat ein Ungeheures erlebt und weiß es nicht zu nennen, weiß nicht, daß es Liebe ist. Aber Prometheus gibt dem Überschwang einen anderen Namen, den sie noch weniger faßt:

Prometheus: „Und fühlst an deinem Herzen,
Daß noch der Freuden viele sind,
Der Schmerzen viele,
Die du nicht kennst."

Pandora: „Wohl, wohl! – Dies Herze sehnt sich oft,
Ach! nirgend hin und überall doch hin!"

Prometheus: „Da ist ein Augenblick, der Alles erfüllt,
Alles was wir gesehnt, geträumt, gehofft,
Gefürchtet, Pandora –
Das ist der Tod! . . .

Wenn aus dem innerst tiefen Grunde
Du ganz erschüttert alles fühlst,
Was Freud und Schmerzen jemals dir ergossen,
Im Sturm dein Herz erschwillt,
In Tränen sich erleichtern will,
Und seine Glut vermehrt,
Und alles klingt an dir und bebt und zittert,
Und alle deine Sinne dir vergehn,
Und du dir zu vergehen scheinst
Und sinkst,
Und alles um dich her versinkt in Nacht,
Und du, in immer eigenstem Gefühl,
Umfassest eine Welt:
Dann stirbt der Mensch."

Höchste Liebe und Tod, Grundrhythmus des widerspruchseinen Herzens, fallen zusammen an jener Grenze, wo die Totalität der Hingabe und die des Schaffens eins sind. Aber sie fallen zusammen nur im Ineinanderfluten der beiden Gegenströme, des doppelten δια, als Identität des „Vollkommensten und Unvollkommensten". *So* ist der Mensch das glücklichste und unglücklichste Wesen, und so wird jener Schutzgott der „neueren Mystik" aufgestellt, der seine Macht bis heute erhält: Dionysos. Die Apokalypse der Seele, die Prometheus in tieferem Enthusiasmus schildert, ist Apokalypse dionysischer Seele. Denn das Ineins von Liebe-Tod bleibt das Letzte:

Pandora: „Und nach dem Tod?"

Prometheus: „Wenn alles – Begier und Freud' und Schmerz –
In stürmendem Genuß sich aufgelöst,
Dann sich erquickt, in Wonne schläft –
Dann lebst du auf, aufs Jüngste wieder auf,
Von neuem zu fürchten, zu hoffen, zu begehren!"

Teilt so Prometheus sein subjektives Gesetz sowohl der Gottheit wie der Schöpfung als objektives Gesetz mit, so kann der Ausgang des unvollendeten Stücks nicht zweifelhaft sein.[1] Die überwiegende „Konzentration" des Prometheus wird sich freilich freiwillig der Macht des Zeus unterwerfen und Merkur sich inkarnieren. Damit wird der Welt „die süße Erhebung zu ihrem Ursprung" wieder-

[1] Vgl. Saran a. a. O.

gegeben, die beglückende, ja aller Schöpfung vorausgehende Hingabe, die Prometheus sozusagen auf dem privaten Schleichweg über Minerva zum höchsten Lebensquell errang, wird zum Atmen der Welt selber werden. Und doch könnte diese freiwillige Unterwerfung wiederum nur die Folge des Prometheus eigenen Gesetzes sein, Gehorsam gegen sein geheimnisvolles Ideal, Liebe zu seinem göttlichen Urbild. So wird es letztlich zur Erfüllung der Götter, die „Opferspende" und „Gebetshauch" zu ihrem „Unterhalt" sich zu erwerben wissen.

* * *

Es ist kaum genug zu staunen über die Hellsichtigkeit des Vierundzwanzigjährigen, der die noch ganz dämmernden Umrisse der kommenden Epoche in ein so vollkommen sich schließendes, allseitiges Symbol zu bannen vermochte, daß alle großen Versuche, die folgen sollten, um dieses Fragment wie ein Variationenkreis um das Thema liegen. Freilich mag es noch erstaunlicher sein, daß Goethe es beim Fragment bewenden ließ, aber die Lösung *dieses* Rätsels muß dem späteren Goethekapitel vorbehalten bleiben. Hier genüge ein kurzer Rundblick über den Umkreis.

Noch harmlos und doch schon vielbedeutend ist Herders Schilderung des Titanen: „Durch Strom und Wellen, über Felsen und Wüsten kam ich zum Sitze des alten Menschenfreundes, Prometheus. Er war nicht mehr an seinen Felsen geschmiedet; kein Adler zehrte mehr an seiner nimmer verzehrten Leber, Gewalt und Stärke, die ihn einst angeschmiedet hatten, dienten ihm; und er sprach: „Meine Vorsicht[1] konnte mich nicht trügen, denn ich wußte, was ich den Menschen gegeben hatte mit meinem Geschenke. *Unsterblichkeit* ist nicht für sie auf Erden; aber mit dem *Licht*, das ich ihnen vom Olympus holte, hatten sie alles. Träge Geschöpfe, daß sie so lang in der Dämmerung gingen; endlich haben sie das Mittel gefunden, das in ihnen selbst lag, die Vernunft." [2] Da es unausgesprochen bleibt, daß Götter ihn ausschmiedeten, hat hier die Symbolik noch mehr aufklärerischen Charakter. Bei Schiller klingt sie schon stärker idealistisch, wenn er vom Menschen sagt: „So wie er anfängt, seine Selbständigkeit gegen die Natur als Erscheinung zu behaupten, so behauptet er auch gegen die Natur als Macht seine Würde, und mit edler Freiheit richtet er sich auf gegen seine

[1] d. h. Voraussicht (Pro-metheus).
[2] Zerstreute Blätter, II (XVII, 112).

Götter."[1] Noch weiter deutet das Wort, das Zeus zu Herakles spricht:

> „Nicht aus meinem Nektar hast du dir Gottheit getrunken
> Deine Götterkraft wars, die dir den Nektar errang."

Goethes spätere Haltung ist freilich nicht mehr die des frühen Fragments, aber auch ihm bleibt der Mensch in einem großen Sinne Demiurg aus der Kraft des innersten Freiheitspunktes: „Das ganze Weltwesen liegt vor uns wie ein großer Steinbruch vor dem Baumeister, der nur dann den Namen verdient, wenn er aus diesen zufälligen Naturmassen ein in seinem Geiste entsprungenes Urbild mit der größten Ökonomie, Zweckmäßigkeit und Festigkeit zusammenstellt. Alles *außer* uns ist Element, ja, ich darf es wohl sagen, alles *an* uns; aber tief *in* uns liegt diese schöpferische Kraft, die das zu erschaffen vermag, was sein soll, und nicht eher ruhen und rasten läßt, bis wir es außer uns und an uns, auf die eine oder andere Weise, dargestellt haben."[2] Hier spricht nur die eine Seite des *δια* und so ist die Schärfe der Situation gemildert. Ja, Goethe vergleicht ein andermal Christus mit jenem Herakles, der den gefesselten Prometheus errettet habe. – Die Schärfe aber erhält das Symbol im idealistischen System. Zunächst als der Luzifer-Schöpfer, in Friedrich Schlegels „philosophischen Vorlesungen" (1804-1806), in Schellings „Philosophie und Religion", während A. W. Schlegel das Prometheussymbol in seinen Berliner Vorlesungen bespricht und in Danteschen Terzinen den Titanen als jenen feiert, der die Freiheit in die Sinnlichkeit getaucht habe. Bei Schelling endlich ist er ausdrücklich Symbol des doppelten *δια*: „Ist es nicht offenbar, daß die Neigung, das Unendliche in dem Endlichen und hinwiederum dieses in jenem zu setzen, in allen philosophischen Reden und Untersuchungen herrschend ist? Diese Form des Denkens ist ewig . . ., (sie) ist eine Gabe der Götter an die Menschen, die zugleich mit dem reinsten Feuer des Himmels Prometheus auf die Erde brachte."[3] Es ist die Wechselauflösung von Welt in Gott und Gott in Welt, das unendliche Geschehen, das der Mensch in einer Mitte, die der Enge der Sanduhr gleicht, ewig vermittelt. Als Welt holt er das Feuer aus der Tiefe des Gottgeistes, als Geist

---

[1] Über die ästhetische Erziehung des Menschen, 25. Brief.
[2] Lehrjahre, 6. Buch.
[3] „Bruno" (Werke, IV, 242).

enthüllt er den Geistfunken in der Tiefe der Natur. So faßt Ritter das Prometheusbild als Symbol der Erweckung des innersten Naturfeuers. Aber auch bei Fichte hat der Mensch dieselbe Mittlerstellung: das Auge Gottes in die Welt, das Auge der Welt zu Gott zu sein. In einem Aufblick zum ewig Verborgenen ruft er aus: „Dein Leben ... fließt, im Auge des Sterblichen mannigfach versinnlicht, durch mich hindurch herab in die ganze, unermeßliche Natur."[1] In der Staatslehre wird ihm Prometheus zum Symbol jenes „Normalvolks", das am Anfang der Geschichte Ordnung und Gesetz in das Völkerchaos bringt, in der Religionslehre noch bedeutsamer zum Übergangspunkt von der „äußern" zur „innern" Religion: Äußere Religion vermengt nach Fichte die Reinheit des Sittengesetzes mit sinnlichen Gütern („Die Inseln der Glückseligen und elysischen Gefilde der Griechen, der Schoß Abrahams der Juden, der Himmel der gewöhnlichen Christen"), versteht also Glück vom Objekt her. Das überwindet die Sittlichkeit des reinen Gesetzes, die keinen Lohn hofft, keine Strafe fürchtet. Der Mensch will nur eins: sein Gesetz erfüllen. „Ein ehrwürdiges Bild dieser Denkart ist die Darstellung, die ein alter Dichter von dem mythischen Prometheus macht, welcher, im Bewußtsein seiner gerechten und guten Tat, des Donnerers über den Wolken und aller Qualen, die derselbe auf sein Haupt häuft, lachet, und unerschrockenen Mutes die Trümmer der Welt über sich zusammenstürzen sieht." Freilich ist auf dieser Stufe und in diesem Symbol Gott als der „willkürliche Ausspender des sinnlichen Wohlseins" gedacht, und die neue, innere Religion kennt eine neue Unterwerfung unter den inneren Gott der Seele. Aber diese Religion, „durch die Kluft der Unterwerfung unter ein heiliges Gesetz, vor dem jede Neigung verstumme, unvereinbar abgetrennt", behält als Basis und Eingangstor dorch die Prometheus-Situation. Denn diese sagt für Fichte dasselbe wie für Kant, ja sie ist ihm geradezu *das* Sinnbild für Kants Religionsstufe: Das Seelenfünklein ist so sehr absolutes Gesetz und Weltmitte, daß Gott selbst keine Macht dawider hat. Sittlich drückt sich diese absolute, uneinholbare Freiheit des Menschen aus in seiner Möglichkeit, gegen alles außer seinem Gesetz indifferent zu sein, nur auf seinem eigenen Zentrum sich in Schwebe zu halten. Diese Stufe ist im „innern seligen Leben" nicht eigentlich überwunden, sondern was dort „Gesetz" war, wird hier „Leben".[2] Daß diese ethische Mitte der In-

[1] Bestimmung des Menschen (1800), II, 316.
[2] Anweisung zum seligen Leben, V, 503-505.

differenz wirklich die Prometheus-Problematik meint, ist klar am Vergleich mit jenem auch in christlicher Ethik geforderten Indifferenzstadium, das den Weg zum höheren Leben in Gott bereitet. Ist jene wirklich unbeweglich schwebende Mitte (im doppelten δια) Indifferenz zwischen Welt und Gott (soweit beide etwas anderes sind als *mein* Gesetz), so ist diese je nur ein Moment im Regressus zu Gott hin: Belangloswerden der Wertunterschiede weltlicher Dinge aus einer je größeren zu Gott hin transzendierenden Liebe.

* * *

Wenn damit Fiche die ethische Seite der Prometheus-Situation darstellt, im stets wiederkehrenden Bilde des unerschrocken, ja lachend erlebten Weltuntergangs „Prometheus, den Helden", so Schelling die kosmogonisch-naturhafte, im Bild des Feuerraubs, der doch zugleich Wohltat, ja Liebe ist: „Prometheus Feuerträger". In ihnen baut sich, um diese Mitte herum, die alle Horizonte umspannende Weltschau der Prometheus-Zeit. Und darum, weil sie Schauende sind, wird hier Apokalypse der Seele, Eschatologie überhaupt, ihre begrifflich klarste Fassung erhalten. Geschaut aber wird die, im doppelten δια sich entfaltende, letzte Totalität des Menschen, sein mögliches Ganzsein, seine *Idee*. Diese Idee (der Totalität) ist freilich nicht „existierend", aber sie ist darum nicht „leere" Idee. Vielmehr eine solche Totalität, welche die – vielleicht immer fragmentarische – Existenz in sich schließt. Darum, von Idee als Totalität her, kann hier von deutschem Idealismus die Rede sein.Und darum ist dieser Idealismus Aug-in-Aug zum Platonisch-Plotinisch-Augustinischen, nicht etwa zu dem Lockes oder auch Berkeleys. Der Erkenntnisidealismus ist in dieser Namengebung nicht das Ausschlaggebende, sondern die Totalität, Idee als Sy-stema.

Gerade darum aber muß sich hinter der Schau der Totalität, hinter der „Möglichkeit" einer vollen Apokalypse sogleich die Frage nach dem Verhältnis dieser „Möglichkeit" zur konkreten, verhüllten, partialen Existenz stellen, die Frage des Darlebens der Weltschau als ihrer „Realität". Beide Aspekte sind untrennbar, denn geschaut wird je schon das Leben als Realisierung, so wie Leben je schon das „Etwas" der Schau lebt. Erst in der thematischen Betrachtung beider Aspekte wird sich also der Variationenkreis ründen um das Thema Prometheus.

FICHTE

I. Der Kern des Systems

Wenn wir die Geschichte des Promethidengeschlechtes schreiben und zunächst die Eroberung des Mittelpunktes der Weltüberschau erzählen, der „alles, was nur wirklich . . . und nicht etwa in der Luft [ist], allmächtig anzieht und kein Stäubchen aus seiner Sphäre sich entreißen läßt",[1] so geschieht das hier nur unter der Rücksicht der Apokalypse. *Durch* seine Systeme hindurch gilt es, seine Stellung vor den letzten Dingen zu finden, und, sofern diese Systeme mehr als alle je erfundenen auf letzte Enthüllung des Geistes zielen, *in* dieser Schau. Es kann dabei dennoch um keine vollständige Aufrollung des Systems gehn, sondern nur um das, was Fichte „Räsonnement" über das System nennt. („Die Kritik ist nicht selbst die Metaphysik, sondern liegt über sie hinaus, sie verhält sich zur Metaphysik gerade so, wie diese sich verhält zur gewöhnlichen Ansicht des natürlichen Verstandes."[2] Metaphysik aber ist „durchaus nur ein einziger, unteilbarer Blick. Der Strenge nach *hat* man sie nicht, sondern man *ist* sie".[3]) Aber „Kritik" heißt hier keineswegs Kritisieren oder gar Widerlegen, sondern einzig *Darstellung* (wo Metaphysik selber *Vollzug* ist) vom Standpunkt des Lebens aus – wobei eine „Kritik" sich immanent vollzöge, falls sie nötig würde, als Selbstkritik des lebenden Philosophen.

Gerade beim ersten großen Idealisten, bei Fichte, ist diese Wechselkritik von Denken und Leben, Wissenschaftslehre und Existenz so bedeutsam, daß sie fast das Hauptproblem der ersten selbst ausmacht. Fichtes eschatologische Lebenshaltung ist ebenso entscheidend durch sein Denken beeinfußt worden, als sie selbst sein Denken bestimmt hat. Und diese Wechselwirkung nimmt sogar in seiner Entwicklung immer zu; seine Spekulation widersteht aller Versuchung, sich in naturphilosophische (Schelling) oder welthistorische (Hegel) Breite auszudehnen, sie bohrt senkrecht hinab in das schmale Problem der Existenz, seinem Mittelpunkt entgegen. Fichtes

---

[1] Fichtes sämtliche Werke, hrg. v. I. H. Fichte (1845-1846), I, 54.
[2] I, 32-33.
[3] II, 9-10.

transzendentales Nach-innen-denken hat zwar die Dimension mit Kant gemein, aber es geht seinen Weg nicht aus Sorge um Grenzsetzungen, wie das Kants, sondern von einem ungeheuren Erleben hineingerissen. Dieses diktiert alles, beherrscht alles, überschwemmt immer wieder alles Aufgebaute. System ist immer nur sekundäre Kristallisierung um dieses Zentrum. Nur wer vom lebendigen Erlebnis Fichtes ausgeht, versteht ihn, versteht auch das Herbe und Glühende seines Ausdrucks, verhalten und dann plötzlich ausbrechend in einem schmetternden Siegesjubel.

„Gibt es einen Satz", der durch die gesamte Philosophiegeschichte vorbereitet, nun endlich ins Reine gebracht ist, „so ist es gewiß der vom Unterschiede der Logik, als einer lediglich formellen Wissenschaft, von der reellen Philosophie oder Metaphysik."[1] Jene ist sekundär, hat das Formelle dieser zum Inhalt,[2] ist nichts ohne diese. Kants Mechanismus und Gerüst des inneren Raumes aber hat noch zu viel vom Geist der Logik. Auch die Tat*handlungen* des Geistes betrachtet er noch aus der Distanz von Tat*sachen*, und wenn auch das Gespenst des „Dinges an sich" draußen entlarvt ist, es droht innen wiederzukehren, als versächlichter Geist. Hier, mitten durch Kant hindurch, legt Fichte den Trennungsstrich. Nicht Idealismus und Realismus sind die beiden getrennten Felder, sondern: Idealismus und Dogmatismus. „Es sind . . . nur diese beiden philosophischen Systeme möglich. Nach dem ersten Systeme sind die von dem Gefühle der Notwendigkeit begleiteten Vorstellungen Produkte der ihnen in der Erklärung vorauszusetzenden Intelligenz; nach dem letzteren, Produkte eines ihnen vorauszusetzenden Dinges an sich",[3] gleichgültig ob dieses „Materie" oder „Geist" sei. Aber im Worte „Ding an sich" liegt ein innerer Widerspruch. Dingliche Realität kann nicht „an sich" sein, das An-sich kann kein Ding sein. Ding aber ist auch im Innen noch alles Vorstellen, die Folge meiner Akte auf dem „leidenden, ruhigen Schauplatz" des Bewußtseins.[4] Alle diese Tat-Sachen des Bewußtseins strahlen von einem unsichtbaren Mittelpunkt aus, der Tathandlung. Sie ist das absolute Innen, ist das nie zum Gegenstehen zu Bringende, weil „sie nichts Stehendes ist, sondern ein Fortgehendes, kein Sein, sondern ein Leben".[5] „Durchaus nur ein

---

[1] 2. Einl. (1797), I, 496.
[2] Über d. Begriff usw. (1794), § 6, I, 66.
[3] 1. Einl. (1797), I, 426.
[4] 2. Einl., I, 465.
[5] Ebd.

Akt, schlechthin als solcher, . . . ein innerer lebendiger Punkt, absolute Aufregung des Lebens und des Lichtes in sich selbst."[1] Nicht daß Fichte hier um Worte ringen muß, das Erlebnis des Seelenfünkleins anzudeuten, entscheidet, sondern daß das stärkste Bild dafür negativ ist: „kein Sein". Wenn nach Fichte alles nur durch seinen Gegensatz (als Hintergrund, wovon es sich abhebt) bestimmbar ist, so auch Freiheit, Akt nur durch Gegensatz zu Sein. „Daß ich es bei dieser Veranlassung einmal ganz klar sage: darin besteht das Wesen des transzendentalen Idealismus überhaupt, . . . daß der Begriff des Seins gar nicht als ein *erster* und *ursprünglicher* Begriff angesehen, sondern lediglich als ein *abgeleiteter*, und zwar durch Gegensatz der Tätigkeit abgeleiteter, also nur als ein *negativer* Begriff betrachtet wird. Das einzige Positive ist dem Idealisten die Freiheit; Sein ist ihm bloße Negation des ersteren."[2] Was nicht heißt, daß das Positive „Nicht-Sein", sondern daß das Objekt „Sein" genau dem Subjekt Verstand zugeordnet ist, wobei eben durch den Dualismus zwischen beiden das Tiefste verdeckt bleibt. In dieser Verlorenheit ins Sein sind wir auch zunächst und zumeist, und solche Entäußerung bleibt auch in der Basis aller höheren Findung, aber der Rückruf ins absolute Innen („Merke auf dich selbst: kehre deinen Blick von allem, was dich umgibt, ab, und in dein Inneres – ist die erste Forderung, welche die Philosophie an ihren Lehrling tut"[3]) –, dieser Ruf weckt aus der Ebene genauer Zuordnung zwischen Objekt und Subjekt, Ding und Denken auf in eine heilige Sphäre, wo der quellende Ursprung dieses Gegenüber sich begibt. Dieses „sich-Losreißen der tätigen Kraft von einer Ruhe", die Anstrengung der Tat ist selber schon das Aufblitzen dieses Jenseits, von dem her „der Geist sich selbst über absolut Entgegengesetzes hinwegreißt."[4] Der Aufbruch aus dem Reich des Ruhenden, fest Gesetzten, Seienden, Dinghaften – diese Ausdrücke bedeuten für Fichte dasselbe – beweist als solcher, daß das Innen *mehr* ist als „Sein". Später wird Fichte freilich das Leben, das innere Feuer *Sein*, das „Sein" *Dasein* nennen, vorläufig aber ist die Identifizierung von Ding und Sein der einzige Weg, sein Erleben sichtbar zu machen. Er hätte zwar mit der alten Philosophie von

[1] WL. (1801, § 11), II, 24.
[2] 2. Einl., I, 498-499.
[3] 1. Einl., I, 422.
[4] WL. 1797, I, 531.

analogem Sein, verschiedenen Grundweisen des Seins reden können. Aber dann wäre das alles entscheidende Mehr-als-*nur*-Sein unsichtbar geblieben. Wer im System der Analogie das Nur-Sein Sein nennt, führt dieses Nur, wo das Sein sozusagen „rein" auftritt, unwillkürlich ins Höhere empor und verdeckt dessen reines Erscheinen. So ist diese Terminologie zunächst ein Ergebnis philosophischer Pädagogik. Vom „Nur" ausgehend wird das Innen immer wie ein Ergebnis, ein Produkt oder Modus des Nur aussehen, als „Resultat der Wechselwirkung der Dinge", als „Zusammenklang und Harmonie".[1] Aber das Innen ist im Gegenteil das schlechthin Erste, „dem nichts vorhergeht, . . . ein Tun und absolut nichts weiter; nicht einmal ein Tätiges soll man [es] nennen, weil durch diesen Ausdruck auf etwas bestehendes gedeutet wird, welchem die Tätigkeit beiwohne".[2] Metaphysik fragt nach dem „Grunde des Seins", der nicht selber Sein heißen kann; der Einwand, aus dem Nichtsein lasse sich kein Sein ableiten,[3] übersieht dabei, daß dieser „Grund" nicht etwa in logischen oder transzendentalen Formen (wie bei Kant), sondern im Positivsten, im wirklichen An-sich besteht. Anders und tiefer: Nur aus dem Geiste wird verstehbar, daß und was „Ding" ist. Denn das Wesen des Innen, das den Tiefenraum schafft und ist, heißt Identität, Für-sich-sein, Licht, drei Worte, die streng dasselbe besagen. Die logische Form der Identität A = A verwirklicht sich nur im Für-sich des Geistes als seiner vollen „Rückkehr" zu sich, als Selbsterhellung und Freiheit, und im Geiste selbst nur in seinem innersten Innen, von dem alles übrige Innen und Außen herstammt, in Gott. Die Form der Identität ist die Formel des Geistes und wo immer etwas an der Identität teilhat, trägt es die Spur des Ursprungs in sich, das vestigium Dei. „Der Satz A = A gilt ursprünglich *nur vom Ich*."[4] Endlicher Geist hat diese Identität nur in Nichtidentität, sein Prädikat kann seinem Subjekt immer nur synthetisch zugeteilt werden, seine Identität bleibt Synthesis des Nichtidentischen, von „Sein" und „Freiheit". Aber Synthesis heißt nicht Produkt, und sofern sie die *Form* des Absoluten hat, an ihm also teilhat, ist sie allem Nichtidentischen, das sie synthetisiert, voraus. Im endlichen Geiste ist also Freiheit und Bewußtsein ebenso das schlechthin Primäre. Freiheit aber heißt Sichbesitzen,

[1] 1. Einl., I, 437.
[2] 440.
[3] 498.
[4] Über d. Begriff der WL., I, 69.

Sichwählen. Sofern nun Metaphysik den Grund des Seins, das Innen zum Objekt hat, hat sie den Akt des Sichwählens schlechthin zu solchem, und da dieser Akt ebenso schlechthin nichts Dinglich-Gegenständliches ist, sondern dessen Ursprung, so hat Metaphysik den Selbstvollzug dieses Aktes zur Voraussetzung und ist nichts als dessen Darstellung im Wissen. Sie setzt also eine absolute Wahlhandlung voraus, die des Sichergreifens. Wer sie nicht vollzieht, Fichte wiederholt es unzähligemal, wird von der Wissenschaftslehre nichts erfassen. „Ein philosophisches System ist nicht ein toter Hausrat, den man ablegen oder annehmen könnte, wie es uns beliebte, sondern es ist beseelt durch die Seele des Menschen, der es hat.“ – „Was für eine Philosophie man wähle, hängt sonach davon ab, was man für ein Mensch ist.“[1] Aber wenn unser freies Sichergreifen Setzung des ewigen Voraus des Geistes ist, so leuchtet doch auch im Akt des Ergreifens selber das innerste Licht nicht unverhüllt empor, sondern nur ein Widerschein, den eine Tat der Wahl verbreiten kann. Diese Gewißtheit kann man „Glauben“ nennen,[2] und ein Glaube wird vom entgegengesetzten System des „Dogmatismus“ (der notwendig Fatalismus und Materialismus ist[3]) immer wieder erklärend umgriffen werden können, denn dingliches Denken ist „trocken und herzlos, aber unerschöpflich im Erklären, [es] erklärt selbst dieses mein Interesse für Freiheit, diesen meinen Abscheu gegen die widerstreitende Meinung“.[4] Und doch ist dieser Glaube, als frei ergriffener, „so wenig bloß eine wahrscheinliche Meinung, daß er vielmehr . . . mit dem unmittelbar gewissen *Ich bin* den gleichen Grad von Gewißheit hat, welche alle, erst durch das intelligente Ich mittelbar mögliche, objektive Gewißheit unendlich übertrifft“.[5] Denn in der Selbstwahl bejaht sich im Geiste das, was allen Objektiven voraus sein *soll*, als ein solches, und erfüllt damit die Forderung dieses Sollens. Diese Erfüllung in freiem Selbstergreifen, als Glaube an das ewige Voraus des Geistes, ist als subjektive Gewißheit (der Wahrheit des Innen) die wahre Grundlage aller objektiven. In diesem Sinne erscheint Kants Primat der praktischen Vernunft bei Fichte in schärfster Weise vergrundsätzlicht.[6] Für ihn bedeutet diese Entscheidung aber Ernst-

[1] 1. Einl., I, 434.
[2] 2. Einl., I, 466.
[3] 1. Einl., I, 430-431.
[4] Best. d. Menschen, II, 197.
[5] Rezens. d. Änesidemus, I, 23.
[6] Vgl. 21-22.

machen mit der Frage, „ob der Erkenntnis die Liebe, oder der Liebe die Erkenntnis untergeordnet werden solle",[1] – und die Wahl des letzeren. Sie ist darin nur der klarste Ausdruck seines Grunderlebens.

Der abgeleitete Charakter des Denkens, der ursprüngliche der Freiheit drückt sich in Fichtes Lebenswerk darin aus, daß alles System ihm streng nur Organ und Mittel, nie Zweck ist, daß er bewußt alle festgelegte Wortprägung vermeidet und das gleiche von immer neuen Seiten, in erstaunlicher Freiheit seinem Werk gegenüber, zu beleuchten unternimmt. Das ist für ihn sogar Prüfstein philosophischer Überzeugtheit, wie sie vor ihm vielleicht nur Leibniz besessen haben mochte: „Läßt höchste Leichtigkeit und Freiheit des Geistes Überzeugung vermuten; läßt die Gewandtheit, seine Denkart allen Formen anzupassen, sie auf alle Teile des menschlichen Wissens ungezwungen anzuwenden . . . und überhaupt sein System mehr als Instrument, denn als Objekt zu brauchen, . . . auf Einigkeit mit sich selbst schließen: so war vielleicht Leibniz überzeugt und der einzige Überzeugte in der Geschichte der Philosophie."[2] Das Gegenteil, Deduktion aus festen Begriffen, die nur ein „Kunstprodukt", „tote Masse" sind, in der die „innere Kaft schon getötet",[3] ist sicheres Kennmal des Unphilosophen. Darum Fichtes sokratisch-maieutische Haltung, Appell an Nachvollzug der Grundtat, Abweisung aller äußerlich nachbetenden Schüler. „Nur durch die gründliche Verbesserung meines Willens geht ein neues Licht über mein Dasein und meine Bestimmung mir auf."[4]

II. Wissen und Tat

Aber schon aus dieser Darstellung des Grunderlebnisses, wenigstens aus der teilweisen Undurchsichtigkeit dieser Darstellung, wurde fühlbar, welch abgründige Schwierigkeit sich in ihm birgt. Es ist die des ursprünglichen Verhältnisses zwischen Tat und Schau. Denn nur die Tat, als Urwirklichkeit und -wahrheit, kann geschaut wer-

[1] II, 198.
[2] 2. Einl., I, 514-515.
[3] 454.
[4] Best. d. Menschen, II, 294.

den. Wissenschaftslehre ist *nach* der Tat. Und doch ist Tat, unbeschadet ihrer Freiheit, nur möglich, wenn ihr das Was, das Gesetz, das Schema der Tat vorausgeht. Wissenschaftslehre aber ist gerade dieses *vorher*gehende Schema. Noch schärfer: Wissen ist einerseits die innere Helle der Tat, sofern alle Tat in einer ursprünglichsten Selbstergreifung, Reflexion besteht,[1] – Tat aber läßt sich, wie Fichte sagt, nicht denkend „verfrühen". Es ist anderseits notwendig nur Bild der Tat. „Kann nun dieses Bild die Sache selbst sein? . . . Wir werfen unser Selbst hier lediglich in das Construieren [unserer] Bestimmung, keineswegs in die Bestimmung selbst."[2] Wissen ist dann Licht *für* die Tat. Entsprechend ist Tat dann auch notwendig einerseits das schlechthin Unvorherwißbare („Irrationale") wie anderseits das Vernünftige und Wahre („Rationale") schlechthin. Es besteht also eine gegenseitige Priorität von Tun und Wissen, welche in einer tieferen, teilweisen Identität wurzeln muß, in einer Praxis, die zugleich reines θεωρεῖν, Schauen ist, „intellektuelle Anschauung". „Sie ist das, wodurch ich etwas weiß, weil ich es tue."[3] In diesem Urakt konstruiert sich das alles begründende, ursprünglich freie Für-sich des Geistes. Er ist, als Identität, Grund alles Bewußtseins. Aber ist er bewußt? Fichte verneint es. Man kommt zu ihm nur „durch einen *Schluß* aus den offenbaren Tatsachen des Bewußtseins",[4] welche die Erfahrung ausmachen, auf „den *Grund* aller Erfahrung".[5] Dieser Grund wird im freien Konstruieren des Denkens als diejenige Bedingung der Erfahrung aus deren „Vermischung" abstrahiert, welche die „Quelle des Lebens" als des wirklichen Erfahrens ist.[6] In diesem Grunde berührt der Geist das Absolute. Damit sind wir aber erst vor die Grundfrage gestellt: *was* ist dieses Absolute? Ist es die *Form* der Identität, das Formale des Geistes, oder ist es im Gegenteil das *Lebendigste*, – Gott? Ist alles, was sich über diesem Grunde aufbaut, Inhaltlich- und Wirklichwerden des Geistes, oder vielmehr sein Formalwerden in Wissen? Es ist sicher, daß der *Begriff* des Ich,[7] mit dem die Wissenschaftslehre einsetzt, den sie in freier Abstraktion als Grund der Erfahrung setzt, als

[1] Vgl. I, 454.
[2] Sonnenkl. Bericht, II, 395.
[3] 2. Einl., I, 463.
[4] 464.
[5] I. Einl., I, 423.
[6] I, 463.
[7] 458.

solcher *nur* Begriff ist, keineswegs unmittelbar *die* intellektuelle Anschauung (wenngleich selbst unmöglich ohne sie). Aber was ist diese selbst? Sie ist also zunächst gewiß nicht der logische *Satz* der Identität, mit dem die WL. von 1794 anhebt, da dieser sogleich als die Abstraktion vom ursprünglichen Gehalte, dem Ich, bezeichnet wird und lediglich zur Einführung dieses reellen Gehalts vorangeschickt wird.[1] Und doch ist auch dieser reelle Gehalt nur „Grundlage" des Geistes.[2] „Im Ich als intellektueller Anschauung liegt lediglich die Form der Ichheit, das in sich zurückgehende Handeln . . . Das Ich ist in dieser Gestalt nur *für den Philosophen*."[3] Also ist diese Basis des Geistes weder seine Totalität noch seine bloße (logische) Form, sondern es ist dessen *„reale Form"*. – „Es ist eine bloße *Anschauung*. Es ist sonach auch kein Bewußtsein, nicht einmal ein Selbstbewußtsein; und lediglich darum, weil durch diesen bloßen Akt kein Bewußtsein zustande kommt, wird ja [in der Konstruktion des bewußten Ich] fortgeschlossen auf einen anderen Akt . . . Das Ich wird durch den beschriebenen Akt bloß in die *Möglichkeit des Selbstbewußtseins* . . . versetzt."[4] Ja, dieser Grundakt ist sowenig die Totalität, daß er vielmehr *als* Anschauung endlich ist[5] und seine Unbestimmtheit erst der Begrenzung bedarf, um sich zu einem Selbstbewußtsein zu realisieren. – Und doch ist demgegenüber dieser Quellpunkt der Identität wiederum als „reines Ich" zu bezeichnen, von der alle inhaltliche Ichheit sich herschreibt, und das gerade, sofern er tätiges Leben, reiner Akt ist, „Ich an sich".[6] Er ist jenes Ursprunghafte und selbst Ursprungslose – nach dessen Grund nicht ohne Widerspruch gefragt werden kann[7] –, das alles Wissen als sich vorausgesetzt erkennt, wenn es sich selbst bis zu seiner Grenze reflektiert. Alles „Inhaltliche" jener „realen Form" des Ich enthüllt sich in diesem Aspekte selbst als eine Formalisierung einer ursprünglichen Realität; Wissen, Selbstbewußtsein, Persönlichkeit als Einschränkungen einer inhaltlichen Ganzheit.

---

[1] WL. 1794, I, 98-99; vgl. Über d. Begriff d. WL., I, 40 f.
[2] I, 464.
[3] 2. Einl., I, 516.
[4] I, 459 (von mir kursiv). Hegel wird später vom „Äther" und der „reinen Geistigkeit" als dem „Elemente" des Selbstbewußtseins reden: die reale Form.
[5] I, 489.
[6] 1. Einl., I, 427.
[7] Begriff d. WL., I, 48, Anm.

Es muß gleich zu Anfang gesagt werden: Das In-eins-Denken dieser beiden Aspekte macht das grundlegende Paradox des Systems aus. Einerseits ist Gott der absolute Gegenpol zur realen Ichform des Anfangs: inhaltliche Identität, die sich nur *über* aller Nichtidentität (Bewußtsein) denken läßt. Gott ist Überbewußtsein: „Da aber in Gott das Reflektierte Alles in Einem und Eins in Allem und das Reflektierende gleichfalls Alles in Einem und Eins in Allem sein würde, so würde in und durch Gott . . . das Bewußtsein selbst und der Gegenstand desselben sich nicht unterscheiden lassen, und das Selbstbewußtsein Gottes wäre demnach nicht erklärt, wie es denn auch für alle endliche Vernunft . . . ewig unerklärbar und unbegreiflich bleiben wird."[1] Für alles endliche Bewußtsein, das sich auf Identität (durch Synthesis des Nichtidentischen) hinbewegt, bleibt Gott, als absolutes *τέλος* alles Relativen, ewig *Idee*. Unser (synthetisches) Selbstbewußtsein ist, wie Fichte immer wieder versichert, lediglich verringertes Abbild des göttlichen Lichts, das schlechthin nur Licht ist und nicht Beleuchtendes und Beleuchtetes. Aber gerade darum kehrt sich der Weg zu Gott wieder grundsätzlich um. Endliches Bewußtsein als extreme Formalisierung des Realen ist ein Endpunkt, über den hinaus kein Weg zu Gott ist. Wissen bleibt ewig „Wissen von . . .", bleibt Schema und Abbild. Wissenschaftslehre ist nicht „rechtes Leben". Hier wird Fichtes Denken Kant gegenüber zur großen Ehrenrettung der Sinnlichkeit und deren unmittelbar-realer Anschauung. Geist erscheint als Widersacher des Lebens. Gott ist nicht Ende, *τέλος*, sondern Ursprung, *ἀρχή*, und Weg zu ihm ist Wiedereintauchen aus dem hellen, tötenden Begriffsdenken ins praktische, naive Tun. Gottes intellektuale Anschauung liegt unter der sinnlichen Anschauung, ist Unter-Bewußtsein. Nicht das Abstandhalten des Denkens, sondern die Unmittelbarkeit des Triebes, des Selbstgefühls reicht zu Ihm hin.[2] – In Fichtes ursprünglichem Erlebnis ist so der mystische Quellpunkt zugleich als Thesis (reale Ichform) und Synthesis (von Ichform und Ichmaterie) erlebt. Im ersten Anblick sieht er mehr die „Sichkonstruktion" des endlichen Bewußtseins, dessen vollständige eschatologische Synthesis (Gott) Idee, praktisches Postulat bleibt. Im zweiten aber sieht er das notwendige Voraus dieser vollzogenen eschatologischen Synthesis vor aller Idee von ihr, sowie deren Grundsein für die „reale Ichform" selber.

---

[1] WL., 1794, I, 275.
[2] Vgl. bes. WL. 1801, § 26, II, 61.

Beide Ansichten liegen im Grunderleben ineinander, ungetrennt, und dieses Ineinander ist ursprünglich nur der Ausdruck des gegenseitigen Grundseins von Wissen und Tat. Aber in der Entfaltung des Fichteschen Denkens wird dieses Verhältnis zum ungeheuren Paradox, das *als* Paradox die ganze Entwicklung seines Denkens beeinflußt. Es überwiegt nämlich zweifelsohne in der ersten Wissenschaftslehre von 1794 und den gleichzeitigen Schriften der erste Aspekt. Seelenfünklein als Ursprung ist absolute Thesis, die Totalität (Synthesis) ist Idee, unendlicher Fluchtpunkt des Zusammenlaufs von Denken und Tun. So ganz eindeutig im Paragraph 11 der zweiten Einleitung (1797), wo *Ichform* (die nur für den Philosophen getrennte begriffliche Realität hat) und *Ichidee* (die „für das Ich, welches der Philosoph betrachtet, vorhanden ist" und „das Vernunftwesen ist, inwiefern es die allgemeine Vernunft . . . in sich selbst vollkommen dargestellt hat . . ., als auch aufgehört hat, Individuum zu sein, welches letztere es nur durch sinnliche Beschränkung war") aufs klarste geschieden werden. „Darin aber sind beide entgegengesetzt, daß in dem Ich, als Anschauung, nur die Form des Ich liegt, und auf ein eigentliches Material desselben, welches nur durch sein Denken einer Welt denkbar ist, gar nicht Rücksicht genommen wird; da hingegen im letzteren die vollständige Materie der Ichheit gedacht wird. Von dem ersten geht die gesamte Philosophie aus und es ist ihr Grundbegriff; zu dem letzteren geht sie nicht hin; nur im praktischen Teile kann diese Idee aufgestellt werden, als höchstes Ziel des Strebens der Vernunft . . . [Sie] ist nur Idee, und . . . wird nie wirklich sein, sondern wir sollen dieser Idee uns nur ins Unendliche annähern."[1] Theoretisch ist diese Idee sogar überhaupt nicht vollziehbar und Spinozas ganzer Fehler lag darin, „daß er aus theoretischen Vernunftgründen zu schließen glaubte, wo er doch bloß durch ein praktisches Bedürfnis getrieben wurde". Höchste Synthesis bleibt etwas, „das durch uns hervorgebracht werden soll, aber nicht kann".[2]

Es ist klar, daß in diesem Aspekt der Vorwurf des Atheismus nicht ohne Grundlage war. Aber Fichtes doppeltes Grunderleben hatte erst einseitigen begrifflichen Ausdruck gewonnen. Der Atheismusstreit, in dem er sich zu Unrecht angegriffen fühlte, gab ihm Anlaß, diesen theoretischen Ausdruck nach dem andern Aspekt hin zu ergänzen. Wie die Verschmelzung beider sich theoretisch gestal-

[1] I, 515-516.
[2] WL. 1794, I, 101.

tet, wird unten darzustellen sein. Hier gilt es zunächst zu sehen, wie der Doppelaspekt des Grunderlebnisses selbst diese Lösung vorbereitete. Einmal lag schon im Verhältnis von Idee und „Sein" etwas eigentümlich Schillerndes. Sein (als Nur-Sein) ist der Idee gegenüber sekundär und wird von ihr her verstehbar. Und doch schien eben noch Idee (als Ideal der praktischen Vernunft) *auch* als Irrealität, Unwirklichkeit, deutbar. Das Voraus der „Idee" vor dem Sein schillert zwischen dem Voraus des Grundes *(ἀρχή)* und dem Voraus des Zieles *(τέλος)*. Aber dieser Doppelaspekt des Voraus ist in einer noch tieferen Aporie verwurzelt, der der Freiheit. Freiheit, als schlechthinniges Für-sich, hat wesenhaft in sich ihren Grund. So ist sie allem, was nicht für sich ist, voraus und begründet es dadurch. Aber das Für-sich wenigstens des endlichen Geistes baut sich als Synthesis über Nichtidentischem auf und besagt dann Freiheit *von* diesem – sie begründenden Unterbau. Ihr Für-sich vollzieht sich notwendig durch die Spannung des Nichtidentischen hindurch. Es tut sich im Innern des Geistes wie ein „Hohlraum" auf, der allererst die Distanz schafft, sich selbst (als Idee) zu ergreifen und so für sich zu sein. Im ersten Aspekt, der Freiheit schlechthin als Identität begreift und damit als absoluten Grund, ist diese ebendamit allem, was sie nicht ist, gegenüber das schlechthin Notwendige, während das durch sie Begründete als Zufälliges erscheint. Im zweiten aber werden diese Begriffe dialektisch. Denn hier ist der Begriff der Freiheit (als Für-sich) selbst nur auf der *Voraus*setzung des Hohlraumes des Nicht-für-sich erreichbar. Die „Freiheit der Rundung" („frei für") ist zugleich „Freiheit der Spannung" („frei von" als „frei zu"). Dann aber erscheint Freiheit, sofern sie auf Nichtfreiheit („Natur") gründet, als das Zufällige, Unbestimmbare gegenüber dem (Natur-)Notwendigen, Bestimmten, während sie doch anderseits ihr begriffliches Voraus (des Begründens) über das sie Begründende nicht aufgeben kann (sofern Freiheit der Spannung immer zugleich Freiheit der Rundung ist).

In der Freiheit des *endlichen Geistes* besteht nun zweifellos diese Paradoxie gegenseitigen Vorausseins des Grundes. Freiheit ist hier rätselhaft und unlösbar zugleich begründend und begründet. Es ist in ihm ein Anblick der Freiheit, der absolut ist und der doch – als absoluter – nur durch einen zweiten, relativen hindurch erreichbar ist. Geradeso schillert in ihm der Absolutanblick zwischen Thesis und Synthesis. Für Fichte stellt sich daher die Grundfrage: Wie verhält sich das Absolute der Freiheit des endlichen Geistes zum Absoluten der Freiheit des absoluten Geistes, Gottes? Christliche Metaphysik kann hier nur eine Antwort geben: Weil das Absolute der Freiheit des endlichen Geistes ein solches nur sein kann in Einheit mit dem Nichtabsoluten (in wechselseitiger Priorität), kann das Absolute der Freiheit Gottes nur über das Gesamtgefüge endlicher Freiheit hinaus, als ein Analogon zu dieser Gesamten verstanden werden, und so zugleich doppelter Grund des Rätsels des wechselseitigen Voraus sein. Fichte und die idealistische Metaphsik aber werden hier Identität setzen. Gottes Freiheit als schlechthin durch sich begründete, ist eins mit Menschenfreiheit, *sofern* diese schlechthin durch sich begründet ist. Dieses Sofern entscheidet alles in Fichtes System. Denn wenn dieses Sofern die Unzertrennlichkeit des Absoluten und Relativen (als ihr wechselseitiges Grundsein) notwendig mitbesagt, wird Gottes Freiheit (immer *als* die absolute, unbegründete verstanden!) notwendig in das Rätsel der Wechselseitigkeit hineinverstrickt und damit in die doppelte Dialektik der Begriffe Notwendig und Kontingent. Diese wurzelhafte Fragwürdigkeit wirft ihr Licht zurück auf die vorletzte der Dialektik des Idee-Begriffs – sofern dieser das doppelte Voraus von ἀρχη und τέλος gleicherweise besagt – und schließlich auf das dialektische des Fichteschen Grunderlebnisses des absoluten Innen selbst, demgegenüber „Sein" ein abgeleiteter Begriff ist.

Um die Folgen dieser Identität in ihrer Tiefe zu fassen, müssen wir aber vorerst, unter Absehung von ihr, das Rätsel des endgültigen (eschatologischen) gegenseitigen Grundseins des Absoluten und Nichtabsoluten im endlichen Geiste näher zu ergründen suchen.

III. Der endliche Geist

Dieses Rätsel gilt es nun zunächst in seiner theoretischen Struktur zu beleuchten (1.), um nachher die existentiale Letzthaltung des endlichen Geistes und damit seine konkrete Eschatologie daraus zu gewinnen (2.).

1. Die Höhe des endlichen Geistes ist Selbstbewußtsein oder Wissen. Dies aber ist Synthesis,[1] „unmittelbare Vereinigung des

[1] Vgl. WL. 1794, I, 223.

Seins und des Sehens".[1] „Es ist sonach in der Intelligenz . . . eine doppelte Reihe, des Seins und des Zusehens, . . . und in der Unzertrennlichkeit dieses Doppelten besteht ihr Wesen (sie ist synthetisch)."[2] In einem wahren Sinn muß also Synthesis *bedingt* sein: „Die Voraussetzung, von welcher wir ausgehen, ist die, daß das letzte und höchste *Resultat* des Bewußtseins, d. i. dasjenige, zu welchem alles Mannigfaltige desselben sich verhalte *wie Bedingung zum Bedingten*, oder wie die Räder, Federn und Ketten in der Uhr zum Zeiger der Stunde, nichts anderes sei als das klare und vollständige Selbstbewußtsein."[3] Anderseits kann es sich dabei keineswegs um wirkliches Resultieren handeln, da das Bedingte die Freiheit des Für-sich ist, das also dem Bedingenden selber den Grund und die Möglichkeit des Bedingens verleihen muß. Der reine Akt der Intelligenz ist „Erstes und Höchstes, dem nichts vorhergeht, aus welchem ein Leiden desselben sich erklären ließe".[4] Daher der grundlegende Satz: „Das Ich setzt sich *als* bestimmt durch das Nicht-Ich." Es hat ebensowenig Sinn zu fragen, was das Nicht-Ich *vor* dieser Setzung „sei",[5] als was das Ich vor ihr „sei".[6] Vielmehr ist das Wissen einer „organischen Einheit" zu vergleichen, als „Verschmelzung der Mannigfaltigkeit in Einheit und Ausströmung der Einheit in Mannigfaltigkeit zugleich und in ungetrennter Einheit"[7] und, tiefer, einer Freiheit, die als Ganzes, in ihrem Überhauptsein, frei ist, die aber, *wenn* sie ist, nur unter bestimmten, „notwendigen" Bedingungen sein kann. Dann aber muß das, was als Auswicklung *zum* Bewußtsein erschien, lediglich die Auswicklung *des* Bewußtseins in Stufen der Klarheit sein: Das Voraus des Nicht-Ich heißt in Wahrheit: „Du mußt deinem gegenwärtigen, zum deutlichen Bewußtsein erhobenen Selbst-Setzen ein anderes solches Setzen, als ohne deutliches Bewußtsein geschehen, voraus denken, worauf das gegenwärtige sich beziehe und dadurch bedingt sei."[8] „Somit bliebe die Wissenschaftslehre . . . doch immer nur ein und derselbe unteilbare Blick, der nur aus einem Zero der Klarheit, in welchem er bloß *ist*, aber sich

[1] 1. Einl., I, 435.
[2] 436.
[3] Sonnenkl. Bericht, II, 361.
[4] 1. Einl., I, 440.
[5] WL. 1794, I, 224.
[6] WL. 1797, I, 524.
[7] WL. 1801, II, 10.
[8] WL. 1797, I, 525.

nicht kennt, sukzessiv und gradweise erhoben würde zur Klarheit schlechthin, wo er sich selbst innigst durchdringt . . ., lediglich ein Verklären dessen, was da ewig war, und ewig *wir selbst* war."[1] Zufolge ebendieser organischen Einheit kann die Wissenschaftslehre „auf zweierlei Art zu Werke gehen. Entweder [sie] leitet jenes System der notwendigen Handlungsweisen und mit ihm zugleich die dadurch entstehenden objektiven Vorstellungen wirklich von den Grundgesetzen der Intelligenz ab . . ., oder [sie] faßt diese Gesetze etwa so, wie sie schon unmittelbar auf die Objekte angewendet werden, also auf ihrer tieferen Stufe . . ."[2] Jener Modus zeitigt die ideale Genesis der Intelligenz aus ihrer eigensten Gestalt, dieser ihre reale, indem er dem Bewußtsein von Stufe zu Stufe empor folgt und aufzeigt, wie aus Anschauung Empfindung, Vorstellung, Denken sich synthetisieren. Er ist darin „pragmatische Geschichte des menschlichen Geistes".[3] Eine solche vom ersten Weg losgelöst wäre freilich in steter Gefahr des Dogmatismus und gelangte (wie Kant) höchstens zu materieller Kenntnis des Geistes.[4] Darum lagert ihr Fichte in der WL. von 1794 den ersten Weg vor, der die Einsicht verschafft, „daß und warum die Intelligenz gerade so handeln müsse". Erst so sind Determinismus und Materialismus wirklich überwunden.[5] Das Notwendige enthüllt sich als ein solches durch und für Freiheit.[6] Der aposteriorischen realen Entfaltung lagert sich die apriorische ideale „Sichkonstruktion" der Intelligenz vor. Sie knüpft freilich an Erfahrung an, denn ihr Ausgangspunkt ist ein freier Akt des Selbstbewußtseins, der sich selbst zum Objekt nimmt und darin die „reale Form" der Ichheit abstrahiert, sie langt auch wieder bei Erfahrung an, sofern ihre Konstruktion (die selbst nie Erfahrung ist) ja doch die freie Konstruktion der Erfahrung ist und an ihr sich verifiziert.[7] Aber gerade so geht sie der Erfahrung voraus, als Aufweis der Bedingung ihrer Möglichkeit. Ich, dessen Bewußtsein mir (passiv) in realer Genesis geworden ist, ergreife mich in ihm als ungeworden und schlechthin aktiv. „Die Grundbehauptung des Philosophen, als eines solchen, ist diese: So wie das Ich nur

[1] WL. 1801, II, 12.
[2] 1. Einl., I, 442.
[3] WL. 1794, I, 222.
[4] 1. Einl., I, 442-443.
[5] Best. d. Menschen, II, 182. 184. 187.
[6] 1. Einl., I, 445; Über d. Begriff, I, 63.
[7] 1. Einl., I, 448.

für sich selbst sei, entstehe ihm zugleich notwendig ein Sein außer ihm; der Grund des letzteren liege im ersteren, das letztere sei durch das erstere *bedingt*."[1] Das scheinbare Frühersein der realen Genesis in der *Zeit* ist kein Einwand, weil das (scheinbar Bedingte, in Wahrheit) Bedingende außer ihr liegt. So fällt auch Licht auf den paradoxen Begriff einer „realen Form" der Ichheit, von der die WL. ausgeht. Man kann von einer solchen eben nur dann ausgehen, wenn es je schon ein „wirkliches" Ich gibt, von dessen Inhaltlichkeit man abstrahieren kann, um sie aus dem Begriff aufzubauen, ein Ich, das sich selbst schematisch erzeugt.[2]

Aber gerade hier kehrt die Schwierigkeit vertieft wieder. Diese Selbsterzeugung im Sichselbstverstehen bleibt schematisch, bleibt Nachkonstruktion, „Abbildung des wirklichen Bewußtseins". Oder anders: Das Sichverstehen bleibt bedingt durch seine eigene Möglichkeit. Der Satz, „alles Bewußtsein beruhe auf Selbstbewußtsein und sei dadurch bedingt", wird er wirklich dadurch „kategorisch dargetan", daß die Philosophie die „ganze Erfahrung aus der *Möglichkeit* des Selbstbewußtseins" vollständig deduziert?[3] Freilich, *wenn* es einmal Bewußtsein gibt, dann ist dieser Beweis sinnvoll. Aber dieses Wenn liegt außerhalb des ganzen Geschäfts der Wissenschaftslehre. Diese bildet nur *nach*, was das wirkliche Ich setzt, sie ist Nacherzeugung, nicht Archetyp. Die ursprüngliche Setzung sei A. „Das Denken der Handlung A aber ist eine ganz andere Handlung, die weit mehr voraussetzt. Setzet, dieses Denken sei in der Reihe der aufzustellenden Handlungen D, so ist klar, daß zum Behuf desselben ABC vorausgesetzt, und zwar, da jenes Denken das erste Geschäft der Wissenschaftslehre sein soll, stillschweigend vorausgesetzt werden müssen."[4] „Konstruiere den *Begriff* deiner selbst", lautet ihre *erste* Forderung.[5] „In der WL. *wird* das Ich *vorgestellt*, es folgt aber nicht, daß es bloß *als* vorstellend vorgestellt werde: es können sich noch wohl andere Bestimmungen darin auffinden lassen . . . Das Vorstellen ist die höchste und absolut-erste Handlung des Philosophen; die absolut-erste Handlung des menschlichen Geistes könnte wohl

---

[1] 2. Einl., I, 457.
[2] Sonnenkl. Bericht, II, 361-362.
[3] 2. Einl., I, 462.
[4] Über d. Begriff, I, 80.
[5] 2. Einl., I, 458.

eine andere sein."[1] Damit wird das Voraus der idealen vor der realen Genesis aber problematisch. Man könnte zwar sagen: indem das Denken seine reale Genesis ideal versteht, kehrt es in sich selbst zurück, denn die formale Ichheit, die es als Bedingung der Möglichkeit der realen Genesis denkt, ist ja nichts anderes als es selber, die abstrahierte Form des Ich: „Der Begriff eines in sich zurückkehrenden Denkens und der Begriff des Ich erschöpfen sich gegenseitig. Das Ich ist das sich selbst setzende und nichts weiter."[2] Das Denken fände auf dem Grund der realen Genesis seine eigene reale Form, sich selbst. Aber dieser Ausweg hilft nicht aus der erhobenen Schwierigkeit: es besteht *keine Identität zwischen der formalen Identität der Ichheit und der formalen Synthesis des Denkens*. Diese letztere läßt sich (bei Fichte) nicht anders denn als Synthesis des Nichtidentischen, real Vorausgesetzten begreifen, und ist daher nur *als Synthesis* („der Form nach"[3]), nicht aber *schlechthin* absolut (nur infinitum *in genere suo*). Es ist klar, daß daher die endgültige Lösung des Problems von dem Verhältnis zwischen dieser Identität (des Nichtidentischen) und der höchsten Identität (deren *Form* die Form der Ichheit, der Ausgangspunkt der WL. ist) abhängen wird. Nun ist aber schon gezeigt worden, daß Synthesis und (endliches) Selbstbewußtsein für Fichte dasselbe sind, Gott also ein solches nicht zugeschrieben werden kann. Das System kehrt also nicht zu seinem Ausgangspunkt zurück, wenn es aus der Form der Ichheit die des vollendeten Bewußtseins konstruiert. Das vollendete Wissen ist nicht das vollendete Ich, dieses *ist* die wahre Identität, die das synthetische Denken nur immer *meint*, und ebendarum bleibt es für das endliche Ich Idee. Aber eben *diese Idee* setzt es *voraus*, wenn es sich selbst aus der formalen Ichheit konstruiert, welche ja selbst eine reale Form, also das Schema einer Wirklichkeit (Gottes) ist. Es setzt diese Idee aber voraus *zugleich als Wirklichkeit* (da es sonst *nur* reale Genesis, „Materialismus" gäbe) *und als Möglichkeit* (für ein Selbstbewußtsein). Hier wird Nähe und Abstand christlicher und idealistischer Metaphysik eindringlich klar. Jene wird gleichfalls eine doppelte Voraussetzung machen: die der Ichwirklichkeit

[1] I, 80.
[2] WL. 1797, I, 523.
[3] WL. 1801, II, 12 ff.

(Gottes), damit es reale Ichform, die der letzteren, damit es endliches (synthetisches) Bewußtsein geben könne. Aber die beiden Voraussetzungen fallen letzlich zusammen, denn Form des Ich und Form des Bewußtseins sind dasselbe. Ebendarum genügt es ihr, wenn das sichdenkende endliche Denken für sich selbst seine (reale) *Möglichkeit* voraussetzt (welche möglich ist durch die Wirklichkeit Gottes). Anders muß es für Fichte liegen. Weil Gott nicht reflexives Bewußtsein ist, kann Er nicht als Wirklichkeit, sondern nur als Möglichkeit eines solchen (sofern reale Ichform wirklich dessen Möglichkeit ist) vorausgesetzt werden. Also als Idee. Aber Er muß ebenso notwendig, weil sonst der „Materialismus" droht, als Wirklichkeit vorausgesetzt werden. Aus diesem Dilemma gibt es nur eine Lösung, und Fichte hat sie ergriffen.[1] Die *theoretische* Voraussetzung („konstruiere den Begriff deiner selbst") ist zunächst nicht das Endgültige. Denn der Urakt der Wissenschaftslehre ist der Vollzug der Selbstsetzung, absolute Tat und als solche absolute Selbstanschauung, und nur für den Philosophen ist sie zugleich begriffene Tat, Gedachtes im vollendeten Selbstbewußtsein. Als solche Tat ist dieser Urakt nun wirklich realer Möglichkeitsgrund alles Selbstbewußtseins und zugleich,

---

[1] Wir sind uns freilich bewußt, daß diese *assertorische* Behauptung im Grunde selbst nur *problematisch* formuliert werden müßte, da sie selber nie ein immanenter Bestandteil der theoretischen Philosophie werden kann und – darf. Ebendarum bildet diese Identität den dunklen Punkt aller Philosophie Fichtes, die als solche doch, in welchem Sinne immer, theoretisch sein muß. „Das sich denkende Ich gerät unentrinnbar in die Dialektik: die absolute Tätigkeit ist undenkbar; denn sie ist nur denkbar im Gegensatze gegen die beschränkte, strebende, – aber die beschränkte, strebende *soll* die unbeschränkte, absolute Tätigkeit, sie *soll* mit ihr identisch sein: diese Identität aber ist im Denken nicht zu verwirklichen. Über dieses Sollen, über die in ihm dem Denken entgegentretende Schranke vermag es nicht hinüberzusteigen. Durch sie wird die Erkenntnis des absoluten Ich zur Idee, welcher die Verwirklichung in der Erkenntnis des beschränkten Ich und seiner Welt gegenübersteht" (Kroner: Von Kant bis Hegel, I, 564).

Aber der Sinn, den Kroner hier dem Worte Idee gibt, ist nur der Kantsche und hat seine Ergänzung im Platonischen, wie zumal bei Schelling deutlich hervortreten wird, wo Idee als das „wahre Sein" auftreten wird. Freilich, was sich bei Schelling dem Charakter des Ruhenden, Objektiven wieder nähert, das bleibt bei Fichte noch ganz Wesen eines absoluten Vollzugs.

Wegen dieser innersten Zweideutigkeit des Begriffs der Idee bleibt die vollzogene Identifizierung beider Aspekte bei Fichte sozusagen ein Grenzphänomen. Man müßte von einer *Tangentialidentität* sprechen. Denn es ist einerseits ebenso klar, daß das ganze System der WL., vor allem aber die fortschreitende Entwicklung Fichtes eine volle Identität

weil er völlig *freier* Akt ist, auch ideales Voraus, der dem Zwang der Notwendigkeit (des zu synthetisierenden Entgegengesetzten) nicht unterliegt. Aber er entgeht ihm indirekt doch nicht, sofern seine absolute Freiheit selber wiederum das Selbstbewußtsein, die Synthesis die Spannung *voraussetzt*, um (absolut) frei zu sein. Nur im Selbstbewußtsein ist dieses Sichselbstergreifen und Für-sich-sein, diese Freiheit der Rundung, möglich. So ist hier die Struktur der gegenseitigen Voraussetzung der beiden Freiheiten des endlichen Geistes wiedergewonnen, und zugleich die Weise sichtbar, wie Gottes Absolutheit in sie hineinverflochten erscheint. Die reine, freie Tat des absoluten Sich-voraus-setzens *ist* Gottes ursprüngliches Für-sich-sein. Aber diese Tat ist zugleich absolut-absolut und relativ-absolut. Jenes, sofern sie Setzung des reinen, *unvermittelten* Für-sich (reine Freiheit der Rundung), dieses, sofern sie Setzung des *vermittelten* Für-sich (Freiheit der Rundung durch Freiheit der Spannung) ist. Das letztere aber kann nur Setzung Gottes als *Idee* sein. Und doch müssen beide Setzungen als eine einzige verstanden werden: Sichsetzen als Urwirklichkeit (Akt) und Sichsetzen als *Idee*. Die Zweideutigkeit des Wortes Idee, die sich oben aus dem negativen Seinsbegriff

---

ausschließt – daß nicht nur das theoretische, sondern auch das praktische Ich seine „Idee" (im ersten Sinn) nie einholen kann, daß also die endliche und die unendliche Setzung nicht *voll* zusammenfallen – wie es anderseits klar ist, daß diese Identität dennoch als *Wesen* des sich ergreifenden Soll (Idee im zweiten Sinn) aller Nichtidentität vorausgesetzt bleibt.

Das aber führt wieder zur Zweideutigkeit des Begriffs der „intellektuellen Anschauung", als realer Ausgangspunkt und nie wieder erreichbarer Endpunkt. Die Spannung beider Aspekte ist hier vielleicht noch fühlbarer als im Begriff der Idee oder der Freiheit. Denn die Anschauung des Ausgangspunktes ist so deutlich nur ein Teilmoment des Gesamt-Erfahrungsaktes, daß sie als solche fast nur methodische Grundbedeutung hat, während die Idee der höchsten intellektuellen Anschauung der von allem Wissen und Pflichttun gesättigte Endpunkt des endlichen Ich besagt. Hier scheint die Tangentialidentität noch schwebender und erst Schelling wird sie zu einer solideren, auch naiveren Identität umdeuten.

Es wird aus alldem klar, wie unwägbar der Gehalt eines Begriffes sein kann, wie sehr er nicht nur aus dem Ganzen des Systems gedeutet, ja erfühlt werden muß, und wie sehr hier letztlich existentiale Kategorien (im Sinne Heideggers) in die idealistischen Systeme hineinspielen. Nur eine (noch kaum versuchte) Philosophie, welche *zugleich* idealistisch-theoretisch (im Sinne von Kant bis Hegel) und existential (in dem von Heidegger) wäre, könnte hier entsprechende Schärfe und Klarheit bringen. In ihr resultierte daraus eine Dialektik der Begriffe, die mit der Dialektik der Idealisten nicht unmittelbar identisch wäre und über die wir weiter unten bei Anlaß der Existentialität Goethes einige Andeutungen machen werden.

ergab, erleichtert diese Gleichsetzung. Sie erhellt endlich den Kern des ganzen Fichteschen Denkens. *Diese Gleichsetzung ist das absolute Sichwählen der Freiheit*, die absolute Tat. Die reine Freiheit der reinen praktischen Vernunft und ihr Ideal sind im freien Sichergreifen als Urtat identisch. Gott *ist*, weil Er sich als sein-*sollend* setzt. Oder schärfer, um das ungeheure Paradox herausspringen zu lassen: Gott ist absolut je voraus, weil er sich durch das Nichtabsolute hindurch als Absolutes verwirklichen soll. Wo also christliche Metaphysik die Freiheit Gottes *über* die reziproke Priorität beider Freiheiten des endlichen Geistes hinausverlegt (weil er Identität der vollkommenen Rundung und des Selbstbewußtseins ist), da setzt die idealistische das Geheimnis der reziproken Priorität *als* das absolut, formalgöttliche Geheimnis. In *ihm*, sofern seine Einheit Eins*setzung*, Sich*wählen* ist, sind dann auch die beiden Formen menschlicher Freiheit zu einer Identität verschmolzen, sind Sein ohne Werden und Sein durch Werden gleichgesetzt. Nun erst enthüllt sich die ganze Tragweite des Primats der praktischen Vernunft. Diese Urtat der Gleichsetzung, die allem Denken schlechthin voraufgeht als eine absolute Wahl, ist schlechthin alogisch. An ihr strandet das Denken, bricht es ab, sie ist für es der unbegreifliche „Zirkel". Aber die praktische Vernunft setzt den Zirkel *als „Kreis"*, als das Absolute. Der theoretisch ungelöste, unlösbare Knoten wird praktisch durchhauen, indem er *als Knoten aufgelöst* wird.[1]

Aus dieser Grundstruktur, wie sie Fichte erstmals aufstellt, entfaltet sich nun wie aus einer einzigen Wurzel der ganze deutsche Idealismus. Zunächst sein Weltsystem, dann notwendig auch seine ganze Existentialität, sein Weltleben. Wir wollen darum diese Struktur mit einem Terminus festhalten, der uns erlaubt, sie in allen Verkleidungen und Metamorphosen wiederzuerkennen, und sie *„mystische Potentialität"* nennen. Der Ausdruck wurde von A. Faust bei Anlaß Plotins (in seiner „Geschichte des Möglichkeitsbegriffs") geprägt und bezeichnet dort dieselbe Absolutheit der reziproken Priorität des schlechthin und des relativ Absoluten. Die Wiederkehr derselben Problemebene zeigt, wie sehr der deutsche Idealismus Plotinerneuerung ist, gerade sofern Plotin

[1] Vgl. R. Kroner: Von Kant bis Hegel, I (1921), 414. 419. 435-436. 506 ff.

eine Mitte zwischen altgriechischer und christlicher Metaphysik bezeichnet.

Bei Plotin entspricht die Zweideutigkeit des Grundwortes δύναμις (Möglichkeit, Vermögen) dem Paradox Fichtes. Dynamis Gottes ist sowohl Seine absolute (freie) Kraft, seine *Wirk*lichkeit (*ἐνέργεια*), wie auch jene Kräftigkeit, die erst durch Wirken (auf eine Welt, die durch und für es da ist und so Voraussetzung seiner ἐνέργεια ist) zur Totalität wird. „Aus dieser Doppelseitigkeit des mystischen Möglichkeitsgedankens ergibt sich eine merkwürdige Vertauschbarkeit der Ausdrücke ‚möglich' und ‚wirklich'."[1] Aber was bei Plotin ästhetisch-religiöses Ineinanderschmelzen von Gott und Welt bedeutet, das erscheint bei Fichte ins helle Licht des sittlichen Wollens gerückt. Es ist die Struktur der höchsten Wahl selbst, jener Selbstwahl, in der der Wille sich seiner höchsten Idee bemächtigt und setzend sich ihr identifiziert. So ist es vielmehr das Ethos des Prometheus und seiner dialektischen Situation, das sich hier verkörpert. Ja, die mystische Potenzialität ist nichts als die philosophische Formel jenes doppelten δια, das den Prometheuspunkt charakterisierte. Weil er aber bei Fichte als Standpunkt nicht denkend gefunden, sondern gewählt, frei eingenommen wird, ja Wahl und Standpunkt eins sind, darum klingt hier das Motiv des *Heldischen* rein an. Im sich ergreifenden Willen trotzt der Mensch allen Anstürmen der Endlichkeit, ist er ewig außer der Zeit, wenn auch durch diese hindurch. „Ich hebe mein Haupt kühn empor zu dem drohenden Felsengebirge und zu dem tobenden Wassersturz und zu den krachenden, in einem Feuermeere schwimmenden Wolken, und sage: ich bin ewig, und ich trotze eurer Macht! Brecht alle herab auf mich, und du Erde und Himmel, vermischt euch im wilden Tumulte, und ihr Elemente alle, – schäumet und tobet, und zerreibet im wilden Kampfe das letzte Sonnenstäubchen des Körpers, den ich mein nenne; – mein Wille allein mit seinem festen Plane soll kühn und kalt über den Trümmern des Weltalls schweben; denn ich habe meine Bestimmung ergriffen, und die ist dauernder, als ihr; sie ist ewig, und ich bin ewig, wie sie."[2] Aber diese prometheische Haltung überlegenen Trotzes gilt nicht nur der äußeren Natur, sondern zuletzt auch dem Denken gegenüber. Die entscheidende Wahl vollzieht sich, hier weiß sich Fichte im Ethos mit Jakobi tief verwandt, unbekümmert über

[1] Faust a. a. O. I, 342.
[2] Bestimmung d. Gelehrten (1794), VI, 322-323.

das Denken hinweg. Freilich, die „Freiheit [sich selbst zu ergreifen], wie sie oben gefordert wurde, ist nur in Intelligenzen denkbar".[1] Aber sie ist denkend erweisbar nur als sich (je voraus) vollziehende. „Aus Gründen zu erweisen ist keine von den beiden Meinungen."[2] Nicht Epimetheus, der Sinnende, sondern Pro-metheus, der voraus rein Tätige, entscheidet und zwingt das Schicksal. Er umgreift alle Notwendigkeit durch Freiheit und bricht den Zwang der Denkgesetze durch eine sie erst ermöglichende Handlung.

2. Es ist hier nicht der Ort, die verwickelte theoretische Dialektik Fichtes, die freilich noch mannigfacher Zusätze bedürfte, weiterzuverfolgen. Wir müssen den kürzeren Weg einschlagen, diese Dialektik aus einer existentialen Dialektik, welche die Problem*stellung* (die zu jener führte) aufhellt, zu begreifen. Fichtes letzte Gesamthaltung hat eine seltsame Zweigipfligkeit, welche im Bisherigen am unmittelbarsten aus dem Wertverhältnis von Denken (Selbstbewußtsein) und Anschauung klar wird. Der Wertakzent schwankt zwischen einer Überordnung des Denkens (wobei Anschauung nur die Basis darstellt und Gott wirklich im Menschen zum Selbstbewußtsein kommt) und einer Überordnung der Anschauung (wo das gesamte Denken, als nur „schematisches", bildhaftes, über sich hinaus oder unter sich zurück in die Anschauung eintauchen muß, um realen Wert zu erhalten). Fichte nimmt gerade so eine seltsame Mittelstellung zwischen christlich-theistischer und hegelisch-pantheistischer Metaphysik ein. Von jener unterscheidet ihn die mystische Potentialität und die Sprengung der endlichen Dialektik durch absolute Tathandlung, von dieser aber die gleiche Tathandlung, sofern sie über alle Synthesis erhabene Einheit ist, sofern also die Struktur des Begriffs (als Identität des Nichtidentischen) schlechthin transzendiert erscheint.

Diese Transzendenz ist demnach im Kreise des idealistischen Denkens das unterscheidende Merkmal Fichtes. Die ganze Struktur des Denkens, wie Kant sie beschrieben hatte, als Synthesis des Nichtidentischen hat für ihn den existentialen Index des Irrealen bis zum Traumhaften. Freilich ist das Denken ein Schöpferisches, und Synthesis ist weit davon entfernt, ein mechanisches Subsumieren unter allgemeinere Formen zu sein. Fichtes Deduktion der

[1] Best. d. Menschen, II, 194.
[2] 195.

schöpferischen Einbildungskraft, als der Grundform alles Synthetisierens,[1] ist geradezu die sukzessive Überwindung aller starren, sachhaften Kategorien in eine immer reinere Vorstellung des Dynamisch-Schöpferischen in diesem Vorgang. Aber dieses bleibt als solches in seinem Wesen Relation, lebendige Beziehung. Es ist als Sich-tätig-Losreißen vom Zustand des bloßen Entgegengesetztseins zwar eine Erhebung *über* ihn. Aber dieses Über besteht im lebendigen Hin-und-her *zwischen* dem Entgegengesetzten, um zwischen ihm zu vermitteln. Es ist wesenhaft *„Schweben“*.[2] Sofern nun dieses Schweben der Einbildungskraft die Grundlage für alles Denken ist, teilt sie ihm diesen Charakter notwendig mit. Auch das höchste Wissen bleibt ein Schweben zwischen Subjekt und Objekt. *Als* Schweben erhebt es sich über das starre Entgegenstehen des Objekts und erkennt im „Sein“ die Erscheinung des Subjekts. Einerseits ist ihm darin die Erscheinung als solche durchsichtig auf ein Ding an sich, das Abbild auf ein Urbild, das sich ihm letztlich als die Wirklichkeit des lebendigen Geistes enthüllt, anderseits aber wird ihm diese Wirklichkeit nur im Abbild faßbar. Nicht als ob also im Wissen die Objektivität überhaupt zerstört und aufgehoben würde, wohl aber enthüllt sie sich als notwendiger Modus der Subjektivität. Nur *als* Schweben zwischen Erscheinung und Erscheinendem ist das Denken, aber als solches doch notwendig transzendentaler Idealismus.[3] Dieses Schweben hat die Freiheit der Überschau, das Befreitsein von der unmittelbar drückenden Objektivität. Hieran werden sich Schellings ästhetische Anschauung, Novalis' und Schlegels Weltgefühl entzünden. Freilich, für Fichte ist diese Freiheit zwar wohl Voraussetzung der Freiheit des tätigen Sichergreifens, aber mit ihr keineswegs identisch. Ihre Gleichsetzung würde die Ethik verunmöglichen. „Der Philosoph sagt nur in *seinem* Namen: Alles, was für das Ich ist, ist durch das Ich. Das Ich selbst aber sagt in seiner Philosophie: So wahr ich bin und lebe, existiert etwas außer mir, das nicht durch mich da ist. Wie es zu einer solchen Behauptung komme, erklärt der Philosoph aus dem Grundsatze seiner Philosophie. Der erstere Standpunkt ist der rein spekulative, der letztere der des Lebens . . . Der Idealismus kann nie *Denkart* sein, sondern

---

[1] WL. 1794, I, 123-227.
[2] WL. 1794, I, 216-217, 225-226.
[3] 370 ff.; vgl. Best. d. Menschen, II, 221-222.

er ist nur *Spekulation.*"[1] Das Denken schließt zwar alles Wißbare zum System des Idealismus („Die WL. hat also absolute Totalität . . . Sie ist aber die einzige Wissenschaft, welche vollendet werden kann"[2]), aber sie schließt sich nur als Wissen, nicht als Totalität des Ich. Diese Differenz gibt ihrer Totalität den irreellen Charakter, den Fichte nicht müde wird, zu betonen: „Sie behält den Charakter des Denkens, die schematische Blässe und Leerheit",[3] und so empfindet sie in der „Bestimmung des Menschen" der Wahrheitssuchende: „*Bilder* sind: sie sind das Einzige, was da ist, und sie wissen von sich, nach Weise der Bilder . . . Alle Realität verwandelt sich in einen wunderbaren Traum, . . . in einen Traum, der in einem Traume von sich selbst zusammenhängt. Das *Anschauen* ist der Traum; das *Denken*, – die Quelle alles Seins und aller Realität, die ich mir einbilde, *meines* Seins, meiner Kraft, meiner Zwecke, – ist der Traum von jenem Traume."[4] Irrealität ist der existentiale Index, der die Totalität der ganzen WL. umgreift. Es gibt somit etwas außer ihr, was den Traum als Traum erlebt, also „weiß", was Wirklichkeit ist. Aber wäre dann ein „Wissen" außerhalb des Wissens, und so dessen Totalität aufgehoben? Es wurde aber bereits erklärt, wie *im* Wissen auf tieferer Stufe des Bewußtseins, das Erlebnis der Realität sich gebiert. Wiederum also das Phänomen der gegenseitigen Priorität, nunmehr für die existentiale Sphäre. Die Zweigipfligkeit des ganzen Fichteschen Systems ist sein unmittelbarer Ausdruck. Das Erlebnis der Realität fällt wohl *in* die WL., das Denken erklärt es und erhebt sich so schwebend darüber, aber es *ist* nicht dieses Erlebnis. Die Basis, die dieses Erlebnis ist, wird in ihrer *Schwere*, gerade *weil* das Denken leichte Höhe ist, gar nicht einfangbar. Die *Schwere der Existenz*, in der unmittelbaren, objektiven Welt mit ihrer Forderung, die Mitmenschen nicht als romantische Träume, sondern als reale Iche zu behandeln, bildet so den *gleichwertigen* zweiten Gipfel. Wie die Realität (als Objekt) für das Denken da ist, damit seine Synthesis möglich werde, so und noch mehr ist das Denken für die Realität da. Die schwebende Freiheit ist für die moralische Wahlfreiheit da. Ohne sie ist

---

[1] 2. Einl., I, 455, Anm.
[2] Über d. Begriff usw., I, 59, Anm.
[3] WL. 1801, II, 161.
[4] Best. d. Menschen, II, 245.

zwar die Einbildungskraft als (bild-)schaffend im Prozeß des Entgegensetzens (Negierens) erwiesen, aber damit noch nicht der ganze Bewußtseinsprozeß als schöpferische Negation. Der Abstieg vom Gipfel des Denkens in den Alltag der Tat ist vielmehr ein Aufstieg zur Realität: Das Tun ist die Wahrheit des Denkens.[1] „Unsere bestehende Welt ist fertig . . . Eine Erzeugung im wirklichen Leben zu behaupten hat durchaus keinen Sinn. Das Leben ist kein Erzeugen, sondern ein Finden . . . Dieses absolut Vorhandene nun läßt zufolge unserer Philosophie, im wirklichen Leben sich behandeln und beurteilen, *gleich als ob* es durch eine ursprüngliche Konstruktion . . . entstanden sei."[2] Das ganze Denken ist dem Leben gegenüber ein solches „Als ob". In dieser Kapitulation des Wissens mischen sich bei Fichte freilich ein theoretisches und ein existentiales Motiv, wovon uns hier nur das letzte, die Erfahrung der lebendigen Umgreifbarkeit auch des totalen Wissens, unmittelbar interessiert. Das erste liegt in der eigentümlichen Struktur der mystischen Potentialität, nach welcher das Denken seine positive Rolle mit der Darbietung der Bewußtseinsfreiheit als Basis der absoluten Tatfreiheit bereits erschöpft, um so mehr als diese Tat das schlechthin Paradoxe, Undenkbare darstellt. Beide Motive wirken ineins bis zu einer weitgehenden Entwertung des Theoretischen überhaupt. Das immer wieder sich erneuernde Umgreifen und Be-greifen des Lebens durch das Wissen kann förmlich als „Schuld" gedeutet werden, jedenfalls als „Unwahrheit".[3] Denn die Erhebung *über* das Soll des Lebens, um es zu begreifen, sieht im selben Augenblick vom Sinn dieses Soll notwendig ab, nämlich es *unter* seinem Spruche stehend zu vollziehen. Das Soll kann nur zerdacht, nicht eigentlich gedacht werden. „Kurz, es gibt überhaupt kein bloßes reines Sein für mich, das mich nicht anginge, und welches ich anschaute, lediglich um des Anschauens willen; nur durch seine Beziehung auf mich ist, was überhaupt für mich da ist. Aber es ist überall nur eine Beziehung auf mich möglich, und alle anderen sind nur Unterarten von dieser: meine Bestimmung, sittlich zu handeln."[4] Ich muß „im Gehorsam leben",[5] um Wahrheit zu haben. Durch das Bild-

[1] Sonnenkl. Bericht, II, 338; Best. d. Menschen, II, 228 ff., 252.
[2] Sonnenkl. Bericht, II, 398.
[3] Best. d. Menschen, II, 257, 314.
[4] 261.
[5] 265.

erzeugen der (theoretischen) Einbildungskraft, um sich durch diese Bilder als Objekte bestimmen zu lassen, blickt der tiefere Sinn dieses Zeugens, von dem die theoretische Produktion nichts weiß: es ist meine „*Bestimmung*", mich durch sie als durch Realität „bestimmen" zu lassen. So gibt es gar keine Erkenntnistheorie ohne Ethik. Freilich, Fichtes Existentialität wird in diesem Punkte durch die paradoxen Ergebnisse seiner Philosophie ins Extrem getrieben, und das Paradox überträgt sich schließlich auf seine letzte existentiale Stellung selbst. Das Gegeneinander beider Pole – deren reziproke Priorität in der mystischen Potentialität als das Absolute gesetzt worden war – verwirklicht erstmals konkret jenes zerreißende doppelte *δια* der Prometheussituation. Denn wenn beide Pole einander absolut voraussetzen und zugleich vorausgesetzt sind, so ist eine doppelte, unrückführbare Absolutheit, eine doppelte Wahrheit, die letzte Folge. Fichte will ihr freilich durch die absolute Priorität des Praktischen entgehen, in welche das Theoretische als Mittel sich einordnete. Aber diese Unterordnung zerbräche in letzter Konsequenz den absoluten Chrakter des Wissens und höbe damit einen Anspruch auf, auf den kein Wissen, das sich selber versteht, verzichten kann.

Durch diese Problematik hindurch wird nun der Blick frei auf die letzte Haltung des Menschen, seinen eschatologischen Sinn. Lassen wir die theoretische Problemsicht hier beiseite, welche der existentiellen Haltung nur eine letzte, fast unerträgliche Schärfe gibt – Fichte kann sie als existentielle auch nie in dieser Schärfe zugeben –, so bleibt doch die letzte Einstellung zur Welt eine doppelte: Durchschauen und Aneignen. Durchschauen ist die Weisheit des Denkens, ist höchstes Wissen. Die Fremdheit der scheinbar absolut entgegenstehenden Welt verschwindet, der Geist erkennt in ihr geisthaftes, göttliches Leben. Eine intellektuelle Mystik liegt am Ende dieses Weges. „Das Universum [erscheint] in einer verklärten Gestalt. Die tote lastende Masse, die nur den Raum ausstopfte, ist verschwunden, und an ihrer Stelle fließt und woget und rauscht der ewige Strom von Leben und Kraft und Tat – vom ursprünglichen Leben; von Deinem Leben, Unendlicher: denn alles Leben ist Dein Leben, und nur das religiöse Auge dringt ein in das Reich der wahren Schönheit."[1] Freilich ist dieses Wissen ein solches, das sich aufgibt, das sich als Schema durchschaut und das Lebendig-

[1] Best. d. Menschen, II, 315.

Praktische hinter allem Bild als Urbild durchscheinen sieht. Aber ein Wissen, das, um sich aufgeben, frei werden zu können von sich, doch erst höchstes *Wissen* werden muß. Es bleibt auch als höchstes ein „Gegenüber", eine „Form", aber im Sichbegreifen *als* Form wird es zugleich lebendig. Denn alle Reflexion *ist* Leben und die des Sichsehens ist die ursprüngliche Tathandlung, *sofern* sie Licht ist. Darum ist das Durchsichtigwerden der Welt für das Wissen ein Durchscheinendwerden des Lebens, ist Intelligenz, ein intus-legere, Im-Innern-Lesen. Es ist kein Zweifel, daß diese intellektuelle Mystik in der geistigen Entwicklung Fichtes an Bedeutung immer zugenommen hat. Aber ebenso, daß er gleichzeitig immer stärker den Schema-Charakter alles Wissens betonte. Der eschatologische Sinn des Wissens bleibt scharf durchkreuzt von der zweiten Grundhaltung zur Welt: praktischer Aneignung. Spekulation ist keine Weltanschauung, Denken liefert „nur ein Skelett". Was ihm transparent erscheint, ist keinesfalls das unbegreifliche göttliche Leben selber, sondern immer nur das im „Begriff ertötete".[1] So scheint das Tun zunächst wirklich ein ganz neuer Ansatz, für den das Denken nur ganz äußerlich Hilfe sein kann: Die WL. „gibt dem Geiste nicht nur Aufmerksamkeit, Gewandtheit, Festigkeit, sondern zugleich absolute Selbständigkeit, indem sie ihn nötigt, mit sich selbst allein zu sein, und in sich selbst zu wohnen und zu walten".[2] Aber diese sozusagen nur pädagogische Hilfe des Wissens konnte nicht genügen, und indem Fichte einen weit engeren Zusammenschluß sucht, müht er sich um eine wirklich einheitliche, totale eschatologische Haltung des Menschen. Die Traum-Totalität, die das Eschaton des Wissens darstellte, sofern sie alles Nicht-Ich als Spiegel und Schema des Geistes durchschaute, war nur *als Wissen* „falsch", der Idee nach aber höchste Wahrheit. Denn sie war die Totalität des wirklich gewordenen Geistes als angeschaute, und damit das Bild dessen, was Ich sein *soll.* Dazu ist dieser höchste Akt des Bewußtseins nötig, auf daß mein bisher blinder Wille sehend werde und seine Idee in Freiheit ergreife. Die Wissenschaftslehre von 1810, das Lichtvollste wohl, was Fichte je geschrieben hat, faßt dieses Ineinander zusammen: „Ich weiß nun, was ich soll [indem ich die höchste Idee durch Wissen verwirklichte]. Aber alles wirkliche Wissen führt durch sein formales Wesen seinen schematischen Bei-

[1] WL. 1810, § 12, II, 705.
[2] Sonnenkl. Bericht, II, 404.

satz mit sich; ohnerachtet ich also nun weiß von dem Schema Gottes [dem Wissen], so bin ich dennoch noch nicht unmittelbar dieses Schema . . . Das geforderte Sein ist noch immer nicht vollzogen. *Ich* soll sein? Wer ist dieser Ich? Offenbar der seiende, der in der Anschauung gegebene Ich, das Individuum . . . Was bedeutet sein Sein? Als *Prinzip* in der Sinnenwelt ist er gegeben. Der blinde Trieb ist zwar vernichtet, und statt dessen steht nun da das hell ersehene Soll. Aber die Kraft, die erst den Trieb in Bewegung setzte, bleibt, daß nun das Soll sie in Bewegung setze, und ihr höheres, bestimmendes Prinzip werde. Durch diese Kraft soll ich daher darstellen in der Sphäre dieser Kraft, der Sinnenwelt, und in ihr anschaubar machen, was ich als mein wahres Wesen anschaue in der übersinnlichen Welt. Die Kraft ist gegeben als ein Unendliches; was daher in der Einen Welt des Gedankens schlechthin Eins ist, das, was ich sein soll, – wird in der Welt der Anschauung für meine Kraft eine unendliche Aufgabe, an der ich zu lösen habe in alle Ewigkeit."[1]

Hier liegt der Kern der wahren existentialen Eschatologie Fichtes, als der Durchdringung der beiden Letzthaltungen. Der Traum des Denkens ist wahr, sofern seine Helle zur Erleuchtung des Willens führt, die schwebende Freiheit hat existentiales Gewicht dadurch, daß sie im Willen die Freiheit der Spannung weckt und über die Spannung hin dessen Sichergreifen als Idee. Diese Einheit ist das Letzte des endlichen Geistes überhaupt, und ihr Zentrum, wo sich Idee und Tat kreuzen, heißt *Wille*. Er ist „derjenige Punkt, in welchem Intelligieren und Anschauen oder Realität sich innig durchdringen. Er ist ein reales Prinzip, denn er ist absolut, und unwiderstehlich bestimmend die Kraft, haltend aber und tragend sich selbst, er ist ein intelligierendes Prinzip, er durchschaut sich, und er schaut an das Soll. In ihm ist das Vermögen [die außergöttliche Potenzialität] vollständig erschöpft, und das Schema des göttlichen Lebens zur Wirklichkeit erhoben".[2] Hier liegt der Prometheuspunkt, der, wie die enge Stelle der Sanduhr, zwei Reiche verbindet: „Ich stehe im Mittelpunkte zweier gerade entgegengesetzter Welten, einer sichtbaren, in der die Tat, einer unsichtbaren und schlechthin unbegreiflichen, in der der Wille entscheidet; ich bin eine der Urkräfte für beide Welten. Mein Wille ist es, der beide umfaßt." Dieses Zentrum ist Freiheit, und

[1] WL. 1810, § 13, II, 707.
[2] 708.

hat als solche den zweifachen Aspekt des völlig in sich und für sich Bleibenden und des als *solcher* Akt Bestimmten. „In der ersteren Ansicht, als bloßer Akt, steht er ganz in meiner Gewalt; daß er das letztere überhaupt wird, und es als erstes Prinzip wird, hängt nicht von mir ab, sondern von einem Gesetze, unter welchem ich selbst stehe, dem Naturgesetze in der Sinnenwelt, einem übersinnlichen Gesetze in der übersinnlichen Welt."[1] So ist der Wille Wendepunkt zwischen zwei Gesetzen, Janushaupt, das in zwei Welten blickt und das Erschaute in *einem* Hirn zu vereinen vermag, hörender Aufblick und diesem Vernommenen gehorchender, befehlender, schaffender Hinabblick. „Es ist nichts wahrhaft Reelles, dauerndes, Unvergängliches an mir, als diese beiden Stücke: die Stimme meines Gewissens und mein freier Gehorsam. Durch die erste neigt die geistige Welt sich zu mir herab, und umfaßt mich, als eins ihrer Glieder; durch den zweiten erhebe ich mich selbst in diese Welt, ergreife sie und wirke in ihr. Jener unendliche Wille aber ist der Vermittler zwischen ihr und mir; denn er selbst ist der Urquell von ihr und mir. – Dies ist das einzig Wahre und Unvergängliche, nach welchem hin meine Seele aus ihrer innersten Tiefe sich bewegt; alles Andere ist bloße Erscheinung, und schwindet, und kehrt in einem neuen Scheine zurück."[2] Nun wird die letzte Menschenhaltung ganz einfach: sie ist die Einheit ewigkeitschauender Entrückung und glaubender Tat, intellektueller und pragmatischer Mystik. Visio beatifica beginnt schon hier auf Erden und dauert in alle Ewigkeit. Schauend hat der Mensch seine Idee in Gott ergriffen, und ergriffen von dieser Schau wird ihm alles Weltliche zu Gott hin durchsichtig. Was feststehende, seiende und bleibende Heimat schien, das wird dünner Schleier, Schein, in dem keine bleibende Stätte ist. „Die wahrhaft menschlichste Ansicht" des Menschen ist die, „wodurch er sich über jene Schranken erhebt, und wodurch alles Sinnliche sich ihm rein in Nichts verwandelt, in einen bloßen Widerschein des allein bestehenden Unsinnlichen in sterbliche Augen . . . Diejenigen, die da sagen durften: Unser Bürgerrecht ist im Himmel, wir haben hier keine bleibende Stätte, sondern die zukünftige suchen wir; diejenigen, deren Hauptgrundsatz es war, der Welt abzusterben, von neuem geboren zu werden und schon hier in ein anderes Leben ein-

---

[1] Best. d. Menschen, II, 282-283. 297.
[2] 299.

zugehen, . . . waren, um des Ausdruckes der Schule mich zu bedienen, praktisch transzendentale Idealisten."[1] Erscheinung wird zum reinen Spiegel Gottes: „Nicht mehr durch das Herz, nur durch das Auge ergreife ich die Gegenstände, und hänge zusammen mit ihnen, und dieses Auge selbst verklärt sich in der Freiheit, und blickt hindurch durch den Irrtum und die Mißgestalt bis zum Wahren und Schönen, so wie auf der unbewegten Wasserfläche die Formen rein und in einem milderen Lichte sich abspiegeln."[2] Aber die visio beatifica, die mich ins Traumdasein der Wahrheit entrückt, ist solche nur, wenn sie eins ist mit der gläubigen Tat. Sie sieht nicht Gott, wie er *ist* – denn alles Wissen ist Schema, sondern sie ist die Klarheit, das Auge meines Sollens, die Wahrheit meines Triebes zu Gott. Die freie Ergreifung meines Soll ist mein geistiges Leben, mein lebendiges Gesetz, meine Idee und das Licht dieses An-mich-glaubens ist mein Schauen. „Jene Festigkeit meiner Zuversicht, und der Gedanke dieses Gesetzes einer geistigen Welt sind ganz Eins und ebendasselbe."[3] Darum das Ineinander-sich-Spannen zeitentrückter und zeithafter Ewigkeit, die einander ewig bedingen. Sie konvergieren freilich, Glauben wird immer mehr Schauen, das Soll immer mehr Sein, das Wissen immer totalere Tat. Aber die Spannung bleibt, so wahr das praktische Tun Freiheit, Selbstbewußtsein, Welt voraussetzt. So bleibt auch die menschlich-individuelle Person in Ewigkeit, weil die Erreichung der vollkommenen Idee Mensch unerreichbarer Grenzbegriff bleibt, „so lange der Mensch nicht aufhören soll, Mensch zu sein und nicht Gott werden soll. Völlige Einigkeit mit allen Individuen ist mithin zwar das *letzte Ziel*, aber nicht die *Bestimmung* des Menschen in der Gesellschaft".[4] Mitten in der Zeit sind wir ewig, wenn wir uns selbst gewählt haben, mitten in der Ewigkeit bleiben wir immer zeitlich, weil die Verwirklichung unserer ergriffenen Aufgabe eine unvollendbare ist. Ja, die Hoffnung auf Unsterblichkeit gründet auf nichts anderem als auf der Paradoxie unserer Wahl: „Ich *bin* unsterblich, unvergänglich, ewig, sobald ich den Entschluß fasse, dem Vernunftgesetze zu gehorchen; ich soll es nicht erst *werden*. Die übersinnliche Welt ist keine zukünftige Welt, sie ist gegenwärtig; sie kann in keinem Punkte des endlichen Daseins

[1] 308.
[2] 311.
[3] 295.
[4] Best. d. Gelehrten, 1794, VI, 310.

gegenwärtiger sein, als in dem andern; nach einem Dasein von Myriaden Lebenslängen nicht gegenwärtiger sein, als in diesem Augenblick."[1] Denn alle wirkliche Näherung – unsere stets wachsende Seligkeit – bleibt wesensnotwendig Näherung.

Fichtes Eschatologie wird von hier in ihrem Verhältnis zu der Kants faßbar. Beiden ist das Ethos des Soll, das Unsterblichkeit verbürgt, gemein. Beide wissen um die notwendige Uneinholbarkeit dieses Soll. Aber für Kant ist das Soll nur *Pflicht*, und die Übereinstimmung von Pflicht und Glückseligkeit, Geist- und Naturgesetz nur durch eine radikal übernatürliche Synthesis möglich. Hier klafft für ihn der unheilbare Riß im Menschen, der nach dem Dasein Gottes schreit. Für Fichte ist das Soll nicht nur Pflicht, sondern heiliges Lebensgesetz, Quelle meiner Ewigkeit und darum auch meines Glückes selbst. Eine Glückseligkeit, die von außen her mit meiner Pflicht vereint würde, könnte nur eine naturhafte sein, während doch mein geistiges Gesetz mein Glück sein *soll*. Die Natur wird mir nicht, wie ein äußerliches Geschenk, zu Füßen gelegt, sondern soll von mir, in ewiger Annäherung, dem Gesetz meines Geistes gleichgestaltet werden. In der Schau ihrer Nichtigkeit wird ihr der Geist zunächst radikal absterben müssen, indem er seine ganze Existenz auf die Idee gründet. Aber diese Schau, als Schau des Soll, wirft ihn zurück ins ewige Tun, um die Natur, das Nicht-Ich in die Totalität des nur erst Erschauten hineinzuwirken. Durch unser Absterben hindurch wird uns also die Natur zugleich als verklärte und zu verklärende wiedergeschenkt und beides in eins ist unser ewiges Glück. Eine Ewigkeit, die nur Schau wäre, erscheint Fichte wie der Rest eines trägen Orientalismus und jüdischen Chiliasmus im Christentum. Volles Glück aber ist das ewige Ineinander verklärter Schau und verklärender Tat. Freilich, auch Kants eschatologische Synthesis hatte schon eine seltsame, doch notwendige Schlußdeutung ins Dualistische erfahren, sofern diese Synthesis eigentlich nur für Gott *gilt*, für uns aber nie wirklich wird. Denn nur für Gott, den schlechthin ewigen, ist die unendliche Zeitreihe unserer Annäherung vollendet, während wir ewig *in* der Zeit bleiben. In Fichte radikalisiert sich dieser Dualismus zum Ewigen selbst, wird der Widerstand, der allem Leisten immanent ist, der Ewigkeit und ihrem Glück selbst immanent. Erst die voll erreichte Struktur der mystischen Potentialität konnte das

[1] Best. d. Menschen, II, 289.

Leid ins Glück hinein aufheben und damit die eigentümliche existentiale Eschatologie des prometheischen Menschen begründen.[1]

Ein letztes Merkmal ist damit gegeben: der Einbau der Geschichtsphilosophie der Zukunft in das System der Wissenschaftslehre. Bei Kant blieb dieser Teil der Philosophie ziemlich isoliert, und ward der Fortschritt der Menschheit aus rein empirischen Anzeichen der vergangenen und gegenwärtigen Geschichte gefolgert. Die Verwurzelung der Evolutionsidee im Weltgefühl der Aufklärung blieb mächtiger als die Postulate der reinen Vernunft. Für Fichte wird der Evolutionismus Gegenstand eines apriorischen Wissens, das auf dem Soll unmittelbar gründet. Freilich, Denken bleibt ohne Anschauung leer und eine Geschichte der zukünftigen Menschheit gelangt nicht über ein *Schema* hinaus. „Das Leben der menschlichen Gattung hängt nicht ab vom blinden Ohngefähr, ... sondern es geht einher und rückt vorwärts nach einem festen Plane, der notwendig erreicht werden *muß*, und darum sicher erreicht *wird*. Dieser Plan ist *der*: daß die Gattung in diesem Leben mit Freiheit sich zum reinen Abdruck der Vernunft ausbilde."[2] Nur diesen Plan hat der Denker vorauszuentwickeln, das aber kann er. Fichte entwickelt so ein fünfteiliges Geschichtsthema vom Stadium der Unschuld (Vernunft als Instinkt), der anhebenden Sünde (Vernunft als bloße äußere Autorität), der vollendeten Sündhaftigkeit („Die Epoche der Befreiung, unmittelbar von der gebietenden Autorität, mittelbar von der Vernunft überhaupt" – unsere Zeit) zur Epoche der Vernunftwissenschaft oder der anhebenden Rechtfertigung (in der durch die gewonnene Selbständigkeit die Vernunft in Freiheit erblickbar wird, „die Wahrheit als das Höchste anerkannt und am höchsten geliebt wird"), zur Epoche der Vernunftkunst, dem Stand der vollendeten Rechtfertigung und Heiligung, wo „die Menschheit mit sicherer und unfehlbarer Hand sich selber zum getroffenen Abdrucke der Vernunft aufbauet".[3] Es ist deutlich, wie Fichte seine soziale Eschatologie genau nach dem Schema der individuellen ausgestaltet, wo vom Trieb (als naturhafter Vernunft) zunächst die Freiheit des Schwebens (als Synthesis der Selbstheit) sich ausbildet, welche die Grundlage der

[1] Vgl. dazu Fichte: Über Gott und Unsterblichkeit. Aus einer Kollegnachschrift von 1795 mitgeteilt von E. Bergmann. „Kantstudien", Ergänzungsheft 33, 1914.
[2] Grundzüge des gegenw. Zeitalters, VII, 17.
[3] 11-12.

Selbsterfassung als Idee (höchste Schau) und als verwirklichende Tat (Abbildung in der Natur als Aneignung) darbietet. So öffnet sich die Perspektive einer immer gefügigeren Natur. Sie „muß allmählig in die Lage eintreten, daß sich auf ihren gleichmäßigen Schritt sicher rechnen und zählen lasse, und daß ihre Kraft unverrückt ein bestimmtes Verhältnis mit der Macht halte, die bestimmt ist, sie zu beherrschen, – mit der menschlichen . . . So soll uns die Natur immer durchschaubarer und durchsichtiger werden bis in ihr geheimstes Innere". „Es muß in irgendeiner Zeit erreicht sein sollen dieses Ziel; so gewiß eine Sinnenwelt ist und ein vernünftiges Geschlecht in der Zeit, bei welchem außer jenem Zwecke sich gar nichts Ernsthaftes und Vernünftiges denken läßt."[1]

„Aber wenn er nun erreicht sein, und die Menschheit am Ziele stehen wird, was wird sie dann tun? . . . Die Menschheit stünde dann still auf ihrer Bahn; darum kann ihr irdisches Ziel nicht ihr höchstes Ziel sein."[2] Der ganze irdische Prozeß wird in einen kosmischen Aufstieg hineingenommen, über den der junge Fichte (ähnlich wie der junge Kant) sich naturalistische Vorstellungen machte,[3] über den der spätere das Schweigen des Weisen breitet.

IV. Gott und Mensch

Im ersten Teil des letzten Abschnitts wurde als theoretische Grundformel für das Geheimnis der Endlichkeit die der mystischen Potentialität gefunden, im zweiten dieses Geheimnis in seiner existentialen Gestalt, als konkrete Letzthaltung des Menschen gefaßt. Nun gilt es noch, beides in eins zu sehen, die Existentialität ausdrücklich der mystischen Potentialität (sofern diese eine Theorie des Absoluten, nicht nur eine Beschreibung der Wechselseitigkeit von Schau und Tat im Endlichen besagt) als solcher zu beschreiben. Sie erst gibt der Eschatologie Fichtes ihr letztes, das religionsphilosophische Gepräge. Als Krönung des Systems tritt es erst spät, nach dem Ausbau von theoretischer und ethischer Weltschau, hervor, vollendet seit der „Anweisung zum seligen Leben" 1806.[4]

---

[1] Best. d. Menschen, II, 268, 278.
[2] 278-279.
[3] Vgl. Über Gott u. Unsterbl. a. a. O. S. 30 f.
[4] V, 387-580.

1. Nach dem Atheismusstreit drängt Fichtes Denken immer eindeutiger zum Religiösen, das System dieser Religion aber war vorgezeichnet durch die Problematik der doppelten, eigentlich dreifachen Freiheit, deren Anblicke unlösbar ineinandergeschlungen sind: Absolute Freiheit der Rundung (Form des Ich in intellektueller Anschauung, Wirklichkeit Gottes), Freiheit der Spannung (als Selbstverwirklichung des Willens im freien Ergreifen seines Ideals über den Abgrund des Nicht-Ich hinweg), Freiheit des Schwebens (als Synthesis des Selbstbewußtseins). Die zweite und dritte setzten sich wechselseitig voraus, und beide die erste. Indem aber dieses Wechselseitig selbst absolut gesetzt, und damit die Identität der ersten und zweiten Form (durch das absolute Paradox der Tat) ermöglicht wurde, geschah unvermerkt eine neue Vertauschung: Die Freiheit des Schwebens (bisher lediglich Vorbedingung der sittlichen Freiheit) wurde zur Grundform endlicher Wirklichkeit überhaupt erhoben: Denn das Wechselseitig als Absolut war nichts als ein absolut gewordenes Schweben (zwischen schwebender Schau und gespannter Tat) selbst. So erklärt sich der scheinbare Widerspruch, daß in Fichtes Entwicklung das Wissen einerseits immer blasser und schematischer gegenüber der steigend betonten Existentialität des *Lebens*, anderseits aber immer grundsätzlicher als die Urform und Vollendungsgestalt des endlichen Geistes beschrieben wird. *Die Daseinsform des Schwebens wird zur Existentialität der Endlichkeit selbst.* Aber auch so bleibt diese Existentialität scharf unterschieden von dem Schweben der ästhetischen Anschauung Schellings und dem schwebenden Insichruhen des „Begriffs“ Hegels. Es bleibt ein Schweben zwischen Gott jenseits aller Endlichkeit (erste Form der Freiheit) und einer vergöttlichten Welt (zweite Form der Freiheit), ein Schweben der Welt über sich hinaus zu Gott als Schweben Gottes über Seinem Abgrunde, außer Sich selbst.

Durch die Dialektik der Freiheit wird Fichte so zu einer Gnosis getrieben, die scharf zwischen christlicher und Hegelscher Mystik steht. Sie baut sich erstmalig auf in dem tiefsinnigsten, aber dunkelsten und undurchsichtigsten Werke Fichtes, der WL. von 1801. In dieser wird die Form der Absolutheit, welche von dem schlechthin Absoluten (der ersten Freiheit) auf die Struktur des Endlichen (das Schweben wechselseitigen Grundseins) übertragen worden war, nun von ihr wieder rückwärts auf Gott übertragen, so daß das schlechthin Absolute nur als das schlechthin Sichdurchdringen zweier Urwirklichkeiten verstanden werden kann, des Seins und der Freiheit. Gott ist dieses allem Wissen unzugängliche Identischsein der beiden, während das absolute Wissen – nur der *Form* nach gleich absolut wie Gott, denn Wissen *ist* Form – auf dem Grunde dieser doppelten Voraus-setzung schwebt.[1] Die Form aber *ist* die Form des Sichdurchdringens des Absoluten,[2] ist also als absolutes Wissen göttliches Wissen, Logos. Und doch ist dieser Logos nicht Gott selber, sondern nur Seine Form außer Ihm selber. Darum weiß sich das Wissen nur als entsprungenes, ist *ihm* die Freiheit seines Ursprungs ein Nichts, erscheint die „leere und nichtige Unterlage des Wissens".[3] Aber eben indem es sich so in seinem Sichwissen als entsprungenes, auf Freiheit ruhendes und insofern „zufälliges" weiß, indem es sich also in sich schließt, transzendiert es sich zugleich und versteht die absolute Freiheit als absolutes Sein (Gott, der Identität beider ist). „Es dringt wissend zu seinem absoluten Ursprunge (aus dem Nichtwissen) vor, und kommt so durch sich selbst (d. i. infolge seiner absoluten Durchsichtigkeit und Selbsterkenntnis) an sein Ende. Dies ist nun eben das große Geheimnis, das da keiner hat erblicken können, weil es zu offen daliegt, indem wir allein in ihm alles erblicken: – besteht das Wissen eben darin, daß es seinem Ursprung zusieht – oder noch schärfer . . .: heißt Wissen selbst – Fürsichsein des *Ursprunges*; so ist eben klar, daß sein Ende und seine absolute Grenze auch innerhalb dieses Fürsich fallen muß."[4] Im Sichvernichten des Wissens, als eines formalen, vollzieht sich die Immanenz des Seins, wird der Ursprung als Nichtsein zur Transzendenz und zum Erblicken des absoluten Seins. „Der Mittel- und Wendepunkt des absoluten Wissens ist ein *Schweben* zwischen Sein und Nichtsein des Wissens, und eben damit zwischen nicht absolut Sein und absolut Sein des Seins; indem das Sein des Wissens die Absolutheit des Seins aufhebt und das absolute Sein die Absolutheit des Wissens."[5] Damit ist der für Fichte bezeichnende Schwebecharakter alles Nicht-Absoluten – nur sein Schweben selbst ist absolut, denn es ist das Wesen des Wissens – am schärfsten gekennzeichnet. Wissen ist Distanz und Zerstörung der Distanz

[1] WL. 1801, II, 27.
[2] 19.
[3] 28.
[4] 63.
[5] 51-52.

in einem, Hülle und Zerreißen der Hülle, Aufblitz des wirklichen Lebens im Moment, wo es sich vernichtet und also nichts mehr sieht. Dieser Blitz *ist* die intellektuelle Anschauung, der Punkt *über* allem Wissen, die Genesis alles Wissens und sein Eschaton, der Funkensprung zwischen Gott und Nichtgott.

„Nichts ist denn Gott, und Gott ist nichts denn Leben;
Du weißest, ich mit dir weiß im Verein;
Doch wie vermöchte Wissen dazusein,
Wenn nicht ein Wissen wär' von Gottes Leben!

‚Wie gern ach! wollt ich diesem hin mich geben,
Allein wo find' ich's? Fließt es irgend ein
Ins Wissen, so verwandelt's sich in Schein,
Mit ihm vermischt, mit seiner Hüll' umgeben.'

Ganz klar die Hülle sich von dir erhebet,
Dein Ich ist sie; es sterbe, was vernichtbar,
Und fortan lebt nur Gott in deinem Streben.

Durchschaue, was dies Streben überlebet,
So wird die Hülle dir als Hülle sichtbar,
Und unverschleiert siehst du göttlich' Leben!"[1]

Von nun an ist das Problem der Existentialität für Fichte entschieden. Existenz ist ihm wörtlich Ex-sistenz, *Da-Sein* (oder Wissen) ist Außer-dem-Sein-sein. „Unmittelbar und in der Wurzel ist – Dasein des Seins das – Bewußtsein, oder die Vorstellung des Seins, wie sie an dem Worte: Ist . . . sich auf der Stelle klar machen können. Denn was ist nun dieses Ist selber in dem Satze: die Wand *ist*? Offenbar ist es nicht die Wand selber . . . Es gibt sich also nur für ein äußeres Merkzeichen des selbständigen Seins, für ein Bild davon, . . . als das unmittelbare äußere Dasein der Wand und als *ihr Sein außerhalb ihres Seins*."[2] Fichte betont zugleich, „daß das ganze Experiment der schärfsten Abstraktion und der lebendigsten inneren Anschauung bedürfe . . ., wie denn als die Probe hinzugefügt wird, daß keiner die Aufgabe

---

[1] Sonette, VIII, 462.
[2] Sel. Leben, V, 440.

vollzogen hat, dem nicht besonders der letzte Ausdruck als vollkommen exakt einleuchtet".[1]

Ist also Existenz (Wissen) ursprüngliches Außer-Gott-sein (Gottes selber), so ist die Wahrheit der Existenz das Sichdurchschauen des „Ex-" als Außersichsein der Existenz (Ek-stasis) zu Gott zurück. Im „Focus" des Herüber- und Hinüberneigens steht das schwebende absolute Wissen, das in seinem tathaften Vollzug *Liebe* ist. Egressus und Regressus durchdringen sich hier in „Wechselliebe",[2] und erst das sich distanzierende Wissen ertötet diese Bewegung, in der nur „die reine Negation aller Begreiflichkeit, nebst der ewigen Geliebtheit" lag, zum „oft erwähnten leeren Begriff eines reinen Seins oder eines Gottes". In diesem Punkte der Liebesbegegnung wird das bloße „Da" des Wissens außer Gott zur *lebendigen* Darstellung. „Das Lebendige kann keineswegs dargestellt werden in dem Toten, . . . und darum, so wie das Sein nur Leben ist, ebenso ist das wahre und eigentliche Dasein auch nur lebendig, und das Tote *ist* weder, noch ist es, im höheren Sinne des Wortes, *da*. Dieses lebendige Dasein in der Erscheinung nun nennen wir das menschliche Geschlecht."[3] Aber damit dieses zum Selbstbewußtsein komme, bedarf es einer Realgenesis durch ein Nichtsein, ein Schema, eine Natur. Diese hat „ihren Grund freilich auch in Gott, aber . . . nur als Mittel und Bedingung eines andern Daseins, des Lebendigen im Menschen". Sie ist Schema des Schemas und als solche tot, aber weil sie ein Teil des wirklichen Daseins ist (seine Erscheinung), so ergeht an dieses das Soll, dieses Tote, noch nicht vom Leben Durchdrungene, tätig sich anzueignen zur Totalität der lebendigen Darstellung Gottes außer Ihm selbst.

Es ist ersichtlich, wie hier, zumal seit der WL. von 1804 und der „Anweisung zum seligen Leben" 1806 die intellektuelle Mystik einen Vorrang vor der pragmatischen, die früher übergeordnet war, erhält. Indem der Schwebecharakter der Existenz zu deren Wesen wird, gewinnt die Grundhaltung geöffneten Schauens und sich verströmenden und vernichtenden Liebens den Vorzug vor der Grundhaltung herrschenden Sichaneignens. Damit tritt aber auch jener absolut-paradoxe Charakter der Tat in den Hintergrund. Der Aspekt der Totalität als Idee *Gottes*, der so nahe an Feuerbach streifte, verschwindet vollständig. Freilich ist von dieser früheren Problematik ein

---

[1] 440.
[2] 540.
[3] Über das Wesen des Gelehrten usw. (1805), VI, 362.

Grundschema übriggeblieben, das dem späten System seinen gnostischen Charakter beläßt. Auch jetzt ist die Wertverteilung zwischen Reflexion und unmittelbarer Anschauung schwankend, je nachdem diese letzte als Über- oder Unterbewußtsein gewertet erscheint, je nachdem das absolute Wissen, das Gott hervorbringt, als sein eigener Logos oder als Spitze der Schöpfung betrachtet wird. In dieser Spitze ist alles Nichtgöttliche aufgegipfelt, wie im Christentum die Welt der mystische Leib des Gottessohns ist. Aber wo in Christus *zwei Naturen* sich frei in einer Person vereinigen, da ist der gott-weltliche Logos Fichtes *eine einzige Natur*. In seinem System gibt es im Grunde keine Person als die eine allgöttliche, die sich in ihrem lebendigen Bilde liebt. In ihrem lebendigen Quellpunkt sind alle übrigen identisch mit ihr und so im schärfsten Sinn Einzelpersonen nur „ratione materiae". Die für Fichtes Problemstellung unvermeidliche Zweideutigkeit zwischen Über- und Unterbewußtsein Gottes läßt die verhüllenden Mittelbegriffe „Leben", „Licht", „Liebe" schwebend zwischen christlicher (ekkehardischer oder selbst johanneischer) Mystik und einer Lebensphilosophie, welche selbst noch zwischen Plotin und den dionysischen Visionen des späten Nietzsche schwebt. So ist schon in seinen Anfängen das Paradox der ganzen idealistischen Geistphilosophie offenbar: daß die große Rehabilitation der Person gegenüber der Sache, in der Rationalismus wie Empirismus das Weltwesen sahen, selbst in eine Zerstörung der Person mündet. Fichte meint freilich zunächst nur einen ethischen Vorgang, wenn er betont, „Anfang und Ende und das ganze Wesen" seines Systems gehe darauf, „daß die Individualität theoretisch vergessen, praktisch verläugnet werde".[1] Jenes ist das Schweben des Wissens von sich weg in die Dinge und in Gott hinein,[2] dieses das „Absterben"[3] dem beschränkten, individuellen Standpunkt, um das Ganze zu fassen. Aber darüber hinaus heißt es doch ausdrücklich: „Nur die Vernunft ist ewig . . ."[4]

Das Schweben des Logos zwischen Identität und Nichtidentität mit Gott, Eigenperson und Allperson gibt der Eschatologie der mystischen Potentialität ihr letztes Gepräge. Darum ist es besser, hier den vagen Terminus Pantheismus zu vermeiden, von dem Goethe sagte, er bezeichne alles und nichts. Die Welt Fichtes ist

---

[1] 2. Einl., I, 517.
[2] 453.
[3] 505.
[4] Ebd.

nicht Gott und sie ruht auf Gottes Freiheit auf, die Sein Sein ist. Sie geht auch nicht wieder (vernichtet) in Gott zurück, sondern wird eschatologisch nur zu Ihm hin und in Ihn hinein verklärt. Wohl aber rührt sie im Tangentialpunkte der Liebe unmittelbar an Gott, wo die Form des Wissens, das volle Für-sich als Form identisch wird mit dem Für-sich Gottes, das Sein substantielles Wesen ist.

Der gesamte Weltprozeß kann in fünf Stufen begriffen werden. 1. Mit Gottes absolutem Sein ist die absolute Form des Wissens schlechtweg da. „Nur eines ist schlechthin durch sich selbst: Gott, und Gott ist nicht der tote Begriff, den wir soeben aussprachen, sondern Er ist in Sich selbst lauter Leben . . . Durch Sein Sein ist alles Sein Sein und alles mögliche Sein gegeben und es kann weder in Ihm noch außer Ihm ein neues Sein entstehen. Soll nun das Wissen dennoch sein und nicht Gott selbst sein, so kann es, da nichts ist, denn Gott, doch nur Gott selbst sein, aber außer Ihm selber . . . Aber eine solche Äußerung ist ein Bild oder Schema“,[1] oder Dasein. 2. Als *absolute* Form kann das Wissen schlechthin nur Einheit sein, aber *als Form* ist es nicht *das* Absolute, und indem so zwischen Form und Materie (Gott, Sein) eine Spannung tritt, liegt hier das Prinzip der Vielheit. *Im* Dasein darf das Sein mit dem Dasein nicht vermischt werden, „damit das Sein *als* Sein und das Absolute *als* Absolutes heraustrete“.[2] „Das Als der beiden liefert nicht unmittelbar ihr Sein, sondern es liefert nur, *was* sie sind, ihre Beschreibung und Charakteristik: es liefert sie im Bilde; und zwar liefert es – ein gemischtes, sich durchdringendes und gegenseitig sich bestimmendes Bild beider; in dem jedes von den beiden zu begreifen und zu charakterisieren ist nur durch das zweite, daß es nicht sei, was das erste ist, und umgekehrt.“ Dieses Beziehen „geschieht nun im Dasein selber und gehet von ihm aus“, es ist als „reine Relation . . . die eigentliche Natur des Wissens“.[3] Dadurch faßt es Gottes Leben selber nur als ein *Was*, wird ihm Gott zum *Bild*, so wie es sich selbst als *Bild* faßt, und nicht als Dasein des Absoluten. Indem das Wissen „beschreibt und charakterisiert“, wird ihm das Sein zur Sache. „Durch den Begriff wird zu einem stehenden und vorhandenen Sein . . . dasjenige, was an sich unmittelbar das göttliche Leben im Leben ist.“[4] In dieser Verwandlung des

1 WL. 1810, II, 696.
2 Sel. Leben, V, 452.
3 453.
4 454.

Lebens in „*Gestalt*" entsteht eine „Welt überhaupt".[1] „Der Begriff ist daher der eigentliche Weltschöpfer."[2] 3. Indem Gott Sein Schema außer sich gesetzt hat – gleichsam „aus sich herausgestoßen" –, hat Er es zugleich mit Notwendigkeit und Freiheit begabt: mit jener, sofern es sich nicht erzeugt hat, mit dieser, sofern es sich selbst *vollziehen* und als Freiheit der Reflexion lebendiges Schema und Bild der Urfreiheit sein soll. In diesem *Soll* liegen Freiheit und Notwendigkeit des Wissens ineins. „Welt überhaupt" ist mit dem Wesen des Wissens und seinem Seinsollen gegeben und insofern notwendig, indem nun aber das Wissen sein Wesen frei vollzieht, nämlich bildet und reflektiert, zerspaltet sich ihm „Welt überhaupt" (als „Gestalt" des Urlebens) in eine unendliche Mannigfaltigkeit in Raum und Zeit, welche Bild des Bildes, Darstellung der Darstellung Gottes ist. Diese Vielheit ist „reine und absolute Erfahrung", durch Denken weder a priori deduzierbar noch durch dasselbe aufhebbar. Der Denker kann von dieser Weltschöpfung nur die allgemeinen und notwendigen Bedingungen, die Gesetze der Reflexion ableiten, niemals das freie Schaffen der Einbildungskraft.[3] Dieses notwendige System ist Wissenschaftslehre. Der Regressus ist also nicht Rückverwandlung des farbigen Prismas ins reine Licht – da doch die Freiheit und Lebendigkeit des Wissens sein *soll* –, sondern die Durchleuchtung aller Farben durch das reine Licht. Auch nach jener Einkehrung „geht die Welt uns nicht verloren, sie erhält nur eine andere Bedeutung . . . Erscheinung und Äußerung des in sich verborgenen göttlichen Lebens in dem Wissen"[4] zu sein. „Es kann kein durch diese Spaltung gesetztes, d. h. kein wirklich gewordenes Individuum jemals untergehen."[5] „Wir sind in unserem unaustilgbaren Wesen nur Wissen, Bild und Vorstellung und selbst in jenem Zusammenfallen mit dem Einen kann jene unsere Grundform nicht verschwinden. Gott wird „nicht unser eigenstes Sein selber, sondern Er schwebt uns nur vor als ein fremdes und außer uns befindliches, an das wir lediglich uns hingeben und anschmiegen in inniger Liebe".[6] 4. Der Regressus beginnt also damit, daß das Viele als die Fülle des einen Begriffes verstanden werde, und das über sich reflektierende Denken (Reflexion der Reflexion) sein

[1] 462.
[2] 454.
[3] 459.
[4] 461.
[5] 530.
[6] 461.

Bilden durchschaue, das „Subjektive“ als das An-sich alles „Objektiven“. 5. Indem aber in der höchsten Reflexion das Wissen sich in seinem *Als* ergreift, wird seine ganze Schematik transparent ins Gott-Leben, dessen bewußtgewordenes, freies Bild es damit geworden ist. So schließt sich der Weltlauf zur Liebe.

↙ Gottleben ↖

Dasein-Schema | Vollendetes Schema
↓ | ↑
Welt überhaupt | Vollendete Welt

↘ Individualisierung ↗

Den Regressus selbst bis zum vollen Sichfassen des Wissens als Bild Gottes und so zum höchsten Für-sich als totale Transzendenz zu Gott hin beschreibt Fichte in fünf Stufen, welche die „Entwicklungsgrade des innern geistigen Lebens“ darstellen[1] und aus einer rein subjektiven Reflexion der Reflexion auf sich selbst entstehen. Diese Reflexion ist nichts als jene „Schwebefreiheit“ des Anschauens, welche die Basis für die Spannungsfreiheit der ethischen Wahl (wie sich früher zeigte) darbieten muß. Es ist also kein Bilden eines „Objektiven“, sondern ein Raumlassen für mögliche freie *Grundeinstellungen* dem gleichen „Objektiven“ gegenüber. Diese „Aufspaltung“ der Reflexion ist daher, soweit sie „nur bis zur Möglichkeit“ der Wahl geht, notwendig, aber als solche gerade der freien Selbstwahl Raum gebend. Die fünf Grundansichten sind: 1. Die Wahrheit ist das rein Sinnliche. 2. Die Wahrheit des Sinnlichen ist das Gesetz und die Befolgung des kategorischen Imperativs, ist das Eschaton des Geistes[2] (niedere Sittlichkeit). 3. Die Wahrheit des Gesetzes ist die lebendige Idee, die des Formal-Transzendentalen das inhaltlich Transzendente. Plato entspricht dieser Sphäre (höhere Sittlichkeit). 4. Die Wahrheit der lebendigen Idee (des Wahren, Guten, Schönen) ist Erscheinung des inneren Lebens Gottes. „Gott *ist* dasjenige, was der Ihm Ergebene und von Ihm Begeisterte *tut*.“[3] Es ist die Stufe der Religion. 5. In der höchsten Reflexion des Wissens durchschaut sich die gesamte Endlichkeit als absolutes Wissen, Licht Gottes und *schaut* so, was die Religion *glaubt*. (Stufe der Wissenschaft.) Diese letzte Überordnung von Wissen

[1] 464.
[2] Vgl. den Schluß des Kapitels „Prometheus Prinzip“.
[3] V, 472.

über Glauben gemahnt zwar an Hegel, hat aber, allem Vorausgesagten zufolge, keineswegs denselben Sinn. Denn nicht nur ist „das gottselige und selige Leben durch [Wissen] keineswegs bedingt“,[1] sondern dieses selbst bleibt auch als höchstes Wissen auf der Schwelle des Absoluten, das nie zum „Gegenstand“ wird, stehen und vernichtet sich vor ihm als Liebe. In diesem Sinn bleibt der Standpunkt des Denkens selbst „Glaube“, sofern es außer dem Punkte der höchsten, überbewußten Intuition sich als „Überzeugung“ „durch die Versuchungen des Weltscheins hindurch zu bewähren hat“.[2] Bedeutsamer ist, daß Fichte die ganze Freiheit des endlichen Geistes mit der Erreichung der fünften Stufe für „erschöpft“, ihr „Maß als verbraucht“ erklärt. Denn hier wandelt sich der Affekt der Liebe zur eigenen Freiheit in die „weit heiligere Liebe“ zu Gott.[3] Die Wahrheit jener Freiheit, die Fichte einst als das „einzig Positive“ rühmte, ist Übergabe. Aber die drei letzten Einstellungsweisen sind so wenig sich ausschließend, daß sie sich gegenseitig voraussetzen. Religion ist ohne die *Tat* der höheren Sittlichkeit, die die lebendige Idee zu verkörpern strebt, nur Träumerei, sie ist „überhaupt nicht ein für sich bestehendes Geschäft“, sondern „der innere Geist, der all unser . . . Denken und Handeln durchdringt“.[4] Für Fichte muß das Johanneswort, das er hiefür zitiert, teuer sein; es faßt sein ganzes Denken in eins: „So jemand will den Willen tun des, der mich gesandt hat, der wird inne werden, daß diese Lehre von Gott sei.“ Ebenso setzt Wissen Religion und somit Tat voraus, ja es ist die Wahrheit beider. Es kann aber, da auf der höchsten Stufe die Freiheit erschöpft ist, nicht mehr ein Glauben und Wirken in Ungebundenheit sein, sondern Darstellung des Wissens in und aus Liebe.

2. Hier biegt unsere Betrachtung zurück zur Beschreibung der existentialen menschlichen Letzthaltung, wie wir sie oben (III, 2) gaben. Durch die tiefere Darstellung der mystischen Potentialität erhält diese Letzthaltung nun ihre endgültige Charakteristik, und damit der Sinn des Menschen im Ewigen seine volle Enthüllung. Dort war dieses existentiale Eschaton die Zweigipfligkeit von Wissen und Tun als Schwebeeinheit und der Einheitspunkt als Weltzentrum Wille. Gehorchend nach oben, beherrschend nach unten,

---

[1] Ebd.
[2] 430.
[3] 514.
[4] 474, 477.

eine zeitlose Ewigkeit entrückter Schau mit einer ewigen Zeitlichkeit heroischer Tat verbindend. Dieser betonte Dualismus der Endhaltung geht freilich in das neue, höchste Eschaton der fünften Freiheitsstufe ein – nur von ihr ist ja mehr die Rede –, aber mit einer merklichen Wandlung des existentialen Index. Das schlechthin Zweigipflige des gegenseitigen Ineinander von intellektueller und moralischer Freiheit ist einer Überordnung der ersten gewichen: in der höchsten Schau ist die Wahlfreiheit „verbraucht". Aber diese Aufzehrung der Wahl zu – Liebe gibt im Grunde die *höhere einheitliche Mitte über beiden Freiheiten*, als ihre Wahrheit. Denn die Selbstvernichtung des Wissens zu Gott hin ist ja nichts anderes als ein ähnlicher „Verbrauch". So beruhigt sich der eschatologische Dualismus in eine verklärtere Letzthaltung, das Schweben zwischen zwei Welten, deren *δια* der Mensch ist, zu einem Schweben des Menschen als Ganzen zu Gott. Diese Vereinheitlichung von Schau und Tat als Schweben gibt Fichte seine einzigartige Schönheit in der Formwelt idealistischer Eschatologie. In Kant war dieser Dualismus offenbar: Liebe zum Gesetz und zum Glück mußten im Eschaton synthetisch zusammengebracht werden, in Fichte aber lag er ebenso tief im Doppelwillen zur Schau ins Übersinnliche und zur Tat ins Sinnliche. Aber nun heißt es: „Es ist schlechthin unmöglich und ein absoluter Widerspruch, daß jemand zweierlei liebe oder zwei [letzte] Zwecke habe."[1] „Es geht nicht, daß man sage, was man wohl zu sagen pflegt: Ich will den Willen Gottes um Seiner selbst willen; ich will die Glückseligkeit nur nebenbei."[2] Im Aufstieg durch die fünf moralischen Einstellungsweisen zur Welt bildet schon die zweite, die des kategorischen Imperativs, eine Art Engpaß für alle Letztansprüche der Sinnlichkeit und des Glückstriebes. Nicht als ob dieser Engpaß schon eine letzte Haltung wäre. Aber wohl müssen alle „Ansprüche" der Natur sich hier restlos und bis ins Letzte dem Gesetz des Geistes unterordnen. Auch jenes „Nur-Nebenbei" muß sich resignieren und als versteckte Weise, Gottes Willen zum Mittel zu machen, entlarven lassen. Fichte durchschreitet diesen Engpaß, wo freilich noch der Hochmut (reinen Geistseinwollens) und Hochgemutheit (des Opfernkönnens) nahe genug beisammen liegen. Hinter diesem geistigen Tode aber weitet sich von neuem die Landschaft, nur das Aufdringliche der

[1] 519.
[2] 520.

sinnlichen Welt ist verwandelt. „Allerdings ist es wahr, daß durch Zurückziehung unseres Gemütes von dem Sichtbaren die Gegenstände unserer bisherigen Liebe uns verbleichen und allmählig schwinden, so lange bis wir sie in dem Äther der neuen Welt, die uns aufgeht, verschönert wiedererhalten; und daß unser ganzes altes Leben abstirbt, so lange, bis wir es als eine leichte Zugabe des neuen Lebens, das in uns beginnen wird, wiederbekommen."[1] Dieses „leichte-Zugabe-sein" gilt aber nicht nur vom Verhältnis Pflicht–Glück, sondern nunmehr auch von dem höchsten: Schau–Tat. Denn wie über bloßer Pflicht und bloßem Glück eine höhere Idee des lebendigen Gesetzes Gottes die Liebe zu Ihm schon zum Glück und so alles andere Glück zur Beigabe machte, so macht hier über bloße Schau als Wissen eine höhere Idee der liebenden Schau Gottes diese zur höchsten Tat (weil zum Lebendigsten) und jede andere Tat zu ihrer Beigabe. Ebendarum ist eine ausdrückliche Synthesis von Pflicht und Glück, Schau und Tat gar nicht mehr notwendig. Sondern wie *uns* zur Pflicht als Glück das übrige Glück als leichte Beigabe geschenkt wird, so schenken *wir* zur Schau als Tat das übrige Tun als leichte Beigabe. So wird es *eine* Handlung: der nach oben entrückte Blick und die wie unbewußte Arbeit der Hände unten. Das Pathos freier Tat, von dem Fichte ausging, wird am Ende zur Stille eines von sich wegsehenden, in Liebe seine Freiheit schon verbraucht habenden Tuns. Die Entrückung setzt sich *unmittelbar* in diese schaffende Haltung um, diese ist nur die Erscheinung jener. Die vollbrachte Leistung der Tat aber ist wiederum nur *Abglanz* der Tat. Wie jedes nur durch das je Höhere wurde, was es ist, so ist seine Einheit und Schönheit auch *nichts* als die Erscheinung des Höheren in ihm; das aber ist das je Geistigere, je Lebendigere. Darum wendet sich Fichte so scharf gegen die ästhetische Anschauung Schellings mit ihrem ins schöne Objekt, in die vollkommene Gestalt verlorenen Blick. Denn diese ist schön nur als Abglanz. „Die Urquelle der Schönheit ist allein in Gott, und sie tritt heraus in dem Gemüte der von Ihm Begeisterten. Denken Sie sich z. B. eine heilige Frau, welche, emporgehoben in die Wolken, eingeholt von den himmlischen Heerscharen, die entzückt in ihr Anschauen versinken, umgeben von allem Glanze des Himmels, dessen höchste Zierde und Wonne sie selbst wird – welche –

---

[1] 413.

allein unter allen – nichts zu bemerken vermag von dem, was um sie vorgeht, völlig aufgegangen und verflossen in die Eine Empfindung: Ich bin des Herrn Magd, mir geschehe immerfort wie Er will; und gestalten Sie diese Eine Empfindung in dieser Umgebung zu einem menschlichen Leibe, so haben Sie ohne Zweifel die Schönheit in einer bestimmten Gestalt. Was ist es nun, das diese Gestalt schön macht? Sind es ihre Gliedmaßen und Teile? Ist es nicht vielmehr ganz allein die Eine Empfindung, welche durch alle diese Gliedmaßen ausgegossen ist?"[1] Die Entrückung Marias zur ewigen Schönheit nimmt unbewußt Gestalt an als schöne Erscheinung, und der Künstler, den diese Entrückung anschauend ergreift, ist schön, indem sich diese Schau als Tun und Gestalten ausdrückt. Dieses Tun ist das Schöne an seinem Werk, jenes als seine innere Lebendigkeit daran ablesbar, wie am Tun selbst die Ergriffenheit der Schau.[2] Wirklich schön ist nur der Glanz des je Höheren, je Geistigeren und ein voller Blick auf das Niedrigere als solches ist schon ein Makel. *Ein* solcher Blick hat Schillers Jungfrau gestürzt. Daß die Vorstufe und damit der „Stoff" dieser Form von Letzthaltung eine strenge, fast rigorose Pflichtmoral gewesen war, das läßt ihr einen unmißkennbaren Klang herber und zugleich süßer Keuschheit, der aus der Symphonie des deutschen Idealismus strahlender herausklingt. Er hat das Geschlecht der Romantiker, aber vor allem den kongenialen Schiller so unwiderstehlich angezogen. *So* ist Fichte Held Prometheus –: in der Doppelhaltung visionärer Entrückung ins Obere und schaffender Beherrschung ins Untere, prometheisch durch das Ansichreißen der Weltmitte, die Gott Bewußtsein und der Welt Göttlichkeit gibt, aber dieses Heroentum hinübergeklärt in das echtdeutsche Heldentum Siegfrieds; die Zweieinheit von Kind und Drachentöter.

Freilich ist diese Verklärung in Fichte selbst ein *Vorgang*, ein dauerndes Ringen um die Übermacht des Kindes über den rücksichtlosen Handelnden, des im Gewissen Hörenden über die „Gewissenlosigkeit" aller Tat. Und selbst die höchste Schau, die Selbstvernichtung des Wissens vor Gott, in welcher das Leben durchscheint, ist noch Kampfplatz zweier Seelen. Ihre Erreichung gibt ihm ein ungeheures Machtgefühl, auf dem Gipfel der Welt

---

[1] 527.
[2] 529.

zu stehen, „*Besitzer* der Idee“ zu sein.[1] Und er bekennt, seine letzte Versuchung sei die Verachtung gewesen.[2] Aber der Rausch des „Besitzens“ wird zuletzt überklungen von der Stille der „*Ergriffenheit* durch die Idee“,[3] denn diese kündet sich im Wissen deutlich genug als das ihm Transzendente an: „Der natürliche Mensch vermag nicht durch eigene Kraft sich zum Übernatürlichen zu erheben; er muß durch die Kraft des Übernatürlichen selbst dazu erhoben werden.“[4] Zu klar ist es, daß nicht nur das göttliche Leben selber, als Jenseitiges, sondern sein Trieb *in* uns unsere Natur übersteigt, indem er sozusagen über uns hinaus liebt. „Es ist ein Übernatürliches, nach einem anderen Übernatürlichen Hinziehendes im Menschen, welches die Verwandtschaft desselben mit der geistigen Welt, und seine ursprüngliche Heimat in dieser Welt andeutet.“[5] Darum vermag der Stolz der möglichen Selbstvernichtung, der Rausch des Sichvergessens ins Objekt der Liebe und der Tat sich in Fichte zu klären in das hochgemute Bewußtsein einer *Sendung*. Das „Blindstolze“, das Jean Paul einmal an ihm rügt, das zertrümmernde Sittenrichten über seine Zeit, erhält doch wachsend die Weihe des Wissens, daß er ein Vorbild und aufgestelltes Zeichen zu sein hat. Das Schema Gotttes hat sich durchschaut. Und so siegt das Kind, das das niederscheinende, unzugängliche Leben Gottes „Vater der Geister“ zu nennen sich getraut:[6] „Am besten fasset Dich die kindliche, Dir ergebene Einfalt . . . Du bist ihr der Vater, der es immer gut mit ihr meint, und der alles zu ihrem Besten wenden wird . . . Tue mit mir, wie Du willst, sagt sie, ich weiß, daß es gut sein wird, so gewiß *Du* es bist, der es tut. Der grübelnde Verstand, der nur von Dir gehört, nie aber Dich gesehen hat, will uns Dein Wesen an sich kennen lehren, und stellt ein widersprechendes Mißgeschöpf hin, das er für Dein Bild ausgibt, lächerlich dem bloß Verständigen, verhaßt und abscheulich dem Weisen und Guten. – Ich verhülle vor Dir mein Angesicht und lege die Hand auf den Mund. Wie Du für Dich selbst bist, und Dir selbst erscheinest, kann ich nie einsehen, so gewiß ich nie Du selbst werden kann . . . Du bist vom Endlichen nicht dem Grade, sondern der Art nach

[1] Über das Wesen des Gelehrten, VI, 353.
[2] 408.
[3] 355, 382, 423.
[4] 372.
[5] 373.
[6] Best. d. Menschen, II, 309.

verschieden . . . Ich habe nur dieses diskursiv fortschreitende Bewußtsein, und kann kein anderes mir denken. Wie dürfte ich dieses Dir zuschreiben? In dem Begriffe der Persönlichkeit liegen Schranken. Wie könnte ich jenen auf Dich übertragen ohne diese? . . . Aber Deine Beziehungen und Verhältnisse zu mir, dem Endlichen, . . . liegen offen vor meinem Auge: werde ich, was ich sein soll! – und sie umgeben mich in hellerer Klarheit als das Bewußtsein meines eigenen Daseins. Du *wirkest* in mir die Erkenntnis von meiner Pflicht . . . Du *weißt* und *erkennst*, was ich denke und will . . . Du *willst*, denn Du willst, daß mein freier Gehorsam Folgen habe in alle Ewigkeit; den Akt Deines Willens begreife ich nicht, und weiß nur soviel, daß er nicht ähnlich ist dem meinigen. Du *tust*, und Dein Wille selbst ist Tat, aber Deine Wirkungsweise ist der, die ich allein zu denken vermag, geradezu entgegengesetzt. Du *lebest* und *bist*, denn Du weißt, willst und wirkest, allgegenwärtig der endlichen Vernunft; aber *Du* bist nicht, wie ich alle Ewigkeiten hindurch allein ein Sein werde denken können."[1] – „Ich bin Dir verwandt, und was ich rund um mich herum erblicke, ist mir verwandt; es ist alles belebt und beseelt und blickt aus hellen Geister-Augen mich an . . . Aller Tod in der Natur ist Geburt, und gerade im Sterben erscheint sichtbar die Erhöhung des Lebens . . . Nicht der Tod tötet, sondern das lebendigere Leben . . ."[2]

---

[1] 304-305.
[2] 315-317.

SCHELLING

I. Das dionysische Gesetz

Schon aus jenen ersten Schriften, in denen Schelling noch begeisterter Fichte-Schüler ist, als er das Wunder der transzendentalen Dimension und die „verzehrende Schärfe des Geistes" zum erstenmal erblickte, weht uns ein ganz neuer Atem entgegen: eine neue Existentialität im Kleid der gleichen Idee. Sie ist es, die zur Trennung bis zur Feindschaft treiben mußte. Sie allein sichten wir, sofern sie sich durch das System Schellings hindurch als neue Eschatologie und Apokalyptik kundgibt. Vor ihrer Einheitlichkeit sinken für uns die vielen Ausdrucksformen des Schellingschen Weltbildes zu untergeordneter Bedeutung. Dennoch werden wir uns vorzugsweise an jene halten, welche Schelling am selbständigsten, am wenigsten in Nachfolge (Frühzeit bis 1800) und Reaktion (Spätzeit, etwa nach 1810) befangen zeigen. Vom Identitätssystem (1800-1804) bis zur Freiheitslehre (1809-1810) erstreckt sich diese hohe Zeit, von der aus so unabsehbare Folgen bis in die Gegenwart ausgingen. Sie ist als solche der Höhepunkt idealistischer Weltschau, indem sie Fichtes zum Christlichen rückgebundene Existentialität ins konsequent Prometheische steigert und der breiteren Weltschau Hegels alle theoretischen Prinzipien zugleich mit dem entscheidenden Ethos der Schau vorlegt. Darum gilt uns Schelling, nicht Hegel als der Gipfelpunkt des Ethos idealistischer *Schau*. Hegel hat gewiß die Umfangsmaße dieser Schau ins Gigantische ausgedehnt, aber sofern sie *Schau* sind, kein neues Ethos hinzugefügt. Das entscheidend Neue seiner Existentialität wird jene durch das Er-leben des Dialektischen errungene, im System sich nur *indirekt* aussprechende Spät-Weisheit sein, um deretwillen wir ihn an den Schluß idealistischen Welt-*lebens* stellen müssen.

Wenn in Fichte zwei Weltbilder miteinander um den Vorrang stritten, das der christlichen Mystik und das der „mystischen Potentialität", so löste sich dieser Kampf nur dadurch, daß das unbeugsame christliche Ethos Fichtes den Streit im Theoretischen gewaltsam niederhielt (indem es zwischen Gottes Überbewußtsein, das keiner Welt bedarf, und seinem Unterbewußtsein, das sich in der

Welt zur Reflexion erhebt, nie zum Austrag kam), und im Existentialen die problematische, absolutgesetzte Zweigipfligkeit zwischen Schau und Tat zu einer Absolutheit des Schwebens zu Gott, der Relativität also, überwand. So lebte letztlich in Fichte ein Zwiespalt zwischen Theorie und Ethos: jene behielt ein Doppelantlitz, das nur durch die Eindeutigkeit des letzteren verhüllt blieb. In Schelling aber kommt ein doppeldeutiges Ethos vom Anfang an der Enthüllung jenes Zwiespalts entgegen. Zweideutigkeit ist das zunächst Einheitliche an Schelling, sie führt zur konsequenten Ausbildung der „mystischen Potentialität", welche ja wesentlich auf der Amphibolie[1] von Potenz und Akt, Möglichkeit und Wirklichkeit beruht und so das schlechthinnige Voraus des christlichen „actus purus" (Gott), an dem Fichtes Ethos festhielt, aufgibt. Das Welt-*Bild*, das daraus resultiert, wird damit zur Reingestalt jener einheitlichen Schau, die dem Welt-*Leben* deutscher Klassik und Romantik zugrunde liegt, und die Schilderung der Möglichkeit einer Dar-lebung dieses Weltbildes oder die seiner existentialen Konsequenzen wird den einzigen Inhalt der Kapitel „Weltleben" ausmachen.[2] Ist Schelling somit der eigentliche Enthüller des idealistischen Weltbildes, so ist er zugleich der wahre theoretische Eschatologe der Zeit. Fichtes in ein unendliches Zeitleben geöffnete Perspektiven bleiben inhaltlich ungefüllt, er überläßt sie der unerkennbaren Vorsehung. Hegels inhaltlich vollgesättigte, mit empirischem Wissen getränkte Überschau des geschichtlichen Weltlaufs aber versagt sich den Blick in die Zukunft: er gibt die Geschichte des gewordenen Geistes. Schelling allein umfaßt die Geschichte inhaltlich in ihrem Endlauf, ja sie interessiert

---

[1] Wir führen diesen Kantschen Terminus für „Doppeldeutigkeit" hier ein, um einen von allen nichtphilosophischen Nebenbedeutungen freien Kurzausdruck für diesen Grundverhalt der „mystischen Potentialität" zur Hand zu haben.

[2] Wir behaupten natürlich damit keineswegs eine historische Abhängigkeit jener Dichter und Denker von Schelling allein. Denn Schiller, Hölderlin, Novalis und Jean Paul zeigen sich alle unmittelbar von Fichte, nicht von Schelling abhängig, während Schelling anderseits in manchem von Hölderlin und den Romantikern abhängig sein kann. Der historische Weg zur Ausbildung des mystischen Weltbildes und Weltlebens ist also ein paralleler, nicht sukzessiver. Aber es geht uns hier um eine ideale Gesamtkonstruktion der Epoche, und so muß die theoretische Struktur, welche Novalis und Hölderlin unmittelbar aus Fichte entwickelten, ohne sie ausdrücklich zu einem philosophischen Weltbild zu runden, zuerst in dieser Ausdrücklichkeit entfaltet werden, um deren existentiale Darlebung daraus entwickeln zu können. – Auch hier kann übrigens nur die Ausführung dieser Ordnung die Methode letztlich rechtfertigen.

ihn allein um dieses eschatologischen Punktes willen, die Apokalypse des lebendigen Gottes. Er ist so auch der eigentliche Apokalyptiker, dem alles nur auf Revelation, Geheimnisenthüllung und Ausbruch der ewigen Mysterien Gottes angelegt ist. Er ist es bis in seinen magisch-visionären Stil hinein, der ihm dem aszetisch beherrschten Fichtes und äußerlich kühlen Hegels gegenüber das Unterscheidende, Poetisch-Prophetische gibt. Man ist versucht, an jenen Henoch der altjüdischen apokryphen Apokalypsen zu denken, der den Gipfel des Weltgebäudes erstiegen hat und von ihm aus die Mysterien der ewigen Ankunft Gottes schaut und verkündet. Ja, indem Schelling Prophet der reinen idealistischen Weltschau wird, muß seine Apokalyptik zuletzt ein einziges Aug-in-Aug zur Johannes-Apokalypse werden, und indem die zwei Jünger sich messen, muß sich über sie hinweg die Entscheidung zweier Götter vollziehen: Christus und Dionysos. Schon bei Schiller tauchte das Rätselantlitz dieses letzten auf, als die Gottgestalt der neuen Weltmitte, die Prometheus sich erobert. Indem Schelling den Prometheuspunkt und sein doppeltes δια nun systematisch einnimmt, steigt in seiner Altersphilosophie dieses Gesicht ausdrücklicher herauf. Schelling gibt damit nicht nur seiner Ewe den „unbekannten" Gott, sondern weist übergreifend unmittelbar auch in die nächste Ewe deutschen Geistes hinüber, wo sein Name offenbar wird, und vereint beide, die Prometheuswelt und die Dionysoswelt, unter dem einen symbolischen Namen. Denn Schellings dämonisches „Christus und Dionysos" deutet in das Rätsel Nietzsches hinein zwischen „Dionysos gegen den Gekreuzigten" und „Dionysos der Gekreuzigte". Und wenn dieses Rätsel des „zwischen" sich schon in Schellings „und" andeutet, so schließt sich im Grunde die Front deutscher Existentialität zu einer einzigen; über Schelling noch zurück zu Böhme und Luther, über Nietzsche hinaus zu Barth.

II. Metaphysik als Apokalypse

Sichtet Schelling von Anfang an eine der christlich-scholastischen ebenbürtige Totalität der Weltschau, und somit der Eschatologie, so mußte ihm als Hauptaufgabe zufallen, d[er] aufklärerische[n] Prozeßidee in ihrem dünnen Spiritualismus und ihrer Auflösung alles Endlichen ins Unendliche, alles Leiblichen in Geistiges, das große

Gegengewicht hinzuzugeben. Es galt eine Rettung der Welt und des Ewigen in der endlichen, organischen Gestalt, es galt also, zugleich mit der Bewahrung jener Immanenz als Grundlage, das der christlichen Auferstehung des Fleisches entsprechende Eschaton zu finden. Dazu aber mußte hinter einer eschatologischen *Geschichtsphilosophie*, welche zwar am Ende der Erdzeiten ein vollkommenes Reich in Aussicht stellte, aber dann doch für die Einzelseele eine steigende Entkörperung in Annäherung an Gott verlangte (Herder, Kant, zum Teil selbst Fichte), eine *eschatologische Ontologie und Metaphysik* aufgebaut werden, in der dieses Reich der Endzeit in seiner Geist-Leiblichkeit zum Schema des himmlischen würde, ohne daß doch zwischen beiden der transzendente christliche Riß einzutreten bräuchte. Es ist natürlich, daß hiezu neben Leibniz' dynamischem Schema, welches leicht auf die Ebene Fichtes transponiert werden konnte, das statische Spinozas sich anbot, wo Geist und Ausdehnung gleich-ewige Modi der Gottheit darstellten. Aber die Polarität Leibniz-Spinoza mußte als Ganze der mathematischen, profanen Atmosphäre der Aufklärung entrückt und einer theologisch-sakralen einverleibt werden, sollte wirklich die Totalität menschlicher Existenz zur Darstellung gelangen. Diese Atmosphäre bot einmal Plotin, der ja ein seltsames Ineinander von Dynamik (im Abstieg und Aufstieg der Potenzen) und Statik (im ewigen Zugleich derselben) bereits in einer religiösen Weltschau verwirklicht hatte, es bot sie anderseits das Johanneische mit seiner beginnenden Metaphysik des christlichen Heilsgeschehens. Zwischen beide wird Schelling sein Reich bauen.

Schellings Abweichung von Fichte setzt an jenem dunkelsten, zartesten Punkte seines Systems ein, an dem der Soll-Identität zwischen endlichem Setzen (der „Idee“ als Totalitätsziel) und unendlichem Sichsetzen (der Idee selbst als Totalität). Fichte vollzog diese Identität, aber nur, wie wir uns ausdrückten (s. o. S. 174, Anm.), als Tangential-Identität, welche den Rückgang in die notwendige Nichtidentität – da das endliche Ich zugleich strebendes bleibt – offen ließ. Diese Nichtidentität, die dem Ethos des Fichteschen Denkens in wachsendem Maße entsprach, je stärker er Gott und Geschöpf zu trennen sich bestrebte, läßt schließlich die beiden Bedeutungen von Idee nicht zu einer philosophischen Grundkonzeption verschmelzen. Gottes Wesen (als die schlechthinnige Einheit von Freiheit und Sein jenseits alles Da-Seins) kann, als eine Erneuerung der platonischen Idee, für welche „ideales *Sein*“ höchste Wirklichkeit besagte, aufgefaßt werden, während die Soll-Idee der endlichen Setzung der Kantschen „Idee" näher bleibt. Was aber in Fichte nur „tangential" ident wird, das ist für Schelling *von vornherein im Ganzen eins*. Dieses „im Ganzen" entspricht letztlich einer theoretisch unwägbaren Verschiedenheit des philosophischen Temperaments. Auch er „erlebt" die „Idee" als höchste Wirklichkeit über alles Dasein hinaus, als Licht und Leben, als Ich, als Freiheit. Aber während für Fichte Gottes Sein und Seine Freiheit in dem Sinn identisch waren, daß Freiheit nur den absoluten Selbstbesitz des Seins anzeigte, das schlechthinnige Für-sich, so konnte Schelling von vornherein die Struktur dieser Freiheit des Seins als die absolutgesetzte endliche Freiheit (des Schwebens) erleben. Damit gelangte er zu einem Idee-Erlebnis, das absolute Wirklichkeit (*Über-Sein* als reine Aktheit) mit absolutgesetzter Unwirklichkeit (das Schweben *über* dem *Sein*) schon in der Wurzel vereinigt. Die verschieden erlebte *Existentialität des Schwebens* ist also der genaue Abzweigungspunkt des neuen Weltbilds. Für Fichte war der Schwebecharakter zunächst der Merkbegriff der Bewußtseinsfreiheit, auf deren Grund die freischöpferische Einbildungskraft webt, und stand so gegenüber der moralischen Freiheit der Spannung mit ihrem nüchternen, existenzschweren Charakter. Dann aber wurde das Hin-und-her zwischen diesen beiden Polen der Endlichkeit, ihre Zweigipfligkeit, selbst Schwebe – zu Gott hin. Es entspricht ihr also bei Fichte ein letztlich religiöses Erlebnis. Schelling dagegen faßte die Schwebefreiheit der Einbildungskraft, der in und über ihren Gebilden webenden Phantasie, sogleich als tiefste Form menschlicher Freiheit. Das ist daraus ersichtlich, daß ihm die moralische Freiheit – für Fichte der Gegenpol – nicht im Erlebnis der Spannung (zwischen Wille und unbedingt angehender Forderung), sondern fast ausschließlich im Erleben der *Indifferenz* des Willens (sich so oder anders, überhaupt oder gar nicht zu entscheiden) gegenständlich wird. Darum wird die Synthesis nicht eine der Spannung zwischen zwei Urformen und so eine religiöse sein, sondern bereits in den beiden Freiheitsformen (des Einbildens und Wollens) immanent liegen, als deren einheitliche Wurzel: die *ästhetische* Freiheit.[1] In ihr

---

[1] Es erneuert sich in diesem Gegensatz der alte Grundgegensatz zwischen Augustinus und Pelagius: Freiheit zu Gott als Be-freiung des Menschen durch Gott von ihm selber – und Freiheit als stoisches Insichstehen des Menschen gegenüber Gott.

eint sich für Schellings Grunderleben das leichte Schweben des Ein-Bildens und das starke, dominierende Schweben des schöpferischen Wählens. Hier also liegt der eigentliche Grund, warum ihm die beiden Aspekte der „Idee" ineins fallen konnten: Das Absolute der Endlichkeit war nicht mehr als Schweben der Transzendenz, sondern als Schweben der Indifferenz gesehen, und der Begriff des Absoluten schlechthin, als Identität von Sein und Freiheit, war somit Sein als schlechthinnige Indifferenz. So ist deutlich, wie der Gottesbegriff der platonischen Idee in den idealistischen Geistbegriff eingeht und zum einheitlichen Ideebegriff verschmilzt. „Wir haben das Höchste . . . ausgesprochen als die reine Gleichgültigkeit, Indifferenz, *die nichts ist und doch alles*; sie ist nichts, wie die reine Froheit, die sich selbst nicht kennt, wie die gelassene Wonne, die ganz erfüllt ist von sich selbst und an nichts denkt, wie die stille Innigkeit, die sich ihrer selbst nicht annimmt, und ihres Nichtseins nicht gewahr wird."[1] In diesen Worten zeigt sich eindringlich die veränderte Existentialität, die sich anfangs unter den von Fichte entlehnten Begriffen verhüllt. Erst mit der das System von 1800 krönenden Kunstphilosophie wird sie in ihren Quellen auch begrifflich sichtbar.

Das ist der letzte Grund dafür, warum das System der mystischen Potentialität bei Schelling zu seiner vollen Ausbildung gelangt. Fichtes Tangential-Identität bleibt ein Zögern zwischen christlicher Potentialität (Gott als actus purus gegen Welt als Schwebe zwischen actus und potentia) und mystischer Potentialität (Gott-Welt als Schwebe zwischen actus „purus" und potentia). Schelling dagegen faßt das ewige Voraus von Gottes „Akt" eindeutig als ein Voraus, das sich je schon durch eine Realgenesis (actus-potentia-Spannung) hindurch verwirklicht hat. Diese Realgenesis Gottes ist freilich keine zeitliche, als ob Gottes „Ewigkeit" und „Bewußtsein" auf einen historischen Prozeß „warten" müßte, sondern eine ewige, im Sinne der gnostischen Äonen: „Hier nun ist zu erwarten, daß der Einwurf ausbreche: ‚. . . Also geht jener Zustand des Widerspruchs dem seienden Gott voran . . .' Wir antworten daher: Gott kann nie seiend *werden*, er ist von Ewigkeit seiend . . . Durch die seiende Gottheit, durch jenes übernatürliche

[1] Schellings sämtl. Werke, 1856 ff., VIII, 228 („Die Weltalter"). Wenn nicht eigens bemerkt, beziehen sich die Zahlen auf die Bände der 1. Reihe.

Wesen der Freiheit ist der Urzustand des Widerspruchs, jenes wilde Feuer, jenes Leben der Sucht und Begierde, als Vergangenheit gesetzt, aber, weil die Gottheit, von Ewigkeit seiend, niemals seiend werden kann, als eine ewige Vergangenheit, als eine Vergangenheit, die nicht erst dazu geworden, die gleich uranfänglich und von aller Ewigkeit her Vergangenheit war."[1] Von diesen ewigen Äonen umgriffen und ihnen als Gehalt erst immanent, entfaltet sich die Welttotalität in zeitlichen Äonen der Vergangenheit, Gegenwart, Zukunft. So wird deutlich, wie für Schelling die *Realgenesis* ein ungeheures Übergewicht über die ideale gewinnen kann, ohne daß das gegenseitige Sichvoraussetzen beider (als das Wesen der mystischen Potentialität) dadurch aufgehoben würde. Die systematische Priorität der Naturphilosophie, welche diese Realgenesis entfaltet, über die Geistphilosophie, welche die *Voraus*-Setzung dieser Priorität bleibt, kennzeichnet Schellings ganzes Denken. Naturphilosophie ist der Vollzug dieser Voraus-Setzung als lebendige Vorstufen des Geistes, während sie bei Fichte (im zweiten Teil der theoretischen WL. 1794) immer den Charakter einer bloßen systematischen Nach-Konstruktion einer unabhängig davon bereits geschehenen „Gnosogonie" blieb.[2] Die intellektuelle Anschauung, die als Urakt dieser Geistesgeschichte *zugrunde* liegt, wird für Schelling unmittelbar eins mit der *höchsten* Anschauung, in der Gott in über-reflexiver Weise sich in Seiner totalen Natur anschaut. Der ganze Welt- und Geistprozeß sind also nur Stufen der je identischen Einheit von Subjekt-Objekt, oder, wie Schellings ungemein fruchtbare Wortprägung sagt, deren Potenzen. Diese Potenzen sind „Ideen" im angegebenen Sinne, ewige Formen der Gottheit. In Gott sind sie schlechthin ineinander aufgehoben (durch das Voraus der höchsten Idee schlechthinniger Identität), in der Zeitlichkeit aber *erscheinen* sie außer einander. Diese Nichtidentität ist gleichbedeutend mit Zeitlichkeit selbst, die je nur (im Ewigen aufgehobene) Erscheinung der ewigen Idee ist. Wenn also die Ewigkeit als solche nichts ist als das vollzogene Voraus des Voraus*setzens*, das sich selbst (als gewordenes) setzt, so ist die Zeitlichkeit als solche der Vollzug des Voraus*gesetzten*, das (als werdendes) gesetzt ist. Aber weil Zeitlichkeit nicht unabhängig von Ewigkeit ist, sondern ein ihr untergeordnetes Moment, so ist

[1] VIII, 254.
[2] Fichte, II, 399.

sie nicht nur Realgenesis (Naturphilosophie), sondern ebensosehr Mitvollzug des Voraus*setzens*, Idealgenesis. Darum tritt zur Naturphilosophie (1797-1799) als dem Wege von der Materie zum Geist, vom reinen Objekt zum Subjekt, 1800 die Geistphilosophie als der umgekehrte, streng zugehörige Prozeß. War in jener die Stufenfolge der Potenzen Mechanismus-Chemismus-Organismus mit dem Grundschema des Magneten als objektiver Erscheinung der absoluten Zweigipfligkeit, so ist sie in dieser die der „Epochen“ Empfindung zu Anschauung, Anschauung zu Reflexion, Reflexion zu absolutem Willen mit dem Grundschema der Intentionalität als subjektiver Erscheinung der absoluten Zweigipfligkeit. Aber erst am Schluß der Genesis des Bewußtseins zeigt dieses sich als das Voraus*setzende*, verwandelt sich sein reales Werden in ein ideales Voraus aller Natur. In der erreichten Freiheit verwandelt sich das nachschaffende Denken in ein vorschaffendes, produktives, Ideale erzeugendes, der intellectus mensuratus in den intellectus mensurans. Im Moralischen, Historischen, Religiösen vollzieht sich wachsend das Voraus der Idee vor der Natur, als Mitvollzug des göttlichen Voraus*setzens* selber. Aber die den „Transzendentalen Idealismus“ (1800) krönende „Philosophie der Kunst“ zeigt überdeutlich, daß dieses die Naturphilosophie ergänzende Voraus nicht mehr im Sinne der Fichteschen WL. gemeint ist, sondern ein höheres Gleichgewicht *über* der realen und idealen Reihe anstrebt. Die Philosophie wird der schwebenden Irrealität, die sie bei Fichte als ganze behielt, enthoben und zum göttlichen Setzen, sofern dieses *erscheint*, erhoben. Denn im Künstler sind die unbewußt-zweckmäßige Naturproduktion und die freie, nach dem selbstgeschaffenen, *voraus*gesetzten Ideal erzeugende Geistproduktion Einheit geworden. Das Genie ist sein eigenes Schicksal, von dem es zugleich „besessen“ und „Besitzer“ ist. Als solches eint es nicht nur reale und ideale Produktion, sondern ausdrücklich endliche und unendliche, sofern sein Schaffen (erscheinende) Teilnahme am Schaffen Gottes ist. Zwei Naturen liegen in seinem Wesen in unlöslichem Widerstreit, „der das Letzte in ihm, die Wurzel seines ganzen Daseins angreift“,[1] die gelingende Versöhnung dieses Widerspruchs im Werke muß daher als wahrhafte „Gnade“ erlebt und mit „Rührung“ erblickt werden. Und doch ist das, was dem Genie in der „Begeisterung“, im „pati Deum“[2] zufällt,

[1] III, 616.
[2] 617.

seine Tat, sofern sie Teilnahme an der unendlichen Produktion ist. In dieser Tat wird die niemals objektive „intellektuelle Anschauung", von der die Philosophie nur ausgehen kann, ohne je zu ihr zurückzukehren, objektiv anschaubar, sie erscheint im Kunstwerk wie in einem Spiegel dem bewußten Geiste. „Identität des Bewußten und Unbewußten im Ich und Bewußtsein dieser Identität"[1] sind in einer Einheit gegeben; das System, das Fichte nie zu schließen vermochte, rundet sich zum Ausgangspunkte, die Kunst ist das eigentliche „Organ der Philosophie". „Die Kunst ist eben deswegen dem Philosophen das Höchste, weil sie ihm das Allerheiligste gleichsam öffnet, wo in ewiger und ursprünglicher Vereinigung gleichsam in Einer Flamme brennt, was in der Natur und Geschichte gesondert ist, und was im Leben und Handeln, ebenso wie im Denken, ewig sich fliehen muß."[2] Der Künstler, der höchste Zerrissenheit (zwischen Endlich-Unendlich, Natur-Gott) zugleich mit höchster gelingender Einheit in sich trägt, ist so wahre Weltmitte, „Prometheus under Jove", der doch, weil er zugleich bewußt und frei ist, geheimnisvoll *über* Zeus steht. Ästhetischer *Enthusiasmus*, zugleich von oben herab empfangen und aus der eigenen Tiefe der Seele schöpferisch aufsteigend, ersetzt im System der reinen mystischen Potentialität folgerichtig den Begriff der christlichen *Gnade*. Der Punkt, auf den wir bei Anlaß Schillers vorauszeigten, ist hier erreicht und das „dionysische" Weltbild rundet sich um dieses Zentrum.

Damit ist die existentiale Letzthaltung des Menschen bei Schelling im Keime gegeben, und die folgenden Wege kreisen nur verdeutlichend um diese Mitte. Da es uns durch alle Philosophie Schellings hindurch um seine existentiale Eschatologie geht, wird dieser Weg (zunächst) das System der mystischen Potentialität in seiner theoretischen Vollform umreißen, daraus (zweitens) seine in ihm latente Existentialität zu fassen suchen, endlich (drittens) die Eschatologie dieser existentialen Philosophie darstellen.

1. Schellings System erhält seine theoretische Vollendung in der Identitätsphilosophie, vor allem in der „Darstellung" (1801), im „Bruno" (1802) und im damals unveröffentlichten „System der gesamten Philosophie und Naturphilosophie insbesondere" (1804),

---

[1] 612.
[2] 628.

dessen Leitfaden, als dem zuständigsten, wir uns vorerst anschließen. – „Erste Voraussetzung alles Wissens ist, daß es ein und dasselbe ist, das da weiß und das da gewußt wird."[1] Denn wenn Wissen ein Verhältnis von Subjekt und Objekt besagt, so kann das beide Vereinende nicht außer ihnen, sondern nur zwischen ihnen liegen. Gälte nun O → S, so daß O nur durch seine Kausalität erkannt würde, so würde es nicht an sich begriffen (Kant), gälte S → O, so daß S nur durch seine Kausalität erkennen würde, so gäbe es nur das S (Fichte). Darum kann Wissen als solches nur S = O sein, „die höchste Erkenntnis ist notwendig diejenige, . . . in welcher jene ewige Gleichheit *sich selbst* erkennt",[2] die Vernunft. „Nun ist aber nichts Ewiges, Unveränderliches im Wissen außer jener Gleichheit des S und des O selbst, diese können wechseln . . ., nur jene besteht." So muß über Fichtes Ich-Standpunkt hinausgeschritten werden: „Nicht *Ich* bin es, der diese Gleichheit erkennt, sondern sie selbst erkennt sich und ich bin das bloße Organ von ihr. Eben deshalb ist die Vernunft Vernunft, weil in ihr nicht das Subjektive das Erkennende ist, sondern weil in ihr das Gleiche das Gleiche erkennt."[3] Die Reflexion, wodurch „Ich" dieses Erkennen zu meinem machen möchte, ist nur *meine* Reflexion und darin „hebt eine Subjektivität die andere auf". Fichte setzt eine endliche Erkenntnisform absolut, während in der Vernunft „alle Endlichkeit und Subjektivität untergeht".[4] Formell ist das Grundgesetz der Vernunft reine Gleichsetzung: A = A. Reell sagt diese nicht, *daß A sei*, sondern nur daß die Identität *sei*. „Die Qualität des Subjekts und des Prädikats ist für die Identität völlig gleichgültig." „Nicht durch das S und das O besteht die Gleichheit, sondern umgekehrt, nur sofern die Gleichheit ist, d. h. nur sofern beide ein und dasselbe sind, sind auch S und O".[5] Sofern also das Prius der Identität vor dem Identischen gesetzt wird, geht ihre Idee und Realität allem Inhaltlichen, *was* sie identifiziert, voraus, *Einheit ist vor Synthesis*. „In bezug auf das Absolute ist nicht A als Subjekt und A als Objekt, sondern A = A und A = A, d. h. eine Identität gegen die andere im Gegensatze. Jedes ist gleich unendlich, also ununterscheidbar, aber eben weil

[1] VI, 137.
[2] 141.
[3] 143.
[4] 145.
[5] 147.

gleich unendlich, sind sie auch nicht durch eine *Synthese*, d. h. durch ein *Untergeordnetes*, sondern nur durch das *Höhere*, durch das absolute *An-Sich* zusammengehalten."[1] Das An-sich aller Dinge, aller Subjekte und Objekte ist also die Identität selbst. Es ist dann aber die Identität nicht nur formell, sondern reell gesetzt, da ihr Wesen ist, sich als seiend zu setzen, „das Affirmierende und das Affirmierte von sich selbst" zu sein.[2] „Es gehört zum *Wesen* der absoluten Identität, zu *sein*. Das Sein der absoluten Identität ist eine ewige Wahrheit."[3] Das ewige Prius Gottes ist also dieses: durch Sein Wesen (Identität) zu sein, da Identität nur eine solche von Ideal (Affirmierendes, Seien*des*) und Real (Affirmiertes, Sein) besagen kann. Als dieses Prius ist Gott das An-sich, die *Idee* aller Dinge. In Ihm ist alle Wahrheit analytisch: mit der Setzung des „Begriffs" ist die Realität gegeben, während es im Endlichen nur *ideale Identität* (A = A) oder ideal-reale *Synthesis* (A = B) geben kann. Alles Endliche – das sagt dasselbe – hat kein An-sich außer sich, ist daher Ex-sistenz außer dem wirklichen Sein: „Alles, was ist, ist, sofern es nur wirklich *ist*, die absolute Identität."[4] „Verschiedenheit . . . gehört nicht zum Wesen, zum wahren esse, sondern vielmehr zum non-esse, zum Nichtsein der Dinge . . . Das konkrete Ding *hat* eine Form, das Absolute aber ist sich selbst die Form, und ist in dieser Beziehung wieder formlos, inwiefern nämlich das Formlose dem Unendlichen gleichgesetzt wird."[5]

Wenn nun aber auch die absolute Identität allem Identischen ewig voraus *ist*, so kann sie es doch nur sein als Identität *von* etwas, so sehr das konkrete *Was* dieses Etwas für ihr Wesen gleichgültig sein mag. Gott ist freilich Identität von Wesen und Form (Sein Wesen nämlich ist Identität zu *sein* und es *als* Identität zu sein), aber damit es überhaupt die Form der Identität *actu* geben könne, muß sie Form eines Ident*ischen* sein. Das Identische aber (als „Stoff" dieser Form) kann nur Identisches sein, wenn es Gleichheit eines Ungleichen ist, aber nicht eines Ungleichen schlechthin, sondern einer solchen Differenz, welche die Identität nicht affiziert. Schelling nennt sie darum „quantitative Diffe-

---

[1] IV, 134, Anm. (Syst. d. Phil., 1801); vgl. VI, 162-163.
[2] 148.
[3] IV, 118.
[4] VI, 156.
[5] 162.

renz", jeweils „unendliche Einheit des Affirmativen und Affirmierten, aber mit dem Übergewicht entweder des Affirmierens oder des Affirmiertseins".[1] Dadurch ergäbe sich ein ideales und reales, subjektives und objektives All, deren Seinstotalität, als Totalität genommen, gleich wäre und die aktuelle Identität als *Indifferenz* beider ermöglichte. „Die Form der Subjekt-Objektivität [Identität] ist nicht *actu*, wenn nicht eine quantitative Differenz beider gesetzt ist . . ., [es] können beide nicht *als solche* gesetzt sein, sie seien denn mit quantitativer Differenz gesetzt." Diese ist freilich „nicht *an sich* denkbar . . . Wenn die quantitative Differenz in Ansehung des einzelnen Dings wirklich stattfindet, so ist die absolute Identität, insofern sie *ist*, als die quantitative Indifferenz der Subjektivität und Objektivität vorzustellen".[2] In diese Indifferenz ist die Form freilich wieder „qua Form vertilgt" und zum Absoluten geworden, aber um vertilgt zu werden, muß sie doch erst (durch Differenz) wirklich geworden sein. Die qualitative Differenz nun, die das Ideale und Reale innerhalb ihrer selbst, nicht aber in ihrer Totalität unterscheidet, ist wirklich gesetzt durch die Parallelität der idealen und realen *Potenzen*, die sich in ihrer Totalität wiederum aufheben. Die beiden Totalitäten als *eine* bilden so die Aktualität der Form der Identität, deren Identität (von Aktualität und Form, Sein und Wesen) die ewige lebendige Idee Gottes ist.

Das ist die Vollform der mystischen Potentialität. Das ewige Prius der (aktuellen) Identität ist ein solches, das innerhalb des geschlossenen Kreises ewiger Wesens-„Notwendigkeit" das „Zufällige" immanent trägt. Sein des Wesens Gottes *setzt voraus* – diese zwei Worte sind wieder im allerwörtlichsten Sinn zu nehmen – Da-sein, Ex-sistenz außer dem Wesen. Wie Schelling später in einfachster Formel sagt: „Das Urwesen als absolute Identität des Realen und Idealen ist selbst wieder nur subjektiv gesetzt, aber wir müssen es ebenso gut objektiv begreifen: es muß nicht nur in sich, sondern auch außer sich absolute Identität des Realen und Idealen sein, d. h. es muß als solche sich offenbaren, sich aktualisieren – es muß auch in der Existenz sich zeigen."[3] Diese Gleichsetzung von Offenbarung und Aktualisierung gibt ebenso eindringlich die Grundformel der Schellingschen Weltschau, als ihr Erlebnis

---

[1] 180.
[2] IV, 124-126; vgl. 128-129.
[3] Stuttgarter Privatvorlesungen (1810), VII, 424.

in der Gleichsetzung von Gnade und Enthusiasmus sich aussprach. Wie es da um die Identität der unbewußten realen und der frei-bewußt-idealen Produktion ging – als Identität der tiefsten und höchsten intellektuellen Anschauung –, so hier im Kosmischen um die Identität der göttlichen realen natura naturans mit der göttlichen idealen natura naturans, als absolutes All, welche beide (voraus) identisch sind durch die realen und idealen Totalitäten des erscheinenden All (natura naturata) hindurch. Die Analogie zwischen Kunstproduktion und Gottwirklichkeit ist eine vollkommene, ja, mehr als das, jene ist selbst das Erscheinen dieser. Wenn also Kunst die Indifferenz der Potenzen erscheinend darstellt, so *ist* Gott wesenhaft diese Identität. In ihm sind alle Potenzen aufgehoben, als in ihrer eigentlichen Wahrheit, ihrem An-sich. Nur in der Totalität liegt die Wahrheit, auch die „einzelne" Wahrheit, woraus zugleich erhellt, „daß in der wahren Wissenschaft jeder Satz nur eine bestimmte und sozusagen örtliche Bedeutung hat und daß er der bestimmten Stelle entnommen und als ein unbedingter (dogmatischer) hingestellt, entweder Sinn und Bedeutung verliert oder in Widersprüche verwickelt".[1]

Damit ist klar, daß das Problem, woran die existentiale und die eschatologische Untersuchung anknüpfen müssen, das des Verhältnisses von Ex-sistenz zu Idee (als Totalität und Identität), von Außer-sich zu An-sich sein muß. Hier liegt die Grundfrage der Auflösung der axiologischen Ewigkeitsspannung. Es ist das Problem des Seins des Endlichen im Absoluten, der „Vertilgung der Form qua Form", der *„Auf-hebung"*. Schelling gewinnt damit über Fichte hinaus, für den alle Endlichkeit ewig außer dem göttlichen Leben bleibt, Zugang zu jener Grundfrage antiker und christlicher Metaphysik, die von Plato über Plotin zu Augustinus und Thomas getragen wird, die im Vers des Johannesprologs „in Ipso vita erat" (In Gott ist das Endlich-Tote Leben)[2] ihren kürzesten Ausdruck findet und von Anselm in aller Klarheit gesehen wird: „In seipsis [res] sunt essentia mutabilis, secundum immutabilem rationem creata, in ipso [Verbo] vero sunt ipsa *prima essentia et prima existendi veritas*, cui prout magis utcumque illa similia sunt, ita *verius* et praestantius

---

[1] VIII, 209.
[2] Diese falsche Textzusammenziehung von Vers 3 und 4 war dabei lediglich Anlaß einer scharfen Problemformel.

existunt.“[1] Es geht hier ausdrücklich, wie bei Schelling, um ein Aufgehobensein des Endlichen nicht in einer „bloßen“ Idee, sondern in einer Idee als lebendiger *Wahrheit der Existenz*, welche als solche Identität von „Wesen“ (prima essentia) und „Existenz“ (existendi veritas) ist. So versteht sich, wie Anselm bald darauf von Hegel als bedeutender Zeuge angeführt werden wird. In dieses Problem mündet schließlich aber auch Leibnizens, Kants und Fichtes Eschatologie. Denn sowohl das Problem der Monadologie, als das der von Gott vollzogenen, vor Ihm *geltenden* Synthesis von Pflicht und Glückseligkeit, als die Frage der Selbstvernichtung des Wissens kreisen alle um diesen Punkt. Aber erst die Weise, wie Schelling die Frage stellt, scheint die Eschatologie der drei großen Denker vor dem verflüchtigenden Spiritualismus zu retten. Schelling muß dazu freilich an die Philosophie die Forderung stellen, die Dinge zu sehen, wie sie in Gott sind; in ihrer „aufgelösten“ Form, wo ihre endliche Spannung (zwischen Idealität und Realität) unmittelbare Identität geworden ist. Bloße Reflexion begreift das nie: sie sieht wohl, was gefordert wäre: Identität des Entgegengesetzten, aber diese bleibt ihr „eine bloße Synthese“ und „keine wirkliche Auflösung“.[2] Nur ein unmittelbar schauendes Vermögen, das ästhetische, hat zu dieser Welt der Idee wirklichen Zugang, denn wie diese das Höhere über konkretem Natursein und abstraktem Allgemeinsein,[3] über Individuum und Gattung[4] darstellt, so auch die Kunst, deren eigentliche Aufgabe es ist, in einem Einzelnen ein Allgemeines zu erschöpfen.[5]

Leibniz sah das Problem, aber die Ideen „werden vorzüglich von der Seite ihrer Geschiedenheit, ihrer Differenz betrachtet und sind nicht sowohl absolute als individuierte Ideen“.[6] Leibniz ist „Idealismus“ in der „Potenz des Endlichen“,[7] und es muß ein Dualismus zwischen den Monaden und Gott sich öffnen, der nur in einem unendlichen Aufsteigen, das heißt gar nicht, überwindbar ist. Dieser Gegen-

---

[1] Monologium, cap. 33. Vgl. cap. 31: Satis itaque constat, in Verbo . . . non esse [rerum] similitudinem, sed veram simplicemque essentiam; in factis vero non . . ., sed verae illius essentiae vix aliquam imitationem.

[2] VI, 182.

[3] VI, 185.

[4] 157.

[5] VII; 304 (Über das Verhältnis der bildenden Künste zur Natur, 1807).

[6] VI, 105 (Propäd. der Philos., 1804).

[7] 109.

satz „besteht so lange, bis sich die Philosophie zum schlechthin Unendlichen erhebt".[1] Kants Scheidung von Verstandesbegriff und Vernunftidee reißt diesen Dualismus vollends auf. Fichte hat wohl den Weg gefunden, ihn zu versöhnen, aber er will ihn nicht gehen: die Nichtidentität des (als formal) endlichen Wissens und unendlichen, unerkennbaren Gottlebens hindert ihn, den Standpunkt der Vernunft einzunehmen, der „ganz im Unendlichen ist".[2] Nur im Mitvolllzug der Schöpfung erschließt sich das Rätsel des Absolut-Endlichen. „Außer der Lehre vom Absoluten haben die wahren Mysterien der Philosophie die von der ewigen Geburt der Dinge und ihrem Verhältnis zu Gott zum vornehmsten, ja einzigen Inhalt."[3]

Diese Geburt ist ewig, da sie Gottes ewige Voraussetzung ist. „Es ist gleichsam ein Schlag, womit das All und das Besondere gesetzt ist. Das All ist = Gott, angeschaut in den unendlichen Folgen Seiner Idee, alle diese Folgen sind also zumal, aber eben weil sie nur zumal, nur durch unteilbare Position sind, so *ist* das Besondere [nur] . . ., inwiefern es durchdrungen ist vom unendlichen Begriff Gottes und des Alls, es ist *nicht*, inwiefern es etwas für sich ist."[4] Darum gilt umgekehrt: Indem „das All ist, sind in ihm nun auch die besonderen Formen, aber sie sind auch nicht, weil es sie nur als aufgelöst in sich, also nicht ihrer besonderen Realität nach setzt".[5] Diese „besondere Realität" (= Existenz) ist weder Nichts, weil durch ihre Auflösung ja das All actu *ist*, noch ist sie Sein, weil Sein nur dem An-sich des Besonderen zukommt. Sie ist freilich das, was man so alltäglich „das konkrete wirkliche Sein" nennt,[6] aber in Wahrheit nur als *relativ* auf das Sein gesetzt und demnach „ein Gemischtes von Realität und von Negation, . . . ein Limitiertes, ein Konkretes, . . . Wirkliches".[7] „Das wahrhaft Reale" aber ist „das Herz der Dinge", die Idee. Das Einzelne „ist im All nur, inwiefern es durchdrungen ist vom Begriff desselben, gesättigt vom Unendlichen, aufgelöst in das Allsein. Diese Auflösung ist die wahre Identität des Unendlichen und des Endlichen. Das End-

[1] 113.
[2] 130.
[3] VI, 17 (Philosophie und Religion, 1804).
[4] VI, 181.
[5] Ebd.
[6] 189.
[7] 190.

liche ist *nur* im Unendlichen, aber eben dadurch hört es auf, als das Endliche zu sein".[1] Aber der Begriff „Endlichkeit" genügt nicht, um den Gegensatz der Existenz zur Idee zu kennzeichnen. Die Idee *erscheint* vielmehr (als Existenz) in der Doppelform der Unendlichkeit des Begriffs, den kein Endlich-Reales je erschöpft, und des ins Unendliche zeithaft sich zerdehnenden Endlichen, Begrenzten der Anschauung. „Dieses ins Unendliche Endliche ist aber in der Idee dem an und für sich selbst Unendlichen als eins gesetzt . . . Eine *zeitlos unendliche Endlichkeit* ist also die, welche an und für sich selbst oder ihrem Wesen nach unendlich ist."[2] Vom Begriff aus gesehen aber gilt: „Im Absoluten ist, was im Endlichen ideal ohne Zeit, auch real" ohne Zeit.[3] In doppelter Weise erscheint die Idee also als unendliche Endlichkeit, wobei unendlich im Sinn der „guten Unendlichkeit" (wie Hegel sagen wird) zu nehmen ist. Die Auflösung hat daher den unrückführbaren Doppelcharakter eines Unterganges des Einzelnen, Konkreten, Individuellen, *sofern* dieses Schranke ist („Das konkrete Ding als konkretes ist bloßes Nichtsein, bloße Ohnmacht")[4] und einer Konstitution des ewigen Seins durch das geopferte, unendlich Wertvolle, unersetzlich Einmalige dieses selben Konkreten, Individuellen. In Anlehnung an Leibniz sucht Schelling daher zu beschreiben, wie die „Dinge im Absoluten zu sein vermögen. Offenbar nicht, inwiefern ihre Besonderheit selbst eine Schranke, eine Negation ist, sondern wenn sie für sie zum Wesen, und selbst unendlich wird. Nur dann sind 1. die besonderen Dinge wahrhaft *geschieden*, wenn jedes für sich ein Universum ist; denn nur das Universum ist absolut gesondert, weil *nichts außer ihm* ist; im Universum aber ist nichts absolut geschieden, weil alles mit allem in Verknüpfung ist. 2. Zugleich aber ist dies die einzige Art, wie die endlichen Dinge im Universum sein können, ohne es zu beschränken, denn nur, inwiefern jede[5] für sich ein Universum ist, wird das Besondere an ihnen zu einer bloßen wiederholten Position des All, des Unendlichen – und nicht zur Negation".[6] Diese bloße wiederholte Position des All (als die Ideen) ist aber nichts anderes als die Stufenreihe der Potenzen in einer sozusagen nur je intensiveren Setzung derselben Größe (A, A^2, A^3), deren Totali-

[1] 182.
[2] IV, 248 („Bruno", 1802).
[3] 251.
[4] VI, 197.
[5] scil. Art. (Oder: jedes?)
[6] VI, 105 (Propäd. d. Philos.).

tät (als die absolute Setzung A^{∞}, in der alle Potenzen, Ideen, je aufgehoben sind) Gott ist.

2. Diesem theoretischen Weltbild entspricht nun eine ganz bestimmte Existentialität, die sich vom *doppelten Paradox der Auflösung* her ergibt. Das erste Paradox ist Schelling mit allem Platonismus (von Plato-Plotin-Origenes zu Augustin-Anselm) gemeinsam: es ist dasjenige der „Aufhebung“ und „Auflösung“, in der das Endliche zugleich geopfert, vernichtet, und zur Wahrheit erhoben, verklärt wird. Das geschieht bei Plato nur im blitzhaften Augenblick *(ἐξαιφνές)* der Ideenschau, bei Plotin im verklärten Untergang der ψυχή im νοῦς (Idee, „Vernunft“) als dem „unendlich Endlichen“, und von diesem aus höher im ἕν (als der absoluten, potenzlosen Totalität), bei Origenes, Augustin-Anselm im Regreß der Kreatur durch Christus zum Logos als dem schöpferischen, einen „Ort der Ideen“, der lebendigen Uridee und mit Ihm zum Vater. Das zweite Paradox ist darüber hinaus das spezifisch idealistische der mystischen Potentialität: die Konstitution des ewigen Seins der Idee durch ebendiese untergehende Auflösung als Konstitution des Früheren durch das Spätere. In dieses Paradox ist der ganze erste (Plotinsche) Aspekt selbst nur als ein Teilaspekt hineingenommen, dem als Gegenaspekt der zweite (letztlich Feuerbachsche) widerstreitet. Im Ineinander beider muß Schellings Existentialität sich offenbaren. Aber die Spannung des Platonischen Weltbildes zum Feuerbachschen Aspekt läßt in jenem eine Spaltung eintreten: es zerfällt selber in eine heidnische und christliche Existentialität, zu welchen die Feuerbachsche in je verschiedener Beziehung steht: Plotin-Feuerbach schließen sich gegen Augustin-Anselm als heidnische Front zusammen und bezeichnen darin selber nichts als die äußerste Widersprüchlichkeit der mystischen Potentialität: Endlichkeit reine Negation des Unendlichen (Plotin) und Endlichkeit reine Position des Unendlichen (Feuerbach). „Identität“ steht hier gegen christliche „Analogie“ zwischen Idee und Existenz. Aber Feuerbach schließt sich anderseits mit Augustin gegen Plotin zusammen, sofern es beiden um das tiefere Problem der Persönlichkeit und um deren Möglichkeit geht, gerade *in sich* (außer Gott) *in Gott* zu sein. Person- und Geistphilosophie steht hier gegen unpersönliche, antike Philosophie. Die Formel Schellings muß sich also aus diesem *vielfachen* Ineinander ergeben, aber freilich, *daß* es ihm überhaupt um die paradoxe Synthesis dieser Welten geht, ist

bereits ein Teil dieser Formel: dämonisch zusammenzwingender Wille.

Der Plotinsche Aspekt von Schellings mystischer Potentialität ist der vordergründigste und darum eingänglichste. Das Verhältnis des Voraus Gottes (ἕν, Identität) zur Welt ist das des in sich verbleibenden Absoluten, das aber als solches unmittelbar die Stufenreihe der Potenzen außer sich setzt, um in und an ihnen als an lebendigen Spiegeln in seiner Absolutheit „erscheinen" zu können. Sofern die Spiegel nun *nicht* das Gespiegelte sind, sind sie freilich Nichts, Schatten, Materie, und auch die höchste Erscheinung, die Vernunft, hat noch teil an diesem Nichts *(ὕλη νοητή)*,[1] aber sie sind dieser nichtige Hintergrund nur, sofern sie je zugleich lebendiges Spiegeln sind, „Schein" nur sofern „Erscheinung". Darum sagt Schelling: „Das absolute Setzen des All [ist] unmittelbar ein relatives Nichtsetzen des Besondern als solchen . . . Da es nun das All selbst ist, wodurch das Besondere als bloßes Nichtsein gesetzt wird, so ist dieses Nichtsein *als* Nichtsein, und ebendadurch, *daß* es Nichtsein ist, *Ausdruck* des All, das All ist in ihm erkennbar, nicht unmittelbar, aber mittelbar, d. h. durch *Reflex*, durch Widerschein: – und hiemit ist denn zuerst die ganze Bedeutung der Erscheinung ausgesprochen. Die unendliche Affirmation, indem sie alles Besondere, das aus der Idee Gottes folgt, zurücknimmt und wieder auflöst in sich selbst, läßt, dem Blitz ähnlich, nur die *entseelte Gestalt*, den Schatten, das reine Nichts des Besonderen zurück, aber eben in diesem Nichts des Besondern spricht sich am meisten das All aus als die allmächtige, die eingeborne, die ewige Substanz."[2] Diese Worte offenbaren zugleich die rein Plotinsche Existentialität: im plötzlichen Blitz der Erscheinung Gottes die Entrückung in höchste Schau, das Hintersichlassen des Spiegels als *Nichts*: Ex-sistenz als Ek-stase.

Aber da es doch das Weltliche ist, das in der Entrückung Gott in sich erfaßt, so liegt darin der Keim einer zweiten möglichen Betonung des Verhältnisses Idee-Existenz. Das „Nichtsein der Erscheinung" Gott gegenüber, als Nicht-an-sich-sein – sofern ihr Ansich transzendent in Gott liegt –, heißt ja identisch zugleich „in Gott sein". Aber dieses In-Gott wird um so erhabener, „wahrer"

---

[1] Enneade, II, 4. 4. Als reine Begründung der Andersheit *(αὐτο-ετερότης)* entspricht sie genau der quantitativen Differenz Schellings, die sosein-, nicht daseinbeschränkend ist.

[2] VI, 197.

sein, je mehr die Erscheinung *als solche* (also außer Gott) in Gott sein kann. Gottes Selbstsetzung ist die des absoluten All, Er setzt Sich als absolut affirmierendes Affirmiertes, das heißt als schaffenden Naturgrund (natura realis naturans) und absolut affirmiertes Affirmierendes, das heißt als schöpferischen Wissensgrund (natura idealis naturans). Beide als „besondere Folge"[1] der absoluten Selbstsetzung sind wesensgleich, nur formverschieden. „Da nun aber das, was nur besondere Folge ist, als besondere oder dem *eigenen Leben* nach nur auf endliche Art, d. h. nur durch endliche Dinge erscheinen kann", so sind diese *wirkliche* Schöpfungen des (Real- oder Ideal-) Grundes. Dann aber sind sie auch „an sich" nicht mehr reine Ohnmacht, sondern die Potenzen des Schöpferischen selber: sofern Gott in ihnen „naturiert", sind sie *erscheinendes An-sich*. Die Sicht Plotins kehrt sich radikal um. Statt die Welt restlos als Abstieg in die Vielheit zu begreifen, bis zum äußersten Ausläufer am Rande des Nichts *(ὕλη)*, erscheint die Welt als aufsteigendes Leben; die jeweils höhere Potenz ist nicht reflektierte Einheit, sondern schöpferische Synthesis, – bis zuletzt „das reale und ideale All *zusammenfließen* zur absoluten Identität in der Vernunft".[2] Daraus wird deutlich, 1. daß Schelling eine Philosophie des Geistes (als des schöpferischen Voraus aller Realgenesis) dennoch von *unten* her, von der niedrigsten Erscheinung aus beginnen mußte, um das Schöpferische je im Höheren als tätige Synthesis, inneres Leben zeigen zu können, darum er denn auch die Methode der „Emanation" ablehnt;[3] 2. warum im System „Vernunft" als absolute Indifferenz des realen und idealen All von Gott als absoluter Identität noch unterschieden wird. Sie ist „gleichsam das auf dem All ruhende Antlitz Gottes . . ., Reflex der Gottheit, inwiefern sie in der abgebildeten Welt liegt, aber dennoch dem Wesen Gottes *ähnlich und gleich*, weil sie in dem abgebildeten All selbst nicht als eine besondere Folge, sondern als die absolute Identität aller besonderen Folgen aus Gott enthalten ist".[4] „Vernunft" ist das absolute Resultat der Genesis Gottes aus der Welt, inwiefern sie („von unten her") dem ewigen Voraus Gottes („von oben her") als

---

[1] VI, 205.
[2] VI, 207.
[3] Weltalter, VIII, 244; vgl. Die Gottheiten von Samothrake, VIII, 359.
[4] VI, 207-208.

lebendiger Spiegel begegnet und sich mit ihm als identisch erkennt. Endlich 3. wird klar, wie so ein wachsendes Gottgegenübersein mit einem wachsenden In-Gott-sein zusammenfallen kann und muß. Denn „je ähnlicher ein Ding schon der Besonderheit nach dem All ist, desto vollkommener ist es also, und desto mehr schaut auch das Absolute . . . *sich selbst* in ihm an, ein desto vollkommenerer Widerschein des All ist es also selbst in seinem Nichtsein".[1] Die volle Formel dafür lautet dann: „Wenn das Abgetrennte in seiner Abtrennung wirklich vollkommener Abdruck des All wäre, [würde] die Privation an ihm zur Position." Denn es wird im selben Maße zum „Organ" des Absoluten,[2] als es dessen Bild wird. Hier sind wir vom unpersönlichen Denken Plotins in die tiefste christlich-idealistiche Person-Philosophie hinübergeglitten – und schon wieder über sie hinaus in der Richtung auf Feuerbach zu. Denn Schellings Personlehre läßt sich von seiner gnostischen Gottlehre nicht mehr trennen. Das Zusichkommen des Seins, als Sich-erblicken der Idee in ihrem Spiegel (Organ, Organismus) ist nur mehr als Zusichkommen Gottes selber faßbar. Das wachsende In-eins von Erscheinung außer Gott und ihrem „Zentrum" in Gott ist wachsende Konvergenz zur Identität von Sein und Wesen (Fichte: Sein und Freiheit) in Gott selber. Gott wächst sozusagen vom ewigen idealen Voraus und vom realen Naturgrund (unter der Materie) durch die Welt hindurch zusammen zu seiner Absolutheit. Darum wird die Existentialität der Entrückung (Ek-stase) ergänzt durch ein wachsendes Insichstehen (En-stase[3]). „Das innere Leben der Dinge nimmt relativ auf das äußere in dem Verhältnis zu, in welchem ihr besonderes Leben dem Centro sich einbildet oder diesem gleich wird; daher der Mensch, der ganz im Centrum steht, die vollkommenste, innerste Einheit mit allen Dingen hat, die in ihm zum Wissen und Erkennen wird."[4] Das Grundphänomen der Materie ist Schwere, Gravitieren, naturphilosophisch ist es der reine Ausdruck der Exzentrizität, und gleichbedeutend mit Nichtleben. „Jedes Ding gravitiert . . . nur gegen das schlechthin Eine, die unendliche Substanz, und nur dadurch gegen alles."[5] Diese Schwere kann letztlich nur durch

[1] VI, 213.
[2] VI, 372.
[3] Vgl. unten im Goethekapitel die ausführlichere Darstellung dieser doppelten Existentialität, unabhängig geworden von den idealistischen Voraussetzungen Schellings.
[4] VI, 281.
[5] 253.

eine *innere* Überwindung erlöst werden, welche im Realen *Licht* ist, im Idealen *Bewußtheit*, beides nur quantitative Differenz des Prinzips des Inseins. Das Licht „sucht, in der Schwere die ihr entsprechende Totalität zu erkennen, sie strebt, das in der Endlichkeit gefesselte und gleichsam begrabene Unendliche als wirklich zu setzen . . . Die Schwere lichtet sich . . . Das unendliche Leben bricht aus dem Mittelpunkt der Materie selbst hervor". „Es bedarf keiner Urkeime . . . Alles ist Urkeim oder nichts."[1] Alles ist potentieller Organismus, selbst in den Versteinerungen sieht Schelling nur „mißlungene Organisationen, die, von der Schwere zurückgehalten, in die Starrheit zurückgesunken sind". „Tote Materie ist nur eine schlafende, gleichsam von Endlichkeit trunkene Tier- und Pflanzenwelt, die ihre Auferstehung noch erwartet oder den Moment derselben versäumt hat."[2] Materie ist so schon latente „Perzeptivität" (Leibniz), die im Instinkt zu einem geistigen, doch noch blinden, rein objektiven Bewußtsein erwacht. Im Menschen aber ist die Substanz, das An-sich, nicht mehr außerhalb der Existenz, sondern wird das Allgemeine dem Besonderen unmittelbar gleich. Denn der Mikrokosmos des menschlichen Organismus ist potenzlos (als Integration aller Naturpotenzen) und damit erscheinendes All. Sofern also die Vernunft sich in diesem All als Erscheinung erkennen kann, ist volle Reflexion ermöglicht und damit Selbstbewußtsein. Die Idee ist zugleich *Seele* geworden. In dieser Einswerdung erhält die Seele aber einen zweifachen Aspekt, welcher die Bewußtwerdung des Menschen und Gottes selbst endgültig aneinanderkettet: „Ein Modus (quantitative Differenz) der unendlichen Affirmation existiert als Modus . . . nur dadurch, daß er a) der Begriff eines existierenden Dings und b) mit diesem absolut eines ist." Oder anders: „Die unendliche Affirmation (der unendliche Begriff) als solche existiert nur dadurch, daß sie *als* unendliche Affirmation die Seele eines einzelnen existierenden Dings ist."[3] Sie ist dies aber nur dadurch, daß dieses Ding die „unendliche Möglichkeit durch die Wirklichkeit", d. h. das Universum oder die Totalität in sich darstellt. „Die vollkommenste Darstellung der unendlichen Möglichkeit . . . findet nur in dem vollkommenen, potenzlosen Organismus statt", im menschlichen. Das Erstaunen, das uns bei Lesung

[1] 387-388.
[2] 389-390.
[3] 503-504.

dieser Sätze befällt, betrifft die Bezeichnung der unendlichen Affirmation als „Möglichkeit", da wir eben noch (im Plotinschen Aspekt) diese je schon (als Idee) *über* Möglichkeit (des Begriffs) und Wirklichkeit (der Anschauung) erhaben glaubten. Aber es ist eindeutig ausgesprochen: „Die unendliche Affirmation [ist] nichts anderes als die unendliche Möglichkeit, das Ding aber ein Modus der unendlichen Wirklichkeit oder des Seins."[1] Und anderseits: Sofern der potenzlose Organismus zugleich *dieser* konkrete *und* Darstellung der realen Totalität ist, kann das Ideale (die unendliche Affirmation) in ihm zugleich einzelne Seele und Begriff der Seele („also das, was allen Seelen gemeinsam ist"[2]) sein. Nur so, indem Seele und Begriff sich selber wie Objekt-Subjekt, Leib-Seele verhalten, entsteht ein *Ich*, ein Bewußtsein, als Sich-selber-Objekt-sein. Zwei Aspekte müssen eins werden: „Die Seele, insofern sie mit dem Leibe eins, ja er selbst ist, und die Seele, sofern sie das unendliche Erkennen ist." Jener ist diesem „als Wirklichkeit der Möglichkeit", dieser jenem als „Möglichkeit der Wirklichkeit entgegenzusetzen".[3]

Hier wird blitzartig die Nähe Schellings zur christlich-idealistischen Personphilosophie Augustinus' und seine Ferne von ihr klar. Augustin liebt es ja, Gott als Seele der Seele darzustellen: „Denn das Fleisch ist nicht sich selbst Leben, sondern die Seele ist des Fleisches Leben. Die Seele ist nicht sich selbst Leben, sondern Gott ist der Seele Leben . . ."[4] Schelling scheinbar gleichlautend: „Nur in dem Anblick des Höchsten lernt jedes Prinzip die ihm zukommende Stelle kennen; nur im Höchsten ist das Maß . . . Nur durch den Geist Gottes, der darum der Geist von oben heißt, kann [die Seele] wiedergeboren werden . . ."[5] Aber ist Gottes Wohnen in der Seele hier auch deren Wahrheit und Vollendung, so ist diese doch zugleich „Bedingung" der Wirklichkeit dieses Gottgeistes, „gleichsam als Gefäß, in dem [Er] aufgeht".[6] Und so bereitet sich bei Schelling jenes existential zweideutige Verhältnis zwischen Anbetung und Beherrschung vor, das später bei Spitteler im Mythus von Prometheus und Göttin-Seele, bei George im Dämon-Mythus des „Vorspiels" seine rein existentiale Gestalt erhält, das

[1] 505.
[2] 507.
[3] „Bruno" (1802), IV, 286-287.
[4] Sermones, Nr. 156, 6. 6.
[5] Weltalter, VIII, 240, 265.
[6] 247.

im Liebesspiel von Goethes Prometheus und Minerva und schon im Sophia-Mythus Jakob Böhmes sich ankündete. „Will sich der Wille gleichsam auf seine eigene Basis setzen, so wird er notwendig der Seele entfremdet und damit dem Guten, unterwirft er sich aber der Seele, so wird er dem Eigenwillen entfremdet und dadurch dem Bösen . . . Die Seele ist der innere Himmel des Menschen.“[1]

Das zweideutige Verhältnis von Möglich-Wirklich führt notwendig zu dieser existentialen Zweideutigkeit. Die unendliche Affirmation, sofern sie Gottes ewiges Voraus ist und alles Gewordensein als ewige Vergangenheit voraussetzt, ist freilich ewige Wirklichkeit, ewig „gesättigt“ in der Einswerdung mit dem All als realer Totalität. Aber was im Ewigen ewig vergangen ist, *erscheint* im Zeitlichen als werdend. Für die Seele also, die der Endpunkt dieses zeitlichen Werdens ist, ist Gott gerade noch unendliche Möglichkeit, die nun in ihr wirklich wird. Sie wird damit zum dialektischen Punkt, wo die „zeitliche Zeit“ eingeht in die „ewige Zeit“ Gottes. „Die wahre Ewigkeit ist nicht die, welche alle Zeit ausschließt, sondern welche die Zeit (die ewige Zeit) sich selbst unterworfen enthält.“[2] Im Aspekt der Ewigkeit gilt also: „Aus der Selbstaffirmation Gottes folgt nicht nur unendliche Realität überhaupt, sondern auch auf unendliche Weise. Alles, was kraft der Selbstaffirmation Gottes möglich ist, ist auch unmittelbar wirklich durch sie.“[3] Im Zeitaspekt gilt dagegen: „Die unendliche Affirmation [ist] nichts anderes als die unendliche Möglichkeit . . . die Wirklichkeit findet [sie] nur in dem vollkommenen potenzlosen Organismus.“[4] Gilt die Unterscheidung von Möglich-Wirklich nur im Erscheinen, so ist sie an sich nichtig: „Im Absoluten ist nichts möglich, was nicht eben deswegen auch wirklich wäre.“ Alle Begriffe sind im Absoluten auch real, selbst die von nichtwirklichen Dingen.[5] Freilich, Schelling erklärt diese letzteren lediglich als Dinge, „die z. B. vergangen oder zukünftig sind“, nicht aber als solche, die *nie* existieren. Denn von solchen kann in Gott kein Begriff sein: Seine Selbstaffirmation setzt alles Mögliche *als* Wirkliches. So erklärt sich, wie das ewige Ideen-

[1] Stuttg. Privatvorles. (1810), VII, 471.
[2] VIII, 260.
[3] VI, 174.
[4] VI, 505.
[5] 534.

reich, als Identität von Möglich-Wirklich, sich in der Zeit in eine Spannung zwischen Möglich und Wirklich zerlegt, welche nichts als die Zeit selber ist. Diese Spannung *ist* dann (als Ganze) Ex-sistenz. Darum erscheint aber dem Existierenden selber die Idee als Gegensatz zum Existentiellen – als bloße unendliche Möglichkeit: „Die *Einheit* [ist] für das endliche Erkennen die bloße unendliche Möglichkeit, die Vielheit dagegen die Wirklichkeit der Dinge . . . und ferner [gilt], daß wir in der grenzenlosen *Realität* nur die unendliche Möglichkeit aller Wirklichkeit, in der Grenze dagegen die Wirklichkeit derselben erblicken, daß also die Negation zur Position, die Position dagegen zur Negation wird . . . Daß also mit einem Wort im endlichen Verstande, verglichen mit der höchsten Idee und der Art aller Dinge in dieser zu sein, alles *umgekehrt* und wie auf den Kopf gestellt erscheint, ungefähr so wie Dinge, die man in einer Wasserfläche abgespiegelt sieht." „Werden wir daher nicht weiter mit Grund schließen, daß, weil mit dem Gegensatz des Idealen und Realen auch der der Möglichkeit und Wirklichkeit durch alle unsere Begriffe gesetzt ist, auch alle Begriffe, die auf diesem Gegensatz beruhen, oder aus ihm hervorgehen, nicht minder als jener *falsch* und in Ansehung der höchsten Idee ohne alle Bedeutung seien?"[1]

Begrifflich sind diese Ausführungen vollkommen durchsichtig. Die Frage erhebt sich aber, was sie existential besagen. Im Plotinschen System läßt sie sich verhältnismäßig leicht beantworten: Gott ist jener Urakt des Seins, der jenseits und *über* aller weltlichen Ex-sistenz (als Spannung zwischen Ideal-Real, Möglich-Wirklich) die unendliche Seinsfülle ist, der uns Weltlichen, denen „Realität" und „Wirklichkeit" als „harte Wirklichkeit", „unerbittliche Objektivität" des Daseins, „*Not*wendigkeit" erscheint, notwendig als eine leichte, selige, *ideale* Seinsart vorkommen muß, also unter dem existentialen Index des „Möglichen", „Idealen", der „*Notwendigkeit*". Plotins wie Fichtes religiöse Existentialität sind damit voll gezeichnet. Schelling aber macht Ernst mit dem völligen Durch-einander von Gott und Welt, mit der mystischen Potentialität. Die Wirklichkeit Gottes *ist* das Weltsein, freilich nicht als zeitliche, sondern als ewige Zeitlichkeit. Dann aber erhält die Existentialität der „Ex-sistenz" (als Spannung von Möglich-Wirklich) unfehlbar einen so positiven Akzent, daß Gottes Exi-

[1] „Bruno", IV, 244.

stentialität (in ihrer Außerweltlichkeit) als „dünne“, „unwirkliche“, ja „arme“ erscheint, welche dieser Weltpositivität zu ihrer Fülle bedarf: „Gleichwie ein Feuer, das ohne einen Stoff nicht wirklich sein kann, wenn es notwendig wirklich wäre, unmittelbar oder ohne Bewegung durch sein bloßes Wesen den Stoff setzen würde: so *bedarf* es, damit jenes Andere sei, nur der Gottheit selbst, als eines reinen und *von allem Sein abgezogenen* Geistes.“[1] *Ideell* heißt dann wirklich (nicht nur vom täuschenden Aspekt der Welt aus) *ideal* „möglich“. Und in diesen Aspekt geht dann auch die ganze, oben entwickelte Problematik des außer Gott In-Gott-seins des Weltlichen. Im „Bruno“ ist das klar gesehen: Erinnern wir uns, „wie allem, was aus jener Einheit hervorzugehen oder von ihr sich loszureißen scheint, in ihr zwar die *Möglichkeit* für sich zu sein vorher bestimmt sei, die *Wirklichkeit* aber des abgesonderten Daseins nur in ihm selbst liege, und *selbst bloß ideell*, als ideell aber nur in dem Maße stattfinde, als ein Ding durch seine Art im Absoluten zu sein fähig gemacht ist, sich selbst die Einheit zu sein“.[2] Hier sind unentwirrbar beide existentiellen Aspekte von „Wirklichkeit“ in eins gemischt, ohne doch wirklich eins werden zu können: Wirklichkeit als Ex-sistenz außer der Idee (die von hier aus als „Möglichkeit“ erscheint) und Wirklichkeit als das Ideelle selbst (das *Seiende* gegenüber dem bloßen *Sein*[3]).

Damit ist aber sehr genau der Punkt erreicht, wo die Amphibolie der mystischen Potentialität, welche bei Fichte innerhalb des Theoretischen, Begrifflichen verblieb, während ein ganz eindeutiges existentiales Ethos sie überdeckte, zu einer *existentialen Amphibolie* wird. Das heißt einfach: der Begriff der Wirklichkeit hebt sich als existentialer in Schellings doppeldeutigem System selber auf. Keiner der beiden Aspekte gewährt einen endgültigen Wirklichkeitsbegriff, auf den sich ein existentiales *Darleben* dieser Philosophie endgültig stützen könnte, weil er je durch den entgegengesetzten vernichtet wird. Das Ethos dieses Denkens gleitet unaufhaltbar vom Ethos Plotins über das Augustins zu dem Feuerbachs und von da zu Plotin zurück. Gerade in diesem Gleiten erweist es

---

[1] VIII, 258.

[2] IV, 282.

[3] „Das Reale in Gott ist das Sein oder die Existenz, *das Ideale ist das Existierende*, das, worin Reales und Ideales eins sind, der wirklich existierende, lebendige Gott.“ Stuttg. Privatvorles., VII, 430.

sich als ein zutiefst *ethosloses*, unexistentiales Denken, erweist sich das System, das so tief die Fragen der Existenz aufwühlt, als reine Welt-*Schau*. Es zeugt für die seltsame Möglichkeit, daß es ganz unabhängig vom *Inhalt* der Philosophie, die, wenn sie tief ist, die Frage zwischen Idee und Existenz zum Grundthema hat, eine *Form* des Philosophierens gibt, die über jenen Inhalt ideal oder existential (mit unendlichen Stufen des Übergangs) philosophiert. Schellings Denken ist ein rein schauendes (ideales), sosehr auch die Existenz sein Gehalt ist.[1] Aus allem Gesagten folgt tiefer, daß dem auch so sein *muß*, daß die „Existentialität" der mystischen Potentialität nur eine „ideale", „interesselos anschauende" sein kann. Fichtes andersgeartete war darum nicht die seiner Theorie, die Existentialität Novalis' und Hölderlins aber, die aus jener Welt-*schau* in existentielles *Leben* eintreten werden, wird notwendig in Konflikt mit dem „System" geraten müssen.

3. Aus der Amphibolie der Theorie wie der Existentialität folgt die der Eschatologie. Man wird sie erst dann im tiefsten verstehen, wenn man sie zugleich in ihrer inhaltlich-philosophischen wie formalphilosophischen Amphibolie sieht. Die erste ist also das (über Plotin hinaus) scharfe Paradox, daß Gott nur durch das „Nichtexistierende" „existiere". Plotin würde es noch billigen, wenn Schelling sagt, daß „dem Besonderen im All ein gedoppeltes Leben verliehen [ist], ein Leben im Absoluten – dies ist das Leben der Idee, welche . . . als die Auflösung des Endlichen im Unendlichen, des Besonderen im All beschrieben wurde – und ein Leben in sich selbst". Aber das letztere wäre für Plotin ein bloßes Scheinleben. Nicht so für Schelling: „. . . welches ihm wahrhaft nur insofern zukommt, als es *zugleich* aufgelöst ist im All, das aber getrennt von dem Leben in Gott ein bloßes Scheinleben ist. Nur Absolutes ist im Absoluten; nur *Selbständiges* duldet das All. Das Besondere, indem es aufgelöst wird in das unendliche Allsein, erlangt eben dadurch ein *absolutes* Leben, es ist absolut *in sich selbst*; aber nur, sofern es im All ist, es kann nicht zugleich absolut sein und des besonderen Lebens als

[1] Bei Schelling erscheint also die Totalität Sein-Wesen unter dem Exponent Wesen. „Wesen" stellt diese Totalität, die dem *esse* bei Thomas von Aquin entspricht, dar. „Form" (unter welcher das „Wesen" ist), stellt die Differenz des Konkreten gegenüber der Sein-Wesen-Totalität dar – also = „*essentia*" (Wesen) im Sinne von Thomas, „faktisches Dasein", „esse" (Existenz) im Sinne von Suarez.

eines besonderen genießen; es kann auch als Besonderes nur das Leben des Alls leben."[1] Das ist das volle inhaltliche Paradox, jenes doppelte δια der Prometheussituation: der Mensch „wird ... in einem und demselben Akt geschaffen und vernichtet". Inhaltlich gesehen wird daher die existentiale Letzthaltung des Menschen eine unrückführbar doppeldeutige sein: Die erste, welche die „harte Wirklichkeit" der leiblichen Ex-sistenz als das eigentlich Nichtseiende erlebt, wird (plotinisch) die „Auflösung" als eine Ek-stase dieser Existenz ins Ideenreich empor fassen und damit einen spiritualistischen und kontemplativen Charakter tragen. Die zweite, welche im Gegenteil die „Existenz" als das eigentlich Reale erlebt, das in seiner auflösenden Hingabe zum Realen zum Stoff der (an sich idealen) Idee wird, muß die „Auflösung" vorwiegend als schöpferische Verwirklichung einer höchsten leibseelischen Allwirklichkeit fassen und damit einen organisch-aktiven Charakter tragen. Dieser Breite der inhaltlichen Letzthaltung schmiegt sich nun notwendig die doppelte formal-philosophische Letzthaltung ein. Sie gab sich oben einheitlich als Schau-Haltung, gerade *weil* sie existential letztlich unentschieden war. Aber als solche wird sie selbst amphibolisch, je nachdem sie vorwiegend passive Schau (der Welt und Gottes, der Existentialität und Eschatologie) ist, oder vorwiegend schöpferische, diesen Inhalt produzierende Schau. Diese zwei Möglichkeiten bezeichnen aber genau das Eigentümliche der ästhetischen Haltung: Entrückung der Inspiration und Schöpfung des Erschauten. Die „neutrale" Existentialität der Schau verdeutlicht sich also (und damit bewahrheitet sich die ganz zu Anfang gegebene Auslegung der neuen Existentialität des *Schwebens*) als *ästhetische* Letzthaltung des Menschen. Die inhaltlich- und formal-philosophische Amphibolie, an sich nicht identisch, erweisen sich in diesem Sinn als parallel, und so läßt sich Schellings Eschatologie als zweipolig (um eine unvollziehbare Mitte) schwebende durch *eine* Charakteristik der Pole darstellen. Das wird insofern noch begünstigt, als die Pole sich auch *zeitlich* ablösen. Bis etwa 1804 hat die spiritualistisch-ekstatische Fassung das Übergewicht, von da an die organisch-schöpferische.

Was ist der Mensch nach dem Tode? fragt jene erste Eschatologie. Die Idee seiner Seele, sofern sie identisch ist in dieser in

---

[1] VI, 187.

einem zeitlichen Leib erscheinenden Seele, enthält dieses Dasein ewig ideell in sich. „Die Idee der menschlichen Existenz ist dasjenige von der Seele, was selbst ewig ist." Also gilt auch: „Die Seele, als unmittelbarer Begriff des Leibes, wie das Prinzip des Bewußtseins, . . . beide stehen und fallen mit dem Leibe zugleich, das heißt beide haben nichts Ewiges, sondern sind zeitlich." „Die Seele dauert also nur, solange der Leib dauert."[1] Denn Dauer überhaupt ist Unvollkommenheit.[2] Dauer *ist* die Erscheinung der Idee, ist Zeitlichkeit, darum darf auch „die Ewigkeit weder als eine empirische Präexistenz noch als eine Fortdauer gedacht werden".[3] Die Dimension der Ewigkeit liegt eher im absoluten „Innen" als in der „Zukunft". Aber die Menschen „werden nicht gewahr, daß der Punkt, nach dem sie am Ende selbst streben, ihre Freiheit nämlich in Harmonie mit der Notwendigkeit zu setzen, in ihrem Handeln notwendig vor ihnen flieht, daß er nicht *vor*, sondern *hinter* ihnen liegt, und daß sie erst zum Stehen kommen müßten, um ihn zu finden".[4] Denn alles Suchen und Handeln in die Zeitlichkeit *hinein* wendet ebendadurch der Ewigkeit, von der her das Erscheinende erschienen ist, den Rücken. Der Kantsche Riß zwischen Erscheinung und An-sich gähnt nochmals auf: Alle Tat nach „außen" ist selbst „Erscheinung" und dem „Naturmechanismus unterworfen". Auch aller historische Progreß, sollte selbst durch ihn, wie Kant meint, „ein wenn nicht ewiger, doch dauernder Friede näher und näher" rücken, bleibt „bloß empirische Gesetzmäßigkeit, in der nichts Heiliges ist".[5] „Zwischen Idealem und Realem ist auf keine Weise ein Causalzusammenhang."[6] Diesen okkasionalistischen Riß überbrückt nur die *Schau*, als die wahre und ewige Tat, die Schau des Ewigen, der Idee, zuhöchst Gottes: „Jedes Vernunftwesen kann zu der unmittelbaren Erkenntnis Gottes gelangen."[7] Diese Ekstase „vernichtet alle Zeit und setzt *mitten in der Zeit die absolute Ewigkeit*".[8] Schelling läßt hier berühmte Worte Schleiermachers anklingen, der in seiner Universumsfrömmigkeit diesen selben senkrechten Einbruch des „Augen-

---

[1] VI, 535.
[2] 528.
[3] 536.
[4] 553.
[5] 554.
[6] 549.
[7] 561.
[8] 562.

blicks“ der Idee in die Zeit besungen hatte. Im Erlebnis des ungeheuren Zugleich der Ewigkeit in aller Zeit steht die ganze teleologische Entrollung der axiologischen Ewigkeitsspannung gleichsam still und verliert allen Sinn; die Lösung dieser Spannung fließt plötzlich, wie wenn eine unsichtbare Schleuse aufgezogen würde, in eine unzeitliche Dimension hin aus; die Spannung zwischen Zeitlichkeit und Idee erscheint im Blitz eines Nu wie entspannt: „mitten in der Zeit die absolute Ewigkeit“. Zukunftstraum wie Vergangenheitssehnsucht sind aufgehoben im senkrecht einfallenden Augenblick. „Die menschenfreundlichen Ideen eines künftigen goldenen Zeitalters . . . verlieren von diesem Standpunkt aus großenteils ihre Bedeutung. Wer es in sich hat, bedarf es nicht außer sich. Die Weisheit der Alten hat uns einen bedeutenden Wink hinterlassen, indem sie das goldene Zeitalter hinter uns verlegt, gleichsam um dadurch anzudeuten, daß wir es nicht durch endloses und unruhiges Fortschreiten und Wirken nach außen, vielmehr durch eine Rückkehr zu dem Punkt, von dem jeder ausgegangen ist, zu der innern Identität mit dem absoluten zu suchen haben.“[1] Nur in diesem Sprung ins Ewige, in „den heiligen Abgrund“,[2] überwindet Schelling den ahasverischen Fluch der ewigen Annäherung, der seit Leibniz bis zu Kant und dem ersten Fichte auf der neueren Eschatologie lastete. Im Ewigen ist alles Nacheinander ein Zugleich, ist auch die Frucht aller zeitlichen Zukunft schon im „Äon“ der ewigen „Zu-kunft“ Gottes eingeheimst. „Intensive Unendlichkeit“ hatte Friedrich Schlegel das Gemeinte treffend genannt, und schon Oetingers Eschatologie kannte das „Intensum“ als jene vierte Dimension, die „alle, auch die gemeinsten Dinge, neu und von ganz anderer Art“ macht. Auch Lavater hatte von der inneren Unendlichkeit jedes Zeitaugenblicks gesprochen, der je die „ganze Ewigkeit“ enthalte. So wird das Pathos des unendlichen Fortschrittes in gewaltigem Ritardando schließlich zum Stehen gebracht, im blitzhaften Gleichzeitig das Letzte unmittelbar faßbar.

Aber diese erste Seite der Eschatologie ist selber ohne Paradox nicht beschreibbar. Denn einerseits ist ihre Letzthaltung gewiß entrückte Schau des Mysteriums der Idee: „den ewigen und unsichtbaren Vater aller Dinge erkennen, der, indem Er selbst nie aus Seiner Ewigkeit heraustritt, Unendliches und Endliches begreift“,

---

[1] 563-564.
[2] „Bruno“, IV, 258.

das ist Seligkeit.[1] Aber diese Schau ist zugleich ein aktives Ergreifen und Realisieren des Ewigen in uns. Fichte ist unvergessen: „Absolutes Erkennen und absolutes Handeln sind ein und dasselbe.“[2] Nur indem das An-sich-Ewige *in* uns Ewigkeit bringt, sind wir selber ewig. Hier setzt jene bedrohliche Dialektik des Begriffs der Person ein, welche von zwei Seiten her ihren Sinn zu zerstören beginnt. Denn sowohl die Auflösung der Existenz, und damit der Freiheit und des Bewußtseins, in die Idee, wie auch die Nichtergreifung der Idee und das Verbleiben im bloß Naturhaften unterhöhlen die Möglichkeit, ewig Person zu bleiben. Bei Fichte wirkt nur der erste Faktor. Im freien Ergreifen des Ewigen bin ich ewig Ich als Person –, während die Sinnenmenschen, welche diese absolute Wahl nie vollzogen haben, im strengen Sinn noch gar nicht Personen sind und dem Sansara-Umlauf naturhafter Wiedergeburten anheimgegeben werden. Freilich, Individualität bleibt auch für Fichte nur durch Natur (ratione materiae) bedingt, und daß die Geistperson ewig individuell bleibt, verdankt sie der unendlichen Annäherung, welche nie Identität wird.[3] Hier liegt der Keim für den entgegengesetzten Angriff auf die Person, wie Schleiermacher ihn unternimmt: „Auflösung“ der Existenz ins Universum ist ihm nicht nur „Ent-Individualisierung“ – dazu hatte auch Fichte aufgefordert –, sondern unmittelbar „Entpersönlichung“: „Erinnert euch, wie die Religion ganz darauf hinstrebt, daß die scharf abgeschnittenen Umrisse unserer Persönlichkeit sich erweitern und sich allmählich verlieren sollen ins Unendliche.“ Die meisten sind freilich „ängstlich besorgt um ihre Persönlichkeit; also weit entfernt, daß sie sollten die einzige Gelegenheit ergreifen wollen, die ihnen der Tod darbietet, über sie hinauszukommen, sind sie vielmehr bange, wie sie sie mitnehmen werden jenseits des Lebens“. „Möchten sie doch versuchen, aus Liebe zu Gott ihr Leben aufzugeben. Möchten sie danach streben, schon hier ihre Persönlichkeit zu vernichten und im Einen und Allen zu leben.“ Beiden Einflüssen unterliegt Schelling, denn sie sind nur die dialektischen Seiten seiner eigenen Eschatologie. „Unser höchstes Bestreben“, schreibt er an Hegel, „ist die Zerstörung unserer Persönlichkeit, Übergang in die absolute Sphäre des Seins.“ Mit

---

[1] 252.
[2] VI, 540.
[3] Vgl. aber die positivere Fassung der Individualität: Anweisung z. sel. Leben, V, 531.

Fichte glaubt er aber umgekehrt auch an die bedingte Unsterblichkeit: jene, die das Ewige jenseits des Grabes zu finden hoffen, erreichen dort höchstens „eine Unsterblichkeit des Sterblichen", und je mehr sie von zeitlichen Dingen erfüllt sind, desto mehr werden sie sich dem Zustand der Vernichtung nähern".[1] Diese doppelte Bedrohung der Person bringt in die Eschatologie Schellings gewisse Klänge stoischer Resignation, welche, wie bei Schleiermacher, über den Verlust des Selbstseins hinwegtrösten.[2] Sie zeigen erneut, wie schwankend die „Existentialität" der Idee ist, und wie sie selbst in diesem überwiegend Plotinschen Aspekt die Einschätzung, *„nur"* Idee zu sein, nicht von sich abzuhalten vermag. Auch hier, wo „ewige Seligkeit" auf einem doppelten Grund von Angst sich abhebt, zeigt sich, wie sehr das subjektive Eschaton Schellings nach dem Ästhetischen geformt, ja selbst ästhetische Haltung ist. Denn der hohe Augenblick, wo Ewigkeit mitten in der Zeit einfällt, ist immer wieder am eindeutigsten als Kairos der Kunst faßbar. In ihr liegt der Prototyp aller Anschauung Gottes, sie ist deren Vorstufe und Beginn. „Die absolute Identität des Unendlichen mit dem Endlichen objektiv und gegenbildlich angeschaut, ist Schönheit."[3] Sie ist also der Reflex der Erscheinung Gottes in der Zeit. Sie ist „ihrer Natur nach, also mitten in der Zeit, ewig".[4] Ja, wie der Kairos der höchsten Schau nur ein punkthaftes Berühren beider Sphären, der Zeit und der Ewigkeit, ist, so währt auch die vollendete Schönheit des Lebendigen eigentlich nur einen Augenblick, und diesen sucht die Kunst zu erhaschen, um ihn zu verewigen.[5] Wie im Augenblick höchsten Erscheinens das Paradox des Ineinander von Schöpfung und Vernichtung sich verwirklicht, so daß die äußere Welt nichts anderes ist als „die Erscheinung des Vernichtetwerdens alles dessen, was nicht an ihr ewig ist",[6] so ist es für bildende Kunst wesentlich und kein Mangel, das Leben am toten Material erscheinen zu lassen. Die Statue ist Oberfläche, nicht Fleisch und Blut. Aber eben so zeigt sich die „Unwesentlichkeit der Verbindung" der Idee mit dieser Materie, die ja im Lebendigen selbst immer in fließendem Wechsel bleibt. „Die Kunst stellt also in der bloß oberflächlichen Belebung ihrer Werke in der Tat nur

[1] VI, 567-568.
[2] Vgl. VI, 545.
[3] 574.
[4] IV, 225-226.
[5] VII, 303 (Über das Verhältnis der bildenden Künste zur Natur, 1807).
[6] VI, 267.

das Nichtseiende als Nichtseiendes dar.[1] Darin zeigt sich nun die Form freilich als das Positive des Organismus des Kunstwerks, „die Bestimmtheit der Form ist in der Natur wie eine Verneinung . . .", es besteht kein Einzelnes durch seine Begrenzung, sondern durch die ihm einwohnende Kraft".[2] Aber diese Positivität der individuellen Form ist in der Kunst doch nur vollkommen, wenn sie *als* Einzelform zugleich allgemeine ist, wenn sie im Individuum die Gattung darstellt und so das Einzelne zugleich vernichtet und vollendet. Das ist das Herrliche der griechischen Götter, daß sie in der Vollkommenheit des Individuums die Gattung, *den* Menschen darstellen und so das Einzelne zugleich bewundern und vergessen lassen. Hier ist der eschatologische Vorgang der „Auflösung" vollkommen Bild geworden. Es ist unendlich bezeichnend für Schellings Eschatologie, daß er im Schönen der *Anmut* die höchste Mitte der Kunst findet, in die auch das „Erhabene" im Sinne Kants und Schillers als die höhere Form von ihr sich einordnet. Anmut ist die wahre Erscheinung des Paradoxes der „Auflösung", die unfaßbar zarte, übergängliche Mitte zwischen höchstem Insichsein der Gestalt und Auflösung im unbewußt Allgemeinen der Idee. Darum ist es folgerichtig, daß Schelling Michelangelo ideell ebenso unter Rafael stellt, wie er Aeschylos unter Sophokles stellt: „Es scheint uns das Werk des jüngsten Gerichtes, womit als dem Inbegriff seiner Kunst jener Riesengeist die Sixtinische Halle erfüllte, mehr an die ersten Zeiten der Erde und ihrer Geburten als an ihre letzten zu erinnern."[3] Schelling kennt kein Ende mit Schrecken. Wohl aber ein Ende mit Angst. Denn das Eschaton reiner Seligkeit des Schönen ist ein Schweben, das existentiell nicht Fuß fassen kann und so ein Fremdes unter sich behält, ein Unbewältigtes, Angstweckendes. Schönheit und – Persönlichkeit schweben, einen blitzhaften, intensiv-ewigen Augenblick lang, zwischen zwei Abgründen. So ist der höchsten Seligkeit jene Schwermut immanent, die an den griechischen Göttern sichtbar wird und die das *Dionysische* mitten im vollendet Apollinischen aufquellen läßt. Später, in der „Philosophie der Offenbarung", wird Schelling vom „süßen Gift der Schwermut" reden, das die höchste Kunst umspielt. Es ist nichts als die Erscheinung des doppelten δια der Prometheussituation. Denn in der „Auf-

[1] VII, 302.
[2] 303.
[3] 319.

lösung" werden höchstes In-sich des Einzelnen und höchster Untergang unmittelbar eins. „So begegnen sich hier gleichsam Leben und Tod auf dem Gipfel ihrer Vereinigung."[1] Christliche Romantik hat diesen Kairos umworben und doch tiefer verurteilt. Brentano sagt, bloßes vollendetes Dasein sei als solches Tod, Baader spricht selbst von „antiker Verzweiflung". In verwechselbarer Nähe wittern sie die größte Ferne, im Tod des Gottes das christliche wie das dionysische Eschaton.[2] Christlich ist die „Auflösung" Einheit von Leben und Tod als *ergreifende* Gnade von oben, nicht als solche schon Seligkeit, sondern Vernichtetwerden ins Glück hinüber. Dionysisch ist sie die blitzhafte Lösung der Leben-Tod-Spannung selber: *Gnade als Glück*: „Das *Ergreifen* der in sich erkannten Ewigkeit kann auf dem Standpunkt des Handelns . . . nur als die Wirkung einer Gnade, eines besonderen Glücks erscheinen . . ."[3]

Dieses aktive „Ergreifen" der Ewigkeitsschau, in der der Mensch prometheisch sich verewigt, zeigt, wie der erste Pol der Eschatologie Schellings zum zweiten hinüber transzendiert. Der wird aber erst dann voll erreicht, wenn der Wertakzent der „Wirklichkeit" sich entschiedener vom Idealen auf das Reale verschiebt. Denn da geht es schärfer um eine „transzendentale Theogonie", in der Gott durch die Menschentat zu sich selbst kommt.[4] Während vorher die Selbständigkeit und Freiheit des Daseins außer Gott aufgegeben werden sollte zu einer aufgelösten Existenz in der Idee, da es „das wahre und höchste Streben" ist, „sich der Freiheit als Selbstheit zu begeben",[5] so erhält dieses Freisein jetzt einen positiven Aspekt. In „Philosophie und Religion" (1804) wird der exponierte Prometheuspunkt erstmals ausdrücklich als Dialektik der Freiheit aufgefaßt. Schlechthinnige Identität wird hier nur mehr vom rein Idealen ausgesagt, welches sich im Realen als seinem Spiegel objektiviert und so zur Selbsterkenntnis kommt. „Das selbständige sich-selbst-Erkennen des schlechthin-Idealen ist eine ewige Umwandlung der reinen Idealität in Realität: . . . Selbstrepräsentation des Absoluten", und dies als „Hineinschauen seiner selbst in das Reale, wodurch dieses selbständig und

[1] V, 618. 625.

[2] Vgl. den vorzüglichen Aufsatz von Walter Rehm: Götterstille und Göttertrauer (Jahrb. d. freien dtsch. Hochstifts, 1931, 208-287).

[3] VI, 563.

[4] VI, 35 (Philosophie und Religion, 1804).

[5] VI, 553.

gleich dem ersten Absoluten in sich selbst ist."[1] Gottes Schau in Sein Gegenüber ist der Selbstsein gebende, schöpferische Liebesblick. Aber schon erhebt sich die alte Zweideutigkeit des „In-sich-selbst": Das Reale „ist doch nur absolut und selbständig, und demnach wahrhaft in sich selbst, sofern es zugleich in der absoluten Form [= Absolutheit als solche] und dadurch im Absoluten ist, . . . inwiefern es ganz ideal ist". Anderseits ist es *ganz* Spiegelbild doch nur, indem es vom Idealen die „Macht" erhält, „gleich ihm seine Idealität in Realität umzuwandeln und sie in besonderen Formen zu objektivieren". Es ist die Genesis der absoluten Ideen, der je ewigen, vollkommenen Darstellungen des Absoluten. Ist mit alldem noch keine Welt, keine Endlichkeit gegeben, so wird doch in der Dialektik des Realen schon fühlbar, wo sie entspringen wird. Endlichkeit kann nicht als Verminderung der „Lichtstärke" Gottes, als allmähliche Depotenzierung des Seins im Sinne Plotins, gedacht werden. Zwischen Gott und Welt kann nur „ein Sprung"[2] stattfinden, nicht das *οὐκ ὄν* der abnehmenden Realität, sondern das *μὴ ὄν* eines *Abfalls*. Aber das Subjekt dieses Abfalls ist nicht sosehr die „Welt" – sie ist sein Resultat – als das Reale Gottes selber, *sofern* sein Insichsein nicht das des Idealen ist. Dieses Insichseinmüssen – um Spiegel sein zu können – ist die vom Idealen geschenkte Möglichkeit der Freiheit. Darum ist der Abfall schlechthin ewig und absolut, er ist nichts als die Tatsache der Freiheit in ihrem Nicht-Gott-sein, Nicht-Notwendig-sein. Als dieser ewige Untergrund des Nichtnotwendigen ist sie nun das „*wahre Nichts*"[3]. Ihre *Möglichkeit* liegt also in der Form des Absoluten: Selbstbegegnung zu sein; ihre „*Wirklichkeit* aber einzig im Abgefallenen selbst". Sie ist der große Wendepunkt des Weltgeschehens. Als „*wahres* Nichts" ist sie Ursprung der ganzen göttlichen Ideenwelt, als „wahres *Nichts*" der alles Nichtigen. Die sinnliche Welt ist diese abgefallene Erscheinung der Ideenwelt, sie ist „die Ruine der göttlichen Welt". Sie ist als solche zunächst *Fall* in reine Notwendigkeit, aber, als Fall der *Freiheit*, die letztlich nur das Bild des schlechthin ewigen In-sich des Idealen ist, stufenweises Wiedergewinnen dieses Fürsichseins, bis es sich in der höchsten Potenz als *Ichheit* ausdrückt. Das ganze Paradox der

---

[1] VI, 34.
[2] 38.
[3] 40.

Freiheit in Gott kehrt verstärkt im Menschen wieder: Es ist „der Punkt der *äußersten Entfernung* von Gott, die Ichheit, auch wieder der Moment der Rückkehr zum Absoluten, der Wiederaufnahme ins Ideale".[1] Das ist gesteigerte Paradoxie gegenüber der ersten Eschatologie. War es in jener paradox, daß das Endliche dann am meisten in Gott ist, wenn es am meisten Fürsich ist – ein Paradox, das alle christliche Personlehre begründet –, so heißt hier dieses Insichsein notwendig Wiederholung und Nachbildung der Freiheit des göttlichen Spiegelbildes (Logos) in ihrer unaufhebbaren Zweideutigkeit von Gottsein und Nichtsein selber. Alle mögliche Freiheit des zeitlichen wie ewigen Spiegels Gottes ist notwendig in einem Momente ihrer Verwirklichung Abfall. Es bewahrheitet sich die frühere Behauptung, daß Schelling Freiheit je nach dem Schema der *ästhetischen* Freiheit als dämonisch-schwebender Indifferenz zwischen dem Guten und Bösen versteht, ihre Verwirklichung aber, das Fürsichsein (Freiheit der Rundung), nur durch den Vollzug von Abfall und Rückwendung hindurch begreifen kann. So „geht auch in der Philosophie nur durch den Abgrund der Weg zum Himmel".[2] Bedeutet also diese Eschatologie gegenüber der ersten den Versuch, das christliche ins Plotinsche Weltbild einzubauen, indem nicht eine Materie außer Gott Grund des Weltseins wird, sondern das Göttliche selbst, die Freiheit, so ist die Fassung dieser Freiheit als innergöttliche Dämonie ein Weg über das Christliche hinaus zu Feuerbach oder zurück zu einer dämonischen Gnosis. Das freie Insichsein als Gott-gegenüber-sein hat als solches schon den Charakter prometheischen Gegen-Gott-seins, des Trotzes, in sich, und durch diesen Abfall hindurch wird erst Liebe zwischen Gott und Welt möglich. Goethes Prometheus erhält seine theoretische Rechtfertigung. Sein Abfall ist nur das Nachspiel des ewigen, notwendigen Abfalls in Gott selber. Das Liebesspiel von Trennen und Finden nimmt ein dämonisches Trotzen und Sichabkehren in sich auf. Die Emanationssysteme vermögen den Übergang von Gott zu Welt niemals zu erklären. „Wir, der entgegengesetzten Richtung folgend, erkennen auch ein Äußerstes, unter dem nichts ist, aber es ist uns nicht ein Letztes, sondern ein Erstes, von dem alles beginnt, ein ewiger Anfang, und nicht bloß Schwäche oder

---

[1] 42.
[2] 43.

Mangel an Wesen, sondern *tätige Verneinung*."[1] Dieses Nein ist in Gott so ewig wie das Ja, „das höchste Insichsein, eine ewige Zurückziehung Seines Wesens in Sich selbst" ist in ursprünglicher „Äquipollenz" zum ewigen, Sich ausbreitenden Wesen Gottes. Ja, dieses Nein ist ewige Basis des Ja, das Gott zu Sich spricht, Egoität und Abscheidung Grund aller Liebe. „Sich wollen und sich verneinen als seiend ist eins und dasselbe." „Nur in der Verneinung liegt der Anfang."[2]

In dieser Eschatologie ist die Endlichkeit positiver der Weg zur Realität Gottes. Natur ist ein „Durchgeborenwerden der Ideen durch alle Stufen der Endlichkeit, bis die Selbstheit an ihnen, nach Ablegung aller Differenz, zur Identität mit dem Unendlichen sich läutert". Doch ihre Selbstheit ist jetzt eine selbständige; Gott opfert gleichsam die Ideen in die Endlichkeit hinein, damit sie aus ihr als selbständige Absolutheit wiederkehrten.[3] Aber wenn die Letzthaltung der Schau in der ersten Eschatologie nicht ohne den ergänzenden Aspekt ergreifender Tat beschreibbar war, so ist umgekehrt hier dieses absolut selbständige In-sich doch wieder nur im dialektischen Gegensatz zur Ek-stase faßbar. Das vorwiegend Organische der Weltrealität löst sich dialektisch doch wieder in einen extremen Spiritualismus auf. Und das um so mehr, als hier die Existentialität des Insichseins nicht nur ein über doppelter „Angst" schwebendes „Glück", sondern in der Basis den dämonischen Fluch des sich verschließenden Trotzes besagt, von dem weg die „Auflösung" sich vollzieht. So wird verständlich, warum doch auch hier, ja gerade hier, eine Sehnsucht zur Auflösung in einem nicht mehr individuellen Leben wach wird, Bewußtsein „nur eine fortgesetzte Sterblichkeit" heißt und Leib als Strafe und Kerker erscheint, warum in denen, welche „den Dämon in sich am meisten befreit haben",[4] eine Todesliebe erwacht, die sich aus der verzehrenden Helle des Selbstseins hinabsehnt in die Nacht. „Nacht . . . ist das erste . . ."[5] Diese Todesliebe als die Flamme des „unermüdlichen Feuers" des Trotzes bildet mit dem Enthusiasmus-Glück über dem Angst-Grund die gesamte, existentiale Letzthaltung, das schillernde Eschaton Schellings.

---

[1] Weltalter, VIII, 244-245.
[2] 224.
[3] VI, 62-63.
[4] VI, 61.
[5] VIII, 223.

III. Die Philosophie der Freiheit

Alles das faßt sich in ein gedrängtes, apokalyptisches Gemälde zusammen im titanischsten Werk des deutschen Idealismus, in den „Untersuchungen über das Wesen der menschlichen Freiheit" (1809). Hier findet Schelling auch im Stil ganz sich selbst, das Platonisch-Liturgische und Esoterische (am reinsten im „Bruno") steigert sich zur Unerbittlichkeit und ehernen Geschlossenheit der Visionen der Johannes-Apokalypse. Schelling deduziert nichts mehr, er *schaut* die innere Geschichte Gottes mit dem steinernen und unwidersprechbaren Blick einer Sibylle. In *diesem* Blick gewinnt die unexistentielle Schau Schellings endlich eine wirkliche, eigene Existentialität.

Das idealistische Grundgeheimnis der Synthesis, als Einheit des Einen und Vielen, des Subjekts und Objekts gibt sich nun von Anfang an als Geheimnis der Freiheit. Das höchste vereinende Schweben, für Fichte die Liebe, ist Synthesis von Liebe und Haß, Gut und Bös, Zuneigung und Abfall. Diese Synthesis ist das absolute Faktum, von dem alle Philosophie auszugehen hat. Das Grundgeheimnis der menschlichen Logik (der Kopula als Identität des Identischen und Nichtidentischen) ist nur der Abglanz der göttlichen Logik selbst. Synthesis als das Absolute sagt gegenseitiges Grundsein (der Identität und des Identifizierten), sagt mystische Potentialität. Die Formeln für diese werden kategorisch: „Der Begriff einer derivierten Absolutheit oder Göttlichkeit ist so wenig widersprechend, daß er vielmehr der Mittelbegriff der ganzen Philosophie ist . . . In dem Zirkel, daraus alles wird, ist es kein Widerspruch, daß das, wodurch das Eine erzeugt wird, selbst wieder von ihm erzeugt werde. Es ist hier kein Erstes und kein Letztes, weil alles sich gegenseitig voraussetzt.[1] „Alles [ist] in einem magischen Schlage zugleich."[2] Das weist freilich zunächst ins christliche Grundgeheimnis der „causa secunda": Nur was frei ist, ist in Gott, ja, ein Abhängiges, das nicht selbständig ist, ist geradezu ein Widerspruch. Aber dieses Geheimnis wird sogleich zum absoluten Geheimnis Gottes gesteigert: In *aller* Zeugung als Folge, also auch in Gottes Selbsterzeugung ist, wegen der Selbständigkeit des Erzeugten, ein Mehr als im zeugenden Grund. Aber: daß ein Grund in Gott die Folge zeugt, davon liegt der Grund selbst in der

[1] VII, 347. 358.
[2] 387.

Folge, „indem der Grund, auch als solcher, nicht sein könnte, wenn Gott nicht actu existierte".[1] Das Sichineinanderschließen von Grund und Folge, Natur und Geist in Gott *ist* Seine Absolutheit. Geist ist absoluter Wille, „Ursein, . . . Grundlosigkeit, Ewigkeit, Unabhängigkeit von der Zeit, Selbstbejahung". Grund ist „an sich Wille, aber Wille, in dem kein Verstand ist . . . Sehnsucht und Begierde, ahnender Wille".[2] In Gott sind beide ewig ineinander gesättigt, Sucht und Sehnsucht des Sichgebärens gestillt. Die Dinge aber, die ihren Grund notwendig in Gott haben müssen und doch nicht Gott sind, müssen den Grund ihres Verschiedenseins von Gott also in dem haben, was „in Gott nicht Er selbst ist".[3] Und darum, weil sie noch nicht zur vollen Stillung der Natur durch den Geist gelangt sind, bricht in ihnen das untere Feuer vulkanisch durch. An ihnen wird apokalyptisch offengelegt, was in Gott der ewig gestillte Grund ist: „Nach der ewigen Tat der Selbstoffenbarung ist nämlich in der Welt, wie wir sie jetzt erblicken, alles Regel, Ordnung und Form; aber immer liegt noch im Grunde das Regellose, als könnte es einmal wieder durchbrechen, und nirgends scheint es, als wären Ordnung und Form das Ursprüngliche, sondern als wäre ein anfänglich Regelloses zu Ordnung gebracht worden."[4] Die Ursache davon ist, daß die Kreatur nicht ihr eigener Grund ist, sondern wie ein Schiff über einem „wogend, wallend Meer" schwebt. „Ohne dieses vorausgehende Dunkel gibt es keine Realität der Kreatur; Finsternis ist ihr notwendiges Erbteil. Gott allein – Er selbst der Existierende – wohnt im reinen Lichte, denn Er allein ist von Sich selbst."[5] Aber auch Seine Existenz im Licht ist Resultat einer Realgenesis. Die steigende Sehnsucht des Grundes spricht sich aus im „*Wort* der Sehnsucht", dem „in Gott gezeugten Gott", dem unendlichen Gott-Ideal, in dem „alles Reale vorgebildet" ist.[6] Indem das Wort sich rückwendet zum Schoße, der es geboren hat, erblickt es im ewigen Grunde „das Wesen Gottes gleichsam als einen *im Dunkel der Tiefe leuchtenden Lebensblick*". Diesen innersten Funken heraufzuheben, zu „organisieren", wird der Sinn der ganzen Realwerdung Gottes ein. Sie ist die wahre „Ein-Bildung" des Naturgrundes durch das Ideale, und

[1] 358.
[2] 350. 359.
[3] 359.
[4] Ebd.
[5] 360.
[6] 362.

als solche doch nur die „Erweckung der Idea" als tiefsten Lebensfunkens des Grundes selber. In diesem Prozeß wird das Wallend-Ungewisse des Grundes in *Vielheit* „gefällt", indem zugleich die *Seele* als organisierende Einheit hervortritt. Die Seele wird es also sein, in der das alte Paradox von In-sich und In-Gott sich stufenweise entfaltet. Sie hat auf allen Stufen ein „*doppeltes Prinzip* in sich, das jedoch im Grunde nur *ein und das nämliche* ist, von den zwei möglichen Seiten betrachtet": sofern sie im Naturgrunde Gott gegenüber ist und sofern der Grund selbst zuletzt mit Gott identisch ist. Sofern sie Einheit (In-sich) des Grundes ist, ist ihr Wille *blind*-sehnsüchtiger Partikularwille. Aber dieser Wille wird in dem Maße *sehend*, als der Prozeß sich der Apokalypse des innersten Grundes nähert, bis „das allertiefste Centrum ans Licht gehoben wird", die letzte Sehnsucht Gottes sich erkennt, Gottgeist in Gottnatur identisch sich spiegelt. „Zu zeigen, wie jeder folgende Prozeß dem Wesen der Natur näher tritt, bis in der höchsten Scheidung der Kräfte das allerinnerste Zentrum aufgeht, ist die Aufgabe einer vollständigen Naturphilosophie."[1] Dieser Endpunkt der Naturapokalypse, die zugleich Apokalypse des selbstbewußten Gottes ist, ist die Geburt des *Menschen*. „Im Menschen ist die ganze Macht des finsteren Prinzips und in eben demselben zugleich die ganze Kraft des Lichtes. In ihm ist der tiefste Abgrund und der höchste Himmel, oder beide Centra." Er ist das ungeheure Gleichgewicht der göttlichen Kräfte, Prometheus-Weltmitte. Er ist „der in der Tiefe verschlossene göttliche Lebensblick, den Gott ersah", „in ihm allein hat Gott die Welt geliebt". In ihm „offenbart sich der Geist, d. h. Gott als actu existierend."

Aber wenn auch die ewige Personwerdung Gottes im Menschen sich vollzieht, so ist dieser doch nicht Gott. Gott hat *Seinen* Abgrund ans Licht gehoben, Sein Dunkel ist in Licht transfiguriert, in *Identität*. Der Mensch aber ist einem Abgrund entstiegen, der nicht *seiner* ist. Er *schwebt* nur zwischen Dunkel und Licht und dieses Schweben ist seine Freiheit als *Indifferenz*. Freilich hebt ihn dies Schweben „aus dem Creatürlichen ins Übercreatürliche", aber es bleibt deswegen nicht minder *auch* Gott gegenüber, „so wie im durchsichtigen Körper die zur Identität erhobene Materie deshalb nicht aufhört, Materie", in sich finsteres Prinzip zu sein. Darum kann sich seine Freiheit partikularisieren,

[1] 362.

kann er *böse* sein. Er kann darin das dunkle Prinzip, das an sich, in Gott, nicht böse ist, über das lichte setzen und so eine „Umkehrung der Prinzipien" vollziehen. Damit glaubt Schelling zum erstenmal die Möglichkeit des Bösen erklärt zu haben. Es ist nicht „Mangel oder Beraubung", sondern wird erst im höchsten Geschöpf möglich, wie ja Luzifer „nicht die limitierteste Creatur, sondern vielmehr die illimitierteste war". Jene flache, aufklärerische Auffassung des Bösen, die sich auch noch bei Fichte finde,[1] verkenne das Tiefe, Satanische, das in der Gottesabkehr liegt. Kant hat mit der Idee des „radikalen Bösen" weiter gesehen, aber dessen metaphysische Ursprünge nicht erhellen können. Aber auch die christliche Lösung, daß Gott nur die (gute) Freiheit gebe, deren innere Unvollkommenheit die Möglichkeit des Bösen enthalte, genügt nicht. Denn auch hier gibt Gott mit der Freiheit diese Möglichkeit, die als solche ihre Wurzel in Gott selber haben muß. Und doch ist auch der persische Dualismus von Gut-Bös in Gott nur eine Verzweiflungslösung. Es gibt also letztlich (für Schelling) nur *eine* Lösung: in Gott einen finsteren Grund der „Egoität" und „Verschließung" anzunehmen, der aber in Ihm je schon durchklärt ist vom Licht des Geistes, während die Kreatur, in diesen Wesensgründen wurzelnd, ihn noch ungebändigt unter sich trägt. „Wir leugnen, daß die bloße Endlichkeit für sich selbst das Böse sei."[2] Es ist geistiger Aufruhr; nicht nur Trennung, sondern „falsche Einheit". Kein bloßer Gegensatz von „Himmel und Erde", sondern wirklich von „Himmel und Hölle".[3]

Aber wie in der Geburt des Menschen „das Widerstreben der Sehnsucht" im Naturgrund „notwendig war zur vollkommenen Geburt", so ist „kein Zweifel, daß" auch das Böse „zur Offenbarung Gottes notwendig gewesen". Die ganze Schärfe des geistigen Aufruhrs wird in Gottes transzendentale Geschichte als ein unentbehrliches Moment hineingenommen. Das Chaos des Grundes ist an sich freilich nicht böse. Aber es ist blinde Sucht, das „Zehrende", „Aufreizende". Und die menschliche Freiheit ist an sich gewiß Indifferenz. Aber die ungebändigte „alte Natur" unter ihr ist als Sehnsucht, in sich zu sein, ewige Versuchung. Das ist die „Sollizitation des Grundes", aus der die „Realität und Universalität des Bösen" sich erklärt. Gott läßt sie zu, indem Er

[1] und im früheren Schelling selbst.
[2] 370.
[3] 371.

den Grund wirken läßt, damit die Liebe in dieser tieferen Überwindung des dämonisierten Grundes ans Licht gehoben werde.

Seltsam deutlich ist es, wie Schelling hier seine eigene Existentialität zwischen Glück-Angst und Liebe-Trotz ins metaphysische Gedicht verwebt. Der Wille des Grundes „erweckt . . . die Lust zum Kreatürlichen, wie den, welchen auf einem hohen und jähen Gipfel *Schwindel* erfaßt, gleichsam eine geheime Stimme zu rufen scheint, daß er herabstürze, oder wie nach der alten Fabel unwiderstehlicher *Sirenengesang aus der Tiefe* erschallt, um den Hindurchschiffenden in den Strudel hinabzuziehen."[1] Aber die dämonisch lockende Stimme ist im allerletzten doch Gottes Stimme, die durch das Böse hindurch zur Liebe lockt. Denn sofern der Grund (schon) *Gott* ist, ist das Leben im Grunde doch gerade wieder eine volle Absage an das kreatürliche Insichsein und der Schwindel ist ebenso Angst vor dem Loslassen des Eigenwillens: „*Die Angst des Lebens* selbst treibt den Menschen aus dem Centrum, in das er geschaffen worden; denn dieses als das lauterste Wesen alles Willens ist für jeden besonderen Willen *verzehrendes Feuer*; um in ihm leben zu können, muß der Mensch aller Eigenheit absterben."[2] Das ist die tiefe magische Mystik dieser Dialektik: das Feuer der Hölle ist kein anderes als das „verzehrende Feuer", das Gott ist – als Zorn. Aber das ist ihre Dämonie, daß das Höllenfeuer *so* identisch ist mit dem Liebesfeuer, daß Gott, um zu lieben, zum Versucher des Abfalls werden muß.

Diese Dämonie beherrscht darum notwendig die eschatologische Geschichtsphilosophie. War Naturphilosophie die „Entsiegelung des Abgrunds" bis zum Geheimnis des Menschen als Natur-Geist, so Geschichtsphilosophie die sukzessive Überwindung des Bösen bis zum Sieg der Liebe, dem Erscheinen Gottes in der Natur. Sie ist das Ende aller Dinge. Mit der Geburt des Wortes auf Erden beginnt die Krisis, das Weltgericht, das sich steigend durch alle nachchristlichen Jahrhunderte vollzieht. Die Versuchung des Grundes muß immer heftiger werden, je mehr Gottes Geist siegt, denn die Kraft der Versuchung ist ja die Kraft des göttlichen Grundes selber. Immer höher steigern sich die Prinzipien aneinander, bis die Kraft des Grundes sich zuletzt als gute enthüllt, das partikuläre Für-sich-sein als bloßer nichtiger Schein durchschaut wird und so

---

[1] 381.
[2] Ebd.

die Ordnung des Guten sich herstellt. „Aus der Freiheit des Grundes kommt das Gericht, das Gutes und Böses scheidet. Durch die Scheidung aber wird das Böse zu nichts, weil es seine ganze Kraft vom Guten hat." „Das Böse ist nur bös, inwiefern es über die Potentialität hinausgeht; auf das Nichtsein . . . reduciert, ist es, was es immer sein sollte" und in Gott immer war, „Basis, Unterworfenes".[1] Bis jetzt wirkte das Wort im Grunde, und diese Verborgenheit war die Möglichkeit von Tod und Hölle. Nun tritt es hervor, „das aus dem Grunde gehobene Gute [wird] zur ewigen Einheit mit dem ursprünglichen Guten verbunden". So wird der letzte Feind, der Tod, vernichtet, der Sohn aber legt Gott die Welt als ewigen Spiegel zu Füßen, „auf daß Gott sei alles in allem".

Die Stuttgarter Vorlesungen (1810) verharren noch eindringlicher bei dieser allgemeinen Eschatologie, indem sie ihr die individuelle einbauen. Der unterworfene Grund, dem Logos-Geist gegenüber, erhält seinen tieferen Namen: *Wahnsinn.* „Wahnsinn also der Zustand der Hölle." In sie wird der Böse verstoßen, er sinkt „unter die Natur" in den „Grund". Die Seligen aber gehen nach dem Tode hinüber in die „Geisterwelt", die Welt der lebendigen Ideen. In ihrer Beschreibung überwiegt nun vollends die Fassung von „Idee" als „bloße Idealität". Tod ist des Menschen „reductio ad essentiam", sein „Wesen" allein, das man sein „Dämonisches" nennen kann, nimmt er in die Idee hinüber. Ja, diese *ist* es; ein „höchst-wirkliches Wesen, ja weit wirklicher als der Mensch in diesem Leben ist".[2] Und doch ist es „nur" ideales Sein. So wird doch endlich eine „Synthesis von Natur- und Geisterwelt eintreten müssen. Denn auch die höchste geistige Seligkeit ist noch nicht die höchste, wir selbst wollen etwas haben, was nicht wir selbst sind, wie Gott sich nach der Natur sehnt, um sich darin zu beschauen als in einem Spiegel. Gott selbst kann die Natur nicht als Ruine stehenlassen, er sehnt sich nach seiner eigenen Objektivierung in ihr". All das deutet auf eine *Auferstehung*, wobei die „lange Krankheit der Natur" durch die endgültige Krisis ihr Ende findet. Alles Nichtseiende wird aus ihr ausgestoßen und zur Basis untergeordnet. „Nach dieser letzten Katastrophe wäre also *die Hölle das Fundament der Natur*, wie die *Natur das Fundament*,

[1] 405
[2] VII, 476.

die Basis des Himmels.“[1] Aber „vielleicht“ wird die Entwicklung noch weiterschreiten. Wir können diese so fernen Dinge nur noch undeutlich erahnen, die, wie „der fernste Nebelfleck, durch kein geistiges Fernrohr mehr auflöslich sind“. „Vielleicht“ wird zu Ende auch die Hölle selbst noch enden, „in diese Perioden der Ewigkeit fällt also die Wiederbringung auch des Bösen noch, woran wir glauben müssen. Die Sünde ist nicht ewig, also auch ihre Folge nicht.“ „Diese letzte Periode . . . ist die der ganz vollkommenen Verwirklichung, also der völligen Menschwerdung Gottes, wo das Unendliche ganz endlich geworden ohne Nachteil seiner Unendlichkeit. Dann ist Gott alles in allem, der Pantheismus wahr.“ „Die Menschheit ist jetzt allgemein vergöttert.“ Was heute nur Christus ist, werden dann alle sein. – So schließt sich das ganze Weltgeschehen um eine letzte *Menschmitte.* Im Menschen wird der Sinn Gottes überhaupt erst verständlich: Liebesvereinigung von Natur und Geist. Gottes umfassendes Geschehen birgt in *sich*, als seinen leuchtenden Mittelpunkt, das Liebesgeheimnis des Menschen. Auch die letzte metaphysische Konstruktion der „Untersuchungen“ (1809), die des *Urgrundes* als erster, uranfänglicher Indifferenz von Natur und Geist kreist noch um diese Mitte. Denn dieses ewige Voraus des Urgrundes vor Grund und Gegründetem, von Existenz und Existierendem ist nichts anderes als das ewige Voraus der Liebe selber, die sich durch jenen Dualismus hindurch verwirklicht. Liebe aber ist das Geheimnis des Herzens Gottes – des Menschen. Durch all den dionysischen Rausch der „Auflösung“ hindurch ersteht dessen Bild doch immer aufs neue, bis es als Rätselmitte Gottes selber das Letzte wird, brennend im Doppelfeuer von Zorn und Liebe.

Dies aber: Geist-Natur-Liebe als letztes, ist *das* Zeichen des Dionysos. Es ist das Zeichen Schellings. Auch sein gewaltiges Spätwerk, die „Philosophie der Mythologie und der Offenbarung“, sosehr sie das ganze Christentum ins Gnostische einzubauen sich müht, steht in diesem Zeichen, das ja seine Schärfe auch bisher schon durch dieses „Einbauen“ erhielt.[2] Denn auch die noch größere Anlehnung an das Johanneisch-Apokalyptische[3] ver-

---

[1] 483.

[2] Wir können daher hier auf eine Darstellung dieses Spätwerks verzichten, um so mehr, als es keinen lebendigen Einfuß auf die Zeitgeschichte mehr ausübte.

[3] 2. Reihe, IV, 37. Vorlesung.

mag – im Gegensatz zum Johanneischen des alten Fichte – die abgründige Verschiedenheit christlicher und dionysischer existentieller Apokalyptik nicht zu überbrücken.

Auch Johannes entwirft ungeheure Bilder der Endzeit, schaut mit dem Geiste Gottes in die Tiefen der Gottheit. Aber dort bleibt alles *Bild*, und so ein ungreifbares, undeutbares Rätsel, das keine Apokalypsenforschung zu lüften vermag. Und das darum, weil die letzte Mitte Gottmitte, nicht Menschmitte in Gott ist. An ihr strandet alle durch die Bilder hindurchgreifende *Gnosis*, wie sie Schellings Apokalypse auch in ihren bildhaften Visionen sein will. Wissen von Gott kann dieses nur darum sein, weil es im Zentrum Gottes den Menschen und sein Gesetz findet: die mystische Potentialität. „Apparuit humanitas Salvatoris nostri" heißt für Schelling: es erschien der Mensch in Gott. „Verlangen wir einen Gott, den wir als ein ganz lebendiges, persönliches Wesen ansehen können, dann müssen wir Ihn eben auch ganz menschlich ansehen, wir müssen annehmen, daß Sein Leben die größte Analogie mit dem menschlichen hat, daß in Ihm neben dem ewigen Sein auch ein ewiges Werden ist, daß Er mit einem Wort alles mit dem Menschen gemein hat, ausgenommen die Abhängigkeit."[1] Aber auch diese macht Ihm der Prometheus Mensch noch streitig. Denn seine Freiheit ist, als die eigentliche Weltmitte, gleich ewig wie Gott. Der Mensch ist „in der ursprünglichen Schöpfung . . . ein unentschiedenes Wesen", aber seine Ur-Entscheidung, sein Sich-ergreifen in der Idee, vor aller zeitlichen Erscheinung, ist „gleichzeitig" mit seiner Schöpfung selbst. „Durch sie reicht das Leben des Menschen bis an den Anfang der Schöpfung, daher er durch sie auch außer dem Erschaffenen, frei und selbst ewiger Anfang ist."[2] Das dunkle Rätsel der „scientia media" wird von Schelling kühn gelöst, und dies durch den Urzwiespalt in Gott selbst, der eine Art Passivität Gottes Seinem Geschöpfe gegenüber verstehbar macht. Darum kann Sünde, die ein viel Tieferes ist als bloße Unvollkommenheit, vor der wir höchstens Bedauern empfinden, – darum kann Sünde und das Gefühl des „Horrors" vor ihr in der Existentialität Gottes selber wurzeln: sie ist die Enthüllung des Abgrundes in Gott, wie Er an Sich ist. „Allein auch dieses sollte offenbar

---

[1] VII, 432.
[2] 385-386.

werden, denn nur im Gegensatz der Sünde offenbart sich jenes innerste Band der Abhängigkeit der Dinge, und das *Wesen Gottes*, das gleichsam vor aller Existenz (noch nicht durch sie gemildert) und darum *schrecklich* ist."

Gerade so aber kehrt sich zum Schlusse die früher geschilderte Existentialität nochmals um: schien sie damals begeistertes Halten des Augenblicks über dem Abgrund der doppelten Angst um das Erlöschen der Person (in Natur und Gott) zu sein, so wird nun dieses *Halten* so sehr das letzte, daß die Existentialität der Menschperson zur absoluten Mitte wird, der gegenüber alles übrige, Gott und Natur, zu unpersönlichen Kräften und Bausteinen herabsinkt. Das zeigte sich schon in dem steigenden Überhandnehmen der *Realgenesis* Gottes über die Idealgenesis, so daß auch Seine Person zuletzt als „Resultat" anonymer Gewalten wird. Ja, Schellings Idealismus gleitet so einem fast brutalen Materialismus entgegen, der die Bestandteile eines Gottes wie eine Zyklopenmauer auftürmt, aus dem aber der Duft der Ehrfurcht entschwunden ist, den der frühe Schelling selbst dem Philosophen empfahl. Indem er das unerlöste Insichkreisen der Potenzen im Gottgrund schildert, den Anfang des Werdens Gottes, vermag er den Anstoß zur Selbstverwirklichung nur noch als blinde Gewalt zu beschreiben: „Aber eben *daß* eines anfange, eines das Erste sei, muß eine Entscheidung erfolgen, die freilich nicht mit Bewußtsein, nicht durch Überlegung, sondern nur im Gedräng zwischen der Notwendigkeit und der Unmöglichkeit, zu sein, durch eine blindlings die Einheit brechende Gewalt geschehen kann."[1] Zum Gott dieser Gewalten, sosehr sie in Ihm „ewige Vergangenheit" sein mögen, vermag nirgends in Schellings Werk ein Gebet, ein Dank, ein Lied zu steigen. Aber ein anderes wird unheimlich klar: daß der ganze Mythus des in Gott je gestillten Sehnsuchtsgrundes sich ausnimmt wie die Verewigung der Schwermut des Menschen, diesen offenen, unbewältigten Grund in sich zu spüren. „Das Dunkelste und darum Tiefste der menschlichen Natur ist die Sehnsucht, gleichsam die *innere Schwerkraft des Gemüts*, daher in ihrer tiefsten Erscheinung *Schwermut* ... Auch das Tiefste der Natur ist Schwermut, auch sie trauert um ein verlorenes Gut, und auch *allem Leben hängt eine unzerstörliche Melancholie*

[1] VIII, 220.

an, weil es etwas von sich Unabhängiges unter sich hat."[1] „Was ist der Geist des Menschen? Antwort: Ein Seiendes, aber aus einem Nichtseienden, also der Verstand aus dem Verstandlosen . . . das tiefste Wesen des menschlichen Geistes also, NB. wenn er in der Trennung von der Seele und also von Gott betrachtet wird, ist der *Wahnsinn.*" Er ist „die Basis des Verstandes", dieser also „geregelter Wahnsinn".[2] „Daher der göttliche Wahnsinn, . . . der Grund der Begeisterung, der Wirksamkeit überhaupt." Aber oft kann „der Verstand den in der Tiefe unseres Wesens schlummernden Wahnsinn nicht mehr bewältigen, . . . [er] tritt hervor, zum schrecklichen Zeichen, was der Wille ist in der Trennung von Gott".[3] – Seltsamer Widerspruch zwischen diesem Wahnsinn und jener Schwermut: Dieser ist die Angst vor dem Chaos, das außer dem Anhängen an Gott als Abgrund droht. Jene ist die Angst vor dem Nichtgottsein, vor dem Fallen in Gott als das Ganz-Andere, Ewig-Fremde. Aber unheimlichere Identität zwischen beiden: indem der „Chaosabgrund" Gottes dämonisierte Tiefe ist und das „Fallen in Gott" als Fallen in dieses Chaos erlebt ist. Das ist die letzte Dämonie dieses Weltbildes, daß ihm das Nicht-in-die-Gewalt-bekommen Gottes diesen Gott zum Dämon macht und die Schwerkraft zu Ihm zur Schwermut, zur Traurigkeit. Der Mensch erhält „die Bedingung *nie in seine Gewalt*, ob er gleich im Bösen darnach strebt; sie ist eine ihm nur geliehene, von ihm unabhängige; daher sich seine Persönlichkeit und Selbstheit nie zum vollkommenen Actus erheben kann. *Dies ist die allem endlichen Leben anklebende Traurigkeit*, und wenn auch in Gott eine wenigstens beziehungsweise unabhängige Bedingung ist, so ist in Ihm selber ein Quell der Traurigkeit, die aber nie zur Wirklichkeit kommt, sondern nur zur ewigen Freude der Überwindung dient. Daher der Schleier der Schwermut, der über die ganze Natur ausgebreitet ist, die tiefe unzerstörliche Melancholie alles Lebens. Freude muß Leid haben, Leid in Freude verklärt werden".[4] „Kein Leben ohne gleichzeitiges Sterben."[5]

Hier erst faßt sich Schellings ganze Existentialität in *ein* Sinn-

---

[1] VII, 465-466.
[2] 469-470.
[3] Ebd.
[4] VII, 399.
[5] VIII, 260.

bild zusammen. Für Johannes, Plotin, Fichte mag das Höchste im Bilde des *Lichtes* erscheinen, für Schelling ist das letzte *Feuer*. Gott ist ihm freilich „verzehrende Schärfe“ reiner Helle – aber gerade so noch nicht real. Im Ineinanderschlagen der Liebe von Gottgeist und Gottnatur lodert erst das letzte Feuer auf, als die Apokalypse jenes „lebendigen Lebensblickes“ auf dem Gottesgrunde, als das zum Weltbrand entfachte Seelenfünklein. Die verzehrende Flamme ist Bild jener Hinopferung und Bewahrung des Endlichen in seiner „Auflösung“, als „freiwilliger Selbstverbrennung“.[1] So schon innerhalb der Natur: „Die Vernichtung aller Potenz, das höchste Ziel aller dynamischen Tätigkeit, wird nur im Ausbruch des Feuers oder im Verbrennungsprozeß erreicht.“ „Jeder Verbrennungsprozeß ist eine Aufopferung der Individualität“, eine „Auflösung des Realen durch das Ideale“, aber damit *zugleich* in der Vernichtung dessen volle Befreiung. „Kein Wunder, daß man in allen Mythologien, denen jene wundersame Mischung des Allgemeinen und Concreten, des Idealen und Realen in den Dingen als eine Zufälligkeit erschien, ihren ewigen Streit einst, im Weltende, durch das Feuer ausgeglichen erwartete.“[2] Also ist schon die erste Schlichtung dieses Streites des Menschen indifferenter freier Wille, das ausbrechende Feuer. Und dieses dämonisch flackernde ist gerade so, als flackernd zwischen Sein und Nichts, Liebe und Sünde – Prometheusfeuer. „Das himmlische, Gott entwandte Feuer (der ignis aetherea domo subductus) ist der freie Wille.“[3]

Die dämonische Tragik des Prometheus ist also selbst nur ein anderes Bild für dieses Feuer, als himmlisches im Herzen Gottes geraubt, als höllisches seine Eingeweide verzehrend. Unschuldig ist er, sofern er ein Gott ist und gleich ewig wie der Ursprung der Zeit, schuldig sofern er Halb-Gott ist. Unschuldig, sofern er Welterlöser, „Messias der Natur“ ist, schuldig, sofern er den Geist, der nie sein ist und dessen Bedingung er nie in seine Gewalt bekommt, doch an sich reißt. Darum endet hier das δια der Prometheusdialektik in ein scharfes, ins innerste Sein einen Riß reißendes, *tragisches* δια: „Prometheus ist also in seinem Recht und doch wird er von Zeus für seine Tat durch unsägliche Qualen . . . heimgesucht. Aber auch Zeus ist in seinem Recht,

---

[1] 251.
[2] VI, 350-352.
[3] 2. Reihe, I, 484.

denn nur um solchen Preis erkauft sich die Freiheit und Unabhängigkeit von Gott. Es ist nicht anders: es ist ein Widerspruch, den wir nicht aufzuheben, den wir im Gegenteil zu erkennen haben . . . Das Loos der Welt und der Menschheit ist von Natur ein tragisches . . .“[1]

[1] 485-486.

3. Weltleben

NOVALIS

I. Das Reich des Kindes

Was Fichte und Schelling als Weltschau bildeten, war nicht nur darum die ungeheuerlichste Anthropologie, die Menschen bisher ersannen, weil sie das Menschwesen im Zentrum aller Dinge und Gottes selbst erschauten, sondern viel mehr noch darum, weil sie nicht theoretischer, sondern konkreter Idealismus war, der als eine wahre Anweisung zur Existenz gemeint war. Es ging um Realisierung dieses Zentrums, in der titanisch sich hinabbohrenden Wissenschaftslehre wie in der künstlerisch emporwirkenden Potenzenlehre. „Die Fichtesche Philosophie", sagt Novalis, „ist eine Aufforderung zur Selbsttätigkeit";[1] und wirklich war die allgemeine Apokalypse, wie sie Fichte und Schelling vorschwebte, nur in der *Tat,* als sittlicher oder ästhetischer, vollendbar. Damit aber weisen sie innerlich über sich hinaus auf den gelebten Vollzug solcher Apokalypse hin, auf jene Menschenschicksale, die in Tiefe der Existenz die Tiefe der Idee erst erschöpfen: „Nur der vollkommenste Mensch kann die vollkommenste Philosophie entwerfen."[2]

Dann kann es aber jetzt nicht darum gehen, abstrakte „Typen" der idealistischen Darlebung zu geben, sondern, weil es um *gelebtes* Leben geht, nur darum, das individuelle Gesetz in seiner persönlichen Einmaligkeit an diesen Darlebenden herauszuheben, wie es lebend *innerlich* in *die Form* ihrer Apokalypse *eingreift.* Aber weil es doch wieder Menschenleben sind, auch wenn sie, als Leben einer *Idee*, selten und seltsam genug erscheinen, gehorchen auch sie den Kategorien menschlich sich entfaltenden Daseins: Kindheit, Jugend, Reife, als den „Potenzen" des konkreten Lebens. In diesen Stufen stellt sich uns je das Ganze der Weltschau als Weltleben dar. Dieselbe Musik wird nacheinander vom Kinde, vom Jüngling, vom Manne getanzt. Aber wenn das Motiv auch immer dasselbe bleibt, der immer tiefere Ausdruck des Tänzers läßt diese Selbigkeit wie eine

---

[1] Novalis' Schriften (hrg. v. J. Minor, Diederichs, Jena 1907), III, 127.
[2] III, 158.

Variationenfolge erscheinen. Das Grundmotiv ist dabei notwendig das Problem der Synthesis in seinen verwickelten, und nun gerade im Leben sich noch mehr verwirrenden Formen, „Synthesis des Mittelbaren und Unmittelbaren, des Vollkommenen und Unvollkommenen: Gott und Mensch, Natur und Naturwesen, Geist und Seele";[1] also jeweils so, daß nicht ein glattes Zueinander entsteht, sondern ein höherer, nicht aufgehender Rest, der eine neue, ja erst die eigentliche Frage stellt.

In diesem Übergang von der Schau ins Leben zerbricht der grandiose Spiegel der Philosophie in die Scherben der Existenz und ihrer chaotischen Vielfalt. Wo immer die Philosophie Fichtes und Schellings *gelebt* wurde, da drangen die Keime des einmaligen Daseins zersetzend in den Systembau, und schon das Lebenswerk des „Kindes", das nun zuerst zu betrachten sein wird, ist zur Hälfte ein unendliches Trümmerfeld von „Fragmenten". Aber dieser Einsturz ist selbst noch Gehorsam dem dionysisch-dialektischen Gesetz der Synthesis innerhalb der widerstehenden Schwere des Daseins, dessen langsames Sterben und Aufleben mit dem beflügelten „Stirb und Werde"-Rhythmus des Denkens nicht Schritt halten kann. Hier ist mehr „Anstrengung gegen das antagonistische Element, worin man fliegt, vonnöten . . . Man folgt der Sonne, und reißt sich von der Stelle los, die nach Gesetzen der Umschwingung unseres Weltkörpers auf eine Zeitlang in kalte Nacht und Nebel gehüllt wird. (Sterben ist ein echt philosophischer Akt)."[2] Um dieses kälteren Sterbens willen gilt hier, daß der rein aufhebende Tod der Denksynthesis selbst eine *Idee* ist, auf die das wirkliche Sterben nur wie auf eine Grenze zugeht: „Es gibt keine Philosophie in concreto. Philosophie ist wie der Stein der Weisen, die Quadratur des Zirkels usw."[3] Aber diese Verlangsamung ist gleichzeitig das Reich- und Reifwerden der Philosophie, und darum lohnt es sich wohl, die Trümmer und Fragmente der Lebenden so ernst zu betrachten wie die Systeme der Denkenden.

Novalis, der erste dieser Lebensdichter, hat das lebendig erfahren: „Äußerst lebhaft fühlt der Mensch beim ersten Nachdenken das Bedürfnis, die höchsten Enden zu vereinigen", er sucht deshalb nach Methoden, sich diesen Eschata zu nähern, kommt aber

---

[1] III, 61.
[2] II, 185.
[3] II, 183.

im Endlichen nicht voran und verstrickt sich. „Jetzt fällt ihm endlich ein, daß das Problem realiter schon durch seine Existenz gelöst ist und das Bewußtsein der Gesetze seiner Existenz die Wissenschaft katexochen sei, die er so lange schon suche. Mit der Entdeckung dieses Bewußtseins ist das große Rätsel im Grunde gelöst. So wie sein Leben reale Philosophie ist, so ist seine Philosophie ideales Leben, lebendige Theorie seines Lebens.“[1]

Kindheit aber, die Novalis darstellt, ist noch nahe dem großen Zentrum, auf das die Schau hinwies, sofern sie erst schwach aus dem Ideellen heraustretende Existentialität ist. Gerade so aber kann sie ein eigentümliches Optimum darstellen: einerseits wird es eine Apokalypse sein, die von den schweren, zerschlagenden Hämmern der Existenz noch nicht getroffen ist, eine *Prä-existenz*, die der Idee an Unwirklichkeit gleicht. Anderseits, weil es doch *Leben* und Darleben ist, eine so glanzvolle und tiefe Apokalypse, die gegenüber allen späteren, vom dunklen Schicksal umflorten Lebensbildern wie ein helles Sternbild herausleuchtet, daß sie doch wieder wie die vollkommenste aller möglichen Umsetzungen idealistischer Weltschau in existentiales Weltleben erscheint. In diesem doppelten Anblick steht die Apokalypse des Kindes.

Ist nicht das Kind der lebende Idealist, wenn es im Spiel sich seine Welt baut und zerstört, von einem absoluten, sinnspendenden Zentrum aus? „Der größte Zauberer würde der sein, der sich zugleich so bezaubern könnte, daß ihm seine Zaubereien wie fremde, selbstmächtige Erscheinungen vorkämen. Könnte das nicht mit uns der Fall sein?“[2] Sicher ist es mit dem großen Zauberer, dem Kinde, der Fall. „Der frische Blick des Kindes ist überschwenglicher als die Ahndung des entschiedensten Sehens . . . Ihm erscheint alles als Geist.“[3] „Die Welt soll sein, wie ich will“[4] – das ist auch Kindersprache. Aber neben diesem Trotz haben Kinder auch den großen Schaublick derer, die noch nicht oder nicht mehr in tötender Vereinzelung dem Ganzen gegenüberstehen: „Von selbst geht keinem, der los sich riß und sich zur Insel machte, das Verständnis auf, auch ohne Mühe nicht. Nur Kindern oder kindlichen Menschen, die nicht wissen, was sie tun, kann

---

[1] III, 77.
[2] II, 202.
[3] II, 310.
[4] II, 283.

dies begegnen."[1] Und wenn der Meister der Lehrlinge von Sais von seinen ersten Trieben nach der Erkenntnis des Ganzen erzählt, dann waren sie kindliches Bestaunen der Sterne und Wolken: „er sammelte sich Steine, Blumen, Käfer aller Art und legte sie auf mannigfache Weise sich in Reihen . . . am Strand des Meeres saß er, suchte Muscheln –",[2] dann war es vielleicht auch nicht viel anderes, als was Novalis sein ganzes, kurzes Leben lang tat: seltsame Fragmente in Reihen legen und darin das Ganze schauen: „Ihm war es zur natürlichsten Ansicht geworden, erzählt Tieck, das Gewöhnlichste, Nächste als ein Wunder, und das Fremde, Übernatürliche als etwas Gewöhnliches zu betrachten; so umgab ihn das alltägliche Leben selbst wie ein . . . Märchen."[3]

Der innerste Kern von Novalis' Weltleben ist damit berührt: das Urphänomen der Synthesis erscheint ihm als *Wunder*. Synthesis ist das Dasein und so ist das Sein ein ewiges, uneinholbares Wunder: „Das wunderbarste, das ewige Phänomen ist das eigene Dasein."[4] Wie das kleine Kind Philipp Otto Runges mit weitstaunenden Augen in die offene Wunderwelt emporblickt, so Novalis in alles Sein. Wunder ist darin der Reichtum, das über alles Nur-Sein je immer höher ansteigende Schöpferische, über alles faktische Da je immer hinausquellende, unfaßliche *Wirklich*sein und Idee- und Geistsein. Wunder ist das Lockende am Sein, die Transparenz eines Geheimnisses aus dem Innern her, das in seinem Durchscheinen das wesenhaft Verborgene, weil Wunderbare bleibt: „Das große Geheimnis ist allen offenbart, und bleibt ewig unergründlich."[5] Leben wird darum nichts anderes sein können als die Doppelbewegung eines sehnsüchtigen Nach-innen dem Geheimnis zu, Untertauchen, Absteigen, Versinken – und Nach-oben im Geheimnis selbst, Aufflammen, Aufsprudeln im schöpferischen Empor des Wunders.

Wunder ist innen: „Man muß notwendig erschrecken, wenn man einen Blick in die Tiefe des Geistes wirft",[6] denn alles Wunderbare ist bodenlos. Fichtes Bewegung nach innen, Schellings Abstieg in den Gottgrund wird dem Kinde zur maßlosen Ver-

---

[1] IV, 14.
[2] IV, 4.
[3] I, S. XXIII.
[4] III, 45.
[5] IV, 207.
[6] III, 91.

lockung. Es zerbricht all das Spielzeug des Daseins in „Fragmente", um zu wissen, was „innen" ist, es steigt zuletzt die dunkle Treppe hinab, die es im großen Märchen hinter dem Altar der Sophia entdeckt.

Daß Novalis Bergmann war, ist eines der entzückendsten Sinnbilder seines ganz mythischen Lebens. „Von Jugend auf habe er eine heftige Neugierde gehabt zu wissen, was in den Bergen verborgen sein müsse, wo das Wasser in den Quellen herkomme, und wo das Gold und Silber und die köstlichen Steine gefunden würden, die den Menschen so unwiderstehlich an sich zögen."[1] So erzählt der alte Bergmann im Ofterdingen. Bergmannsleben ist „Andacht"[2] vor den Wundern, die ihm die verborgen leuchtenden Adern offenbaren, ist die Sammlung des Gemüts in seiner Tiefe, um jeden Abend die obere Welt wieder in ihrer „ursprünglichen, bunten Wunderbarkeit"[3] zu erleben, in erquickendem Wechsel von Innen und Außen, ist dann aber das wachsende Übergewicht des inneren Wunders, des „köstlichen Gewächses", das ihm „in diesen schauerlichen Tiefen . . . blüht", von dem der unterirdische Einsiedler, den Heinrich und der Alte auf ihrem Abstieg in die Höhlen finden, erzählt: „Unerschöpflich dünkt mir die Quelle meines innern Lebens."[4] Denn der großen Bewegung der Sehnsucht hinein und hinab, kommt als das gesuchte Wunder eine immer größere Gegenbewegung heraus und empor entgegen, bis im innersten Felsenraum des Seins der Ursprung des Wunders als reiner Entsprung erschauernd angestaunt wird:

„Wie er hereintrat, ward er einen mächtigen Strahl gewahr, der wie aus einem Sprungquell bis an die Decke des Gewölbes stieg und oben in unzählige Funken zerstäubte, die sich unten in einem großen Becken sammelten; der Strahl glänzte wie entzündetes Gold; nicht das mindeste Geräusch war zu hören, eine heilige Stille umgab das herrliche Schauspiel . . . Er tauchte seine Hand in das Becken und benetzte seine Lippen. Es war, als durchdränge ihn ein geistiger Hauch, . . . ein unwiderstehliches Verlangen ergriff ihn, sich zu baden, er entkleidete sich und stieg in das Becken."[5]

---

[1] IV, 112.
[2] IV, 116.
[3] IV, 120.
[4] IV, 133.
[5] IV, 55.

Das Kind ist in die Herzkammer des Seins vorgedrungen und ergibt sich dem Wunder. Jedem Menschen erscheint einmal dieser innerste Augenblick, der ihm sagt: „Du hast das Wunder der Welt gesehn“[1] – und wenn er offen bleibt, dann kann er von ihm aus alles Spätere als Wunder er-leben. Geblendet tritt er aus dem Offenbarten und verschweigt es, wie Kinder ihre Geheimnisse. „Scham ist wohl ein Gefühl der Profanation.“ Das Wunder muß „geheimnisvoll behandelt werden . . . Vieles ist zu zart um gedacht, noch mehres um besprochen zu werden“.[2]

Aber das staunende Kind ist Kind Prometheus. Der unendliche Drang lebt in ihm, das feurige Zentrum zu erobern, selber zu werden. Denn die Quelle innen ist *sein* Innen, und im Prometheusraub raubt es – sich selber. Der schöpferische Funke der Synthesis („Alle Synthesis ist eine Flamme“[3]), die wunderbare Glut seines Lebens („Leben ist ein Feuerprozeß“[4]) muß von einem innersten, anfanglosen Herde entfacht sein, einer ersten „Flamme zwischen Nichts und Etwas.“[5] Er muß der absolut freie Anhub sein („das oberste Prinzip muß schlechterdings nichts Gegebenes, sondern ein frei Gemachtes . . . sein“[6]), wie ein Springquell, der aus sich selber herausspringt: „Der Akt des sich selbst Überspringens ist überall der höchste, der Urpunkt, die Genesis des Lebens. So ist die Flamme nichts als ein solcher Akt. So hebt alle Philosophie da an, wo der Philosophierende sich selbst philosophiert, d. h. zugleich verzehrt (bestimmt, sättigt) und wieder erneuert (nicht bestimmt, frei läßt).“[7] Wenn der träumende Ofterdingen sich entkleidet, um in diesem Feuerquell sich zu baden, so ist das nur ein Bild für das Umgekehrte, Prometheische, was Novalis nun beginnt: sich in seinem Innern zu entkleiden bis zur Blöße des Feuerquells, und dessen Flut in sich zu befreien, zur alles verklärenden, apokalyptischen Überschwemmung.

Er ist freilich zunächst wieder, rein formal, der Kantsche Prozeß vom empirischen zum numenalen Ich: „Die höchste Aufgabe der Bildung ist, sich seines transzendentalen Selbst zu bemächtigen,

---

[1] IV, 62.
[2] II, 116.
[3] III, 187.
[4] II, 222.
[5] III, 50.
[6] III, 130.
[7] II, 259.

das Ich seines Ichs zugleich zu sein."[1] „Kunst allmächtig zu werden – Kunst unsern Willen total zu realisieren."[2] Es ist progressive Vernichtung der Passivität in uns, und so des Zufalls: „Das Fatum, das uns drückt, ist die Trägheit unseres Geistes. Durch Erweiterung und Bildung unserer Tätigkeit werden wir uns selbst in das Fatum verwandeln . . . Je positiver wir werden, desto negativer wird die Welt um uns her – bis am Ende keine Negation mehr sein wird, sondern wir alles in allem sind. Gott will Götter."[3] Aber von Kant trennt diese Eschatologie das völlige Fehlen der majestätischen Distanz des Heiligen, um dessentwillen und zu dessen Dienste das Endliche überhaupt unsterblich sein darf. Kinder kennen nur die Distanz des Staunens und der Wunderfreude, die sich auch im innigsten Sicheinschmiegen wahrt. Der Zugriff des Besitzenwollens ist noch ungetrennt von der Hingebung an die herrliche Spiel-Welt: „Alles Sein soll in ein Haben verwandelt werden. Sein ist einseitig, Haben synthetisch, lieberal."[4] „Jedes wahre Gesetz ist mein Gesetz – sagen und aufstellen mag es, wer es will."[5] Das ist Kindersprache. Nur im Kind ist progressive Assimilation der Dinge zu ihrer Beherrschung und progressive Assimilation des Ich an die Dinge im Zauber des Spieles noch ein einziger Akt. Novalis hat ihm den treffendsten Namen gegeben: Magie. Aber nicht die schwarze titanischer Flammenbeschwörung, sondern die lichte des kindlich beherrschenden, und doch das Kind selbst mitverzaubernden Spieles. Novalis erwartet diese eschatologische Zauberwelt, in die unsere Apokalypse hineingeht, wo der Geist volle, willkürliche Gewalt nicht nur über seinen Leib haben wird, sondern „vielleicht . . . verlorne Glieder restaurieren, sich bloß durch seinen Willen . . . töten", fremde Körper beseelen und alles zu seinem Organ wird machen können,[6] er erwartet eine „pneumatische Chemie",[7] eine „magische Astronomie, Grammatik, Philosophie, Religion . . . usw.",[8] eine Welt also, wo das Wunder des Seins nicht etwa zerstört, illusionslos enthüllt wäre, sondern alles vielmehr in das Wunder hineingenommen, verzaubert würde. Aber doch eine Welt, wo das Wun-

[1] II, 117.
[2] II, 190.
[3] II, 198.
[4] II, 286.
[5] II, 167.
[6] II, 192-193.
[7] II, 14.
[8] II, 201.

der als solches vom Zauberer beherrscht wäre: „Der Dichter wird wenig Wunder tun können, wenn er selbst über Wunder erstaunt.“[1]

Dieses Schwebende zwischen „in“ und „über“ dem Wunder, Bezaubertwerden und Zaubern, das erst eigentlich Magische des Kinderspiels, beherrscht Novalis' ganze Welt. Und die Umfänge dieser Welt sind grenzenlos, wie der hallende Weltinnenraum Herders es war, wie die verschlungene Odyssee des Geistes Schellings aus der Natur zum Bewußtsein empor, aus den Windungen der Geschichte zum gegenwärtigen Ich. Ofterdingens Schicksale sollten selbst eine unendliche Wiedererinnerung seiner Entwicklungen sein, bis zum vollen Bewußtsein des Geistes. Zunächst die Öffnung des untersten, des Naturraumes: „Die Worte des Alten hatten eine versteckte Tapetentür in ihm geöffnet. Er sah sein kleines Wohnzimmer dicht an ein erhabenes Münster gebaut, aus dessen steinernem Boden die ernste Vorwelt emporstieg, während von der Kuppel die klare, fröhliche Zukunft in goldenen Engelskindern ihr singend entgegenschwebte. Gewaltige Klänge bebten in dem silbernen Gesang, und zu den weiten Toren traten alle Kreaturen herein, von denen jede ihre innere Natur mit einer einfachen Bitte und in einer eigentümlichen Mundart vernehmlich aussprach.“[2] Geist erkennt seine Basis in Natur, versteht sein Werden als Synthesis niederer Potenzen und Emporerlösung der bittenden Naturwesenheiten. „Wie wunderte er sich, daß ihm diese klare, seinem Dasein schon unentbehrliche Ansicht so lange fremd geblieben war. Nun übersah er auf einmal alle seine Verhältnisse mit der weiten Welt um ihn her; fühlte was er durch sie geworden und was sie ihm werden würde.“[3] Dieses Fühlen ist der lebendige Mitvollzug der kosmischen Genesis, die die der eigenen Seele ist: „Um die Natur zu begreifen, muß man die Natur innerlich in ihrer ganzen Folge entstehen lassen. Bei dieser Untersuchung muß man sich bloß von der göttlichen Sehnsucht nach Wesen, die uns gleich sind, und den notwendigen Bedingungen, dieselben zu vernehmen, bestimmen lassen . . . Der denkende Mensch kehrt zu der ursprünglichen Funktion seines Daseins, zur schaffenden Betrachtung, zu jenem Punkt zurück, wo Hervorbringen und Wissen in der wundervollsten Wechselwirkung standen. . . Die sorgfältige Beschreibung dieser innern Weltgeschichte ist die wahre Theorie der Na-

[1] IV, 166.
[2] IV, 128.
[3] IV, 128.

tur."[1] – Dann die Anamnesis des Geschichtsraums: Die Erzählungen des Einsiedlers regen davon ein erstes, noch undeutliches Ahnen: Heinrich „fühlte neue Entwicklungen seines ahndungsvollen Innern. Manche Worte, manche Gedanken fielen wie belebender Fruchtstaub in seinen Schoß und rückten ihn schnell aus dem engen Kreise seiner Jugend auf die Höhe der Welt".[2] Das geheimnisvolle Buch, das er beim Eremiten findet und in dem er sich selber auf verschiedensten Stadien seiner inneren Odyssee erblickt, läßt den inwendigen Raum sich ins Ungemessene weiten und ins Grenzenlose verdämmern: „Der Schluß des Buches schien zu fehlen. Heinrich war sehr bekümmert und wünschte nichts sehnlicher, als das Buch lesen zu können, und vollständig zu besitzen."[3] Aber lesen heißt hier leben. Und doch gibt es Durchblicke, Perspektiven, die immer und von jedem Punkte aus schon das Ganze vor- und rückwärts übersehen lassen. Schellings „Potenzen" waren ja jede die Totalität, nur in Stufen der Entfaltung. „Nichts ist so bemerkenswert", sagt einer der Fremdlinge in Sais, „als das große Zugleich der Natur";[4] darum wird auch die Zukunft in der Potenz der Gegenwart erahnbar.

Gerade dies letztere unterscheidet Novalis von allen anderen Apokalypsen des Idealismus. Keine lebt so wie er im Voraus der Zukunft. Das „Wenn ich groß sein werde" ist Kindessinnen, Prometheus ist hier ganz der Voraussinnende („Der echte Märchendichter ist ein Seher der Zukunft . . . Die Spiele des Kindes, Nachahmung der Erwachsenen"[5]), der traumhaft das erfüllt, was der nüchtern-wache Denker noch nicht wagt: die volle Apriorität der Welt aus dem Ich-Punkt. A-priorisch denken heißt vom Voraus her denken und so ist „die Philosophie von Grund aus antihistorisch. Sie geht vom Zukünftigen und Notwendigen nach dem Wirklichen, sie ist die Wissenschaft des allgemeinen Divinationssinns. Sie erklärt die Vergangenheit aus der Zukunft".[6] Das „Voraus" aber ist die Idee, und Idealismus darum eigentlich Futurismus. „Aller wirkliche Anfang ist ein zweites Moment. Alles was da ist, erscheint, ist und erscheint nur unter einer Voraussetzung: Sein individueller Grund, sein absolutes Selbst geht ihm voraus, muß

[1] IV, 32. 33.
[2] IV, 143.
[3] IV, 145.
[4] IV, 33.
[5] II, 309.
[6] II, 179.

wenigstens vor ihm gedacht werden . . . Vorurteil, Vorsatz, Vorempfindung, Vorbild, Vorphantasie, Projekt."[1] „Der gebildete Mensch lebt durchaus für die Zukunft."[2] Und diese Zukunft ist, als die Dimension des Apriori, ein ewiges Prius vor Vergangenheit und Gegenwart. Es ist eine Zukunft, die eigentlich die Ewigkeit über dem Zeitstrom besagt, und in der für den Zukunfts- oder Ewigkeitssinn in uns das Apriorische ablesbar ist. „Sollte es nicht ein Vermögen in uns geben, was dieselbe Rolle hier spielte, wie die Veste außer uns, der Äther, jene unsichtbar sichtbare Materie, der Stein der Weisen, der überall und nirgends, alles und nichts ist? Instinkt oder Genie heißen wir sie, sie ist überall *vorher*. Sie ist die Fülle der Zukunft, die Zeitenfülle überhaupt."[3] Dann aber heißt Zukunft in einem höheren Sinn ewige Gegenwart: Zukunft für die niedrigen Potenzen, Gegenwart für die höchste, totale. In diese aber sich je-voraus zu versetzen ist das wahre Vorrecht des Dichters. „Die gewöhnliche Gegenwart verknüpft Vergangenheit und Zukunft durch Beschränkung. Es entsteht Kontiguität, durch Erstarrung Krystallisation. Es gibt aber eine geistige Gegenwart, die beide durch Auflösung identifiziert, und diese Mischung ist das Element, die Atmosphäre des Dichters."[4] Sie erst ist „vollkommene Gegenwart".[5]

Der Dichter allein ist auf der niederen Potenz die vollkommene Vorausnahme der göttlichen All-schau. Er allein vermag das Allgemein-Schematische der Zukunft, das der reine Philosoph bestenfalls bieten kann, durch das Konkrete, die Fülle des Lebendigen zu ergänzen. Philosophie kann immer nur eins von beiden; wenn sie innerhalb ihres Gebietes bleibt, gelangt sie entweder zum „unendlichen Automat" (der Philosophierende ist dann „echter Scholastiker" als „mystischer Subtilist") oder zu „Willkür und Wunder überall, . . . bloß dynamisch" (der Philosophierende ist „roher intuitiver Dichter", „mystischer Makrolog"). Im Philosophischen ist deren Synthesis nur Eklektizismus. „Die dritte Stufe [darüber] ersteigt der Künstler . . . Er findet, daß jene ursprüngliche Trennung der absoluten philosophischen Tätigkeiten eine tiefer liegende Trennung seines eigenen Wesens sei, deren Bestehn auf der Möglichkeit ihrer Vermitte-

[1] II, 179-180.
[2] II, 224.
[3] II, 197.
[4] II, 138.
[5] III, 61.

lung, ihrer Verbindung beruht." Die Synthesis, die dem Eklektizismus nicht gelang, weil er die künstlerische Stärke der Einbildungskraft nicht besaß, „sich im Moment des Übergangs von einem Gliede zum andern schwebend zu erhalten und anzuschauen", ist die eigentliche Potenz des Künstlers und dieser damit „der Anfang einer wahren Selbstdurchdringung des Geistes".[1] *Darum* vermag der Künstler allein eine wahre Zukunftslehre, eine nicht nur schematische Apokalypse zu schreiben.

Diese Synthesis der Kunst gleicht bedeutsam jener Synthesis der Existenz, die uns zu Anfang des Kapitels beschäftigte. Dort war es die Entdeckung, daß die großen, auseinanderstrebenden Bewegungen des auf das Letzte dringenden Denkens existierend sich binden und so sich lösen. Hier diejenige, daß diese selben Strebungen – Schiller nennt sie kurz Stofftrieb und Formtrieb – durch das Faktum des künstlerischen Daseins sich einen und überhöhen. Aber in der Synthesis der Existenz war es doch nur Sammlung – zum Beginn, nämlich der existierenden Bewegung, der entlang die philosophische Bewegung gleichläuft. Hier aber ist es Synthesis der vollendeten Existenz in „vollkommener Gegenwart", die Vorausnahme des eigentlichen Standpunktes Gottes. Dieses „Voraus" ist also auch der Philosophie gegenüber ein Apriori, indem diese nur bis zur Aufweisung einer gemeinsamen Wurzel der zwei Grundtriebe zurückgehen kann, der produktiven Einbildungskraft, der Künstler aber aus der Freiheit dieser Kraft selber ein-bildet und so unmittelbarster Schöpfer des Ganzen wird. Und gerade das tiefste Wesen der Synthesis, das der Philosoph nur nachvollziehen, nicht ursprünglich bilden kann, das Wunder, ist das Geheimnis der Kunst. Das Schöne ist das unerschöpfbare Je-mehr des Seins, die Höhendimension, die nur im schöpferischen Akt erreicht wird. Der Künstler ist der vollkommene Magier. Gewiß schafft er nur „Träume", und „unser Leben ist kein Traum. Aber es soll und wird vielleicht einer werden",[2] eben weil es immer höheres Wunder wird. Ist der Philosoph in seiner Vollendung universaler Mathematiker,[3] so ist der Dichter, der die Philosophie als Element in seine Synthese aufgenommen hat, der Verwirklicher einer „schönen Mathematik, mystischen . . ., musikalischen Mathematik".[4] Denn sofern hier Form und Stoff auf

[1] II, 173-175.
[2] II, 196.
[3] III, 82.
[4] III, 38.

die vollkommenste Weise eins geworden sind, ist das höchste Apriori erreicht: „Der echte Mathematiker ist Enthusiast per se. Ohne Enthusiasmus keine Mathematik. Reine Mathematik ist Religion. Der Mathematiker weiß alles. Echte Mathematik ist das eigentliche Element des Magiers. In der Musik erscheint sie förmlich als Offenbarung als schaffender Idealism. Das Leben der Götter ist Mathematik."[1] Solche erfindet nur der Dichter, der im apriorischen Enthusiasmus die schöpferischen Synthesen mitvollzieht.

II. Zwischen Ich und Du

Novalis ist der einzige Punkt im deutschen Idealismus, wo dessen folgerichtigster Plan, das allgemeine, apokalyptische Weltgedicht, im kindlichen Schwung zur Wirklichkeit wurde. Schlegels Aphoristik blieb lediglich „progressive Universalpoesie", in ihrer völligen Ungeschlossenheit nur die Werdensseite des Ganzen darstellend. Für Schelling wäre freilich „das Gedicht vom Universum oder der Natur der Dinge" die Vollendung der Philosophie geworden, aber sein Epos „Die Weltalter" blieb in den Anfängen. Auch das größte dieser Weltgedichte, Johann Jakob Wagners Kosmogonie, blieb eben – Kosmogonie, so wie Rückerts Fragment über den Bau der Welt, Okens „Kosmogonie oder Genesis" (die ein Teil seines Lehrbuches der Naturphilosophie wurde). Steffes kam über Vorstudien nicht hinaus. Goethe, der mit Schelling gemeinsame Pläne hegte, schreckte „der fürchterliche Anblick des Ganzen". Die Promethiden verzweifelten am demiurgischen Werk, nur im „Märchen" sollte, wenn auch in winziger Abbreviatur, der ungeheure Rhythmus des Ganzen nachkomponiert werden: Der Dichter „tanzt die Natur",[2] er tanzt auch und gerade die Apokalypse der Natur, die ja selbst deren Schweben und Wunderwerden ist.

Die Enthüllung der letzten Dinge, des Endzustandes, die Novalis' ganzes Sinnen beschäftigt, ist nirgends so geradlinig, so kindhaft-direkt angegangen worden wie durch ihn. Der „Trieb zur Verklärung",[3] mit der schöpferischen Einbildungskraft identisch, ist sein

---

[1] II, 367-368.
[2] IV, 34.
[3] IV, 246.

Grundtrieb, Enthüllung des Wunders, das dabei Wunder bleibt, reine enthusiastische Apokalypse ist der eine und einzige Gehalt seiner Eschatologie. Die Begriffe „tausendjähriges Reich“, „goldene Zeit“, „jüngster Tag“, „Endzeit“ sind dabei fast nur sinnbildlich gebraucht. „Die Menschheit wäre nicht Menschheit, wenn nicht ein tausendjähriges Reich kommen müßte“,[1] das folgt aus dem „Prinzip der Vervollkommnung“. Weil aber diese aus dem Freiheitspunkte sich vollzieht, so gilt: „Jeder Mensch kann seinen jüngsten Tag durch Sittlichkeit herbeirufen.“ Dann aber sind diese Begriffe vertauschbar: „Der jüngste Tag wird kein einzelner Tag, sondern nichts als diejenige Periode sein, die man auch das tausendjährige Reich nennt.“[2] So ist der scharfe Trennungsstrich christlicher Eschatologie zwischen irdischer und himmlischer Vollendung spurlos aufgehoben. Zwar heißt es einmal: „Prosaische Natur des jetzigen Himmels und der jetzigen Erde. Weltperiode des Nutzens. Weltgericht – Anfang der neuen, gebildeten, poetischen Periode.“[3] Aber ein Weltgericht als wirkliches Richten kommt sonst bei Novalis nirgends vor, höchstens als eine einschneidendere Phase der progressiven Verklärung des Universums. Schließlich wird das Eschaton, ganz im Sinne Schellings, zum mystischen Aktus über der mystischen Potenz: die Gesamtaufhebung der unendlichen Zeit in erfüllende Ewigkeit. „Der jüngste Tag ist die Synthesis des jetzigen Lebens und des Todes (des Lebens nach demTode).“[4] Damit ist die zeitlose, latente Koexistenz des Paradieses mit aller Zeitlichkeit und in ihr gegeben: „Unter uns währt das tausendjährige Reich beständig. Die besten unter uns, die schon bei ihren Lebzeiten zu der Geisteswelt gelangten, sterben nur scheinbar; sie lassen sich nur scheinbar sterben.“[5] Die dunkle Kluft, die für Kant zwischen unendlicher, leerer Zeit und erfüllter Ewigkeit bestand, wird weder christlich-transzendent überbrückt, noch tragisch offen gelassen, sondern die unendliche Zeit verschwimmt als Ganzes, da sie doch nur phänomenale Seinsweise ist, mit der immer stärker durchscheinenden Ewigkeit: sie wird, als Zeit, in Ewigkeit *„verklärt“*. Natur „ist *mitten in der Zeit* gegenwärtig, vergangen und zukünftig zugleich“,[6] während sie „die unbekannte Bahn

[1] III, 160.
[2] III, 62.
[3] II, 312.
[4] III, 182.
[5] III, 62.
[6] IV, 34.

der unendlichen Naturgeschichte bis zur Verklärung fortgleitet".[1] Damit wird die Wiederkehr der Toten zur Wahrheit: „und alle Geschlechter der Welt kommen dann nach langer Trennung wieder zusammen . . . In jedem Hügel regt sich neu erglimmende Asche, überall lodern Flammen des Lebens empor, alte Wohnstätten werden neu erbaut, alte Zeiten erneuert, und die Geschichte wird zum Traum einer unendlichen, unabsehlichen Gegenwart".[2] So wird endlich die Apokalypse zur „Regeneration des Paradieses. Das Paradies ist gleichsam über die ganze Erde zerstreut, und daher so unkenntlich usw. geworden. Seine zerstreuten Züge sollen vereinigt, sein Skelett soll ausgefüllt werden".[3] Ebendas, die Synthese des Lebendigen und Mathematisch-Schematischen, ist das Werk der Dichter, „die schon hier im Besitze der himmlischen Ruhe sind".[4]

Und dieser Prozeß der allgemeinen Transfiguration schreitet schon jetzt voran. „Wie ruhig und friedfertig, wie mild und klar ist gegen [die] gewaltsamen, riesenmäßigen Zeiten die heutige Natur!" „Sie nähert sich dem Menschen, und wenn sie ehmals ein wildgebärender Fels war, so ist sie jetzt eine stille, treibende Pflanze, eine stumme menschliche Künstlerin." „Es ist erfreulich . . . jene allmähliche Beruhigung der Natur zu bemerken."[5] Freilich ist die Apokalypse von Novalis keine arkadisch-idyllische Erde, sondern innerlichst kosmisch, phantastisch, utopisch, der Dichter wirklicher Wundertäter, wie Orpheus und Arion. Denn das Nüchtern-Äußerliche der Natur ist ja nur „eine versteinerte Zauberstadt", hinter der das Wunderbare als die eigentliche Wirklichkeit steht. „Wie . . .? wäre es möglich, daß unerhörte Geburten in den Vesten der Erde ihr Wesen trieben, daß das innere Feuer des dunkeln Schoßes zu riesenmäßigen und geistesgewaltigen Geburten auftriebe? Könnten dereinst diese schauerlichen Fremden . . . unter uns erscheinen, während vielleicht zu gleicher Zeit himmlische Gäste, lebendige, redende Kräfte der Gestirne über unsern Häuptern sichtbar würden?"[6] So ist die Verklärung das Herausfördern der ungeheuren Bergschätze („Gelingts das Innere zu entblößen, So bricht der Tag der Freiheit an"),[7]

---

1 IV, 235.
2 IV, 13.
3 II, 186.
4 IV, 148.
5 IV, 140-141.
6 IV, 130.
7 IV, 125.

als Ausbruch des heiligen, apokalyptischen Feuers, des „Urflüssigen".[1]

Indem wir aber erinnern, daß dieses Feuer nichts als die Flamme der Synthesis als des Wunders ist, dringen wir nun zur tiefsten Bestimmung der Eschatologie bei Novalis. Hier wird er zugleich zur höchsten Möglichkeit gelebter idealistischer Eschatologie und ganz unnachahmbar persönlich als Apokalypse des Kindes. Das Wunder der inneren Flamme birgt ein tiefstes Geheimnis: „Das gewöhnliche Leben ist ein Priesterdienst, fast wie der vestalische. Wir sind mit nichts, als mit der Erhaltung einer heiligen und geheimnisvollen Flamme beschäftigt – einer doppelten, wie es scheint."[2] In diesem Geheimnis des Doppelten wird Novalis „Feueranbeter".[3] Denn nunmehr wird sein *Leben* seine Dichtung und seine Philosophie. Der innerste, schöpferische Funkensprung im Sein ist Lust. „Leben ist Lust."[4] „Ursprüngliche Existenz [ist] Lust."[5] Und dies heißt, daß die Transzendenz des Funkens von der Existenz in die Idee einen höchsten, aber verborgensten Namen hat: Liebe. „Man muß sich nie gestehn, daß man sich liebt. Das Geheimnis dieses Geständnisses ist das Lebensprinzip der allein wahren und ewigen Liebe. Der erste Kuß in diesem Verständnisse ist das Prinzip der Philosophie, der Ursprung einer neuen Welt, der Anfang der absoluten Zeitrechnung, die Vollziehung eines unendlich wachsenden Selbstbundes. – Wem gefiele nicht eine Philosophie, deren Keim ein erster Kuß ist?"[6] „Wenn der Mensch erst ein wahrhaft innerliches Du hat, so entsteht ein höchst geistiger und sinnlicher Umgang, und die heftigste Leidenschaft ist möglich."[7] Alles Geschehen wird nun dialogisch, „alles, was wir erfahren, ist Mitteilung".[8] Dieser Dialog zwischen Existenzpol und Ideepol, irdischem und himmlischem Menschen füllt wahrhaft den Sinn von Novalis' ganzem Leben aus. Das war sein ursprünglichstes Erlebnis: „Es dünkt dem Menschen, als sei er in ein Gespräch begriffen, und irgendein unbekanntes, geistiges Wesen veranlasse ihn auf eine wunderbare Weise zur Entwikkelung der evidentesten Gedanken. Dieses Wesen muß ein höheres Wesen sein, weil es sich mit ihm auf eine Art in Beziehung setzt,

[1] IV, 37.
[2] III, 58.
[3] III, 59.
[4] III, 71.
[5] II, 12.
[6] II, 186.
[7] II, 197.
[8] II, 198.

die keinem an Erscheinungen gebundenen Wesen möglich ist ... Dieses Ich höherer Art verhält sich zum Menschen, wie der Mensch zur Natur ..., der Mensch sehnt sich, ihm gleich zu werden".[1] Dieses Erlebnis ist In-spiration, „das Vermögen, außer sich zu sein, mit Bewußtsein jenseits der Sinne zu sein", ist „echte Offenbarung des Geistes, ... eine Empfindung unmittelbarer Gewißheit, eine Ansicht meines wahrhaftesten, eigensten Lebens".[2] Dieses höchste, ästhetisch-religiöse Offenbarungserleben vertritt also hier die Stelle des christlichen „Wortes" Gottes, und das innerwesentliche Liebesverhältnis die des innertrinitarischen. Denn das Verhältnis der mystischen Potentialität, das zwischen den Liebenden hier statthat, ist genau die im Christlichen unvollziehbare Mitte zwischen natürlichem Akt-Potenz-Verhältnis zwischen Gott-Geschöpf und reinem „Akt"-Verhältnis zwischen den göttlichen Personen. Wenn Novalis sagt: „Echte Produkte müssen das Produzierende wieder produzieren. Aus dem Erzeugten entsteht wieder das Erzeugen",[3] „Gott ist die übersinnliche Welt, rein – wir sind ein unreiner Teil derselben"[4] –, so ist dieses mystische Zwischenverhältnis genau beschrieben: Das Vollkommene (Idee, Freiheitspunkt, Gott), als solches bedürfnislos und reiner „Akt", hat doch zu seiner Basis, seinem Suppositum das Bedürftig-Sehnsüchtige, die unreine Potenz.

So besteht zunächst eine Spannung zwischen den Polen: im Entspringen der Potentialität aus dem reinen Akt ist ein Prozeß eingeleitet, der die mystische *Aufhebung* in den Akt zurück zum Ziel hat. Aber eben weil es *mystische* Aufhebung in den Akt ist, dessen Reinheit nur auf der Unreinheit seiner Basis steht, darum ist derselbe Prozeß zugleich ein Entspringen des (reinen) Aktes aus der Potenz. Beides in letztem, unzerreißbarem Ineinander. So geht zwar einerseits der Aufhebungsprozeß gewiß auf eine Identität zu (alles Empirischen, Potentiellen ins Ideale): „Im Ich, im Freiheitspunkte, sind wir alle in der Tat völlig identisch – von da aus trennt sich erst jedes Individuum. Ich ist der absolute Gesamtplatz, der Zentralpunkt."[5] Und so auf ein All-werden Gottes: „Die Welt ist noch nicht fertig, so wenig wie der Weltgeist; aus Einem Gott soll ein Allgott werden ..."[6] „Wir können die Schöpfung als Sein Werk

---

[1] II, 184.
[2] II, 115.
[3] II, 206.
[4] II, 183.
[5] III, 41.
[6] II, 220.

nur kennen lernen, inwiefern wir selbst Gott sind. Wir kennen sie nicht, inwiefern wir selbst Welt sind – die Kenntnis ist zunehmend – wenn wir mehr Gott werden."[1] Aber diese Identität ist kein spurloses Verschwinden der Endlichkeit, sondern deren Aufhebung als Verklärung: die „Spannung" zwischen den Polen, als Sehnsucht der Endlichkeit, wird entspannt, gelöst, gestillt, und dieses verklärte Eingehen des Zeitlichen, Besonderen, Individuellen in das Zeitlos-Allgemeine Gottes gibt diesem seine farbige Fülle: „Alles . . . Temporelle, Lokale, Individuelle läßt sich universalisieren und so kanonisieren und allgemein machen . . . Dieses individuelle Kolorit des Universellen ist sein romantisierendes Element. So ist jeder nationale und selbst der persönliche Gott ein romantisiertes Universum. Die Persönlichkeit ist das romantische Element des Ichs."[2] Daß dieser Romantisierungsprozeß Gottes und Verklärungsprozeß der Welt selber als ein unendlich annähernder gedacht wird (nach der Art Fichtes), ändert daran nichts mehr Wesentliches. Nur das ist damit ausgedrückt, daß mystische Potentialität eine dauernde Interaktion des ewigen und zeitlichen Pols fordert: „Inwiefern erreichen wir das Ideal nie? Insofern es sich selbst vernichten würde. Um die Wirkung eines Ideals zu tun, darf es nicht in der Sphäre der gemeinen Realität stehn. Der Adel des Ich besteht in freier Erhebung über sich selbst" – in Transzendenz –, „folglich kann das Ich in gewisser Rücksicht nie absolut erhoben sein."[3] Eschatologisch ausgedrückt: „Die Zeit kann nie aufhören . . . Die Welt wird den Lebenden immer unendlicher, drum kann nie ein Ende der Verknüpfung des Mannigfaltigen, ein Zustand der Untätigkeit für das denkende Ich kommen. Es können goldene Zeiten erscheinen, aber sie bringen nicht das Ende der Dinge. Das Ziel des Menschen ist nicht die goldene Zeit. Er soll ewig existieren und ein schön geordnetes Individuum sein und verharren; dies ist die Tendenz seiner Natur."[4] Aber dies ist, wie angedeutet, nur *eine* Seite dieser Tendenz, die der Potentialität in der mystischen Aufhebung zugewandte. Die andere, daß es eben doch progressive Verewigung und Gottwerdung ist, darf dabei nicht vergessen sein. Und Gott-Werdung in dem einheitlichen Sinn des Zu-Gott-Werdens und Werdens Gottes (*als* des Ewigen), woraus sich das Fragment ver-

[1] III, 169.
[2] III, 64.
[3] III, 112.
[4] III, 153.

stehen läßt: „Religiöse Aufgabe: Mitleid mit der Gottheit haben. Unendliche Wehmut der Religion. Sollen wir Gott lieben, so muß er hülfsbedürftig sein. Inwiefern ist im Christianismus diese Aufgabe gelöst?“[1]

Dieses „Inwiefern“ beleuchtet nochmals blitzartig den Unterschied: Sie ist im Christentum insofern gelöst, als Gott, der reine Akt, sich in Freiheit eine „natürliche“ Potenz zueignete: in der Menschwerdung. Für Novalis aber ist diese Doppelnatur des Logos ursprüngliche, einheitliche Gottesnatur überhaupt: Reiner Akt mit immanenter, unreiner Basis.

Wenn Novalis bisher je die Mitte zwischen zwei christlichen Situationen einnimmt: (zwischen geschöpflichem Potenz-Akt und göttlichem reinen Akt, zwischen Offenbarung Gottes als reinen Aktes an den Menschen als Potenz und innertrinitarischem reinaktuellem Sichoffenbaren, zwischen Anbetung Gottes und Mitleid mit Gott), so vollendet sich das in der Weise, wie der ontologische Funkensprung von Existenz zu Idee und zurück als neues, entscheidendes „Zwischen“ erscheint. Denn einmal wird dieses innerste Geheimnis gewiß als *das* innerpersönliche, ja die Person als solche konstituierende aufgefaßt („Indem das Herz, abgezogen von allen einzelnen wirklichen Gegenständen, sich selbst empfindet, sich selbst zu einem idealischen Gegenstande macht, entsteht Religion“).[2] Anderseits aber ist die Spannweite dieses Funkensprungs ebenso durch alles Weltliche hindurch und zu einem (persönlichen) Gott hinübergedehnt. Das Liebesverhältnis muß also in eine Mitte zwischen absolutem Monolog und absolutem Dialog hinverlegt werden. Diese Mitte gefunden und lebend festgehalten zu haben, ist das Eigentümlichste an Novalis' Eschatologie. Es konnte nur die Mitte einer Menschenliebe sein, in der das Ideal des geliebten Menschen schwebend zwischen der (monologischen) eigenen Idee in Gott und Gottes selbst, als des „Orts“ der Ideen, gehalten wurde. Wieder ist es Novalis' Wunderschicksal, das diesem Menschen den Namen Sophie gab: Sophia ist ja in aller mystischen Magie seit der Gnosis und Böhme der himmlische Urmensch, als geheimnisvolle „Person“ genau zwischen dem „Ideal“ des Einzelmenschen und dem unendlichen, personhaften Ideal Gott. Novalis' Liebe zu Sophie hat den ganzen Reiz des Kindhaft-Unentwickelten, Geheimnisvoll-Impliziten, und war

---

[1] III, 42-43.
[2] II, 293.

so imstande, diese Schwebe zu ertragen: Sophie zugleich als das eigene Eidos zu verstehen („bin ich doch nur durch dich, was ich bin. Ohne dich wäre ich nichts. Was ist ein Geist ohne Himmel, und du bist der Himmel, der mich trägt und erhält"[1]) und dieses nun über alle Idealität hinaus in eine Existentialität entrückt zu sehen, die doch erst die volle Glut des Funkens entfacht und in deren letzter Perspektive der existierende, persönliche Gott erscheint. („O Geliebte, der Himmel hat dich mir zur Verehrung gegeben. Ich bete dich an. Du bist die Heilige, die meine Wünsche zu Gott bringt, durch die Er Sich mir offenbart, durch die Er mir die Fülle Seiner Liebe kundtut."[2]) Sophie wird zum eigentlichen Ort, wo die mystische Weltverklärung sich vollzieht und die Ewigkeit Gottes durchscheinend wird: „Könntest du nur sehn, wie du mir erscheinst, welches wunderbare Bild deine Gestalt durchdringt und mir überall entgegenleuchtet . . . Deine irdische Gestalt ist nur ein Schatten dieses Bildes. Die irdischen Kräfte ringen und quellen, um es festzuhalten, aber die Natur ist noch unreif; das Bild ist ein ewiges Urbild, ein Teil der unbekannten heiligen Welt."[3]

Sophie nimmt, als existierendes Ideal, im System der mystischen Potentialität darum genau die Stelle ein, die Christus im System der natürlichen Potentialität innehat: sie ist die Übergangsstelle von Menschideal zu Gottideal, von gedachtem zu existierendem Urbild, von Selbstliebe zu Gottesliebe, und so der Verklärungpunkt und der große *Mittler*. Sie ist damit auch das Herz des allgemeinen Wunders, so wie es Christus als persönlich-kosmisches Prinzip in der christlichen Apokalypse ist. Aber nun ist es wiederum für Novalis und seine Kindhaftigkeit unendlich bezeichnend, daß die Differenz zwischen diesen beiden Mittler-Möglichkeiten selbst implizit, unentwickelt bleibt. Statt „Dionysos gegen den Gekreuzigten" heißt die Formel: „Christus und Sophie."[4] Das pietistische Christentum, das Novalis aus seinem Elternhause mitnahm, das also ein originäres, in der Kindheit gewachsenes, und nicht, wie das des späten Schelling, ein letztes, synthetisches Kunstprodukt war, es wurde nie wirklich wankend in der Verbindung mit der dionysisch-prometheischen Dialektik. In der Möglichkeit, eine solche Einheit zu *leben*, so daß neben dem reinen Apriorismus seiner Philo-

---

[1] IV, 175.
[2] IV, 176.
[3] IV, 177.
[4] II, 98.

sophie der unzweifelhaft echte Klang seiner Christuslieder möglich war, zeigt sich die Weltansicht von Novalis am tiefsten als Apokalypse des Kindes. Schon auf der folgenden Stufe, bei Hölderlin, zerbricht diese Einheit, wie der wachsende Baum den irdenen Topf zersprengt.

Aber ein letztes „Zwischen" zeigt vollends, daß auch bei Novalis die Einheit schon durchaus unter dem Formprimat des Dionysischen steht. Das Wunder des Funkensprungs hat eine letzte Geheimniskammer: Lust und Liebe sind *das* Wunder erst als das Geheimnis der Fruchtbarkeit. Synthesis, die schöpferische Flamme, *ist* ja Fruchtbarkeit überhaupt. Mystische Potentialität aber steht hier wiederum zwischen zwei Möglichkeiten christlicher Potentialität: Liebe zum Ideal-Ich (im Potentiellen) hat zur Frucht die Bildung der einen menschlichen Person. Liebe in Gott (im rein Aktuellen) hat zur Frucht eine dritte Person zwischen zwei ewigen Personen. Im Menschen ist die eine Person „Produkt" der „drei Naturen" (die nach Augustinus das Dreifaltigkeitsbild in ihm ausprägen: Gedächtnis-Verstand-Wille), während in Gott drei Personen die schöpferische Fülle einer „Natur" sind. Mystische Potentialität *muß* hier eine Mitte finden, weil diese Situation nur letzte Konsequenz aus allen vorigen ist. Die Liebe zu Sophie, gespannt zwischen die zu Ich-Ideal und Gott-Existenz, kann nur eine *solche* Fruchtbarkeit sein, die zwischen Personbildung (in der Selbstliebe) und Personzeugung (des Heiligen Geistes in der Gottesliebe) die Mitte hält. „Eine echt synthetische Person ist eine Person, die mehrere Personen zugleich ist, ein Genius. Jede Person ist der Keim zu einem unendlichen Genius . . . Eine Person ist eine Harmonie, keine Mischung, keine Bewegung, keine Substanz, wie die Seele. Geist und Person sind eins."[1] „Liebe ist ein Produkt der Wechselwirkung zweier Individuen – daher mystisch und universell und unendlich ausbildsam."[2] Das heißt: die Liebe zwischen Menschen ist nur eine niedrigere, aber identische Potenz der Liebe zwischen Mensch (Welt) und Gott, und so besteht auch in ihr das Grundgesetz der mystischen Potentialität, diese Liebe wird Basis einer höheren Einheit, die als *Geist*, Person-Einheit, „reiner" Akt ist gegenüber der Liebespotentialität. Es entsteht in solcher Liebe ein Genius, den Novalis im Ofterdingen Astralis nennt und der

---

[1] II, 199.
[2] III, 47.

sich hier langsam, mit dem Wachstum der Liebe von Heinrich und Mathilde (Sophie), zu seinem eigenen Geistsein entfaltet:

„An einem Sommermorgen ward ich jung;
Da fühlt' ich meines eignen Lebens Puls
Zum erstenmal, – und wie die Liebe sich
In tiefere Entzückungen verlor,
Erwacht' ich immer mehr, und das Verlangen
Nach innigerer, gänzlicher Vermischung
Ward dringender mit jedem Augenblick.
Wollust ist meines Daseins Zeugungskraft.
Ich bin der Mittelpunkt, der heil'ge Quell
Aus welchem jede Sehnsucht stürmisch fließt,
Wohin sich jede Sehnsucht, mannigfach
Gebrochen, wieder still zusammenzieht."[1]

Astralis, der Geist als *Kind*, ist nichts als die schöpferische Einheit, die wunderbare Synthesis der Liebe zwischen den Liebenden, die von ihnen her, von „unten" sozusagen, sich als potentielles „Verlangen nach innigerer, gänzlicher Vermischung" darstellte: „Liebe Mathilde, es peinigt mich ordentlich, . . . daß ich dir nicht gleich mein ganzes Herz auf einmal hingeben kann. Es ist auch zum erstenmal in meinem Leben, daß ich ganz offen bin. Keinen Gedanken, keine Empfindung kann ich vor dir mehr geheim haben; du mußt alles wissen. Mein ganzes Wesen soll sich mit dem deinigen vermischen. Nur die grenzenloseste Hingebung kann meiner Liebe genügen. In ihr besteht sie ja. Sie ist ja ein geheimnisvolles Zusammenfließen unseres geheimsten und eigentümlichsten Daseins."[2] Mit diesen Vorstellungen schafft Novalis die eigentliche Metaphysik des „Genius" oder des „Geisterreichs",[3] von Ideen also, die das gesamte Zeitdenken tief beherrschten. Aber erst er vermag, kraft seiner einzigen Mittelposition, diesen ausgeprägten Zwischenbegriffen auch einen weltanschaulichen Grund zu geben. Denn sie stehen zwischen „Idol" (als „Schema des Genies"[4]) und existierendem, heiligem Gott-„Geist", und somit enger zwischen magisch zu beschwörenden Naturgeistern („In der Magie dienen die Gei-

[1] IV, 215.
[2] IV, 178.
[3] II, 185.
[4] II, 198.

ster"[1]) und mystisch zu bittenden Engelgeistern. Wiederum ist diese Position zwischen Christlich und Dionysisch nur kindhaft-eingehüllt in einer solchen Einheit zu halten, wobei aber das Eingehüllte selbst das Übergewicht des Dionysischen anzeigt. Wo Novalis die allgemein apriorische Methode verlangt, schreibt er einmal: „Anfang mit der Theologie oder Geniologie."[2] Dieses „oder" zeigt das gleiche, im Eingehüllten bleibende Schwanken wie die Formel: „Christus und Sophie". Die Möglichkeit einer Geniologie als der Lehre von der synthetischen Einheit von Personen zu einer höheren Gesamtperson (wie William Stern sie später systematisch ausgebaut hat) setzt einen Personbegriff voraus, der mit (christlicher) Theologie nie vereinbar werden kann, denn er ruht auf der Grundlage der mystischen Potentialität. Sie hat dort gewiß ein Analogon in der Einverleibung der Einzelperson in die mystische Gesamtperson des Logos („corpus Christi mysticum"). Aber der Trennungsstrich zwischen reinem Akt Gottes und welthafter Potentialität geht durch die gott-menschliche Person Christi mitten hindurch: der „mystische Leib" wird in seiner Ganzheit nie „Basis" Gottes.

Damit führt Novalis die alles ineins schmelzende Eschatologie Herders, Fichtes und Schellings folgerichtig weiter: individuelle, soziale und Natur-Eschatologie sind ein und derselbe Prozeß: göttliche Eschatologie. Im Gleichnis des „Bildes von Sais" ist diese Einheit klar greifbar: „Die Mutter aller Dinge, . . . die verschleierte Jungfrau"[3] ist sowohl das ideale Ich (Hyazinths) wie als solches das ideale Du (Rosenblütchen), wie als beides Enthüllung („Verklärung") der Natur, wie endlich als all das Durchscheinen Gottes in der Welt und damit Vollendung und Apokalypse Gottes selbst. Die Reduktion aller Personfreiheit auf den einen Punkt („Seelenfünklein") der Identität bedingt seit Herder in wachsendem Maße die Zerstörung des *Wesens*begriffs: Wesen wird äußere Schale, die nicht notwendige Form der inneren göttlichen Kraft ist („Müssen denn alle Menschen Menschen sein? Es kann auch ganz andere Wesen als Menschen in menschlicher Gestalt geben"[4]), Wesen wird schließlich zu einem buddhistischen Majaschleier über dem ungestalteten Innen („Mensch ist überhaupt

[1] II, 201.
[2] II, 257.
[3] IV, 22.
[4] III, 51.

soviel als Universum. Es ist nichts Bestimmtes. Es kann und soll etwas Bestimmtes und Unbestimmtes zugleich sein"[1]) bis zur schrankenlosen Wesensverwandlung („Heinrich wird Blume, Tier, Stein, Stern." „Edda (die blaue Blume, die Morgenländerin, Mathilde) opfert sich an dem Stein, er verwandelt sich in einen klingenden Baum. Cyane haut den Baum um, und verbrennt sich mit ihm, er wird ein goldener Widder. Edda, Mathilde muß ihm opfern, er wird wieder ein Mensch."[2]). In dieser Wesensverwandlung, deren letztes Subjekt im Grunde nur der einzige, göttliche Freiheitspunkt, das absolute Zentrum ist, scheidet sich dionysische Eschatologie von christlicher grundsätzlich. Im großen Klingsohr-Märchen wird der letzte Grund dieses Unterschieds völlig deutlich. Alles dreht sich in diesem wundersamen, astralen Geschehen um die Vereinigung von Eros und Freya. Freya (der Freiheitspunkt, das Seelenfünklein) ist bis jetzt dornröschenhaft im hohen, vereisten Norden gefangen. Ein Kristall ihr Lager, ein vereister Springbrunnen, Eisblumen und Metallbäume ihr Garten. Eros aber, wie er nach seinen Irrfahrten (Odyssee des Geistes) durch die unteren, naturhaften Stufen der Liebe nach Norden zieht und alle Natur unter seinem Schritte auftaut und grünt, Eros erlöst Freya doch erst in diesem letzten, apokalyptischen Kusse. So ist die Verwirklichung der Freiheit nur das *Eschaton* dieses Geschehens, alles, was dazu führte, nur ein *naturhaftes* Treiben zu diesem Letzten. So ist auch die ganze Geisterwelt bei Novalis, gerade sofern sie primär dionysisch ist, auch primär naturhaft und dadurch wird die Allverwandlung der Kräfte allererst möglich. Die ganze „Geisterfamilie" des Märchens ist, wie Karl Justus Obenauer sehr richtig bemerkt, eine einzige „synthetische Person",[3] um deren Verwirklichung es in der Handlung geht. Christliche Eschatologie hat dieses Ende zur Voraus-Setzung: sie ist geisthaftes Geschehen zwischen vollendeten, unrückführbaren Personen.

So wird nun von verschiedenen Seiten her die für Novalis kennzeichnende Grundformel seiner Eschatologie faßbar. Wenn *alle* idealistische Eschatologie letztlich um das Apriori der (schöpferischen) Einheit vor der Vielheit, um das Voraus der Synthesis vor Thesis-Antithesis geht, so hat dieses Voraus bei

---

[1] II, 196.
[2] IV, 248. 255.
[3] K. J. Obenauer: „Hölderlin, Novalis." Gesammelte Studien, Jena 1925, S. 257.

Novalis die besondere Gestalt eines Voraus des Unbestimmt-Wunderbaren, Geisterhaften vor der klaren Antithetik von Natureschatologie zum Geist hin (dionysisch) und Geisteschatologie zwischen Personen (christlich). War es bei Fichte das Voraus des irrationalen Allebens vor der glatt-aufgehenden Zuordnung von Ich–Nicht-Ich, bei Schelling das Voraus des dämonischen Urgrundes Gottes vor aller Schönheits-Gleichung von Geist-Natur, so ist es hier das besondere Voraus des Impliziten, Präexistenten und damit Kindhaften vor allen Entweder-Oder eines „Voraus des Geistes" oder „Voraus der Natur". Diese kompliziertere Formel zeigt formal, daß es um die Formel einer *Existenz* (zwischen Weltanschauungen) geht, dann aber inhaltlich, daß diese Existenz (als Voraus des Impliziten) selber noch *Prä*existenz ist, das heißt der Natur-Geist des Menschen auf seiner Naturstufe, eben kindhafter Geist.

In dieser Präexistenz behalten die Hauptbegriffe eine vollkommene, ungeklärte Zweideutigkeit. Der Grundakt dieses Denkens zumal, der „Glaube", als die dem Seinswunder zugeordnete Haltung, schwankt in dieser notwendigen Ungeklärtheit zwischen (christlichem) Glauben an ein existierendes Wunder und (dionysischer) ästhetischer Illusion, als „Selbstbezauberung". Das letzte kennzeichnet den Denker Novalis, der bis zum radikalen Fiktionsstandpunkt fortschreitet („Glauben ist die Operation des Illudierens, die Basis der Illusion",[1] „Wunderkraft der Fiktion",[2] „Glaube ist eine solche Willkür, Empfindungen hervorzubringen, verbunden mit dem Bewußtsein der absoluten Realität des Empfundenen"[3]), ja bis zum magischen Gebrauch des Glaubens als Reizmittel („Durch Glauben armiert und verstärkt man seine Kraft, seine Reizbarkeit"[4]), – das erste den lebenden und betenden Novalis („Gott erhalte mir immer diesen . . . felsenfesten *Glauben*"[5]). Aber auch sein Beten selber hat das Unbestimmte zwischen Magie und Gottvertrauen („Durch Gebet erlangt man alles. Gebet ist eine universale Arznei"[6]). In unschuldigster Weise wird die Frage offen gelassen, ob Gnade letztlich ein Absteigendes oder Aufsteigendes sei („Dieser sichtbare Geist kommt entweder, wie im tausendjährigen Reiche, ohne unser Zutun,

[1] III, 88.
[2] II, 254.
[3] II, 194.
[4] II, 195.
[5] II, 92.
[6] II, 106.

oder er wird einstimmig durch ein lautes oder stilles Einverständnis gewählt"[1]).

In diesem traumhaft-präexistenten Leben vermögen die großen idealistischen Synthesen von Traum–Wachen, Krank–Gesund, Tod–Leben einen wirklich existentiellen Ausdruck zu bekommen. Das Kind geht unmittelbar durch beide Reiche hindurch, ist im Jenseits so heimisch wie hier, Traum ist ihm Leben und Leben Traum. Der eschatologische Zustand ist darum gerade nicht volles Wachen, volle Gesundheit, todloses Leben, sondern Synthesis in (mystischer) Verklärung des negativen Glieds: „Einst wird der Mensch beständig zugleich schlafen und wachen."[2] „Halbe Krankheit ist Übel, ganze Krankheit ist Lust, und zwar höhere",[3] und als solche „transzendentale Gesundheit".[4] „Wir entdecken hier zugleich . . . daß Leben und Tod relative Begriffe sind."[5] „Der Tod ist das romantisierende Prinzip unseres Lebens . . . Durch den Tod wird das Leben verstärkt."[6] „Aufhebung des Unterschieds zwischen Leben und Tod. Annihilation des Todes."[7] Auf gleiche Weise wird dann auch der Krieg zum romantisierenden Prinzip des Friedens[8] und schließlich das Böse selbst zur Basis des Guten. Im Grunde gibt es darum „nichts absolut Böses und kein absolutes Übel",[9] „Sünde" ist nur Illusion, die Blindheit, die das Paradies nicht sieht, das in und um uns ist. Christi Erlösung ist nichts als die Befreiung von diesem „alten, schweren Wahn":

„Seitdem verschwand bei uns die Sünde,
Und fröhlich wurde jeder Schritt;
Man gab zum schönsten Angebinde
Den Kindern diesen Glauben mit."[10]

„Ich vernichte das Böse und Übel etc. durch Philosophieren."[11] Hier erhält das Naturhafte der dionysischen Eschatolgoie ein fast a-moralisches Gepräge. Aber bei Novalis bleibt auch das eigentlich nur Ausdruck der Präexistenz, die von der Tiefe des Bösen

[1] II, 129.
[2] II, 222.
[3] II, 280.
[4] III, 77.
[5] II, 206.
[6] III, 35.
[7] III, 33.
[8] IV, 259.
[9] II, 280.
[10] I, 63. 62.
[11] II, 281.

noch nichts erfahren hat und darum den Ernst des Erwachsenen gar nicht verstehen kann. Für ein Kind kann alles „wieder gutgemacht“ werden. („Man kann durch das künftige Leben das vergangene Leben retten und veredeln.“[1])

III. Zwischen Traum und Leben

Doch eben hier, wo Novalis frei durch alle Zeitdimensionen, durch Diesseits und Jenseits, Tod und Leben schreitet, also scheinbar da, wo er am wenigsten „existentiell“ lebt – wird nun der entscheidende Eingriff des Lebens in sein Denken und Dichten sich vollziehen. Dieser Eingriff ist ein neues „Wunder“ dieses Dichterlebens: indem er sein Dichten zur Wahrheit macht, hebt er es weit über sich hinaus, ohne ihm doch den Schimmer des Dichterischen zu nehmen. Die Läuterung des Kindes vollzieht sich nicht dadurch, daß man es wie einen Erwachsenen behandelt oder seine Unentfaltetheit „aufklärt“, sondern innerhalb der Sphäre der Kindheit selbst. Kinder werden kindliche Heilige. Der Tod Sophiens wurde für Novalis zur Existentialisierung seiner Traumwelt: nun sollte er so *leben*, wie er gedichtet hatte, schwebend zwischen Leben und Tod. Dieses Leben des Traums gibt seiner Eschatologie die entscheidende existentielle Färbung. Im unendlichen Schmerz des Verlustes beschließt er, seine Magie nun anzuwenden, durch einen freien Willensentschluß sich zu töten, um Sophie zu folgen. „Der Tod ist eine Selbstbesiegung, – die, wie alle Selbstüberwindung, eine neue, leichtere Existenz verschafft.“[2] Der „echt philosophische Akt“ des Sterbens[3] sollte gedacht werden, und „was ich will, das kann ich. Bei dem Menschen ist kein Ding unmöglich.“[4] Die magische „Inokulation des Todes“ sollte an ihm vorgenommen werden,[5] und damit würde er sich als wahrer „Künstler der Unsterblichkeit“[6] erweisen. Und gerade so würde er zum schönen Helden einer neuen, transzendentaleren Kunst zu lieben: „Beim Grabe

[1] III; 105.
[2] II, 141.
[3] II, 185.
[4] II, 178.
[5] II, 224.
[6] II, 202; III, 106.

fiel mir ein, daß ich durch meinen Tod der Menschheit eine solche Treue bis in den Tod vorführe. Ich mache ihr gleichsam eine solche Liebe möglich."[1] Im Beschlusse selbst ist Novalis noch ganz der Magier, der auch den Tod meistert. Aber ihm selbst war ja das Seinsgeheimnis dialogisch erschienen, und Sophie war sein höheres Ich. So müßte ihm notwendig, wenn das magische Spiel Wirklichkeit werden sollte, der Zauberstab entgleiten und in die höhere Hand übergehen. Er müßte zum Verzauberten, zum Erleidenden, zum wahrhaft Sterbenden werden. Das wäre „Aufhebung" seiner Magie als ihre Vollendung und läuternde Überwindung zugleich.

Es begann damit, daß, ähnlich wie beim jungen Schiller, die ganz existentialen Kategorien der „Gestimmtheit" in seine Traumwelt eindrangen. Die Präexistenz, die an sich schon eine Ferne zum „Alltag" sagt, färbt sich zur Distanz von der Welt und zum Fremdwerden des bunten Traumdaseins. „Die Philosophie ist eigentlich Heimweh, ein Trieb überall zu Hause zu sein"[2] – dieses wundervolle Wort setzt schon das Grunderlebnis der Distanz voraus. Aber da geht das Heimatsuchen noch in die Dinge hinein, auf ihren Gottesgrund. Jetzt aber erfährt der Dichter, daß in dieser Richtung das Abschiednehmen kein Ende hat, daß gerade „Verklärung", als Durchdringung des Stofflichen, ein mystisches Sterben des Geistes bedeutet. Unvergleichlich tiefer wird jetzt das Geheimnis der Durchdringung: „Ein Mensch, der Geist wird, ist zugleich ein Geist, der Körper wird. Diese höhere Art von Tod, wenn ich mich so ausdrücken darf, hat mit dem gemeinen Tode nichts zu schaffen; es wird etwas sein, was wir Verklärung nennen können."[3] Jeder Durchstoß des Göttlichen durch den Widerstand der „Materie" ist für diese ein durchbohrendes Schwert: „für diesen Moment ist das Nicht-Ich wirklich vernichtet, nicht nur der sinnlichen Existenz nach".[4] Was dabei abstirbt, ist das Empirische, mithin das Potentielle, das Sehnsüchtige, also die Seele selber, Eros auf der Suche nach Freya. Das ist wohl der tiefe Sinn des paradoxen Fragmentes: „Die Natur ist ewig, nicht umgekehrt, sie erhält sich selbst ... Im Geiste ist der Grund der Vergänglichkeit zu suchen."[5] Denn nur das *Herz* ist verwundbar: „Das Herz ist der Schlüssel der Welt und des Lebens. Man

[1] II, 85.
[2] II, 179.
[3] III, 62.
[4] III, 153.
[5] III, 53.

lebt in diesem hülflosen Zustande, um zu lieben."[1] Nun wird es erst klar, warum in dem großen Märchen, das doch die Verklärung aller Dinge schildert, die „Mutter", welche eben das Symbol des Herzens ist, auf dem Scheiterhaufen verbrannt wird. Und nun erst, in der Leiderfahrung des versengten Herzens, erhält Novalis' Apokalypse ihre düsteren Farben.

„[Fabel] sah bald von weitem die hohe Flamme des Scheiterhaufens, die über den grünen Wald emporstieg . . . Die Sonne stand feuerrot vor Zorn am Himmel, die gewaltige Flamme sog an ihrem geraubten Lichte, und so heftig sie es auch an sich zu halten schien, so ward sie doch immer bleicher und fleckiger. Die Flamme ward heißer und mächtiger, je fahler die Sonne ward. Sie sog das Licht immer stärker in sich und bald war die Glorie um das Gestirn des Tages verzehrt und nur als eine matte, glänzende Scheibe stand es noch da . . . Endlich war nichts von der Sonne mehr übrig, als eine schwarze, ausgebrannte Schlacke, die herunter ins Meer fiel. Die Flamme war über allen Ausdruck glänzend geworden. Der Scheiterhaufen war verzehrt. Sie hob sich langsam in die Höhe und zog nach Norden."[2]

In dieser Vision vereint sich der doppelte Schmerz der Verklärung: Die Verklärung des Menschen ist Verbrennung seines Herzens, als einziger Weg nach innen, der ihm offen steht. Die Mutter, das Herz, in diesem Untergang *verinnerlicht* zur reinen Flamme, wirkt fürder nur noch von innen her: „Alle . . . vernahmen die freundliche Begrüßung der Mutter in ihrem Innern mit unsäglicher Freude. Sie war jedem gegenwärtig und ihre geheimnisvolle Anwesenheit schien alle zu verklären."[3] Aber dieser Untergang des Herzens zur inneren Flamme ist zugleich der Untergang der sinnlichen Welt, des äußeren Lichtes, die Aufzehrung des Außen zu seiner Aufhebung nach innen. Darum ist im Grunde die verschlackte Sonne nichts anderes als das äußere Herz selbst noch einmal, in dem, worin es untergeht:

> „Der Leib wird aufgelöst in Tränen,
> Zum weiten Grabe wird die Welt,
> In das, verzehrt von bangem Sehnen,
> Das Herz, als Asche, niederfällt."[4]

---

[1] III, 57.
[2] IV, 201.
[3] IV, 207.
[4] IV, 217.

Diese apokalyptische Verfinsterung der Sonne, die eine solche der Seele ist, führt mählich in Überwindung der sieghaften Magie zu einem tiefer kindlichen Sichüberlassen. „Die Welt wird immer fremder. Die Dinge um mich her immer gleichgültiger. Desto *heller* wird es jetzt *um* mich und *in* mir.“[1] „Mit ihr ist für mich die ganze Welt ausgestorben. – Ich gehöre seitdem nicht mehr hierher.“[2] „Auch habe ich bemerkt, daß es offenbar meine Bestimmung ist – ich soll hier nichts erreichen – ich soll mich in der Blüte von allem trennen,[3] . . . das Engagement war nicht für diese Welt. Ich soll hier nicht vollendet werden.“[4] Das Stoische der Selbsttötung verklärt sich innerlich zu einer lichten Sterbenssehnsucht. Ein neuer Zustand der Seele resultiert daraus: „Fein kindlich, das ist das Beste. Es ist nichts schwerer, als mit sich selbst Geduld haben – seine eigene Schwachheit zu tragen. Gott hilft zu allem.“[5] „Fröhlich, wie ein junger Dichter, will ich sterben.“[6]

Aber diese existentielle Verwandlung durch die neue „Gestimmtheit“ ist damit nur zu einer ersten Stufe gelangt. Sie ist die Erkenntnis, daß die Traumhaftigkeit der Welt zwischen Leben und Tod ihre Fremdheit, ja Öde ist. Die „Geduld“ aber, in der das Herz seine Verbrennung erleidet, ist noch ein tieferer Rest der stolzen Magie. („Echte Geduld zeugt von großer Elastizität.“[7]) Ihre Kraft stützt sich auf die Kraft des inneren Feuers, dem aller äußere Tod nichts anhaben, dem er nur dienen kann. Nun bemächtigt sich aber die neue Gestimmtheit auch und gerade dieses Innen und stimmt es um. Erst damit wird das Existentielle zur vollen Läuterung der dichterischen Weltanschauung. Der äußeren Verkohlung der Sonne durch die innere Flamme tritt die große Umwertung der „Hymnen an die Nacht“ entgegen:

„Noch weckst Du,
Munteres Licht,
Den Müden zur Arbeit . . .
Aber getreu der Nacht
Bleibt mein geheimes Herz.“[8]

[1] II, 86.
[2] II, 93.
[3] II, 88.
[4] II, 94.
[5] II, 105.
[6] II, 94.
[7] III, 104.
[8] I, 18-20.

Der Tod Sophiens wird so erst zur Entsiegelung des dionysischen Abgrundes in seiner existentiellen Tiefe. Freilich ist dieser Vorgang wiederum nur Um-stimmung einer bereits vorhandenen Idee: Das „Voraus“ der Flamme vor allem aufgehenden Zueinander von Stoff und Form, das Apriori der unfaßbaren Freiheit, das Erbe alles Idealismus also, bot den Punkt der Anknüpfung: „Es ist, als triebe den Bergmann ein unterirdisches Feuer umher. Ein Berg schickt ihn dem andern.“[1] Das „Wunder“ war ja selber nichts anderes als die Durchsichtigkeit des Ewig-Unfaßlichen in der Form: „Ich möchte fast sagen, das Chaos muß in jeder Dichtung durch den regelmäßigen Flor der Ordnung schimmern.“[2] Die ganze Wunderkraft des Märchens ruht also darin, diese Durchsichtigkeit des Chaos, die selbst das eschatologische Ziel der Welt ist, in seiner Form vorauszunehmen. „Die Zeit *vor* der Welt liefert gleichsam die zerstreuten Züge der Zeit *nach* der Welt . . . Die Welt des Märchens ist die durchaus entgegengesetzte Welt der Welt der Wahrheit und eben darum ihr so durchaus ähnlich, wie das Chaos der vollendeten Schöpfung:“[3] „Die künftige Welt ist . . . das Chaos, das sich selbst durchdrang.“[4] Darum erscheint den Lehrlingen von Sais der Kern der Natur durchaus als das „Urflüssige“[5] und eben so als das Berauschende: „Wie viele Menschen stehen an den berauschenden Flüssen und hören nicht das Wiegenlied dieser mütterlichen Gewässer . . . wie wenige haben sich noch in die Geheimnisse des Flüssigen vertieft und manchem ist diese Ahndung des höchsten Genusses und Lebens wohl nie in der trunkenen Seele aufgegangen.“[6] So ist auch Novalis nichts fremder als die Idee einer bewegungslosen Ewigkeit. Mystische Potentialität heißt ja gerade Eingehen des ganzen Zeitflusses als solchen in die ewige Dynamik: „Alle Ströme sollen dauernd . . . werden.“[7] Die vollendete Glückseligkeit des Herzens aber ist es, im Quellpunkt des Strömens selber zu stehen und das freie Spenden des Wunders zu sein. Bildhaft ist das in der Lust des Bergmanns ausgesprochen, nicht das verarbeitete Metall zu besitzen, sondern es zu finden und zu fördern,[8] und im Bergmannslied:

---

[1] IV, 138-139.
[2] IV, 173.
[3] II, 309.
[4] II, 309.
[5] IV, 37.
[6] IV, 37.
[7] II, 312.
[8] IV, 119.

„Der ist der Herr der Erde,
Wer ihre Tiefen mißt,
Und jeglicher Beschwerde
In ihrem Schoß vergißt.“[1]

Und bald erhält in Klingsohrs Weinlied das innerste Chaos seinen Namen: Dionysos.

„Er spritzt in ungezählten Strahlen
Sein innres Leben in die Welt,
Die Liebe nippt an seinen Schalen
Und bleibt ihm ewig zugesellt.“[2]

Aber all diese Strebungen zu einem ewigen „Voraus“ des Chaos erhalten doch erst mit der existentiellen Umstimmung des Lichts in Nacht ihre Erfüllung. Das lohende Empor der Flamme aus dem verbrennenden Herzen kehrt sich um in das tauende Sinken zum Abgrund:

„Abwärts wend' ich mich
Zu der heiligen, unaussprechlichen
Geheimnisvollen Nacht –
In Tautropfen will ich hinuntersinken und mit
Asche mich vermischen.“[3]

Das Leben wird nun zur großen Wallfahrt nach dem heiligen Grabe. Die Auferstehung aber ist nichts anderes mehr als die Vollendung des Begräbnisses im Abgrund der Gottheit. Das Chaos wird in ihr nur durchscheinend, nur verklärt, die Verklärung selbst ist nur der Augenaufschlag des nächtigen Grundes:

„Himmlischer als jene blitzenden Sterne
In jenen Weiten
Dünken uns die unendlichen Augen,
Die die Nacht
In uns öffnet.“[4]

Nacht ist also nichts als der vertiefte, existentielle Ausdruck der Erfahrung der abgründigen Unendlichkeit des Wunders zugleich mit der sich überlassenden Müdigkeit des Herzens, das

[1] IV, 122-123.
[2] IV, 158.
[3] I, 6-7.
[4] I, 12.

nur noch ins Grundlose der Liebe sinken will. So sind die „Hymnen“ wirklich schon Präludium zum „Tristan“, aber in dem Abstand, den die Präexistenz zum Erwachsensein wahrt. Die Müdigkeit und Liebessehnsucht bei Novalis bleibt Kindesmüdigkeit, die sich ins Mütterliche schmiegt, und Kindessehnsucht, die nicht an der Erfüllung zweifelt. Das Sinken ins bodenlose Dunkel ist Sinken an die Brust des Lebens. Nochmals sind hier Dionysos und Christus eins in der Einheit der Präexistenz. Das Griechentum war schöne Weltgestalt, aber „unenträtselt blieb die ewge Nacht“.[1] Christi Erlösung war erst die Entriegelung der unendlichen Tiefendimension des Daseins; Er gewann die Nacht dem Leben, indem Er Sein Leben in Nacht versenkte.

„Zur Hochzeit ruft der Tod –
Die Lampen brennen helle –
Die Jungfraun sind zur Stelle –
Um Öl ist keine Not –

Die Lieb ist frei gegeben,
Und keine Trennung mehr.
Es wogt das volle Leben
Wie ein unendlich Meer.
Nur Eine Nacht der Wonne –
Ein ewiges Gedicht –
Und unser aller Sonne
Ist Gottes Angesicht.“[2]

Der mystische Abgrund Gottes überwiegt hier ganz den gnostischen Urgrund, das Himmelsfeuer überstrahlt den dämonischen Höllenbrand. So ist es das *Kind* Prometheus im Abgrund. Auch das „Reich der Dämonie“ ist für Novalis, wie das Böse überhaupt, subjektive Illusion.[3] Die Wahnsinnstiefe des Geistes bei Schelling ist dem Kind noch eine Spiel-Vorstellung („Wahnsinn und Bezauberung haben viel Ähnlichkeit. Ein Zauberer ist ein Künstler des Wahnsinns“), in diese Tiefenschicht reicht das existentielle Erlebnis nicht hinab. Aber es reicht bis dorthin, wo der Untergang des Herzens in Selbstverzehrung, die unendliche „jugendliche Trauer bei dieser ersten Erfahrung der

[1] I, 33.
[2] I, 49-51.
[3] III, 26.

Vergänglichkeit der irdischen Dinge" Wirklichkeit wird. Dies Erleben wird sogleich zur Erweckung der bisher in kindlicher Unerfahrenheit noch schlummernden Lehre von der mystischen Potentialität als „verklärten Leidens", und so zur Vorstufe der Lehre vom Höllenfeuer als Basis des Himmelslichts. Es singen die Toten:

„Zauber der Erinnerungen,
Heilger Wehmut süße Schauer
Haben innig uns durchklungen,
Kühlen unsre Glut.
Wunden gibts, die ewig schmerzen,
Eine göttlich tiefe Trauer
Wohnt in unser aller Herzen,
Löst uns auf in Eine Flut.

Und in diese Flut ergießen
Wir uns auf geheime Weise,
In den Ozean des Lebens
Tief in Gott hinein;
Und aus seinem Herzen fließen
Wir zurück in unsre Kreise,
Und der Geist des höchsten Strebens
Taucht in unsre Wirbel ein."[1]

Hier ist vielleicht zum ersten Male, von gewissen Hölderlinworten abgesehen, die fast gleichzeitig entstanden, noch ganz eingetaucht in christlich-pietistische Atmosphäre, von dem prometheisch-dionysischen Totenreich die Rede, in dem Trauer Lust und Leid Verklärung ist, Klänge, die bis zu Rilkes Elegien nicht mehr verstummen werden. Und so tritt konsequenterweise neben die christliche Vorstellung eines „Untergehens" in Gott in der Distanz, als ein stilles Untergehen in Anbetung, auch schon bei Novalis jene Dionysosform des Untergangs: Das Hineingestrudeltwerden in den Abgrund, das Heinrich in einem Traum von seiner Geliebten sieht:

„Ein tiefer blauer Strom schimmerte aus der grünen Ebene herauf. Auf der glatten Fläche schwamm ein Kahn. Mathilde saß und ruderte. Sie war mit Kränzen geschmückt, sang ein einfaches Lied und sah nach ihm mit süßer Wehmut herüber. Seine Brust

---

[1] IV, 242-243.

war beklommen. Er wußte nicht warum. Der Himmel war heiter, die Flut ruhig. Ihr himmlisches Gesicht spiegelte sich in den Wellen. Auf einmal fing der Kahn an, sich umzudrehen. Er rief ihr ängstlich zu. Sie lächelte und legte das Ruder in den Kahn, der sich immerwährend drehte. Eine ungeheure Bangigkeit ergriff ihn. Er stürzte in den Strom; aber er konnte nicht fort, das Wasser trug ihn. Sie winkte, sie schien ihm etwas sagen zu wollen, der Kahn schöpfte schon Wasser; doch lächelte sie mit einer unsäglichen Innigkeit und sah heiter in den Wirbel hinein. Auf einmal zog es sie hinunter. Eine leise Luft strich über den Strom, der ebenso ruhig und glänzend floß wie vorher. Die entsetzliche Angst raubte ihm das Bewußtsein.“[1]

Hier freilich gemahnt der Gegensatz von tückisch glattem Tag und unheimlichem Abgrund schon unmittelbar an Tristan. Und die Gestimmtheit zeigt, daß eine dritte Stufe der Existentialität erreicht ist: über der schmerzlichen Lust des Versinkens in der Nacht die „entsetzliche Angst“. Hier ist es denn auch wirklich, wo Novalis' entscheidende Katharsis sich vollzieht, wo er den Zauberstab des Magiers völlig preisgibt, wenn ihm auch im selben Augenblick seine Bitte um den Tod gewährt wird. „Angst“ ist das immer wiederkehrende Wort in dem Tagebuch, das Novalis nach dem Tode Sophiens über seinen Sterbevorsatz führte. Angst ist nicht einfach das Zurückbeben des Lebens vor seinem Ende. Angst ist das tiefere Schauern vor der Möglichkeit, daß das Innen fürchterlich sein könnte. „Selbstbeurteilung nach den wirklichen Handlungen – nach der Oberfläche, nicht nach dem innern Gewebe. Wie schön ist nicht die Oberfläche des Körpers, wie ekelhaft sein inneres Wesen.“[2] In diesen Kämpfen mit der Angst, die er als eine wesentliche Unbestimmtheit erkennt, sucht er freilich nach allen bannenden Mitteln der stoischen Magie. Er redet sich zu: „Jede trübe Stimmung ist Illusion.“[3] „Wenn man sich nur immer recht lebhaft sagen könnte, daß die Angst meist körperlich ist.“[4] Er gibt sich „bestimmte“ Vorstellungen, Motive („Angst schadet – Mut stärkt“[5]), er spricht auf sich ein: „Herr, sei'n Sie kein Kind! Die Bänglichkeit geht vorüber –. Heißt das

[1] IV, 162.
[2] III, 69.
[3] II, 106.
[4] II, 104.
[5] II, 105.

Christentum, so kleinmütig zu sein? Schämt Euch, großer Mensch, vor Euch selbst."[1] „*Besonnenheit* und Ruhe ist die Hauptsache."[2] „In tiefer, heitrer Ruh will ich den Augenblick erwarten, der mich ruft."[3] Aber die Angstanfälle dauern fort, und neben die magische Beschwörung tritt immer klarer „eine Art von ruhiger Verzweiflung".[4] Hier geschieht nun erst die letzte Entsiegelung der nächtigen Tiefendimension, und diese betont sich jetzt wieder über alles Dionysische hinaus zum Christlichen hin. Der „Wirbel", der hinunterzieht, wird tiefer zur mystischen Nacht, wo das Kind des Vaters sich nicht mehr magisch wehrt, sondern der Angst überläßt und so auf den Grund hindurchsinkt:

„Es gibt so bange Zeiten,
Es gibt so trüben Mut,
Wo alles sich von weiten
Gespenstisch zeigen tut.

Es schleichen wilde Schrecken
So ängstlich leise her,
Und tiefe Nächte decken
Die Seele zentnerschwer.

Die sichern Stützen wanken,
Kein Halt der Zuversicht;
Der Wirbel der Gedanken
Gehorcht dem Willen nicht.

Der Wahnsinn naht und locket
Unwiderstehlich hin.
Der Puls des Lebens stocket
Und stumpf ist jeder Sinn.

Wer hat das Kreuz erhoben
Zum Schutz für jedes Herz?
Wer wohnt im Himmel droben
Und hilft in Angst und Schmerz?

Geh zu dem Wunderstamme,
Gib stiller Sehnsucht Raum,
Aus ihm geht eine Flamme
Und zehrt den schweren Traum.

Ein Engel zieht dich wieder
Gerettet auf den Strand,
Und schaust voll Freuden nieder
In das gelobte Land."[5]

Hier ist wirklich „die entsetzlichste Angst und dann die trockene Kälte der gleichgültigsten Verzweiflung" von oben her überwunden und dabei das Kind doch ganz kindlich geblieben. Hier wird auch mitten im Abgrund der Sündflut Land gefunden, Land,

---

1 II, 103.
2 II, 97.
3 II, 94.
4 II, 86.
5 I, 77-78.

das gerade im Schweben über dem Abgrund besteht. „Land" heißt ein einzelnes Distichon:

„Jenes himmlische Paar schwimmt hoch auf der Flut, wie die Taube
Und der Ölzweig; es bringt Hoffnung des Landes, wie dort."[1]

So findet Novalis seine Philosophie in einer diese selber transzendierenden höheren Sphäre wieder: die Idee der Todes-„Magie" ist durch die existentielle Erfahrung der Todes-„Mystik" über sich selber erhoben. Das Unentwickelte, Implizite, das den idealistischen und christlichen Standpunkt zu einen erlaubte, ist selbst Basis geworden für eine höhere Kindlichkeit, indem sie Zugang zu einer Welt wurde, die sich nur der kindlichen Seele erschließt.

In diesem Sinne ist es freilich bedeutsam, daß auch der Denker und Dichter Novalis im Kinde nicht nur Anfang, sondern zugleich Endpunkt der Bildung sah. „Kinder sind noch terrae incognitae",[2] sind menschliche Vorwelt („Die Kinder sind Antiken"[3]), aber die bildsamen Keime der Nachwelt („Wenn Christ sagt, werdet wie die Kinder – so meint er indeterminierte Kinder"[4]), gerade weil sie offen zum Wunder sind („Das Kind betrachtet die Natur und vorzüglich die Tiere . . . Erneuerung der Kinderspiele"[5]). Darum aber „fängt jede Stufe der Bildung mit Kindheit an. Daher ist der am meisten gebildete irdische Mensch dem Kinde so ähnlich".[6] „Der gebildete Mensch durchläuft alle diese Klassen (Theoretiker, Praktiker, Systematiker) und ist der höchste synthetische Grad des Kindes",[7] er ist „ein wahrhaft synthetisches Kind, ein idealisches Kind".[8] Diesem vollkommenen Kinde gelingt notwendig die Apokalypse von Natur und Seele, denn „wo Kinder sind, da ist ein goldenes Zeitalter".[9] Darum scheinen die Fragmente zu den Lehrlingen von Sais zwischen dem Erlöserkinde und der Naturerlösung Fäden zu spinnen („Das Kind und sein Johannes. Der Messias der Natur . . . Jesus in Sais"[10]), jedenfalls ist es

[1] I, 262.
[2] III, 24.
[3] III, 24.
[4] III, 36.
[5] II, 256.
[6] II, 121.
[7] II, 257.
[8] II, 309.
[9] II, 135.
[10] IV, 44-45.

ein Kind, dem der Lehrer, kaum war es da, „den Unterricht übergeben" wollte; „einst wird es wiederkommen, sagte der Lehrer, und unter uns wohnen, dann hören die Lehrstunden auf".[1] So schließt denn auch der ganze Ofterdingen mit dem Kinde als der schöpferischen Geburt von Heinrichs und Mathildes Liebe: „Dieses Kind ist die Urwelt, die goldne Zeit am Ende."[2] Das wundersehende Kind und die wundergewordne Natur, „eine Kinderstube, eine Polter- und Vorratskammer"[3] sind dann in innerer Entsprechung beisammen.

Aber diese ganze Metaphysik des Kindes wird bei Novalis erst im Leiden zur letzten Echtheit verklärt. Durch die Kindesängste des „Allein im Dunkeln" hindurch zum Kindesbetteln in den Mutterschoß.

„Die treue Liebe sieget,
Am Ende fühlt man sie,
Weint bitterlich und schmieget
Sich kindlich an dein Knie."[4]

Das Kind kennt wohl „stete Aufmerksamkeit auf . . . Winke und Fügungen"[5], „Achtsamkeit"[6], aber nicht eigentliche Distanz zu den Eltern. Novalis bekennt von sich: „Ich bin ein ganz unjuristischer Mensch, ohne Sinn und Gefühl für Recht."[7] So hat er auch keinen Sinn für Kants Begriff der Tugend: „Die Tugend soll wieder verschwinden und Unschuld werden."[8]

Novalis ist also die einmalige Erscheinung eines Übergangs aus der Thesis (des schwebend Impliziten) ohne Antithesis in die Synthesis (des neuen, höheren Schwebens als der Kunst, „sich im Momente des Übergehens . . . schwebend zu erhalten",[9] ja eines „ewigen Schwebens"[10] über der harten Existentialität des Alltags). Denn die Existentialität, durch die Novalis hindurch muß, bleibt wie eine Episode umgriffen vom höheren „Traumspiel", das zwischen ihm und Gott webt. So ist der Schöpfer Prometheus-

[1] IV, 5.
[2] IV, 248.
[3] II, 308.
[4] I, 71.
[5] III, 41.
[6] II, 100.
[7] III, 80.
[8] II, 382.
[9] II, 175.
[10] II, 296.

Poietes als Poet: seine Tat ist seine Schau: er *sieht* Wunder. Und das in dem aktiv-passiven Doppelsinn, wie es im Künstler geschieht: „Fast jeder Mensch ist in geringem Grad schon Künstler. Er sieht in der Tat heraus und nicht herein."[1]

So wird wirklich die blaue Blume zum umfassendsten Mythus für Novalis. Nicht nur im Blau der Sehnsucht, sondern mehr noch im Blumen-sein. Vom Einsiedler des Ofterdingen-Schlusses heißt es: „Die glücklichsten Stunden seines Lebens bringt er unter den Blumen zu. Dies hat auch gewiß seinen Sinn für die Kinder so offen gehalten, da Blumen die Ebenbilder der Kinder sind. Den vollen Reichtum des unendlichen Lebens, die gewaltigen Mächte der spätern Zeit, die Herrlichkeit des Weltendes, die goldene Zukunft aller Dinge sehen wir hier noch innig ineinander verschlungen, aber doch auf das deutlichste und in zarter Verjüngung."[2] Das geisterhafte Gesicht, das aus der blauen Blume schaut und am Schluß als das Doppelgesicht von Eros-Psyche erscheint, ist nochmals Sinnbild dieses Kindhaft-Eingefalteten.

Es ist damit einerseits (subjektiv) Ausdruck eines besonderen Schicksals von Novalis. Aber es bleibt anderseits (objektiv) Ausdruck einer geistesgeschichtlichen Situation: Kindheit des Prometheus. Und als solche drängt das Eingefaltete zur Entfaltung, als solche kann es die Antithesis nicht überspringen, sondern muß das menschliche Reifungsgesetz mitvollziehen. In diesem Sinne ist die Naivität des ersten Stadiums eine Unklarheit, die sich durch bloßes Dauern (das Altern ist) schon überwindet, und so, nach Rilkes Wort, „das Süße reifender Gefahr".

---

[1] II, 228.
[2] IV, 230.

HÖLDERLIN

I. Das Reich des Jünglings

Ein fast unsichtbarer Riß im Gebäude zeigte in Novalis' Weltgedicht die Stelle an, die nur der Schwung des Jugendlichen noch zusammenhielt. Die Nachdichtung der Welt im dichterischen Mitvollzug des Schöpfungsaktes verlangt das volle Ineins von Fülle und Form, Sein und Wesen, Gehalt und Gestalt, das sowohl den göttlichen Intellekt formal charakterisiert, wie auch das unterscheidende Merkmal des Schönen, als der Synthesis dieser zwei Glieder, ausmacht. Stoff ist im Weltgedicht seine Welthaltigkeit, Form die einende Kraft der Liebe, der Schwung der schöpferischen Erfindung. Aber es ist nun bedeutsam, daß Novalis an seinen Werken einerseits etwas Mathematisches fühlte: alles sei bei ihm harte, willkürliche Kontur und scharfe Linien durchfurchten seine schmelzendsten Szenen. Es ist, als wären die Gerüste des Gebäudes stehengeblieben oder als sähe man die Fugen der kindlichen Bausteine. Anderseits aber ist auch die einende Allgegenwart des Eros in seinem Dichtwerk anscheinend nur dadurch möglich, daß seine Flamme nicht immer die reine Steile hat, die man vielleicht von einem „Kinde“ und seiner Unschuld erwartete. Freuds Deutungsspruch der kindlichen Erotik, wonach das Panerotische des Kindes von der noch nicht vollzogenen Sammlung des Lusttriebes auf die endgültig erogenen Zonen herrührte, könnte hier, in einer analogen, geistigen Kindheit, vielleicht erklären, warum die für Novalis so bezeichnende Reinheit und Unschuld zusammenbesteht mit einer auch seine höchsten Ideale einspinnenden, sinnlichen, ja lüsternen Phantasie (worüber das Tagebuch schlicht berichtet). – So scheint die Einheit seines Werkes von zwei Seiten gefährdet und es ist nicht verwunderlich, wenn einerseits die größte Bemühung um das Weltgedicht nach Novalis, die Kosmogonie von Johann Jakob Wagner, gerade bei der Mathematik endete, als dem immer exakteren, aber immer leereren, formaleren Mitvollzug der Schöpfungsstunde; anderseits die Reinigung des Eros zur schmalen, ganz durchsichtigen Flamme bei Hölderlin zu einer Resignation über die Grenzen und Möglichkeiten der ästhetischen Offenbarung führte.

Der Weg von Novalis zu Hölderlin, als Weg der Reifung zum Jüngling, ist hier nicht eigentlich die Entdeckung neuer Tiefendimensionen des geistigen Weltraums. Denn Novalis kannte die Tiefen der Nacht und der ungeborgenen Geborgenheit in ihren Gründen. Sondern es ist Erlebnis-Vertiefung dieser selben Dimensionen und so eine existentielle Potenzierung (wenn man Potenz im Sinne Schellings versteht). Als solche ist es dann vor allem Vertiefung des „Wunder"-Erlebnisses zu einem abgründigen Erfahren des unaussprechbaren Heiligkeits-Geheimnisses des Seins: Kindliches Allesbestaunen wird zu jünglinghaftem Allesverschweigen. Weiter aber ist es die Reifung des Nachtgeheimnisses zum voll erfaßten Geheimnis des Tragischen. Eine Ehrfurcht und Verhaltenheit, die bei Novalis nirgends besteht, bildet sich zum heimlichen Kern der Lebensform des Jünglings: Das Ineinander einer neuen Glut und Sehnsucht in neuem Tatendrang zum letzten Seinsgeheimnis hin, und der lebendigeren Erfahrung der Zerbrechlichkeit, Zerbrochenheit und Widerständlichkeit der Welt, durch die allein der Weg hinführt.

Gerade dadurch aber wird Hölderlin auch zur vertieften Apokalypse der Seele. Denn war Novalis zwar das Optimum der Darstellung idealistischer Eschatologie in Leben, so wird Hölderlin durch die Herausführung aus dem betrachtenden Hafen der Präexistenz in das offene Meer der Existenz (ohne doch den Zusammenhang mit dem Ideal der theoretischen Weltanschauung abzubrechen) zu einem neuen Optimum *zwischen* Ideal und (voll entfaltetem) Leben, während die nächste Stufe schon zu einem Übergewicht der Existenz über die „idealen Träume der Jugend" führt: zur „Resignation" des Mannes. Als *diesen* Kairos zwischen Ideal und Leben aber bezeichnet Hölderlin auch notwendig den Ort der entscheidenden Auseinandersetzung prometheisch-dionysischer mit christlicher Apokalyptik.

Hölderlins Werk, in allen seinen Stufen ganz apokalyptische Dichtung, ist doch zwischen die vorzüglich eschatologischen Pole seiner Jugend- und Spätzeit gespannt, auch darin seinem nächsten Geistesverwandten, Nietzsche, gleichend. Die erste Apokalyptik, dichterisch noch unbedeutend, ist durchaus Stimmungs-Existentialität in der Nachfolge von Klopstocks „Welten" und Herders Weltinnenraum-Dichtung. Die große Vision „Die Bücher der Zeiten", an die Johannes-Apokalypse anschließend, ist aber doch schon beängstigt von einer gar nicht aufklärerischen Tiefe des Bösen in der Welt, deren abgründige Gegengöttlichkeit nur von einer je größeren, unbegreiflicheren Begnadungstat überstrahlt werden kann. So ist es schon erste Andeutung idealistischer, mystischer „Wiederbringung“. „Die Unsterblichkeit der Seele“ gestaltet dazu die individuelle Eschatologie, ganz als existentiale Gestimmtheit der klein-gebrechlichen Seele in der Unendlichkeit des Stoffes, und so völlig im Gefolge Klopstock-Herders, mit der leise anklingenden Fragwürdigkeit des persönlichen Überdauerns. En-thusiasmus, der göttliche Funke der Seele, soll es verbürgen.

„Ha! bebst du nicht, Gebrechliche? bebst du nicht? –
Und doch! vor jenem Tage verkriechet sich
Das Meer, und seiner Wogen keine
Tönt in die Jubel der Auferstehung . . .

Großartig klingen jetzt die Harmonien der kosmischen Kräfte,

Und doch, o Sonne! endet dereinst dein Lauf,
Verlischt an jenem Tage dein hehres Licht.
Doch wirbelt sie an jenem Tage
Rauchend die Himmel hindurch und schmettert.

O du Entzücken meiner Unsterblichkeit!
O kehre, du Entzücken! du stärkest mich!
Daß ich nicht sinke, in dem Graun der
Großen Vernichtungen nicht versinke.“[1]

Und doch sind die beiden Erlebnisse der Tiefe des Bösen und der Zerbrechlichkeit des geistigen und schönen Seins erst Baustoff und Basis des künftigen Weltgefühls. Dieses baut sich entscheidend vom Naturerlebnis der Kinderzeit her auf. Was Novalis als wahre synthetische Kindheit bezeichnete, davon hat Hölderlins Jugend etwas gewußt: die Vorausnahme der endgültigen Synthesis von Idee und Dasein in einem heilen, einigen Leben des Menschengeistes mit der Allnatur: „Im Arme der Götter wuchs ich groß.“ Was bei Schelling und Schiller als eine *Idee* erscheint, das hat in Hölderlins Leben schon eine existentielle, erfahrungsmäßige Wurzel, und das „Reich Gottes“, jene Losung, mit der die Freunde Hölderlin

---

[1] Sämtliche Werke, hrg. v. F. Zinkernagel, in einem Bande. Insel-Verlag Leipzig (o. J.), 260.

und Hegel schieden, ist in all seiner Künftigkeit für ihn doch die höhere Wiederkunft des verlorenen Kinderlandes, der goldenen Urzeit der Seele. Nur freilich ist dieses Land gründlicher verloren, als je für Novalis. Denn der Jünglingsgeist ist zuerst die Erfahrung des abgründigen „Gegenüber" von Geist und Natur. Geist kann nicht mehr, wie das spielende, zaubernde Kind, im Ganzen weben, Geist ist Einsamsein und ein Geist in einer Natur also ein grundhaft tragisch angelegtes Sein. Diese vereinzelte und vereinsamte Existenz, die den Jüngling in sich kehrt und stumm werden läßt, wird nun als Ganze zur Basis des Eschatons, sie wird jene Negation, die sich in der letzten Synthesis der Geist-Natur-Integrität, in Licht verklären soll. Der Weg dahin aber kann nicht mehr die naive Magie sein, die sich spielhaft des Ganzen bemächtigt; wie zur Jugend kein Weg zurückführt, so ist jeder unmittelbare Zugang zu ihrem Letzten durch das Reifungsgesetz des Geistes selbst, das an sich wachsende Besonderung ist, versperrt. Nur in der Brechung durch diese Besonderung hindurch wird sich hier noch das Letzte sichten lassen.

Jünglingsexistenz sagt aber noch etwas weiteres: Prüfung und Kritik des Kinderglaubens. Novalis war unentfaltete Einheit überlieferter Christlichkeit und eigenwüchsiger Dionysik, und nur dank der arglosen Gläubigkeit an den kosmischen Christus und seinen mystischen Weltleib kam es nicht zum Bruch dieser Einheit. Aber der Jüngling Hölderlin ist Jüngling Prometheus, und dessen Herz ist Weltmitte. Im Erwachen des Selbstverständnisses dieses Herzens mußte es das fremde Element seines Glaubens bemerken und, wenn nicht ausschließen, so ausdrücklich und persönlich sich aneignen. Hölderlin bleibt, als Ganzer, zögernd zwischen diesen beiden Möglichkeiten, und auch das noch ist jünglinghaft an ihm. Aber selbst in diesem Zögern betont sich das Übergewicht nun wachsend und eindeutig auf die Seite des Dionysischen.

Das sagt zunächst, daß das welthafte Herz des Menschen sich selber als Mitte versteht, von der aus die Abgründe tief und die Höhen hoch, und dessen Gleichnisse allein alle äußeren Dimensionen der Natur sind: „Es kann nichts wachsen und nichts so tief vergehen wie der Mensch. Mit der Nacht des Abgrunds vergleicht er oft sein Leiden, und mit dem Äther seine Seligkeit, und wie wenig ist dadurch gesagt?"[1] Diese Mitte aber ist der zentrale Funke,

[1] 467.

als das ewige Voraus der Synthesis, und mit seinem innersten Namen „Schönheit" zu nennen: „Der Mensch ist aber ein Gott, sobald er Mensch ist. Und ist er ein Gott, so ist er schön."[1] Aber er ist nicht mehr, er ist noch nicht Mensch. Er wird Mensch und Gott sein, sobald er nicht mehr die Trennung ist, sondern das Ganze, Wirklichkeit und Idee. Hyperion kleidet es in die alte Formel: Einheit von Verstand, dem die zerfallene Realität, und Vernunft, dem die geforderte Idealität zugehören in der Einheit des „ἓν διαφέρον ἑαυτῷ" als „Ideal der Schönheit".[2] In der Einheit also nicht nur als äußerlich verstandener Synthesis von Ideal und Wirklichkeit, sondern (was tiefer freilich schon diese Formel selber ausdrückt) als Synthesis dieser Synthesis und der tragischen Weltrealität, und so erst als die volle Formel der mystischen Potentialität. Der Mensch in seiner Vollendung ist das Ganze und das Halbe, sofern die Basis seiner göttlich-reinen Geistigkeit *diese* Weltlichkeit bleibt, die in sie hineinverklärt werden soll. Bereits in den Jugendhymnen des Schillerschülers bricht diese Idee sieghaft durch:

„Schon geht verherrlichet aus unsern Grüften
Die Glorie der Endlichkeit hervor."[3]

Und die Aufgabe *dieser* schöpferischen Synthesis, nach Georges Wort „der eine und beide" zu sein, ist hier, noch mehr denn bei Novalis, Selbstverwirklichung eines Herzens, durch das mitten der Riß der Antithese geht, das aber, im prometheischen Mittelpunkt, über diesem Risse liebend das Ganze zu leisten berufen ist. Glorie der Endlichkeit heißt im letzten die Verklärung des Todes, wie die sterbende Diotima in vollkommen gewordener Begeisterung es erschaut: „Sieh auf in die Welt! Ist sie nicht wie ein wandelnder Triumphzug, wo die Natur den ewigen Sieg über alle Verderbnis feiert? und führt nicht zur Verherrlichung das Leben den Tod mit sich, in goldenen Ketten, wie der Feldherr einst die gefangenen Könige mit sich geführt?"[4] Dann aber, weil Tod ja hier Tod des Herzens heißt und seine Selbstverbrennung, setzt Hölderlin durchaus schon mit dem existentialen Gesetz ein, in das Novalis erst durch sein Leben geführt wurde. Im Absturz des inneren Todes in Leiden und

[1] 504.
[2] 508.
[3] 18.
[4] 575.

Sehnsucht muß sich der Aufflug in die Vollkommenheit der Ruhe im Ganzen vollziehen.

Das Spiegelbild dieses Letzten bleibt der Seele eingeprägt als Kindheit. Sie ist in der Erinnerung des kurzen Erdenlebens freilich nur die Dürftigkeit eines Ersatzes für eine viel tiefere, transzendentale Wiedererinnerung einer kosmischen Urzeit, wo Natur und Mensch noch Einheit waren, „ein Sehnen nach den Tagen der Urwelt, wo jeder die Erde durchstreifte wie ein Gott". „Es war ein göttlich Leben und der Mensch war da der Mittelpunkt der Natur."[1] „Die Natur war Priesterin und der Mensch ihr Gott, und alles Leben in ihr und jede Gestalt und jeder Ton von ihr war nur *ein* begeistertes Echo des Herrlichen, dem sie gehörte."[2] Die Bewegung aber des im Gegenüber bewußt gewordenen Herzens zurück in diese Einheit ist die Kunst, denn im Schönen übersteigt seine zwiespältige Unruhe in die Stille der Einheit: „Das erste Kind der menschlichen, der göttlichen Schönheit ist die Kunst. In ihr verjüngt und wiederholt der göttliche Mensch sich selbst. Er will sich selber fühlen, darum stellt er seine Schönheit gegenüber sich. So gab der Mensch sich seine Götter. Denn im Anfang war der Mensch und seine Götter Eins, da, sich selber unbekannt, die ewige Schönheit war."[3] Dahin aber weist auch die zukünftige Geschichte der Seele: „Es wird nur *eine* Schönheit sein; und Menschheit und Natur wird sich vereinen in *eine* allumfassende Gottheit."[4] Auch für Hölderlin stellt sich diese Verklärung wesentlich als Weg nach innen dar, da es Weg der Sehnsucht aus dem Leeren des rein faktischen Da in die volle Tiefe des Wesens hinein ist. Der „Wirbel" bei Novalis kehrt gesteigert wieder als der ungeheure Sturz des Empedokles in die glühende Weltmitte hinab, wie im gleichnishaften Wassersturz in die Taltiefen:

„Ins All zurück die kürzeste Bahn: so stürzt
Der Strom hinab, er suchet die Ruh, es reißt,
Es ziehet wider Willen ihn, von
Klippe zu Klippe den Steuerlosen

Das wunderbare Sehnen dem Abgrund zu . . ."[5]

---

[1] 538, 509.
[2] 510.
[3] 504.
[4] 515.
[5] 133.

Entsprechend dieser Bewegung des Herzens hinab und hinein die Gegenbewegung des Ideals empor und heraus, als Durchscheinendwerden der dunklen Tiefen im vergänglich Fließenden des äußeren Lebens:

„Und aus Bächen herauf glänzt das begrabene Gold.“[1]

Aber schon blickt aus dieser doppelten Ansicht der Verklärung die alte Zweideutigkeit des Prometheischen, das sich auch bei Novalis, wie bei Fichte-Schelling, nur in der Doppelhaltung des Ganymedischen und (im engeren Sinn) Prometheischen verwirklichte. Der Sturz des Empedokles in den Ätna ist höchste Hingabe und Selbstauflösung, die sich als Opferung der Individualität mit Kleopatras geschmolzenem Geschmeide vergleichen läßt:

„So schmelzt im Weine Perlen der Übermut
Der Königin, und mochte sie doch! hättest du
Nur deinen Reichtum nicht, o Dichter,
Hin in den gärenden Kelch geopfert!“[2]

Das Emporlocken der verborgenen Goldschätze des Seins aber ist höchste prometheische Machthandlung, der eigentliche Zauber aus Kraft des allmächtigen Herzens. Bei Novalis wurde die naive Einheit beider Haltungen schmerzlich, aber sanft, hinübergeklärt in die transzendente, als Geschenk zufallende Macht *nach* der läuternden Ohnmacht. Bei Hölderlin ist das Ineinander beider schon vertiefter Ansatz und so tiefere, anthropologische Frage.

Im ersten Anblick ist also die Welt- und Menschvollendung restlose Öffnung des Herzens in schrankenloser Hingabe ans All: „Eines zu werden mit allem, das ist das Leben der Gottheit, das ist der Himmel des Menschen. Eines zu sein mit allem, was lebt, in seliger Selbstvergessenheit wiederzukehren ins All der Natur, das ist der Gipfel der Gedanken und Freuden, das ist die heilige Bergeshöhe, der Ort der ewigen Ruhe.“[3] Natur aber wartet sozusagen nur auf diese „Offenbarung der Kinder Gottes“, um sich ihrerseits zu öffnen und im geoffenbarten Herzen zu verklären, denn Natur „steht . . . im Bunde mit der Begeisterung“. Noch bevor

[1] 167.
[2] 100.
[3] 433.

Schiller, von Kant herkommend und um ihn zu überwinden, in der Natur „erscheinende Freiheit“ entdeckt, hat der Schillerschüler diesen heimlichen Bund erahnt, der auf die eschatologische Gesamtoffenbarung zielt. Die Versfassung des „Hyperion“ spricht es schon aus:

„. . . Begegnet nicht in allem,
Was da ist, unserm Geist ein freundlicher
Verwandter Geist? und birgt sich lächelnd nicht,
Indes er gegen uns die Waffen kehrt,
Ein guter Meister hinter seinem Schilde?“[1]

So legt sich immer mehr Natur als Aureole um den sich hingebenden Geist: „Wie eine Glorie der Heiligen umfloß sie das Abendrot.“[2] Tiefer aber ist das Ganymedische bei Hölderlin der Ausdruck des heiligen Geheimnisses des All, dem man sich nur in der ehrfürchtigen und liebenden Öffnung ohne Frevel nahen darf.

Aber gerade hier schlägt es doch um. Denn dieses Allerheiligste der Natur ist der Geist, und Geist ist das schöpferische Ich. Verklärung ist also Selbstverherrlichung des Geistes und das Heraufglänzen des Goldes seine Selbstbegegnung. Das Ewig-Fichtesche des Idealismus beherrscht diese Seite, die in verschiedenen Ausprägungen Adamas und Alabanda im „Hyperion“ darstellen: „Ja, eine Sonne ist der Mensch . . .“[3] „Sei wie dieser, rief mir Alabanda zu, ergriff mich bei der Hand und hielt sie dem Gott entgegen, und mir war, als trügen uns die Morgenwinde mit sich fort und brächten uns ins Geleite des heiligen Wesens, das nun aufstieg auf den Gipfel des Himmels, freundlich und groß und wunderbar mit seiner Kraft und seinem Geist die Welt und uns erfüllte.“[4] Seele ist strahlende Sonne, und der eben noch „verklärenden“, „verherrlichenden“ Natur tritt sie als tiefer „verklärende“ Macht entgegen: „Ja, eine Sonne ist der Mensch, allsehend, allverklärend, wenn er liebt.“[5] Seele ist Freiheit der Natur: „Ich glaube, daß wir durch uns selber sind, und nur aus freier Lust so innig mit dem All verbunden.“[6]

Beide Bewegungen in eins ergeben die kennzeichnende Schwingung der mystischen Potentialität. Sie schaffen damit jene aus diesem

[1] 617.
[2] 594.
[3] 500.
[4] 440.
[5] 500.
[6] 567.

Ineinander entstehende Atmosphäre, die bei Novalis, im „Geisterreich“, als Mitte zwischen reiner Naturliebe und reiner Personliebe erschien. Genau dieser Mitte entsprechen bei Hölderlin die „Geniuskräfte“, die sich aber, entsprechend der reiner dionysischen Richtung, stärker zur Naturhaftigkeit von göttlichen Weltkräften hin betonen. Sind sie (im ganymedischen Anblick) sozusagen die aus der Natur schon hervortretenden Züge des allgöttlichen Antlitzes, so (im prometheischen Anblick) die vom Geiste schöpferisch der Natur eingebildeten göttlichen Geister, als Ansätze Gottes: „O innige Natur!“[1] Zunächst sind es Erde und Himmel, dunkle Schwere und lichte Leichte, die die großen kosmischen Geniuskräfte darstellen. Aber tiefer und innig-innerlicher doch erst die beide einigende, und also geisthafte Wirklichkeit des „göttlichen Äthers“. „Und die Menschen gingen aus ihren Türen heraus und fühlten wunderbar das geistige Wehen, wie es leise die zarten Haare über der Stirne bewegte, wie es den Lichtstrahl kühlte, und lösten freundlich ihre Gewänder, um es aufzunehmen an ihre Brust, atmeten süßer, berührten zärtlicher das leichte klare schmeichelnde Meer, in dem sie lebten und webten.“[2] So wird schon deutlich, wie diese drei Urkräfte unmerklich zu einer naturalisierten Trinität werden (ähnlich wie bei Novalis die dionysische Mitte zwischen Geist und Natur auf das Trinitarische zielte), und der Äther zur dionysischen Entsprechung jenes Heiligen Geistes wird, in dessen Atem wir, nach Pauli Wort, leben, uns regen und wesen.

. . . „Mächtiger Äther! und du
Erd und Licht! ihr einigen drei, die walten und lieben,
Ewige Götter!“[3]

In dieser Geist-Atmosphäre, die uns das gnadenvolle Licht herabträgt und uns ihm öffnet, badet die ganze Welt Hölderlins. In ihr strömen alle Wellen des Lichts zusammen: Sonne, Sterne, Meerfeuer und Unterweltsgluten.

„Da segne zögernd über goldenen
Gewässern mich das Sonnenlicht beim Scheiden,

[1] 335.
[2] 475.
[3] 185.

Das herrlichjugendliche, das ich einst
Zuerst geliebt. Dann glänzt um uns und schweigt
Das ewige Gestirn, indes herauf
Der Erde Glut aus Bergestiefen quillt,
Und zärtlich rührt der Allbewegende,
Der Geist, uns an, o dann! . . ."[1]

Lichttrunkener Äther wird so zum allgemeinen Medium der Verklärung, als Schauplatz, als Einsatz und damit doch auch erst als Sinnbild der endgültigen Weltverherrlichung. Und das Aufgehen des Herzens in ihm ist, als ganymedische Selbstpreisgabe, doch erst Thesis, die mit der prometheisch lichtschaffenden Antithesis zusammen erst jene Einheit des reinen Lichts erreicht, für die der Strahl im Äther Vorspiel und Vorbild ist: „So gab ich mehr und mehr der seligen Natur mich hin und fast zu endlos. Wär ich so gerne doch zum Kinde geworden, um ihr näher zu sein, . . . wie der reine Lichtstrahl."[2]

Was der geisthafte Äther objektiv-naturhaft ist, das ist die „Begeisterung" subjektiv-geisthaft: Medium der Verklärung. Sie müssen sich im Dionysischen so verhalten wie „Heiliger Geist" und gnadenhafte „Durchgeistung" der Seele im Christlichen. Im Paulinischen Mittelbegriff „χάρις" wird die Verwandtschaft blitzhaft klar: χάρις ist dionysisch „Schönheit", als das Hauchzarte, zärtlich Verklärte, christlich „Gnade", als Nähe des Gottgeistes zur Seele. So muß Hyperion sagen: „Der Schönheit zweite Tochter ist Religion. Religion ist Liebe der Schönheit."[3] – Begeisterung schwingt aber selbst zwischen den Polen des Prometheischen und Ganymedischen.

Ganymedisch ist sie jenes innere Auge der Seele, das sich in ihrer Hingabe für die in der Tiefe schon ewige, verklärte Natur öffnet. „Denn du, Hyperion! hattest deinen Griechen das Auge geheilt, daß sie das Lebendige sahn, und die in ihnen, wie Feuer im Holze, schlief, die Begeisterung hattest du entzündet und sie fühlten die stille stete Begeisterung der Natur und ihrer reinen Kinder. Ach! nun nahmen die Menschen die schöne Welt nicht mehr, wie Laien des Künstlers Gedicht, wenn sie die Worte loben und den Nutzen drin ersehn."[4] Es ist jene Begeisterung, die in der höchsten Steigerung zur mänadischen Verströmung der Seele führt:

---

[1] 362.
[2] 584-585.
[3] 505.
[4] 557.

„O Begeisterung, so finden
Wir in dir ein selig Grab,
Tief in deinen Wogen schwinden,
Still frohlockend, wir hinab.“[1]

Prometheisch aber ist Begeisterung die schöpferische Selbstentzündung des Herzens. „Diese trauernde Erde! die nackte! so ich kleiden wollte mit heiligen Hainen, so ich schmücken wollte mit allen Blumen des griechischen Lebens!“[2] Bis zum Stolz des heroischen, sich selber aufbauenden Lebens:

„Tagen solls
Von eigner Flamme mir! Du sollst
Zufrieden werden, armer Geist,
Gefangener! sollst frei, groß und reich
In eigner Welt dich fühlen.“[3]

In beiden Aspekten aber ist Enthusiasmus die eschatologische, utopisch-weltwandelnde Gewalt: „Es werde von Grund aus anders! Aus der Wurzel der Menschheit sprosse eine neue Welt! Eine neue Gottheit walte über ihnen, eine neue Zukunft kläre vor ihnen sich auf!“[4] Dahin fleht das neue Rorate: „O Regen vom Himmel! O Begeisterung! Du wirst den Frühling der Völker uns wiederbringen . . ., kommen wirst du, mit deinen allmächtigen Wonnen, in goldene Wolken wirst du uns hüllen und empor uns tragen über die Sterblichkeit.“[5] Sie wirkt jene letzte Einschmelzung alles Endlichen ins Urbildliche, das Schelling im „Bruno“ beschreibt, und jede Begeisterung ist ein Vorgeschmack dieses Weltbrands: „Es war mir oft, als läuterten sich und schmelzten die Dinge der Erde, wie Gold, in meinem Feuer zusammen, und ein Göttliches würde aus ihnen und mir.“[6] Hyperions Sendung ist die Weckung zu diesem letzten Reiche, er spricht zu seinen Kriegern davon: „Dann fang ich an von besseren Tagen zu reden und glänzend gehn die Augen ihnen auf.“[7] Aber das Reich, dessen Erweckungsprinzip selbst etwas so

[1] 55.
[2] 543.
[3] 398.
[4] 514.
[5] 456.
[6] 489.
[7] 538.

ganz „Formales“ ist, bleibt in seinem Wesen so geheimnisvoll wie die christliche, chiliastische Endzeit. „Frägst du mich, wann dies sein wird? Dann, wann die Lieblingin der Zeit, die jüngste schönste Tochter der Zeit, die neue Kirche, hervorgehn wird aus diesen befleckten veralteten Formen, wann das erwachte Gefühl des Göttlichen dem Menschen seine Gottheit und seiner Brust die schöne Jugend wieder bringen wird, wann – ich kann sie nicht verkünden, denn ich ahne sie kaum, aber sie kömmt gewiß, gewiß.“[1] Immer aber wird diese Apokalypse vergleichbar sein der Auferstehung des Samenkorns in der Kraft des Frühlings,[2] und, wie bei Novalis, dem Auftauen des Welteises, das Hölderlin im „Wanderer“ und im „gefesselten Strom“ schildert,[3] und immer ist die Liebe schon Vorspiel des letzten Tauwindes, und sein Unterpfand.

Indem aber Charis bei Hölderlin ausschließlicher dionysisch ist als bei Novalis, und sie das leistende Herz einsamer auf sich stellt, werden auch die Ausschläge seiner Stimmungsrhythmen („positiver“ Begeisterung und „negativer“ Verzweiflung um die Gleichgültigkeitsmitte) stärker und gewaltsamer. Denn da der Mensch selber das Ganze und das Halbe ist, ist er auch zerrissener in die Möglichkeiten, das eine und andere zu sein. Was beim jungen Schiller beherrschende existentiale Kategorien waren, der Doppelaspekt von „Schein“ als wahre Transparenz (Er-scheinung) und lügnerische Illusion, das wird für Hölderlin zum eigentlichen Lebensrhythmus. Vor der *letzten* Begeisterung wird jede eine vorläufige sein und, aus der folgenden Ernüchterung betrachtet, als Illusion erscheinen. „Auf dieser Höhe steh ich oft, mein Bellarmin! Aber ein Moment des Besinnens wirft mich herab. Ich denke nach und finde mich, wie ich zuvor war, allein, mit allen Schmerzen der Sterblichkeit, und meines Herzens Asyl, die ewigeinige Welt, ist hin; die Natur verschließt die Arme und ich stehe, wie ein Fremdling, vor ihr, und verstehe sie nicht.“[4] „O ein Gott ist der Mensch, wenn er träumt, ein Bettler, wenn er nachdenkt, und die Begeisterung hin ist . . .“ Am wundervollsten schildert es die „Abendphantasie“, wo die schwellenden und abnehmenden Wellen der inneren Begeisterung sich spiegeln in den wechselnden Stimmungen und Farbenspielen des geisthaften Äthers.

---

[1] 456.
[2] 373.
[3] 182, 143.
[4] 433.

„Am Abendhimmel blühet ein Frühling auf;
Unzählig blühen die Rosen und ruhig scheint
Die goldne Welt; o dorthin nehmt mich,
Purpurne Wolken! und möge droben

In Licht und Luft zerrinnen mir Lieb und Leid! –
Doch, wie verscheucht von töriger Bitte, flieht
Der Zauber; dunkel wirds und einsam
Unter dem Himmel, wie immer, bin ich.“[1]

Aber wenn solcher Rhythmus auch die ewigen Gezeiten des Herzens bildet, so kann und darf er, als leeres Hin-und-her, nicht das letzte sein. Vielmehr müssen seine beiden Pole sich nähern können und ineinanderschlagend die eigentlich apokalyptische Gestimmtheit ergeben. Diese Stimmungssynthesis aber öffnet dann zugleich tiefer den Blick für die inhaltliche Bestimmung der letzten Haltung Hölderlins. Zunächst also scheinen die beiden Stimmungspole sich gegenüberzustehen wie die im zeitlosen Augenblick ergriffene Ewigkeit der Begeisterung und die in der verzweifelten Ernüchterung geschehene Zurückwerfung in die trostlose Ebene der unendlich-leer rinnenden Zeit. So liegt denn auch vorerst aller Ton auf der Zeitlosigkeit des Enthusiasmus: „Wir töten im Rausche die Zeit“, ruft Allabanda.[2] „Laß uns vergessen, daß es eine Zeit gibt, . . . was sind Jahrhunderte gegen den Augenblick?“[3] „Die schöne Gegenwart rinnt mir in alle Sinnen herein.“[4] „Tot war mein irdisches Leben, die Zeit war nicht mehr, und entfesselt und auferstanden fühlte mein Geist seine Verwandtschaft und seinen Ursprung.“[5] Aufgegipfelt wird der hohe Augenblick aber in der Diotima-Begegnung: er ist Blitzeinbruch der senkrechten Ewigkeit in die Zeit: „Mitten im seufzenden Chaos erschien mir Urania.“[6] „Es ist hier eine Lücke in meinem Dasein.“[7] Dieser Augenblick weist zurück in eine Liebe in Vorgeburten,[8] „und wie die Vergangenheit, öffnete sich die Pforte der Zukunft in mir“.[9] Aber eben das Übergewicht

[1] 95.
[2] 455.
[3] 478.
[4] 498.
[5] 593.
[6] 483.
[7] 497.
[8] 495.
[9] 495.

des ganymedischen Rauschelements in diesem Augenblick mit Diotima zeigt, daß er noch einseitiger Pol ist: Vergessen der Zeit, statt schöpferischer Aufhebung: „Sie war mein Lethe, diese Seele, mein heiliger Lethe, woraus ich die Vergessenheit des Daseins trank.“[1]

Dann erhebt sich jetzt die Frage nach der *wahren* Fülle des Augenblicks. Um sie existential zu begreifen, muß dieser nach seinen wechselnden Aspekten beleuchtet werden. Es heben sich vor allem vier ab, die sein unterscheidendes Wesen bei Hölderlin je tiefer klarlegen.

II. Die Fülle des Augenblicks

Zunächst sagt Augenblick immer und allgemein das Aufblitzen des Geistes in der Natur, des Geistmenschen im Naturmenschen und *so* der Ewigkeit in der Zeit. Eine wundervolle Hyperionstelle bezeugt diesen Ausbruch der schöpferischen Synthesis aus dem untern Stoffreich der Endlichkeit. „Wir sind wie Feuer, das im dürren Aste oder im Kiesel schläft; und ringen und suchen in jedem Moment das Ende der engen Gefangenschaft. Aber sie kommen, sie wägen Äonen des Kampfes auf, die Augenblicke der Befreiung, wo das Göttliche den Kerker sprengt, wo die Flamme vom Holze sich löst und siegend emporwallt über der Asche, ha! wo uns ist, als kehrte der entfesselte Geist, vergessen der Leiden, der Knechtsgestalt, im Triumphe zurück in die Hallen der Sonne.“[2] Sonne ist der Geist selber, und so ist sein Aufgang Besonnung, con-solatio, sein Untergang aber de-solatio, Entsonnung und Überschattung der seelischen Landschaft. Gerade dieser negative Pol wird von hier aus verständlicher. Im Ausbleiben des „schöpferischen Funkens“ und Einhauchs des Geistes (In-spiration) ist Welt und Seele das bloße naturhaft-zeitliche Dahintreiben: „Wie ein Strom an dürren Ufern, wo kein Weidenblatt im Wasser sich spiegelt, lief unverschönert vorüber an mir die Welt.“[3] Das Herz ist kraftlos, die Welt zu verwandeln, geistig zu prägen und Ewigkeit aus ihr zu zaubern, wenn es selber Natur und Holz ist: „Das ist ein Schmerz, dem keiner gleich-

[1] 484.
[2] 477.
[3] 467.

kömmt, das ist unaufhörliches Gefühl der gänzlichen Vernichtung, wenn unser Leben seine Bedeutung so verliert, wenn so das Herz sich sagt, du mußt hinunter, und nichts bleibt übrig von dir . . ."[1] Das furchtbare Erlebnis geistiger Entsonnung wird aber auf dieser ersten Stufe erst wie ein unbegreifliches, äußerliches Schicksal erlebt, das naturhaft mit der geistigen Besonnung wechselt. Die Seele erfährt in Angst „von der unbegreiflichen Krankheit [ihres] Wesens".[2]

Aber eben in dieser Naturhaftigkeit des seelischen Rhythmus wird der zweite Aspekt des Augenblicks klar: Die Eruption des Geistes aus der Natur ist deutlich eine solche aus Fesseln in Freiheit. Das Über-hinaus des Geistes *ist* seine Freiheit. Die „unbegreifliche Krankheit" stammt daher, daß der Geist sich nie dem immanenten Gesetzeskreis der Natur fügen kann. Im Entsonnungsanblick heißt das: Geist ist Widersacher der Seele und Krankheitskeim der Natur: „Wie kommt es, daß so etwas in der Welt ist, das, wie ein Chaos, gärt, oder modert, wie ein fauler Baum, und nie zu einer Reife gedeiht?"[3] Im Besonnungsaspekt aber heißt es: „Alles altert und verjüngt sich wieder. Warum sind wir ausgenommen vom schönen Kreislauf der Natur? Oder gilt er auch für uns? Ich wollt es glauben, wenn eines nicht in uns wäre, das ungeheure Streben, alles zu sein, das, wie der Titan des Ätna, heraufzürnt aus den Tiefen unsers Wesens."[4] Dieses Prometheus-Streben über-hinaus hat selbst wieder seine zwei Aspekte: Sein positiver ist die Freiheit von den Umklammerungen des naturhaften Schicksals. „Seit langer Zeit ist mir die Majestät der schicksallosen Seele gegenwärtiger, als alles andre, gewesen; in herrlicher Einsamkeit hab ich manchmal in mir selber gelebt; ich bins gewohnt worden, die Außendinge abzuschütteln, wie Flocken von Schnee . . ." Aber diese Positivität des Geistes ist eine so scharfe Negativität zur Natur, daß die letzte Konsequenz hier gewaltsame Entnaturalisierung sein könnte: „. . . wie sollt ich dann mich scheuen, den sogenannten Tod zu suchen? Hab ich nicht tausendmal mich in Gedanken befreit . . .?"[5] Hier wird der unendliche Abstand des ewigen Geistes von aller Natur deutlich, und hier geschieht die Ent-

---

[1] 469.
[2] 491.
[3] 469.
[4] 442.
[5] 548.

blößung der letzten und allen Wesens bis zum tiefsten, göttlichen Punkte, wo Freiheit und reiner Akt ist: „Ich fühl in mir ein Leben, das kein Gott geschaffen und kein Sterblicher gezeugt."[1] „Weil ich anfangslos mich fühle, darum glaub ich, daß ich endlos, daß ich unzerstörbar bin. Hat mich eines Töpfers Hand gemacht, so mag er sein Gefäß zerschlagen, wie es ihm gefällt. Doch was da lebt, muß unerzeugt, muß göttlicher Natur in seinem Keime sein, erhaben über alle Macht und alle Kunst und darum unverletzlich, ewig."[2] Und so wieder, wie bei Herder, Fichte, Novalis, die Abschälung von tausend Wesenshüllen, die den Seinskern nicht berühren, die feine Zerfällung von Seins-Gehalt und Wesens-Schale: „Was lebt, ist unvertilgbar, bleibt in seiner tiefsten Knechtsform frei, bleibt Eins, und wenn du es scheidest bis auf den Grund, bleibt unverwundet und wenn du bis ins Mark es zerschlägst, und sein Wesen entfliegt dir siegend unter den Händen."[3] – Aber gerade weil dieser positivste Aspekt des selbstgenügsamen Über-hinaus des Geistes ein scharfes, buddhistisches Nein zum Naturhaften ist, tritt ihm als zweiter Aspekt der einer hingegebenen Sehnsucht zur Seite. Denn Seele ist nie nur Freiheit, sondern selbst je nur im Aufblitzen der höchsten Sphäre ansichtig. Seele ist so, als Ganze, der Weg der Natur zur Freiheit; das unendliche Streben, titanisches aus dem Ätna Emporsteigen (sofern sie schon positiv „Freiheit von . . ." ist), ganymedisches Sichemporsehnen (sofern sie noch negativ „Freiheit zu . . ." ist). Aber weil hier das Positive des Geistes sich in der Negation zur Natur ausdrückt, darum kann sich der Sehnsuchtsweg der Natur zum Geist vorerst nur als ein Von-sichweg begreifen. Seele als Ganze wird also im „Augenblick" naturfremd, ausgeheimatet: „Ach, für des Menschen wilde Brust ist keine Heimat möglich."[4] „Die Guten! sie leben in der Welt, wie Fremdlinge im eigenen Hause."[5] „Wir wohnen hier unten, wie der Diamant im Schacht."[6] „Aber ich kann dies Erdenrund entbehren, das ist mehr, denn alles, was es geben kann."[7] Ja, die Natur, als Kiesel und dürres Holz, erscheint als Knechtschaft und zuletzt als Begräbnis

[1] 567.
[2] 568.
[3] 568. (Hölderlin nennt hier „Wesen", was wir „Seins-Gehalt" nannten. Die Problematik des Wesens-Begriffs [essentia] wird darin deutlich.)
[4] 440.
[5] 582.
[6] 477.
[7] 547.

des geistigen Feuers: „Das Sonnenlicht, das eben widerrät die Knechtschaft mir, das läßt mich auf der entwürdigten Erde nicht bleiben und die heiligen Strahlen ziehn, wie Pfade, die zur Heimat führen, mich an.“[1] „Wie ein Lebendigbegrabner sträubt sich mein Geist gegen die Finsternis, worin er gefesselt ist.“[2] Die wandernde, geist-naturhafte Seele hätte darum hier zur Vollformel: Freiheit in–über Schicksal.

Aber diese Formel führt unmittelbar zum dritten, innerlicheren Aspekt des Augenblicks. Das Verhältnis von Freiheit und Schicksal (Geist und Natur) ist nichts als die mystische Potentialität und bleibt es auch im Eschaton. Denn Geist ist, selbst in seiner freien Erhebung, immer „Erhebung über . . . “, als reine Flamme immer ausschlagend aus Kiesel und Holz. Das heißt: das unbegreiflich-schicksalhafte Wogenschlagen von Entsonnung und Besonnung wird begreifbar als des Geistes eigenes, inneres Existenzgesetz. In diesem Hinundher der Gestimmtheit vollzieht sich seine existentiale Geistwerdung je aus Natur tiefer ausziehend und dazu doch aus ihr tiefere Kräfte ziehend: „Des Herzens Woge schäumte nicht so schön empor und würde Geist, wenn nicht der alte stumme Fels, das Schicksal, ihr entgegenstände.“[3] Natur und ihre Fremdheit wären dann nicht nur, wie Schiller wollte, erscheinende Freiheit, Abglanz des Lichts auf einem fremd-Tragischen, Unbekannten, sondern als Ganze die Selbstaffizierung des Geistes, um zu transzendieren und so, das Dunkel verzehrend, aufzuleuchten. Geist wäre notwendig dieses mühsam und auf gewundenen Pfaden seiner Odyssee sich durchringende Ewige in dem Wirrsal der Welt. „Was ist's denn, daß der Mensch so viel will? fragt' ich oft; was soll denn die Unendlichkeit in seiner Brust? Unendlichkeit? wo ist sie denn? Wer hat sie denn vernommen? Mehr will er, als er kann! das möchte wahr sein! O! das hast du oft genug erfahren. Das ist auch nötig, wie es ist. Das gibt das süße, schwärmerische Gefühl der Kraft, daß sie nicht ausströmt, wie sie will, das eben macht die schönen Träume von Unsterblichkeit und all die holden und die kolossalischen Phantome, die den Menschen tausendfach entzücken, das schafft dem Menschen sein Elysium und seine Götter, daß seines Lebens Linie nicht gerad ausgeht, daß er nicht hinfährt, wie ein Pfeil, und eine fremde

[1] 548.
[2] 597.
[3] 466.

Macht dem Fliehenden in den Weg sich wirft."[1] Damit ist also wieder eine steigende Bedeutung der Natur als „mystischer Basis" gegeben. Zunächst freilich nur als die Wand des Nichts, auf die der Geist sich projiziert, dann positiver als der Stoff, der in der Geistwerdung zu Asche verbrennt. Denn hier ist sie schon ständiger Träger: „Das Feuer geht empor in freudigen Gestalten, aus der dunklen Wiege, wo es schlief, und seine Flamme steigt und fällt, und bricht sich und umschlingt sich freudig wieder, bis ihr Stoff verzehrt ist, nun raucht und ringt sie und erlischt; was übrig ist, ist Asche."[2] Nun also gibt sich der Rhythmus der Existenz als Flut und Ebbe des Feuer-Augenblicks, in dem der Geist die Natur verzehrt, und der Nacht, wo der Geist verödet und die Natur verkohlt: „Es gibt ein Verstummen, ein Vergessen alles Daseins, wo uns ist, als hätten wir alles verloren, eine Nacht der Seele, wo kein Schimmer eines Sterns, wo nicht einmal ein faules Holz uns leuchtet . . . Nun sengt ich mich in meiner eignen Flamme nicht mehr."[3] Dem entleerten Geist („Begriffe ohne Anschauung sind leer") steht die veraschte Natur gegenüber („Anschauung ohne Begriffe ist blind"): „Kühn frohlockend drangen auch unsere Geister aufwärts und durchbrachen die Schranke, und wie sie sich umsahn, wehe, da war es eine unendliche Leere . . . Über dir und vor dir ist es freilich leer und öde, weil es *in* dir leer und öd ist . . . Not und Angst und Nacht sind eure Herren . . . Den Hunger nennt ihr Liebe und wo ihr nichts mehr seht, da wohnen eure Götter."[4] – Aber diese neue, höhere Rhythmusform bindet Natur doch nur enger an den Geist. Denn die Momente der Verödung sind doch nur Augenblicke auf dem Weg zum letzten, integrierenden Augenblick, sind nur der Negativaspekt der verbrennenden Natur im Prozeß der Naturverklärung. Das eigentliche, endgültige Symbol ist nicht die Asche nach der Feuersbrunst, sondern – *der brennende Dornbusch*, der im Brennen und Verbrennen doch ewige Basis der Flamme ist. Er ist das Bild der mystischen Potentialität zwischen der christlichen Idee Gottes als „verzehrenden Feuers" ohne Basis und des geschöpflichen Feuers, wo die Basis wirklich verzehrt wird. Der höchst-positive Anblick der Natur aber ergibt sich schließlich daraus, daß der

[1] 465.
[2] 466.
[3] 466-467.
[4] 470-471.

Funke des Geistes im Grunde selber schon die transzendierende, sich verklärende Natur ist, die sich schöpferisch auf eine Ewigkeitsstufe erhebt. Das tiefe Sichentfremden, die Sehnsucht überhinaus ist hineingenommen in den inneren Sinn des einen Vorgangs der Sublimierung: „Vom Pflanzenglück begannen die Menschen ... bis sie reiften ... bis jetzt das Menschengeschlecht, unendlich aufgelöst, wie ein Chaos daliegt, daß alle, die noch fühlen und sehen, Schwindel ergreift; aber die Schönheit flüchtet aus dem Leben der Menschen sich herauf in den Geist; Ideal wird, was Natur war, und wenn von unten gleich der Baum verdorrt ist und verwittert, ein frischer Gipfel ist noch hervorgegangen aus ihm und grünt im Sonnenglanze."[1] Dieses idealische Dasein ist „verjüngte Gottheit" und als solche „das zweite Lebensalter der Welt",[2] das gewiß geisthaft ist, aber von Hölderlin („Menons Klage", „Germanien") durchaus als höheres *Natur*leben geschildert wird. Durch den Untergang des Sterblichen ist dem Tod der Stachel genommen, ja er ist, als letzter Feind, selber überwunden: „Verzehrt die heftige Geistesflamme, die an deinem Leib sich entzündete, verzehrt sie nicht alles Sterbliche dir?"[3] Diotimas Tod ist das Ideal des sterbenden Todes selber: „Ein Feuer in mir hat mählich mich verzehrt und nur ein kleiner Rest ist übrig ... Es läutert sich alles Natürliche und überall windet die Blüte des Lebens freier und freier vom gröbern Stoffe sich los."[4] Noch innerlicher und endgültig vollzieht sich die Verklärung in Empedokles, wo sie ausdrücklich die Verbrennung und ebendarin Aufhebung der Individualität ins Geniusleben besagt. Wie der Schnee am Ätna schmilzt das Naturhafte von ihm ab:

> „Das Schwere fällt und fällt, und helle blüht
> Das Leben, das ätherische, darüber."[5]

Aber dieser dritte Aspekt des Augenblicks erfüllt sich doch erst ganz, wenn er in seiner konkreten Existentialform betrachtet wird. Wie bei Novalis Sophia-Idee in der Liebe zu Sophie, so wird bei Hölderlin die hellenisch-dionysische Genius-Idee in der Liebe zur

---

[1] 488.
[2] 488.
[3] 560.
[4] 571.
[5] 417.

„Athenerin" Diotima erfüllt. Sie ist vierter und erfüllender Aspekt des „Augenblicks". Bricht im schicksalhaft frühen Tode Sophiens für Novalis erstmals die Tragik des Augenblicks auf, so ist für Hölderlin die Tragik des Verhältnisses zu Diotima eine letzte, gleichsam existentiell-potenzierte Steigerung der Tragik des Daseins überhaupt, dessen herrliche Verklärung im Geist die dunkle, unlösbare Sehnsucht der Natur zur innersten Mitbedingung hat. Gegen die Sophia-Liebe des Kindes ist die Diotima-Liebe die des Jünglings. Das besagt zunächst eine Komplizierung der Stellung der Geliebten zum Liebenden. Bei Novalis war Sophia das gleitende Optimum zwischen Selbstliebe und persönlicher Gottesliebe. Dieser Aspekt, aller idealistischen Existentialität eigen, bleibt bei Hölderlin bestehen. Aber ein neues Zwischen tritt hinzu: Der Jüngling ist als Individualität tiefer von der Mitwelt geschieden. Das unbewußte Im-Ganzen-Leben des Kindes, und damit die Vorstellung der „synthetischen Person", wird fragwürdiger. In diesem Gegenübersein will der Jüngling *tat*haft in die Welt wirken, wobei Tat eine nüchtern-ernste Leistung und nicht mehr, wie beim Kind, ein zauberndes Spiel im Ganzen mit dem Ganzen besagt. Aber dieser Tatanblick ist dabei nur der eine Pol der auseinandergedehnten Spannung, dessen anderer ein ebenso vertieftes, liebendes Einsseinwollen ist. Das heißt also: Prometheisch und Dionysisch treten tragischer auseinander. In dieses zweite Zwischen tritt Diotima ein. Sie wird damit zum Genius des aktiven Wirkens Hyperions, seines Freiheitskrieges für Griechenland, wie zum Ziel seines passiven Wirkens, als der Selbsthingabe an die Allnatur, die in ihr konkrete Erscheinung wird. Dieses Hervortreten der Du-Gestalt aus dem schweigenden Naturgrunde gehört zum Ergreifendsten der Dichtung. Nach der großen Entsonnungs-Periode Hyperions wird ihm die Landschaft wie durchscheinend, traumhaft auf ein Kommendes weisend, wahrhaft geistliches Wehen. Und seine Seele selber ist durch die Prüfung der desolatio geöffnet: „Es tat nun wirklich einmal wieder mein Auge sich auf, freilich, nicht mehr, wie sonst, gerüstet und erfüllt mit eigner Kraft, es war bittender geworden, es fleht' um Leben."[1] So tritt das Fremde, Äußere unmittelbar wie eine innere Erfüllung auf, weil die transzendierende Immanenz der Seele Hyperions der immanierenden Transzendenz Diotimas tiefer zugeordnet ist. Dieser Aufblick des Geistes ist *der*

[1] 468.

hohe Augenblick in Leben und Dichtung Hölderlins, Kairos als Mitte.

Aber das Gefüge der mystischen Potentialität geht durch alles hindurch, auch durch die eine Ganzheit dieses Augenblicks. Er hat ein doppeltes Gesicht: „Wir waren *eine* Blume nur, und unsre Seelen lebten ineinander, wie die Blume, wenn sie liebt und ihre zarten Freuden im verschloßnen Kelche verbirgt."[1] Das ist Novalis: Doppelantlitz in der blauen Blume – und ebendadurch Symbol der naturhaften Präexistenz. Der zeitaufhebende Rausch der Diotimaliebe ist zwar Aufflammen des Geistes, aber noch nicht eschatologischer, naturverwandelnder Geist. Er ist Lethe und in dieser Beschränkung innerlich über sich weisend, ja selber Moment einer übergreifenden Teleologie. Diotima, die Frau, begreift das zuerst. Denn für die Frau ist Liebe immer nur als *ganzes* Symbol der eschatologischen Natur-Geist-Einheit erlesbar, wo der Mann in den Rausch-Augenblick, der Tat vergessend, sich einwühlt. Diotima wird *durch* den Augenblick zum Genius der Tat, zur Athene des Freiheitskrieges. Sie versteht sich selbst als das doppelte Zwischen (von Selbstliebe und Weltliebe, Selbstverschwendung in Tat und Selbstverschwendung in Hingabe des Mannes). Sie weist über sich und klärt damit Hyperions Geist ihm selber auf: „Es ist eine bessere Zeit, die suchst du, eine schönere Welt. Nur diese Welt umarmtest du in deinen Freunden, du warst mit ihnen diese Welt . . . Du wolltest keine Menschen, glaube mir, du wolltest eine Welt. Den Verlust von allen goldenen Jahrhunderten, so wie du sie, zusammengedrängt in *einen* glücklichen Moment, empfandest, den Geist von allen Geistern beßrer Zeit, die Kraft von allen Kräften der Heroen, die sollte dir ein Einzelner, ein Mensch ersetzen!"[2] „Willst du dich verschließen in den Himmel deiner Liebe?"[3] Das Flut-Ebbe-Gesetz der Seele ist Zeichen des unvollendeten Werdens: „Warum so schrecklich Freude und Leid dir wechselt? Darum, weil du alles hast und nichts, weil das Phantom der goldenen Tage, die da kommen sollen, dein gehört und doch nicht da ist."[4] Diotima wird darum Tatengenius auch und gerade, indem sie sich auf die Dürftigkeit ihrer irdischen Individualität zurückzieht, so den Platz dem

[1] 486.
[2] 491-492.
[3] 513.
[4] 492.

idealen Drang freigebend, der durch die Tat hindurch zum Genius Diotima vordringen soll: „Und an mir, . . . an mir will sich Hyperion halten? ja, ich wünsch es, jetzt zum ersten Male wünsch ich, mehr zu sein denn nur ein sterblich Mädchen."[1] Es wird klar, daß das Gesetz der mystischen Potenz, wie den „Augenblick", so das Ideal selbst beherrscht: Diotima ist Muse nur in der Selbstverzehrung ihrer Sterblichkeit. Und erst so tritt das ideelle Gerüst des Hyperion-Romans voll heraus: Indem Diotima den Augenblick übersteigt, weist sie in ein doppeltes Über-hinaus: in die Tat, prometheisch in die Welt hinab, als All, ganymedisch in die Welt empor, als Gott. Im Grunde sollte freilich beides *eine* Transzendenz sein (wie es bei Novalis kindhaft eine war), dann hätte der Mensch das Formalgöttliche ungebrochen erreicht. Aber die Tat in die Welt hinab mißlingt, Prometheus versagt. Der schlimme Ausgang des Freiheitskrieges sagt dabei ein Zweifaches: Zunächst zeigt sich der grundlegende Impuls, Begeisterung, von seiner typisch „ästhetischen" Seite, der die brutale, nüchterne, illusionslose Kriegerwirklichkeit sich entgegenstellt. Damit droht aber dem grundlegendsten Gesetz eine ganz tiefe Fragwürdigkeit. Es kann sich daraus überhaupt nur retten durch die Betonung des zweiten Aspekts: Das Versagen der „Tat" und der sich anschließende Rückzug ins rein beschauend-ganymedische Dasein ist selber erst der ganze Vollzug des Potentialitätsgesetzes: Der Geist ist rein nur, wenn seine Basis die Ohnmacht ist, die Tat vollbracht nur in der Knechtsgestalt der Niederlage. Hier tritt denn auch ein grundlegender Begriff Hölderlins auf: der des *Beleidigtseins*. Er beleuchtet beide Seiten des Untergangs: Ästhetisch ist es das beleidigte Sichzurückziehen vor der rohen Wirklichkeit in die Welt des Traums und der Kunst. Religiös aber – und damit tritt der Begriff abermals in die nächste Nähe zu dem der Knechtsgestalt Christi – ist es das Tragische der Ohnmacht des Heiligen in der Welt. Charis ist immer (als „Gnade" oder „Schönheit") das Zarte, das nur der Anbetung und dem Schweigen sich erschließt und von grobem Zugreifen „beleidigt" wird. So ist Hyperions Seele von den rohen, die Idee verhöhnenden Vorgängen des Kriegs „beleidigt", wie Diotima in ihrem letzten Briefe schreibt, und kann sich davon nur noch „unter Göttern erholen". Stolz und zart ist dieses Wort, und in der Zweideutigkeit des Leidens als Flucht und durchleidende

[1] 493.

Ohnmacht lenkt es zum Abschluß der Handlung über: zur Weltabkehr und Gewinnung der ganzen Tatenwelt in der rein schöpferischen Anamnesis des Einsamen. Darum ist der Roman Briefroman und darum spielt er am Ende der ganzen Handlung, nach Diotimas Tod. Nur in dieser zweideutigen Gebrochenheit (als Versagen der Erlösungstat aber darin Erlösung der Tat selber durch die Idee) geht das erste „Über-hinaus" Diotimas in Erfüllung, indem es als restlos tragisches Ingrediens in die Flamme des Geistes eingeht, während die unmittelbare Tat, weil sie nicht aus der Fülle der Begeisterung, sondern als Naturgetriebe in der Natur getan war, zu Asche verkohlt: „Wir spielten mit dem Schicksal, und es tat mit uns ein gleiches. Vom Bettelstabe bis zur Krone warf es uns auf und ab. Es schwang uns, wie man ein glühend Rauchfaß schwingt, und wir glühten, bis die Kohle zu Asche ward."[1] Zwischen der „beleidigten" ästhetischen Weltabkehr und der die Zartheit beleidigenden Weltzukehr liegt die feinste Grenze, wo das Schöne in der Zerbrechlichkeit seinen Sitz hat: „Und leichtzerstörbar sind die Zärtlichen."[2]

Im Rückzug aus der Tatwelt öffnet sich aber das zweite Überhinaus, in das Diotima emporwies, und das sie selber sterbend vollzog, der Weg der Selbstverschwendung ans göttliche All. Die „psychische" Diotima (das „arme Mädchen") zehrt sich im Feuer der Sehnsucht und Verklärung auf und hebt sich so zu dem Genius auf, der sie im Leben nur erst „idealisch" sein konnte. Sie wird so wirklich zu einer höheren, die göttliche Weltseele ausdrückenden Macht, deren kosmische Stellung der der synthetischen Person bei Novalis ähnlich ist. Als solcher Genius wird sie nun zum eschatologischen Urbild Hyperions, dem dieser sich liebend nähert. Das gleitende (erste) Zwischen (von Selbstliebe und Gottesliebe) tritt nun wieder stärker hervor. Die tote, verklärte Diotima ähnelt der toten Sophie. Aber Hölderlins tragischeres Jünglingsgesetz personaler Vereinzelung hindert, daß Sophie-Diotima so naiv als der Spannungspol einer einzigen, synthetischen Liebe gelten kann: „So tief, so innigst unversöhnlich hatte mein Geist noch nie sich gegen die Ketten gesträubt, die das Schicksal ihm schmiedet, gegen das eiserne, unerbittliche Gesetz, geschieden zu sein, nicht *eine* Seele zu sein mit seiner liebenswürdigen Hälfte."[3] Dieselbe Gesetzlich-

---

[1] 458.
[2] 393.
[3] 495.

keit hindert weiter, daß Diotima so nah an eine rein christushaft begnadende Macht, wie es Sophie war, gebracht wird: zwischen Diotima-Hyperion tritt vielmehr ein letztesmal das Gesetz der mystischen Potentialität ein: Ist Diotima als reiner Genius der reine Akt, der Hyperion schafft und inspiriert („Ich will dich hervorbeschwören!“[1] „Solang ich bei ihr war, und ihr begeisterndes Wesen mich emporhub über alle Armut der Menschen, vergaß ich oft auch die Sorgen und Wünsche meines dürftigen Herzens“[2]), so ist es hinwieder Hyperion, der sie in diesem Geistsein erhält („Könnten wir das schaffen, was du bist.“[3] „Hyperion! Hyperion! hast du nicht mich, die Unmündige, zur Muse gemacht?“[4]). Beider Liebe in eins ist der eine brennende Dornbusch. Das Geheimnis der mystischen Potentialität öffnet da seinen letzten Sinn: es ist das Geheimnis der Menschenliebe, zum Weltgesetz erhoben, seines armen Reichtums, seiner reichen Armut. „Oh, ich kenn es, . . . dieses Götterspiel der reichen Liebe, die selber Not schafft, um sich ihrer Fülle zu entladen.“[5] „Das macht uns arm bei allem Reichtum, daß wir nicht allein sein können, daß die Liebe in uns, solange wir leben, nicht erstirbt.“[6]

Dann aber erscheint nun der volle Sinn des Augenblicks als eine immer wachsende Einverleibung dieser Potenz, Ohnmacht, Leidenstiefe in den verklärenden Akt hinein, ja sogar als je tiefere Verklärung je tieferen Leidens. Elementar bricht diese Erkenntnis beim Tode Diotimas aus: „Muß nicht alles leiden? Und je trefflicher es ist, je tiefer! Leidet nicht die heilige Natur? O, meine Gottheit! daß du trauern könntest, wie du selig bist, das konnt ich lange nicht fassen. Aber die Wonne, die nicht leidet, ist Schlaf, und ohne Tod ist kein Leben . . . Denn er nur führt von einer Wonne zur andern.“[7] „Göttlich erst in tiefem Leid das Lebenslied der Welt uns tönt.“[8]

Augenblick als überfallender Rausch in Schicksalswechsel mit überfallender Angst wurde Augenblick als sehnsüchtig-herrisches Über-hinaus des Geistes, dieses wachsend zum Augenblick ver-

[1] 497.
[2] 598.
[3] 540.
[4] 556.
[5] 562.
[6] 440.
[7] 576-577.
[8] 584.

klärender Naturverzehrung und letztlich zum tragisch-herrlichen Liebensgesetz. Das Je-über-hinaus der Freiheit und Sehnsucht wird also je wieder, als tragisches und gerade so fruchtbares, verklärendes, hineingenommen in den umgreifenden Arm der dionysischen Allnatur. Hier erweist sich endlich auch Hölderlins Geist, wie der von Novalis, als naturhafter Geist und *so* als dionysischer. Die Transzendenz ist umgebogen in je neue Immanenz, die Sehnsucht in je neue Resignation, die Freiheit in je neue, süßere Fessel. „O Bellarmin! wer darf denn sagen, er stehe fest, wenn auch das Schöne seinem Schicksal so entgegenreift, wenn auch das Göttliche sich demütigen muß, und die Sterblichkeit mit allem Sterblichen teilen."[1] „Wohl dem, . . . der sie überstanden hat, diese Feuerprobe des Herzens, der es verstehen gelernt hat, das Seufzen der Kreatur, das Gefühl des verlornen Paradieses."[2] Denn nur im Verlust wird es gewonnen, und wie für Novalis das Endliche und Schmerzlich-Beschränkte romantisierendes Element des Ganzen wurde, so bei Hölderlin das Seufzen der Kreatur unter der Last der Sterblichkeit. „Sterblichkeit ist Schein, ist wie die Farben, die vor unsrem Auge zittern, wenn es lange in die Sonne sieht."[3] Als Farbigkeit des Glücks muß der Tod gelebt sein, nicht als vereinzeltes, so erst unbegreifliches Schicksal. Aber „das eben, Lieber! ist das Traurige, daß unser Geist so gerne die Gestalt des irren Herzens annimmt, so gerne die vorüberfliehende Trauer festhält."[4] Im Nichtfesthalten und Vorüberlassen des Anschauens mengen sich erst Tod und Leben zu jenem „seltsamen Gemische von Seligkeit und Schwermut"[5], das das höhere und höchste menschliche Lebensgefühl ist. Im dionysischen Wandel-Reigen der Gefühle vollzieht sich diese entscheidende Synthesis, „weil jeder Atemzug unseres Lebens unserem Herzen wert bleibt, weil alle Verwandlungen der reinen Natur auch mit zu ihrer Schöne gehören".[6] „Wir stellen im Wechsel das Vollendete dar; in wandelnde Melodien teilen wir die großen Akkorde der Freude, . . . mit dem flüchtigen Lebensliede mildern wir den seligen Ernst des Sonnengotts und der andern."[7] Diese Zerlegung

---

[1] 520.
[2] 591.
[3] 500.
[4] 464.
[5] 494.
[6] 529.
[7] 575.

des ewigen Jetzt der einklingenden Harmonie in die zeithaften Bänder des Melos ist nochmals ein vollkommenes Gleichnisbild der mystischen Potentialität: Melodie in ihrer sehnsüchtigen Zerdehnung, die nur im entgleitenden Vorübergang ganz habhaft wird, nur in der Resignation also zum Rausche sich darbietet, ist das Bild und Gesetz menschlicher Liebe: Glück auf Basis der Sehnsucht: „wir sterben, um zu leben . . . Dies Schattenland ist ja das Element der Liebe".[1] Die Ineinander-Aufhebung von Begeisterung und Entsagung zum höheren genienhaften Dasein behält daher, in Folgerichtigkeit zum Formalprinzip ästhetischen Enthusiasmus, den Zauber einer traumhaften Musikalität. Traum ist ja das Bild einer Daseinsverklärung, die zugleich über (als heiliger Schlaf) und unter (als „Prä-existenz") dem schweren Dasein steht, und Musik, als „geistigste" und „leerste" Kunst, hat dieselbe doppeldeutige Stellung. „‚Törichter, was ist die Trennung?' flüsterte sie geheimnisvoll mir zu, mit dem Lächeln einer Unsterblichen. ‚Es ist mir auch jetzt anders', sagt ich, ‚und ich weiß nicht, was von beiden ein Traum ist, mein Leiden oder meine Freudigkeit.' ‚Beides ist', erwiderte sie, ‚und beides ist gut.'"[2] „Das einzige, was eine solche Freude auszudrücken vermochte, war Diotimas Gesang, wenn er, in goldner Mitte, zwischen Höhe und Tiefe schwebte."[3]

So allein kann das merkwürdig gegensätzliche Aufbaugesetz des Hyperionschlusses begriffen werden. Denn einerseits geht er in immer härtere Gegensätze, immer weiter ausschlagende Rhythmen von Tragik und Entzückung, bis der Blick in die hoffnungslose, trockene, entgötterte deutsche Gegenwart den Tiefpunkt des Abstieges anzeigt, und darauf folgend eine letzte übermäßige Begeisterung des Herzens nochmals alles zusammenzwingt ins eschatologische Loblied: „Wie der Zwist der Liebenden sind die Dissonanzen der Welt . . . Geschiehet doch alles aus Lust, und endet doch alles mit Frieden."[4] Anderseits aber ist der ganze Hyperion doch auch eine immer ausgeglichenere, immer integriertere Stimmung, die von der existentialen Vielheit der Jugendmöglichkeiten in eine alle diese Möglichkeiten in eins fassende Gestimmtheit des späten Hyperion mündet. Aber beides, wachsender Aufruhr und wachsen-

[1] 574, 561.
[2] 528.
[3] 493.
[4] 586.

der Ausgleich, sind doch nur eines. Denn die je weiter klaffende Kluft von Himmel und Hölle ist nur das Zeichen dafür, daß die Apokalypse des Herzens fortschreitet, das Herz stärker wird, auch die letzten Spannungen mystisch zu einen. „Der echte Schmerz begeistert. Wer auf sein Elend tritt, steht höher. Und das ist herrlich, daß wir erst im Leiden der Seele Freiheit fühlen."[1] Die wachsende Dissonanz der Thesis und Antithesis zeigt nur die wachsende Konsonanz der Synthesis an. – Aber weil diese eine primär ästhetische ist, so ist hier doch auch der Ursprung jener Geisteshaltung zu suchen, die zwanzig, dreißig Jahre nach Hölderlin und zum Teil schon zu seiner Zeit (Schlegel, Tieck) zur Pose der „Zerrissenheit" führte, als ob die Größe der Existenz sich an der Unerträglichkeit ihrer Antinomien auszuweisen hätte. Und schon in Hölderlin zeigten sich leise die Anfänge, an der Art, wie der Begriff der „Beleidigung" zwischen ästhetischer Gekränktheit und religiöser Entweihung schillert, wie entsprechend das Ende des „Hyperion" auch in der Zweideutigkeit menschlichen Welkens steht: „Liebster! alle Scheidenden sprechen, wie Trunkne, und nehmen gerne sich festlich. Wenn der Baum zu welken anfängt, tragen nicht alle seine Blätter die Farbe des Morgenrots?"[2]

Aus dem Gesamtergebnis der vier Aspekte des Augenblicks kann zuletzt auch die Unsterblichkeits- und Jenseitsanschauung Hölderlins unmittelbar verstanden werden. Denn sie ist nichts als die Ausweitung des vollen Augenblicks, in dem sich die Zeitlichkeit schon ins Ewige integriert, der folglich auch schon echtes Eingehen ins Überzeitlich-Unsterbliche ist. Um dieses Zentrum stellen sich die scheinbar widersprechenden Aussprüche Hölderlins. Denn die Verherrlichung des verewigenden Augenblicks greift zunächst zum Bilde des Orkus, um im Gegensatz der reinen, naturhaften, dunklen Zeitlichkeit das ewig lichte Jetzt sich abheben zu lassen:

„Die Seele, der im Leben ihr göttlich Recht
Nicht ward, sie ruht auch drunten im Orkus nicht;
  Doch ist mir einst das Heilige, das am
  Herzen mir liegt, das Gedicht gelungen,

Willkommen dann, o Stille der Schattenwelt!
Zufrieden bin ich, wenn auch mein Saitenspiel

---

[1] 545.
[2] 566.

Mich nicht hinabgeleitet; *einmal*
Lebt' ich, wie Götter, und mehr bedarfs nicht."[1]

Noch deutlicher wird in „Menons Klage" der Sinn des Gegensatzes: Orkus ist nichts als das Symbol eines Schicksals, das nicht in den hohen Freiheitsaugenblick integriert ist, des Menschen also, der nicht lieben konnte. So scheidet die erste Fassung der Elegie zwei eschatologische Wege: den dunklen hinab, den die noch ungestalteten, personlosen Seelen wandeln, eingeschmolzen in den Feuergrund der Natur, den hellen aber der Liebenden empor ins Genius-Dasein.

„Dien' im Orkus, wem es gefällt! wir, welche die stille
Liebe bildete, wir suchen zu Göttern die Bahn."[2]

Aber die aufsteigende Bahn ist doch kein Gang ins naturlos Geistige. Allnatur umgreift jede Transzendenz, und wie im Märchen des Novalis das Herz verbrennt, um innerlicher als Gemüt der höheren synthetischen Person aufzuerstehen, so kann hier die Bewahrung der Liebe, als der wahren Frucht des „Augenblicks", mit einem Untergang der Individualität zusammenbestehen. Ja, die angstlose Hin- und Preisgabe des Ich in die Liebe hinein schließt im Grunde diese Preisgabe des metaphysischen Ich schon in sich: „Ich hab' es gefühlt, das Leben der Natur, das höher ist, denn alle Gedanken – wenn ich auch zur Pflanze würde, wäre denn der Schade so groß?" „Es fallen die Menschen, wie faule Früchte, von dir, o laß sie untergehn, so kehren sie zu deiner Wurzel wieder, und ich, o Baum des Lebens, daß ich wieder grüne mit dir und deinen Gipfel umatme . . . Frei sind wir, gleichen uns nicht ängstig von außen; wie sollte nicht wechseln die Weise des Lebens? . . . Es scheiden und kehren im Herzen die Adern und einiges, ewiges, glühendes Leben ist alles."[3] All-Leben übergreift die zwei Wege von Aufstieg ins Personhafte und Abstieg ins Naturhafte. Aber die zweite Fassung der großen Elegie versucht etwas wie eine Versöhnung beider Eschatologien, der dualistischen und der monistischen. Der Orkus ist nicht mehr die dunkle Folie der Augenblick-Ewigkeit, sondern der dionysische Grund der Um-

---

[1] 89.
[2] 164.
[3] 574, 586.

schmelzung der göttlichen Kräfte, in dem jene, die das irdische Leben nicht göttlich zu leben verstanden, personlos verharren,

> „bis dereinst sie
> Eines Wunders Gewalt, sie, die Versunkenen, zwingt
> Wiederzukehren und neu auf grünendem Boden zu wandeln. –
> . . . Und aus Bächen herauf glänzt das begrabene Gold“.[1]

Die Liebenden aber, deren Individualität als das romantisierende Element in die Synthesis ihrer Liebe einbewahrt ist, kehren nicht auf die Erde zurück, sondern wallen höher die Stufen des Kosmos, um sich „auf tauender Insel“ wiederzufinden,

> „Wo die Gesänge wahr, und länger die Frühlinge schön sind,
> Und von neuem ein Jahr unserer Seele beginnt“.[2]

In dieser doppel-einheitlichen Eschatologie zeichnet sich nochmals das Hölderlinsche Verhältnis von Natur und Geist, diesmal endgültig, ab. Es ist Geist in–über Natur, Urbild in–über Abbild. Damit ist es unrückführbar eine doppelte Richtung der Seele: überhinaus zum reinen Urbild, oben-hinein zum Natur- und Wirk-Spiegel des Abbildes. Die Jugendphilosophie (Fichtes) mit ihrer reinen Transzendenz ist nur die eine Seite: „Geh, Vollendeter!“ ruft Hyperion zu Alabanda, „ich ginge mit dir, wenn es keine Diotima gäbe“,[3] ein Motiv, das im Gedicht „Die Eichbäume“[4] und im „Empedokles“ wiederkehrt:

> „Und folgen möcht ich in die Tiefe,
> Hielte die Liebe mich nicht, dem Helden.“[5]

Aber das in der Immanenz retardierende Moment ist ebenso tief und ursprünglich wie das Fichtesche Über-hinaus, das, allzu jugendlich, eine Maske ehrfurchtloser Überlegenheit sein kann: „Ich freute mich oft des Kampfs, den die Vernunft mit dem Unvernünftigen kämpft, weil es mir insgeheim mehr darum zu tun war, das Gefühl der Überlegenheit zu erringen, als den gesetzlosen Kräften, die des Menschen Brust bewegen, die schöne Einheit mitzuteilen.“[6] Gewiß bleibt die höchste Idee im Menschen frei

---

[1] 167.
[2] 169.
[3] 567.
[4] 151.
[5] 100.
[6] 612.

über alle Natur, aber der absteigende Trieb ist nicht weniger endgültig als sie. „Wir sollen das Urbild alles Daseins in uns rein und heilig behalten, so grenzenlos der Maßstab ist, woran wir die Natur messen, und unbezwinglich der Trieb, die Formlosen zu bilden nach jenem Urbilde, das wir in uns tragen, und die widerstrebende Materie den heiligen Gesetzen der Einheit zu unterwerfen . . . Ich weiß, daß nur das höchste Bedürfnis uns dringt, der Natur eine Verwandtschaft mit dem Unsterblichen in uns zu geben und in der Materie den Geist zu glauben, aber ich weiß, daß dieses Bedürfnis uns dazu berechtigt, ich weiß, daß da, wo die schönen Formen der Natur uns die gegenwärtige Gottheit verkündigen, wir selbst die Welt mit unserer Seele beleben. Aber was ist dann, das nicht durch uns so wäre wie es ist?“[1] So vollzieht sich nochmals die Rückführung auf das „Herz als Weltmitte“, prometheisch schaffend (bis zu Feuerbachschem Gottzeugen aus dem Stoff), ganymedisch sich verströmend im „Bedürfnis“ des Schenkens. Das Doppelbedürfnis dieses Herzens ist die letzte Wirklichkeit und sie zerreißt es mittendurch, um es tiefer im Gesetz des brennenden Busches selbst zu verwirklichen. Hier gibt Hölderlin seine Lösung für das Rätsel des Seins, eine nur in der existentialen Liebessituation je zu vollbringende Lösung. „Als die schnöde Welt für uns anfing, da wir zum Bewußtsein kamen, da wurden wir endlich. Nun fühlen wir tief die Beschränkung unseres Wesens und die gesamte Kraft sträubt sich ungeduldig gegen ihre Fesseln, und doch ist etwas in uns, das diese Fesseln gerne behält – denn würde das Göttliche in uns von keinem Widerstande beschränkt, so wüßten wir von nichts außer uns und so auch von uns selbst nichts . . . Wir können den Trieb, uns zu befreien, zu veredeln, fortzuschreiten ins Unendliche, nicht verleugnen, das wäre tierisch. Wir können aber auch den Trieb, bestimmt zu werden, zu empfangen, nicht verleugnen, das wäre nicht menschlich. Wir müßten untergehen im Kampfe dieser widerstreitenden Triebe. *Aber die Liebe vereinigt.* Sie strebt unendlich nach dem Höchsten und Besten, denn ihr Vater ist der Überfluß, sie verleugnet aber auch ihre Mutter, die Dürftigkeit, nicht, sie hofft auf Beistand. *So zu lieben ist menschlich.*“[2]

Menschliche Liebe ist die einzig mögliche Lösung des Rätsels menschlichen Daseins; die tragische Unlogik seiner Struktur, die

[1] 614-616-618.
[2] 618-620 (von mir kursiv).

bis zum Widerspruch zu gehen scheint, löst sich nur vor der existentialen Unlogik der Liebe mit ihrem menschlichen Ineins von Sehnsucht und Erfüllung, Freiheit und Fessel.

In dieser höchsten Problemstellung wird nun aber das Aug-in-Aug von Dionysisch und Christlich unvermeidbar. Die Problemhöhe der mittelalterlichen Eschatologie ist hier wieder erreicht. Nach all dem Evolutionismus und Spiritualismus der Aufklärungsjahrhunderte ist die unrückführbare menschliche Struktur wieder entdeckt und im scheinbaren Widerspruch siegreich festgehalten, im Doppeltrieb nach Himmel und Erde, Gott und Welt, Geist und Leib. Nur das Lösungsprinzip ist nun ein anderes: statt der charis Christi als Gnade unmittelbarer Gottesschau und Leib-Auferstehungs-Glorie die charis des Dionysos als Enthusiasmus der Naturaufhebung in mystischer Potentialität. Die entscheidende Auseinandersetzung des Idealismus mit der existentiellen Gestalt Christi selber vollzieht sich in der idealistischen Erlösungstragödie schlechthin, im „Tod des Empedokles". Sofern der Jüngling Hölderlin selber das Optimum zwischen Lehre und Leben, Idee und Existenz bezeichnet, muß sein Hauptwerk zum Schlüssel- und Herzpunkt der ganzen idealistisch-dionysischen Welt werden.

III. Prometheus der Erlöser

Empedokles ist, wie Christus, der Erlöser, der die Welt aus der Schuld aufhebt, indem er diese Schuld auf sich nimmt, zur „Sünde" wird (Röm. 8, 3) und in der äußersten Nacht des Herzens, der Aus-leerung („Kenosis", Phil. 2, 7), den neuen Zugang zur Verklärungsherrlichkeit wiedergewinnt, nach dem die Kreatur seufzt (Röm. 8, 22; Hyp., 216). Hölderlins Spätwerk wächst so aus einer Atmosphäre heraus, die eine höchst bezeichnende Übersetzung der ganzen johanneisch-paulinischen, neutestamentlichen Denk- und Fühlwelt ins Dionysische bezeichnet. Das Messianische klang schon im Erscheinen des Genius Diotima an:

Ich hab' es einmal gesehn, das Einzige, das meine Seele suchte, und die Vollendung, die wir über die Sterne hinauf ent-

Was von Anfang war, was wir gehört und mit unsern Augen gesehen haben, was wir geschaut und mit Händen be-

fernen, die wir hinausschieben bis ans Ende der Zeit, die hab ich gegenwärtig gefühlt. Es war da, das Höchste, in diesem Kreise der Menschennatur und der Dinge war es da!

Ich frage nicht mehr, wo es sei; es war in der Welt, es kann wiederkehren in ihr, es ist nur verborgner in ihr. Ich frage nicht mehr, was es sei; ich hab es gesehn, ich hab es kennen gelernt. (477 f.)

tastet haben, berichten wir vom Worte des Lebens. Das Leben ist ja erschienen, . . . das ewige, das beim Vater war und sich uns geoffenbart hat.

(1. Joh. 1, 1-2.)

Es kam das wahre Licht . . . es war in der Welt . . . Es kam in sein Eigentum.

(Joh. 1, 9. 10. 11.)

Ich bin vom Vater ausgegangen und in die Welt gekommen; nun verlasse ich die Welt wieder und gehe zum Vater . . . Bin ich dann hingegangen und habe ich euch eine Stätte bereitet, so komme ich wieder und nehme euch zu mir . . .

(Joh. 16, 28; 14, 3.)

Das höhere Leben der Begnadeten aber ist ebenjenes Leben im Geiste, der wie ein Medium zwischen Seele und Gott sich breitet,

Die Menschen . . . berührten zärtlicher das leichte, klare schmeichelnde Meer, in dem sie lebten und webten. (475.)

In ihm leben wir, bewegen wir uns und sind wir.

(Apg. 17, 28.)

der kein reines, objektives Medium ist, sondern geheimnisvoll selbstherrlicher Wille,

Der Geist geht ungefragt auf seinem Pfade weiter. Ach können wir denn sagen, daß du da gewesen?

Der Geist weht wo *er* will. Du hörst sein Wehn und weißt nicht woher er kommt, wohin er geht . . . So jeder, der aus dem Geiste geboren.

(Joh. 3, 7-8.)

und der doch in ebendieser Selbstherrlichkeit notwendige Nahrung der Seele ist.

Nicht von irdischer Kost gedeihen einzig die Wesen . . . (150.)

Nicht vom Brote allein lebt der Mensch. (Mt. 4, 4.)

Das Leben im Geiste aber ist Erhebung in Gottes-Kindschaft.

Auch wir sind also Kinder des Hauses . . ., sind es und werden es sein. (482.)

Wir heißen Kinder Gottes und sind es . . . (1. Joh. 3, 2.)

Diese Kindschaft ist Aufnahme in eine mystische Einheit des Erlösers.

An diesem Ideale, dieser verjüngten Gottheit erkennen die wenigen sich, und eins sind sie, denn es ist Eines in ihnen. (488.)

So sollen auch sie in uns eins sein, damit die Welt glaube, daß du mich gesandt hast . . . Ich werde in ihnen sein . . . (Joh. 17, 21. 23.)

Solches Leben im Geiste aber ist Ausheimatung aus der „Welt“, bis zum vollen Fremdwerden derselben:

Die Guten, sie leben in der Welt wie Fremdlinge im eigenen Hause . . .

Und einmal sah ich noch in die kalte Nacht der Menschen zurück und schaudert. (582, 589.)

Wir haben hier keine bleibende Stätte . . . Wenn unsre irdische Zeltwohnung abgebrochen wird, erhalten wir ein von Gott gebautes Haus. (Hebr. 13, 14; 2. Kor. 5, 1.)

Mein Reich ist nicht von dieser Welt. (Joh. 18, 36.)

So ist das Dasein des Glaubenden das Leben im Paradox der Liebe:

So reich sie ist, so dürftig dünkt sie sich. Sie trägt der Armut schmerzliches Gefühl, und füllt den Himmel mit ihrem Überfluß. (629.)

In Dürftigkeit und doch viele bereichernd, ohne Besitz und doch im Besitze von allem. (2. Kor. 6, 10.)

bis dieses Dasein reif und überfließend geworden ist und die Sehnsucht das Übergewicht über die Möglichkeit, noch länger zu leben, erhält:

Und die überwallende Seele auszugießen ... wie einen Opferwein in den Abgrund des Lebens.

[Die Liebe] möchte lieber in das Heilige verwandelt sein, das ihr vorschwebt. (629.)

Schon bin ich nahe daran, als Opferwein hingeschüttet zu werden. (2. Tim. 4, 6.)

Ich sehne mich danach, aufgelöst zu werden und bei Christus zu sein. (Phil. 1, 23.)

In diesem analogen Lebensraum steht nun die Erlösergestalt, die diesen Raum durch ihr Dasein erzeugt. Und das wesentlich in ihrem Opfertode. Beide laden weitgeöffneten Mittlerherzens die eigene Liebesquelle zum Trank:

In mir, ihr Quellen des Lebens, strömtet aus Tiefen der Welt ihr einst zusammen und es kamen die Dürstenden zu mir ... (355.)

Wen dürstet, der komme zu mir und trinke . . . lebendiges Wasser. (Joh. 7, 37; 4, 10.)

aber das um den Doppelpreis des eignen Durstes („gib mir zu trinken", Joh. 4, 10; „Ich habe Durst!" Joh. 19, 28) und der Ablehnung der Eingeladenen, zu trinken. So vollzieht sich je eine doppelte, innere und äußere Tragödie. Beide werden vom Volk, das sie erlösen wollen, verstoßen,

Weh! Ausgestoßen, ihr Götter? (354.)

Dann stoßt auch mich zu eurer Stadt hinaus. (357.)

Darum hat auch Jesus außerhalb des Stadttores gelitten . . . (Hebr. 13, 12.)

und das unter der Führung der Vertreter des Heiligen, der Priester, über deren Heuchelei der Fluch des Erlösers schallt (Emped., 348; Mt. 23) und von denen ihm das rasende „Hinweg mit ihm" (Emped., 394; Lk. 23, 18) zurücktönt. Gotteslästerung wird ihm vorgehalten (Emped., 392; Mt. 25, 66) und er selbst dem Volke als ein Abscheu vorgestellt. Aber auch die Jünger verstehen den Untergang und seine Notwendigkeit nicht, ja Pausanias–Petrus versucht den Erlöser vom Vorhaben abzureden. Dieser aber bittet die Jünger los (Emped., 346; Joh. 18, 8) und geht allein in den Tod. Doch dieser Gang geht in einen weit tieferen Untergang, als das Volk es ihm zu bereiten vermag, den inneren Untergang des Herzens, in dem erst die wahre Erlösung sich vollzieht. Der äußere Tod ist nur die Exekutive des Schicksals, Volk und Priester nur Werkzeug:

Bin ich durch Sterbliche doch
nicht bezwungen
Und geh in meiner Kraft furcht-
los hinab
Den selbsterkornen Pfad.
(381.)

Niemand entreißt mir [mein Leben], ich gebe es freiwillig hin. Ich habe die Macht, es hinzugeben. (Joh. 10, 18.)

Und die schwarze Ölbergsnacht, die sich jetzt senkt und bis zur vollen Gottverlassenheit sich schwärzt („und ist es Nacht hier draußen auch am Tage?" Emped., 335), vollzieht die Opferung des Herzens, die in das Morgengrauen Osterns mündet.

Aber in diesem gemeinsamen Geschick werden schon erste Differenzen klar, – dort, wo der Erlöser sein intimeres Leben preisgibt, im Umgang mit den Jüngern. Zwar lautet die entscheidende Erkennungsfrage an sie gleich:

Empedokles (heimlich):
Wofür
Erkennst du mich?
Pausanias (innig):
O Sohn des Himmels! . . .
Wie kannst du fragen.
(380, 401.)

Da sprach er zu ihnen: „Für wen haltet ihr mich?" Petrus antwortete: „Für den Heiligen Gottes." (Lk. 9, 20-21.)

Aber den weiterdrängenden Jüngern, die ins Geheimnis wollen und am Letzten teilnehmen möchten, hat Jesus eine nur aufschiebende, Empedokles eine sokratisch abweisende Antwort:

Geh Sohn! . . .Ich möchte mei-
nen Sinn
Und meine Lust nicht gerne ganz
verraten –
Für dich ists nicht; so mache dirs
nicht eigen
Und lasse mirs, ich lasse deines
dir.
. . . Du mußt es wissen: dir ge-
hör ich nicht. (364, 414.)

Noch vieles hätte ich euch zu sagen, aber ihr könnt es jetzt noch nicht tragen. Wenn aber jener, der Geist der Wahrheit, kommt, wird er euch in alle Wahrheit einführen. . . . Es kommt die Stunde, da ich nicht mehr in Bildern zu euch sprechen . . . werde. (Joh. 16, 12-13. 25.)

Und entsprechend sind die Abendmahlbereitung, der letzte Genuß von Brot und Wein und das Ausströmen des dem Opfer entgegensehenden Herzens zwar noch ähnlicher (so daß selbst Kritias sich verwundert: „Hast du der goldnen Worte noch so viel in deinem Elend übrig?"), die Verkündigung der Trennung (Emped., 351; Joh. 13, 36) klingt gleich. Aber Christi Abschiedsreden sind der dialogischste aller Monologe, ganz den Jüngern zugewandt, Empedokles' letzte Gespräche hingegen sind wachsend Selbstgespräche, ins ewige All hinausgesagt. Dem zwischen-geistigen christlichen Geschehen tritt als dionysisches das sokratisch-isolierte einerseits, das unpersönlich-verströmte anderseits gegenüber. Denn auch Empedokles ist Mensch unter Menschen und seine Individualität verzehrt sich mystisch im Opfer. Dem ewig-geisthaften „Ich bin, der Ich bin" tritt das geheimnisvolle, naturhafte Maskenspiel der Weltwesen entgegen:

> „Ich bin nicht, der ich bin, Pausanias,
> Und meines Bleibens ist auf Jahre nicht.
> Ein Schimmer nur, der bald vorüber muß,
> Im Saitenspiel ein Ton." (416.)

Das Feuer des Geistes, das Christus in die Welt zu werfen kam (Lk. 12, 49) und in dem er tauft (Lk. 3, 16), ist nicht der naturhafte Feuerabgrund, in dem Empedokles die Reinigung vollzieht. Denn das „verzehrende Feuer", das Gott ist (Hebr. 12, 29) und durch das hindurch christlicher Geist im Gericht sich läutert (1. Petr. 1, 7; 1. Kor. 3, 15), greift die Person nicht an, während das göttliche Ätnafeuer sie verzehrt und wie die „Perlen im Weine" auflöst.

Damit ist der Entscheidungspunkt des Empedoklesproblems erreicht. Empedokles ist Mensch, darum „sokratisch" und als Person vergänglich, darum auch wesenhaft schuldig. Denn Mensch-sein und Schuldig-sein ist metaphysisch untrennbar, sobald Bewußtsein zum Schicksal der Vereinzelung erwacht ist: „Alles Tun des Menschen hat am Ende seine Strafe, und nur die Götter und die Kinder trifft die Nemesis nicht."[1] Ja, im Erlöser wird die Schuld sogar erst eigentlich voll, da er der zentrale Punkt der schöpferischen Negation, des Prometheusschicksals wird. Er steht darum hier eigentlich nicht mit Christus in Parallele, sondern mit der alttestamentlichen Vorstufe zu ihm, der Tragik des Gesetzes (daß es, das „heilige, gerechte und gute", notwendig zum Ausdruck der Sünde wird [Röm. 7], ja zur dämonischen Möglichkeit, „Böses zu tun, damit Gutes daraus

[1] 565-566.

entspringe“ [Röm. 3, 8]. Diese Schellingsche Dämonie kehrt hier notwendig wieder, da sie mit dem Prinzip der mystischen Potenz gegeben ist: Sünde als Basis der Erlösung.

Die Schuld des Prometheus–Empedokles ist nun scheinbar in Hölderlins Dichtung keineswegs eindeutig. Sie wechselt nicht nur von einer Bearbeitung zur anderen, sondern sogar innerhalb derselben mehrfach. Sechs oder sieben verschiedene Aspekte lassen sich unterscheiden. Zunächst der von den Priestern besonders vorgehaltene, aber von Empedokles selber zugestandene: Stolz, Hybris, der den hohen Augenblick sich zueignet:

Hermokrates: „Weil er des Unterschieds zu sehr vergaß
Im übergroßen Glück, und sich allein
Nur fühlte, so erging es ihm, er ist
Mit grenzenloser Öde nun gestraft.“ (332-333.)

Empedokles: „Du hast
Es selbst verschuldet, armer Tantalus!
Das Heiligtum hast du geschändet, hast
Mit frechem Stolz den schönen Bund entzweit.“
(336.)

Der schuldige Stolz verrät sich aber als eigentlicher Stolz des schöpferischen Prometheus, dessen Tat sich nur als Preisgabe eines Geheimnisses verwirklichen kann:

„Sie dankens ihm,
Daß er vom Himmel raubt
Die Lebensflamm und sie
Verrät den Sterblichen.“[1]

Dann aber wäre das prometheische „Gestalten“ des nur ganymedisch „Geschauten“, das Reden vom Wunder, das Offenbaren die eigentliche Schuld.

„Hinweg mit ihm, der seine Seele bloß
Und ihre Götter gibt, verwegen
Unauszusprechendes aussprechen will . . .
Entwürdigen das keuschverschwiegne Leben,
Ans Tageslicht das Gold der Tiefe ziehn.“[2]

---

[1] 390.
[2] 394.

Indem jedoch die Schuld sich als prometheische „Ausnützung“ des ganymedischen Erlebnisses von „der Götter Gunst“ kennzeichnet, liegt ihr Kern schon in der feinen Zwiespältigkeit des Augenblickes selber, in welchem der Geist nicht ganz bewußtloses Sichverströmen war, sondern irgendwie in der Distanzhaltung egoistischen, beobachtenden Gegenüberseins blieb.

„Als die Genien der Welt
Voll Liebe sich in dir vergaßen, dachtest du
An dich und wähntest, karger Tor, an dich
Durch Güte sie verkauft, daß dir
Die Himmlischen, wie blöde Knechte, dienten.“[1]

Im Festhalten des Göttlichen lag der Mißbrauch. Aber zuletzt ist aller Geist, sofern er Bewußtsein sagt, ein Haltender und ebendadurch der eine Pol einer ursprünglichsten Entzweiung. In seinem Halten ist Geist schöpferisch und so *über* der Natur, der er sich geöffnet hingeben sollte. Das Göttliche im Geist, als Prinzip des Fürsichseins, wird zum tieferen Quellpunkt der Schuld. Mit tiefster, bitterster Ironie spricht Empedokles von der Tragik des Gottseins des Geistes.

„Alles weiß ich, alles kann ich meistern;
Wie meiner Hände Werk, erkenn ich es
Durchaus und lenke, wie ich will,
Ein Herr der Geister, das Lebendige.
Mein ist die Welt und untertan und dienstbar
Sind alle Kräfte mir –
zur Magd ist mir
Die herrnbedürftige Natur geworden,
Und hat sie Ehre noch, so ists von mir.
Was wäre denn der Himmel und das Meer
Und Inseln und Gestirn', und was vor Augen
Den Menschen alles liegt, was wär es auch,
Dies tote Saitenspiel, gäb ich ihm Ton
Und Sprach und Seele nicht? Was sind
Die Götter und ihr Geist, wenn ich sie nicht
Verkündige. Nun! Sage wer bin ich?“[2]

Hier wird nicht das Isoliertsein als Pol des Gestimmheitsrhyth-

[1] 336.
[2] 402-403.

mus zu Schuld und Strafe, sondern das Ganze (sonnenhaftes Strahlen des Geistes und die Entsonnung des Gegenüber *in* diesem Strahlen) zum Fluch. Hier ist Feuerbach schon ganz nahe und bricht das Negative des Prometheus unverhüllt hervor, das in der kindlichen Spiel- und Zauberfreude bei Novalis verdeckt blieb. Am verwandtesten aber klingt, über Abgründe, schon Nietzsches Nachtlied herüber: „O Einsamkeit aller Schaffenden, o Schweigsamkeit aller Leuchtenden . . . Nacht ist es, ach, daß ich Licht sein muß . . ." Damit hat die metaphysische Sublimierung des Schuldmotivs ihre Höhe erreicht und geht von hier in unmittelbare Unschuld über: die Fülle der schuldigen Vereinzelung des Genius-Geistes ist unvermittelt eins mit Vereinzelung und Aussonderung des „Opfers". Die Doppelbedeutung von „sanctus" als „durch Opferweihe gesondert" und „heilig" bezeichnet diesen Übergang. Opfer zunächst zur Ehrung der Allnatur, in deren Abgrund das Kostbarste hinab soll:

„Dir zum Dank
Und daß er zeuge von dir, du Todesloses!
Wirft lächelnd seine Perlen ins Meer,
Aus dem sie kamen, der Kühne."[1]

Opfer näherhin, völlig hellenisch, und doch an Gedanken christlicher Mystik anklingend, als Zoll des schönen Augenblicks an den Neid der Götter, der tiefer doch nur deren Gunst ist. Das Überreife des Kairos wird seine unschuldige Schuld, als „sündige Schönheit" verfällt er dem höheren Gesetz, der Sichel der Ewigkeit. Empedokles hatte um die Gunst dieses Augenblicks gebeten, der in sich den Tod trägt, um nicht der „Beleidigung" der nachfolgenden Öde zu verfallen.[2] So ist es fast schon schützender Tod, um *nicht* schuldig zu werden:

„O laßt sie dann zerbrechen das Gefäß,
Damit es nicht zu anderm Brauche dien' . . .
Es muß
Beizeiten weg, durch wen der Gott geredet.

So gehest du festlich hinab,
Du, das Gestirn, und trunken
Von deinem Lichte glänzen die Täler?"[3]

[1] 388.
[2] 374.
[3] 377, 387.

Empedokles, „der sterben muß, weil er zu schön gelebt, weil ihn zu sehr die Götter alle liebten",[1] geht in solchem Tode nur einem höheren Leben entgegen, der mit der Auflösung des isolierenden Sonne-Geistes die höhere Bewahrung des schönen Augenblicks ist, seine vollkommene Verewigung.

Damit ist der große Bogen der Schuldmotive beschrieben, scheinbar eine Hyperbel, deren Seiten auseinanderfliehen. Und doch ergibt sich bei höher gewähltem Standpunkt, daß diese Motive sozusagen einen Dreiviertelkreis um ein geheimnisvolles Zentrum bilden. Der Beweis liegt darin, daß vom extrem Ganymedischen der Opferhingabe zum extrem Prometheischen des Stolzes das letzte Viertel sich restlos schließt. Denn einmal ist gerade restloses Sichhingeben schon im Hyperion mit einem Moment metaphysischer Schuldtragik verwoben, da dieser sich der schönen Natur „fast zu endlos" hingab. Auch Empedokles' Hingabe ist dieser Art:

Pausanias: „So innig liebt'
Und sah kein anderer die ewge Welt
Und ihre Genien und Kräfte nie,
Wie du."[2]

Diese Hingabe ist die unbändige Sehnsucht aus den Schranken der Endlichkeit hinaus, in unmittelbare Ewigkeit hinein: Empedokles ist „ein Todfeind aller einseitigen Existenz und deswegen auch in wirklich schönen Verhältnissen unbefriedigt, unstät, leidend, bloß weil sie besondere Verhältnisse sind . . . bloß weil er nicht mit allgegenwärtigem Herzen innig, wie ein Gott, und frei und ausgebreitet, wie ein Gott, in ihnen leben und lieben kann, bloß weil er, sobald sein Herz und sein Gedanke das Vorhandene umfaßt, ans Gesetz der Sukzession gebunden ist".[3] Seine Hingabe hat den Stachel des Aufruhrs gegen die Zeitlichkeit des Daseins und die Bindung eines unendlichen Liebesvermögens an Vor-handenes und Zu-handenes, die Zeitlichkeit mitbesagt. Sein Über-hinaus der Sehnsucht ist zugleich titanisches Über-hinaus, das alles Endliche wie Spielzeug zerbrechen möchte:

„Und wollt ich hier noch länger weilen, wär's,
Wie wenn ein Jüngling unbeholfen sich
Am Spiele seiner Kinderjahre letzte".[4]

[1] 386.
[2] 341.
[3] Plan zum Empedokles (1797) 323.
[4] 375.

So gewinnt denn sein Untergang durch alles Ganymedische hindurch nochmals den extrem-prometheischen Charakter einer Zurückerzwingung jenes Augenblicks, wo der Rausch (als „reiner Akt") noch die Sehnsucht in ihm (als „mystische Potenz") überklang und so für einen unendlich vergänglichen Moment ruhende Befriedigung gewährte:

„Einmal noch! noch einmal
Soll mir's lebendig werden und ich will's!
Fluch oder Segen!"[1]

Damit ründet sich der Kreis, und es bleibt nur noch übrig, sein Auseinander aus dem einen Mittelpunktsgesetz zu begreifen. Er ist in der Tat nur die existentielle Auslebung des Prometheuspunktes; und zwar fließt die Dynamik des Motivwechsels unmittelbar aus dessen wesenhafter Zweideutigkeit von schöpferischer Negation, deren Mittelstellung hier zur kosmischen Mittlerstellung erhöht ist. Dieser Mittler ist ein solcher nur dadurch, daß er nach oben, den Göttern zu, *ganz* Hingabe, nach unten, der Welt zu, *ganz* Werk ist. An dem Je-Ganz der beiden Haltungen hängt das Einzigartige, das die Stellung erst zur Schlüsselstellung macht und das Eigentümliche der mystischen Potentialität offenbart. Dann aber *muß* diese Stellung in doppelter Weise innerlich Schuld sein: sofern das Ganz der Hingabe ans heilige All durch das prometheisch-schöpferische Distanzhalten „beleidigt" wird, sofern das Ganz des Werkes auf einem Feuerdiebstahl, also auf einer uneingestandenen Passivität wie auf einem Mißbrauch des Heiligen beruht. So ist Empedokles, indem er beides *ganz* sein muß, Gott und Mensch, der Himmel und Erde verknüpfende „Gottmensch", Logos:

„Das Unbekannte nennet mein *Wort*
Und die Liebe der Lebenden trag
Ich auf und nieder; was *einem* gebricht,
Ich bring es vom andern, und binde
Beseelend, und wandle
Verjüngend die zögernde Welt."[2]

Die reine Hingabe war „zu endlos", darum ist ihre Rächung die Nacht des Herzens als Entsonnung. Es ist der vorwiegend innerliche Aspekt von Schuld und Tragödie, wie er sich in Christi

---

[1] 389.
[2] 393.

Ölbergsleiden spiegelt, über das die Feinde keine Gewalt haben. Es gibt also im Gesetz des Menschseins etwas, das sich solcher alle Dämme niederbrechenden Verströmung entgegensetzt, ein Grund von ehrfürchtiger Distanz wie von schöpferischer Eigenständigkeit, der zur „schuldlosen" Integrität der Natur gehört. Ist also die reine Hingabe schon verborgene Schuld, so bricht diese offen aus, wo der Mensch zugleich *reine* Hingabe sein will und doch geheime Distanz wahrt, um diese Hingabe für sich zu „genießen", wie für ein soziales „Erlösungs"-Werk zu verzwecken. Das Feuer-vom-Himmel-Bringen wird zum doppelzüngigen Spiel dessen, der aus Berechnung anbetet, aus Gewinnsucht opfert.

Umgekehrt war auch das reine „Offenbaren" „zu endlos", darum ist seine Rächung die Verstoßung aus der Stadt und die Verfolgung der Priester, die bei Christus wie bei Empedokles die gleichen Beweisstücke vortragen:

> „Was dünket euch? der Sinn ist ihm verfinstert,
> Weil er zum Gott sich selbst vor euch gemacht."[1]

Denn das *„reine* Offenbaren" darf Christus nur als ewiger Gottessohn, darf Empedokles nur als „mystischer Akt" wagen, also kraft wahrer Göttlichkeit. Aber für den letzten ist diese reine Akthaftigkeit wiederum immanente Schuld, weil sie auf der Basis einer Potentialität der Hingabe ruht, dem offenbaren Grund im Gesetz des Menschseins, der ungerächt nicht verschwiegen oder stillgelegt werden darf. Darum bricht die immanente Schuld offen aus, wo der Mensch zugleich *reines* Werk sein will und doch die geheime Passivität wahrt, die diesem Werk die göttlichen Kräfte liefert wie die Saugwurzeln dem Baume. Wiederum ist das Göttliche „beleidigt", indem es verzweckt ist. Hier rächt sich die Natur am reinen, gesetzgebenden Geist durch die Isolierung in ungewollter Distanz. Die List des Prometheus wird zum Netz, in dem er sich verstrickt, sein Schöpferfeuer wird sein Höllenfeuer, das seine Eingeweide als fressender Geier durchwühlt: Prometheus der Dulder.

Empedokles ist in dieser Verschlingung der metaphysisch-tragischen Motive die vollständigste Darstellung des existentiellen Idealismus. Er weist mit fast mathematischer Konsequenz den Sinn dieser Tragik auf, die darin liegt, daß das unrückführbare Doppelgesetz des Menschen, das in der Sphäre „gewöhnlicher" Potentialität (in der es christliche Weltanschauung beläßt) sich in einer stets

[1] 343.

polaren, fließenden Dynamik darlebt, also als „unreiner Akt“ und „unreine Potenz“, hier zum absoluten Weltgesetz erhoben wird, zur Wiederspruchseinheit eines „reinen Aktes“ und „reiner Potentialität“ in mystischer Einheit. In dieser Absolutsetzung wird das Gesetz des Menschenherzens zum restlos und ausweglos tragischen, ja schuldhaften.

Diese „Schuld“ ist aber dann nochmals vieldeutig. Sie besagt erstens die Schuld der Verabsolutierung des wesenhaft Relativen (entweder prometheisch oder ganymedisch) und so Hybris, Sünde. Aber indem Empedokles in diese „ontologische“ Situation *gestellt* ist, besagt sie zweitens unwillkürliche, unvermeidbare Tragik des Daseins, und so, indem diese einfach existierend ausgehalten wird, selbst schon Sühne der Schuld. Sofern aber endlich die Schuld hier wurzelhaft aus der Struktur des Menschseins und seiner Unreinheit zwischen Hingabe und Schöpfung entspringt, liegt in ihr ein tiefstes Schuldsein als Sichschulden, ein Gesetz der „echt menschlichen Liebe“ also, die, im Gegensatz zur reinen Gottesliebe (die sich niemand schuldig ist), innerlich auf dem Strukturgesetz der Dürftigkeit, des Ausstands und der Schenkungs- und Empfangens-Not aufgebaut ist, und so auf dem dynamischen Über-sich-hinaus. Indem dieser dritte Aspekt des Schuldens („bleibt niemand etwas schuldig, es sei denn die gegenseitige Liebe“, Röm. 13, 8) hinaufgehoben wird in die Weltmitte (im ersten und zweiten Aspekt), entsteht der eigentümliche Knoten der Liebestragödie des Idealismus, der erst den letzten Grund seiner Gestimmtheit aufhebt. Die christliche Trauer über die Unreinheit alles Menschlichen wird immer wieder aufgehoben und weggeschwemmt von dem Über-sich-hinaus *alles* Weltlichtragischen zum reinen Akt Gottes. Die idealistische Trauer aber wird *in sich selbst* aufgehoben und so *als Trauer* verklärt. Das Moment der Schwermut, die als letztes dem Christlichen fremd ist, ist das unterscheidende romantisierende Element der dionysischen Verklärung. So ist es noch einmal bezeichnend, daß Christi Weg von höllischer Gottverlassenheit am Kreuze zu höchstem Osterjubel ein *Weg* ist, wenn auch nur ein Schritt, ein Fall durch die Höllentiefe hindurch in den Vaterschoß. Darin ist er zeitliche Dynamik und kreatürliches Schreiten, und ein Von-sich-weg und Über-sich-hinaus der Trauer in die Freude. Für Empedokles aber muß zuletzt Ölberg und Ostermorgen ineins fallen. Denn in ihm ist das fließende Gesetz zum ewig gegenwärtigen Miteinander geworden, Schwermut selbst innerlich verklärt:

„Was? Am Tod entzündet mir
Das Leben sich zuletzt, und reichest du
Den Schreckensbecher mir, den gärenden,
Natur! damit dein Priester noch aus ihm
Die letzte der Begeisterungen trinke!“[1]

All das zeigt, daß Hölderlin, tiefer als Novalis, dionysische Apokalypse ist, die Formel „Christus und Sophie“ hier so auseinanderbricht, daß der Bindeversuch des späten Hölderlin, Christus als letzte der Götterepiphanien zu deuten, künstlich und notdürftig erscheint. Denn Hölderlins Apokalypse ist die der *menschlichen* Seele, in der der göttliche Grund sich enthüllt, und so auch letztlich die der *einzelnen* Seele. Christus konnte als gnadenhaft absteigende Person Gottes so über der Einzelseele stehen, daß er zu einem sozialen Gemeinschaftsprinzip wurde. Empedokles ist auch als Mittler nur sokratischer Hinweis für jeden Einzelnen, ein Einsamer, der die Schönheitsoffenbarung exemplarisch vorlebt, aber niemand auf sie verpflichten kann. Nur vom Identitätspunkt des Seelenfünkleins aus, zu dem aber jeder Mensch gleich unmittelbar ist, hat er ontologischen Zugang zur Gemeinschaft. Nicht er, sondern das anonyme göttliche All-Leben wird zum Organisationsprinzip des mystischen Leibes. Wie Diotima sich erst in das All auflösen mußte und so sich in etwa entpersönlichen, so muß auch Empedokles sein Ich dahingeben, um die Menschheit erlösend zu zentrieren. Weil der metaphysische und ethische Egoismus durch die Verabsolutierung des Menschen zum Weltgesetz eins geworden sind, kann der letzte nur mit dem ersten zugleich überwunden werden. Das Einmalige der Synthesis Christi, der Person und All zugleich sein kann, weil er absteigend Mensch wird, zerbricht in der Synthesis des Empedokles, der das Menschengesetz aufsteigernd vergöttlicht.

Aber immer wieder holt Empedokles die Möglichkeit Christi durch die tragische Aufhebung in der mystischen Potenz ein. Die „Gleichzeitigkeit“ des Persönlichen (das im verzehrenden Feuer verbrennt) und des Anonymen (in das es verbrennt) ist unrückführbar und so das tragische Seitenstück zum Christlichen. Das Letzte wird also Ähnlichkeit und Unterscheidung im Äußersten, was das Menschenherz leisten kann, im Liebestod, sein müssen. Novalis, Empedokles, Tristan, Zarathustra (dessen Liebestod Fragmente Nietzsches bezeugen) sind die Helden des dionysischen Liebestodes. Bei allen ist es

[1] 382.

das große Zugleich von Liebe und Tod als letzte Realität. Im Versinken ins Bodenlose geschieht die letzte Himmelfahrt der Seele, und das mystische Auseinander beider Bewegungen ist auch die mystische Hochzeit von Himmel und Abgrund. Die Struktur des christlichen Liebestodes muß eine andere sein, sosehr auch er den Untergang des Herzens und seinen vollkommenen Brand (holocaustum) zur Bedingung aller Gottesliebe macht, sosehr er schließlich auch das mystische Ineins dieser Verzehrung und der himmlischen Liebesflamme kennt, das eine Mystikerin damit beschreibt, daß in Christus „zugleich unendlicher Schmerz und unendlicher Friede und Freude herrschen, denn trotz des Übermaßes an Leiden hört er nicht auf, der seligen Gottschau zu genießen".[1] Aber dieses mystische Ineins zeichnet doch nur den Zustand des irdischen Christus und der ihm hier folgenden Seele. Dieser „Zustand", als höchste Spannung zwischen Himmel und Hölle, ist aber nur die „An-spannung" einer totalen und absoluten Transzendenz, die Franz von Sales mit der Spannung der Bogensehne vergleicht: Vom Liebestod eines Jünglings sprechend, sagt er: „Dann begann er alle Kräfte seiner Liebesneigungen in sich zurückzusammeln, wie der Schütze die Sehne seines Bogens zurückzieht, wenn er seinen Pfeil absenden will . . ., und damit schleuderte er seine Seele zum Himmel, wie ein heiliges Geschoß, als göttlicher Schütze ins Schwarze des geliebten Gegenstandes treffend."[2]

So wird schließlich auch Ähnlichkeit und Unterscheidung im Eschatologischen deutlich. Die Apokalypse, in die das Neue Testament mündet, ist ein einziges „Hindurch" der Seele durch alle Gottesgerichte, mit dem Sehnsuchtsruf des Maran Atha. Die Apokalypse, in der der letzte Entwurf zum „Empedokles" und die letzten großen Hymnen Hölderlins enden, sind wohl ein Aug-in-Aug zum greisen Johannes („Patmos"), aber darin tiefer von ihm unterschieden als Stehenbleiben in der mystischen Einheit von Zorn und Gnade. Alle Prometheusmotive sammeln sich symphonisch in einen Punkt, der, ins Gigantische gesteigert, die ewige Apokalypse der Seele wird. Der ägyptische Weise Manes erscheint neben Empedokles auf dem Ätna, die Einmaligkeit seiner messianischen Tat verkündend. Sie ist die Vermittlung der feindlich entzweiten Urmächte von Himmel und Erde durch die Mitte des liebend sich opfernden

[1] Marie-Antoinette de Geuser: Lettres (Avignon 1930), S. 190.
[2] St. François de Sales: Oeuvres complètes (Annecy 1894), V, 47-48.

Herzens. Empedokles ist der von Geburt erkorene Mittler, im Symbol des Dionysos:

„Ein Größrer ist's, denn ich! Denn wie die Rebe
Von Erd und Himmel zeugt, wenn sie, getränkt
Von hoher Sonn, aus dunklem Boden steigt,
So wächst er auf, aus Licht und Nacht geboren."[1]

Diese sich kristallisierende Weltmitte hat um sich das Weltgären der Apokalypse, den „Jüngsten Tag", ängstlichen Aufruhr der unteren Mächte:

„Es gärt um ihn die Welt, was irgend nur
Beweglich und verderbend ist im Busen
Der Sterblichen, ist aufgeregt von Grund aus;
Der Herr der Zeit, um seine Herrschaft bang,
Thront finster blickend über der Empörung,
Sein Tag erlischt, und seine Blitze rauchen."

Aber in diesem Chaos formt sich aus der Mitte des erlösenden Herzens alles finster Gestaltlose zur neuen, verklärten Welt um:

„Doch was von oben flammt, entzündet nur
Und was von unten strebt, die wilde Zwietracht.
Der Eine doch, der neue Retter faßt
Des Himmels Strahlen ruhig auf, und liebend
Nimmt er, was sterblich ist, an seinen Busen
Und milde wird in ihm der Streit der Welt,
Die Menschen und die Götter söhnt er aus."

Nun sammeln sich enger die Prometheusaspekte unschuldiger Schuld in einen Knoten. Das Zusammentreffen der streitenden Weltkräfte (als der ἔρις des griechischen Empedokles) in die versöhnende Gestalt des „Sohnes" wird zum sühnenden Zerbrechen dieser kaum gelungenen Mitte, als Opfer, Sühne und Strafe der erlösenden Hybris.

„Und daß, wenn er erschienen ist, der Sohn
Nicht größer, denn die Eltern sei, und nicht
Der heilge Lebensgeist gefesselt bleibe,
Vergessen über ihm, dem Einzigen:
So lenkt er aus, der Abgott seiner Zeit,
Zerbricht, er selbst, damit durch reine Hand

[1] 419.

Dem Reinen das Notwendige geschehe,
Sein eigen Glück, das ihm zu glücklich ist,
Und gibt, was er besaß, dem Element,
Das ihn verherrlichte, geläutert wieder."[1]

Daß dieses Zerbrechen, das hier vorwiegend in prometheischer Herrlichkeit erscheint, zugleich Gericht, ja Kern des Weltgerichts ist, zeigt in der identischen Situation die Hymne „Der Rhein". Auch hier muß der Mensch „teilnehmend fühlen für die Götter", die aus sich fühllos sind, und so die Natur zum Geist erlösen,

„jedoch ihr Gericht
Ist, daß sein eigenes Haus
Zerbreche der und das Liebste
Wie den Feind schelt und sich Vater und Kind
Begrabe unter den Trümmern".[2]

Aber in diesem messianischen Weltende vollzieht sich die bräutliche Wiedervereinigung von Erde und Himmel, Eros und Freya, Natur und Geist, Sein und Idee; das untere Feuer des Ätna bricht gewaltig aus, in den Äther empor, und verzehrt das Opfer, in das auch der Himmel seinen Blitz herabsendet:

„Wenn jetzt, zu einsam sich
Das Herz der Erde klagt, und eingedenk
Der alten Einigkeit die dunkle Mutter
Zum Äther aus die Flammenarme breitet,
Und jetzt der Herrscher kömmt in seinem Strahl,
Dann . . . wartet mein
Die längst bereitete, die neue Stunde.
. . . O Ende meiner Zeit!"[3]

Manes erkennt staunend das messianische Geheimnis, „sagt, er sei von den Berufenen, der töte und belebe, in dem und durch den eine Welt sich in sich auflöse und erneue".[4] In dieser selben Gestimmtheit der „Messiaswehen" verharrt nun Hölderlin bis ans

[1] 419-420.
[2] 215.
[3] 422, 421.
[4] Plan zum 5. Akt, 424.

Ende. Die letzten Hymnen werden so das Erhabenste deutscher prophetisch-apokalyptischer Dichtung. Denn Hölderlin lebt existentiell seine Sendung zu Ende, das unaussprechliche Geheimnis sagen zu müssen, Mund der Welttiefe zu sein. Für den alttestamentlichen Propheten schon das Unerträgliche, für Hölderlin gesteigert durch die Prometheustragik, dem ideellen Göttlichen in seinen Wehen zur personhaften Gestalt verhelfen zu müssen. „Damit wälzt der Dichter nicht bloß Heroen-, sondern Titanenlast – er will in sich den dunkeln Vorgang wiederholen, wo die Sprache, wo mit der Sprache erst die Dinge geboren wurden."[1] Was Schelling schaut, Hölderlin gebiert's. Aber weil das Messianische immer drängender wird,

„Denn die da kommen sollen, drängen uns,
Und länger säumt von Göttermenschen
Die heilige Schar nicht mehr im blauen Himmel".[2]

darum rührt die Prophetennot Hölderlins immer mehr an die eines Jeremias („A, a, a, Herr, mein Gott, siehe, ich verstehe ja nicht zu reden, denn ich bin noch jung", Jer. 1, 6), als die Sendung in äußerste Ohnmacht des Mundes, aus dem die äußerste Macht reden soll, in das Schicksal von Angst und Flucht vor dem doch unerbittlich sich vollziehenden Auftrag:

„Ach! wie ein Knabe seh ich zu Boden oft,
Such in der Höhle Rettung vor dir, und möcht,
Ich Blöder, eine Stelle finden,
Alleserschütterer! wo du nicht wärest."[3]

Darum vollzieht sich an Hölderlin auch das Gesetz der prophetischen Rede, in der wachsend eine Kluft zwischen dem vordrängenden Geheimnis und dem Leib der Sprache aufklafft, dem armen, alltäglichen Werkzeug, das es nicht schafft. So daß der steigenden Aufhüllung der Apo-kalypse das steigend Apo-kryphe der Rede entspricht, so sehr, daß beides in genauem Verhältnis fortschreitet. Wo das Wunder schier sichtbar hervortritt, vertröpfelt die stammelnde Rede ganz in verhüllendes Schweigen. Aber dem für den

[1] Kommerell: Der Dichter als Führer (Bondi 1928), S. 448.
[2] Germanien 221.
[3] 93.

dionysischen Propheten doppelt schweren Auftrag, den Gottesabgrund auszusprechen und so ihn sich selber erst zu enträtseln, also ursprünglichster Logos-Sohn zu sein, entspricht die verschärfte Tragik: Was im existentiellen Gebären hier gestaltet wird, ist *Verwirklichung* dessen, was Schelling *erschaute*: alogischer Wahnsinn und sein höllisches Feuer als Basis des Logos-Sinnes. Dahinein verstummt Hölderlins Theophanie. Hier beginnt in lebendigem Ernst der schweigende Gesang des dionysischen Weltgedichts, das bei Novalis noch Spiel war, zerbricht das Je-Ganz des Prometheischen und Ganymedischen, als der „Zustand" in der Weltmitte, der den *ganzen* Gesang allein hätte vollbringen können, in die Ruine der Ohnmacht. Dieses Weltgericht über die prometheische Seele ist selbst von der höchsten Zweideutigkeit, die genau der Zweideutigkeit ihrer Schuld entspricht. Denn sofern ihre „Schuld" nichts ist als die vor Gott getragene, ewige Potentialität der Liebe und ihres ewigen Schuldigbleibens, kann dieser Untergang die Gnade des inneren Aufgangs sein. So wie in Hölderlins Spätgedicht der blinde Sänger, der die äußere, vergötterte Welt nicht mehr schaut, den Sturm-Aufbruch eines inneren Seelenlichtes erfährt:

„Tag! Tag! Du über stürzenden Wolken! sei
Willkommen mir! es blühet mein Auge dir.
  O Jugendlicht! o Glück! das alte
  Wieder! doch geistiger rinnst du nieder,

Du goldner Quell aus heiligem Kelch."[1]

Aus der Tiefe, in die der Dichter unzugänglich versinkt, ringen sich jene unsäglich rührenden Wahnsinnsgedichte empor, die zumeist von einer entspannten, ganz kindlich-staunend gewordenen Weltschau zeugen, die nur noch tastend den Umrissen der schönen Dinge nachfahren und doch, wie die Blinden, darin ein innerliches Wesen durchscheinender fühlen als die anderen, welche sie im lärmenden, oberflächlichen Lichte sehen. Die letzte Strophe der sehnsüchtigen „Abendphantasie", mit dem einsam-grauen Verstummen nach dem Löschen des Abendrots, ist dann wie der Inbegriff dieser schicksalhaften Durchklärung alles Leids:

---

[1] 136.

„Komm du nun, sanfter Schlummer! zu viel begehrt
Das Herz; doch endlich, Jugend! verglühst du ja,
Du ruhelose, träumerische!
Friedlich und heiter ist dann das Alter.“[1]

Aber diese Gnade ist doch Wahnsinn und so Gericht. Ein Gericht, in das Hölderlin–Empedokles sich selber versetzte, als er sich zwischen das untere Ätnafeuer und Zeus' Blitze nackten Herzens stellte, das dem Je-Ganz der mystischen Potentialität immanente Gericht, als der „Widerspruch“ in der Widerspruchseinheit, in die volle Existentialität gehoben. Der Wirbel, in den Heinrich Mathilde hineingerissen schaute, hat den Dichter selber ergriffen.

Hölderlin hat, wie alle Propheten, im Schicksal der inneren Apokalypse gelernt, hellhörig für die Apokalypse seiner Zeit zu sein und in seinem Alltag die anbrechenden Gerichte und Verklärungen zu schauen.

„Denn voll Erwartung liegt
Das Land und, als in heißen Tagen
Herabgesenkt, umschattet heut,
Ihr Sehnenden! uns ahnungsvoll ein Himmel.
Voll ist er von Verheißungen . . .“[2]

Aber der gewitterhaft sich umwölkende Himmel, aus dem Regen der Gnade wie Zornblitze fahren können, ist selber wieder Sinnbild der prophetisch erlebten Zweideutigkeit der Zeit – aller Zeit. Nur daß die jetzige über Deutschland apokalyptischer als andere dämmert und die Weltwende sich über *diesem* Lande ankündigt. An Germanien ist Kür zur Herrschaft des neuen Äons ergangen, hier soll aus langer Weltnacht ein eschatologisches Licht aufgehn. In der gesteigerten Spannung der lastenden Wolke zeigt sich andrängende Offenbarung:

„Wo aber überflüssiger, denn lautere Quellen,
Das Gold und ernst geworden ist der Zorn an dem Himmel,
Muß zwischen Tag und Nacht
Einstmals ein Wahres erscheinen.“[3]

---

[1] 95.
[2] 221.
[3] 223.

In „Patmos" wird der Dichter seiner apokalyptischen Sendung vollends inne. Die Situation der Zeit gleicht der des Johannes: Warten des längst verlaßnen Liebenden in der Weltnacht, Hüten des Erbes des Wortes und sehende Vorschau des Tags. So sind sich beide Dichter „nah auf getrenntesten Bergen". Es

„Verlangte mich sehr,
Dort einzukehren und dort
Der dunklen Grotte zu nahn".[1]

Johannes hatte ja in seiner Allhingabe an der Brust des Meisters „das Antlitz des Gottes genau" gesehen und so kann er das Feuer „in liebender Nacht" hüten „und bewahren in einfältigen Augen, unverwandt, Abgründe der Weisheit". Denn da Christus schied, wollten die Männer von Seinem Angesichte nicht lassen,

„Eingetrieben war,
Wie Feuer im Eisen, das, und ihnen ging
Zur Seite der Schatte des Lieben.
Drum sandt er ihnen
Den Geist, und freilich bebte
Das Haus und die Wetter Gottes rollten
Ferndonnernd über
Die ahnenden Häupter, da, schwersinnend
Versammelt waren die Todeshelden."[2]

Denn nun folgt die lange Weltnacht, für die die Herabkunft des Geistes mit den prophetischen, im Dunkeln sehenden Augen ausrüstete. Nun „erlosch der Sonne Tag", und „furchtbar ist's, wie da und dort unendlich hin zerstreuet das Lebende Gott". Es stirbt das Schöne, den Tempel nimmt es hinweg und Gott wendet sein Angesicht von der entgötterten Welt: „was ist dies?" „Es ist der Wurf des Sämanns", die schon begonnene letzte Scheidung von Weizen und Spreu, das anhebende Gericht des reichen Gottes, dem es kein Übel ist, „wenn einiges verloren gehet". Hiemit setzt für Hölderlin die mystische Nähe seiner Sendung zu der des Johannes ein, ja ihre heimliche Einheit. Auch er war unter den „Todeshelden", auch er hat auf dem feurigen Abgrund der Seele das Bild des geliebten Gottes bewahrt:

[1] 231.
[2] 232.

„Zwar Eisen träget der Schacht,
Und glühende Harze der Ätna,
So hätt ich Reichtum,
Ein Bild zu bilden und ähnlich
Zu schaun, wie er gewesen, den Christ."

Und dunkel redet der schon Umnachtete von den inneren Visionen, die er im Geiste und seiner Feuertaufe schaute, er, auch Apostel und Evangelist, der die Gabe der göttlichen Rede empfing. „Wenn aber einer [ein Gott] spornte sich selbst, und traurig redend, unterwegs, da ich wehrlos wäre, mich überfiele [d. h. und mich überfiele, da ich, traurig redend, unterwegs, wehrlos wäre], daß ich staunt und von dem Gotte das Bild nachahmen möcht, [ich], ein Knecht –": da innehaltend erinnert er sich einer solchen Schau:

„Im Zorne sichtbar sah ich einmal
Des Himmels Herrn . . ."

In all seiner Dichtung aber, so scheint ihm nun, war letztlich von dem innerlich-geheim bewahrten Bilde des Gottessohns die Rede:

„Wenn nämlich höher gehet himmlischer
Triumphgesang, wird genennet, die Sonne gleich,
Von Starken der frohlockende Sohn des Höchsten,
Ein Losungszeichen."

Es ist auch sein Gesang, so scheint ihm, heilige Schrift gewesen und darum nicht nur Sehnsuchtsruf aus der Zeit, sondern reine Offenbarung in die unreine hinab, die Toten, die noch hören können, aus der Weltnacht apokalyptisch erweckend und, wie Johannes, sie wachhaltend dem bald aufziehenden Lichte entgegen:

„Und hier ist der Stab
Des Gesanges niederwinkend,
Denn nichts ist gemein. Die Toten wecket
Er auf, die noch gefangen nicht
Vom Rohen sind. Es warten aber
Der scheuen Augen viele
Zu schauen das Licht."

Denen, die den scharfen Strahl des Lichts noch nicht ertragen, wird die „stilleuchtende Kraft aus heiliger Schrift“ zur Einübung. Hölderlin aber weiß sich unter den Gottgeliebten, die solche Schrift der Wartezeit verfassen dürfen. Und sein Blick heftet sich ganz auf den Sohn des ewigen Vaters, unter dessen Herrschaft der ganze Äon steht, und dessen Blitzeinbruch aus der Ewigkeit in die Geschichte fortwirkt bis heute:

„Denn noch lebt Christus.
Es sind aber die Helden, seine Söhne,
Gekommen all und heilige Schriften
Von ihm, und den Blitz erklären
Die Taten der Erde bis jetzt,
Ein Wettlauf unaufhaltsam. Er ist aber dabei. Denn
seine Werke sind
Ihm alle bewußt von jeher.“

So mündet die geheimnisvolle Ode in die Erwählung deutschen Gesangs zur lebendigen Fortsetzung der heiligen Bücher, wie in „Germanien“ deutsches Reich als das tausendjährige erwartet wird. Freilich: Diese Rückkehr von Dionysos zu „Herakles' Bruder“ Christus, von der noch andre, wie unwillkürlich ausbrechende Hymnenworte zeugen, ist Rückkehr im Wahnsinn und so ein Geheimnis, das nicht gelüftet werden soll. Nur das kann gesagt werden, daß Christi Antlitz gerade an der Stelle der Weltmitte durchzuscheinen beginnt, wo Dionysos–Prometheus–Empedokles, der namenlose Gott der mystischen Potenz, gestanden hatte, und daß zur gleichen Zeit in den Oden jene rührenden Worte einer schlichtesten Demut laut werden, die in allen Leiden der hohen Lebenszeit zwar gereift war, aber erst in dieser letzten Dämmerung wie eine Nachtblüte aufbricht. Die pathetisch-berauschte Hingabehandlung auf dem Gipfel des Ätna ist dem unscheinbaren Von-sich-weg-weisen gewichen, gerade wo er von der Gottesvision spricht:

„nicht, daß ich sein sollt etwas, sondern
Zu lernen.“[1]

Aber das Geheimnis, das in dieser letzten Abendstunde des Bewußtseins sich verhüllt abzeichnet, verschwimmt alsbald in die

---

[1] 234-235.

schweigende Finsternis der vierzigjährigen Duldernacht, aus der noch einmal das Lob der Charis herübertönt:

„Die Schönheit ist den Kindern eigen,
Ist Gottes Ebenbild vielleicht,
Ihr Eigentum ist Ruh' und Schweigen,
Den Engeln auch zum Lob gereicht."[1]

---

[1] 1002.

SCHILLER

I. Das Reich des Mannes

„Da sah ich neulich einen Knaben am Wege liegen. Sorgsam hatte die Mutter, die ihn bewachte, eine Decke über ihn gebreitet, daß er sanft schlummre im Schatten, und ihn die Sonne nicht blende. Aber der Knabe wollte nicht bleiben, und riß die Decke weg, und ich sah, wie er versuchte, das freundliche Licht anzusehn, und immer wieder versuchte, bis ihm das Auge schmerzte und er weinend das Gesicht zur Erde kehrte.“[1]

Alles Wachsen vom Jüngling zum Mann ist Wachsen aus der Idee in die Existenz und Wendung zur Erde. Die besondere Reifung prometheischen Daseins zur vollen Existentialität aber hat, in der tiefen Resignation, die sie kennzeichnet, etwas von diesem Kinde Hölderlins: vom beschatteten Naturdasein ins Prometheuslicht der Idee und schmerzenden Auges in die heilende Dunkelheit der Erde. Aber diese Wendung ist zugleich Reifung und so vollendende Überhöhung. Das Gesetz menschlicher Geschlechterfolge bewährt sich hier nochmals: Kind, Jüngling, Mann sind jedes ein einheitliches Gefüge, das in sich ruht – es vollendet sich das Kind kindhaft, der Jüngling jünglinghaft –, und doch so zueinander offen, daß jedes das andere natürlich voll-endet, der Jüngling das Kind, der Mann den Jüngling. Als einheitlich-geschlossenes Sinngefüge sagt zunächst „erwachsene“ Existentialität auch als „Resignation“ wiederum die Totalität und damit höchste, eschatologische Synthesis. Nur daß diese Synthesis jetzt selber Existenz heißt und in *diesem* Leben sich vollziehen muß. Die einfache Synthesisformel der „Romantik“ verwickelt sich zur potenzierten der „Klassik“: Wo dort zunächst nur die Doppelpole des Lebens – unter welchen Namen immer sie bezeichnet wurden – im höheren Sein der Idee zusammenliefen, da gilt es nun, diese an sich völlig eschatologisch-transzendente Idee (die einfache Synthesis) in *diesem* zwiespältig-zerbrochenen Leben zu realisieren, es gilt die Synthesis von Synthesis und Thesis. Das ist einmal Rückrufen der Philosophie aus dem Schau- und Traumdasein in

[1] Hyperion-Fragment 610-611.

die nahe Wirklichkeit, „Anwendung“ der Idee zu irdischem Gebrauche. Es ist aber als Resignation der Idee im Übergang zu ihrer Verwirklichung doch wieder neue und höhere Philosophie. Geradeso erweist sich das Jünglinghafte Hölderlins als offen in diese neue Sphäre prometheischen Daseins hinein. Die immer stärkere Einbindung der Sehnsucht über-hinaus in die Immanenz als Basis der Verklärung war schon beginnende Bescheidung, die sich im je-neuen Überschreiten noch jünglinghaft aufhob. Die verstärkte Rückwendung der übersteigenden Kräfte ins irdisch-endliche Dasein vollendet und klärt eine in ihrer Doppelheit gärende Bewegung.

Freilich ist damit auch das Optimum, das diese zwischen Idee und Existenz bot, überschritten, Reifen ist schon fernes Welken. Die fast absichtslos zufallende Gleichung dionysischer und christlicher *Weltanschauung* ist hier, in diesem Übergewicht der „Existenz“ gegenüber der „Lehre“, nicht mehr möglich. Als neues, dem Mann-Gefüge eigenes Optimum aber wird sich ebenso mühelos die Gleichung dionysischer und christlicher *Existentialität* ergeben müssen. Die Problemhöhe Empedokles–Christus weicht der Lebensbreite Faust–Christ. Mit der Bescheidungsformel ist aber notwendig auch das verstärkte Mensch-Mitte gegeben, und damit die allgemeinste Problematik der neuen Stufe, sofern sie Phase der Prometheus-Existenz ist. Denn deren grundlegendste Zweideutigkeit schöpferischer Sammlung und hingebender Lösung erhält dabei eine besondere, doppelseitige Betonung.

Die Resignation besagt als solche schon, verglichen mit dem Himmelstürmen prometheischer Philosophie und jugendlicher Existenz, einen Rückzug, ein Platzlassen dem Unfaßbaren, dem Schicksal, dem Gott. Sie ist *Opfer*. Aber man kann verlorene Posten „opfern“, um im Besitz gesicherter zu sein. Der Mann schränkt sich von tausend Lebensplänen auf einen ein und opfert die übrigen. Wem? Niemand. Er verläßt sie, vergißt sie, um stark seinen schmalen Weg zu gehen.

Empedokles' Schuld war es, seine göttliche Schöpferkraft durch eine Hingabe heimlich erkauft zu haben. Prometheus', des Opferers, Gefahr wird es sein, seinen Überfluß zu „opfern“, ein Duft, der seine Götter wirklich nur kümmerlich ernähren könnte.

Dieses Opfer, sei es selbst verstärktes Kräftesammeln oder erhöhte Hingabe, ist allgemein der Verzicht auf die Bewältigung des „Ganzen“, in das idealistische Weltschau den Menschen mitten gestellt. Existierend, denn darum geht es nun, läßt sich das Vorgenommene nicht aufarbeiten. Oder richtiger gefaßt: die Ganzheit, die in der Existenz sich verwirklicht, ist an menschlicher Intensität der geschauten Ganzheit wertgleich (oder überlegen) – sonst hätten Männer sie jener nicht vorziehen können –, aber an ideeller Extensität unterlegen. Wenn aber jene Weltschau-Ganzheit wesentlich darin bestand, die Allheit der Natur vom absoluten Einheitspunkt des Ich zu bewältigen, so muß existentielle Bescheidung entweder die Allheit der Natur oder die Einheit des Geistes preisgeben. Entweder an der göttlichen Freiheit des Seelenfünkleins festhaltend der Natur gegenüber als das nie mehr ganz zu Durchschauende sich entfremden lassen, oder, die Totalität dieser Natur umfangend und ihr selber die letzte Einheit zuschreibend, die volle Unbedingtheit des inneren Heiligtums verlassen, um als Kraft unter Kräften in ihr sich zu begreifen. Die zwei großen Pole klassischer Resignation zeichnen sich ab: Der absolute (kantische) Mensch in einer nie zu bewältigenden, „geopferten" Natur: Schiller; die absolute (spinozistische) Natur, in der der Menschengeist höchste Entelechie, aber doch „Kraft" ist, „geopferter" Geist: Goethe.

Aber im Hintergrund dieser scheinbar letzten Stufe zeichnet sich doch noch einmal eine neue ab. Menschliche „Resignation" geht über in etwas, das wie eine neue Blüte jugendlichen Wissens und Schauens ist, in „Altersweisheit". Die „Opfer" des Mannes kommen dem Greise geheimnisvoll zurück. Nicht nur durch den wiedergewonnenen direkten Zugang zur Kindheit, dem erwachenden Gedächtnis seiner frühen Erlebnisse. Sondern tiefer dadurch, daß alles Geopferte geistiger Besitz wird und eben die Haltung des wirklich Besitzlosen zur Verklärung eines gelösten Allbesitzes wird. Existierend also, und durch und in Resignation, fällt dem Greise mitten im Zerfall noch das „Ganze" zu. In der Prometheusproblematik würde solche Stufe eine doppelt gebrochene Synthesisformel erfordern. Aber weil es zugleich Vollendung der Existentialität ist, kann sie kürzer als Leben der Idee bezeichnet werden. „Leben" sagt, daß alles kindlich Baukastenhafte der Ideenkonstruktion sich auflöst in die abendliche, herbstliche Fülle einfachen Reifseins des Weltbildes. „Idee" sagt, daß Leben in diese Fülle, als ihre innere Süße, so sehr durchklärt ist, daß die Existenz schon fast wieder in eine Idealität sich auflebt. Betont sich in der Formel „Leben" – so daß die Idee sich fast nur noch als das All-Fühlen der Weisheit äußert, sosehr ist sie aufgelöst –, so ist es das Greisentum Jean Pauls. Betont sich darin „Idee“ – so daß Leben sich fast nur noch als die strömende Lebendigkeit der Idee äußert –, so ist es das Greisentum Hegels. In ihnen schließt sich der Variationenkreis des prometheischen Themas. Der Rest ist seine auflösende Zersetzung.

II. Zwischen Jugend und Reife

Die erste dieser vier Gestalten wird uns eindringlichst festhalten. Nicht nur, weil an ihr die allgemeine Formel erst zu entwickeln ist, sondern weil ihre eigentümliche Wesensformel selber von einer besonderen Vielfalt ist. Schiller, scheinbar so viel „reiner“ als der vielverschlungene Goethe, ist in Wahrheit unfaßbarer, und nur durch ein mannigfaches dynamisches System von idealen und existentialen Kategorien annähernd zu beschreiben. Die üblichen Vereinfachungen sind ebensoviel Verflachungen.

Schiller hat uns schon bis zur Pforte des Idealismus eingeführt, als die erste Mitte zwischen den zusammenlaufenden Welten Kants und Herders. Schon in dieser einführenden Rolle war seine Formel eine sehr differenzierte. Sie gilt es erst kurz zu wiederholen.

Zwischen Geistwelt und Naturwelt fand er den objektiven Mittelbegriff: Schönheit, als Ort der eigentlichen Menschwerdung. Subjektiv aber drückte sich ihm dieses Zwischen im existentialen Rhythmus von Illusion (als Wahrheit) und Desillusion (als Wahrheit) aus. Im Kreuzpunkt dieser Kategorien aber ergaben sich mehrere mögliche Ansichten der Schönheit und damit mehrere Eschata. Zunächst der geradlinige Aufstieg der Natur über Schönheit zu Wahrheit (Freiheit). Dieser Anstieg kann selber zwei Sichten zeigen. Einmal den im Schluß der „Künstler“ gezeichneten, nach welchem je neue nüchterne (illusionslose) Wahrheit, die die Forschung findet, je neu in die Verklärung der Dichtung hineingenommen wird, so daß eine wachsende Interpretation der Wahrheit in den schönen Schein, und umgekehrt, stattfände:

„Der Schätze, die der Denker aufgehäufet,
Wird er in euren Armen erst sich freun,
Wenn seine Wissenschaft, der Schönheit zugereifet,
Zum Kunstwerk wird geadelt sein . . .

. . . Je schönre Rätsel treten aus der Nacht,
Je reicher wird die Welt, die er umschließet,
Je breiter strömt das Meer, mit dem er fließet,
Je schwächer wird des Schicksals blinde Macht,
Je höher streben seine Triebe,
Je kleiner wird er selbst, je größer seine Liebe.
. . . Zuletzt am reifen Ziel der Zeiten
Noch eine glückliche Begeisterung,
Des jüngsten Menschenalters Dichterschwung,
Und – in der *Wahrheit* Arme wird er gleiten."

Das ist rein optimistische Eschatologie der Schönheit, die sich sogar das „blinde Schicksal" eingestaltet (1). Aber das Zwischen der Schönheit bindet hier nur die Pole Natur-Geist. Dem steht jener andere geradlinige Aufstieg zur Seite, der durch die fünf analogen Erscheinungsweisen der Schönheit zur „Erhabenheit" als Eschaton führt, wo das Letzte nicht entspannte Harmonie, sondern die Schönheit des im Untergang siegenden, heldischen Menschen ist. Schicksal ist hier nicht entstachelt, sondern seine „Blindheit" und sein Unbewältigtsein als Basis der höchsten Erscheinung des Schönen wesentlich notwendig. „Das Sinnenwesen muß tief und heftig leiden, Pathos muß da sein, damit das Vernunftwesen seine Unabhängigkeit kundtun und sich handelnd darstellen könne." *Dieser* geradlinige Aufstieg (2) ist schon der Beginn der Gebrochenheit des Eschatons.

Von da aus sind noch drei Wege gangbar: Erstens: Freiheit *von* der Sinnenwelt ist das Letzte, jene volle Entäußerung des Herzens, worin Maria Stuart endet (3). Zweitens: Der Abgrund, der sich zwischen Natur-Schicksal und Freiheit öffnet, wird *über*staltet durch den schönen *Schein*, ohne von ihm *durch*gestaltet zu werden. Dann bleibt das Hin-und-her von Schönheit und aufgerissener, tragischer Wahrheit das Letzte (4). Drittens: Der Blick öffnet sich zu einer möglichen wahren Schließung der Kluft und damit zu einer vollen Totalität des Menschen, was sich nochmals auf zwei Arten denken läßt: einmal, indem die erste Weise (tragische Freiheit *vom* Schicksal *im* Schicksal) so sehr als höchste Schönheit erscheint, daß sie schon als diese Totalität gelten kann: Gegenüber dem „Federleichten" des schönen Scheins *über* dem Abgrund die tiefere, existenzschwere Schönheit des tragischen Menschen *im* Abgrund:

„Zeigt sich der Glückliche mir, ich vergesse die Götter des Himmels;
Aber sie stehn vor mir, wenn ich den Leidenden seh'."

„Theophanie" ist dieses Distichon überschrieben, und solche Transparenz Gottes im Leidenden könnte als menschliches Eschaton erscheinen (5). Dann aber, weil diese Freiheit im Schicksal doch immer noch Freiheit *von* ihm und der Sinnenwelt besagt, wird die Eschatologie doch nach der Möglichkeit einer Eingestaltung auch dieser noch fragen, und so das Ideal einer absoluten Totalität menschlicher Existenz anzielen (6).

Von diesen sechs Möglichkeiten fällt 1 weg, da die übrigen erst dessen Tiefenproblematik öffnen. 2 hat seinen Vollsinn in 5, dessen bloß negativer Teilaspekt 3 ist. So geht es letztlich um die drei Grundformen: Schönheit über dem Abgrund (4), Schönheit im offenen Abgrund (5), Schönheit im sich schließenden Abgrund (6). Aus den Formeln der ersten Schilleruntersuchung ergeben sich damit für diese abschließende die Grundkategorien, zwischen denen Schillers lebendige Breite sich entfaltet.

Damit ist Schiller zugleich zum eigentlichen Tragiker des Prometheuskreises vorbestimmt. Denn indem er, in Resignation, den Abgrund zwischen Ich und Natur sich öffnen läßt, gibt er die vorausgewisse, aus Fichte-Schellings Weltschau unfehlbar eschatologische Versöhnung beider auf. Natur als das unbewältigte Gegenüber erhält jene Distanz, die es zum wirklich lastenden *Schicksal* werden läßt und die Situation des Mensch-Prometheus in ihm wird so erst zur dramatischen. Der Enträtselung dieses Gegenüber, das nicht mehr durchsichtiger Schleier Gottes ist, sondern Sphinx, dem Kampf mit ihm, wird der Sinn menschlichen Tuns gelten.

Aber diese Stellung des Menschen im Kosmos kristallisiert sich bei Schiller selbst erst allmählich heraus, und das vor allem aus dem existentialen Rhythmus seiner Jugendzeit zwischen Weltenthusiasmus („Diesen Kuß der ganzen Welt") und Weltgrauen („Leichenphantasie" usw.). In dieser Doppelheit liegt keimhaft verschwommen die „klassische" Reduktion Schillers von Fichte-Schellings Allbeherrschung zur Preisgabe der „Ganzheit". Die lichte Seite ist rauschhaft unmittelbarstes Umfangen dieser Ganzheit: der Liebe ist in Julius' Theophanie keine Grenze gesetzt. „Die Freundschaft" feiert dithyrambisch kosmische Allvermischung, fußloses Versinken in den Lichtabgründen der All-Gottheit („. . . bis sich dort im Meer des ewgen Glanzes / Sterbend untertauchen Maß und Zeit"). Aber wo dann Entsonnung und Grauen die Lichter löschen, wird diese meerhaft uferlose Weltunendlichkeit zum gefügelosen Abgrund, den der Geist nicht mehr bändigt, in dem er versinkt. Erst ist es schauderndes Staunen vor der „Größe der Welt": „Steh! du segelst umsonst – vor dir Unendlichkeit!" „Weltsysteme, Fluten im Bach, Strudeln dem Sonnenwanderer nach." Aber dieses Staunen wird, in den bekannten Jugendversen, bald zum Schrei des Vergehenden.

In dieses Weltgefühl gestellt mußte der tragische Held zunächst notwendig zu einer rein *intensiven* Größe werden. Im Kreuzpunkt, wo die lichte und die schwarze Welt zu einem Kräftefeld ungeheuerlichster Spannungen zusammenschießen, stehen „Die Räuber", deren zwei Helden nichts als dämonische, hell-dunkle Flamme sind. Sie sind die Geburtsstunde der neuen prometheischen Existentialität. Jeder ist uferlos wie die Welt des jungen Schiller, enthusiastisch-verzweifelt und meerhaft brandend wie sie. Karls pathetische Entrüstung gegen die Menschheit bricht aus: „O, daß ich durch die ganze Natur das Horn des Aufruhrs blasen könnte, Luft, Erde und Meer wider das Hyänengezücht ins Treffen zu führen."[1] Indem er Amalia von seinem Halse reißt: „Tötet sie! Tötet ihn, mich! euch! alles! Die ganze Welt geh zugrunde!" Darauf Amalia: „Wohin? Was? Liebe, Ewigkeit! Wonn', Unendlichkeit!"[2] Franz wie Karl sind als dithyrambische All-Menschen Promethiden, die, aus dem Kreis der irdischen Menschheit tretend, sich zu Halbgöttern aufsteigern. Franz im reinen, bösesten Trotz: „Ich will alles um mich her ausrotten, was mich einschränkt, daß ich nicht Herr bin",[3] Karl aber, indem er die mittelste Prometheusstelle schöpferischer Negation einnimmt. Er will sich gegen Gott und Seine Welt nur auflehnen, um ihr eine göttlichere Ordnung zu schenken, der Führer der Dämonen nur sein, um sie, als Golem, zu seinen schöpferischen Zwecken zu gebrauchen. „Der lohe Lichtfunke Prometheus' ist ausgebrannt",[4] ihn entzündet Karl wieder, die ungeheure Schuld zum Wohle aller auf sich ladend. Er tritt damit in eine Ausnahmeexistenz zwischen Himmel und Hölle, die eine Ausweitung seines Ich zum Weltgeist bedeutet, und das in der Intensitätseinheit von Rausch

[1] IV, 76.
[2] IV, 177.
[3] 63.
[4] 63.

und Verzweiflung: „Du trittst hier gleichsam aus dem Kreise der Menschheit – entweder mußt du ein höherer Mensch sein oder du bist ein Teufel. – Wenn dir noch ein Funken von Hoffnung irgend anderswo glimmt, so verlaß diesen schrecklichen Bund, den nur Verzweiflung eingeht, wenn ihn nicht eine höhere Weisheit gestiftet hat.“[1] Verzweiflung ist es sicherlich beim teuflischen Wesen der übrigen Räuber, zumal Spiegelbergs und Schufterles, die offen mit dem Bösen das Glück versuchen. („Was liegt daran, wohin auch die Seele fährt? . . . Was in der Welt wiegt diesen Rausch des Entzückens auf?“)[2] Die wissende Teufelei, womit diese lateinkundigen Räuber beständig das Jenseits in ihre Berechnungen einbeziehen, ist aber nur die dunkle Basis Karls, die von der Gotterwähltheit seines Prometheusschicksals überstrahlt wird. Licht, Weltlicht will er sein. Er „verschwimmt“ im Anblick der untergehenden Sonne: „Da ich noch ein Bube war, – war's mein Lieblingsgedanke, wie *sie* zu leben, zu sterben wie *sie*.“[3] Aber immer mehr versteht er, daß sein Sonnendasein nur durch Schuld erkauft ist und bleibt, daß auch er mehr aus Verzweiflung denn aus Erwähltheit Prometheus wurde. Während Hyperions Krieger morden und brennen, zieht sich ihr Führer entsetzt und „beleidigt“, aber schuldlos zurück. Karl dagegen wütet, wenn auch in höherer Gesinnung als seine Bande, gegen die Weltordnung, seine Prometheusgeste erfaßt er selber als Schuld, aus der er verzweifelter als Hyperion in seine Jugendträume rückblickt: „Meine Unschuld! meine Unschuld! – . . . ich allein der Verstoßene, ich allein ausgemustert aus den Reihen der Reinen“,[4] denn er ist durch sein Tun „Kläger wider die Gottheit“[5] geworden. Das Lied von Cäsar und Brutus, das er im Mitternachtswalde singt, gilt zwar vordergründig seinem Verhältnis zum Vater, tiefer aber seiner tragischen Schuldbeziehung zu Gott. Doch erst die Art, wie dieses Prometheusschicksal einerseits in allerkonkretesten Lagen auftritt – darin dem lyrisch-idealischen Dasein des Empedokles ganz entgegengesetzt –, diese Realistik aber ebenso unmittelbar ins Kosmische, Eschatologische sich ausweitet, macht die volle Eigenart der Räuber aus. Karls und Franzens Schicksal ist schlechthin als ihr Jenseits verstanden, und dieses tritt

[1] 129.
[2] 74.
[3] 124.
[4] 125.
[5] 127.

in ihren Grübeleien unmittelbar auf die Szene. Ort des Schauspiels ist der Weltraum, Zeit die Endzeit. In dieser unverhüllten Durchsichtigkeit wird das Stück zum apokalyptischsten Schillers. Karls nächtige Selbstbetrachtungen über seine unendliche kosmische Zukunft sind die Öffnung seines abgrundtiefen Seelenraums, dessen Ausmaße ihm verhüllt bleiben:

„*Zeit und Ewigkeit* – gekettet aneinander durch ein einzig Moment! Grausamer Schlüssel, der das Gefängnis des Lebens hinter mir schließt und vor mir aufriegelt die Behausung der ewigen Nacht – sage mir – o sage mir – *wohin* – *wohin* wirst du mich führen? – Fremdes, nie umsegeltes Land! – Siehe, die Menschheit erschlappt unter *diesem* Bilde, die Spannkraft des Endlichen läßt nach . . . Nein, nein! Ein Mann muß nicht straucheln. – Sei wie du willst, *namenloses Jenseits* – bleibt mir nur dieses mein *Selbst* getreu – sei wie du willst, wenn ich nur *mich selbst* mit hinübernehme. – Außendinge sind nur der Anstrich des Manns. – Ich bin mein Himmel und meine Hölle."

Aber diese letzte, prometheische Sicherheit, seine Apokalypse in sich zu tragen, ändert nichts an der Finsternis des Seelenraums und damit an seiner Ungesichertheit vor dem Schrecken des inneren Schicksals, die Karl verzweifelt dem Selbstmord zutreiben. Die kopernikanische Wendung des Ich-Alles läßt das Furchtbare jetzt nur von innen, statt von außen, sein Medusenhaupt erheben. – Für Franz dasselbe, nur greller. Sein All-Wille ist rein luziferisch und geht folgerichtig vom zynischen Materialismus zur kosmischen Verzweiflung über. Seine Träume sind Erscheinungen aus der Apokalypse, „das lebendige Konterfei vom Jüngsten Tage",[1] seine Todesangst wird zum höllisch-wurmhaften Sichwinden vor der unsterblichen Größe seiner Seele:

„Ich will aber nicht unsterblich sein – sei es, wer da will, ich wills nicht hindern. Ich will ihn zwingen, daß er mich zernichte, ich will ihn zur Wut reizen, daß er mich in der Wut zernichte."

Und wie Karls unendlicher Seelenraum, ihm zwar verhüllt, zum Spielraum seines Schicksals sich öffnet, so erscheint auch Franzens jenseitiges Schicksal unzweideutig-grell auf der Bühne. Dies bereits in der Todesszene (deren Kraßheit wenige Jahre später Mozart im Don-Juan-Schluß wiederholt, die Schiller übrigens in einem

---

[1] 165.

analogen Opernplan „Die Braut der Hölle“ in den Mittelpunkt eines eigenen Stückes zu rücken gedachte) –, dann aber noch bestärkt durch die Vision des alten Moor, in der das Jenseits vollends zu einem in die Zeit hineinwirkenden Motiv wird:

Der alte Moor: „Erbarmung! o Erbarmung! (Heftig die Hände ringend.)
Jetzt – jetzt wird mein Kind gerichtet.“[1]

Aber diese ganze Apokalyptik wird doch im Schluß des Dramas selber mitgerichtet. Karl erkennt die innere Unmöglichkeit der kosmischen Prometheushaltung und beugt sich freiwillig in die Weltordnung hinein. Die Reinigung Karls ist so eine ganz andere als die des Empedokles. Dieser nimmt in seinem Untergang, der selbst zwischen Schuld und Unschuld schillert, die Mittlerstellung vollends ein. Karl ist nicht, wie er, halb Idee, halb Existenz, sondern ganz Existenz. Von dieser Basis aus aber erscheint die Ideenwelt in ihrer Totalität nicht mehr lebend zu bewältigen. Karls Untergang *ist* Resignation. Mit ihm tritt Schiller selbst den Rückzug aus dem Kosmischen an, um sich auf dem Grunde des Hiesigen dauernder anzusiedeln. Die Weitung des Seelenraums ins Jenseits wird zu dem, was sich schon in den Räubern vorbereitete, zu subjektiven *Reflexionen* der Existenz *über* ihr Schicksal, und so zunächst zu einem Modus des Existierenden selber. Im Gedicht „Resignation“ erhält dieser Rückzug seine Gestaltung. Das Gedicht, mit seiner berühmten Maxime „Die Weltgeschichte ist das Weltgericht“ besagt zunächst *nicht* die Leugnung eines jenseitigen Gerichts und Seelenschicksals. Denn diese Leugnung ist in ihm selber dem „frech witzelnden“ „Schlangenheer der Spötter“ in den Mund gelegt. Es besagt aber wohl den Rückzug von einem unmittelbar prometheisch *gehabten* Jenseits, das man unmittelbar zum Schauspielraum machen kann, auf den Sinn der menschlichen, aufs Jenseits sich richtenden intentionalen Akte Glaube und Hoffnung. In der Besinnung auf die akt-immanente, nach dem Jenseits sinngerichtete Bezogenheit dieser Akte, einer phänomenologischen Analyse im Sinne Husserls, entdeckt sich dem Dichter die einzige in Existentialität mögliche Weise des Habens der letzten Dinge. Glauben und Hoffen als Lebenshaltung sind Sinn-in-sich gegenüber einer sinnlich-unmittelbar genießenden Lebenshaltung:

---

[1] 174.

„Genieße, wer nicht glauben kann. Die Lehre
Ist ewig, wie die Welt. Wer glauben kann, entbehre! . . .

Du hast gehofft, dein Lohn ist abgetragen,
Dein Glaube war dein zugewognes Glück.
Du konntest deine Weisen fragen,
Was man von der Minute ausgeschlagen,
Gibt keine Ewigkeit zurück."

Genuß sinnlicher Zeitewigkeit, die der Mensch, „anstatt von demselben zu abstrahieren, ins Endlose auszudehnen" begehrt,[1] und die „bloß ein Ideal der Begierde" ist, hält sich im diesseitigen Leben die Waage mit dem Entbehrungs- und Bescheidungsglück der Hoffnung. Beide sind unvereinbare Sinnhaltungen der Existenz. In diesem Sinn also gilt das „Weltgericht". Es ist Gericht über die prometheischen Versuche der Räuber, beide ineins zu binden, indem sie die Schranke von Zeit und Ewigkeit verschwimmend aufhoben. Es ist Gericht *als* ἐποχή, als Gerichtsenthaltung, als Raumgeben dem Unbegreiflichen, dem Jenseits, dem Gericht.

Damit rückt von selber auch die eigentlich eschatologische Funktion im Idealismus, die Kunst, aus einer kosmischen in eine anthropologische Stellung. Ihre ontologische Weltvollendungsrolle wird aufgegeben zugunsten einer phänomenologischen, genauer existentialen, Analyse ihrer Rolle als „schöner Schein". Er allein überbrückt jetzt noch die große Todeskluft, an der das „Dasein endet" (wie Buttler im „Wallenstein" sagt),[2] die „Künstler" übersteigen sie, zeichnen das „Ganze", indem sie die blasse Schattenseite des halben Mondes ins volle Licht heben:

„Das Leben in die Tiefe schwand,
Eh es den schönen Kreis vollführte –
Da führtet ihr aus kühner Eigenmacht
Den Bogen weiter durch der Zukunft Nacht."

Aber solches Er-gänzen bleibt anthropologische Funktion, die selbst keine Seinsverwandlung bewirkt. Die Berührung der Sterne geschieht wie im Traum, die Erreichung der Idee ist nur schöne List des leichten Spiels, das „das düstere Bild der Wahrheit in das

---

[1] Briefe über ästhet. Erziehung, XVIII, 93.
[2] VI, 118.

heitre Reich der Kunst hinüberspielt, die Täuschung, die sie schafft, aufrichtig selbst zerstört und ihren Schein der Wahrheit nicht betrüglich unterschiebt".[1] In der Wahrheit stehen nun die Ideen als ewiges „Über" am Himmel, und keine Einholung ist mehr möglich. Der „Pilgrim" schifft freilich auf dem Strom des Lebens ihnen entgegen, erreicht sie aber nie:

„Hin zu einem großen Meere
Trieb mich seiner Wellen Spiel;
Vor mir liegts in weiter Leere,
Näher bin ich nicht dem Ziel.

Ach, kein Steg will dahin führen,
Ach, der Himmel über mir
Will die Erde nie berühren,
Und das Dort ist niemals hier."

Aus der Apokalyptik der Räuber führt also Schillers Weg in eine Verhüllung der uneinholbaren Abgründe und zur Grenzziehung um das innerlich endliche Dasein. Inselhaft ragt es nun aus dem Dunkel des Schicksals auf, gefahrumbrandet, und höchster Ausdruck des neuen Lebensgefühls wird das männlichkühne, verhalten glühende „Reiterlied" der Wallensteiner:

„Da tritt kein anderer für ihn ein,
Auf sich selber steht er da ganz allein."

Ein höchstes, transzendentales Ganzseinkönnen des Daseins wird von hier aus in einem viel tieferen Sinn als bei Novalis, weil durch viel schwerere Hindernisse hindurch, zum „Wunder". Und der Gegenstand, der dem immanenten und doch ins Dunkle weisenden Glaubensakt entspräche, bleibt nur auf den Gnadenschwingen eines viel wunderbareren Schicksals zu erfliegen als denen des Romantikers, der immer vom ganymedischen Adler über die schwere Erdenexistenz getragen wird:

„Du mußt glauben, du mußt wagen,
Denn die Götter leihn kein Pfand;
Nur ein Wunder kann dich tragen
In das schöne Wunderland."

---

[1] Wallensteinprolog, VI, 21.

Hiemit gewinnen wir die Lebensebene des reifen Schiller. Das ganze Schwergewicht des Problems muß sich nun notwendig auf jene zwischen Mensch und Weltschicksal gezogene Grenzlinie, die zugleich die Linie der inneren Endlichkeit ist, sammeln. Die Möglichkeiten des Menschen in dieser Grenze und ihrer Überschreitung ergeben sich schematisch nochmals aus der idealistischen Problematik. Schicksal als „Gegenüber" kann erstens im Sinn Fichtes ontologisch, aber hier existential-ontologisch, als Nicht-Ich verstanden werden, das die innerliche Passivität, Rezeptivität des Daseins bezeichnet. Es wäre dann eine Reduktion des Abgrundes außer mir – dem realistisch verstandenen Kantschen Ding an sich – auf die ontologische Kategorie der immanenten Seins-Ungesichertheit. In dieser ersten Möglichkeit wäre Schiller existentiale Fortsetzung der idealistischen Weltschau. Schicksal als „Gegenüber" kann zweitens radikaler als das uneinholbar Fremde, Gleichgültige, ja Feindliche verstanden werden, das manichäisch dem Menschengeist entgegengesetzt bleibt. Der Plotinisch-Fichteschen Ableitung der „Materie" aus dem Geist träte dann die früh-antike Vorstellung der unaufhebbaren Dualität gegenüber, wie Plato und Aristoteles sie vertraten. Der Mensch läßt hier das letzte Schiffstau, das ihn festem Grund verbindet, fahren und schwimmt auf den Wogen des Schicksals,

> „ein ewiges Schwanken und Schwingen und Schweben
> Auf der steigenden, fallenden Welle des Glücks".[1]

Schicksal als „Gegenüber" kann drittens sich so sehr verselbständigen, daß es zur heimlich übergreifenden Macht, zur geheimnisvollen Vorsehung wird. Auf dem finstern Abgrund der „Materie" zeichnet sich der Umriß des Gottesantlitzes ab: Nach der idealistischen und antiken die christliche Seite Schillers. – Indem aber diese drei Möglichkeiten miteinander verglichen werden, wird erstens klar, daß die mittlere, antikische, nichts anderes als die Situation des Menschen in Resignation selber ist, der Ausdruck seiner unmittelbaren Existentialität, und daß diese Mitte die vorläufige ἐποχή zwischen zwei möglichen Deutungen des Schicksals besagt: Vom Dasein selber aus oder von Gott aus. Es wird zweitens klar, daß diese drei Möglichkeiten völlig den drei anfangs herausgestellten Eschata Schillers entsprechen: Schönheit über

[1] Braut von Messina, VII, 305.

dem Abgrund (als existentiale Form idealistischer mystischer Potentialität), Schönheit im offenen Abgrund (als antikische resignierende Tragik), Schönheit im sich schließenden Abgrund (als christliche Totalitäts-Synthesis). Diese drei Möglichkeiten gilt es nun, einzeln zu betrachten. Es ist klar, daß sie sich so sehr durchdringen, daß sie fast dreimal je das Ganze verschieden aufgipfeln, wie drei Dreiecke über derselben Basis. Aber diese Dreigipfligkeit selbst wird eine innere Gerichtetheit zeigen, die in ihrer Dynamik erst die letzte Strukturgestalt Schillers aufhellen wird.

III. Die idealistische Möglichkeit

Der Schiller der idealistischen Lösung ist vorwiegend der Schiller der philosophischen Schriften. Seine philosophische Umgebung: Kant-Fichte, mußte ihn zur theoretischen Lösung seiner Grundschwierigkeit von vornherein den Kategorien und tiefer der Methode dieser Denker zutreiben. Das heißt nicht, daß er sich einfach Fichtes Nicht-Ich als Lösung des Schicksalsproblems zueigen gemacht hätte, wie etwa Novalis, wie in weitem Maße auch noch Hölderlin. Wohl aber so, daß er für das neue philosophische Phänomen, die existentiale Ungesichertheit des Daseins im Schicksal, die Methode der immanenten Analyse anwandte. Ausgehen wird diese Analyse vom *Faktum* des Schicksals als Nicht-Ich, also von der mittleren, antikischen Möglichkeit: „Wir sind abhängig, sofern etwas *außer* uns den Grund enthält, warum etwas *in* uns möglich wird."[1] Aber sogleich wird vom „außer" der Blick auf das „in" gelenkt. Dieses „in" uns ist die „Sinnlichkeit", die Rezeptivität, die Türe, durch die das Schicksal in uns eintritt, und so das innerlich Schicksalverfallene in uns. Es hat das Nicht-Ich sozusagen einen Verräter in uns entdeckt und vermag sich mit ihm gegen uns selbst zu verbünden. Aus: [Ich + Sinnlichkeit]–Schicksal wird Ich–[Sinnlichkeit + Schicksal]. Die Übergänge zur Welt werden fließend und begünstigen so die existentialontologische Deutung des *Ganzen*. Vollkommenes Symbol fand diese Lage in Schillers „Malthesern": Das Eiland Malta, Bild der

[1] Vom Erhabenen, XVII, 373.

endlichen Existenz, rings umgeben von feindlichen Flotten, wird von den Ordensrittern verteidigt. Aber der Feind ist schon eingedrungen und der ganze Kampf tobt um das schwache, kaum noch zu haltende Vorwerk St. Elmo. Der Großmeister, die eigentliche Vernunft, weiß, daß das Fort trotz aller Meutereien der Ritter unbedingt gehalten werden muß. Schiller hat diesen weit gediehenen Plan wohl deshalb fallen lassen, weil die äußere Handlung hier *zu sehr* nur reines Symbol des inneren Vorgangs war – auf den zurückzukommen sein wird –, statt die Entfaltung des Innern selber zu führen.

Der ersten Verknüpfungsweise (Verstand + Sinnlichkeit gegen Schicksal) kann nur eine „physische" Sicherheit entsprechen, „wie z. B. wenn man von einem hohen und wohlbefestigten Geländer in eine große Tiefe oder von einer Anhöhe auf die stürmende See hinabsieht. Hier freilich gründet sich die Furchtlosigkeit auf die Überzeugung von der Unmöglichkeit, daß man getroffen werden kann".[1] Aber diese Sicherheit ist wegen der verräterischen Zweideutigkeit der Sinnlichkeit nur eine labile, somit eigentlich keine: „Worauf wollte man seine Sicherheit vor dem Schicksal . . . vor dem Tode gründen?" Hier ist nur „innere oder moralische Sicherheit" noch eine Zuflucht.[2] In ihr vollzieht sich der Rückzug auf die innerste „Seelenburg", in der das Seelenfünklein glimmt, das kein Schicksal zu löschen vermag, und auf seine religiösen Ideen, die alles Sinnliche transzendieren. „Der Tod z. B. ist ein solcher Gegenstand, vor dem wir *nur* moralische Sicherheit haben." Das aber nicht durch die vulgäre Idee der Unsterblichkeit („wobei die Sinnlichkeit gewissermaßen noch ihre Rechnung findet"), sondern vielmehr durch die „Autonomie" unseres intelligiblen Wesens, die „selbst die Allmacht" nicht aufzuheben vermag.[3] In seiner radikalsten Form wird dieser Vorgang zur Polbildung zweier sich gegenstehender Unendlichkeiten, der chaotischen der Sinnlichkeit und des Schicksals, in der kein Fußfassen ist, und der inneren, ordnunghaften der Seele: Wenn der Mensch „gutwillig aufgibt, dieses gesetzlose Chaos von Erscheinungen unter die Einheit der Erkenntnis bringen zu wollen, so gewinnt er von der andern Seite reichlich, was er von dieser verloren hat. Gerade dieser gänzliche Mangel einer Zweckverbindung unter diesem Gedränge von Erschei-

[1] 382.
[2] Ebd.
[3] 383, 385.

nungen . . . macht sie zu einem desto treffenderen Sinnbild für die reine Vernunft, die in eben dieser wilden Ungebundenheit ihre eigene Unabhängigkeit von Naturbedingungen dargestellt findet".[1] Aber existential besagt dieser volle Rückzug den Tod, denn wo *nur* noch der Funke der Seele flammt, ist das Dasein erloschen. Dasein ist also Kampf um ein ungesichertes Land von einem einzigen gesicherten Punkt aus, und dieses *ganze* Gesichert-Ungesicherte ist aufgehoben, wenn das Land verlorengeht. Der Verlust des ganzen zeitlichen Seins im wachen Zentrum, das sich über diese Zeitlichkeit *erhaben* weiß, hat sein Sinnbild im gefesselten Prometheus, Hölderlins Duldersituation erhält hier eine letzte, dramatische Steigerung: „Erhaben war Prometheus, da er, am Kaukasus angeschmiedet, seine Tat nicht bereute und sein Unrecht nicht eingestand."[2] Er zeigt nicht „Überwindung oder Aufhebung einer uns drohenden Gefahr, sondern . . . Wegräumung der letzten Bedingung, unter der es allein Gefahr für uns geben kann, indem [er] den sinnlichen Teil unseres Wesens, der allein der Gefahr unterworfen ist, als ein auswärtiges Naturding betrachten lehrt, das unsre wahre Person . . . gar nichts angeht".[3] Wenn Schiller auch hier noch drei Momente unterscheidet: „1. einen Gegenstand der Natur als Macht, 2. eine Beziehung dieser Macht auf unser physisches Widerstehungsvermögen, 3. eine Beziehung derselben auf unsere moralische Person",[4] Macht, Ohnmacht und Übermacht, so drängt diese Analyse der Sinnlichkeit als „auswärtigem Naturding" doch klar auf eine immanente Deutung des Schicksals hin. Das entscheidende Drama der Existenz spielt *auf* der Insel, zwischen dem Großmeister und St. Elmo. Die Überwindung des Schicksals ist *Selbst*überwindung. „Ich erfahre zwar bei Betrachtung dieser großen Gegenstände meine *Ohnmacht*, aber ich erfahre sie durch meine Kraft. Ich bin nicht durch die Natur, *ich bin durch mich selbst überwunden.*"[5] Die Herausarbeitung der Kategorien des ungesicherten Seins: des „Außerordentlichen", „Unbestimmten", die der „Leerheit und Stille", „Furcht", „Einsamkeit", „Hilflosigkeit", „Grauen", „Schrecken", des „Undurchdringlichen", der „Finsternis", des „Verhüllten", der „Nacht"[6]

[1] Über das Erhabene, XVII, 628-629.
[2] Vom Erhabenen, XVII, 387.
[3] Ebd.
[4] 388.
[5] Zerstreute Betrachtungen usw., XVII, 445.
[6] Vom Erhabenen, ebd. 389-393.

wird so durchaus zu einem Vorspiel Heideggerscher Daseins-Interpretation. Zwischen den zwei Polen des Lichts (der Vernunft) und der Nacht (der Sinnlichkeit) spielt sich das erhabene Schauspiel des Menschen ab. Es zeigt sich am schärfsten darin, daß die zwei Prävalenzzustände, die dabei möglich sind: Geist in Natur als Schönheit der *Anmut* und Geist über Natur als Schönheit der *Würde* kreishaft zueinander geschlossen werden, so sehr, daß das Problem des ontologischen Dialogs (als „Selbst"- und „Gott"-*Liebe*) der letzte Sinn dieses Kreises ist. Aufsteigendes Sichfühlen des Seins ist „Achtung", absteigendes „Liebe": „Bei der Achtung ist das Objekt die Vernunft und das Subjekt die sinnliche Natur. Bei der Liebe ist das Objekt sinnlich, und das Subjekt die moralische Natur." Achtung ist ein Gefühl, „das von Würde unzertrennlich ist", eine „Anspannung der Sinnlichkeit" zum ewig unerreichbaren Fluchtpunkt des Ewigen im Menschen. „Liebe, ein Gefühl, das von Anmut und Schönheit unzertrennlich ist", ist im Gegensatz dazu die Entspannung des Geistes in das Sinnliche hinab: „Die Liebe allein ist also eine freie Empfindung, denn ihre reine Quelle strömt hervor aus dem Sitz der Freiheit, aus unserer göttlichen Natur . . . Es ist das *absolut Große* selbst, was in der Anmut und Schönheit sich nachgeahmt und in der Sittlichkeit sich befriedigt findet, es ist der Gesetzgeber selbst, der *Gott* in uns, der mit seinem eigenen Bilde in der Sinnenwelt spielt. Daher ist das Gemüt aufgelöst in der Liebe." „Liebe ist das Herabsteigen, da die Achtung ein Heraufklimmen ist."[1] Und Schiller trägt Sorge, beide Pole ja nicht zu verwischen, wie es Winckelmanns Begriff der „himmlischen Grazie" tat: „Grazie und Würde sind . . . *wesentlich* verschieden",[2] nur so ist eine Spannung und ein Funkensprung, dramatisches Leben in der Existenz ermöglicht, die sich als Synthesis um beide schließt: „Sind Anmut und Würde . . . in derselben Person *vereinigt*, so ist der Ausdruck der Menschheit in ihr vollendet und sie steht da, gerechtfertigt in der Geisterwelt, und freigesprochen in der Erscheinung."[3] Novalis' kosmisches Märchen von Eros und Freya kehrt in rein existentialer Ebene wieder, die phantastische „synthetische Person" ist dem realen, existierenden Menschen gewichen. Drama ist Spiel zwischen den Polen, Tragödie ihre Gezweiung,

[1] Über Anmut und Würde, ebd. 365-367.
[2] 364, Anm.
[3] Ebd.

worin Leiden, Pathos und Würde hervortreten, Katharsis ihre versöhnende Synthesis, sofern im Untergang des Daseins die Daseinserhabenheit des Geistes und so seine tiefere Beherrschung des Verlorenen sich kundgibt. War die Grenze der Endlichkeit der Entzündungspunkt des agonalen Lebens überhaupt, so wird jetzt notwendig der Tod, als Grenzsituation dieses Grenzhaften, zum „exzentrischen Zentrum" der Existenz. Er ist der Prüfstein des Geistes. „Diese einzige Ausnahme, wenn sie das wirklich im strengsten Sinne ist, würde den ganzen Begriff des Menschen aufheben. Nimmermehr kann er das Wesen sein, welches will, wenn es auch nur einen Fall gibt, wo er schlechterdings muß, was er nicht will."[1] „Realistisch" kann er den Tod nicht aufheben, wohl aber „idealistisch, wenn er aus der Natur heraustritt und so, mit Rücksicht auf sich, den Begriff der Gewalt vernichtet". „Eine Gewalt dem Begriffe nach vernichten, heißt aber nichts anderes, als sich derselben freiwillig unterwerfen." Dieser seltsame Akt, der die Gewalt sozusagen in sich einläßt, ist der einer *Aneignung* des Todes. Nichts, was Natur als Macht dann am Menschen wirkt, „ist Gewalt, denn eh' sie bis zu *ihm* kommt, ist es schon *seine eigene Handlung* geworden und die dynamische Natur erreicht ihn selbst nie, weil er sich von allem, was sie erreichen kann, freitätig scheidet".[2] So ist es ein Ineinander-sich-Vernichten der beiden Pole, wobei der Geistpol seine Überlegenheit wahrt. „Diese Sinnesart" lehrt „die Moral unter dem Begriff der Resignation, . . . die Religion unter dem Begriff der Ergebung in den göttlichen Willen", sie ist zuletzt der Akt der Losschälung des Geistes, schmerzlichwürdiger Distanz.

Wie aber steht nun dieser höchste existentiale Akt zum allgemeinen Prinzip idealistischer Vollendung, zum Schönen? Ist er nicht letzte Zerstörung alles schönen Scheins in den Ernst kämpferischen Daseins? Schiller versteht es, in diesem Zusammenhang existentialontologischer Interpretation des Schicksals der ästhetischen Synthesis einen neuen, über Novalis-Hölderlin hinausgehenden Sinn zu verleihen. Schönheit ist zwar „unsere erste Liebe, und unsere Empfindungsfähigkeit für dieselbe [ist] zuerst entfaltet",[3] aber „Natur [hat] doch dafür gesorgt, daß sie langsamer reif wird, und zu ihrer völligen Entwicklung erst die Ausbildung des Ver-

[1] Über das Erhabene, XVII, 618.
[2] 618-619.
[3] 626.

standes und Herzens abwartet". Aber selbst die Zwischenstufe, in der der Mensch sich seiner Freiheit froh und schmerzlich zugleich bewußt wird, ist, tiefer gesehen, selbst eine Reifungsphase der Schönheit. Denn die Anlage zur Bescheidung liegt nicht allein in „der rationalen Natur", es ist in der „menschlichen Natur eine *ästhetische* Tendenz dazu vorhanden".[1] Schiller entdeckt hier die immanente Resignation des Schönen, die feine Distanz zur Existenz, in die der Schönheitliebende gezogen wird, wenn er das Schöne *rein* empfinden will. Er „hat es nicht nötig, sich die Gegenstände zuzueignen, in denen [er] lebt", auch wenn er noch deren *Dasein*, als Grundlage seines Genusses, nicht entbehren kann. So steht der *Akt* des Ästhetischen bereits in einem schwebenden Übergang zwischen sinnlichem Versenktsein an die Natur und moralischer Freiheit von ihr. Aber in seinem *Gegenstande* wird das Schöne ebenso und noch mehr zur Vorbereitung des sittlich Erhabenen. Der schöne Gegenstand ist als Teil in eine Naturtotalität eingebettet, die als solche schon sinnlich „erhaben" ist und unsere Fassungskraft wie unsere Lebenskraft übersteigt. So geht wie von selbst das Gefühl des Schönen in das gemischte des Erhabenen über. Diese Gemischtheit aber einem einheitlichen Gegenstande gegenüber zeigt, „daß *wir selbst* in zwei verschiedenen Verhältnissen zu dem Gegenstande stehen, daß folglich zwei entgegengesetzte Naturen in uns vereinigt sein müssen",[2] sie führt also zur Erscheinung des Geistes über der Natur und damit zum Moralischen. Transzendiert also einerseits Schönheit zum Ethischen, so ist diese Entwicklung des Sinnes für „die hohe *dämonische* Freiheit" umgekehrt doch selbst eine Erweiterung des Ästhetischen. Nicht nur daß der Mensch, wo er früher nur Angst und Ohnmacht empfand, sich jetzt „furchtlos und mit schauerlicher Lust . . . diesen Schreckbildern seiner Einbildungskraft" nähern kann und so den Kreis des Genusses erweitert, in der Distanzierung entdeckt er die innere urbildliche Welt, die ihn erst zum schöpferisch Genießenden werden läßt. In diesem Wachstum aber bildet sich immer mehr ein höherer Begriff des Ästhetischen heraus, der das „Schöne" (der Anmut) und „Erhabene" (der Würde) übergreift. Jenes Erste ist Geist-in-Natur, oder, wo der Geist sich bereits frei über die Natur erhoben hat, schöner Schein über dem Abgrund, der sich in ihm schein-bar

[1] 620.
[2] 622.

schließt. Dieses Letzte aber ist Geist-über-Natur, der weiß, daß der Abgrund in dieser Existenz nimmermehr wirklich sich schließt. Die Synthesis beider ist wohl „das höchste Ideal, wonach wir ringen", aber wir wissen, daß „die Naturnotwendigkeit keinen Vertrag mit dem Menschen" eingeht,[1] mit ihr kein ewiger Bund zu flechten ist. „Fälle können eintreten, wo das Schicksal alle Außenwerke ersteigt, . . . es überrascht uns oft wehrlos, und was noch schlimmer ist, es *macht* uns oft *wehrlos.*" Gerade hier: in der Mitte zwischen der Naturhaftigkeit oder Scheinhaftigkeit des „Schönen" und der Existentialität des „Erhabenen" tritt nun der höhere synthetisierende Schönheitsbegriff ein. Er wird sich notwendig von jener Überstiegs-Bewegtheit des Schönen her bestimmen müssen, derzufolge dieses einerseits von der Existenzschwere losschält, anderseits zugleich (im gleitenden Übergang vom schönen zum erhabenen Gegenstand) in diese hineinführt. In diesem scheinbar Widersprechenden vermag das höhere Schöne Vorschule und Verklärung der Existenz zu sein und so die höhere Mitte. Es ist dies als *Tragödie.* Während die Überfälle des Schicksals uns oft wehrlos antreffen, findet uns „das künstliche Unglück des Pathetischen hingegen . . . in voller Rüstung, und weil es bloß eingebildet ist, so gewinnt das selbständige Prinzipium in unserm Gemüte Raum, seine absolute Independenz zu behaupten".[2] Tragödie wird zur *Einübung in die Aneignung des Schicksals* und so, auf eine neue Art, zum Synthesisprinzip. Nicht als ob dadurch, wie bei Novalis, das Schicksal in Willkür verwandelt würde. Sondern der Akt des siegenden Untergangs, in dem sich allein *existentiale* Schicksalsaneignung vollzieht, wird zum Grenzbegriff des Schönen, und *so* die Immanentisierung der existentialen Gefahrssituation unter den Oberbegriff des Ästhetischen ermöglicht: „Je öfter nun der Geist diesen Akt von Selbsttätigkeit erneuert, desto mehr wird ihm derselbe zur Fertigkeit, einen desto größeren Vorsprung gewinnt er vor dem sinnlichen Trieb, daß er endlich auch dann, wenn aus dem eingebildeten und künstlichen Unglück ein ernsthaftes wird, imstande ist, es als ein künstliches zu behandeln, und, der höchste Schwung der Menschennatur! das wirkliche Leiden in eine erhabene Rührung aufzulösen. Das Pathetische, kann man daher sagen, ist eine *Inokulation*

[1] 631.
[2] 631-632.

des unvermeidlichen Schicksals, wodurch es seiner Böshaftigkeit beraubt . . . wird."[1] Inokulation bis zur „Auflösung" heißt nun die eigentliche Aneignung und so die (existential-ontologische) Analyse. Sie gelingt vom Zentrum der tragischen Kunst aus, die, in der verharmlosenden Distanz der Bühne, den „schönen Schein" mit dem „Erhabenen" der Wirklichkeit versöhnt. „So muß das Erhabene zu dem Schönen hinzukommen, um die *ästhetische Erziehung*" zu einem vollständigen Ganzen zu machen."[2]

Dieses Wort führt uns zu jener Schrift Schillers, die zu dem Ausgeführten die eigentliche Anthropologie entwirft, zu den „Briefen über die ästhetische Erziehung des Menschen". In ihnen zeigt sich vollends klar, daß der philosophierende Schiller die Methode und die Denkwerkzeuge von Kant-Fichte übernimmt, ohne deren Ergebnisse sich anzueignen, und daß der Unterschied genau durch das Wort Existentialität bezeichnet wird. Es geht um den irdischen, kämpfenden, endlichen Menschen und die „Idee" seines Daseins. Sofern aber diese „Idee" konkret in zwei Grundformen: als Menschengeschlecht (mit seiner geschichtlichen Entfaltungsbreite) und Individuum (in der Schmalheit des Einzellebens) auftritt, ergeben sich schon anfangs Überschiebungen, die bei dem etwas aphoristischen Charakter der Briefe in ihnen selber zu keiner endgültigen Ordnung gelangen. Es genüge, hier das Problem nur anzudeuten: Menschheit strebt einem Optimum als Schönheitssynthesis in „goldenem Zeitalter" zu. Wie steht in diesem Streben der Sinn des Einzellebens und *seine* Synthesis? Die aufgeworfene Frage[3] findet volle Antwort erst aus der vergleichenden Betrachtung der übrigen Werke Schillers. Eine zweite Frage erhebt sich, hintergründig mit der ersten verwandt: Das goldene Zeitalter, als Sinnziel der Geschichte, ist es endgültige Zähmung des Schicksals, Überwindung des Kampfcharakters der Endlichkeit? Steht dem nicht widersprechend alle historische Erfahrung gegenüber, die den Klimax der Freiheit und der Schönheit nie zusammenfallen läßt, die alle Beruhigung in schöne Kultur schon als begonnene Erschlaffung zeigt? Dieser Einwand beunruhigt Schiller so tief, daß er ihm nur durch gewaltsamen Abbruch aller historischen Argumentation und Rückkehr zur rein apriorischen

---

[1] 632.
[2] 633.
[3] XVIII, 27 (6. Brief, Schluß).

Deduktion der historischen Eschatologie aus der „Idee" des Menschen überhaupt entgegnen zu können glaubt. Auf „diesem transzendentalen Weg" allein „streben wir nach einem festen Grund der Erkenntnis, den nichts mehr erschüttern soll". Der elfte Brief bietet nun diesen Grund als existentiale Anthropologie. Mensch ist fundamental ein bleibender Kern: *Person*, und eine wechselnde Hülle: *Zustand*. Diese Zweiheit charakterisiert ihn als *endliches* Wesen, das sein Schicksal als *Außersich* hat: „In dem absoluten Subjekt allein beharren *mit* der Persönlichkeit auch alle ihre Bestimmungen, weil sie *aus* der Persönlichkeit fließen. Alles, *was* die Gottheit ist, ist sie deswegen, *weil* sie ist."[1] Gott als esse purum ist deswegen Identität von essentia und esse. Aber idealistische Philosophie, für die das Seelenfünklein unmittelbare Berührung dieses esse ist, wird diese Identität notwendig als *Grenzbegriff* des Menschen fassen, wo christliche die ganze Zweiheitsspannung als ewige Analogie zum Identischen Gottes begreift. Darum: „Die Person also muß ihr eigener Grund sein." Sie ist überzeitlich-ursprunglos, und nur als solche empfängt sie als „Materie der Tätigkeit" ihre wechselnde Hülle und wird dadurch bewußte Existenz: „Nur indem er sich verändert, *existiert* [der Mensch], nur indem er unveränderlich bleibt, existiert *er*. Der Mensch, vorgestellt in seiner Vollendung, wäre demnach die beharrliche Einheit, die in den Fluten der Veränderung ewig dieselbe bleibt."[2] Also gilt für Schiller die (nichtgöttliche) Zweiheit als anthropologisches Eschaton. „Ob nun gleich ein unendliches Wesen, eine Gottheit, nicht *werden* kann" – hier zeigt sich Schillers Eigenart gegenüber der werdenden Gottheit Schellings –, „so muß man doch eine Tendenz göttlich nennen, die das eigentlichste Merkmal der Gottheit, absolute Verkündigung des Vermögens (Wirklichkeit alles Möglichen) und absolute Einheit des Erscheinens (Notwendigkeit alles Wirklichen) zu ihrer unendlichen Aufgabe hat. Die Anlage zu der Gottheit trägt der Mensch unwidersprechlich in seiner Persönlichkeit in sich; der Weg zu der Gottheit, wenn man einen Weg nennen kann, was niemals zum Ziele führt, ist ihm aufgetan in den Sinnen."[3] Mensch ist also doch das, was eigentlich unmöglich ist, – eine werdende Gottheit. In diesem „eigentlich

---

[1] 42.
[2] 43.
[3] Ebd.

unmöglich" zeigt sich Schiller als Existentialphilosoph, der die Spekulation über das Werden Gottes zugunsten einer anthropologischen Analyse aufgibt. Zwischen den Polen von Natur und Geist, im Drama zwischen Anmut und Würde, Achtung und Liebe ist Gottes *Idee* eingefangen, ohne je verwirklicht zu werden. Das Ineinander beider „Triebe", dem zur Allrealität (Stofftrieb) und dem zur Allidealität (Formtrieb), die Forderung, „alles Innere [zu] veräußern und alles Äußere [zu] formen", führt „zu dem Begriffe der Gottheit zurück".[1] Aber Schiller betont sogleich wieder die Endlichkeit, indem er in ihnen „den Begriff des Menschen erschöpft" sieht und einen synthetisierenden dritten Grundtrieb (Fichte-Novalis' Einbildungskraft) als einen „schlechterdings undenkbaren Begriff" ablehnt,[2] ebenso wie eine Empornahme des Stofflichen ins Ideelle, so daß es (in Schellings Sinn) in seinem reinen Gegenüber aufgehoben würde.[3] Die letzte dem Menschen erreichbare Vollendung bleibt formal immer eine Spannung von Sein und Haben: „Sobald der Mensch nur Inhalt der Zeit ist, so *ist* er nicht und er *hat* folglich auch keinen Inhalt . . . weil beides Wechselbegriffe sind", und „sobald der Mensch nur Form *ist*, so *hat* er keine Form".[4] Ist aber diese Dürftigkeit des Endlichen das *formale* Eschaton des Menschen, so sucht nun Schiller nach dem Zustand, in dem der Mensch, *in* dieser formalen Unvollendung, *seine* ihm eigene „inhaltliche" Vollendung, seinen eschatologischen Zustand finden kann. Zu seiner Bestimmung wird ihm notwendigerweise das idealistische Prinzip der latenten Göttlichkeit dieser Unvollendung zum Leitfaden. Gäbe es einen Zustand, wo der Mensch „sich zugleich als Materie fühlte und als Geist kennen lernte, so hätte er in diesen Fällen und schlechterdings nur in diesen, eine vollständige Anschauung seiner Menschheit, und der Gegenstand, der diese Anschauung ihm verschaffte, würde ihm zu einem Symbol seiner ausgeführten Bestimmung, folglich (weil diese nur in der Allheit der Zeit zu erreichen ist) zu einer Darstellung des Unendlichen dienen."[5] Dieser Zustand würde – das ist die knappste Formel – „Werden mit absolutem Sein, Veränderung mit Identität . . . vereinbaren".[6] Es ist offenbar: dieser

[1] 44.
[2] 47.
[3] Vgl. 48, Anm.
[4] 51-52.
[5] 53.
[6] 54.

Mittelzustand, der der ästhetische ist, holt nicht den formalen Gottesbegriff schlechthinniger Identität (wie Schiller ihn aufstellte) ein, wohl aber den idealistischen Gottesbegriff der mystischen Potentialität. Oder besser, diese mystische Potentialität enthüllt sich als Grundformel nicht Gottes, sondern des Menschen, sofern dieser sich sein Wesen formalgöttlich interpretiert.

Im formalgöttlichen Zustand des Ästhetischen gelingt dem Menschen seine höchste Synthesis. Aber dieser Zustand hatte, wie sich zeigte, eine ganz eigentümliche, gleitende Dynamik, ja war wesentlich Übergang von Natur(-Präexistenz) zu Geist(-Existenz) und von Geist(-Schicksals-Schwere) zu Natur (Versöhnung in Losschälung). Diese Bewegtheit wird nun in den „Briefen" tiefer als das innere Leben aller Synthesis überhaupt verstanden. Synthesis ist das geheimnisvoll-schöpferische Geschehen, in dem die Pole bei voller Wahrung ihrer Eigenheit und der „unendlichen Kluft"[1], die sie „aufs bestimmteste scheidet", so „vermittelt", „verknüpft", „verbunden" werden, „daß beide Zustände in einem Dritten gänzlich verschwinden".[2] An der Aufrechterhaltung beider Aspekte liegt das Verstehen des Schönen: „Alle Streitigkeiten, welche jemals . . . über den Begriff des Schönen geherrscht haben . . ., haben keinen andern Ursprung . . .: die einen fürchten, die Schönheit *dynamisch* d. h. als wirkende Kraft aufzuheben, wenn sie trennen sollen, was im Gefühl doch verbunden ist; die andern fürchten, die Schönheit *logisch*, d. h. als Begriff aufzuheben, wenn sie zusammenfassen sollen, was im Verstand doch geschieden ist."[3] Das Überganghafte der Schönheit, ihre Beweglichkeit, ist unmittelbar auch das Letzte, die einende Kraft, und so die Ständigkeit. In diesem wesenhaft Gleitenden erfaßt der Mensch sein Höchstes, erhält er die Überschau über sich, „eine vollständige Anschauung seiner Menschheit". In diesem Zustand, der eine eigentümliche Freiheit, die von der moralischen wohl zu unterscheiden ist, die ästhetische, gebiert,[4] erfährt also der Geist sein Wesen, denn die Einheit beider Triebe ist nichts anderes als „die absolute Einheit des Geistes . . . Beide Triebe existieren und wirken zwar *in ihm*, aber er selbst ist weder Materie noch Form, weder Sinnlichkeit noch Vernunft", sondern der Grund

---

[1] 71.
[2] 67.
[3] 68.
[4] 74-75, Anm.

beider, als ihr logisch-dynamisches Zwischen,[1] den man auch „Natur, das Wort in seinem weitesten Sinne genommen", nennen kann.

Aber gerade als Schoß und Quellpunkt beider Triebe, als deren synthetisches Resultat anderseits, wird diese Mitte höchst problematisch. Schiller erliegt hier zunächst der Versuchung, diese, da sie wesentlich *gleitende* Mitte ist, als *zeitliches* Mittelstadium zu verstehen. Statt transzendental die „Triebe" aus „Natur im weitesten Sinne" entstehen zu lassen, faßt er die Tatsache ins Auge, daß im zeitlich-realen Werden des Menschen wie der Menschheit eine „Priorität des sinnlichen Triebes" sich findet, aus dem die Freiheit sich wie eine späte Blüte entfaltet. Er zeigt, daß der Übergang vom einen zum andern ohne den gleitenden ästhetischen Zwischenzustand nicht möglich wäre, und wiederholt damit auf andere Weise die Deduktion des Schönen. Aber aus dieser reift dann (im 21. Brief) doch eine auch für die transzendentale Analyse abschließende Bestimmung des ästhetischen Zwischen. Denn hier wird die „ästhetische Bestimmungsfreiheit" einerseits „als eine *erfüllte Unendlichkeit*", anderseits „als *Null*" beschrieben. Schiller sieht also genau die Aporie (zwischen Gott *vor* der Entfaltung der Triebe, als *Indifferenz*, und Geist als Synthesis der Triebe, als deren *Identität*), wenn er beide Bezeichnungen gleichsetzt. „Wenn also die ästhetische Stimmung des Gemüts in *einer* Rücksicht als *Null* betrachtet werden muß, sobald man nämlich sein Augenmerk auf einzelne und bestimmte Wirkungen richtet, so ist sie in anderer Rücksicht wieder als ein Zustand der *höchsten Realität* anzusehen, insofern man dabei auf die Abwesenheit aller Schranken und auf die Summe der Kräfte achtet, die in derselben gemeinschaftlich tätig sind."[2] *So*, in diesem nun auch zwischen Null und Unendlich eigentümlich gleitenden Zustand, „fühlen wir uns aus der Zeit gerissen; und unsere Menschheit äußert sich mit einer Reinheit und Integrität, als hätte sie von der Einwirkung äußerer Kräfte noch keinen Abbruch erfahren".[3]

Aber diese existentiale Analyse des menschlichen Eschatons, wie sie in den Briefen vorliegt, mündet hier doch in eine solche Nähe zu Schelling, daß sie nicht mehr völlig identisch sein kann mit den

---

[1] 72.
[2] 80.
[3] 81.

ersten, viel mehr auf Heidegger vordeutenden Bestimmungen. Landeten diese in die Mittelidee der Tragödie, so ist es bezeichnend, daß die Briefe sich über diese fast abschätzig auslassen, wo sie von der göttlichen „Indifferenz“ des ästhetischen Zustandes handeln.[1] Der Grund dafür liegt darin, daß die Briefe, im Bestreben, eine abstrakte, transzendentale Bestimmung des Schönen zu geben, das Zwischen desselben so existenzfern (und darum idealnah) bestimmen, daß sie vergessen, was die Konkretheit dieses Zwischen war. So verschwimmt es nicht nur mit dem Formalgöttlichen des Idealismus (der mystischen Potentialität), sondern selbst mit dem inhaltlich Göttlichen des Griechentums wie Christentums (dem Ruhen in sich selbst).

Aber in den Briefen selbst liegt doch auch deutlich der Keim dieser Doppelheit Schillers (zwischen Heidegger und Schelling), in der Weise nämlich, wie der Begriff der Person (Freiheit, Moralität, Denken, Form) als Gegenpol der Natur andauernd schillert zwischen einfacher Antithesis (die in der Schönheit aufgehoben wird) und Synthesis (zu der die Schönheit Vorschule ist, oder deren höchste Ganzheit sie im Schein voraus nachahmt). Diese Zweideutigkeit liegt selbst wiederum darin begründet, daß Person (als Pol) selber von vornherein als mit göttlichen Attributen bedacht erscheint: völlige Autonomie, Zeitlosigkeit, reine Aktivität. Eine Entwicklung der menschlichen Idee wird, dieser Zweideutigkeit wegen, immer den doppelten Weg einschlagen können: entweder diese Persongöttlichkeit in mystischer Potentialität zu einem passiven Gegenpol sich spannen zu lassen (und dann die Mitte als ästhetischen Ersatz der christlichen formalgöttlichen Identität das Letzte sein zu lassen), oder im Personpol allein schon die „Anlage“ des (christlich) Formalgöttlichen zu sehen und dann im Ästhetischen (als mystischer Potentialität) formal eine Vorstufe dazu zu erblicken. Im ersten (prävalent zu Schelling neigenden) Fall bleibt das „Gleitende“ des Schönen das Letzte, und in ihm, als Aufblitz des Ewigen, ruht der Geist. Im zweiten (prävalent zu Heidegger neigenden) Fall ist das „Gleitende“ die Bezeichnung dafür, daß die letzte menschliche Kategorie *offen* ist zum Formalgöttlichen hin, sosehr nachträglich Heidegger oder Schiller in diesem Offenstehen des Seins selber das Letzte erblicken mögen. Beide Möglichkeiten sind Weisen der immanenten, existentialontologischen

---

[1] 84.

Interpretation des Schicksals. Dieses Janusantlitz geht durch Schillers ganzes philosophisches Schrifttum, es ist das Schwanken zwischen einfacher und potenzierter Synthesis.

Gab sich das Schöne (in der einfachen Synthesis der Briefe) vorwiegend als *Ruhe* in der Indifferenz zwischen zwei Polen, so vorher (zumal in der letzten Schrift „Über das Erhabene") vorwiegend als (höhere) Schönheit der *Gefahr*. Schiller wird sich nun im 24. Brief dieses Zwiespalts bewußt und sucht eine seine letzten Strebungen einende Synthesis zu erreichen. Er tut es folgerichtig, indem er die bisher vorwiegend abstrakten Schönheitsbestimmungen der Briefe in die konkrete Menschsituation sich näher bestimmen läßt, indem er also ebendamit seine existentiale Strebung seiner idealistischen einbaut.

Die letzte Sehnsucht des Menschen ist Glückseligkeit. Sie wird (wie bei Kant) als Vereinigung der beiden Grundtriebe des Menschen bestimmt, durch Angestaltung seiner Sinnlichkeit an seine Würde. Was dieses Sehnsuchtsstreben eigentlich und im Tiefsten meint, das wird tragisch offenbar, wenn es beginnt, seinem Ziele entgegenzuschreiten. Hier betont nun Schiller „ein Phänomen, das mir für seine Wichtigkeit und Allgemeinheit noch nicht gehörig entwickelt scheint": Indem der Mensch nach dieser Adäquation zu streben beginnt, treten zunächst die Pole seines Wesens verhängnisvoll auseinander: „Die Vernunft fängt erstlich damit an, seine [sinnliche] Abhängigkeit grenzenlos zu machen." Der Mensch verliert sein naturhaftes Leben *im* Augenblick, ohne sich des inneren Ideenreichs bereits zu versichern. Die gewonnene Distanz genügt also erst, ihm die Begierde zu wecken, das enteilende Dasein in seiner zeitlichen Allheit zusammenzuraffen, „nach einer absoluten Versicherung seines zeitlichen Daseins zu streben". In diesem Gegenübertreten entdeckt er erst die „*Welt*", die es für ihn noch nicht gab, solange er selbst noch Welt war.[1] „Die ersten Früchte, die er in dem Geisterreich erntet, sind also *Sorge* und *Furcht*; beides Wirkungen der Vernunft, nicht der Sinnlichkeit."[2] In diesem objektiv im Menschen aufklaffenden, ihm selbst noch unbewußten Zwiespalt zeigt sich nun ein doppeltes Streben nach eschatologischer Ganzheit an. Zunächst eines nach sinnlicher Allheit, und zwar in „absoluter Ver-sicherung", nicht in der vergleitenden Ungewißheit der Zeit. Aber dieses Streben, das vom

[1] 96.
[2] 93.

Verstand selbst geweckt ist, entdeckt vorerst nur eine chaotische Unendlichkeit der Materie, das „Grundlose“.[1] Geradeso wird diese äußere, schlechte Unendlichkeit (wie wir schon einmal sahen) zum Spiegel der wahren, inneren Unendlichkeit des Geistes. Hier entdeckt der Geist nun sein tieferes Streben nach innerer, geistiger Allheit, von wo aus allein der äußere Abgrund zu bannen ist. Schiller schildert diese Bannung zwar wiederum in der Zweideutigkeit, die es offen läßt, ob der Geist hier nun „Form“[2] (gegenüber „Materie“ – einfache Synthesis) oder „Totalität“ ist (Wahrheit als „das reine Produkt der Absonderung von allem, was materiell und zufällig ist, reines Objekt, in welchem keine Schranke des Subjekts zurückbleiben darf, reine Selbsttätigkeit oder Beimischung eines Leidens“[3]), aber der eigentliche Sinn läßt sich darin doch unschwer erkennen: „Jedem Schrecknis der Natur ist der Mensch überlegen, sobald er ihm Form zu geben und es in sein Objekt zu verwandeln weiß. So wie er anfängt, seine Selbständigkeit gegen die Natur als Erscheinung zu behaupten, so behauptet er auch gegen die Natur als Macht seine Würde, und mit edler Freiheit richtet er sich auf gegen seine Götter. Sie werfen die Gespensterlarven ab, womit sie seine Kindheit geängstigt hatten, und überraschen ihn mit seinem eigenen Bild, . . . das Reich der Titanen fällt, und die unendliche Kraft ist durch die unendliche Form gebändigt.“[4] Will man diese Stelle nicht nur – was sie vielleicht auch mitbesagt – als poetisch-rhetorische Einkleidung für einen relativ harmlosen geschichtlichen Kulturprozeß, sondern, zumal die Schlußworte, in einem eschatologischen Ernst verstehen, so ist klar, daß Schiller diese endgültige Bannung des Abgrundes, diese totale Überwindung des Schicksals, mit dem „kein ew’ger Bund zu flechten“ ist, nicht als eine Möglichkeit des menschlichen Diesseits verstehen konnte. Diese Möglichkeit (als die typisch Schellingsche, genauer noch als die Erreichung des christlich Formalgöttlichen) steht in seinem Weltbild vielmehr immer nur im halbverdunkelten Hintergrund des Jenseits. Dort ist unsere endliche Existenz, in der Schönheit das Letzte ist, zerbrochen und aufgehoben, dort gleiten wir „in der Wahrheit Arme“. Darum nimmt denn auch Schiller diesen Schritt vom sinnlich Unendlichen (als Spiegel) zum geistig

[1] 94.
[2] 97.
[3] 98.
[4] Ebd.

Unendlichen (als Urbild) sogleich zurück: „Die Schönheit . . . haben wir übersprungen, indem wir von dem bloßen Leben unmittelbar zu der reinen Gestalt und zu dem reinen Objekt übergingen. Ein solcher Sprung ist nicht in der menschlichen Natur."[1] Vom Eschaton einer endgültigen Ganzheit geht er einen Schritt zurück zur gleitenden Übergangsmitte des Schönen, um bei ihr als vollem Ersatz, der allein dem Menschen möglich ist, stehenzubleiben. Statt formalgöttlicher Identität schlechthin ist sein Eschaton mystische Potentialität. „Ein ganz vergebliches Unternehmen würde sein, diese Beziehung auf das Empfindungsvermögen von der Vorstellung der Schönheit absondern zu wollen,[2] daher wir nicht damit ausreichen, uns die eine als den Effekt der anderen vorzustellen, sondern beide zugleich und wechselseitig als Effekt und Ursache ansehen müssen." Noch schärfer: „Die Schönheit ist also zwar *Gegenstand* für uns, weil die Reflexion die Bedingung ist, unter der wir eine Empfindung von ihr haben; zugleich aber ist sie ein *Zustand* unseres Subjekts, weil das Gefühl die Bedingung ist, unter der wir eine Vorstellung von ihr haben." Sie ist „Form" und „Leben", „Zustand" und „Tat".[3] So ist sie „siegender Beweis, daß das Leiden die Tätigkeit . . . daß die Beschränkung die Unendlichkeit keineswegs ausschließe" – „sie *allein* kann es beweisen", und beweist ebendamit „die Möglichkeit der erhabensten Menschheit".[4]

Was in dieser Synthese erreicht ist, ist der Einbau der existentialen Interpretation (Dasein als „Weltlichkeit" in „Sorge und Furcht") in die idealistische. Scheinbar freilich erst als Vorstufe, die der Mensch wieder überwindet. Aber der 26. Brief zeigt, in welchem Sinn einzig in der konkreten Existenz diese Überwindung verstanden werden kann. Er erweist, daß die ästhetische Mitte der mystischen Potentialität tiefer doch eine solche zwischen zwei eschatologischen *existentialen* Totalitäten ist, welche *zusammengenommen* die *eigentliche letzte Sehnsucht des Menschen* ausmachen: der Ganzheit einer unendlichen Versicherung seines sinnlichen Daseins und der Ganzheit einer unendlichen Entfaltung seines Geistseins. So hatte *Kant* die entscheidende (für

[1] Ebd.
[2] Während im Denken die Idee zwar von einem sinnlichen Phantasma begleitet wird, aber von demselben (nach Schillers Meinung) rein losgelöst werden kann.
[3] 99.
[4] 100.

ihn nur gnadenhaft denkbare) Synthesis verstanden, während Schiller (mit *Fichte*) in der sinnlichen existentialen Totalität *nur* die schlechte, fluchbeladene Weltlichkeit, das perverse Unendlichkeitsstreben erblickt.

Denn der 26. Brief fügt folgendes Neue hinzu: Die ästhetische Synthesis, sosehr sie formell eine Vorstufe, ja ein Ersatz des Formalgöttlichen ist, ist als ganze nur Zustand des Menschen, *Schein*, Spiel. „Die Realität der Dinge ist ihr [der Dinge] Werk; der Schein der Dinge ist des Menschen Werk", – als „von dem vorstellenden Subjekte stammend".[1] Es ist damit „wohltätiger Schein, der die Leerheit ausfüllt und die Armseligkeit zudeckt",[2] der sich also gegen *beide* Grundtriebe abhebt: „Die höchste Stupidität [der reinen Sinnlichkeit] und der höchste Verstand haben darin eine gewisse Affinität miteinander, daß *beide* nur das *Reelle suchen* und für den bloßen Schein gänzlich unempfindlich sind."[3] Damit ist aber zugestanden, daß beide Grundtriebe in ihrer Weise auf eine (transzendente) Totalität konvergieren – indem sie „suchen" –, die die nicht-existentielle Totalität des Schönen nicht bietet, und ebendamit, daß auch der Grundtrieb der Sinnlichkeit, sofern er auf Existentialität geht, in der Idealität des „Scheins" zwar verklärt, aber nicht eschatologisch erlöst ist. Heideggers Dasein wird also je nur „zugedeckt", wie es denn im letzten Briefe zu einer überraschenden, fast gnostischen Formel kommt: Die Schönheit breitet „über das physische Bedürfnis, das in seiner nackten Gestalt die Würde freier Geister beleidigt, seinen mildernden Schleier aus und verbirgt uns die entehrende Verwandtschaft mit dem Stoff in einem lieblichen Blendwerk der Freiheit".[4] Die menschliche tragische Doppelnatur erscheint wieder offen, und die Synthesis der Schönheit als je nur auf Abbruch, sofern sie die Wirklichkeit ausdrücklich von sich ausschließt.[5]

Dann aber ist es Zeit, sich wiederum der Stellung der Schönheit im ersten (Heideggerschen) Aspekt der Schillerschen Anthropologie zu erinnern. Sie war dort der doppelte gleitende Übergang einerseits (im Aktsinn) von Haften am Sinnlichen zur Los-

[1] 102, 104.
[2] 106.
[3] 103.
[4] 115.
[5] Vgl. 105.

schälung des Moralischen – als *Distanz*, anderseits (im Objektsinn) von Staunen über das Schöne zum Grauen vor dem Erhabenen, ganz jenem Rilkeschen Vers entsprechend: „Denn das Schöne ist nichts als des Schrecklichen Anfang . . .“ Dann ist es aber, näher besehen, doch ungenau, das Schöne (mit den Briefen) als reinen Schein zu betrachten, wie es ungenau ist, dem (höheren) Schönen der Tragödie deshalb, weil sie Einübung in die Aneignung des Schicksals ist, schon selbst Existentialität zuzuschreiben. Das erste ist freilich (auch in der Synthese des 24. bis 26. Briefes) noch vorwiegend Schellingsche Schönheit und so vorwiegend an „Anmut“ orientiert, das zweite freilich (als Tragödie) vorwiegend Heideggersche Schönheit und so vorwiegend an „Würde“ orientiert. Aber auch die erste, als Ausruhen von der Mühsal der Existenz, ist, gerade als „Resignation“, ja „Lethe“ des bloßen Scheins, dadurch ausdrücklich Modus des *Daseins*, wie die zweite, als Spiel und ungefährliche Fechtübung vor dem Spiegel, ja als Einübung dazu, das Schicksal selbst wie einen Spiegel behandeln zu können, ausdrücklich Distanz zum Dasein wird. Beide Prävalenzformen schließen sich so endlich zu einem Gesamtsinn zusammen: Dasein, das von sich wegsieht, um sein Letztes zu finden. In diesem „Von-sich-weg“ zeigt sich das ein wenig Leichtere der Schönheit als das Dasein selber, sein Ruh- und Spielcharakter. Im „Um-sich-zu-finden“ zeigt sich die Sinnrichtung dieses Spieles zurück zur Existenz, als deren Deutungsversuch. Aber in dieser raumschaffenden Entfernung der Existentialität von sich selbst erweist sich doch, daß die Deutung und das zu Deutende nicht zu voller Deckung gebracht werden, so daß hinter dem ästhetischen Eschaton das wirklich existentiale, die dritte, religiöse, Möglichkeit der Schicksalsdeutung auftaucht. Es bewährt sich die oben gegebene Auslegung des Gedichtes „Resignation“. Das ästhetische Eschaton wird zum vorläufigen in einem doppelten Sinne. Einmal sofern es Vorläufer der existentialen Ganzheit wird, die als Möglichkeit im Hintergrund und Halbdunkel des Jenseits bleibt, zweitens sofern es selbst, im Sinne Heideggers, das Vorlaufen des Daseins auf diese existentiale Totalität als auf sich selbst in seiner Wahrheit ist. In diesem letzten Sinne wird die Tragödie wiederum zur abschließend symbolischen Situation: Indem die Existenz ihre eigene Tragik vor sich hinstellt, wirft sie im Heideggerschen Sinn einen Horizont und „lichtet“ sich ebendadurch im Selbstverständnis. So erhält die Kunst ihren Übergangscharakter nochmals verstärkt zurück: Als Vorlauf der Existenz gleitet sie, nunmehr selbst Vorläufer, zu einem Pol hinüber, der freilich wiederum die Existenz selber ist, aber nicht die in einem Rücklauf wiedergewonnene, sondern die in einer vollen Transzendenz gesichtete, die die Existenz selber der Sinnrichtung der Kunsttranszendenz entlang von sich wegreißt. Mit dieser gleitenden Stellung der Kunst schließt die Kunstphilosophie Schillers, die damit die Diskussion an den Tragiker Schiller weitergibt. An diesem Kreuzweg wird noch dieses klar: die volle Gestalt der mystischen Potentialität (als Formel der Schönheit) ist selbst schon seltsam zur Existenz hingespannt. Denn Tragödie (sosehr sie in sich „schöner Schein" ist) *ist* doch nur für den *Zuschauer*. Bühne und Publikum sind *die* konkrete Gestalt von Schillers „mystischer Potenz": der existierende Mensch und seine Idee vor sich gespielt: er an ihr (und damit an sich selbst) von sich selbst weg hängend, sie für ihn aufgeführt und – von ihm. *Diese* Situation, als immanente Daseinsanalyse verstanden – und das kann man, im Sinne Heideggers, zweifellos – wäre dann die Schlußformel für den philosophierenden Schiller. Aber sofern dieser ganze Vorgang, daß der Mensch vor seinem Lebensspiel schauend sitzt, ja, daß er dadurch (existentialontologisch) sein Schicksal zu „bannen" oder sich „anzueignen" versucht, und das Bühnenspiel selber so seltsam über sich hinweg auf den Schauenden rückweisenden, rück*mahnenden* Sinn zu haben scheint – insofern transzendiert diese ganze Situation sich selber, transzendiert Philosophie, und wäre sie Existentialontologie, sich selber und das Ziel des Verlaufs der Existenz wird Vorläufer in *neue* eschatologische Existenz.

IV. Die antikische Möglichkeit

In der Verdopplung schwerer Existenz und leichten Spiels („Ernst ist das Leben, heiter ist die Kunst") erweist sich die mystische Potentialität zwischen Zuschauer (Basis) und Spiel (Idee), ähnlich wie bei Novalis, geradezu als Unmittelbarkeit nicht nur zum Formalgöttlichen, sondern zum Formaltrinitarischen: Existenz spielt sich aus als Logos. Aber weil Spiel selbst nicht Existenz *ist* (wie der Sohn in Gott), bleibt es Nachahmung und Vorspiel, sofern das Verhältnis der Potentialität *formal* betrachtet wird. Aber indem wir uns nun vom Daß des Spieles zu seinem *Inhalt* wenden, zeigt sich das Seltsame: Inhalt ist die Existenz noch einmal. Der Mensch spielt *sich* und sieht *sich* spielen. Aber auch so kommt es zu keiner Identität zum Formal-Trinitarischen. Denn der Mensch im Spiel ist wiederum Mensch, und Mensch heißt wesentlich – Sichspielen. Die mystische Potentialität zwischen Zuschauer und Bühne kehrt also auf der Bühne selbst wieder, die „Idee" ist selbst Synthesis und das Ganze damit Synthesis der Synthesis.

Auf der Bühne stellt sich die ganze anthropologische Frage frisch und von neuem. Wallenstein, Maria Stuart, die Jungfrau von Orleans, die Braut von Messina sind je die ganze Frage nach dem Wesen des Daseins. Indem hier Schiller nicht mehr aus der Distanz der philosophischen Reflexion diese Frage beantwortet, sondern aus dem tätig sich lebenden Dasein selber heraus fragt, ist die Möglichkeit einer neuen, von der ersten verschiedenen Antwort gegeben. Auftritt der Mensch in Sicherheit-Unsicherheit, der in der *Situation* nicht „Zeit" hat, hinter die Kulissen der Existenz zu schauen, um in ihr zu bestehen, dem zum Leben nur das Licht der *Tat* und das des *Glaubens* leuchtet, der hier schärfer als ein Modus seiner Existenz erscheint. Der Mensch, der unmittelbar ins Schicksal als Gegenmacht gestellt ist, über das er nicht zu philosophieren hat, sondern das er bewältigen muß, für den es selber schon eine Weise der Bewältigung und vielleicht Nichtbewältigung ist, wenn er sich selber von sich (in einem „Spiel im Spiel") distanziert. So wird klar, daß Schicksal hier im zweiten Modus (von den drei zu Anfang aufgestellten) erscheint: als die vorläufig (in der ἐποχή des Daseins) schlechthin gegenstehende, gegenspielerische Macht.

In dieser Mitte steht nun vor allem entscheidend Wallenstein, als die vollständigste Weltdeutung Schillers aus dem existierenden Menschen heraus. Und indem Wallenstein in diesem Zentrum steht, laufen in ihm selber die möglichen drei Verhaltungsweisen zum Schicksal in eins zusammen, zwischen denen existierend zu wählen *sein* ganzes Schicksal ausmacht. Wallenstein ist, wie man meist es formuliert, „Realist" gegenüber dem Idealisten Max Piccolomini. Dieser „Realismus" sagt zunächst nichts anderes, als daß er sich sehr konkret in seine Existenz gestellt weiß und vor ein

Schicksal, das nur wählend-tätig zu meistern ist. Es sagt, daß Wallenstein sich zunächst im zweiten Modus vor dem Schicksal erkennt. Aber diese Tat, zu der er sich berufen weiß, ist *vor* allen staatspolitischen Aktionen eine innerliche Gewissenstat, letztlich die Wahl der Deutung des Schicksals nach dem ersten (immanenten) oder dritten (transzendenten) Modus:

„Es gibt keinen Zufall;
Und was uns blindes Ohngefähr nur dünkt,
Gerade das steigt aus den tiefsten Quellen.“[1]

Sein Schicksal tritt demnach unter drei verschiedenen Masken auf. Zunächst als blinde, feindliche Macht, dämonische Materie, oder auch furchtbare Notwendigkeit der Sterne, die der Mensch vielleicht in der *Über*macht eines Zaubers zu bannen, die er sich aber nie liebend-harmonisch anzugestalten vermag. Das ist Verendgültigung des zweiten (griechischen) Modus. Dann aber, durch Radikalisierung der Übermacht des Geistes über der Natur, als schlechthin immanentes Schicksal, sofern alle Notwendigkeit vom Seelenfünklein ausgeht. Mensch als Gesetzgeber der Natur:

„O, du wirst auf deine Sternenstunde warten,
Bis dir die irdische entflieht! Glaub mir,
In deiner Brust sind deines Schicksals Sterne.“[2]

Schließlich aber, gerade weil Wallenstein „Realist“ ist, tritt das Schicksal in einer völlig transzendenten Gestalt auf, der der Weltordnung und Vorsehung, deren personhaft-sichtbarer Exponent der Kaiser in Wien ist. Dadurch erst wird die Wahl wirklich zu einer dramatisch-tragischen. Was im gleitenden Übergang zwischen Selbstliebe und Gottesliebe bei Novalis-Hölderlin schlechthin verhüllt blieb, die personhafte Entscheidung des Menschen im Prometheuspunkt, ob er sich selbst zum Allschicksal machen oder ein Schicksal *über* sich anerkennen wolle, das wird hier zum konkretdramatischen Austrag gebracht. Das Personhafte des transzendenten Schicksals spitzt die Unterwerfung oder Ablehnung zu einer Frage von Treue oder Untreue zu – *wenn* es ein transzendentes Schicksal überhaupt gibt.

---

[1] VI, 172.
[2] 85.

So ist plötzlich offenbar, daß Wallenstein zur gewaltigsten Erneuerung der Prometheussituation wird. Er ist durch seine Stellung in ein „furchtbar ungeheures Dasein"[1] gestellt: absolute Macht – vom Kaiser erhalten zu haben:

„So ist's auch, das ist sein Beding und Pakt.
Absolute Gewalt hat er, müßt ihr wissen,
Krieg zu führen und Frieden zu schließen,
Geld und Gut kann er konfiszieren,
Kann henken lassen und pardonieren,
Offiziere kann er und Obersten machen,
Kurz, er hat alle die Ehrensachen.
Das hat er vom Kaiser eigenhändig."[2]

So versteht es Wallenstein selber:

Wallenstein: „Parole müssen sie mir geben, eidlich, schriftlich,
Sich meinem Dienst zu weihen *unbedingt.*
Illo: Warum nicht?
Terzky: *Unbedingt?* Des Kaisers Dienst,
Die Pflichten gegen Österreich werden sie
Sich immer vorbehalten.
Wallenstein (den Kopf schüttelnd): Unbedingt
Muß ich sie haben. Nichts von Vorbehalt.[3]
... Nur auf Bedingung nahm ich dies Kommando;
Und gleich die erste war, daß mir zum Nachteil
Kein Menschenkind, auch selbst der Kaiser nicht,
Bei der Armee zu sagen haben sollte."[4]

Prometheus ist „gegen Oben" Totalität (also Unabhängigkeit) in Abhängigkeit. Wallensteins Formel ist „des *Ganzen* Heil", in das letztlich auch der Machtgeber selbst einbegriffen ist.[5] Gegen „Unten", zur Welt hin, ist Prometheus einigendes, formgebendes, schöpferisches Prinzip. Im „Lager" wird besonders dabei verweilt, wie der Feldherr Abenteurer aus aller Herren Länder durch seinen bloßen Schöpferwillen zu kompakter Einheit einschmelzt, in den

---

[1] 111.
[2] 47.
[3] 84.
[4] 93.
[5] 92, 208.

„Piccolomini" edler, wie er auch die Heerführer gerade in ihrer unterscheidenden Eigenart sich in seine Totalität zu integrieren versteht:

„Jedwedem zieht er seine Kraft hervor,
Die eigentümliche, und zieht sie groß,
Läßt jeden ganz das bleiben, was er ist,
. . . so weiß er aller Menschen
Vermögen zu dem seinigen zu machen."[1]

Öfter fällt das Wort „erschaffen".[2] Und ganz idealistisch *ist* er wesentlich actio und kann nur durch sie, und durch die zugeordnete mystische Passivität existieren: „Wenn ich nicht wirke mehr, bin ich vernichtet."[3] In dieser wirkenden Weltmitte vermittelt er Gott der Welt („Vom Wallenstein erhielten wir den Kaiser erst zum Herrn. Er knüpft uns, er allein an diese Fahnen"[4]), und die Welt Gott („Wer anders macht ihn als seine Soldaten Zu dem großmächtigen Potestaten?"[5]), und wird damit zum unentbehrlichen, unabsetzbaren Mittler. Sein Untergang wäre eine Art Weltuntergang:

„Denn dieser Königliche, wenn er fällt,
Wird eine Welt im Sturze mit sich reißen,
Und wie ein Schiff, das mitten auf dem Weltmeer
In Brand gerät, mit *einem* Mal und berstend
Auffliegt und alle Mannschaft, die es trug,
Ausschüttet plötzlich zwischen Meer und Himmel,
Wird er uns alle, die wir an sein Glück
Befestigt sind, in seinen Fall hinabziehn."[6]

So *ist* er im Grunde das Höchste („Hier ist kein Kaiser mehr! Der Fürst ist Kaiser!"[7]); dadurch, daß er diese Mittlerrolle überhaupt schon so deutet, hat er sich als das Absolute gewählt („Fortan muß eignes Feuer uns erleuchten"[8]). Und das (weil er unter-

[1] 68; vgl. 46.
[2] 63, 112.
[3] 160.
[4] 63.
[5] 48.
[6] 141.
[7] 64.
[8] 76.

scheidend realistischer Prometheus ist), indem er das menschliche Odium des Verrats und der Untreue gegen ein vermeintliches transzendentes Schicksal auf sich nimmt.

Aber gerade *als* Symbol der Existentialität kann er weniger als Ofterdingen oder Empedokles das (immanente) Schicksal durch einen leichten Gestus sich aneignen. Als Mensch folgt ihm die Menschsituation mit ihrer Metaphysik auch in sein Promethidentum nach, und als Mensch ist er unrückführbar gesichert-ungesichert. Oder, was für Wallenstein tragischer ist, hat er sein Schicksal in-sich–über-sich. Prometheus könnte er nur dann sein, wenn er sein Schicksal über-sich so an sich zu ketten wüßte, daß er es von seinem Schicksal in-sich aus meistern könnte. Er müßte sich so über-sich erheben, daß er die höhere Mitte zwischen seiner zeitlichen Existenz und seinem Schicksal würde und so Ganzes und Teil zugleich wäre (Identität der Identität und Nichtidentität). Hier beginnt Wallensteins Magie.

Das für Schillers Gesamtdeutung unendlich Bedeutsame ist nun, daß Wallenstein diese höhere Synthesis *denkend* längst vollzogen hat. Er hat den Abfall vom Kaiser gedacht, mit dem Gedanken *gespielt* als mit seiner eigenen, schönen Idee („In dem Gedanken bloß gefiel ich mir; Die Freiheit reizte mich und das Vermögen“[1]). Aber dieses denkende Sichbemächtigen blieb vorerst, nach seiner Meinung, bloße „Indifferenz“ (zwischen Null und Unendlich). Er

> „spricht stundenlang mit uns von seinen Planen,
> Und mein' ich nun, ich hab' ihn – weg auf einmal
> Entschlüpft er, und es scheint, als wär' es ihm
> Um nichts zu tun als nur am Platz zu bleiben“.[2]

Illo und Terzky, die zum tätigen Abfall stacheln, entdecken in all seinen Verhandlungen mit dem Feinde nichts, was nicht als Spiel und „zum besten haben“ gedeutet werden könnte,[3] die Gräfin reizt ihn endlich offen, indem sie seine „Indifferenz“ Feigheit nennt.[4] In Wahrheit freilich hat Wallenstein in seiner astrologischen Magie den Übergang zur Tat längst angebahnt. In seinem geheimnisvollen Turm, dem Symbol des „Seelenfünkleins“, einge-

[1] 149.
[2] 97.
[3] 82.
[4] 158.

schlossen, berechnet er das anonyme Schicksal, das unfaßbar wie ein Meer um ihn brandet, berechnet den Augenblick, in dem diese Flut seinen Fuß tragen würde. Er will das entscheidende „Pfand vom Schicksal“,[1] den großen Augenblick der Koinzidenz des inneren und des äußeren Gesetzes, das Je-Ganz seines Glückes. In diesem Augenblick wäre der (scheinbare) Abfall möglich, gerechtfertigt, ja notwendig. Er ist Wallensteins Eschaton, und immer wieder ist von ihm einfach als vom „Äußersten“ die Rede.[2] So ist er in steter Sprungbereitschaft zur Tat, einer Haltung, die längst nicht mehr reine Indifferenz ist, sondern schon „Einübung in die Aneignung des Schicksals“. Es ist damit Existenz am Abgrund, wie seine Frau es spürt:

> „Und stets an eines Abgrunds jähem Rande
> Sturzdrohend, schwindelnd riß er mich dahin.“[3]

In seltsamer Weise hat sich das Eschaton der Magie von Novalis und Hölderlin zu Schiller ins dämonisch Tragische verwandelt. Dort waren in der Prometheussituation Macht und Hingabe unlösbar ineinander verfilzt, Gottesliebe und Feuerraub im Empedokles zur Einheit *einer Idee* verschmolzen. Hier treten beide unter dem schärferen Licht der Existenz auseinander zur Wahlsituation des Entweder-Oder. Hingabe hieße demütige Beugung unter den Kaiser. Magie ist eindeutig Macht. Die Ablehnung der Hingabe kann sich nur oberflächlich maskieren unter Vorschützung des rein-juridischen „Vertrags“-Verhältnisses,[4] dessen Bruch gewisse „Notwendigkeiten“ erlauben, während anderseits die ganymedische Hingabehaltung den „Sternen“ gegenüber ebenso oberflächliche Maske der Macht-Magie ist. Freilich ist es bedeutsam, daß dieses passive Element doch wiederum als Basis in Wallensteins Magie mit eingeht. Es führt klar die Magie des Empedokles (als „Mißbrauch der Liebe“) weiter.

Diese innere Dynamik von Wallensteins Magie legt sich breiter auseinander in den Figuren, die ihn flankieren und in ihrer Schicksalshaltung die Breite der Möglichkeit Wallensteins selbst entfalten. Ihre obere, „lichte“ Grenze ist Max Piccolomini. Max hat aus seinem Liebesverhältnis zu Thekla heraus ein tiefes Ver-

---

[1] 171.
[2] 20. 113. 84. 159. 167.
[3] 188.
[4] 94.

stehen für die Magie des Daseins, das ihm zum „Geisterreich“ hin offen steht. Er ist, als Kind-Jüngling, die Wiederholung der Möglichkeit Novalis-Hölderlins.

„O! nimmer will ich seinen Glauben schelten
An der Gestirne, an der Geister Macht.
Nicht bloß der *Stolz* des Menschen füllt den Raum
Mit Geistern, mit geheimnisvollen Kräften.
. . . Die Fabel ist der Liebe Heimatwelt.“[1]

Sein Verhältnis zum Schicksal ist daher reine Hingabe. Die untere, „dunkle“ Grenze bezeichnet die Welt Illos, Terzkys und der Gräfin, die zu der Wallensteins formal im selben Verhältnis steht wie die der Räuber zu Karl Moor. Hier ist Hingabe je schon schuldige Vermessenheit, das Fahrenlassen der inneren Reinheit und Sichüberlassen einem rein naturhaft hinwegreißenden Augenblick. Schicksal ist das bodenlose Meer des „Glücks“, auf dem der Mensch dahintreibt, Naturkraft unter Kräften. Dahinein suchen sie den zögernden Wallenstein, der seinen geisthaften Schlüsselposten nicht aufgeben will, zu locken.

„Die Gelegenheit
Soll ihn verführen . . . und steht's
Nur erst hier unten glücklich, gebet acht,
So werden auch die rechten Sterne scheinen.[2]
Die hohe Flut ist's, die das schwere Schiff
vom Strande hebt.“[3]

Im Verlauf des Stückes schlingen sich beide Welten ineinander und weisen so auf ihre gemeinsame Mitte, in der Wallenstein steht. Max-Theklas ideale Liebe ist umgriffen von der realistischen Diplomatie der Terzkys und geht daran unter (Thekla: „Trau' niemand hier als mir . . . Sie haben einen *Zweck*“[4]), aber im Untergang umgreift sie ihrerseits die realistische Welt und bringt sie zu Falle. Wallensteins scheinbare „Indifferenz“ zwischen diesen Möglichkeiten erinnert deutlich an die Stavrogins in Dostojewskijs „Dämonen“. Und wie dort diese Indifferenz als solche schon Schuld

[1] 105.
[2] 97-98.
[3] 85.
[4] 107.

ist, so bei Wallenstein. Indem er „wartet", hat er sich schon der „dunklen" Möglichkeit ergeben, beugt er sich schon unter das dämonische Joch. Indem er sich endlich dem trügerischen Meer anvertraut, hat ihn dieses schon naturhaft erfaßt und fortgeschwemmt und ihm seine Prometheusmacht entwunden:

„Wärs möglich? Könnt' ich nicht mehr, wie ich wollte?
Nicht mehr zurück, wie mirs beliebt? Ich müßte
Die Tat *vollbringen*, weil ich sie *gedacht*?[1]
Einmal entlassen aus dem sichern Winkel
Des Herzens, ihrem mütterlichen Boden . . .
Gehört sie jenen tück'schen Mächten an,
Die keines Menschen Kunst vertraulich macht."[2]

Die Synthesis ließ sich denkend festhalten, im Sprung der Tat ist sie losgelassen und dem Glück übergeben: „Und wenn es glückt, so ist es auch verziehn."[3] Das höchste Gelingen des Geistes ist dem Hasard des Abgrundes, der Natur anheimgegeben. Die herzustellende Einheit hängt an dem blinden Geschehen der Antithesis („Es gibt kein anderes Unrecht als den Widerspruch"[4]). So weiß Wallenstein wohl, daß der Augenblick, in dem er seine ganze Existenz als Teil unter die Synthesis des Schicksals beugt („Geschehe denn, was muß. Recht stets behält das Schicksal . . ."[5]), als solcher schon Schuld ist, nicht erst in seinem möglicherweise tragischen Ausgang. Darum seine Rechtfertigung des Dämonischen Max Piccolomini gegenüber, welche sehr nah an das Weltbild des späten Scheler heranrückt: Geist-Ohnmacht oben gegen Trieb-Macht unten, und Übergewicht dieses dämonischen Unten. Maxens „Geisterreich" entwertet er dabei zum Reich leerer Universalien, während er den Schicksalsabgrund zum göttlichen Ungrund, zum Gold- und Feuer-Grund, aber in einem über Novalis und Hölderlin hinaus dämonischen Sinn, potenziert:

„Dem bösen Geist gehört die Erde, nicht
Dem guten. Was die Göttlichen uns senden
Von oben, sind nur allgemeine Güter;

[1] 148.
[2] 150.
[3] 159.
[4] 162.
[5] 164.

Ihr Licht erfreut, doch macht es keinen reich,
In ihrem Staat erringt sich kein Besitz.
Den Edelstein, das allgeschätzte Gold
Muß man den falschen Mächten abgewinnen,
Die unterm Tage schlimmgeartet hausen.
Nicht ohne Opfer macht man sie geneigt,
Und keiner lebet, der aus ihrem Dienst
Die Seele hätte rein zurückgezogen."[1]

Diese Vernotwendigung der Schuld aber macht auf Max keinen Eindruck, sie ist zusehr nachträgliche Beschönigung. Er ruft schlicht seinen Freund zur Pflicht zurück. – Wallenstein wird, wie Empedokles, seine Hybris durch seinen Untergang sühnen. Aber dieser Tod ist kein kosmischer Opfertod mehr, in dem eine metaphysische Schuld sich in metaphysischer Reinigung verklärt. Im harten Licht der Existenz ist der Mythus der metaphysischen Schuld, wie Wallenstein ihn eben dichtete, nichts mehr als ein „Modus" seiner Existenz, subjektive Rechtfertigung für eine objektive *moralische* Schuld. Darum vollzieht sich die Katastrophe gerade umgekehrt wie bei Hölderlin. Dort findet der Held durch seine sühnende Hingabe den verlorenen Kontakt zwischen Geist und Natur wieder, die Synthesis zwischen ihm und dem Schicksal knüpft sich, der Himmel und die Erde stürzen apokalyptisch ineinander, indem das untere und obere Feuer das Opfer verzehren. Auch Wallensteins Ende ist apokalyptisch. Aber es wird zum grauenvollen Ende dessen, dem die Blindheit des Natur-Schicksals, dem er seinen Geist überantwortete, sich in eigene Blindheit verkehrt: Wallenstein verliert den Sinn und das Gespür des Herzens für das Schicksal. Seine Magie, in der die Hingabe an die Umwelt mißbraucht ist, isoliert ihn in eine reine Subjektivität hinein, die keinen Kontakt mit dieser Umwelt mehr findet. Die prometheische Existentialität löst sich vom Untergrund der Natur. Die Prometheuskraft, die er spürt und die allein die innere Intensität seiner Subjektivität ist, mißdeutet er als Gewalt über das Schicksal:

„Noch fühl ich mich denselben, der ich war!
Es ist der Geist, der sich den Körper baut,
Und Friedland wird sein Lager um sich füllen."[2]

---

[1] 169.
[2] 203.

Die sich immer schwüler um ihn zusammenziehende Wolke des Untergangs erscheint ihm als die eschatologische Stimmung eines kommenden goldenen Zeitalters.

> „Die Erfüllung
> Der Zeiten ist gekommen, Bürgermeister.
> Die Hohen werden fallen, und die Niedrigen
> Erheben sich . . .
> eine neue Ordnung
> Der Dinge führt sich ein . . .“[1]

Dieses Formal-Apokalyptische, als reine Abstrahierung aus dem Realen, was um Wallenstein geschieht („Sagt dir die innre Ahnungsstimme nichts?“ „Nichts! Sei ganz ruhig“[2]), läßt nun das Wort fallen, das diese Lösung des Geistes von seiner Umwelt „erklären“ will:

> „Von diesem Tag an, sagt man, ließen sich
> Anwandlungen des Wahnsinns bei ihm spüren.“[3]

Dieses Wort, mit dem Goethe Tassos analoges Schicksal beschließt, umgriff mit unheimlicher Realistik die ganze Empedokles-Tragödie und ihre Apokalyptik als einen „Modus der Existenz“, so wie sie des späten Nietzsche formale Apokalyptik umgreift. Ein Sturz des Knaben aus dem Fenster wäre der Anfang seines prometheischen Ausnahmedaseins gewesen, ein zweiter, geistiger Sturz, den in Regensburg aus des Kaisers Gnade heraus, trieb ihn vollends in eine mißtrauische, zur Magie verleitende Haltung der Welt gegenüber. Der für ihn tiefer klaffende Abgrund, die tragischere Unsicherheit des Daseins, hätten ihn, wie zur „Kompensation“, zum dunklen Prometheuswillen gestachelt.

Mag diese letzte Deutung, aus der vielleicht Schiller der Arzt, aber nicht Schiller der Dichter und Denker schaut, nur eine extreme Formel für die Spürlosigkeit Wallensteins bedeuten, sicher ist, daß Schiller Wallensteins Vereinzelung als Schuld seiner Hybris und diese selbst keineswegs als „notwendige Mittlerrolle“ auffaßt. Wallenstein ist Opfer seiner moralischen Schuld, und

---

[1] 229.
[2] 259.
[3] 228.

nichts weniger als kosmischer Opferer. Er ist nicht höchste, geistige Humanität:

„Ach, sein Herz ist noch
Den ird'schen Dingen zugewendet, nicht
Gefaßt ist er, vor seinen Gott zu treten."[1]

Wie sehr Schiller über seinen Helden den Stab bricht, zeigen die drei großen, folgenden Frauen-Dramen. Damit aber rückt sein eigenes Eschaton entschieden zur dritten Möglichkeit des Schicksals hinüber, die es als transzendente, in einer immanenten existentialontologischen Analyse nicht einzufangende göttliche Vorsehung begreift. Die mittlere, antikische Möglichkeit, die ἐποχή Wallensteins hat den Rückzug zur ersten, immanenten Deutung, sofern diese mehr als „Gedanke" und „Spiel", sofern sie existentielle *Tat* sein sollte, durch dessen schuldhaften Zugriff verboten. Das „Äußerste" der stellvertretenden Mitte des Ästhetischen (idealistisches Eschaton geschauter Ganzheit) geht über ins „Äußerste" der Eroberung dieser Ganzheit durch Magie (antikes Eschaton der Hybris-Ganzheit) und zerbricht zum „Äußersten" transzendentaler Ganzheit (christliches Eschaton). Diese drei Gipfel der Schillerschen Eschatologie stehen also nicht statisch nebeneinander, sondern die innere Dynamik der Welt Schillers ist Übergang von der ersten über die zweite zur dritten. Trotzdem bleibt die *ganze* Welt Schillers diese Dreigipfligkeit, mit einer die beiden Vorgipfel nicht endgültig aufhebenden Sinnrichtung ins Christliche.

V. Die christliche Möglichkeit

Die dritte Eschatologie zeichnet sich im Wallensteinschicksal negativ ab, sie erhält ihre positive Fassung in den drei Frauentragödien und im Maltheser-Fragment: „Tell" darf hier, als rein politisch-soziale Problematik, wie „Cabale und Liebe" und „Fiesco", außer acht bleiben. Das Wesentliche des „Don Carlos" liegt teils ebenso in dieser Sphäre (Posa-Problematik), teils in der Sphäre der Charakterproblematik, in die auch „Demetrius" und

[1] 266.

„Warbek“ gehören, ohne Entscheidendes zur metaphysischen Daseinsfrage beizutragen. Auch sie können deshalb hier unerörtert bleiben.

„Maria Stuart“ gibt für diese Möglichkeit die erste positive Lösung, „Die Jungfrau von Orleans“ und die „Maltheser“ den dazugehörigen metaphysischen Hintergrund, während die so gewonnene Weltschau in der „Braut von Messina“ abermals in ihrer Existentialität gezeigt wird.

„Maria Stuart“ also ist, gegenüber der scheiternden, die gelingende Apokalypse der Seele. Den Weg dahin bahnen die Gestalten von Max und Thekla. Er kann, gegenüber der vom Schicksal abtrennenden Machtmagie Wallensteins, nur in der Hingabehaltung zur Welt liegen, als Basis aller Zeugungshaltung in sie hinein. Vor dem Sprechen liegt für den Menschen ontologisch das Hören, Fühlen, Spüren. Schiller verherrlicht schon im „Wallenstein“ das Gespür des liebenden Herzens. Max ruft es seinem Vater zu: „Dein Urteil kann sich irren, nicht mein Herz.“[1] Und Thekla kennt keinen anderen Wegweiser durch das Wirrnis der sie umgebenden Kabalen als ihre „ahnungsvolle Seele“.[2] Zur vollen Thematik wird das Motiv in der „Jungfrau“ erhoben, wo Johanna mit magnetischer Sicherheit aus der Menge den sich verbergenden König herauserkennt und sich so als Gottgesandte bezeugt. Das Herz, das *hören* kann und so in Demut von sich wegsieht, ist der von Wallenstein vergeblich gesuchte Kompaß im Meer des Schicksals. Es ist als solches eine besondere *Frauen*tugend und kann sich daher an Maria Stuart und Johanna in Reinheit offenbaren.

Das hörende Herz ist, weil es Reinheit ist, auch der Gegensatz zum philosophierend-disputierenden und *so* von sich weglebenden. Die konstruierte Selbstrechtfertigung Wallensteins wurde von Max kurz abgewiesen. Über die eigene Schuld ist sich reine Existenz im klaren, jede Beredung erscheint ihr sinnlos. Königin Elisabeth wiederholt Wallensteins Methode, die existentielle Schuld räsonierend von sich zu distanzieren. Für Maria aber ist Schuld die offen zugestandene Tatsache. Über „Recht“ und „Unrecht“ ihres Todes ist sie bereit zu sprechen, nicht über ihre Schuld oder Unschuld.[3] Das „Unrecht“ ihres Todes läßt sie bis zum heftigsten

---

[1] 137.
[2] 186.
[3] Vgl. VII, 20.

Ausbruch der Entrüstung aufbrausen (in der Königinnenszene), die „Schuld“ ist auch in diesem Ausbruch nie geleugnet. Diese Schuld, die ihr Herz nur schmerzt, nicht trübt, ist sie bereit, mit dem Tode zu büßen, mit dem Akt der Demut also, der äußerstes Unrecht als äußerstes Recht verstehen kann. In diesem heroischen Händebreiten, das darum weder titanisch ist noch magisch, weil es Geste des schuldigen Herzens ist, „bewältigt“ sie das Schicksal und kann es sich angestalten. Im Fluchtpunkt des absoluten Unterganges der Existenz erhält das schmerzliche Wort an Elisabeth seinen Sinn: „Ihr habt das Äußerste an mir getan . . .“,[1] *und* das andere, das in diesem Eschaton zugleich den ungeheuren Wendepunkt sieht:

„. . . daß meiner Leiden Ziel
Nun endlich naht, daß meine Bande fallen,
Mein Kerker aufgeht und die frohe Seele sich
Auf Engelsflügeln schwingt zur ew'gen Freiheit.“[2]

Die Öffnung des hörenden Herzens, das in das Schicksal hinaus als in das *andere* zu lauschen versteht, sie bewirkt, daß die Verklärung des Herzens in seinem Untergang als ein synthetisches, von einer über dem Individuum stehenden Macht gestiftetes, als *gnadenhaftes* Geschehen vernommen wird. Kants Ruf nach diesem Geschehen, das allein den Menschen vollenden könnte, erhält ein Echo von drüben her. Freilich ist es noch nicht die Synthesis, die Kant forderte, da die Sinnlichkeit hier untergeht. Es ist aber etwas wie der beginnende Prozeß dieser Synthesis, sofern in diesem Untergang die Sinnlichkeit wesentlich *versöhnt* ist. Die gnadenhafte Verklärung der Seele greift zwar nicht über auf das feindliche, mordende Schicksal, aber in dieser Verklärung wird doch schon die *ganze* Existenz durchsichtig, „ein schon verklärter Geist“.[3] Die Macht des Schicksals ist an ihm voraus zerbrochen. In der vollen Öffnung dem Gnadenlicht, als in der Wehlosigkeit des Herzens bis in sein Innerstes hinein (in Schulderkenntnis) und seiner restlosen Armut („Lebt wohl! – Jetzt hab ich nichts mehr auf der Erden!“[4]) gewinnt die Seele ein wirkhaftes Leuchten, das alles auf die Knie zwingt und die

[1] 82.
[2] 119.
[3] 130.
[4] Ebd.

feindliche Dunkelheit des gegenstehenden Schicksals durchlichtet. Folgerichtiges Sinnbild (mehr ist es hier nicht) dieser inneren Verklärung ist das Sakrament, das Maria vor dem Hingang empfängt. Es ist die äußere Darstellung des inneren „Sakraments" der Demut, das die Apokalypse des Herzens wirkt.

Was Maria Stuart in ihrem letzten Augenblick erreicht, das voll-verklärte Dasein, soll in der Jungfrau von Orleans dauernder Lebenszustand sein: Existenz im Schicksal, das als gnadenhaft verklärtes dieses Schicksal je schon hinter sich hat. Eine solche Existenz hat ihr notwendiges Sinnbild in Johannas Magdtum, und dieses besagt wiederum, daß jene nur als eine sozusagen dauernde Gnade verstehbar wäre. Nicht vor allem deswegen, weil sich selbst überlassene Existenz notwendig Schuld wäre, sondern primär darum, weil die *volle* Durchsichtigkeit und das restlose Gehörsein der Seele selber je nur als Gnade gedacht werden kann. Das in Liebe ganz durchhellte Dasein hat als *Sinn* die Durchsichtigkeit des Werkzeugs für ein Werk der Vorsehung, sie allein hat die Unbeirrbarkeit des Kompasses, die Ungetrübtheit des reinen Mediums:

„Und nimmer irrend in der zitternden Hand regieret
Das Schwert sich selbst, als wär' es ein lebend'ger Geist.
. . . Die reine Jungfrau nur kann es vollenden."[1]

Scheinbar ist ein solches Dasein das einer kindhaften Vorexistenz, eines Geniusdaseins im Sinn Hölderlinscher Jugendträume, und so eines im umfangenden „Arme der Götter" sicher geborgenen Lebens. Doch ebendaran, daß Schiller die Jungfrau *nicht* so auffaßt, zeigt sich, daß es hier wirklich um die dritte Möglichkeit des Schicksalsverständnisses geht. Freilich schwebt Johanna fast geschlechtlos über dem gewöhnlichen Treiben des Lebens, legt sich ein unsichtbarer Feuerkreis um sie, wie um eine Walküre. Aber in diesem Zustand *ruht* sie nicht, sondern *hängt* sie von Augenblick zu Augenblick am Faden der Gnade. Nicht als ob sie deswegen *Angst* empfände, zu „fallen". Wohl aber spürt sie die Notwendigkeit, in einer sieghaften Unruhe von Tat zu Tat fortzustürmen und in der ständigen Anspannung des Hörens auf die möglichen göttlichen Aufträge zu verharren. So ist ihr Leben keineswegs kindhafte Vorexistenz, sondern wirklich

---

[1] 205, 221.

eschatologische Existentialität. Sie wirkt freilich, wo sie auftritt, wie ein „schöner Schein“, aber bezeichnenderweise nicht wie eine existenzfremde „Erscheinung“, sondern als sehr reale, gute oder böse Macht. Sie ist also weder „Anmut“ noch „Würde“ im Sinn der philosophischen Eschatologie Schillers, sondern durchaus vorausgenommene eschatologische Ganzheit. „Gesichert“ aber ist diese Existenz nur durch das ganze Von-sich-weg, also ihre volle „Entsicherung“, nichts ist in ihre Macht gegeben als ihr eigenes Vertrauen auf die Gnade, das aber selber kein Halten, sondern nur Bereitschaft ist. In diesem Vertrauen ist Johannas Dasein eschatologisch gesichert, sosehr es noch im Abgrund des Schicksals hängt. Im Loslassen dieses Vertrauens ist es *völlig* entsichert, weil sein Wesen transzendentale Wehrlosigkeit ist. *Ein* Blick Johannas genügt, um die Gnadenkette, in der sie hängt, zu zerreißen, um sie diesem Zustand preiszugeben. Dieser Blick ist Schuld –, moralische, nicht metaphysische. Der Abgrund aber, in den sie dadurch geworfen ist, scheint nun freilich erst ihre volle Menschwerdung zu vollziehen, sie zum Menschen unter Menschen, und so aus einem traumhaften Genius zu einer real-existierenden Lebendigen zu machen.[1] Es ist unzweifelhaft, daß gewisse Motive zu dieser Deutung verleiten, ja es wäre verwunderlich, wenn Schillers Ganzheit (die auch seine idealistische und antike Möglichkeit umfaßt) hier nicht irgendwie zum Ausdruck käme. Das Schlüsselwort des geheimnisvollen Schwarzen Ritters: „Töte, was sterblich ist“, sosehr es *Warnung* vor dem Fall sein will, führt doch gerade so zur Aufmerksamkeit auf dieses Sterbliche, diese überklärte dunkle Basis des Daseins und so zur Ablenkung vom reinen Von-sich-weg-sehen. Und so würde Johannas Fall im dionysischen Sinn notwendige Vorbedingung ihrer Reinigung, die der Gnade anders nicht zugetraut würde. Wie es mit diesem durchkreuzenden Motiv auch immer sei, die vorwiegende Richtung des Schauspiels zeigt sich dadurch als die christliche an, daß Johannas Ausnahme-Dasein nicht als Präexistenz, sondern als eschatologische Existenz gezeichnet erscheint. Auch die nach ihrem Fall wiederersehnte unschuldige Jugendzeit, das Auftauchen der Verwandten und des Jünglings, der sie zuerst liebte: auch das ist *mehr* Sinnbild für die verlorene Existenz in Gott, denn als Hölderlinsche Sehnsucht nach der Präexistenz des Kindes. Das

[1] Vgl. z. B. die Deutung Korffs (Geist der Goethezeit, II).

*Sehend*werden ist unmittelbarer zum Sehendwerden Evas („Da gingen ihnen die Augen auf und sie erkannten, daß sie nackt waren") aus dem „blinden" Gehorsam des Gottgeführtseins heraus, denn als zum Sehendwerden Schellings. „Verdient' ich's, die Gesendete zu sein, wenn ich nicht blind des Meisters Willen ehrte?"[1]

„Unglückliche! Ein blindes Werkzeug fordert Gott,
Mit blinden Augen mußtest du's vollbringen!
Sobald du *sahst*, verließ dich Gottes Schild,
Ergriffen dich der Hölle Schlingen!"[2]

Aber dennoch ist, auch im *christlichen* Verstande, das Sehendwerden in der Schuld Erblicken einer *Wahrheit*, und so ein tragisches Zusichkommen und „Fürsichsein". Aber das Fürsichsein endlicher Existenz ist, wie gesagt, hier *moralische*, nicht metaphysische Schuld. Endliche Existenz hat, im Christlichen, nur eine exzentrische, im Jenseits Gottes zentrierte „Wahrheit", sein „Fürsich", als *seine* Wahrheit, ist Schuld und Lüge. Sofern nun freilich, auch im Christlichen, diese Schuld Basis *aller* menschlichen Existenz ist (im Geheimnis der Sünde des ganzen Geschlechts) und, in der konkreten Weltordnung, *alles* Heil nur durch die Hölle der Gott-Trennung hindurch erreichbar ist, insofern ist Johannas Fall, auch christlich verstanden, ihre volle Menschwerdung:

„Mich der Schuld dahinzugeben,
Ach! es war nicht meine Wahl!"[3]

Durch die Erfahrung hindurch, daß des *Menschen* „Wahrheit" – die Ent-Deckung seiner dunklen Basis – nicht des Menschen *Wahrheit* ist, reinigt sich Johannas Existenz in Gott zur nunmehr „sehend blinden". Durch diese Reinigung lernt das Herz, durch die Endlichkeit *hindurch*zuschauen und so sie zugleich zu sehen und nicht zu sehen. „Voir sans regarder", nannte es Franz von Sales. Dieses menschliche Eschaton erringt sich aber nur im völligen Verbrennen des Herzens. Schiller hat den Scheiterhaufen, den Johanna am Ende ihres Lebens be-

[1] 255.
[2] 234.
[3] 235.

steigt, nicht auf die Szene bringen wollen, aber er ersetzt ihn durch eine innerliche Verbrennung ihres Herzens, analog dem apokalyptischen Scheiterhaufen des Herzens in Novalis' Märchen. Es ist nun nicht nur, wie in „Maria Stuart", das Bittere, Unrecht als Strafe hinnehmen zu müssen (in der öffentlichen Anprangerung Johannas als Hexe und Metze), sondern darüber hinaus das innere Durchkosten der Bitterkeit menschlichen Fürsichseins als Gottverlassenheit:

„Doch in der Öde lernt' ich mich erkennen . . ."[1]

Und so erfüllt sich das dionysische Grundgesetz des „brennenden Dornbuschs" nun auch an ihr, nicht mehr als metaphysisches Weltgesetz mystischer Potentialität, sondern als das besondere Geschöpf-Gesetz christlicher Menschheit:

„Wie wird mir? – Leichte Wolken heben mich –
Der schwere Panzer wird zum Flügelkleide,
Hinauf – hinauf – die Erde flieht zurück –
Kurz ist der Schmerz, und ewig ist die Freude!"[2]

Ist das Historisch-Christliche in „Maria Stuart" noch reine Symbolik, in der „Jungfrau" noch leicht romantisch verfernt und vom Dionysischen durchquert, so tritt es in den „Malthesern" rein hervor. Es grenzt sich hier nun ausdrücklich gegen das Konfinium des Antiken (und Idealistischen) ab. Schon der Schauplatz wird von Schiller symbolisch gewählt: Malta ist „die äußerste Brustwehr der christlichen Welt".

„Die im äußersten Mittelmeer
Gegen der Heiden Land
Da steht, die letzte äußerste
Christliche Insel!
Schanze!
Schanze des Kreuzes!"[3]

In dieser Eschaton-Stellung muß sich notwendig die entscheidende Auseinandersetzung beider Eschatologien vollziehen. Sie wird sich fortführen in der „Braut von Messina", die einen benach-

[1] 255.
[2] 268.
[3] IX, 89.

barten, doppelt symbolischen Schauplatz hat. Einmal im selben Sinn wie die Maltheser: „Das Christentum war zwar die Basis und die herrschende Religion, aber das griechische Fabelwesen wirkte noch in der Sprache, in den alten Denkmälern, in dem Anblick der Städte selbst, welche von Griechen gegründet waren, lebendig fort, und der Märchenglaube sowie das Zauberwesen schloß sich an die maurische Religion an."[1] Also keineswegs antike Schicksalstragödie, sondern Christentum als *Basis* mit antiker und islamischer Schicksals- und Magie-Existenz als Überbau. Dann aber liegt Messina am *Fuß* des Ätna, und so auch gegenüber der idealistischen Höhe des Empedokles der symbolische Schauplatz tieferer und vulkanisch-ungesicherter Existenz.

Die „Maltheser" zunächst zielen ausdrücklich auf den Punkt, wo christliche Existenz in Wettstreit mit der vollen Fragebreite der dionysischen treten soll, die christliche Entsprechung also des „Prometheuspunktes". Es geht thematisch um die höchste Spitze möglichen Daseins, um die Realisierung des „Halbgottes" im Menschen: Die Ordensritter „erscheinen als eine höhere Menschenart unter der übrigen Welt, weil sie künstliche Naturen sind und durch ihre Gelübde sich ausgeschlossen. Wer sich entschließen kann, weniger zu bedürfen, sich selbst weniger nachzugeben, sich mehr zu versagen, und mehr aufzulegen, der ist mehr als ein gewöhnlicher Mensch. In den Stamm schießt der Saft, der sich sonst in den Zweigen erschöpft, und der Mensch kann zum Heroen und Halbgott werden, wenn er gewissen Menschlichkeiten abstirbt".[2] Prometheus der Opferer wird hier aus einer ontologisch eingeschränkten Existenz zur christlich sich selber einschränkenden. Die „klassische" Resignation blickt Aug in Aug der christlichen Idee des Gelübdes. Das in „Maria Stuart" und der „Jungfrau" verhaltene Thema wird hier ausdrücklich. Maria ist der Weg zur vollen Armut des Herzens. Das Stück beginnt mit der Plünderung ihrer Wertsachen und endet in der Entblößung der Seele: „Jetzt hab' ich nichts mehr auf der Erden." Johanna ist das Ideal der Keuschheit, als der vollen Bereitschaft für eine transzendente Liebe. Der Maltheser ist der volle Gehorsam, als Vollstufe christlicher Bescheidung. Er ist *damit* Vollform aller drei Gelübde, die im dritten gipfeln, welches somit auch Zentrum des Ordensgeistes ist: „Aber zu einer blinden Unterwerfung unter ein

[1] VII, 275-276.
[2] IX, 49.

so grausames Gesetz gehört der *reine Geist des Ordens*, weil die Unterwerfung *von innen* heraus geschehen muß, und nicht durch äußere Gewalt kann erzwungen werden. Es gehört dazu: 1. eine blinde Ergebung in den Schluß des Großmeisters, also die Überzeugung von seiner Gerechtigkeit und Weisheit; 2. eine fromme, religiöse, von allen anderen menschlichen Interessen abgezogene Denkart, verbunden mit einem hohen Heroismus."[1] „*Blinde* Resignation"[2] ist für Schiller ausdrückliche Formel des Christlich-Prometheischen gegenüber dem Natürlich-Prometheischen, und die innere Handlung des Dramas besteht darin, den Übergang vom zweiten zum ersten zu schildern. „Das Stück fängt damit an, zu zeigen, daß die Ritter alles andere als idealistische Personen und kriegerische Mönche sind. Nur der Buchstabe der Regel ist sichtbar. Der Großmeister muß den Orden erst erschaffen." „Kühn und tapfer sind die Ritter, aber sie wollen es noch auf eigene Weise sein und sich nicht mit *blinder* Resignation dem Gesetz unterwerfen. Der Augenblick fordert einen *geistlichen* (idealistischen) Sinn, und ihr Sinn ist *weltlich* (realistisch) . . . Sie sind Helden, aber nicht christliche."[3] Die äußere, höchst ungesicherte Situation: die schwer haltbare Festung St. Elmo in höchster Bedrohung, die der Großmeister um jeden Preis halten will, ist nur Sinnbild der inneren Lage des Ordens. Aber beide sind innig verbunden: indem der Großmeister im Kampf um die Existenz des Ordens diesen „erschafft", gewinnt er die Kräfte, den äußeren Existenzkampf durch die gefügig gewordenen „Werkzeuge", die geistlich gewordenen Helden, zu meistern. Die idealistisch-immanente Inokulation des Schicksals wird hier zur christlichen Inokulation des geistlichen Gesetzes, als die Aneignung der „Regel als Buchstabe", der äußeren Klostermauern zur „Regel als Geist", wobei die äußere Mauer fallen kann, weil sie zur Klausur des Herzens sich verinnerlicht hat:

„Die Wälle sind zerstört. Wohinter sollen wir stehen?
Hinter eurer Pflicht. Eure Gelübde sind euer Wall,
der Johanniter braucht keinen andern.
Wir sind Menschen.
Ihr sollt mehr sein."[4]

---

[1] 52-53.
[2] 53.
[3] 53.
[4] 49.

Die Selbsterziehung der Ritter, die zu Anfang „ungehorsam . . ., unkeusch . . ., habsüchtig“[1] sind, ist also letztlich eine solche zur Blindheit der *Demut*. Sie ist es, die Schiller an diesem Ideal so innig festhalten,[2] und den dramentechnisch schwierigen Stoff immer wieder, von der Don-Karlos-Zeit bis in die letzten Lebensjahre, vornehmen ließ. Ein Teilmotiv kommt im „Kampf mit dem Drachen“ zur Ausgestaltung, und das Gedicht „Die Johanniter“ feiert dieses Optimum des christlichen Prometheus:

„Religion des Kreuzes, nur du verknüpftest in *einem*
Kranze der Demut und Kraft doppelte Palme zugleich!“

Die Problematik der eschatologischen Totalität des Menschen geht hier insofern über „Maria Stuart“ und „Die Jungfrau“ hinaus, als das eigentliche Thema nicht mehr die Reinigung des inneren Menschen durch den äußeren Untergang ist (dieses Motiv bleibt in den „Malthesern“ ein Teilmotiv, eine *Episode*: im Tod eines Hauptheldens von St. Elmo), sondern die Darstellung der vorausgenommenen eschatologischen Vollexistenz selber. Darum darf Schiller es wagen, am Schluß auch den *äußeren* Sieg über die Feinde (das „Schicksal“), die Rettung von St. Elmo zu zeigen. Die „Maltheser“ sind somit der menschliche Weg von unten empor zu jener Vollexistenz in Gott, die in der „Jungfrau von Orleans“ als Berufung von oben herab von vornherein im fertigen Zustand geschildert wird. *Darum* geht es hier um die äußerste Verteidigung von St. Elmo: „Die Existenz des Moralischen kann nur durch die Totalität bewiesen werden . . . Das Unmögliche muß geschehen, aller Kalkul menschlicher Kräfte muß aufgehoben werden, die Tapferkeit der Ritter muß absolut und unbedingt erscheinen. Darum ist es nötig, daß das äußerste Werk wie das innerste mit der Totalität verteidigt werde.“[3]

In der Mitte des Ganzen steht der Großmeister, der die Vollkommenheit des menschlichen Herzens darstellt. Er durchpulst mit seiner Humanität den ganzen Orden wie eine „synthetische Person“ und kämpft ihn zu seiner eigenen Vollkommenheit durch. In dieser Vollendungshöhe erhebt sich der Mensch gewiß ins „Halbgöttliche“

---

1 47.
2 Vgl. S. 40, Zeile 10-15.
3 56.

und so zu einer Ausnahmeexistenz. Die Gelübde sind Zeichen und Sinnbild dieser Aussonderung, als Behauptung des Geistes „gegen die Natur selbst".[1] Aber doch nur Sinnbild. Denn für Schiller ist der geistliche Ritter, sosehr er dies nur durch eine transzendente Berufung werden kann, doch höchste Blüte der Humanität überhaupt und so ein Eschaton für jeden Menschen. Die „Blindheit" des Gehorsams nur äußere Darstellung jener wesentlichen, sehenden Blindheit, zu der die Menschennatur überhaupt, als zu ihrer „Wahrheit", berufen ist.

Im Übergang von der „Jungfrau" zu den „Malthesern" zur „Braut von Messina" aber erscheint ein weiterer Gesichtspunkt der christlichen Problematik in immer hellerer Beleuchtung: das Problem der Menschheit als sozialer Einheit, das an sich eine eigene, von der politisch-sozialen Problematik Schillers (von Cabale–Fiesco–Posa zu Tell) unabhängige Denklinie darstellt. „Die Jungfrau" war das Eintauchen einer (labilen) Ausnahmeexistenz in Gott in das Allgemeinmenschliche der Schuld. „Die Maltheser" umgekehrt die Reinigung eines kollektiven Helden aus dieser Schuld heraus. In der „Braut" wird diese quasi-ontologische Schuldhaftigkeit aller menschlichen Existenz vollends zum Hauptthema. Schillers Nachlaß weist noch zwei andere Entwürfe auf, die in gleicher Richtung deuten. Einmal den Plan einer Fortsetzung der „Räuber": „Man müsse eine tragische Familie erfinden", fiel ihm einmal ein, „ähnlich der des Atreus und des Laïus, durch die sich eine Verkettung von Unglück fortzöge. Am Rhein, wo die Revolution so viele edle Geschlechter vom Gipfel des Glückes herabgestürzt, und wo in schwankenden Verhältnissen der Doppelsinn des Lebens die ebene Bahn leicht verwirren könne, sei der passendste Platz für ein solches Gemälde des Menschengeschickes in seiner Allgemeinheit."[2] Dann das Trauerspiel „Die Polizei". „Ein ungeheures, höchst verwickeltes, durch viele Familien verschlungenes Verbrechen, welches bei fortgehender Nachforschung immer zusammengesetzter wird, immer andere Entdeckungen mit sich bringt, ist der Hauptgegenstand. Es gleicht einem ungeheuren Baum, der seine Äste weitherum mit andren verschlungen hat, und welchen auszugraben man eine ganze Gegend durchwühlen muß."[3] Statt die Chronik der allgemeinen Schuld aufzurollen,

[1] Ebd.
[2] IX, 15.
[3] 105.

wie es diese Entwürfe andeuten, gibt „Die Braut von Messina“ nichts als den *Zustand* in dieser Schuld. Die Handlung ist hier selber nur lyrisch, nur die Selbstaussprache des Zustandes, der sozusagen der allgemeine, anonyme Hauptheld ist. Darum bleiben die Charaktere ganz allgemein, gleichsam nur unvollkommene Individuationen der Kollektivität, nur soweit vereinzelt, daß sie imstande sind, das Erlebnis der Existentialität des Zustandes zu erwecken. Die Schuld ist zunächst unübersehbar und unumgreifbar. Der Bruderhaß Cäsars und Manuels weist ins Dunkel der Kindheit zurück und steigt so vulkanisch aus naturhaften Urgründen auf, ohne deswegen weniger geistige Schuld zu sein:

„Hier ist das Mein und Dein
Die Rache von der Schuld nicht mehr zu sondern.
– Wer möchte noch das alte Bette finden
Des Schwefelstroms, der glühend sich ergoß?
Des unterird'schen Feuers schreckliche
Geburt ist alles, eine Lavarinde
Liegt aufgeschichtet über dem Gesunden,
Und jeder Fußtritt wandelt auf Zerstörung . . .
Der Mann
Will seinen Haß und keine Zeit verändert
Den Ratschluß, den er wohl besonnen faßt.
Doch *eures* Haders Ursprung steigt hinauf
In unverständ'ger Kindheit frühe Zeit . . .
Fragt nicht zurück, was euch zuerst entzweite:
Ihr wißt es nicht . . .“[1]

Die Schuld als Schicksal unterwühlt hier alles, es gibt keine Rettungsinseln. Beatrice wird aus der Sicherheit ihres Klosters von ihr weggeschwemmt, und Schicksal spült auch bald wieder die erste Versöhnung der Brüder hinweg. Die doch in der *Idee* gesicherte Existenz des Empedokles am Kraterrande ragt nur von ferne in das Stück hinein in der Gestalt des Ätna-Einsiedlers, der aber nur herunterkommt, um den Fluch des Daseins zu verkündigen.[2] Die letzte Wirklichkeit ist „ein ewiges Schwanken und Schwingen und Schweben Auf der steigenden, fallenden Welle des

---

[1] VII, 294.
[2] 342.

Glücks".[1] So sehr, daß dem Chor der geschlossene Friede als notwendige Unwahrheit erscheint:

„Auf den Wellen ist alles Welle
Auf dem Meer ist kein Eigentum . . .
– Sorge gibt mir dieser neue Frieden
Und nicht fröhlich mag ich ihm vertrauen;
Auf der Lava, die der Berg geschieden,
Möcht ich nimmer meine Hütte bauen."[2]

Und indem die apokalyptische Flamme bald vernichtend ausbricht, ist es statt heroischen Sturzes („ins All zurück die kürzeste Bahn") und hervorschlagender Opferfeuer ausgegossene Zornschale von oben. Reinigung *dieser* Existenz ist nur in einem vollen Jenseits ihrer denkbar. Das ist der Sinn des gegen alle Einwürfe fest verharrenden Todeswillens Cäsars. *Hier* ist das Letzte die Wehrlosigkeit des Herzens, die sich nicht sperrt, im ungeheuren Ozean der Welt mitzutreiben und so zugleich die immanente Schuld sich aussprechen und die Armut des „Keinen Grund unter sich, keinen Besitz Habens" als Reinigungsweg sich einleiten läßt:

„Nicht an die Güter hänge dein Herz,
Die das Leben vergänglich zieren!
Wer besitzt, der lerne verlieren!
Wer im Glück ist, der lerne den Schmerz!"[3]

Drüben allein wohnt das Hassende liebend beisammen, „versöhnt auf ewig in dem Haus des Todes":[4]

„Der Tod hat eine reinigende Kraft,
In seinem unvergänglichen Palaste
Zu echter Tugend reinem Diamant
Das Sterbliche zu läutern und die Flecken
Der mangelhaften Menschheit zu verzehren."[5]

Er wird zum Kardinalpunkt des Daseins, in welchem die tragisch fallende Kurve in jähem Umschwung sich hebt: „Ein mächtiger

[1] 305.
[2] 306.
[3] 348.
[4] 362.
[5] 361.

Vermittler ist der Tod."[1] Mit der reinen Leidenschaft dieser bloßgelegten Kurve der Existenz formalisiert die „Braut von Messina" sozusagen das individuelle, persönliche Geschehen der zwei ersten Frauentragödien zur Reinheit menschlicher Existentialität. Tieferes Eintauchen in die dunkle Flut, glühenderes Sich-von-sich-Wegreißen in der Transzendenz des Todes. Die formale Reinheit der Linie, die als Ganzes fast Ornament wird, „Mäander der Pfade", könnte, obenhin betrachtet, als Rückbiegung ins Existentialontologische des ersten Schiller erscheinen. Aber es ist tiefer seine Hinüberklärung in die Reinheit der Bescheidung, deren Existentialität eine nach drüben offene, sich hinschwingende Kurve bleibt. Es ist Schillers eigene Linie.

Sie wird noch einmal in kurzer Zusammenschau in seinen Gedichten faßbar, die nichts als eine Kette von Symbolen für sein einziges, immer neu formuliertes Problem sind: Existenz im Schicksal. Wie ein Filmband gibt diese Symbolreihe die Bewegtheit dieses Daseins anschaubar kund. Ja die fast plakathafte Bildersprache der Balladen vermag zum Teil noch abschließender als die Dramen Existenz im Abgrund zu schildern.

Zunächst die Dämonie der vollen Ungesichertheit, extrem im „Ring des Polykrates", für den das Band zwischen Mensch und Schicksal geradezu zum grauenvollen Zeichen der Verworfenheit wird: „Die Götter wollen dein Verderben." Von hier aus erscheint das Aufbrechen der Kluft zunächst als *die* Wahrheit des Menschen, Kunst, die sie überdeckt als „lieblicher Betrug" („Die Künstler"), den „Kassandra" verflucht ist, ewig durchschauen zu müssen:

„Nur der Irrtum ist das Leben
Und das Wissen ist der Tod.
Nimm, o nimm die traur'ge Klarheit,
Mir vom Aug' den blut'gen Schein!
Schrecklich ist es, deiner Wahrheit
Sterbliches Gefäß zu sein . . .

Wer erfreute sich des Lebens,
Der in seine Tiefe blickt."

Hiehier gehören, trotz allem, auch „die Götter Griechenlands". Kassandras Hadern mit dem offenbarenden Gott ist zum Hadern

[1] 360.

des christlichen Menschen über den geraubten „schönen Schein" gewendet. Christentum ist eins der vielen Worte, die die Entsonnungsseite des Daseins bezeichnen, wenngleich, tiefer gefaßt, das Entscheidende. „Mechanismus", „Realismus des Arztes", „Tod", „Wissen", „Schicksal", „Wahrheit", „Christentum" sind je verschiedene Ansichten der Antithesis zur Thesis „Schönheit". Die „Worte des Wahns" fassen diese Seite nochmals zusammen: Goldene Zeit, Glück, Wahrheit sind diese dem Menschen unzuständigen Worte. Aber das Gedicht leitet zu einer tieferen Sicht über:

„Es ist nicht draußen, da sucht es der Tor;
Es ist in dir, du bringst es ewig hervor."

Rückweisung zum Seelenfünklein, aber darum keine Introversion. Denn dieses innere Heiligtum leuchtet nur im Kampf mit dem Schicksal auf, in der heroischen Existenz im Abgrund. Negativ wird das am „Bild von Sais" deutlich. Die Hybris des Adepten ist nicht, nach Wahrheit zu *streben*, sondern sie *schauen* zu wollen, statt sie zu leben.

„Er rufts mit lauter Stimm': ‚ich will sie schauen.' Schauen!
Gellt ihm ein langes Echo spottend nach."

Die Wahrheit, das innerste Heiligtum, erblickt man nur im Spiegel der Tat, im Kampf mit den Mächten des abgründigen Schicksals. So wissen es die „Sprüche des Konfuzius":

„Grundlos senkt die Tiefe sich . . .
Soll sich dir die Welt gestalten;
In die Tiefe mußt du steigen . . .
Nur die Fülle führt zur Klarheit
Und im Abgrund wohnt die Wahrheit."

Sofern dieser Abstieg nicht, wie bei Novalis, mit dem Heben des Schleiers von Sais identisch ist, nicht einmal, wie bei Hölderlin, Sturz ins göttliche All, sondern Versinken ins Grundlose, Unbekannte, ist Schillers Existenz erst eigentlich herorische. Am grandiosesten im „Taucher": Sprung in den Strudel hinab, der sich drunten vollends als das „Bodenlose", die „purpurne Finsternis", der „scheußliche Höllenrachen" offenbart. Wenn bei Novalis das Gold wohlgesichert in uralten Adern glänzt, hängt hier der goldene Becher an den spitzen Korallen eines ragenden Felsenriffs, an das der Held vom Glück des Schicksals gespült wird. Und sein Aufstieg aus der „traurigen Öde“ ist kein sieghaftes Heimkehren, sondern neues Hinweggerissenwerden vom Strudel des Schicksals „mit rasendem Toben“. Der erste Sprung des Tauchers ist nicht Hybris, sondern Existenz überhaupt. Sie dringt nicht auf den Grund, denn auch von dort, wo sie das Gold der Wahrheit fand, ragt's unter ihr noch bergetief. Der König erst ist Prometheus, wenn er den zweiten Sprung fordert, und Kunde von „des Meers tiefunterstem Grunde“ heischt. Aber über diesem Sprunge schließt sich der Abgrund. Existenz als dauerndes Weilen in der Gefahr des meerhaften Schicksals wird endlich in „Hero und Leander“ zum vollkommenen Bild. Auch und gerade das Höchste menschlichen Daseins, Liebe, geschieht über dieses Medium hinüber und erhält selbst von dieser Abgründigkeit ihre dunkelglühende menschliche Qualität.

„Der hat nie das Glück gekostet,
Der die Frucht des Himmels nicht
Raubend an des Höllenflusses
Schaudervollem Rande bricht.“

Aber gerade jetzt spitzt sich die Problematik wie vielleicht sonst nirgends in Schillers Werk zu. Das Prometheische der Macht („Wallenstein“, „Taucher“) wird von ihm leicht von der christlichen, heroischen Existenz des geistlichen Helden überwunden. Hier jedoch erscheint das dämonische als Liebe, als jene satte Vollgestalt der dunklen und im Dunkel erst voll strömenden Menschen-Liebe, die um der Geliebten willen je und je das Prometheische wagt. Reinigung und Opfer sind notwendig, weil es Hybris ist. Aber das Opfer behält den verherrlichenden Charakter, den es bei Empedokles hatte: zwischen Strafe und Lohn die Mitte haltend. Und so ist es folgerichtig, daß die scharfe Scheidung zwischen Dämonie (der materiellen Gestirne) und Liebe (des rein transzendenten Gottes), die das Entweder-Oder im Prometheischen der Macht war, hier zu einer dunklen, heraklitischen Einheit von Meer-Schicksal und Gott verschwimmt, die wie eine Unendlichsetzung der untergehenden Liebe selber erscheint:

„Und mit fliegendem Gewande
Schwingt sie von des Turmes Rande
In die Meerflut sich hinab.

Hoch in seinen Flutenreichen
Wälzt der Gott die heil'gen Leichen,
Und er selber ist ihr Grab.
Und mit seinem Raub zufrieden,
Zieht er freudig fort und gießt
Aus der unerschöpften Urne
Seinen Strom, der ewig fließt."

Nie hat Schiller antikischer gedacht als hier, wo er der Dämonie prometheischer Liebe zugesteht, was er der Dämonie prometheischer Macht versagt. Abschließendes Bild dieser ganzen Meer-Existenz werden dann die drei Entwürfe zu einem Meer-Drama: „Das Schiff", „Die Flibustiers", „Das Seestück". Schon im Lieblingsbilde Schillers, dem des Kolumbus, bot sich ihm die Idee der ungesicherten Existenz auf der ewigen Fahrt zur Idee im Symbol des Schiffes an. Jetzt soll es Schauplatz einer Handlung werden, die freilich in sich so lyrisch wie die der „Braut von Messina" – nach den Plänen zu urteilen – geworden wäre. Held des Stückes wäre das Schiff, das Abenteurerleben selbst, gewesen, „die spurlose Bahn des Schiffs", „der Seemann, der überall und nirgends zu Hause ist und auf dem Meere wohnt".[1] Hingeworfene Stichworte deuten die Atmosphäre an, die das Stück erfüllt hätte: „Auf der See geboren, in der See begraben . . . Das Schiff als eine Heimat, eine eigene Welt . . . Brand im Wasser. Verlorener Anker. Seebegräbnis. Seegefecht. Seeraub . . . Passagiere auf dem Schiff in ein ungeheures Schicksal verflochten . . . Befehl des Anführers, mit brennender Lunte an der Pulverkammer zu warten." Reine Dithyrambik des ungesicherten Daseins. Es ist als solches keineswegs schon prometheische Existenz, sondern wird es erst, wo diese Situation zur letzten Weltwirklichkeit erhoben würde, durch Bemächtigung des Schicksals als seine endgültige Bannung („Wallenstein"), ihm auf den Grund kommen („Taucher"), es als Ganzes schauen („Bild von Sais"). Es wird dagegen christliche Existenz, sobald dieser Kampf mit dem Schicksal im „Gehorsam", das heißt im *Hören* auf eine transzendente Stimme geschieht („Kampf mit dem Drachen"), bis zur Arglosigkeit völlig von sich wegschauenden Dienstes („Der Gang nach dem Eisenhammer"). Von hier öffnet sich der Blick zu Schillers versöhn-

[1] IX, 287-288.

lichsten Gedichten: „Der Genius“ und „Das Glück“. Es geht ein letztesmal um die Synthesis Mensch-Schicksal, und das nunmehr als eindeutige, transzendente Stiftung der Gnade. Über Prometheus, dem Zwingenden, steht der Genius als von Göttern geliebt:

„Groß zwar nenn' ich den Mann, der sein eigener Bildner und Schöpfer,
Durch der Tugend Gewalt selber die Parze bezwingt;
Aber nicht erzwingt er das Glück, und was ihm die Charis
Neidisch geweigert, erringt nimmer der strebende Mut.
Vor Unwürdigem kann dich der Wille, der ernste, bewahren,
Alles Höchste, es kommt frei von den Göttern herab.“

Schillers ganze Grundstrebung, Würde über Anmut zu stellen, kehrt sich in diesem letzten Augenblick nochmals um. Das unbewußt Schöne, Unwillkürliche, Kindhafte will fast über die wissende Existenz siegen. Das Ideal der Madonna, das in allen großen Dramen irgendwo leise anklingt,[1] leuchtet stärker auf. Wir stehen am Gegenpol der trügerischen Glücksidee im „Ring des Polykrates“. Neidlos betrachte der schwerer Lebende das schwebende Wunder:

„Zürne der Schönheit nicht, daß sie schön ist, daß sie verdienstlos,
Wie der Lilie Kelch, prangt durch der Venus Geschenk!
Laß sie die Glückliche sein; du *schaust* sie, du bist der Beglückte!“

Diese Schau ist nicht die des Jüngers von Sais. Es ist die hingerissene Schau des Wunders gelingender Existenz:

„Wo kein Wunder geschieht, ist kein Beglückter zu sehn.“

Schau, die auch schwerem Dasein an der lichten Gnade Anteil leiht:

„Weil er der Glückliche ist, kannst du der Selige sein.“

---

[1] Vgl. z. B. „Maria Stuart“, 25, 97; „Jungfrau von Orleans“, 186; „Braut von Messina“, 288.

GOETHE

I. Der Lebensraum des doppelten Werdens

Ist Schiller reine steile Flamme, so Goethe breite, unübersehbare Fruchtbarkeit, ein alltragender Baum. Schillers Werk war so für uns in raschem Querschnitt überblickbar, Goethes Werk kann nur noch von einzelnen, aufragenden Punkten her gezeichnet werden. Aber ebendiese in der Weltliteratur unerhörte, naturhafte Fruchtbarkeit, und das qualitative, in jedem Menschenbereich ein Vollkommenes hinstellende Strömen gibt uns selbst schon den ersten Leitfaden, sie zu verstehen: dieses Strömen ist Mitströmen mit dem Allströmen der Natur: „Geburt und Grab, Ein ewiges Meer, Ein wechselnd Weben, Ein glühend Leben".[1] Als Situation der „erwachsen"-existentialen Prometheusidee in Bescheidung ist es darum Bescheidung des Geistes zugunsten der Natur, Loslassen des alles regelnden Subjekts im Seelenfünklein und Sichüberlassen der strömend-ruhenden Naturganzheit. Darum Goethes doppelte Front nicht nur gegen Kant-Schiller, sondern auch gegen Schelling, der ohne Bescheidung die Naturganzheit meistert. Beiden gegenüber ist Goethes Daseinsbewältigung „Opfer", was freilich, wie die Einleitung zum Schiller-Kapitel ausführte, noch nicht notwendig Aufgeben der Prometheusexistenz besagt. War doch die erste und stärkste Bildwerdung der Zeitlage in diesem Mythus von Goethe selbst ausgegangen, und das in der besonderen Form trotzig in sich selbst verschlossener Resignation (in der Hymne) oder gefaßter, das All-Leben verehrender Resignation (im Drama). Den exakten Sinn dieser Prometheusmöglichkeit zu ermitteln, beschreiten wir den verschlungenen Weg der Goethedeutung.

Ausgehen muß solche Deutung vom Formalsten des unterscheidend Goetheschen Daseins, eben der aufgewiesenen Existenz in der Natur. Aber sofern alle „erwachsene" Bescheidung, die auch aus diesem In-sein spricht, wie bei Schiller, nur darum eine Einbuße an Extensität der ideellen Weltbewältigung sich gestattet, um an existentialer *Intensität* zu gewinnen, so muß dieses In-Sein

[1] Erdgeist („Faust"). – Wir zitieren so allgemein, als es angeht, um das Finden in allen Ausgaben zu ermöglichen. Wo es unumgänglich ist, wird die Weimarer Ausgabe angeführt.

ausdrücklich einer durchaus im Sinne Heideggers verstandenen existentialontologischen Analyse unterworfen werden. Es öffnet sich damit eine Tiefendimension zwischen Idee und Existenz, in der sich (qualitative) Grade der Existentialität eines menschlichen Daseins charakterisieren lassen, und dies natürlich nur durch die Kennzeichnung seines jeweils jetzt und hier Existierens. War nun Schiller-Analyse dadurch doppelt erschwert, daß jener Dichter gleichsam eine Bewegung in diesen Tiefenraum hineinbeschrieb (von einer geschlossen ideellen Philosophie, die in sich ruht, weg zu einer diese Philosophie überholenden Existenz) und daß diese seine Existenz selbst kein raum-haftes Sichausbreiten in der umgebenden Natur, sondern ein heroisches Insichstehn verblieb, – so ist Goethe-Analyse hier in dem doppelten Vorteil, das Je-schon-in-Natur-sein des Menschen eine Kontinuität, einen existentialen *Raum* bilden zu sehen, der Philosophie nur als Modus des Existierens erlaubt und existierendes Sichausbreiten in der Natur nur als Modus des Philosophierens, und so beide Nachteile der Schiller-Analyse behebt. Ist so der Weg zur Kennzeichnung der unterscheidend Goetheschen Existentialitäts-Stufe grundsätzlich freigegeben, so ist die Festlegung dieser Stufe, die wir auch, um alles Quantitative auszuschalten, „Existentialqualität“ oder „Index der Existentialität“ nennen können, doch nur durch den Blick in die Tiefen dieses Daseins, also erst am Schluß möglich.

Damit ist nun aber auch schon die zu verfolgende immanente Methode vorgezeichnet. Wir könnten zwar ähnlich vorgehn wie bei Schiller: drei „Gipfel“ des Goetheschen Daseins festlegend: den idealistisch-mystischen (um Plotin herum), den antik-resignierten und den christlich-transzendentalen. Wir hätten dabei sogar den Vorteil, den Weg vom ersten über den zweiten zum dritten nicht nur, wie bei Schiller, als eine ideelle Dynamik im Ganzen seiner Weltanschauung, sondern als die reale Dynamik von Goethes Leben (Jüngling–Mann–Greis) sich ausbreiten zu sehen. Aber das wäre doch Übertragung einer fremden Methode, statt Lauschen auf den Pulsschlag Goethescher Existenz selbst. Diese aber ist formalst nicht der Weg aus einer ideellen Geschlossenheit in existentiale Offenheit hinein, sondern „Leben in wachsenden Ringen“, aus einer je schon existentialen, „resignierten“ Basis hervor. So kann es zur Erfahrung des Existentialindex keine andere Methode geben als die Aufbreitung dieser Kreise, die, wie die Schellingschen Potenzen, aber in anderer Dimension, je das Ganze aus dem Formalen in immer inhaltlichere Kreise heben. Sie ist also dem von Goethe so geliebten Wachstum der Pflanze ähnlich, und es wird nur alles davon abhängen, bis zur Blüte des Goetheschen Daseins mitzuwachsen, um *da* die gesuchte „Qualität" zu pflükken.[1]

Goethes ursprünglichstes, alle Lebensepochen unter- oder übergreifendes Daseinsgefühl ist das der Welthaftigkeit des Daseins, des Hineingestelltseins der Monade in eine unendlich bezügliche, unendlich verwebte Objektivität, die aus ineinandergreifenden Einzelwelten besteht und durch die allein diese Einzelwelten sind, was sie sind. So ist jede „Monade" zwar ein unendlich Individuelles, keinesfalls auf ein schematisches Allgemeines hin sich Entwickelndes, im Kern also ein göttliches „Seelenfünklein", aber ebenso unmittelbar ein solches nur im In-sein im Verflochtenen, Wandelbaren, Strömenden der Welt, der die Monade leidend ausgesetzt ist und in die sie tätig zurückwirkt. Das „innere Urwesen" hat Goethe nie sich bescheidend dem bloßen Kräftespiel der Natur preisgegeben, sosehr dieses die ganze Individualität mitbestimmt. Aber es ist, weil es „Leben" ist, wesentlichst Ausbreitung: „Alles Lebendige bildet eine Atmosphäre um sich her."[2] In „Urworte Orphisch" ist diese Grundspannung zwischen Daimon und Tyche festgehalten.

„Und keine Zeit und keine Macht zerstückelt
Geprägte Form, die lebend sich entwickelt.

Die strenge Grenze doch umgeht gefällig
Ein Wandelndes, das mit und um uns wandelt."

In den Prosasprüchen („Nachträgliches") wird diese Lebensbewegung vierfach zerlegt: in „die rotierende Bewegung der Monas um sich selbst", „das Eingreifen der lebendigbeweglichen Monas in die Umgebung der Außenwelt, wodurch sie sich erst selbst als innerlich Grenzenloses, als äußerlich Begrenztes gewahr wird", dann daraus entspringend „Handlung und Tat, als Wort und

[1] Anstatt, wie so viele Goethe-Interpretationen, irgendwo halbwegs stehenzubleiben. Der Vorwurf trifft auch das sonst so vorzügliche Buch Ferdinand *Weinhandls* („Die Metaphysik Goethes", 1932), welches für die formaleren Stufen analysierend und synthetisch das Beste leistet, auf dessen Ergebnisse wir uns dankbar berufen und aus dem wir einige sonst schwerer zugängliche, wichtige Goetheworte zitieren.

[2] Über die Naturwissenschaft im Allgemeinen, IV.

Schrift" eine intersubjektive Atmosphäre schaffend, wodurch sich letztlich „Rückwirkung", in der intersubjektiven Passivität gründend, ergibt. „Sie wissen", schreibt er an Schiller (6. Jänner 1789), „wie sehr ich am Begriff der Zweckmäßigkeit der organischen Naturen nach innen hänge, und doch läßt sich ja eine Bestimmung von außen und ein Verhältnis nach außen nicht leugnen." Das Bezeichnende ist also, entgegen dem Geistbegriff etwa Fichtes, für den „Welt" zwar notwendiger Spiegel des Geistes, aber als solcher diesem gegenüber sekundär ist, das völlig „gleichzeitige" „In- und Durcheinander" des Seienden: „Der Fisch ist für das Wasser da, scheint mir viel weniger zu sagen, als: der Fisch ist in dem Wasser und durch das Wasser da; denn dieses letzte drückt viel deutlicher aus, was in dem ersteren nur dunkel verborgen liegt, nämlich die Existenz eines Geschöpfes, das wir Fisch nennen, sei nur unter der Bedingung eines Elementes, das wir Wasser nennen, möglich, nicht allein, um darin zu sein, sondern auch um darin zu werden. Ebendieses gilt von allen übrigen Geschöpfen. Dieses wäre also die erste und allgemeinste Betrachtung von innen nach außen und von außen nach innen. Die entschiedene Gestalt ist gleichsam der innere Kern, welcher durch die Determination des äußern Elementes sich verschieden bildet."[1] Der „innere Kern" ist also keineswegs ein Ruhendes, um das sich gleichgültig Zufälliges herumkristallisiert, sondern verhaltene Energie, und darum im tiefsten Grunde „*Spannung*": „Spannung ist der indifferent scheinende Zustand eines energetischen Wesens, in völliger Bereitschaft sich zu manifestieren, zu differenzieren, zu polarisieren." „Man gedenke der leichten Erregbarkeit aller Wesen, wie der mindeste Wechsel einer Bedingung, jeder Hauch gleich in den Körpern Polarität manifestiert, die eigentlich in ihnen allen schlummert."[2] Befragen wir nun diesen Weltraum, der zugleich objektiv und subjektiv, zugleich Umsein („Fisch im Wasser") und Atmosphärenbildung („Spannung", „Bereitschaft") ist, auf seine Herkunft, so kommen wir notwendig zu Herders Weltinnenraum zurück, und einen wesentlich durch den Jugendfreund vermittelten Leibniz. Und wie für beide dieser dynamische Raum der Ort der Geistwerdung organisch-naturhafter Monaden ist, so auch für Goethe. Das Grundgeschehen in ihm ist *Werden*, und weil dieses notwendig zwischen die Pole Natur und Geist gespannt ist, so ist die letzte Realität

[1] Versuch einer allgemeinen Vergleichungslehre.
[2] Naturwiss. im Allg., V.

daher eine „geschichtliche“ und ihre philosophische Erfahrung eher Metahistorie als Metaphysik zu nennen. Sie spielt im Welt-Raum zwischen Naturgrund und Geist-Gott. Weltraum ist hier Dimension der Entfaltung realer Entelechien, sagen wir kurz die Dimension des „realen Werdens“.

Aber Goethe ist nicht Herder, der selber nicht in die Prometheuswelt hineintrat. Diese aber kennzeichnet sich als schaffendes Mitzeugen der Welt mit Gott aus dem Schöpfungspunkt heraus. Goethe steht in dieser Welt. Mag er von Kants transzendentaler Methode, die der Idee des endlichen Denkens sich voll bemächtigt, von Fichtes Metaphysik, die die Welt aus dem Urdenken nacherschafft, so gut wie unberührt sein, – seine „werten Mystiker“ von Plotin bis zur neuen Kabbalistik brachten ihm diese Prometheusstrebung auf anderem Wege nahe. Der Unterschied der Dimension dem „realen Werden“ gegenüber ist offenbar: dort handelt es sich primär um die Höherentwicklung und Selbstverwirklichung eines existierenden Kraftkeims, hier um das Entspringen der Idee dieses Werdenden selbst. Dort ist der Ursprung ein Minimum an Bildung eines Existierenden, hier ein Minimum an Existenz selbst. Der neue Raum des Werdens spannt sich also zwischen die Pole „Idee und Existenz“, es ist der des „idealen Werdens“. Aber es ist sofort deutlich, daß er sich von dem ersten nur inadäquat unterscheidet: Auch die sich bildende Entelechie ist Verwirklichung der Idee, auch der Weg zur Existenz ist Bildung der Idee (die ja aus Daimon *und* Tyche besteht). Gerade in dieser Fassung aber erscheint bereits das typisch Goethische dieser zweiten Werdensdimension, die sie einerseits zu Herder, anderseits zu Fichte-Schelling in Beziehung setzt. Denn was Goethe leidenschaftlich fesselt, ist keineswegs eine systematische Deduktion der Ideengenesis aus dem göttlichen Ursein, sondern die *Erfahrung* des ideellen Werdens einer Entelechie *in* ihrem realen Werden. In dieser Betonung der Erfahrung und des Realen bleibt er Herder verwandt, der fast naturalistisch alles ideelle Werden aus dem realen erklärte (z. B. die Vernunft des Menschen aus seiner den Tieren gegenüber veränderten Hirngestalt, die Moralität als höher entwickelte Triebhaftigkeit), aber ohne die beiden Dimensionen gleichzusetzen. Denn indem die Genesis der Idee nur *am* realen Werden anschaubar wird, als eine durchaus für sich bestehende Frage, die „einer eigenen Geisteswendung bedarf“, nähert er sich dem intellektuellen Anschauen Schellings. Er gelangt so objektiv zu einem Gesamtlebensraum, der selbst zwischen Idee (in der Schelling alles betrachtet) und Existenz (in der Herder alles sieht) ausgespannt ist, subjektiv zu einer Methode, die ebenso zwischen der transzendentalen (die nur Ideen-Zusammenhänge erhellt) und der empirischen (die nur Existenzfakta beschreibt) in der Mitte steht: der morphologischen. Durch sie – es wird davon näher die Rede sein – will er nicht nur das reale Sichentfalten etwa einer Pflanze anschauend mitvollziehn, sondern durch dieses hindurch ihr ideales, ihre Genesis zur Existenz hin. Dieses ideale Werden hat also für Goethe selbst, gerade sofern es je schon zu Existenz hin sich spannt, eine doppelte Bedeutung: sofern man von der Richtung auf Existenz *abstrahiert*, liefert es die reine Genesis der Idee, als Metamorphosenreihe (sei's einer einzelnen Entelechie, Tier oder Pflanze, sei's einer Reihe von Entelechien: Tiergattung oder Pflanzenreich, zuhöchst aller Tier- oder Pflanzen-Ideen), es ist damit reine *ideale* Deszendenztheorie (und insofern ist Goethe *nicht* Vorgänger Darwins, sondern viel mehr Schelling und Hegel verwandt). Sofern aber diese Deszendenz in einem Raum vor sich geht, der zugleich Werden zur Existenz hin einfaßt und am realen Werden abgelesen wird, ist sie keineswegs „Konstruktion" oder „Deduktion" (wie bei Schelling oder Hegel), sondern eingeschränkt auf den Rahmen sinnlicher Erfahrung. Aber auch hier nähert sie sich nur von ferne der Darwinschen Wissenschaft. Denn in der *Gebrochenheit* der ideellen Werdenslinie ins Existentiale selbst liegt ihr Wesentlichstes, womit wir an den Kern der Goetheschen Existenz rühren. In der (Abstraktion der) rein ideellen Linie läßt sich die Wahrheit eines Phänomens objektiv anschauen. Aber die Existenzwerdung der Idee ist anderseits, als deren Verwirklichung, deren Wahrwerdung. So spannt sich der Raum der ideellen Genesis zwischen die Pole einer Wahrheit als Idee und einer Wahrheit als Existenz. Letztere aber vollzieht sich in der Ausbildung der eingehüllten Kräfte einer Entelechie durch *Tätigkeit*. Die Fülle objektiv-idealen Wissens ist nur der Ausgangspunkt einer Erkenntnis, die, der ideal-realen Entwicklung sich anschmiegend, zur Erfahrung der Existenzfülle nur selbst durch Mittätigkeit fortschreiten kann. Es ist dies das Existentialwerden des Wissens und ebendarin sein Persönlichwerden. Faust „weiß" am Anfang seiner Laufbahn schon „alles" (was man objektiv wissen kann), sehnt sich nun aber, aus diesem präexistenten Wissen, zum existentialen Mitvollzug des Weltwerdens und so zur Tat als zur eigentlichen Wahrheit, Personwerdung und Weltwerdung zugleich. Denn „Unsere Meinungen sind nur Supplemente unserer Existenz", heißt es in den Maximen und Reflexionen (Nachlaß), und klarer: „Die Dunkelheit gewisser Maximen ist nur relativ. Nicht alles ist dem Hörenden deutlich zu machen, was dem Ausübenden einleuchtet" (Aphorismen). Schellings Weltschau ist grandios, „aber ach ein Schauspiel nur", Wahrheit ist nur als gelebte und getane volle Wahrheit. Die Mühelosigkeit des theoretischen Systems wird gebrochen in die Geburtschmerzen der Mensch-werdung: „Die Menschen verdrießts, daß das Wahre so einfach ist; sie sollten bedenken, daß sie noch Mühe genug haben, es praktisch zu ihrem Nutzen anzuwenden."[1] So wird klar, wie die zu Anfang des Kapitels aufgestellte Grundformel aller „erwachsenen" Existentialität des Idealismus bei Goethe wiedererscheint. „Eschaton ist Synthesis von Synthesis und Thesis", „die Idee (Synthesis) wird im Dasein des existierenden Menschen verwirklicht" heißt bei Goethe wachsende Eingestaltung objektiver Wahrheit in subjektive, fortschreitende Existentialisierung der Idee.

Aber im selben erscheint, wie diese Grundformel untrennbar ist von Bescheidung. Denn einmal ist das „aus der bloßen Idee heraus" in seiner ganzen Schärfe zu nehmen: So wie Faust aus seinem Studierzimmer „heraus" in Auerbachs Keller, Hexenküche, Gretchen-Kleinwelt getrieben wird. Ein wirkliches Loslassen des Anfangs. Im selben Sinn ist die Morphologie mit ihrer strengen Erfahrungsbasis ein Loslassen der theoretischen Deduktion und so ein Verlieren des Schlüssels, der alles öffnet:[2] „Wir leben innerhalb der abgeleiteten Erscheinungen und wissen keineswegs, wie wir zur Urfrage kommen sollen."[3] Dann aber tiefer: Dies Loslassen ist nicht durch Existentialität überhaupt, sondern durch die Endlichkeit menschlichen, werdenden Daseins bedingt. Die Adäquation zwischen der Unendlichkeit des göttlichen Wissens, das im „System" theoretisch-objektiv angezielt wird, und der ewig-endlichen Existenz ist niemals herzustellen. Oder, was dasselbe sagt: der Weg im Raum ideal-realen Werdens zur Existenzfülle ist selbst unvollendbar. Der Ring *kann* sich nicht ründen, die existentiale Wahrheit ist – nur Idee. Ja, noch mehr: die Bescheidung be-

---

[1] Naturwiss. im Allg., V.
[2] Von Fausts Schlüssel im Gang zu den Müttern wird unten die Rede sein.
[3] Naturwiss. im Allg., I.

trifft nicht nur die Unvollendbarkeit des Weges (wie etwa bei Kant und Fichte), sie wird zum inneren Mitbegründen der menschlichen Wahrheit selbst: sofern es des Menschen Wahrheit ist, sich nicht vollenden zu können, sofern tiefer an dieser Erkenntnis seine Person-werdung selber haftet: die bewußte Beschränkung auf einen „Teil" der Wahrheit *ist* des Menschen „ganze" Wahrheit. Die verworrene, dunkle Tiefe des Faustproblems zeichnet sich schon ab.

Indem so Anfang und Ende der unendlichen Kette dem Menschen unerreichbar sind, wird es klar, wie bei Goethe Resignation in der Tiefe des Grunderlebnisses, dem In-der-Welt-sein, verankert ist. „Ins Unendliche schreiten" heißt dann notwendig: „Geh nur im Endlichen nach allen Seiten."[1] Wurzelhafte Bindung an die Erde und an Erfahrung ist ontologisch sein einzig offenstehender Weg zu allem „Höheren". Hier wird Goethes Mensch wie der Schillers zum „Helden", nicht freilich einer feindlich-trügerischen Schicksalsmacht gegenüber, wiewohl Goethe genug vom Dämonischen der Weltmächte gesprochen hat, sondern zum Abenteurer im Urwalde der Schöpfung, vertrauend ins Unbekannte sich wagend, aber doch verhalten und stets auf der Hut. Und indem die personhafte Aneignung des Wahren in der Tat fortschreitet, gelangt er – in Goethe-Montans herber Formel[2] – zu „jener herrlichen Epoche, in der uns alles Faßliche gemein und albern vorkommt. – Man kann sie wohl herrlich nennen, denn es ist ein Mittelzustand zwischen Verzweiflung und Vergötterung". Es ist gelebte Resignation.

Goethes Dasein ist also wesentlich ein im Doppelraum zwischen Natur-Geist und Idee-Existenz sich ausbreitendes, in ihm werdend-strebendes. Seine Sinnverwirklichung, seine Apokalypse also, wird sich daher aus der vertieften Analyse dieser Welthaftigkeit ergeben müssen, und das um so mehr, als die Grundanschauung die eines „metahistorischen", dynamischen Geschehens ist. Apokalypse der Seele ist nur ein Moment innerhalb der allgemeinen Apokalyptik alles Werdeseins. Diese Grundsinnrichtung läßt sich nochmals am Gegensatz zu Schiller verdeutlichen. Schillers Spekulation war zwar bereits „Modus der Existenz", aber doch vorwiegend mit dem Index der Irrealität versehen, wie sie denn auch, wo es um Existenzverwirklichung geht, als ganze preisgegeben, nicht hineinverbaut wird. Goethes Lebensraum dagegen spannt sich im

[1] Gott, Gemüt und Welt.
[2] Wilhelm Meisters Wanderjahre, 1. Buch, 3. Kapitel.

Grundsinn schon zwischen Wissen-Tun, Idee-Verwirklichung, wobei Wahrheit aus der Schmalheit bloßer „Theorie" in die Breite (der Transzendentalien wahr–gut–schön) gelebter, persönlicher Wahrheit bruchlos übergeht. So ist auch der subjektive wahrheittragende Akt die bruchlose Entfaltung einer rein objektiven Noësis zur umfassenden, vollen Wahrheitshaltung von Denken–Tun–Fühlen. Oder besser: die anfangs getrennten drei Akthaltungen (Nur-Denken als „Spekulieren", Nur-Tun als „Handwerkerei", Nur-Fühlen als dumpfverworrener erotischer Trieb) integrieren sich im Werden der Monade ineinander, zu einer Totalität, die die Erfüllung jeder Strebung durch die anderen besagt. Weil nun aber „Bildung", als der Vorgang der Selbstwerdung, in der Welt geschieht, also in dem Rahmen der Existenz und in sie hinein, so ist dieses Reifen auch kein rein selbsttätiges Verwirklichen eines irreellen Ideals, sondern ebensosehr ein Hineingebildet*werden* vom existierenden Eschaton her. Die große „Mutter Natur" „zieht" ihr Kind „auf", indem sie es nährt – vom Jugendgedicht „Der Wanderer" zum „Naturfragment" und zum vollendeten Aufsatz „Myrons Kuh" hat Goethe das Verhältnis von Welt und Seele immer wieder so vorgestellt –, hintergründig klingt das alt-aristotelische *κινοῦν ὡς ἐρώμενον* durch. In liebender Totalhaltung, die selber ihre eigentlichste Tathaltung ist, strebt die Entelechie zum „Ideal", das doch zugleich überlegene „Existenz" ist.

Daran wird nun freilich klar, daß die Begriffe Idee-Existenz hier innerlichst problematisch werden. Durch die historische Zwischenstellung des „ideal-realen Werderaumes" zwischen Herder und Schiller blickt eine tiefere Sachproblematik hindurch, die die Begriffe bis in ihren Grund schwankend werden läßt. Herders Werdensdimension geht von der eingewickelten Entelechie zur (nur in steter Annäherung erreichbaren) vollentfalteten Natur als Gottheit: ideelle Existenz zu existentialer Existenz. Schillers Werdensdimension geht vom bloßen Dasein des „natürlichen Menschen" zum höheren Dasein des Helden, der in der sittlichen Größe die Natur über sich selbst hinaus steigert: existentiale Existenz zu ideeller Existenz. Dieses Ideelle als Eschaton der Existenz liegt schon im Wort Er-habenheit, es liegt tiefer im Durchsichtigwerden des Daseins, wie im Stuart-Schluß, wie im vollkommen still-ekstatischen Dasein Johannas: Die „Idee", scheinbar als reine Spekulation hinter uns gelassen, erscheint wieder vor uns als innerliche Dynamis der Existenz selber. In der Verlängerung des Herderschen Werdens erscheint Gott als absolutes Dasein (als das Explizit alles Ideellen), in der Verlängerung des Schillerschen Werdens erscheint Gott als absolute Idee (als die Integration alles Daseienden). Hier taucht zum erstenmal ein Phänomen auf, das für den Aufbau der Goethewelt von grundlegender Bedeutung sein wird: das *Verbrauchtsein* von Kategorien, die in sich schwankend und dialektisch werden, wo sie einen ihre Ebene übersteigenden Sinn andeuten sollen. Dieser „Sinn", den sie nur dialektisch erreichen, ist der nunmehr durch tiefere existentiale Kategorien zu beschreibende Richtungssinn des Werdens selbst, sein eigentümliches „Empor". Es ist dies das einfachste, allerursprünglichste Phänomen des weltlichen Seins selbst, aber ebendamit auch das allergeheimnisvollste. Es ist dasjenige, das Goethe am tiefsten erschütterte. Wir können es kurz den ontologisch „komparativen" Charakter alles endlichen Seins nennen. Es ist klar, daß auch die sogenannte Wertphilosophie dieses einzige Problem zum Gegenstand hat. Aber diese erliegt doch zumeist der Versuchung, das „Komparative" nur als „Idee" über der „Existenz" zu fassen, und ist so außerstande, verwirklichte „Werte" zu begreifen. Das volle Problem ergibt sich erst, wo gesehen wird, daß die „Verwirklichung" für das Existierende *zugleich* ein „Ideell-werden" und tieferes „Existent-werden" besagt, und das zugleich, indem es von-sich-weg, über-sich-hinaus zu einem Höheren als es selbst sich verhält, welches Höhere die volle Idee (wodurch es existent) und die volle Existenz (wodurch es ideell wird) darstellt. Aber so ist nur nochmals erwiesen, daß diese Begriffe nicht ausreichen, das Komparative unterscheidend zu fassen. Idee und Existenz (welchen von beiden Begriffen man nun überordnen mag) zeigen die geheimnisvolle Richtungs-Eigenschaft alles Werdenden an, mehr zu sein als es selbst: alles Endliche ist ekstatisch.

Diese Dimension kann nun noch eindeutig als Selbstverwirklichung und ebendamit als Weg vom „äußerlich" Objektiven zum „innerlich" Subjektiven beschrieben werden. Sofern es Werden vom Ideellen des „Nur-Wissens" oder faktisch-technischen Beherrschens zum Er-leben, Sich-Anerleben in Tat ist, erscheint das „Empor" als der Weg zum inneren Licht- und Durchsichtigwerden des Seins, seiner Geist-Personwerdung als Selbstbesitz. Sofern es Werden vom Nur-Existieren zum Erblicken der Idee „über" dem Sein ist, erscheint das „Empor" als der Weg zu einem staunenden Aug- und Ohr-werden des Seins, seiner Geist-Personwerdung als Ekstase vor dem Geheimnis, dem „Zauber" des Seins. Und beides ist eins: das innere Lichtwerden ist derselbe „Zauber", den das Hinaushören erblickt – das Geheimnis des „Empor". Das erste ist, als Selbstbesitz, ein solcher nur im Erblicken des zweiten, des Ekstatischen. Beides ist untrennbar *ein* Vorgang. Aber noch fehlt ein bedeutsamer Zug: gerade weil beide eins sind, weil also die innere Erhellung des Seins zur „existentiellen" Personwahrheit und damit zur schlechthin einmaligen, deshalb objektiv unmitteilbaren Wahrheit eins ist mit dem Erblicken des Zaubers der „Idee" („über" der Existenz), darum ist diese letzte selbst nicht wieder eine „objektive Wahrheit", auch kein „objektiver Wert", sondern ebenso wesentlich *esoterisch* (nach Goethes beliebtem Worte) wie die Personwahrheit selbst.

Das wurzelhafte „Empor" des Seins kennzeichnet sich also zunächst als „Öffnung" des Seins (sofern der „Selbstbesitz" der Person nur in der „Ekstase" des Zaubers als innerer Aufbruch und Lichtwerden sich verwirklicht) und dies als Blick ins Esoterische (sofern das „Erblicken" des Zaubers selbst nur als Aufbruch personaler, existentieller Wahrheit sich vollzieht).

In der „Studie nach Spinoza" (1784-1785) sagt Goethe: „Wird die Seele ein Verhältnis gleichsam im Keime gewahr, dessen Harmonie, wenn sie ganz entwickelt wäre, sie nicht ganz auf einmal überschauen oder empfinden könnte, so nennen wir diesen Eindruck erhaben, und es ist der herrlichste, der einer menschlichen Seele zu Teil werden kann." Das ursprunghafteste dieser Verhältnisse aber ist die unüberschaubare Synthese von Existenz und Idee selber, wie der gleiche Aufsatz es ausführt: „Der Begriff vom Dasein und der Vollkommenheit ist ein und eben derselbe." Aber er ist als Einheit nicht anschaubar, weil es Anschauung Gottes wäre: „Wir können nur Dinge denken, die entweder beschränkt sind, oder die sich unsere Seele beschränkt. Wir haben also insofern einen Begriff vom Unendlichen, als wir uns denken können, daß es eine vollständige Existenz gebe, welche außer der Fassungskraft eines beschränkten Geistes ist."[1] Aber diese Unendlichkeit Gottes, welche nichts anderes ist als das vollkommene Zusammenfallen von Dasein und Vollkommenheit als *Sein*, muß sich in allem Endlichen, das doch auch Sein ist, als Teilnahme wiederfinden („Alle beschränkte Existenzen sind im Unendlichen, sie sind aber keine

[1] Weim. Ausg.: sind. (?)

Teile des Unendlichen, sie nehmen vielmehr Teil an der Unendlichkeit"), dieses Unendliche Gottes muß in ihnen teilgenommen wiederkehren, und das gerade als das „Wunder" des komparativischen Daseins. „So nimmt . . . ein eingeschränktes lebendiges Wesen Teil an der Unendlichkeit oder vielmehr es hat etwas Unendliches in sich, wenn wir nicht lieber sagen wollen, daß wir den Begriff der Existenz des eingeschränktesten lebendigen Wesens gar nicht fassen können, und es also ebenso wie das ungeheure Ganze, in dem alle Existenzen begriffen sind, für unendlich erklären müssen." Gott ist das superlativische Wunder, Kreatur das komparativische, das *als* Teilhabe sowohl in-sich-gelichtet ist („es hat etwas Unendliches in sich"), als teilnehmend ekstatisch auf das „Wunder" blickt („nimmt . . . Teil"), und eins durch das andere. *So* ist es „offen ins Geheimnis", und an diesem Offen hängt für Goethe alle Vollendung.[1] Seine Spinozastudie schließt damit, und zeigt zugleich deutlich, was Resignation *nicht* heißt: Eine solche Beschränkung eines Daseins, „daß wir es leicht fassen können", und „es in einem solchen Verhältnis zu unserer Natur stehet, daß wir es gern ergreifen mögen", kennzeichnet das Wesen des Schönen. „Ein gleiches geschieht, wenn sich Menschen nach ihrer Fähigkeit ein Ganzes, es sei so reich oder arm als es wolle, von diesem Zusammenhange der Dinge gebildet und nunmehr *den Kreis zugeschlossen haben.*" Diese beiden „Erleichterungen" stehen gewiß nicht auf gleicher Stufe. Von der des Schönen spricht Goethe hier nicht weiter. Die zweite aber, das Faßlichmachen durch Zuschließen des Kreises, lehnt er ab: „Nun möchten wir . . . nach unserer Art zu denken, diese Beschränkung keine Gabe nennen . . .", denn solche Schließung macht mit demselben Schlage das Wunder vulgär und die personale Wahrheit objektiv „ergreifbar". Die echte Bescheidung dagegen ist die Beruhigung *in* der Unruhe, „nur meist zu unvollständigen Begriffen zu gelangen". Es ist dasselbe, was in der Besprechung Spinozas zu Beginn des 16. Buches von Dichtung und Wahrheit über zweierlei Resignation gesagt wird: „Alles probieren wir durch, um zuletzt auszurufen, daß alles eitel sei: Niemand entsetzt sich vor diesem falschen, ja gotteslästerlichen Spruch, ja man glaubt etwas Weises und Unwiderlegliches gesagt zu haben. Nur wenige Menschen gibt

---

[1] Wir behaupten also ziemlich genau das Gegenteil dessen, was Fritz Strich in „Vollendung und Unendlichkeit" durchführt. „Vollendung" als Schließung in sich ist weder Goethes noch Schillers entscheidende Haltung.

es, die solche unerträgliche Empfindung vorausahnen, und um allen partiellen Resignationen auszuweichen, sich ein für allemal im Ganzen resignieren. Diese überzeugen sich von dem Ewigen, Notwendigen, Gesetzlichen, und suchen sich solche Begriffe zu bilden, welche unverwüstlich sind, ja durch die Betrachtung des Vergänglichen nicht aufgehoben, sondern vielmehr bestätigt werden." Die partielle Resignation entspricht dem Kreisschließen der Spinozastudie; war jenes das „Faßlichmachen", so dies das Resultat: die Abschnürung der Dinge von ihrem ontologischen Tiefencharakter, der sich dem Offenen erschließt, und so ihre Leere, „Eitelkeit". Die totale Resignation dagegen ist diese Offenheit, sofern im Nichtfassenkönnen des Wunders die Tiefen- oder Höhendimension sich erschließt, nicht „Jenseits" der Dinge, sondern „durch die Betrachtung des Vergänglichen".

Totale Bescheidung als Weg zu der dem Menschen möglichen totalen Offenbarung der Wahrheit als Wirklichkeit und Wunder – das ist das paradoxe Ergebnis der Brechung, sozusagen *sphärischen Krümmung* des Goetheschen Daseinsraumes. Totale Bescheidung ist so nur die negative Ansicht der lebendigen Breite der Erkenntnishaltung (in der wachsenden Durchdringung theoretischer Schau, praktischer Verwirklichung, ästhetischer Einfühlung). Denn indem die Erkenntnishaltung in dieser Breite sich bereichert und existentialisiert, schränkt sie sich notwendig zugleich in die Bedingungen der Tathaltung wie der Hingabehaltung ein. Goethe gelangt so zunächst zu einer nur ihm eigenen praktisch-konkreten „Erkenntnistheorie" für das resigniert-existentiale Erkennen. Sie bahnt uns den Weg in die durch diese Haltung hindurch sich erschließenden „metaphysischen" Tiefendimensionen des Seins und damit zu Goethes allgemeiner Metaphysik.

II. Das Erkennen und die Dinge

Konkrete Erkenntnis hat ihre innere Begrenztheit also in dem, was sie zugleich öffnet: in Hingabehaltung und Tathaltung. Die erste hat einen überwiegend ästhetischen, die zweite einen überwiegend ethischen Charakter, aber *nur* das, denn alle drei Haltungen sind nur je hervortretende Betonungen der immer mehr verwachsenden „Offenheit“ als Totalhaltung. Die Grenze der Hingabehaltung, die es der Erkenntnis verunmöglicht, sich forderndherrisch, „magisch“ an die Natur heranzumachen, bannt sie in eine „Erkenntnisdemut“. Faust weiß es:

„Geheimnisvoll am lichten Tag
Läßt sich Natur des Schleiers nicht berauben
Und was sie deinem Geist nicht offenbaren mag,
Das zwingst du ihr nicht ab mit Hebeln und mit Schrauben.“

Die Grenze der Tathaltung, die es der Erkenntnis verunmöglicht, sich passiv-genießerisch, „mystisch“ der Naturtotalität einzufühlen, bannt sie in eine „Erkenntnisaszese“. Es ist bedeutsam, daß in den kleinen „erkenntnistheoretischen“ Schriften und Aphorismen Goethes der größte Nachdruck auf gewisse moralische Bedingungen der Erkenntnis gelegt wird, welche allein deren Objektivität verbürgen. „Beim Übergang von der Erfahrung zum Urteil,[1] von der Erkenntnis zur Anwendung ist es, wo dem Menschen gleichsam wie an einem Passe alle seine inneren Feinde auflauern: Einbildungskraft, Ungeduld, Vorschnelligkeit, Selbstzufriedenheit, Steifheit, Gedankenform, vorgefaßte Meinung, Bequemlichkeit, Leichtsinn, Veränderlichkeit . . . alle liegen hier im Hinterhalte und überwältigen unversehens sowohl den handelnden Weltmann als auch den stillen, von allen Leidenschaften gesichert scheinenden Beobachter.“[2] Für Goethe waren solche Erscheinungen ernst genug, statt in „experimentelle Psychologie“, wohin man sie zumeist verbannt, in den Herzpunkt des Erkenntnisproblems gestellt zu werden. Nicht nur negativ zur Ausbildung einer Theorie des Irrtums (die man selbst bei den größten Erkenntnistheoretikern meist vergeblich sucht), sondern direkt positiv zum Ausbau der Idee konkreter Wahrheit selbst. Die Erziehung zur totalen Erkenntnishaltung hat demnach zwei Hauptrichtungen: Auf reine „Objektivierung“ (in der Demut des Von-sich-Absehens) und ebendamit auf reine „Subjektivierung“ (in der Aszese der Aneignung des Erkannten). Beides in eins. Dies sagt, daß die gesonderte Objektivität keineswegs reine Passivität, die geforderte Subjektivität keineswegs

[1] Daß mit Urteil kein *zweiter* Erkenntnisakt nach der an sich objektiven Erfahrung gemeint ist, wird aus dem Späteren klar hervorgehen.
[2] Der Versuch als Vermittler von Objekt und Subjekt (WA., II, 11; S. 28).

reine Aktivität ist. Das erste ist vielmehr bündig im Worte Montans zusammengefaßt: „Mach ein Organ aus dir."[1] Ein Organ, das überhaupt erst einmal zu „sehen" vermag. „Sehen" heißt für Goethe jene Totalhaltung, die in Schillers „Jungfrau von Orleans" als „Hören" erschien, hier vorwiegend unter dem Bilde der Offenheit für eine Anrede des Wunders, dort vorwiegend unter dem der Erschlossenheit für seine Transparenz. Im Bild des „Hörens" spricht die Idee „über" der Existenz als kategorischer Imperativ, in dem des Schauens die lichte, plotinische „Einheit" im Schoß der dunklen Vielheit. Goethes „Sehen" ist also identisch mit all den anderen Worten, die ein geöffnetes Sichanschmiegen an das Seinsgeheimnis des „Empor" umschreiben: „Schauen, wissen, ahnen, glauben, und wie die Fühlhörner alle heißen, mit denen der Mensch ins Universum tastet . . ."[2] Das Bild vom Fühlhorn ist vielleicht das zarteste, und Goethe wiederholt es des öfteren: „Wir wandeln alle in Geheimnissen. Wir sind von einer Atmosphäre umgeben, von der wir noch gar nicht wissen, was sich alles in ihr regt und wie es mit unserem Geiste in Verbindung steht. So viel ist wohl gewiß, daß in besondern Zuständen die Fühlfäden unserer Seele über ihre körperlichen Grenzen hinausreichen können . . ."[3] Das Wort „Gefühl" hat hier ebenfalls seinen Platz, nur muß man bedenken, daß es selbst die Wandlung aus einem rein „ästhetischen" oder „erotischen" Sicheinfühlen und Sichallfühlen der Sturm-und-Drang-Zeit zur totalen Haltung des reifen Goethe mitmacht und hier ein *Fühlung*halten mit den Dingen meint. Fausts Worte: „Gefühl ist alles, Nam' ist Schall und Rauch", steht wohl noch auf diesem Wege in der Mitte. Diese selbsterzieherische Entwicklung führte Goethe, nach seinem Bekenntnis, zum Doppelziel, sich „innerlich von allem Fremden zu entbinden, das Äußere liebevoll zu betrachten, und alle Wesen, vom menschlichen an, so tief hinab als sie nur faßlich sein möchten, jedes in seiner Art auf mich wirken zu lassen. Dadurch entstand eine wundersame Verwandtschaft mit den einzelnen Gegenständen der Natur und ein inniges Anklingen, ein Mitstimmen ins Ganze, sodaß ein jeder Wechsel, es sei der Ortschaften und Gegenden oder der Tags- und Jahreszeiten, oder was sonst sich ereignen konnte, mich aufs innigste

[1] Wanderjahre, 1. B., 4. Kap.
[2] An v. Buttel, 3. Mai 1827.
[3] Eckermann, 7. Oktober 1827.

berührte".[1] Solch inniges Mitstimmen wirkt scheinbar magisch, und ist doch das Gegenteil der Magie, die Faust in einer ewig abgeschnittenen Zuschauerstellung dem großen makrokosmischen Schauspiel gegenüber beläßt. Magisch ist es nur, sofern es an ein Geheimnis rührt, aber kein arkanes, sondern ein „heilig öffentliches":

„Wünschelruten sind hier: sie zeigen am Stamm nicht die Schätze,
Nur in der fühlenden Hand regt sich das magische Reis."[2]

Diese totale Erkenntnishaltung ist also keineswegs irrational, da sie gerade das Wesen des Seienden erspürt, ja sie ist die einzig intellektuale, da doch Intellekt ein intus legere, Inwendig-Lesen besagt. „Durchdringung der Gegenstände" nennt Goethe diese Funktion. Sie ist ebensosehr Theorie (da θεωρεῖν schauen heißt) als Empirie (da ἐμπειρεῖν erfahren heißt) und wird von Goethe ihres demütig-anschmiegenden Charakters wegen eine „zarte Empirie" genannt: „Es gibt eine zarte Empirie, die sich mit dem Gegenstand innigst identisch macht, und dadurch zur eigentlichen Theorie wird."[3] Goethes Stellung zu Kant wird von hier völlig klar. Er schätzt an ihm die Beschränkung auf sinnliche Erfahrung, gegenüber der „anmaßenden" und „naseweisen" Spekulation des Rationalismus, der „behaglich, mit wenigen Erfahrungen ausgerüstet, sogleich unbesonnen abspricht und voreilig etwas festzusetzen, eine Grille, die ihm durchs Gehirn läuft, den Gegenständen aufzuheften trachtet".[4] Immer kommt aller Irrtum von einer Subjektivität, die „den Kreis zugeschlossen hat" und mit ihrem zuganglosen Innen den reinen Anspruch der Dinge übertönt.[5] Ja, Goethe hat auch gegen Kants synthetische Urteile a priori nichts einzuwenden („Die Erkenntnisse a priori ließ ich mir auch gefallen, so wie die synthetischen Urteile a priori"), da reine Erfahrung keineswegs reine Passivität, sondern zugleich reine Tathaltung des Erkennenden ist. Dort aber, wo Kant in die transzendentale Deduktion eintritt, vermag Goethe nicht mehr mitzugehen, die Basis der „reinen Erfahrung" schien ihm verlassen: „Der Eingang war's, der mir gefiel, ins Labyrinth selbst konnt' ich mich nicht wagen: bald hinderte

[1] Dichtung u. Wahrheit, 12. B.
[2] Weissagungen des Bakis, 3.
[3] Naturwiss. im Allg., III.
[4] Zit. n. Weinhandl, 168.
[5] „Alle Verhältnisse der Dinge wahr. Irrtum allein in den Menschen . . ." (Max. u. Refl., Nachlaß).

mich die Dichtungsgabe, bald der Menschenverstand, und ich fühlte mich nirgend gebessert."[1]

Sich gebessert fühlen ist aber eben Anzeichen dafür, daß die Erkenntnishaltung auch nach der Seite des Tätig-Sittlichen hin total ist, sie ist neben dem reinen Ansichtigwerden das zweite Kriterium der Wahrheit. Sichert jenes den Kontakt mit der Existentialität des Objekts (in seinem „Empor"), so dieses den Kontakt mit der des Subjekts (in seinem „Empor"). Ist jenes das vorzugsweise Ek-statische der Erkenntnishaltung, so dieses das komplementäre vorzugsweise „En-statische", die Lichtung der Existenz.

Solches Festhalten an der Basis existential-sinnlicher Erfahrung in Hingabe und Tätigkeit zeigt nun wiederum, in welcher Werdensdimension das Seiende sich dem Schauenden apokalyptisch öffnet. Nicht in der der Zukunft, wie für die unbeschwertere Spekulation des Idealismus, für die phantasievolle Präexistenz bei Novalis, sondern vorzüglich in der ihres Gewordenseins, also rückwärts in die Ursprünge. Und zwar in den doppelten realen und idealen Werderaum. An die Stelle der starken eschatologischen Tendenz bei Novalis und noch bei Hölderlin tritt die resigniert-maßvolle Tendenz zur Proto-logie, die allein bis zu einem gewissen Grade der totalen Erfahrung – der für Goethe letztlich einzig ernsten – zugänglich bleibt.

Damit sind wir von der Erkenntnismethode wieder an das Erkenntnisobjekt zurückgewiesen, das nun in seinem Grundgeheimnis näher umkreist werden soll. Aber dieses Objekt ist, als Ganzes, die subjektiv-objektive Welttotalität selbst, sowie ja von Leibniz-Herder her „Weltinnenraum" innigste Durchflechtung von Tätigem und Leidendem, Erkennendem und Erkanntem bedeutet. Nach der „Metaphysik" des Objekts im engeren Sinn wird es daher notwendig um die „Metaphysik" der Welt als „Subjekt-Objekt" gehn, worin erst das Tiefere sichtbar wird.

Im allgemeinsten kann gesagt werden: In der Resignation der Hingabe wird im Phänomen sein objektives Empor sichtbar: das Urphänomen. Sofern Hingabehaltung die reine Objektivität des Schauens ist, enthüllt sich darin vorzüglich das ideelle Werden des Seins (die Werdensdimension als Genesis der Formen aus der Urform). Freilich wird diese Schau niemals bis zur vollen Rekonstruktion der Genesis gehen können –, das Urphänomen bleibt

[1] Einwirkung der neuen Philosophie (WA., II, 11, 49).

dem Menschen die Grenze, an der er sich wiederum bescheiden muß. „Wenn ich mich beim Urphänomen zuletzt beruhige, so ist es doch auch nur Resignation; aber es bleibt ein großer Unterschied, ob ich mich an den Grenzen der Menschheit resigniere oder innerhalb einer hypothetischen Beschränktheit meines bornierten Individuums."[1] In der Resignation der Tat, als der tätigen Aneignung gemäß „meinem bornierten Individuum" wird im Phänomen vorzüglich sein „reales Werden" und Gewordensein sichtbar (die Werdensdimension vorzüglich als sich wandelnde Existenz im Herderschen Sinn). Hier ist die Resignation an den Grenzen des Erkennens naturgemäß noch notwendiger: Nicht nur lehnt Goethe, im Gegensatz zur Naturwissenschaft seiner Zeit, alle Hypothesenbildung über die Entstehung des Urgesteins als unmöglich, weil im Phänomen nicht mehr erblickbar, ab, er verzichtet gleicherweise auf deszendenztheoretische Ableitung der Hauptformen des Lebendigen auseinander. „Darüber nachzusinnen, *wie* es geschehen, halte ich für ein unnützes Geschäft."[2] Wenn Schiller zu Goethe sagt, daß er, aus einfachen Naturformen aufsteigend, den Menschen genetisch aus den Materialien des Naturgebäudes aufbaue und so ihn der Natur gleichsam nacherschaffe,[3] so ist das doch mehr spekulativ und transzendental als in Goethes Sinn morphologisch gedacht. Gewiß hat Goethe gelegentlich an das romantische „Weltgedicht" gedacht, an einen „neuen Roman über das Weltall",[4] der die „Welterschaffung" nachzeichnen würde. Aber er schreckte doch immer wieder vor dem „fürchterlichen Anblick des Ganzen" zurück. Nur innerhalb eines kleinen Gestaltkreises wagt er das prometheische Mitvollziehen der Schöpfung, das er zwar in der Idee sich konsequent zu einem Gesamtschema alles Lebendigen ausdehnbar denkt, „welchem sowohl Menschen wie Tiere untergeordnet bleiben",[5] oder doch zu einem „Modell und Schlüssel" aller Pflanzen, nach dem man „alsdann Pflanzen ins Unendliche erfinden" könnte, „die konsequent sein müssen, d. h. die, wenn sie auch nicht existieren, doch existieren könnten und . . . eine innerliche Wahrheit und Notwendigkeit haben" (so schreibt er aus Palermo an Herder) – aber nicht nur hat Goethe faktisch eine solche Eroberung der Sphäre reiner

[1] Naturwiss. im Allg., III.
[2] Eckermann, 7. Oktober 1828.
[3] 23. August 1794.
[4] An Frau v. Stein, 7. Dezember 1781.
[5] WA., II, 8, 266.

ontologischer Möglichkeit nie in diesem Ausmaß vorgenommen, es war ihm schließlich zu deutlich, daß „wir die Urfrage nicht stellen können". In diesem Sinne blickt er auf seine mystisch-kabbalistische Theogonie in „Dichtung und Wahrheit" als auf einen wunderlichen Anfängerversuch zurück, belächelt er humorvoll schon im „Satyros" das „originalgeniale" Schöpfergott-sein-wollen des Waldteufels. Die doppelte Resignation, die ihn in den Weg zur totalen Erkenntnishaltung leitet, ist ausdrücklich ein Anschmiegen an das doppelte (ideale und reale) „Unterwegssein" der Dinge, ein Mitwandern mit dem Werden der Objekte und so zugleich Erkenntnis ihres „eigentlichen" Wesens und Verzicht, diesem Wesen, sofern es als Uranfang und Zielzustand faßbar wäre, auf den Grund zu spüren. Daher die scheinbar paradoxe Doppelbehauptung: „Was nicht mehr entsteht, können wir uns als entstehend nicht denken. Das Entstandene begreifen wir nicht."[1] Und: „Der Begriff vom Entstehen ist uns ganz und gar versagt; daher wir, wenn wir etwas sehen, denken, daß es schon dagewesen sei. Deshalb kommt das System der Einschachtelung uns so begreiflich vor."[2] Im „Unterwegs" unseres Denkens erfahren wir das objektive „Unterwegs" des Seins, ohne es als Begriff, der außerhalb dieses Weges sich stellte, fixieren zu können. Dieser Ewigkeitszustand ist für den Menschen, der ihn versucht, das Niedrigere, Unvollkommene, kantisch gesprochen, der Verstand unter der Vernunft: „Die Gottheit aber ist wirksam im Lebendigen, aber nicht im Toten; sie ist im Werdenden und sich Verwandelnden, aber nicht im Gewordenen und Erstarrten. Deshalb hat auch die Vernunft in ihrer Tendenz zum Göttlichen es nur mit dem Werdenden, Lebendigen zu tun, der Verstand mit dem Gewordenen, Erstarrten, daß er es nutze."[3] Man weiß, wie sehr „das Übergängliche, das Milde" der Wolken für Goethe ontologisches Gleichnis war.[4]

Aber aus dem letzten wird schon deutlich, wie die Erfahrung des „Empor" der Dinge sich nur im wandernden „Empor" des Erfahrens selbst verwirklicht, die totale Erfahrung also die des subjektiv-objektiven „Miteinander-Empor" ist. In der Bescheidung der Hingabe wird das Subjekt durch das außen sichtbar werdende Wunder des „Urphänomens" zu sich selbst emporgerissen, während

---

[1] Naturwiss. im Allg., III.
[2] Ebd.
[3] Eckermann, 13. Februar 1829.
[4] „Wohl zu merken" (Gott und Welt).

es in der Bescheidung der Tat das Objekt durch das in ihm licht werdende Wunder des „Seelenfünkleins" zu sich selbst emporreißt – beides in einem. Der Raum des totalen Weltwerdens ist so der Herdersche Weltraum als Innen- und Außenraum, aber bereichert durch die Möglichkeit der ideellen Genesis und der entsprechenden subjektiven „Geisteswendung". „Der Mensch kennt sich nur selbst, insofern er die Welt kennt, die er nur in sich und sich nur in ihr gewahr wird. Jeder neue Gegenstand, wohl beschaut, schließt ein neues Organ in uns auf."[1] „Wir wissen von keiner Welt, als in Bezug auf den Menschen." (Aphorismen.)

Damit ist die „metaphysische" Grundsituation im allgemeinen gekennzeichnet. Sie ist eine solche, die in ihrem Ausbau notwendig in Beziehung zu den alten aristotelisch-platonischen Grundbegriffen treten muß. Das Wie dieser Beziehung macht diesen Ausbau interessant. Es ist grundlegend dadurch gekennzeichnet, daß für Goethe die Enden und Ursprünge des Werdenden nur im (subjektiv-objektiven) Werden durchscheinend, also nicht direkt erfaßbar sind und daß die Zersetzung dieses lebendigen Werdens in seine Momente daher Verstandesfunktion *unter* der Vernunftfunktion, die es rein erfährt, bleibt. Das Werden läßt sich nicht anders als mit den Kategorien von Akt und Potenz beschreiben, ohne daß das Werdende je als reine Potenz (reine „Idee") oder reiner Akt (existential erfüllte „Idee") faßbar würde. Es ist als Potenz je schon Akt, als Akt immer noch Potenz. Aktuierung dieser Akt-Potenz ist wiederum ebensowenig als Präformation wie als Epigenesis zu fassen, als ob das Werdensollende in der Potenz „eingeschachtelt" oder zu ihr von außen als neues Moment hinzutreten würde. Beides schaut am eigentlichen „Wunder" vorbei, indem es das Geheimnis des sphärisch gekrümmten Werderaumes auf die bloße Fläche der Idee reduziert. Beide sind „roh und grob gegen die Zartheit des unergründlichen Gegenstandes".[2] „Dadurch wird alles Wandelbare stationär, das Fließende starr und dagegen das gesetzlich Raschfortschreitende sprunghaft angesehen und das aus sich selbst hervorgestaltete Leben als etwas Zusammengesetztes betrachtet."[3] Die „eigene Geisteswendung" aber, die Goethe fordert, liegt *auf dem Wege* zum reinen Anschauen des Werdenden als solchen, und dies ausdrücklich in der Erkenntnisdemut geöff-

[1] Bedeutende Fördernis durch ein einziges geistreiches Wort.
[2] Vorarbeiten zu einer Physiologie der Pflanzen.
[3] Zur Morphologie. Verfolg. Aphoristisches. WA., II, 6, 360.

neten Immer-wieder-Loslassens des Erreichten, einer „Gelenkigkeit“ gegenüber „stockender Objektivität“,[1] wie in der Erkenntnisaszese der tätigen Aneignung, und so in der Beschränkung auf das existentiell Verarbeitbare. Damit ist *zunächst* ein ausdrücklicher Gegensatz sowohl zu Bergson wie zu Husserl gegeben, indem jener bereits ein fertiges Intuitionsvermögen, vom pragmatischen Verstande getrennt, dieser ein fertiges Ideationsvermögen, vom rein faktischen Denken sauber scheidbar, voraussetzt. Es ist damit auch ein Gegensatz zu Kant, der für den Bereich des Subjekts reine Passivität (Sinnlichkeit) und reine Spontaneität (Vernunft) gegenübersetzt. Für Goethe ist der Erkenntnisweg sowenig wie das objektive Unterwegs in zwei reine Pole auseinanderlegbar. Gerade hier erweisen sich die tiefsten Konsequenzen des „Loslassens“ des Ideenpols, der absoluten Spontaneität, wodurch Goethes Resignation sich entscheidend von der Schillers unterscheidet. Das „Ideenvermögen“, wie Goethe es nennt, muß selbst erst „erzogen“ werden (nicht im naturalistischen Sinne Herders, als ob Vernunft *aus* Sinnlichkeit würde, sondern) als Aktuierung einer totalen, je schon (oder „erst“) aktual-potentialen Erkenntnishaltung. Damit ist aber *sodann* gesagt, daß das „zarte Geheimnis“ des Werdens uns am unmittelbarsten entgegenblickt aus unserer Subjektivität selber. Dafür braucht nur das schon darüber Gesagte herangezogen zu werden: Die scheinbare Passivität der „objektiven“ Öffnung des Menschen zur Welt ist ebenso unmittelbar eine reine „Tatstellung“, während die reine Aktivität „subjektiver“ Aneignung der Welt ebenso unmittelbar reiner „Gehorsam“ ist. Wundererblicken und Sichlichten sind *ein* Akt, und *der* menschliche Grundakt: Hören als Tun. „Der Mensch erfährt und genießt nichts, ohne sogleich produktiv zu werden. Dies ist die innerste Eigenschaft der menschlichen Natur. Ja, man kann ohne Übertreibung sagen, es sei die menschliche Natur selbst.“[2] Freilich ist dieser aktiv-passive Grundakt – das ist für Goethe unendlich kennzeichnend – nicht eine durchaus unteilbare Einheit, denn sonst wäre die Entwicklung der totalen Erkenntnishaltung aus den drei Einzelhaltungen (die den Transzendentalien wahr–gut–schön entsprechen) schon vollendet, gäbe es keine Erziehung des Menschen. Es ist vielmehr eine schwankend-bewegte Einheit, die sich einmal mehr nach der Seite der Rezeptivität und Objektivität, dann wieder mehr nach der der Spontaneität und

[1] An Schiller, 13. Jänner 1798.
[2] Über den sogenannten Dilettantismus.

Subjektivität neigt. Es ist die zwischen Spekulation und Materialsammeln schwankende Mitte der morphologischen Methode, wie die zwischen Aneignung und Entbindung schwankende Stellung des künstlerischen Schaffens: „Was der Mensch leisten soll, muß sich als ein zweites Selbst von ihm ablösen, und wie könnte das möglich sein, wäre sein erstes Selbst nicht ganz davon durchdrungen?“[1] Es begegnet uns also hier zum zweitenmal das Phänomen der verbrauchten Kategorie: mit Akt und Potenz läßt sich die eigentliche Urbewegung des Seins und Grundhaltung des Erkennens nur dialektisch beschreiben. Denn auch das ist Flachmalerei in der Zweidimensionalität der Ideenfläche und verfälschende Projektion des Tiefengeschehens des real-idealen „Empor“ als Wunder und Geheimnis. Darum sind ästhetisch-ethische Kategorien hier unumgänglich, die totale Erkenntnishaltung ist „richtig“ und „wahr“ nur in der Breite und Tiefe der Transzendentalien. Der Bedeutungswandel des Wörtleins „rein“ von Kant-Schiller zu Goethe hat hier höchste Gleichnis-Bedeutung. Was dort „reine“ Spontaneität oder Rezeptivität hieß und in der Folge notwendig zur Struktur der mystischen Potentialität führen mußte, das kann bei Goethe nicht mehr vorkommen. In *diesem* Sinne ist seine Totalhaltung „unrein“, aus Akt und Potenz unlösbar gemischt. Dennoch spricht Goethe immer wieder von einem „reinen Zusammentreffen“ von Subjekt und Objekt,[2] wobei „rein“ dann notwendig einen metatheoretischen Sinn erhält: „Denn da die einfacheren Kräfte der Natur sich oft unseren Sinnen verbergen, so müssen wir sie freilich durch die Kräfte unseres Geistes zu erreichen suchen, und ihre Natur in uns darstellen, da wir sie außer uns nicht erblicken können. Und wenn wir dabei *recht rein* zu Werke gehen, so können wir zuletzt wohl sagen, daß, so wie unser Auge mit den sichtbaren Gegenständen, unsere Ohren mit den Schwingungen erschütterter Körper völlig harmonisch gebaut sind, daß auch unser Geist mit den tiefer liegenden Kräften der Natur in Harmonie steht und sich solche ebenso *rein* vorstellen kann, als in einem *klaren Auge* sich die Gegenstände der sichtbaren Welt abspiegeln.“[3] Es ist deutlich: die Reinheit und Klarheit des Vernunftblickes, die ihm das „Tieferliegende“ des Objekts öffnet, ist nicht „reine Spontaneität“, sondern die errungene Durchsichtig-

[1] Wanderjahre, 1. Buch, 4. Kap.
[2] WA., II, 5, 259.
[3] 330 (von mir kursiv).

keit sittlich-ästhetischer Klärung. Diese allein folgt dem „Empor“ des Objekts in seinem Eindringen in den dreidimensionalen Werderaum.

Als Grundbegriffe dieses eigentümlichen „Empor“ bieten sich Goethe aus der griechischen Philosophie die von Materie und Form an, die er dankbar aufgreift, denn „in den Wissenschaften ist es höchst verdienstlich, das unzulängliche Wahre, das die Alten schon besessen, aufzusuchen und weiterzuführen“.[1] Diese Weiterführung aber besteht wiederum in der Resignation bezüglich einer reinen Zerlegung (sowenig Werden in Potenz-Akt zerlegbar war) und das um der „reineren“ Benützung im Raum des wirklichen Werdens willen. Sowenig es „reine“ Potenz und „reinen“ Akt gibt, so wenig gibt es „reine“ Materie und „reine“ Form. Es gibt nur sich formende Materie, sich materialisierende Form. Weiter erlaubt totale Erfahrung nicht zu gehen, „alle Streitigkeiten der Ältern und Neuern bis zur neusten Zeit entspringen aus der Trennung dessen, was Gott in seiner Natur vereinigt hervorgebracht“.[2] „Aristoteles“, sagt Goethe zu Eckermann,[3] „hat die Natur besser gesehen als irgend ein Neuerer, aber er war zu rasch mit seinen Meinungen.“ In den Aphorismen über Naturwissenschaft bestätigt er es: „Wenn man die Probleme des Aristoteles ansieht, so erstaunt man über die Gabe des Bemerkens und für was alles die Griechen Augen gehabt haben. Nur begehen sie den Fehler der Übereilung, da sie von dem Phänomen unmittelbar zur Erklärung schreiten.“ Es ist daher von einer paradoxen Richtigkeit, wenn sich der so „unspekulative“ Naturforscher Goethe von Aristoteles zu Plato wendet: „Um sich aus der grenzenlosen Vielfachheit, Zerstückelung und Verwickelung der modernen Naturlehre wieder ins Einfache zu retten, muß man sich immer die Frage vorlegen: Wie würde sich Plato gegen die Natur . . . benommen haben?“[4] Denn da, wo Aristoteles entschieden zwei „Teile“ sieht (Materie und Form), dort erblickt Plato – und mit ihm Goethe, wie der Spinoza-Aufsatz schon lehrte – das einheitliche Phänomen der „Teilhabe“: „Alle beschränkten Existenzen sind im Unendlichen, sind aber keine Teile des Unendlichen, sie nehmen vielmehr Teil an der Unendlichkeit.“ Dieser Begriff ist „Resignation“, weil Teilhabe

[1] Naturwiss. im Allg., V.
[2] Stiedenroths Psychologie, WA., II, 11, 74.
[3] 1. Oktober 1828.
[4] Naturwiss. im Allg., V.

unauflösbar ist; aber er reißt hinein in den Raum des real-idealen „Empor". Die erste Folge daraus ist die Relativität der Begriffe Materie und Form, und sofern jene notwendig mit Vielheit, diese mit Einheit sich deckt, die Relativität auch dieser Begriffe. Materiell ist das Werdende vom Ausgangspunkt her, von „unten" und „außen" gesehen, formell in seinem „Empor", nach „oben" und „innen". Einheit ist daher ebensowenig „reine Einheit" (wie etwa die reine Vernunft Kants es ist), noch auch „reine Synthesis" (wie die transzendentale Apperzeption), denn reine Synthesis setzt wie reine Einheit eine „reine Vielheit" voraus, die es doch, für Goethe, ebensowenig gibt wie reine Potentialität. Darum muß sich Goethe sosehr an Stiedenroths Psychologie erfreuen, „denn schon früher habe ich an mancher Stelle den Unmuth geäußert, den mir in jüngeren Jahren die Lehre von den *untern* und den *obern* Seelenkräften erregte".[1] Diese Trennung ist ja nur das subjektive Gegenstück zur Trennung von Materie und Form. Wo jedoch diese letztere (bei Aristoteles) stark innerhalb der Linie einer reinen Wesensphilosophie bleibt, im zweidimensionalen Raum der „Idee", betont sich die platonische Teilnahmestruktur als das Über-sich-hinaus-Streben des „Materiellen" und Vielfachen ins „Formell"-Einfache durchaus dreidimensional-existential, es ist objektiv das „Empor" ins Geheimnis des Urphänomens, subjektiv das „Empor" der Erfahrung und ihrer theoretisch-faktischen Wahrheit in die esoterisch-personale, totale Wahrheit. Denn die aristotelische Weltschau ruht in der Wahrheit „über" *die Dinge*, die platonische Teilnahmestruktur strebt dynamisch empor zur Wahrheit „über" *den Dingen*. Alles Teilnehmende hat seine Wahrheit über sich zum Teilgebenden. Gerade hier setzen nun die zwei metaphysischen Hauptbegriffe Goethes ein, die „zwei großen Triebräder aller Natur: der Begriff von *Polarität* und von *Steigerung*".[2] „Polarität" ist der Ausdruck für die fundamentale Nichtidentität alles Werdenden, die doch nicht in getrennte „Pole" zerlegt werden kann, sondern wie die zwei Zentren der Ellipse in einer einzigen Einheit beruhen. „Steigerung" aber ist diese Einheit in ihrer wurzelhaften „Empor"-Bewegung. Beides die Sichten des *einen* Werdens: „jene der Materie, insofern wir sie materiell, diese ihr dagegen, insofern wir sie geistig denken, angehörig; jene ist in immerwährendem Anziehen

---

[1] Stiedenroths Psychologie, WL., II, 11, 74.
[2] Erläuterung zum aphoristischen Aufsatz „Die Natur", ebd. S. 11.

und Abstoßen, diese in immerstrebendem Aufsteigen".[1] Jene ist die Projektion dieser auf die rein theoretische Ebene, bzw. die ewige Basis alles Werdens, das die reine Potentialität immer in sich einverleibt behält, diese ist die ausdrücklichste Strebung in die Tiefe des existentialen Raumes, zur Ganzheit hin.

Hier verstehen wir auch die tiefe Abneigung Goethes gegen alle Mathematik und mathematische Weltbewältigung, weil diese unfähig ist, in den Tiefenraum einzudringen, und alle Phänomene des Qualitativen aufs Quantitative reduziert. Das „Wunder", das das Wesen des „Empor" ist, kann von der rein theoretischen Weltschau (und sie ist nichts anderes als versteckte oder offene Anwendung der mathematischen Flächen-Methode) niemals eingefangen werden. Wie reine Materie ein Grenzbegriff ist, so reine Mathematik *als* Metaphysik. „Mathematische Formeln lassen sich in vielen Fällen sehr bequem und glücklich anwenden; aber es bleibt ihnen immer etwas Steifes und Ungelenkes, und wir fühlen bald ihre Unzulänglichkeit, weil wir selbst in Elementarfällen sehr früh ein Inkommensurables gewahr werden . . . Sie verwandeln das Lebendige in ein Totes", sie passen nur für die Basis der Natur, ihre Grund*fläche*: „Wäre die Natur in ihren leblosen Anfängen nicht so gründlich stereometrisch, wie wollte sie zuletzt zum unberechenbaren und unermeßlichen Leben gelangen?"[2] Goethe fordert daher, daß man dabei die Zahlen objektiv und subjektiv „im Sinne eines höheren Geschäfts" gebrauche: Objektiv, indem man die Polarität und ihre Zweiheit nie als reine Zahl von der Steigerung loslöse, sondern „allen diesen Ausdrücken eine echte Anschauung unterlege",[3] subjektiv, indem der Mathematiker und Theoretiker die fehlende Dimension existential ersetze: „Was ist an der Mathematik exakt als die Exaktheit? Und diese, ist sie nicht Folge eines innern Wahrheitsgefühls? . . . Hier aber kommt es nun auf die Natur des Menschen an, der ein solches Geschäft betreibt, eine solche Kunst ausübt . . . Der Mathematiker ist nur insofern vollkommen, als er ein vollkommener Mensch ist, als er das Schöne des Wahren in sich empfindet; dann wird er gründlich, durchsichtig, umsichtig, rein, klar, anmutig, ja elegant wirken."[4] Sofern nun aber weiterhin der mathematische Einheits- und

[1] Ebd.
[2] Naturwiss. im Allg., II.
[3] Farbenlehre, § 739.
[4] Naturwiss. im Allg., III.

Identitätsbegriff für die „Metahpysik" wie Mathematik überhaupt zu einem Grenzbegriff wird, muß auch der Begriff der Individualität in die Fragwürdigkeit des „gekrümmten Raumes" hineingezogen werden. Das „Empor" der materiellen Vielheit zur Formeinheit besagt dann notwendig auch das „Empor" zur Individualität. Dadurch versteht sich Goethes ständiges Bemühen, das Lebendigwerdende nicht als Einheit zu begreifen („Kein Lebendiges ist eins, immer ist's ein Vieles"), da es recht in der Mitte zwischen zwei nur „theoretisch" festlegbaren Polen wandert: „quantitativer" Einheit (die sich nur im Grenzbegriff absoluter Materialität verwirklicht) und „qualitativer" Einheit (die das emporstrebende Viele nie erreicht). Je unvollkommener ein Werdendes, „desto mehr sind [seine] Teile einander gleich oder ähnlich, und desto mehr gleichen sie dem Ganzen. Je vollkommener das Geschöpf wird, desto unähnlicher werden die Teile einander . . . Die Subordination der Teile deutet auf ein vollkommeneres Geschöpf".[1] Form ist also übergreifende, qualitative Einheitgebung, und das daher immer in die Dimension des Wunderbaren, Esoterischen hinein. Über Formen läßt sich nicht, wie über das Materielle, allgemein und „interesselos" reden. Form ist das lebendige „Empor" als Einheit von Ekstase und Lichtwerden im Sein. Ekstase als „Teilnahme" am erblickten Wunder über sich hinaus (und darin auf seine transzendentale Totalwahrheit hin), Lichtwerden als „Besitz" des Teilgenommenen und so Wunderwerden selbst. Das heißt, daß im lebendigen Empor des Seins sein Formaspekt selber liegt. In diesem Sichzusammen- und -aufraffen besteht seine existentiale Einheit, soviel es davon überhaupt hat. Es ist das *Gestaltende*, das die Gestalt schafft. Auf *diesen* einheitgebenden, esoterischen Kern zielt die morphologische Methode Goethes. Sie ist gerade darum so schwierig, weil „von Wesen die Rede ist, welche an die Erfahrung nur herantreten und die man *mehr Tätigkeiten als Gegenstände* nennen kann",[2] die eigentliche Anschauung also erst dann gegeben ist, wenn man die Metamorphosenreihe eines Phänomens ausdrücklich als „die Folge einer ununterbrochenen Tätigkeit als ein Ganzes" zu sehen vermag.[3] Nun erst wird der tiefste Grund jener Besorgnis, ja Angst Goethes über die problematische Identität des „Urphäno-

---

[1] Bildung und Umbildung organischer Naturen. Die Absicht eingeleitet.
[2] Farbenlehre, § 751.
[3] Zit. nach Weinhandl, S. 40.

mens", des „Typus", der „lebendigen Regel" begreiflich. Denn diese Identität ist nichts anderes als das Zusammenraffen von Nichtidentischem, um es zu einer unerreichten, unerreichbaren Identität emporzuführen. Gerade *so* ist es dann die „Spontaneität" des Seienden, in allen jenen Formen erscheinender Freiheit, wie sie Schiller und Schelling beschrieben, jene Proteusnatur der „lebendigen Regel", der Goethe mit „zarter Aufmerksamkeit" nachtastet, die sich nie endgültig in einer statisch erfaßten „Form" (im aristotelischen Sinn) verkörpert, sondern als das Quasi-Identische in verschiedenen, bis zum Konträren (nie Kontradiktorischen!) sich aufspaltenden Gestalten manifestiert: „da die Natur eben nur dadurch ihre genera und species hervorbringen kann, weil der Typus, welcher ihr von der ewigen Notwendigkeit vorgeschrieben ist, ein solcher Proteus ist, daß er einem schärfsten vergleichenden Sinne entwischt und kaum teilweise und doch immer gleichsam in Widersprüchen gehascht werden kann".[1] „Die Natur [kann] identische Organe dergestalt modifizieren und verändern, daß dieselben nicht nur in Gestalt und Bestimmung völlig andere zu sein scheinen, sondern sogar in gewissem Sinne einen Gegensatz darstellen."[2]

Das objektive „Empor" im Gegenstand, als dessen spontane, lebendige, quasi-identische Regel, ist also nur das objektive Entsprechen desselben Empor des Subjekts zu einer ganzheitlichen, existentialen Wahrheit. Es ist das Subjektive aller Objekte, so wie das reine Geöffnetsein des Subjekts sein Objektives ist. Wir stehen damit wieder bei dem gemeinsamen „subjektiv-objektiven" „Empor", das die Totalität des Weltwerdens kennzeichnet. Aber beide Emporbewegungen fallen nicht zusammen, sie sind nur polar ineinandergespannt.[3] Das Objekt hat sein Esoterisches wie das Subjekt, beide Tiefensphären mögen sich, wie die Oberflächensphären, wieder irgendwie polar zugestaltet sein, identisch sind sie nicht: „Es ist etwas unbekanntes Gesetzliches im Objekt, welches dem unbekannten Gesetzlichen im Subjekt entspricht."[4] Hier scheidet sich Goethe notwendig von Kant, für den das höhere Gesetzliche allein im Subjekt und seiner synthetisierenden Kraft liegt.

---

[1] WA., II, 6, 312.
[2] Vorträge über die drei ersten Kapitel des Entwurfs einer allgemeinen Einleitung in die vergleichende Anatomie usw., WA., II, 8, 2. Kap.
[3] Im Gegensatz also etwa zu Heidegger, wo beide identisch sind als Selbsterhellung des Daseins.
[4] Naturwiss. im Allg., V.

Goethes „allgemeines Glaubensbekenntnis" dagegen, wie er an Schlosser (5. Mai 1815) schreibt, lautet:

„a. In der Natur ist alles, was im Subjekt ist.
y. und etwas drüber.
b. Im Subjekt ist alles, was in der Natur ist.
z. und etwas drüber.

b kann a erkennen, aber y nur durch z geahndet werden. Hieraus entsteht das Gleichgewicht der Welt." Diese Ahndung ist das Fühlen als Fühler- und Fühlunghaben des subjektiven Empor mit dem objektiven. „Es ist eine Synthese von Welt und Geist, welche von der ewigen Harmonie des Daseins die seligste Versicherung gibt."[1]

In dieser dynamischen Materie–Form–„Metaphysik" wird endlich die letzte Seinsstruktur bei Goethe erkennbar, die sich aus dem Verhältnis von Polarität und Steigerung ergibt. Weil es ein einziges Werdendes ist, das unter beiden Sichten erscheint, sind diese Sichten nicht trennbar, sind sie Momente desselben Vorgangs. Das ist die tiefe Paradoxie dieser Metaphysik, daß alles steigernde „Empor" immer zugleich ein horizontales „Hin-und-her" bleibt, und also das berühmte Bild aus der „Betrachtung von Schillers Schädel",

„Ein Blick, der mich an jenes Meer entrückte,
Das flutend strömt gesteigerte Gestalten."

durchaus der treffendste Ausdruck des Paradoxes bleibt. Das heißt also: „Steigerung" ist nichts als die Polarität, vertikal betrachtet, ist „vertikale Polarität", in der die Pole übereinander liegen. „Polarität" aber ist die Steigerung, horizontal betrachtet, ist „horizontale Steigerung", wo die Pole nebeneinander liegen und die Bewegung nur wellenhaftes, ruhendes Fluten bleibt.

Vertikale Polarität, das Geheimnis der Steigerung, ist das Ausgespanntsein des Werdenden zwischen die Pole des Quantitativen und Qualitativen. Wir „erkennen, . . . daß *Quantität* und *Qualität* als die zwei Pole des erscheinenden Daseins gelten müssen, daher denn auch der Mathematiker seine Formelsprache so hoch *steigert*, um, sofern es möglich, in der meßbaren und zählbaren Welt die unmeßbare mit zu begreifen".[2] Weil aber

---

[1] Max. u. Reflex. Aus Wilh. M. Wanderjahren.
[2] Ferneres über Mathematik usw., WA., II, 11, 96.

dies Vertikale auch nur die Wanderung zu einem unerreichbaren Pol (das „Rein" Kants) besagt, so bleibt die Überordnung des einen Pols eine *relative*: Geist und Form sind relativ auf Materie „notwendig", „einheitlich", „lebendig", „identisch".[1]

Aber gerade darum, gerade weil der obere Pol „rein" nicht gebbar ist (so will es platonische Teilnahmestruktur), ist alle vertikale Polarität untrennbar von horizontaler. Diese Errungenschaft Goethes ist vielleicht die tiefste seiner weltanschaulichen Ideen, denn sie, und erst sie, überschreitet die Sphäre der idealistischen „mystischen Potentialität". Diese gab sich wesentlich als die Zwischenform zwischen göttlicher, reiner Aktualität und geschöpflicher Potentialität. Sie versuchte das Paradoxe, ein Identisches, Unbedürftiges, Ewiges in eine *notwendige* Beziehung zu einer nichtidentischen, bedürftigen, zeitlichen Basis zu setzen. Der brennende Dornbusch war hier Gleichnis. Goethes Bescheidung verzichtet darauf, den oberen Pol als einfachhin Ewiges und Absolutes zu fassen. Er ist dies nur als transzendent unerreichbarer, als Ziel eines „Empor", das ein solches nur als radikal Werdendes sein kann. Dieses radikal Werdende hat denn auch notwendig seine ewig unüberwindbare Basis, da seine Potentialität untrennbar bleibt von seiner Aktualität, und umgekehrt. Sosehr es sich emporrecken mag, es hat seine Energie empor nur aus seiner grundlegenden Polarität selbst, die ihm konstitutiv ist. Goethe, der resignierende „Klassiker", führt Schillers Resignation im Bezirk der moralischen Schuld fort und vertieft sie ontologisch. Denn wo Schiller die Schuld des Empedokles als metaphysisch-notwendige Weltsituation ins Anthropologische zurückführt, da führt Goethe das zur Struktur Gottes gesteigerte Grundgesetz der Weltlichkeit auf diese selbst zurück. Die Totalität dieser Welt heißt für Goethe *Natur*, nicht Gott, und nur sofern Natur ihre gewaltigen, strömenden Kräfte von Gott hat und ihr gesteigertes Fluten empor seinen Sinn, sein Ziel nur in Gott hat, der diesem ganzen Ungeheuren nah und innerlich ist wie die Mutter dem saugenden Kind, heißt diese Natur Gott-Natur. „Gott-Natur" ist die Natur als innerlich tätig-lichte, *wirklich* Teilhabende, „Gott und Natur" (wie Goethe ebenso gern sagt) aber bezeichnet die Distanz der teilnehmenden Natur über sich empor.

Horizontale Polarität als unaufhebbare Basis aller Steigerung

---

[1] Vgl. dazu Weinhandls 2. Buch, bes. S. 145 ff., S. 163.

bezeichnet also Goethes grundlegendste „metaphysische“ Erkenntnis. Im Objekt ist es das ewige Hin-und-her zwischen Materialität und Formalität, zwischen Einheit, die sich vielfach ausformt, und Vielheit, die sich einfach gestaltet; im Subjekt ist es das ewige Hin-und-wider von Erfahrung zu Idee und Idee zu Erfahrung, von Analyse und Synthese, Hingabe und Tätigkeit, Objektivität und Subjektivität. Und im Weben zwischen Objekt und Subjekt selbst bleibt es das ewige Hin-und-zurück gegenseitigen Sichbildens, gemäß dem geheimnisvollen „etwas drüber“, das jedes vor dem andern voraushat. Und nur *in* diesem dreifachen horizontalen Herüber-Hinüber vollzieht sich das entscheidende Empor, das diesem Weben seinen Sinn gibt. Nur als diese Polarität ist Welt „an sich“: „Wir sollten nicht von Dingen an sich reden, sondern von dem Einen an sich“,[1] in dem der Mensch dank seiner Offenheit je schon lebt, und das Goethe gegenüber der Haltung idealistischer Philosophie sorgsam festhält: „Ich hatte beides niemals gesondert.“[2] Er habe, schreibt er an Schiller, „von seiner ungetrennten Existenz den besten möglichen Gebrauch gemacht, bis die Philosophen einmal übereinkommen, wie das, was sie nun einmal getrennt haben, wieder zu vereinigen sein möchte“ (6. Jänner 1798). Darin liegt doppelte Schalkhaftigkeit, denn nicht nur erscheint ihm das „Ungetrennte“ als die einzige Weltwirklichkeit, sondern diese gerade *als* Polarität, so daß „Vereinigung“ ebenso unmöglich ist als Trennung. Es bleibt beim Hin-und-her horizontaler Polarität: „Hier ist es, wo sich der Praktiker in der Erfahrung, der Denker in der Spekulation abmüdet und einen Kampf zu bestehen aufgefordert ist, der durch keinen Frieden und durch keine Entscheidung abgeschlossen werden kann.“[3] Wenn daher Goethe auch hier von Steigerung und Näherung ans Objekt scheinbar bis zur Identität redet („. . . so wird dir dieses Ding immer lebendiger, wahrer, runder, es wird endlich du selbst werden . . .“[4]), so kann damit nur jene existentielle Aneignung gemeint sein, die die Tiefe des Subjekts, sein „z“, aktiviert. Aber die Subjektstiefe bleibt nur das Analogon, nicht die Identität der Objektstiefe. Dieser Begriff des Analogon, gerade weil er die Goethesche Mitte der „Polarität“ zwischen Identität und Widerspruch hält, muß daher eine letzte

[1] Riemer: Mitteilungen über Goethe, 2. Aug. 1807.
[2] Einwirkung der neueren Philosophie.
[3] Farbenlehre, § 181.
[4] Nach Falconet und über Falconet.

Formel dieses Weltbildes bieten. Denn er ist auch die Formel des doppelt resignierenden Denkens: „die Analogie hat den Vorteil, daß sie nicht abschließt und eigentlich nichts Letztes will".[1] Sie hat aber damit (im positiven Gewinn der Bescheidungen) den weiteren Vorteil, daß sie die Schmiegsamkeit eines Denkens hat, das sich an dem Proteus des Werdenden versuchen muß. Ein solches Denken muß die schwankende Mitte einzuhalten suchen des Quasi-Identischen, dessen „Identität" sich nur im lebendigen Empor zur transzendenten Identität offenbart, das sich nur in wechselnden Vielheiten als gleiche „Form" durchhält. Darum die bedeutenden Sätze: „Jedes Existierende ist ein Analogon alles Existierenden; daher erscheint uns das Dasein immer zu gleicher Zeit gesondert und verknüpft. Folgt man der Analogie zu sehr, so fällt alles identisch zusammen; meidet man sie, so zerstreut sich alles ins Unendliche. In beiden Fällen stagniert die Betrachtung, einmal als überlebendig, das andere Mal als getötet."[2] Weltstruktur ist damit am eindringlichsten gezeichnet: zwischen der Formtendenz des Empor, alle Vielheit über sich in die integrierende Einheit zu heben, und der Materialtendenz der Basis, alle Höhe in quantitative Einheiten zu nivellieren. Aber das lebendige Empor ist immer paralysiert von dem materialen der horizontalen Polarität, und nur unexistentielle Dialektik, erfahrungsfremde Romantik vermag es ins Überlebendige zu verfließen. Es ist bezeichnend, daß das „Überlebendige" zum Wesen Euphorions gehört, des Sohnes von Faust und Helena, der eine Allegorie der romantischen, reinen Poesie darstellt. So rufen die Eltern ihm zu:

„Bändige, bändige
Eltern zuliebe
Überlebendige
Heftige Triebe!"[3]

Das Starre der Basis aber ist nur als Knochengerüst des Lebendiggegliederten, das Stereometrische nur um des Lebens willen, und „Erfahrung [ist] nur die Hälfte der Erfahrung".[4] Das Ganze ist „Erfahrung von einer höhern Art",[5] „es gibt keine Erfahrung,

[1] Max. u. Reflex., 1. Abt.
[2] Naturwiss. im Allg., III.
[3] Vers 9737-9740.
[4] Aphorismen.
[5] Objekt u. Subjekt.

die nicht produziert, erschaffen, hervorgebracht wird".[1] – Das Lebendig-Geheimnishafte der ganzen Weltdynamik, als der paradoxen, doch nicht widersprüchlichen Einheit des ruhenden Flutens und aus diesem Fluten emporsteigenden Sinnes erschließt sich Goethe zuletzt in seinem Lieblingsbild: Systole und Diastole des Atmens, wunderbarer und leis-zarter Rhythmus alles Lebendigen, Einziehen der Weltatmosphäre in tätiger Assimilation, Ausströmen und „Atmosphärebilden" als geöffnete Hingabe; ein Rhythmus, in dem noch einmal klar wird, wie Weltsinn unlöslich aktiv-passiv ist. Denn beides: Einatmen wie Ausatmen ist Hingabe und Tat, ist subjektiv und objektiv, beides ist Lebensereignis und so segenvolles Geschehen, als Gnade erfahren im resultierenden Empor:

„Im Atemholen sind zweierlei Gnaden:
Die Luft einziehen, sich ihrer entladen;
Jenes bedrängt, dieses erfrischt;
So wunderbar ist das Leben gemischt.
Du danke Gott, wenn er dich preßt,
Und dank' ihm, wenn er dich wieder entläßt."[2]

Aus dieser so reichen Daseinsschau Goethes, die wir nur in ganz schematischen Umrissen zeichnen konnten, deren tiefste Schätze wohl noch lange nicht gehoben sind, fassen wir zwei Begriffe heraus, die seinen eigentümlichen Gehalt in kurzem Sinnbild wiederholen. Der objektive Hauptbegriff, das ergibt sich unmittelbar aus dem über Analogie Gesagten, kann kein anderer als der des *Symbols* sein, als der „bedeutenden Gestalt". Nicht nur „bedeutend", das ist auch die theoretische, willkürliche „Allegorie", während Symbol *als* qualitative Einheit bedeutet, das heißt über sich empor weist. Nicht nur „Gestalt", Form im aristotelischen Sinn, denn Goethes Gestalt ist Form nur in der Krümmung des existentialen Raumes, das heißt wiederum als lebendig-totales Empor. „Allegorie" und „Form" werden *ge*deutet, verstanden in ruhender *Be*grifflichkeit. Symbol aber deutet selbst, doch nur sofern es *be*deutet und so in die Er-griffenheit der Emporbewegung hineinreißt. „Das Wahre, mit dem Göttlichen identisch, läßt sich niemals von uns direkt erkennen, wir schauen es nur im Abglanz, im Beispiel, Symbol, in einzelnen und verwandten Erscheinungen; wir werden es gewahr als unbegreifliches Leben und kön-

[1] Der Sammler und die Seinigen, 6. Brief.
[2] West-östlicher Diwan, Buch des Sängers.

nen dem Wunsch nicht entsagen, es dennoch zu begreifen."[1] Das „Bedeutende" scheint durch die Gestalt und erweckt den sehnsüchtig nachjagenden Eros. Alles wirklich Bedeutende ist daher Symbol. Nicht nur die Phänomene und Urphänomene der Natur, nicht nur die Gestalten der Kunst, sondern auch und gerade die höchsten philosophischen Begriffe, wenn anders diese existentiell das werdende Empor mitvollziehen: „Die Philosophie auf ihren höchsten Punkten bedarf auch uneigentlicher Ausdrücke und Gleichnisreden, wie die von uns oft erwähnte und in Schutz genommene Symbolik bezeugt. Nur leiden die philosophischen Schulen . . . meistens daran, daß sie . . . meist nur einseitige Symbole brauchen . . . Auf diese Weise werden die Gegenstände niemals durchdrungen . . . woraus bald ein Parteisinn sich befestigt."[2] Demgegenüber fordert Goethe höchste, das Geheimnis allseitig umkreisende Symbole, so wie er zu Eckermann, im Hinblick auf „Myrons Kuh", sagt: „Dieses und ähnliche Bilder nenne ich die wahren Symbole der Allgegenwart Gottes."[3] Die Bewegtheit des Symbols ist also mit einer „Gestalt"- und „Struktur"-Psychologie, Charakterologie usw. niemals erschöpflich beschrieben. Sie ist es nur, wenn dieses dynamische Empor ausdrücklich in der Richtung auf das Esoterische, Wundervoll-Erschreckende, kurz, das Heilige, als den Zielpunkt der existentiellen Dimension beschrieben wird („Wertskala" würde es eine ideelle Philosophie nennen, der aber Goethe nie hätte beipflichten können).

„Unmöglich scheint immer die Rose,
Unbegreiflich die Nachtigall . . ."

singt Suleika, und die chinesisch-deutschen Jahres- und Tageszeiten enthüllen den seltsamen Doppelsinn dieses Staunens vor der vollkommenen Blume:

„Unwidersprechlich allgemeines Zeugnis,
Streitsucht verbannend, wundersam Ereignis!
Du bist es also, bist kein bloßer Schein,
In dir trifft Schaun und Glauben überein."

„Indem die Natur das offenbare Geheimnis ihrer Schönheit entfaltete",[4] indem die Kunst ihre mannigfache Symbolik ausbreitet,

---

[1] Versuch einer Witterungslehre, WA., II, 12, 74.
[2] Materialien z. Gesch. d. Farbenlehre: „Intentionelle Farben".
[3] 29. Mai 1831.
[4] Wilh. Meisters Wanderjahre, 2. B., 7. Kap.

„Daß sie von geheimem Leben
Offenbaren Sinn erregt“,[1]

eint sich nicht nur Schauen reiner Gestalt (als Objektivität der Hingabe) mit Glauben (als Subjektivität der Aneignung), sondern dies ausdrücklich als Schauen des unschaubar Hintergründigen, als verschleiert geheimes Offenbaren, und also im Glauben dieses Geschaut-Nichtgeschauten, sofern die Subjektivität der Aneignung ins Personale, Existentielle der emporweisenden Spur im Symbol nachtastend vollends ekstatisch über sich hinweggerissen wird. Herders, noch mehr Hamanns hieroglyphische Natur, Symbol als Rede, sind hier wieder ganz nahe, gerade sofern der Ausgangspunkt nicht Ideenspekulation, sondern das Allernächste, die „unmögliche Rose“, „unbegreifliche Nachtigall“ ist. Gerade so ist es nicht „Magie“, denn Schau und Glauben sind nur Eros zum „heilig öffentlichen Geheimnis“ hin, ohne ihm „bei“-zukommen oder den Schleier zu zerreißen. Im Gegenteil: sobald dieser gelüftet werden soll, erlischt das Durchscheinende zum indifferenten Dunkel. „Man suche nur nichts hinter den Phänomenen; sie selbst sind die Lehre.“[2] Und dieser nicht-fassen-könnende Eros ist nichts als die Aufrichtung der eigentlichsten Haltung des Geschöpfs, ist, wie die Erzengel wissen, seine Stärkung:

„Der Anblick gibt den Engeln Stärke
Da keiner dich ergründen mag,
Und alle deine hohen Werke
Sind herrlich wie am ersten Tag.“

Damit ist schon zum zweiten, subjektiven Hauptbegriff von Goethes Methaphysik übergeleitet, der Aug-in-Aug zum Symbol als dem „heilig öffentlichen Geheimnis“ steht, zur Idee der *Ehrfurcht*. Denn in diesem Spitzenbegriff Goethescher Welthaltung geht für ihn ausdrücklich ein die doppelte Bescheidung „reiner“ (im angegebenen Sinn) Hingabe und „reiner“ Aneignung in Tätigkeit *als* Empor ins Esoterische. Das objektive Empor *weist* in eine Geist-Personsphäre des Seins, die der Schauende nicht „bewältigt“, denn seine höchste „Tätigkeit“ krönt sich in ebendieser Schau. Hier gilt es nun, die dreifache progressive Eingestaltung der drei

[1] Künstlerlied.
[2] Naturwiss. im Allg., III.

menschlichen Grundhaltungen (theoretisch–ästhetisch–praktisch), die wir bisher nur von der Erkenntnisansicht aus betrachteten (als Existentiellwerden der Wahrheit), einmal von der Tatansicht aus zu sehen. Denn dann wird deutlich, daß in den reinen Trieb nach Tätigkeit, den Eros des Schaffens, sich in dieser Eingestaltung die ergänzenden Haltungen der ästhetischen Hingabe und der schauenden (theoretischen) Distanz einfügen. Damit aber wird das tätige Empor des Eros gemildert – ein Lieblingswort Goethes – in den Eros der Ehrfurcht. Der Liebesbegriff der griechischen Philosophie, der sich weithinein in das christliche Weltbild des Mittelalters durchhält, die Idee der Liebe als „appetitus", weicht einem totaleren Liebesbegriff, wie er in voller Entfaltung vielleicht erst bei Scheler auftritt: Liebe als Einheit des distanzierten Schauens des Geliebten (theoretisch), darin aber der Intuition des Urphänomens, der Seinstiefe als Heiligkeit (ästhetisch), welche sich aber nur in der tätigen Emporbewegung aufs Heilige erschließt (praktisch). Goethes Ehrfurchtsbegriff meint diese totale Liebeshaltung. Scheler spricht vom „Aufblitzen des höhern Werts" in ihr und weist damit auf das personal Einmalige, Unmittelbare des Vorgangs hin. Goethes Totalhaltung, sei sie nun vorzugsweise theoretisch oder praktisch gedacht, kennt dieses Geschehen als das augenblickliche Berühren des Höchsten, ein erblickendes, personales Berühren, das er oft „Aperçu" nennt. „Alles, was wir Erfinden, Entdecken im höhern Sinne nennen, ist die bedeutende Ausübung, Betätigung eines originalen Wahrheitsgefühles, das, im Stillen längst ausgebildet, unversehens mit Blitzesschnelle zu einer fruchtbaren Erkenntnis führt. Es ist eine aus dem Innern am Äußern sich entwickelnde Offenbarung, die den Menschen seine Gottähnlichkeit vorahnen läßt."[1] Aber weil solche Offenbarung das Zusammenblitzen der Subjekts- und Objekts-*Tiefe* ist, wird sie, wie diese selbst, wesentlich unmittelbar, selbst ein „heilig öffentlich Geheimnis". Montan, der einsame „Naturschauer", baut darauf eine ganze Pädagogik des Schweigens auf: „Was wir mitteilen, was uns überliefert wird, ist immer nur das Gemeinste, der Mühe gar nicht wert." Wilhelm dringt in ihn, seinem Knaben wenigstens einiges seiner inneren Kenntnisse zu überliefern. „Gib das auf, versetzte Montan." Wilhelm vergleicht, wie ihm scheint, zu seinem Vorteil, seine Neigung zu den Menschen mit Montans einsiedle-

[1] Naturwiss. im Allg., III.

rischer Bergliebe. „Unterhaltender scheinen sie mir doch, versetzte Wilhelm, als deine starren Felsen zu sein. – Keineswegs, versetzte Montan, denn diese sind wenigstens nicht zu begreifen."[1] „Steine sind stumme Lehrer: sie machen den Beobachter stumm, und das Beste, was man von ihnen lernt, ist nicht mitzuteilen."[2] „Das Esoterische schadet nur, indem es exoterisch zu werden trachtet."[3]

Nochmals Montan: „Das Liebste . . . muß jeder im tiefsten Ernst bei sich selbst bewahren, jeder weiß nur für sich, was er weiß . . . Wenn man einmal weiß, worauf alles ankommt, hört man auf, gesprächig zu sein. – Worauf kommt nun aber alles an? versetzte Wilhelm hastig. – Das ist bald gesagt, versetzte jener, Denken und Tun, Tun und Denken, das ist die Summe aller Weisheit."[4] Die naive Frage Wilhelms konnte nur eine formale Antwort erwarten, und Goethe hat immer gerne solche gegeben, im Abweis einen Hinweis. Das Reden überhaupt, weil es allgemeines und so unpersönliches Zeichen ist, wird in die gleiche Fragwürdigkeit hineingezogen wie die Mathematik und die Dialektik. Das Wort ist der herabgleichenden Zahl und dem bewältigenden Begriff verwandt.

„Die Rede geht herab, denn sie beschreibt;
Der Geist will aufwärts, wo er ewig bleibt."[5]

Gerade die Tiefendimension der totalen Wahrheit als der „absoluten" Wahrheit der Person („absolut", sofern sie darin von der „Relativität", d. h. Beziehungshaftigkeit der theoretischen Wahrheit ab-solviert, abgelöst wird), gerade sie bringt eine tiefere Subjektivität und Relativität der Wahrheit mit sich: Subjektivität, weil die Wahrheit innere existentielle Lichtung des Geistes ist, Relativität im doppelten Sinn der Je-Einmaligkeit jeder Geistperson und der Ekstase ins Wunder hinein, worin ihre existentielle Lichtung allein sich vollzieht. Diese letztere Relation, die den Geist an das Höhere über ihn bindet, ist ihrerseits nicht mehr identisch mit der Relativität der theoretischen Wahrheit, da es Beziehung des einmaligen Geistes zum je-konkret einmaligen, sich offenbarenden Wunder, das nie ein Allgemeines wird, besagt. Es kann also ein

[1] Wanderjahre, 1. B., 3. Kap.
[2] Naturwiss. im Allg., II.
[3] Ebd.
[4] Wanderjahre, 2. B., 9. Kap.
[5] Nimbus.

Mensch auf seinem Weg zur totalen Wahrheit empor theoretisch Widersprechendes äußern, ohne unwahr zu sein. Diese Widersprüche verhalten sich dann genau wie die „konträren“ Gestaltungen der „lebendigen Regel“, des „Proteus“ in einem Organismus. „Wenn daher ein Schriftsteller aus verschiedenen Stufen seines Lebens Denkmale zurückläßt, so kommt es vorzüglich darauf an, daß er ein angeborenes Fundament und Wohlwollen besitze, daß er auf jeder Stufe rein gesehen und empfunden, und daß er ohne Nebenzwecke gerade und treu gesagt habe, wie er gedacht. Dann wird sein Geschriebenes, wenn es auf der Stufe recht war, wo es gestanden, auch ferner recht bleiben, der Autor mag sich auch später entwickeln und verändern, wie er wolle.“[1] Das „Richtigkeit“ verbürgende „Wohl-Wollen“ ist nichts als jene „fundamentale“ Ehrfurcht, die Goethe in der „pädagogischen Provinz“ der „Wanderjahre“ zum Kern aller Religiosität und damit alles Menschentums erhebt. Es ist die Integration unserer triebhaften „Neigungen“ (appetitus) mit unserer theoretischen „Wißbegierde“ und unserer ästhetischen ordnenden Schau *in und als* gemeinsames Empor: „Eine beschränkte Neigung soll nicht nur ausgefüllt, unsere Wißbegierde nicht etwa nur befriedigt, unsere Kenntnis nur geordnet und beruhigt werden; das Höhere, was in uns liegt, will erweckt sein, wir wollen verehren und uns verehrungswürdig fühlen.“[2]

Mit dem synthetischen Doppelbegriff Symbol und Ehrfurcht ründet sich der Umkreis der Goetheschen „Metaphysik“ und wird überschaubar. So können wir nun an jene zu Anfang des Kapitels gestellte, schwierigere Aufgabe herantreten, zu dieser Weltschau, Weltexistenz den qualitativen „Existentialindex“ zu finden. Welchen Grad, welche Art von Wirklichkeit hat die Welt Goethes? Daran erst, aber daran unmittelbar knüpft sich dann die Frage nach dem Naturletzten und Geistletzten dieser Welt, nach Goethes Apokalypse und Eschatologie.

[1] Eckermann, 17. Februar 1831.
[2] Der Sammler und die Seinigen, 6. Brief.

III. Das Halbwirkliche und die letzten Dinge

Immer wieder erschien Goethe sein Standpunkt als ein Stehen in der *Mitte*. Aber einer Mitte, die ausdrücklich Resignation gegenüber den „Enden" ist, eine Mitte des Mittleren. „Ich finde mein Heil nur in der Anschauung, die in der Mitte steht", schreibt er an Schiller,[1] zwischen „den Naturphilosophen, die von oben herunter, und den Naturforschern, die von unten herauf leiten wollen". Eine Mitte der „Anschauung" also, die nach oben resigniert gegenüber Spekulation über der Erfahrung, nach unten gegenüber einer Forschung mit Mikroskop und Teleskop. Denn die Naturgegenstände, die er zu seinem forschenden Anschauungsfeld sich vorbehält, sind Gegenstände der „mittleren Region",[2] in der sich allein das Optimum der Schau vollziehen kann. Aber „die Mitte, von da aus gerechnet, wo wir stehen, erlaubt wohl auf- und abwärts mit Blick und Handeln uns zu bewegen, nur Anfang und Ende erreichen wir nie, weder mit Gedanken noch Tun, daher es rätlich ist, sich zeitig davon loszusagen".[3] Es ist diese Mitte keineswegs genau die des „Philosophen", dessen Stellung die Wanderjahre beschreiben: „Der Philosoph, der sich in die Mitte stellt, muß alles Höhere zu sich herab, alles Niedere zu sich herauf ziehen und nur in diesem Mittelzustand verdient er den Namen des Weisen."[4] Denn da handelt es sich um die philosophische Religion der Ehrfurcht vor der Mit- und Umwelt, welche die zweite Stufe der Gesamtreligion ist. Sie führt die primitive Religion der Ehrfurcht vor dem *Über*-uns fort, aber wird selbst überholt von der dritten, christlichen Ehrfurcht, welche hierin auch noch das *Unter*-uns einzugestalten vermag: „Niedrigkeit und Armut, Spott und Verachtung, Schmach und Elend, Leiden und Tod." „Da dieses einmal erreicht ist, so kann die Menschheit nicht wieder zurück, und man darf sagen, daß die christliche Religion, da sie einmal erschienen ist, nicht wieder verschwinden kann, da sie sich einmal göttlich verkörpert hat, nicht wieder aufgelöst werden mag." Der Fortschritt der drei Ehrfurchtsformen liegt also in einer anderen Dimension, und jeder, der sich heute in eine „Mitte" stellt, kann dies nur je in der Existentialität der geschichtlich erreichten Endform der

---

[1] 28., bzw. 30. Juni 1798.
[2] Zit. n. Weinhandl a. a. O. S. 73.
[3] Ebd.
[4] Wanderjahre, 2. Buch, 1. Kap.

Religiosität. Damit ist freilich erst gesagt, daß beide Mitte-Begriffe nicht grundsätzlich zusammenfallen, da ja Goethe keineswegs „Philosoph" sein will. Es ist aber möglich, daß sie in anderer Hinsicht eine Verwandtschaft zeigen, die sich vom Existentialindex der Goethewelt her ergeben könnte.

Im Objektiv- oder Gegenstandsaspekt ist Goethes eigentlichstes formales Objekt ausdrücklich die Welt des Werdenden in seinem Werden, die ideale und reale Genesis des Seins. Der Hindurchblick durch das Phänomen enthüllt diese Dimension, die nun aber gerade in ihrer „Existentialität" von einer seltsam schillernden Doppeldeutigkeit ist. Sie erhellt aus der fundamentalen Zweideutigkeit der Begriffe Idee und Existenz. Denn einerseits führt der Durchblick in die Werdensdimension in jene Urgründe des Seins – im „Faust" unter dem Bild der Mütter verbildlicht –, die etwas Gestaltloses, Irreales an sich haben, jene Gründe, aus denen das Phänomen erst zur Oberfläche der Existenz auftaucht. Es ist für Goethe gewiß nicht die Region des abstrakt Gesetzlichen, Transzendentalen im Kantschen Sinn. Denn die lebendige Regel, der Typus, die Gestalt weisen auf eine Form des Ideellen hin, die nicht „abstrakt", sondern „konkret"-allgemein ist. Sie ist ein „Allgemeines", das dynamisch und als solches anschaulich bleibt, „schwankende Gestalten", wie es die „Faust"-Zueignung nennt, die „aus Dunst und Nebel", aber mit einem „Zauberhauch" aufsteigen, gelagert um einen Ursprungskern der zeugenden Natur, dem Dreifuß der Mütter über dem Abgründigen.

„Ein glühnder Dreifuß tut dir endlich kund,
Du seist im tiefsten, allertiefsten Grund.
Bei seinem Schein wirst du die Mütter sehn;
Die einen sitzen, andre stehn und gehn,
Wie's eben kommt. Gestaltung, Ungestaltung,
Des ewigen Sinnes ewige Unterhaltung.
Umschwebt von Bildern aller Kreatur,
Sie sehn dich nicht, denn Schemen sind sie nur."[1]

Im Reiche dieser Gebilde lagert sich das, was Goethe „Urbild", „allgemeines Schema", „ideales Bild", „Typus", aber gelegentlich auch das „gestaltlose Wirkliche" nennt, bei dem man sich nicht zu lange aufhalten darf, wie er denn auch einmal vom Esoterischen

---

[1] Faust, V, 6283-6290.

als dem „Abstrakten" spricht.[1] Es ist somit nicht allzuweit von jener Irrealität des „objektiven Geistes" im Sinn der Heutigen entfernt: „Geist", sofern lebendige Regel und *konkret*-Allgemeines, „objektiv" aber als bewußtlos-irreal. – Aber anderseits hat die Sphäre des Gestaltlos-Typischen einen zweiten, fast entgegengesetzten Sinn. Denn das erscheinende Phänomen, durch das hindurch der Naturschauer das Urphänomen erblickt, ist doch, gerade durch diese Tiefe, selbst ein Werdendes, Emporwanderndes, und das „Ideelle" sein Ziel. Es zu erreichen wäre erfüllte Existenz, ja sein lebendiges Empor ist, wie wir sahen, seine Idealität selbst. Ging der erste Durchblick in die Tiefe vergangenen Herkommens, so der zweite in die zukünftigen Hingehens. Hier heißt lebendige Form, Typus das innere „Telos" der En-tel-echie, des In-sich-Ziel-habenden, und seine einfühlende Schau ist das Mitemporgerissenwerden des Geistes diesem Ziel entgegen. In beiden Sehweisen also geht die Betrachtung auf ein Werdendes, und in diesem Sinne auf ein zwischen Nichtsein und Sein als Halbrealität Schwebendes (Polarität) und Wanderndes (Steigerung). Alles wird demnach davon abhängen, welcher Existentialitätsindex dem Ursprung des Herkommens („Mütter") und dem Ziel des Hingehens (Gott) zugeteilt wird. Sind die Mütter sozusagen Nullpunkt der Existenz, reine, leere Idealität, wo der Lauf des Existierenden zur Existenz hin beginnt, oder sind sie die ewig-existierende Natur als Schaffensgrund („Gott-Natur")? Ist der Zielpunkt Empor der Existenz zur reinen Idealität oder Empor des erst halb Existierenden, halb Ideellen zur Fülle der Existenz in Gott? Nochmals sehen wir die Kategorien nicht ausreichen, lebendige Anschauung der Grundhaltung Goethes wird hier allein Antwort geben können. Wie immer sie aber lauten wird, ein anderes wird bereits klar: Die Halbrealität des formellen Objektes der Goetheschen Naturschau kommt eigentümlich nahe jener anderen Halbrealität, in der sein Geist sich als seiner zweiten Heimat zumeist aufhielt, der des Ästhetischen. Das „Konkret-Allgemeine" war ja bei Schelling das formale Objekt der ästhetischen intellektuellen Anschauung. Goethe faßt die Prometheustat des Künstlers ausdrücklich als Existenzgebung diesen „schwankenden Gebilden". Die Verkörperung der Helena, die Faust im Gang durch die Traum- und Halbwelt der klassischen Walpurgisnacht hindurch und in der Wanderung durch

[1] Naturwiss. im Allg., II.

„Öd' und Einsamkeit" zu den Müttern der „ewig leeren Ferne", wo man den Schritt nicht hört, den man tut, nichts Festes findet, wo man ruht, verfolgt, sie ist die „Metaphysik" des künstlerischen Schaffens. Es ist also Schellingsche Metaphysik, aber nunmehr ausdrücklich unter dem Zeichen ausdrücklicher, kreatürlicher Resignation. Schau der Urphänomene der Natur, Gestaltung dieses Gestaltlosen sind höchste Potenz des Menschen, Analogie der Natur, nicht mehr. Darum hat Goethe Kants Kritik der Urteilskraft so hochgeschätzt, weil sie ausdrücklich „Dichtkunst und vergleichende Naturkunde so nah miteinander verwandt" sein läßt, „ästhetische und teleologische Urteilskraft erleuchteten sich wechselweise". „Hier sah ich meine disparatesten Beschäftigungen neben einander gestellt."[1]

Diese Mitte Goethes als „Halbrealität" spricht sich eindringlich in vielen Symbolen aus, in denen er ausdrücklich ein Zentrum andeuten will. So ist es symbolisch, daß in den „Lehrjahren" die Halbwirklichkeit der Bühne eine beherrschende Stellung hat, die Traumwelt des Kaiserhofes (Maskenwelt, Papiergeld), des Homunkulus, der klassischen Walpurgisnacht, des Helena-Aktes in der Mitte des Faust stehen (Goethe bezeichnet das Schloßleben Fausts in Arkadien ausdrücklich als „Halbwirklichkeit"), daß die stille Vitalität der Pflanzenwelt Goethes Forschen mehr lockte als das Tote oder das Existentiellere von Tier und Mensch, daß die Farbe in ihrer seltsam unwirklichen Schwebe zwischen Subjekt und Objekt ihm sein größtes Werk entlockte, daß die Stimmung des Sonnenaufganges zwischen Dunkel und Überlicht seine liebste Stunde war, wie denn auch die höchste Synthesis im berühmten Gedicht des Diwans als Morgenröte, und Eos in der Pandora wenigstens als Wegbereitung dieser höchsten Synthesis erscheint. Der Regenbogen ist für den wiedergenesenden Faust das Zeichen seiner neuen Mitte, teilhaft des oberen Lichtes und des unteren chaotischen Wassertobens, farbiger Abglanz, an dem das Lebendige durchscheinend wird, – Phantasie gilt Goethe als reinste Menschenkraft zwischen Vernunft und Sinnlichkeit.

Es ist nicht schwer, zu dieser Gegenstandssicht die subjektive Aktsicht zu entdecken. Dieser Akt gab sich bisher schon als die Synthese von Aktiv-Passiv, die dem Objekt-Werden korrespondiert, gab sich ferner vorwiegend schauend in dem Rückwärtsblick zum Ursprung

[1] Einwirkung der neueren Philosophie, WA., II, 11, 50-51.

(den Müttern), vorwiegend mittätig aneignend in dem Vorwärtsblick zum Ziel (Gott) hin. Der einheitlich höhere Grundsinn aber war jene ästhetisch-moralische Blick-„Reinheit", welche die sich bescheidende Vollkommenheit menschlicher Haltung überhaupt besagte. Aber der letzte Sinn dieser Reinheit wird sich doch erst dann zeigen können, wenn die oben offen gelassene Frage nach dem Existentialindex des Ausgangs- und Zielpunkts des Werdens sich erledigt. Denn wo dieser den Ausgang als „reine Idee", oder das Empor als Weg zur „reinen Idee" festlegte, müßte notwendig die Reinheit des Blickes ein Übergewicht an ästhetischem Ruhen in der Transparenz selber erhalten. Wo dagegen Ursprung oder Ziel sich als „faktische Existenz" und „erfüllte Existenz" verhielten, müßte sich diese subjektive Reinheit überwiegend moralisch-tätig betonen, als Unruhe des platonischen Eros durch alle Transparenz hindurch in die heiligen und geliebten Geheimnisse des Ewigen. Wie Goethe auch zuletzt zwischen diesen Haltungen stehen mag, sicher wird sich der Blick *rückwärts* der ästhetischen Vorliebe als geeignetes Feld eröffnen, der Blick *vorwärts* aber der tätig-religiösen. Die erste bricht denn auch unverhüllt durch in Goethes ästhetischem Verhalten seiner Vergangenheit gegenüber. Einer seiner Sprüche zeichnet es klar: „Geschichte schreiben ist eine Art, sich das Vergangene vom Halse zu schaffen." Dichtung und Wahrheit ist solches ästhetisches Sich-an-Verwandeln der eigenen Geschichte, die zugleich deren objektivierende Erledigung ist. Hier setzt denn auch die schärfste aller Goethekritiken, die in Kierkegaards „Stadien auf dem Lebensweg", folgerichtig ein. Hier steht ferner die paradoxe Idee des Gesprächsarchivs Makariens in den Wanderjahren, das alles Einmalig-Personale, Augenblickliche fixieren und zu wiederholtem ästhetischem Genuß zuhanden halten will. Hier vielleicht auch die etwas psychoanalytische Apologie der Beichte im selben Roman. Hier endlich manches vom Tun des alten Goethe selber: seine Museen und Sammlungen, seine etwas künstliche Konservierung von Erinnerungen, grausam von ihm selbst entlarvt in der „mumienhaften" künstlichen Verjüngung des „Manns von fünzig Jahren".[1] – Die Werdensdimension in die Zukunft dagegen mußte das eigenste Feld der religiösen „Reinheit" sein, als gemeinsames Empor-zum-Ziel mit der betrachteten Welt. Goethes immer wieder unternommene Flucht aus der Künstlichkeit

---

[1] Wanderjahre, 2. Buch, 3. Kap. (WA., I, 24, S. 277).

der subjektiven Kultur in die allheilende Wirklichkeit der Natur war solches Bedürfnis, sich ihrer großen, ontologischen Bewegtheit mit einzuschmiegen. So ist es äußerst kennzeichnend, daß er die Natur, sooft er sie als die große Heilende anrät und verschreibt, nie als leer-gefühlte, sondern stets in einem tätig-stillen Handwerk mitvollzogene meint. Von der Begegnung mit Plessing (aus der die „Harzreise im Winter“ [1776] entstand), dem er allgemeinste Bekanntschaft mit der Natur zugleich mit tätigem Eingreifen in sie rät, bis zum großen Lob des Handwerkes im letzten Roman hat sich darin seine Meinung nicht verändert: „Die Richtung geistiger Kräfte auf wirkliche, wahrhafte Erscheinungen“ erscheint hier als die eigentlich erlösende Entbindung der Subjektivität.

Sei nun der Weg zur Totalität vorwiegend ästhetisch- oder religiös-aneignend, immer heißt Goethes Apokalypse der Seele „Bildung“. Eine nackte Subjektivität ist für Goethe sosehr wie für Hegel ein Greuel. Nicht in forciertem Abreißen der Hüllen enthüllt sich die Seele, sondern im ehrfürchtigen Schonen des Geheimnisses, das nur in Hüllen sichtbar wird. Der innere ewige Kern der Seele („Daimon“) offenbart sich in den wechselnden Gestalten („Tyche“), sie sich (hingebend und ekstatisch) angestaltend oder (tätig und erhellt) sie ausgestaltend. Das nicht zu verstehen und zu leisten, eine Apokalypse nackter Subjektivität anzustreben, ist Werthers und Tassos Untergang, vielerorts die tiefe Bedrohung Fausts. „Bildung“ bezeichnet also den subjektiven symbolischen Mittebegriff Goethes, gerade in der Doppeldeutigkeit des passiv-ästhetischen Bild- und Sinnbild-Werdens des Daseins und aktiv-sittlichen Sich-aus-Bildens, in der Polarität von Gestalt und Gestaltung. Aber dieser Begriff erhält doch erst seinen vollen existentialen Index, wenn er Aug-in-Aug gesetzt wird zum existentialen Index des objektiven Werdens, zu dessen eigentümlicher „Halbwirklichkeit“, zum „Übergänglichen und Milden“, Leisen des schmiegsamen Werdeseins. Dann erhält ein Lieblingswort Goethes, ein vielleicht nie genügend beachtetes, plötzlich einen sinnbildlichen Glanz: das „Zarte“. Zart sind für ihn schon die objektiven Modulationen der „lebendigen Regel“, des Typus: Die Harmonie des Organischen ist nur darin möglich, „daß es aus identischen Teilen besteht, die sich in sehr zarten Abweichungen modifizieren“,[1] ein Vorgang, dem Präformations- wie Epigenesis-Methode nicht gewachsen sind. Sie

[1] Vorträge über die drei ersten Kap. d. Entwurfes usw., a. a. O. III.

sind „roh und grob gegenüber der Zartheit des unergründlichen Gegenstandes".[1] Nur „mit leisem Gewicht und Gegengewicht wägt sich die Natur hin und her".[2] Aber das „Zarte" ist dabei ausdrücklich die Tiefendimension auf das Urphänomen hin. Und wer dieses „Höhere, Zartere" zu seinem Lebensberuf wählt, muß „schon in der Wahl des Weges vorsichtiger sein".[3] So kann Goethe über Kants Scheidungslinie zwischen Subjekt und Objekt sagen, daß „hier auf eine sehr zarte Weise etwas Falsches verborgen" liege,[4] sofern sie das Höhere, Göttliche im Objektiven verkennt. Dagegen rühmt er an Homer, es sei „unendlich zart und menschlich, ... daß sich die Einwirkung der Götter unmittelbar ans Reale anschließe",[5] rühmt er die „zarte Naivität des Neuen" Testaments.[6] Aus diesen Stellen, die leicht um ein Vielfaches vermehrbar wären, zeigt sich, welch eigentümliche Seelenhaltung der unterscheidenden Goetheschen Weltwirklichkeit entspricht. Zartheit ist der existentiale Index jener mehr formalen Bestimmung des Eingestimmtseins, des Fühler- und Fühlunghabens. Man weiß, wie sehr Goethe das Unwägbarste einer Landschaft, eines Gesprächs, das Konkreteste einer Situation mitschwingend empfand. „Halbrealität" kann solche Fähigkeit durch ihren ganz un-positivistischen Charakter genannt werden, dem die breite und eckige Faktizität des Seins schon an sich Leiden bereitet, vor dem denn auch Goethe wie vor allem Krassen, Aufdringlichen, Rohen sein Leben lang die Flucht ergriff. Auch das „Zarte" betont sich nun in der Doppelweise des Objekts: mehr ästhetisch-passiv im Schauen – dann ist es das Gespür für das Schicklich-Proportionierte, ist es *Takt* –, mehr sittlich-aktiv, im leistenden Lieben – dann ist es die religiöse Ehrfurcht, mit der der Dinge Gang ins Geheimnis begleitet wird.

Dieser so vorläufig aus der „Mitte" gewonnene Existentialindex der Goethewelt öffnet uns nun direkt den Zugang zu seiner Eschatologie und ihrem Unterscheidenden. Freilich noch nicht zur letzten Antwort, da die Frage nach dem Existentialcharakter von Ursprung und Ziel noch offen steht.

Für die objektive Eschatologie der Natur ist ein Übergewicht der

[1] Vorarbeiten z. e. Physiologie der Pflanzen.
[2] Farbenlehre, Vorwort.
[3] Wanderjahre, 3. B., 9. Kap.
[4] Zit. n. Weinhandl, S. 145.
[5] Eckermann, 24. Februar 1830.
[6] Dichtung u. Wahrh., 12. B.

axiologischen über die teleologische von vornherein zu erwarten. Das Ewige ist Goethe als „heilig öffentlich Geheimnis“ in Symbolform jeden Augenblick und „ohne Säumnis“ ergreiflich. In der Dimension des ideellen Werdens und realen Gewordenseins wird uns so viel Göttliches kund, daß es zwar den Eros weckt, sich der Bahn des realen Werdens (in die Zukunft) entlang ins Unerforschliche zu begeben, aber auch so viel zarte Ehrfurcht, diese Bahn in der Resignation langsam-steter existentieller Aneignung, nicht theoretisch-vorausergreifender Spekulation zu gehen. So betont sich die Schau der Urwelt *in* der Welt schon stark als Vision Gottes selber: „‚Die Natur verbirgt Gott!‘ Aber nicht jedem.“ „‚Ich glaube einen Gott!‘ dies ist ein schönes, löbliches Wort; aber Gott anerkennen, wo und wie er sich offenbare, das ist eigentlich die Seligkeit auf Erden.“ Diese Seligkeit ist das ehrfürchtige Staunen vor dem Urphänomen, „das Höchste, wozu der Mensch gelangen kann . . . und ein Weiteres soll er nicht dahinter suchen: hier ist die Grenze. Aber den Menschen ist der Anblick eines Urphänomens gewöhnlich noch nicht genug, sie denken, es müsse noch weitergehen, und sie sind den Kindern ähnlich, die, wenn sie in den Spiegel geguckt, ihn sogleich umwenden, um zu sehen, was auf der andern Seite ist“.[2] Dieser Trieb, dem etwa christliche Rationalisten oder idealistische Philosophen nachgehen, ist für Goethe aber ein Zeichen, daß die Offenbarung gar nicht eigentlich *gesehen* wurde. Denn wie Faust sich vom blendenden Flammen der aufgehenden Sonne zu ihrem „farbigen Abglanz“, dem Regenbogen über dem Wasserfall wegwendet, so Goethe selbst: „Wir sind . . . schon weit genug . . . vorgedrungen, wenn wir zu den Urphänomenen gelangen, welche wir in ihrer unerforschlichen Herrlichkeit von Angesicht zu Angesicht anschauen, und uns sodann wieder rückwärts in die Welt der Erscheinungen wenden, wo das in seiner Einfalt Unbegreifliche sich in tausend und aber tausend mannigfaltigen Erscheinungen bei aller Veränderlichkeit unveränderlich offenbart.“[3] Axiologisch ist also des Menschen Eschaton, das „Höchste“, an dessen Grenze er geblendet umkehrt, ein seliges Schauen von Angesicht zu Angesicht – aber des Symbols, und so ein verschleiertes, schon in der Hülle überblendendes Schauen, das sich von dieser Überanstrengung in der Milde des Abglanzes erholen muß. „Du bist nähergetreten“,

[1] Max. u. Refl., Nachlaß.
[2] Eckermann, 18. Februar 1829.
[3] WA., II, 9, 195.

sagt Augustinus, „hast hingeschaut, gezuckt und bist rückgetreten. Du weißt, daß sicherlich Dasein hat, was du sehen sollst, aber daß du nicht fähig bist, es zu sehen."[1] Farbiger Abglanz muß es ersetzen. Aber wie die beweglich-schwankenden Schatten Platons den Eros nach dem hintergründigen Licht wecken, so dieser Abglanz den erneuten Aufstieg. Mit den Phänomenen wandert der Geist ihr eigenes Empor mit – als Sehnsucht: „Das Wahre, mit dem Göttlichen identisch, läßt sich niemals von uns direkt erkennen, wir schauen es nur im Abglanz, im Beispiel, Symbol, in einzelnen und verwandten Erscheinungen; wir werden es gewahr als unbegreifliches Leben und können dem Wunsch nicht entsagen, es dennoch zu begreifen."[2] Ist also der erste Blick empor ästhetisches Erblikken, so der zweite, sehnsüchtige, religiöses Suchen. Beharrt der erste im Axiologischen, so schmiegt sich der zweite ausdrücklich dem Teleologischen an. Die Schaurichtung auf Weltziel und Weltende öffnet sich. Aber Goethe bleibt sich hier treuer als je: diese Dimension ist die der tätigen Aneignung und so gesteigerter, in Ehrfurcht verhüllterer Esoterik. Es ist die Dimension, in der ein reales Begegnen von Eros-empor und Gott-Geheimnis liegt. Davon kann und soll nur „formal" geredet werden. Oder es muß der Ernst sich in ein verhüllendes Gewand des aphoristisch Leichthingeworfenen kleiden, dem man es ansieht, daß es etwas mehr und etwas anderes „meint" als was es sagt. Goethes Äußerungen sind durchaus in diesem fast spielerisch-unernsten Sinn aufzufassen, der den Ernst inhaltlich verbirgt und nur formal anzeigt. Die existentielle Dimension ist hier, im Sinne Kierkegaards, nur durch das Indirekte des Humors kenntlich zu machen. Bezeichnend schon der Ton, mit dem (im Gedicht „Die Weisen und die Leute") das Volk der Interviewer seine Fragen stellt:

Die Leute: „Ihr Grillenfänger, sollt uns heut
Zur Rede stehn mit Deutlichkeit
Und nicht mit dunklem Wesen.
Sagt! – Ist die Welt von Ewigkeit?

Anaxagoras: „Ich glaub' es; denn zu jeder Zeit,
Wo sie noch nicht gewesen,
Das wäre Schade gewesen."

---

[1] Johanneskommentar, 18, 11.
[2] Versuch einer Witterungslehre, WA., II, 12, 74.

Die Leute: „Doch ob der Untergang ihr dräut?"

Anaximenes: „Vermutlich! doch mir ists nicht leid;
Denn bleibt nur Gott in Ewigkeit
Wird's nie an Welten fehlen."

Die Leute: „Allein was ist Unendlichkeit?"

Parmenides weist sie in sich selbst zur Antwort. Der lange sich fortsetzende Dialog schließt mit dem Seufzer der Weisen, der aus so vielen Interviews des alten Goethe herausklingt:

„Mein erst Gesetz ist, in der Welt
Die Frager zu vermeiden."

Derselbe verhüllende Ton herrscht denn auch in der einzigen spontanen Äußerung Goethes über Eschatologie des Weltganzen. „Die Welt", sagt er am 23. Oktober 1828 zu Eckermann, „soll nicht so rasch zum Ziele, als wir denken und wünschen. Immer sind die retardierenden Dämonen da, die überall dazwischen und überall entgegentreten, so daß es zwar im Ganzen vorwärts geht, aber sehr langsam." „Die Entwicklung der Menschheit", versetzt Eckermann, „scheint auf Jahrtausende angelegt." „Wer weiß", erwiderte Goethe, „vielleicht auf Millionen! Aber laß die Menschheit dauern, solange sie will, es wird ihr nie an Hindernissen fehlen, die ihr zu schaffen machen, und nie an allerlei Not, damit sie ihre Kräfte entwickele. Klüger und einsichtiger wird sie werden, aber besser, glücklicher und tatkräftiger nicht oder doch nur auf Epochen. Ich sehe die Zeit kommen, wo Gott keine Freude mehr an ihr hat und er abermals alles zusammenschlagen muß zu einer verjüngten Schöpfung. Ich bin gewiß, es ist alles danach angelegt, und es steht in der fernen Zukunft schon Zeit und Stunde fest, wann diese Verjüngungsepoche eintritt. Aber bis dahin hat es sicher noch gute Weile, und wir können noch Jahrtausende und aber Jahrtausende auch auf dieser lieben alten Fläche, wie sie ist, allerlei Spaß haben." In dieser Äußerung fällt auf, wie alle Vermutungen über das reale Empor der Welt schwebend bleiben, der leichte Ton gerade das verhüllt, was einen Fichte, Novalis und Schelling so sehr bewegte: Fortschritt der Menschheit, Endzeit, Verklärung. Selbst Herders reale Teleologie der Monaden empor bleibt verschleiert in den Ausblick auf mögliches Weltende und Weltverjüngen, und das, im geraden Gegensatz zum Apokalypsenkommentar Herders mit seinem ungeduldigen Maran Atha, in einer gleichgültigen, unabsehlichen Ferne. Aber es ist doch klar: die apokalyptische Glut Herders ist hier nur scheinbar zu einem genügsamen „allerlei Spaß" verascht, sie lodert vielmehr weiter in der axiologischen Eschatologie Goethes. Aber nicht nur in ihr. Denn ihre Doppelseitigkeit, die neben der Schau empor auch das Empor der Tat-Sehnsucht, des Eros in sich trägt, birgt ebendamit wiederum den Keim des Teleologischen in sich selber. In diesem Sinne gibt es denn eine Kosmoseschatologie bei Goethe, die das im Gespräch mit Eckermann humoristisch Verhüllte in Ernst durchscheinend werden läßt: die Eschatologie der Weltvollendung durch den Eros von Tat-Sehnsucht. Sie hat ihre mythische Erstgestalt in der Kosmogonie von Dichtung und Wahrheit, wo die Weltschöpfung sich erst in der Schaffung eines Mensch-Mittlers zwischen und über den göttlichen Kräften der Expansion und den luziferischen der Konzentration vollendet, der synthetisierend die Welt ihrem Eschaton entgegenführt. Sie klärt sich im Epimenides-Prolog von 1813, wo aus dem ursprünglichen Chaos dieser materialen Kräfte der Mensch, nunmehr in seiner höchsten Gestalterkraft als Dichter, den Funken schlägt, der diese Kräfte zur Form zusammenglüht:

„Der Weltkreis ruht von Ungeheuern trächtig,
Und der Geburten zahlenlose Plage
Droht jeden Tag als mit dem jüngsten Tage.

Der Dichter sucht das Schicksal zu entbinden,
Das, wogenhaft und schrecklich ungestaltet,
Nicht Maß noch Ziel noch Richte weiß zu finden,
Und brausend webt, zerstört und knirschend waltet.
Da faßt die Kunst in liebendem Entzünden,
Der Masse Wust, die sich sogleich entfaltet,
Durch Mitverdienst gemeinsamen Erregens,
Gesang und Rede, sinnigen Bewegens."

Weltuntergang liegt hier sozusagen im Rücken, oder doch ewig unten, als Dräuen des Dämonischen. Im schöpferischen Empor überwindet er sich immer wieder als Weg zum Schöpfergott hinauf: Ist diese Weltvollendungstat hier ganz in der ästhetischen Schöpfung gesehen, so ergänzt sie das Diwan-Gedicht „Wiederfinden“ von der Seite des tätigen Eros: Liebe ist dort der Funke der Synthesis, der aus Weltuntergangschaos der ersten Schöpfung die Kräfte zur höherführenden Synthesis in eins glüht.

„Als die Welt im tiefsten Grunde
Lag an Gottes ew'ger Brust,
Ordnet er die erste Stunde
Mit erhabner Schöpfungslust.
Und er sprach das Wort: Es werde!
Da erklang ein schmerzlich Ach!
Als das All mit Machtgebärde
In die Wirklichkeiten brach.

Auf tat sich das Licht: so trennte
Scheu sich Finsternis von ihm,
Und sogleich die Elemente
Scheidend auseinander fliehn.
Rasch, in wilden, wüsten Träumen
Jedes nach der Weite rang,
Starr, in ungemeßnen Räumen
Ohne Sehnsucht, ohne Klang.

Stumm war alles, still und öde,
Einsam Gott zum erstenmal!
Da erschuf er Morgenröte,
Die erbarmte sich der Qual;
Sie entwickelte dem Trüben
Ein erklingend Farbenspiel,
Und nun konnte wieder lieben,
Was erst auseinander fiel.“

Das ist Goethes esoterische Eschatologie, in die sich die exoterische von Weltaltern und Weltende wie ein unbedeutendes Moment einfügt: In Liebe, als Schau und Sehnsucht-Tat sich aus dem Chaos in Schöpfung verjüngende Welt:

„Allah braucht nicht mehr zu schaffen,
Wir erschaffen seine Welt.“

Über individuelle Eschatologie hat sich Goethe, als über eine seine Existenz unmittelbarer betreffende Frage, viel öfter theoretisch ausgesprochen. Aber auch hier gilt, daß seine Unsterblichkeitsidee sich durchaus an der axiologischen Ewigkeitsbeziehung entzündet, sei es an der durch die verhüllte Schau gestachelten Sehnsucht, sei es an der durch die Tathaltung begonnenen Verewigung der Seele; es gilt aber doch auch, daß Goethes Äußerungen sich wie vorhin in einen oft verhüllend leichten Ton kleiden, der die Worte nicht oder doch anders zu wägen zwingt, als ihr äußerer Laut klingt. Bei Anlaß eines französischen Buches über soziale Palingenesie äußert er, „er habe lang genug über diese Probleme gedacht, mit Herdern, ehe die Ideen usw. gedruckt worden, alles vielfach durchgesprochen, und so verdrieße es ihn, zu lesen, was andere minder gehaltvoll darüber fahselten. Es komme nichts dabei heraus; solche Probleme seien nun einmal nicht zu lösen".[1] Das Wort „lösen" meint die objektivierende Formulierung eines nur im Existentiellen voll wirklichen Stehens vor seinem letzten Schicksal. Jeder trägt „den Beweis der Unsterblichkeit in sich selbst und ganz unwillkürlich. Aber sobald man objektiv aus sich heraustreten wolle, sobald man dogmatisch eine persönliche Fortdauer nachweisen, begreifen wolle, jene innere Wahrnehmung philisterhaft ausstaffiere, so verliere man sich in Widersprüche".[2] Goethe sah in dieser voreiligen Beschäftigung mit dem Jenseits eine Art Dünkel, eine „gewisse Aristokratie der Frommen", die er gerne auf Kompensation zurückführt, sie ist gut „für solche, die hier nicht zum besten weggekommen sind".[3] Demgegenüber hat sich existentielle Hoffnung, statt sich begreifend auf das Niveau ihres Zieles zu schwingen, im demütigen Emporblick zu halten. Das tätige Empor gibt wohl sicheres Vertrauen, es weiß die Verewigung der Seele begonnen, und so darf das Wort „Anspruch" fallen.[4] Aber es ist ein „Anspruch", der von der Distanz der Schau ins Geheimnis in Schach gehalten ist und den zu vereinseitigen das Schlimmste an den landläufigen Unsterblichkeitsspekulationen der Zeit war. Gegen „Anspruch" steht bei Goethe immer der Gnadencharakter in allem ontologischen Empor, das unverdiente Glück, dem Geheimnis entgegenzuwandern und in es hineingehoben zu werden. „Wer eine Fortdauer glaubt, sei glücklich im Stillen, aber er hat nicht Ursache sich darauf etwas einzubilden . . . Ich fand dumme Weiber, die

[1] v. Müller, 28. März 1830.
[2] v. Müller, 19. Oktober 1823.
[3] Eckermann, 25. Februar 1823.
[4] Goethes Gespräche (v. Biedermann), VI, S. 62; vgl. „Faust", II, Vers 9991.

stolz waren, weil sie mit Tiedge an Unsterblichkeit glaubten, und ich mußte es leiden, daß manche mich über diesen Punkt auf eine sehr dünkelhafte Weise examinierte. Ich ärgerte sie aber, indem ich sagte: . . . Ich wolle mir ausbitten, daß mir drüben niemand von denen begegne, die hier daran geglaubt hätten. Denn sonst würde meine Plage erst angehen! Die Frommen würden recht um mich herumkommen und sagen: Haben wir nicht recht gehabt? Haben wir es nicht vorhergesagt? Ist es nicht eingetroffen?"[1] Solche Stellen dürfen nicht vernachlässigt werden, wenn von Goethes individueller Eschatologie gehandelt wird. Sie bilden das notwendige Gegengewicht, fast Übergewicht gegen seine eigenen lehrhaften Äußerungen, etwa im Gespräch mit Falk nach Wielands Begräbnis. Gewiß blickt in ihnen die Herdersche und gemeinidealistische Lehre von der werdenden Person durch, von der Entelechie, die durch „Verdienst und Treue", wie Panthalis im Helena-Akt, sich Fortdauer erwirbt, während die Massenseelen, die sich nicht „als große Entelechie manifestiert haben",[2] „nicht auf gleiche Weise unsterblich sind", „dem Tageslicht zurückgegeben" werden und den verwandelnden Kräften der Natur. Aber dieser Lehraspekt tritt so sehr in den Hintergrund, daß er isoliert geradezu als „falsch" erscheint. Er hat seine Wahrheit nur integriert ins Esoterische. Die im Herderschen Sinn verstandene Wesensverwandlung des Menschen („wer weiß, ob nicht auch der ganze Mensch wieder nur ein Wurf nach einem höheren Ziele ist?" Gespräch mit Falk 1809) ist dann auch nur der theoretisch unbeschwerte Ausdruck einer anderen, nicht mehr theoretisch ausdrückbaren Wandlung, die das Diwangedicht „Höheres und Höchstes" fast nur musikalisch durchklingen läßt: letzte existentielle Ekstase des sehnend-tätigen Eros:

„Und nun dring' ich aller Orten
Leichter durch die ewigen Kreise,
Die durchdrungen sind vom Worte
Gottes rein-lebendiger Weise.

Ungehemmt mit heißem Triebe
Läßt sich da kein Ende finden,
Bis im Anschaun ewiger Liebe
Wir verschweben, wir verschwinden."

[1] Eckermann, 25. Februar 1824.
[2] Eckermann, 1. September 1827.

IV. Die Vollbestimmung der Existentialität

Hier aber sind wir unaufhaltsam in einen neuen Kreis der Analyse gewiesen, in dem sich das noch nicht voll gelöste Problem des Existentialindexes des Eschatons aufdringlicher stellt. Dieser neue Kreis kann nur in einer, gemäß der anfangs gezeichneten Methode, vertieften Existentialisierung der noch allzu formalen Problemstellung bestehen, das heißt aber im „zarteren" Hinhören auf das Lebendige und Personale in Goethes Weltleben. So öffnet sich hier notwendig die Personwelt der Gedichte, Erzählungen und Schauspiele, wo es um Selbstverständnis menschlichen Daseins geht.

Stellen wir das Problem nicht mehr in den dialektisch verbrauchten Begriffen von Idee und Existenz –: ihr Verbrauchtsein ist der lebendige Beweis der Emporbewegung ins Geheimnis. Aber auch die Formel „öffentlich Geheimnis", in der sich die ineduktible Doppeldeutigkeit des Symbolischen ausspricht, wird hier schon dialektisch und so unbrauchbar: ihr sehendes Nichtsehen des Verhüllten, nichtsehendes Sehen des Offenbaren muß, um noch etwas Faßliches zu sagen, im Empor dieser Formel selber betrachtet werden. Die Betrachtung des formalen Transzendenzgesetzes selbst, des Phönix aus der Asche des Dialektischen, muß uns weiter führen als eine materiale, objektive Betrachtung möglicher „Stufen" der Vollendung, wie sie Mystik und Aszetik aller Zeiten versuchte. Mit anderen Worten: die Formel „heilig öffentlich Geheimnis" muß aus einer statischen in die dynamische Betrachtung überführt werden.

Aber dieses dynamische Moment ergibt sich leicht aus dem schon Ausgeführten. Das Empor des Seins überhaupt *ist* diese Dynamik in allgemeinster Formel. Dem Horizontal-Polaren von Natur und Geist, Objektiv und Subjektiv entsteigt das Vertikal-Polare von Geist über Natur, Subjekt über Objekt. Dieses „über" des Subjektiv-Geistigen geht bis zu einer vollen Einverleibung des Nur-Objektiven in die existentielle Wahrheit des Subjekts, zu einer Durchdringung, die einer „Verzehrung" des Objektiven gleicht: „In allem, was da lebt und leben soll, muß das Subjekt vorwalten, d. h. mächtiger sein als das Objekt: es muß dieses überwinden, wie die Flamme den Docht verzehrt."[1] Das „über" des Geistes ist nichts als die emporglühende Feuerzunge,

---

[1] Riemer (undatiert, zwischen 1803 u. 1813).

für die das Geheimnis erst sichtbar wird, ja die in ihrem ekstatisch-enstatischen Grundwesen dieses Geheimnis selbst an sich trägt. Was der Geist also als „heilig öffentlich Geheimnis" erblickt, ist das In-die-Tiefe-Übersteigen des Seins selber. Oder, was dasselbe besagt: Im Wesen des (erblickten) Geheimnisses hat der „Aufschwung" ins Esoterische ein Übergewicht über die „Darstellung" des Esoterischen in der Gestalt – *und*: Im Wesen des (erblickenden) Geheimnisses hat der tathaft-sehnende Eros ins Esoterische ein Übergewicht über das ästhetische Anschauen des Geheimnisses in den Hüllen der Gestalt. Dieses Übergewicht ist immer ein relatives, denn es baut auf der Basis eines Gleichgewichtes (der horizontalen Polarität) auf. Es besagt auch nicht (im erblickenden Geheimnis) das Übergewicht des reinen „Triebes", sofern dieser als unterscheidende Grundkraft des Praktischen der theoretischen und ästhetischen Grundhaltung gegenüber gedacht wird. Sondern in der Durchdringung aller drei Haltungen zur menschlichen Ganzhaltung behält die Emporrichtung des Eros eine durch Schau und Hingabe geklärte, zur Ehrfurcht verklärte Vorrangstellung.

Daraus folgt aber notwendig ein Weiteres. Vor dem *statisch* betrachteten Urphänomen, als öffentlichem Geheimnis, ist die subjektiv-existentiale Stellung offenbar jenes von Goethe immer wieder betonte „Erstaunen", das, auf dieser Stufe der Dinge, wirklich „das Höchste ist, wozu der Mensch gelangen kann", und das er sich selber zerstört, wenn er „hinter" ihm, als hinter dem Spiegel, ein Weiteres sucht. Er verwechselt dann das Wesen des Symbols mit dem der Allegorie, die einen bestimmten, theoretisch fixierbaren „Sinn" hat. Aber wenn das Urphänomen, *als* Symbol, dynamisch ist, dann ist in ihm selber eine Bewegung, nicht „hinter" sich, sondern *in sich hinein* als in seine Tiefendimension, in das Je-Höher des Geheimnisses *als* in sein Je-Offenbarer. Hier erhalten einige Worte Goethes plötzlich einen überraschenden Glanz: „Jedes Phänomen ist zugänglich wie ein planum inclinatum, das bequem zu ersteigen ist, wenn [= während] der hintere Teil des Keiles schroff und unerreichbar dasteht." Dieses Wort, das auf einen Absturz des Phänomens nach innen deutet, muß zusammengehalten werden mit dem Wort an Eckermann „von der hohen Bedeutung der Urphänomene, hinter welchen man unmittelbar die Gottheit zu gewahren glaube",[1] noch mehr aber mit dem Spruche:

[1] 23. Februar 1831.

„Das unmittelbare Gewahrwerden der Urphänomene versetzt uns in eine Art von Angst, wir fühlen unsere Unzulänglichkeit; nur durch das ewige Spiel der Empirie belebt erfreuen sie uns."[1] Diese „Angst" aber wird nun in Beziehung zum statischen „Erstaunen" gesetzt: „Vor den Urphänomenen, wenn sie unsern Sinnen enthüllt erscheinen, fühlen wir eine Art von Scheu, bis zur Angst. Die sinnlichen Menschen retten sich ins Erstaunen, geschwind aber kommt der tätige Kuppler Verstand, und will auf seine Weise das Edelste mit dem Gemeinsten vermitteln."[2] In dieser Skala existentieller Einstellungen: Angst–Erstaunen–Begreifen zeichnet sich die Skala der Grundhaltungen ab: Praktisch–Ästhetisch–Theoretisch. Die „Angst", die sich in der Tiefe des Erstaunens auftut, ist das Anzeichen einer praktisch noch nicht „angeeigneten" Tiefe des Geheimnisses, und so eines rückwärtigen „Absturzes" des Empor (der schiefen Ebene des Seins). Sie ist das lebendige Zeichen des bewegten In-sich-Hineinweisens des Esoterischen, dessen Richtung der Blick des tätig-sehnenden Eros folgt. Es ergreift ihn ein Schwindel vor dem Übermäßigen, ähnlich dem Schwindel Goethes am Rheinfall, da er der ungeheuren Erscheinung jeden Augenblick zu erliegen fürchtete, ähnlich auch seinem Gefühl in Neapel und Sizilien, auf Gefahrboden zu stehen: „Denke ich an Neapel, ja gar nach Sizilien, so fällt es einem . . . auf, daß in diesen Paradiesen der Welt sich zugleich die vulkanische Hölle so gewaltsam auftut und seit Jahrtausenden die Wohnenden und Genießenden aufschreckt und irre macht."[3] Die Nähe von Erstaunen und Angst ist so ursprünglich, daß Goethes leidenschaftliche Ablehnung des Vulkanismus zugunsten der leise wirkenden neptunischen Weltentstehungslehre schon als „Sich-Retten des sinnlichen Menschen" anmutet. Damit stellt sich dem Wort, daß das Staunen das Höchste sei, was der Mensch erreichen könne, das bündige Faustwort entgegen: „Das Schaudern ist der Menschheit bestes Teil!"

Dann aber beginnt sich der gesuchte Existentialindex des Ursprungs und Zieles plötzlich auf unerwartete Weise zu offenbaren. Im vorwiegend ästhetischen Blick zurück durch das Urphänomen in die Genesis des Gewordenen zeigten sich die Mütter. Sind sie ursprünglicher Existenzgrund urschaffender Natur oder reine Idealität? Im vorwiegend tätigen Schauen vorwärts durch

[1] Naturwiss. im Allg., IV.
[2] Ebd., Nachträgliches.
[3] Ital. Reise.

das Urphänomen in die Teleologie des Werdenden zeigt sich Gott. Ist er ursprünglichstes existierendes Liebesziel oder die Formel für das reine Empor ins Ideale? Zwei Worte Goethes stehen sich hier gegenüber: Das angeführte, daß wir hinter den Urphänomenen unmittelbar die Gottheit zu erblicken glauben, also die höchste Existenz, für die dann auch der urschaffende Schoß der Mutter nur ein zweitletztes Symbol wäre: „Ich aber bete den an, der eine solche Produktionskraft in die Welt gelegt hat, daß, wenn nur der millionteste Teil davon ins Leben tritt, die Welt von Geschöpfen wimmelt . . . Das ist *mein* Gott!"[1] Das andere Wort ist die Beschreibung Mephistos vom Weg zu den Müttern: Meerhaft wogende Halbgestaltigkeit, immer ödere und einsamere Unbetretbarkeit, „ewig leere Ferne", an deren Ende die geheimnisvollen Göttinnen thronen, „um sie kein Ort, noch weniger eine Zeit": Hinter den Urphänomenen scheint das Nichts zu stehen, als „der hintere Teil des Keiles", der „schroff und unerreichbar dasteht". Alles und Nichts ist das seltsame Entweder-Oder, in das die Werdensperspektive weist, der esoterische Gegenstand der Angst. Aber sollte es kein Entweder-Oder, sondern ein Sowohl-Alsauch sein? Die Perspektive ins „ewig Leere" des Werdenden, sollte sie nicht dem Geiste hier zum Ereignis werden, wo das „Über" des Tätig-Strebenden sich nur negativ im Schauen des Geheimnisses als das Unbewältigende erlebt? Und diese selbe Perspektive ist doch zugleich die, in welche dieser selbe Eros dem fast sichtbaren, überwirklich Göttlichen nachjagen soll. In einem doppelten, paradoxen Sinn ist dann das Geheimnis „unfaßlich": einmal, weil hier fortschreitend das Aufsteigende oder zu seinen Wurzeln Absteigende des geschöpflichen Seins sich in Nichts verflüchtigt, dann aber, weil solches Verschwinden zugleich wachsendes Durchscheinen des Göttlichen ist, und dies doch wieder *im* Geschöpflichen als seiner eigenen Existentialität. Und doch ist solch äußerstes Paradox schon in seiner Grundgestalt festgelegt: im Paradox der Einheit des Ekstatisch-Enstatischen, des wachsenden Von-sich-weg-schauens als wachsendes inneres Licht-werden. So wird nun bedeutsam, daß es der totalen menschlichen Haltung bedarf, um das doppelte Eschaton des Geheimnisses zu fassen: der Ehrfurcht als steigenden Eros und abstehender Distanz, bis zum Überwältigtwerden vom ekstatischen Überlicht, in dem wir uns innerlich hellen, und des dunklen

[1] Eckermann, 19. Februar 1831.

Nichts als der ermöglichenden Basis solcher Ekstase. Mephisto, als der Geist des Ewig-Horizontalen, der „das ewig-Leere liebt", der im Menschen nur die Heuschreckbewegung, nicht das Empor sehen kann, er muß die Wanderung zu den Müttern allein als Perspektive ins Wesenlose auffassen. Das positive Geheimnis, das ihm unsichtbar bleibt, ist es nicht für Faust, den tätig-sehnenden Anschwung. Das ist der Schlüssel, mit dem dieser bis ins Zentrum dringt, Mephisto das Wort zurufend:

„In deinem Nichts hoff' ich das All zu finden."

So zeigt sich an Goethe im Grunde dasselbe wie bei Schiller: die vermeintliche Weltmitte des Ästhetischen entgleitet durch ihre immanente Bewegtheit zum höchsten Pol des Religiösen. Auch bei Schiller war es ja Ablösung der drei sich folgenden Zentren von Idee (theoretisch), Tragödie (ästhetisch), Existenz (praktisch). Das also ist Grundrhythmik der deutschen „Klassik". Aber es ist nicht Rhythmik des Verlassens der Vorstufen, sondern der Strebung vom Ästhetischen zum Religiösen hin. Für Goethe insbesondere sagt das: sein Rhythmus ist Strebung vom Statischen zum Dynamischen des „öffentlichen Geheimnisses", vom Ruhen im Anschauen des verhüllten Unendlichen zum drängenden und sehnenden Wandern in je tiefere Offenbarung des je tieferen Geheimnisses. Was er einmal von der inneren Spannweite der Musik sagt, gilt von seiner eigenen: sie liegt zwischen „Tanz und Andacht". Damit bezeichnet Goethe existentiell und seltsam scharf jenen Punkt, den christliche Weltdeutung als den Übergang einer rein natürlichen Glückseligkeit, die Gott „hätte" verfügen können,[1] zur übernatürlich gnadenhaften, die er in Wirklichkeit verfügt hat, bezeichnet. Denn die Idee jener „wäre", in ihrer letzten Vollendung, Gottesschau im symbolischen Spiegel der Geschöpfe gewesen, ein Eros, dessen innerer Trieb sich in der Ekstase (überwiegend) „ästhetischer" Schau beruhigt hätte. Die faustische Transzendenz über jeden sich schließenden schönen Augenblick aber ist, christlich verstanden, die höhere, übernatürliche Dynamik der Welt, ein Eros, der durch die verschlossenen, duftenden Blütenblätter hindurch auf den Blütengrund hinabstrebt. (Das erstere freilich ist, gegenüber dem wirklichen Weltsein, eine so „abstrakte" Möglichkeit, daß es von ihm

[1] Diesen Ausdruck wählt man gewöhnlich, um die vollkommene Ungeschuldetheit der höheren Berufung auch einer schon konstituierten Geschöpfnatur gegenüber hervorzuheben.

aus kaum ohne Widerspruch ausdenkbar ist. Sosehr ist das faustisch-drängende Über-hinaus bis in die ontologischen Wurzeln dieser Wirklichkeit hinein verankert.)

So muß sich bei Goethe ein ähnliches Eschaton wie bei Schelling zeigen: Wo sich seine letzte Haltung ästhetisch-immanent betont, wird sie ein Griechentum mit dem „Pfahl im Fleisch" sein, das Spätgriechentum Plotins, wo die gesamte ästhetische Mitte ins Religiöse transzendiert und nur in einer schwermütigen Rückbiegung des Über-hinaus das Letzte als „reine Schau" verstanden werden kann. Wo sich anderseits das Eschaton religiös-transzendierend betont, wird es ein solches Über-hinaus sein, das wesentlich durch das Ästhetische hindurch sich vollzieht, in die Tiefe des Spiegels hinab, nicht „hinter" den Spiegel zurück. In beiden Fällen weiß Goethe, daß das entscheidende Menschliche nur in einer positiven Haltung zur Erde sich verwirklicht. Die dritte, höchste, christliche Ehrfurcht, die in der pädagogischen Provinz gelehrt wird, ist nicht die vor Gott – diese wird als erste selbstverständlich vorausgesetzt –, sondern die Ehrfurcht vor dem, was *unter* uns ist. Wahl besteht nur zwischen einer ästhetischen Ehrfurcht vor dem Geheimnis, das in der Weltlichkeit sich verhüllt offenbart, und einer religiösen Ehrfurcht, die sich durch seine Tiefendimension hindurch zum „Überschönen" im Sinne Plotins tätig-liebend hindurchringt.[1] Einem sinnenflüchtigen Christentum gegenüber reagiert Goethe durch eine etwas trotzig sich behauptende „heidnische" Sinnenhaftigkeit, tiefer wissend, daß das Totalchristliche im begleitenden Mitwandern der ontologischen Über-hinaus-Bewegung des Weltlichen, zuhöchst des Schönen, sich verwirkliche. „Sie wissen, wie ich das Christentum achte", sagt er zum Kanzler v. Müller, „oder Sie wissen es vielleicht auch nicht; wer ist denn noch heutzutage ein Christ, wie Christus ihn haben wollte? Ich allein vielleicht, ob ihr mich gleich für einen Heiden haltet" (7. April 1830).

Es wäre falsch, Goethes Werke so zu verteilen, daß die einen „heidnische", die anderen „christliche" Existenz kundtäten. Es kann in allen nur um ein „zartes" Übergewicht der statischen „Schau" oder des dynamischen „Liebens" gehen. Der „heidnische" Helena-Akt etwa ist gegen Ende hin ins Christliche übersteigend, und als ganzer episodisch in die Tragödie des reinen „Über-hinaus" einge-

[1] Diese Dynamik betont Kochs sonst aufschlußreiches Buch „Goethe und Plotin" zu wenig.

bettet. Ein zeitweiliges betontes Beharren Goethes im Ästhetisch-Sinnlichen ist natürlich nicht abzuleugnen. Der „pfeilgerade Wille" Fausts, um Georges Wort zu brauchen, wird in „Reigen und Ring" gebogen.

„Und deines Geistes höchster Feuerflug
Hat schon am Gleichnis, hat am Bild genug."[1]

Hieher ist das Erlebnis des In-seins in der Natur im Modus instinkthaften Verwobenseins des Ganzen zu zählen, hieher das prometheische Weltgefühl des Künstlers („die Welt liegt vor ihm, möcht' ich sagen, wie vor ihrem Schöpfer"[2]), hieher die Naturalisierung christlicher Mystik in der Gestalt Makariens in den „Wanderjahren", deren Entelechie ein geistiger Teil des Sonnensystems ist und die innere kosmische Visionen hat, wie der christliche Mystiker übernatürliche. Hieher endlich Goethes vielleicht immanenteste, weil ganz im Bildschauen aufgehende Dichtung, „das Märchen". Nicht als ob in ihm die Symbole nicht „bedeuteten", sie sind vielmehr von einer theoretisch nie erschöpfbaren, innerlich unendlichen Tiefe.[3] Aber indem sie die ästhetische Anschauung in ungeahntem Maße sättigen, erregen sie eine in sich schwingende, ruhende Unruhe, die in nichts über die Realität des Symbolischen hinausstrebt. In diesem Extrem der statischen Weltschau grenzt Goethe notwendig an die Struktur der mystischen Potentialität. Der „farbige Abglanz", an dem wir das höchste, überhelle Licht schauen, wird zum notwendigen Medium seiner Entfaltung. Es gäbe kein Licht, erklärt Mephisto – kein interesseloser Metaphysiker freilich –, wenn es sich nicht in Finsternis bräche. Farbe und ihre geheimnisvolle, aus der Gebrochenheit des Höchsten allererst entsprühende Vielheit des Reichtums wird hier nochmals Sinnbild der ästhetischen Mitte. Letzte Weltrealität heißt an diesem Pol „Leben", nicht „Geist", das ewig Wandelbare, der ewige Proteus in allen Urphänomenen und Phänomenen, die „Mutter Natur", die der frühe Naturaufsatz verherrlicht. Apokalypse ist hier notwendig zur dionysischen All-Auflösung hin betont, wie sie sich am Ende der Pandora ankündet und in der Auflösung des Helena-Chores

[1] „Prooemion."
[2] Nach Falconet und über Falconet.
[3] Goethe liebte es, das „Märchen" der Johannesapokalypse zu vergleichen. Es war ihm die Transparenz des Ewigen im Symbol. Aber das reale „Maran Atha" fehlt.

in das Naturall, in der rauschenden Meeresfeier und dem Zerschellen des Homunkulus am Ausgang der klassischen Walpurgisnacht näher verbildlicht.

Aber es ist doch zu deutlich, daß im Faust beide Dionysosfeste Episode sind, daß aus dem der Walpurgisnacht Faust sich hindurchrettet, aus dem des Helena-Aktes Panthalis sich „die Person wahrt", es ist zu vielsagend, wenn Goethe seinen Aufsatz über die Natur einen „Komparativ" nennt, „der seine Richtung gegen einen noch nicht erreichten Superlativ zu äußern gedrängt ist. Man sieht die Neigung zu einer Art von Pantheismus, indem den Welterscheinungen ein unerforschliches, unbedingtes, humoristisches, sich selbst widersprechendes Wesen zum Grunde gedacht ist",[1] der Proteus der Walpurgisnacht, der Dionysos des Helena-Aktes, der Gott der dialektischen Odyssee des Geistes in der Natur. Aber Goethe fährt fort: „Die Erfüllung . . ., die ihm fehlt, ist die Anschauung der zwei großen Triebräder aller Natur: der Begriff von Polarität und von Steigerung", die Anschauung, daß das Absolute nicht humoristisch-widersprechende, ruhende Dialektik ist, sondern daß horizontale Polarität nur als Basis aufsteigender Bewegung wirklich, ja möglich ist. Damit aber wird die gesamte ästhetisch-dionysische Welt *nicht Gegenpol* der christlich-transzendierenden, sondern deren *Basis* und Unterstufe. „Leben" steht dem „Geist" nicht als Widersacher entgegen, sondern das „Empor" des Eros ist ontologisch Potenzierung des „Lebens".

„Denn das Leben ist die Liebe
Und des Lebens Leben Geist."[2]

Damit richtet sich die Dynamik „über-hinaus" nicht mehr auf den widersprüchlichen Natur-Gott, sondern auf den im Geheimnis existentiell begegnenden Gott-Geist, und weil es der tätig-sehnende Eros ist, der die Dynamik führt, einen Gott, der nicht „reine Idee", sondern höchsterfüllte Existenz ist. Es ist das freilich eine „Existenz", die nur dialektisch so bezeichnet werden kann, denn als Gegenpol rein faktischer Existenz ist Geist-Gott zugleich höchst erfüllte Idealität. Gerade so aber erhält das „Idee über Existenz", „Schein-über-Wirklichkeit" der ästhetischen Schau in der Dynamik

---

[1] Erläuterung z. d. aphorist. Aufsatz „Die Natur", WA., II, 11, S. 10-11.
[2] Diwan, Buch Suleika.

des offenbaren Geheimnisses einen positiven Sinn, der ihm bei Schiller noch kaum zukam. Das „Scheinen“ des Schönen liegt dann auf dem Aufstieg von bloßer Existenz zu idealisch erfüllter Existenz in der Mitte. Aber dieser Aufstieg ist nichts als das wachsende Durchsichtigwerden der Existenz im wachsenden Erblicken des Esoterischen. „Schein“ ist die verhüllte „Er-scheinung“ höchster Existentialität im Werdesein. Das Ästhetische hat darum teil an der Paradoxie des „offenbaren Geheimnisses“, ja ist sie recht eigentlich selbst. Sein Negatives („*nur*“ Schein) ist untrennbar von seinem Positiven, in den Gesamtdynamismus des Aufstiegs sich Einordnenden (Er-scheinen „von“): „Freuet euch des wahren Scheins, Euch des ernsten Spieles.“ Indem es so positiv-negativ über die „bloße Wirklichkeit“ wegführt, geleitet es in die Tiefe des sphärisch gekrümmten Raumes zu Existentialität und Geheimnis hin. Das ästhetisch Zarte kann vom religiös Zarten nicht mehr getrennt werden, dieses geht wie Steigerung aus Polarität, wie Dynamik aus Statik aus jenem hervor. Die Wirklichkeit, deren „Schein“ im Ästhetischen aufleuchtet, ist also nicht die im Rücken des Werdenden liegende der „bloßen“ Existenz. Die Rückauflösung, die der Naturalismus versucht, ist der eigentliche Tod des Zarten in der Kunst. „Höchste Aufgabe jeder Kunst“, sagt Goethe im elften Buch von Dichtung und Wahrheit, „ist es, durch den Schein die Täuschung einer höheren Wirklichkeit zu geben“, doch ist es „ein falsches Bestreben . . ., den Schein so lange zu verwirklichen, bis endlich nur ein gemeines Wirkliche übrigbleibt“. Dieser Vorgang einer „Auf-klärung“ der Kunst raubt ihr den Zauber der Naivität, der ihr Eigentlichstes ist: „Das Wirkliche ohne sittlichen Bezug nennen wir gemein.“[1] Solche Rückwärtsauflösung des Scheins ist für Mephisto bezeichnend. Der Schein muß vielmehr dorthinein aufgeklärt werden, woher er scheint, nämlich in die existentielle Dimension der „höheren Wirklichkeit“, welche ontologisch eine über Schein (Idee) und Sein (Existenz) erhabene, wesentlich nur existential als Geheimnis zugängliche Wirklichkeit ist. „Der Mensch“, sagt Goethe zum Kanzler, „wie sehr ihn auch die Erde anzieht mit ihren tausend und abertausend Erscheinungen, hebt doch den Blick forschend und sehnend zum Himmel auf, der sich in unermeßlichen Räumen über ihm wölbt, weil er es tief und klar in sich fühlt, daß er ein Bürger jenes geistigen Reiches sei,

---

[1] Aphorismen über Kunst.

woran wir den Glauben nicht abzulehnen noch aufzugeben vermögen. In dieser Ahnung liegt das Geheimnis des ewigen Fortstrebens nach einem unbekannten Ziele; es ist gleichsam der Hebel unseres Forschens und Sinnens, das zarte Band zwischen Poesie und Wirklichkeit" (29. April 1818). Geheimnis des ewigen Strebens ist das ontologische Geheimnis eines fliehenden Treffpunkts im Unendlichen, welcher der „Hebel" dieses Empor gerade als Durchscheinen einer Identität von Ideal und Real ist. Ein höchstes Gleichnis dieser Lage der dynamischen Entelechie der Schönheit gibt Goethe im kleinen Aufsatz „Zu malende Gegenstände": „Nun aber zum Heiligsten überzugehen, wüßte ich in dem ganzen Evangelium keinen höhern und ausdrucksvollern Gegenstand als *Christus*, der, leicht über das Meer wandernd, dem sinkenden Petrus zu Hilfe tritt. Die göttliche und menschliche Natur des Erlösers ist in keinem andern Falle den Sinnen so identisch darzustellen, ja der ganze Sinn der christlichen Religion nicht besser mit wenigem auszudrücken." Eckermann notiert am 12. Februar 1831: „Ich lese im Neuen Testament und gedenke eines Bildes, das Goethe mir in diesen Tagen zeigte, wo Christus auf dem Meere wandelt, und Petrus, ihm auf den Wellen entgegenkommend, in einem Augenblick anwandelnder Mutlosigkeit sogleich einzusinken anfängt. – Es ist dies eine der schönsten Legenden, sagte Goethe, die ich vor allem liebhabe." Sie drückt in der Tat die höchste Situation unnachahmlich aus: Vom Festland, das im Rücken liegt, geht der Weg des Werdenden, auf der schwankenden Basis der ewigen Polarität, in der Halbrealität des ideell-realen Werderaums dahin, im horizontalen Gehen doch ein vertikales Empor der Liebe, hin zu einem entgegenkommenden Geheimnis, das nicht mehr rückwärtiges Festland („bloßer" Wirklichkeit), sondern höheres Festland („idealer" Wirklichkeit) ist, in einem Empor der Liebe, die über alles „Stehenbleiben und Versinken" im scheinenden Halbrealen zum Pol der Synthesis schreitet, die eine solche nur als Gnade ist.

V. Vom Werther zum Tasso

Was von hier aus in der Weltdeutung Goethes noch zu tun bleibt, ist ein kurzer Gang durch einige der Hauptwerke, in denen sich Goethes eigener Gang über den Wassern existentiell zeigt und mitvollziehen läßt. Wir wählen nur das Bezeichnendste: „Werther", „Iphigenie", „Tasso", „Faust". Apokalypse der Seele wird darin stets als das Doppelproblem erscheinen einerseits der „Bildung" (als Ein-bildung der Welt in die Seele und Aus-bildung der Seele in die Welt), anderseits der Richtung empor, woraus die „Bildung" ihre Richte, ihr Maß erhält. Das Problem des existentiell Dialektischen muß daher hier seine konkreteste Gestalt und Lösung erhalten.

„*Werther*" behandelt durchaus das Problem der „Apokalypse" einer Seele in ihrem Empor. Aber Werthers Geistigkeit ist grundlegend eine beginnende, und damit eine solche, die die drei Grundstrebungen der Seele noch nicht (im existentiellen Empor der doppelten Bescheidung) ineinander verleibt hat. Sein Denken, sein Naturschauen und sein Eros sind drei getrennte Haltungen, deren jede alles zu umfassen strebt, jede ungebrochene Ganzheit sein will. So kommt es zu einer dreifachen un-existentiellen Vorausnahme des Eschatons, das sich doch nur durch existierende Gebrochenheit verwirklichen kann, welche Vorausnahme vor dem „wirklichen Leben" notwendig zusammenbricht. Werther erkennt zwar das Ungenügen der theoretischen Ganzheit und strebt in den Tiefenraum des Daseins, in die Wahrheit als Subjektivität: „Ach, was ich weiß, kann jeder wissen – mein Herz habe ich allein" (9. Mai). Es ist aber die Subjektivität einer nicht beschiedenen, maßlosen Hingabe an die Natur („so ist mir's oft, ich möchte mir eine Ader öffnen, die mir die ewige Freiheit schaffte", 16. März), und einer nicht resignierten, maßlosen Erotik Lotte gegenüber („Das Zugreifen ist doch der natürlichste Trieb der Menschheit", 30. Oktober). In seiner Hingabe vermag er sowenig wie in seinem Eros ewas geisthaft zu gestalten, sich und die Welt zu „bilden". „Noch nie war ich glücklicher . . . und doch . . . meine vorstellende Kraft ist so schwach, alles schwimmt und schwankt vor meiner Seele, daß ich keinen Umriß packen kann" (24. Julius). Der sich vor ihm öffnende Werderaum ist nicht der des mutig über die Wellen schreitenden Petrus, sondern die Schau vom Festland in den wandernden

Fluß: „. . . wenn ich so manchmal stand und dem Wasser nachsah, mit wie wunderbaren Ahnungen ich es verfolgte, wie abenteuerlich ich mir die Gegenden vorstellte, wo es nun hinflösse, und wie ich da so bald Grenzen meiner Vorstellungskraft fand, und doch mußte das weitergehen, immer weiter . . .“ (9. Mai). Er hat daher ein tiefes Erleben für die Hilflosigkeit des Daseins, in seinem naturhaften Getriebenwerden auf den Fluten des Werdens, wo keiner keinem helfen kann (1. Julius); er muß das Wandern des Eros und der Phantasie schon als existentielles Schreiten nehmen („. . . Gott, der uns am glücklichsten macht, wenn er uns in freundlichem Wahne so dahintaumeln läßt“, 6. Julius), obgleich er den „Schein“-Charakter des Schönen und Lieben durchschaut, den die Tiefendimension für den nicht wirklich Schreitenden behält („Die Blüten des Lebens sind nur Erscheinungen“, 28. August; „Was ist uns die Welt ohne Liebe! Was eine Zauberlaterne ist ohne Licht!“ 18. Julius). Darum steht Werther am nächsten der reinen Immanenz Goethes: Sein Leben ist Natur, nicht Geist, seine Entwicklung wird vom Rhythmus der Jahreszeiten genau so getragen, wie das Wasser ein treibendes Holz trägt, seine Transzendenz ist zurückgebogen als sich selbst genießende und verzehrende Sehnsucht. „Wie die Natur sich zum Herbste neigt, wird es Herbst in mir und um mich her“ (4. September). Goethe spricht einmal vom „peinlich-süßen Zustand“, in den uns der Anblick der Urphänomene versetze. Es ist die Formel des in die „Schau“ zurückgezwängten Eros, einer Sehnsucht, die Zustand statt Weg ist: „Dort die Spitze des Berges! – Ach könntest du von da die weite Gegend überschauen! – Die in einander geketteten Hügel und vertraulichen Täler! – O, könnte ich mich in ihnen verlieren! – – Ich eilte hin, und kehrte zurück, und hatte nicht gefunden,was ich hoffte. O, es ist mit der Ferne wie mit der Zukunft! Ein großes, dämmerndes Ganzes ruht vor unserer Seele; unsere Empfindung verschwimmt darin, . . . Und ach! wenn wir hineilen, wenn das Dort nun Hier wird, ist alles vor wie nach, und wir stehen in unserer Armut . . .“ (21. Junius). So ist es folgerichtig, wenn die Sehnsucht ins „dämmernde Ganze“ sich heimlich umkehrt in die nach der verspotteten, als „Bürgertum“ übereilten, den langsamen Schritt des aneignenden Lebens wandernden Existentialität der Bescheidung.

Freilich wird im „Werther“ schon eines ganz klar: die Dialektik alles bloß Statischen, des Wortes, des Zeichens, des Phänomens, sobald sich in ihm das wurzelhafte Empor, sei's auch nur des Gefühls und des Eros, völlig ausdrücken will. Werther hat den stärksten Sinn für die Unrückführbarkeit des Konkreten, dessen er sich durch Einfühlung versichern will. Im Gespräch mit Albert über die Erlaubtheit des Selbstmordes bricht es durch: „In der Welt ist es sehr selten mit einem Entweder-Oder getan; die Empfindungen und Handlungsweisen schattieren sich so mannigfaltig, als Abfälle zwischen einer Habichts- und Stumpfnase sind" (8. August). „Daß ihr Menschen . . . gleich sprechen müßt: Das ist töricht, das ist klug, das ist gut, das ist bös! Und was will das alles heißen? Habt ihr deswegen die inneren Verhältnisse einer Handlung erforscht?" „Du wirst mir zugeben, sagte Albert, daß gewisse Handlungen lasterhaft bleiben, sie mögen geschehen, aus welchem Beweggrunde sie wollen." Werther weist auf Ausnahmen, auf Verbrechen aus Not, Leidenschaft, Taumel. „Das ist etwas ganz anderes, versetzte Albert, weil ein Mensch, den seine Leidenschaften hinreißen, alle Besinnungskraft verliert, und als ein Trunkener, als ein Wahnsinniger angesehen wird." Albert glaubt eine objektive Scheidungslinie ziehen zu können, Werther aber sieht darin nur die Möglichkeit einer objektiven Richte des Subjektiven. Objektive Moral ist nur unterer Grenzbegriff, das Bollwerk derer, die alles Einmalig-Große des Subjektiven als Trunkenheit und Wahnsinn anprangern. „Das sind nun wieder von deinen Grillen, sagte Albert. Du überspannst alles, und hast wenigstens hier gewiß Unrecht, daß du den Selbstmord . . . mit großen Handlungen vergleichst, da man es doch für nichts anderes als eine Schwäche halten kann." Werther bricht ab: „denn kein Argument bringt mich so aus der Fassung, als wenn einer mit einem unbedeutenden Gemeinspruche angezogen kommt, wenn ich aus ganzem Herzen rede." Aber er bringt doch nochmals seine Idee des Konkreten mit einem Vergleich näher: „Die menschliche Natur . . . hat ihre Grenzen; sie kann Freude, Leid, Schmerzen bis auf einen gewissen Grad ertragen, und geht zugrunde, sobald *der* überstiegen ist." Wie die Natur von einem „bösartigen Fieber" als einer „Krankheit zum Tode" angegriffen werden kann, so der Geist. Es ist sinnlos, diesen einmaligen Vorgang allgemeinen Moralgesetzen zu unterwerfen. Aber nun ist Albert in der vorigen Lage Werthers: „Albert war das *zu allgemein gesprochen*."[1] Werther

[1] Von mir kursiv.

malt eine erläuternde Anekdote aus. Doch für Albert ist auch diese „Vergleichung noch nicht anschaulich". „Und wir gingen auseinander, ohne einander verstanden zu haben" (12. August).

Was hier am Schlusse sichtbar wird, ist nicht nur die Dialektik des Allgemeinen, Objektiven, wo es um die konkrete Situation geht. Zunächst scheint Werthers Einfühlungsgabe die der Wirklichkeit sich enger anschmiegende Fühlung zu gewährleisten. Dann aber wird immer deutlicher, daß Alberts geklärte Existenz durch alle *Zeichen* einer objektivistischen Moral hindurch schärfer sieht. Er hat das Spüren, das sich in der Distanz der Bescheidung gewinnt. Werthers triebhaftes „Empor" – verglich er doch das Moralische mit einem Naturphänomen – blendet ihn in seiner Subjektivität so sehr, daß seine scheinbar „konkreten" Beispiele Albert zu allgemein erscheinen. Leidenschaft erblickt wohl das „Subjektive", aber *nur* als „konkretes", während die Totalhaltung des Menschen auf das „Konkret-Allgemeine" sich richtet und erst so der wirklichen Seinsbewegung sich anschmiegt. Goethes Spruch über Naturwissenschaft drückt es aus: „Das Allgemeine und das Besondere fallen zusammen; das Besondere ist das Allgemeine, unter verschiedenen Bedingungen erscheinend." Während für Werthers „Fühlung" mit dem Konkreten die Warnung aus „Gott, Gemüt und Welt" gilt:

„Soll dein Kompaß dich richtig geleiten,
Hüte dich vor Magnetstein', die dich begleiten."

Werther fühlt selbst, daß er naturhaft sich treiben läßt, statt selber zu gehen, daß er sich entgleitet: „Meine Großmutter hatte ein Märchen vom Magnetberg: die Schiffe, die zu nahe kamen, wurden auf einmal alles Eisenwerks beraubt, die Nägel flogen dem Berge zu, und die armen Elenden scheiterten zwischen den übereinanderstürzenden Brettern" (26. Julius). Da sein Freund, der Bauernbursch, aus Leidenschaft zum Mörder wird, erkennt er wohl das Recht des strafenden Gerichtes: „aber es zerreißt mir mein inneres Eingeweide; ich kann nicht gerecht sein". Darin ist das innere Gericht gesprochen. Die nur in Bescheidung erreichbare Ganzheit entgleitet immer mehr. Die Natur, gefühlhaft angeschaut, nicht angeeignet, rückt ab ins gleichgültige „Gegenüber" („O, wenn da diese herrliche Natur so starr vor mir steht wie ein lackiertes Bildchen, . . . und der ganze Kerl vor Gottes Angesicht steht wie ein versiegter Brunn, wie ein verlechzter Eimer!“ (2. November), ja bis ins Medusenhafte des sinnlosen, grausamen Räderwerkes, das seine innere Göttlichkeit nicht mehr durchleuchten läßt (18. August). Die Menschwelt versteinert zum „Raritätenkasten“: „Ich spiele mit, vielmehr ich werde gespielt wie eine Marionette, und fasse manchmal meinen Nachbar an der hölzernen Hand und schaudre zurück“ (20. Januar). So wird für Werther die ungebrochene Existenz des Kindes im Ganzen zum Ersehntesten. Auch das ist nochmals deutliche Flucht vor „höherer Existenz“, Rückbiegung des Über-hinaus ins Naturhafte. Indem sich aber im Herbst die Natur entlaubt, sich wie Gewand um Gewand von ihm ablöst, enthüllt sich immer nackter die ungebildete, frierende Fieberhitze seiner Seele. Ihr unaufhaltsamer Untergang wird abgespiegelt in allen Gleichnissen naturhafter Verdunkelung: als Schwindel, der sie ergreift (14. Dezember), als Wahnsinn losgelöster, zusammenhangloser Subjektivität (20. November), als Besessenheit (12. Dezember), im Bilde der Überschwemmung, die Dörfer und Landschaft begräbt (12. Dezember), schließlich in dem des Weltuntergangs selber, „. . . in dem schrecklichen Augenblick, da mein ganzes Wesen zwischen Sein und Nichtsein zittert, da die Vergangenheit wie ein Blitz über dem finstern Abgrunde der Zukunft leuchtet, und alles um mich her versinkt, und mit mir die Welt untergeht (15. November). Hier vergleicht er sich wohl einer analogen Apokalypse, jener „der ganz in sich gedrängten, sich selbst ermangelnden und unaufhaltsam hinabstürzenden Kreatur, [die] in den innern Tiefen ihrer vergebens aufarbeitenden Kräfte [knirscht]: Mein Gott! mein Gott! warum hast du mich verlassen? Und sollt’ ich mich des Ausdrucks schämen, sollte es mir vor dem Augenblicke bange sein, da ihm der nicht entging, der die Himmel zusammenrollt wie ein Tuch?“ – Eine unheimliche, bei Goethe sonst sorgfältig verhüllte, äußerste Möglichkeit enthüllt sich hier: die einer höllischen und doch göttlichen Nacktheit der Seele. Goethe verhüllt sie, wie er das Kreuzbild in der „pädagogischen Provinz“ verhüllt – es wäre nur existentiell davon zu reden, das aber heißt schweigen. In Werthers Mund wird es darum Blasphem, nur seine gespürlos gewordene Subjektivität vermag beide Situationen gleichzusetzen. Die Ölberg-Situation Christi ist Vollendung seiner Menschwerdung – und der alte Goethe versteht das Kreuz in den „Wanderjahren“ auch durchaus in diesem Sinn –, die Situation Werthers aber ist das Scheitern seiner Menschwerdung, als der

Geistwerdung seiner Natur. Darum ist es höchstes Gleichnis, daß er seinem Leben am Vorabend von Weihnachten, dem Fest der Menschwerdung, ein Ende bereitet. –

Gelingende Menschwerdung ist das Thema der *„Iphigenie"*. Insofern hier mitten im Zeitlichen, Kontingenten, in Zusammenwirken unberechenbarer Freiheiten – der Zustimmung des Königs Thoas – diese Menschwerdung wie ein Wunder gelingt, ist „Iphigenie" wirklich einer der Gipfel der „klassischen" Idee: Synthesis der Synthesis und Thesis, Inkarnation des Ewig-Menschlichen im Zeitlich-Menschlichen. Aber das ist möglich nur in und durch Resignation. In ihr reinigt sich naturhaftes Empor zur Totalhaltung des Menschen, als geistiges Empor der Ehrfurcht. Dieses naturhafte Empor erscheint aber von vornherein anders und tiefer als bei Werther. Werther verfrüht phantastisch-erotisch das Empor in der Dimension der Zukunft, er steigt sentimentalisch in das bisherige Empor zurück, aber nur bis in die Subjektivität seiner Kindheit. In Iphigenie und Orest, den beiden sich bildenden Hauptgestalten, eröffnet sich ein ganz anderer Weltinnenraum: der Durchblick in das real-eidetische Gewordensein des Geschlechtes:

> „die
> eigenen Wurzeln hinaus in gewaltigen Ursprung,
> wo seine kleine Geburt schon überlebt war. Liebend
> stieg er hinab in das ältere Blut, in die Schluchten,
> wo das Furchtbare lag, noch satt von den Vätern".[1]

Diese Verse Rilkes kennzeichnen die geweitete Dimension. Iphigenie und Orest sind Titaniden, und auf dem Grunde ihrer Seele liegt das Prometheusschicksal des Urahnen: Tantalus. Er war von Göttern geliebt und an ihren Tisch erhoben worden, er durfte Nektar und Ambrosia kosten. Aber im Übermut erzählt er den Menschen das oben Gehörte und gibt ihnen heimlichen Teil an seiner Götternahrung. Die Situation des Prometheus und Empedokles blickt unverhüllt durch und das Ende ist Sturz in den Tartarus. Menschliche Ursituation zwischen Schwäche, die nicht Ganz-Gott sein kann, und Güte, die das Göttliche verrät, weil sie Gnade mißbraucht.

---

[1] R. M. Rilke: 3. Duineser Elegie (Ges. Werke III, 272).

„Das sterbliche Geschlecht ist viel zu schwach
In ungewohnter Höhe nicht zu schwindeln . . .
Unedel war er nicht und kein Verräter,
Allein zum Knecht zu groß . . .“[1]

Von diesem untersten Werdensgrunde empor reiht sich die Genesis der Geschlechter, alle naturhaft verkettet in den fortzeugenden Geschlechterfluch. So zeigt sich etwas Neues: Klärung des naturhaften Empor (im bisherigen Werden) ins geisthafte (im künftigen Empor) ist zugleich die Sühnung einer naturhaften Erbschuld, die zuunterst die Prometheussituation verbirgt. Die Verwandlung des Untermenschlichen ins Menschliche ist zugleich Verwandlung des Unmenschlichen ins Über-natürliche. Werther gelang es nicht, das gorgonische Unmaß des Blutes zu bändigen, er verblutet an seinem Ausbruch. Orest wird seiner Herr. Zunächst ist ihm freilich der innere Abgrund so gefährlich entsiegelt, daß Iphigenie die erschreckte Frage tut:

„Schleicht, wie vom Haupt der gräßlichen Gorgone,
Versteinernd dir ein Zauber durch die Glieder?“ (3, 1.)

ein Zauber scheinbar unlöslicher, weil unvordenklicher Schuld, wie in Schillers „Braut von Messina“, vor dem es nur Untergang in diesen inneren Abgrund hinein zu geben scheint:

„Laß mich . . .
Den Tod voll Schmach, in mich verschlossen, sterben.“

So kommt es für Orest zur gefährlichsten Situation, zur unvermeidlichen Selbstbegegnung im Schuld-Abgrund, den er nicht, wie eine Wunde unter Umschläge, verschließen kann. In 3, 2 steigt er in den Abgrund seines Innern herab, eine Nekyia der Subjektivität, die zugleich Schuld und Wahnsinn ist, und als dies letztere der erlösende Heilungsschlaf. Denn nicht nur träumt er die Ahnen im Jenseits versöhnt; als Iphigenie mit Pylades wieder auftritt, glaubt er sie als Tote durch seinen Traum gehen zu sehen, und diese Erscheinung der für ihn flehenden Schwester wird ihm zur heilenden Entsühnung seines inneren Raumes. Iphigenie ist so für ihn „Gnade“, von ihr also geht die entscheidende „Menschwerdungs“-Tat aus. Aber diese „Gnade“ ist erst wie der voraus-

[1] 1. Aufz., 3. Auftr.

wirkende Erfolg einer noch ungetanen Handlung. Nur aus einer zweiten „Nekyia“ Iphigeniens fließt die Erlösung. Auch Iphigenie muß sich handelnd bilden und so verwirklichen:

„Von der Gewalt, die alle Wesen bindet,
Befreit der Mensch sich, der sich überwindet.“[1]

Ihre angeborene Reinheit, für die der Fluch-Abgrund verschlossen blieb, muß sich mit diesem Abgrund und seinen Verstrickungen messen, ehe sich die Ganzheit des Menschen als begnadende Synthesis verleiblichen kann. Wie es geheimnisvoll die Weissagungen des Bakis umschreiben:

„Lang und schmal ist ein Weg. Sobald du ihn gehest, so wird er
Breiter; aber du ziehst Schlangengewinde dir nach.
Bist du ans Ende gekommen, so werde der schreckliche Knoten
Dir zur Blume, und du gib sie dem Ganzen dahin.“

Äußerlich ist der „schreckliche Knoten“, den ihr das Schicksal schürzt, die Stellung zwischen der diplomatischen Klugheit des Pylades und ihrem moralischen Feingefühl, das Thoas gegenüber reine Treue bleiben will. Aber dies ist nur Anlaß, der sie aus ihrer „naiven“ Reinheit herausreißt und in eine Lage setzt, sich nur mehr zu einer „höhern“, reflexen Reinheit, die Hegel vermittelte Naivität nennen wird, hindurchzuretten. Sie ist aufs hohe Meer des Schicksals hinausgetreten, in der Situation Petri:

„Den festen Boden deiner Einsamkeit
Mußt du verlassen! Wieder eingeschifft
Ergreifen dich die Wellen schaukelnd, trüb,
Und bang verkennest du die Welt und dich.“ (4, 3.)

So öffnet sich in Wahrheit der innere Abgrund ihres Seelenraumes, aus dessen „Schlünden der Tiefe“ „der Atem erstickter Titanen“ empordampft. Eine Angst bemächtigt sich ihrer, „der Widerwille der Titanen“, der Haß der Götter möchte aus den Tiefen ihrer Seele aufsteigen wie eine versucherische Möglichkeit, und diese Angst entlockt ihr das Gebet zu den vielleicht schon leise gehaßten Göttern, ihr Bild in dieser Seele zu schonen. Das Parzenlied aber, halb träumend gesagt, ist fast schon Nachgeben dieser Titanenmöglichkeit, nur wie eine wehende Er-innerung, ähn-

[1] „Die Geheimnisse.“ Ein Fragment.

lich dem Wahnsinnstraum Orests, klingt es in ihrem Innern nach, in dem zuunterst die Tantaliden schmachten

„Und harren vergebens,
Im Finstern gebunden,
Gerechten Gerichtes."

In diesen Augenblicken dehnt sich ihr Seelenraum zu einer ungeheuren, gar nicht „humanen" Menschlichkeit, reichend von gefährlicher und gefährdeter Liebe zu den Göttern bis hinab zum kettentragenden, ungerecht-gerechten Ahn in der Hölle. *Diesen* Raum zu bannen und damit das Dämonische des alten Titanen Prometheus, der hintergründig die Lage beherrscht, ist Iphigeniens „Humanität" bestimmt. Sie findet das Maß dieses unmäßigen Raumes, und in ihrer Mäßigung wird sie dem Bruder und dem König gnadenhaft zur Maß-gebenden für deren eigenes Unmaß. Dieses Maß kann nichts anderes sein als die totale menschliche Haltung: Statt des triebhaften Empor Werthers das in Ehrfurcht abständige Empor des „zarten" Gewissens, statt des voreiligen subjektiven Haschens nach dem „Glück" (wobei sie der List des Pylades gefolgt wäre), das objektivierte Rechnen mit der Subjektivität anderer. Es ist damit ausdrücklich Maß als existentielle Bescheidung, und dies als Wagnis. Iphigenie verzichtet, allein und von sich aus Retterin zu sein, sie kann es vielmehr in Wahrheit nur sein, wenn sie von-sich-weg auf den König vertraut, hinausschreitend auf das Schwankende, Gebrochene und Zerbrechliche der Beziehungen *zwischen* Menschen. In Bescheidung ist sie existentiell und darin ganzmenschlich und darum erlösend. So gelingt ihr das, was Wallenstein mißlingen mußte: zugleich Teil und übergreifendes Ganzes als Schicksal zu sein. Es gelingt, weil sie so vollkommen Teil ist, daß sie die Synthese – nicht erzwingt, sondern – geschenkt erhält. Ein Distichon, das sich in Schillers wie in Goethes Werken findet, drückt diesen Grundgedanken beider aus:

„Immer strebe zum Ganzen, und kannst du selber kein Ganzes
werden, als dienendes Glied schließ' an ein Ganzes dich an."[1]

Die gelingende Menschwerdung Iphigeniens, als ihrer reinen Objektivierung, sie mißlingt *Tasso*. In diesem neuen Raume geht es ausdrücklich um Apokalypse der Seele als „Bildung". Die Maschen des Problems sind enger als bisher gezogen, enger auch

[1] Schiller: Pflicht für jeden. Goethe: Vier Jahreszeiten, Nr. 45.

als im Bildungsroman der „Lehrjahre". Die Objektivität, in deren Raum die Seele sich aktiv und passiv bilden soll, ist die genau umrissene „gebildete Welt" eines Fürstenhofes, eine Gemeinschaft kultivierter Menschen, in die harmonisch sich einzustimmen die Aufgabe der Subjektivität ist. „Tasso" ist in dieser Problemstellung das am meisten mit Hegel verwandte Werk Goethes.

> „Der Mensch erkennt sich nur im Menschen, nur
> Das Leben lehret jeden, was er sei" (2. 3)

heißt in Hegels Sprache, daß die Subjektivität so viel innere Wahrheit habe, als sie im Objekt widerzuspiegeln vermag. Dieses eiserne Gesetz der Entsprechung war Goethes herbste Lebenserfahrung bei Hofe, und seine tragische Katastrophe hat er im „Tasso" von sich distanziert. Tassos Tragik steht und fällt mit ihm. Als kategorisch Forderndes bildet es im „Tasso" die unsichtbare Mitte, wo „Iphigenie" eine sichtbare Mitte durch seine Verwirklichung schuf. Um diese sozusagen abstrakte Mitte gruppieren sich die Figuren. „Tasso" ein „gesteigerter Werther" als die leidenschaftliche noch un-gebildete Subjektivität, Antonio als betonte Objektivität, der Fürst und die Frauen näher um die Mitte. Aber diese Gruppierung ist noch äußerlich und unterschlägt das tiefere, tragischere Problem: Tasso ist eine *bedeutende* Subjektivität, während die anderen zwar feine, gebildete, wertvolle, aber nicht eigentlich bedeutende Menschen sind. Tasso, der Dichter, ist ganz dynamische Innerlichkeit, die in keinen dauernden Verhältnissen ruhen kann. Er liebt über die Menschen hinaus:

> „. . . der uns zu meiden, ja zu fliehen scheint,
> Etwas zu suchen scheint, das wir nicht kennen
> Und er vielleicht am Ende selbst nicht kennt . . .
> Er scheint uns anzusehn, und Geister mögen
> An unsrer Stelle seltsam ihm erscheinen." (1, 1.)

Er kann sich in keiner Form seines Gedichts beruhigen, er erträgt den ruhenden Lorbeer auf seiner Stirn nicht, sei's weil während es Lob ihm schon veraltet ist, sei's weil er den Kranz „unerreichbar schwebend" über sich will, um ihm in „ewigem Wandeln" entgegenzuschreiten (1, 3). Indem so alles Objektivierte augenblicklich seine Bedeutung für ihn einbüßt, muß er die ganze Schöpferkraft aus der empordrängenden Anspannung seiner subjektiven Intensität schöpfen. Hier liegt der Unterschied gegenüber Werther. Dieser war rein naturhafte Subjektivität, Tasso ist geistige, produktive. So ist seine Tragik gesteigerte Werthertragik. Denn wohl ist Geist über Natur, Subjekt über Objekt, aber er ist Gesetzgeber und Gestalter nur, indem er hörend von sich weg, in der passiven Bescheidung, den Reichtum des Objektiven in sich aufnimmt. Indem Tasso in sein Subjekt hineinhorcht, horcht er in ein Ohr, will er das Gestaltende gestalten. Seine innere Nekyia, Orests gefährlichste Situation, schlägt ihm zum Unheil aus, und er erhorcht nicht, wie Rilke sagt, den, der ihn am Ende erhört.

> „Doch ach, je mehr ich horchte, mehr und mehr
> Versank ich in mir selbst, ich fürchtete
> Wie Echo an den Felsen zu verschwinden,
> Ein Widerhall, ein Nichts, mich zu verlieren.“ (2, 1.)

Denn Orest ist nicht Dichter, sondern nach außen tätiger Mensch. Da Iphigenie als reale Person schenkend in seinen Wahnsinnstraum eintritt, heilt ihn solche Begegnung. Tasso vermag von der geliebten Prinzessin, die sich in seinem Lebensraum zeigt, nichts als das Subjektive zu halten, das sie „ihm“ ist. Diese Verselbständigung des Ästhetischen, auch wenn es sich vorwiegend produktiv äußert, beweist, daß er nicht zur Bescheidung der Ganzhaltung vorschreitet, und sein nicht einverleibter, un-beherrschter Eros ist nur der ergänzende Anblick dazu. Dieses zweite seiner Organe bricht denn auch immer wieder wild aus der geschlossenen Innenwelt, um den zur Dichtung doch notwendigen Stoff, statt ihn organisch zu assimilieren, raubartig heimzuholen. So schwankt Tasso zwischen zwei Extremen, die Antonio ihm vorwirft:

> „bald
> Versinkt er in sich selbst, als wäre ganz
> Die Welt in seinem Busen . . .
> . . . ruht in sich –
> Auf einmal wie ein unbemerkter Funke
> Die Mine zündet . . .
> . . . heftig bricht er aus.
> Dann will er alles fassen, alles halten . . .
> In diesem Augenblicke soll entstehn,
> Was jahrelang bereitet werden sollte.“ (3, 4.)

Das „letzte Ding“, die höchste Synthesis soll genial-gewaltsam erzwungen werden, statt bildend es sich einzuverleiben:

„Er fordert das Unmögliche von sich . . .
Die letzten Enden aller Dinge will
Sein Geist zusammenfassen . . .“ (3, 4.)

Dementgegen aber fordert Goethe-Hegels herbes Gesetz:

„Inwendig lernt kein Mensch sein Innerstes
Erkennen, denn er mißt nach eig’nem Maß
Sich bald zu klein und leider oft zu groß.
Der Mensch erkennt sich nur im Menschen, nur
Das Leben lehret jeden, was er sei.“ (2, 3.)

Hier jedoch beginnt die tiefere Tragik Tassos, die im Drama nur verschleiert, nur ungesagt von dem an Weimar leidenden Goethe verbildlicht wird und das Herbe zum Bittern steigert. Die Frauen fordern Öffnung der Seele Tassos, wollen, im anscheinenden Recht des Objektivierungsgesetzes, Eintritt in seine Welt. So sehr, daß sie ihm dieses Ineinanderspiegeln der Seelen als „Paradies“ und „Goldene Zeit“, nah und erreichbar, vorstellen:

„. . . war sie je, so war sie nur gewiß,
Wie sie uns immer wieder werden kann.“ (2, 1.)

Die strenge Zuordnung von „Geist“ und „Natur“ muß im Sozialen zu der von Mann und Frau werden; was Schelling und Novalis als kosmische Goldene Zeit feiern, den schöpferischen Tiefenblick des Geistes in die weibliche Tiefe der Natur, verwandelt sich in den Worten der Prinzessin in eine „klassisch“ ins rein Menschliche resignierte:

„Wenn euer Blick, der sonst durchdringend ist,
Auch durch den Schleier dringen könnte, den
Uns Alter oder Krankheit überwirft;
Wenn der Besitz, der ruhig machen soll,
Nach fremden Gütern euch nicht lüstern machte:
Dann wär’ uns wohl ein schöner Tag erschienen,
Wir feierten dann unsre goldne Zeit.“ (2, 1.)

Aber solche strenge Zuordnung wird doch nicht nur von Tassos subjektiver Unruhe durchschnitten. Die Frauen selbst lieben über den Mann hinaus:

„wir scheinen
Den Mann zu lieben, und wir lieben nur
Mit ihm das Höchste, was wir lieben können."(1, 1.)

Und selbst wenn sich einmal wirkliches Spiegeln ereignete, da geschieht doch auch, was Leonore Sanvitale einmal zu Bewußtsein kommt:

„Wie reizend ists, in seinem schönen Geiste
Sich selber zu bespiegeln . . ." (3, 3.)

Das Gleichgewicht schöner Zuordnung stört nicht nur das Über-hinaus männlicher wie weiblicher Liebe, sondern auch männliche Sinnlichkeit und weibliche Eitelkeit. So wird dieses Gleichgewicht zur Idee, wie alles vollendet Schöne:

„Ach, daß es immer nur um *einen* Schritt
Von uns sich zu entfernen scheint
Und unsre bange Sehnsucht durch das Leben
Auch Schritt vor Schritt bis nach dem Grabe lockt."
(3, 2.)

Tritt dazu noch das angedeutete Mißverhältnis von Genialität und Mittelmaß, so wird die Waage der Schuld immer zögernder, sich auf Tassos Seite zu neigen. Es wird um die Mittelaxe des Stückes fühlbar, wie Goethe selbst, die Waage zu entscheiden, von dem einen auf den anderen Balken übertreten muß, wie er, nachdem er sich fast in verhüllter Selbstapologie gezeichnet, nunmehr zu seinen Richtern übergeht, um *diese* Möglichkeit seiner Seele zu verurteilen. Antonio, der Weltmann und Organisator in Goethe, erhält die sympathische Rolle, Tasso hingegen zeigt steigend einen Verfolgungswahn, der aus der inneren Hauptproblematik nicht in dieser Schärfe motiviert werden kann und das Tragische zugunsten des Pathologischen aufzuheben droht. Schließlich muß die Umarmung der Prinzessin, fast als deus ex machina, das Urteil endgültig besiegeln. Die Szene ist voll bitterster Kunst: Mit sublimer, ironischer Symbolik läßt Goethe den Fehltritt Tassos vor ihm unbewußten Zuschauern vor sich gehen: „alle" sehen es, und dies allein schon, daß eine kühle, kultivierte Öffentlichkeit seine bloßgelegte Seele sah, verurteilt ihn. Das „Geziemende", das sich wiederum in der Natur der Frau verkörpert (2, 1), ist hier Norm. Es wird deutlich, daß Goethe mit leisem Ressentiment forciert, Partei ergreift, und gegen seinen Helden einen Richter aufstellt, der nicht volle Zuständigkeit hat. Das hindert freilich nicht, daß hier die Katastrophe der echten Tassoproblematik einsetzt, die Höllenfahrt der un-gebildeten Subjektivität in den inneren Abgrund. Alphonso warnt:

„es liegt um uns herum
Gar mancher Abgrund, den das Schicksal grub;
Doch hier in unserm Herzen, ist der tiefste
Und reizend ist es, sich hinabzustürzen.
Ich bitte dich, entreiße dich dir selbst!
Der Mensch gewinnt, was der Poet verliert". (5, 2.)

Zu spät, Tasso ist längst, ein dunklerer Empedokles, den Sirenen der Tiefe erlegen: „Wohin, wohin beweg' ich meinen Schritt . . . dem Abgrund zu entgehn, der vor mir liegt?" (4, 1). Die „letzten Enden aller Dinge", die er zusammenzwingen wollte, fallen voll auseinander: Ich und Welt. Das ungemeisterte All liegt fremd und feind, die abgeschnittene gestaltende Kraft aber bricht in sich zusammen:

„Bin ich Nichts,
Ganz Nichts geworden?
Nein, es ist Alles da, und ich bin Nichts;
Ich bin mir selbst entwandt . . ." (5, 5.)

Vergebens weist Antonio nochmals auf die heilende Spiegelung:

„Vergleiche dich, erkenne was du bist!" (5, 5.)

Es bleibt Tasso nur das tragische Vorrecht, „zu sagen was ich leide", als Mensch aber der Untergang. Das vielgerühmte symbolische Schlußbild ist seltsam doppeldeutig. Tasso vergleicht erst sein Verhältnis zu Antonio mit dem ewig beweglichen Meer um die gründenden, von Brandung umspülten Felsen. Aber das a-ethische Bild der gleichewigen Naturkräfte ist nur horizontale Polarität, und ein unaufhebbarer Kampf:

„Zweie seh' ich! den Großen! ich seh' den Größern! Die Beiden
 Reiben mit feindlicher Kraft Einer den Andern sich auf.
Hier ist Felsen und Land und dort sind Felsen und Wellen!
 Welcher der Größere sei, redet die Parze nur aus."[1]

Doch dies Bild entgleitet Tasso unvermerkt, und nun ist er nicht mehr das ewige Meer, sondern der Scheiternde selbst auf ihm:

„Zerbrochen ist das Steuer und es kracht
Das Schiff an allen Seiten."

Hier wird es die Tragödie der vertikalen Polarität in der Subjektivität Tassos selber, der Untergang in sich selbst, als des Schiffes im Meer:

„. . . Berstend reißt
Der Boden unter mir sich auf!"

Was für Werther nur droht und Orest heilt, das verschlingt Tasso: Wahnsinn. Die Tragik ist die herbe Hegels: Weltgeist spricht das „Schuldig" über partikulärem Geist, der nicht im Raum des Objektiven wohnen will. Aber dieses „letzte Gericht" wird im „Tasso" von einem „zweitletzten Richter" ausgesprochen, und es ändert nichts, daß der versinkende Tasso ihn anerkennt, indem er sich an den Felsen klammert, der ihn zerschmettert. Steht nicht im Erzengelgesang des Faustprologs:

„Und Fels und Meer wird fortgerissen
Im ewig schnellen Sphärenlauf"?

Nur die Synthesis darf über die Thesis richten, nicht die Antithesis. Der Fels Antonio ist das Festland im Petrus-Symbol, nicht der über Wellen wandernde, erlösende Geist. Resignation heißt nicht Rückkehr zum Festland, sondern ekstatische Tat. Die Tasso-Problematik tastet das ewige Über-hinaus der Subjektivität an; und weissagt nicht Bakis anders über das Objektive?

„Mauern seh' ich gestürzt, und Mauern seh' ich errichtet,
 Hier Gefangene, dort auch der Gefangenen viel.
Ist vielleicht nur die Welt ein großer Kerker; und frei ist
 Wohl der Tolle, der sich Ketten zu Kränzen erkiest." (13.)

[1] Weissagungen des Bakis, Nr. 5

Das ist Ressentiment im anderen Extrem. Es deutet aber auf den im „Tasso" unbewältigten Restbestand an freier Subjektivität und ihrem Recht in einsamer Verfolgung des Transzendenten. Tassos passiver Verfolgungswahn kommt zu seiner Gesundung im aktiven Verfolgungswahn Fausts. Erblicken des Esoterischen im Geheimnis ist nicht „öffentlich" im Sinn der Tasso-Öffentlichkeit, sondern nur als „heilig öffentlich Geheimnis". Öffentlich, sofern es sich anbietet, heilig Geheimnis, sofern dies Angebot nur existentiell erblickt wird.

„Laß mich ruhen, ich schlafe. – ‚Ich aber wache.' – Mit nichten! –
‚Träumst du?' – Ich werde geliebt! – ‚Freilich, du redest im Traum!' –
Wachender, sage, was hast du? – ‚Da sieh nur alle die Schätze!' –
Sehen soll ich? Ein Schatz, wird er mit Augen gesehn?"[1]

VI. Faust

Versehen mit den Grundkategorien des Goetheschen Weltbildes dürfen wir nun wagen, an das „Hauptgeschäft" seines Lebens, wie er ihn nannte, an *Faust* heranzutreten. In ihm krönt sich diese Welt, nicht freilich, als ob er die ganze „Breite" dieses Weltraumes durchmäße – Goethe ist, wie Obenauer fein bemerkt,[2] reicher, runder, klarer als sein Hauptheld –, aber doch so, daß Faust die „Höhe" dieser Weltgestalt bezeichnet.

Goethe hat bekanntlich immer über Faustausleger gelächelt, die das Gedicht auf eine Formel, eine „Idee" bringen wollten. Faust

---

[1] Weissagungen des Bakis, Nr. 14.

[2] K. J. Obenauer: „Der faustische Mensch", 1922. Dieses Werk und „Goethes Verhältnis zur Religion" desselben Verfassers gehören zum Tiefsten, was über die Existentialität Goethes gesagt worden ist. Sie setzen dort an, wo die Geisteswissenschaftler, auch Weinhandl, Gundolf, Simmel mehr oder minder stehenbleiben. Obenauers Feinfühligkeit, die es zustande bringt, zugleich ganz in einen Autor hineinzuhören und das Erhörte doch persönlich-lebendig zu gestalten, hat hier, wie in seinen Werken über Hölderlin, Novalis, Nietzsche, eine gültige Verlebendigung unserer großen Geistesvergangenheit ermöglicht. Seiner Methode fühlen wir uns am meisten verwandt und verpflichtet, wenn wir auch bündiger, und darum „abstrakter" formulieren müssen und der zur Theosophie neigenden letzten Weltschau nicht folgen können.

ist Leben, ist die Wanderung des Werdeseins von „Idee“ zu „Existenz“ selber, der Gang durch den gekrümmten, nicht in Begriffe projizierbaren Tiefenraum des Daseins. Faust ist der Schatten des Wanderers Goethe. Weil er aber die „Metaphysik“ dieser Wanderung ist, darum ist das betonte „Empor“ hier Grundthema, und das ausdrücklich vom Naturhaften, Unresignierten der drei Teilkräfte des Menschen zu deren wachsender, durch Resignation sich klärender Durchdringung zur Ganzhaltung. Dieser Vorgang läßt sich, nach allem Gesagten, nicht mehr auf die flache Wand der Idee projizieren, da er wesentlich das Verlassen dieser Flächenhaftigkeit ist. Nur das „Konkret-Allgemeine“ des Symbols, des mythischen Bildes ist die entsprechende Darstellung des lebendigen Vorganges im Anschaulichen. Darum ist „Faust“ auch die endgültige Stelle für die Auflösung des Dialektikproblems, das in „Werther“ (im Gespräch Werthers mit Albert) angeschnitten, aber nicht zu Ende geführt war. Faust beginnt in der Wertherwelt, um sie zur menschlichen Totalität hin zu überschreiten. „Der erste Teil, sagte Goethe zu Eckermann (17. Februar 1831), ist fast ganz subjektiv; es ist aus einem befangeneren, leidenschaftlicheren Individuum hervorgegangen, welches Halbdunkel den Menschen auch so wohltun mag. Im zweiten Teile aber ist fast gar nichts Subjektives, es erscheint hier eine höhere, breitere, hellere, leidenschaftslosere Welt, und wer sich nicht etwas umgetan, und einiges erlebt hat, wird nichts damit anzufangen wissen.“ Der Ansatz liegt also in jener (wie Goethe selbst sagt) „dumpfen“ Jugendproblematik, wo der abgelöste Wissensdrang das Ganze magisch-mystisch, ein abgelöster Eros triebhaft bemächtigend-zerfließend das Ganze werden zu können glaubte. Die großen, eine reine Intensität ausdrückenden Jugendhymnen liegen wie im Kranz um diese Mitte: Rausch des Werdens in „Mahomets Gesang“, Rausch des titanisch-hohen Augenblicks darin in „Schwager Kronos“, die fast in Hybris überschlagenden Dankworte an den solche Höhe schenkenden Gott in „Königlich Gebet“, tiefstes Erleben der inneren Ewigkeit der Seele inmitten der göttlich tobenden Gewitterwelt in „Wanderers Sturmlied“ („Innere Wärme, Seelenwärme, Mittelpunkt!“), kühnste Ausfahrt in die wilde See des Lebens in „Seefahrt“, sich gezweiend als doppelte „Ungenügsamkeit“ über alles Irdische hinaus („Adler und Taube“): im Maximum der Hingabe: „Ganymed“, im Maximum der schöpferischen Negation: „Prometheus“.

Aber da in „Schwager Kronos“ (als Augenblick, der bewußt

über dem Abgrund des Orkus jubelt) und „Prometheus“ (der sich bewußt gegen das All abgrenzt) die Bescheidung schon immanent ist, so ist der Übergang zu Gedichten wie „Grenzen der Menschheit“ und „Das Göttliche“ nur das Ausdrücklichwerden des innerlich Vorhandenen. Die Schranke, die Staudamm der Intensität war, wird als solche wachsend Gefäß-Form des schwankenden Inhalts, bis sie organische, den Gehalt selbst durchsäuernde Form ist. In „Grenzen der Menschheit“ integriert sich die maßlose Intensität der Verströmung zur Hingabe innerlich resignierten Abstands in Ehrfurcht („Küss’ ich den letzten Saum seines Kleides“), in „Das Göttliche“ mäßigt sich die maßlose Intensität des Schaffens zur Menschenmitte einer Aktivität, die innerlich sich bescheidend nur noch ein Gleichnis des Alls zu erschaffen sich vermißt: In der vollendeten Güte des Menschen sollen „die Götter“ durchsichtig werden, „Sein Beispiel lehr’ uns Jene glauben“. So ist von hier aus nur ein steter, bruchloser Übergang bis zum reifsten Denken und Bilden Goethes, ein organischer Durchdringungsvorgang ins Ganzheitliche: wachsende Offenbarung von Gott-Natur im Doppelrhythmus von Polarität und Steigerung, wie die „Betrachtung von Schillers Schädel“ sie erlebt.

Der Gesang der Erzengel ist wie das Stoßen eines Adlers aus der Sonnenhöhe Gottes in diesen Doppelrhythmus der Natur hinab. In jeder Stufe wird dieser Rhythmus wirbelnder, um doch im „blitzenden Verheeren“ der Nacht noch das sich leise offenbarende Geheimnis, „das sanfte Wandeln deines Tages“ verehrend zu sehen. Aber die konkrete Mitte des welthaften Doppelrhythmus ist erst der Mensch, „Herr Mikrokosmos“, wie Mephisto ihn spottend nennt. Um ihn dreht sich das Gespräch zwischen Gott und Teufel, um seine doppelte, liegende und steigende Polarität. Mephisto führt die zweite auf die erste zurück; er sieht nur das Horizontale im Aufstieg.

„Er scheint mir, mit Verlaub von Euer Gnaden,
Wie eine der langbeinigen Cikaden,
Die immer fliegt und fliegend springt
Und gleich im Gras ihr altes Liedchen singt.“

Gott aber, der selbst der überhohe, ekstatische, obere Pol der steigenden Polarität des Menschen ist, kennt die horizontale Polarität nur als Basis und Anlaß des „Empor“, er sieht das verworrene Beginnen des Aufstiegs und sein Münden in Klarheit.

Fausts Ausgangssituation ist also „Gärung“, „Verworrenheit“, „irrendes Streben“. Darum das Irrationale, in keine Philosophie zu Zwingende der ersten Szenen, das Irrationale vor allem des Pakts. Deutlich ist nur die Richtung des Weges: aus der Vereinzelung empor in die Totalität. Aber die noch getrennten Grundkräfte der Seele können jede die dunkel als Durchdringung vorgewußte Ganzheit nur als Ganzheit *ihres* Vermögens begreifen. Der rein theoretische Weg zur Ganzheit liegt schon hinter Faust: „Bilde mir nicht ein, was Rechts zu wissen.“ So geht die aktive Kraft zur Eroberung des Tiefenraumes durch Magie aus, als Weg von Wort-Begriff zu Schau-Intuition:

„Daß ich erkenne, was die Welt
Im Innersten zusammenhält,
Schau' alle Wirkenskraft und Samen
Und tu' nicht mehr in *Worten* kramen.“

Aber diese Schau soll zugleich ein „Gesundbad“ sein, also ein inneres Eindringen und Mitleben der wogenden Kräfte. Dahin zielt, Faust unbewußt, der dritte Grundtrieb ästhetischer Hingabe auf entgegengesetztem Weg. Statt Natur zu meistern, geht er nur als Schüler zu ihr, das einsame Wollen wird Dialog:

„Und wenn Natur dich unterweist,
Dann geht die Seelenkraft dir auf,
Wie spricht ein Geist zum andern Geist.“

Aber überganglos – ein Zeichen, daß Faust Magie und Naturhingabe als *ein* Geschehen faßt – schlägt er doch wieder die Bücher auf, in denen er die „Zeichen“, die Verkürzungen und Sinnbilder der Weltgeister schaut. Im „Blick“ „enthüllen“ sich ihm die Kräfte der Natur: Symbol*schau* wird Mitte zwischen Magie und Hingabe, aber ebendarin noch zu nahe der abstrakt-theoretischen Ganzheit, die er verlassen will: „Welch Schauspiel! aber, ach! ein Schauspiel nur!“ Das erste Sinnbild, das ihm durch die bloße Schau so entgleitet, ist das des Makrokosmos. Es wäre, existentiell gelebt, die höchste Ganzheit des Menschen. Oder besser: der Mensch wäre diesem Anblick, den Faust nicht erträgt, dann gewachsen, wenn er existentielle Ganzheit wäre, volle Durchdringung, „Herr Mikrokosmos“. Aber dieses erfüllte Verhältnis ist für Fausts jetzige Existentialität, die durch ihre unresignierte

„Verworrenheit“ dieser Objektivität nicht gewachsen ist, vorläufig unerreichbar. „Er schlägt unwillig das Buch um und erblickt das Zeichen des Erdgeistes.“ Erdgeist ist, in Schellings Sprache, eine niedrigere Potenz des Makrokosmos. Er ist objektiv keine getrennte Weltwirklichkeit, da die Potenzen je schon ineinander aufgehoben sind. Aber er ist die Objektivität, deren Stufe dem für Fausts jetziges Streben letzterreichbaren Eschaton zugestaltet ist. So ist er die Erfüllung *dieses* Strebens, das die Natur in drängender Intensität durch Magie oder Hingabe fassen möchte:

„In Lebensfluten, im Tatensturm
Wall' ich auf und ab,
Wehe hin und her!
Geburt und Grab,
Ein ewiges Meer,
Ein wechselnd Weben,
Ein glühend Leben.“

Es ist der (subjektive) Naturbegriff des beginnenden Faust, und damit des jungen Goethe, derselbe, der im „Naturfragment“ zum Ausdruck kommt, der Begriff des horizontal polaren, „unerforschlichen, unbedingten, humoristischen, sich selbst widersprechenden Wesens“: „Es ist ein ewig Leben, Werden und Bewegen in ihr, und doch rückt sie nicht weiter . . . Sie spritzt ihre Geschöpfe aus dem Nichts hervor, und sagt ihnen nicht, woher sie kommen und wohin sie gehen . . . Sie hüllt den Menschen in Dumpfheit und spornt ihn ewig zum Lichte . . . Man reißt ihr keine Erklärung vom Leibe, trutzt ihr kein Geschenk ab, das sie nicht freiwillig gibt . . . Sie ist ganz und doch immer unvollendet.“ Diese Erdgeistnatur ist jener „Komparativ“, zu dem Goethe später den Superlativ fand, der Makrokosmos, die höhere Potenz, als er mit Faust sich zu seiner Anschauung gereinigt hatte. Der Erdgeist ist also die „Wahrheit“ (im Hegelschen Sinn) des jetzigen Zustandes Fausts, nicht er selbst – denn der Geist stößt ihn ja zurück – er ist die „Metaphysik“ *dieser* Subjektivität. Als solche *muß* der Erdgeist Faust sogar abweisen, da er die „Wahrheit“ einer polarwidersprechenden, wesentlich unerlösbaren Haltung ist. Er ist ein subjektives, gerade darum aber vorläufiges Eschaton des ontologischen „Über-hinaus“. Fausts Naturstellung gleicht noch durchaus der notwendig dialektischen, weil verworrenen Werthers, und selbst der übersubjektiven Tassos. Sein „Zusammenstürzen" nach Verschwinden des Erdgeistes ist die ahnende Vorerkenntnis, daß die „Metaphysik" dieser Stufe keine endgültige, keine mögliche ist. Sein Zusammenbruch ist darum aber auch existentiell ein tieferer als der des Empedokles, denn was dieser als Weltgesetz empfindet, das enthüllt sich für Faust als das grausamer vereinsamende Gesetz allein des Menschen. Es ist bittere Existentialanalyse: „Ich Ebenbild der Gottheit! Und nicht einmal dir!" Darum ist die Verzweiflung zum Tode, die ihn nach der alten Kristallschale greifen läßt, weit entfernt, einen „Erlöser-Tod" einzuleiten, oder auch nur, wie bei Werther, mit einem erlösenden Karfreitagsleiden vergleichbar zu sein. So ist auch notwendig der „Ostergesang" etwas von der Empedokles-Verklärung Grundverschiedenes. Fausts Verzagen und Todeswille sind rein-menschlich und tragen die Spur der Verworrenheit an sich. Sein Tod selbst ist noch magisch-ästhetisch. Magisch, sofern es ein prometheisches „Aufreißen der Pforten" ist, „vor denen jeder gern vorüberschleicht", ästhetisch, weil dieses Aufreißen (wie Werther sich die Adern öffnen wollte, um Luft zu bekommen) ein Zerfließen ins All sein möchte:

„Ins hohe Meer werd' ich hinausgewiesen,
Die Spiegelflut erglänzt zu meinen Füßen,
Zu neuen Ufern lockt ein neuer Tag."

Seltsame, innerlich notwendige Vorahnung der Homunkulus-Situation! Aber wie dies Ideenwesen ins schöpferische All zerschellen muß, um zu werden, so deutet Fausts Todeswille, in seiner unterscheidenden Form, auf eine Lebensstufe, die vor der existentiellen Wirklichkeit liegt. Galatheas Muschelwagen, in magischem Licht, scheint heranzuschweben:

„Ein Feuerwagen schwebt auf leichten Schwingen
An mich heran! ich fühle mich bereit,
Auf neuer Bahn den Äther zu durchdringen
Zu neuen Sphären reiner Tätigkeit."

Und doch ist Faust mehr als Homunkulus, ist Person und Geist und bedarf anderer Vorsehung: das Erleben einer höheren, existentiellen Ganzheit als seine bisherige, ihn wie ein Kerker bedrängende. Der „Ostergesang" ist nun zwar nicht auf derselben

Höhenebene zu denken wie „Prolog im Himmel" und Faustschluß. Er ist zwar Gnade, aber verhüllt in die tiefe Wiedererinnerung einer verwehten, fast erloschenen Jugendwelt, die in „reinem" Darleben eines transzendenten Glaubens die Weltgrenzen im Grunde weiter gesteckt hatte, als Faust es jetzt vermag.

„Zu jenen Sphären wag' ich nicht zu streben,
Woher die holde Nachricht tönt . . .

Erinnrung hält mich nun mit kindlichem Gefühle
Vom letzten, ernsten Schritt zurück.
O tönet fort, ihr süßen Himmelslieder!
Die Träne quillt, die Erde hat mich wieder!"

Diese aus Erinnerung tauchenden, weiteren Sphären, in die der allstrebende Faust „nicht zu streben wagt", erweckt eine gelöste Sehnsuchtsstimmung über seine ganze Welt hinaus, die mit der Naturhingabe des ersten Monologs nicht identisch sein kann, einen noch gegenstandslosen, aber doch dynamischen Eros, den Faust auf dem Osterspaziergang freilich wieder in die Naturgrenzen ziehen möchte, der aber doch in der Sonnenuntergangsstimmung nochmals als hörbar einzelner Ton im polyphonen Wogen der Gefühle herausklingt.

„O daß kein Flügel mich vom Boden hebt,
Ihr nach und immer nach zu streben! . . .
Ach, zu des Geistes Flügeln wird so leicht
Kein körperlicher Flügel sich gesellen.
Doch ist es jedem eingeboren,
Daß sein Gefühl hinauf und vorwärts dringt,
Wenn über uns, im blauen Raum verloren,
Ihr schmetternd Lied die Lerche singt,
Wenn über schroffen Fichtenhöhen
Der Adler ausgebreitet schwebt,
Und über Flächen, über Seen
Der Kranich nach der Heimat strebt."

Dreifaches Symbol weckt hier das sehnsüchtige Empor („hinauf und vorwärts"): die reine Hingabe, das ästhetische Schweben der Lerche, ganz Offenheit, „ein einzelnes Herz, das sie ins Heitere wirft, in die innigen Himmel"[1]; das stolz beherrschende Flügelbreiten und magische Kreisen des Adlers, und das über alles hinaus sehnsüchtige, hingestreckte Ziehn der Kraniche, das einen Prosavers Tagores heraufbeschwört:

„Wie ein Heer heimkehrender Kraniche Tag und Nacht zu den Bergnestern fliegt, laß mein ganzes Leben des Weges ziehn in sein ewiges Heim – in einen Gruß an Dich."[2]

In seine vielfältige Sehnsucht bringt der letze Ton eine neue Farbe, nicht eine unter andern, sondern die Sehnsucht nach einer existentiellen Weitung des *Ganzen*, und so einen Neuansatz. Im Lichte dieser tiefen Stimmung zerfällt sich Fausts bisher verworren-einheitliches Drängen in ein doppeltes, die existentielle Ganzheit zweifach umschreibendes Strebensziel:

„Zwei Seelen wohnen, ach! in meiner Brust,
Die eine will sich von der andern trennen;
Die eine hält in derber Liebeslust
Sich an die Welt mit klammernden Organen:
Die andre hebt gewaltsam sich vom Dust
Zu den Gefilden hoher Ahnen."

Ein höheres Eschaton als das des Erdgeistes zeichnet sich ab, ein Superlativ zu seinem Komparativ, das sich freilich nicht zu einer gegenständlichen Symbolschau zusammenschließen kann, weil es vom Menschen aus nur als die schroffe Gegensätzlichkeit seiner Grundkräfte, also nur als Widerspruch, faßbar ist. Es wäre eine übermenschliche Synthesis, gnadenhaft, wie Kant sie sich dachte, von oben her zu schenken, der der Mensch nur in Bescheidung „rein" entgegenleben könnte. So formt sich, immer im Nachklang des Ostererlebens, auf Fausts Lippe ein Sehnsuchtsgebet ins Reine, zugleich mit dem Wunsch nach neuer, voller durchdrungener Existenz:

„O gibt es Geister in der Luft,
Die zwischen Erd' und Himmel herrschend weben,
So steiget nieder aus dem goldnen Duft
Und führt mich weg zu neuem, buntem Leben!"

---

[1] Rilke: 7. Duineser Elegie (Ges. W. III, 287).
[2] Rab. Tagore: Gitanjali.

Aber es ist erst Sehnsucht, wenn auch ins Reine geweitete, Sehnsucht, die, existentiell dargelegt, zum zerreißenden Erfahren einer Doppelseligkeit führt, zum Erleben der *Sorge* in immer neu verwandelten Masken, wie sie Faust nach dem Erdgeist-Erlebnis schon beschrieben hatte. Ins „reine“ Empor des Menschen mischt sich der unreine Mißklang, und er scheint wie vergiftet, sobald es sich in mehr als in Sehnsucht äußert. Wie ein bunter Abendhimmel ergraut, so zersetzt sich Fausts Stimmung, da er in sein Studienzimmer zurückkehrt. Das „Reine“ seines Empor wird immer stärker durchkreuzt durch das Knurren des Pudels. Zum erstenmal, da er von „Liebe Gottes“ spricht, dann als er die „Sehnsucht nach des Lebens Quelle“ nennt. Schon fühlt er die „Befriedigung“ schwinden, er greift, um den „Mangel zu ersetzen“ und das Ostererlebnis künstlich weiterzuführen („wir lernen das Überirdische schätzen, wir sehnen uns nach Offenbarung“), nach dem Text der Schrift. Was sie seinem Betrachten bietet, ist aber nicht die Fortführung der Erkenntnis in Sehnsucht, sondern das Stichwort, das ihn in die neue Existentialität hineinweist, ihm zum erahnten objektiven Eschaton das subjektiv Entsprechende hinstellt: Ganzheit als Tat. Ist Tat im Anfang, so ist reine Aktivität der Weg in den Anfang. Ganzheit ist die Darlebung des Absoluten im Menschen, des unauslöschbaren, von keiner Negation erstickbaren Fünkleins der Seele. Ein Zentrum ist, das „rein“ ist, reines Empor durch alles hindurch. Der unüberholbar wahre Ansatzpunkt seines Strebens ist Faust geoffenbart. Nicht als ob der Mensch ontologisch „reine“ Spontaneität wäre: „unbedingte Tätigkeit, von welcher Art sie sei, macht zuletzt bankerott“.[1] Aber die Tat ist des Menschen unauslöschliches Licht, in dem sein existentielles „Rein“ sich erhält: „Tätig wird er sich selten verirren.“[2]

Offenbart sich Faust hier seine existentielle Wahrheit, so muß das Knurren des Pudels hier zur Verleibung Mephistos sich steigern: alle Kräfte des Negativ-Unreinen sammeln sich zur beginnenden Existenz. Denn sie ist noch unbegonnen. Erst der Stoff dazu liegt vor: ein für den Menschen unmögliches, nicht einmal symbolisch erschaubares Ziel, ein reines Empor als Kompaß, verhüllt in die dämonische Verworrenheit seines jetzigen Zustands und gelähmt im Aufschwung durch das Ewig-Horizontale, Verzweite. Das ist alles, der Osterhimmel ist wieder verschlossen und

[1] Maximen und Reflexionen, II.
[2] Naturwiss. im Allg., III.

das Ziel erscheint im Nebel des Widerspruchs nicht mehr. Nun geht es nicht mehr darum, „objektiv“ Zeit und Stunde zu wissen, denn das ist nicht unser. Es geht um die Reinheit des Aufstiegs. Was *ist* diese Tat im Anfang, was ist Steigerung, dargelebt, was ist die Wahrheit des Empor? Und darum: was ist das Horizontale, was ist Lüge, was Mephisto?

Auf den ersten Blick scheinen die Zuordnungen klar: Faust ist Steigerung, Mephisto Polarität; Faust ist Geist, Mephisto Stoff; Faust ist Gestaltungskraft, Mephisto Trägheit; Faust ist Über-hinaus, Mephisto Verharren im sinnlichen Augenblick. Betont er doch seine Verwandtschaft mit der Leere, dem Chaos, der Tiefe und Schwere, dem Dunkel und dem sich selbst verzehrenden Feuer. Aber schon was wir bisher von Faust wissen, genügt, diesen Problemstandpunkt zu überschreiten. Die aufgestellten Gegensätze sind „wahr“, so wie Goethes formale ontologische Begriffe „wahr“ sind, so wie alles Theoretische und Ideelle „wahr“ ist. Aber es ist nicht die *konkrete* Wahrheit der Existenz im Wandern in den Tiefenraum des Seins. Weil dies Wandern nichts als das „Empor“, die Transzendenz des Seins selber ist, darum entscheidet sich in und an dieser Transzendenz „rein“ und „unrein“, „wahr“ und „falsch“, „gut“ und „bös“. Die drei Kategorienpaare konvergieren hier zur existentialen Ganzheit hin, wo Schönheit, Wahrheit, Gutheit identisch werden.

Es geht also tiefer nicht um Immanenz und Transzendenz, sondern um reine und unreine Transzendenz. Die emporlodernde Flamme ist auch Mephistos Sinnbild, ja er behält sie sich vor, um „was Aparts“ zu besitzen. Feuer ist nochmals die höchste Zweideutigkeit der Prometheuswelt, wie das Feuer Schellings, Novalis’ und Hölderlins. Aber eben weil das teuflische und das göttliche Feuer in Mephisto und Faust auseinandertreten (wenn auch erst sinnbildlich), ist es schon Überwindung des magischen Abgrundfeuers von Schelling-Empedokles. *Zwei* Flammen gehen die Wette ein, welche von ihnen reiner und verzehrender sei.

Es ist das Unreine in Fausts Flamme, ihr Züngeln zwischen Magie und Verströmung, ihr triebhaft Erotisches, was in Mephisto Gestalt wird. Gleichgültig, ob dieser Personifikation oder eigene Person ist – Goethe hat auch an dunkle Dämonen geglaubt und das oft genug ausgesprochen – oder ob er beides ist. Sicher ist er auch das jeweils Unreine in Fausts Empor. Und Faust ist noch der Faust des Beginns, zum Baustoff seines neuen

Lebens gehört vor allem seine alte, verhaßte, ungereinigte Existenz. In dieser Existenz, in dieser niedrigen Potenz seiner Ganzheit schließt er den Pakt. Er kann dabei nur versprechen, was er und wie er's verstehen kann. Und doch soll die Wette das Absolute seines Daseins betreffen. Das ist nur möglich, wenn der Wortlaut der Wette für den jetzigen „dumpf-subjektiven" Zustand Fausts ein solches Letztes ist, daß er in einem gleichnishaften Sinn alle möglichen späteren letzten Lebenslagen seiner Existenz irgendwie vorausnimmt. An der Tat des Paktes muß sich das Grundgesetz der Durchdringung selber bewähren.

Die Paktszene leitet sich ein mit dem schmerzlichen Wissen Fausts, daß alles Streben des Menschen die Sorge in ihren verwandelnden Masken nicht los wird:

„Nur mit Entsetzen wach' ich morgens auf,
Ich möchte bittre Tränen weinen,
Den Tag zu sehn, der mir in seinem Lauf
Nicht *einen* Wunsch erfüllen wird, nicht *einen* . . ."

Dies führt zum großen Fluch Fausts über dieses ganze Streben, das nie das Reine vom Unreinen zu scheiden vermag, „verflucht voraus" ist ihm

„die hohe Meinung,
Womit der Geist sich selbst umfängt!
Verflucht das Blenden der Erscheinung,
Die sich an unsre Sinne drängt",

Ruhm und Besitz, Weib, Kind und Gut, Gold und Rausch,

„Fluch jeder höchsten Liebeshuld!
Fluch sei der Hoffnung! Fluch dem Glauben!
Und Fluch vor allem der Geduld!"

Ja selbst jene zarte, höchste Sehnsucht, verwehte Anamnesis der Kindheit und lichtes Ziel, streift sein Fluch; sie hat ihn „mit Anklang froher Zeit" betrogen und aus dem Tod auf einen Weg gelockt, der in der Unmöglichkeit seines Ziels nur ein tragischer sein kann. Wenn ihm also Mephisto einen „Augenblick" anbietet, der ihn erfülle, beruhige, so kann er die Wette wagen, ja er hat sie im voraus gewonnen. Denn er durchschaut zu klar, daß nichts von dem, was er eben verflucht hat, und sei es das Höchste –: Hoffnung, Glaube, Geduld –, den Zustand verschaffen kann, der ihn stillt, da dieser doch wesentlich seinem Urdualismus jenseitig ist. Mephisto kann nur das Zeitliche schenken: „Was willst du armer Teufel geben?“ Wäre *das* der Sinn der Wette, so wäre sie freilich keine, und alles im voraus entschieden. Es stünde sich nur das Vertikale des Über-hinaus und das Horizontale des Ruhens im Wechsel gegenüber. Jenes hätte durch seine bloße Formalität als Aufrechtsein schon gewonnen.

Aber die Situation ist doch eine existentielle. In diesem Sinne entscheidet das formale Über-hinaus noch nichts. Das *nicht* zu bemerken, ist an Faust selbst das Unreine. Pochend auf das Ewigkeitsstreben seines Herzens, als auf ein Genügendes, glaubt er das Böse überwunden, ohne zu ahnen, daß vom niedern Genuß, wie Mephisto ihn zunächst anbietet, zur Naturhingabe und Magie nur ein quantitativer Übergang ist, ohne zu ahnen, daß den Weltdingen fluchen schon ein Befriedigungssuchen in ihnen *voraussetzt*. Hätte er die Transzendenz des letzten Ziels so *begriffen*, wie es die Osterstimmung im Schleier der Ahnung darbot, so brauchte es den Fluch gar nicht, die Unbefriedigung wäre das Selbstverständliche, und die Resignation, als das Gesetz der Durchdringung zur vollen menschlichen Haltung, müßte ihm als nächster Weg zum Ziel erscheinen. Statt dessen flucht er „vor allem der Geduld“. Er flucht also dem, was einst seine letzte Weisheit sein wird, er verwechselt das formal „Reine“ der Tat (im Sinne wie Kant von „reiner“ Spontaneität sprach) mit dem existential „Reinen“ der Ganzheit, er nimmt Natur für Geist, Streben für Liebe. Und so trifft sein Fluch, indem er das formal „Unreine“ treffen will, zugleich das existential „Reine“, das ja auf der Basis des formal „Unreinen“ sich aufbaut.

Mephisto aber geht es um das existential „Unreine“ in Faust. So spricht er aus einer andern Dimension zu ihm herüber. Das Bibelwort „Am Anfang war die Tat“, das ihn zwang, hervorzutreten, hat er tiefer begriffen als Faust selber. „Reines Empor“ heißt nicht „reine Spontaneität“, sondern letzten Grundes Spontaneität *zum* „reinen“ Empor, Trieb ins existentiell Reine und damit in die höchste Möglichkeit des Menschen. Das Verhindern *dieser* Reinheit ist Mephistos Plan bei der Wette. Darin kommt ihm Fausts (ethisch unreines, verworrenes) Mißkennen der Lage durchaus entgegen. Faust fragt nach seiner Schuldigkeit im Kontrakt:

Mephisto: „Ich will mich *hier* zu deinem Dienst verbinden,
Auf deinen Wink nicht rasten und nicht ruh'n;
Wenn wir uns *drüben* wiederfinden,
So sollst du mir das Gleiche tun."

Faust: „Das Drüben kann mich wenig kümmern . . .
Aus dieser Erde quillen meine Freuden,
Und diese Sonne scheinet meinen Leiden."

Damit aber schneidet Faust der Transzendenz seines Triebes jene Zielspitze ab, durch die er allein existentiell (in Bescheidung) „rein" sein kann. Indem er der Erde sich verschreibt, sei es auch nur zu einem ewig unbefriedigten, peinlich-süßen Genießen, verschreibt er sich, ohne es recht zu wissen, dem Bösen. Die Wette hat also doch einen weit tieferen Sinn, als es anfangs erschien, ja sie ist eine so dämonische Situation, daß sie unmöglich schiene, wäre sie nicht die alltägliche Lage des Menschen. Es ist eine Wette auf ungleicher Ebene, die ein ungleiches Pfand einsetzt. Und nur durch den völlig gleichnishaften (Faust notwendig als solchen nur dunkel bewußten) Sinn des Einsatzes Fausts treffen beide zusammen.

Die Tragweite der Wette übersteigt also die gegenwärtige Existentialität Fausts, während Mephisto diese Tragweite scheinbar überblickt. Und doch übersteigt sie auch ihn. Denn gesetzt, Faust läutere sich auf seiner Wanderung zur Ganzheit so, daß er in Bescheidung zur totalen „Reinheit" des Menschen gelangt, soweit sie die formale Unreinheit der menschlichen Natur erlaubt, so wird er zwar zum Augenblicke sprechen können: „Verweile doch, du bist so schön", denn es ist der Augenblick der vollen inneren Lichtung der Existenz. Was aber Mephisto entgeht, entgehen muß, ist, daß *dieser* Augenblick nur möglich wäre in dem „reinen Empor" als ekstatischer Selbstvergessenheit, im Offenstehn in das Wunder des heilig öffentlichen Geheimnisses. Würde *dieser* Augenblick erreicht, so hätten Faust wie Mephisto die Wette verloren.

Vorläufig freilich stürzt Faust, ahnungslos, tiefer in die Schlingen des Feindes. Immer vertrauend auf den Wortlaut des Vertrags, sinkt er willentlich herab in den dämonischen Raum:

„Nur keine Furcht, daß ich dies Bündnis breche!
Das Streben meiner ganzen Kraft
Ist grade das, was ich verspreche.

Ich habe mich zu hoch gebläht;
In deinen Rang gehör' ich nur . . .
Stürzen wir uns in das Rauschen der Zeit,
Ins Rollen der Begebenheit."

Mephisto ist nicht bange, zweideutig versetzt er:

„Bekomm' Euch wohl, was Euch ergötzt.
Nur greift mir zu und seid nicht blöde!"

Fausts Hingabe ist hier die eigentliche Prostitution seines höheren Wesens. Denn diesen Stachel empor macht er nun zum eigentlichen, „peinlich-süßen", ja perversen Gegenstand seines Genusses, dadurch die Vorteile des Teufels nutzend, ohne seinen Vertrag, dem Worte nach, zu brechen:

„Dem Taumel weih' ich mich, dem schmerzlichsten Genuß,
Verliebtem Haß, erquickendem Verdruß.
Mein Busen, der vom Wissensdrang geheilt ist,
Soll keinen Schmerzen künftig sich verschließen,
Und was der ganzen Menschheit zugeteilt ist,
Will ich in meinem innern Selbst genießen."

Jetzt zeigt sich vollends, daß Mephistos Pläne tiefer liegen. Statt Faust von diesem Weg, auf dem der Vertrag für ihn doch verloren scheint, zu unmittelbarem Genuß hin abzulenken, bestärkt er ihn vielmehr darauf; Fausts trotzigem „Allein ich will" entgegnet er spöttisch: „Das läßt sich hören." Und zu Ende, da Faust ihn verläßt, fällt der Schleier ganz: es wird deutlich, wie sehr Mephisto den „faustischen Drang" in seine Rechnung miteingeschlossen hat:

„*Verachte nur Vernunft und Wissenschaft,*
Des Menschen allerhöchste Kraft,
Laß nur in Blend- und Zauberwerken
Dich von dem Lügengeist bestärken,
So hab' ich dich schon unbedingt –"

Die Objektivität der theoretischen Haltung, die Faust seit Beginn völlig im Rücken lassen zu dürfen glaubte, erhält hier plötzlich eine Bedeutung, die sie über eine magische Existentialität erhebt. Eine Relativität des Was gegenüber dem Wie des Empor, auf das es Mephisto ankommt, kündet sich an. Dann aber heißt es weiter:

„Ihm hat das Schicksal einen Geist gegeben,
Der *ungebändigt* immer vorwärts dringt
Und dessen *übereiltes* Streben
Der Erde Freuden *überspringt*.
Den schlepp' ich durch das wilde Leben,
Durch flache Unbedeutenheit,
Er soll mir zappeln, starren, kleben,
Und seiner Unersättlichkeit
Soll Speis' und Trank vor *gier'gen* Lippen schweben;
Er wird Erquickung sich umsonst erflehn,
Und hätt' er sich auch nicht dem Teufel übergeben,
Er müßte doch zu Grunde gehn!"

Was also Mephisto vor allem verhindern muß, ist, daß Faust zum Augenblick das „Verweile doch" spreche. Er muß sein Streben als ungebändigtes, übereiltes, überspringendes, gieriges zu erhalten suchen. Hier wird also die Stelle des Dialektischen in Goethes Weltbild, das sich im Gespräche Werthers und Alberts ankündigte, vollends deutlich. Im Formalen ist Mephisto gewiß Polarität, Faust Steigerung. Im Konkreten aber ist alle Steigerung eine solche *aus* und *in* Polarität. Das Dialektische der Polarität steigt selbst mit auf. Darum wird Mephistopheles zum formal unfaßbaren, unfixierbaren Proteus. Der „Geist, der stets verneint", ist nur für die jetzige, verworrene Stufe Fausts das „Beharren im Augenblick", als die ihr entsprechende Potenz des Bösen. Die Psychiatrie hat gelernt, den geistigen Kern einer Seelenkrankheit vom Symptom zu unterscheiden. *Dieselbe* Anormalität kann sich bald als Angst, als Herrschsucht, als verbogene Sexualität oder magische Aszese äußern. So ist auch Fausts Trieb, formal gesehen „ambivalent". Seine Zweiheit als prometheische Tatstellung und ganymedische Hingabehaltung hat ihr genaues „böses" Widerspiel in der inneren Dialektik Mephistos. Dieser ist „prometheisch" der böse Stachel des (ungebändigten) Über-hinaus, der Geist des kalten Intellekts, der zerstörenden Desillusion über jeden schönen Augenblick hinaus, der Gefährte,

„den ich schon nicht mehr
entbehren kann, wenn er gleich, kalt und frech,
Mich vor mir selbst erniedrigt und zu nichts
Mit einem Worthauch deine Gaben wandelt.“
(„Wald und Höhle.“)

was Mephisto, kurz darauf, durchaus bestätigt, indem er Faust das „Vergnügen gönnt“,

„Gelegentlich sich etwas *vorzulügen*;
Doch lange hält Er das nicht aus“.

Aber Mephisto ist ebenso „ganymedisch“ die Hingabe in den Genuß jeder Art, in dem der Stachel des Empor durch Illusion übertäubt werden soll, hier wirklich der Dämon des „Augenblickes“ als Verweilen. So ist er das kalte, verzehrende Feuer verzweifelnder Illusion wie Desillusion in einem, Polarität als Fluch. Es dringt also das Dialektische ins Empor selbst hinein. Die Kategorien „Prometheus“-„Ganymed“ sind erschöpft. Das „Eigentliche“ ist wie die stets höher entweichende Flamme, die immer nur Asche zurückläßt. Man betrachte dazu die Spruchreihe in der Sammlung „Ferneres über Mathematik und Mathematiker“:[1] Zunächst ist es die Zahl, die als Medium der Welterfassung abgelehnt wird. Selbst wenn der Mathematiker seine „Formelsprache so hoch steigert, um, sofern es möglich, in der meßbaren und zählbaren Welt die unmeßbare mit zu begreifen“, dringt er in den Tiefenraum der Existenz doch nicht ein und „kommt in den Verdacht eines heimlichen Atheismus, indem er ja das Unmeßbarste, welches wir Gott nennen, zugleich mit zu erfassen glaubt und daher dessen besonderes oder vorzügliches Dasein aufzugeben scheint“. Nach der Zahl aber verfällt das Wort überhaupt dieser dialektischen Erschöpfung: „Sprache . . . ist ein Werkzeug, zweckmäßig und willkürlich zu gebrauchen; man kann sie ebensogut zu einer spitzfindig-verwirrenden Dialektik wie zu einer verworren-verdüsternden Mystik gebrauchen.“ Aber vom Wort geht die Dialektik auf alles was materiell, formal, exoterisch ist, auf alles was Außenseite eines Innen, was Er-scheinung, *φαινόμενον* ist. Nicht nur gilt: „Falsche Vorstellung, daß man ein Phänomen durch Kalkul oder durch Worte abtun oder beseitigen könne“, son-

[1] WA., II, 11, 96-98.

dern darüber hinaus: „Die Phänomene sind nichts wert, als wenn sie uns eine tiefere, reichere Einsicht in die Natur gewähren." Goethe hat sich früh, wie er sagt, gewöhnt, ganze Philosophien und Systeme als „Sternbilder", das heißt als bedeutende Phänomene zu betrachten, als entwickeltere Aphorismen, die an der Dialektik der letzteren teilhaben. Wie die letzteren nur *Anlaß* sein wollen, daß ein Bedeutendes aufblitze, so schließlich auch jene. In den „Wanderjahren" wird eine kleine Philosophie des Spruches entwickelt. Der Hausherr hat die Neigung, an allen Wänden Aphorismen anzubringen. „Meine Schwester, sagte Hersilie, weiß sie sämtlich auszulegen, . . . ich aber finde, daß man sie alle umkehren kann, und daß sie alsdann ebenso wahr sind, und vielleicht noch mehr. – Ich läugne nicht, versetzte Wilhelm, es sind Sprüche darunter, die sich selbst zu vernichten scheinen –: ‚Besitz und Gemeingut'; heben sich diese beiden Begriffe nicht auf? – – Juliette, ohne sich irren zu lassen, erwiderte . . .: Umschreiben Sie die wenigen Worte, so wird der Sinn alsbald hervorleuchten." Nachdem Juliette das an Beispielen erläutert, beschließt Wilhelm: „Kurzgefaßte Sprüche jeder Art weiß ich zu ehren, besonders wenn sie mich anregen, das Entgegengesetzte zu überschauen und in Übereinstimmung zu bringen."[1] Es ist also „Hervorleuchten" des Sinnes in *Über*-Schau und *Über*-Einstimmung. Das Dialektische ist Zeichen, und das Zeichen muß dialektisch sein, um die Bewegung ins Höhere zu veranlassen. Das Höhere *ist* die Bewegung je über hinaus, denn als statisches „Zwischen" ist es erst „Problem", nicht „Wahrheit". So sagt ein höchst aufschlußreiches Wort Goethes: „Man sagt, zwischen zwei entgegengesetzten Meinungen liege die Wahrheit mitten inne. Keineswegs! das Problem liegt dazwischen, das Unschaubare, das ewig tätige Leben als Ruhe gedacht."[2] Wieder, und diesmal endgültig, kommt alles auf eine *dynamische* Schau an, die im Je-nur-Zeichen-sein alles Erscheinenden das Geheimnis in die fliehende Tiefe verfolgt. Ontologie und Erkenntnistheorie zeigen, notwendig, dieses eine Grundgefüge: Empor ins Existential-Esoterische durch die dialektische Gleichniswelt der Erscheinungen, alles Werdenden. Das Zarte wird nochmals zum Mittelbegriff für Sein und Denken. *Das* ist das „Inkommensurable"[3] des Faust, wie es sich uns dargelegt

---

[1] 1. Buch, 6. Kap.
[2] Naturwiss. im Allg., III.
[3] Eckermann, 3. Jänner 1830.

hat. Ein letztes Beispiel dafür, wie Goethe alles Erscheinende spruchhaft faßt: Er nennt gewiß mit Vorliebe das „Klassische" das Gesunde, das „Romantische" das Kranke. Aber diese Begriffe meinen dann nicht eine äußere Stilform, ja nicht einmal eine Weltanschauung („Sternbild"), sondern ein letztes, existentiell „Wahres" und „Falsches", „Reines" und „Unreines". Vom Erscheinenden aber, worin sie sich je verkörpern, sagt Goethe mit den Franzosen: „Es ist alles gut und gleich, . . . Klassisches wie Romantisches, es kommt nur darauf an, daß man sich dieser Formen mit Verstand bedienen und darin vortrefflich zu sein vermöge. So kann man auch in beiden absurd sein . . . Ich dächte, das wäre vernünftig."[1]

Damit ist auch der Leitfaden gegeben, wie nun Fausts weiteres Schicksal zu begreifen [ist], besser: mitgehend in dynamischer Schau angeeignet werden muß. Es wird um keine „Ideen" gehen, außer in dem Sinn, daß darin das „Zarte" sich flüchtig verkörpert. Mit Fausts Selbstverschreibung der Sphäre des „peinlich-süßen" Selbstgenusses seines „Über-hinaus", also im Grunde mit seinem Verbleiben in der Potenz des Erdgeistes ist die Welt des „ersten Teils" umzeichnet. Seine Bescheidung in die Kleinwelt Gretchens ist darum ebenso verflucht wie sein drängendes Über-hinaus, weil er nicht dynamisch das „Entgegengesetzte zu *über*schauen" sich entschließt, das „ewig tätige Leben" nur als Problem-Zwischen, also statisch, begreifen will. So fehlt ihm hier jenes bewegte Gespür für das Zarte wie auch für das Böse, das Gretchens Naivität so unmittelbar zeigt und sie im Schluß über ihn hebt. In der „Katechisationsszene" sagt er wohl seine „großartige" Weltanschauung auf („Nenns Glück! Herz! Liebe! Gott! . . . Name ist Schall und Rauch, umnebelnd Himmelsglut"), aber er sagt die „Wahrheit" auf wie ein Schüler, der seine Lektion nur äußerlich, nicht existentiell versteht. Und das fühlt Gretchen, fühlt die Nähe Mephistos in diesem schönen, metaphysischen „Sternbild". Das Löschen des „ewigen Lichts" in der Sakristei ist, wie er dunkel fühlt, ein Sinnbild seiner eigenen, höchsten Gefahr. So ist dieser ganze Teil, mit seinem scheinbar so „objektiven" Naturalismus, erst „Subjektivität", noch keine „Bildung". Ihre dunkle Apokalypse ist die Walpurgisnacht, wo das untere Feuer übermächtig wird, Satan den Reigen führt, zu dem es Faust sadistisch hindrängt. Walpurgisnacht ist freilich nur ein „Traum" (so wie Werthers

---

[1] Eckermann, 16. Dezember 1829.

„Träume“ [14. Dezember] seiner Tageswirklichkeit vorauseilen, so wie in Thomas Manns „Tod in Venedig“ die innere Krankheit in ihrer „Wirklichkeit“ sich in einem orgiastischen Traum ausspricht), und doch gerade so *die* Wahrheit einer nicht existentiellen Subjektivität. Faust benimmt sich auf dem Blocksberg lüsterner als selbst Mephisto, weil es in ihm Perversion des „Reinen“, des Höchsten selber ist. Die Hochgerichtsvision, in der Gretchens Urteil vollstreckt wird, ist Traumgericht über Faust selbst, das Sinnbild der Meduse taucht schon hier bedeutend auf. Und durch alles hindurch doch immer die ganz verwehte Spur des „reinen“ Über-hinaus wie in der Osterszene als zarte Wiedererinnerung eines verlorenen Paradieses:

„Hör' ich Rauschen? hör' ich Lieder?
Hör' ich holde Liebesklage,
Stimmen jener Himmelstage?
Was wir hoffen, was wir lieben!
Und das Echo, wie die Sage
Alter Zeiten, hallet wieder.“

Wie Faust auf dem Blocksberg, wird Gretchen in die Traumwelt des Wahnsinns geführt, als die negative Zaubersphäre der Erdgeistpotenz. Auch ihr öffnet sich unter den Füßen die Hölle:

„Unter der Schwelle
Siedet die Hölle!
Der Böse mit furchtbarem Grimme
Macht ein Getöse.“

Beiden entgleitet die Wirklichkeit, die Welt der *Er*scheinung wird Schein: „Wer sich vor der Idee scheut, hat auch zuletzt den Begriff nicht mehr.“[1] Aber Gretchens reines Empor leuchtet noch hell durch den Wahnsinn, und das Gericht selbst wird ihr so zum Dialektischen, dem sie über-hinaus entsteigt: „Sie ist gerichtet. Ist gerettet.“ Faust, tiefer schuldig, muß die Wanderung zur Existenz fortsetzen.

Aber die „Krankheit zum Tode“ des ersten Teiles ist ihm doch zum Läuterungsweg geworden, zur Erfahrung und Aneignung des Leidens überhaupt, die in sich schon existentiellen Sinn haben und

[1] Max. u. Refl., II.

damit einen objektiven Bildungswert. Auch er ist freilich nur „Baustoff" des „reinen" Strebens, aber doch höherer Stoff, weil gelebteres Sinnbild. Er kann für Faust darum ein Weg ins Objektive, und damit Resigniert-Ganzheitliche werden, in jenes „Verweile doch" der Ehrfurcht auch vor dem, was „um uns" und „unter uns" ist, was Mephisto vor allem verhindern müßte. So tritt Faust im zweiten Teil aus der Erdgeistpotenz der „komparativen" Natur in die Makrokosmospotenz der „superlativen" Natur ein. Es gehen ihm die Augen für das Objektive des Daseins auf. Scheinbar freilich ist diese Objektivität noch unwirklicher, noch „halbrealer" als die derbe Naturalistik der Vergangenheit: der oberflächliche, leichtfertige Zauber des Kaiserhofs scheint bestandloser als der gröbere von Keller und Hexenküche, die Traumwelt der Helena, die Schemenwelt der klassischen Walpurgisnacht, die leere Idealität des Homunkulus sind dünner als die Gretchen- und Brockenwelt, der Schluß aber vereinzelt Faust vollends in den rein subjektiven Traum einer Größe, die doch nur das Wanken des schon Erblindeten ins Grab ist.

Aber diese objektive Unwirklichkeit ist zum mindesten zweideutig. Denn für Goethes Weltschau ist das Gegebene überhaupt, wie wir sahen, mit dem Existentialindex der Halbrealität versehen. Dieses Gebiet der Mitte, die Welt der Urphänomene der Natur und der Gleichnisse der Kunst, als Welt des Typischen, „Konkret-Allgemeinen" ist selber die innerste Wirklichkeit des Werdeseins, steht also höher als die „bloße Existenz" des Ausgangspunktes (die als solche zugleich „bloße Subjektivität" ist), aber niedriger als die ewige, erfüllte Existenz Gottes, zu der empor sie weist und strebt. In diesem Sinne ist der Existentialindex der objektiven Irrealität des zweiten Faust höher als der des ersten. Und so will Goethe ihn verstanden wissen. Aber dahinter verbirgt sich doch das tiefere Problem der Existentialität Goethes selber. Denn auch die höhere Situation der objektiven Bildung in Natur- und Kunstschau ist doch erst wieder „Stoff" und somit dialektisch und vorläufig zur immer nur konkreten, höchsten Situation: dem wirklichen, existentiellen Übergang, Über*gehen* von statischer, ästhetischer Schau des offenbaren Geheimnisses zu dynamisch-religiösem Hinein in seine so sich öffnende Tiefe, ins *Heilige*. Für dieses Unberechenbarste gibt es keine allgemeinen Maßstäbe mehr, sondern nur das Spüren, *ob* dieses Gehen sich vollziehe. Hier also, ob Faust es vollziehe, und dahinter, ob Goethe, und weiterhin: wie weit dieser das *Gehen* Fausts selbst nur ästhetisch *schaut* (was *an* und *in* der objektiven Unwirklichkeit des zweiten Teiles konkret spürbar sein müßte), oder wie weit er selber schreitet. Die Existentialität des zweiten Teiles ist so eine unendlich verborgene, vielfach perspektivische, sie kann sich nur wiederholtem, aufmerkendem Lesen in etwa anzeigen.

Für Faust ist die Wanderung durch immer höhere, „objektivere" Halbwirklichkeit gewiß die fortschreitende Reinigung seiner Subjektivität. Das wachsende „Ins-Innere" der Welt wird wachsende Apokalypse seiner Seele. Die erste Hofszene gibt in der Papiergeldaffäre das treffliche Sinnbild des neuen Ausgangspunktes. Der Wert des Papieres, so suggeriert Mephisto dem Kaiser, ist gedeckt durch die reichen Bodenschätze seines Landes. Faust dringt sogleich ins Innere, diese Schätze zu heben, – erstes „existentielles", praktisches Streben ins „Innere der Natur", um das durch Magie verfrüht „zuhandene" Geheimnis zu verwirklichen, sich anzueignen. Mephisto hat am bequemen Abbild, an der „Abbreviatur", genug: Ein solch Papier

„Ist so bequem, man weiß doch, was man hat."

Die Durchsichtigkeit des Zeichens ins Eigentliche, die Faust sucht, ist Mephisto wesensfremd, gleichgültig, feindlich. Der Kaiser aber belehnt Faust mit „des Reiches innerm Boden",

„Wo mit der obern sich die Unterwelt,
In Einigkeit beglückt, zusammenstellt".

Eine gleichnishafte Handlung, wodurch Faust in (resignierter, beschränkender) Aktivität die objektive Tiefendimension sich öffnet. Diese inneren Schätze werden nun sogleich als Durchscheinen ästhetischer Urbilder erblickbar. Aber während der Hof sich mit dem Schein (von Helena und Paris) begnügt, mit statischer Schau also, so wie ihm öffentliche Zuhandenheit des Geheimen als Papiergeld genügte, weckt diese Schau in Faust den dynamischen Eros in die Geheimnistiefe, die Künstleraktivität, die den Schein zur „*Er*scheinung" verkörpern will. Vom rein wirtschaftlichen Tun, wo Sein (Gold) und Schein (Papier) nicht in eine konkret-allgemeine, gültige Gestalt zu einen sind, steigt er auf zur schöpferischen Tatstellung des Schönen, der Gesamthaltung schon näher. Im

Gang nach innen umfangen ihn existentielle „Öd' und Einsamkeit". Gleichnisse dieser Existentialisierung des Idealen werden nun die Homunkulushandlung und die klassische Walpurgisnacht. Wagner glaubt alles getan, da er den geschlechtslosen Ideenmenschen erschaffen hat, auch er bleibt im Bereich statischer Schau:

„Was wollen wir, was will die Welt nun mehr?
Denn das Geheimnis liegt am Tage."

Aber diese Stufe ist, der Existentialität gegenüber, „Rationalismus":

„Was man an der Natur Geheimnisvolles pries,
Das wagen wir verständig zu probieren."

Es ist eine Schöpfung, die im „geschlossenen Raum" einer Phiole bleibt, aber Schöpfung, die über den Schöpfer hinaus den Drang zur Existenz empor spürt, die das „geschlossene System" schließlich zum resignierten Zerschellen in die Natur hinaus treibt. Die verfrühte Existenz des Homunkulus („Eh du sein solltest, bist du schon", sagt Proteus zu ihm) muß aufgelöst werden in die wahrhaft existentiale Dimension des Werdens hinein, „objektiver Geist" in „subjektiven Geist". Homunkulus wird so zur sinnlichen Darstellung der undarstellbaren Schöpfertat Faustens: der ästhetischen Wiedergeburt der Helena. Weil dem so ist, konnte, ja mußte der Abstieg Fausts zu Proserpina, von der er Helena fordert, unterdrückt werden. Dieser Abstieg in die rein personale Region der ästhetischen, geheimnisvollen Geburt der Idee in der Seele des Künstlers war nur im Dithyrambus auf das Allschöpferische, Dionysische mit der dynamischen Tiefenwirkung darstellbar. Das ist Bescheidung – so wie Goethe sich beschied, den Roman über die Entstehung des Weltalls, der nie diese Dimension hätte miterfassen können, nicht zu schreiben, aber Bescheidung, die dafür das Darstellen des In-Seins, der Werdenswirklichkeit der Welt ermöglicht.

Aber mit dem Wegfall des Abstiegs Fausts zu Proserpina entfiel auch die bedeutsame Szene der Meduse. Im Plane lautet sie: „Manto eröffnet ihm, daß der Weg zum Orkus sich soeben auftun werde, gegen die Stunde, wo ehemals, um so viele große Seelen hinabzulassen, der Berg hatte klaffen müssen . . . Es ereignet sich wirklich und, von dem horoskopischen Augenblick begünstigt, steigen sie sämtlich schweigend hinunter. Auf einmal deckt Manto ihren

Beschützten mit dem Schleier und drängt ihn vom Wege ab gegen die Felsenwände, so daß er zu ersticken und zu vergehen fürchtet. Dem bald darauf wieder Enthüllten erklärt sie diese Vorsicht. Das Gorgonenhaupt nämlich sei ihnen die Schlucht herauf entgegengezogen, seit Jahrhunderten immer größer und breiter werdend; Proserpina halte es gerne von der Festebene zurück, weil die versammelten Gespenster und Ungetüme, durch sein Erscheinen aus aller Fassung gebracht, sich alsobald zerstreuten. Sie, Manto selbst als Hochbegabte, wage nicht es anzuschauen; hätte Faust darauf geblickt, so wäre er gleich vernichtet worden, so daß weder von Leib noch Geist im Universum jemals wieder etwas von ihm wäre zu finden gewesen.“ Das ist der vollendete Ausdruck dafür, daß auch die ästhetische Dynamik ins Geheimnis noch nicht höchste Existentialität ist, daß sie, auch als Tat, noch vorwiegend „Schau“ ist und also das unbewältigt Tiefe des Geheimnisses in der Welt des Schönen als Grauen zurückbleibt. Von hier ist nur ein Schritt zum Ästhetischen Kierkegaards, zur Antike Burckhardt-Nietzsches. Es ist die dunkle steilabfallende „Hinterseite des Keiles“, die nur dann den Schauenden nicht vernichtet, wenn er *mehr* als schaut, wenn er existierend ins Dunkel geht. Nochmals gehören Rilke-Worte, als vollkommenster Ausdruck, hieher:

„Denn das Schöne ist nichts
als des Schrecklichen Anfang, den wir noch grade ertragen,
und wir bewundern es so, weil es gelassen verschmäht,
uns zu zerstören.“[1]

Im ausgeführten „Faust“ ersetzen die Phorkyaden das Gorgonenhaupt, sie, die schrecklicher als die Teufel sein müssen, weil sie das tiefere Grauen der unvollendeten Existentialität sind. Mephisto sagt von ihnen:

„Wir litten sie nicht auf den Schwellen
Der grauenvollsten unsrer Höllen.
Hier wurzelt's in der Schönheit Land,
Das wird mit Ruhm antik genannt . . .“

Diese Gestalt muß denn auch Mephisto, als die der eigentlichen Negativität in der Potenz dieser Welt, mit in den Helena-Akt

[1] 1. Duineser Elegie (Ges. W. III, 259).

hinübernehmen. Indem die halbwirkliche Welt der Schönheit, indem die nur halb ihres Daseins, ihrer Vergangenheit und Zukunft bewußte Helena sogleich mit Mephisto-Phorkyas zusammentrifft, wird der ganzen Traumwelt des Schönen in unerbittlicher Weise der Existentialindex zugegeben. Das Unbewußte des naturhaft Schönen, das rein lyrisch Vorganglose der Szenen, ist so geheimnisvoll unterwühlt von der Angst, ins Nichts, ins Wesenlose zurückzufallen.

„Gehen wir?
Schweben wir nur
Trippelnden Schrittes am Boden hin?
Siehst du nichts? Schwebt nicht etwa gar
Hermes voran? Blinkt nicht der goldne Stab
Heischend, gebietend uns wieder zurück
Zu dem unerfreulichen, grautagenden,
Ungreifbarer Gebilde vollen,
Überfüllten, ewig leeren Hades?

Fausts Ehe mit der Schönheit ist für ihn, bildend, wirkliches Schöpfertum. Aber das Kind dieser Ehe, das Eschaton dieser Potenz des Daseins erweist ihre Vorläufigkeit. Euphorion ist die tragische Darstellung des Daseins *als* rein ästhetischer Aktivität, eine präexistente, kindhafte Potenz des Lebens. Darum ist sein Schicksal in das des Novalis gekleidet: das Mädchen (Sophie) das ihm Ideal und All ist, lockt ihn aus dem Dasein:

„Halte fest, und ich versenge
Dich, den Toren, mir zum Spiel.
(Sie flammt auf und lodert in die Höhe.)
Folge mir in leichte Lüfte,
Folge mir in starre Grüfte,
Hasche das verschwundne Ziel!"

Mit dem Ikarussturz Euphorions ist das „Letzte" des ästhetischen Kreises erreicht, Faust *muß* die Grenze überschreiten. Denn damit, daß das Eschaton der Kunst erreicht ist, löst sich, innerer Notwendigkeit zufolge, diese Potenz auf: Helena-Gestalt wird durchsichtig, wird Wolke, die den Künstler aufhebt und über-hinaus trägt. Faust folgt hier wirklich seinem höchsten, reinsten Triebe, durch das ruhende Schauen zur Bewegung der Sehnsucht. Auf höherer, weil tätiger Stufe kehrt ihm diese Reinheit, die er zu Ende des Osterspaziergangs erlebte, zurück. Von der Wolke wird er daher, in zart-erhabener Symbolik, in den nächsten, höheren Kreis der Bildung hinübergeführt: „Hochgebirg, starre, zackige Felsengipfel." Die Wolke „löst sich langsam, nicht zerstiebend" von Faust ab, schwebt empor nach Osten, eine schwankende, unbestimmt-riesige Gestalt „Junonen ähnlich, Ledan, Helenen", verschwimmt am Horizont

„Und spiegelt blendend flüchtiger Tage großen Sinn".

Hier ist Schönheit, auch wo sie mild sich auflöst, so bildend gewesen, daß sie wahrhafte Transparenz des Höchsten war. Von der ersten Sehnsucht kehrte Faust in seine unreine enge Existenz zurück, die zweite Schönheit hinterläßt eine ewig-reine und reinigende, zugleich schmerzliche und friedliche Sehnsucht. Nicht mehr die perverse Mischung peinlich-süßer Selbstgenießung der Begierde, denn der Blick ist hier vollends in die ekstatische, resignierte Haltung gewachsen. Es naht der Augenblick, zu dem, trotz seiner immanenten Bewegtheit ins Höherreine, Faust das „Verweile" sprechen dürfte, ohne seinen Vertrag zu brechen. Hier ist es denn auch, wo, wie ein leises Leitmotiv, die verwehrte Erinnerung des verlorenen Paradieses, immer im Bild erster Jugendliebe, zum drittenmal wiederanklingt, da nach der großen Wolke, die am Abendhimmel sich lagert, eine noch unfaßlichere Sehnsuchtsgestalt Faust umschwebt, ihn ganz ins ekstatische Dasein verlockend:

„Doch mir umschwebt ein zarter lichter Nebelstreif
Noch Brust und Stirn, erheiternd, kühl und schmeichelhaft.
Nun steigt er leicht und zaudernd hoch und höher auf,
Fügt sich zusammen. – Täuscht mich ein entzückend Bild,
Als jugenderstes, längstentbehrtes höchstes Gut?
Des tiefsten Herzens frühste Schätze quellen auf;
Aurorens Liebe, leichten Schwungs, bezeichnet's mir,
Den schnellempfundnen, ersten, kaum verstandnen Blick,
Der, festgehalten, überglänzte jeden Schatz.
Wie Seelenschönheit steigert sich die holde Form,
Löst sich nicht auf, erhebt sich in den Äther hin
Und zieht das Beste meines Innern mit sich fort."

Die reinste Spitze von Fausts Empor wird sichtbar, bevor sie wieder verhüllt wird im Drang des Daseins. Das Schöne hat diesen Blick ermöglicht, aber nur das Dynamisch-Schöne, und nur im Abziehen der Wolke, im Verebben des edelsten Genusses. Darin wird das „zarte Lichte“ eben einen Augenblick durchscheinend, vollzieht sich die höchste Apokalypse der Seele („Des tiefstens Herzens frühste Schätze quellen auf“) als Bloßlegung des reinen Empor („Und zieht das Beste meines Innern mit sich fort“). Es ist genau die Stimmung auch des Gedichts, das den ganzen Faust umrahmt, der „Zueignung“, vielleicht des ergreifendsten aller Gedichte Goethes. So ist von hier aus eine Höhenlage geschaffen, die die geheime Mitte des Ganzen bildet: Bewegtheit des reinen, sich entwirklichenden Schönen als Enthüllung höchster Sehnsucht ins Reinste. Es ist der Zustand, den die „Wanderjahre“ „zufrieden, doch sehnsuchtsvoll“ nennen.[1]

Aber es ist ein Gnadenaugenblick, der weitere, resigniertere Existenz vorbereitet, und Faust „fühlt Kraft zu kühnem Fleiß“, in noch aktiverer Form der Tat dieses Empor zu verkörpern: „Die Tat ist alles, nichts der Ruhm“, der dem Künstlergelingen folgt. Aber Tat über die ästhetische Tat hinaus heißt noch tiefere Bescheidung. Denn das Ideal, das in der entschwindenden Schönheit aufgeblitzt, ist so jenseitig, daß eine Verwirklichung hier völlig aussichtslos erscheint. Dem beginnenden Faust war das (im Erlebnis der Antinomie der zwei Seelen) schon nahegelegt worden, doch verbitterte ihn diese Einsicht zum verzehrenden Selbstgenuß des Über-hinaus. Damals war er Tasso verwandt, der das Gestaltende gestalten wollte. Nun aber, durch die Objektivität der weiteren Welt geklärt, gebildet, erkennt er, daß die transzendentale Synthesis überhaupt nicht direkt erstrebbar ist, wie aller irdische Weg in die existentiale Ganzheit so sehr eine Bescheidung ist, daß nicht einmal das Werk, die Leistung höchster Tathaltung, als Baustein in diese transzendentale Synthesis eingehen kann. Sondern worauf es in dieser voll-tätigen Ekstase des Menschen einzig noch ankommt, ist die Läuterung der Bescheidung selbst. Darum legt sich gegen Ende eine befremdlich scharfe Trennungswand zwischen das objektive Eschaton, das im Jenseits entschwindet, und das subjektive: existentiales Ganzsein des resignierten Menschen. Auf diese kommt alles an, wenngleich sie sich nur in der Selbstvergessenheit sozialen, politischen, wirtschaftlichen Handelns vollzieht. Wenn Faust erst dem politischen Chaos – (er schildert die Reichsanarchie

[1] 2. Buch, 7. Kap.

im vierten Akt mit den gleichen Bildern unfruchtbar-horizontaler Polarität wie das Meer: „Es ging, es hinkte, fiel, stand wieder auf, Dann überschlug sich's, rollte plump zuhauf") –, dann dem Naturchaos Form und „Steigerung" mitteilen will, so ist freilich dies Tun, auch als objektive Leistung, sein höchster Stolz. Aber er glaubt nicht, daß diese Tat, als objektive, sein „letztes Heil" befördere. Das erst ist höchste Bescheidung, die „Faust" zum „klassischen", un-romantischen Werk stempelt. Es rückt damit in Fichtes Nähe, zur Idee der Welt als Material der Pflicht. Doch nicht durchwegs. Denn für Goethe-Faust ist das in der Schlacht und am Meer Geleistete wirklich objektive Form, Gestalt, nur nicht ewige, endgültige.

Die Trennungswand zwischen beiden Eschata, die sich in Fausts Gespräch mit der Sorge noch trotzig-scharf betont („Nach drüben ist die Aussicht uns verrannt . . . Dem Tüchtigen ist diese Welt nicht stumm. Was braucht er in die Ewigkeit zu schweifen!"), diese Trennungswand ist, als die letzte Situation Fausts, von weittragender Bedeutung.

Zunächst ist sie in einem fast naturalistisch-„klassischen" Sinn die Höhe der Bescheidung. Alles Zusammenwachsen des Irdischen mit dem Ewigen, alles Sichausdehnen der Erdensphäre zur Jenseitssphäre, wie es das eigentümlichste Merkmal des romantischen (prometheisch oder ganymedisch), des magischen Weltbildes war, ist hier so sehr abgelehnt, daß vielmehr das bitterste Erdengesetz an Faust sich vollzieht: die Schließung des Erdenlebens zum Kreise, das Gesetz des Alterns (vor allem des geistigen) und damit das Gesetz der abermaligen Subjektivierung, bis zum Erblinden (vor allem des Geistes), bis zum Kindischwerden. *Das* ist der Faustschluß, seine Existentialität, seine wirklich erreichte menschliche Ganzheit. Darum ist nichts unverständiger als Fausts, des Hundertjährigen, Worte gleich denen des rüstigen Mannes zu wägen. Die Tragödie des Alterns beginnt mit der tiefen Schuld, die Faust durch den Neid auf die zwei Alten, Philemon und Baucis, und ihren Mord auf sich lädt. Goethe erspart uns diese fast peinliche Tat Fausts nicht. Das Kleinliche, das darin aufscheint, ist Zeichen des Sonnenuntergangs des Menschtums. So dringen wie Nebelatmosphäre die „subjektiv-dumpfen" Zustände des ersten Teiles wieder heran. Die Sorge, einst ob ihrer tausend Masken verflucht, erscheint leiblich-gespenstig vor Faust, mit ihr das alte „Unbefriedigtsein". Indem die Erde fahl und dunkel wird, tritt sein Streben als ganzes, wie die einfachen Umrisse der Berge in der Dämmerung, vor ihn. Das „Unrein" seines weiten Weges wird schmerzlich, aber fast dumpf, bewußt, ein doppeltes, formales und existentielles „Unrein", nunmehr kaum noch unterscheidbar. Die Begleitung Mephistos, der dieses „Unrein", überall alles begleitend, war, wird ihm zum Albdruck:

„Könnt' ich Magie von meinem Pfad entfernen,
Die Zaubersprüche ganz und gar verlernen,
Stünd' ich, Natur, vor dir ein Mann allein,
Dann wär's der Mühe wert, ein Mensch zu sein.
  Das war ich sonst, eh ich's im Düstern suchte,
Mit Frevelwort mich und die Welt verfluchte.
Nun ist die Luft von solchem Spuk so voll,
Daß niemand weiß, wie er ihn meiden soll."

Hilflosigkeit des Alters vor dem riesenhaft angehäuften „Karma" des Vergangnen. *So* sind diese Verse paradoxestes Echo und Antwort auf die Wette. Zunächst ist nun die gleiche Ebene zwischen Faust und Mephisto erreicht. Das „Verweile doch", damals Fausts einziger Begriff des Bösen, ist, durch alle Stufen seiner Existenz verwandelt, zu *dem* Begriff des Bösen geworden, den Mephisto im Augenblick der Wette schon hatte, um den es ging: existentielle Unreinheit. Und indem Faust die Wette ungeschehen machen möchte („Könnt' ich Magie . . . entfernen"), gibt er sie verloren. Mephisto hat gesiegt. Aber dann das Tiefere: In Fausts Worten klingt nichts anderes als – Reue. Und das als das *Existentiellste* seiner resignierten, menschlichen Totalität. So aber ist es, als Sichverlorengeben, die erreichte „*Wahrheit*" seiner Existenz und ebendamit ihre „Reinheit". Als grauer Sonnenuntergang, als Ohnmacht des Alterns, Sich-Wehren, Erblinden. *So* hat Faust gesiegt, und so kann im völligen Erblinden doch das Seelenfünklein glühen:

„Die Nacht scheint tiefer tief hereinzudringen,
Allein im Innern leuchtet helles Licht."

Darum verschlägt es nichts mehr, wenn Faust, in Subjektivität und Dumpfheit zurückgebannt, dieses innere Licht mit dem äußeren verwechselt, wenn er das „strenge Umzirken" des Meeres verwechselt mit dem Umzirken seines eigenen Daseins, das tätige

Schaufelstechen mit dem Graben seines Grabes. Dieses Verwechseln ist nicht, wie beim in Subjektivität vereinsamten Wallenstein, Abtrennung aus Schuld, sondern Vollzug des Existenzgesetzes. Darum darf in seinem Tod das innere Licht ausbrechen in Glorie. Fausts Triumph hierüber ist darum nichts weniger als die Apotheose des „faustischen Drangs", sondern das Ineinanderschlagen des unrein-reinen Strebens, das in Reue-Ohnmacht gipfelt und gnadenhaft absteigender Liebe. So hat Goethe, wie bekannt, den „Schlüssel zu Fausts Rettung" dem Deuter ausgeliefert.[1] „Es steht dieses mit unserer religiösen Vorstellung durchaus in Harmonie, nach welcher wir nicht bloß durch eigene Kraft selig werden, sondern durch die hinzukommende göttliche Gnade." Um dieses endzeitliche Ineinanderschlagen von Himmel und Erde, Gnade und Tat-Sehnsucht zu feiern, wird im Schlußbild die ganze „Gott-Natur" apokalyptisch in eine ungeheure dynamische Allbewegung aufgelöst. Emporwogende Wälder, emporlodernde, glühende Herzen, und darin, als „Liebesboten" dessen, „was ewig schaffend uns umwallt", herabstürzende Wasserfälle, einschlagende Blitze.

Und doch haben die Schlußszenen, mit der Trennungswand, die sie zunächst zwischen subjektivem und objektivem Eschaton aufstellen, noch einen andern Anblick, der hinter der Existentialität Fausts auch die Goethes in einem zweiten Licht erscheinen läßt. Diese Trennungswand läßt sich doch nicht restlos aus dem Gesetz menschlicher, im Abstieg des Alterns sich in sich selbst ründender Daseinsform rechtfertigen. Denn schon zu Beginn des vierten Aktes, da die Wolke Helenas Fausts reinste Sehnsucht weckt und diese, sich ebenfalls von ihm lösend, das „Beste seines Innern" mit sich fortnimmt, wendet er sich in einer heroischen Wendung von diesem „Besten" ab, der Erdentat zu. Das objektive Ideal seiner Totalität verströmt ins Jenseits, der Himmel nimmt es auf und schließt sich darüber: „Nach drüben ist die Aussicht uns verrannt." So liegt hier eine tiefere Haltung Goethes, wie er von sich selber bekennt: „Ein tüchtiger Mensch . . ., der schon hier etwas Ordentliches zu sein gedenkt, und daher auch täglich zu streben, zu kämpfen und zu wirken hat, läßt die künftige Welt auf sich beruhen und ist tätig und nützlich in dieser."[2] Diese Worte sind zwar ausdrücklich gegen müßige Unsterblichkeitsspekulation gerichtet, sie offenbaren aber doch darüber hinaus etwas Grundsätzliches. Das reine

[1] Eckermann, 6. Juni 1831.
[2] 25. Februar 1824.

Empor im Geheimnis, das nur als eine höchste, persönliche Existenz gedacht wird, hat irgendwo ein letztes Zögern, von der reinen – wirklich reinen – Sehnsucht, wie sie Faust am Beginn des vierten Aktes erlebt, geradlinig zu einer *solchen* Totalität weiterzugehen, die im *Festhalten* dieser Sehnsucht tätig resigniert. Das erst wäre die innere Folgerichtigkeit einer Existenz, der Bescheidung Gewinn ist, in der die innere (aktiv-passive) Erleuchtung und Durchhellung ineinsfällt mit dem ekstatischen Sehen des Wunders – des Wunders, das nichts anderes ist als die Steigerung ins Heilige. So geht Faust zwar auch nach seiner Bescheidung zur Erde hin auf dieses Heilige zu – notwendig, denn Bescheidung ist Weg in die Ganzheit und diese ist das „reine" Empor –, aber er geht ihn wie mit weggewendeten Blikken. Es ist ein Teil Ehrfurcht in dieser Abwendung, ein Teil aber auch – *Resignation*. Dies Wort, das vom Prometheusgesetz erlösende, hat einen leisen Klang in sich, der selbst noch der Erlösung bedarf. In der Bescheidung, die im Angesicht der ekstatischen Hoffnung geschieht, ist sie vollziehbar. So ist denn bei Goethe zwar nicht diese Erlösung vollzogen, aber eine seltsame Sehnsucht nach ihr lebendig. Eine Sehnsucht darnach, daß *dieses* Leben nicht so sehr eine nur auf sich bezogene subjektive Ganzheit bliebe, die drüben in einer ganz anderen Ordnung ihre objektive Ganzheit erhielte, sondern daß es – gewiß nicht romantisch in einem ewig-annähernden Schreiten ins Jenseits, oder auch nur als eine Endgültigsetzung des auf Erden objektiv Geleisteten, sondern nur in der Ausfaltung seiner Dynamik in die konkrete Geheimnistiefe – unbeschadet seiner Bescheidung, offen stünde ins Übersteigende. Die Sehnsucht nach dem, was er nicht will, bricht dort aus, wo das Resignationsgesetz, seine Einsamkeit und Strenge, dem Herzen überschwer wird. Dann ist es aber nicht leichtes, kindhaftes Sichlösen, sondern der Tränenausbruch, strömend wie lindernd-heilende Musik, einen allverbindenden, überbrückenden Äther schaffend, in der sich das subjektive und objektive Eschaton vermählen. So in der „Aussöhnung" der Marienbader Elegie. Aber dies Aufheben des weinenden Auges von der Erde zum Himmel ist wiederum die Verbrennung des Herzens, wie Novalis, Hölderlin, Schiller sie kannten. Neben die Bescheidung in ihrer höchsten Wahrheit als Reue tritt ein anderes Bild letzter Zuordnung von Himmel und Seele: „Der Gott und die Bajadere", Gleichnis der langsam fortschreitenden Lösung des unreinen Herzens durch Gnade zur Liebe, bis die Wurzel des Unreinen in der Selbstverbrennung der Liebe sich verzehrt. Von hier nur ein Schritt zum verschwiegenredendsten, öffentlich-geheimsten aller Gedichte Goethes, zur „Seligen Sehnsucht".

„Sag es niemand, nur den Weisen,
Weil die Menge gleich verhöhnet,
Das Lebend'ge will ich preisen,
Das nach Flammentod sich sehnet . . .

Keine Ferne macht dich schwierig,
Kommst geflogen und gebannt,
Und zuletzt des Lichts begierig,
Bist du, Schmetterling, verbrannt."

Wo die Handschrift „Flammen*schein*" hat, setzt der Druck „Flammen*tod*". Nach jenem sehnt sich auch Faust, da seine zarteste Vision ihm sein Bestes entführt. Nach diesem aber sehnt sich Goethe, wenn er, in das Licht zu schauen, den erdbeschwerten Blick hebt. Tod im Sehnsuchtsfeuer wäre die zweite, für Goethe und Faust mögliche Schlußformel. Es müßte keine ästhetische oder passive Sehnsucht sein, sondern sie könnte, ja müßte die faustische Aktivität in sich begreifen. Auf solche höhere Einheit beider Schlußhaltungen weist „Pandora", wo Prometheus, der faustisch-resigniert Tätige, und Epimetheus, der sehnsüchtig Überhinausblickende, in einer Menschganzheit vereint werden sollen. Pandora, die höchste Synthese, wird in der Einheit von Tat (Prometheus) und Leiden (Epimetheus) als Gnade gedacht. Prometheus' Sohn Phileros (triebhafte Liebe) und Epimetheus' Tochter Epimeleia (sinnender Gedanke), die sich darlebenden Formen der elterlichen Grundpolarität, reinigen sich beide, der erste im kühlenden (distanzierenden) Tod in Fluten, die andere im (das Über-hinaus als Eros weckenden) Tod in Flammen. Aber beide werden errettet und Eos, die Morgenröte, als Vorläuferin der höheren Synthese, der wiederkehrenden Pandora, vermählt sie.

Es liegt aber auch im Faustschluß selbst der Keim einer höheren Mitte über Erdentat, die in Reue-Ohnmacht „wahr" wird, und Erdenliebe, die im Verbrennen „wahr" wird, eine höhere Mitte, die selber so sehr Gnade ist, daß sie schon die Grenze des

Menschlichen bezeichnet: inmitten von Reue-Ohnmacht und Verbrennung das reine Von-sich-weg verwirklichend, ganz Reinheit und Zartheit geworden in ganzer Ekstase, ganz inneres Licht in ganzem Magd- und Ehrfurchtsblick ins heilig öffentliche Geheimnis, höchste Mitte des Faustschlusses: Mater gloriosa. Menschen aber, die es sind als die halbdunkle Mischung von Rein und Unrein, müssen durch die zwei unteren Wege zu diesem höchsten existentialen Ganzseinkönnen hindurch, gezogen von oben:

„Geeinte Zwienatur
Der innigen beiden:
Die ewige Liebe nur
Vermag's zu scheiden.

So kann der ewige Gesang aufrauschen:

Alles Vergängliche
Ist nur ein Gleichnis;

denn es ver-geht im Emporziehen, und im Emporgezogenwerden gleicht es sich ein.

Das Unzulängliche,
Hier wird's Ereignis;

denn das, was sich magischem Zu-langen entzieht, wird hier Ereignis-Wahrheit dessen, der sein Zulangen als unzulänglich erlebt.

Das Unbeschreibliche,
Hier ist's getan;

denn hier erhellt sich in Doppel-Tat der Sehnsucht und Gnade in der Tiefe des Raumes, was Worte von außen vergeblich nachzeichnen.

Das Ewig-Weibliche
Zieht uns hinan."

Von Gretchen und Helena über Sophia, die das Beste unseres Innern mit sich zieht, höher empor zu Maria, die selbst nur, als höchste Menschmitte, durch Emporblick hinanzieht ins Wunder des Geheimnisses.

JEAN PAUL

I. Das Reich des Alters

Epilog und Ausklang des idealistischen Weltbilds und Weltlebens sind uns diese zwei wie herbstliche Fruchtbäume reichen Gestalten: Jean Paul und Hegel. Aber ebendarum auch ein strahlendes, ja überstrahlendes Finale des Variationenkreises um das Prometheusthema. So sind sie, an den Existentialstufen von Weltbild und Weltleben gemessen, zwar Weltweisheit des Greisenalters, Flug der Minerva-Eule in der Dämmerung und so vervielfachte Bescheidung, aber, nach dem Grundgesetz der Bescheidung, gerade so auch zusammenfassendste Weisheit, abendliche Verklärung, ja neue, unverhoffte Jugendlichkeit des Herzens. Die strenge klassische Bescheidung, die sich männlich auf das Diesseitige, auf Tat und Gefahr einschränkt, öffnet sich dem Gewinn dieser Einschränkung, wird Bescheidung dem Diesseitigen selbst gegenüber und Leben im Ganzen.

So möchte es bei Jean Paul scheinen, als sei diese Resignation nichts als unentwickelte Jugendlichkeit, die noch gar nicht zur Reife Hölderlins, Schillers, Goethes sich herangebildet hat. Seine Freundschaft mit Herder und Jacobi, ja mit Gleim, seine Ablehnung Weimars, sein an Novalis gemahnendes träumerisches Zerfließen im All scheint mehr Vor- als Nachstufe der hohen Zeit anzukünden. Aber schon Jean Pauls Grundelement, Humor, hebt ihn von jenen Freunden ab, noch mehr seine in allen Reichen menschlichen Weltlebens erfahrene weltschöpferische Gestaltungskraft, der wir den „Siebenkäs" und den „Titan" verdanken. Das Titanidengeschlecht, das im Hauptwerk aufsteht und untergeht, ist Zeuge dafür, daß Jean Paul ans Ende des Prometheuskreises gehört. In ihm vollendet sich die Auflösung von Idee in Leben, wie sich in Hegel die Integration des Lebens in Idee vollendet.

In Jean Paul wird darum Apokalypse der Seele zum allbeherrschenden Grundthema. Nicht nur hat kein Dichter der Zeit so viel über Tod, Unsterblichkeit und Weltende geschrieben, sondern auch keiner die letzten Dinge (als Idee) so rein existential verstanden, als das, worin und wovor die Seele ihr Leben lebt, ja als das, was identisch Aufhüllung und Vollendung der Seele selber ist. „Der Greis wohnt unter Toten. In der Mitternacht seines Lebens schaut er, wie der Grönländer in der Mitternacht seines längsten Tages, oder am Mittag seiner längsten Nacht, nach höheren Gegenden auf; und aus seiner Nacht sieht er die Unsterblichkeitssonne die Bergspitzen röten und vergolden."[1] Die für Jean Paul so bezeichnende „Subjektivität" – alles Weltliche bricht sich ihm in die Bilder, die davon in den Seelen seiner Freunde oder Helden leben – ist somit Endstufe einer wachsenden Existentialisierung der letzten Dinge. Aber diese Brechung, die nichts anderes als Bescheidung ist, läßt ihn doch zugleich zum Gegenspieler idealistischer Subjektivität werden: Sein Kampf gegen Fichte gipfelt stets darin, daß er in Fichtes System die Urtatsache dieser Brechung, die Macht des Nicht-Ich, besser: des Du, nicht anerkannt findet. Der „neueste philosophische Ordensstifter, der den Geisterglobus, wie es Maupertuis für den Erdglobus vorschlug, bis zum Zentrum durchgrub",[2] kann andere Iche nur um seines moralischen Handelns willen postulieren; er wird darum von Jean Paul bezeichnenderweise viel schärfer auf sein Leben, seinen Charakter und Umgang hin beobachtet, denn als Denker studiert; vom Menschlichen her gewinnt er ihn endlich lieb. Vor allem, seit Fichte ihm gestand, sein System sei vor der Aufstellung des Gottesbegriffes über dem Ich noch nicht fertig gewesen . . . „Aber dann zerbricht das Gebäude und das Deduzieren . . . höret bei dem auf, was er nicht geschaffen."[3] Der Jubel über diesen Einsturz zeigt, was Jean Pauls „Objektivität" ist: „Je älter man wird, desto demütiger glaubt man an die Allmacht der Objektivität. Gott ist das wahrste und einzige Subjekt. Ach, wieviel ist nicht in uns selber, Bewußtsein und Wollen ausgenommen, Objekt!"[4] „Wie die älteren Astronomen den blauen Himmel für ein Krystall-Gewölke hielten und die Sonne für eine rückende Öffnung daran, durch die der Feuerhimmel lodere, so sei uns die Vernunft oder das lichte Ich keine selbstschaffende ziehende Sonne, sondern nur eine lichte Ritze und Fuge am irdischen Klostergewölbe, durch welche der ferne ausgebreitete Feuerhimmel in einem sanften und vollendeten Kreise bricht und brennt."[5] Diese beiden Worte zeigen, daß Jean Paul die doppelte Bescheidung der klassischen Stufe: Los-

---

[1] Das Leben nach dem Tode. Eine Erzählung (1794).
[2] Clavis Fichtiana, Vorrede (1800).
[3] An Jacobi, 9. April 1801.
[4] An denselben, 1. April 1800.
[5] Clavis, Vorrede.

lassen des absoluten Seelenfünkleins (Goethe) und des Welt- und Schicksalbegreifens (Schiller) vollzogen und so eine in lauter Unbegreiflichem schwimmende Haltung gewonnen hat. Und das ist ihm Gewinn: „Keine Welt wäre erbärmlicher als die ich begriffe."[1] „Die Auflösung der Charade oder des Chronodistichons – wenn ich eines bin – ist die . . . , daß mich eben der höhere Sinn ergreift . . ., und daß ich mich der teilweisen Wahrheit von allen Seiten offen halte, weil mein Ich kein Tempel, Altar oder gar Repräsentant (Vicegott) der himmlischen Wahrheit sein kann. Eine erbärmlichere Erde gäbe es doch wahrlich nicht als eine, auf der 5 oder 6 Leute Recht hätten; – wozu denn die andern?"[2] Wahrheit der Existenz ist ihm, wie Goethe, nur fortschreitende Ineinander-Verleibung aller transzendentalen Haltungen des Menschen, keimhaft in ihm angelegt und in Entzweiungen und höheren Einheiten sich fortbildend: „Denn ich bleibe dabei, daß wie es vier letzte, so vier erste Dinge gebe: Schönheit (Kunst), Wahrheit, Sittlichkeit, Seligkeit, und daß die Synthese davon nicht nur notwendig, sondern auch schon gegeben sei, nur aber (und darum ist's eben eine) in unteilbarer, unfaßbarer, geistig-organischer Einheit – eine Heilands-Einheit, ohne welche wir an diesen vier Evangelisten oder Weltteilen gar kein Verständnis und keinen Übergang finden könnten . . . Dies ist eben die ewige Entzweiung (Endlichkeit) in uns, daß wir ein ewiges Eins suchen und dann doch wieder die Zwei und darin die Eins usf."[3] Die „Wahrheit" ist das Ganze und der Teil nur *als* Teil wahr: „Ihr wollt den Unendlichen bei seiner Ewigkeit und Unermeßlichkeit aus ein paar Weisheitsproben eures Lebens erkennen? Wißt ihr nicht, daß das Wasser, das ihr aus dem blauen Meer, oder die Luft, die ihr aus der blauen Atmosphäre schöpft, nichts von dieser blauen Farbe haben kann?"[4] Hier liegt endlich auch der Grund von Jean Pauls Kritik an Goethe und Schiller. Denn auch sie verkörpern ihm, bei all ihrer Resignation, doch noch den „himmelstürmenden Titanen-Geist der Zeit",[5] sofern sie der Kunst einen absoluten Wert zuzumessen scheinen. Das „Klassische" scheint ihm zwar nicht theoretisches, wohl aber existentiales „System" – er aber will die

---

[1] Selina, Nachlaß X (Sämtl. Werke, 1842, Bd. 32, S. 292).
[2] An Jacobi, 6. März 1806.
[3] Ebd.
[4] Selina, Nachl. XI.
[5] An Jacobi, 12. Februar 1799.

ganze Teilwahrheit: „Ich schreibe, wie man spricht, ohne Scheu des Ziels, d. h. ich atme geistig, was doch das Sprechen ist.“[1] Seinem schwebenden Geiste ist Freund Herders Lieblingsbeispiel, der Schmetterling, in allen denkbaren Anwendungen geläufig, und in so viele idyllische Lauben und Zimmer er blickt, er selber bleibt Wandergeist: „Gibt es aber nicht ein sonnenhelles, freiflatterndes Alter, wo man alles gerne sieht, was reisefertige Unruhe, Abbrechen der Zelte und Nomadenfreiheit verkündigt, und wo man mit Dank in einem Reisewagen haushielte und darin schriebe und schliefe?“[2] So muß ihm notwendig Leibnizens Weltbild mit seinen „Nomaden-Monaden“ das angemessenste und heimischste sein, bis auf deren Fensterlosigkeit, die seinem an Jacobi sich anlehnenden Sinn für intentionale Transzendenz menschlichen Erkennens und Liebens zuwider ist: „denn in der Wahrheit greift und drängt das ungeheure Seelenmeer wirkend ineinander, obwohl mit verschiedener Richtung und Einschränkung“.[3] Darum ist seine Altersweisheit seltsam zur Jugend zurückgewandt, und auch er ist, wie sein junger Held Albano, „in den Jahren, wo man vom Klavichord des Lebens mit einem Fußtritt den Deckel hoch lüftet, damit das harmonische Brausen überall hervorwalle“.[4] Die vollen, widersprechendsten Harmonien dringen aus dem Instrument, Jean Pauls aphoristisches Füllhorn ist in keine systematische Ordnung zu bringen, jede Wahrheitsparzelle ist in den Augenblick, die Situation eingefaßt, in der sie als Edelstein aufblitzt, und erlischt, wenn sie daraus gebrochen wird. Goethes „Übergängliches und Mildes“ ist bis zur Unfaßbarkeit endgültiger Formen im Menschen gesteigert: „Wenn nur eine unendliche Hand den Menschen schaffen konnte, so kann ihn vielleicht auch nur ein unendliches Auge durchschauen. Er ist das Geschöpf, welches die Fähigkeit besitzt, das Unvereinbare zu vereinigen, das Geschöpf, welches Narr und Weiser, Gottloser und Heiliger zugleich ist. Er ist imstande alles zu werden, aber nicht etwas ganz, etwas lange zu sein: er lebt von der Veränderung . . . Wenn seine Laster in seine Tugenden, seine Torheit in seine Weisheit verwebt sind wie Schatten in Licht, und wenn beide oft kämpfen wie Nacht und Tag – was sieht dann der Weise? Wenig, eine Dämmerung.“[5]

[1] 11. Nov. 1799.
[2] Titan, 53. Zykel.
[3] Selina, IV, 4.
[4] Titan, 65. Zykel.
[5] Etwas über den Menschen (1781).

Für diese Dämmerung – es war auch Herders Lieblingswort – werden zwei Grundkräfte der Seele Organ: Gefühl und Humor. Jenes, sofern im unendlich Übergänglichen nur ein unendlich Zartes sich auskennen und das kostbar Einmalige darin anzeigen kann, dieser, weil er der Ausdruck des resignierten Abstands der unendlichen Seele allen vorübergehenden Spiegeln und Schalen des Objektiven gegenüber ist. Humor gibt es nur, wo Sinnlichkeit zum Geistgewand wird,[1] Torheit ist des Menschen Vorrecht,[2] und wie für Leibgeber, die vollendete Humoristengestalt Jean Pauls, Torheit und Weisheit sich unlöslich vermengten, so in Jean Paul selber Scherz und Ernst, jener nur als Organ des letztern: „In mir ist ein unwandelbarer Ernst" . . . „mein Ernst ist das überirdische bedeckte Reich, das sogar der hiesigen Nichtigkeit noch sich unterbauet, das Reich der Gottheit, der Unsterblichkeit und der Kraft".[3] Gefühl entdeckt die positive, zarte Durchsichtigkeit dieses Reichs, das Wunder, Humor bedeckt sie schützend mit dem Negativen der Nichtigkeit und zeigt sie so indirekt.

War Swift eine Lieblingslektüre des alten Goethe, so sind er und Sterne Jean Pauls große Lehrer. An ihnen aber lernen und schätzen beide den *Bildungs*wert des Humors. Seine indirekte Enthüllung des Unendlichen wird Wegweiser des inneren Aufbruchs. Für Goethe freilich ein nie benützter, denn keiner seiner großen Bildungsromane (Werther, Meister, Wahlverwandschaften) und Bildungsdramen (Iphigenie, Tasso, Faust) hat Humor. Auch Mephisto nicht, bei all seinem Witze, seiner Ironie und Sarkastik. Denn Goethes Mittelbegriffe: Symbol und Ehrfurcht, binden Gott und Welt, Geist und Leib, Steigerung und Polarität so eng zusammen, daß zwischen Sehen (des heilig öffentlichen Geheimnisses) und Nichtsehen keine dritte Haltung möglich bleibt. Alles Objektive war je Leib und Erscheinung des Geistes und des Heiligen. Bei Jean Paul aber wird männlicher Ernst zur schwebenden, schalkhaften Weisheit des Alters. Fausts Bildungsgesetz, noch stärker Tassos strenge Zuordnung von Innen und Außen, zerbricht. Symbol weicht der Allegorie. Allegorie sagt einmal Abstand und Unangemessenheit zwischen Geist und Ausdruck: auch der organischste Leib ist noch irgendwie ein Schatten vor der Seele („Man nehme das Körperkleid so fein gewoben an, als man wolle,

---

[1] Vorschule der Ästhetik, § 35.
[2] Etwas über den Menschen.
[3] An Jacobi, 6. März 1806; 16. Aug. 1802.

so verhalte sich's doch zum Ich, wie der unorganisierte Rock zum organischen Leibe"[1]), aber auch der fernste, fremdeste Stoff kann noch irgendwie Spiegel des Geistes sein. Goethe konnte darin nur Unbildung erblicken; wenn die höchste Operation der Natur und Kunst die Gestaltung sei (so schreibt er an Zelter), so finde er es sehr schlimm, daß das Humoristische, weil es keinen Halt und kein Gesetz in sich selbst hat, doch zuletzt in Trübsinn und üble Laune ausarte; es sei keine Kunst, sein Talent nach individueller Bequemlichkeit humoristisch walten zu lassen. – Goethes Urteil setzt seine eigene strenge Grenzziehung zwischen Symbol und Allegorie voraus. Für Jean Paul aber muß dieser Übergang selbst fließend werden: Auch das flüchtigste Gewand, das Humor dem Geist überwirft, kann sein Ausdruck sein – und die Flüchtigkeit, der Humor ist dabei selber noch beredtes Symbol –, auch der angemessenste Leib bleibt uneigentlicher Ausdruck, verschweigend, verhüllend. In Wirklichkeit hat vielleicht kein idealistischer Dichter die Natur so symbolisch (im Goetheschen Sinn) wie Jean Paul zu behandeln gewußt. In allen entscheidenden Situationen ist sie der zarteste Spiegel des inneren Vorgangs. Zumal der „Titan" ist überreich an Beispielen: Die Starrsucht Gaspards ist nichts als sein sichtbar gewordener Geist, die Blindheit Lianes Sinnbild ihrer mystischen Erdferne, ja sie erblindet im Augenblick, wo sie mit Albano eine Sonnenfinsternis betrachtet, welche selber wieder das Abbild der Verfinsterung zwischen den Liebenden ist. Albanos erste Begegnung mit Linda ist von einem Erdbeben begleitet, der fortgeleiteten Erschütterung seines Wesens. Aber diese Symbolik oder Allegorik ist nicht, wie im „Werther", Ausdruck der dumpfen Naturgebundenheit der Seele, sondern einer zarten Harmonie der inneren und äußeren Welt: Alles ist Kleid, alles Ausdruck, und der Dichter wählt nur aus dem unendlichen Spiel der Beziehungen die einfachsten Figuren heraus. Als Siebenkäs die Untreue seiner Frau erkennt und seinen seltsamen Scheintod vorausahnt, erblickt er am Himmel „zwei Nebensonnen und fast im Zenith einen halben Regenbogen, den wieder ein entfärbter durchschnitt. Wunderlich fingen die Farbengestirne über sein Herz zu regieren an und machten es so wehmütig, als säh' er droben sein halbfarbiges, bleiches, zerstückeltes Leben nachgespielt oder nachgespiegelt. Denn dem bewegten Menschen ist die Natur stets ein großer Spiegel voll Be-

[1] Über den Tod nach dem Tode (1801).

wegungen; nur dem satten und ausruhenden ist sie bloß ein kaltes, totes Fenster für das Äußere".[1] Von solch vollendeter Symbolik bis zu den tollsten Spielen allegorischen Humors aber bleibt der Übergang fließend. Es wird damit nur eine letzte Folgerung aus der ernsten Paria-Ballade Goethes gezogen, wo die tote Brahmanin durch Zauber und Irrtum mit einem fremden Rumpfe wiedererweckt wird und dieses Zwittergebilde als schauerliches Sinnbild geistleiblicher Verzweiung unter die Götter versetzt wird.

Von hier aus aber wird deutlich, wie in Jean Pauls großen Bildungsromanen der Sinn von „Bildung" und somit von Apokalypse der Seele ein veränderter sein muß. Auch für Goethe ging es zuletzt (in „Faust" und „Wanderjahre") nicht mehr um reines Ineinanderspiegeln von Seele und Welt. Fausts „Über-hinaus" läßt ihn zum resignierten Schaffenden *an* der Welt werden, ohne Hoffnung, in solchem Gestalten seine eigene, eschatologische Gestaltung zu finden. Die „Wanderjahre" aber sind die Verherrlichung entsagender, allem Verharren sich entreißender Existenz. Und doch bleibt hier jene Haltung die letzte, welche im wirkenden Weltgestalten als im Bilden irdisch endgültiger Gleichnisse das eschatologische Ganze durchscheinend werden läßt. Für Jean Paul (dem Goethe ein „gräzisierender Formenschneider" ist) hat die symbolische Selbstdarstellung der Seele nicht *mehr* Wert als alles Symbolisch-Allegorische der Welt überhaupt. Sinn und Wert hat nur *eines*: die Bildung der Seele, in allem Objektiven – und „wie viel ist nicht in uns selber Objekt" – das durchscheinende Licht des Ewigen wahrnehmen zu können. Es ist Bildung, die zwar genau wie bei Goethe auf eine Durchdringung der menschlichen Grundhaltungen zielt, aber den einzigen Sinn dieser Erziehung nur in die Freilegung, Reinigung, Stärkung und Verewigung der Liebesfähigkeit der Seele verlegt. „Bildung" im Sinn von Bildwerdung ist das freilich nicht mehr, wenn in diesem Worte das Eigentlichste der inneren Apokalypse gemeint ist. Wohl aber soll das Bildlose, die Liebe, im Vorgang der „Bildung" dahin erzogen werden, *in* allem Bild und Bilden das höchste Bildlose, Gott, zu sehen. Es ist also keineswegs Weltflucht; Jean Paul wendet sich vielmehr mit wachsendem Zorn gegen alles dunkelmännische „Überchristentum", wie er es in gewissen romantischen Strömungen sich verkörpern sah, das in der Erde ein

[1] Siebenkäs, 10. Kap.

Jammertal und im Schmerz den Lebenssinn erblickte. Sein Erlebnis des Überstiegs erhält, wie er immer wieder sagt, gerade im positivsten Weltleben, in Freude und Lieben, seinen Gipfel. Wohl aber ist es, Goethe gegenüber, betonter platonischer Dualismus. Der „Titan" nimmt so in der Reihe der großen Bildungsromane der Zeit eine doppelte Mittelstellung ein. Einmal zwischen „Ofterdingen"-„Hyperion" und „Wilhelm Meister", sofern er, romantischer als dieser und klassischer als jene, eine positive, erdnahe Menschlichkeit *als* Distanz der Liebe zu allem Irdischen verherrlicht. Dann aber auch zwischen „William Lowell"-„Teufelselixire" und „Wilhelm Meister", sofern er die betonte Nachtseite und den zerrissenen Dualismus jener mit der betonten Helle und Harmonie des letztern in eine nur ihm gelingende Harmonie vereinigt.

Wir müssen uns darum methodisch den Weg zu Jean Pauls existentialer Eschatologie durch eine Analyse seines Bildungsbegriffs hindurch bahnen (II), dann diese Eschatologie als Ausdruck seiner Existentialität zu verstehen suchen (III), endlich die gefundene Formel in den größern Rahmen der Prometheusproblematik vergleichend zurückversetzen (IV).

II. Der Begriff der Bildung

Bildung ist Erlösung des Innern und zuletzt die des tiefsten Herzensgeheimnisses. Auch für Jean Paul geht der geheimnisvolle Weg nach innen, jenem Raume, zu, in dem der junge Albano „Ungeheuer voll Flügel, Welten voll Flammen und ein tiefes, wogendes Chaos",[1] Siebenkäs das „labyrinthische Gebäude unseres unterirdischen Daseins" ahnt.[2] Das Sehnen, das den Menschen in diesen Tiefen ergreift, und das von keinem Genuß und Schaffen auf der Erdfläche des Objektiven gestillt wird, erscheint bei Jean Paul in ein wundervolles Bild gekleidet: „Endlich hebt sich doch im Menschen eine wunderbare Inwelt, aber nicht empor, sondern mehr als Schleier und Dämpfer der Sinnenwelt denn als Nebenplanet derselben und wirft auf die grelle Sinnenwelt weniger Sonnen- als Mondschein. Wir sehen aus dem Schiffe wie

[1] Titan, 8. Zykel.
[2] Siebenkäs, 1. Kap.

durch eine Meertiefe unten an einem gewölbten Himmel eine heraufkommende Glückseligen-Insel. – Wir entdecken Land unter, nicht vor uns, und unser Sehnen hinab, in diese Unterwelt, wächst unendlich; das verworrene hölzerne finstere Gerümpel unsers Erdenschiffs wird uns drückend gegen das helle Land unten. Diese tiefe, aber unstillbare Sehnsucht – dieses beinahe quälende, seltsame Heimweh nicht nach einem alten verlassenen, sondern nach einem unbetretenen Lande – faßt uns wider Erwarten nicht in Leiden an, sondern in unsern Freuden." Am reinsten in Musik. „Ihre Kraft des Heimwehs [ist] nicht ein Heimweh nach einem alten verlassenen Lande, sondern nach einem unbetretenen, nicht nach einer Vergangenheit, sondern nach einer Zukunft."[1] Es ist also zwar Sehnsucht hinab und hinein – gegenüber der mehr „horizontalen Himmelfahrt"[2] Goethes über den Wassern –, aber eine solche, für die jeder unvermittelte Sprung hinab wie der des Empedokles („ins All zurück die kürzeste Bahn") unmöglich ist. Denn die versunkene Glocke, die aus der Tiefe heraufklingt, läutet in Wirklichkeit *über* uns, der Himmel, der heraufglänzt, ist nur Spiegel des Himmels *über* uns. Freilich ist die innere Tiefe, die wir im Sinnlichen Durchscheinen sehen, wirkliche Tiefe, wirklicher Raum. Aber er ist es nur, indem er selber die Spiegelung eines andern, für uns nur im Spiegel wahrnehmbaren Raumes ist. Die eschatologische Sehnsucht erhält in diesem Bilde ihren für Jean Pauls ganzes Wesen so bezeichnenden Charakter der Gebrochenheit.

Freilich, rein theoretisch gilt ihm Leibniz-Herders geradliniger Aufstieg, und der ergreift uns wohl als großartiges Schauspiel: „Erhebend faßte der Gedanke den Jüngling an, daß nun dieselbe Minute Millionen kleine und lange Leben messe und den Gang der Minierraupe und den Flug der Sonne . . . ‚O Gott', rief er, ‚wie herrlich ist's, daß man *ist*!'"[3] Aber Leibgeber hat für den kosmischen Monadenaufstieg satirische Worte: von uns aus möge freilich der Fortschritt von der Austernseele zur Froschseele schon ansehnlich scheinen, „der Stockfischgeist schwingt sich in eine Gans – dann in ein Schaf . . .", endlich in den Menschen und steigt dessen Geniestufen herauf. Aber: „wenn ein Geist im Himmel sitzt und uns alle ansieht; wegen seines Abstands wird er Mühe haben

---

[1] Selina, VII.
[2] Kampanertal.
[3] Titan, 55. Zykel.

(vergebliche), einen wahren Unterschied zwischen Kant und seinen Rasierspiegeln der Kantianer, zwischen Goethe und seinen Nachahmern zu erkennen. – Denn kleinre Stufen laufen vor einem, der auf der höhern steht, völlig ein".[1] Den ernsten Grund dieses Humors enthüllt das „Kampanertal": Die unendliche Reihe läßt keinen Maßstab zu: beide, der gute und der böse Mensch, sind vom Ziel immer unendlich entfernt. „Der gewöhnliche Beweis, daß eine Gebirgskette von Giganten den Abstand vom Menschen zum Unendlichen füllen müsse, ist falsch; da ihn keine Kette verkürzt, geschweige denn füllt, die Kluft behält immer dieselbe Weite." „Ich glaube an keine erschaffene Kulmination."[2]

Die Dimension eschatologischer Vollendung liegt also gar nicht in der Blickrichtung der Wesensannäherung an Gott, in der Herder, aber auch Fichte und Schelling stets geschaut hatten. Nicht um ontologische Steigerung geht es – als ob uns Geistwerdung eine Stufe auf unserer Gotteswanderung bedeute – „der Seraph . . . muß sich ebenso viele, wenn nicht mehrere Wesen über sich denken, als ich . . ." –, sondern um die Steigerung der Gottbeziehung unserer bleibenden Menschlichkeit, um die Bildung der Liebe.

Diese beginnt in der Systole und Diastole zwischen Seele und Natur, in wechselnder Dehnung und Erfüllung des inneren Raumes durch die Wunder der Welt. Aber ihr Glanz blendet die Seele zuletzt und läßt sie darin ein inneres Auge der Sehnsucht aufschlagen, das diese ganze Zuordnung überschaut und übersteigt: „Das stolze Weltall hatte [Albanos] Brust *schmerzlich ausgedehnt* und dann *selig überfüllt*; und da er jetzt die Augen wie ein Adler weit und fest in die Sonne öffnete, und da die Erblindung und der Glanz die Erde verdeckte, und er einsam wurde, und die Erde zum Rauch, und die Sonne zu einer weißen sanften Welt, die nur am Rande blitzte, so tat sich sein ganzer voller Geist wie eine Gewitterwolke auseinander und brannte und weinte . . ."[3] Solch brennendes Weinen der Seele verkündet schon das große Rätsel der menschlichen Liebe: „Der Resonanzboden des Körpers ist weder die geistige Tonleiter, noch ihre Harmonie."[4]

Darum geht der Geist zu seiner Selbstbegegnung unmittelbar

---

[1] Siebenkäs, 11. Kap.
[2] Kampanertal (1797), S. 60, 74, 75.
[3] Titan, 2. Zykel.
[4] Kampanertal, S. 90.

durch alle objektive Natur hindurch auf den Spiegel des Mitgeistes, auf ein Menschen-Du. Hier schlägt der Liebesfunke ein Licht an, das die Tiefe aufhellt: „Ihre Herzen standen wie offene Spiegel gegen einander."[1] Albanos und Lianens Freude schwingen in eins: „so schlägt, wie zwischen zwei Spiegeln, der Glanz der Wonne zwischen teilnehmenden Herzen in wachsender Vervielfältigung hin und her und wird unabsehlich".[2] „Du steht vor dem Spiegel mit dem jungfräulichen Schleier über deiner Gestalt, und wenn dein Bild seinen leise hebt, glaubst du dich noch verhüllt!"[3] – Nur der unmittelbare Blick in uns selber verschleiert uns: „So sah er sich immer in seinem Selbstspiegel, nämlich nur verschleiert."[4]

Aber diese Enthüllung geschieht auch im schöpferischsten Augenblick immer durch Hüllen hindurch. Das „Herz ohne Brust", das im „Titan" gefeiert wird, ist das *tote*, in einem eigenen Grabmal beigesetzte des verstorbenen Fürsten. Lebende Herzen schlagen stets gegen den Kerker eines Leibes und reden nur durch fortgeleitete Zeichen: „Wahrlich, für die Seele ist jeder Körper, sogar der menschliche, nur die Reliquie eines unsichtbaren Geistes, und nicht etwa der Brief, den du küssest, auch die Hand, die ihn schrieb, ist wie der Mund, dessen Kuß dich mit der Nähe einer Vereinigung täuschet, nur das sichtbare, von einem hohen und teuern Wesen geheiligte Zeichen, und die Täuschungen unterscheiden sich nur in ihrer Süßigkeit."[5] Nicht das Bild, sondern der *Duft* der Seelen schlägt im Spiegel der Liebe ineinander. „Wir wandeln eigentlich unter unsichtbaren Geliebten . . . und so lieben und genießen wir das fremde Herz nur im Widersehen und Widerhall."[6] Jean Paul mißkennt hier nicht eigentlich Goethes Grundeinsicht, das Erblikken des Urphänomens im Erscheinenden, sondern betont nur dessen schmerzliches Geheimnis: das Locken des Durchscheinenden in seine Tiefe hinein und die Unmöglichkeit, diesem Locken durch die Schleier hindurch nachzufolgen. Denn mit dem Lüften des Schleiers verschwindet das Ganze. Darum liebt Jean Paul sosehr das Bild vom „Grabe des Herzens"[7]: „Du aber bist noch in leben-

---

[1] Titan, 93. Z.
[2] 71. Z.
[3] 66. Z.
[4] 90. Z.
[5] Siebenkäs, 15. Kap.
[6] Selina, IX, 1.
[7] Titan, 52. Z.

dige Erde eingesargt!“[1] „Sein Ich war fest und gut wie Schnupftabak in kühles Blei verpackt.“[2] Er vergleicht die geistigen Augen mit „verschwollenen“, die nicht aus dem Innern rein herausblicken können, das Schicksal mit „schweren, dicken Erdlagen“, die die Seele überbauen, während diese „geduldig in der tiefsten Höhle des Lebens eingemauert“ bleibt. Aber dieses Bild meint doch nur die schmerzliche Seite der einen, untrennbar schmerzlich-freudigen Liebeserfahrung. Gewiß wohnen die Menschen, wie es der „Hesperus“ schildert, auf einsamen Inseln, die durch Meere getrennt sind, aber die Schwingung der Wellen schafft Kommunikation: „Wenn sie so ihre Seele aussprach, verschwand vor seinem bezauberten Geiste die schöne Gestalt, wie die goldne Saite verschwindet, wenn sie zu tönen anfängt.“[3] „Und hier stand auf einmal ihre heilige Seele unwissend ohne Flor vor ihm.“[4] Aber im Rätselgesetz von Enthüllung in Verhüllung behält hienieden doch die letzte ein seltsames Übergewicht – „brauchen nicht schöne weibliche Seelen, wie jene Engel vor dem Propheten, nur zwei Flügel zum Erheben, aber vier zum Verhüllen?“[5] – so sehr, daß Ferne und Vermehrung der Hüllen zur tiefern Entschleierung werden kann: „Wie das Echo immer vielsilbiger wird, je weiter unser Ruf absteht, so muß die Seele, aus der wir ein schöneres begehren, nicht zu nahe an unsrer sein, und daher nimmt mit der Ferne der Leiber die Nähe der Seelen zu.“[6]

So wird schon klar, in welcher Richtung das *Optimum* gegenseitiger Enthüllung zu suchen ist. Nicht in der täuschenden Durchbrechung der Hüllen im Augenblick als Rausch. Der „hohe Augenblick“ kann in nichts anderem als der Schwingung des geistigen Äthers selbst bestehen. Das Statische, das er noch bei Goethe besaß (als plötzlicher Blick ins Geheimnis) wird bei Jean Paul radikal ins Dynamische aufgelöst. Die Zeit und das Wehende des Daseins stehen nicht still, sondern rauschen vielmehr auf. Alle höchsten Momente sind bei Jean Paul in eine expressionistisch aufgelockerte, verflüssigte Natur hineingestellt. „Es gibt zwischen den Alltagen des Lebens, wo der Regenbogen der Natur uns nur zerbrochen und als ein unförmlicher bunter Klumpe am Horizont

[1] Das Leben nach dem Tode (1794).
[2] Titan, 14. Z.
[3] 112. Z.
[4] 66. Z.
[5] 62. Z.
[6] 29. Z.

erscheint, zuweilen einige Schöpfungstage, wo sie sich in eine schöne Gestalt ründet und zusammenzieht, ja, wo sie lebendig wird und wie eine Seele uns anspricht . . . Indem Albano so auf dem Bergrücken . . . dahinwandelte, flutete der Nordost ihm immer voller entgegen – ohne Wind war ihm eine Landschaft eine steife, festgenagelte Wandtapete – und wühlte das feste Land zum flüssigen um."[1] „Im Himmelsblau rauschte wie ein Geist ein unsichtbarer Sturm ohne Wolken, . . . flog von Gipfel zu Gipfel und herunter auf die Erde und rauschte durch den langen, aufgewühlten Strom hinab. Wie wenn Geister um die Erde spielen oder auf ihr erscheinen wollten, so seltsam schien die helle Gegend bewegt und beleuchtet."[2] Und im Freundschaftsbund zwischen Albano und Roquairol: „Sie verstrickten sich wild – das Mark des Lebens, die Liebe, durchdrang sie schöpferisch – der Boden über dem rollenden Erdenflusse wankte heftiger – und der Sternenhimmel zog mit dem weißen Zauberrauche seiner zitternden Sterne um die magische Glut."[3] In Albanos und Lianes Liebe: „Ungehört riefen die Flöten fort, ungesehen wehten die weißen Fahnen der Sterne darüber . . . und die schwere Milchstraße bog sich wie eine Wünschelrute hernieder zu [ihrem] goldnen Glück . . . Wie ein Wasserfall überdeckte sie brausend das reiche Leben."[4] Augenblick und Liebe sind also nicht seliges Zeitvergessen, sondern steigende und dabei verklärende Flut der Zeit. Augenblick ist die Erfüllung der fliehenden Zeit als solcher: „Das Jahrhundert wirft den Blumensamen deiner Freude nur aus der porösen Säemaschine von Minuten, oder vielmehr an der seligen Ewigkeit selber ist keine andere Handhabe als der Augenblick. Das Leben besteht nicht aus siebzig Jahren, sondern die siebzig Jahre bestehen aus einem fortwehenden Leben, und man hat allemal gelebt und genug gelebt, man sterbe, wenn man will."[5] Die Berührung der Ewigkeit geschieht wie ein Streifen im Vorbeiflug: „Das ist das Leben, das ist das Glück . . . Ein kurzer Blitz ist der Vollmond der innersten Entzückung, eine kurze Unsichtbarkeit der Neumond der innersten Öde; – und immer hebt das leichte Spiel wie der Mond seinen Kreis von neuem an."[6] „So grünen

[1] 64. Z.
[2] 101. Z.
[3] 51. Z.
[4] 66. Z.
[5] 3. Z.
[6] 115. Z.

die blühenden Weingärten des Lebens immer an einem bergigen Hinauf und Hinab, nie in einer ruhigen Ebene."[1] Unmöglich, ja innerlich widersinnig ist daher eine Synthesis des Lebensglücks, da dieses nur *als* enteilendes, flüssiges Sein Glück ist: „Unser größter und längster Irrtum ist, daß wir das Leben, d. h. seinen Genuß, wie die Materialisten das Ich, in seiner *Zusammensetzung* suchen, als könnte das Ganze und das Verhältnis der Bestandteile uns etwas geben, was nicht jeder einzelne Teil schon hätte."[2] Das ist der Grund, warum Musik alle Hochszenen Jean Pauls begleitet, Musik, die nur im unhaltbaren Fließen schön ist. In wundervollster Sinnbildlichkeit gestaltet er die Szene, wo Albano, das Glück mit Liane krampfhaft verewigen wollend, ihre Hand ergreift, während sie an der Wasserorgel spielt: „Mit immer engern Kreisen faßten ihn die magnetischen Wirbel der Töne und der Liebe an. – Da riß Albano die Hand aus den Tönen und rief mit dem herzzerschneidenden Ton seiner Sehnsucht: ‚O Gott, Liane!' – Sie zitterte, sie errötete, sie sah ihn an und wußte nicht, daß sie fortweinte und ansah und nicht mehr fortspielte. – ‚Nein, Albano, nein!' sagte sie sanft und zog die Hand aus seiner und verhüllte sich – erschrak über den Stillstand der Töne – und ermannte sich und ließ sie wieder langsam strömen . . ."[3]

Hier erst ist der Widerspruch und der Schmerz ganz voll geworden, denn hier ist das Ewigkeitsstreben der Liebe an das Vergänglichste als Weg gewiesen. Hölderlins mystische Potentialität und die aus Sehnen und Qual steigende ewige Lust ist ganz nahe. Aber das Erleben, das für Hölderlin selbst das Letzte und so seine eigene Metaphysik bleibt, ist für Jean Paul nur ein Gegebenes, das er beschreibt und dessen Sinnrichtung er zu deuten sucht. Er findet freilich zunächst, daß die Einheit des Positiven (Ewigen) und Negativen (Zeitlichen) darin unauflösbar bleibt, weil eins nur durchs andere besteht. Ihre Einheit bewirkt das *Wunder* der Durchsichtigkeit, sosehr sie auch das Übersteigende wieder verhüllen mag. Albano streitet darüber mit seinem Vater: „‚Es gibt nichts Wunderbares', sagte der Ritter. – ‚Woher wissen wir alsdann, daß es etwas Natürliches gibt?' sagte Albano. ‚Das Wunder', versetzte Gaspard, ‚oder die Geisterwelt wohnt nur im Geiste.' – ‚Wir müssen uns', fuhr jener fort, ‚auch bei den gemeinsten

[1] 72. Z.
[2] 3. Z.
[3] 62. Z.

optischen Kunststücken auf etwas anderes als auf die Auflösung des Trugs der Phantasie in einen Trug der Sinnen freuen, weil uns sonst *nach* der Auflösung das Zauberwerk mehr gefallen müßte als vorher. Das sind die Stellen und Pole der menschlichen Natur, worüber die ewigen Polarwolken hängen. Unsere Landkarten vom Wahrheits- und Geisterreiche sind die Landkartensteine, welche Ruinen und Dörfer abbilden; diese sind erlogen, aber doch ähnlich.'"[1] Ähnlicher dem, was es vorlügt, als dem, worin es aufgelöst wird, ist auch das Wunder des Augenblicks. Aber dann ist diese unauflösbare Situation doch einer doppelten Deutung fähig: „Entweder die, daß der Mensch gar nicht gewohnt ist, in einer von aller Zukunft und Vergangenheit abgelösten, reinen Gegenwart glücklich zu sein, weil sein innerer Himmel, wie der physische, immer gerade und nahe über ihm finster-blau aussieht und erst um den fernen Horizont herum glänzend – oder daß es ein so zartes überirdisches Glück gibt, was, wie der Mondschein, von jeder Wolke zu dunkel wird, indes rohes wie das Tageslicht die breiteste verträgt."[2] Ohne Bild: Entweder heißt der Sinn der Situation: Sehnsucht ist ihr eigener Gegenstand, ist brennender Dornbusch. Oder die Auflösung des Widerspruchs liegt in einer vollen Jenseitigkeit, aber so, daß diese schon in den Widerspruch als Bedingung seiner Möglichkeit immanent hereinragt. Jean Paul verwirft die erste, Hölderlinsche Deutung: „‚Die Sehnsucht könnte ja ihr eigener Gegenstand sein', versetzte Ernst. ‚Ich begehre (antwortete ich, gleichsam zur Parodie) keine Antwort auf meine Frage, ob man nach Dürsten dürsten würde, ohne getrunkenes oder zu trinkendes Wasser; sondern fahren Sie fort.'"[3] „Freilich", sagt Leibgeber, „will mir's zuweilen bedünken, als müsse ein Stück von der andern Welt in diese mit herein gemalt werden, damit sie ganz und gerundet werde, wie ich oft an den Seiten der Gemälde fremde Dinge zur Hälfte angemalt gesehen, damit die Hauptvorstellung vom Rahmen abgelöset und ein Ganzes würde."[4] Das also ist Jean Pauls Deutung des Augenblicks, wie sie schon keimhaft im Meergleichnis lag: unser höchstes Glück öffnet uns eine Tiefe, welche selber erst Spiegel eines Übersteigenden, Ganzheitlichen ist, ohne dieses aber unverstehbar bleibt. Weil Erde und ihr Glück

---

1 101. Z.
2 72. Z.
3 Das Leben nach dem Tode.
4 Siebenkäs, 2. Kap.

diesen Spiegel aufdeckt, lieben wir beide. „Wenn wir das Leben wegwerfen als zu klein gegen unsere Wünsche: gehören nicht diese zu jenem und kamen von ihm? Wenn die bekränzte Erde solche Blütenufer, solche Sonnengebirge um uns zieht, will sie damit Unglückliche einschließen? . . . Was sind die dichtesten Lebensschranken anders als ein Rebengeländer, zum Reifen der Weinglut aufgebauet? . . . O Gott! . . . nie lasse mich deine Ewigkeit irgend einer Zeit leihen, ausgenommen der seligsten! die Freude ist ewig, aber nicht der Schmerz!“[1] Aber diese Beleihung bleibt ein liebender Name – die Schmerzfreude der Erde als Ganze ist Wegweiser in eine notwendige, aber unbegreifliche Vollfreude. Notwendig, da die Sehnsucht gerade in den höchsten Augenblicken am höchsten und fremdesten loht. Unbegreiflich aber, weil jede vorstellbare Befriedung ihrer für uns nur in dem Gestaltgesetz *unseres* Glückes denkbar ist: „Ja, o Gott, du wirst und kannst uns einmal eine Wirklichkeit geben, die unsere hiesigen Ideale verkörpert und verdoppelt und befriedigt – aber *dann* – nein über das *Dann* des Jenseits hat dieses kleine *Jetzt* keine Stimme; aber wenn hienieden, sag' ich, das Dichten Leben würde und unsere Schäferwelt eine Schäferei und jeder Traum ein Tag: o, so würde das unsere Wünsche nur erhöhen, nicht erfüllen, die höhere Wirklichkeit würde nur eine höhere Dichtkunst gebären und höhere Erinnerungen und Hoffnungen – in Arkadien würden wir nach Utopien schmachten.“[2]

Dann aber muß der Mensch über den Geliebten hinauslieben (dessen Unendlichkeit nur selber Spiegel und Sehnen ist), etwas wollen, das er nicht kennen kann, etwas erstreben, was sein Wesen aufhebt. Er wird auf ein Folterkreuz gespannt, das ihn zerreißt. Sich selbst verwirklichen heißt doch: seine höchste Möglichkeit erstreben; aber diese, der Augenblick, verselbständigt sich sozusagen zu einer neuen, zweiten Sehnsucht, die nicht *seine* ist. An seiner Grenze, die doch seine höchste Freiheit ist, wird er überfallen und gezwungen, etwas zu ersehnen, was seine ganze Freiheit übersteigt. „Aber wozu soll nun im Menschen die Doppelrichtung, gleichsam neben der einen des Wurzelkeimchens, das hinabwärts dringt und in der Erde sich voll befriedigt, das andere eines Stengelkeimchens, das sich aufwärts drängt nach einem himmlischen Blau und Licht?“[3]

---

[1] Titan, 108. Z.
[2] 45. Z.
[3] Selina, VII.

III. Existentiale Eschatologie

Das ist die eschatologische Frage, existentiell gestellt. Jean Paul stellt sie nie anders, auch wo er theoretische Beweise für und gegen die Tatsache und die Weise menschlicher Ewigkeit bespricht. Diese theoretischen Teile seiner Eschatologie sind, in sich genommen, meist unoriginell, lehnen sich stark an Herder und andere Vorbilder an. Wir haben sie also nicht im einzelnen zu erörtern. Aber die Frage, welche „Beweise" Jean Paul ablehnt, wird uns doch den Zugang zu seiner existentialen Fragestellung bahnen können. Zunächst berührt er gar nicht die sogenannten metaphysischen Beweise aus der Einheit und folglich Unzerfallbarkeit der Seele. In dieser abstrakten Fassung würde ihm der Beweis zu jener Art des Philosophierens gehören, in dem „Gründe für alles zu finden [sind], wie die Weiber wissen",[1] und welches, ein paar Tropfen aus dem Meere schöpfend, darin die blaue Farbe des ganzen verliert. Die Frage der Unzerfallbarkeit, für ihn eine der brennendsten, wie auch der Beweis aus der unaufhebbaren Individualität des Bewußtseins, entscheidet sich ihm erst in der Liebesordnung zwischen Gott und Seele – „Was aber Liebe ist, das weiß die Philosophie nicht"[2] –, sie entscheidet sich in der Situation lebenden Zusichkommens: Aber „am wenigsten zu sich kann der Gelehrte vor Sachen kommen".[3] („Stets lieben und suchen wir Sachen auf Kosten von Personen, und der Mensch, der zuviel arbeitet, muß zu wenig lieben."[4]) Jean Paul vollzieht hier die schroffe Scheidung seines Freundes Jacobi zwischen toter Reflexion und lebendiger Erfahrung aus ganzem Herzen mit. – Als zweiten lehnt er aber auch den Sanktionsbeweis grundsätzlich ab. Einmal sprechen hier Einflüsse Kants und Fichtes mit: „Der Mensch verdient weder sein Glück noch sein Unglück." „Tugend kann so wenig belohnt werden als Glückseligkeit, am wenigsten mit dieser selber."[5] Und abgesehen davon: „es ist an uns Menschen überhaupt nicht viel zu belohnen. Unser Bischen Gutsein ist so windstoßweise – so ein Sonntaganhang an die Geschäftswoche – so unterwegs und verpackt in hundert andere Bestrebungen und Wünsche und so wech-

[1] An Jacobi, 3. März 1800.
[2] Selina, Nachl. XI.
[3] Selina, Vorrede.
[4] Siebenkäs, 23. Kap.
[5] Selina, V, Nachl. IX.

selnd an Grad und Auswahl, daß niemand für einige Stunden und partielle Sonnenunfinsternisse seiner Moralität einen ewigen Himmel verlangen kann".[1] Ebensowenig scheint für Jean Paul ein so radikales Bössein im Menschen möglich, daß ihm eine ewige Hölle zugeordnet sein müßte. So sucht er, darin wieder Herder am verwandtesten, die ganze ethische Frage aus dem „abstrakten" Rechtsstandpunkt in eine konkrete Liebesordnung zu übertragen, wo sie ihm geradezu sinnlos erscheint: „Eine gute Handlung belohnen heißt . . . einen Kuß der Liebe belohnen."[2] Weiterhin aber lehnt er jeden rein theologischen Beweis ab, ja „die tausendjährige Enge der theologischen An- und Aussichten, durch welche das Bestimmte und Lebendige unserer Sehnsucht sich in Unbestimmtes und doch Einengendes . . . verwandelt",[3] scheint ihm sogar schädlich.[4] Am schärfsten endlich verwirft er die Beweise aus dem Elend des Diesseits, als ob nicht vielmehr sein Glanz und sein Glück uns Ewigkeit verbürgten.

Statt Philosophie und Theologie scheint ihm – die Kunst den Menschen am nächsten vor die konkrete Situation seiner Ewigkeit gegenüber zu führen. Denn diese Situation ist das existentielle Erblicken des Wunders der Welt- und Daseinstiefe. „Mein Skeptizismus . . . bezieht sich nicht vernichtend auf die Menschenkraft zu erkennen, wie bei Hume . . . sondern auf die Unergründlichkeit und Unermeßlichkeit des Lebens, das wir uns mit ein paar geoffenbarten Religionen und Philosophien aufzuhellen meinen."[5] Schellings „Weltseele" lesend, lacht er auf: „Er hat heraus, was das Leben ist."[6] Kunst hat das maieutische Talent, zu zeigen ohne zu erklären. Sei es dialektisch („Alle Untersuchungen sollten, wie die platonischen und lessingschen, poetisch, nämlich dramatisch sein"[7]), sei es einfach in die Situation führend („Der Dichter allein bringt [den Gelehrten] ein wenig wieder nach Hause zu sich"[8]). „Der Philosoph wird zu keinem Dichter; aber der Dichter kann leicht zum Philosophen herab."[9] „Der Dichter gleicht dem Bewohner des heißen Erdgürtels, dem alle Sterne auf- und untergehen müs-

[1] VI.
[2] Selina, Nachl. IX.
[3] I, 3.
[4] Vgl. Wider das Überchristentum 4, 14.
[5] 14.
[6] An Jacobi, 6. März 1799.
[7] Über den Tod nach dem Tode.
[8] Selina, Vorrede.
[9] Clavis Fichtiana, § 15.

sen; der Philosoph dem Polarländer, der nur die Sterne *seines* Poles in Parallelenkreisen, aber nie auf- und untergehen sieht."[1] So läßt Dichtung auch die Sterne der Ewigkeit *untergehen*, damit sie in ihrem wirklichen Aufgang gesehen würden. In der Vorrede zur „Rede des toten Christus" sagt Jean Paul: „Die Menschen leugnen mit ebensowenig Gefühl das göttliche Dasein, als die meisten es annehmen. Sogar in unsere wahren Systeme sammeln wir immer nur Wörter, Spielmarken und Medaillen ein, wie geizige Münzkabinetter und erst spät setzen wir die Worte in Gefühle um, die Münzen in Genüsse. Man kann zwanzig Jahre lang die Unsterblichkeit der Seele glauben – – erst im einundzwanzigsten, in einer großen Minute erstaunt man über den reichen Inhalt dieses Glaubens, über die Wärme dieser Naphtaquelle." „Auch hab' ich die Absicht, mit meiner Dichtung einige lesende oder gelesene Magister in Furcht zu setzen, da wahrlich diese Leute jetzo, seitdem sie als Baugefangene beim Wasserbau und der Grubenzimmerung der kritischen Philosophie in Tagelohn genommen worden, das Dasein Gottes so kaltblütig und kaltherzig erwägen, als ob vom Dasein des Krakens und Einhorns die Rede wäre."[2] Jean Paul kleidet daher alle seine Schriften über das Jenseits immer in eine Erzählung, um sie aus einer konkreten Situation heraus ihre Wahrheit gewinnen zu lassen. So im „Kampanertal", in „Selina", im „Tod nach dem Tode", in der „Vernichtung" usw. Es ist zumeist eine Liebessituation, und der „Beweis" nichts anderes als die „Existentialanalyse" *dieser* Situation. Wenn Jean Paul hier von „Gefühl" spricht, so ist es nicht das flüchtige Liebesgefühl allein, oder eine intentionslose, blinde Zuständlichkeit, sondern jene daseinerschließende „Gestimmtheit", von der Heidegger spricht, und daseinfühlende Erschlossenheit, wie sie vorzüglich Goethe beschrieb. Der Glaube an menschliche Ewigkeit, sagt in diesem Sinn Jean Paul, „ruht nicht auf vereinzelten Beweisen wie auf Pfählen oder Füßen, die man nur umzubrechen brauchte, um ihn umzustürzen, sondern er wurzelt mit tausend unsichtbaren Fasern auf dem breiten Boden des Gefühls. Daher kann man jemand bis zum Verstummen widerlegen, ohne ihn doch zu überzeugen; das Gefühl überlebt die Einsicht, wie der Schmerz die Trostgründe".[3]

---

[1] Selina, Vorrede.
[2] Siebenkäs: 1. Blumenstück.
[3] Selina, IV, 2.

Jean Paul verweilt lange bei der ersten eschatologischen Frage nach dem *Ob* der Unsterblichkeit, und wendet seine existentiale Methode dabei an: den Menschen zum *Leben* des „Vernichtglaubens“ zu zwingen, „ihm den Vernichtglauben recht nahe vor Aug’ und Herz zu rücken und ihn gerade hinunter steilrecht im finstern Raum ohne Himmel und ohne Hölle, ja ohne Raum sehen zu lassen“.[1] Denn er kann lange diesen Glauben als ein äußerliches Theorem verteidigen, „bis heftige Erschütterungen des Schicksals oder der Dichtkunst vor ihm den bedeckten Grund seines Innern gewaltsam entblößen“[2] und in dessen „Abgründe und Feuerberge, . . . Grüfte und Krater“ den Blick freigeben.[3] Es ist klar, wie sehr die philosophische Situation der Zeit die Methode begünstigte. Denn diese ist im Grunde nur eine Ausbeutung der Gefühlsdialektik des jungen Schiller zwischen Weltlust und Weltgrauen, Tagseite und Nachtseite des Daseins, wie sie sich durch die ganze Epoche des Idealismus fortsetzt. Aber während im reifen Schiller, bei Goethe, aber in gewissem Sinn auch bei Tieck, Schlegel, Schubert, Carus und vollends bei Kleist, Görres und Schopenhauer in verschiedener Weise eine Synthese beider Ansichten sich vollzieht, so daß die Nachtseite positiv ins religiöse oder mystische Weltbild eingebaut erscheint, bleibt Jean Paul zumeist beim schroffen Entweder-Oder, wie es die Gefühlsdialektik der Juliusbriefe, Werthers und des „Spinoza“ Jacobis verlangte. Nachtseite als furchtbare Möglichkeit eines gelebten Materialismus bleibt immer Traum, Alp, Vision, Möglichkeit, und weicht einem dankenden, erleichterten, in Tränen aufatmenden Erwachen. Sofern Jean Paul hier eine geistige Entwicklung nicht mitvollzieht und die Probestellung seiner Jugend unverändert beibehält – muß er doch Fichte, um ihn zu widerlegen, erst auf die Formel des Solipsismus, Schelling auf die des Materialismus zurückführen! –, behält seine existentiale Eschatologie, zumal das Alterswerk „Selina“ etwas Rückständiges. Anderseits ist er sich freilich der Möglichkeit dieser positiven Einbeziehung der Nachtseite weitgehend bewußt, und wenn er sie als solche bekämpft, sucht er das Bleibende der Situation Jacobis in die neue Zeit zu retten. Seine existentialen Vergegenwärtigungen der Vernichtung gehören daher welt-

---

[1] I, 2.
[2] Die Vernichtung (1796).
[3] Selina, I, 3.

anschaulich verschiedenen Schichten an, so sehr sie sich äußerlich gleichen.

Gegen den französischen Mode-Materialismus wenden sich zunächst die Vision „Die Vernichtung" (1796), die Erzählung „Das Leben nach dem Tode" (1794), „Die Schönheit des Sterbens in der Blüte des Lebens; und ein Traum von einem Schlachtfelde" (1813), endlich die „Darstellung des Glaubens an Vernichtung" in Selina. Die Weltuntergangsvisionen, zu denen Klopstock und Herder die Farben leihen, führen hinein in einen sich je schon jetzt vollziehenden Untergang alles Sinns, aller Liebe und aller Lust. „Ohne Unsterblichkeit kannst du niemand sagen: ich liebte; du kannst nur seufzen und sagen: ich wollte lieben."[1] Denn der einzige Gegenstand der Liebe: das ewige Fünklein der Seele, verascht in Gräbern. „Ein Sarg wurde durchsichtig – im weichen Gehirn des darin zusammenfallenden Menschen blickte noch das lichte Ich, vom Moder überbauet, von einem kalten, finstern Schlaf umwickelt und vom zersprungenen Herzen abgeschnitten. Ottomar rief: ‚Lügende Gestalt, das Ich glimmt noch – wer zertritt den Funken?' – Sie antwortete: ‚Das Entsetzen!'"[2]

Die berühmteste von Jean Pauls Weltend-Dichtungen, die „Rede des toten Christus vom Weltgebäude herab, daß kein Gott sei", ist nicht gegen die Vernichtung der Seelen, sondern gegen den Ausblick auf ein ewiges Leben ohne Gott gerichtet. Aber diese Ewigkeit ist *als* Weltende geschildert, weil es Ende des Lebenssinnes ist. Gott ist die Bedingung der Möglichkeit menschlichen Lebens, dessen Sinn Liebe ist. Denn Liebe ist immer ein in die Ewigkeit sehnsüchtig aufgeschlagenes Auge. Darum erscheinen dem Träumenden die Menschen als augenlose Tote: „Er schlug mühsam ziehend das schwere Augenlid auf, aber innen lag kein Auge und in der schlagenden Brust war statt des Herzens eine Wunde. Er hob die Hände empor und faltete sie zu einem Gebete; aber die Arme verlängerten sich und löseten sich ab, und die Hände fielen gefaltet hinweg." Christus aber, nachdem er in allen Abgründen den Namen des Vaters gerufen und nur das Echo des Chaossturms ihm antwortete, blickt endlich empor „nach dem göttlichen Auge", aber nur eine leere, bodenlose Augenhöhle starrt ihn

[1] Selina, I, 3; vgl. auch: Der Traum einer Wahnsinnigen (1809), Begräbnistraum (Ernste Gedanken und Dichtungen (1812), Die wunderbare Gesellschaft in der Neujahrsnacht (1801).

[2] Die Vernichtung.

an. Da bricht er in unendliche Klage aus und die Riesenschlange der Ewigkeit windet sich zerquetschend um die Welt.

Aber gibt es nicht edle menschliche Liebe, welche mit dem schmerzlichsten Verzicht auf ewiges Leben wahrhaft liebt? Klingen nicht die Stimmen Nietzsches, Spittelers schon an, wenn diese Möglichkeit ernst genommen wird: „eben wegen dieser Kürze der Liebe wollen wir die Wärme verdoppeln und uns so lieben, so lieben, so innig, so ewig!“?[1] In der „Klage ohne Trost“ des „Kampanertals“ ist eine Weltend-Vision aus dieser existentialen Situation versucht: „Ist das der Magnetberg mit den Nägeln angerissener, zerbrochener Schiffe überdeckt? Nein, es ist die große Erde mit den Knochen zertrümmerter, zerfallener Menschen bestreut . . . Fliehe hin in die Sonne, die dich auflöset, stumme Wüste mit deinen eingesognen Tränen und mit dem vertrockneten Blute.“ „Meine Trauer ist edel und tief, denn sie ist ohne Hoffnung.“[2] Für sich selbst hat Jean Paul auf diesen stärksten Einwand „ewiger Liebe“ in der Zeit nur das Wort: „Ach Gott, wo wäre denn diese Ewigkeit?“[3] Aber im Werke muß eine existentiale Widerlegung versucht werden. Diese fällt nun freilich in vielen Fällen dürftig aus. Der Karlson des „Kampanertals“, der Dichter der „Klage ohne Trost“, hat sich in „Selina“ zum Ewigkeitsglauben bekehrt, als er die Folgen des Materialismus, der die Grundlage seiner ehemaligen Überzeugung war, gewahr wurde.[4] Zumeist aber enthüllt Jean Paul in den Leugnern moralische Defekte: Härte und geistige Starrsucht (Gaspard), Frivolität (Bouverot), ungezähmte Leidenschaft (Roquairol). Nur einmal hat er die Frage in ihrer ganzen Tiefe angefaßt: in der genialen Charaktergestaltung des Leibgeber im „Siebenkäs“, der als Schoppe im „Titan“ wieder auftritt. In dieser Figur hat Jean Paul seine Haßliebe zu Fichte ausgesprochen, eine magische Anziehung durch seinen edlen, lautern Stolz und instinkthafte Abneigung gegen seine harte, selbstherrliche Unduldsamkeit. Freilich, um Leibgeber zu verstehen, dem er nachträglich die „Clavis Fichtiana“ in den Mund legt, muß man nicht übersehen, daß der Mann, wie er in „Siebenkäs“ und „Titan“ erscheint, keineswegs schon Fichteaner ist. Seine Leidenschaft gilt dem Paradox, daß Reinheit, Lauterkeit, Liebe in einer so erbärmlichen und

---

[1] Selina, Nachl. VIII.
[2] S. 124, 129, 126.
[3] Nachl. VIII.
[4] I, 2.

kleinlichen Welt, wie der des Menschen, möglich ist. Darum ist er einerseits der satirische, rücksichtslose Enthüller dieser Kleinheit, wo sie sich als Tugend und Größe ausgibt, anderseits der humoristisch-zarte Verhüller des Geheimnisses wirklicher Liebe und Schönheit in die Alltagsgewänder des Daseins. Er würde, in seiner Sprache gesagt, weniger rot, „wenn er seinen Steiß als wenn er sein Herz enthüllen" müßte. Beides ist die Form seiner einen Wahrheitsliebe. Seine Indignation verhüllt er in spielende Satire, seine unwandelbare Treue in Sprödigkeit, um sie vor befleckender Berührung zu bewahren; Liebe ist ihm nur wahr, wenn sie von sich wegsieht. Seine Unsterblichkeitsleugnung hat daher einen schillernden Doppelaspekt. Einmal erhofft er vom Tode die Befreiung von der Qual des Paradoxes: In einer Predigt beschreibt er „die künftigen Freuden eines Christen, welche, wie er lästerlich gesagt, in einer Himmelfahrt ins künftige Nichts, in dem Tode nach dem Tode beständen, in einer ewigen Befreiung vom Ich".[1] Dann aber ist seine Leugnung auch Ausdruck der Spannung des Paradoxes selbst: „Beim Henker! wer sagt euch denn, daß dort der ganze hiesige Armensünder-Kirchhof auf einmal als eine unsichtbare Kirche voll Märtyrer und Sokratesse einziehen werde und jedes Bedlam als eine Loge zum hohen Licht?"[2] Aber dieser zweite Leugnungsgrund, die unendliche Unbedeutendheit des Hiesigen und seine „Wüstenei" führt Schoppe doch schließlich zum entscheidenden ersten zurück: „So sehr ich mich dagegen verpallisadierte und mich festmachte, um nicht über jedermann zu steigen und als das Faktotum der Welt oben zu sitzen, so kam ich doch am Ende unvermerkt und stehend in die Höhe, bloß weil unter meinem langen Besehen der ganze Erdkreis voll Schaumberge und Nebelriesen immer tiefer auftauete und zusammenkroch, und schaue nun allein und trocken von meinem Berghorn herunter, ganz besetzt mit Blutigeln des Weltekels."[3] Diese Trockenheit aber ist vertieftes Leiden am Paradox des Daseins zwischen einem verhüllten heilig-reinen Ich und der „so äußerst leeren Sache" des Zeitlebens. Hier beginnt nun Schoppes ergreifende Tragödie, sein Sinken in Wahnsinn und völlige Vereinsamung, sein existentieller und zugleich pathologischer Fichteanismus. Es ist Jean Pauls Gericht über diese Philosophie und darin doch wie ein zärtlicher

[1] Titan, 121. Z.
[2] 55. Z.
[3] 122. Z.

Abschied von ihr. Das innerste Geheimnis von Leibgebers Seele ist seine Liebe zu Siebenkäs, der ihm zum Verwechseln ähnlich sieht. Später, im Wahnsinn, sagt er, bei einer Begegnung mit ihm könnte er nur sprechen: Ich-Ich.[1] Aber als er den Geliebten nach dessen Scheintod auf immer verlassen muß, umhüllt sich ihm dieses Geheimnis immer mehr mit den Schalen des Weltekels, des spröd sich verdeckenden Humors, der quellende Dialog seiner Seele versickert in einen unheimlichen Monolog mit sich selbst. Die Seele wird ihm begraben und indem die äußere Welt wie zusammensinkender Schaum ihm untergeht, erlischt das lebendige Du in ihr, während sein Spielen mit der Idee des „reinen Ich" unvermerkt zum verzaubernden Ernst sich verdichtet. Beim Abschied vom „gestorbenen" Firmian Siebenkäs, nachdem beide ihre Kleider vertauscht, klingt das Unheimliche erstmals an. „Da sah Leibgeber zufällig in den Spiegel. ‚Fast sollt' ich mich doppelt sehen, wenn nicht dreifach', sagt' er, ‚einer von mir muß gestorben sein, der drinnen oder der draußen. Wer ist hier in der Stube denn eigentlich gestorben und erscheint nachher dem andern? Oder erscheinen wir bloß uns selber? He, ihr meine drei Ich, was sagt ihr zum vierten?' fragte er und wandte sich an ihre beiden Spiegelbilder und dann an Firmian und sagte: ‚Hier bin ich auch!' Firmian, welchen mitten in seinem bewegten Herzen der kühlere Verstand das gefährliche Wachstum dieser metamorphotischen Selberspiegelung durch die Einsamkeit des Reifens befürchten ließ, äußerte zärtlich besorgt: ‚Lieber Heinrich, wenn du auf deinen ewigen Reisen künftig immer so einsam bleibst, ich fürchte, es schadet dir. Ist doch Gott selber nicht einsam, sondern sieht sein All.' ‚Ich kann in der größten Einsamkeit immer zu dritt sein, das All nicht einmal gerechnet', antwortete Leibgeber, . . . und trat vor den Spiegel und drückte mit dem Zeigfinger den Augapfel seitwärts, so daß er in jenem sein Bild zweimal sehen mußte – ‚aber du kannst freilich die dritte Person darin nicht sehen'."[2]

Vollendetes Bild für die Ablösung der übersteigenden Dreieinigkeit menschlicher Liebe durch die immanente trinitarische Einsamkeit des idealistischen reinen Ich. Und indem hier die Kluft zwischen beiden „Trinitäten" sich so unüberbrückbar öffnet wie zwischen Wahrheit und Wahnsinn, wird sie zum Gericht über Novalis' glei-

---

[1] Clavis, § 14.
[2] Siebenkäs, 22. Kap.

tende trinitarische Liebe von Ofterdingen–Sophie–Astralis: „Du kannst freilich die dritte Person darin nicht sehen . . .“

Diese dritte Person, die innere Liebe der Pole, verschwindet aber auch für Leibgeber mit dem Erblassen des lebendigen Du, und alles wendet sich ihm wachsend zu einer unheimlichen Angst vor der Verdoppelung des Ich, welche die Vernichtung des existentialen Dialogs anzeigt.

Aber diese Angst, daß ihm das reine Ich ansichtig werden könnte, hat doch noch ein anderes Vorspiel. Seine Unsterblichkeitsleugnung, die auf der paradoxen Zerrissenheit menschlicher Existenz zwischen einer göttlichen Reinheit und Ewigkeit in uns und unserer zeitlich-leeren Individualität ruhte, war doch selber nur humoristisch entsagende Verhüllung einer viel tieferen Liebe – eben zum Ewig-Reinen in uns, zu Gott, und der Wunsch, der leeren Zeitlichkeit zu entsagen und so seine Individualität zu verlieren, war die verhüllte Sehnsucht nach Heimkehr ins Ewige: Darum das frühe, geheimnisvolle Gespräch der Freunde: „Firmian sagte nur dumpf: ‚Heinrich, glaube an die Unsterblichkeit! Wie wollen wir uns denn lieben, wenn wir verwesen?‘ ‚Still, still!‘ sagte Heinrich. ‚Heute feiert’ ich meinen Namenstag, und der ist genug; einen Geburtstag hat der Mensch nicht und mithin einen Sterbetag desfalls nicht.‘“[1] Und deutlicher bei der Trennung: „Leibgeber antwortete bloß: ‚Man muß sich auch lieben, ohne sich zu sehen, und am Ende kann man ja bloß die Liebe lieben, und die können wir beide täglich in uns selber schauen.‘“[2] Aber dann, in der überhandnehmenden Vereinsamung, wird diese Liebe in Angst verschalt: „Alles kann ich leiden, nur nicht den Mich, den reinen, intellektuellen Mich, den Gott der Götter . . . aber noch setzt [er] mir merkbar nach. Man sieht das am besten auf Reisen, wenn man seine Beine anschaut und sie schreiten sieht und hört und dann fragt: wer marschiert doch da unten so mit? – Ewig redet er ja mit mir; sollt er einmal leibhaftig vor mir auffahren, dann wär ich nicht der Letzte, der schwach würde und totenblaß.“[3] Solche Wendung der Liebe zum Ewigen in Angst vor seinem Erscheinen hängt aber wieder innerlich mit Leibgebers „Humor“ zusammen. Denn dieser ist die Leidenschaft des Indirekten, des Verhüllens alles Heiligen und Reinen in die ungemäßen Gewänder der Weltlichkeit, und diese

[1] Siebenkäs, 12. Kp.
[2] 12. Kap.
[3] 22. Kap.

Leidenschaft überträgt sich auf Leibgebers Gottverhältnis selber. Er, als der Winzige, Weltliche, verhüllt sich freiwillig in Einsamkeit und Schweigen. So wird das Ende der Ehrfurcht zum Anfang der Angst, gemäß einer seltsamen Dialektik des Humors.

In dieser Situation wird Leibgebers Haltung, da er den langsam, aber unaufhaltsam nahenden Wahnsinn spürt, von einer tragischen Größe. Denn einmal erkennt er zwar die Erlösung seines Leidens am Zwiespalt des Daseins. „Es gilt dann nur“, sagt er scherzend, „daß ich einen liebreichen favorablen Fixwahn finde und anerkenne, der gut mit mir umgeht. Kann ich's dahin bringen, etwa der erste Mensch zu sein im irrigen Hause – oder der zweite Momus – oder der dritte Schlegel . . . – oder gar das Universum – oder gar der Weltgeist selber: so ist mein Glück gemacht und dem Lebensskorpion der ganze Stachel ausgeschlagen.“[1] Dann aber weiß er doch, daß mit dem Erlöschen der Angst doch der furchtbarere Scheintod des Liebesfunkens selber sich vollzieht. Und wenn er nun doch *furchtlos*[2] der vollen Verhüllung entgegengeht, im reinen, starken Vertrauen, daß dieser volle Weltuntergang den ewigen Funken in ihm nicht löschen kann, wenn er die Angst fast scherzhaft mit dem Wahnsinn vertauscht und noch den Traum des Gottseins aus verborgener Liebe zu Gott annimmt – so ist damit eine tragisch-heroische Situation erreicht, die zu den erhabensten des deutschen Idealismus gehört. Schillers aszetische Entäußerung des Herzens ist aufs Höchste gesteigert, Fichtes Titanismus *so* überwunden, daß sein Kostbarstes, gerade im Gericht über ihn, doch diesem verherrlicht entsteigt.

Darum ist auch Schoppe-Leibgebers Todesszene von letzter poetischer Folgerichtigkeit. Sein Freund Siebenkäs eilt herbei und findet den Wahnsinnigen.

„‚Mein Schoppe . . . ich suche dich; kennst du mich nicht?‘ ‚Lange genug! du bist der alte Ich – nur her mit deinem Gesicht an meins und mache das dumme Sein kalt‘, rief Schoppe mit letzter Mannskraft. ‚Ich bin Siebenkäs‘, sagte das Ebenbild zärtlich und trat ganz nahe. – ‚Ich auch, Ich gleich Ich‘, sagt er noch leise: aber dann brach der überwältigte Mensch zusammen, und dieser reinigende Sturm wurde ein seufzendes, stilles Lüftchen . . . Siebenkäs, der nichts erraten konnte, hob weinend die kalte, festgeschlossene Hand an sein Herz, an seinen Mund und

[1] Titan, 122. Z.
[2] 91. Z.

rief: ‚Bruder, blick auf, dein alter Freund . . . steht ja neben dir . . . er sagt dir tausend Lebewohl!‘ – Das schien durch die dem Leben noch offnen Ohren ins brechende Herz noch süße Töne der alten, lieben Zeit und heitere Träume der ewigen Liebe zu führen – der Mund fing ein kleines Lächeln an, von Lust und Tod zugleich gezogen . . . und lächelnd blieb der Verstorbene auf der Erde zurück.“

Und Jean Paul sendet dem „strengen, festen Geist“, in dessen „Abendgewitter noch eine sanfte spielende Sonne quoll“, die alles erhellenden Trauerworte nach:

„Die Erdkugel und alles Irdische, woraus die flüchtigen Welten sich formen, war dir ja viel zu klein und leicht. Denn etwas Höheres als das Leben suchtest du hinter dem Leben, nicht dein Ich, keinen Sterblichen, nicht einen Unsterblichen, sondern den Ewigen, den Allerersten, den Gott – – Das hiesige *Scheinen* war dir so gleichgültig, das böse wie das gute. Nun ruhst du im rechten *Sein*; der Tod hat vom Herzen die ganze schwüle Lebenswolke weggezogen, und das ewige Licht steht unbedeckt, das du so lange suchtest, und du, sein Strahl, wohnst wieder im Feuer.“[1]

Jean Paul hat hier darum einen Gipfel erreicht, weil die sonstige Entweder-Oder-Dialektik von Tagseite und Nachtseite der Welt auf eine einzigartige Weise zugleich überwunden und beibehalten ist. Jenes, sofern der weltzersetzende Wahnsinn wirklich positiven Sinn in der Apokalypse dieser Seele erhält, nicht nur als aufrüttelnder Traum, sondern als furchtbare Wirklichkeit – dieses, sofern Nachtseite nicht wie bei Schelling und Schopenhauer zur dämonischen Realität metaphysiziert, sondern als Krankheit – welche gerade die des Idealismus ist – gewertet erscheint. Jean Paul hat damit Hölderlins Schicksal gedichtet und begreifend überwunden – wenn hier von Überwinden gesprochen werden darf. Er hat endlich in dieser Gestalt seine entscheidende Antwort auf die Möglichkeit einer sittlichen, edlen und existentiellen Leugnung persönlicher Fortdauer gegeben. Schoppe geht letztlich an der ins Einseitige gesteigerten Dialektik des Humors zugrunde. Indem er in fast fanatischer Wahrheitsliebe das Ewige vom Zeitlichen reinhalten will und als grimmiger Wächter des Paradoxes vor seinen Verhüllungen schützend steht, entgleitet ihm das Wunder des Augenblicks, die positive Durchsichtigkeit des Ewigen im Zeitlichen, im

[1] Titan, 139. Z.

Wehenden und Vergehenden. Freilich ist ihm zunächst nur die falsche Gefühlsseligkeit zuwider, welche das Existentielle mit einer schwächlichen Aufblähung des Herzens verwechselt. „Ich habe diese verdammte Erhebung der Seelen bloß aus Niedrigkeit wohl öfters mit den englischen Pferdeschwänzen verglichen, welche auch immer gen Himmel stehen, bloß weil man ihre Sehnen durchschnitten. Soll man nicht toll werden, wenn man alle Tage höret . . . wie die gemeinsten Seelen, die Leberreime und Trompeterstückchen der Natur, sich durch die Liebe über alle Leute erhoben denken wie Katzen, die mit angeschnallten Schweinsblasen fliegen.“[1] Aber schließlich geht ihm diese Entrüstung so sehr in Natur über, daß er auch einer augenblickschaffenden reinen Liebesäußerung unfähig wird. Aber Lieben in einer zeitlichen Existenz muß eben, wie Jaspers es zart beschrieben hat, auch in ihren keuschen Enthüllungen Würdelosigkeit wagen, und auch Humor als beherrschende Lebensform ist noch eine Gestalt der Selbstbewahrung.

Darum steht für Jean Paul neben der Welt des Humors, der das Ewige enthüllend *verhüllt*, die des echten Enthusiasmus, der es verhüllend *enthüllt*. Uns so hat er doch eine Synthese zwischen Tagseite und Nachtseite geschaffen. Nicht freilich, sofern diese letzte Angst und Entsetzen sagt. Wie ihm die metaphysische Tiefe des Bösen (gleich Herder) entgeht, so hat er die ödeste Nacht der Seele nur in einem Ausnahmsfalle, eben im Wahnsinn Schoppes, positiv verstehen können. Wohl aber, sofern das Höchste der Zeitlichkeit, der existentielle Augenblick, Durchsichtigkeit des Ewigen gerade in erhöhter Vergänglichkeit ist. Darum haben seine Vernichtungsvisionen den maieutischen Sinn, für das Erlebnis der Nichtigkeit aufzulockern. Fausts Wort: „In deinem Nichts hoff' ich das All zu finden“ enthüllt den Sinn dieser Angstträume. Jean Pauls existentiale Apokalypse ist eins mit seiner Metaphysik des flüssigen Zeitseins. „Zwei Sinne, durch welche wir die Bewegung erkennen, stellen uns durch diese am lebhaftesten das Vergehen dar, das Ohr durch Musik, das Auge durch Fließen.“ „Bloß unser Geist spiegelt uns an der Natur – die, wenn auch unsichtbar, ewig wechselt und anders wird – etwas Bestehendes durch sein Zusammenfassen und Erinnern und Fortfühlen vor; z. B. ein schöner Abend, der aus lauter *Zerfließungen* besteht, hält sich in uns als ein *ganzer* schöner Abend fest.“ „Die elende Dünnigkeit der Zeit bemerken

[1] Titan, 61. Z.

wir nicht, sondern sehen diese für dichte Masse an, weil uns die Zukunft und die Vergangenheit in großen, festen Stücken erscheinen; die Gegenwart hingegen ihr Vertropfen hinter die fallenden Tropfen der Augenblicke verbirgt." „Ist denn die Dauer etwas besseres als ein auseinander gelegtes und wiederholtes Sterben?"[1] „Die Erde ist nicht unsere Mutter . . ., sondern im Flüssigen wird alles gebildet; daher gehörte der Leib mehr ins Feuer und ins Wasser als in die Erde. Erst später legt sich immer mehr Erde in uns an, als wolle sie uns von innen begraben."[2] Und doch ist dieses Aufrauschen des Zeitflusses zugleich das der Ewigkeit: „Alles Zeitliche geht in der Ewigkeit vor, und wird eben dadurch etwas Ewiges." Freilich, für das Herz ist es weniger das Erlebnis, als sei sein zeitliches Dasein im Feuer der Ewigkeit aufgehoben, denn als das umgekehrte, schmerzlichere. Dem Bild des brennenden Dornbusches stellt sich bei Jean Paul ein genau entsprechendes entgegen: „Sein Herz war ein beschriebenes Asbestblatt, ins Feuer geworfen, brennend, nicht verbrennend."[3] Zeit ist das holocaustum des ewigen Herzens, in dem es sich zur Ewigkeit läutert. Sie stellt, im Erleben ihrer negativen Dünnheit und positiven, rauschenden Musik, allererst vor, „das Glück, zu sein"[4] und ebendarin vor den einzigen wirklichen und existentialen Beweis unserer Fortdauer und Ewigkeit. Denn unsere Ergriffenheit vor diesem schmerzlichen Glück ist eine solche im wörtlichen Sinne: „Er, er, mit seiner Wahrheit, mit seiner Liebe, mit seiner Heiligkeit redet unser Herz an und sagt: Du kannst nicht vergehen." „Mir waren bisher alle Ihre Beweise sehr angenehm, so weit ich sie verstand; aber zuletzt kommt doch alles auf eine Gottheit an, die uns unsterblich macht."[5] Und wenn Jean Paul früher alle Ansprüche auf Seligkeit abgelehnt hat, wo es um Belohnung von Tugend ging, so scheut er sich nicht, das Erlebnis des Seins auf einen solchen Anspruch hin zu interpretieren. Er tut dies dann in ähnlichem Sinne wie Kant Unsterblichkeit „postuliert". Weil Ewigkeit hier *immanente* Bedingung der Möglichkeit eines solchen Erlebens ist und diese Bedingung doch *nicht in unserem Wesen*, sondern in einer freien Anrede Gottes begründet ist, darum kann von „Anspruch" (sofern dieser zugleich ein Recht und ein liebendes

[1] Selina, Nachl. V.
[2] VII.
[3] Titan, 110. Z.
[4] Selina, II, 2.
[5] V.

An-sprechen sagt) und gleichzeitig von „Glauben“ die Rede sein (sofern „Wissen“ ein zugreifendes In-Anspruch-nehmen wäre, das dem freien Ansprechen Gottes nicht Rechnung trüge). Wie Goethe greift daher Jean Paul gern zum Bild des *Instinkts*, um unseren Anspruch auf Ewigkeit zu beschreiben. Denn Instinkt gibt den Tieren das „Recht“ auf seine Befriedigung, der Trieb zum Nestbau ein solches auf das mögliche Finden der Baustoffe. Und doch ist diese Zuordnung so sehr über das Bewußtsein des Tieres hinausverlegt, sosehr Werk einer übergeordneten Weisheit, daß es mehr geleitet wird als herrscht und so auch mehr geschenkt erhält als fordern kann.[1]

Hier erhebt sich nun aber die zweite Frage existentialer Eschatologie: nach dem *Wie* der Ewigkeit. Sie scheint freilich fast vergeblich. Denn, wie sich früher ergab, das Ganzsein ist immer nur in dem Gestaltgefüge des jetzigen Daseins vorstellbar, also in der des „Über-hinaus der Sehnsucht“: Utopien über Arkadien. Abstrakt freilich können wir eine Aufhebung des jetzigen Paradoxes „denken“, oder eigentlich nur „fordern“. Existentiell ist sie uns unzugänglich. Immanent in unserem Erleben ist nur das Nichtaufgehen der hiesigen Rechnung, nicht die mögliche Lösung zwischen Zeit-Ewigkeit, Welt-Überwelt. Konkret stellt sich die Frage für Jean Paul stets als die Wahlmöglichkeit zwischen Seelenwanderung (in immer höhere Leiber, in immer „ewigere“ Zeitlichkeit) und sprunghafter Rückkehr des Geistes aus aller Zeit heraus in Gott. Aber diese Wahlmöglichkeit ist für Jean Paul schwerwiegender als für seinen Freund Herder, dem er sonst hier am liebsten folgt. Denn war es für Herders lichtes und poetisches Wesen noch keine Schwierigkeit, sich in der immer höheren Näherung an Gott in steigenden Wiedergeburten eine immer größere Beruhigung der Sehnsucht über-hinaus zu denken und so einen fließenden Übergang in Ewigkeit anzunehmen, so hatten Kant und Fichte mit scharfem Schnitt die Kluft zwischen Zeitlichkeit und Ewigkeit geöffnet und Hölderlin dessen existentiale Folgerung gezeigt: ohne Annahme eines absoluten Wunders mußte hier Sehnsucht das Höchste bleiben: „Die Sehnsucht könnte ja ihr eigener Gegenstand sein . . .“[2] Hier grenzt die idealistische Eschatologie zum erstenmal wieder an das Problem der christlichen Auferstehung. Alle je-höhere Verklärung der Zeitlichkeit vermag das Ganzsein nicht herzustellen, während anderseits

[1] Vgl. Selina, VII.
[2] Über den Tod nach dem Tode.

eine Aufhebung der menschlichen Leib-Seele-Zweiheit durch eine Rückkehr des Geistes in Gott das Menschwesen selbst aufzuheben scheint. Christliche Auferstehung will hier eine geheimnisvolle Mittellösung geben: Aufhebung des schmerzlichen Dualismus nicht in naturhafte Entwicklung der Monaden, sondern von Gott her, *als* Verklärung der menschlichen Doppelwesenheit. Jean Paul, obwohl er diese christliche Lehre ablehnt,[1] zielt auf diese selbe Mitte hin, am klarsten im kleinen Dialog: „Über den Tod nach dem Tode."[2] Immer stärker wird darin die Unmöglichkeit einer Seelenwanderung deutlich. „Die Erwartung einer höheren sinnlichen [Laufbahn], gleichsam ihrer Wiederholung in einer höheren Oktave" erscheint als „bloß von der Phantasie unterschoben." Im Weltraum gibt es kein mystisches, absolutes Oben. Freilich sinnbilden das Empor der „Flammen und der Wurzelkeime" ein geistiges der Seele, aber dieses geht in eine unvorstellbare Dimension, nach *innen*. Aber auch Leibniz-Bonnets Theorie immer geistigerer Leiber, die sich wie Hülle um Hülle von der Seele ablösen, vermag nicht dieser absoluten Transzendenz Rechnung zu tragen. „Was wir begehren, und was allein zu beweisen ist, das muß etwas anderes sein; die Welt des moralischen Herzens klingt, wie ein Ton, unsichtbar und zum Wehen unwirksam, in der groben der Sinnen; – will denn unsere Liebe, unsere Freude, unsere Gottesahnung etwas, was auf einer harten Körper-Welt, sei es auch die schönste, erscheinen kann? Die schönste, die ich in dieser Art kenne, ist die von der Phantasie, dieser rechten Weltschöpferin; und doch muß eben diese allgewaltige Weltseele alle ihre Weltkugeln, damit sie Zauberlicht gewinnen, mit der Morgenröte und Milchstraße der künftigen Unendlichkeit ahnend umziehn." Die Immanenz des Ganz-Andern als Sehnsucht und Leerraum der Seele, ist das Element, wodurch Schönheit und Liebe erst möglich werden. „Unser armes, wundenvolles Herz habe sich auch nach allen Seiten noch so oft wieder geschlossen, so bleibt doch daran eine *angeborene Wunde* offen, die nur in einem *andern* Elemente des Daseins zufällt . . ." „*Unsere Wunde und unser Himmel sind offen . . . dies ist eins* und kein Wortspiel."[3] „Der ewige Hunger im Menschen, die Unersättlichkeit seines Herzens will ja nicht *reichere*, sondern *andere*

[1] Er versteht sie nur als grobsinnliche, jüdische Vorstellung.
[2] Auswahl verbesserter Werkchen, V.
[3] Dieser Satz von mir kursiv, der vorige von Jean Paul.

Kost . . . Sonst müßte uns wenigstens die Phantasie einen Sättigungsgrad vormalen können."[1] Nicht ein „voyage pittoresque" durch alle Welten, nur „eine zweite Welt jenseits des Universums" kann der Leere der Seele Genüge tun. „Wir dürsten nach Wasser an der Quelle."[2] In Leibgebers Sprache: „Die Planeten alle haben nur Kruggerechtigkeit und können niemand *beherbergen*, sondern schenken uns einmal ein, Quittenwein – Johannisbeersaft – gebrannte Wasser – meistens aber Gurgelwasser von Labewein, das man nicht herunterbringt, oder gar sympathetische Tinte, Schlaftränke und Beizen – dann ziehet man weiter, von einer Planetenschenke in die andere . . . O du guter Gott, wohin denn, wohin, wohin?"[3] „Und die Ewigkeit wäre bloß ein ewiger Vorhalt auf der Dissonanz?" Ja, mit der steigenden Durchsichtigkeit des Verhüllten, Ewigen, müßte die Qual, ihn nicht entschleiert zu sehen, nur noch wachsen.

Also der Sprung über die Schranke der Ewigkeit? („Salto immortale."[4]) Die aber ist das Ende jeder, selbst existentiellen Vergegenwärtigung. „Alle Malereien ihres Morgenrotes würden, wie bei jenem Blinden, auf Definitionen vom Trompetenton hinauslaufen." „Über das andere Leben lässet sich so wenig etwas darüber hinaus denken, als über den Urgrund des Seins selber." Man kann freilich eine unendlich lange Fort-*Dauer* annehmen – und Jean Paul will die Möglichkeit hier einräumen –, zu Ende muß Sprung und absolute Unbegreiflichkeit gesetzt werden. Damit bricht der Dialog ab, der liebende Jüngling aber, der dabei die Seelenwanderung verteidigt hatte, träumt in der folgenden Nacht den Traum vom „Tod in der zweiten, letzten Welt". Jean Paul unternimmt hier wirklich das Unmögliche: die Dichtung des Übergangs von Zeit in Ewigkeit. Eine Novalis'sche Traumwelt öffnet sich, ganz aus Farben und Tönen gesponnen. Die Monaden sind Welten geworden und Kinder zugleich, alles Materielle flüssig. Im Innern der Seelenheiligtümer blüht das vergangene Erdenleben, wie „in Bilderchen angemalt, kleine Harmonikaglöckchen schlugen meine Jugendstunden nach . . .". Alle warten im letzten Vorhof, sie kennen sich, obwohl sie keine Namen mehr haben. Alle Sonnen gehen in sich selber unter, dieser letzte Tod aber ist nichts

---

[1] Kampanertal, S. 117.
[2] Etwas über den Menschen.
[3] Siebenkäs, 20. Kap.
[4] Selina, IX, 2.

als ein Verklingen im Gebet, „wie Saiten unsichtbar werden, wenn sie zittern und tönen". Da schlägt sich ein großes, blaues Auge auf, „die Welten waren verschwunden, und ich sah nichts weiter – und erwachte". Jean Paul hat in dieser Dichtung doch etwas wie Existentialisierung des Wunders zuwege gebracht, indem er die Traumwirklichkeit als zerfließendes Erlebnis in ein Verhältnis zum wachen Bewußtsein setzt: „O Freunde, wie licht ist das Leben! Das Wachen ist nicht bloß ein hellerer Traum; dieser Affe unseres Bewußtseins stirbt vor den Füßen des wachen innern Menschen, das geträumte Erwachen wird vom wahren vernichtet. – Und so werden einmal von der Ewigkeit alle unsere Träume über sie vertilgt." Aber wie man ein Erwachen träumen kann, so gibt es auch eine Möglichkeit, im wachen Lebenstraum ein höchstes Erwachen vorauszuahnen: „Liebe ist unser hiesiges Seegesicht – (die Erhebung oder das Seegesicht ist die optische Täuschung, daß ferne, noch unter dem Gesichtskreise liegende Küsten sich schon heraufgehoben zeigen) – und die tiefen Küsten unserer Welt erheben sich vor der alten."

Jean Paul hat damit vom Idealismus her die Formel alter christlicher Theologie wiedererreicht, freilich nur (wie diese selbst) als das Aufzeigen, in welcher Richtung das unvorstellbare Eschaton liegen muß. Denn auf der einen Seite sieht er, daß nur im Durchbruch einer über alle Natur hinaus begnadenden Gottschau die Sehnsucht sich stillen kann, und diese Schau sich doch wieder einen muß mit menschlicher, also leiblich-durchscheinender Schau und Liebe. Das Mensch-Wesen vollendet sich nur, wenn seine Durstliebe (seine Natur) sich, als solche, sättigt in einer erfüllenden Trankliebe. Wie diese Aufhebung der Zeitlichkeit ins Ewige sich vollziehen könne, hat Jean Paul sich immer neu gefragt: „Wie kommen wir Endliche, Eingeschränkte zum Besitz einer Schrankenlosigkeit, die nur dem Unendlichen gehört? Wie sollen wir mit unserer Leere in eine hineinpassen?"[1] Aber die Richtung der Lösung hat er selber im Saitengleichnis geahnt: Im Schwingen der Liebe wird sie – sich selber – unsichtbar.

Auf der anderen Seite zögert er, wie christliche Theologie, an der Grenze zwischen natürlicher und übernatürlicher Verklärung: Hätte es eine „natürliche" Auferstehung geben können? fragt diese und weiß keine Antwort. Gibt es eine „natürliche" Verklärung (im

[1] Selina, IX, 2.

Sinn Leibnizens und Herders), als Vorstufe und Weg zur gnadenhaften? fragt Jean Paul und entscheidet es nicht. Nur so viel ist klar, daß das Seegesicht der Liebe von unter dem Horizont einen letzten Horizont heraufhebt, der ein völliges Jenseits unser selbst ist, und wo wir wie die Lerche unser „altes Erdenlied im Ewigkeitsblau“ singen müssen.[1]

IV. Titan als Anti-Titan

Jean Pauls weltanschauliche Stellung im Gesamtbild der Zeit wird nun schon überblickbar. Die eben entwickelte volle Jenseitigkeit des Lebenssinns ist im Grunde eins mit der zu Beginn erörterten Distanz seiner Altersweisheit, mag sie sich als Humor, der das Einzelne nur paradox-komisch ins Licht setzt, oder als Gefühl, das vom Einzelnen, in einer sozusagen konkreten Abstraktion, nur den Äther, den Existentialindex behält, äußern. Aber dieses Abstehen ist keinesfalls gleichgültige Verhärtung des Herzens für das Vorliegende und Flucht in eine Hinterwelt, sondern beginnender Vollzug der inneren Apokalypse. Deren Schwingungsgesetz aber war das Je-mehr der Sehnsucht (also der Entfremdung, des Abstehens, des Übersteigens) im Je-mehr der Liebe und Freude an der Erde. „Gerade dann, wenn das Leben unsere höchsten Wünsche ausfüllt, da erscheint das fremde Sehnen am stärksten, und nur um ein ebenes Paradies des Erdbodens wölbt sich der tiefe, gestirnte Himmel der Sehnsucht am größten.“[2] Nur in diesem Paradox ist menschliche Existenz groß, ja es ist das Maß ihrer Größe. Die Novalis- und Hölderlinformel vom verbrennenden Herzen gewinnt in ihm eine letzte Gestalt gerade durch das Herausgehobensein der übersteigenden Sehnsucht über Leiden und Freuden des Lebens, durch ihr Ansetzen in der Tiefe der Zeitlichkeit überhaupt. Es wird zum transzendentalen Leiden als Orgelpunkt der *ganzen* Existenz, das sich doch, bei aller Nähe zu ihr, von der Leidensbedeutung der mystischen Potentialität scharf abhebt. Einmal, weil jenes ausdrücklich als nur-menschliche, nicht-göttliche Grundsituation gewußt ist: „Wie wir eine Sonnenfinsternis eigentlich eine Erdfinsternis nennen sollten, so wird nur der Mensch verfinstert, nie

[1] Der Traum einer Wahnsinnigen (1809).
[2] Über den Tod usw.

der Unendliche; aber wir gleichen dem Volke, das der Verfinsterung der Sonne im Wasser zusieht und dann, wenn diese zittert, ausruft: Seht, wie die liebe Sonne kämpft.“[1] Aber diese theoretische Einschätzung wirkt verändernd auf das *Erleben* der Grundsituation selbst zurück. Aus dem Mittelpunkt des Seins an die Außenränder gerückt, kann es sich selber auch nur noch als ein exzentrisches erleben: Die übersteigende Sehnsucht erhält ihre volle Bewegtheit zur Gottmitte, wo sie vorher als höchster Augenblick in sich schwingend verblieb. Das ist der tiefere Grund, warum oben die Gestalt des brennenden Dornbusches bei Jean Paul so seltsam umgekehrt erschien. Gewiß verbrennt das apokalyptische Feuer je den ganzen Menschen, das ganze Herz zu seiner Enthüllung. Aber bei Hölderlin ist es ein unverbrennliches Zeitliches, das im verzehrenden Feuer des göttlichen Geistes liegt, welches sich selbst doch erst an jenem Brennstoff entzündet. Bei Jean Paul aber brennt das Zeitliche, weil es im Ewigen liegt und noch nicht ewig ist – „Alles Zeitliche geht in der Ewigkeit vor sich, und wird eben dadurch etwas Ewiges“[2] – oder, was dasselbe ist: es brennt das Ewigkeitssüchtige im Zeitlichen und verzehrt dieses, ohne selbst verbrennen zu können – „Sein Herz war ein beschriebenes Asbestblatt ins Feuer geworfen, brennend, nicht verbrennend“[3] – und dieser Brand der Sehnsucht ist die wachsende Liebe: „so wie die schmelzende Glokke im brennenden Turm noch aus den Flammen die Stunde tönt“.[4] Darum muß Apokalypse der Seele etwas Neues bedeuten: Statt der Offenbarung je höherer Ewigkeitsseligkeit in je tieferem Leidensabgrund (wie bei Hölderlin) umgekehrt Offenbarung je höherer Ewigkeitssehnsucht und Ausheimatung in je tieferer Erdenliebe. Das Kernfeuer der Seele, das durch Hüllen emporglänzt, ist also nicht das glühende Ätnafeuer des En-thusiasmus, sondern das alle Zeit überstehende, über sich Hinausweisende der *Treue*. „Welcher Mann hat denn Treue, die rechte, die keine Tugend und keine Empfindung ist, sondern das Feuer selber, das den Kern der Existenz ewig belebt und erhält?“[5]

Aber nun wird auch klar, in welchem Sinne Jean Paul so gerne vom nackten, entblößten Herzen redet, während er doch anderseits

---

[1] Titan, 59. Z.
[2] Selina, Nachl. V.
[3] Titan, 110. Z.
[4] 96. Z.
[5] 114. Z.

im Humor alle direkten Blicke ins Zarte und Heilige verhüllt. Für Goethe war solche „Nacktheit“ eine Pein und gleichbedeutend mit Zerrissenheit oder Un-gebildetheit im ästhetisch-moralischen Sinne. Aber schließlich erwies sich doch, daß bei ihm eine betonte Verhüllung in irdisches Werk und objektive Leistung aufspringen konnte in Tränen der Reue und Sehnsucht, wenn sich der Blick vom engen Geleisteten zum eschatologischen Ziele aufhob. Diese Tränen der Sehnsucht über-hinaus sucht Jean Paul als Grundsinn des Lebens festzuhalten und *sie* gerade sind die „Nacktheit“ des Herzens. Nicht also ein gewaltsames Aufreißen der notwendigen Verhüllungen, wie Werther sie vornimmt – Leidenschaft verhüllt nur tiefer –, sondern die Tatsache, daß das Herz in allen Verhüllungen und Enthüllungen, allen bildenden Zuordnungen von Objektiv und Subjektiv, Welt und Geist, je über alles hinaus eine Sehnsucht spürt, die es ergreift, ohne daß es sie greifen kann, eine Liebe, der gegenüber es *wehrlos* bleibt, ist für Jean Paul die Entblößung des Herzens. Es ist also nicht Apokalypse als Sich-entblößen, sondern als Entblößt- und Entäußertwerden in aller bildenden Verhüllung, passive Apokalypse der Seele in ihrem gottzugewandten Innen. Darum besteht diese Blöße gleichzeitig mit dem unaufhebbaren Verhülltsein des Herzens in Schalen, Körpern, Bildungen, denn erst das drückt dessen letzte Hilflosigkeit aus, seine Ohnmacht, sich selbst zu vollenden. Diese Situation der Nacktheit als Apokalypse der Ohnmacht gewinnt in ihrer Schärfe den Sinn eines Untergangs oder Todes der Seele, durch den hindurch sie sich verwirklicht. Es ist, gegenüber dem Seelentod einer „Krankheit zum Tode“, derjenige einer „Krankheit zum Leben“. Um diesen Tod dreht sich bei Jean Paul zuletzt alles. Wir fassen daher sein Lebendigstes in der Betrachtung einiger Gestaltungen dieses Vorgangs. Eine davon, Leibgebers Untergang, ist bereits dargestellt worden. Die anderen aber gewinnen ihr Relief am besten durch die Betrachtung des falschen inneren Todes, der „Krankheit zum Tode“.

Hier wird zugleich sichtbar, wie viel tiefer Jean Pauls existentiales Erlebnis des Bösen ist als dessen theoretischer Ausdruck. Dieser letzte verbleibt in den Leibniz-Herderschen Kategorien reinen metaphysischen Nichtseins, und die Ablehnung des Sanktionsbeweises der Unsterblichkeit scheint ihm vollends allen Stachel zu nehmen. Und doch tritt das Böse in den Romanen Jean Pauls härter, nackter auf, als sonst irgendwo im deutschen Idealismus,

Schiller vielleicht ausgenommen. Eine Kälte und Verschlossenheit, eine Härte und innere Versteinerung der Seele, die an Dostojewskij erinnert, bildet die Nachtseite zu seinen zarten und wehrlosen Seelengemälden. Von der Grundsituation des „Todes zum Leben" konnte das Abgleiten ins Böse auf doppelte Art geschehen. Einmal, in der Richtung des „Humors" über Leibgebers Enthüllungsangst hinaus, als völlige Verkrustung der Seele, Erstickung des Mittefeuers der Güte. Hier liegt der zarte, schwer bestimmbare Übergangspunkt, wo Ehrfurcht in Kälte umschlägt, notwendige Scham in Formalismus. Der Name Goethe bezeichnet für Jean Paul diese Gefahrzone und der Kampf des „Titan" gegen die antikisierende, aber das fließende Leben abdrosselnde Kunstschwärmerei ist gegen ihn gerichtet: „Bouverot hatte die Achtung für reine Form in so hohem Grade, daß ihm nicht nur der schmutzigste, unsittlichste Stoff, sondern sogar auch der frömmste, andächtigste nicht den Genuß verunreinigte; gleich dem Schiefer bestand er die beiden Proben, zu glühen und zu gefrieren, ohne sich zu ändern."[1] „Nein, die Liebe ist die italienische Schule des Mannes; und der kräftigere und höhere ist eben der höheren Zartheit fähig, wie auf hohen Bäumen sich das Obst milder und süßer rundet als auf niedrigen."[2] Darum ist Albanos italienische Reise so rein „musikalisch" gegenüber der „plastischen" Goethes, wie denn Musik überhaupt die starre Schwermut der Schönheit in eine übersteigende und so auch erlöste aufhebt. „Ihm scheint unbekannt zu sein, daß die Malerei wie die Dichtkunst sich nur in ihrer Kindheit auf Götter und Gottesdienst bezogen, daß sie aber später, als sie höher heran wuchsen, aus diesem engen Kirchhof herausschreiten mußten, wie eine Kapelle ursprünglich eine Kirche mit Kirchenmusik war, bis man beides wegließ und die reine Musik behielt."[3] Wenn die plastische Gestalt nicht als schwingende Saite unsichtbar wird, dann zerbricht sie früher oder später durch die strafende und zornige Glut des inneren Feuers. Es sei denn, die Kälte sei eine Form der Ehrfurcht und enthülle sich im Wachstum des Herzens als solche: „Eine erhabene Kälte, eine erhabene Qual kann es wohl geben, die mit Adlersklaue das Herz in die Höhe entführt, aber sie zerreißet mitten im Himmel und vor der Sonne."[4]

[1] Titan, 65. Z.
[2] 62. Z.
[3] 62. Z.
[4] 110. Z.

Ist diese erste Form des Bösen, an deren Ende die grausamen, unbeweglichen, versteinerten Herzen stehen, ein Gaspard, ein Froulay, Blaise und Bouverot, die Verzerrung des „Humors“, so heißt die zweite, Jean Paul unendlich näher gelegene, Verzerrung des „Gefühls“, Rückspiegelung des übersteigenden „Gefühls“ auf sich selbst, Selbstgenuß der Sehnsucht, Überstieg um des Übersteigens willen, Schauspielerei des Herzens mit dem Heiligen. Das ist die große Gefahr Jean Pauls, wie es die von Novalis, Hölderlin und – Goethe war; er hat sich in der genialen Gestaltung Roquairols mit aller nur wünschbaren Energie von ihr losgesagt. Dieser verzerrende Hohlspiegel, der doch das wahre Antlitz nicht nur Werthers, sondern einer ganzen Zeitströmung spiegeln, ja halb unsichtbare Züge aus Goethes Antlitz hervorzaubern will, läßt zum erstenmal in der deutschen Literatur den Fluch moderner Zerrissenheit und ihren geheimen Grund, den immanenten Mißbrauch der Transzendenz, erschreckende Gestalt gewinnen. „Nicht bloß die Wahrheiten, auch die Empfindungen antizipierte er. Alle herrlichen Zustände der Menschheit, alle Bewegungen, in welche die Liebe und die Freundschaft und die Natur das Herz erheben, alle diese durchging er früher in Gedichten als im Leben, früher als Schauspieler und Theaterdirektor denn als Mensch, früher in der Sonnenseite der Phantasie als in der Wetterseite der Wirklichkeit; daher, als sie endlich lebendig in seiner Brust erschienen, konnt' er besonnen sie ergreifen, regieren, ertöten und gut ausstopfen für die Eisgrube der künftigen Erinnerung.“[1] Ja, noch mehr: „Er war schlecht gewesen, um zu verzweifeln und unten auf dem Abgrund knieend dem Freunde sein Leben zu bekennen.“[2] „Es ist die Frage – nämlich keine –, ob nicht seine Fähigkeit und Neigung, sich mit den unähnlichsten Menschen zu verflechten, bloße Kälte gegen alle Herzen ist, die er alle nur bereiset, weil er keines bewohnt.“[3] Roquairols Schauspielerei der Leidenschaft ist damit nicht nur Verzerrung der Unmittelbarkeit des Gefühls, das (vergeblich) sich selber einzufangen sucht, sondern ebenso auch die des Abstandhaltens, das dazu nötig ist. In anderer Art als Leibgeber ist seine vergiftete Ironie eine bittere existentiale Kritik an Fichte und der mystischen Potentialität. „Es gibt einen kalten, kecken Geist im Menschen“, schreibt Roquairol, „den nichts etwas angeht, nicht einmal die Tugend,

[1] Titan, 53. Z.
[2] 55. Z.
[3] 82. Z.

denn er wählt sie erst und er ist ihr Schöpfer, nicht ihr Geschöpf. Ich erlebte einmal auf dem Meer einen Sturm, wo das ganze Wasser sich wütend und zackig und schäumend aufriß und durch einander warf, indes oben die stille Sonne *zusah*; – so werde! Das Herz ist der Sturm, der Himmel das Ich." „Immer ist etwas in mir Hellblickendes, das selber das Zuggarn des Wahnsinns strickt, über mich wirft und mich verhüllt darin führt."[1] Die furchtbare Tragik, die aus dem Ineinander beider – der verzerrten Immanenz des Gefühls und der vergifteten Transzendenz des Humors – entspringt, wird zum *Ersatz der Liebe*: „Eine Wunde ist fast ein halbes Herz."[2] Und so ist auch Roquairols Tod folgerichtig und von Jean Paul in grauser Selbstquälerei breit ausgesponnen: der Selbstmord in einem von ihm selber gedichteten, seine Verbrechen und Leiden schildernden Schaustück, dessen Hauptrolle er spielt. Indem Roquairols Spiel ein einziges Mal blutiger Ernst wird, spielt er noch diesen Ernst.

Aber von diesem negativen Seelentod aus wird nun eine Form des positiven seltsam scharf beleuchtet: der innere Tod und die Auferstehung des Siebenkäs. Die Ballade seines äußeren Lebens ist schnell erzählt: Siebenkäs, Armenadvokat und satirischer Schriftsteller, erlebt in seiner jungen Ehe mit der engen, harmlos-gutmütigen Lenette alle Leiden wachsender Entfremdung bis zur furchtbarsten Ehehölle. Sein Freund Leibgeber setzt sein „Sterben" und Begräbnis ins Werk, Lenette heiratet einen Schulrat, Siebenkäs, welcher Leibgeber zum Verwechseln ähnlich sieht, nimmt in der Fremde Leibgebers Stellung und verbindet sich nach dem Tode Lenettes mit der idealen Natalie. Aber diese äußere Fabel ist nur um der innern willen da, des seelischen Todes Firmians, den sie sinnbildet. Nie sind die Wegstufen eines Sterbens der Liebe, wachsender Ausheimatung bis zur vollkommenen Hilflosigkeit der Seele greifbarer erzählt worden. „Ist ein fremder, unheimlicher Halbton einmal zwischen alle Harmonien zweier Wesen wiederkehrend durchgedrungen, so schwillt er immer feindlicher an und übertäubt den Grundton und endigt alles."[3] „Der Boden, worauf die zwei guten Menschen standen, ging unter so vielen Erschütterungen in zwei immer entferntere Inseln auseinander",[4] alle Ver-

---

[1] 88. Z.
[2] Ebd.
[3] Titan, 70. Z.
[4] Siebenkäs, 9. Kap.

söhnungen sind nur ein „falsch geheiltes Herz“, das leichter und schmerzlicher wieder bricht.[1] Ein dunkelstes Gesetz der Liebe kündig sich darin an: die nur halb schuldige Verkrustung des Zartesten, die Unterhöhlung des Besten als tragische Parodie des sehnsüchtigen Abstandhaltens, die Nachtseite der Liebe selbst. „Unter so vielen Schmerzen . . . hörte er gleichsam den Todesfluß überdeckt unter seinen Füßen murmeln, wie die Sinesen den Boden ihrer Gärten mit brausenden Strömen unterhöhlen, und die dünne Eisrinde, die ihn hielt, schien bald mit ihm in die winterlichen Wellen hinabzubrechen.“[2] Die Nacktheit des Herzens als Enthüllung seiner Wehrlosigkeit wird hier grausam und kalt: „Wenn das schauernde Herz so entblättert ist und nackt dasteht, so ist jedes Lüftchen ein kaltes. Wie warm und milde hätte Lenette seines berühren müssen, um es nicht zu erschrecken, wie Hellseherinnen Todesfrost in jeder Hand empfinden, die sie außerhalb des magnetischen Kreises anrührt.“[3] So aber vollzieht sich das dunkle Gesetz bis zu Ende, daß Herzen „liebend aneinander verwintern“ können, bis zur „geistigen Starrsucht“.[4] Und doch lebt das Herz, solang es in dem Grab dieser Starre leidet, und die Firmians löst sich oft, sanft im Schweigen der einsamen Natur. „Wenn uns die Menschen verlassen und verwunden, so breitet ja auch immer der Himmel, die Erde und der kleine blühende Baum seine Arme aus und nimmt den Verletzten darein auf, . . . das Weltmeer von Bethesda erschüttert und beseelt ein hoher Engel, und wir tauchen uns mit allen tausend Stichen in seine heißen Quellen ein und steigen zugeheilt und mit abgespannten Krämpfen aus dem Lebenswasser wieder heraus.“[5] Und doch sind solche Erlebnisse wieder nur Zwischenspiele des immer peinigenderen Alltags. – Hier ersinnt endlich Leibgeber die „Burleske“[6] des Scheintodes „voll lustiger Totengräberszenen“,[7] die gewagteste Erfindung Jean Pauls. Es geht durch dieses Spiel mit dem Tode etwas vom Geist der Aufklärung (die Lust, das Heilige zu spielen, zugleich am Gruseln der „Geisterszenen“ und am überlegenen Wissen des Truges sich zu berauschen), etwas auch vom dämonischen Prometheusgeist, den

[1] Ebd., Ende der Vorrede.
[2] 9. Kap.
[3] 10. Kap.
[4] Ebd.
[5] 9. Kap.
[6] 13. Kap.
[7] 20. Kap.

Tod und die Hölle zu meistern, die Pole des Daseins, an denen unser Beherrschen in Ohnmacht und Wehrlosigkeit übergeht, in die Hand zu bekommen, – etwas vom Geiste Roquairols. Und so faßt Siebenkäs, als er später einmal nachts an sein Grab tritt, ein beklemmendes Gefühl: „‚Wenn nun diese steinerne Falltüre auf deinem Angesichte läge und den ganzen Himmel verbauete?‘ sagt' er zu sich – und dachte daran, welches Gewölke und welche Kälte und Nacht um die beiden Pole des Lebens so wie um die beiden Pole der Erde herrsche, um den Anfang und um das Ende des Menschen – er hielt jetzt seine Nachäffung der letzten Stunde für sündlich . . .“[1] Vielleicht sind hier wirklich Goethes „Wahlverwandtschaften“ oder sein „Werther“ um ein Unwägbares wahrhaftiger. – Und doch bleiben diese Szenen, gerade weil sie von inneren Gleichnissen so überfüllt sind, von einer ganz großen Wahrheit. Als äußeres Geschehen zwar grenzt das gestaltete Schicksal ans Märchen, an „Tausendundeine Nacht“ – heißt die Parklandschaft, wo Firmian erstmals Natalien begegnet, der Vorklang seiner Auferstehung, nicht „Fantaisie“? Es ist, ähnlich wie bei Schiller, Vorausnahme der eschatologischen Leidauflösung als einmalig gelingendes Wunder, Tröstung für unzählige unauflösbare Schicksale. Als inneres aber ist es erst recht Wunder, das Wunder seelischer Wiedergeburt. Firmian hat durch Leid und Tod hindurch einen Abstand gewonnen, der ihn nun alles Irdische als Traum und alles zufallende Glück als namenloses Geschenk entgegennehmen läßt. „Mit weggeworfenem Namen [fällt] er als kleiner Bach in das Weltmeer und [fließt] darin ohne Ufer und in fremde Wellen“ zergangen,[2] „er war nämlich zu weit in die Trophoniushöhle des Todes gegangen und hatte den Tod zu nahe gesehen . . . Er schien sich allein, ausgehoben und ein verstorbener Wiederkömmling zu sein, und daher glänzte ihn jedes Menschenantlitz an, wie das eines wiedergefundenen Bruders“. „Aber wie der Baum (nach Bonnet) so gut in den Luft oder den Himmel gepflanzt ist als in die Erde, und sich aus beiden nährt, so der rechte Mensch überhaupt; und so lebte Firmian noch mehr künftig als bisher, nur mit weniger Wurzelästen seines Selbst in der sichtbaren Erde; der ganze Baum mit Zweigen und Gipfel stand im Freien und sog mit seinen Blüten an der Himmelsluft.“[3] Herders grundlegendes eschatologisches

[1] 25. Kap.
[2] 21. Kap.
[3] 22. Kap.

Gleichnis, welchem Kant die entscheidende Anwendbarkeit auf den Menschen absprechen wollte, das von Puppe und Falter, erhält in diesem Schicksal eine unverhoffte Wahrheit.

Aber Siebenkäs' halb burleske, halb märchenhafte Situation kehrt doch noch in einer existentialen Vertiefung im Tod Lianes (im „Titan") wieder, und schafft so erst die höchste und schmerzvollste Liebessituation des Menschen. Liane lebt bereits in der verklärten Jenseitigkeit, die Firmian durch seinen Tod gewinnt, aber Albano, der sie liebt, ist noch voll von jugendlicher Unmittelbarkeit, und versteht den Abstand seiner Geliebten nicht. Liane kennt ihren baldigen Tod und wünscht – aus Liebe zu Albano – dessen Verbindung mit der „Titanide" Linda. Für Albano ist solches Entsagen ein Verrat an der Einmaligkeit der Liebe. Er meint, „daß Liane heilige Reize, göttlichen Sinn, alle Tugenden habe, besonders allgemeine Menschenliebe, Mutterliebe, Bruderliebe, Freundesliebe – nur aber nicht die glühende Einzigenliebe".[1] Er möchte den Augenblick als ewig, er „wollte die fliegende, göttliche Zeit, wo das Herz unser Gott ist, schöner lenken, sie sollte mehr *empor* als *hinweg* fliegen". Liane aber hat den Tod schon zu sehr in ihr Lebensgefüge verwoben, als daß sie den Augenblick anders denn entsagend erleben könnte, Menschenliebe ist ihr je aufgehoben in Gottesliebe. Für sie ist ihr Verzicht das Höchste, was sie Albano schenken kann. „Linda antwortete bewundernd, sie fasse eine Liebe nicht, die sich selber vernichte, in ihrem Falle würde sie sterben. ‚Und tu' ich's denn nicht?' sagte Liane."[2] Und doch muß dieses höchste Geschenk für Albano das bitterste sein: „Die sanfteste Seele wußt' es nicht, wie sie ein Schwert nach dem andern durch ihren Albano stieß, der es nun fühlte, daß er der Heiligen, der schon die Frühlingswinde, die Frühlingsdüfte des ewigen Ufers entgegenzogen, nichts mehr sein, nichts mehr geben konnte, nicht einmal die Demut nehmen."[3] So kann sich seine Liebe nur in bitteres und zugleich ergebenes Weinen auflösen, während er am Instrument phantasiert: „endlich sanken die Hände unter – und er fing zu weinen an, aber ohne zu harte Schmerzen, wie das Gewitter, das seine Blitze und Donner aufgelöset hat, nur noch mit einem leisen, weiten Regen über der Erde steht".[4] Das schmerzliche Ge-

[1] Titan, 69. Z.
[2] 95. Z.
[3] 96. Z.
[4] 33. Z.

heimnis der verzichtenden Liebe ist dieses unvermeidliche und blinde Leid-zufügen-müssen. Albano und Liane stehen beide ein wenig vom schmalen Optimum der Liebe ab: Albanos Titanismus ist die Glut des Augenblicks, der, im edelsten Sinn, ein Glück fassen möchte, Lianes Titanismus ist die Glut des Überstieges, die nur noch im Loslassen glücklich sein kann. Jean Paul sieht auch im letzteren eine Unreinheit, die nicht das volle, schwebende Gleichgewicht zwischen Welt und Gott, Jenseitigkeit und Diesseitigkeit gefunden hat. Lianes Erblindung ist das untrügliche Sinnbild dafür. Um dieses unsichtbare und schmalste Gleichgewicht voller Durchdringung kreisen alle Gestalten des Romanes, neben Liane und Albano, dem sie gelingt, die Titanide Linda, die noch über Albano hinaus die Zeit zur Ewigkeit steigern will und daran untergeht, Roquairol, der die Synthese spielt, Schoppe, der auf sie, ähnlich wie Liane, verzichtet. So müssen alle außer Albano untergehen am strengen Gesetz der Liebe. „Titan sollte heißen Anti-Titan; jeder Himmelsstürmer findet seine Hölle; wie jeder Berg zuletzt seine Ebene aus seinem Tale macht. Das Buch ist der Streit der Kräfte um die Harmonie. Sogar Liane und Schoppe muß durch *Einkräftigkeit* versinken; Albano streift daran und leidet wenigstens . . .“[1]

Jean Paul hat also bewußt die Schicksalsfrage seiner Zeit als die eines Promethidengeschlechtes gesehen. Aber letztlich ist ihm jede Seele prometheisch in ihrer Unendlichkeit und dem Ungestüm ihres Ewigkeitswillens. Nur gilt es, diese naturhafte Kraft zur zartesten Gestalt zusammenzuziehen – so wie gewaltigste elektrische Spannungen in ein kleines Instrument gebannt sind –, das Gleichgewicht dieser Gewalten zu finden, wo sie sich ineinander aufheben und so das Ganze schwebend wird. Schwebend zwischen Liebe und Entsagung, Erfüllen und Sehnen, Welt und Gott, Zeit und Ewigkeit. Die Lösung des Menschseins ist sein Gelöstsein im Schweben. Und dieses ist schwereloser als die schmerzliche Glut Hölderlins, aber doch gewichtiger, weil von Tod und Entsagung beschwerter, als das luftige Schmetterlingsgleichnis Herders. Albano hat diesen Instinkt des Schwebens. Als Knabe schon lebt er auf Bäumen, in windgebogenen Wipfeln, und „wenn ihn nun so die schwankende Lusthecke zwischen dem Gaukeln der Lilienschmetterlinge und dem Summen der Bienen und Mücken und den Nebeln der Blüten

[1] An Jacobi, 8. Sept. 1803 (von mir kursiv).

schaukelte, und wenn ihn der aufgeblähte Wipfel bald unter fettes Grün versenkte, bald vor tiefes Blau und bald vor Sonnenblitze drehte: dann zog seine Phantasie den Baum riesenhaft empor, er wuchs allein im Universum, gleichsam als sei er der Baum des unendlichen Lebens, seine Wurzeln stiegen in den Abgrund, die weißen und roten Wolken hingen als Blüten in ihm . . . und ein Sturm bog den Gipfel aus dem Tag in die Nacht und aus der Nacht in den Tag".[1] Er hat „eine unbezwingliche Sehnsucht nach Höhen, nach dem Weberschiffe des Schieferdeckers, nach Bergspitzen, nach dem Luftschiffe, gleichsam als wären diese die Bettaufhelfer vom tiefen Erdenlager".[2] Als Kind schaut er die Isola Bella aus Cypressenwipfeln an, als Jüngling faßt ihn die unbändige Lust, sich auf dem Querholz einer Vogelstange hoch über die Bäume hinaufstemmen zu lassen, „mit dem Unterleibe an diese angebunden und so in der Luft wagrecht liegend, allmählich durch den weiten Bogen aufgehoben und mitten im luftigen Himmel aufgestellet".[3] In den Zaubergarten Lilars schaut er erstmals des Nachts aus einem blühenden Baum herab, im läutenden Kirchturm feiert er sein Pfingsten und von der Peterskuppel sieht er den Sonnenaufgang über Rom. Auf dem Gipfel von Ischia mit Linda stehend öffnet sich ihm das unendliche Meer und am Kraterrand des Vesuvs vollends die höchste Doppeleinheit des Irdischen: „Verschmelzung des Ungeheuren mit dem Heitern, der Natur mit dem Menschen, der Ewigkeit mit der Minute."[4] Albanos Liebe zur Höhe ist nicht nur Abstand und nicht nur Begeisterung, sondern meint zuletzt das Schweben *zwischen* beiden, und ebendadurch die höhere Mitte *über* ihnen. So wird es zu einem kleinen, aber ausdrucksvollen Sinnbild, daß Albano in einem Traume sich nicht am Rande des Ätna (Hölderlin) oder an seinem Fuße (Schiller) befindet, sondern schwebend über dem Schlunde. „Er lag, so träumte ihm, auf dem Krater . . . Eine aufdringende Wassersäule hob ihn mit sich empor und hielt ihn mitten im Himmel fest . . ."[5] – schwebende Existenz.

Schweben heißt Werden, „und wirklich gibts *zur* Liebe mehr Stufen als *in* ihr, alles *Werden*, z. B. der Frühling, die

---

[1] 4. Z.
[2] 12. Z.
[3] 13. Z.
[4] 114. Z.
[5] 69. Z.

Jugend, der Morgen, das Lernen, geht vielfärbiger und geräumiger auseinander als das feste *Sein*, aber ist dieses nicht wieder ein Werden, nur ein höheres, und jenes ein Sein, nur ein schnelleres?"[1] Als Fließendes ewig sein, das ist die Kunst des Lebens und der Liebe, und sie gelingt nur, wo selbst wieder das Ewige im Fließenden geliebt wird. Aber welches ist dieser Gegenstand? „Es gibt eine doppelte Liebe, die der Empfindung und die des Gegenstandes. Jene . . . will den Genuß ihres eignen Daseins, der fremde Gegenstand ist ihr nur der mikroskopische Objekt- oder vielmehr Subjekt-Träger, worauf sie ihr Ich vergrößert erblickt, sie kann daher leicht die Gegenstände wechseln lassen, wenn nur die Flamme, in die sie als Brennstoff geworfen werden, hoch fortlodert . . . Hingegen die Liebe des Gegenstandes genießet und begehret nichts als das Glück desselben . . . und nur Handlungen und Opfer tun ihr Genüge und wohl; sie liebt, um zu beglücken, wenn jene nur beglückt, um zu lieben."[2] Es ist klar, wie sich hier die Wertbetonungen verteilen: „Roquairol hatte sich längst der Liebe der Empfindung gewidmet. Daher mußt' er so viel Worte machen . . ." Aber sind diese Akzente endgültig und eindeutig? Hörten wir nicht als Geheimnis des Abschieds das scheue Wort Leibgebers: „Am Ende muß man ja bloß die Liebe lieben und die können wir täglich in uns selber schauen?" Und als Albano zu Ende alle Geliebten verloren hat und alleinsteht, sagt er nicht zu sich: „Die Geliebten sind verloren, nicht die Liebe . . . und nur das wird dir treu bleiben, was verlassen wird – du allein. – Nein, ich will *sein*, nicht haben."[3]?

Solches Lieben der Liebe steht *über* beiden Weisen zu lieben: der der Empfindung und der des Gegenstandes. Aber es ist darum doch noch nicht eindeutig, ja im Sinn dieser Synthesis gehen erst die zwei großen Wege auseinander. Beide liegen noch verborgen in Leibgebers mystischem Worte. Der eine führt zum Idealisten Jean Paul: „Fragt doch nie, woher das Absolute komme, welches die Freiheit im Menschen so gut ist als in Gott . . . Antwortet nur ja nicht, daß ihr diese ja eben von Gott selbst geschenkt erhalten . . . Die Freiheit ist das Ur des All . . ."[4] Aber hat nicht Jean Paul diesen Satz doppelt und existentiell widerlegt,

[1] 69. Z.
[2] 87. Z.
[3] 133. Z.
[4] Wider das Überchristentum, Nr. 8.

wenn Leibgeber im Wahnsinn an seinem Fichteanismus verzweifelt: „Etwas besseres als ich selber bin, wonach doch jede Liebe ihre Flamme schlägt, ist gar nicht zu haben. Der *Mantel* der Liebe . . . verlodert nun vollends; und man behält nichts zum Lieben übrig als sein Lieben. Wahrlich, ich wollte, es gäbe Menschen und ich wäre von der Zahl."[1] Aber vielleicht widersprechen sich idealistische Theorie und anti-idealistische Existenz in Jean Paul doch nicht so schroff. Denn gewiß hat er einen unendlichen persönlichen Gott geglaubt, im christlichen, nicht im Fichte-Schellingschen Sinn. Aber die einzige wirkliche, „substantielle" Berührung der Seele mit ihm konnte er doch eben nur im menschlichen Lieben selbst sehen, sosehr alles andere Gottes Namen verkündet und sein Bild trägt. Gottes Einwohnen im *Akt* der Liebe ist tiefer als die im Gegenstand – darin ist Jean Paul „Idealist". „Ich liebe ja Gott nur und kenne ihn ja nur, weil er die Liebe selber ist, nicht aber, als ob irgend ein persönliches Verhältnis, das freilich alles Lieben und Opfern erleichtert, ihn mir wert machte."[2] Persönliches Verhältnis heißt hier „gegenständliches" Verhältnis. Aber wir sahen, daß die Ergriffenheit des Menschen von Gott für Jean Paul genau dort liegt, wo das Ineinander von Ich und Gegenstand (die Bildungskorrelation) ein fremdes Überhinaus, eine Leere, eine Sehnsucht weckt. An dieser leeren und (weil keinen Gegenstand fassenden) blinden Stelle faßt *uns* Gott als Wehrlose. „Unsere Wunde und unser Himmel sind offen, das ist eins und kein Wortspiel." Die Liebe ergreift uns – zu Gott, und doch die Liebe – Gottes. „Von ihm geht alles aus, zu ihm alles zurück; er ist zugleich Wasserfall und Springbrunnen."[3] „Er ist ja vor mir, nein in mir; denn ohne dieses wäre nicht jenes."[4] Das schwebend Unfaßbare dieses Vor-mir–In-mir *ist* der eigentliche Ort der menschlichen, schwebenden Existenz. Auf diesen Schwebepunkt muß sie – bauen, in dieser Luft – gründen. „So zeige mir", sagte [Linda], „deinen Flügel." – „Daß ich", versetzte [Albano], „nicht auf Menschen baue, sondern auf den Gott in mir und über mir. Der fremde Epheu geht um uns herum, an uns herauf, steht als zweiter Gipfel neben unserem, und der ist dadurch verdorrt. Die Geister sollen nebeneinander, nicht aufeinan-

[1] Clavis, § 15.
[2] Wider das Überchristentum, Nr. 11.
[3] Selina, Nachl., IX.
[4] Ebd.

der wachsen. Wir sollen lieben wie Gott, als Unvergängliche die Vergänglichen.“[1]

In den unerforschlichen, weil niemals gegenständlichen Punkt der Schwebe geht so zuletzt alle Existenz zurück. Und ein letztes, wundervolles Symbol des schwebenden Herzens ist der Abschluß der heiter-ernsten Unsterblichkeitsgespräche auf der Wanderung durchs „Kampanertal“. Abends langt die festliche Gesellschaft in einem Schloß an, und als die Nacht einbricht, sind kleine Mongolfieren bereit, jedem eine, und lautlos steigen sie empor in die Nacht: „Die auftreibende Kugel flog mit uns vor die stummen Blitze des Mondes und in der blauen Einöde wurden wir von einem gaukelnden Sturm gleichsam in die nähere schimmernde Welt des Mondes geblendet gewiegt . . .“[2]

---

[1] Titan, 133. Z.
[2] Kampanertal, 146.

HEGEL

I. Das Feuer der Idee

„Wolle die Wandlung. O sei für die Flamme begeistert,
drin sich ein Ding dir entzieht, das mit Verwandlungen prunkt;
jener entwerfende Geist, welcher das Irdische meistert,
liebt in dem Schwung der Figur nichts wie den wendenden Punkt.

Was sich ins Bleiben verschließt, schon *ists* das Erstarrte;
wähnt es sich sicher im Schutz des unscheinbaren Grau's?
Warte, ein Härtestes warnt aus der Ferne das Harte.
Wehe –: abwesender Hammer holt aus!

Wer sich als Quelle ergießt, den erkennt die Erkennung;
und sie führt ihn entzückt durch das heiter Geschaffne,
das mit Anfang oft schließt und mit Ende beginnt.

Jeder glückliche Raum ist Kind oder Enkel von Trennung,
den sie staunend durchgehn. Und die verwandelte Daphne
will, seit sie lorbeern fühlt, daß du dich wandelst in Wind."[1]

Dieses und kein anderes ist das schwerelose und doch trunkene Lied, das im Reigen um den Altar gesungen wird, auf welchem das letzte, alles verzehrende Opfer des Prometheus, das dionysische holocaustum der hohen Zeit dargebracht wird. Seine Flamme steigt ungeheuer empor, verzehrt, wie jener Feuerofen der Bibel, die, die sie entfachten, und weitet sich welthaft aus zum apokalyptischen Allbrand. In ihm öffnen alle Dinge ihre verborgenen Goldadern und lassen ihre Geheimnisse wie geschmolzenes Metall heraustropfen; ein göttlich „verzehrendes Feuer", durchprüft ihnen Herz und Nieren, ein Feuer der Wahrheit scheidet ihr Ewiges vom Vergänglichen aus: „Ob aber einer . . . mit Gold, Silber und Kleinoden, oder mit Holz, Heu und Stroh baut, das wird sich bei eines jeglichen Gewirke erweisen. Der *Tag* wird es erhellen, im Feuer wird es apo-kalyptisch. Und wie beschaffen

[1] Rilke: Die Sonette an Orpheus (Ges. W. III, 354 f.).

eines jeglichen Gewirke sei, wird das Feuer erproben. Hält jemandes Gewirke stand, so wird ihm Lohn; brennt er herunter, so Schaden, er selbst wird gerettet, aber nur wie durch Feuer hindurch" (1. Kor. 3, 12-15).

Das Feuer, das Hegel entfacht, ist so Opfer und Gericht zugleich, und beides als Eschaton. Denn vom Menschen her gibt es über die Transzendenz als Wille zur Wandlung, Begeisterung zur Flamme, Ergießung als Quelle, staunendes Hindurchgehn keine mögliche weitere Haltung. Von Gott her, dem entwerfenden Geist, über die Liebe hinaus, die dem sich Verschließenden Hammer und Hölle, dem sich willig Wandelnden entzückendes Hindurchführen, erkennende Erkennung wird, keine andere. Das Ineinanderschlagen beider Flammen – als zorniges Gerichtsfeuer oder lebendige Liebesflamme – ist das Letzte, das Endgültige, um dessentwillen alle Trennung voraus war, ist der Anfang, der schließt, der glückliche Raum, das jüngste Kind des beginnenden Endes. Hegels Welt steht schlechthin in diesem Augenblick des Ineinanderschlagens. Sie ist darum in einem höchsten, abschließenden Sinn apokalyptisch. In ihr gibt es keine Zukunft, die erst aussteht, auch nicht als ewiger Äon wie beim Seher Schelling, keine Lust unendlicher Aufstiege ins Unerforschte wie beim Täter Fichte, keine klassische Resignation, welche nicht, im Anerkennen von Grenzen, diese schon überschritten hätte, kein Zittern um den möglichen Übergang von Welt zu Gott, wie bei Jean Paul. So muß man zu Herders Innenraum und Weltvertrauen, zu Novalis und Hölderlins mystischer Allversöhntheit durch alle Nächte hindurch zurückgehn, um für Hegels Apokalyptik ein Verwandtes zu finden. Aber von Herder müßte das Zerflossene, von Novalis das kindlich Flüchtige, von Hölderlin das Gebrochene weggedacht sein. Das kristallene, zuchtvolle Denken Kants und Fichtes, das männliche verschwiegene Durchgemachthaben Goethes und Schillers, die zärtliche Ironie Jean Pauls machen Hegels Erneuerung jener frühen Welt zu einer unendlich geklärten, gereiften. Von Schelling trennt ihn der Abgrund des ganzen existentialen Weltlebens. Um die lebendigen Zweige, die aus dem Stamm des idealistischen Denkens geschossen waren, selbst wieder denkend einzufassen, mußte sich die Dialektik in jene ganz neue, existentiale Bewegung verwandeln, welche sich in der „Phänomenologie des Geistes" (1807) in anschmiegender Innigkeit um die unmerklichsten, lebendigen Verästelungen des Daseins windet:

„Und die verwandelte Daphne
will, seit sie lorbeern fühlt, daß du dich wandelst in Wind."

Ja gerade diese existentialen Verwandlungen sind Hegels eigentliches Element: „Aus der Gährung der Endlichkeit, indem sie sich in Schaum verwandelt, duftet der Geist hervor."[1] Hier fassen wir das Eigentümliche Hegels, das seiner Weisheit so sehr den Charakter von Altersweisheit gibt. Einerseits ist das ungeheure Theater der Welt wirklich Gärung und Schaum, und die Wahrheit jene den jugendlichen Dichtern Herder, Novalis, Hölderlin so innig erlebbare Atmosphäre des Duftes, der all dies Treiben umhüllt und sich ihm entwindet. Anderseits aber wird dieses jugendliche, prä-existente Fühlen doch selber erst duftende Wahrheit, wenn es den tiefern Ernst dieser Gärung existierend mitvollbracht, wenn es statt „abstrakter Begeisterung" (ein Lieblingswort Hegels) und zuschauenden Beifalls die „Anstrengung des Begriffs", den Ernst der Welt, wie Schiller und Goethe ihn auf sich nahmen, innen mitgelebt, den „Schwung der Figur" selber vollzogen hat bis zu dem „wendenden Punkt", wo der Geist hervorduftet. Schellings Existenzlosigkeit, die sich rein weltschauend verhielt, muß eintauchen ins Innere der Existenz, die Eitelkeit der Subjektivität, die sich als Wahrheit alles Dinglichen, Seienden, Welthaften weiß, muß sich wahrhaft vergessen und verlieren an dieses Weltliche, um sich als dessen Wahrheit wirklich zu besitzen. „Dieser Eitelkeit der sich erhaltenden Subjektivität, diesem Ich sind wir entgangen, uns in die Sache versenkend, es wird Ernst mit der Eitelkeit gemacht."[2]

Romantische Intensität des „Duft-fühlens" und klassische Ausdehnung als „Schreiten im Endlichen nach allen Seiten" geben erst in Einheit die wahre Letzthaltung: „Wie es aber eine leere Breite gibt, so auch eine leere Tiefe, wie eine Extension der Substanz, die sich in endliche Mannigfaltigkeit ergießt, . . . so eine gehaltlose Intensität, welche als lautere Kraft ohne Ausbreitung sich haltend, dasselbe ist, was die Oberflächlichkeit. Die Kraft des Geistes ist nur so groß als ihre Äußerung, seine Tiefe nur so tief, als er in seiner Auslegung sich auszubreiten und sich zu verlieren ge-

[1] Phil. d. Religion (1840), II, 330 (außer diesem Werk, das in der Lassonschen Ausgabe unmäßig aufgeschwellt erscheint, zitieren wir, wenn nicht anders vermerkt, nach Lasson).
[2] Ph. d. R., I, 195.

traut."[1] Dieses Paradox, scheinbar in allem Vorletzten sich verlierend, darin immer zugleich schon beim Letzten zu sein, macht die Form des Hegelschen Denkens aus. „Enthusiasmus" ist daher nicht mehr das richtige Wort für diese Existentialität. Dieser, als unmittelbare Vereinigung des Göttlichen mit der Leidenschaft des wirkenden Menschen, ist zwar Antrieb alles geschichtlichen Geschehens, aber in dieser Unmittelbarkeit „eine Art von Trieb, fast tierisch".[2] Altersweisheit ist über diese Form, die etwas von besserwissender Überlegenheit an sich behält, hinaus: „Das Alter im allgemeinen macht milder . . ., das macht beim Alter die Reife des Urteils, das nicht nur aus Interesselosigkeit auch das Schlechte sich gefallen läßt, sondern, durch den Ernst des Lebens tiefer belehrt, auf das Substantielle, Gediegene der Sache ist geführt worden; es ist das nicht eine Billigkeit, sondern eine Gerechtigkeit."[3] Hegels Enthusiasmus geht wie die Kraft des Sauerteigs unscheinbar ins Innere der Dinge und hebt und lichtet sie in geduldiger Arbeit. Schellings sibyllisches Denken fängt beim Absoluten an, „als die Begeisterung, die wie aus der Pistole" geschossen kommt,[4] Hegel will es als gediegenen Letztertrag, die gereifte Frucht des Ganzen. „Die Ungeduld verlangt das Unmögliche, nämlich die Erreichung des Ziels ohne die Mittel. Einesteils ist die Länge dieses Weges zu ertragen, denn jedes Moment ist notwendig; – anderenteils ist bei jedem sich zu verweilen, denn jedes ist selbst eine individuelle ganze Gestalt." „Sogar der Weltgeist [hat] die Geduld gehabt, diese Formen in der langen Ausdehnung der Zeit zu durchgehen."[5] Aber diese „Geduld" Hegels ist nur eine Metamorphose der Begeisterung selbst, ihre Kraft ist das Wissen, daß in diesem Ausdauern die Dinge ihr Wesen eröffnen werden und das Göttliche durchscheinen wird. Darum dennoch das Moment der Ironie im Stile Hegels für alle die voreilig sich verhärtenden Gestalten, als Ironie der Geduld über die Ungeduld. Darum letztlich auch jene in der Philosophiegeschichte nie gesehene, innerlichste Verschmelzung des Lyrischen, Poetischen, Visionären, Saftig-Konkreten mit der zuchtvollsten Begrifflichkeit (zwei Elemente, die bei Schelling nur mechanisch vereint waren), eine Verschmelzung, die das Zeichen

---

[1] Phänomenologie d. Geistes (Lasson, 2. Aufl.), Vorrede, S. 8.
[2] Phil. d. Weltgeschichte (Lasson 1920), I, 79.
[3] I, 54.
[4] Phän. 19.
[5] 20.

der Altersweisheit ist. In Jean Paul, dem Dichter, war es das Flüssigwerden der Ideen und ihre auflösende Eingestaltung ins verklärte Leben. Bei Hegel, dem Denker, ist es das Flüssigwerden des Lebens, das als innerer Pulsschlag in die Idee eingeht und ihre Lebendigkeit wird.

Hegel ist gewiß gewaltiger Systematiker. Aber das Schema des Systems fiel ihm doch als fast vollendetes von Schelling her zu. Wer länger im Bann seines Denkens steht, der fühlt, vielleicht mit Erstaunen, immer stärker, daß das Systematische als solches bei ihm eine viel unbedeutendere Rolle spielt als beim visionären Schelling. Schelling baut um des Bauens willen. Hegel sammelt „Holz, Heu und Stroh", oder „Gold, Silber und Kleinode", um immer neuen Brennstoff für das lebendige Feuer des Geistes zu haben. Er ist darum noch nicht „Lebensphilosoph", denn die Flamme, für die er begeistert ist, ist nicht die reine Wandlung, sondern das Novalis-Wunder der Synthesis, das immer wieder unerwartbare, immer dennoch wieder sich vollziehende Über-hinausfliegen des Phönix, der in der Asche der endlichen Widersprüche gestorben schien. Der *Vorgang* ist alles, ist die Wahrheit. „Der Zweck für sich ist das unlebendige Allgemeine, wie die Tendenz das bloße Treiben, das seiner Wirklichkeit noch entbehrt; und das nackte Resultat ist der Leichnam, der die Tendenz hinter sich gelassen . . . Das Wahre ist das Ganze. Das Ganze aber ist nur das durch seine Entwicklung sich vollendende Wesen."[1]

Damit ist der Gang unserer Untersuchung vorgezeichnet. Zunächst gilt es, durch die eigentümliche Denkdimension Hegels hindurch, welche über Schelling hinaus das „Weltleben" ihm öffnete, Zugang zum inhaltlichen Sinn jener Apokalypse der Seele zu erhalten, die als „Phänomenologie des Geistes" beschrieben wird (II), dann dieses Inhaltliche und jenes Formale unter dem besonderen Gesichtspunkt einer immanenten Eschatologie, als Tod, Gericht, Verklärung und Ewigkeit zu verstehen (III), endlich daraus die letzte Weltgestalt des Prometheuskreises zu lesen (IV).[2]

---

[1] 5, 14.

[2] Es interessieren uns also thematisch von Hegels Werken nur die „Phänomenologie", die Religionsphilosophie und die Geschichtsphilosophie, in welchen sich vor allem die Existentialität Hegels ausspricht.

II. Das Wesen der Apokalypse

1. Hegel hat Fichte und Schelling gegenüber seine Methode immer als konkretes Denken bezeichnet. Es war ihm dabei inhaltlich gewiß wie seinen Vorgängern um die Werdensgeschichte des Geistes und sein Selbstverständnis in diesem Werden zu tun. Auf Fichtes Grunderlebnis, daß der Geist die Wahrheit der Natur, das Ideale *das* Existierende sei, dessen Existenz das Reale ist, baut er wie auf Selbstverständlichem auf, ebenso wie auf dem von Schelling voll durchgeführten Paradox der „mystischen Potentialität" (daß der Geist das voraus setzt, was ihn voraussetzt). Aber für Fichte war das Grundproblem jene rätselhafte Zweipoligkeit von Denken und Leben, die sich gegenseitig voraussetzen, ohne sich letztlich einholen, umklammern zu können, welche seinem Denken zugestandenermaßen den Charakter der Unwirklichkeit beließ. Schelling glaubte zwar die Synthese zu vollziehen, aber seine rein schauende Haltung – Hegel nennt sie doppelsinnig die Eitelkeit der Subjektivität – kam gar nicht bis an Fichtes Paradox heran. Was konkrete Existenz besage, wurde erst sichtbar, als Hölderlin und Novalis, Goethe und Schiller ihr Dasein dichteten, als Friedrich Schlegel den lebendigen Gehalt der Weltgeschichte zu entrollen begann, worin der eigene Geist in ganz anderer Weise als in Schellings Natur-Odyssee sein eigenstes wiederfand. Diese Fülle der Lebenserfahrung sollte den Stoff des neuen Sichverstehens des Geistes bilden. Damit war unmittelbar ein zweites gegeben. Fichte wußte, daß der Idealismus ein Sichergreifen des Geistes, eine absolute Wahl ist, daß man daher den „Dogmatiker", der sie nicht vollzogen hat, auch nicht eigentlich wiederlegen kann. So blieben sich auch hier zwei Lager feindlich gegenüber. Wenn nun aber der höchste Standpunkt, der Idealismus, auch als Wahl, zugleich doch als das Ergebnis der Lebensreife dargestellt werden konnte, wenn, was dasselbe heißt, die Vernünftigkeit der Freiheit, die Freiheit der Vernunft erweisbar wurde, dann gingen jene feindlichen Gegenhaltungen als notwendige Vorstufen der Reife in den Vorgang der sich verstehenden Lebenserfahrung ein. „Der Idealismus [Fichtes], der jenen Weg nicht darstellt, sondern mit dieser Behauptung anfängt, ist daher auch reine Versicherung, welche sich selbst nicht begreift, noch sich andern begreiflich machen kann . . . Die Vernunft beruft sich auf das Selbstbewußtsein eines jeden Bewußtseins: Ich bin Ich, mein Gegenstand und Wesen ist Ich;

und keiner wird ihr diese Wahrheit ableugnen. Aber indem sie sie auf diese Berufung gründet, sanktioniert sie die Wahrheit der anderen Gewißheit, nämlich der: es ist Anderes für mich, . . . oder indem Ich mir Gegenstand und Wesen bin, bin ich es nur, indem ich mich von dem Anderen überhaupt zurückziehe." Wahrheit wird also der Idealismus erst, wenn er durch die Phase des Realismus hindurch vermittelt auftritt, „d. h. die Bewegung seines Gewordenseins" einschließt.[1] Dann steht er dem Realismus nicht mehr feindlich gegenüber, sondern versöhnt über ihm, erhält die Welt auch und gerade in ihrem Anderssein einen freundlichen Wert. Denn nun ist er „Bewußtsein, welchem das Sein die Bedeutung des Seinen hat",[2] das Bewußtsein entdeckt die Welt „als seine neue wirkliche Welt, die in ihrem Bleiben Interesse für es hat wie vorhin nur in ihrem Verschwinden".[3]

Für den, der die Bewegung nicht vollzogen hat, ist die Wissenschaft, als die Wahrheit des Geistes, abstrakt. „Im Verhältnisse zum unmittelbaren Selbstbewußtsein stellt sie sich als ein Verkehrtes gegen dieses dar, . . . trägt die Form der Unwirklichkeit." Aber gerade darum ist sie selbst erst „An-sich", „Zweck", noch nicht Wahrheit im Geiste. Denn „die Wahrheit [ist] nicht eine ausgeprägte Münze, die fertig gegeben und so eingestrichen werden kann".[4] Das gilt *auch* gegenüber Schellings Phänomenologie des Geistes. Wenn dieser eine Entsprechung von idealen und realen Potenzen annahm, welche der Geist beschauend durchwandert, so fordert Hegel darüber hinaus die Entsprechung inhaltlicher (ideal-realer) und existentialer Potenzen, wodurch man dahin geführt wird, „inwendig zu wissen", was man schon „auswendig weiß".[5] So erst kommt das Wissen als „gedoppelter Prozeß und Werden des Ganzen" zustande, in dem „die Momente des Ganzen Gestalten des Bewußtseins sind".[6] Es gilt hier, was für das Religiöse im besonderen gilt: „Der Hauptinhalt [der christlichen] Lehre kann nur allgemein, abstrakt sein."[7] „Die Frömmigkeit [ist] nur für den Frommen, d. h. der zugleich das *ist*, was er beobachtet",[8]

---

[1] Phän. 157.
[2] 162.
[3] 156.
[4] 19, 26.
[5] 28.
[6] 63.
[7] Rel., II, 288.
[8] I, 198.

was sich im Existieren Christi vollendet, als „die Darstellung der göttlichen Idee an seinem Leben und Schicksal".[1] Das ist der Grund, warum Hegel den ontologischen Gottesbeweis so nachhaltig verteidigt hat: Wahrheit – und somit auch und vor allem die höchste – ist selber nur als Übergang von Begriff zum Sein, vom An-sich zum Für-sich, von Lehre zu Leben. Freilich, als „Beweis" ist er nur der Leichnam dieser Bewegung. *Wahrhaft* philosophisches Beweisen verweist den Lernenden nicht nur an das „innere Anschauen" – in dem es sich so „die Darstellung der dialektischen *Bewegung* erspart, die wir verlangten"[2] –, sondern stellt die Bewegung als solche dar, „und nur das Aussprechen derselben ist spekulative Darstellung".[3] Aber weil diese Darstellung immer nur die unserer existentialen Bewegung selbst ist, im Religiösen unserer Erhebung zu Gott, so ist der Gottesbeweis insofern wahr, als er mit dieser Erhebung identisch geworden ist. Der kosmologische „ist nichts als die Beschreibung von dieser Erhebung". „Ich selbst als denkend bin dieses Übergehen, diese geistige Bewegung."[4] Der ontologische wiederholt auf absoluter Ebene dasselbe, indem er die Bewegung der Wahrheit überhaupt mitvollzieht.[5] Der Vollzug dieses Weges ist die Apokalypse der Seele oder die existentiale Seelenwanderung, „der Weg der Seele, welche die Reihe ihrer Gestaltungen, als durch ihre Natur ihr vorgestreckter Stationen, durchwandert, daß sie sich zum Geiste läutere, indem sie durch die vollständige Erfahrung ihrer selbst zur Kenntnis desjenigen gelangt, was sie an sich selbst ist".[6] Es ist darum höchst bezeichnend, daß unter den vielen Mythen, die die „Phänomenologie" bevölkern, an bedeutender Stelle der des Faust auftaucht. Das Bewußtsein hat die Haltungen des Stoischen, Skeptischen, Unglücklich-Frommen, der Naturforschung hinter sich, „als einen grauen, eben verschwindenden Schatten", in sein Streben ist „der Erdgeist gefahren" . . . „es stürzt also ins Leben und bringt die reine Individualität, in welcher es auftritt, zur Ausführung", zunächst als Lust, dann durch immer höhere Formen der Existenz. Die „Phänomenologie" und ihre konkrete Dynamik ist in der Tat das unmittelbare, ebenbürtige Gegenstück zum Faust. Beiden ist jene existentiale Dimension der

[1] II, 294.
[2] Phän. 44.
[3] Ebd.
[4] Rel., I, 166-167.
[5] II, 214-218.
[6] Phän. 55.

Wahrheitsbewegung gemeinsam, um derentwillen Faust sich von seinen magischen Büchern, Hegel von Schelling abwendet, und die seiner „philosophischen Exposition“ erlaubt, „*plastisch* zu sein“.[1] Die Naivität, mit der Faust und Goethe sich ins bunte Leben vertiefen, das Vertrauen, in allem andern und nur in ihm sich selber zu gewinnen, ist auch Hegels Grundhaltung. Und zugleich wissen beide, daß diese Hingabe nicht dasselbe ist wie Werthers Sich-ins-All-verwühlen und der-Natur-an-den-Hals-werfen, sondern ein überlegenes Sichwahren des Subjekts voraussetzt, um sich, das Höhere, in allen Spiegeln allererst erkennen zu können. „Wenn die Vernunft alle Eingeweide der Dinge durchwühlt und ihnen alle Adern öffnet, daß *sie* sich daraus entgegenspringen möge, so wird sie nicht zu diesem Glücke gelangen, sondern muß an ihr selbst vorher sich vollendet haben, um dann ihre Vollendung erfahren zu können.“[2]

Aber dieses „Vorher“ ist ein solches, das selber nur in der Dialektik von Gewinnen und Verlieren sich vollzieht, das Vorher der Selbsterkenntnis in Anerkenntnis des Du, das Voraus des Sozialen, des Rechts und der Liebe vor allem vollendeten Wissen. Hier ist das originäre Feld der Wahrheit des Geistes, hier muß er sich endgültig loslassen, um sich zu gewinnen.

Doch bevor wir zu diesem inhaltlichen Gesetz der Apokalypse übergehen, muß uns die konkrete Haltung noch etwas festhalten. Sie ist freilich ganz, wie bei Goethe, von der ontologischen Dynamik her bestimmt, deren subjektiver Vollzug sie ist, von der „flüssigen Natur“ des Seins,[3] vom „schwankenden Boden“ der Wahrheit.[4] Es gibt daher für das Denken nur *ein* Rezept: den Mut des Fahrenlassens, das Wagnis des Schwimmens. Die Wahrheit erscheint nicht „den am Ufer (etwa im Sande des Geistes?) Stehenden als eine Fata Morgana“.[5] Es ist nur sichwahrende „Selbstsucht . . ., welche am ruhigern Ufer steht“.[6] „Das wissenschaftliche Erkennen erfordert aber vielmehr sich dem Leben des Gegenstandes zu übergeben . . . Dadurch *emergiert* das einfache, sich übersehende Ganze selbst aus dem Reichtume,

---

[1] 43.
[2] 162-163.
[3] 4.
[4] 41.
[5] Enzyklopädie (Lasson 1923), S. 16, Anm.
[6] Phil. d. Weltgeschichte, I, 58.

worin seine Reflexion verloren schien."[1] Dieser Vorgang gebiert einerseits die schöpferische Lust des Denkens, das sich nicht ins Leere fliegen, sondern einen gediegenen Widerstand allmählich weichen fühlt, er ist anderseits seine aszetische Enthaltsamkeit: „Sich des eigenen Einfallens in den immanenten Rhythmus der Begriffe entschlagen, in ihn nicht durch die Willkür oder sonst erworbene Weisheit eingreifen, diese Enthaltsamkeit ist selbst ein wesentliches Moment der Aufmerksamkeit auf den Begriff."[2] Jenes Einfallen ist die Angst des Haltenwollens, das keine Zeit hat. Aber die Zeit „ist der daseiende Begriff selbst", „reine Unruhe des Lebens",[3] die man nur „hat", wenn man sich ihr und ihrem Fluß überläßt. Das war für die Alten, etwa Aristoteles, leichter, da es noch keine fixierte Allgemeinheit des Denkens gab. „Es ist aber weit schwerer, die festen Gedanken in Flüssigkeit zu bringen, als das sinnliche Dasein." Doch ebendas ist gefordert. „Sowohl das Fixe des reinen Konkreten, welches Ich selbst im Gegensatz gegen unterschiedenen Inhalt ist, als das Fixe von Unterschiedenen [Urteilen, Grundsätzen, Axiomen], die, im Elemente des reinen Denkens gesetzt, an jener Unbedingtheit des Ichs Anteil haben",[4] ist im wahren Denken aufzugeben. Angewandt heißt dies, daß es keine endgültigen Maßstäbe gibt, woran sich die „Objektivität" des Denkens messen könnte. Freilich ist der Geist an sich Maßstab der Wahrheit. Aber der Geist erhält sich als wahren erst in der Bewegung, und damit erst aus ihr seinen letzten Maßstab. Bis dahin muß das Je-Voraus und Über des Geistes immer neu sich loslassen in den Gegenstand. In der je tieferen Prüfung des Verhältnisses zwischen dem Gegenstand, „wie ich ihn weiß" und wie er „an sich ist" – von welcher Spannung das Bewußtsein eben *weiß* – verändert sich das Wissen um den Gegenstand, aber ebendamit dieser selbst („denn das vorhandene Wissen war wesentlich ein Wissen von dem Gegenstande", nämlich seinem An-sich), „oder der Maßstab der Prüfung ändert sich, wenn dasjenige, dessen Maßstab er sein sollte, in der Prüfung nicht besteht; und die Prüfung ist selbst nicht nur eine Prüfung des Wissens, sondern auch ihres Maßstabes".[5] Darin eben besteht der Mut des Loslassens, daß man

[1] Phän. 36-37.
[2] 40.
[3] 31.
[4] 23-24.
[5] 60-61.

nicht ein ursprüngliches, cartesianisches Mißtrauen gegen den Gegenstand als philosophische Grundhaltung setzt, – denn „es ist nicht abzusehen, warum nicht umgekehrt ein Mißtrauen in dieses Mißtrauen gesetzt und besorgt werden soll, daß diese *Furcht zu irren schon der Irrtum selbst* ist“.[1] Diese Flüssigkeit des Maßes der Wahrheit bringt nun notwendig jene Interferenzerscheinung hervor, die das Wesen des begreifenden Denkens selbst ausmacht, die Bewegung des Urteils als Unterscheidung und höhere Vereinigung des Getrennten im Begriff. Das scheinbar gekannte, zu Grunde liegende Subjekt, das ebendarum, weil es nur gekannt ist, noch nicht *er*kannt ist,[2] geht in der Bewegung wirklich „zu Grunde“, indem es aus seiner Vereinzelung in die Mannigfaltigkeit der Prädikate eingeht. Das Räsonieren, das es nur mit einem äußerlichen Hinzufügen zu einem sicher Besessenen zu tun zu haben glaubte, sieht sich betrogen, „der feste Boden . . . schwankt also“.[3] Das fixe Subjekt ist zum substantiellen Sauerteig der Prädikate geworden, und ebendadurch zum innerlich erhellten, zur werdenden Begriffsidentität, welche den Dualismus des äußerlichen Prädizierens überwindet. Ist nun das Denken durch die substantielle Schwere des Gegenstandes (dem Prädikat, in das hinein das Urteilssubjekt „verschwunden“ ist) aufgehalten, „so tritt an die Stelle jenes Subjektes das wissende Ich selbst ein“, und findet „jenes, mit dem es schon fertig sein und worüber hinaus es in sich zurückkehren will, noch im Prädikate vor“, hat also „mit dem Selbst des Inhalts noch zu tun, soll nicht für sich, sondern mit diesem zusammen sein“.[4] Das ist die Überraschung der Denkbewegung, welche sie endgültig von sich weg ins Gedachte hinüberreißt. Weil aber der Begriff, als der identische oder spekulative Satz, immer nur im ersten, äußerlichen Gefüge des Urteils erscheint, so entsteht jene Interferenz, welche das Wahre nur als schwebende Mitte zweier widersprechender Gefüge faßbar werden läßt: „Dieser Konflikt der Form eines Satzes überhaupt und der sie zerstörenden Einheit des Begriffs ist dem ähnlich, der im Rhythmus zwischen dem Metrum und dem Akzente stattfindet. Der Rhythmus resultiert aus der schwebenden Mitte und Vereinigung beider.“[5] Das mag man, wie Kroner, das „Irrationale“ an Hegels Denken

[1] 53.
[2] 21.
[3] 41.
[4] 41-42.
[5] 42.

nennen, es ist freilich irrational nur einem Denk-Vorurteil gegenüber, das im cartesianischen Denkideal das Urbild der Ratio sieht. Rational aber ist, tiefer gesehen, jener schwebende Bau des Seins gerade darum, weil er das Spiegelbild des schwebenden, flüssigen Charakters des Denkens darstellt, in beiden das Sichaufgeben der Mannigfaltigkeit in die Einheit, und das Sichdarstellen der Einheit in dieser sich aufgebenden Vielheit als ihrem Werden. Darum ist jener berühmte Satz Hegels, der die genaue Mitte zwischen Essenz- und Existenzphilosophie, Logik und Lebensphilosophie, Leibniz und Nietzsche ausspricht, wirklich *die* Formel seiner Haltung: „Das Wahre ist so der bacchantische Taumel, an dem kein Glied nicht trunken ist; und weil er jedes, indem es sich absondert, ebenso unmittelbar auflöst, – ist er ebenso die durchsichtige und einfache Ruhe.“[1]

Das schlechthinnige Ineinander von Taumel und Ruhe, Dionysos und Apollo ist für Hegel *das* Merkmal des Wahren. Das Ineinanderwachsen des Leer-Unendlichen (Subjekt) und Leer-Endlichen (Prädikate) ist als solches das Wahre in seiner *Kon-kretheit* (con-cre-visse = zusammengewachsen sein). In ihrer Getrenntheit sind beide „abstrakt“, sowohl die unmittelbare Begeisterung für das Unendliche, die unvermittelte Intuition Fichtes, Schellings, Schleiermachers, wie auch die unmittelbare Versenkung ins Endliche, der Empirismus. Hegels unveränderliche Methode, in Logik so gut wie in Geschichte, Politik, Ästhetik, Religion, wird also darin bestehen, beide abstrakten und an sich toten Unmittelbarkeiten, den Teig des Endlichen und das Ferment des Unendlichen, zum lebendig sich hebenden Ganzen zusammenzumischen. Aber von den zwei Teilhaltungen ist es doch die des abstrakt Unendlichen, die Hegels eigentlicher Gegner ist, sei es als „Unmethode des Ahndens und der Begeisterung“ oder, was im Grunde dasselbe ist, die des starren, geistlosen Räsonierens. Beides ist die Eitelkeit des Fürsichseins, „welche sich jede Wahrheit zu vereiteln, daraus in sich zurückzukehren versteht und an diesem eigenen Verstande sich weidet, der alle Gedanken immer aufzulösen und statt alles Inhalts nur das trockne Ich zu finden weiß“.[2] Die höchste Form, „in welcher diese Subjektivität sich vollkommen erfaßt und ausspricht“, ist dann jene romantische Ironie, die sich als „Meister über das Gesetz und

---

[1] 31.
[2] 58.

die Sache" aufspielt,[1] dies aber selber nur durch das haltlose Hin-und-her zwischen einem abstrakten, vornehmen Stoizismus und einem abstrakten, sich vertaumelnden Skeptizismus zu leisten vermag.[2] Es ist also durch die Problematik des romantischen Menschen hindurch schärfer und genauer die von Goethes Tasso, deren Überwindung Hegels Grundbestreben ist. Tasso bezeichnet diese „höchste Spitze der Subjektivität, die an sich festhält, die Endlichkeit, die bleibt und sich darin zum Unendlichen macht, die unendliche Subjektivität, die mit allem Inhalt fertig wird, aber diese Subjektivität selbst, diese Spitze der Endlichkeit erhält sich noch, aller Inhalt ist darin verflüchtigt und vereitelt, es ist aber nur diese Eitelkeit, die nicht verschwindet".[3] Für Goethe wie für Hegel ist diese Spitze an sich das unendlich Wertvolle, das Geniale, Schöpferische, „das reine Denken als die absolute Macht der Negativität, mit allem fertig zu werden",[4] aber dadurch, daß es sich selbst in diese Vernichtigung nicht einschließt, daß „ich an mir halte, meine Nichtigkeit nicht aufgebe", wird es von sich selbst widerlegt. Erst wenn die Allgemeinheit der Subjektivität sich dienend und untergehend zur Allgemeinheit des Objektiven macht (wie oben das Subjekt in die Prädikate verschwand), wird es zum konkreten, ge-bildeten Allgemeinen, während es bisher nur eingebildet war: „Die Einheit des subjektiven und objektiven an und für sich seienden Guten ist die Sittlichkeit",[5] also unaufhebbar das Doppelte: „Sich, als Einzelner, als das Allgemeine zu setzen und sich als Einzelner aufhebend sein wahrhaftes Selbst als das Allgemeine zu finden."[6] „So ist beides, das Endliche und das Unendliche, diese *Bewegung*, zu sich durch seine Negation zurückzukehren; sie sind nur als Vermittlung in sich und das Affirmative beider enthält die Negation beider und ist die Negation der Negation."[7] Für Hegel wie für Goethe ist es *ideell* der Punkt der höchsten Subjektivität, die in die Anerkennung der wahren Allgemeinheit des Objektiven umschlagen wird: gerade Tasso hätte die Identität beider, die wahre Sittlichkeit, erkennen können, wenn er sich losgelassen hätte. Nur darin scheint ein Unter-

---

[1] Rechtsphilosophie (WW.), VIII, 200.
[2] Phän. 135-139.
[3] Rel. Phil., I, 182.
[4] Ebd.
[5] Rechtsphil. a. a. O. 209.
[6] Rel. Phil., I, 188.
[7] Logik (Lasson 1932), I, 136.

schied zu bestehen, daß Goethe Tassos Haltung als ein krankhaft Äußerstes preisgibt und ihn so unmittelbar zugrunde gehen läßt, Hegel dagegen stets aus der äußersten Negation die Versöhnung sich vermitteln läßt, indem ihr eine höhere Form des Bewußtseins entsteigt. Aber auch hier besteht noch eine tiefere Übereinstimmung zwischen beiden: Tasso ist in Goethes eigenem Leben nichts als eine sich selbst überwindende und notwendige Stufe, wie auch Hegels Phänomenologie die eines Bewußtseins ist, das, *als* existentiales, doch über den unmittelbaren, wirklich an ihren Extremen zugrunde gehenden Formen steht.[1] Sie beschreibt das, was Goethe lebt. Sie hat darum das „conciliante Wesen" des Menschen Goethe, welches lebend die Härte des Dichters von „Werther", „Tasso" und „Faust I" umgreift. So wird Goethes eigentümlicher Lebensraum, der sich mitvollziehend zwischen Idee und Existenz, zwischen Existenz und Idee ausdehnt, zum eigentlichsten Denkraum Hegels. Er vollendet darum Herders Weltinnenraum, indem er dessen subjektiv-flüssige Dimensionen dem strengen Denken öffnet. Dieses bewegt sich nun im Elemente des inneren Werdens, von den „Müttern" bis zur Oberfläche der Erscheinung, und wie bei Herder ist der ontologische und naturhafte Innenraum gewaltig geweitet und wiederhallend als Raum der Weltgeschichte, des eigentlich existentialen Erlebens des Bewußtseins.

Herders Weltoffenheit, die hier in der Lust der Einverleibung aller Menschheitsformen fast noch Goethe übertrifft, ist in Hegels Haltung wiedererreicht. Kant war ein Grenzsetzer, Fichte ein Richter, Schelling ein Seher. Hegel erst hat die unersättliche Lust der Aneignung. Immer wieder hält er inne bei den Mysterien des Essens. Der Unterschied gegenüber Fichte wird daran in seiner Feinheit faßbar. Gewiß ist zunächst das Essen die handgreifliche Widerlegung derer, die in den sinnlichen Dingen eine für-sich-bestehende Wirklichkeit erblicken wollen: Diesen kann „gesagt werden, daß sie in die unterste Schule der Weisheit, nämlich in die alten eleusischen Mysterien der Ceres und des Bacchus zurückzuweisen sind und das Geheimnis des Essens des Brotes und des Trinkens des Weines erst zu lernen haben; denn der in diese Geheimnisse Eingeweihte gelangt nicht nur zum Zweifel an dem Sein der sinnlichen Dinge, sondern zur Verzweiflung an ihm und vollbringt

[1] Eine andere Frage, die wir erst am Schluß beantworten können, ist die, ob nicht die Tasso-Situation, der Goethe sich entringt, in irgendeinem Sinne (wie wir damals andeuteten) Hegels bleibende Situation ist.

in ihnen teils selbst ihre Nichtigkeit, teils sieht er sie vollbringen. Auch die Tiere sind nicht von dieser Weisheit ausgeschlossen, sondern erweisen sich vielmehr am tiefsten in sie eingeweiht zu sein; denn sie bleiben nicht vor den sinnlichen Dingen als an sich seienden stehen, sondern, verzweifelnd an dieser Realität und in der völligen Gewißheit ihrer Nichtigkeit, langen sie ohne weiteres zu und zehren sie auf; und die ganze Natur feiert wie sie diese offenbaren Mysterien, welche es lehren, was die Wahrheit der sinnlichen Dinge ist".[1] In dieser Schule lernt sich, was Denken heißt. Die Vernunft geht freilich an die Dinge heran „in der Meinung, daß sie diese als sinnliche, dem Ich entgegengesetzte Dinge in Wahrheit nehme; allein ihr wirkliches Tun widerspricht dieser Meinung, denn sie *erkennt* die Dinge, sie verwandelt ihre Sinnlichkeit in Begriffe, d. h. eben in ein Sein, welches zugleich Ich ist, das Denken somit in ein seiendes Denken oder das Sein in ein gedachtes Sein, und behauptet in der *Tat*, daß die Dinge nur als Begriffe Wahrheit haben".[2] Aber hätte Fichte das alles zugegeben, hätte er selbst darüber hinaus vielleicht noch stärker die positive Bedeutung der Anschauung für das Denken betont, so war ihm doch die Lust des geistigen Essens gleichbedeutend mit der des *Durch*schauens, *Durch*leuchtens, und das ästhetische Erlebnis war ihm letztlich die Lust der sichtbar gewordenen Überlegenheit des Geistes über den Stoff. Für Hegel aber ist das Wahre wirklich Assimilation (assimilatio intellectus ad rem als assimilatio rei *ab* intellectu), wirklich „Verdauen",[3] und seine Lust wirklich die helle Trunkenheit des Geistes (sobria ebrietas spiritus), der von den Dingen substantiell genährt und getränkt wird. So verstanden es die Griechen: „Diese Früchte, diese Quelle, sie lassen sich ungehindert schöpfen, oder sich greifen und verzehren; sie fallen willig in den Schooß. Der Mensch ißt die Gaben, trinkt den Wein, gewinnt Stärkung und Begeisterung seines Sinnes, und diese Stärkung, *worin sie Moment sind,* ist *ihre* Wirkung . . . Der Wein begeistert, aber erst der Mensch ist es, der ihn zum Begeisternden und Kräftigenden erhebt . . . Das *Opfer*, das sich mit dem Genuß dieser Naturgaben verbindet, hat hier nicht den Sinn der Opferung des *Innern* oder der konkreten Erfüllung des Geistes, sondern diese ist es vielmehr, die *bestätigt*

[1] Phän. 73.
[2] 163.
[3] 520.

und selbst genossen wird. Das Opfer kann nur den Sinn haben der *Anerkennung* der allgemeinen Macht, welche das *theoretische* Aufgeben eines Teiles des zu Genießenden ausdrückt, d. h. diese Anerkennung ist die nutzlose, zwecklose, nämlich nicht praktische, nicht selbstsüchtige Hingabe, z. B. die Ausgießung einer Schale Weines. Aber zugleich ist das Opfer selbst der *Genuß*, der Wein wird getrunken, das Fleisch wird gegessen und es ist die Naturmacht selbst, deren einzelnes Dasein und Äußerung aufgeopfert und vernichtet wird. Essen heißt Opfern und Opfern heißt selbst Essen."[1] So erscheint das dionysische Mysterium des Weines bei Hegel nicht als subjektiver Enthusiasmus, sondern als jener geistige Duft, der dem restlosen Ineinanderaufgehen des Subjekts und Objekts als Opfer und Speisung zugleich entsteigt: „Aus der Gährung der Endlichkeit, indem sie sich in Schaum verwandelt, duftet der Geist hervor."

2. Aus dieser Denkhaltung und ihrem Rhythmus ergibt sich von selber die inhaltliche Seite der Apokalypse des Geistes. Sie ist nichts als die Durchführung des Rhythmusgesetzes von Opfer und Speise auf allen möglichen Stufen des Bewußtseins. Wir haben hier diese Stufenfolge nicht im einzelnen durchzugehen; so kunstvoll ihre Anordnung ist, so hat sie doch dem Grundgesetze gegenüber sekundäre Bedeutung, ja das Inhaltliche dient vor allem der je intensiveren Vollziehung des Rhythmus selbst, der die je tiefer erscheinende Wahrheit ist. Oder besser: das „Je-intensiver" des Rhythmus *ist* die Veränderung des Inhaltlichen, als die je-wahrere Kommunion des Unendlichen („Subjektiven", „Allgemeinen") und Endlichen („Objektiven", „Einzelnen").

Der Ausgangspunkt ist darum folgerichtig der Aufweis, daß im einfachen Sinnesphänomen, wo das Konkrete scheinbar unmittelbar gefaßt, das Subjekt und Objekt scheinbar unmittelbar identisch erscheinen, in Wahrheit nur das Abstrakteste auftritt. Objektiv gesehen ist alles durch Zeit und Raum haltlos Gleitende, „Konkrete", das Hier und Jetzt restlos indifferent gegen das, was sie (wesenhaft) sind, nämlich (allgemeines) Hier und Jetzt, sie liegen spannungslos im abstrakten Medium; subjektiv ebenso alle Empfindung gleichgültig im abstrakten Medium des Anschauens überhaupt. In der Wahrnehmung kristallisiert sich die völlige Abstraktheit des

[1] Rel. Phil., II, 136-137.

Allgemeinen bereits zu dem Zentrum eines Dings überhaupt als Einheit der Eigenschaften, eines Akts überhaupt als Einheit der Wahrnehmungen. In der Dialektik dieser Stufe treibt sich der gesunde Menschenverstand und seine Philosophie, etwa der englische Empirismus, herum, indem er abwechselnd das (abstrakte) Einzelne und das (abstrakte) Ding an sich „hinter" dem Einzelnen als das Eigentliche und Wahre ausgibt. Er „wittert wohl ihre Unwesenheit", vermag sie aber nicht als „einfache Wesenheiten", „absolute Mächte und Kräfte", Aufbauteile des Konkreten zu durchschauen. Erst für den Verstand, der das subjektive Inbeziehungtreten des abstrakten Allgemeinen und Einzelnen ist, erhalten die Dinge die Tiefendimensionen der „Kraft", welche das objektive Inbeziehungtreten von „Wesen" und „Erscheinung" ist. „Erscheinung" ist, im Gegensatz zu „Schein", „Erscheinung *von* . . .", wie es auch Kant begriff, aber hier erst Erscheinung eines noch leeren, ungefüllten Innen, das sich objektiv als Ding an sich, subjektiv als leer-gesetzhafte Kategorie gibt. Diese Leere des Innen, das als *solches* noch nicht erscheint, sondern sich erst anzeigt, ist vergleichbar der Lage, „wenn ein Blinder in den Reichtum der übersinnlichen Welt (wenn sie einen hat, er sei nun eigentümlicher Inhalt derselben, oder das Bewußtsein selbst sei dieser Inhalt), und wenn ein Sehender in die reine Finsternis, oder wenn man will, in das reine Licht, wenn sie nur dieses ist, gestellt wird; der Sehende sieht in seinem reinen Lichte so wenig als in seiner reinen Finsternis und gerade so viel als der Blinde in der Fülle des Reichtums, der vor ihm läge".[1] Diese Fülle erscheint dem Geiste erst, wenn er eben die Erscheinung *als* Erscheinung der Fülle begreifen lernt. „Das Übersinnliche ist das Sinnliche und Wahrgenommene, gesetzt wie es in Wahrheit ist; die Wahrheit des Sinnlichen und Wahrgenommenen aber ist, Erscheinung zu sein. Das Übersinnliche ist also die Erscheinung *als Erscheinung*."[2] Im je-innigern Vollzug dieses Ineinander erschöpft sich die ganze Phänomenologie. Goethes heftige Abwehr des Axioms „Ins Innre der Natur dringt kein erschaffner Geist" wird hier zur Grundbewegung der Metaphysik selber.[3] Denn das Zueinander von Einheit und Vielheit ist so sehr das Erste von Sein

---

[1] Phän. 97.
[2] Ebd.
[3] Vgl. die klassische Entwicklung in „Logik", I, 103-146 (Dasein, Endlichkeit, Unendlichkeit).

und Denken, daß Entzweiung (Erscheinen) als solche schon Aufhebung des Gegensatzes (von Endlich-Unendlich) ist: „Das Sichselbstgleiche entzweit sich, heißt darum ebensosehr, es hebt sich als schon Entzweites, es hebt sich als Anderssein auf. Die *Einheit*, von welcher gesagt zu werden pflegt, daß der Unterschied nicht aus ihr herauskommen könne, ist in der Tat selbst nur das *eine* Moment der Entzweiung; sie ist die Abstraktion der Einfachheit, welche dem Unterschiede gegenüber ist. Aber indem sie die Abstraktion, nur das Eine der Entgegengesetzten ist, so ist es schon gesagt, daß sie das Entzweien ist; denn ist die Einheit ein *Negatives*, ein *Entgegengesetztes*, so ist sie eben gesetzt als das, welches die Entgegensetzung an ihm hat . . ., so ist [ihr] Entzweien hiemit ein Aufheben dessen, was es ist, und also ein Aufheben seines Entzweitseins."[1] So sind die Begriffe der Einheit und Vielheit – Schellings Grundbegriffe – hier für die Dialektik des Werdens eigentlich gar nicht mehr brauchbar, sie sind, wie bei Anlaß Goethes gesagt wurde, „verbraucht" in die höhere, eigentliche, existentiale Dimension hinein, in der das tote Allgemeine, nur An-sich-Wahre innerlich Akt, Licht, Fürsichsein wird. Dieser Raum ist also ebensosehr subjektiv eine Grundhaltung (wie wir sie oben beschrieben) als objektiv der Ort der Entfaltung des Geistes selber. Hegel liebt es wie Hölderlin, ihn den Äther des Geistigen zu nennen, worin sich das Wahre als in seinem Elemente bewegt. „Das reine Selbsterkennen im absoluten Anderssein, dieser Äther als solcher ist der Grund und Boden der Wissenschaft oder das Wissen im Allgemeinen. Der Anfang der Philosophie macht die Voraussetzung oder Forderung, daß das Bewußtsein sich in diesem Elemente befinde. Aber dieses Element erhält seine Vollendung und Durchsichtigkeit selbst nur durch die Bewegung seines Werdens. . . . Weil dieses Element . . . das Substantielle überhaupt des Geistes ist, ist sie die verklärte Wesenheit, die Reflexion, die selbst einfach, die Unmittelbarkeit als solche für sich ist, das Sein, das die Reflexion in sich selbst ist."[2] Werden, Äther, Verklärung, Reflexion sind hier nichts als Beschreibung der geistigen Dimension, in welcher der Geist zu seiner Wahrheit gelangt. Diese Wahrheit aber ist das Ernstmachen mit dem Ineinander von „Kraft" und „Erscheinung", von „Selbsterkennen im absoluten Anderssein". Ernst aber wird dies, wie

---

[1] Phän. 109-110.
[2] 17-18.

wir schon andeuteten, dort, wo das objektive Innen der „Kraft", des „Dings an sich", dem Geist als *sein* Innen erkennbar wird, wo für das gedachte (Satz-)Subjekt das denkende Subjekt einspringen muß, wo „die beiden Extreme, das eine des reinen Inneren, das andere des in dieses reine Innere schauenden Inneren" zusammenfallen – oder wo dem Geist der Geist gegenübertritt als *Du*. Das reine Erkennen wird hier zur Form des *An-erkennens*, als seiner Wahrheit. Diese Verwandlung ist für Hegel *die* Probe des Denkens und des wirklichen Idealismus, der nicht, wie Fichte, am Problem der Intersubjektivität verzweifelt und sich ins alogisch Praktische aufgibt, sondern sich ebendarin als Denken vollendet. Die Liebe ist der Vollzug der neuen Dimension des Geistes, in welcher der Geist sich wirklich als anderer erscheint, die Identität sich über die abgründigste Entfremdung hinüberspannt, – sie ist die Wahrheit des Denkens selber. Die Demut des Sichaufgebens ist bei Fichte nur eine scheinbare, denn sie hält neben der praktischen Intersubjektivität am theoretischen „Solipsismus" fest. Hier aber „tue ich actualiter, realiter Verzicht auf mich. Das Wirken und Leben in der Objektivität ist das wahrhafte Bekenntnis der Endlichkeit, die *reale Demut*",[1] „die Entlassung des Anderen als eines Freien, Selbständigen".[2] Und doch ist diese Demut höhere Macht; gegenüber der Natur, sofern das, was in ihr nur an-sich ist, in mir für-mich wird, gegenüber dem Geiste, sofern auch sein für-sich für-mich wird. Im Geistigen wird also, weil das Je-für-sich ein je auf das Gegenüberstehende Übergreifendes ist, dieses zum wahrhaft Allgemeinen. Durch die reale Demut und An-erkennung hindurch erweist sich die Liebe als das substantielle An-sich des Geistes selber. Das ist Sittlichkeit. „Denn diese ist nichts anderes als in der selbständigen Wirklichkeit der Individuen die absolute geistige Einheit ihres Wesens; ein an sich allgemeines Selbstbewußtsein, das sich in einem anderen Bewußtsein *so wirklich* ist, daß dieses vollkommene Selbständigkeit hat oder ein Ding für es, und daß es eben darin der Einheit mit ihm sich bewußt ist und in dieser Einheit mit diesem gegenständlichen Wesen erst Selbstbewußtsein ist."[3] Zu dieser Wahrheit empor führt Hegel das Bewußtsein in mehreren Stufen. Von der Begierde-Dialektik, welche das Fremde zwar als anderes, aber nur für-sich erstrebt und es in

[1] Rel. Phil., I, 190.
[2] II, 92.
[3] Phän. 231.

der Assimilation ebenso vernichtet, als sie durch diesen Egoismus vernichtet wird, zur Dialektik von Herrschaft und Knechtschaft, worin sich die scheinbare Überlegenheit des Herrn in eine wirkliche Unterlegenheit verwandelt, weil es gerade der Knecht ist, der in wahrer Anerkennung und realer Demut sich aufgibt, arbeitet und so sich bildet, zur Dialektik der Physiognomie, welche sich des Fremden in seinen (naturhaft-geistigen) Erscheinungen bemächtigen möchte, dabei aber in die Dialektik des Zeichens gerät. Denn sie sucht einerseits von außen herein als Milieutheorie[1] wie von innen heraus als deterministische Charakterologie das Geistige zu fixieren, ohne zu bedenken, daß in beiden Fällen dieses als Schöpferisches allen physiologisch-eindeutigen Zuordnungen überlegen bleibt. Der Geist „ist gerade dies, ebensowohl das Allgemeine zu sein und daher auf eine ruhige, unmittelbare Weise mit dem vorhandenen Allgemeinen, den Sitten, Gewohnheit usf. zusammenzufließen und ihnen gemäß zu werden, als sich entgegengesetzt gegen sie zu verhalten, und sie vielmehr zu verkehren, – sowie in seiner Einzelheit ganz gleichgültig gegen sie zu sein, sie nicht auf sich einwirken zu lassen und nicht gegen sie tätig zu sein".[2] Zwischen dem Geist und seinem Milieu, seinem Leib, ja seinem „Charakter" besteht eine letzte Freiheit der Zuordnung, die allen kontinuierlichen Ausdruckszusammenhang durchschneidet. Das Äußere „ist daher wohl Ausdruck, aber zugleich auch nur wie ein Zeichen", es ist für die Individualität „ebensowohl ihr Gesicht als ihre Maske".[3] Aber der Geist entwindet sich diesem Zugreifen nur darum, weil seine wirkliche Wahrheit in seinem schöpferischen Erscheinen, seiner *Tat* liegt. Er entwindet sich so aber zugleich seinem eigenen Sichverstehen durch theoretische Selbstbeobachtung und verurteilt sich dazu, sich in seinem Tun – also im andern seiner selbst – verstehen zu müssen. Die symbolische Charakterologie erfaßt zwar eine Zuordnung, nämlich die zwischen dem, was der Geist zu sein *meint*, und seinem (natürlich-geisthaften) Ausdruck, aber ebendarum entgeht ihr, was der Geist wirklich *ist*. Aus „Physiognomie, Handschrift, Ton der Stimme" wird nicht auf den Mörder geschlossen, sondern auf „die Fähigkeit, es zu sein". Aber damit gerät dieses vermeintliche Wissen ins „End- und Bodenlose, das nie dazu kommen kann, zu sagen, was es meint, weil es nur meint und sein Inhalt

[1] 201-202.
[2] 201-202.
[3] 209.

nur Gemeintes ist",[1] weil es eine Entsprechung zwischen unbestimmt-flüssigen Gebieten herstellen will. „Denn die einzelne Gestalt wie das einzelne Selbstbewußtsein sind als gemeintes Sein unaussprechlich." Das heißt aber nichts Geringeres, als daß eine Apokalypse der Seele unter der ästhetischen Idee der Erscheinung, wie Schelling sie versucht hatte, unmöglich ist. Das innere Geheimnis der Seele erscheint niemals so, daß es direkt, wie ein Resultat, ablesbar wird, und das ästhetische „Erfühlen" und „Anschauen", dessen Unaussprechlichkeit sich mit der des Geheimnisses schon identisch glaubt, ist noch gar nicht die Richtung auf den konkreten, wirklichen Geist. Das Richtige dieser Haltung tritt erst in der existentialen Dimension hervor, wo mit dem „Erscheinen", d. h. dem Sichaufgeben Ernst gemacht wird – als *Tat* –, und, als der Ernst des ästhetischen Sicheinsfühlens, die über die Abgründe des Andersseins sich dennoch einswissende Liebe erscheint.

Der Anstieg zu dieser Metaphysik der Liebe geschieht wiederum durch je höhere Formen der Selbstentäußerung. Von der Dialektik der Hingabe als bloßer „Lust" zu der des „Herzens" oder des sentimentalen Liberalismus, die den andern wie sich nur auf der Stufe der beschränkten, noch naturhaften Individualität gelten läßt und in den „Wahnsinn des Eigendünkels" sich verkehrt, zur Dialektik der „Tugend", welche „in pharisäisch-aszetischer Hingabe an ein wahnhaftes allgemeines Gute nur eine verfeinerte Form des Egoismus" darstellt und die am schlimmen „Weltlauf" untergeht. Aus alldem steigt aber endlich als seine Wahrheit der Ernst des Sichverlierens hervor, als die *Tat* der Individuen, welche so das allgemeine Gute, die substantielle, übergreifende Liebe verwirklichen. Diese Liebe ist die Wahrheit der Individuen, sie wird also ebensosehr durch ihre Hingabe konstituiert, als sie die Individuen selbst als wahre konstituiert. So kehrt auf existentialer Ebene die *mystische Potentialität* ein letztes Mal wieder – als Gesetz der Liebe. Sie ist die eigentliche Struktur der Welt in jeder ihrer aufsteigenden Potenzen. Aber was in den unteren Stufen nur das *an-sich* Allgemeine, Übergreifende ist, worin das Besondere spannungslos liegt (die Dinge im Allgemeinen von Raum und Zeit), das wird im Aufstieg je höher, um so *für-sich-seiender* allgemein und übergreifend, denn sein Erwachen *ist* das Erwachen der lebendigen Spannung zwischen

[1] 211.

„Kraft" und „Erscheinung", Selbstbesitz (actus) und tätiger Hingabe (actio). Aber je höher diese Spannung steht, um so mehr setzt sie das Medium ihrer Einheit *voraus*, um so mehr wird *Liebe* das Ermöglichende und nichtmehr nur Geweckte, Ermöglichte. Die Stufen dieses Erwachens sind die wachsende Verklärung des Allgemeinen als „objektiver Geist" (der nur an-sich, noch nicht fürsich bewußt ist, wobei aber dieses Ansich bereits im Sinne Goethes in der existentialen Dimension liegt[1]) zum „subjektiven" oder besser „absoluten" Geist, denn dieser steht nun auf dem Gipfel über dem Gegensatz von subjektiv-objektiv. „Der Ausdruck der Einheit des Subjekts und Objekts, des Endlichen und Unendlichen, des Seins und Denkens usf. [hat] das Ungeschickte, daß Subjekt und Objekt usf. das bedeuten, was sie *außer* ihrer Einheit sind."[2] Im steigenden Fürsichsein („Subjektiv"-sein) des Allgemeinen („Objektiven") als Liebe zeigen sich die Stufen als existentiale Potenzen Gottes, als „reale Geister",[3] die jedoch nur von unten her als ein Werden Gottes, von oben her aber, also von der Wahrheit her, als je innerlichere Teilnahme der Welt an dem ewigen Voraus der substantiellen Liebe Gottes erscheinen. In der Mitte dieses Aufstiegs liegt die Realität der Spannung zwischen Individuen und Volksgeist oder Staat, wo ein Gleichgewicht zwischen Voraus der Individuen und Voraus des allgemeinen Geistes herrscht: „Die Vernunft ist als die flüssige allgemeine Substanz, als die unwandelbare einfache Dingheit vorhanden, welche ebenso in viele vollkommen selbständige Wesen, wie das Licht in Sterne als unzählige für sich leuchtende Punkte zerspringt, die in ihrem absoluten Fürsichsein nicht nur an sich in der einfachen selbständigen Substanz aufgelöst sind [wie etwa bei Schelling], sondern für sich selbst; sie sind sich bewußt, diese einzelnen selbständigen Wesen dadurch zu sein, daß sie ihre Einzelheit aufopfern und diese allgemeine Substanz ihre Seele und Wesen ist, – so wie dies Allgemeine wieder das Tun ihrer als Einzelner oder das von ihnen hervorgebrachte Werk ist."[4]

Aber diese Struktur, in welcher die Liebe als das Substantielle des Übergreifens für-sich wird, hat ihre Vollendung erst in der

[1] Das Ineinandersehen der zwei Bedeutungen von „Idee", wie es in Fichte und Schelling vollzogen worden war, ist hiezu wesentliche Voraussetzung.
[2] Phän. 27.
[3] 286.
[4] 232.

Religion als Verhältnis der Individuen zum vollen Voraus der Liebe, des absoluten Geistes selber. Bisher hatte das Individuum immer noch die Möglichkeit, aus seiner Tat und Hingabe bereichert in sich zurückzukehren und sich im Spiegel dieser Hingabe als das je-tiefere Subjektive, allem objektiven Geiste gegenüber Wirklichere zu begreifen, eine Haltung, die nach Hegel im subjektiven Idealismus Fichtes und im Ästhetizismus Schellings seinen Gipfel erreicht. Hier kehrt sich das Verhältnis um, „und dies kommt daher, daß der allgemeine Gegenstand jetzt selbst Gedanke, . . . nicht leer, sondern absolute Erfüllung ist; alle Besonderheit gehört ihm an, als Allgemeines ist es *gegen mich übergreifend* und so schaue ich mich an als endlich, . . . als das, welches sein besonderes Sein, sein Bestehen nur hat in dieser Substanz“.[1] Liebe ist nun nicht mehr jene Brücke der Identität, die sich von mir zu einem mir gegenüber anerkannten Bewußtsein schlägt, sondern die, welche Gott zu mir hin schlägt. Religion kann also als Selbstbewußtsein Gottes beschrieben werden. „Das Selbstbewußtsein hat als Bewußtsein seinen Gegenstand und ist sich seiner in diesem bewußt; dieser Gegenstand ist auch Bewußtsein, aber Bewußtsein als Gegenstand, damit endliches Bewußtsein, ein von Gott, vom Absoluten, verschiedenes Bewußtsein; [und dieses] weiß Gott nur insofern, als Gott sich in ihm weiß.“[2] Dieses Verhältnis ist die Wahrheit der Liebe, ist der *Geist* schlechthin. Hier liegt für Hegel der Fortschritt der neueren Theologie über die alte, sosehr er sonst jene vorzieht: *Jene* betrachtete Gott als einen Gegenstand, „der schlechterdings in der Trennung gegen das subjektive Bewußtsein bleibt“. *Diese* betont dagegen einseitig, daß es in der Religion nur um den innern Zustand des Gemüts gehe, „wobei es auf das Objekt nicht ankomme“. So falsch dies in seiner Einseitigkeit ist, weil es das Fühlen über das Wissen stellt, so ist darin doch „ein ganz wichtiger Fortschritt, der ein unendliches Moment geltend gemacht hat, es liegt darin, daß das Bewußtsein des Subjekts als absolutes Moment erkannt ist“. Es kommt hier zu „dieser Nichtfremdheit, dieser Versenkung des Geistes in die Tiefe, die keine Ferne, sondern absolute Nähe, Gegenwart ist“.[3] Hamanns grundlegende Intuition, daß neben der objektiven Analogie zwischen Gott-Geschöpf (*ἀναλογία νοήματος*) die subjektive

[1] Rel. Phil., I, 192.
[2] II, 191.
[3] 194-195.

stehe (ἀναλογία νοήσεως), kommt hier über Fichte und Schelling zur systematischen Reife.[1] Gott ist also ebensosehr im *Akt* als im Gegenstand, „oder das Subjekt ist für den ganzen Umfang als das reale Verhältnis wesentlich". „Aber auch dieses Aufheben kann dann wieder *fremd* als *Gnade* Gottes gefaßt werden, die der Mensch als ein Fremdes sich gefallen lassen müsse und gegen die er sich passiv verhalte", wodurch die geistige Gegenwart Gottes im Subjekt in ein Sächliches und ebendarum in ein Ursächliches nach Art von Naturwirkungen verwandelt wird.[2] Aber das Geheimnis des Geistes ist es eben, in je größerer Verschiedenheit je innigere Identität, also auch *als* Gegenwart des Verschiedenen, Freiheit und Tätigkeit im Subjekt zu setzen. „Es muß gesagt werden, es ist der göttliche Geist, der die Wiedergeburt [der Seele] bewirkt, dies ist göttlich freie Gnade, denn alles Göttliche ist frei; . . . anderer Seits ist aber auch das Selbstsein der Seele feststehend; eine velleitas, nisus wird ihm gelassen, aber dies feste Verharren in diesem Verhältnisse ist selbst das Ungeistige . . . Das Tun im Glauben an die an sich seiende Versöhnung ist einer Seits das Tun des Subjekts, anderer Seits das Tun des göttlichen Geistes; der Glaube selbst ist der göttliche Geist, der im Subjekte wirkt; aber so ist dieses nicht ein passives Gefäß, sondern der heilige Geist ist ebenso des Subjektes Geist."[3]

Offenbarung hat damit diesen doppelten Aspekt, daß dem endlichen Bewußtsein Gott von außen her erscheine – und das notwendig in sinnlicher Gestalt, die als solche zugleich unmittelbar Natur Gottes ist[4] – und von innen her aufleuchte, wobei Gott nicht „Etwas", sondern sein Offenbaren offenbart.[5] Und dies letztere hat selbst, weil es Offenbarung im Akt des Subjekts als solchen ist, die doppelte Seite, daß es sowohl Offenbarung Gottes an das Subjekt (also Gnade und damit erhöhende Freigebung

[1] Es ist klar, daß die alte Theologie diesen Aspekt nie außer acht ließ. Er wird thematisch von den griechischen Vätern(vor allem dem erstaunlichen Gregor von Nyssa), von Augustin (de Trinitate), von der Mystik des Mittelalters behandelt (vgl. das Eckehart-Zitat Hegels: Rel. Ph., I, 212), aber ebenso in der Fides-Lehre Thomas' von Aquin, die in die Lehre der visio beatifica mündet, in der für den Menschen wie den reinen Geist Gott nicht nur Gegenstand, sondern inneres Aktprinzip ist. Davon wird in unserem dritten Bande die Rede sein.

[2] Rel. Phil., II, 195.

[3] 337.

[4] II, 124 f., 294.

[5] 198.

seitens Gottes) als Selbstoffenbarung des Subjekts, dessen Innerlichkeit in einer Tiefe aufgehüllt wird, die es aus sich nicht zu enthüllen vermöchte. Darin wird es (aus Gnade) im tiefsten Sinn für-sich, aber im selben Maße (weil der offenbarende Akt Gottes dessen Offenbaren *in der Aktivität des Subjektes* selbst offenbart) notwendig hingebende Rückoffenbarung der so befreiten Subjektivität und Freiheit an Gott selbst, sowohl seiner äußeren Erscheinung in Christus als seiner übersinnlichen Gegenwart. Ist dieses gesamte und doch einfache Geschehen die Wahrheit der Liebe, so ist Liebe ebendamit das schlechthin Apokalyptische. Denn sie ist „diese unendliche Elastizität der Substanz . . . sich selbst zum Gegenstand zu machen“.[1] „Die Liebe ist ein Unterscheiden Zweier, die doch füreinander schlechthin nicht unterschieden sind . . . Ich habe mein Selbstbewußtsein nicht in mir, sondern im Andern, aber dieses Andere, in dem ich nur befriedigt bin – und ich bin nur, indem ich Frieden in mir habe; habe ich diesen nicht, so bin ich der Widerspruch, der auseinandergeht –, dieses Andere, indem es ebenso außer mir ist, hat sein Selbstbewußtsein nur in mir und Beide sind nur dieses Bewußtsein des Außersichseins und ihrer Identität, dies Anschauen, dies Fühlen, dies Wissen der Einheit – das ist die Liebe.“[2]

Damit ist deutlich, daß Person und Liebe nur wechselseitig definierbar sind. Dem Verstand, als abstraktem Denken, „schwebt nur jene absolute Selbständigkeit des Eins vor“. Aber schon die Logik hatte die innere Dialektik der abstrakten Einheit und ihre Unmöglichkeit, „wahrhaft selbständig zu sein“, erwiesen,[3] und die Naturphilosophie selbst im abstraktesten Seienden, der Materie, am Phänomen der Schwere die Tendenz gezeigt, „nicht als Eins zu sein, sondern ebenso sein Fürsichsein aufzuheben“. Doch gerade weil die Natur kein wahres Fürsichsein hatte, blieb es in ihr „nur beim Sollen“. Erst wo die Abstraktheit als solche existent wird, als „erste, tiefste, innerste Freiheit“, welche das schlechthin verwirklichte Negative, „Spröde“ ist, wo also die Aufhebung des Gegensatzes „noch unüberwindlicher“ zu sein scheint, „gerade auf dieser Spitze hebt er sich selbst auf. Es ist der Charakter der Person, des Subjekts vielmehr, seine Isolierung, Abgesondertheit aufzugeben.“ „Das Wahre der Persönlichkeit ist also eben dies, sie durch

[1] 197.
[2] 227.
[3] 238.

dies Versenken, Versenktsein in das Andere zu gewinnen." Damit zeichnet sich das Trinitarische als Idee und Wahrheit alles Seins in und außer Gott ab. Es ist die „allgemeine Idee . . . welche alle Wahrheit und allein die Wahrheit ist".[1] „Eben damit muß alles Besondere, was als Wahrhaftes aufgefaßt wird, nach der Form dieser Idee aufgefaßt werden."[2] Freilich: „Die Form dieser Idee ist nur in Gott als Geist: ist die göttliche Idee in Formen der Endlichkeit, so ist sie nicht gesetzt wie sie an und für sich ist . . ., aber . . . die Wahrheit von etwas erkennen, heißt: es nach der Form dieser Idee überhaupt erkennen."[3] „Das ist hart für den Verstand", denn sein Prinzip, die abstrakte Einheit, ist hier vernichtet. Er „bringt seine Kategorien der Endlichkeit dazu, zählt eins, zwei, drei, mischt die unglückliche Form der *Zahl* hinein. Von der Zahl ist aber hier nicht die Rede; das Zählen ist das Gedankenloseste; bringt man also diese Form hinein, so bringt man die Begrifflosigkeit hinein".[4] „Die Gegner der Dreieinigkeitslehre sind nur die sinnlichen und die Verstandesmenschen."[5]

Die Metaphysik der Liebe, in der Person und Liebe sich schlechthin durch einander definieren, ist über Schelling hinaus durch die existentiale Dimension des idealistischen Weltlebens möglich geworden. War früher der erste Hauptfeind Hegels die unter tausend Formen sich verbergende Eitelkeit des sich bewahrenden Subjekts gewesen, so muß hier der zweite die Verzerrung des Liebesgeheimnisses durch die leere Objektivität des Pantheismus sein. Die von Hegel so unermüdlich bekämpfte All-eins-Lehre Indiens, Parmenides', Spinozas, Schellings ist darum so gefährlich, weil sie die konkret-existentiale Wahrheit der Liebes-Identität zu einer spannungslosen idealen Identität depotenziert. Weil sie den dynamischen Übergang des Endlichen ins Unendliche nicht verstehen kann, sondern zwischen Gott und Erscheinung die unaufhebbare Differenz von Sein und Nichts (Parmenides), von Substanz und Modi (Spinoza), von reiner Unendlichkeit und Endlichkeit (Schelling[6]) setzt, muß sie notwendig die Wahrheit dieser Endlichkeit in einem Verschwinden in Gott sehen. Aber dieses Verhältnis eines An-sich-

[1] 246.
[2] 241.
[3] 242.
[4] 237.
[5] 234.
[6] Hegel hat polemisch den subtileren Begriff der Auflösung bei Schelling in dieser Weise interpretiert, die er dort wohl auch, aber nicht ausschließlich besaß.

Allgemeinen und dazu indifferent Besonderen ist die Struktur des Natur-, nicht des Geistseins, und ihre Erhebung zur Wahrheit des Seins überhaupt entspricht einer Sehschwäche der Vernunft, welche die Intensitätsstufen der existentialen Sphäre nicht zu begreifen vermag. Das Gleichnis des Essens ist für das Eigentümliche Hegels wieder am sprechendsten. „Man zeigt [bei Spinoza und Schelling] von den natürlichen Dingen, wie von der geistigen Welt, daß sie endlich sind, daß das Wahre das Verschwinden ihrer Grenze in der absoluten Substanz und daß diese die absolute Identität beider . . . ist."[1] Aber eben weil man nicht die Selbsttranszendenz des Endlichen als solchen abwartet, nicht die Bewegung der Sache selbst verfolgt, die sich in der Sinnrichtung auf eine Selbstaufgabe hin bewegt, welche nur im Bereich des Existentialen Sinn hat und verstanden werden kann, darum bleibt der Pantheismus eine Form des Subjektivismus, der zweite Feind enthüllt sich als identisch mit dem ersten. Die Form der Liebe ist jenes geistige Sichsättigen, das nicht ein vernichtendes „Durchschauen" des Andern, sondern ein erfüllendes Besitzen durch An-erkennen hindurch sagt. „Anschauung" ist nicht das Höchste, sondern ist „Denken ganz abstrakt genommen".[2] Es ist nur folgerichtig, wenn bei Fichte diesem höchsten Akt objektiv nur das reine Licht entspricht, „das Licht, welches leuchtet, aber eben keinen andern Inhalt hat, als eben das Licht". Indem aber Liebe höhere, *vermittelte* Anschauung ist, ist auch das ihr zugeordnete Objekt (nicht freilich ein fremd-gegenüberstehendes, sondern der „objektive" Aspekt der Liebesidentität) ein substantiell vom Endlichen gesättigtes Licht. Das Übergegenständliche hat das Gegenständliche in sich aufgenommen.[3] Die Identität ist eine agonale: „Die beiden Extreme sind jedes selbst Ich, das Beziehende, und das Zusammenhalten, Beziehen ist selbst dies in Einem sich Bekämpfende und dies im Kampf sich Einende. Oder, Ich bin der Kampf, denn der Kampf ist eben dieser Widerstreit, der nicht Gleichgültigkeit der Beiden als Verschiedener, sondern das Zusammengebundensein beider ist . . . Ich bin das Feuer und das Wasser, die sich berühren, und die Berührung und Einheit dessen, was sich schlechthin flieht."[4]

---

[1] Rel. Phil., I, 106.
[2] I, 117.
[3] Vgl. Thomas v. Aquin: In Boeth. de Trin., q. 1, a. 3, c; et ad. 1.
[4] Rel. Phil., I, 64.

„Ich bin der Eine und bin Beide
Ich bin der zeuger bin der schooß
Ich bin der degen bin die scheide
Ich bin das opfer bin der stoß . . .“[1]

III. Das Wesen der Aufhebung

So drängt sich Hegels ganze Welt restlos in das Geheimnis der Liebe zusammen; sie wird zum Eschaton gerade in ihrer apokalyptischen Gewalt. Aber sie ist das Letzt-enthüllende nur durch das Schmerzgeheimnis von Opfer und Stoß hindurch, Seligkeit durch Liebestod hindurch. So sind wir doch, durch reifende Verwandlungen hindurch, wieder ganz hart am dionysischen Mysterium des „Empedokles“. Um den Vollsinn und die zarte Differenz der Apokalypse Hegels zu fassen, ist darum die „Aufhebung“ als schöpferischer Liebesakt in ihrer untrennbaren Doppeldeutigkeit von Tod und Verklärung, Gericht und Seligkeit, also in ihrem eigentlich eschatologischen Charakter zu untersuchen, zunächst der Blickpunkt des Todes (1), dann der der Verklärung (2).

1. Daß die Nähe beider Blickpunkte nicht mehr im Sinn Hölderlins oder Schellings genommen werden darf, ist aus der beschriebenen Grundhaltung Hegels bereits deutlich. Weder der unendliche Schmerz des Gottsein-müssens, der bis zuletzt dem schaudernden Entzücken Empedokles' die dunklen Untertöne gab, noch die sich verzehrende Einsamkeit Hyperions sind der einwohnende Tod in der Liebesdialektik Hegels. Hyperions Trauer ist in der Philosophie der Tat, der verzichtenden, resignierten Arbeit am Ganzen überwunden, Empedokles' Schmerz aber ist für Hegel die unüberwindliche Trauer der griechischen Götter, die „Schmerzlichkeit des göttlichen Friedens“, welche dem realeren Schmerz der existentialen Endlichkeit entsagt haben, oder tiefer, – weil diese Götter das Göttliche in der Menschlichkeit darstellen – der Widerspruch zwischen der „seligen Hoheit, die ein geistiges Insichsein“, und der „Schönheit, die äußerlich und leiblich ist“, „ohne jedoch als Unterschied und Trennung der innern Geistigkeit und ihres Äußern heraus-

[1] Stefan George: Der Stern des Bundes (1914), 21.

zutreten, so daß das Negative, das darin liegt, eben deswegen diesem ungetrennten Ganzen immanent und an ihm selber ausgedrückt ist".[1] Hegel ist durch die christliche Bescheidung Schillers und Goethes hindurchgegangen, wo dieser Widerspruch ausbricht und sich auflöst. Darum ist es auch nicht die dämonische Traurigkeit Schellings, nicht Gott zu sein, auf deren Grund der Wahnsinn lauert, denn auch sie steht letztlich auf dem Standpunkt Hölderlins, wo der innere Widerspruch des Göttlichen und Weltlichen unauflösbar bleibt, weil die Möglichkeit der Liebe noch nicht als die wahre Lösung erkannt ist. Aber diese Formen der prometheischen schöpferischen Negation sind doch bei Hegel *Momente*, die als aufgehobene in seinen umfassenderen Begriff der schöpferischen Negation eingehen.

Bei Hegel wachsen die Begriffe im Prozeß, ändern sich in der Flüssigkeit des Ganzen. Darum ist das „Negative" bei ihm ein Proteus, der erst im „Schwimmen" des Werdens selbst faßbar wird. „Das Negative, dieser abstrakte Ausdruck, hat sehr viele Bestimmungen, ist Veränderung überhaupt, auch die Veränderung enthält partiellen Tod."[2] Die wurzelhafte dieser Bestimmungen ist die Fassung des Negativen als die Kraft des Abstrakten selbst, als die Dynamis, welche das Sichunterscheiden ist und damit den Grund alles Geist- und Personseins, bis in Gott hinein, darstellt. Wo das Negative bei Fichte und Schelling immer als das Sekundäre, der Übergang zum Geringern erschien, auch wenn durch diese „Leere" hindurch Gott selber zu Bewußtsein und Liebe kam, da erscheint es – im trinitarischen Geheimnis – ins innerste Herz des Seins selbst verlegt. Dieser Begriff der negativen Mächtigkeit als Freiheit setzt einerseits freilich Fichtes und Schellings Prozeß, wie er im eschatologischen Stadium erscheint, voraus, anderseits aber, und tiefer, Schillers und Goethes Wissen, daß das (Welt-)Sein niemals Übergang von Potentialität (Negativität) in „reinen" Akt, sondern auch im Höchsten die „unreine" Mischung von Negativ-Positiv ist. „Das Wesen des Geistes ist deswegen formell die Freiheit, die absolute Negativität des Begriffes als Identität mit sich. Nach dieser formellen Bestimmung *kann* er von allem Äußerlichen und seiner eigenen Äußerlichkeit, seinem Dasein selbst abstrahieren; er kann die Negation seiner individuellen Unmittelbarkeit, den unendlichen *Schmerz* ertragen,

[1] Ästhetik, II, 76-77.
[2] Rel. Phil., I, 432.

d. i. in dieser Negativität affirmativ sich erhalten und identisch für sich sein. Diese Möglichkeit ist seine abstrakte, für-sich-seiende Allgemeinheit in sich."[1] Diese Negativität der Konzentration des Geistes in das „Fünklein der Seele" ist darum als solche zugleich die unendliche Macht und Positivität des Geistes, die Macht des Allgemeinen über das Besondere, die geballte (und *darum* negative) Intensität, die *sich* in der Liebe entfaltet und in ihr expansiv wird. Oberflächlich scheint es, daß diese Expansion des Sichverlieren, Sichhingeben, Anerkennen des Geistes seine Negativität (als Antithesis zum Insichsein) sei. Aber tiefer ist es doch gerade dieses Sichverlieren, das den Geist *zu sich* bringt, ihn enthüllt und vor den Abgrund seines Fürsichseins stellt. Die Verbrennlichkeit alles Besonderen am Geiste läßt das Moment seiner nackten Allgemeinheit heraustreten, welche zwar die Feuer-Macht des Verbrennens (das Positive) ist, aber als auflösende, vernichtende sich tiefer als reine Negativität, Freiheit, Abstraktheit zeigt. Dieses Verhältnis des Feuers zu seinem Stoffe kann ein doppeltes sein, je nachdem in der Beziehung zwischen dem Besonderen und Allgemeinen dies letztere für-sich oder nur an-sich allgemein, Geist ist. Ist sie nur An-sich, bewußtloser „Geist", Natur, so ist ihre Allgemeinheit Gattung, und ihre Besonderheit das diese Gattung freilich darstellende, aber nicht umfassende Individuum. Ebendarum ist die Verbrennung des Einzelnen in sein Allgemeines *natürlicher Tod*, denn das nur an-sich Allgemeine vermag das Fürsich des Einzelnen nicht in sich aufzuheben. Des Tieres „Unangemessenheit zur Allgemeinheit ist seine ursprüngliche Krankheit und der angeborene Keim des Todes. Das Aufheben dieser Unangemessenheit ist selbst das Vollstrecken dieses Schicksals".[2] Das Leben in diesem „absoluten Widerspruch", zugleich Einzelnes und Gattung zu sein, ist der Schmerz, das „Vorrecht lebendiger Naturen", der im Tod sein notwendiges Ende findet. Sie sind „eine Wirklichkeit von der unendlichen Kraft, daß sie in sich die Negativität ihrer selbst sind, daß diese ihre Negativität für sie ist, daß sie sich in ihrem Anderssein erhalten. – Wenn man sagt, daß der Widerspruch nicht denkbar sei, so ist er vielmehr im Schmerz des Lebendigen eine wirkliche Existenz".[3] Aber weil das Allgemeine im (tierischen) Individuum nicht als solches für sich ist, so kann

[1] Enzyklopädie, § 382.
[2] Enzyklopädie, § 375.
[3] Logik, II, 424.

der Trieb nach Aufhebung des Schmerzes nur als Trieb zur Identität mit dem anderen Individuum der Gattung auftreten, als Begattung. „In dem Gattungsprozeß gehen die abgesonderten Einzelheiten des individuellen Lebens unter; die negative Identität, in der die Gattung in sich zurückkehrt, ist, wie einerseits das Erzeugen der Einzelheit, so anderseits das Aufheben derselben, . . . der Tod dieses Lebens ist das Hervorgehen des Geistes."[1] Begattung und Tod sind in der Natur unmittelbar identisch, zwei Seiten des einen Prozesses, in dem das Einzelne Gattung wird, die Gattung Einzelnes. „Diese erreichte Identität . . . ist das Aufheben des formellen Gegensatzes", in welchem Vorgang das Natürliche als solches völlig verzehrt wird und verschwindet. Aber eben die Identität, die es verschwindend berührt, ist die erreichte Grundlage des bewußten Geistes. Dieser ist die erhöhte Kraft der Verbrennung des Besonderen, aber so, daß es in diesem Brande für ihn wird. Es ist „die Ohnmacht des Lebens, daß der Same Anfang und zugleich Resultat des Individuums", aber doch „verschieden" ist. Es ist die Macht des Geistes, diese schlechte Unendlichkeit in die wahre der Identität zu verwandeln, „als sein Resultat zu sein".[2] „Im Tode ist das Endliche als aufgehobenes gesetzt. Aber der Tod ist nur die abstrakte Negation des an sich Negativen; er ist selbst ein Nichtiges, die offenbare Nichtigkeit. Aber die gesetzte Nichtigkeit ist zugleich die aufgehobene und die Rückkehr zum Positiven. Hier tritt das Aufhören, das Loskommen von der Endlichkeit ein. Dieses Loskommen . . . ist im Bewußtsein nicht das, was der Tod ist, sondern dies Höhere ist im *Denken*."[3] Das Denken ist die geistige Macht des Negativen, die freie auflösende Kraft, welche aber sich selbst auflöst, um sich so gelichtet zu besitzen, für sich zu sein. Das Natürliche kann nicht über sich hinaus, „aber es wird durch ein anderes darüber hinausgetrieben, und dies Hinausgerissenwerden ist sein Tod. Das Bewußtsein aber ist für sich selbst sein Begriff, dadurch unmittelbar das Hinausgehen über das Beschränkte, und, da ihm dies Beschränkte angehört, über sich selbst".[4] Hier ereignet sich das Wunder der schöpferischen Negation: „Die Tätigkeit des Scheidens ist die Kraft und Arbeit des Verstandes, der verwundersamsten und

---

[1] 428-429.
[2] Phil. d. Geschichte, I, 35.
[3] Rel. Phil., I, 176-177.
[4] Phän. 57.

größten oder vielmehr der absoluten Macht. Der Kreis, der in sich geschlossen ruht und als Substanz seine Momente hält, ist das unmittelbare und darum nicht verwundersame Verhältnis. Aber daß das von seinem Umfang getrennte Akzidentelle als solches, das Gebundene und nur in seinem Zusammenhange mit anderem wirklich ein eigenes Dasein und abgesonderte Freiheit gewinnt, ist die ungeheure Macht des Negativen; es ist die Energie des Denkens, des reinen Ichs. Der Tod, wenn wir jene Unwirklichkeit [der Analyse] so nennen wollen, ist das Furchtbarste, und das Tote festzuhalten, das, was die größte Kraft erfordert. Die kraftlose Schönheit haßt den Verstand, weil er ihr dies zumutet, was sie nicht vermag. Aber nicht das Leben, das sich vor dem Tode scheut und von der Verwüstung rein bewahrt, sondern das ihn erträgt und in ihm sich erhält, ist das Leben des Geistes. Er gewinnt seine Wahrheit nur, indem er in der absoluten Zerrissenheit sich selbst findet. Diese Macht ist er nicht als das Positive, welches von dem Negativen wegsieht, . . . sondern . . . nur, indem er dem Negativen ins Auge schaut, bei ihm verweilt. Dieses Verweilen ist die Zauberkraft, die es in das Sein umkehrt. – Sie ist dasselbe, was oben das *Subjekt* genannt worden, welches darin, daß es der Bestimmtheit [dem Endlichen, Analysierten, Irrealen] in seinem Elemente [der negativen Macht des Geistes, seiner allgemeinen „Flüssigkeit"] Dasein gibt, die [eigene] abstrakte, d. h. nur überhaupt seiende Unmittelbarkeit aufhebt und dadurch die wahre Substanz ist, das Sein oder die Unmittelbarkeit, welche nicht die Vermittlung außer ihr hat, sondern diese selbst ist."[1] Erst dies ist für Hegel die absolute Macht des Geistes: das Vergehen, den Tod selbst in der Macht zu haben, sich ihm hingeben und aus ihm zurücknehmen zu können, und so den Raum des Seins bis an seine „Grenzen" zu durchmessen: „Die Substanz ist die absolute Macht des Seins. Ihr kommt das Sein zu, aber sie ist ebenso die Einheit des Umschlagens, daß das Sein umschlägt in das Nichtsein, aber sie ist wieder die *Macht des Vergehens*, so daß das Vergehen vergeht."[2] Sie ist Identität von Sein und Wesen als *Überwindung* der Spannung zwischen ihnen und so als Beherrschung der Leere: „Die Ungleichheit, die im Bewußtsein zwischen dem Ich und der Substanz, die sein Gegenstand ist, stattfindet, ist ihr Unterschied, das Negative überhaupt. Es kann als

[1] 22-23.
[2] Rel. Phil., I, 323.

der *Mangel* beider angesehen werden, ist aber ihre Seele oder das Bewegende derselben, deswegen einige Alte das Leere als das Bewegende begriffen."[1]

Aber im Geiste ist der Tod je nur als aufgehobener. Ein Naturding kann äußerlich vor dem Verbrennen bewahrt, es könnte äußerlich am Leben erhalten werden. Der Geist ist das wesenhaft „unverbrennliche".[2] Das ist in der indischen Dreieinigkeit noch unbegriffen: Schiwa, die dritte Person, „statt das Versöhnende zu sein, ist hier nur diese Wildheit des Erzeugens und Zerstörens".[3] Hier ist erst die naturhafte Möglichkeit des „Zu-Grunde-Gehens" gesichtet, die Vernichtung des rein Natürlichen, noch nicht die geisthafte als „In-seinem-Grund-Gehen",[4] in der Reflexion Sichfinden. Erst hier gewinnt der Tod seine eigentliche Dialektik –: zwischen der Negativität des Allgemeinen (An-sich), das sich in die Zerstreuung des Besonderen verliert (aber kraft der analytischen Macht des Gedankens) und der Negativität des Besonderen, das sich (kraft der synthetischen Macht) ins Allgemeine auflöst. Aber beide Momente sind, als die Dialektik der Einheit in der existentialen Dimension, unmittelbar identisch. Damit erhält der innere „Raum" des Geistes eine Vieldimensionalität, welche das Negative, den Tod, in verschiedenen Perspektiven erscheinen läßt. In seiner wundervoll konkreten Sprache hat Hegel sie einmal mit den Elementen der Natur verglichen: „Wie die Natur sich in die allgemeinen Elemente auslegt, worunter die Luft [Hölderlins Äther] das bleibende rein allgemein durchsichtige Wesen ist, – das Wasser aber das Wesen, das immerfort aufgeopfert wird, – das Feuer ihre beseelende Einheit, welche ihren Gegensatz ebenso immerfort auflöst als ihre Einfachheit in ihn entzweit, – die Erde endlich der feste Knoten dieser Gliederung und das Subjekt dieser Wesen wie ihres Prozesses, ihr Ausgehen und ihre Rückkehr ist, – so legt sich in eben solche allgemeine, aber geistige Massen das innere Wesen oder der einfache Geist der selbstbewußten Wirklichkeit [= Erde] als eine *Welt* aus –, in die erste Masse, das an sich allgemeine, sich selbst gleiche geistige Wesen [= Äther, „Vater"], – in das andere, das fürsichseiende, in sich ungleich gewordene, sich aufopfernde und hingebende Wesen [= Wasser, „Sohn"], – und in das dritte, welches als

[1] Phän. 25.
[2] Rel. Phil., II, 268.
[3] I, 361.
[4] Logik, II, 62.

Selbstbewußtsein Subjekt ist und die Kraft des Feuers unmittelbar an ihm selbst hat [Feuer, „Geist"]; – im ersten Wesen ist es seiner als des Ansichseins bewußt, in dem zweiten aber hat es das Wesen des Fürsichseins durch die Aufopferung des Allgemeinen. Der Geist aber selbst ist das Anundfürsichsein des Ganzen, das sich in die Substanz als bleibende und in die als sich aufopfernde entzweit und ebenso sie auch wieder in seine Einheit zurücknimmt, sowohl als die ausbrechende, sie verzehrende Flamme, wie als die bleibende Gestalt derselben",[1] als „bacchantischer Taumel" und „durchsichtige Ruhe".

Was hieraus deutlich wird, ist, daß Schelling und Fichte gegenüber das Moment des Negativen, des Todes keineswegs einzig das Attribut des „Sohnes" ist, sondern daß jedes Moment des Geistes an ihm teilhat. Die Negativität des „Vaters" ist die Unbewegtheit des reinen Wesens, die des „Sohnes" die selige Schmerzlichkeit des Fürsichseins, die sich vereinzelt und aufopfert, die des „Geistes" die Schärfe der schöpferischen Negation überhaupt, welche den „Vater" und den „Sohn" trennend eint und einend trennt. So versteht sich auch, wie im Werke Hegels die Idee des Todes ein so zerfließendes Gesicht tragen muß. Jede der drei „Personen" ist „tödlich", wenn ihr Wesen vom Menschen vereinzelt wird, denn nur in der Aufgelöstheit ineinander sind sie der eine lebendige Geist. Tödlich ist das reine Allgemeine: es ist, sofern es sich vereinzelt, die Eitelkeit des Geistes, sofern es durch diese hindurch sich wieder aufzulösen strebt, die Todesangst als absolute „Erschütterung" des Geistes. Tödlich ist das reine Besondere als Selbstentfremdung des Geistes, die sich nur durch das Ernstmachen mit dem Sterben wieder auflöst. Tödlich ist endlich auch die Schärfe des „Geistes" selbst, aber ihn kann sich der Mensch nicht vereinzelt nehmen, da er wahr und wirklich nur als Göttlicher ist.

Die reine Negativität des „Vaters" ist also zunächst jene Eitelkeit des Denkens, das im Allgemeinen ruhen bleibt, alle Subjektivismen und Pantheismen (die, wie wir sahen, dasselbe sind), alle Haltungen, die das Opfer, das Schwimmen, das Ernstmachen verweigern, vielmehr alle Transzendenz immer wieder ins „trockene Ich" einfangen. Aber gerade auf ihrer Spitze schlägt die Haltung um in das Bewußtsein, daß dem absolutgewordenen Insichsein

---

[1] Phän. 322.

das – Sein als gleichgültiges gegenüber liegengeblieben ist.[1] Aus dem Himmel der Subjektivität ist ihre Hölle geworden. Aber der Sinn dieses Umschlags ist die Erschütterung des Wesens in seinen tiefsten Grund hinab und damit das Schöpferische, wenn das Bewußtsein sein Nichts eingesteht. Diese *Angst* „ist daher nicht besondere Furcht vor Besonderem, sondern gerade das Setzen dieser besonderen Furcht als eines Nichtigen",[2] sofern die Erschütterung die Leere des Abstrakten überhaupt betrifft. „Dies Bewußtsein hat nämlich nicht um dieses oder jenes, noch für diesen oder jenen Augenblick Angst gehabt, sondern um sein ganzes Wesen; denn es hat die Furcht des Todes, des absoluten Herrn, empfunden. Es ist darin innerlich aufgelöst worden, hat durchaus in sich selbst erzittert, und alles Fixe hat in ihm gebebt. Diese reine allgemeine Bewegung, das absolute Flüssigwerden alles Bestehens, ist aber das einfache Wesen des Selbstbewußtseins, die absolute Negativität, das reine Fürsichsein"[3] – nun aber nicht mehr im Tode der starren Eitelkeit, sondern im Flüssigwerden durch den Tod hindurch in die totale Wahrheit des Geistes hinein. Hegel hat nur Spott für die „Ritter der Tugend", deren „Unverwundbarkeit"[4] nicht daher stammt, daß sie selbst im Innersten verwundet wurden. Diese Erschütterung wird im religiösen Verhältnis zum tragenden Grunde, über den, als über das Bewußtsein der „Unangemessenheit überhaupt", die Versöhnung sich vollzieht.[5]

„Die Unangemessenheit *ist*, sie liegt in der Geistigkeit." Mit dieser Erkenntnis rückt der Todesbegriff in den zweiten Aspekt, die Welt des „Sohnes". Das *Wesen* Gottes (sein An-sich) ist es, nicht *nur* Wesen, An-sich, sondern Für-sich zu sein. Dieser Widerspruch, der die Aufrollung der existentialen Dimension ist, besagt Gottes „Entfremdung" innerhalb seiner Identität. Es ist der Tod im Geiste, seine scheinbare Unlebendigkeit, die doch Quelle alles geistigen Lebens ist. „Angst" war das Tödliche im Zeichen des „Vaters", „*Schmerz*" ist der Tod im Zeichen des „Sohnes". „Diese Tiefe des Schmerzes ist . . . als ewiges Moment des Geistes."[6] „Der Geist ist nur Geist als dies Negative des Negativen, welches also das Negative selbst in sich enthält." In seiner Iso-

---

[1] Vgl. Rel. Phil., II, 212.
[2] Rel. Phil., I, 80.
[3] Phän. 129.
[4] 252.
[5] Rel. Phil., II, 280.
[6] 77.

lierung ist es unendlicher Schmerz: „Gott ist tot – dieses ist der fürchterliche Gedanke, daß alles Ewige, alles Wahre nicht ist, die Negation selbst in Gott ist; der höchste Schmerz, das Gefühl der vollkommenen Rettungslosigkeit, das Aufgeben alles Höheren ist damit verbunden."[1] Es ist in einem tiefsten Sinn der Welt-Schmerz, denn das Andere Gottes *als* Anderes ist die Welt. Hier wird nun die ganze Tradition der mystischen Potentialität, von Plotin über Böhme zu Schelling, noch einmal wach. Der „Sohn Gottes" *ist* nicht die Welt: Es ist eine „unrichtige Auffassung . . ., als ob der ewige Sohn des Vaters, der sich selbst gegenständlichen Göttlichkeit, dasselbe sei als die Welt".[2] Wohl aber diese die „Analyse des Sohns",[3] das reine Auseinanderhalten des Anderen, das im ewigen Voraus des Geistes je nur als Aufgehobenes, Verbranntes ist. Der Plotin-Aspekt der Negativität tritt zunächst einseitig stark hervor: „So aber ist dies Unterscheiden als Selbständigkeit nur das für sich negative Moment des Andersseins, des Außersichseins, das als solches keine Wahrheit hat, sondern nur ein Moment, der Zeit nach nur ein Augenblick und selbst kein Augenblick ist, sondern nur dem endlichen Geiste gegenüber diese Weise der Selbständigkeit hat, sofern er selbst in seiner Existenz diese Art und Weise der Selbständigkeit ist. In Gott selbst ist dieses Jetzt und Fürsichsein das verschwindende Moment der Erscheinung. Dieses Moment hat nun allerdings diese Weite, Breite und Tiefe einer Welt", aber ist in seinem reinen Anderssein nur der nichtige Hintergrund des Positiven, oder wie Hegel, ein Bild Schellings aufnehmend, sagt, „nur das Leuchten des Blitzes, der in seiner Erscheinung unmittelbar verschwunden ist".[4] Als solches *ist* sie das reine Auseinander, Zeitlichkeit, „Materie". (Diese Frage nach dem Wann der Schöpfung hat daher keinen Sinn, gehört der „leeren Metaphysik des Verstandes an", denn das Wann fällt ganz auf die Seite der Schöpfung selbst, die eben „die Region des Widerspruchs", der „Unangemessenheit" ist.) Aber in Gott ist diese Zeitlichkeit nur rein verschwindendes Moment, sie liefert nur das reine Anderssein, die Grundlage des Gegenüberseins dem Wesen des Sohnes. Denn in Gott ist das An-sich (die reine, *vor*-weltliche" Natur Gottes) unmittelbar schon sein Für-sich (seine

[1] 300.
[2] 251-252.
[3] 250.
[4] 252.

*Über*weltlichkeit); entworfener und erfüllter Zweck, Wesen und Sein fallen im ewigen Kreislauf der Dreieinigkeit unmittelbar zusammen. Aber daß dies möglich ist, dazu ist das Moment des Andersseins, die Welt, notwendig: „Ohne Welt ist Gott nicht Gott."[1] Aber die reine Negativität, welche das Fundament der Welt ist, wird zum göttlichen Moment, so wie es in die Ewigkeit Gottes selbst eingeht, nur als geläutert, nur durch die steigenden Geiststufen der Welt sublimiert, letztlich nur in Christus als dem mystischen Haupte der Welt. Das ganze Reich der Natur, sofern sie untergeistig ist, „ist nur dies: sich aufzuopfern"[2] dem Geiste, zunächst dem endlichen, dem Menschen. Sie ist ewig nur als verklärte, vergeistigte, als reine Erscheinung des Geistes. Aber auch der endliche Geist, der Mensch, hat diese Bestimmung, mit dem Unterschiede, daß er eben Geist und Fürsichsein und so das Unverbrennliche ist. Hier aber beginnt die Tragödie des Menschen, die Möglichkeit und Wirklichkeit der Sünde und des Abfalls. Denn als *Geist* hat er teil an dem Wesen Gottes: am Sichvoraussetzen des Geistes, der nie unvermitteltes, sondern je vermitteltes An-sich (als Für-sich) ist. Aber als *endlicher* Geist treten für ihn diese Momente notwendig zeithaft auseinander, und damit in die Dialektik des Sündenfalles. Hegel nimmt hier wie Fichte den Kampf gegen Aufklärung und Rousseau auf. Das Wesen (An-sich) des Geistes ist es, vom rein natürlichen Zustand (An-sich) zum geistigen (Für-sich) übergegangen zu sein. Der Mensch ist wesentlich dies: sich selber schuldig zu sein. „Insofern er gut ist, soll er nicht sein, wie ein natürliches Ding gut ist, sondern es soll seine Schuld, sein Wille sein, es soll ihm imputabel sein."[3] Weil der Mensch nicht Natur, sondern Geist ist (in der Dimension der Existentialität), so „ist es falsch zu fragen: ist der Mensch gut von Natur oder nicht? . . . ebenso oberflächlich ist zu sagen, er sei ebensowohl gut als böse".[4] Sondern der Mensch ist gut, sofern er nicht in seiner Natürlichkeit bleibt, sondern sich aufgibt, böse, sofern dieses Ausgehen aus seiner Natur in seinem reinen Anderswerden als solchen doch ein Abfall von sich selber ist (weil sein An-sich als Geist doch sein Für-sich ist). So zeigt sich der paradiesische Urzustand als in sich labil und dialektisch. „Daß das Paradies verloren ist, zeigt

[1] Rel. Phil., I, 194.
[2] II, 254.
[3] 260.
[4] 261.

uns, daß es nicht absolut als Zustand wesentlich ist . . . Dieser Verlust . . . muß vielmehr als göttliche Notwendigkeit betrachtet werden, und in der Notwendigkeit des Aufhörens enthalten sinkt jenes vorgestellte Paradies herab zu einem Moment, . . . das nicht das absolut Wahre ist.“ „Freie Sittlichkeit ist nicht die des Kindes.“[1] „Die Trauer der Natürlichkeit ist allerdings an die Hoheit der Bestimmung des Menschen geknüpft.“[2] Die zweideutige Kraft des Erkennens, als absolute Macht des Negativen, welche Analysis (des Verbotes Gottes) und Synthesis (des Wissens) in einem ist, ist zugleich „das Krankmachen und die Quelle der Gesundheit“.[3] Im Abfall Adams schillert Wahrheit und Lüge: Es sprach „die Schlange, daß der Mensch durch das Essen Gott gleich werden würde . . . Gott spricht zu sich selbst: Adam ist worden wie unser einer. Die Schlange hat also nicht gelogen, Gott bestätigt, was sie sagte.“ Die Schlange freilich sagt es im Hinblick auf den Abfall (Analysis), Gott aber im Vorauswissen „der wiederzuerreichenden Ebenbildlichkeit“ (Synthesis). Und so schillern im Abfall auch Tod und Unsterblichkeit, er ist das dialektische Zwischen von verbrennlicher Unsterblichkeit des Paradieses und verbrannter, gestorbener Unsterblichkeit der Erlösung: „Einerseits wird gesagt: der Mensch im Paradies ohne Sünde wäre unsterblich . . . auf der andern Seite wird dann auch vorgestellt: erst wenn der Mensch vom Baum des Lebens äße, würde er unsterblich sein.“[4] Die Dialektik löst sich im Abrollen des Übergangs: es ist dem Menschen nicht natürlich, eine natürliche Unsterblichkeit zu haben. Hier also bricht das Tragische offen auf. Der Mensch ist der geistgewordene Gegensatz zu Gott, das Negative hat seine „tiefste Tiefe“ erreicht, und so ist er „der unendliche Schmerz über sich selbst“.[5] Aber eben weil in diesem Gegensatz zu Gott der Abgrund des verlassenen Fürsichseins im Menschen sich auftut, worin er „die nackte Monade, die leere, erfüllungslose Seele“ ist, versagt sich ihm ebenso der Trost der Welt. Und doch ist die stoische „Versenkung der Seele in ihre Tiefe“, welche sich aus dem Schmerz des Gegensatzes durch den Rückzug zu retten sucht, nur eine „abstrakte Versöhnung“: „Indem es die Flucht aus der Wirklichkeit ist, ist es auch die Flucht aus meiner Wirk-

[1] I, 271-272.
[2] II, 75.
[3] II, 265.
[4] 269.
[5] 271.

lichkeit",[1] – nämlich gerade dem „unendlichen Leiden der Seele", dem Tode des Geistes, das des Menschen Wahrheit ist.

Das ist der äußerste Punkt, wo Christus auftritt. Er entspricht genau jenem früheren, wo aus dem Tode des Vernunftlosen der Geist als dessen Wahrheit auftrat. Was das Entzweite (damals Individuum und Gattung) selbst nicht zu einen vermag, das leistet das Voraus der Einheit, welches aber substantielle Einheit eben durch das Opfer des Entzweiten selbst ist. So vermag sich der Mensch nicht selbst zu erlösen, er kann am Gegensatze nur geistig sterben. Aber die Erlösung, die ihm geschenkt wird, ist möglich doch erst, nachdem durch seinen „unendlichen Schmerz", ja seine Sünde die Form des Gottmenschen, der den unendlichen Gegensatz zwischen Gott und Welt auf sich nimmt und aufhebt, möglich geworden ist. So ist Christus zugleich der Sündelose – weil in ihm *Gott* unmittelbar erscheint – und der Überwinder der Sünde von innen her. Das äußerste Einzelne wird als Einzelnes in Gott aufgehoben, „dieser einzelne, existierende, wirkliche Mensch wird aufgehoben, als eine der Personen Gottes in Gott gesetzt".[2] Christi Tod wird darum, weil er die Erscheinung der äußersten Liebe ist,[3] zur äußeren Erscheinung der göttlichen Liebe, wie sie in sich ist.[4] „Denn das göttliche Wesen wird da angestaunt, in dem Menschen, der gelitten hat, gestorben, auferstanden und gen Himmel gefahren ist."[5] Und weil es Erscheinung in Form des absoluten Gegensatzes, der Sünde ist, darum ist es Erscheinung im „gesteigerten Tod des Missetäters, nicht nur [im] natürlichen Tod, sondern sogar [im] Tod der Schande und Schmach am Kreuze".[6] „Dies ist das revolutionäre Element, durch welches der Welt eine ganz andere Gewalt gegeben ist." „Wenn das Kreuz zum Panier erhoben ist, und zwar zum Panier, dessen positiver Inhalt zugleich das Reich Gottes ist, so ist die innere Gesinnung in ihrem tiefsten Grunde dem bürgerlichen und Staats-Leben entzogen und die substantielle Grundlage desselben hinweggenommen, so daß das ganze Gebäude keine Wirklichkeit mehr, sondern eine leere Erscheinung ist, die bald krachend zusammenstürzen . . . muß."[7] Staat muß

---

[1] 276.
[2] 125.
[3] 304.
[4] 294.
[5] I, 388.
[6] II, 298.
[7] 299.

von jetzt an die Äußerung der inneren Gesinnung selber sein, Form der Sittlichkeit, Werk der erlösten Subjektivität.

Im Opfertod Christi ist die Erlösung *an sich* vollzogen, sie wird *für* den Einzelnen, im Maße dieser in die Bewegung Christi mit eintritt. „Das bloße Betrachten der Geschichte hört hier auf; das Subjekt selbst wird in den Verlauf hineingezogen."[1] Das aber ist „dasselbe, was die Ausgießung des Heiligen Geistes genannt worden". Damit rückt aber das Moment der Negativität, des Todes in seinen dritten Blickpunkt, in den endgültigen. Denn nun nimmt der Mensch an der schöpferischen Negativität teil, wie sie in der Wahrheit, d. h. in Gott selbst ist. Die Momente der „Todesangst" und des „unendlichen Schmerzes" sind aufgehoben in die Weise, wie der Tod in Gott selber ewig aufgehoben ist. Damit wird der Tod im Geiste als die *Tiefe der „mystischen Lust"* offenbar. Hegel zitiert bedeutungsvolle Verse des „Diwans":

„Sollte jene Qual uns quälen,
Da sie unsre Lust vermehrt?"[2]

Im Blickpunkt des reinen An-sich Gottes ist die Bewegung nur „ein Spiel der Liebe mit sich selbst, worin es nicht zur Ernsthaftigkeit des Andersseins kommt".[3] So ist es das Element der reinen Liebe. Aber weil sein An-sich je schon zu seinem Für-sich übergegangen ist, so ist das Spiel je schon durch den Ernst des Todes hindurch, und hat aus ihm, der im Rücken liegt, die Glut und die Tiefe der verwirklichten Liebe geschöpft. „Das Leben Gottes ... mag wohl als ein Spielen der Liebe mit sich selbst ausgesprochen werden; [aber] diese Idee sinkt zur Erbaulichkeit und selbst zur Fadheit herab, wenn der Ernst, der Schmerz, die Geduld und Arbeit des Negativen darin fehlt."[4]

Von hier aus, bevor wir zur Betrachtung der Verklärungsseite der Aufhebung übergehen, läßt sich der Sinn von Person und Freiheit bei Hegel schon deutlich machen. Freiheit, und damit die Kerngestalt der Wirklichkeit, ist ihm weder jene letzte Schwebe, als welche sie bei Fichte, noch jene ästhetische Indifferenz, in der sie bei Schelling erschien. Sie ist auch nicht das Spielen des Kindes Novalis oder das schmerzlich-brennende Ruhen im Paradox von Tod

---

[1] 305.
[2] 282.
[3] 248: vgl. 227.
[4] Phän. 13.

und Verklärung des Jünglings Hölderlin. Sondern Lust und Schmerz der Freiheit sind ganz von der Bewegtheit des Hindurchgehens, des Verlassens und Gewinnens her bestimmt. Es ist Ethos des Aufbruchs im Doppelsinn von Zelt-Abbrechen und Aufhüllung. „Philosophie ist der Trieb, überall zu Hause zu sein", sagte Novalis. Aber dieser Trieb ist die Heimatlosigkeit selbst, die zugleich friedliche und unruhige Bescheidung des Alters, in welcher der durchlebte Schmerz aller Heimatlosigkeiten zur Süßigkeit geworden ist. Darum ist Hegels „Ruhe in Unruhe" zuletzt doch Schiller, Goethe, Jean Paul verwandter als den frühen Idealisten. Die leistenden Heroen stehen über den seligen Göttern,[1] aber nicht sosehr darum, weil sie den Schmerz erleben – denn auch die seligen Götter trauern –, als weil sie die Flamme der Überwindung, die mystische Lust des Geistes im Herzen tragen. Das Hindurchschreiten ist Feuer als Entzweiung, Verzweiflung, Gericht, das Hindurchgegangensein ist die Tiefe der Lust. So steht Hegel freilich als Glied in der Reihe von Luther und Schelling zu Kierkegaard und Barth, in der die Theologie des furchtbaren Gottes (Luther), des Gottes, in dem ein Quell von Traurigkeit ist (Schelling), des Gottes, in dessen Himmel noch Bekümmernis, wenn auch die der Liebe, waltet (Kierkegaard[2]), des Gottes, der „schlechterdings am Tode des Menschen . . . erkannt" wird; der „die Zeichen des Todes dem Menschen aufprägt" (Barth)[3]. Aber in dieser Reihe ist Hegel doch der hellste, indem er im Tode nicht verharrt, sich ins Dunkel nicht einbohrt, seine mystische Flamme aus dem Tode nicht mehr Finsternis saugen läßt, als für ihre Glut notwendig ist. *Darin* entgeht er im letzten doch allen Angriffen Kierkegaards.

2. Das Hindurch des Gerichts ist die Verklärung. Im Übergang vom negativen zum positiven Moment muß uns zunächst das Formelle der Eschatologie Hegels beschäftigen. Dieses zeichnet sich gewiß zunächst als die Aufhebung teleologischer Endgerichtetheit zugunsten einer vertikalen Ewigkeitsbeziehung. Sosehr die Weltgeschichte Evolution des Weltgeistes sein mag, sosehr Stufe auf Stufe sich logisch folgt und aufbaut, sowenig strebt doch diese Geschichte der Lösung eines fünften Aktes zu, einem Endgericht,

---

1 Rel. Phil., II, 108.
2 Philos. Brocken, Werke (Jena), VI, 22 ff.
3 Dogmatik, I, 408.

einer Parusie. Es ist die Weltgeschichte selbst, „deren Begebenheiten die Dialektik der besondern Völkergeister, das *Weltgericht* darstellt“.[1] Denn sie ist „überhaupt die Auslegung des Geistes in der Zeit, wie sich im Raume die Idee als Natur auslegt“,[2] die Zeit aber, als die Form der Erscheinung, ist selbst das, was die Gestalten immanent richtet. Sie ist ja „jene reine Unruhe des Lebens“, welche den Weizen der Idee von der Spreu der Natürlichkeit scheidet. „In dem *Gerichte* jener Bewegung bestehen zwar die einzelnen Gestalten des Geistes wie die bestimmten Gedanken nicht, aber sie sind so sehr auch positive notwendige Momente, als sie negativ und verschwindend sind.“[3] Dieses Weltgericht der Zeit ist also nur der langsame Vollzug der Enthüllung, wieviel jede Gestalt an unmittelbarem Ewigkeitssinn und -Bezug überzeitlich an sich trägt. Alle Teleologie scheint damit in Axiologie aufgelöst. Dazu gehört die Art, wie in der „Phänomenologie“ der Begriff des „Jenseits“ immer wieder als eine Vorstufe des wahren Ineinander von „Diesseits“ und „Jenseits“ überwunden wird.[4] Denn „eben dann, wenn [dem Geiste] das Wesen der Natur als Inneres bestimmt ist, weiß er nur die äußere Schale“.[5] „Nur das Schlecht-Unendliche ist das Jenseits.“[6] Aber diese scheinbar in sich vollendet ruhende Axiologie ist wie alle Axiologie eben doch eine solche der Spannung zwischen Zeit und Ewigkeit.[7] Das Zeitliche ist, solange es ist, nie durch das Gericht der Ewigkeit hindurch*gegangen*. So bleibt auch der religiöse, wiedergeborene, „vermittelte“ Mensch in seiner Ewigkeitsbeziehung zwiespältig. Das Ewige kann „mehr oder weniger *gegenwärtige* Lebendigkeit, Gewißheit, Genuß darbieten, oder als ein Ersehntes, Erhofftes, Entferntes, Jenseitiges dargestellt werden“. Diese Aufspaltung in Ja und Nein gilt allerdings nur für den Menschen *als* zeitlichen. Hat er aber durch diesen (bleibenden) Zwiespalt hindurch die Ewigkeit Gottes ergriffen, so übersteigt die ganze Ebene des Ja-Nein in ein ewiges Ja. So löst sich, wie vorher die Teleologie in Axiologie, diese wiederum in Teleologie auf, aber nun nicht mehr in der Horizontale der Zeit, sondern in der

---

1 Enzyklop., § 548.
2 Phil. d. Geschichte, I, 134.
3 Phän. 31.
4 Vgl. S. 135-151, 287, 344 f., 506.
5 Enzykl., § 140.
6 Logik, I, 138.
7 Vgl. Einleitung.

Vertikale von Zeit → Ewigkeit. Nur für die *Vorstellung* stellt sich die Vollendung dieses wahren Telos wiederum zeitlich dar, denn die Vertikale – jene selbe Auflösung, um die Jean Paul rang –, eine Aufhebung der Zeitlichkeit ins Ewige, die doch keine Auflösung ins rein Allgemeine ist, ist nicht vorstellbar. „Die Seele, die einzelne Subjektivität, hat eine unendliche, ewige Bestimmung: Bürger im Reiche Gottes zu sein. Dies ist eine Bestimmung und ein Leben, das der Zeit und Vergänglichkeit entrückt ist, und indem es dieser beschränkten Sphäre zugleich entgegen ist, so bestimmt sich diese ewige Bestimmung zugleich als eine Zukunft. Die unendliche Forderung, Gott zu schauen, d. h. im Geiste seiner Wahrheit als einer gegenwärtigen bewußt zu werden, ist für das Bewußtsein als das vorstellende in dieser zeitlichen Gegenwart noch nicht befriedigt." „In dieser Bestimmung liegt der Grund, daß die Unsterblichkeit der Seele in der christlichen Religion eine bestimmte Lehre wird."[1]

Unsterblichkeit ist also die „Vorstellung" der Ewigkeit des Menschen, der „einzelnen Subjektivität". Als Vorstellung ist sie ein Exoterisches, dessen immer bestimmtere Entwicklung Hegel in der Religionsgeschichte aufmerksam verfolgt, von dem er aber in der systematischen Philosophie niemals spricht. Was also ist die „Wahrheit" dieser Vorstellung? Es ist dies die Frage nach dem positiven Sinn der Aufhebung, nach der „Verklärung" des Endlichen als solchen, nach der „wichtigen Lehre . . . von der Auferstehung des Leibes".[2]

Die indische Vorstellung der Seelenwanderung ist die äußerlichste Form dieses Glaubens. Weil Gott und Welt noch im gleichgültigen, spannungslosen Verhältnis des leeren Allgemeinen und nichtigen Besonderen aufgefaßt ist, so kann zwischen der ewigen Seele und der „gleichgültigen Gestaltung" kein inneres Verhältnis eintreten: „Mensch, Tier, die ganze Welt der Lebendigkeit wird zum bunten Kleide der farblosen Individualität. Das Insichsein, das Ewige hat noch keinen Inhalt, also auch keinen Maßstab für die Gestalt."[3] „Die Subjektivität ist . . . nur Maske."[4] Auf höherer Stufe wiederholt dies das Alte Testament. Gott ist hier zwar Person, absoluter Herr, aber so überwältigend, daß das Anders-

[1] Rel. Phil., II, 313.
[2] I, 40.
[3] I, 399; vgl. II, 122.
[4] II, 286.

sein, die Welt, der Mensch sich in eine Nichtigkeit hinein vergißt. „Der Mensch hat noch keinen innern Raum, keine innere Ausdehnung oder eine Seele von dem Umfange, die *in sich* befriedigt sein wollte ... Wegen des Mangels an Freiheit haben sie auch nicht an die Unsterblichkeit geglaubt.“[1] Die erste höhere Idee erscheint in Ägypten: „Das Totenreich schließt sich auf, wenn das natürliche Sein überwunden ist, es beharrt daselbst das, was nicht mehr natürliche Existenz hat.“[2] Nähere Gestaltung verleihen die Griechen: „so tritt hier, wenn auch zunächst nur als ein schwacher Schein und noch nicht als absolute Forderung des Geistes, die Vorstellung von der Unsterblichkeit ein“.[3] Sie vollendet sich, wie wir sagten, im Christentum: Christus ist die Identität *dieser* einzelnen Menschlichkeit mit Gott. „Diese Vollendung der Realität zur unmittelbaren Einzelheit ist der schönste Punkt der christlichen Religion und die absolute Verklärung der Endlichkeit ist in ihr zur Anschauung gebracht.“[4] Indem er die ganze Gestalt einer menschlichen Individualität ins Göttliche emporhebt, zeigt er die Positivität, die in ihrer Naturhaftigkeit liegt. „Nach einer gewöhnlichen Vorstellung, die wir besonders bei den Alten finden, ist der Geist, die Seele, in diese Welt als in ein ihr Fremdartiges verstoßen: dieses Inwohnen im Körper und die Vereinzelung zur Individualität sei eine Erniedrigung des Geistes. Darin liegt die Bestimmung der Unwahrheit der bloß materiellen Seite, der unmittelbaren Existenz. Aber anderseits ist die Bestimmung der unmittelbaren Existenz zugleich auch eine wesentliche, die letzte Zuspitzung des Geistes in seiner Subjektivität.“[5] „Die Überwindung des Negativen ist [also] nicht ein Ausziehen der menschlichen Natur, sondern ihre höchste Bewährung selbst im Tode und in der höchsten Liebe ... Wenn daher der Menschensohn zur Rechten des Vaters sitzt, so ist in dieser Erhöhung der menschlichen Natur die Ehre derselben und ihre Identität mit der göttlichen aufs höchste vor das geistige Auge getreten.“[6]

In dieser Verewigung Christi aber sind alle verewigt: „Einer ist so Alle, Einmal ist Allemal.“[7]

---

[1] 85-86.
[2] I, 444.
[3] II, 129.
[4] 285.
[5] II, 285.
[6] 300.
[7] 309.

Aber so sehr Auferstehung und Himmelfahrt Geschichte sind, sie sind es doch nur für den Glauben, sind „nicht äußerliche Geschichte",[1] sondern sinnliche Vorgänge nur für die Vorstellung, ebenso wie die „Wiederkunft als ihre Ergänzung".[2] Hat uns also die Religionsgeschichte Hegels anti-pantheistische Gesinnung geoffenbart,[3] so stellt sich hier doch die ganze Frage nach dem esoterischen „begrifflichen" Sinn der „Unsterblichkeit" von neuem. Es kann die Lösung nur in der Richtung einer individuellen Ewigkeit des einzelnen, endlichen Geistes liegen, in dem, was seine Individualität Positives, Verklärbares hat, einer Ewigkeit aber, die zugleich nicht „Fortdauer nach dem Tode" ist. „Unsterblichkeit" ist dann das *Bild* für ein doppeltes: einmal für ein „Enthobensein über die Macht und über den Wechsel der Veränderung". Das aber ist „schon an sich ursprünglich dem Geiste angehörig, nicht erst durch die Versöhnung [Christi] vermittelt". Diese bringt das weitere hinzu, „daß das Selbstbewußtsein des Geistes ewiges absolutes Moment in dem ewigen Leben ist".[4]

Die Erhellung dieser Verklärung wird von dem ausgehen müssen, was für Hegel das Rein-Natürliche, Vergängliche bedeutet. Es ist dies um so schwerer eindeutig zu bestimmen, als bei ihm die Doppelbestimmung des Positiv-Negativen allem Wirklichen durchgehend anhaftet, als es demnach nicht um eine Ausbrennung des „Negativen" als solchen gehen kann. Vielmehr hängt der Charakter der Ewigkeit am Maße der Teilnahme am Fürsichsein. Je höher ein Seiendes steht, um so weniger ist seine Läuterung Ausrottung, um so weniger ist es bloßes Material für die Flamme des Übergeordneten. Aber es ist doch erst die ethisch-existentiale Beschreibung, die hier Hegels eigentlichen Gedanken wiedergibt. Das Paradox, daß ein Geist in dem Maße Für-sich ist, als er sich hinzugeben vermag, en-statisch, als er ek-statisch ist, Subjekt, als er, in einem Allgemeinen sich auflösend, sich in diesem Allgemeinen zurückerhält, dieses Paradox ist für Hegel wesentlich das Geheimnis der Liebe. So vermag er über die Ontologie Schellings hinaus, welche sich vergeblich um die Möglichkeit der bewahrenden Auflösung des Einzelnen im Allgemeinen bemühte, durch die Grundlegung der Ontologie im Wesen der Liebe (als *dem* Sein) diese Auf-

[1] 300.
[2] 312.
[3] Vgl. bes. I, 306.
[4] I, 73.

lösung zu verdeutlichen. Schon wo es um das Verhältnis von Individuum und Volk geht, spielt dieser Sinn der Hingabe hinein: „Das *Ganze* wird als Ganzes [des Einzelnen] Werk, für das er sich aufopfert, und eben dadurch sich selbst von ihm zurückerhält. – Es ist hier nichts, das nicht gegenseitig wäre, nichts, woran nicht die Selbständigkeit des Individuums sich in der Auflösung ihres Fürsichseins, in der Negation ihrer selbst, ihre positive Bedeutung, für sich zu sein, gäbe."[1] Das sittliche Moment, das im Grunde das Pathos des Loslassens, das Pathos der Bescheidung Schillers und Goethes ist, beherrscht in der Tiefe diese Möglichkeit der Auflösung. Was anfangs als die Grundeinstellung des Untertauchens, Schwimmens beschrieben wurde, erhält hier die tiefere Betonung des *Vertrauens*: „Ferner ist daher das einzelne Bewußtsein, wie es unmittelbar seine Existenz in der realen Sittlichkeit oder in dem Volke hat, ein gediegenes Vertrauen." In diesem Sinne sind die Stufen der Phänomenologie nicht ein Ausmerzen der Natur und der Einzelheit als solcher, sondern nur der un-eingeordneten Natürlichkeit, nicht der Selbstheit, sondern der Selbstsucht. „Man soll seinem besonderen Willen, seinen Begierden und Naturtrieben entsagen. Es kann dies so verstanden werden, als sollten die Naturtriebe ausgerottet werden, nicht bloß gereinigt . . . Dies ist ganz unrichtig: das Wahre ist, daß nur der *unreine* Gehalt geläutert . . . werden soll."[2] Die Phänomenologie ist dieser Läuterungsberg, die schrittweise Entlarvung aller falschen Andacht, verkappten Sinnlichkeit, stolzen Subjektivität, selbst wenn sie sich als „Herzklopfen um das Wohl der Menschheit"[3] maskiert. Das Glanzstück ist hier jene Analyse des „geistigen Tierreichs", jener liberalen Öffentlichkeit, deren Substanz nicht das wirkliche Allgemeine, dem der Einzelne sich ernstlich opfert, sondern das Allgemeine der individuellen „Persönlichkeit" ist, welche das sakrosankte, verschwimmende Element des sozialen Wirkens darstellt, – eine Analyse, die den Existentialanalysen des „Man" bei Kierkegaard und Heidegger unmittelbar zu vergleichen ist.[4] „Die Individualität tritt . . . als ursprüngliche, bestimmte Natur auf", aber ebendamit als eine durch das Opfer noch nicht gebrochene, bewährte, gereinigte. Aber alles Endliche ist in seiner

[1] Phän. 232.
[2] Rel. Phil., I, 239.
[3] Phän. 246.
[4] 259 f.

Wahrheit nur, wenn es ins Je-Höhere sich einordnet, „und dies macht die existierende Wirklichkeit schwankend, gebrochen".[1] Wenn man dieses unmittelbare Naturpathos Herz nennen will, so soll hier wirklich „das Herz brechen" . . . „Die Natürlichkeit, das unmittelbare Herz ist das, dem entsagt werden muß, weil dies Moment den Geist nicht frei läßt."[2] Dies Brechen ist aber wiederum nicht Verflüchtigung des Gefühls in ein abstraktes, reines Wissen. Herz kann auch den Sinn konkreter Innerlichkeit des Bewußtseins haben, so „wenn ich sage, ich habe Gott im Herzen, so ist das Gefühl hier als fortdauernde, feste Weise meiner Existenz ausgesprochen".[3]

Wir sind bei diesem Sinn der Reinigung länger verharrt, weil er Hegel, entgegen manchen Interpretationen, auch in seiner Eschatologie seiner Grundstrebung treu zeigt, die Wahrheit im dynamischen Sichdurchdringen des Allgemeinen und Besondern zu sehen. „In der christlichen Religion . . . ist das Subjekt, das Heil der Seele, die Rettung des Einzelnen *als Einzelnen*, nicht nur der Gattung, wesentlicher Zweck. Diese Subjektivität, Selbstigkeit – nicht Selbstsucht – ist eben das Prinzip des Erkennens selbst."[4] Freilich geht der Geist der Weltgeschichte, der furchtbare Opferer des Individuellen, über die Individuen wie über „Mittel" hinweg, aber er kann dies nur, weil das Opfer des Individuums, worin dieses sich selbst erhält, *auch* die Bestimmung hat, es dem Ganzen einzugliedern, ja dieses mitzugründen. Das Gliedsein des Einzelnen gibt zwar dem Allgemeinen ein Recht auf es, aber das Allgemeine kann nicht verhindern, daß das Glied, *indem* es sich als Glied einfügt, ebendadurch mehr als nur Glied, selbst „Allgemeines" wird. „Die Menschen . . . haben Teil an jenem Vernunftzweck selbst und sind eben dadurch Selbstzwecke."[5] Selbst „die Religiosität, die Sittlichkeit eines beschränkten Lebens – eines Hirten, eines Bauern . . ., dieser innere Mittelpunkt . . . bleibt unangetastet und ist dem lauten Lärm der Weltgeschichte . . . entnommen".[6]

In welche geheimnisvolle Dimension hinein soll also die „Unsterblichkeit" des Einzelnen vorgestellt werden, da sie nicht „Fort-

---

1 Phil. d. Geschichte, I, 74.
2 Rel. Phil., I, 237.
3 I, 128.
4 I, 19.
5 Phil. d. Geschichte, I, 84.
6 88.

dauer" sein soll? Sie soll für Hegel wohl überhaupt nicht „vorgestellt" werden, sie liegt in jener vertikalen axiologisch-teleologischen Dimension, welche dem „Begriff" entspricht. Hier tritt wesentlich das Mystische auf den Plan. Das absolute Wissen ist die Aufschließung dieser Dimension: „Die *Ekstase* [ist] in der Tat nichts anderes als der reine Begriff."[1] *„Das Mystische ist das Spekulative."*[2] „Gott spricht; er spricht nur Sich selber aus . . . [und] die Vernunft ist das Vernehmen des göttlichen Werkes . . ., das Vernehmen dessen, was ausgesprochen ist (Logos) – und zwar des Wahren."[3] In *diese* Dimension hinein hebt sich das Endliche auf. Über das Wie dieser Aufhebung aber ist exoterisch nicht mehr zu sprechen. Einerseits kann wohl gesagt werden, daß das Sinnliche, das Zeitliche als solches „vorbei", im Tode beendet sein muß, um dem Ewigen sich endgültig einzuordnen. Aber anderseits ist dieses „Vorbei" selbst nur eine immanente Bestimmung des Zeitlichen, welche dem Ewigen als solchen unzumeßbar ist. Nur vom Wesen des absoluten Verhältnisses, der Liebe zwischen Gott und Welt läßt sich die letzte Gestalt des Endlichen im Unendlichen noch näher fassen, und das unternehmen die gewaltigen Schlußsätze der „Phänomenologie". Das Wesen des Geistes ist Sichgewinnen durch Aufopferung. Diese Entäußerung ist seine Negativität, sein Dasein, aber indem sich darin die Tiefendimension des Geistes öffnet, auch die Bereitung seiner absoluten Subjektivität (sofern diese die Macht des Negativen selbst ist), und die Durchdringung des Tiefenraumes durch diese sich selbst wieder entäußernde, negierende Macht wird der absolute Selbstbesitz des Geistes sein. Insofern nun der Geist zunächst aus den Gestalten seines unmittelbaren Daseins zur Flamme des Insichseins sich sammelt, verläßt er sein Dasein und übergibt es der Erinnerung. „In seinem Insichgehen ist er in der Nacht seines Selbstbewußtseins versunken, sein verschwundenes Dasein aber ist in ihr aufbewahrt; und dies aufgehobene Dasein, – das vorige, aber aus dem Wissen neugeborene, – ist das neue Dasein, eine neue Welt und Geistesgestalt." Ihr Aufbau ist also Erinnerung dessen, was das einfache Selbstbewußtsein des Geistes an sich war – die Welt, aber als Er-innerung ihre Neuschöpfung im Geistigen, als „unsichtbare Welt". In dieser Erinnerung voll-

---

[1] Phän. 48.
[2] Rel. Phil. (Ausgabe Lasson), II, 235, Anm.
[3] Phil. d. Geschichte, I, 55.

zieht sich die Aufhebung der Tiefe des Insichseins, die Apokalypse der Subjektivität in der reinen Dimension des Wissens: „Das Geisterreich, das auf diese Weise sich in dem Dasein gebildet, macht eine Aufeinanderfolge aus, worin einer den andern ablöste und jeder das Reich der Welt von dem vorhergehenden übernahm. Ihr Ziel ist die *Offenbarung der Tiefe* und diese ist der absolute Begriff; diese Offenbarung ist hiermit das *Aufheben seiner Tiefe* oder seine Ausdehnung, die Negativität dieses insichseienden Ich, welche seine Entäußerung oder Substanz ist.“ Aber wäre es nur dies, so wären die Geister wirklich verschwindend ineinander aufgehoben, nur der Höchste enthielte die Wahrheit: „In dem Geiste, der höher steht als ein anderer, ist das niedrigere konkrete Dasein zu einem unscheinbaren Momente zusammengesunken; was vorher die Sache selbst war, ist nur noch eine Spur; ihre Gestalt ist eingehüllt und eine einfache Schattierung geworden.“[1] In diesem Sinn ist das Wissen erst die „Ausdehnung des Insichseins“, und Aufhebung seiner Tiefe, eine Apokalypse, die nur flächig ist. Aber es soll die Tiefe *als Tiefe* ins Wissen gehoben werden, und dazu eben ist notwendig, daß alle Gestalten des Wissens nicht nur verschwindendes Moment, sondern in sich selber reflektiert, subjektiv seien, wodurch das absolute Wissen sich innerlich zum unendlichen Feuer der Liebe entflammt. Denn die verschwindenden Momente sind dann bleibende Geister, die an sich selbst „Er-innerung“, Tiefe und Insichsein besitzen. So wird „diese Entäußerung an ihr selbst entäußert und [ist] so *in ihrer Ausdehnung, ebenso in ihrer Tiefe*, dem Selbst . . . Das Ziel, das absolute Wissen, oder der sich als Geist wissende Geist hat zu seinem Wege die Erinnerung der Geister, wie sie an ihnen selbst sind“.[2] So eint sich das Aufgehobenwerden des Endlichen als Verschwinden in Gott mit seinem Aufgehobensein als Bewahrtsein.

So wird Hegels Metaphysik und Eschatologie zur reinen Verherrlichung des Opfers, die „Identität [zum] Feuer, in dem alle Bestimmungen sich aufzehren“.[3] Schon die Weltgeschichte ist der Altar, auf dem „das Edelste und Schönste . . . geopfert wird“,[4] aber sie zeigt erst äußerlich, was der Geist innerlich ist. Auch die

[1] Phän. 19.
[2] Phän. 520-521.
[3] Rel. Phil., I, 185.
[4] Phil. d. Geschichte, I, 25.

vorchristlichen Religionen kennen erst die Äußerlichkeit des Opfers, „das Aufgeben einer unmittelbaren Endlichkeit im Sinne der Bezeugung, daß sie mir nicht eigentümlich sein solle",[1] in höherer Form als „religiöses Arbeiten" um Gottes willen. Denn hier taucht schon das tiefe Wissen auf: „Alle Tätigkeit ist überhaupt ein Aufgeben, aber nicht mehr eines nur äußeren Dinges, sondern der innerlichen Subjektivität."[2] Dieses Aufgeben, Opfern ist das schlechthin Fruchtbare und bleibt es, im Maße es fortschreitendes, immer höher aufbrechendes Hingeben ist. Diese Bewegung ins Je-Höhere aber läßt, wie sich eben zeigte, die unteren Formen nicht als Schlacken zurück, sondern relativiert sie nur, indem sie sie von der absoluten Liebe her aufbewahrt. „Die Liebe des Mannes zur Frau, Freundschaft (usw.) kann wohl stattfinden, aber sie sind wesentlich bestimmt als untergeordnet, . . . nicht ein Gleichgültiges, sondern ein solches, bei dem nicht stehen zu bleiben sei, daß sie selbst aufgeopfert werden und jener absoluten Richtung und Einheit keinen Eintrag tun sollen."[3]

IV. Prometheus der Opferer

Indem wir nun diese Schlußgestalt der Prometheus-Welt ins Ganze eingliedern, erscheint sie zunächst darum als ihre *Vollendung*, weil sie wesenhaft die zwei großen Ströme: Weltschau und Weltleben, ineinsfließen läßt, Idee als Liebe, Liebe als Idee begreift. Aber sie erscheint dann als Vollendung der *Prometheus*-Welt, indem diese Einheit nicht den existentialen Namen „Liebe", sondern den idealen Namen „Wissen" trägt. Freilich ein Wissen, dessen Form Opfer und Liebe ist, aber das eben, weil es diese Form begreift, über ihr steht. Indem es Macht über die höchste erhält, ist es damit auch die Form des Titanischen, Prometheischen.

In Hegels Problematik zwischen Religion, als sich darlebender Liebe, und Wissen, als Durchdringung dieser Existenz, kehrt so die früheste idealistische Problematik, die Zweipoligkeit Fichtes wieder.

---

[1] Rel. Phil., I, 228.
[2] I, 232.
[3] Rel. Phil., II, 314.

Damals löste sich die Antinomie zwar dahin, daß Liebe wie Wissen in die gemeinsame Form der schwebenden Transzendenz zusammentraten. Aber es war eine Transzendenz ins Unbegriffne, Unbegreifliche. Hier heißt es dagegen: „Dies Unbegreifliche ist eben nichts anderes, als der Begriff selbst."[1] Die Identität stellt sich anders dar: einerseits ist der „Begriff" das Übergreifende über Wissenschaft als abstraktes Tun und Liebe als konkrete Existenz und darum das von ihnen Unbegriffne. Aber der übergreifende Begriff ist zugleich dies, sich selbst zu begreifen als Übergreifendes und darum als – Liebe, aber als die *Vernunft* des Opfers. Religion ist daher der Inhalt der Philosophie, diese „expliziert nur sich, indem sie die Religion expliziert", und in diesem Sinne „fällt Religion und Philosophie in eins zusammen; die Philosophie ist in der Tat selbst Gottesdienst".[2] Religion aber ist zuhöchst das „Zeugnis des Geistes" in seiner Gemeinde, das innere Wirken Gottes in den Seelen, das der äußern Offenbarung entspricht. Aber *für* den Glaubenden ist dieser Geist nur erst geglaubte Gegenwart, hat er „noch nicht Geistesgestalt".[3] Sein Für-den-Glaubenden-Sein ist die Philosophie: „Das Zeugnis des Geistes in seiner höchsten Weise ist die Weise der Philosophie, daß der Begriff rein als solcher, ohne Voraussetzung, aus sich die Wahrheit entwickelt, und man entwickelnd erkennt und in und durch diese Entwicklung die Notwendigkeit derselben einsieht."[4] Darin wird zunächst die äußere, sinnliche Offenbarung bis zum Verschwinden aufgehoben als ein pädagogisch Vorläufiges.[5] Ebendamit der Glaube als eine verschwindende Vorform: „Der wahrhafte christliche Glaubensinhalt ist zu rechtfertigen durch die Philosophie."[6] „Sie stellt sich so . . . über die Form des Glaubens."[7] Die Bewegung des „credo ut intelligam" vollendet sich in ein Wissen, das eben, weil sie den konkreten subjektiven wie objektiven Gehalt der Offenbarung in sich „verdaut" hat, nicht wie die Aufklärung „aus Gott ein unendliches Gespenst"[8] macht, sondern mit dem konkreten Selbstdenken Gottes eins wird. Konkret ist

---

1 Rel. Phil., II, 236.
2 I, 21.
3 Phän. 506.
4 Rel. Phil., II, 202.
5 I, 321-322.
6 328.
7 353.
8 37.

es darum, weil es wissend die Bewegung der Konkretion Gottes mitmacht, und so zum Ausschöpfen nicht nur des An-sich (Wesen), sondern seines Für-sich (Dasein) wird. So zeigt sich der Grund der Offenbarung als Anamnesis,[1] insofern sich über die Verschiedenheit von Gott und Mensch die „Identität"[2] spannt.

Damit erhellt sich auch der Sinn des Satzes „Das Mystische ist das Spekulative". Der Geist erforscht die Abgründe der Gottheit, er ist jene Region, „in welcher alle Rätsel der Welt gelöst, alle Widersprüche des tiefer sinnenden Gedankens enthüllt sind, alle Schmerzen des Gefühls verstummen, die Region der ewigen Wahrheit, der ewigen Ruhe, des ewigen Friedens".[3] „Es ist nichts Geheimes mehr an Gott",[4] Mysterium bleibt Er nur, und ewig, dem Sinnlichen und dem Verstande.[5] So gibt es in der Einswerdung auch keine Furcht mehr,[6] keine Sehnsucht.[7] In der „höchsten Spitze des Geistes"[8] ist alles Trübende ins Licht der ewigen Klarheit verstoben. Indem der Geist auf dieser Spitze seiner selbst steht, wird ihm aber alles Treiben, alles Taumeln und trunkne Sichopfern zum Mittel, zu seinem „Throne",[9] und es verhält sich zu ihm als absolute „List".[10] Das Ineins von „bacchantischem Taumel" und „einfacher Ruhe" ist diese unendliche Macht der Idee über ihre Existenz, kraft welcher sie ihrem eigenen stürmischen Werden seiend zusehen, ihre Unmittelbarkeit beobachten kann. Dies ist schon die ganze Methode der Phänomenologie, das konkrete Bewußtsein vom Standort des absoluten sich entwickeln zu lassen und zu beobachten, „was für uns gleichsam hinter seinem Rücken [an ihm] vorgeht".[11] So ist die Vernunft „die List, die, der Tätigkeit sich zu enthalten scheinend, zusieht, wie die Bestimmtheit und ihr konkretes Leben, darin eben, daß es seine Selbsterhaltung und besonderes Interesse zu treiben vermeint, das Verkehrte, sich selbst auflösendes und zum Momente des Ganzen machendes Tun ist".[12]

[1] I, 160.
[2] 162.
[3] 1.
[4] 84.
[5] II, 233.
[6] Vgl. I, 169.
[7] 171.
[8] Weltgesch., I, 23.
[9] Phän. 521.
[10] Weltgesch., I, 83.
[11] Phän. 62.
[12] 37.

Aber eben in dieser Spaltung zwischen dem Ernst des Opfers und der List des Zusehens liegt jenes Bedenkliche der Existentialität Hegels, die sie allen Pfeilen Kierkegaards bloßstellt. Aus diesem Zwiespalt zwischen einer Letzthaltung kalter Klarheit (List) und heißen Entzückens (Hingabe) blickt seltsam nah die Verzerrung der Subjektivität, die der objektiven Gestalt der mystischen Potentialität entspricht, das Antlitz Roquairols. Freilich scheint dem Ethos Hegels nichts ferner zu liegen als diese verzweifelte Subjektivität. Freilich ist die objektive Letzthaltung, wie sie die Eschatologie des letzten Abschnitts beschrieb, gerade das absolute Ineinander der Pole der mystischen Potentialität: Ruhe und Taumel, die Bewegung ihrer Verschmelzung selbst, das Ruhen im treibenden Strome. Aber die Haltung, die Hegel als letzte *beschreibt*, ist nicht die, die er selbst *einnimmt*. Das Beobachten der Liebe aus dem Augenwinkel des absoluten Standpunkts ist nicht die gärende, ja „verzweifelnde“[1] Anstrengung des Opfers. Wenn diese eingenommene Letzthaltung das existentiale Eschaton sein sollte, dann müßte zum Vergleich wiederum auf jene von allen Mystikern beschriebene Erfahrung verwiesen werden, daß der Geist zugleich in seiner höchsten Spitze in ruhiger Gelassenheit in Gott ruhen kann, während seine niedrigeren Teile in Nacht und Verzweiflung wogen. Dann entspräche solch *paradoxe* Einheit dem existentialen Eschaton der Prometheuswelt. Aber auch hier öffnet sich noch ein Unterschied. Jene mystische Erfahrung gibt sich ausdrücklich als vorletzte Haltung, die einer Lösung entgegentreibt, welche nicht die Aufhebung des quälenden Feuers in kalte Gelassenheit, sondern die Transfiguration beider in die *eine* lebendige Liebesflamme ist – also das, was Hegel objektiv als Letzthaltung beschreibt –, sie gibt sich ebendarum nicht als ein Verhältnis von List und Opfer, sondern als der Zwiespalt der Geschöpfessehnsucht *vor* Gott, welche ihrer Verwandlung harrt. Indem aber Hegel diese mystische, existentiale Letzthaltung *als* die geforderte, objektiv beschriebene Letzthaltung unmittelbar versteht, bildet sich in innerer Notwendigkeit jenes Verhältnis der List, das nun, wie gegen seinen Willen, über das objektive Eschaton mächtig wird.

Darin liegt der Grund, warum Hegel, obwohl als der „größte Irrationalist“ (Kroner), der „tiefste Mystiker“ (Lasson) gepriesen,

---

[1] 56; Rel. Phil., I, 50.

doch Rationalist bleibt: List ist die absolut entzaubernde Haltung, ja die magische Haltung, in welcher der Zauber zum gehandhabten Mittel wird. Das anselmische „credo ut intelligam“ wird zu einer Verknüpfung der Zweckmäßigkeit. Hier scheidet sich – und *nur* hier – christlicher und prometheischer Idealismus. Nicht in der Grundthese, daß alles Sein intelligibel, Idee, sei, nicht in gegenseitiger Priorität des Aktiven und Passiven, Geistigen und Materiellen in der Welt, nicht endlich in der Öffnung einer Wesensphilosophie zu einer Existentialphilosophie, in der Transzendenz der Sphäre der „trockenen Einheit“ in die Sphäre der Dialektik zwischen An-sich und Für-sich, zwischen Einheit durch Vielheit und Vielheit durch Einheit, zwischen Person und Gemeinschaft, und damit in die Sphäre des Trinitarischen als letzte ontologische Struktur –, sondern einzig in der *Haltung*: hier Liebe, dort List. Erst diese Haltung wirkt auf eine inhaltliche Differenz des objektiven Weltbildes zurück.

Die Verzweiung setzt am Punkte ein, wo das ontologische Grundgesetz sich vollzieht, das *Übergreifen* der Liebe als das Grundgebende des Geistes. Im Du findet sich das Ich, im Für-das-Du wird die Person für-sich. Die Identität des Nichtidentischen ist Heiliger Geist und Teilnahme an ihm. Aber im Christlichen hängt die Wahrheit des Übergreifenden ganz am Charakter der unerzwingbaren Freiheit des Schenkens, des Teilgebens und Sich-erschließens. Weil Vater und Sohn durch diese absolute Freiheit und Souveränität sich ineinander erschließen, ist der Geist als wesenhafte freie Liebe *heilig*. Darum ist es, christlich verstanden, ein *Übergriff*, vom Übergreifenden aus als List das Schenken zu beherrschen. Gewiß ist die Liebe durch ihr Übergreifen die absolute Macht, und es entspricht dem Grundgedanken der Metaphysik Thomas' von Aquin, wenn Hegel sagt: „Mächtig ist das, welches die Seele, die Idee des Andern *hat*, das der Andere in seiner Unmittelbarkeit nur *ist*: wer das denkt, was die Andern nur sind, ist ihre Macht.“[1] Aber im Christlichen ist die volle Identität des Einanderdenkens und so der gegenseitigen Macht identisch mit der absolutfreien Sich-erschließung beider, sie kann sich ebendarum niemals als List verhalten. Die Logik der Liebe ist so niemals auf die Logik des mathematischen Verstandes reduzierbar, dessen Wahrheit sie ist, eben weil dieser die Freiheit (oder

[1] Rel. Phil., II, 12.

höhere „Not-wendigkeit") der Liebe nie in seine abstrakte Notwendigkeit einordnen kann. Indem aber Hegel diesen Versuch wagt, die freie Notwendigkeit und notwendige Freiheit der Liebe in der List der Vernunft einzufangen, erlischt in seinem Denken der Schimmer des Heiligen. Der unbetretbare Innenraum, der sich nur frei erschließen kann und ebendarum heilig ist, der Raum der schlechthinnigen Subjektivität des Seins, verwandelt sich ihm in die Vorläufigkeit der noch leeren, unerfüllten Negativität des „Subjekts" oder des „Wesens", in dieses „so ganz Leere, welches auch das Heilige genannt wird".[1] So erscheint das *Allgemeine*, welches der Geist, die Subjektivität ist, bei ihm notwendig unter dem entzaubernden Lichte des *Objektivistischen*, und es kommt das Seltsame zustande, daß die scheinbar so gegenständliche Philosophie eines Thomas in höherem Maße eine Philosophie des freien Geistes darstellt als der absolute Idealismus.

Indem so der Vater bei Hegel das Allgemeine des An-sich, der Sohn das Allgemeine des Für-sich darstellt, wird erst ihre Liebe zum Ursprung des an-und-für-sich-seienden konkreten Geistes. Die zwei ersten „Personen" in Gott sind „Momente" des Geistes, und ebendarum ist die Dreieinigkeit Hegels im Grunde sabellianisch. Nur der Geist ist Person und volle Freiheit, Vater und Sohn sind objektivistische, „notwendige" Momente seiner einzigen Subjektivität. Hegels Trinität hat also genau die Struktur von Augustins *imago* Trinitatis, in der drei dynamische Momente die eine Mensch-Person konstituieren. Aber weil diese Struktur in den Himmel erhoben ist, bleibt für die Erde nur ein Geringeres als sie übrig. Denn die Welt ist erst das Werden des Geistes und seiner Freiheit, und so in einem wahren Sinn sächliche Vorstufe der Persongestalt. Daran ändert die mystische Potentialität, welche die Realgenesis in das Je-Voraus der idealen einordnet, letztlich nichts.

Die zentrale Weltgestalt Hegels ist das Ineinander von Individuum als abstraktem Fürsich- und Volk als abstraktem Ansichsein des allgemeinen Geistes. Diese Gestalt ist zweifellos die nächste Übersetzung des christlichen Begriffs der *Kirche*. So schließt sich bei Hegel die Gleichung des christlichen und prometheischen Weltbildes ab, die sich bei Novalis-Hölderlin (in der Problematik des Erlösers) und bei Schiller-Goethe (in der Problematik des

---

[1] Phän. 97.

erlösten, übernatürlichen Menschen) anbahnte. Kirche ist zunächst reale Gliedschaft im substantiellen Geiste, im „mystischen Leibe", nicht nur „moralische Imputation".[1] Sie ist dies als höchste Gestalt des sozialen Gefüges der Menschheit überhaupt, demgemäß ontologisch ein unüberspringlich wechselseitiges Voraus von Person und Gemeinschaft besteht, als „Elastizität der Substanz". Sie ist aber unterscheidend diese Gliedschaft in der Einheit des göttlichen Geistes in Christus, der nicht mehr nur ein substantielles Allgemeines An-sich, sondern *Für-sich* ist. Das Bewußtsein der Kirche ist das Bewußtsein Christi. Aber hier öffnet sich abermals die Kluft. Christlich verstanden ist das Übergreifende, zugleich Allgemeine und Individuelle, die freie Person Christi kraft ihrer Einheit mit dem Übergreifenden überhaupt, dem Geiste der Liebe. Bei Hegel aber ist das Bewußtsein des Gläubigen, als die Macht der für-sich-seienden Andacht, das Prinzip der Existentwerdung des nur als An-sich voraus-seienden göttlichen Geistes, eine Macht, die selber erst als Philosophie für-sich wird. In der Kirche ist dies noch nicht *für* das Bewußtsein, „daß diese Tiefe des reinen Selbsts die Gewalt hat, wodurch das abstrakte Wesen aus seiner Abstraktion herabgezogen und durch die Macht dieser reinen Andacht zum Selbst erhoben wird".[2] Dadurch erhält die Andacht dasselbe Gepräge der magischen List, deren Entsprechung wiederum der Objektivismus des allgemeinen Geistes ist. Das ist denn auch der letzte Grund, warum die Kirche zuletzt doch unmittelbar in der Gestalt des *Staates* aufgeht.[3] Denn der Staat ist der Geist als das objektiv Allgemeine. Das eigentliche Geheimnis der Welt, wie es als soziales und universales dem individuellen Geheimnis der „imago Trinitatis" entspricht, wird mit innerer Folgerichtigkeit von Hegel an die entzauberte, sächliche Entsprechung seiner Gestalt verraten.

Im Zwiespalt zwischen beschriebenem und tatsächlich vollzogenem Eschaton lag der Beginn dieses Absturzes. Er macht sich von da aus aber unaufhaltsam, gerade weil es um den *Geist* des Ganzen geht, im Ganzen geltend. Es sollte die Existenz in die Idee eingehen, das Mehr-als-Ideale, die Tiefendimension des Seins gedacht, von dieser Tiefe als dem Wahren alles andere als Teilnahme und Vorstufe erwiesen werden. Dies aber hieße, das Leere

[1] Rel. Phil., II, 304.
[2] Phän. 506.
[3] Rel. Phil., I, 241, 245 ff.; II, 344.

aus dem Vollen, das Objektive aus dem Subjektiven, das Profane aus dem Heiligen verstehen. Doch dieser Weg der Entfaltung ist bei Hegel erst die Diastole, vor welcher die Systole des *Aufbaus* des Absoluten vorausgeht. Jenes ist wohl das Ziel, als das absolute Wissen, aber als Ziel ist es der Schlußstein der Phänomenologie dieses Wissens, des langen Wegs, der, wie die Wanderung Fausts, beim Äußerlichsten, Unmittelbarsten, Abstraktesten beginnt. Nur daß es bei Faust das reine Sichübergeben in den Stromlauf der Existenz ist, während es bei Hegel die Auswertung der Hingabe ist, die Auffüllung des noch leeren absoluten Wissens, das als List beobachtet. So vermag Faust bis in die Welt des Mystischen vorzudringen, während die Haltung der List das Mystische, welches der Sinn für das Heilige ist, objektivistisch ertötet. Die Umkehrung des erfüllten Von-unten-herauf ins erfüllende Von-oben-herab mißlingt darum, weil das absolute Oben von Anfang an eingenommen ist, in diesem Anfang aber notwendig das Abstrakte *bleibt*, das keine Erfüllung mit „Elementen" und „Momenten" zur Heiligkeit und Souveränität hinaufsteigern kann.

Dies ist auch der Grund dafür, daß die Dimension der Eschatologie Hegels in einem so unfaßbaren Schwanken erscheint. Gewiß ist mit den Worten „Un-sterblichkeit", „Fort-dauer" das Kernproblem zwischen Zeit und Ewigkeit umgangen, das der Aufhebung der Zeitlichkeit ins Ewige, in vertikalem Durchbruch. Aber das Durchbrechen wird selbst wieder „beobachtet" und so in ein Wissen verwandelt, das „objektiv" und darum immanent-weltlich ist. Darum neigt sich die Waage vom wahrhaft mystischen Pol dem rationalistischen Pol zu und die Ewigkeit des Einzelnen im Geiste ist schon von dem Absturz bedroht, der sich bald in dem Positivismus der Hegelschen Linken vollziehen wird. Die mystische, spitzenhafte Ineinsbindung von Axiologie und Teleologie zerbricht damit wiederum in die doppelte schlechte Unendlichkeit einer Vergötterung des immanenten Augenblicks und des immanenten unendlichen Fortschritts.

Das ungeheure Opfer, das Hegel entflammt, hat also noch diese letzte Zurückhaltung, welche die Form der List ist. Diese List *ist* das Prometheische, wie das bei Hölderlin am stärksten hervortrat: Fluch mißbrauchter Liebe, Feuerraub. Aber es ist, trotz all der herrlichen Existentialität des Prometheuskreises, in seiner innersten Forderung schon begründet, Idee über Existenz zu setzen. Idee, sosehr sie *auch* mystische Fülle in Gott besagt, behält für den Menschen unaufhebbar die Seite des Verblaßten, des Abstrakten, das, wenn es die Existenz einholen will, zum Listigen und so zur Schuld wird. Die Dialektik, die dieses Einfangen bewerkstelligt, wird zum Gerippe, das von der nackten Haut der Existenz getarnt wird.

Seltsames Geschick, daß Hegel dort, wo er von Prometheus spricht, gerade diese letzte, bisher noch unerwähnte Wendung des Mythus hervorhebt:

„Prometheus hat die Menschen auch opfern gelehrt, *so*, daß sie auch etwas vom Opfer hätten: nicht den Menschen hätten die Tiere gehört, sondern einer geistigen Macht, d. h. sie haben kein Fleisch gegessen. Er habe aber dem Zeus das ganze Opfer genommen, er habe nämlich zwei Haufen gemacht, einen von den Knochen, über welche er die Haut des Tieres geworfen, und einen andern von dem Fleische, und Zeus habe nach den ersten gegriffen. Opfern ist so ein Gastmahl geworden, wobei die Götter die Eingeweide, Knochen bekamen."[1]

---

[1] Rel. Phil., II, 107.

4. Götterdämmerung

NACHTSEITE

I. Die christliche Mündung

Mit Hegel hat sich der Kreis der Prometheus-Variationen gerundet. Letztlich zum Prinzip-Thema zurück, Schlange, die ihren Schwanz beißt. Aber der Aufbau (von Schau zu Leben, im Leben zu wachsender Transzendenz) erweist, daß der *ganze* Kreis sich in ebenso sachlicher wie historischer Konsequenz selber aufsprengt. Und das notwendig darum, weil der Sprengstoff im Prinzip, in dessen doppeltem δια, schon latent war. Unterhalb des Prometheus-Lichtes von „System", „absolutem Wissen" lauert Nacht, die nichts ist als der Schatten, den das System *als* System notwendig wirft. Die „Nachtseite der Natur", die den lichten Idealismus als dunkler Doppelgänger verfolgt (neben Herder: Hamann, neben Kant: Jacobi, neben Goethe: Kleist, neben Novalis: Tieck, Brentano, Hoffmann, neben Schelling: Baader, Oken, Creutzer, Carus, Schubert und Görres, neben Hegel: Schopenhauer), diese Nachtseite, die nichts ist als der erst gefühlte, dann immer klarer gewußte Spalt zwischen Schau und Leben, ins Absolute gesteigertem Wissen und sterblicher, alltäglicher Existenz, hat das Prinzip des δια und der mystischen Potentialität von innen aufgesprengt und sich schließlich selbst als neues Prinzip durchgesetzt: Götterdämmerungs-Welt zwischen Hegel und Nietzsche.

Aber dieses Sichklären des Nacht-Gefühls zu einer bewußten Weltanschauung der Nacht ist zugleich, wie sich aus allem Vorangehenden ergab, ein wachsendes Sichklären von einer ästhetisch-ungeschiedenen, unbeschwerten, präexistenten Dialektik (bei Schelling und im Zwielicht des Poietes-Problems zwischen „Schöpfer" und „Dichter" bei Novalis) zu einer existentiellen *Wahl*situation – zwischen der „Nacht" der zur (christlichen) Dia-logik (zwischen Gott und Mensch) zurück enthärteten Dia-lektik und der „Nacht" der existentiell dargelebten, zu Ende gelebten Dia-lektik, in welcher der „Dialog" der Liebe umgriffen und aufgehoben ist vom Schweigen der „List" des absoluten Wissens. Mit anderen Worten: die Prometheuswelt drängt von innen heraus zu einem doppelten Irrationalismus hin: dem der Hegelschen Rechten (hinter der schon Baader, Görres, Hamann stehen), der ein personalistischer Irrationalismus ist (das Seiende ist „irrational“, weil es *über*-logisch ist, weil der Logos eine Person ist, die sich erschließt und daher unumgreifbar ist, weil Vernunft von „Vernehmen“ kommt[1]), – und dem der Hegelschen Linken (hinter der schon Schopenhauer steht), der ein impersonaler Irrationalismus ist (das Seiende ist „irrational“, weil es *unter*-logisch ist, weil die Dissonanz der Vernunft, als Form einer tragischen Liebe, ein Überbau und Vorletztes ist vor dem Schweigen des Einen). War nun der Beginn der Prometheuswelt der mächtige Aufschwung zu einer neuen, existentialen Endlehre als lebendigem Stehen vor der letzten *Frage*, so kristallisieren sich nun zwei neue Formen von existentialer Eschatologie heraus: die eine christlich, objektiv also der mittelalterlichen verwandt, existentiell aber ganz von der aus Dialektik herausgerungenen Dia-logik bestimmt, die andere notwendig heroisch-tragizistisch, und als solche zunächst die eigentliche End- und Zerfallsform des Idealismus, bis sich aus ihrem Gären ein neues Lebendiges formt. Führt die christliche den Schwung des Idealismus ins Eschaton auch weiter, ihr kurzer Erfolg muß schnell dem der zweiten Form weichen, die, statt „Aufschwung ins Letzte“, müdes „Sinken ins Ende“ ist.

Beide Formen, zumal die erste, sollen hier nur in den größten Linien umrissen werden, denn auch die zweite, die die Jahrhundertmitte füllt, ist nur Ausklang und Übergang zu neuen und wesentlicheren Formen existentieller Eschatologie.

Unter den großen Gestalten der katholischen Romantik und Restauration ragt als der verantwortlichste Bildner ihrer Weltanschauung Franz von Baader hervor. Er kann hier für die ganze Richtung einstehen, nicht weil er der „katholischeste“ wäre, sondern weil er am hellsichtigsten Nähe und Scheidung zwischen Prometheus- und Christuswelt abzustecken vermochte. Er sieht klar, in welche Höhe Hegel die Möglichkeiten menschlichen Denkens emporgetrieben und wie Unverlierbares er ihm entdeckte: „Seitdem von Hegel das dialektische Feuer (das Autodafé der bisherigen Philosophie) einmal angezündet worden, kann man nicht anders als durch dasselbe selig werden, d. h. indem man sich und seine Werke

[1] „Der für sich, oder sich Objekt seiende, insofern auf sich beschlossene Geist ist und bleibt ohne seine selbstische Manifestation allem Anderen ein Geheimnis, und er unterscheidet sich hierin von der selbstlosen Natur, welche ohne ihr Zutun dem Erkennen eines Anderen sich exponiert und subjiziert befindet.“ Baader (Werke, I, 220).

durch dieses Feuer führt, nicht etwa, indem man von selbem abstrahieren oder es wohl gar ignorieren möchte."[1] Aber wie Hegel gegen Schelling die Forderung des Radikaleren erhob („Es wird Ernst gemacht mit der Eitelkeit"), so Baader nun gegen Hegel: so sehr seine ganze Philosophie vom Begriff der Aufhebung bestimmt sei, so habe er doch eins, das Wichtigste, übersehen: „nämlich die freie Aufhebung seiner selbst an den Höchsten, an Gott. Seine Philosophie führt darum das Motto: non serviam . . . und kann nur durch Unverständnis als mit dem Christentum verträglich ausgegeben werden".[2] Begeisterte Zustimmung wie scharfe Ablehnung treffen denselben Punkt des Hegelschen Denkens: seine Idee der Person. Hegel hat die „Fundamentalwahrheit" wieder zur Geltung gebracht, „daß Gott nicht das Objekt meines Erkennens wäre, falls er nicht zugleich das Subjekt meines erkennenden Subjekts wäre". Es ist jene Analogie der Noësis, in der Fichte, noch mehr Hamann, den Ansatz für ihre dialogische Ontologie fanden. Es ist zugleich der Erweis dafür, daß das Objektiv-Allgemeine und Subjektiv-Besondere keine letzten Gegensätze sind, sondern daß sie, je näher sie Gott (als dem Subjekt-Objekt) stehn, um so vollständiger sich decken. Hatte Hegel nicht selbst immer wiederholt, daß der Geist das Konkret-Allgemeine ist? Und daß hier die Lösung des ganzen tragischen Prometheus-Problems zu suchen sei (des Problems des Empedokles wie der Schiller-Tragödien, des Tasso wie des Faust): daß der Mensch nur hingebend sich zum Allgemeinen vollende und doch nur dem konkret-endlichen Du sich hingeben könne? Ja, Hegel hatte in unerhörter Schärfe den Punkt angezielt, den alten Prometheuspunkt, von dem Goethe gesagt hatte, daß er ihm stets als lebendige Fixidee vorschwebe: die Situation der Weltmitte, welche notwendig konkret und allgemein sein mußte: die Situation des Weltmittlers. Aber ihn nur angezielt, dann ins Objektivistische abgebogen, und damit zuletzt von der konkreten Allgemeinheit von Christus-Kirche, als unum corpus mysticum, die sich nur von oben herab, als Inkarnation, vollziehen kann, zur abstrakten Allgemeinheit des Staates zurückgelenkt, dem auch letztlich das personlose, sabellianische Gottesbild entsprach. Das ist, für Baader, Hegels „non serviam". Hegels Christusphilosophie muß nur zu Ende geführt werden, um die wahre Lösung zu brin-

[1] Fermenta Cognitionis, I (Sämmtl. Werke, hrg. v. F. Hoffmann, 1851 f., Bd. II).
[2] II, 514, Anm.

gen. „Nicht der kleinste Irrtum unserer Philosophen [ist es, zu] meinen, daß Individualität und Universalität sich einander widerstreiten, da doch ein solches Zentralwesen in Bezug auf alle ihm untergeordneten partiellen Individuen im Gegenteil als ein Individuum par excellence begriffen werden muß.“[1] „Der Begriff des Christentums fällt . . . mit jenem der Menschwerdung des moralischen Gesetzes zusammen“,[2] darum ist höchster Gegenstand des Wissens (Logik) der Logos,[3] darum bleibt alle Ethik gebunden an *Geschichte*.[4] „Wäre die Wahrheit, wäre das moralische, d. h. göttliche Gesetz nicht wieder Mensch geworden, und hätte sich dieses moralische Gesetz in seiner und durch seine Menschwerdung nicht das Naturgesetz subjiziert, so könnte es auch kein aufrichtiges zweifelloses Streben nach Wahrheit, keine aufrichtige moralische Gesinnung geben, welche beiden, wie sich einem Kinde abfragen läßt, klar oder dunkel entweder die Hoffnung (als beginnender Glaube) einer künftigen zu be- oder erweisenden solchen Menschwerdung, oder die Überzeugung von einer solchen als bereits geschehenen, d. h. begonnenen zum Grunde liege, und mit dieser Überzeugung die Zuversicht, durch Anschluß und Teilhaftwerden an und mit jenem Individuum, in welchem diese Menschwerdung des moralischen Gesetzes begonnen, diesen Prozeß in sich und in andern (per inhabitationem vitae) fortsetzen zu können. – In dieser Hinsicht ist es allerdings wahr, und streng erweislich, daß z. B. allen Moraldoktrinen sowie allen Gotteslehren dieselbe eine Idee eines Christs . . . zum Grunde liegen muß . . . [und darum alle abstrakte Moral] zum Geständnisse eines Nicht- oder Antichristen zu nötigen“ ist.[5] Aus diesem Ursprung leitet sich Baaders ganze geistige Welt ab. Zunächst der tiefe Sinn für das „Wunder“, das dem Denken das Personale ist und bleibt, und darum die Forderung der Bewunderung als Anfang aller Philosophie. Man kann darum „sagen, daß der Geist des Menschen wirklich und überall nur auf Wunder ausgeht und nicht eher ruht, bis er zum allein Bewundernswerten durchgedrungen ist“. „Dieser Satz scheint völlig neu, und ist der bisherigen Meinung entgegen, nach welcher ja eben die Bewunderung aufhören soll, wenn die Erkenntnis ein-

---

[1] II, 510.
[2] 449.
[3] 526.
[4] Jugendtagebücher [= Jug.-Tgb.] (hrg. v. D. Baumgart), 26. Dezember 1786, S. 106.
[5] Ferm. Cogn., II, 7 (Bd. II, 159-160).

getreten ist." Aber schon Kants Ideale der Vernunft lehren anders, wenn er sagt, „daß es Vorstellungen von gewissem und gegründetem Inhalte gebe, die viel zu denken veranlassen, ohne daß doch irgend ein bestimmter Gedanke, d. i. Begriff, ihnen adäquat sein, und die folglich auch keine Sprache völlig erreichen und verständlich machen könnte". „Das erkennende Gemüt", fährt Baader fort, „trifft also hier auf eine Wissensquelle, aus der es immer schöpfen, woran es immer Neues erkennen kann, ohne doch die Quelle ausschöpfen zu können, und nachdem dasselbe bis zu solch einem Prinzip . . . durchgedrungen ist, hört es zwar auf, sich zu verwundern, aber es fängt nun erst an, jener Wissensquelle Unerschöpflichkeit zu bewundern".[1] Hier ist nicht nur die aufklärerische „unendliche Progression" der Vernunft (in schlechte Unendlichkeit) zu ihrer Wahrheit gebracht, sondern die ganze esoterische Philosophie des Wunders bei Goethe durch die Idee des Personalen in das hellere Licht einer Liebes-Metaphysik gerückt. So ist zunächst klar, daß für Baader alle Wahrheit existentiell (als Leben zwischen Personen) sein muß und von keinem Wissen einholbar: „Wie es keine . . . bereits fertige Tugend gibt, so gibt es auch keine ganz fertige Wahrheit" für den Menschen.[2] Nur „auf dem Wege des gewissenhaften Experimentmachens mit dem Christentum"[3] wird ihm seine Wahrheit. Ebendarum „liegt Wahrheit und Leben und Wirklichkeit nicht in Worten, die einer dem andern sagt oder schreibt, sondern im innern Sinn derselben, der sich nicht ausschwatzen, nachlügen, profanieren, niemals also eigentlich mitteilen läßt".[4] Objektivität ist Hülle und Medium zwischen nackten Herzen: „Ich glaube es in Ewigkeit nicht, daß etwas zu Herzen gehen kann, was nicht von Herzen kommt."[5] „Es bleibt dabei, der einzig mögliche . . . Beweis für die Existenz des Wassers ist – der Durst."[6] Darum das paradoxe, aber existentielle Ergebnis: „Gottes Leben ist mir . . . so lange wahr und unbegreiflich, so lange mir mein Leben wahr und unbegreiflich ist."[7] Was sich bei Goethe als ontologisches „Unrein"-sein des Weltlichen darstellte, das ist jetzt tiefer die geschöpfliche Passivität im Dialog. Jene innerste „Bestand- und

[1] I, 30, 31, Anm.
[2] II, 156.
[3] Jug.-Tgb. 108.
[4] 83.
[5] 118.
[6] 131.
[7] 62.

Hilflosigkeit"[1] ist das „Ohr" der Kreatur, mit dem sie radikal „vernimmt" (und *so* Vernunft ist) und sich vernommen weiß (cogitor, ergo sum), über dessen Basis sich erst das „Auge" (halb tätig, halb leidend vorstellend) öffnet und darüber endlich der „Mund", mit dem sie rein-tätig (das Vernommene) zurückspricht.[2] Und wie bei Goethe die unscheidbare Vermischtheit des Aktiven und Passiven die *eine* Vollkommenheit des Menschen ausmachte, so wiederum hier: „Eine irrige, wiewohl gemeine Vorstellung ist es nun, sich den Menschen hiebei als hörend (Subjekt), Gott aber als sprechend (als Objekt) zu denken, da doch Gott nur Subjekt und Objekt zugleich und der Sprechende wie der Hörende ist, der mir das Hören (Nachhören) wie das Sprechen (Nachsprechen) gibt."[3] Mit anderen Worten: das Geheimnis kreatürlichen Flutens zwischen Aktiv und Passiv wird transparent in ein göttliches Geheimnis *über* Aktiv *und Passiv*, und zugleich in ein personales Geheimnis, das trinitarische, dessen Bild nun wirklich der geschaffene Geist ist (nicht, wie letztlich bei Hegel, dessen Urbild). Darum werden nun auch für kreatürliche Ontologie die Kategorien der „circumincessio": Beiwohnung, Durchwohnung und Einwohnung über Hegel hinaus von entscheidender Bedeutung. „Ohne den Begriff dieser Durchdringung oder dieses Ineinanderseins der Wesen unbeschadet ihrer Unterschiedenheit . . . bleibt das Verständnis sowohl in der Religion als in der Physik verschlossen, wie dieses denn bis jetzt der Fall ist. Der Physiker z. B. hätte gerade aus dem Unvermögen der Materien, einander zu durchdringen oder ineinander einzudringen, auf ihr Unvermögen schließen sollen, sich des Eindringens und Durchdringens von physischen immateriellen Substanzen zu erwehren, welch letztere, obschon in bezug auf diese Materien activer und durchdringender Natur, doch, unter dem wollenden Geist stehend, hinwieder von diesem durchdringbar sind."[4] Gerade aber weil der Geist sich des Durchwohnens erwehren kann, ist Liebe nicht etwas „Gegebenes", ja überhaupt nicht unmittelbar Gebbares, sondern als Geschichte zwischen Personen ein Aufgegebenes. So daß sie „nicht ohne das Tun der Liebenden wird, d. h. daß eine solche nur erst gegebene Liebe bei allem Reiz und aller Annehmlichkeit ihrer Unschuld doch die Gebrechlichkeit, ja den Tod

---

[1] V, 14.
[2] Ferm. Cogn., I, 6 (Bd. II, 158).
[3] II, 458.
[4] II, 508, Anm.

in sich trägt, dessen radikale Tilgung den Liebenden folglich nicht gegeben, sondern als zu lösendes Problem aufgegeben ist. (Man wird hiemit jener langweiligen Darstellungen der Liebe als eines müßigen Genießens sowohl in der Aszetik als in der Romantik los . . .)"[1] So vollendet Baader die tiefe Ästhetik Goethes vom Wahr-*werden* des Scheins *als* Schein: „Jene natürliche Phantasmagorie der Liebe . . ., dieses Entzücken als ein Idealisieren" ist „ermunternder Ruf und Beruf"[2] in den „wahren Schein", ist das „ernste Spiel".

Hier geht bereits der Blick auf in die Eschatologie Baaders und den Grund, warum diese Eschatologie in dreifachem Sinne „Nacht" ist. Zuerst ist die Liebe von Gott und Geschöpf, ihr eschatologisches Ineinander, nur in einem Sichlassen des Geschöpfs an das (notwendig *nicht* gesehene, umgriffene, begriffene) Gegenüber Gottes. Begriffe die Kreatur ihren Hervorgang, so wiederholt Baader unablässig gegen Hegel, so begriffe sie ihren Schöpfer und wäre so nicht Geschöpf mehr. Dieses Lassen ist als Ausatmen des Geistes oder als Gebet seine vitalste Funktion,[3] es ist aber, weil notwendig ins Unfaßbare hinein, Prüfung, Versuchung. Hier liegt der grundsätzliche Unterschied gegenüber Schelling und Hegel: „Dauerhaft und unsterblich ist, was die Vergänglichkeit und die Sterblichkeit in sich gründlich getilgt hat. So ist in der Liebe nur treu und beständig, welcher die Treulosigkeit und Abfallbarkeit in sich wenigst als Anlage und Möglichkeit, – als posse mori, wie Augustinus sagt, – getilgt hat, wenn es auch nicht zum wirklichen Treubruch oder Abfall kam."[4] Die „Versuchung", nicht der Fall, ist notwendig, denn „auch Gott kann sich mir nicht geben, wenn ich mich ihm nicht gebe, lasse, mich ihm überlasse oder ihm glaube".[5] Und es folgt aus Baaders Metaphysik der circumincessio, daß „unglückliche Liebe" – im Sinn des Empedokles, wie Nietzsches und Rilkes – keinen eschatologischen Sinn haben kann: „Man könnte darum auch sagen, daß ein Liebender seiner Geliebten schon dafür dankbar ist, daß sie sich von ihm lieben läßt. Aber genauer besehen zeigt sich's doch, daß ich nur jene Person lieben und nur jene Person sich von mir lieben lassen kann, die mich hinwieder liebt."[6]

[1] IV, 166, und Anm.
[2] 177.
[3] II, 500.
[4] IV, 197.
[5] 184.
[6] 185.

Denn „es ist ein Irrtum, zu meinen, daß bei der *wesentlichen* Erkenntnis das oder der Erkannte gleichgültig oder unaffiziert bleibe und daß dem Erkenntnistrieb nicht jener des Erkanntwerdens entspreche".[1] Jeden Liebenden nennt Baader einen Anthropophagen und im Gottverhältnis vollzieht sich das Einswerden durch diese notwendige Nacht: „Coquor dum destituor, digeror dum transformor, unior dum conformor."[2]

Aber dann wird schon der zweite, verschärfte Sinn von „Nacht" klar. Er liegt darin, daß die *eine* Aktiv-Passiv-Struktur des Geschöpfes sein ihm eigentümlicher Wert, sein Gutsein ist, dieses Gemischtsein aber die ewige Naturhaftigkeit, „Leiblichkeit" des geschaffenen Geistes besagt.[3] Geschöpf sein bedeutet zuinnerst diese reale Unterscheidung im Sein zwischen Grund und Form, „Wurzel und Pflanze", „Rauch und Flamme", „Nahrung und Begeisterung".[4] Dieses Nichteinssein des Geistes (als sein Sichnichthaben) ist sein Natursein, seine Bedürftigkeit zu zehren, zu essen, anzusetzen und „Leib zu bilden". Was die Prometheuswelt als „mystische Potentialität" zur Weltmitte dämonisiert, aber schon Goethe als die eigentliche Geschöpfstruktur wiedererkannt hatte, das wird in Baaders Person-Metaphysik wieder zu einem schweren, wenn nicht dunklen Geheimnis. Geschöpfgeist muß sich alimentieren aus dem Gottgeist. Seine Wurzel aber ist zugleich „Natur". Sein „Unten" steht (wie in Fausts Müttergang) zweideutig in Gott *und* Nichts. Hier erst wird die existentielle Tiefe des Geschöpfseins offenbar: Wie der Mensch in der steten Gefahr schwebt, den in seinem Geiste sprechenden Gott mit seinem eigenen Ich zu verwechseln, so den aus den Gründen seiner Natur ihn tragenden Gott mit dem impersonalen, dämonischen Zauber dieser Natur. In diesem Zwielicht steht nicht nur Baaders Theosophie (die von der Situation so sehr ergriffen ist, daß er der Versuchung nicht widersteht, sie wiederum in Gott selber zu projizieren, Geist-Natur in ihm unterscheidend und so der Prometheuswelt seinen Zoll zahlend[5]), sondern die ganze katholische Romantik: Bei Eichendorff als noch allzu reinliche Scheidung des Heilig- und des Dämonisch-Schönen, bei Brentano in den glühenden Schmerzen einer

---

[1] II, 506.
[2] II, 20, Anm.
[3] Vgl. die Theorie Bonaventuras über die Materialität der reinen Geister.
[4] V, 18.
[5] Vgl. z. B. III, 435, 428-432.

Existenz, die in dieses Dämmerreich zwischen Gott und Dämon-Natur verstrickt ist und doch in der Zartheit eines kindlichen Gewissens den möglichen Ausweg aus der Dialektik des Herzens stets offenstehen hat, in Görres und seinem großen Werk über göttliche und dämonische Mystik endlich als tiefste Erfassung dieser Nachtsituation.

Aber die dritte, eigentlichste Nacht bildet erst der wirklich geschehene, geschichtliche Abfall von Gott – dunkler als bei Schelling und Hegel, weil nicht „notwendig“, weil freier Treubruch gegen eine unendliche Souveränität. Das „Dämonische“, das bei Schelling ästhetisch zwischen Gut und Böse schillert, wird erst hier zum wahrhaft Teuflischen. Baaders Dämonologie grenzt sich darum ebenso gegen die Idee eines manichäisch „absoluten Bösen“, wie gegen die von Kants „radikalem Bösen“, wie gegen die des Bösen als Naturwerdung ab, welche „doch wieder (indirekt) die Sünde Gott ins Gewissen zu schieben“ versteht.[1] Dies ethisch Eindeutige des Bösen bricht sich Bahn in der Geschichtsphilosophie Menkens, Eschenmayers, Görres' und des späten Schlegel, sie wird aufdringlich als antichristlicher Egoismus (gegenüber dem metaphysischen etwa des Empedokles) in Werners Dramen, zumal im „Kreuz an der Ostsee“, von dessen unvollendetem zweiten Teil E. T. A. Hoffmann als von einer christlichen Entlarvung des Prometheussymbols berichtet. Aber gerade dieses tiefere Erleben des Bösen als Perversion der Liebe macht Baader fähig, die idealistische Metaphysik des Bösen (als Antithesis, Abfall, radikal-ontologischen Vorgang) zu übernehmen und zu verwerten: Wenn dies der „Charakter des Lebens“ ist: „schwebend über seiner niedrigeren Wurzel“ zu existieren,[2] welche „Wurzel oder Natur“ im freien Leben „nieder- oder herausgehalten“[3] bleibt, so ist das Böse eine Zerstörung dieses Gleichgewichtes (als „Subordination“) zu einem Überhandnehmen der Natur (als „Coordination“) und Auslieferung des Geistes an sie (als „Hölle“). Hier erst, ähnlich wie in Goethes theosophischer Kosmogonie, hat für Baader die Schöpfung der toten Leiblichkeit (Materie) statt, welche zwar eine Folge der radikalen „Versetztheit“ und „Exzentrizität“ der Kreatur ist, dennoch aber (gegen Hegel) den Fall in die Hölle aufhält, indem sie ihr, im wörtlichen Sinn, *Zeit gibt* zur Umkehr. Diese

[1] Ferm. Cogn. 73.
[2] V, 12.
[3] II, 15.

Zeit („Scheinzeit") ist also zwar eine „Desintegration" der ewigen Zeitlichkeit des Geschöpfs, „Brandung" und „Winter der Ewigkeit", „difformierte, entstellte Ewigkeit"[1] und so (gegen Hegels „Vergottung und Verewigung der Scheinzeit" als dialektisches, aufgehoben bewahrtes Moment) als ganze Seinsstruktur vorläufig, aber ebendeshalb nicht wie in der Prometheus-Dialektik das Böse und der Fluch schlechter Ewigkeit. Aus Kants Zeitantinomie (deren dialektische Lösung Fichte, Hölderlin, Schelling, Hegel beherrschte) rettet jene *analogische* Ontologie, die Schiller wiedergefunden und Jean Paul dichterisch zu gestalten versuchte: Sprung und qualitativer Umguß der ganzen Dauer-Struktur des endlichen Seins. Diese zeitliche Materie ist, gerade auch in ihrer endlosen, abstrakten Ausdehnung, nicht die originäre Leiblichkeit unseres Geistes, und darum nur als „Mittel" zu brauchen. „Hegel, welcher nicht mit den Materialisten die Idee leugnet, sondern dieser allein wahrhafte Wirklichkeit zuschreibt, verkennt doch die abstrakte Natur der materiellen Wirklichkeit, indem er die Idee schon in dieser die Konkretheit ihrer Manifestation erlangen lassen will, und nicht bedenkt, daß sein in dieser Hinsicht gestellter Zuspruch: hic Rhodus, hic salta! den Lahmen doch nicht tanzen machen kann."[2] Und damit wird Kritik geübt an der Urform der neueren Eschatologie, die der idealistischen doch verborgen zugrunde lag: die „unendliche Progression" gewährt nur, daß „die arme Seele, gejagt wie der ewige Jude, durch ihre Vervollkommnungsfähigkeit in alle Ewigkeit die Strafe des Tantalus erdulden müßte, ohne jemals sich einer vollendeten Existenz und Ewigkeit erfreuen zu können", was schließlich „nicht viel besser als die ewige Verdammnis" wäre. Baader gewinnt damit das mittelalterliche Postulat einer streng transzendentalen Vollendung wieder, als die schließlich einzig mögliche Form, den Sinn des endlich-zeitlichen Seins zu entziffern. Und er gewinnt sie wesentlich aus der existentialen Erkenntnis, daß diese Vollendung weder die (evolutionistische) Transzendenz des reinen Geistes noch die (Hegelsche) „Verklärung" *dieser* (zeitlich bleibenden) Natur, sondern nur etwas *über* diese beiden Formen Erhabenes meinen kann. „Concrete Ewigkeit" liegt jenseits von „abstrakter Ruhe" und „Unruhe".[3] „In der Tat erfahren auch schon im Zeitleben noch befangene sich

---

[1] Vgl. IV, 288 f., 257 f.
[2] IV, 293.
[3] IV, 288.

liebende Personen die Abstraktheit und Unwahrheit ihrer materiellen, äußern Gemeinschaft oder Präsenz, indem diese sie doch eben sowohl zum Teil noch voneinander entfernt hält, als ihre materielle Entferntheit (als geistige Nähe) sie noch zum Teil einander wieder gegenwärtig hält, so daß die Materie sie weder wahrhaft zu verbinden noch wahrhaft zu trennen vermag. Sie erfahren aber eben hiemit, daß, wenn ihre äußere Gegenwart ihre innere minder ergänzt, als *überwiegt*, dasselbe auch vom Überwiegen ihrer innern Gemeinschaft über die äußere gesagt werden muß, daß also nur eine von ihnen freilich nur geahnte und gesuchte, nicht aber schon erkannte Concretheit beider, in welcher das Unvollständige und einander Nichtentsprechende der innern und äußern Gemeinschaft wegfällt, ihrem Verlangen Genüge leisten könnte und sollte."[1] Zielt die ganze Eschatologie auf solche Konkretheit, so ist diese selbst wieder, wie anfangs bemerkt, nur als Person konkret, als die Person des Mittlers, dessen leiblich-zeitliche Gegenwart (vor Seiner Auferstehung) und geistige Gegenwart (nach Seiner Auferstehung) sich einmal auch für uns synthetisieren werden (wie Er bereits als „Kirche" schon unser Allgemeines, unser „Medium" ist und wie beides für Ihn selber schon jetzt synthetisiert ist). Das ist für Baader Parusie und Weltgericht. Mehr „objektiv" formuliert nennt er das seine „Weltgerichtsidee": „Physik und Moral durch Gerechtigkeit ins wahre Gleichgewicht zu bringen."[2] „Durch das Weltgericht [wird] das Gleichgewicht zwischen moralischer und physischer Welt hergestellt", so daß „Wohlverhalten und Wohlbefinden wie die zwei Schalen der Wage steigen und fallen",[3] Geist und Natur in das ewige Verhältnis zurücktreten: „Der Blitz des Weltgerichts" ist Behebung der „zeitlichen Versetztheit als Coordination des Guten und Bösen in Subordination".[4] Existentiell betrachtet aber ist das kein Naturvorgang, sondern ein bebendes Geschehen zwischen Personen: „Ein und dasselbe hebt nämlich das ihm Gleichartige zu sich empor und stößt das Ungleichartige zurück und unter sich, wirkt also elevierend und präcipitierend zugleich. Hier blinkt jenes Flammenschwert des Cherubs vor dem Paradiese in unserm Gemüte wieder, dessen äußere Seite blitzendes, verzehrendes Feuer, dessen innere segnendes, erfreuliches Licht ist, und

[1] IV, 292-293.
[2] XI, 343.
[3] XI, 382.
[4] V, 11.

das Gemüt ahnet dunkel und nicht ohne geheimes Entsetzen die Wiedererscheinung dieses zweischneidigen Flammenschwerts im Weltgerichte."[1]

In diesem zugleich inneren und äußeren Gericht vollendet sich auch das, was sich fortschreitend von Novalis zu Hölderlin bis Schiller, Goethe und Jean Paul als Verbrennung des Herzens verdeutlichte. Denn diese Nacht der Reinigung ist nun nicht nur zum Mittelpunkt geworden, auf den hin alles zeitliche Leben zusammenstrebt und von dem aus wiederum das ewige ausstrahlt, sondern sie selber erhält ihren letzten, personalen Sinn als Mit-Leiden mit der Nacht des Erlöser-Leidens. Schon in den „Hymnen an die Nacht" erhielt die Spitze der dialektischen Antithesis diesen existentiell-personalen Charakter: im Ölberglied:

„In entsetzlicher Angst
Naht' ihm die Stunde der Geburt
Der neuen Welt."

Der Tod, als Zentralpunkt dieses Lebens – sprach doch Schlegel in seiner „Philosophie des Lebens" von einer „angebornen Idee des Todes" –, wird so aus einem Gerichtsvollzug zugleich zu einem Geschenk der Gnade, nämlich der erneuten Gelegenheit des Sichlassens, und das sogar *in* einem bereits vollbrachten, gelungenen Sichlassen Christi: „Ein Geist also, der seine Selbstheit (Natur) diesem Feuersterben entzieht, oder vorenthält, strebt in Ungehorsam als ein bösgewordenes Kind gegen seine Mutter und erleidet mit Recht die tantalische Pein, ein Eigenes sein zu wollen und doch nicht zu können."[2] Indem er seine Wurzel nicht in den zwar tötenden, aber darum nährenden Boden senken will, fehlt ihm „das Aliment zur Substanzierung",[3] und er muß von sich selber zehren und lebt so, wie Saint-Martin sagt, „dans l'épuisement continuel de sa propre substance":[4] Hölle ist perverse Selbstverbrennung.

Diese gesamte christliche Mündung des Idealismus hat zu ihrer Zeit nicht weite Wellenkreise gezogen. Aber Baader hat bis heute eine doppelte, freilich noch uneigentliche Auferstehung gefeiert.

---

[1] I, 28, Anm.
[2] Ferm. Cogn. 95.
[3] V, 23 (vgl. I, 159).
[4] II, 457.

Sehen wir von den wenigen ab, die seiner totalen Weltansicht sich offenhielten (einem Hoffmann, K. Ph. Fischer, Schade, Deutinger), so ist er zum erstenmal in Kierkegaard anonym in die lebendige Strömung des deutschen Denkens getreten; seine Tagebücher allein schon zeugen für Baaders überragenden Einfluß. Dann aber ist er von jenem Lande her, für das er sich so leidenschaftlich interessiert hatte, von Rußland, durch Solowjew, Berdjajew und die neurussische Theosophie von neuem in Deutschland zu Geltung gekommen. Dieser letztere Weg muß hier festgestellt werden, weil auf ihm das Apokalyptische der Philosophie Baaders, russischer Art gemäß, einseitiger hervortritt. Die von russischen Studierenden aus Deutschland heimgebrachten, ihr mythisches Denken überwältigenden Systeme (Schelling-Baaders oder Hegels) trafen bereits auf eine eschatologisch getränkte Atmosphäre[1] und verzerren sich entweder zu christlich-messianischen und slawophilen oder westlerisch-nihilistischen Apokalypsen, bis vollends in Leontjew jene unheimlich vorspürende Kulturuntergangsstimmung durchbricht, die im Westen erst Jahrzehnte später fühlbar wurde. Solowjew, erst Hegel-, dann Schelling-, dann Baader-Schüler, geht in seiner Entwicklung den Weg vom evolutionistischen zum christlich-apokalyptischen Lager, auch er zuletzt in der „kurzen Erzählung vom Antichrist" Prophet des Endes. Mit Berdjajew endlich kehrt die russische Gnosis vollends zu ihrem deutschen Ursprung zurück, neues Ferment in die deutsche Eschatologie bringend.[2] Aber auch diese gnostische Auferstehung Baaders (dessen kabbalistische Seiten wir hier freilich nicht würdigen konnten), welche letztlich doch in ein impersonales kosmisches Kräftespiel mündet, hat das Tiefste des Denkers noch nicht gehoben, der als einziger seiner Zeit Hegel und Thomas von Aquin (vgl. seine Kommentare zu diesem) ineins zu bauen versuchte.

---

[1] Vgl. die Sektiererfragmente, übersetzt in „Östliches Christentum", I, hrg. von H. Ehrenberg und N. v. Bubnoff (München o. J.). – Masaryk: Zur russischen Geschichts- und Religionsphilosophie. Soziolog. Studien, 2 Bde., Jena 1913, 1. Bd., 42, 55, 81.

[2] Vgl. unsern dritten Band.

II. Die nichtchristliche Mündung

Neben der christlichen Mündung der Prometheuswelt geht parallel, sie bald überholend, die tragizistische. Die Kurve ihrer Entwicklung wurde bereits angedeutet: sie hebt an schon im komplementären Weltgefühl zur Überhelle der Aufklärung (Lessing), wird lebendiger als dunkle Kehrseite der Dialektik, bis sie aus einem Begleitgefühl, das nur überdeckt und untergründig glimmt, zur beherrschenden Weltanschauung wird. Schon die Aufklärung, mit ihrem Schillern zwischen Pantheismus (statisch-spinozistisch oder dynamisch-monadologisch) und Materialismus (als entpersonalisiertem Pan-Theos) gab Grund zu jenen dialektisch umschlagenden Wechselgefühlen,[1] die beim jungen Schiller kraß hervortraten: mystisch-verzückte Gottinnigkeit der „Theosophie des Julius", Verzweiflungsschauder der Weltöde in der „Leichenphantasie". In „Werther" dasselbe Schauspiel einer Naturekstase, die jeden Augenblick zum Fluch dem „ewig wiederkäuenden Ungeheuer" verzerren kann. In „Faust" die Labilität zwischen innerem Himmel („Bin ich ein Gott? Mir wird so licht!") und sogleich sich öffnendem Abgrund („Dem Wurme gleich ich, der den Staub durchwühlt"). In Hölderlins Jugend („Die Unsterblichkeit der Seele", 1788) jene Zerbrechlichkeit des lichten Geborgenheitsgefühls „in den Armen der Götter", das fast von Beginn an Vergangenheit, aus kalter Gegenwart rückwärts Ersehntes ist.

Kants Grenzanweisungen der theoretischen und praktisch-existentiellen Weltanschauung wie seine kopernikanische Wendung zum Ich schienen freilich dieser Weltangst, die im öden Fremdwerden einer gleichgültigen, mathematisierten Welt, in ihrem Entgleiten sich bildete, zu steuern. Aber wie Jacobi jene erste spinozistische Dialektik entlarvt, so zeigte nun sein eigenes System offen die Lücke, wo sie auch bei Kant wieder einbrach: in eben jener theoretischen Grenzsetzung, die die eigentliche Metaphysik in den unfaßbaren Nachtraum der Postulate und Gefühle verstieß. Und wiederum war diese Dialektik nicht damit behoben, daß Fichte über Kant-Jacobi hinaus jenen Nachtraum für die theoretische Philosophie zurückgewann, denn mit ihm bricht, wie sich zeigte, jene weit tiefere

[1] Vgl. dazu den Begriff der Komplementärtheorie bei E. Jaensch: Wirklichkeit und Wert (Berlin 1929). Korff: Geist der Goethezeit, I, 296 ff.

Dialektik der „Idee“ hervor, die den Menschen zwischen einer Mystik kontemplativer Gott-Trunkenheit und einer heroischen Tatreligion, wo er in fremdester Umwelt in endloser Approximation ein unerreichbares Gottesbild zu wirken bestimmt ist, unentschieden in der Mitte beläßt. Nochmals versuchte Schelling die Entzauberung dieser dämonischen Situation, indem er Geist und Natur enger verband, in aller Umwelt das verwandte Wesen aufspürte und Herders Weltinnenraum an Stelle der toten Natur draußen zum eigentlich philosophischen Raum machte. Umsonst: der Geist, in die Fesseln der Natur geschlagen, kann sich nun aus dieser Verstrickung nicht mehr lösen: das Je-Voraus des Idealen ist ans Reale, freie Schöpfung an naturhafte Evolution, Person ans antlitzlose Kosmische überantwortet. Das Medusische des mittleren und späten Schelling *ist* dieses Blick-in-Blick von Mystik und drohendem Materialismus. In dieser Situation stehen nicht erst die Philosophen der „Nachtseite der Natur“, sondern schon die jungen Romantiker. Bei Novalis war's freilich noch der Kinderschrecken vor der Natur als „einer furchtbaren Mühle des Todes“, der sich schließlich in die erlöste Todesliebe der Hymnen und des Ofterdingen überwand. Bei Hölderlin (in „Hyperion“ und „Empedokles“) die schon tiefer durchlittene Nacht der Entgötterung, bereits tragischer in die Endhaltung (des „brennenden Busches“) hinein aufgehoben:

„Ihr Todesgötter! haben die Sterblichen denn
Kein Eigenes nirgendswo, und reicht das Furchtbare
Denn ihnen bis ans Herz?“

Bei Jean Paul das Ausgeliefertsein einer hellen Seele an alle Weltuntergangsstürme, das immer weniger nur didaktisches Moralbeispiel des bekämpften Titanendaseins, immer mehr christlich verstandene Nacht-existenz besagt. In Goethe schließlich das ausgewogene Gleichgewicht der hellen und dunklen Sphäre in verschweigender Resignation: Meduse und Phorkyaden inmitten der Schönheitswelt, „greuliches Entsetzen . . . aus der finstern Welt“ inmitten des jubelnden Lynkeuslieds, im großen Paria-Symbol schließlich das schmerzliche Einswerden von „Rausch und Qual, Traum und Tod“. Grillparzer sagte schön: „Goethen war die Nachtseite des Ichs und der Natur nicht fremd, er wußte aber auch, daß nur die Sonne Früchte reift.“

Doch hier überall ist die „Nachtseite“ noch beherrscht, noch umgriffen von der formenden und ordnenden Weltanschauung. Bei Tieck und Wackenroder erscheint sie erstmals als ein wirklich hilfloses Ausgeliefertsein an das Unheimliche. „Jüngling“, verkündet in Tiecks „Abdallah“ der Lehrer, „was wir gut, was wir böse nennen, verschwimmt in Einem Wesen, alles ist nur Ein Hauch, Ein Geist wandelt durch die ganze Natur, und Ein Element wogt in der Unermeßlichkeit – und dieses ist Gott!“ Und darauf nun die überraschende Reaktion: „Abdallah fuhr zurück: ‚Omar‘, sagte er nach langer Zeit – ‚nun ist die Kraft meiner Seele versiegt, alle meine schönen Entwürfe, meine wonnevollen Schwärmereien liegen wie Leichen um mich her, alle Freuden sind verwelkt, alle Hoffnungen in der Brust verwest. – Ein Kampf rastloser Zweifel wütet da, wo ehedem meine Himmel standen.‘“[1] Der Knabe antwortet schon auf die Idee des Pantheismus mit der Weltangst des Materialismus, welche also bei Tieck nicht mehr nur „Kehrseite“, sondern tragende „Unterseite“ ist. In Wackenroders „Joseph Berlinger“ aber erscheint das „Gefühl“ Tiecks zum materialistischen Welt-„Bild“ gesteigert, zum Rauschen fühlloser Weltwasser und Sausen des Zeitrades, und nur menschliche Liebe und – Musik überklingen lösend den bleibenden Untergrund. Ja gerade Musik offenbart hier ihren tiefen Symbolsinn für die Nachtseite der Prometheusdialektik: über und in das Nichts gebaute göttliche Harmonie zu sein und so eine eigentliche Heimat des Dämonischen. In Tieck und Eichendorff kündet sich das an, in E. T. A. Hoffmann und Schumann vollzieht sich der Absturz: im Wahnsinn Kreislers, den Schumann komponierte, bevor er ihm selbst verfiel. Aus Besitzen der Nacht ist Besessensein durch sie geworden.

In diesem Zeichen steht auch das größte eschatologische Gedicht der deutschen Literatur, der „Donatoa“ des Grafen Franz von Sonnenberg.[2] Ein Schulaufsatz über das Jüngste Gericht hatte den Knaben auf das Thema gelenkt, das sein kurzes Leben füllen sollte. „Aufgewachsen von den frühesten Knabenjahren an in der Welt der jüdischen Seher wie mitten in einer ewigen Schöpfung und Zerstörung“, schien ihm, wie er von sich gesteht, die Mythen-

---

1 Abdallah, 1819, S. 29.

2 „Donatoa oder das Welt-Ende.“ Epopöie. Halle 1806-1807. Vgl. Grubers Nachwort zur 1. Ausgabe („Etwas über F. v. Sonnenbergs Leben und Charakter“, 1807) und Spiridion Wukadinovič: Sonnenbergs Donatoa („Euphorion“, Ergänzungshefte 16, 1923).

welt der Eschatologie die weitaus wichtigste. So entstand, unter dem Vorbild des „Messias“, 1801 „Das Welt-Ende“ in sechs Gesängen. Aber bald stürzen ihm, unter dem Lesen Kants und Schellings, der ihn mit einer Haßliebe fesselt, die „Donnergötzen der Jesuitenschule“, und der undramatische, im voraus entschiedene Kampf zwischen Gott und Satan wird in den des Todesseraphs mit der Hölle verwandelt, ungewissen Ausgangs, denn, frei und endlich, können auch Engel fallen. An dieser echt schellingisch dämonisierten Wahlfreiheit hängt das Schicksal der Welt. Um dieses Motiv schwillt das Epos zu einem wirren Episodengestrüpp von 20.000 Versen an, an das Chaos indischer Epik gemahnend. Als Goethe es der Frau von Stein schenkte, fand sie darin „eine wütende Imagination, aber schöne Stellen“.

Trotz der Apotheose im letzten Gesang überwiegt hier Grauen und Weltangst; die Fröste und Schauer des Todes dringen unaufhaltsam in die untergangsreife Welt ein. Der Todesengel Donatoa erhält Gewalt über sie. Ein großer Plan ihrer Verjüngung mißlingt. Die Engel nehmen Abschied von der verwüsteten, und, ein einziger Lyrismus des Endes, drängt die Dichtung dem Untergang zu:

„Hier unten
Fallen Rosen und Menschen doch ab, warum denn, o Erde,
Sollten nicht auch die Morgensonnen, die Rosen der Schöpfung
Welken und fallen, nicht Sterne verblühn, und deine Geschöpfe,
Junge Frühlinge noch, verwehn wie Blüten . . .“[1]

Der Chaosschleier zieht sich über die Erde, die tote wird im Schoße der Sonne begraben, alles Licht lischt. Jüngstes Gericht, darauf Sterben aller Seelen, Rückkehr in den Schlaf des Chaos; als letzter sinkt Donatoa hin. Nun erst ruft Gott sein ewiges Werde, zu Wiederkehr aller Dinge und Auferstehung der Natur. Noch brennt die Hölle, und in Satans trotzigen Reden:

„Stürze das Weltall um vor Wut oder Scham, so bin ich noch
Über des Weltalls Trümmern, ich selbst, die ewige Läugnung
Deiner Gottheit, ich selbst, ich Satan, die ewige Grenze
Deiner Allmacht“[2]

---

[1] X. Gesang, 607 ff.
[2] XII, 974-977.

erscheint durchsichtig jenes Ich Fichtes, das „über den Trümmern des Weltalls kühn und kalt schwebt". Satan wird von Gott vernichtet und sinkt „ins Urnichts",[1] wie in Schellings Freiheitsapokalypse die Hölle letztlich unterworfen wird. Donatoa enthüllt sich als Engel der Liebe und verkündet am Ende sein Geheimnis: Liebe und Tod als eins. Alle Kreatur muß untergehn, um verklärt zu werden.

Aber dieser helle Schluß mutet wie ein verzweifeltes Klammern an, vor einem Übermaß von Dunkel. Gruber erzählt, wie Sonnenberg noch zuletzt „mit sich gegen den Materialismus" kämpft; „eine unnennbare Unruhe ergriff ihn, wenn er Freiheit des Willens, Unsterblichkeit der Seele gefährdet glaubte". Sechsundzwanzigjährig stürzt sich der Umnachtete aus dem Fenster.

Das auffallende Motiv des Chaosschlafs nach dem Gericht ist tiefer bedeutsam. Es unterstreicht die Idee dieser Todes-Mitte zwischen den zwei Lebensweisen der Kreatur, der irdischen und himmlischen, und sieht in dieser Zäsur, diesem Augenblick des Nichts im strengen Sinn die Seinsmitte, den „Großen Tod, um den sich alles dreht". Auf ihn heften sich, immer magischer angezogen, die Blicke. „Es gibt", sagt Hebbel, „keine Vermittlung zwischen Gott und den Menschen als das Fleisch: also ein neues, dem alten [im Tode] verlassenes, analoges Medium ist nötig, und (hier kann man schaudern vor dem Augenblick des Übergangs) es entsteht jedenfalls ein leerer, wüster Zwischenraum, der kurz sein mag, der aber ein völliger Stillstand des Lebens, wahrer Tod, ist, und eine zweite Geburt, mithin die Wiederholung des größten Wunders der Schöpfung, notwendig macht."[2]

Hier ist der Punkt, wo „Nachtseite" als unbestimmtes Weltgefühl vollends übergeht in klarbewußte Weltanschauung. Zwei Große vertreten sie im endenden Idealismus: der Dichter des Daseins zum Tode: Kleist, und der Metaphysiker des Todes: Schopenhauer.

Der Tod, allbeherrschend bei Kleist, ist ein anderer als der gewiß auch hinunterlockende bei Novalis („Getrost, die Abenddämmerung graut!") oder Hölderlin („Ins All zurück die kürzeste Bahn!"). Der Jüngling hatte Herders Glauben geteilt, „daß wir einst nach dem Tode von der Stufe der Vervollkommnung, die wir auf diesem Stern erreichten, auf einen andern weiter fort-

---

[1] 1018.
[2] Tageb. (Werner), I, 169.

schreiten werden, und daß wir den Schatz der Wahrheiten, den wir hier sammelten, auch dort brauchen könnten".[1] Der Kritizismus zerbricht ihm dies Glauben, und während Novalis und Hölderlin das Phänomenale bald wieder mit Fichte als Er-scheinung zu begreifen wissen, bleibt es für Kleist der unsichtige Schleier des Scheins, der Illusion, der grimmigen Täuschung, wie sie skurril der „Amphitryon", phantastisch „Das Käthchen von Heilbronn" darstellen. Es ist die grundsätzlich entzweigebrochene Welt, wie sie der tiefe Versuch über das Marionettentheater darstellt, und nur im Todespunkt liegt, wie der „Prinz von Homburg" zeigt, die lösende Einheit. Auf ihn hin zielt auch alle Liebe, aber nicht mehr enthüllt sich, wie bei Novalis, Tod als Liebe, sondern die Liebe zuletzt als Tod, nachdem sie sich, in „Penthesilea", an allen Dornenhecken des Scheins und des Durstes blutig gerissen. So bleibt auch im Leben der symbolische Abstand: Novalis' kindlich ertrotzter Tod gegen den heroisch-verzweifelten, grellen Selbstmord von Wannsee.

Hinter der Todesexistenz Kleists steht die Todesmetaphysik Schopenhauers. Sie ist, gegenüber Baader, die Radikalisierung des zweiten Aspekts Hegels: statt das Dialektische ins Personal-Dialogische zu führen, löst er es ins Unpersonale. Damit stürzt wiederum das ganze Gerüst der Prometheuswelt ein, die labile „mystische Potentialität" mit dem doppelten *δια*. Aber während das dialektische Zwei-Eins bei Baader in ein fundamentales Zwei (des Dialogs zwischen weltunabhängigem Gott und in Gott selbständigem Mensch) sich auseinanderspannt, stürzen die Pole bei Schopenhauer vielmehr spannungslos ineinander. Nun war freilich auch die Prometheussituation ein solches Ineinander, aber ein wesenhaft dynamisches, nie fixierbares, das immer zwischen sich das Springen des mystischen Funkens, und mit dem Abstand der Pole das hellere oder dunklere Gefühl für das Sakrale und den Wundercharakter der Person behielt. Gerade das ist bei Schopenhauer aufgegeben. Das Sakrale ist nicht mehr je das „unzugängliche Licht" der Person, sondern der negative Zauber der vorpersönlichen, nächtigen Einheit.

Aber wenn die Dialektik bei Schopenhauer aufgehoben ist, so ist die daraus entstandene Monologik doch von einer unüberbietbaren Paradoxie. Denn sie ist das Ernstmachen mit der entspann-

[1] An Wilhelmine, 22. März 1801.

ten Gleichsetzung der beiden „δια“: Ganz Mensch mit der Welt zu Gott (als Grenzbegriff = Idee), ganz göttlich mit Gott zur Welt (als Grenzbegriff = Schein). Kurz, Schopenhauers Denken muß zuinnerst einen einfachen, undialektischen Widerspruch bergen: den Widerspruch zwischen extremem Individualismus (bis zum Solipsismus) und extremem Anti-Individualismus (bis zur Negierung der ontologischen Person). Der Mensch steht zwischen reinem Mittel-sein (für den Weltwillen) und reinem Selbstzweck-sein. Der Weltwille wiederum steht zwischen reinem All-sein (weil die Materie, als Prinzip der Individuation, das rein Negative ist), und reinem Individuum-sein (weil Schopenhauer folgerichtig gegen Hegel jeden „allgemeinen Geist“ als bloße Fiktion leugnet): „Der Willensakt, aus welchem die Welt entspringt, ist unser eigener.“[1]

Wenn es hier, wo die Pole paradox, aber statisch-endgültig zusammenfallen, zwar folgerichtig ist, gegen Hegels dynamischen Evolutionismus einzuschreiten und jede Höherentwicklung der Weltgeschichte zu leugnen, und darum auch Schillers Spruch ins Kosmische abzuwandeln: „Die Welt selbst ist das Weltgericht“,[2] so kann doch Schopenhauer nicht anders, als wieder ein dynamisch-historisches Prinzip einführen, gleich als ob zwischen den Polen noch das alte Spannungsverhältnis bestünde. Zwar kann die Philosophie keine Antwort auf die Frage geben, was den Weltwillen vermocht habe, „die unendlich vorzuziehende Ruhe des säligen Nichts zu verlassen“[3] – wie auch bei Baader nicht das Warum, aber das Wie der Schöpfung geschöpflichem Denken unzugänglich blieb –, doch erkennt sie in dieser Erscheinungswelt Stufen der Manifestation des Weltgrunds, die im Menschen ihre Höhe erreicht haben. Und sofern diese Höhe eine absolute ist, da der Weltwille hier sich selber durchsichtig wird, geht vom Menschen die eschatologische Tat aus. Durch sein Bewußtsein hat er es in der Hand, in Selbstverneinung und Askese die Geschichte ans Ende zu führen, die Welt aus dem Scheindasein zu erlösen. „Der Mensch“ –: aber hier kehrt die frühere Paradoxie erneut wieder: *welcher* Mensch? Der individuelle? So wäre das Weltende in seine Hand gegeben? Oder jenes Allgemeine, Göttliche im Men-

---

[1] WW. (Grisebach), II, 1462.
[2] Welt als Wille und Vorstellung[3], I, 415.
[3] WW. II, 1456.

schen, für das er Mittel, Schein, Nichts ist? Der Gedanke muß notwendig zwischen beiden Polen zögernd bleiben, nur im Unbestimmten, in der Allgemeinheit des Generischen ist er vollziehbar. Würde sich also „der Mensch“ entschließen, in Keuschheit und Selbstverneinung zu leben (Schopenhauer wiederholt damit einen Einfall Augustins, daß durch Keuschheit die Parusie beschleunigt werden könnte), so stürbe die Welt bewußter Subjekte aus, und damit „verschwände von selbst die übrige Welt ins Nichts, da ohne Subjekt kein Objekt. Die übrige Natur hat also ihre Erlösung vom Menschen zu erwarten, welcher Priester und Opfer zugleich ist“.[1] Ja, diese Eschatologie scheint die einzig mögliche: „Wenn auch keine philosophischen Gründe den Nichteintritt einer abermaligen Weltkatastrophe, wie deren schon mehrere stattgefunden, verbürgen, so steht einer solchen doch ein moralischer Grund entgegen, nämlich dieser, daß sie jetzt, nachdem mit dem Menschen als der höchsten Objektivationsstufe der Natur die Möglichkeit der Verneinung des Willens eingetreten ist, zwecklos sein würde, indem das innere Wesen der Welt jetzt keiner höheren Objektivation zur Möglichkeit seiner Erlösung durchaus bedarf.“[2]

Die anti-individuelle, kosmische Seite dieser Endlehre weist nach Indien zurück, in jenen Pantheismus, den Hegel immer als die niedrigere Potenz seiner Geisteslehre betrachtete, voraus aber auf alle Strömungen der Jahrhundertmitte, die die metaphysische Dignität der Einzelperson liberalistisch oder sozialistisch (zum „lumpigen Individuum“ Engels’) entwerten. Die individualistische Seite aber weist auf Stirner einerseits, Kierkegaard-Nietzsche anderseits voraus. Aber zwischen beiden zu stehen bleibt das Merkmal dieser Weltschau des Übergangs. Auf die Frage, was die Seele nach dem Tode sein werde, antwortet Schopenhauer mit voller Konsequenz: „Alles und nichts.“

Während die erste Seite erst später, zur Zeit Nietzsches, ihre dichterisch-mythische Ausprägung erhält, hat ein zeitgenössisches Epos, das „Ende der Welt“ des Ritters C. J. Braun von Braunthal,[3] die extrem-individuelle darzustellen versucht: Weltuntergang durch den Verneinungswillen eines einzigen, freilich symbolisch das Geschlecht vertretenden Menschen, in siegreichem Kampf mit Maya:

---

[1] W. a. W. u. V., I, 449 f.
[2] Par., II, 154.
[3] Wien 1851.

„Ein einziger Gedanke, den ich dachte,
Zerstört, du fühlst es schaudernd, deine Welt.“[1]

Wichtiger ist, daß das bezeichnende „Zwischen“ seinen Mythus in einer dichterischen Form findet, die auf weite Strecken die Literatur der Zeit beherrscht: im Schicksalsdrama. Denn hier ist der Vorsehungs-Dialog oder doch jene geistige bergende und tragende Kraft der Geschichte zu einer stummen und tragischen, ja tückischen Gewalt depotenziert, welche aber gerade nicht die gleichgültige Materie, sondern eine von einem säkularisierten Persönlichkeits-Zauber umgebene, magische Atmosphäre bildet. Vor ihr ist der Mensch „alles und nichts“: alles, sofern er sich vor ihrem nebligen Gewall als Silhouette abhebt, nichts, sofern er für sie Marionette und Spielzeug bleibt. Jener Weltgrund, den sich Wallenstein und der junge Faust (in der Erdgeistszene) dichten, den aber Schiller wie Goethe als unwahr zurückgelassen, wird auf dieser absteigenden Kurve der Zeit zur letzten metaphysischen Realität.

---

[1] S. 147.

HEBBEL

I. Der Zerfall der Dialektik

Die innere Struktur der Welt Schopenhauers war eine allzu paradoxe, als daß sie nicht über sich hinaus zu neuen weltanschaulichen Formen getrieben hätte. War sie im Grunde ein Erschlaffen der dialektischen Anspannung zwischen Mensch und Gott und ein ermüdetes Sinken ins All-Eine, so war der magische „Zauber", der sie umgab (als Nirvana-Mystik) letztlich ein aus personaler Metaphysik geborgter oder substanzlos übriggebliebener Schimmer, der sich durch seine wuchernde Ausbeutung im Schicksalsdrama noch schneller aufzehren mußte. Was übrigblieb, war vorerst die Endphase jener im Gefühl der Nachtseite, bei Schiller, im „Werther", „Hyperion", „William Lowell" begonnenen Desillusion: der Sturz aus dem „Wunder" in den „Alltag". Es ist der „Realismus" des mittleren Jahrhunderts in allen seinen Gestalten, dem die vergangene Welt des Idealismus als ein verlorener schöner Traum, ein bestandloses „Ideal" als Sternbild an ungreifbarem Himmel stehengeblieben ist.

Das Eigentümlichere dieser damit allgemein umrissenen Weltanschauungsform läßt sich aber auch näherhin aus der zerfallenden Welt der Dialektik gewinnen. Denn mit dem spannungslosen Ineinandersinken der beiden Pole an Stelle der synthetischen „Anstrengung des Begriffs" ergibt sich über Schopenhauers Paradox (von Impersonalismus–Individualismus) hinaus das Paradox der unmittelbaren Einheit von Ewigkeit (Sein) und unendlicher Zeit (Werden), deren Spannungseinheit die formale Struktur der „mystischen Potentialität" ausgemacht hatte. Ebendamit aber blickt über der Schulter des Idealismus jenes ältere Gefüge der Eschatologie wieder hervor, auf deren Basis er sich aufgebaut hatte: das Paradox der Aufklärung zwischen reiner Ewigkeit des Geistes (rein axiologischer, statischer Eschatologie, Utopie) und endloser Progression des Lebens (rein teleologischer, dynamischer Eschatologie, Monadologie). Und wie damals eine gewisse Einfalt des Denkens und der einfache Schwung des Optimismus die beiden Formen noch nicht in Gegensatz treten ließ, so ist es jetzt eine Art Denkmüdigkeit, die beide ungeprüft als eins gelten, oder doch unvermittelt ineinander übergehen läßt. Dies ergibt jene ganz unverwechselbare Mischung von „Zerrissenheit“ (zwischen Alltag und Utopie) und Selbstzufriedenheit (des naiven Evolutionismus), oder von verzweifelt-sehnsüchtiger und bourgeoiser Desillusion („Sachlichkeit“) der nachidealistischen Zeit. Mehr zum ersten hin betont heißt dann die Gesamtformel: „Resignation, daß das Ideal nur Wind ist“; mehr zum zweiten: „Arbeiten und nicht verzweifeln!“

Und mit der unmittelbaren Einheit von Axiologie und Teleologie geht noch ein anderes Zusammenfallen parallel: das von individueller und sozialer Eschatologie. Wenn auch der Zusammenhang mit dem vorigen nicht auf den ersten Blick offen liegt, er besteht dennoch innerlich durchaus. „Private Tugend“, hatte Hegel gesagt, „ist nicht das Agens der Weltgeschichte, diese bewegt sich auf einem höhern Boden als der ist, auf dem die Moralität ihre eigentliche Stätte hat.“ Was sich bei Hegel entwickelt, ist nicht der Einzelne, auch nicht, genau genommen, das Menschengeschlecht als Gattung, im Sinne Herders, sondern über das Haupt beider hinweg der Weltgeist. Damit klärte sich auf, was bei Kant und Schiller noch nicht durchsichtig war: wieweit der Fortschritt des objektiven Geistes auch einen solchen des subjektiven (des „Besserwerdens“ der Moralität) mit sich führe. Hegel leugnet diesen Zusammenhang und so bleiben das individuelle und kosmische Eschaton, zunächst wenigstens, unabhängig voneinander. Wenn aber weiterhin nach Hegel die Realität des konkreten Geistes dahinfällt, so fällt damit nicht nur der noch mögliche transzendentale Sinnzusammenhang beider Eschata (in der mystischen Dimension der „Unsterblichkeit“), sondern es vergrößert sich auch der Abgrund zwischen dem Letztsinn des Individuums und dem des Geschlechts (das nun die Rolle des Evolutionsträgers abermals vom „fiktiven Weltgeist“ zurückerhält). Für das Individuum (das nach dem Tode höchstens „alles und nichts“ ist) grenzt sich das Dasein mit dem Tode ab, erhält es von dorther seinen Horizont und seine Schwere: Welt des „poetischen Realismus“. Für das Geschlecht aber öffnet sich die endlose Perspektive todloser Perfektibilität, die an sich gleichgültig über die sterblichen, zurückbleibenden Einzelnen hinwegschreitet: Welt des wissenschaftlichen Evolutionismus. Aber wiederum, dieses extreme Auseinander ist bei Hegel selbst nochmals einem extremen In-eins dialektisch zugeordnet. Im Menschen, in mir, erkennt sich der Weltgeist, kreuzen sich die Sphären, im Helden gar binden sich das moralische und das großhistorische Gebot:

hier gibt es im Grunde weder individuelle noch soziale, sondern nur „göttliche“ Eschatologie. War es aber bei Hegel stets bei der Schwebe zwischen beiden Formen geblieben, so betont Schopenhauers undialektisches Ineinsfallen diese letzte, undifferenziert-„göttliche“ Eschatologie, und *dieses* undifferenzierte Einssein bildet nun – weniger die Antithesis zum obigen „Dualismus“ als – das flüssige Medium, in welchem die Gegensätze des „Dualismus“ allererst ineinanderfallen können. Es ist diese einfach hingenommene Atmosphäre des immanenten Monismus, ein nicht weiter in Frage gestelltes So-sein-müssen der Welt, welches den Übergang zwischen tragischem Realismus des Individuums und optimistischem Fortschrittsglauben der Gattung unmerklich macht. Aber dieser Übergang bleibt, gerade in seiner Konfliktlosigkeit, in schärfstem Gegensatz zum christlichen und idealistischen (sofern dieser existentiell zum Dialog vordrang), so wie auch der unmittelbare Übergang des Axiologischen und Teleologischen nur scheinbar der Spannung zwischen beiden gleichwertig, in Wirklichkeit ihr völlig entgegengesetzt war. So versteht sich denn auch besser, warum über Schopenhauer hinaus die „Desillusion“ sich vertieft: das Nebeneinander des reinen Individualismus, dem die Sinngrenze mit dem Tode gezogen ist, und des reinen Kollektivismus, in dessen Evolutionismus der Einzelne als Einzelner nicht zählt, ist ein unaufhaltsames gegenseitiges Sich-ernüchtern. Hier hat die „Sachlichkeit“ des Liberalismus und Realismus-Naturalismus wie des Sozialismus ihren Ursprung.

Von diesen formalsten Kategorien der Zeit verbinden sich nun wahlverwandtschaftlich je zwei zu Paaren: die teleologische Eschatologie (All-Werden) wird naturgemäß rein soziale, die axiologische (All-Sein) die individuelle sein müssen. Über beide Formen werfen wir hier nur einige Streiflichter, welche auf ihre geschichtlichen Verzweigungen hindeuten, ohne bei den einzelnen Gestalten sich aufzuhalten.

II. Die rein teleologische Seite

Wiesehr sich das aufklärerische, geradlinige und nicht dialektisch gebrochene Entwicklungsschema auch durch die Zeit des Idealismus hindurch erhält und so zum historischen Ursprung des teleologisch-sozialen Evolutionismus wird, kann ein Blick auf Schleiermacher lehren. Statt der scharf gebrochenen Dialektik der Geschichte bei Schelling und Hegel ist in seiner Geschichtsphilosophie das Böse durchaus das progressiv sich überwindende Voraus der Sinnlichkeit über die Vernunft, das reine Nochnicht des Guten. „Das Böse ist an sich nichts, und kommt nur zum Vorschein mit dem Guten zugleich, inwiefern dieses als ein Werdendes gesetzt wird." So ist Christentum auch nicht senkrecht einfallende Offenbarung, sondern ein ausgezeichnetes Phänomen in der historischen Entwicklung, Christus ein großer „Impuls", dessen Wellen durch das „Gesamtleben", durch die Jahrhunderte hindurch (als Tradition, Kirche) sich ausdehnen. Aber diese Schwingungen sind nicht die der persönlichen Gegenwart eines Christus, der im Sinne Baaders Weltmitte ist, sondern die des „Geistes in allem", dessen Medium aber, die Frömmigkeit, selbst wieder als ein „Produkt" der Gemeinschaft erscheint. Denn die Kirche ist „eine Gemeinschaft in Bezug auf die Frömmigkeit", „eine Gemeinschaft, welche nur durch freie menschliche Handlungen entsteht und nur durch solche fortbestehen kann".[1] Nicht als ob Schleiermacher schon Feuerbach wäre, denn er steht noch voll im Zwielicht der mystischen Potentialität. Wohl aber betont sich das doppelte *δια* schon zur Welt hin (Theologie als Bewußtseins-Phänomenologie), und damit zu jener bei Schopenhauer aufgezeigten Spannungslosigkeit, das heißt: Unpersönlichkeit. Nicht nur ist das Trinitätsgeheimnis noch über Hegel hinaus modalistisch gefaßt, das Geheimnis der Personhaftigkeit Gottes überhaupt bleibt in einem eigentümlichen Dunkel. Die des Menschen aber ist, wie schon bei Anlaß Schellings sich zeigte, vollends preisgegeben: „Selbst, wie alle Verschiedenheit und alle Entgegensetzung nur scheinbar und relativ ist, und alle Individualität nur ein leerer Name." „So verschwinden auf meinem Standpunkt die euch so bestimmt erscheinenden Umrisse der Persönlichkeit." Darum ist Schleiermachers Eschatologie, welche in der reinen Axiologie der „Reden" und „Dialoge" anhebt (mitten in der Zeit unsterblich sein), notwendig zu jener unpersönlichen Form des rein Teleologischen gedrängt worden, welche sich weder um das individuelle Eschaton kümmert, noch einen abschließenden Akt der Menschheitsgeschichte als Lösung des Konfliktes zwischen Zeit und Ewigkeit, Gott und Menschheit ins Auge faßt. Der Abstraktheit des Subjekts

[1] Christl. Glaubenslehre, § 3, 1; § 2, 2.

entspricht der Formalismus des Eschatons: „Entwicklung" des „Reiches Gottes", dessen Ziel und Wesen ins Unbestimmte verlaufen. Hier konnte Emil Brunner („Die Mystik und das Wort") vom „eschatologischen Loch" in Schleiermachers Christentum reden. Denn für ihn kann den „Lehren von den letzten Dingen . . . der gleiche Wert wie den bisher behandelten Lehrstücken nicht beigelegt werden", „die Tatsachen der Auferstehung und Himmelfahrt Christi, sowie seine Aussagen über seine Wiederkunft zum Gericht . . . nicht als eigentliche Bestandteile der Lehre von seiner Person angesehen werden". Von da aus scheidet für Jahrzehnte die protestantische Theologie aus der lebendigen Diskussion der Eschatologie aus, indem sie sich teils im Gefolge Schleiermachers ganz dem gegenwärtigen Reich Gottes und dem Verhältnis des Einzelnen zu ihm zuwendet (Ritschl, Herrmann), teils in historische Bibelkritik sich zurückzieht, aus welcher erst am Jahrhundertende mit Wrede, Schweitzer, Loisy neue eschatologische Problematik auftaucht.

Stellen wir neben Schleiermachers feine Analysen den brutalen Satz Feuerbachs: „An die Stelle der Gottheit haben wir die menschliche Gattung, an die Stelle der Religion die Bildung, an die Stelle des Jenseits . . . die geschichtliche Zukunft . . . der Menschheit zu setzen", „wer aber ist die Menschheit, die bleibt? Die kommenden Menschen!" – so kann bei allem Niveau-Sturz die gedankliche Erbfolge nicht übersehen werden. Das erste (absteigende) δια der mystischen Potentialität ist zugunsten des zweiten (aufsteigenden) völlig ausgeschaltet. Der Mensch steht allein und baut sich seinen Gott und sein Ziel selber.

Für die Eschatologie kann dies eine doppelte Strebung besagen. Einmal gegenüber den idealistischen Deduktionen die zu einer „empirischen" Eschatologie. Hier knüpft die ganze Bewegung des Darwinismus im weitesten Sinne an, das bisher immer apriorische Fortschrittsdogma endlich mit „greifbaren Tatsachen" belegend. Es knüpft da weiterhin, zumal seit Entdeckung des Entropiegesetzes, die neue Physik an, zum erstenmal ernsthaft in das Gespräch über die letzten Dinge eingreifend. Was Schelling und Schopenhauer mit leichter Handbewegung abtaten, tritt in die Mitte des Interesses. Wie einst das Ideale das Reale, so umklammert jetzt das reale Werden, die Geschichte der Natur, das ideale als seinen „ideologischen Überbau". Und diese Klammer faßt hart und eng: hören wir wie F. v. Hellwald seine „Kulturgeschichte als natürliche Entwicklung"[1] schließt: „Die Wissenschaft hat den Schleier der Zukunft zerrissen und auch das Ende der Menschheit erschaut. Wie die ausgestorbenen Tiergeschlechter entschwundener Endperioden ist der Mensch selbst nur eine vergängliche Erscheinung . . . Dann wird die Erde, ihrer Atmosphäre und Lebewelt beraubt, in mondgleicher Verödung um die Sonne kreisen, wie zuvor, das Menschengeschlecht aber, seine Kultur, sein Ringen und Streben, seine Schöpfungen und Ideale sind gewesen. Wozu?" Wenn wirklich Du Bois-Reymonds These richtig ist: „Naturwissenschaft ist das absolute Organ der Kultur",[2] dann gilt auch *sein* Schluß: „Schwerlich wird die Menschheit je fliegen, und nie wird sie wissen, wie Materie denkt. In diese Schranke sich zu finden, ist leichter als in die ewige Eiszeit, welche die Naturwissenschaft uns unerbittlich als Schlußbild aller menschlichen Dinge zeigt. Sonderbares Geschick, daß, indem sie der Kultur durch Sicherung gegen Barbaren ewige Dauer zu verleihen scheint, die Naturwissenschaft diese Hoffnung wieder vereiteln und uns das Vertrauen auf dauernde Bewohnbarkeit der Erde rauben sollte."[3] Daß die Menschheit einst fliegen würde, ahnte Du Bois nicht, sonst hätte er vielleicht auch die Möglichkeit der Späteren in Erwägung gezogen, von der sterbenden Erde auszuwandern und so die „Unsterblichkeit" des Geschlechtes zu sichern.

An die Losung „empirische Eschatologie" knüpft endlich jene Strömung an, die die wankende individuelle Unsterblichkeit durch „Jenseits-Erfahrungen" stützen zu können glaubte. Zunächst waren es noch spekulative Systeme, welche das Schweigen Hegels offen ins Negative oder doch Problematische deuteten. F. Richter („Die Lehre von den letzten Dingen", 1833, II 1844) entfacht den Streit mit dem Nachweis, Hegels Lehre schließe individuelles Fortleben aus. J. H. Fichte („Die Idee der Persönlichkeit und die individuelle Fortdauer", 1834) und Lotzes Lehrer C. H. Weiße („Die philosophische Geheimlehre von der Unsterblichkeit des menschlichen Individuums", 1834) greifen zur Rettung der Unsterblichkeit auf eine nicht metaphysisch wie bei Baader, sondern schon stark empirisch gestützte Theorie Leibnizens zurück: Im Tode wird nur die äußere Leiblichkeit abgestreift, die innere, von dem „Gestaltungs-

---

[1] Augsburg 1875, S. 799.
[2] Kulturgeschichte und Naturwissenschaft, 2. Aufl., Leipzig 1878, S. 35.
[3] S. 41.

trieb" der leibbildenden Phantasie erhalten und erneuert, gewährt auch drüben eine organisch-individuelle Existenz. Dennoch steht Fichte selbst der Idee einer bedingten Unsterblichkeit nicht fern, die in Weißes „Philosophischer Dogmatik"[1] die Eschatologie beherrscht. Noch weiter ab führt das theosophisch-spekulative System Rothes, in dem das christliche Eschaton vollends ins rein Teleologische aufgeweicht ist: Der Weltprozeß besteht aus einer Unendlichkeit sich folgender Weltsysteme, deren jedes mit einem Weltgericht endet, wobei die Bösen, vom weiteren Aufstieg ausgeschlossen, der Vernichtung entgegentreiben.[2] Bei Fr. Rohmer endlich ist die Individualität vollends zu einer Idee Gottes geworden, vorübergehend in der Materie organisiert, dann in Gott zurückkehrend. Gegen solche immer existenzlosere Spekulation sucht individuelle Eschatologie Stütze an erfahrener Unsterblichkeit: der Spiritismus muß die Beweise liefern. In M. Perty laufen diese Ströme zusammen: Spekulation, Naturwissenschaft, Spiritismus. Die reifste Frucht dieser Weltanschauung aber wird G. Th. Fechners System. Auch hier einen sich jene drei Elemente, doch so, daß seine Eschatologie wirklich organische Durchdringung des spekulativ-apriorischen und Erfahrungs-Elementes zu einer existenznahen Weltmystik wird. Seine Analogienmethode, aus dem tiefsten erfahrbaren Wesen des Diesseits auf die mögliche Struktur desselben Seienden in einem Vollendungsstand zu schließen,[3] präludiert unmittelbar die neuere phänomenologische Eschatologie, wie denn auch Scheler („Tod und Fortleben", 1933) sich dankbar auf sie beruft.

Die Ernüchterung der mystischen Potentialität zum reinen „Von-unten" Feuerbachs kann neben „empirischer" Eschatologie noch eine zweite gebären: die sozialistische. „Empirisch" freilich auch sie, aber in anderem Sinn. Der evolutionistische Materialismus wagt, was Hegel nicht gewagt hatte: aus Fakten der Vergangenheit und Gegenwart die der Zukunft zu induzieren, prophetisch-eschatologische Geschichtsschreibung zu treiben. Hier lebt ein Stück alten englischen Erfahrungs-Optimismus von Adam Smith und den Physiokraten her fort. Aber er ist gesteigert einmal durch das eschatologische Pathos der Prometheuswelt – gegen Sombart ist

[1] 1855-1862, III, 718.
[2] Theologische Ethik, 5 Bde.[2], 1867-1871; H. I. Holtzmann: Rothe's spekulatives System, 1898.
[3] Vgl. z. B. „Die Tagesansicht gegenüber der Nachtansicht", 1904[2], S. 38-47, 90-105.

der Zusammenhang zwischen Hegel und Marx, nicht in einzelnen Gedanken, sondern in den von Hegel geschaffenen Voraussetzungen, durchaus aufrechtzuerhalten –, anderseits durch die utopistische Begeisterung der Jung-Franzosen. Las man nicht im „Organisateur“ der Saint-Simonisten (19. Mai 1830) Sätze wie diese: „Le règne de Dieu arrive sur la terre. Toutes les prophéties sont accomplies!“ Über Aufklärung und Revolution bis zu Fouriers und Cabets arkadischen Apokalypsen geht diese unabgebrochene Linie des utopischen Menschheitsglaubens, was Heine schließlich in die Verse bringt:

„Wir wollen hier auf Erden schon
Das Himmelreich errichten.“

Aber diese drei Elemente werden zur „grausigen Eschatologie“[1] Marxens doch erst, da sie sich in der allgemeinen Atmosphäre der Desillusion als Entpersönlichung treffen, wo ideelle Entwicklung zu naturwissenschaftlicher, Seinsaufgeschlossenheit als Unendlichkeits-Dialog zu stummer „entschlossener“ Seinsverschließung ins Endliche sich verwandelt hat, wo schließlich die gleichgültig neben- und ineinanderliegenden Glieder der Einzel- und Menschheitsvollendung in einem tragischen Heroismus nochmals – äußerlich – aufeinanderbezogen werden: *Weil* der Einzelne restlos sterblich ist, soll er sich opfern, sich dem anonymen Ganzen als Weg unter die Füße werfen, *weil* das Letzte des Menschen nicht mehr ist, soll er das Letzte der Menschheit statt seines eigenen sich anvermählen, die eigene Heils-Ökonomie mit der Sozial-Ökonomie vertauschen und dem Ganzen jene Kraft anbieten, die ihr existentielles Gewicht aus dem Verwinden dieses tragischen Paradoxes schöpft. In Marxens Welt kehrt damit jenes alttestamentliche Verhältnis vom Allgemeinen, das Alles, und dem Besondern, das Nichts ist, wieder, das Hegels Religionsphilosophie so scharf herausmeißelte.[2]

Aber das Opfer des Einzelnen will seinen Lohn, und der ist ein Glaube. Glaube aber reißt irgendein Ewiges in die unabsehbare Progression der Teleologie herein, und je glühender er ist, um so näher zu sich heran. Hier richtet Marx mit den alten idealistischen Kategorien seinen apokalyptischen Mythus ein: Die wachsenden Gegensätze von Thesis und Antithesis, und die Selbstverzehrung

---

[1] Jostock: Der Ausgang des Kapitalismus, 1928, S. 58.
[2] Vgl. auch de Man: Zur Psychologie des Sozialismus, 1926.

der Negation, die Synthesis als Negation der Negation, als Expropriation der Expropriateure, der qualitative Sprung aus dem Reich der Notwendigkeit ins Reich der Freiheit. Und das als heldisches Epos, das über idealistische Beruhigtheit zurück bis auf das agonische Geschichtsbild Augustinus' deutet. Nur daß diesen Sprung kein Gott mehr lenkt, sondern der letzte Prometheus, einsame Mitte zwischen verödetem Himmel und verödeter Welt, der namenlose Drachentöter Proletariat. Der marxistische Glaube, der es zustande brachte, das materialistisch-wertfreie Dasein wieder aufzuwerten (in den leidenschaftlichen Wertungen von Bourgeoisie und Proletariat, Kapitalismus und Sozialismus) ist so freilich, wie oft gezeigt wurde, eine „verkappte Religion",[1] genauer: säkularisierter Chiliasmus, aber er ist es wesentlich als paradox-utopischer Glaube, welcher erwartet, die Qualität aus der Quantität springen zu sehen. Schon in Weitlings und Schappens „Bund der Gerechten" ist der Zusammenhang mit altem Täufertum durchaus sichtbar. „Einen neuen Messias", kündet Weitling, „sehe ich mit dem Schwerte kommen, um die Lehren des ersten zu verwirklichen. Er wird durch seinen Mut an die Spitze der revolutionären Armee gestellt werden, wird den morschen Bau der alten Gesellschaftsordnung zertrümmern, die Tränenquellen in ein Meer der Vergessenheit leiten und die Erde in ein Paradies verwandeln." Aber Engels nicht anders: „Das ist unser Beruf, daß wir unser Leben fröhlich einsetzen in dem letzten heiligen Krieg, dem das tausendjährige Reich der Freiheit folgen wird." Und man weiß, wie Marx in echt chiliastischer Ungeduld geringfügigste Unruhen in das Schema des Klassenkampfs einzeichnet, alles zum Anfang des Endes deutet.

Wie das Apokalyptische Schellings und Baaders in Rußland grell hervortrat, so nun auch das Apokalyptische an Marx. Aber nicht nur in der Kühnheit der Umsetzung in Wirklichkeit, auch in der Zergrübelung des unlösbaren Widerspruchs auf dem Grunde. Alexander Herzens tragisches Denken scheitert immer wieder daran: „Im Elend, im Tode Eines Menschen liegt so viel Unverstand und Disharmonie wie im Elend und der Vernichtung des ganzen Menschengeschlechts durch eine astronomische oder geologische Katastrophe." Darum die Unstimmigkeit, die in der Auflösung der individuellen Eschatologie in die allgemeine liegt: „Der gegenwärtige Mensch, der traurige Pontifex Maximus, baut

[1] Vgl. Gerlich: Der Kommunismus als Lehre vom tausendjährigen Reich, 1920.

nur eine Brücke – ein anderer, unbekannter Zukünftiger wird sie überschreiten."[1]

Darum gibt es im Marxismus eigentlich nur eine optimale Situation: die des Übergangs: Kämpfend und das Alte zerstörend ans Neue zu reichen, freilich untergehend, weil *ich* – wenigstens ich noch – sterblich bin. In Bakunin ist etwas von diesem Willen zur Mitte. Aber was eigentlich nur ein Augenblick sein müßte, verkehrt sich notwendig zum anarchischen Zustand des ewigen Aufruhrs. Das Negative wird zur Position erhoben, und das luziferische Element bleibt als eine äußerste Verzerrung des Prometheusantlitzes übrig.

III. Die rein axiologische Seite

Gegenüber der reinen sozialen Teleologie steht die reine individuelle Axiologie der Zeit, zugleich beziehungslos ihr fremd und paradox mit ihr ineinsfallend. Im Marxismus wurde diese Art der Berührung am deutlichsten. Insofern betrachten wir jetzt nur die konkave Kehrseite der konvexen Vordersicht: statt der unendlichen Approximation die Gegenwart vor der Idee des Ziels. Gegenwart sagt hier: ich sterblicher Mensch; Idee des Ziels: Gott, vergöttlichte Welt. In dieser Sicht aber ist die Wahl zwischen Aktivität und Resignation schon gefallen. Freilich, großsprecherisch fährt Gutzkow fort, in seiner „Philosophie der Geschichte" zu fordern, „daß alle unsere physischen und moralischen Handlungen darauf ausgehen, Gott zu produzieren".[2] „Diesen Gott, der in uns wohnt, zu erzeugen, leben wir."[3] Aber Gutzkows Geschlecht ist das der „Zerrissenen", das der „forcierten Talente", wie Goethe sie nannte. Ihre existentiale Haltung ist die einseitige Darlebung des „Prometheus von unten": um streben zu können, brauchen sie den Ausstand der Idee, brauchen sie das Unverwirklichbare der Utopie. Idee und Existenz, in geheimnisvoller Spannung bei Fichte, Goethe, Hegel, gehen gegenpolig auseinander: Idee wird reines „Ideal", Existenz schließt sich in sich.

Ein Vorspiel dazu war schon die Situation der romantischen

---

[1] Masaryk a. a. O. I, 355.
[2] 1836, S. 298.
[3] 302.

Komödie, als ironischer Erhebung über die schwere, unvollendete Existenz. Zur blutigen Groteske ist sie gesteigert in der sechsten „Nachtwache des Bonaventura" (1804). Der romantische Nachtwächter veranlaßt eines Nachts mit seinem Hornblasen eines „falschen jüngsten Tages Lerm". Eilfertige Bekehrung: „Ämter wurden niedergelegt, Ordensbänder und Ehrenzeichen eigenhändig von ihren unwürdigen Besitzern abgeliefert, . . . jegliche Maske auf diesem zusammengeblasenen großen Balle, die Larven von den Antlitzen fielen." Aber da die „himmlische Kriminaljustiz" noch zögert, hält der Nachtwächter als Ansprache ein kleines Resumé der Welthistorie: „Sagt mir, wird [Gott] es jetzt der Mühe wert halten, das verpfuschte Ding in eine höhere Sprache umzusetzen, oder muß er nicht vielmehr, wenn er es in dieser ganzen Seichtigkeit vor sich liegen sieht, es in Ingrimm zerreißen und euch mit euren ganzen Plänen der Vergessenheit überantworten? Ich sehe nichts anderes ein. Denn ihr alle, wie ich euch hier erblicke, könnt ihr wohl mit Recht auf den Himmel oder auf die Hölle Anspruch machen? Für jenen seid ihr zu schlecht, für diese zu langweilig." – Das ist Existenz jäh vor ihr Letztes gestellt, Versagen, Entrückung der Idee ins Ungreifbare.[1]

Aber romantische Ironie ist nur Vorspiel, denn wo die Kreatur nicht mehr wortlos vor der Majestät in den Boden versinkt, sondern der Mensch seinen „Gott" schaffen soll, der Halbe das Ganze, wird dies letztere notwendig zum Nie-Erhoffbaren, Wesenlosen, Utopischen. Für Heinse, wie für Rousseau, waren die Glückseligen Inseln ein Ideal *über* der Wirklichkeit, aber doch ein mögliches Telos. Dem Idealismus waren sie geheim-unfaßbar gegenwärtig: *aus* dem Wirklichen selbst „bricht das alte Paradies herfür" (Novalis). Nun sinkt das Ideal *unter* die Wirklichkeit, wie die bunte Seifenblase nichts ist neben dem harten Ball. Heines alte Indiane-

[1] Hier liegt der lebendige Ursprung der Weltend-Posse: Die „unmögliche", jähe Anwesenheit des Übergroßen als „Deus ex machina". Tieck dichtet 1800 sein „jüngstes Gericht", in der Manier J. Böhmes beginnend, aber als Nicolai-Satire endend. Ifflands Posse „Der Komet" (Theatralische Werke, 1827; Lustspiele, Bd. I, S. 255 ff.), Adolf Bäuerles Schwank „Der Untergang der Welt" usw. (Kom. Theater, 1821, Bd. IV) leiten einen bis heute nicht abgebrochenen Reigen ein. Andere leichtfertig-komische Behandlungen des christlichen Endgerichtes zeigen, wie sehr dieses als positive Vorstellung aus dem Zeitbewußtsein entschwunden ist. So etwa Rückert „Vom letzten Gericht" (Ges. Ged., V, 159), Heines „Auferstehung", vollends Anastas. Grüns „Letzter Dichter" (Gedichte[5], 1844, 209).

rin Kaka verführt Don Juan Ponce de Leon, der das Elixier der Unsterblichkeit sucht, nach Bimini, dem schönen Nirgendwo, zu segeln. Traurige Irrfahrt, wie die nach der Venusinsel, wohin im „Tanzpoem“ Faust entführt wird. Der Streit zwischen Materie und Ideal ist im voraus entschieden: Immermanns „Merlin“, der Sohn Luzifers und einer reinen Jungfrau, zerbricht an seiner titanischen Aufgabe, der Gral wird ins unzugängliche Indien entrückt. Hamerlings ganze Dichtung ist nichts als das Bekenntnis dieser Unversöhnlichkeit. Schon aus einer andern Sphäre, aber doch diese vollendend, klingt Spittelers Mythus vom Lande Nichtsein herüber: „Man glaubt von einem Lande Meon, daß es wäre . . .“

Reif aber wird dieser Mythus in der kleinen Traumdichtung, die in Mörikes „Maler Nolten“ eingesetzt ist: „Der letzte König von Orplid.“ Schon die Art, wie sie darin steht, nicht wie das Märchen im „Ofterdingen“, als Deutung, Mythisierung und Eschatologisierung der Gegenwart, sondern als federleichtes „Schattenspiel“ zwischen schweren Wirklichkeiten, mehr noch das existenzlos Unwahrscheinliche des Vorgangs zeigt den Abstand von Novalis. Im „Märchen“ ist der Schauplatz die Welt, in „Orplid“ „ein außerhalb der bekannten Welt gelegener Boden, eine abgeschlossene Insel, auf welcher ein kräftiges Heldenvolk, in verschiedene Stämme und Grenzen eingeteilt, . . . gewohnt haben sollte“. Aber das Helden-, Götter- und Feenvolk stirbt aus durch den Zorn der Himmlischen, bis auf den schuldigen alten König, der strafehalber nicht sterben kann. „In der neuesten Zeit nun aber geschah's, daß eine Anzahl Europäer, meist Deutsche aus der arbeitenden Klasse, auf einer Seefahrt nach Van Diemensland begriffen, mit ihrem Schiff bei unserer Insel scheiterte . . .“[1] Eine Robinsonade! Und nicht auf einer Wilden-, noch auf einer arkadischen, sondern auf einer Geisterinsel! So sind selbst gegenüber der Aufklärungsutopie die Pole noch weiter auseinandergerissen: die Existenz ernüchtert zu „Arbeitern“ und „gelehrten Engländern“, das Ideal verflüchtigt zu wesenlosem Feenvolk. Im Grunde gilt beim Ganzen nur noch die Musik in sich schwingender Sehnsucht, wie es auch das Sinnlose des dramatischen Vorgangs zu verstehen gibt. Der Sehnsuchtsgesang Weylas zum verlorenen Paradies, den Hugo Wolf in königliche Rhythmen setzte, faßt diesen „Sinn“ des Spieles zusammen:

---

[1] Göschen 1901, 149-151.

„Du bist Orplid, mein Land!
Das ferne leuchtet;
Vom Meere dampfet dein besonnter Strand
Den Nebel, so der Götter Wange feuchtet.

Uralte Wasser steigen
Verjüngt um deine Hüften, Kind!
Vor deiner Gottheit beugen
Sich Könige, die deine Wärter sind."[1]

Doch dieser alte König Ulmon, der es hütet, sehnt sich nach dem Tode. Er, das Sinnbild der Unsterblichkeit! Denkt man nicht unwillkürlich einige Jahre zurück: zu Grillparzers Ahnfrau, einige vor: zu Wagners Holländer, Wotan, Amfortas? Schon klingt das tiefste Motiv der Jahrhundertmitte an: der Ahasvermythus, bei dem länger zu verweilen sein wird. Aber auch ohne Rücksicht auf diesen Stoff ist es klar, daß Tod, Todesscheu und Todesversöhnung *das* Thema dieser axiologisch-individuellen Eschatologie bilden muß. Immer seltener wird jene Fichtesche Zuversicht, mit der noch Freiligraths „letzter Mensch" zur verlöschenden Sonne spricht:

„Stirb – auf der Schöpfung Trümmern steh'
Ich stolz, ich kann nicht sinken!"[2]

oder auch nur die Wiedergeburtsmystik in Rückerts schönen Nachdichtungen des Dschelaledin Rumi.[3] Denn über Trümmern kalter Materie stehen, ist im Grund nur ein angespannter Schmerz, heroische Illusion, und Baader sah in steter Wiedergeburt eine Ahasver-Verdammnis. Lenaus Gedicht „Die Zweifler"[4] geben diesem Weltschmerz Ausdruck: die Trauer der Vergänglichkeit ist minder als die der Unvergänglichkeit, denn die Leiden, die in unsrer Brust „so traute Herberg stets gefunden", zögen doch mit hinüber. Darum bleibt nur ein Weg offen: aus dem bittern Trank des Todes eine neue Süße des Lebens zu ziehn, jene resignierte, nachmittägliche Vergoldung des Heute, die schöne, schwere Frucht, die über dem Abgrund reift: Gottfried Keller, Hans von Marées . . .

---

[1] Werke, Göschen 1903, I, 94.
[2] Gedichte, 1838, 370.
[3] Ges. Gedichte, I, 1837; vgl. Bd. V, 318 f.
[4] Gedichte[3], 1837, 103.

Dann aber liegt es nur an dem Grade innerer Kraft des Einzelnen, wieweit ihm diese dunkle Todessonne zur Wärmung, wieweit sie ihm zur schaudernden Durchkältung des Daseins gereicht. Denn mit seiner unerbittlichen, endgültigen Grenzziehung gleicht dieser Tod schon den Brettern des Sarges, und das Leben zwischen ihnen der Grabesangst. Heines später Zyklus „Lazarus“ ist die Abwandlung dieser allgemeinsten Angst, oft an die Größe von Baudelaires Todesangst-Dichtung reichend. Und auch in Hebbels Träumen kehrt das Motiv des Lebendigbegrabenseins immer wieder:

„Und ist man tot, so muß man lang
Im Grabe liegen; ich bin bang,
Ja ich bin bang, das Auferstehen
Wird nicht so schnell von Statten gehen.“

Auferstehung und Gericht spielen in diesen Gedichten eine zwischen spielerisch-poetischem Motiv und halbgeglaubter Möglichkeit schwankende Rolle. Das dritte, „Auferstehung“, ist noch mehr Parodie aus Distanz. Aber der Tod ist tief, und auch ein lockender Auferstehungsruf unterbräche ihn nicht:

„Die Toten stehn auf, der Tag des Gerichts
Ruft sie zu Qual und Vergnügen,
Wir beiden bekümmern uns um nichts
Und bleiben ruhig liegen.“ („Intermezzo“, 32.)

Über den Fluch einer alten Jüdin: „Nicht gedacht soll seiner werden“, rhapsodiert der Dichter:

„Selbst am Auferstehungstage,
Wenn geweckt von den Fanfaren
Der Posaunen, schlotternd wallen
Zum Gericht die Totenscharen

Und alldort der Engel abliest
Vor den göttlichen Behörden
Alle Namen der Geladnen –
Nicht gedacht soll seiner werden.“
(Zum „Lazarus“, 13.)

Das ist das Übermächtigwerden des Todes über das Leben. Heine fühlt ihn vampyrhaft auf seiner Brust:

„Preß deinen Mund auf meinen Mund,
Des Menschen Odem ist göttlich!
Ich trinke deine Seele aus,
Die Toten sind unersättlich.“ („Helena“, 19.)

In C. F. Meyers „Gesang der Toten“ wird die Auferstehung zu einer wahren Wiederkunft der *Toten*, und Hebbel notiert ins Tagebuch: „Die Toten sollten, ein immer wachsendes Heer, als dräuende Schatten mit aufgehobenen Fingern unter den Lebendigen umhergehen, bis der letzte begraben wäre.“ Gottfried Kellers Zyklus „Lebendig begraben“ verleiht endlich dem unstäten, unfaßbaren Leidensgefühl den geformtesten mythischen Ausdruck: In kalte Materie eingesenktes Leben, Qual der Welteinsamkeit, Fluch und Seligkeit des Totseins, all dies ist im einen Bilde zusammengefaßt. Und es offenbart wie keines das echteste Ethos des Realismus, den Mut, durch Desillusion hindurch zu einem schönen „Es-schwer-haben-wollen“ vorzudringen, das die Augen vor dem Tode weit öffnet. Von der Hölderlin-Tragik, die ihre Jugend nie mehr einholen kann, zu Kellers dunkler Resignation ist es wie ein Lichterlöschen:

„Damals war ich ein kleiner Pantheist
Und ruhte selig in den jungen Bäumen;
Doch nimmer ahnte mir zu jener Frist,
Daß in den Stämmchen solche Bretter keimen!“

Die Hölderlin-Hingabe, die ungeduldig ihre Seele verwirft, ist zum trauernden Abschiednehmen geworden:

„Fahr hin, o Selbst, vergängliches Idol,
Wer du auch bist, leb’ wohl du, fahre wohl!“

Oder sie wird, in Lenaus „Niagara“, zu einem ekstatischen Lauf des Lebens in den Abgrund, den wilden Wassermassen gleich,

„Wie von Sehnsucht hingerissen
Nach dem großen Untergang“.

Platens venezianische Sonette, seine ganze Lyrik ist dieser zerbrechliche Augenblick Schönheit über schon bröckelndem Sockel. Erst hier kann der Sinn für jene „trauervolle Reife der Dinge“, den Goethe, die Günderode, Hegel vorauskannten, ganz Zeitgefühl werden, um über C. F. Meyer zu Hofmannsthal, zum „Jahr der Seele" und den „Sonetten an Orpheus" weiterzuschwingen. Seit das Jenseits ihm losch, erklärt Gottfried Keller, „ist mir die Welt unendlich schöner und tiefer geworden, das Leben ist wertvoller, der Tod ernster . . ." So liegt die Blickrichtung zur „äußersten Grenze der Menschheit" (Hebbel) nicht in ein für die Gegenwart unabsehbares Reich am Ende der Zeiten, sondern, abermals, in die senkrechte Ewigkeitsrichtung: „An jedem Tage wird das Rätsel der Geschichte gelöst. An jedem Tage ist das Ende der Welt . . . Im Schoße der Ewigkeit liegt der eine Moment im andern. Jeder Tag kann dir gewähren, was du nur als Ende der Dinge in deine sinnliche Vorstellung nimmst"[1] (Gutzkow). Aber dieser „Augenblick" des Realismus bleibt etwas viel Dumpferes als der der Prometheuszeit. Er schwebt über dem Nichts. So ist es wohl möglich, fährt Gutzkow fort, daß das Ende der Geschichte in ihren Anfang münde: alles war je „Ende" und „Anfang". Dann aber nimmt Hebbel[2] das Thema auf:

„Dem Letzten begegnet der Erste dann,
Den einst die Erde getragen,
Sie schauen sich stumm und ernsthaft an
Und haben sich nichts zu sagen."

Und so ist der schöne Augenblick ein Zartestes, Äußerstes, an den die Fäulnis der Zeit je schon Hand anlegt und der für Lenau als Vergehender zum beginnenden Ekel wird:

„Noch immer, Erde, den uralten Tand
Von Blütentreiben und Zerstören, immer?
Verdrießt, Natur, das öde Spiel dich nimmer?
Ergreift nicht Schläfrigkeit die müde Hand?"

[1] A. a. O. S. 303-304.
[2] Tageb. (Werner), III, 183.

IV. Hebbels alltragische Welt

Auf seiten der sozial-teleologischen Eschatologie stand das Weltepos des Evolutionismus, auf der der individuell-axiologischen die Lyrik der Zeit. Im Konfliktpunkt zwischen beiden ihr größter Dramatiker: Friedrich Hebbel. Dieses „Zwischen" unterscheidet sich von dem Hegels nur dadurch, daß es nicht originäre Spannung, sondern sekundäres Inbeziehungsetzen ist, oder eine Spannung, die zwischen gleichgültigen Gliedern in dem Medium einer antizipierten Verzweiflung über eine mögliche Lösung bewerkstelligt wird. So ist es die klassische Form des „tragischen Prometheus". Auch Hegels Heroen sind zwischen zwei Welten ausgespannt, die moralisch-private und die übermoralisch-großhistorische, sind Befehl und Gehorsam zugleich. Aber da war das Opfer der Einzelgestalt noch Phase im verwandten Ganzopfer der Welt, *eine* Flamme verzehrt beide. Bei Hebbel ist der Heros der radikal-endliche Mensch (der als solcher gleichgültig von dem dunklen Hintergrund der Materie sich abhebt), der paradox-identisch ist mit dem „Weltgeist" (der bei Hebbel schillert zwischen christlichem Gott und anonym-allgemeinem Schicksal). Drama ist der Konflikt zwischen beiden Gestalten, es ist aber hier, weil die Lösung nicht mehr möglich ist, das Hin-und-her-weben des doppelten „δια" als wesentlicher Schmerz, das Sich-gegenseitig-Zerreiben zur ewigen Wunde des „Pantragismus": „Schmerz ist etwas Positives."[1] „Für den sterblichen Menschen ist das Unglück gewissermaßen ein Glück. Wie den Tod ertragen, wenn das Leben nicht unerträglich wäre?"[2] „Selbst wenn das Sterben vom Willen des Menschen abhinge, würde keiner am Leben bleiben."[3] Ja, der Zyklus „Dem Schmerz sein Recht" geht bis zu einer Gleichsetzung von Schmerz und Bewußtsein,[4] das Gedicht „Urgeheimnis" zu der von Schmerz und Leben.[5] Und die Wunde wird eigentlich erst brennend gehalten (wie bei Schopenhauer und Spitteler) durch den steten Blick ins Eschatologisch-Soteriologische: „In der Welt ist ein Gott begraben, der auferstehen will und allenthalben durchzubrechen sucht, in der Liebe, in jeder edlen Tat."[6]

---

[1] Werke (Ausg. Werner), Tageb., II, 13.
[2] III, 113.
[3] III, 194.
[4] VI, 290.
[5] VI, 376; vgl. VII, 178; Tageb., I, 304.
[6] II, 67.

Aber meint dies „begraben" christlichen oder auch nur Hegelschen Abfall vom ewigen Gott? Oder heißt es feuerbachisch: Geburtswehen eines erst zukünftigen Gottes? Zwischen beidem zerfragt sich die Frage. Und ist das zweite die Wahrheit, dann ist das Ziel unendlich fern: „Kann's wohl ein Mensch im Auge haben? Tut er übel, wenn er einstweilen das nächste für das letzte ansieht?" Und allgemeiner: „Es ist kaum ein Trost, daß wir immer höher kommen, da wir immer auf der Leiter bleiben." Eine erschütternde Tagebuchstelle wirft helles Licht auf diese müde Dialektik: „Unsere Zeit ist eine schlimme Zeit. Das Große Geheimnis, die letzte Ausbeute alles Forschens und Strebens, die ‚Einsicht in das Nichts' war ehedem hinter Schlösser und Riegel versteckt, und der Mensch sah sich und das Geheimnis zu gleicher Zeit aufgelöst. Die alten Schlösser und Riegel sind schadhaft geworden . . . ach, und fliegt der Adler wohl länger als er an die Sonne glaubt? Die Weltgeschichte steht jetzt vor einer ungeheuren Aufgabe; die Hölle ist längst ausgeblasen, . . . die Idee der Gottheit reicht nicht mehr aus, denn der Mensch hat in Demut erkannt, daß Gott ohne Schwanz, d. h. ohne eine Menschheit, die er wiegen, säugen und selig machen muß, Gott und selig sein kann . . . Woher soll die Weltgeschichte eine Idee nehmen, die die Idee der Gottheit aufwiegt oder überragt? Ich fürchte, zum erstenmal ist sie ihrer Aufgabe nicht gewachsen; sie hat sich ein Brennglas geschliffen, um die Idee einer freien Menschheit, die, wie der König in Frankreich, auf *Erden* nicht sterben kann, darin aufzufangen; sie sammelt, die *Weltgeschichte* sammelt, sie sammelt Strahlen für eine neue Sonne; ach, eine Sonne wird nicht zusammengebettelt."[1] Also: Evolutionismus ist unmöglich – *wenn* ein Gott ist, so *wird* er nicht –, Axiologismus aber ist die Ratlosigkeit selber. Der Ausweg Baaders: Gott über Geschichte spricht dialogisch in sie, Christus als Sinn und Gesamtsubjekt der Geschichte ist der „werdende Gott" *in* ihr –, dieser Ausweg liegt weitab von dem abgründig-monologischen Wesen Hebbels.

Das Gegeneinanderrasen der Gedanken wird nirgends eindringlicher als in Hebbels Ringen mit dem Problem der Unsterblichkeit. Zunächst schließt er sich dem Überlieferten an: „Schon das ist ein Beweis für die Unsterblichkeit (die auf Notwendigkeit gestützten Beweise trügen am wenigsten), daß der Mensch, jedes Zustandes

---

[1] Tageb., I, 153.

fähig, und zur Erweckung und Erprobung bedürftig, doch sein ganzes Leben lang in einem einzelnen . . . eingesperrt ist."[1] Es ist Kants, Fichtes, Goethes Beweis, den Hölderlin wiederholt, wenn er an Schiller schreibt, daß, „um ein System des Denkens zu realisieren, eine Unsterblichkeit ebenso notwendig ist, als sie es ist für ein System des Handelns". Aber Hebbel glaubt doch nicht an dies „notwendig": „Nichts kann bewiesen werden, als – was zu beweisen sich nicht verlohnt." In der „Kritik zu Bielenbergs Aufsatz über Unsterblichkeit"[2] bemängelt er den einen nach dem andern der landläufigen Beweise und deutet eine auf Nietzsche und Klages vorweisende Möglichkeit an: Die Seele könnte der Todeskeim des Leibes sein, „indem sie alles Leben desselben in sich konzentriert, ihn zur ausgeglühten Muschel machen", und könnte so, als einheitliches „Sublimat", als unzerfallbar, „unsterblich" gedacht werden. Aber dieser bereits materialistische Ansatz treibt weiter: „Daraus, daß wir ein höheres Leben hoffen, daß wir ein Bedürfnis fühlen, das uns die Unsterblichkeit wünschenswert macht, folgt die letztere gewiß nicht." Es folgt höchstens, „daß wir dem Gegenwärtigen ewige Dauer und höchste Steigerung verleihen möchten". Und fortgerissen von diesem Gedanken: „Die Menschheit läßt sich keinen Irrtum nehmen, der ihr nützt. Sie würde an Unsterblichkeit glauben, und wenn sie das Gegenteil wüßte . . . Ein Wesen, das so weise, so göttlich träumte, möchte die Realisierung seiner Träume verdienen und – *bewirken*!"[3] Bewirken! Ernstmachen mit der Utopie! „Der erste, der den Tod nicht fürchtet, nicht an ihn glaubt, wird nicht sterben."[4] Wäre nicht „der erste unsterblich, der der Unsterblichkeit wert ist?". Aber Unsterblichkeit heißt hier schon etwas anderes, heißt im Diesseits nicht sterben, Elixier des Lebens brauen. Und Hebbel sinnt schon über eine Novelle dieses Themas. Aber sogleich stehen unerbittliche Konsequenzen auf: „Furchtbar wäre es, wenn das Elixier der Unsterblichkeit noch einmal in künftigen Zeiten erfunden würde. Das wäre zugleich ein Beweis dafür, daß die Toten *nie* aufstehen können, sie, die Armen, für ewig, ewig tot!!!"[5] Und so kehrt der Kreis der Gedanken in den christlichen Ausgang zurück. Hoffnungsloses Umsichschlagen in der

---

1 Tageb., I, 278.
2 IX, 63-64.
3 I, 286.
4 II, 1.
5 I, 6.

geschlossenen Falle der Dialektik, zwischen dem Zurücksinken in dumpfe Trauer: „Die Welt ist die Wunde Gottes." Und darum die vertraute Nachbarschaft mit der Endsituation. Er notiert sich Träume eines Freundes über Weltende und Gericht und findet sie „höchst bedeutend".[1] Er malt sich die Situation der sterbenden Erde aus: „Einst: die Sonne geht noch auf, aber sie entlockt der Erde keinen Halm mehr" usw. Ein glühender Sommer weckt ihm apokalyptische Träume: „Die Flüsse versanden, die Äcker verdursten, dem Menschen ist, als ob es an Luft zum Atmen fehlt . . . Ein Ende muß sein, warum nicht jetzt? Einer muß das erleben, warum nicht ich?"[2]

Diese Vertrautheit mit dem „materialistischen" Weltende ist ebensosehr in die Zukunft gewandt, zum wissenschaftlichen Materialismus und Biologismus des späteren 19. Jahrhunderts, als die scheinbar ähnliche Jean Pauls rückwärts ins 18. Jahrhundert wies. Die eschatologischen Möglichkeiten, die vor Hebbels dunklem Seherblick aufsteigen, sind schon verwandt den tragischen Hadesvisionen Schaeffers, Schröders, Wincklers, Spittelers: Blicke, wie der des furchtbaren „Requiem",[3] in einen Orkus, zu dem die Seelen wie von Danteschen Höllenwinden zum Zerfall und zum Umguß getrieben werden:

„Seele, vergiß sie nicht,
Seele, vergiß nicht die Toten!
Sieh, sie umschweben dich
Schauernd, verlassen,
Und wenn du dich erkaltend
Ihnen verschließest, erstarren sie
Bis hinein in das Tiefste.
Dann ergreift sie der Sturm der Nacht,
Dem sie, zusammengekrampft in sich,
Trotzten im Schooße der Liebe,
Und er jagt sie mit Ungestüm
Durch die unendliche Wüste hin,
Wo nicht Leben mehr ist, nur Kampf
Losgelassener Kräfte
Um erneuertes Sein!

---

[1] I, 303.
[2] II, 194.
[3] VI, 150.

Seele, vergiß sie nicht,
Seele, vergiß nicht die Toten!"

Das ist freilich, wie alles Eschatologische bei Hebbel, nur Vision, nur Möglichkeit unter vielen, andersgearteten. Aber es ist gleichzeitig grundsätzliches Anzeichen einer naturalistischen Fassung des Jenseits, welche die Zuständlichkeit der Toten durchaus im Innerweltlichen sucht und einen psychologischen, ja spiritistischen Umgang mit ihnen pflegt: Wieder eröffnet sich ein Ausblick in die Zukunft: von Perty zu Fechner und Maeterlinck und von da zu den Orpheus-Sonetten, auf welche Verse, wie diese, unmittelbar vordeuten:

„Ob, die sich regt in meiner Brust,
Die ungestüme Flamme,
Die Toten noch im Schlummer stört,
Aus deren Blut ich stamme?"[1]

Damit hebt sich aber aus dem metaphysischen Hintergrund der Hebbelschen Weltanschauung, auf dem die Möglichkeiten und Visionen wie Wolkenschatten wechseln, etwas Vordergründiges und Eindeutiges ab: wie stets, wo das Jenseits in einem naturalistischen Licht erscheint, gewinnt dadurch auch hier die Silhouette des Menschen an Schärfe, das einmalige Leben an Gewicht und verhaltenem Ernst. Es ist, als ob die Ratlosigkeit des Hintergrundes, welche das Christliche so wenig fahren lassen will als das Heidnische und das Materialistische, schließlich sich rein übertrüge und sammelte in einen einzigen Zug des menschlichen Antlitzes und ihm eine Würde und Zartheit verliehe, eine Farbe, die nur aus dem Verbrauch, der Destillation ganzer Welten sich herstellen ließ. Das wird letztlich das ganze Ergebnis der „welthistorischen Hintergründe" des Hebbelschen Dramas sein; es ist aber auch, in etwas verschiedener Weise, der Schlüssel zu den tiefsten religiösen Gedichten, die uns selbst wieder den Sinn der Dramen besser erschließen.

Die Haltung der Gedichte spiegelt sich zunächst vordergründig in der Tragik des „nächtlichen Echo",[2] worin jedes der großen Lebensworte, die der Mensch dem All ins Herz ruft, ihm geheimnisvoll daraus zurückklingt:

---

[1] VI, 257.
[2] VI, 150.

„‚Nur Schall!‘
Ruft er endlich, und er ruft nicht mehr.
‚Nur Schall!‘
Klingt es hinter dem Verstummten her.“

Aber hinter dieser ins rein Anthropologische überführten Metaphysik steht doch schon jene ganze breite Schicht der Hebbelschen Lyrik, in der das Okkulte, vor allem der Traum, eine fast übermäßige Bedeutung gewinnt. Das Namenlose wird darin gewiß nicht faßbarer, aber es tritt aus seiner materialistischen Gleichgültigkeit heraus und wird zu jenem dumpfen Entsetzen, das den „Haideknaben“[1] verfolgt und in den Tod treibt. Das Metaphysische tritt als antlitzloser Alb ins Leben ein, umzingelt es als Tod und durchdringt es innerlich als Angst. Und doch ist diese Schicht von einer noch tieferen aus nur der Ausdruck seiner ungeheuren Gegenwart, und mag für Hebbel das Schöne gewiß immer „des Schrecklichen Anfang“ gewesen sein, das Schreckliche ist selbst wieder nur Anfang eines Andern, das als tiefer Schönes durchzucken kann. Die große Anrede des „abgeschiedenen Kinds an seine Mutter“ läßt zu Ende den letzten Weltsinn offen, deutet eine Selbstenthüllung Gottes an,

„So daß die Welt, trotz ihrer finstern Spuren,
Ihm Fackel war, sein Inn’res aufzuhellen,
Und daß nicht unsre Schuld, nur sein Bedürfen
Den Gegensatz, dem Trotz und Haß entquellen,
Hervor rief, der nach mystischen Entwürfen
Uns, die wir leiden, quält, als ob wir täten,
Um so, indem wir all sein Bitt’res schlürfen,
In uns ihn bis zur Wurzel auszujäten.“[2]

Aber Hebbel weiß, daß dies Deuten schon zu weit geht. „Mysterium“ nimmt es zurück: wie der Mensch Gedanken, die an seinen glühenden Kern rühren, um nicht zu vergehen, erstickt, so müßte auch das All „ein Ich, das seiner Schranken vergessen“ an sein Geheimnis pochte, vernichten.[3] Aber das Geheimnis bleibt, und „Reminiszenz“ erinnert sich am fernsten Ursprung der Existenz

[1] VI, 166.
[2] VI, 298.
[3] 323.

eines „Augenpaars", das das Werdende getroffen und durch alles hindurch zurücklockt.[1] „Erleuchtung" kennt sogar den plötzlichen Blitz dieser Augen und ihr „Niederflammen" ins Herz.[2] Duft, das Unfaßbarste im sinnlichen Bereich, wird zum Gleichnis dieses über alles irdische Bedeuten hinausweisenden Bezugs:

„In Frühlings Heiligtume,
Wenn dir ein Duft an's Tiefste rührt,
Da suche nicht die Blume,
Der ihn ein Hauch entführt.

Der Duft läßt Ew'ges ahnen,
Von unbegrenztem Leben voll;
Die Blume kann nur mahnen,
Wie schnell sie welken soll."[3]

Und ist Hebbels Welt auch, mit der Goethes verglichen, schwer und dumpf, dieser „Duft" bringt in sie eine, wenn auch durch schwärzere Nächte errungene und in keine weltanschauliche Formel zu übersetzende Versöhnung, in die „Dem Schmerz sein Recht" zuletzt ausklingt:

„Den bängsten Traum begleitet
Ein heimliches Gefühl,
Daß Alles Nichts bedeutet,
Und wär' uns noch so schwül.
Da spielt in unser Weinen
Ein Lächeln hold hinein,
Ich aber möchte meinen,
So sollt' es immer sein!"[4]

Daß wir freilich solche Verse nicht zum „letzten" Hebbel steigern, sondern sie höchstens als einen zartesten, verwundbarsten Punkt seines Weltgefühls ansprechen dürfen, zeigt uns schon ein rascher Blick über den Höhenzug seiner großen Dramen. Nichts liegt hier ferner als eine leichtgewonnene „Versöhnung" mit dem Weltgrund. Und dies nicht nur für den Schellingschen Pantragismus der „Ju-

[1] 259.
[2] 255.
[3] 260.
[4] VI, 294.

dith", sondern auch und gerade für den scheinbar ausgleichenden Schluß der „Genoveva" und der „Nibelungen", für die im „Gyges" und „Herodes und Mariamne" erreichte Gerechtigkeit.

Zu ihrem Verständnis ist „Judith" der Zugang. Sie bezeichnet vor allem die reine Wiederholung der Prometheus- und Empedokles-Tragik, welche das menschlich unlösbare Problem von Schuld-Unschuld durch seine Steigerung ins Göttliche löst. Judiths Erlösertat geht durch die notwendige Schuld, nicht nur durch die Ermordung des Holofernes – dies wäre nicht eigentliche „Schuld" –, sondern durch die zum Morde als einziger Zugang führende Selbstpreisgabe. Aber auch dies genügt noch nicht, um die wahre Tragik im Hegelschen Verhältnis von Weltgeist und Individuum herzustellen: Es ist wesentlich, daß, trotz Judiths höherer Absicht, der Mord im Augenblick aus dem rein individuellen Motiv der Rache für die abgezwungene Lust geschehe. Erst so ist das Problem in der Tiefe gestellt, wird die ganze endliche Person der Heldin, also auch ihre Sünde, Mittel in der Hand des Schicksals. „Judith" ist damit die reine Verherrlichung der notwendigen Schuld, die, wie bei Hegel, durch die „List" der Reflexion in ihrer Notwendigkeit umgriffen wird: „Der Weg zu meiner Tat geht durch die Sünde! Dank, Dank Dir, Herr! Du machst mein Auge hell. Vor Dir wird das Unreine rein; wenn Du zwischen mich und meine Tat eine Sünde stellst: wer bin ich, daß ich mit Dir darüber hadern, daß ich mich Dir entziehen sollte!"[1] Dennoch, trotz der Bemühung Hebbels, seine Heldin durch unumgängliche, echte Sünde zu führen, ist vom Standpunkt Gottes aus Judith „schuldlos": als Heldin steht sie hoch über der Spießbürgerei ihrer Volksgenossen („Ich habe den ersten und letzten Mann der Erde getötet, damit Du in Frieden Deine Schaafe weiden, Du Deinen Kohl pflanzen, Du Dein Handwerk treiben und Kinder, die Dir gleichen, zeugen kannst!"[2]), Menschen, deren Kleinlichkeit, in einer Umkehrung der Maße Judiths, „Schuld" ist („Pfui, dieser Mensch gehört zu denen, die sogar dann sündigen, wenn sie etwas Gutes tun wollen!"[3]). Die Weise aber, wie Judiths „Unreinheit" vor Gott „rein" ist, unterscheidet sich scharf vom verwandten Faustproblem. Bei Goethe war dieses Paradox wesentlich Ausdruck seiner dynamischen Weltanschauung.

---

[1] I, 26.
[2] 79.
[3] 28.

Hebbels Gestalten dagegen sind statisch, seine Technik, wie oft bemerkt wurde, „analytisch", das heißt eine vorgegebene Situation zeitlich ausbreitend. Gerade darum aber ist auch seine Vernotwendigung der Schuld zugleich ihre Dämonisierung. Und so ist es keineswegs ohne Bedeutung, daß im Hintergrund ein doppeltes dämonisches Gottesbild steht: das des Holofernes, der Götze des Sturm-und-Drang-Lebens („Darum ist's auch so einzig schön, durchs Leben selbst zu sterben! den Strom so anschwellen zu lassen, daß die Ader, die ihn aufnehmen soll, zerspringt!"[1]) und letztlich der vom Menschen gezeugte Gott („die Menschheit hat nur einen großen Zweck, einen Gott aus sich zu gebären; und der Gott, den sie gebiert, wie will er zeigen, daß er's ist, als dadurch, daß er sich ihr zum ewigen Kampf gegenüberstellt?"[2]), – und das jüdische, das jenes erste stürzen soll, und ihm doch wie ein Bruder gleicht. Judiths Gott enthüllt sein Wesen in dem Traum, den sie Mirza erzählt: „Mit einmal bemerkt' ich einen Abgrund zu meinen Füßen, wenige Schritte von mir, dunkel, unabsehlich, voll Rauch und Qualm. Und ich vermochte nicht zurück zu gehen, noch still zu stehen, ich taumelte vorwärts; Gott! Gott! rief ich in meiner Angst, – hie bin ich! tönte es aus dem Abgrund herauf, freundlich, süß, ich sprang, weiche Arme fingen mich auf, ich glaubte, Einem an der Brust zu ruhen, . . . aber ich war zu schwer, er konnte mich nicht halten, ich sank, sank, ich hört' ihn weinen."[3] Das ist nicht nur der alttestamentliche Gott, der „das Gute erschaffen und das Böse gemacht", sondern unmittelbar der Schellingsche Gott, der nur durch das Opfer seines Geschöpfes seine Ohnmacht überwindet.

Daran wird schon klar, und die späteren Dramen bestätigen dies, wie wenig das vermeintlich so bedeutende Weltgeschichtliche in „Judith" zu sagen hat. Die Problematik der historischen Übergangsstelle zwischen Heidentum und Judentum läßt sich vom eigentlichen Judithproblem mühelos abziehn, – dies letzte liegt in der reinen Prometheus-Zuständlichkeit, die individuell und kosmisch, aber durchaus ungeschichtlich ist. Der Anspruch ungeheuren Ernstes, mit dem es auftritt und der sich selbst als großgeschichtliche Situation auslegt, rechtfertigt sich im Gegenteil dadurch, daß er Erscheinung der metaphysischen Seinssituation ist. Wenn Judith Holofernes „den

---

[1] 47.
[2] 10.
[3] I, 14-15.

ersten und letzten Mann der Erde" nennt,[1] wenn sie ihre Tat eschatologisch versteht: „auslöschen den Blitz, der mit dem Weltbrande droht",[2] und nach der Tat sich selbst als den letzten Menschen fühlt,[3] so vollzieht sich in diesem Gleichnis nichts anderes als das Horizontentwerfen der absoluten Entscheidung in der absoluten Endlichkeit. Hatte Schiller diesen Horizont immer als den individuellen Tod entworfen, so liebt es Hebbel, ihn unbedingter als Weltende überhaupt zu fassen, vor allem in „Genoveva"[4] und „Demetrius".[5] Das Eschatologische weist darin viel weniger in die geschichtliche Zeiterstreckung als in die Endgültigkeit der ethischen Situation als Enthüllung der Beziehung zwischen Mensch und Gott.

„Judiths" trübendes Aufwühlen der Weltfrage, ihre Dämonisierung zur notwendigen Schuld scheint sich in „Genoveva" durchaus überwunden zu haben. Ein Sonett aus Neapel mag für diese Beruhigung zeugen:

„O glaube nicht, daß du durch deine Sünde
Die Welt verwirrst! Wie du auch freveln mögest,
Und ob du Gott dein Ich auch ganz entzögest,
Du hinderst nicht, daß sie zum Kreis sich ründe!"[6]

Das ganze teuflische Wesen Golos, dessen sinnliche Gier Genovevas Unschuld in einen Abgrund von Leid und Schmach treibt und dem Tod überliefert, hindert ihre wunderbare Rettung nicht, ist vielmehr nur Werkzeug, ihre Tugend ins Licht zu stellen. Aber drängt sich nicht, beim Anhören dieser fünf langen quälenden Akte, die Frage auf: um wessentwillen wurden sie geschrieben? Genoveva, die wartende und duldende, ist, wie gewisse Barockheldinnen, reiner Widerstand, an dem die großartig-wilde Dämonie des Verführers wie eine Brandung zerschellt. Sosehr auch im Nachspiel das Christliche über das Satanische siegen mag, der Gegensatz ist im Stück selbst bis zu einer letzten, manichäischen Zerrissenheit aufgesteigert. Die tiefere Frage des Liebesproblems stellt, wenn auch verzerrt, Golo, nicht Genovevas fraglose Treue. Was Baader das Anthropophagische aller Liebe genannt hatte, das hatte in Kleists „Penthesilea" bereits seine gräßlich-wörtliche Darstellung im Sinn-

---

1 79.
2 63.
3 73.
4 I, 116,155.
5 VI, 12, 23, 31, 84, 87, 115.
6 VI, 312.

lichen gefunden. Aber diese heroische Sinnlichkeit wird bei Golo vollends zur schwelenden, sündigen: „Alles Leben ist Raub des einen am andern."[1] Das „Geheimnis, wunderbar, wie keins, des In- und Durcheinanderseins"[2] wird von Golo ins rein Sinnliche hinabentwürdigt, wo es sich nur noch, sei es als sündhaftes Festhalten des Augenblicks (der Kuß als „Weltende"[3]), sei es in einem Verströmen des Lebens, verwirklichen läßt, das selbst der Tod ist. Golo versteht dieses unvermittelte Tod-sein der Liebe:

„Du bist nicht Leben, du bist Tod, ja Tod,
Du bist des Todes höchste, schönste Form!"[4]

Sein Traum, in dem jedes des andern aufgeschlitzte Pulsader am Munde hat, ist das Sinnbild dieser Grenze von Leben und Tod,[5] die ins Gebiet eines „uranfänglich-allumfassenden Gefühls"[6] jenseits von Haß und Liebe hinüberweist. Das einzige, was uns in dieser belanglosen, in die dumpfe Gretchenwelt einengenden Fragestellung zu fesseln hat, ist das heimliche Übergewicht Golos in der Verteilung der Interessen: Judiths „notwendige Schuld" erscheint jetzt widerlich verzerrt im Munde der Hexe Margaretha:

„– versucht sie erst
Und seht, ob sie's verdient. Das tut Gott selbst,
Er reichte keiner noch die Palme dar,
Die er zuvor in Flammen nicht geprüft."[7]

Über Golo, nicht über Genoveva führt die Brücke vom Judithproblem zu dem des Herodes und Gyges: nur daß in diesen das Problem der Verknechtung des Du durch die egoistische Liebe aus dem höllischen Rasen der Sinnlichkeit in die Klarheit der Reife überführt ist. Der dämonische Weltgrund der „Judith", in Golo aufs Menschliche eingeschränkt, sublimiert sich in den klassischen Dramen zur Atmosphäre jenes äußerst gespannten Ernstes, den wir schon früher anzeigten und der sich dadurch verrät, daß er, wie

[1] I, 405 („Genoveva-Brocken").
[2] VII, 141.
[3] I, 116, 155.
[4] I, 99.
[5] 189.
[6] 190.
[7] 167.

etwas Selbständiges, über den Bildrand der ethischen Situation hinausreicht. Am deutlichsten in „Gyges und sein Ring": Die Tatsache, daß Kandaules und Rhodope sterben müssen, weil jener dem Gyges nachts einen Blick auf seine Frau erlaubte, beweist, wiesehr hier die menschliche Situation mit einer Hochspannung geladen und über sich hinaus ins Absolute gesteigert ist, ja mit diesem, in einer viel radikaleren Weise als je bei Schiller, in eins gesetzt erscheint.

„Maria Magdalena" hatte diese Eingrenzung des Metaphysischen in den magischen Kreis der endlichen Situation zum erstenmal verwirklicht und die notwendige Form dafür, die analytische Technik, erfunden: „Hu, mich schaudert's vor der Zukunft, wie vor einem Glas Wasser, das man durchs Mikroskop . . . betrachtet hat", sagt Meister Anton zu Klara.[1] Das Drama ist dieses immer unerbittlicher an die Situation sich anlegende Vergrößerungsglas. „Herodes und Mariamne" verfährt nicht anders. Das ganze Stück ist nichts als das zweimal wiederholte Experiment, in dem sich die menschliche Substanz des Herodes bewähren soll: ob er in der radikalen Endlichkeit der absoluten Liebe fähig ist, welche auf die Überwältigung des Du durch List und Macht verzichtet, oder ob er, ihrer unfähig, die Frau zu einer eifersüchtig gehüteten Sache macht. Mariamne zeigt ihm den rechten Weg:

„Drum denk' ich,
Du fängst, da Du mit Hoffnung und Vertrau'n
Doch enden mußt, sogleich mit beiden an!"[2]

Herodes versagt beide Male:

„Ich war ihm nur ein Ding und weiter nichts."[3]

Hebbel trug Sorge, auch hier alle Lücken ins Jenseitige zu verstopfen. Der Tod ist die reine Grenze der Situation und damit ihr Absolutes, und wenn Herodes in seiner engen Liebe den heimlichen Befehl erteilt, Mariamne bei seinem Tode gleichfalls zu töten, so tut er es nicht, um sie in einer andern Welt zu besitzen, sondern nur, um die Grenze bis zum Rande auszufüllen:

---

[1] II, 39.
[2] II, 221.
[3] 267.

„Um . . . Dich
Als letzter Hauch zum letzten Hauch zu mischen."[1]

Und auch Mariamne verwirft ausdrücklich jede Unsterblichkeitshoffnung,[2] der Tod ist „ew'ge Nacht"[3] und so gerade die Wahrheit des Weltscheins.[4]

Das Herodes-Problem erscheint im „Gyges" in einer nur leichten Abwandlung: wieder wird die absolute Freiheit der Frau durch eine List vergewaltigt, der Schleier der Person ehrfurchtlos abgerissen:

„Dein Schleier ist ein Teil von Deinem Selbst,
Und dennoch zerr' und zupf' ich stets an ihm."[5]

Und kein anderes ist zuletzt das Nibelungen-Problem: wieder ist die Tarnkappe Siegfrieds, wie der Ring des Gyges, ein listiger Zauber, der Brunhilds unnahbare Freiheit entweiht und dem Heiligmenschlichen Gewalt antut:

Siegfried: O, drei Mal heilige Natur!
Mich widert's, wie noch nie in meinem Leben."[6]

In den überlebensgroßen Gestalten der Nibelungen vollendet sich Hebbels Kunst, das Mythische Fleisch und Blut werden zu lassen. Jede Figur ist randvoll von Schicksal und jedes Schicksal in eine Figur gebannt. Um so mehr befremdet es, auch hier, wie in „Herodes und Mariamne" und „Gyges", jenen Überschuß an Mythus und Idee wahrzunehmen, der schon bei Judith auffiel und in dem man Hebbels großes Selbstmißverständnis sehen könnte. In „Herodes und Mariamne" ist es die Erscheinung der drei Könige und die Geburt Christi, welche um das ganze Drama eine Klammer und ein Fragezeichen legt, und das so streng betonte Absolute der Situation „welthistorisch" aufhebt. In „Gyges" ist es einerseits der mythische Ausblick der Ringgeschichte bis zur urweltlichen List des Zeus und dem Sturz des Kronos,[7] anderseits der welthistorische in der „Kulturphilosophie" des Kandaules. Bedeuten

1 220.
2 347.
3 353.
4 351.
5 III, 292.
6 IV, 86.
7 III, 334.

diese Ausblicke in beiden Dramen, ganz im Gegensatz zu denen in Wagners mythischen Dramen, einen Widerspruch zur betonten rein menschlichen Endlichkeit, so werden sie in den „Nibelungen" zu einem Element, das die dramatische Substanz selbst aufzulösen droht. Denn hier erscheint diese in eine doppelte Richtung geöffnet: in die nordisch-heidnische Sphäre Brunhilds mit ihrem Zauberschloß, dem Feuersee, der Walküren- und Ragnarok-Mythik, und in die christliche des Kaplans und Dietrichs von Bern. Das alte Nibelungenlied hatte in seinem Realismus den ersten Kreis zurückgedrängt, Wagner wird im Gegenteil den zweiten ausschalten. Hebbel stellt sein Drama bewußt zwischen beide und gibt beiden einen gleichen Realitätsgrad. Brunhilds Walkürentum ist so wirklich wie Dietrichs Christentum. So wird die Existentialität des Dramas selbst von seinen beiden Enden her, vom heidnischen Anfang und vom christlichen Ausgang, als von zwei sich selbst widersprechenden Existentialitäten bedroht. Und ließe sie sich noch mit der ersten aussöhnen, die sich wie ein mythischer Glorienschein um die heidnische Übermenschlichkeit der Gestalten, Schicksale und Leidenschaften legt, so nimmermehr mit der zweiten; ihr Aufeinanderstoßen vermag nur einen quälenden Mißklang hervorzurufen. Die Zerrissenheit der „Genoveva" wiederholt sich: Die ganze Nibelungenwelt mit der Gewalt ihrer urweltlichen Brandung ist wahrhaft tragisch nur, solange sie innerhalb der rein menschlichen Existentialität betrachtet wird, solange wir die zusammenprallenden Schicksale als ein alle enge Moralität überbrausendes Naturschauspiel genießen dürfen.

Hildebrand: „Sie werfen wieder Tote aus den Fenstern.
Herr, endigt jetzt! Der Teufel hat genug!"

Dietrich: „Wenn ich auch wollte, wie vermögt' ich's wohl?
Hier hat sich Schuld in Schuld zu fest verbissen,
Als daß man noch zu Einem sagen könnte:
Tritt Du zurück! Sie steh'n in gleichem Recht."[1]

Das ist das Weltbild, in welches im „Demetrius"-Fragment Mniczek den Demetrius hineinzureißen versucht:

„Der Himmel selbst ruht auf gespalt'nen Kräften,
Die ganze Welt auf Stoß und Gegenstoß:

[1] IV, 314-315.

Denkst Du, der Mensch ist davon ausgenommen?
Pflicht gegen Pflicht, das ist auch sein Gesetz!“[1]

Innerhalb dieser Weltpotenz rollt die Nibelungentragödie ab: keiner ihrer Helden läutert sich in die des Christlichen hinüber; dieses steht ihr so fremd gegenüber wie in „Herodes und Mariamne“. Beide Welten heben sich gegenseitig auf: Wird Kriemhilds Haß von Dietrich als Schwäche bezeichnet,[2] so zerstört dieses Urteil die ganze Gesetzlichkeit des Dramas. Umgekehrt gelingt es nicht, von dessen Ebene aus Dietrich oder gar den Kaplan mit menschlich glaubhafter Substanz zu füllen, ihnen die Schwere der heldischen Existenz zu verleihen. Es bleibt bei einer ursprünglichen Unsicherheit in der Verteilung der metaphysischen Gewichte, welche nichts weniger besagt als Hebbels Zweifel an einer endgültigen Sinnhaftigkeit der sich schließenden Endlichkeit. Es wird Ibsens bedürfen, um den Weg des analytischen Dramas bis zum Ende zu gehen: ihn wird die Verzweiflung einer metaphysischen Sinngebung in progressiven Abstürzen von „Brand“ zu „Kaiser und Galiläer“ zu „Peer Gynt“ endlich zum rein menschlichen Situationsdrama treiben.

Hebbels letzte Haltung bleibt in sich selbst zerfallen und zahlt hier ihren Zoll der Auflösungszeit des Idealismus: das „Metaphysische“ wie das „Welthistorische“ bilden einen scharfen Bruch zum endlich Menschlichen. Der fast erschreckende Beweis dafür ist „Moloch“, jener Torso, der Hebbels Hauptwerk hätte werden sollen. Seine „Idee ist wie ein zweischneidiges Schwert“, dies Urteil Hebbels bewahrheitet sich auf eine unerwartete Weise. Denn nirgends prallen die beiden Existentialitäten greller aufeinander, ist die Aussöhnung unmöglicher: Einerseits positivistische Entlarvung des Religiösen als gröbster Pfaffenbetrug, als Machtgier und Grausamkeit, anderseits die Rechtfertigung dieses selben Betrugs aus seinen kulturellen und sittlichen Früchten, so daß der betrügerische Molochpriester zuletzt den Gott, an den er nicht glaubt, anbetet und zur Sühne für seinen Trug in den Tod geht – und so auch sein Machtziel erreicht. Diese ernsthafte Anbetung der Fiktion ist der blasphemischste Gedanke Hebbels gewesen. Wir können uns von hier aus vorstellen, was seine Christustragödie geworden wäre:

[1] VI, 126.
[2] IV, 284.

aus den spärlichen Fragmenten zucken bald positivistische, bald spätidealistische, bald Nietzschesche Gedanken auf: „Der Ekel der Menschheit vor sich selbst war die Wurzel des Christentums.“[1]

Wir gewinnen endlich aus dieser Wirrsal von Ideen einen Zugang zu einem seltsamen Entwurf Hebbels, der seinem Plane gemäß einen weltgeschichtlichen Dramenkreis abschließen sollte: seine „Komödie der Zukunft“. Diese sollte nichts Geringeres sein als die Konstruktion des eschatologischen Menschen aus den verlängerten Linien der Gegenwart. Sie überrascht uns, nach dem Kulturidealismus des „Moloch“ und dem evolutionistischen Umklammerungssystem der großen Dramen, durch ihren Pessimismus, der sich in die Maske nüchterner, interesseloser Registrierung kleidet. Den Sinn dieses Pessimismus enthüllt uns „Natur und Mensch“:

„Oft schon kam es mir vor, Natur, als hätt’st du zu zeitig
In dein Werk dich verliebt und die Vollendung versäumt.
Weil der Mensch dir gefiel, so bliebst du stehen beim Menschen,
Und erwecktest in ihm nicht noch den schlummernden Gott.
Aber nun träumt er von dem, und weil er erwachend sich wieder
Findet, wie eben vorher, fällt er zurück in das Tier.“[2]

Der Mensch des letzten Staates ist „der Präsident der Tiere, nicht mehr“.[3] Es ist der restlos anonyme, verstaatlichte Mensch: „Die Idee des echten Kommunismus schließt allen Besitz, also auch den geistigen aus. Wenn er ausgeführt wird, so wird nur die Menschheit noch malen, dichten, komponieren; . . . denn keiner darf sich nennen.“[4] „Ein Luftschein: wer ihn nicht lösen kann, wird von Amts wegen erstickt.“[5] „Das Gedächtnis der Menschheit, die Geschichte, habe ich ausgelöscht. Nur *ein* Buchdrucker existiert, meiner Befehle wegen.“[6] In einem Gedicht „Die Erde und der Mensch“ hatte Hebbel die Frage, ob die Erde nicht einst für die Menschheit zu klein werden könnte, zugleich mit Hinweis auf die Lösung des Malthusianismus und durch ein optimistisches Glaubensbekenntnis gelöst.[7] Die Komödie nimmt das erste Motiv auf: „Der,

[1] V, 316.
[2] VI, 331.
[3] V, 123.
[4] 125-126.
[5] 125.
[6] 123.
[7] VI, 304-305.

der einen Menschen ohne Erlaubnis in die Welt setzt, muß sich selbst töten . . . Prämie auf den Kindermord." Es werden „Staatsanstalten existieren, worin die Kinder der Pauperisten getötet" werden.[1] Sie verschärft indes das zweite: „Eine Bartholomäusnacht . . . um die Bevölkerung der Erde auf das ihrer Produktionskraft entsprechende Maß zu reducieren; in Folge allgemeinen Volksbeschlusses."[2] Das Ende der Komödie wäre der Weltuntergang: „Die Meere treten aus, die Sonne verfinstert sich. Astronom: Ich verliere mein Alles, die Naturgesetze. ‚Ich habe sie wieder – die Erde wich aus ihrer Bahn – sie zerspringt – Hei –.'"[3] Hebbel leitet mit der Entdeckung dieser Motive eine durchaus neue Form eschatologischer Dichtung ein. Es gehen freilich Züge Tiecks, Bonaventuras, Ifflands in sie ein, aber das Wesentliche daran ist neu: die Überpflanzung des Kulturevolutionismus auf die Ebene der rein biologischen, ja materialistischen Betrachtung dessen, was wir „empirische Eschatologie" nannten. Denn dahin weisen eindeutig die angeführten Fragmente. Das Licht, das eine solche Eschatologie auf die weltgeschichtlichen Ansprüche der großen Dramen zurückwirft, ist ein bedenkliches, und es beleuchtet noch einmal die ganze Ratlosigkeit des Dichters vor der letzten Frage. Sein Bestes wird er dort leisten, wo er auf ihre Lösung verzichtet und sich in die geschlossene Endlichkeit verschanzt. Aber es zeigte sich schon, daß diese Ratlosigkeit ihre Schatten notwendig in diese Endlichkeit selbst hineinwerfen muß. Das im Endlichen herrschende Absolute ist das Ethische. Aber woran nimmt dieses sein Maß, wenn „der Himmel selbst auf gespaltnen Kräften" ruht? Schopenhauer hatte den Willen „gleichsam den gekreuzigten Heiland" genannt, „oder aber den gekreuzigten Schächer". Welches von beiden soll gelten? Und Hebbel: „‚Du bist ein Sünder!' Nein! ich bin eine Sünde!"[4] Welches von beiden? Ein Dramenentwurf spitzt diese letzte Zweideutigkeit zu: Der Teufel verführt eine Jungfrau, sie fällt, „er zeigt sich ihr als Teufel, sie hat nichts mehr als ihn, sie will ihm in die Hölle folgen" – und diese Treue rettet sie.[5]

Das Dämonische bricht eben unaufhaltsam in Hebbels Ethik ein, weil sie in der endlichen Situation die im strengen Sinn unend-

---

[1] V, 123-124.
[2] 125.
[3] 123.
[4] Tageb., II, 22.
[5] Tageb., I, 4.

liche Spannung aushalten will. Diese Dämonie ist das genaue Ergebnis der ideengeschichtlichen Synthesis, deren Glieder wir am Anfang des Kapitels beschrieben: das rein Teleologische, das sich zum Materialistischen desillusioniert, und das rein Axiologische, stets auf der Scheide zwischen Grabesangst und Augenblicksverewigung. Ihr unvermitteltes, statisches Einssein ist notwendig dämonisch, denn wenn es nicht die Spannungsstruktur, wie der Idealismus, verabsolutiert, so setzt es die Extreme, ohne die Anstrengung der Synthesis wirklich zu vollziehen, unmittelbar als je schon identisch, wobei nur die Zerfallenheit und Erschöpfung des Denkens das Bewußtwerden der absoluten Zerrissenheit aufhält. Aber das liberale Verständigtsein dieser Jahrhundertmitte kann dieser Zerrissenheit nicht wehren, sich wenigstens in der Art eines dumpfen Schmerzes auszudrücken. Hebbel ist der existentiellste Ausdruck dieses Leidens, für das es keine Erlösung gibt, solange es *dieses* Leiden bleibt. Die Hunderte von Tragödienentwürfen, die seine Tagebücher und Briefe bevölkern, sind nur das innere Brodeln und Gären des im Kerne kranken Seins. Kaum eine eschatologische Schreckensvision, die er den Späteren nicht vorausgenommen, und darunter, zutiefst bedeutsam, auch das Motiv des perversen jüngsten Gerichtes, das später, zwischen Spitteler und Winckler, zur Ausbildung gelangen sollte:

„– – – und ich sah eine dunkle Gestalt aus der Tiefe steigen und sich auf einen Thron setzen. Und alle Toten zitterten sehr, nur diejenigen nicht, die schwarz oder blutrot gezeichnet waren, denn das war die Farbe, die die Gestalt selber trug. Und es erschien der gekreuzigte Christus, noch einmal wie ein Übeltäter, und jetzt vor dem Teufel als Richter: ‚Hochverräter an mir und der Menschheit!'"[1]

---

[1] Tageb., I, 4. – In dem Medium der „Götterdämmerung" konnte sich christlich-eschatologische Dichtung nicht entfalten. Die Weltend-Gedichte im „Geistlichen Jahr" der Droste-Hülshoff sind zeitlos und folgen den liturgischen Perikopen („Am Allerseelentage", „Am 26. Sonntag nach Pfingsten", „Am 2. Sonntag im Advent"). – Zwei einst berühmte, heute verschollene Weltend-Oratorien von L. Spohr („Die letzten Dinge") und Fr. Schneider („Das Weltgericht") bieten geisteswissenschaftlich nichts Bedeutsames. – Ein Epos in 5 Gesängen: „Das Jüngste Gericht" von Nicolaus Stehling (Düsseldorf 1841), unoriginell, weist zu Klopstock rückwärts. – Ein knapper, balladenartiger Zyklus von Franz Trauttmann „Das Weltende" (in „Proteus", München 1843) zu Goethe. – Im Epos Hermann Neumanns „Das letzte Menschenpaar" (Torgau 1844) ist christliche zu hegelianischer Endsicht verschmolzen, in unklarer Grund-

anschauung. – „Die Reise des letzten Menschen“ (Wien 1826-1828) des einst vielgelesenen Christian Kuffner, der auch für Haydn einen Oratorientext „Die vier letzten Dinge“ schrieb, veräußerlicht vollends die eschatologischen Motive zu vulgarisierter Orplid-Phantastik.

All dies überragt Eduard Dullers große Novelle: „Der Antichrist“ (Leipzig 1833). In der Form der Romantik verpflichtet (der aufgeblasene Stil, die skurrile, Shakespeare und Jean Paul übersteigernde Wortkunst, die auf E. T. A. Hoffmann weisende labyrinthische Enthüllungstechnik, das Spiel im Spiel, die symbolischen Figuren in der Handlung, Schattenhaftigkeit und „Nachtseite“), ist ihr inhaltlich doch etwas Neues gelungen: eine wahre Neuschaffung christlicher Endmythik durch Verarbeitung der nachidealistischen Existentialität. Hinter der Vordergründigkeit des Todesproblems und der Suche nach dem Unsterblichkeitselixier enthüllt sich immer mehr eine ethische Geschichtsphilosophie. Und schon hier ist Ahasver als die treffendste Allegorie der Zeit verwendet.

1602 war Ahasver zum erstenmal, im Volksbuch, durch Deutschland gezogen. Aber der Geist der Rastlosigkeit fand im behäbigen Geist der Aufklärung wenig Mitgefühl. Der junge Goethe entdeckte ihn wieder, doch blieb er für ihn nur die halb kraftgenialische, halb komische Figur, von der aus er sein Mütchen an Zeloten und Herrenhutern kühlen konnte:

„mir ist nicht bang,
Ich hör' vom jüngsten Tag so lang".

Und weil der „wiederkehrende Christus" die Rolle noch besser spielen kann, muß der Jude vor ihm zurücktreten. In Italien taucht der Ahasver-Plan wieder auf, diesmal zur Satire auf Katholisches, und auch hier verdrängt Christi Gestalt den alten Wanderer. Erst 1813, bei der Revision der Jugendschriften für „Dichtung und Wahrheit", formt sich ein neuer, die Kreuzwegszene betreffender Entwurf: Ahasver zeigt kein Verständnis für Jesu Prophetentum, warnt ihn, sucht ihn umzustimmen. Da trifft ihn der Fluch der Unsterblichkeit. Nun sollten die Schicksale der Wanderung erzählt werden; das vierte Buch von „Dichtung und Wahrheit" redet von einer Zusammenkunft mit Spinoza.[1]

Nicht das Eschatologische interessierte Goethe vor allem an der Gestalt, sondern ihre Eignung zur Aufreihung historischer Entwicklung, Zusammenrücken weitgetrennter Ereignisse. Ahasver ist der ruhende Pol in der Flucht der Geschichte. In F. W. Hellers Roman „Der Ewige Jude. Briefe über die merkwürdigsten Begebenheiten seiner Zeit" (1791) ist er einfach Raum-Zeit-Einheit, personifiziert.

Aber im endenden Idealismus beginnen sich die großen Bearbeitungen zu häufen, ein fiebriges Werben um den tiefen Sinn der

[1] J. Minor: Goethes Fragmente vom ewigen Juden und vom wiederkehrenden Heiland, 1904. Monographien zur Ahasver-Sage: Neubaur: Die Sage vom Ewigen Juden, Leipzig 1884. Neue Mitteilungen zur Sage usw., 1893. Probst: Die Sage vom Ewigen Juden in der deutschen Lit., 1905. Th. Kappstein: Ahasver in der Weltpoesie, 1906. Fürs 19. Jahrhundert erschöpfend: Soergel: Ahasverdichtungen seit Goethe, 1905. – Wir verweisen fürs Materiale auf diese Studien und behandeln nur den von ihnen stark vernachlässigten zeit- und ideengeschichtlichen, mythischen Sinn der Sage.

Gestalt setzt ein: die geistige Lage der Zeit ringt mit ihrem eigensten Mythus. Und wirklich: keine Figur der Sage vereinigt sprechender, ja greller alle Aspekte dieser müdgewordenen Dialektik. Denn sie ist das spannungslose Ineinsfallen der beiden δια, des rein teleologisch-sozialen und rein axiologisch-individuellen Eschatons *als Fluch*. Ahasver, der allgemeine Mensch, ist ewiges Fort-Schreiten in der Zeit. (J. G. Fischers „Ahasver" [1858] hat ihn mit dem „Weltgeist" gleichgesetzt.) Ahasver, der individuelle Mensch, ist Dasein zum Tode. Menschheit und Mensch aber lassen sich nicht so zertrennen, wie es die zerfallene Dialektik will, darum wird Ahasver zum Opfer dieses Dualismus. Die „schlechte Unendlichkeit" des Fort-Schreitens ist „schlechte Unsterblichkeit", ist tantalisches Vorenthalten der metaphysisch notwendigen Grenze des Daseins. Darum ersehnt die Ahnfrau den Tod, flucht der König von Orplid seinem todlosen Leben. „Zukunft hast du mir gegeben, aber nahmst den Augenblick" (Schiller).

Der Dichter des tantalischen Lebens, Lenau, hat die Gestalt dreimal bearbeitet. Vogl und Zedlitz waren vorausgegangen. Mit Edgar Quinets „Ahasvérus, un mystère" (1833) wird die Sage zum tragischen Speculum universale, von der Schöpfung zum Tal Josaphat. Wenn Heine in der individuellen Eschatologie christliche und moderne Aug in Aug stellt und die letztere siegen läßt („Wir . . . bleiben ruhig liegen"), so wiederholt sich dies bei Quinet in der allgemeinen: Das Weltgericht wird Episode in einer ins Uferlose, Chaotische weiterrasenden „Entwicklung". Gott selber und Christus werden dort mitgerichtet, über sie hinweg schreitet der ahasverische „Prozeß", „le voyageur empressé". Quinet ahnt, daß er den Zeitfluch mythisiert hat: „Tout se meut, tout est emporté dans le progrès . . . Une étrange maladie nous travaille . . . c'est le mal de l'avenir, mal aigu, sans sommeil." Auch Haushofers großes Ahasverepos (1886) läßt Ahasver übers Gericht hinaus ins Unbestimmte weiterwandern.

Der Jude ist Prometheus' dunkler Bruder. Das erkennen Fischer und Hamerling („Ahasver in Rom" 1865), die ihn zum ersten Rebellen steigern, der so alt ist wie die Welt. Hamerlings geplante metaphysische Tragödie „Ahasverus" (1850) sollte das noch klarer erweisen: Ahasver steht darin bewußt im Prometheuspunkt. Schon bei Goethe ist er (im letzten Plan) „schuldig-unschuldig", die Strafe trifft weit über das Vergehen hinaus. In Julius Mosens „Ahasver" (1838) ist er vollends zum Antipoden Christi geworden: als Anwalt der Menschheit, nicht als Teufel, ringt er mit Christus um die Weltmitte. Nach Mosens Versicherung sind sie „reine Gegensätze“, aber nicht moralische.[1] Damit ist nicht nur die Problematik zwischen Empedokles und Christus getroffen, sondern (wie bei Schopenhauer und Hebbel) von neuem die Verdrängung des ethischen Gegensatzes aus der Reihe der eschatologisch bedeutsamen Kategorien vollzogen.

Ahasver ist das antlitzlose Hindurch als einzige Identität im ewigen Werden, er ist das Gestaltlose als die Form einer unersättlich polyhistorischen Epoche. So sind auch diese riesigen Epen zwischen 1830 und 1880 eigentümlich unlebendig, und rechtfertigen das Wort Otto Ludwigs: „Die Luft schwirrt von Seelen, die keinen Leib haben.“ In keinem Symbol findet diese Idee ihre Vollendung, in keine Form kann sie sterben und aufgehoben werden. Denn das Antlitzlose der Gestalt läßt sie ständig mit andern Mythen des Anonymen und Tantalischen verschwimmen, mit Faust, mit Don Juan, mit dem wilden Jäger, mit Kain und dem Antichristen. Die Dichtung, unvermögend, in *einer* dieser Gestalten das radikal Gestaltlose der Zeit zu formen, greift zur unfruchtbaren, quantitativen Steigerung: Grabbe, in „Don Juan und Faust“, zeigt den Weg, Grisebach („Der neue Tannhäuser“, 1864) und F. Stolte („Faust“) führen Ahasver und Faust zusammen, Schönaich-Carolath („Don Juans Tod“, 1883) verschmelzt beide mit Don Juan zu einer Gestalt, während Levin Schücking im „Neuen Fürsten“ (1851) Ahasver mit dem Holländer und dem wilden Jäger zusammenführt. Die Mythengestalten, welche im poetischen Raum einer halbgöttischen Vereinzelung und Einsamkeit bedürfen, sind so in einen vulgären, entzaubernden Verkehr gebracht, welcher das Mythische selber tötet.

*

Aber noch *ein* gewaltiger Gestalter steht auf, der Bändiger der ganzen Götterdämmerungswelt von „Nachtseite“ zu „Orplid“ zu „Ahasver“: Richard Wagner. Auch er rafft freilich vergangene Mythen zusammen für eine nicht mehr mythengläubige Zeit, erneuert sie durch Konzessionen an Zerfall und Müdigkeit, an Talmi und Hohlheit des Zeitgeistes. Götterdämmerung glaubt nicht mehr an die Götter, die sie noch vor sich spielen läßt, tragische

[1] Anmerkungen zum Ahasver, S. 324.

Masken, selbst einem anonymen Schicksal untertan, das der materialistischen Fatalität nur zu nahe gleicht, und läßt doch diesen Weltuntergang eines göttlichen Kosmos, um den Fortschrittsglauben der pessimistischen Weltbürger nicht existentiell zu erschüttern, in ein weihliches Harfen-Des-Dur von Erlösungs-Ergriffenheit zerklingen, hinter dem unklar geahnt der Neubeginn einer götterlosen, freien, entzauberten Menschheit stehen kann: Orplid! Mythus starker Urwelt, unzugänglichste Werte einer naiv-heroischen Zeit wie müdes Rufen nach dem Ende und dekadente Sensibilität werden ineinandergeschmolzen durch jenes personlose Zaubermedium Schopenhauers, das als metaphysische Wirklichkeit das personale Medium des Dialogs ersetzte, Musik, welche so, als *Mitte*, zur dämonisch-zweideutigen Existentialität Schellings zurückweist: Weltschau und Welthören als raffiniertester *Ersatz* für Weltleben, Mitgerissenwerden durch die Orchesterwellen in ein schwingendes Er-leben an Stelle einer existentialen Transzendenz des Theoretischen im Sinne Goethes; – und darum jenes Schillern zwischen echter Erdgewalt des Blutes und morbider Sexualität, wie es Thomas Manns „Wälsungenblut“ und „Tristan“ eklig enthüllt. Darum auch der heimliche Ahasver-Fluch über Wagners Werk: Zeugungsunfähigkeit. Denn hier sollte eine Endsituation („Götterdämmerungs“-Schluß) bruchlos zu einem Anfang umgedeutet werden.

Ahasver zeigt sich leibhaft, wenn auch verkleidet, auf Wagners Brettern stets von neuem. Klar kenntlich, aber noch flach, im Holländer, verborgener im Tantalusleiden Tannhäusers, in Lohengrins fluchbringender Göttlichkeit, wieder kenntlicher im Tristan-Fluch der unsterblichen Begierde, in der ewig brennenden Wunde des Gralkönigs, aber in alle Aspekte zerlegt und in der ganzen Tiefe der Symbolik gestaltet im unseligen Gott des Nibelungenrings. In der philosophisch scheinbar unentwirrbaren, ja hilflosen Gestalt Wotans soll sich uns noch einmal in gedrängtester schematischer Analyse die eherne Logik der Prometheuswelt offenbaren. Einleitend aber noch einen Blick auf den Holländer und sein Ahasverschicksal.

Der Holländer wurde „verdammt“. Aus welcher Schuld?

„Bei bösem Wind und Sturmes Wut
umsegeln wollt' er einst ein Cap;
er schwur und flucht' mit tollem Mut:
‚In Ewigkeit laß ich nicht ab!'“ –

Satan nahm ihn beim Wort. Aber aus der Schwäche dieser Motivierung wird klar: Auf den Ursprung der Schuld kommt es gar nicht mehr an, sondern einzig auf den Zustand, das schuldige Sein. Wie bei Hebbel das Tragische das Ontologische war. So wird (wie einst im kraftgenialischen Rasen des „Ewigen Juden" Schubarts) das Sehnen des Holländers nach dem Weltende zu einem *lyrischen* Wert:

„Wie oft in Meeres tiefsten Schlund
stürzt' ich voll Sehnsucht mich hinab: –
doch ach, den Tod, ich fand ihn nicht!

Tag des Gerichtes! Jüngster Tag!
Wann brichst du an in meine Nacht?
Wann dröhnt er, der Vernichtungsschlag?

Wann alle Toten auferstehn,
Dann werde *Ich* in Nichts vergehn.
. . . Ew'ge Vernichtung, nimm mich auf!"

Es ist also „Verdammung" wie „Auferstehung" nicht im christlichen, sondern im Sinn rein ästhetischer Stimmungsgehalte aufzufassen, genau wie wenn das Mädchen, das der Holländer alle sieben Jahre freien muß, „verdammt" ist, falls es ihm untreu wird. Die dämonische ewige Unruhe des Holländers ist nicht primär im innerlich-ethischen Sinn der christlichen Gottferne, sondern im naturalistisch-elementaren zu fassen, wo das ahasverische Wesen des Geistes zugleich Natur-Urkraft des ewig-aufrührerischen Meeres ist. Gewiß erlösbar von fraulicher Liebe (wie Schellings dämonischer Grund entzaubert wird durch Liebe), aber im musikalischen Kunstwerk so sehr um seiner selbst willen da, den Rhythmen des Nächtlichen, Abgründigen, Dämonischen, steht dies negative Element ästhetisch zumindest gleichberechtigt neben dem Lösend-Hellen. Musik als höhere, amoralische Mitte umspannt beide (Kierkegaards „ästhetische" Welt sieht darum Mozart neben Hegel), und sofern der umgriffene Gegensatz das Ethische ist, wird dieses zum Bestandteil des Genusses.

Viel tiefer führt die Ring-Problematik, die wir an Wotan aufweisen wollen; auch sie ist am eingängigsten von Schelling her und dem radikalen Dualismus von Gott-Geist und Urgrund-Natur *in* Gott (mystische Potentialität). Wotan, der Gott, scheint also zunächst den „Urgrund“ in sich zu haben, wenn auch nur als „gebannten“, unterworfnen: Er ist vor allem Gott und Ursprung der „Verträge“ und „Gesetze“, und kann als solcher die Ehe der Geschwister billigen.

Fricka: „Reißest die Schöpfung du ein,
der selbst das Gesetz du gabst?
Wotan: Des Urgesetzes
walt’ ich vor allem,
wo Kräfte zeugen und kreisen,
zieh’ ich meines Wirkens Kreis.“

Aber gerade so *ist* er nicht diese Kräfte, ist er Geist, nicht Leben. Der Urgrund ist ewiger Nichtgeist, Abgrund *unter* ihm und ihm *gegenüber*: *Unter* ihm, wie bei Schelling, aber nicht wie bei ihm ewig je schon durchklärt, sondern dunkel und unbekannt. Darin erscheint Wotan „menschlicher“, „tiefer“ stehend als der Geist Schellings. Er ist der in Natur leidende und sterbende Gott Schellings, ohne daß über ihm der Aspekt der ewigen Transzendenz beibehalten wäre. Daran wird die vorgerückte Zeit erkennbar. Darum ist der Abgrund ihm auch *gegenüber* (im Sinne Schillers), als fremd, ja feind. Im „Rheingold“ unter drei Gestalten: in Wala noch als verwandte Tiefe, mit der er zeugt und sich eint, die er bezaubert und durch die er selbst zur „wissenden Tiefe“ wird. Als Rheingold ist es unpersönlicher, zauberhafter Naturabgrund, fremd, aber heilig. Als Nibelwelt ist es feindlicher Abgrund, in dem der Geist völlig untergehen könnte (und der darum bei Schelling Schwermut war bis zu latentem Irrsinn). Indem diese dreifache Beziehung Wotans zur Natur nur die innere Dialektik des Seins selber ist, und zwar, wegen dieser Verdreifachung, eines wesenhaft tragischen Seins, so liegt das Dramatische, wie bei Hebbel, schon lediglich in der dynamisch-lyrischen Zuständlichkeit des Seins selber. Freilich, im Hintergrund, als das „Weihliche“, steht die Idee der Ur-Versöhnung zwischen „Gott“ und „Grund“, welche primär tragisch-schuldhaft zerrissen wurden. Dieser Riß ist versinnbildet im Raub des Goldes, als „Lust“ (Trieb, Liebe), „Macht“, „Wissen“. (Daß das Tragische von Alberich, nicht von Wotan aufgerührt wird, ist eine mythische Verwirrung, die in der Dreideutigkeit des „Grundes“ schon verursacht ist.) Ist jene Versöhnung möglich, so daß sie Schellingsche „Verklärung", nicht Gestaltzerstörung ist (Schopenhauersches Nirvana)? Wotans Streben geht dahin, durch den freien und totalen *Helden* den „Grund" zu erschließen, wie Schellings Gott im Menschen zu akthaftem Bewußtsein kommt. Aber zwischen Schelling und Wagner liegen Schopenhauer, Feuerbach: die kalte Fremde der Unterwelt ist zu ursprünglich, um je vom Geist belebt zu werden. Das Held-Motiv wird selbst herumgerissen in die andere Linie: Rückkehr ins Unbewußt-Eine.

Das aber sagt aus Gegenordnung Überordnung des „Grundes" zum anonymen Schicksal über dem Geist, und damit Ausbruch der latenten Schwermut zu Angst, zu Wotans Angst vor dem Ende. Der ganze „Prozeß" geht nun auf Hemmung, Verzögerung eines vom Naturgrund (Wala) je schon vorausverkündeten Welt- als Geist-Untergangs.

Mit diesem Übermächtigwerden des Schicksals erlischt im Grunde schon Wotans Rolle und Sinn: sein Wissend-werden ist sein restloses Passiv-werden. An dieser Wende aber erhält die Idee des „Helden" einen zweiten Sinn: Wotan könnte sich retten, wenn er einen freien Helden sich zu schaffen verstünde, der freier wäre als er, der sich *über* die Verstrickung von Geist und Natur erhöbe und so das Schicksal umzuleiten vermöchte. So zeugt er sich erst in Nibelheim die Walküren:

„Durch euch, Walküren
wollt' ich wenden
was mir die Wala
zu fürchten schuf –
ein schmähliches Ende der Ew'gen."

Aber diese Naturkinder genügen nur, wenn Alberich den Ring nicht gewinnt. Um *das* zu verhüten, braucht's nicht nur Tapfere, sondern braucht's den Helden, der über Schicksal (und Ringfluch und Enddräuen) erhaben stünde.

In dem doppelten Sinn des Helden wird das doppelte δια noch einmal durchsichtig: Mensch als Mittel der Gottesmacht, Mensch als höhere Mitte über Gott-Natur. Darum wird die volle Problematik erst gesehen, wenn beide Sinne ineinander sich weben: Gott-Natur-Zueinander im Menschen *als* dessen Anstieg über das Schicksal. Dann enthüllt sich aber die „psychologische" Seite des Gottes: er ist als „Idealität" Ohnmacht gegenüber der Natur:

„Ich unfreiester Aller!
. . . Götternot!"

Und seine „Realwerdung" muß etwas sein, was ihn über sich erhebt, was *er* und zugleich mehr als er ist: seine Göttlichkeit, sein Planen und Wollen, aber in *Freiheit wirklich* geworden: sein „inkarniertes Gesetz" (Baader). Darum hülfe dem Gott nur eins: Er selber gegen sich selbst: sein Wille gegen sein Wollen, der gottfreie Freie, der dadurch (potenziert) göttlich wäre,

„der entgegen dem Gott
für mich föchte.
. . . Not tut ein Held,
der ledig göttlichen Schutzes
sich löse vom Göttergesetz."

Die tiefste Sehnsucht im Schelling-Gott: endlich das Bild sich beleben zu sehen, das *er* wäre und doch ihm gegenüber. Aber:

„Zum Ekel find' ich
ewig nur mich
in allem, was ich erwirke!
Das Andre, das ich ersehne,
Das Andre erseh' ich nie,
denn selbst muß der Freie sich schaffen –
Knechte erknet' ich mir nur!"

Darum sind all seine sich selbst überlistenden Listen, dem Freien zu „helfen", frei zu werden (die Geschwisterehe, Nothung das Schwert), von Fricka schnell entlarvt und sie fordert, daß er die Helden allein vor dem Schicksal lasse.

Das Midas-Schicksal des idealistischen Gottes (es zu keinem Du zu bringen, Dialog in Narcismus zu verkehren) verflicht sich mit dem *Fluch*-Motiv (des Rings) zum Sinnbild, daß die Situation (des metaphysischen Dualismus als psychologischer Zerrissenheit) als dämonische Seinstragik empfunden ist:

„Ich berührte Alberichs Ring –
Den Fluch, den ich floh,
nicht flieht er nun mich: –
was ich liebe, muß ich verlassen,
morden, was je ich minne."

So aber verwirren sich alle Fäden. Der Held, scheinbar frei aufsteigend, ist mit in Wotans Tragik verstrickt, unter das Schicksal geknechtet. Und so ist er Wotan zu nah und zu fern: zu nah, sofern Schicksal sie beide zu Puppen macht, zu fern, sofern des Gottes Gestaltungskraft („Gnade") dem Helden nicht Freiheit schenken kann. Und so vollzieht sich die letzte Tragik: Wotans eigenes inneres Wollen wird zerrissen von der Dialektik und die eben noch ersehnte Verdoppelung seines Wesens wird (wie bei Jean Pauls Schoppe) als fluchhafte zur Wirklichkeit. Weil er nicht mehr weiß, wissen *kann*, was er will: ob sich dem tragischen Weltend-Schicksal ergeben oder sich (tragischer) durch den ihm feindlichen Helden dagegen rüsten, wird der, der seinen Willen ungeheißen und unbewußt zu *erfüllen* suchte (also Held sein könnte unabhängig von ihm), ihm *notwendig* feind sein müssen, in verhängnisvollerer Weise als je ein „gesetzloser" Held. Das ist der Sinn von Brünnhildes Schuld, da sie, die Tochter Wotans, ihm ungehorsam, Siegmund schützt, um seinen geheimeren Willen zu erfüllen. Aber ihre Tat war naiv, verglichen mit der Verstrickung der Dialektik:

„So tatest du,
was so gern zu tun ich begehrt' –
doch was nicht zu tun
die Not zwiefach mich zwang?"

Zwiefach: wegen der Überlegenheit des „Grundes" und Schicksal, – und weil die Tat der Heldenschaffung für Wotan innerlich fluchhaft ist. Darum Brünnhild seinen tieferen Willen doch nicht erriet:

„in den Trümmern der eigenen Welt
meine ewige Trauer zu enden".

So zeichnet sich aus dem Schillern der Dialektik, für Wotan wenigstens, die einfache Lösung ab: Beugung unter das Schicksal, und so „Freiheit zum Ende". Das Weiterspinnen der Heldenepisode ist von der „Walküre" an schon *doppelt* sinnlos. Das Schlußwort des Feuerzaubers:

„Wer meines Speeres
Spitze fürchtet,
durchschreite das Feuer nie!"

schafft den Knoten für eine neue „Tragik“ des „Siegfried“, wo schon keine mehr sein sollte: der freie Held ist, sofern Wotan das Thema ist, schon *überholt* durch dessen Willen zum Ende. Wotans Entgegentreten dem durchs Feuer dringenden Siegfried ist daher nur noch ästhetisch-theatralische Tragik. Es ist nichts weiter als ein anonymes Hindernis, das der Freie zu überwinden hat. Und Wotans Worte sind in gleicher Weise überholt, wenn er sagt, daß, wer Brünnhild gewänne,

„machtlos macht’ er mich ewig“.

Die Gestalt des Helden erhält dadurch zwar scharfe Kontur: er ist furchtlos, aber ebendarum parsifalisch törig, denn das Wirkliche *ist* furchtbar. Ein Torentum freilich, von dem man nie weiß, ob es das letzte (Held über Schicksal: Parsifal) oder vorletzte (Held im Schicksal: Siegfried) ist. – Wotan aber wird zum „Wanderer“, zur wahren, größten deutschen Ahasver-Gestalt: Weltgeist, „Gott“, „ewig“ und „unsterblich“, der sich zum Ende sehnt, Prometheus mit zerfleischter Leber, der an keine Entkettung mehr glaubt. Im letzten Gespräch mit Erda besiegelt sich sein Geschick. Die Angst des Geistes ist verallgemeinert zur Angst des Urgrundes selber, zur Unheimlichkeit des Seins überhaupt: „Wie besiegt die Sorge der Gott?“ fragt Wotan, und er antwortet:

„Urmütter-Weisheit
geht zu Ende:
dein Wissen verweht
vor meinem Willen.“

Der aber ist, zunächst, Überwindung der Weltend-Angst durch das Aufsichnehmen dieser Angst. (So zeigt sich auch wirklich sein Bild in der „Götterdämmerung“: Stumm in Walhall sitzend, die verdorrte Weltesche um sich her aufgeschichtet, wartet er auf das Ende. Zwar raunt er noch einmal, wie träumend: Erlösung wäre noch möglich, käme der Ring zurück in den Rhein, – aber doch nur um das große Schluß-Ritardando der Götterdämmerungshandlung zu ermöglichen.) Dann aber:

„dem wonnigsten Wälsung
weis’ ich mein Erbe nun an . . .
Dem ewig Jungen
weicht in Wonne der Gott“.

Wotan zerlöst sich, wie der Helena-Akt, in „Natur", – hinter dem ganzen romantischen Apparat tritt grell das positivistische 19. Jahrhundert hervor. Die ganze, wie Orplid ferne, Götterwelt erhält plötzlich ein Gegengewicht am hart Gegenwärtigen; Brünnhild redet von „der Götter heiligem Himmels-Nebel", und noch deutlicher:

„Mehr als Walhalls Wonne,
mehr als der ewige Ruhm
ist mir der Ring!"

Die „Götterdämmerung" ist ein Weltuntergang nur noch für eine schon fast aufgegebene, kaum mehr geglaubte Welt, die man, wie eine schöne Hintergrund-Kulisse, einen „ideologischen Überbau", in die wogenden Akkorde gehüllt, genießt. Ja, selbst auf dem Theater *schauen* die Menschen ergriffen, aber unbeteiligt, in der Schlußszene dem Brande Walhallas zu. Aber waren diese Menschen denn nicht ins Herz von Wotans Tragik hineinverstrickt? Höchste Hoffnung, tiefster Fluch des Gottes? Wie ist's um die tiefe Weltangst Wotans?

„Urmütter-Furcht!
Ur-Sorge!"

Geht diese die *Menschen* Wagners, die zuschauenden Menschen an? Wo stehn *sie* zwischen Ästhetik und Existenz? Es ist nun unendlich bezeichnend, daß Wagner die Schlußszene dreimal gedichtet hat und so dem Ganzen einen dreifachen möglichen Sinn gab. Brünnhild ist durch das Leid ihrer Liebe wissend geworden. Sie opfert sich ins Feuer, den Ring zurückerstattend und zugleich Walhall den Flammen übergebend.

1. Fassung: Aus dem Wissendwerden Brünnhilds wird der Welt anstatt der Götter und „heuchelnder Sitte hartem Gesetz" als das einzige weltwaltende Gesetz: „selig in Lust und Leid – die Liebe". Es ist die Lösung des reinen Positivismus, Feuerbach. Weltende heißt hier: Ende der Realität der „idealen Welt".

2. Fassung: Brünnhild ist durch das Liebesleid reif fürs Nirwana geworden:

„des ew'gen Werdens
off'ne Tore
schließ' ich hinter mir zu:

Alles Ew'gen
Seliges Ende,
wißt ihr, wie ich's gewann?
Trauernder Liebe
tiefstes Leiden
schloß die Augen mir auf:
enden sah ich die Welt". –

Ein völlig neuer Sinn: *Alles* Form- und Welthafte ist nur Scheinsein, unter ihm ein Ungrund. Auch der Geist ist solches „Scheinen" – so erklärt sich der Wala Antwort auf Wotans Frage: „Wie besiegt die Sorge der Gott?"

„Du bist nicht
was du dich nennst",

nicht Gott. Auch die „realistische" Welt ist in diese Sinndeutung einbezogen, denn vom Standpunkt der Liebe aus sieht man alles Weltliche enden, sieht seine Endhaftigkeit und ist geheimnisvoll über alles hinaus.

Endgültige Fassung: das müde Nirwana-Dunkel, „wunsch- und wahnlos", weicht einem andern eschatologischen Blick: in einen Weltgrund, der *Flamme* ist; und Flamme, Loges Lohe, der einst von Wotan kontrahiert und in Gesetze gebannt ward, dehnt sich wieder aus und verzehrt alles Gestaltige. Dann ist die Fackel Brünnhilds, die ihren Scheiterhaufen und zugleich Walhall entfacht, nicht mehr Fackel der Aufklärung, sondern die des Dionysos. Und damit ist der „Ring" ein wesentliches Band zwischen Böhme-Schelling und Nietzsche.

Aber die tastende Zweideutigkeit dieser Sinngebungsversuche und der tragische Irrgarten der Dialektik, der an dies Ende führt, zeigt, daß Wagner nicht Nietzsche, daß er Ende, nicht Aufgang ist. Ihm ist ein überreiches Erbe, aber schon angefault, in den Schoß gefallen, das er nicht mehr lebt, sondern nur noch schaut und spielt. Musik statt Existenz. Erinnerung statt Zukunft. Denn die Götterwelt, der er den Trauermarsch dichtet, die in sich selbst zerfallene und zusammengeschwundene Welt, aus deren *Asche* eine ganz neue existentiale Eschatologie sich gebären sollte, diese Welt des Prometheus ist's, die am Schluß der Götterdämmerung „Männer und Frauen in sprachloser Erschütterung" verlodern sehn, „von fern her eine dem Nordlicht ähnliche, rötliche Glut".

5. Der Zweikampf

KIERKEGAARD UND NIETZSCHE

I. Zweikampf der Idee

„Der tolle Mensch sprang mitten unter sie und durchbohrte sie mit seinen Blicken. ‚Wohin ist Gott?' rief er, ‚ich will es euch sagen! *Wir haben ihn getötet.* Wir alle sind seine Mörder! . . . Was taten wir, als wir diese Erde von ihrer Sonne losketteten? Wohin bewegt sie sich nun? . . . Ist es nicht kälter geworden? Kommt nicht immerfort die Nacht und mehr Nacht? . . . Riechen wir noch nichts von der göttlichen Verwesung? – auch Götter verwesen! Gott ist tot!'"[1]

In die fahle Nacht der „Götterdämmerung", über die müden Wege Ahasvers schreit dieser Alarm. Feuer flammen auf in der Nacht. Aus dem „grandiosen Gebäude" des Hegelschen Systems bricht eine Lohe aus – und drüben antwortet eine zweite: Flammen über Bayreuth. Aus der Lüge gewordenen, dürren, verholzten Prometheuswelt zuckt eine fremde, nie gesehene Glut: Dionysos–Loki. Ein Nachtfeuer, selber dunkel und nicht wie das Schellings, in Rauchfänge des Geistes gefangen, nicht schöne Glut der Mitte, Licht von oben und innen: sondern irdische, gefährlich schweifende Glut, unberechenbar, wehend wohin sie will. Was sollte sie *nicht* verzehren? Die hohl gewordenen Gedankenbauten oder die Kartenhäuser der verwegenen Tagespolitik, die über sich selber lächelnden Ahnenbilder der Ideale, und all den Schönestube-Kram aus der Zeit der Großväter? Wohl suchte die erschreckte Zeit zu löschen, aber sie wußte sich zu alt und unterhöhlt, Ende, zu sehr décadence und Untergang, als daß sie selber den Sandsäkken eines künstlichen Beharrens eine dauernde Wirkung zugetraut hätte.

Gott ist tot! Gott ist im Menschen tot: das glühende Zentrum der Seele ist kalt und darum stieben die Umkreise des Menschen auseinander. Geistmensch verflüchtigt sich zum Phantom des Allgeistes oder zum Spottbild des forcierten Genies, Seelemensch verspießert in den Winkeln des poetischen Realismus, Leibmensch wird marxischer Massenmensch. Nicht nur dieser, alle drei werden Marionette. Nicht nur Engels konnte vom „lumpigen Individuum" reden, auch Schopenhauer mußte folgerichtig die „er-

[1] Nietzsche, 2. Ausgabe Leipzig 1906-1911. Fröhl. Wiss., Nr. 125, V (1905), S. 163.

scheinenden" Subjekte „Fabrikswarc der Natur" nennen. Marionette ist die tiefste, noch verdeckte Beunruhigung des Idealismus. Freche Geister wie Tiecks Lovell konnten längst das Leben als „nichtswürdiges, fades Marionettenspiel" belachen, Kleist es schon unheilbarer, weil ernster an die zerreißenden Pole von Gott und Gliedermann auseinanderfahren sehen – volle Wahrheit wurde das erst jetzt, da die rosigen Abendwolken, die den untergehenden Idealismus begleiten, rasch in gleichgültiges Grau übergehen. Von Rußland herüber klingen die ersten Warnrufe: Leontjew sieht, was diese Indifferenz tiefer ist. Alle Weststaaten „gehen dem gleichen Ziele zu: irgend einem mittleren . . . Typus und der Herrschaft irgend eines mittleren Menschen". Er weiß, daß „die Einförmigkeit, . . . der Europa zustrebt, der Untergang ist."[1] Entropie des Geistes, Einebnung, Atomismus – das *ist* schon Untergang, ist Verschüttung, Begräbnis der Seele: Tod des Gottes in ihr.

Da flammten in dieser Dämmerung die zwei Feuer auf. Zwei Männer, die sich nicht kannten und deren Geist doch Aug in Aug steht, Richter der Zeit wie die zwei Zeugen der letzten Tage. Sie fühlen den Boden wanken und Abgründe aufklaffen. Kierkegaard lacht über die Komik des geschäftigen Tummelns auf dem untergehenden Schiffe.[2] Nietzsche kündet: „Es ist alles glatt und gefährlich auf unserer Bahn und dabei ist das Eis, das uns trägt, so dünn geworden: Wir fühlen alle den warmen unheimlichen Atem des Tauwindes – wo wir noch gehen, da wird bald niemand mehr gehen können."[3] Auf sinkendem Schiff, auf berstender Scholle rufen sie, selber das Zeichen der Zeit. Nicht Lehren, System, Schule, vor allem keine Jünger – ihr Ruf soll Signal sein, Notruf und Erweckung der Schläfer in letzter Stunde. Und doch wissen beide, daß einmal, später, ihr Wort über dieses Zeitbedingte hinaus den Wert einer ewigen Apokalypse haben wird, an ihre Namen, wie Nietzsche sagt, sich „die Erinnerung an etwas Ungeheures anknüpfen wird".[4] Aber nicht nur dieser gemeinsame Ruf in

---

[1] Ehrenberg-Bubnoff: Östliches Christentum, I, 166-270.
[2] Ges. Werke (Jena), VII, Nachschrift.
[3] XV [1912], Wille zur Macht, Nr. 57.
[4] Dieses Kapitel bestand als erster Kern der vorliegenden Studien im wesentlichen schon vor 9 Jahren, also bevor Vetter („Frömmigkeit als Leidenschaft"), Guardini („Der Mensch und der Glaube"), Thust („Sören Kierkegaard") und andere die ja naheliegende Parallelisierung unternommen hatten. (Sodeurs „Kierkegaard und Nietzsche", 1914, und Voigts „S. K. im Kampfe mit der Romantik", 1928, boten wenig Tiefes.) Ich lasse es denn hier als Schlüsselpunkt zwischen beiden Bänden

die Zeit wird in den Erinnerungen der Zeiten bleiben, auch das andere Bild: Wie sie, die erst gemeinsam stritten, sich nun gegeneinander kehren und wie die Einzelkämpfer der Ilias, während das Heer zu müde zu Kampf geworden ist, nein, wie „der letzte Christ" und „der Antichrist", die endzeitlichen Ausfechter des Weltgeschickes, die apokalyptische Schlacht entscheiden.

Sie sind Schwertbrüder, Zwillinge des Schicksals. Entwachsen religiösem, ja puritanischem Elternhause, wo schon dunkle, religiöse Erlebnisse die Jugend beschatten (Kierkegaards Stellung zum Vater, Nietzsches Ringen mit dem bekannten und unbekannten Gott). Dann wachsende Einsamkeit, Vereinzelung im Leben, Entfremdung und Distanz vor aller eigenen Unmittelbarkeit, unbürgerlich, unverheiratet, unerkannt, skeptisch gegen alle Jünger, wiewohl im Unbewachten sehnsüchtig nach Mitwissern, Mitliebenden ausschauend, wissend, daß der pädagogische Eros dort erwacht, wo sich ein Leben schon „mit einem Fuße jenseits des Lebens" weiß. Weiter die Jahre, wo sie sich an das ihnen Ungemäße, Fremde vergeben, mit der Hingabe, die sie unerschöpflich bereit haben: an den Traum des Wissens (Hegel, Schopenhauer), an den Traum der Verklärung (Mozart, Wagner). Dann erschrecktes Auffahren wie vor Gift, Preisgabe dessen, was in ihnen doch unlöschbares Brandmal hinterläßt und zum leidenschaftlichen Kampf und Löken gegen den Stachel reizt (Satire auf Hegel, Wagner). Gleichzeitig Flucht vor der Ehe, Lösung der Verlöbnisse bis zur Abwendung vom Umgang mit der Frau überhaupt. Nietzsche sagt, es gehöre zu seiner Natur, nicht „Treue" zu wahren, Kierkegaard hüllt seine „Treulosigkeit" in das Geheimnis einer Ausnahmeberufung. Zu Beginn des literarischen Schaffens für beide die griechische Antike, in neuer, gefährlicherer Beleuchtung, und mit fast nachtwandlerischem Gespür die Erfassung des Wendepunktes: Sokrates und das Problem der Ironie, das in dieser Sicht auch ein Angelpunkt ihrer geistigen Welt bleibt. Dann ein rasendes, rauschartiges Schaffen, anekdotisch im Stil, aller Systematik feind, immer aufs Eine und Einzige drängend, „man soll nicht bauen, wo keine Zeit mehr ist" (Nietzsche). Beide aus allen Idealen zur Tat, aus allem Idealismus zur Existenz strebend, das Konkrete umkreisend, fast vergötternd, und doch paradoxerweise mehr Kritiker als Dichter,

---

stehen, weil es nicht um bedeutsame ideelle Entdeckungen geht, sondern um den Mythus des 19. Jahrhunderts, der in diesem Kampfe Bild wird wie nirgends sonst.

mehr sagend als singend, wiewohl sie doch singend das Beste geben. Das wissen sie und fürchten dabei doch nichts mehr, denn als Dichter gewertet zu werden. Denn sie zeigen im Dichten die Existenz, – und dichten ihre Existenz bis zur völligen Untrennbarkeit der Elemente. Was Goethe (in Dichtung und Wahrheit) nur zuletzt tut, sein Leben zum Mythus gestalten, das tun sie sukzessiv, systematisch, um am je Gedichteten als an der Nahrung ihres Lebens weiterzuleben. Dieselben Waffen im Kampf: Überwindung des Feindes auf dessen Feld („Werdet klüger als der Klügste und – handelt gegen die Klugheit", Kierkegaard), Rückzug in unbezwingliche, weil unsichtbare Zwingburgen der Maske, der Anonymität, der Pseudonyme, des privaten Geheimnisses („Das Eine bin ich, das Andre sind meine Schriften", Nietzsche[1]), sich entlarvend (und so die Kriegslist tiefer spinnend) als solche, die beide Schlachtreihen in der eigenen Brust haben, ja sich feindlicher sind als ihr Feind. Indem sie *so* siegen, wird ihnen jede Schlacht zum Pyrrhussieg, aber damit zur tieferen Selbstüberwindung. So sind sie existentielle Schauspieler („Das Problem des Schauspielers hat mich am längsten beunruhigt", Nietzsche), unersättlich und unerschöpflich in Verstellungen („Eine Maske! Eine zweite Maske!"), im Verschleiern und darum im Entlarven die Verwegensten ihres Jahrhunderts. Beide reden von Verführung zu ihrer Philosophie, die im Freundeskleid tagüber begleitet und sich in der Wehrlosigkeit des Dunkels plötzlich entlarvt („Sich an viele verständlich zu machen, ist unmöglich . . . Man muß . . . seine Maske haben. Auch um zu verführen", Nietzsche; „Demaskierung um Mitternacht", Kierkegaard). Und zuletzt die erschreckendste Gleichung: die unrettbar tragisch abstürzende Lebenslinie: Verzehrte von der Flamme ihrer Leidenschaft, im Innersten Verwundete raffen sie sich, wie Siegfried, zu einer auflodernden Größe empor, um mit dem letzten, schon geschwächten Schlag den Gegner zu fällen und, von der Wucht des Schlages erdrückt, selber zu stürzen.

Dem gemeinsamen Schicksal gesellt sich der gemeinsame Wille gegen die Zeit. Beide sind eins im Kampf gegen den Historismus, die nivellierende systematische Allesbeachtung, die Auflösung aller Qualität in Quantität, die symptomatisch zunächst am Sozialismus sichtbar wird: *Kierkegaard*: „Das Vorwärtsstürmen des Begeisterten kann mit Untergang enden, aber der Sieg des

---

[1] Ecce Homo („Warum ich so gute Bücher schreibe"), XV, 49.

Nivellierenden ist eo ipso sein Untergang." *Nietzsche*: „Kein Hirt und eine Herde. Jeder will das Gleiche, jeder ist gleich: wer anders fühlt, geht freiwillig ins Irrenhaus."[1] Oder eindeutiger: *Kierkegaard*: „Das vergötterte positive Prinzip des Sozialismus in unserer Zeit ist gerade das Verzehrende, das Demoralisierende, das in einer Reflexions-Sklaverei selbst Tugenden zu vitia splendida macht."[2] *Nietzsche*: „Ich weiß, woran [die] Staaten zugrunde gehen werden, an dem non-plus-ultra-Staat der Sozialisten."[3] Mit der Entropie der Gesellschaft ist das Ende jeder historischen Dynamik erreicht: „Die Erde ist dann klein geworden und auf ihr hüpft der letzte Mensch, der alles klein macht. Sein Geschlecht ist unaustilgbar wie der Erdfloh; der letzte Mensch lebt am längsten."[4] Das Ende jedes Gefälles, die Verwischung aller Qualitäten, ist der gleichmäßige Anstoß zu den Fehden gegen *Hegel* und *Strauß*. Im Grunde kämpft auch *Nietzsche* gegen *Hegel* und die Dialektik,[5] so wie *Kierkegaard* gegen den „Bildungsphilister". Parallel zu diesen Nachteilen der Historie entdecken sie die Fragwürdigkeit dessen, was sich Christentum nannte, und hegelianisch (*Gruntvig, Martensen*) oder positivistisch (*Renan, Strauß*) die Gestalt einer zu nichts verpflichtenden Spekulation oder hausbackener Moralität angenommen hatte: diesem Gebilde galten die letzten Verwünschungen des „Augenblicks" und des „Ecce Homo". Es ist nicht die Schuld Christi, auch für den „Antichrist" ist „Christus am Kreuz das erhabenste Symbol – immer noch", aber während Nietzsche sich diesen Titel „Antichrist" selbst beilegt, verleiht ihn *Kierkegaard* dem offiziellen Christentum. Dieses „gehört zum Triumph des Antichristlichen": „Lauter Sachen und Personen, statt Symbole, lauter Historie statt ewiger Tatsachen."[6] „Was Christus verneint? Alles, was heute christlich heißt"[7] (*Nietzsche*). „Professor darin, daß Christus gekreuzigt wurde!" (*Kierkegaard*). Der historische Beweis, darin sind sie einig, vermag nie und nimmer die heutige Gestalt der Kirche zu rechtfertigen: „Die Wissenschaft von 1650 bis 1800 wollte die Weisheit

---

1 Zarathustra, Vorrede 5.
2 Kritik der Gegenwart, S. 31.
3 Nachlaß, 1880-1881, XI, S. 369, Nr. 557.
4 Zarathustra, Vorrede 5.
5 Vgl. Bäumler: Bachofen und Nietzsche, 1927, S. 17.
6 XV [1901], S. 108 [Nr. 102].
7 XV [1912], S. 259 [Nr. 158].

und Güte Gottes *erweisen*. Das Umgekehrte war das Ergebnis."[1] „Wenn man uns diesen Gott der Christen bewiese, so würden wir ihn noch weniger zu glauben wissen" (*Nietzsche*). Und *Kierkegaard*: „Wenn man auf diese Weise fortfahren würde, den Beweis für die Wahrheit des Christentums zu führen, so würde zuletzt das Merkwürdige geschehen, daß das Christentum gerade dann, wenn man mit dem Beweise für seine Wahrheit fertig wäre, aufgehört hätte als etwas Gegenwärtiges zu existieren."[2] Dieses „objektivierende" Element in Religion und Philosophie – gleichen doch nach *Kierkegaard* die heutigen Philosophen einer langen Reihe von „Handlangern, die von *Hegel* aus philosophische Backsteine von Hand zu Hand werfen" – führt zum Ruin. Das historische System „als reine Wissenschaft gedacht, wäre eine Art von Lebensabschluß und Abrechnung für die Menschheit",[3] und „eine Religion, die in historisches Wissen . . . umgesetzt werden soll . . . ist am Ende dieses Weges zugleich vernichtet"[4] (*Nietzsche*). Genau dies ist *Kierkegaards* Meinung. „Der spekulierende Geist steht nicht außerhalb der Existenz. Nur vermöge einer wunderlichen Zerstreutheit, die ihn das vergessen läßt, ist er in der Lage, die Weltgeschichte als einen zu Ende gekommenen Prozeß zu betrachten und als Ganzes zu verstehen."[5] Am Leben, dies wiederholen beide einmütig, hat das Verstehen, das System, die Philosophie ihre Grenze, das Leben wird vom Denken nie eingeholt, es flieht vor Zarathustra über Stock und Stein und entwischt ihm immer wieder. Die Existenz ist nach *Kierkegaard* nur approximando zu verstehen, selbst wenn das Denken die „größte Geschwindigkeit" entfalten würde. „Leben", sagt *Nietzsche*, „ist höher als Erkennen." „Vivo, ergo cogito." „Memento vivere." Das System ist unvollendbar. The tree of knowledge is not that of life. Dies hatte freilich auch der Idealismus gewußt. *Fichte* vor allen. Aber auch *Hegel*, und er hatte die Irrationalität des Lebens in sein System einbezogen, das offen zugleich und geschlossen war. Vom Standpunkt des Einzelnen und der Geschichte aus gab es Zeit, Augenblick, Freiheit, Entscheidung, ungewußte Zukunft,

---

[1] = XII, 167 [Nachl., 1901], Nr. 340.
[2] (VII) Nachschrift, I, S. 208.
[3] Nutzen u. Nachteil der Historie..., I, S. 294.
[4] S. 339.
[5] A. Gilg: S. Kierkegaard, 1926, S. 165.

vom Standpunkt Gottes aber Notwendigkeit, zeitlose Entfaltung, ewig am Ziel und ewig bewegt. Aber ein geheimes Ferment trieb das Ewige und Zeitliche auseinander, dieses mußte schließlich unterliegen, das überzeitliche Ende zur Endgeschichte werden. Das „theozentrische" Moment des Systems vernichtete die Anthropozentrik. *Kierkegaard* gießt seinen unerschöpflichen Spott über diese Wendung aus: Das System ist fertig, aber das Leben geht an ihm vorbei! Ist nicht das System am Leben vorbeigegangen? Das Fertigseinwollen, das prometheische Gott-sein-Wollen, das ist nach *Kierkegaard* die Krankheit unserer Zeit, eine „Krankheit zum Tode", eine „wollüstige, weichliche, zerfahrene, zerflossene Verzweiflung, in welcher die Individuen wie im Traum nach der Vorstellung Gottes tappen, ohne einen Schrecken dabei zu empfinden."[1] „Die Melancholie alles Fertigen"[2] will *Nietzsche* vermeiden, die Ahasvertragödie, in der auch der junge *Kierkegaard* den Inbegriff der Verzweiflung findet. Und später, als er die „Krankheit zum Tode" analysiert, bestimmt er sie als die „Qual der Verzweiflung . . . daß man nicht sterben kann",[3] als die „Leidenschaft sich selbst zu verzehren, ohne die Macht, sich zu verzehren".[4]

Zunächst also Rehabilitation des Lebens, der Existenz, des konkreten Augenblicks, der Vorauswissen nicht gibt, aber Freiheit der Entscheidung. Denn wie könnte die Vernünftigkeit der Geschichte aus dem Bisherigen erschlossen werden? Es könnte „ja plötzlich etwas so Entsetzliches geschehen, daß mein bißchen Beweis vollends alles Sinnes bar würde!"[5] (*Kierkegaard*). Ist die Entwicklung notwendig? *Kierkegaard* untersucht *Hegels* Begriff der Notwendigkeit, die die Einheit von Möglichkeit und Wirklichkeit ist: Aber: „Alles was wird, beweist eben durch das Werden, daß es nicht notwendig ist . . . Alles Werden geschieht mit Freiheit."[6] Das Agonale gilt es wiederherzustellen. Das war es, was *Nietzsche* (mit *Burckhardt*) an den Griechen neu entdeckte, das für ihn mehr als das Dionysische, der Grundaffekt der Antike zu sein schien. „Ein Leben in Agonie" und aufs höchste gesteigerter Spannung, dies war auch *Kierkegaards* Ziel. Dies eine schätzt *Nietzsche* an *Hegel*: „*Hegels* Wert: Leiden-

---

[1] Nachschrift, II, S. 208.
[2] Jenseits, Nr. 277.
[3] Krankheit zum Tode, S. 14.
[4] S. 15.
[5] Brocken, S. 39.
[6] Brocken, S. 68 ff.

schaft." Leidenschaft ist das innerste Wesen *Kierkegaards* wie das *Nietzsches*: „Flamme bin ich sicherlich." In der Spannung, die der Rhythmus des Existierens ist, die Quintessenz des Subjekts, besteht das Leben. Darum verhöhnt *Nietzsche* jene ägyptischen Jünglinge, „welche Nachts Tempel unsicher machen, Bildsäulen umarmen und durchaus alles, was mit guten Gründen verdeckt gehalten wird, entschleiern . . . Wir glauben nicht mehr daran, daß Wahrheit noch Wahrheit bleibt, wenn man ihr den Schleier abzieht". „Eine Sache, die sich aufklärt, hört auf, uns etwas anzugehen." Die Objektivität, wiederholt *Kierkegaard*, ist die Unwahrheit: „Die Subjektivität ist die Wahrheit", „Die Leidenschaft ist eben das Spannende im Widerspruch, wenn sie wegfällt, ist der Widerspruch eine Pläsanterie, ein Bonmot." Vom Widerspruch aber leben beide: *Kierkegaard* sieht seine Aufgabe darin, „Schwierigkeit zu machen". *Nietzsche*: „Erkenntnis ist für mich eine Welt der Gefahren und Siege." „Man hat auf das große Leben verzichtet, wenn man auf den Krieg verzichtet." Das „Objektive" wird systematisch unterwühlt, um der Leidenschaft, der Existenz, die nur im Kampf zu sich kommt, Raum zu schaffen: „Ich will es so schwer haben, wie nur irgend ein Mensch es hat" (*Nietzsche*). „Absolute Schwierigkeit [ist] das einzige Merkmal dafür, daß man sich zum absoluten Gut verhält" (*Kierkegaard*). Denn erst im Wagnis enthüllt sich das Leben. *Kierkegaard* fordert „das Pathos, daß das Individuum existierend alles wage", „unendlich gemacht wird das Individuum erst durch das Wagnis", und eben die Ungewißheit des Objektiven ist die Voraussetzung dafür: „Wenn es gewiß ist, will er alles wagen. Aber was heißt denn das: wagen?"[1] Und *Nietzsche*: „Wir sind erst dort in unserer Seligkeit, wo wir auch am meisten in Gefahr sind." „Leben überhaupt heißt in Gefahr sein." Der Lebende „riskiert sich beständig", der Denker „fühlt die Lust und Pflicht zu Versuchen und Versuchungen des Lebens", „die Philosophie des gefährlichen Vielleicht" ist *Nietzsches* Ziel.

Das Subjekt ist die Wahrheit, weil in ihm die Spannung ist, „das Widerstreben ist die Form der Kraft" (*Nietzsche*). Darum sind beide erklärte Feinde des Fortschritts („Der Teufel ist der Regent . . . des Fortschritts", *Nietzsche*) und jeder Vermittlung. Die Mediation ist der letzte Gegner *Kierkegaards*.

---

[1] Nachschrift, 106 ff., 110 ff.

Nietzsche nennt sich „von Grund aus allem feind, was in uns vermitteln und mischen möchte".[1] In sich selbst hat der Einzelne die Richtschnur für das Verständnis alles Geschehens. So meint Taciturnus: „Daß Cäsar groß war, weiß ich nur, wenn ich in mir selbst weiß, was Größe ist." Und *Nietzsche*: „Das Rätsel, welches der Mensch lösen soll, kann er nur aus seinem Sein lösen, im So-und-nicht-anders-Sein, im Unvergänglichen."

Indem sie jede Vermittlung ablehnen, streben sie, im vollen Gegensatz zum Idealismus, zur ganzen Heraustreibung der Gegensätze, zum Extrem: „Katastrophisch", sagt *Kierkegaard*, müsse man die Kategorien anwenden. „Der Zauber, der für uns kämpft, das ist die Magie des Extrems, die Verführung, die alles Äußerste übt . . ." „Die kritische Spannung: Die Extreme kommen zum Vorschein und Übergewicht" (*Nietzsche*).[2] So wollen sie auch wirken: sondernd, scheidend, beunruhigend, das unterscheidet ihren Individualismus vom sozialistischen. „Gegen den Strom schwimmen", „gegen den Wind gehen" wollte *Kierkegaard*, revolutionär sollten ihre Werke wirken: „Jedes Buch als eine Eroberung . . . zuletzt Katastrophe und plötzliche Erlösung." „Das Werk auf eine Katastrophe hin bauen" (*Nietzsche*). Am *Ende*, nicht am Anfang, wie bei *Hegel*, steht der Widerspruch, vor den sie die Zeit zur Entscheidung stellen: „Ich habe das Glück nach ganzen Jahrtausenden . . . den Weg wiedergefunden zu haben, der zu einem Ja und einem Nein führt" (*Nietzsche*).[3] Die Botschaft kann aber nur an den Einzelnen ergehen, denn gerade als Masse ist die Kultur dem Untergang geweiht. *Nietzsche*: „Man muß das Zugrundegehen so leiten, daß es dem Stärksten eine neue Existenzform ermöglicht."[4] *Kierkegaard*: „Begeisternd für den Einzelnen wird es sein, zu fassen, daß gerade der Irrtum dem Einzelnen, jedem besonders . . . den Zugang zum Höchsten öffnet."[5] Daher die Notwendigkeit des jetzigen Zustandes: *Nietzsche*: „Die Erscheinung der décadence ist so notwendig, wie irgend ein Aufgang und Vorwärts des Lebens."[6]

---

[1] Vgl. Karl Joël: Nietzsche und die Romantik, 1905, S. 16-66. Alfr. Bäumler: Hegel u. Kierkegaard. Dtsch. Vierteljahrschrift, II, 1924, S. 116 ff.
[2] XV [1912], Wille zur Macht, I, Nr. 10 [S. 148].
[3] XV [1912], Nr. 54, S. 180.
[4] Nachlaß XII, S. 363 [Nr. 717].
[5] Kritik der Gegenwart, 35.
[6] XV [1912], Wille zur Macht (Nr. 40), S. 167.

Kierkegaard: „Die Nivellierung muß bestehen bleiben, sie gehört dazu wie das Ärgernis in die Welt kommen muß."[1] Deshalb ist nach *Nietzsche* der Sinn dieser „Periode der Katastrophe: Die Heraufkunft einer Lehre, welche die Menschen aussiebt".[2] Zwei Bewegungen gehen also parallel: „Die erste Bewegung ist unbedingt: Die Nivellierung der Menschheit, große Ameisenbauten usw. Die andere Bewegung, meine Bewegung: ist umgekehrt die Verschärfung aller Gegensätze und Klüfte, Beseitigung der Gleichheit . . . jene erzeugt den letzten Menschen, meine Bewegung den Übermenschen. Es ist durchaus nicht das Ziel, die letztern als die Herren der ersteren aufzufassen, sondern: es sollen zwei Arten nebeneinander bestehen, – möglichst getrennt; die eine wie die epikurischen Götter sich um die andere nicht kümmernd."[3] So sagt *Kierkegaard*: „Das ‚*sowohl als auch*' ist nicht das Ziel, das (etwa durch die Vermittlung) erreicht werden soll, sondern der Zustand, von dem aus der Existierende *entweder* das Eine *oder* das Andere wird."[4]

Dem entsprechen apokalyptische Prognosen. *Kierkegaard* will freilich nicht Geschichtsphilosophie treiben, er verfolgt nicht die fallende Kurve. Wie er sie sich denkt, sagt er zwar offen genug: „Mir ist vor nichts im Augenblick mehr bange als dem totalen Bankerott, dem ganz Europa entgegenzugehen scheint."[5] Aber seine ganze Leidenschaft gilt der Wegbereitung des Einzelnen. *Nietzsche* folgt auch der ersten: „Unsere ganze europäische Kultur bewegt sich seit langem schon mit einer Tortur der Spannung, die von Jahrzehnt zu Jahrzehnt wächst, wie auf eine Katastrophe los: unruhig, gewaltsam, überstürzt: einem Strom ähnlich, der *ans Ende* will, der sich nicht mehr besinnt, der Furcht davor hat, sich zu besinnen." „Ich beschreibe, was kommt, was nicht mehr anders kommen kann, die Heraufkunft des Nihilismus."[6] „Ein Zeitalter ungeheurer Kriege, Umstürze, Explosionen." „Die Revolution ist gar nicht zu vermeiden." So gibt er dem ersten Plan des „Willens zur Macht" den Untertitel: „Was da kommt, eine Prophetie."

* * *

1 Kritik der Gegenwart, 35.
2 XV [1912], Wille zur Macht (Nr. 56), S. 187.
3 XIV, 262.
4 Nachschrift, II, S. 104.
5 Tageb., 1837.
6 XV [1912], Wille zur Macht (Vorrede), S. 137.

So scheint es *ein* Kampf, *ein* Schicksal zu sein. Und doch stammt alles Gemeinsame bisher nur aus der Verwandtschaft des Herzschlages, des Rhythmus der Existenz, und ist so ein Formales.

Schon an den Wurzeln aber sind sie sich feind – feind, wie nur Verwandte es sein können. Nur weil sie sich an-gehen, gehen sie gegeneinander an. Und je heißer die Schlacht, je näher sie Leib an Leib sind, um so tiefer erkennt sich einer im andern. Vom unmittelbaren Leben, der Existenz gehen sie aus. Die Werte der Sinnlichkeit gilt es – wie es ja paradoxerweise die Aufgabe der großen religiösen Menschen des Jahrhunderts: *Hamanns, Baaders, Leontjews* war – gegen die Übergriffe des Geistes zu verteidigen. Das Musikalisch-Erotische, als der verführendste Zugang, wird für beide zum Ausgangspunkt. *Hier* ist allererst die Möglichkeit gegeben, daß der Mensch existierend er selbst wird, zu sich selbst sich verhält. Sogleich aber wird an der Grenze, die sie diesem Zustand setzen, die verschiedene Richtung klar. Sokrates, für beide der wichtigste Mensch der Geschichte – „Wendepunkt und Wirbel der sogenannten Weltgeschichte" (*Nietzsche*) – ist die Grenze der Unmittelbarkeit zur Reflexion. (So hatte schon Hegel ihn gesehen.) Aber für *Nietzsche* heißt das: Ende, für *Kierkegaard*: Anfang. Er ist Ende der Unmittelbarkeit, als die Lösung aus dem unreflektierten, ästhetischen Leben, „Zerstörer der Unbefangenheit des ethischen Urteils", „Zerstörer des Mythus", „Er ist Ironie", der Anfang der Krankheit, des Ressentiments, der Dekadenz, die Entfesselung des Geistes (der das Leben ist, „das selbst ins Leben schneidet"), das Begreifen (das „ein Ende" ist, ein „schönes Mittel zum Untergang"), er ist die Vorstufe zum Christentum, das die Unmittelbarkeit vollends zerstört hat. *Kierkegaard* hätte die meisten dieser Aussagen *Nietzsches* gebilligt, und doch erschien ihm Sokrates als der höchste Mensch, eben als letzter Exponent in der Richtung auf das Christentum. Der Gegensatz springt auf: Für *Nietzsche* zerstört Sokrates die Einheit der Unmittelbarkeit, indem er sie spaltet, für *Kierkegaard* offenbart er die schon in ihr gelegene Dialektik und führt damit zur eigentlichen Existenz. Für beide bleibt das zunächst Erstrebte freilich im gemeinsamen Gegensatz zu Spekulation und Geschichte: Die Unmittelbarkeit des Lebens (*Nietzsche*) wie das ästhetische und ethische Stadium (*Kierkegaard*) sind Bollwerke gegen das Historische. Tritt nun aber das Christentum hinzu, so wird die Stellung des Sokrates erst vollends deutlich: Mit ihm ist für *Nietzsche* die größte Entfernung vom „Unmittelbaren", für *Kierkegaard* die tiefste Entfaltung der „Existenz" gewonnen.

Beide hatten das Agonale, Spannung, Wagnis und Krieg in den Zustand gelegt, den sie gegen die Erschlaffung des Historismus verteidigten. Doch liegen schon hier die Wurzeln des Unterschiedes. *Kierkegaard* betont, daß im Unmittelbaren Glück und Unglück wesentlich unbegriffen sind und als Schicksal an das Leben herantreten. Dies gilt eben für *Nietzsches* Lebensbegriff: Das Leben ist Kraft, ist Entfaltung, und an seinen Grenzen bewährt es sich: „Alle unsere Kräfte wollen fortwährend kämpfen." Das Leben erfaßt Grenzen als *seine* Grenzen und überwindet sie: Das Wesen des Lebens ist Transzendenz.

Anders *Kierkegaard*. Für ihn enthüllt Sokrates das Innere der Unmittelbarkeit als ein zwiespältiges, widerspruchsvolles: Existenz selbst ist ein Differenziertes. Nicht von außen kommt der Widerspruch: er liegt im Innern selbst, und die Anerkennung dieses Widerspruchs ist Existenz. Das Ich ist dialektisch.

Dialetik und Transzendenz sind die Grundformen, die innersten Strukturen dieser beiden Denker. Das Leben ist für *Nietzsche* unendliche, unmittelbare Kraft, die an ihren Schranken wächst, über sich hinausgeht. Hier zeigen sich Zusammenhänge mit *Fichte* und *Hegel*. Transzendenz hatte die Romantik verkündet: „Es ist der Menschheit eigen, daß sie sich über die Menschheit erheben muß" (Fr. *Schlegel*). „Der Akt des sich selbst Überspringens ist überall der höchste". „Der Adel des Ich besteht in freier Erhebung über sich selbst" (Novalis). Und so *Nietzsche*: „Ein höheres Wesen, als wir selbst sind, zu schaffen, ist unser Wesen." Aneignung des Höheren, Erweiterung der Macht im Überwinden der Schranke, das ist Leben. Nichts anderes meint die Formel des „Willens zur Macht". „Die Natur muß nach Analogie des Menschen vorgestellt werden, als kämpfend und sich überwindend", „die ganze Welt von innen gesehen ist Wille zur Macht und nichts außerdem". „Und dies Geheimnis redete das Leben selber zu mir: ‚Siehe', sprach es, ‚ich bin Das, was sich immer selber überwinden muß.'" Die Schwere, die die Kraft hemmt, ist das Böse, der Geist der Schwere ist der Teufel. („Und als ich meinen Teufel sah, da fand ich ihn ernst, gründlich, tief, feierlich: es war der Geist der Schwere, – durch ihn fallen alle Dinge.") Tanz und Lachen Zarathustras, Adler, Bergeinsamkeit, lodernder Inselgipfel – die Sinnbilder der Transzendenz. Dasselbe meint *Nietzsche* mit dem Wort: „Leben – das heißt: fortwährend etwas von sich abstoßen, das sterben will." Dieser Prozeß war für *Hegel* die göttliche „Unruhe des Lebens" gewesen, der, solange es Geist geben sollte, nicht enden durfte. Der Anfang mußte ins Ende zurückkehren: Ewige Wiederkehr. Immer stehen sich das Überwindende und das Zu-Überwindende gegenüber, das Verwandelnde und das Starre, das Fließende und das Unveränderliche: „Das Wahre", sagte *Hegel*, „ist so der bacchantische Taumel, an dem kein Glied nicht trunken ist, und weil er jedes, indem es sich absondert, ebenso unmittelbar auflöst – ist er ebenso die durchsichtige und einfache Ruhe." Kein Satz kann den Zusammenhang *Nietzsches* mit dem Idealismus besser erhärten: Dionysos, der bacchantische Taumel, und Apollo, die durchsichtige und einfache Ruhe, Flamme und Leuchten, sind die *eine Glut* des Daseins. Dann heißt also Übermensch „nichts anderes als die Entwicklungsstufe, die über der jeweils von einer gegenwärtigen Menschheit erreichten liegt, nicht ein fixiertes Endziel, das der Entwicklung ihren Sinn gäbe, sondern der Ausdruck dafür, daß es keines solchen bedarf, daß das Leben in sich selbst, d. h. in dem Überwundenwerden jeder Stufe durch eine vollere und entfaltetere seinen Eigenwert besitzt". Und doch ist *Nietzsche* nicht mehr *Hegel*: Aus einem Weltkosmos ist „ein Ungeheuer von Kraft" geworden, „eine feste, eherne Größe von Kraft, welche nicht größer, nicht kleiner wird. ... ein Meer in sich stürmender und flutender Kräfte, ... aus den einfachsten in die vielfältigsten hinaustreibend, aus dem Stillsten, Starrsten, Kältesten hinaus in das Glühendste, Wildeste, Sich-selber-Widersprechendste, und dann wieder aus der Fülle heimkehrend zum Einfachen ..." *Dionysische* Welt! Waren schon Hegels Seinsgesetze eiserne Kohorten, so sind sie hier fast Maschinenhallen, und der verhaltene Enthusiasmus, der jene beseelte, ist ein dämonisches Kesselfeuer geworden. Transzendenz heißt hier ein Neues: Magie, Lust, Untergang.

Anders *Kierkegaard*. Auch für ihn gibt es idealistische Tradition. Zu *Schopenhauer* und besonders zu *Baader*, selbst zu *Kant* weisen Linien zurück. Sokrates, sagten wir, war ihm das Ende der Unmittelbarkeit als ihre Enthüllung. Denn auf ihrem Grunde bereits liegt der Zwiespalt. „Existenz ist zusammengesetzt aus Unendlichkeit und Endlichkeit", sowie das Selbst *Kants* ein transzendentales und empirisches ist. In diesem Selbstverhältnis entsteht allererst Existenz. „Das Selbst ist ein Verhältnis, das sich zu sich selbst verhält." Das Selbst ist dies unaufhebbar, aus dieser inneren Dialektik ist es unerlösbar. Es ist aber keine dreiteilige Dialektik: die Synthesis ist nicht ein Drittes *nach* dem Ineinandersinken der Antithesen, sondern *im* ursprünglichen Zwiespalt, und im Zueinandergespanntsein der Pole liegt schon ihr *συν* und je tiefer dieses sich ausdrückt, um so „wahrer" ist die Existenz. In der Unmittelbarkeit ist sie verhüllt, das Unendliche liegt im Endlichen verborgen; daß das Selbst in der unendlichen „pathetischen" Anspannung liegt, worin das Endliche sich zum Unendlichen in sich verhält, weiß sie nicht. Diese *An-Spannung* (als Synthesis der Existenz) ist nur in einem Vorwärtsblicken auf das stete Noch-nicht zu halten, in der Unmittelbarkeit aber bleibt sie in einer phantastischen Einheit abgespannt, als ob das Unmögliche (die Existenz als spannungslose Synthesis) verwirklicht wäre. Sokrates enthüllt diese Einheit als eine unwirkliche: Er enthüllt, daß die Wahrheit nicht gewußt, das Unendliche nicht schon verwirklicht ist, aber zugleich – die Aporie des Menon – daß, indem sie gesucht wird, sie vorgegeben ist zumindest als rechte Richtung. Damit verweist er den Schüler auf die Immanenz der Unendlichkeit, die im Mythus der Wiedererinnerung verbildlicht ist. Jetzt ist der Zwiespalt des Selbst enthüllt, nicht (wohin der Vorwurf *Nietzsches* geht) von außen her, sondern von innen. Der Augenblick, in dem Sokrates seinen maieutischen Wink gibt, ist kein schöpferischer, sondern ein zufälliger äußerer Anlaß für das Hervortreten des notwendigen inneren Zustands.

Das Leben hat stets etwas vor sich, das es noch nicht ist – darin ist *Kierkegaard* mit *Nietzsche* einig – und dies ist ein Mögliches, aber nicht schon in Griffweite Vorgegebenes. Hier zeigt sich die Form der neuen Apokalypse: nicht mehr, wie im Idealismus, ein Wissen des Endes: Richtung, Bewegung allein ist gegeben, das Ziel lockt aus der Nacht eines unerforschlich Zukünftigen. Beide gründen die Existenz zunächst keineswegs im Historischen oder aufs Historische hin, der Fußpunkt liegt in der reinen Unmittelbarkeit und reinen Immanenz. Von hier wird dann erst der Blick von neuem auf die Zeit gelenkt: Ob der Mensch die Kraft haben wird, den Übermenschen zu verwirklichen, die Anspannung haben wird, als Selbst zu existieren? Denn „es sind Glücksfälle nötig, damit ein höherer Mensch wird". Alle echte Transzendenz ist Risiko. Darum ist für beide die Unmittelbarkeit Angst.

Die Verborgenheit des Unendlichen im Endlichen, die Möglichkeiten der Verwandlungen des Zagreus, die immer abgründigeren Tiefen der Welt, für *Nietzsche* müssen sie zum Wesen des Lebens gehören, eben weil dieses die Bewegung des Transzendierens ist, Angst und Unheimlichkeit werden dadurch zum neuen Sporn des Mutes und des Krieges. Zwischen der Beglückung des Erreichens und der Angst vor dem Möglichen pendelt der Rhythmus des Lebens. Auch für *Kierkegaard* ist Angst die Bestimmung der Unmittelbarkeit. „Glück ist nämlich nicht Geist, ist Unmittelbarkeit, und alle Unmittelbarkeit ist trotz ihrer eingebildeten Ruhe und Sicherheit Angst, und darum ganz konsequent meist Angst vor nichts", Angst vor dem Nichts, das dunkel im innern Abgrund zwischen Möglich-Wirklich, Endlich-Unendlich gefühlt wird. Während aber *Nietzsche* zu einem unendlichen Schwingen zwischen Angst und Glück gelangen muß, enthüllt *Kierkegaard* die Unmittelbarkeit als dialektisch: im Wissen um die unaufhebbare Spaltung des Ich weicht das dunkle Gefühl dem Leiden, Leiden wird zum „wesentlichen Ausdruck des existentiellen Pathos".

Das ist der Ausgangspunkt und die erste Trennung. Die Kluft wird im Weiterschreiten zum völligen Gegensatz. Der Sokrates *Kierkegaards* hat die Innerlichkeit als Leiden enthüllt. Dieses Leiden aber deutet weiter darauf, daß das Selbst sich nicht selbst gesetzt hat und hinter dem dialektischen Selbst ein undialektisch Vollendetes steht, zu dem es sich wieder in unbedingtem Sinn zu verhalten hat. Dies nennt *Kierkegaard* die Religiosität der Immanenz. Indem aber der Einzelne vor dem Undialektischen steht, wird das Leiden zur Schuld. Alles dies führt zunächst tiefer in die Innerlichkeit und entfernt vom Historischen. Aber der Satz von der Wahrheit der Subjektivität verkehrt sich in dieser zweiten Ver-innerung: wenn die einzelne endliche Existenz vor dem Absoluten steht, enthüllt sich: „Die Subjektivität ist die Unwahrheit." „Unmittelbare Gesundheit des Geistes gibt es nicht."[1] Und gerade aus dieser tiefern Anamnesis der Ewigkeit wird der Geist in die Zeit und die Geschichte zurückgestoßen: indem der existierende als solcher schuldig ist, *darf* er es „nicht riskieren", „von der Ewigkeit aus auf die Zeit zurückzuschauen",[2] die Ethik hat das wesentliche „Medium des Werdens".[3] Aber auch in der Geschichte, im Werden

[1] Krankheit zum Tode, 22.
[2] Nachschrift, II, 96.
[3] 104.

kann er sich letztlich nicht helfen, denn eine „Annäherung" an das Absolute kann es nicht geben. Die An-spannung des Existierens, als Verwirklichung seines Selbst begründet nur immer tieferen Zwiespalt in ihm. Und das (vom Ewigen aus gesehen) „Komische" ist, „daß der Religiöse, der sein ganzes Leben daranwendet, sich des Verhältnisses zur ewigen Seligkeit bewußt zu werden, und ein anderer Mensch, der sich um seine ewige Seligkeit nichts kümmert – daß diese beiden (ewig gesehen) gleichweit kommen".[1]

Dann aber ist Geschichte, sosehr sie der Strom ist, in dem der Existierende schwimmt, selber nur das Bedeutungslose, Zerrinnende. Bedeutend nur sofern sie den der Strömung entgegen Schwimmenden eben sich rühren läßt (damit er nicht untergehe), nicht aber sich von der Stelle bewegen. Aber auch für Nietzsche ist Geschichte dieses selbe chaotische Bedeutungslose, als reiner Anlaß der Transzendenz (Fichte sagte idealistisch: als Material der Pflicht). Hier wird deutlich, wie das Paradox der Existenz beiden, gegenüber allem Idealismus, Grundform des Dasein bedeutet: Notwendigkeit einer nur noch an sich selbst Sinn habenden Bewegung.

Aber dieses Paradox, sosehr es die Basis ist und *bleibt*, wird doch überhöht von einer positiven Geschichtswertung. *Kierkegaard* findet sie im Paradox des Christentums, einem zweiten, mit dem ersten nicht zu verwechselnden Paradox, daß nämlich in einem geschichtlichen Augenblick das Ewige historisch geworden ist, das Unendliche endlich, wobei die Möglichkeit der Aufhebung der Schuld gegeben wird. Der Einzelne, der selbst dialektisch ist, verhält sich jetzt zum Unbedingten gerade dadurch, daß er sich zum Geschichtlichen verhält. Dies aber nur noch in der Gebrochenheit des „Glaubens".

Nietzsche muß diese Lösung als die völlige Preisgabe des Unmittelbaren werten, eine Hemmung und Bindung des Fließenden an einen Punkt. Macht aber er den Versuch, sich über seinen ersten Standpunkt zu erheben, so kann er es nur, indem er von neuem wie Hegel in die Dialektik zwischen axiologischer und teleologischer Eschatologie gerät, d. h. die reine Transzendenz (als die Einheit von Werden und Sein) in „Endgeschichte" umwandelt. Eindeutig hat *Nietzsche* dies nicht getan, aber er ist oft nahe daran, dem „Übermenschen" eine historisch-eschatologische Funktion zu ge-

[1] 238.

ben, der vorgeschichtlichen Unmittelbarkeit der Griechen eine entsprechende endgeschichtliche gegenüberzustellen. Es kommt damit zur typischen Zweideutigkeit des Begriffs Ewigkeit im „Zarathustra". „Er ist ein Fälscher", würde *Kierkegaard* sagen, „für ihn ist die Ewigkeit die betrügerische Sinnestäuschung des Horizontes, für ihn ist die Ewigkeit die bläuliche Grenze der Zeit, für ihn ist die Ewigkeit das blendende Gaukelspiel des Augenblicks."[1]

Und doch ist damit immer erst noch der formale Gegensatz im Denkgerüst beider aufgezeigt. Erst wo der konkrete Mensch in dieses Schema hineingestellt wird, offenbart sich die Tiefe der Kluft. Kierkegaard hatte von Anfang an mit diesem konkreten Menschen, dem „Einzelnen", eingesetzt. Um *seine* Selbstwerdung ging alle Dialektik. Nietzsche aber setzt mit der Urtatsache der Lebensbewegung als Transzendenz ein. Damit verfällt er nochmals, und tiefer, der Dialektik des Idealismus. Der Einzelne geht über sich hinaus, auf den „Über-Menschen" zu. Aber seine Selbstaufgabe ist nicht, wie bei *Kierkegaard*, eine sittliche, wobei das wesensgleiche Selbst in der „Über-Natur" aufersteht, sondern „ein Übergang und ein Untergang", Identität besteht nur in der höheren Einheit des Lebens. Der Mensch ist nur die Brücke zwischen zwei Formen des Lebens. Indem der Einzelne das Unendliche in sich liebt, liebt er den Übermenschen, die zeitlose Spannung im Selbst *Kierkegaards* wird zur zeitlichen, das Unendliche wird zum ewig Fernen: „Jeder ist sich selbst der Fernste." Darum schreitet *Nietzsche* zur Preisgabe der Individualität: „Das Ich ist nur eine begriffliche Synthesis. Das Subjekt nur eine Fiktion. Es gibt das Ego gar nicht." Die Brücke zwischen dem Unendlichen und dem Endlichen, die für *Kierkegaard* nicht erst gebaut werden muß und deren mögliche Überschreitung durch das *Dasein* des göttlichen Paradoxes in der Geschichte gewährleistet ist, ist bei *Nietzsche* für das Individuum, das das Ideal *aus sich* erzeugt, unvollendbar: Der einzige Bogen streckt sich über das Meer hinaus, bis er einstürzt. Die ewig seinsüberhobene Utopie der Aufklärung und die endzeitliche des Sozialismus verschwimmen in eins. „All unserer Entwicklung läuft ein Idealbild voraus", aber für den Einzelnen wird es nicht Wirklichkeit. *Kierkegaards* Pathos des „Absurden" wird zum Pathos des „Utopischen": „Ich weiß keinen bessern Lebenszweck, als am Großen und Unmöglichen

[1] Die Reinheit des Herzens (München 1926), S. 84.

zugrunde zu gehen", „die wahre Sehnsucht muß gegen ein Unerreichbares gerichtet sein".

Die Erscheinung des Göttlichen in der Geschichte, dort Paradox, hier Utopie, dort als das Geglaubte, hier das Gehoffte oder aus der eigenen Kraft Geschaffene ist der Mittelpunkt ihrer Geschichtsphilosophie. Für *Nietzsche* ist diese Erscheinung mythisch: Mythus ist die Selbst-Vergöttlichung der Geschichte. Er muß in *Kierkegaards* ästhetischem Stadium seinen Ort haben, und er unterscheidet wirklich die schöpferische, mythenbildende Kraft der „Erinnerung", als Gestaltung der Geschichte vom bloßen „Sich-Entsinnen".[1] *Kierkegaards* Abraham („Furcht und Zittern"), Sokrates („Brocken"), Lessing („Nachschrift"), Don Juan („Entweder-Oder", „Stadien") sind Mythen im selben Sinne wie *Nietzsches* Sokrates, Paulus, Wagner und Zarathustra Mythen sind. Aber *Kierkegaard* bedient sich ihrer nur als „ästhetischer" Schriftsteller, er weiß sie zur Sphäre der immanenten Subjektivität gehörig: „Eine Gemeinschaft der Erinnerung gibt es eigentlich nicht."[2] Das historische Paradox aber ist Gegensatz zum Mythus, da er nicht die Schöpfung des Einzelnen, sondern des Himmels, und so für jenen vorgefundene Tatsache ist. Es ist die „Wahrheit" des Mythus. Die Realität des Übermenschen hingegen ist im selben Grade mythisch wie die anderen Gestalten *Nietzsches*, und wenn er fordert: „nur aus der höchsten Kraft der Gegenwart dürft ihr das Vergangene deuten", so will er aus derselben Kraft die Zukunft formen. Geradlinige Entwicklung muß hier zu *George* führen: Das Utopische als wirklich vollzogen.

„Riß ich nicht ins enge leben
Durch die stärke meiner liebe
Einen stern aus seiner bahn?"

Die Transzendenz des Lebens, die *Nietzsche* meint, ist hier vollkommen: Aus der Größe eines Einzelnen verwirklicht sich die Geburt des Göttlichen, das mehr ist als er, aber doch sein Kind und Sohn.

Paradox als Faktum (*Kierkegaard*) ist Utopie als Idee bei Nietzsche und wird Utopie als Faktum bei George. Erst *er* ist damit der eigentliche „Antichrist".

* * *

[1] Stadien a. d. Lebenswege, S. 9 ff.
[2] Stadien, S. 14.

Kierkegaard kennt zwei Stadien, *Nietzsche* nur das erste: Was sich bei *Kierkegaard* nur im zweiten vollzieht, vollzieht sich bei *Nietzsche* im Ganzen. Aber die beiden Stadien *Kierkegaards* stehen unter derselben ethischen Bestimmung: „Leiden." Die Immanenz ist Leiden, als die unaufhebbare Spannung von Unendlichkeit und Endlichkeit. Das historische Paradox ändert daran nichts: Das Leiden potenziert sich vielmehr zum schuldhaften Leiden, zur Sünde. Freilich tritt mit Gott die Liebe hinzu, aber auch die Liebe ist für *Kierkegaard* im wesentlichen Leiden. Es bleibt ja die tiefere Dialektik zwischen der unaufhebbaren Dialektik des Einzelnen und der des menschgewordenen Gottes, die Knechtsgestalt Christi ist das göttliche Vorbild dieser Liebe, welche „königliche Bekümmernis" ist, und wenige ahnen, „daß es im Himmel nicht nur Freude gibt, sondern auch Kummer".[1] Denn dies ist das Gebot für den Menschen, wie es die „Schranke" Christi ist, daß das erste Stadium, die „Religion der Immanenz", nicht übersprungen werden darf. Von der Spekulation und der Historie her gibt es keinen Zugang zum Christlichen: „Wird das Dialektische übersprungen, so wird das Christentum zu . . . der gefährlichsten Art von Aberglauben"[2] und *Nietzsche* behält recht. „Die Religiosität A muß beim Individuum erst zur Stelle sein, ehe davon die Rede sein kann, daß es auf das dialektische B aufmerksam werde",[3] „und wer die Leidenschaft des Glaubens verliert, muß eo ipso an dem Paradox sich ärgern".[4] Was *Novalis* und die Romantik als Christentum bezeichneten, „eine ewige Geschichte, ein ewiges Gottwerden in der Zeit, . . . das sind nur Ausflüchte".[5] Das Leiden der Immanenz ist im Christentum nicht aufgehoben, und dies verhindert jeden einfachen Vorausbesitz der eschatologischen Vollendung. Das Christentum muß lebenslang das Unverständliche bleiben: nie das „nur noch nicht Verstandene".[6] Alle „verkürzten Perspektiven" und „lachende Aussicht auf bessere Zeiten" oder gar Schilderungen der ewigen Seligkeit sind „Ästhetik",[7] der einzige Lohn ist Warten und Erwartung. „In der Beständigkeit des Verhältnisses . . . liegt ja

[1] Philosoph. Brocken, S. 27.
[2] Nachschrift, II, 112.
[3] II, 218.
[4] II, 240.
[5] II, 235.
[6] II, 223.
[7] II, 78, 80, 123.

doch alle Kunst der Existenz."[1] „Sobald sich der Glaubende damit nicht begnügen kann, geht er zurück, zu weltlicher Weisheit, zu jüdischem Hängen an Verheißungen für dieses Leben, zu Chiliasmus."[2] Dies ist nun eben die „Grenze" des göttlichen Lehrers und seine Bekümmernis, daß er den Jünger nicht durch Überspringen des Leidens erlösen darf, dies der Grund seiner Knechtsgestalt und der Notwendigkeit des Ärgernisses.

So stehen letztlich beide Stadien *Kierkegaards* unter der sittlichen Bestimmung des Leidens und der leidenden Liebe, des „Pathos". *Nietzsche* kennt nur *ein* Stadium, aber in ihm widerstreiten sich zwei sittliche Kategorien. Leben ist Wille zur Macht, ist Transzendenz in immer wachsende Fülle; der Einzelne soll seine reichsten Möglichkeiten entfalten. (Das ist im Sinne *Kierkegaards* Immanenz als Präformation und Anamnesis.) „Man hat nur spät den Mut zu dem, was man eigentlich weiß." „Deine wahren Erzieher und Bildner verraten dir, was der wahre Ursinn und Urstoff deines Wesens ist . . . Deine Erzieher vermögen nichts zu sein als deine Befreier." Zarathustra übernimmt die maieutische Rolle von *Kierkegaards* Sokrates: „Nun heiße ich euch gehen, mich zu verlieren und euch zu finden." Dann aber wird der Traum des Übermenschen in dieser geradlinigen Transzendenz zum Traum der „reinen Macht" ohne inhaltliche Bestimmung, in derselben Weise, wie auch die Eschatologie des Idealismus eine stets „formalere" wurde, zum Traum eines Intensitätsmaximums. So hatte *Friedrich Schlegel* von einem nächsten Dasein geträumt, das „im Guten wie im Schlechten kräftiger, wilder, kühner, ungeheurer" sein würde. Es ist wiederum der Traum des ästhetischen Stadiums *Kierkegaards*, dessen äußerste Form „Dämonie" ist. („Ich gehöre zu den Maschinen, welche *zerspringen* können! Die Intensitäten meines Gefühls machen mich schaudern und lachen", *Nietzsche*; „Wie ist es doch gefährlich, so ungeheure Kräfte zu haben, wie mir vergönnt sind", *Kierkegaard*.) Nicht zufällig bringen hier beide die Musik in Einschlag, „Don Juan" und „Carmen" erscheinen als höchste Sinnbilder dieser Haltung, die von Musik gestützt ist, als dem abstrahiertesten Medium reiner Intensität, die zugleich „Illusion", Ein-Spielung einer Größe ist, Zauber der Verwandlung, dionysische Verzauberung und die Aufhebung von Gut und Böse.

---

[1] II, 200.
[2] II, 89.

Diese Form der Intensität ist für *Kierkegaard* die Perversion des echten Pathos der Existenz. Die Einheit der Idee, die menschliches Leben bestimmt, ist nicht jene formale, intensive Einheit des Ästhetischen. „*Eines* zu wollen ist nicht jene gewaltige Verirrung der vermessenen, gottlosen Begeisterung: das Große wollen, gleichgültig ob es gut oder böse sei." Aber Nietzsche meint auch mit seinem „Böserwerden" nicht Anarchie, sondern *jenes* Jenseits von Gut und Bös, das nicht mehr aus „Tugend" handelt und um „Gutes zu tun" sich ins Transzendieren wirft. Das erst heißt Leben: die Lust, sich immer neu zu wagen und an Größeres aufzugeben. Hieße dann aber dieser Wille zur Macht vielleicht Wille zur – Liebe? Ist vielleicht Transzendenz das unlösbare Ineinander dieser beiden Kategorien? Dann wäre das Schweigen des Unendlichen die eigentliche Macht, denn Dionysos „schweigt in der Art, die ihm eigen ist, nämlich versucherisch". Und Transzendenz wäre die Wehrlosigkeit des Endlichen diesem Schweigen gegenüber. „Ein Vorspiel", sagt Zarathustra, „bin ich, was liegt an mir." „Ich liebe die, die sich nicht bewahren wollen."

Dies erfuhr Nietzsche in seiner siebenten Einsamkeit: „Je freier und fester ein Individuum wird, umso anspruchsvoller wird seine Liebe: Endlich sehnt es sich nach dem Übermenschen, weil alles andere seine Liebe nicht stillt." Das ist die notwendige Dialektik von „Machtliebe" in dem „einzigen Stadium" Nietzsches: Das Schweigen des Dionysos zieht das Endliche wachsend über sich hinaus, keine Schranke, die seine Sehnsucht schon transzendiert hat, kann mehr etwas Endgültiges bedeuten. Es geht geraden Flugs ins Unendliche, über alle Nächste ins Fernste, über „Nächstenliebe" in „Fernstenliebe". Aber Kierkegaard hat diese geradlinige Transzendenz je schon dialektisch gebrochen, und da Gott Mensch wird, vollendet sich die Umkehrung: Mit dem Wort des Johannes tritt er den unendlichen Flügen Nietzsches entgegen: „Wer seinen Bruder nicht liebet, den er sieht, wie kann er Gott lieben, den er nicht sieht? Die Liebe besteht nicht darin, daß du an andere Forderungen stellst, und sie erhebt sich nicht dadurch zur höchsten Höhe, daß du Forderungen stellst, denen niemand mehr genügen kann . . . Für die Liebe keinen Gegenstand finden zu können, sie darum als angebliche Liebe zum unsichtbaren in den leeren Raum verpuffen zu lassen: das heißt wahrlich die Liebe vergeuden."[1]

[1] Leben und Walten der Liebe, S. 170.

Auch das war wieder scharfes Schwerterkreuzen. Aber lange nicht letztes. Zunächst freilich erhält Nietzsches neuer Gott den Charakter einer Verzweiflungslösung, einer offenen Kopie und damit einer inneren Niederlage. Zarathustra ist Kind der einsamen Sehnsucht: „Immer ein mal eins – das gibt auf die Dauer zwei."

„Und Mittag wars, da wurde Eins zu Zwei,
– Und Zarathustra ging an mir vorbei."

Sohn dieser glühenden Mittagssehnsucht wird Zarathustra zum eschatologischen Doppelgänger. Er erscheint messianisch geschmückt, er „hat seinen Hazar, sein Reich von tausend Jahren", er hält „das neue Abendmahl", singt das „Lied der sieben Siegel", tritt feierlich seine Erlösungsfahrt in die Welt hinab an. Aber ist denn Zarathustra der „neue Gott"? Zarathustra ist nicht Maximin, auch nicht sein Vorläufer. Zarathustra hat selber nun unendliche Ziele vor sich, ist Sehnsuchtspfeil und Untergang („was liegt an mir") – Zarathustra ist Nietzsches Idealität. Nur *so* ist hier jene Identität wirklich geworden, die Nietzsche scheinbar zum Affen des Christentums macht: „im Menschen sind Schöpfer und Geschöpf vereint", heißt für Nietzsche: „Man liebt zuletzt seine Begierde und nicht das Begehrte." Es heißt nicht Immanenz, sondern die Reinerhaltung der Transzendenz, „reines" Transzendieren . . .

Hier gilt dann freilich für Nietzsche „Identität". In der stets neuen Zerstörung des Geliebten liebt sich die eine, unendliche „Machtliebe" („Und auch ihr seid dieser Wille zur Macht – und Nichts außerdem!"). Ihr wird alles geopfert – auch Gott. Mit Gott Mitleid haben, forderte noch Novalis. Schlegel sprach vom Gott-Verachten. Nietzsche „tötet" Gott, als Opfer der unaufhaltsamen Transzendenz, die nur sich selber treu sein darf.

Für *Kierkegaard* gibt es keine Identität. Wohl ist das Unendliche und Endliche dialektisch eins im Menschen, aber nur als die Einheit der Anspannung zu Gott als dem Undialektischen hin. Freilich tritt im Christentum auch Gott ins Reich des Menschen hinüber, um ihm so erst Sinn in seine An-spannung und seine Geschichte zu schenken. Aber mit Christus ist der undialektische Gott nicht aufgehoben, alles vollendet sich vielmehr in der unendlichen Transzendenz aller Dialektik zu ihm hin.

So deutet sich jener Alarmruf des Beginns: „Gott ist tot" in doppelter Art. Es ist Ruf tiefsten Erschreckens, wie eines aus

Träumen Auffahrenden. Und das Ereignis ist viel zu groß, als daß man „ernst" davon reden könnte. Der „tolle Mensch" (Nietzsche), der „Humorist" (Kierkegaard) können nur aus der Distanz des Lachens davon reden. Aber das Tolle ist der unfaßliche Ernst („Dieses ungeheure Ereignis ist noch unterwegs . . . Blitz und Donner brauchen Zeit"). Ich habe ihn getötet, geopfert – das war der Auftrag des Lebens und des Übermenschen. Das ist Nietzsches Lehre. Aber das Paradox in der Geschichte spricht: „Ich *gebe* mein Leben hin . . . niemand entreißt es mir, ich gebe es freiwillig hin, ich habe Macht es zu geben und wiederzugewinnen – das ist der Auftrag, den ich vom Vater erhalten habe (Joh. 10; 16-18). Tötende „Machtliebe" begegnet der absteigenden, sich dem Tode anbietenden Macht Liebe.

Und für Nietzsche ist auch der Mensch getötet, geopfert – dem Übermenschen. Für Kierkegaard aber kann der Einzelne „in Selbstvernichtung vor Gott" untergehen und durch Gott als neue Kreatur auferstehen. Und doch als derselbe Mensch. Denn Natur und Über-Natur sind *ein* Mensch. Mensch und Über-Mensch aber zwei. Und doch ist auch der Übermensch noch Mensch, während die Übernatur nicht mehr Natur ist.

II. Zweikampf der Existenz

Bis hier führt der erste Schwertgang. Es ging um das „Objektive" der neuen Existenz, um ihre Grundlagen in der Welt und ihr Selbstverständnis darin. Aber noch sind die Klingen nicht so gekreuzt worden, daß die Fechter ihre letzte Kunst anzuwenden brauchten, noch ist's nicht der Nahkampf und die Entscheidung. Die Entscheidung aber einer Philosophie der Existenz liegt im – Existieren. Es ist die Wahrheitsprobe. Damit aber ist der Kampf auf die innere Bühne verlegt, in die Tiefen der Subjektivität, und damit wird er zu dem, was wir anfangs andeuteten: Kampf mit dem Feind im eigenen Innern, und so Selbstbesiegung in Selbstdurchbohrung. Dieser Weg ins Innere ist das gerade Gegenteil einer Flucht aus der Zeit. Es ist Stählung des Kerns der Geschichte – der tätigen Innerlichkeit. Gegen alles Laue sollen Zeichen und Fanale der Verinnerlichung aufgerichtet werden. *So* verteidigt Kierkegaard die „Klosterbewegung des Mittelalters". *So* sagt Nietzsche: „Welche Wüstenei! Wir werden wieder Klöster brauchen!" Der Weg in die Innerlichkeit ist verschärfter Kampf, und hier wird er erst bedeutsam, denn das Christentum, um das es geht, ist ja Innerlichkeit. Darum Nietzsche: „Ich wehre alle Halb- und Dreiviertelstellungen zu ihm ab",[1] und Kierkegaard fällt ein: „es gibt nur zwei Parteien, zwischen ihnen zu wählen, und hier liegt die Kategorie ‚der Einzelne'"[2] – das heißt das innere Forum des Herzens.

Dann aber ist der Einmarsch wieder gemeinsam. Weg nach innen *ist* der Rhythmus von Transzendenz (Nietzsche) und Dialektik (Kierkegaard), von Sehnsucht ins Unendliche und Anspannung zum Unendlichen. Denn vom Alltag, der das Äußere und Zuhandene ist, geht alle Erhöhung ins Geheimnisvolle, Innere, Unbekannte. *Dorther* schweigt also Dionysos, dorther sendet Gott einen versuchenden Duft. „Jener große Verborgene, der Versucher-Gott, und geborene Rattenfänger der Gewissen, dessen Stimme bis in die Unterwelt jeder Seele hinabzusteigen weiß" (Nietzsche),[3] und die sie erst zu einer „mystischen und beinahe mänadischen" macht. Dafür stärkt sich der Blick, „den Grund in dem dunklen Brunnen deines Wesens und deiner Erkenntnisse zu sehen" (Nietzsche). Diese Versuchung und Verlockung einer Abgrundstimme, eines Lautes und Duftes von jenseits jagt die Seele auf zu einer Unruhe wie die des Hundes, der eine Fährte gefunden hat. „Es geht geisterhaft um uns zu, jeder Augenblick des Lebens will uns etwas sagen, aber wir wollen diese Geisterstimme nicht hören. Wir fürchten uns, wenn wir allein und stille sind, daß uns etwas ins Ohr geraunt werde, . . . aber wir fühlen zugleich, wie wir zu schwach sind, jene Augenblicke der tiefsten Einkehr lange zu ertragen . . ."[4] (Nietzsche). Aber schon der leiseste Laut macht die Seele taumeln. Hier kündet sich etwas an, eine Mitte, eine Größe von Macht, Bewußtsein, Rausch und Helle, eine unendliche Möglichkeit – die *Wahrheit*! Dieser Fährte nach jagt die Seele, dieser Tiefe, in der sie einmal, abgründig, einen Stein auffallen hörte („Ich bin in einem geradezu erschrecklichen Sinn ein Mensch der *Tiefe*, . . . ohne diese unterirdische Arbeit halte ich

[1] XV [1912], S. 288 (Nr. 200).
[2] Tagebücher, II, 217.
[3] Jenseits, Nr. 295 (VII [1905], S. 271).
[4] Schopenhauer als Erzieher, Nr. 5, S. 437.

das Leben nicht mehr aus",[1] „Ich lechze nach *mir*", Nietzsche). Pascal hat um dieses Erlebnis gebettelt, und Kierkegaard hat diese „unbeschreibliche Freude, die ebenso unerklärlich uns durchglüht, wie der Ausbruch des Apostels unmotiviert eintritt: ‚Freuet euch . . .', ein himmlischer Kehrreim, der gleichsam plötzlich unsern übrigen Gesang abschneidet . . . eine Welle des Passates, der aus dem Hain Mamre zu den ewigen Wohnungen bläst."[2] Also wird sich hier, wenn irgendwo, Apokalypse der Seele vollziehen, denn die Möglichkeit der Wahrheit der Existenz ist einen Augenblick aufgeleuchtet. Aber in diesem Abenteuer, wo die Seele nur weiß, daß sie, so wie sie *jetzt* ist, die Wahrheit zu ertragen nicht fähig ist, ist das ein Abenteuer in Himmel und Hölle hinein. Himmel *und* Hölle: beides – denn die Kreise hinab in die inneren Abgründe sind Höllenkreise: die Wahrheit wird sich nur im Kampf mit allen Gestalten der Lüge erringen. „Es ist ein schrecklicher Beschluß . . . denn nun muß er in die Tiefe des Daseins hinabtauchen . . . alles Falsche an den Dingen ans Licht zu bringen" (Nietzsche).[3]

Was nun beginnt, ist der Kampf um die Maske, für Kierkegaard die Entlarvung aller Unmittelbarkeit und Gesundheit als verborgenste Verzweiflung, vielleicht „Krankheit zum Tode". Für Nietzsche die Entlarvung aller moralisch-christlichen Gebrochenheit als Verzweiflung *an* unmittelbarer Gesundheit. Alles christliche Leiden, ist es „vielleicht" – Rache? Und eine feinere Kriegslist? Sagt nicht Kierkegaard von sich: „vielleicht befriedigte das meinen Stolz . . ., ich habe eine leidende Art zu kämpfen studiert wie nur je ein Feldherr die handelnde . . ."?[4] Und ist nicht „vielleicht" dieser quälende Stachel der Seele – auch Rache? „Es ist nicht, wie wohl geglaubt wird, die ‚Stimme Gottes im Menschen' – es ist der Instinkt der Grausamkeit, der sich nach rückwärts wendet, nachdem er nicht mehr nach außen hin sich entladen kann." Aber ist nicht auch solches Deuten „vielleicht" *Löken* gegen den Stachel? Ist nicht *das* gerade Ärgernis und Verzweiflung, und zeichnet nicht Kierkegaard jetzt unheimlich hellseherisch seinen Gegner, wenn er das Porträt des „Verzweifelten" entwirft: „Das Selbst, das er verzweifelt sein will, ist ein Selbst, das er nicht ist (denn das

[1] An Overbeck, 373.
[2] Tagebücher (Tg.), I, 104.
[3] Schopenhauer als Erzieher, Nr. 4, I, S. 430.
[4] Tg., II, 40.

Selbst sein zu wollen, das er in Wahrheit ist, das ist ja gerade das Gegenteil von Verzweiflung). Er will also sein Selbst von der Macht, die es setzte, losreißen und tendiert auf eins, das er selbst erfunden hat."[1] Dieses unheimliche Maskentreiben, Enthüllen und Verhüllen, das ihnen so viel Kunst, sich selber (vor sich selber) zu decken, einbringt, jagt durch alle inneren Räume der Seele. Alles wird darin vieldeutig, perspektivisch, unterwühlt. Immer wieder glaubt man, den tödlichen Stich zu führen, und trifft eine Marionette oder sich selbst. Ein „System" dieser Enthüllungen wollen wir nicht geben, es hat keins, sowenig wie ein Tanz. Man konnte wohl Nietzsche systematisieren, positiv (Klages) oder mehr negativ, gegen ihn (Scheler), man konnte sogar Kierkegaard systematisieren, positiv (Thust) oder negativ gegen ihn (Fischer). Aber letztlich ist hier nur eines wichtig: mit diesem leidenschaftlichen Treiben werden beide zu Entdeckern eines dunklen Seelenbezirks, in dem Krankheit und Schuld verhüllt umgehen: dem der Neurose. Es ist das Gebiet der Virtuosität der Maske, des Lachens, das sich in Schwermut hüllt, und der Schwermut, die in Lachen ausbricht. Was sich aber maskiert, ist eine dunkle Lüge des Lebens, Schuld, Sünde, Unfähigkeit, Schwäche, aus tausend Winkeln ausgetrieben und sich dabei immer weiter zurückziehend. Uneinnehmbar, wenn sie sich nicht ergibt, und noch in diesem Sich-Ergeben voll Zweideutigkeit. In „Entweder-Oder" hat Kierkegaard diese Unterwelt der Seele geschildert. „Was ist denn Schwermut? Nichts anderes als die Hysterie des Geistes." Es ist „Hemmung", „Verdrängung" des Dranges, sich durchsichtig zu werden. Damit ist sie Verzweiflung, nicht „über" etwas, sondern an sich selbst, „an jeder Möglichkeit des Lebens". Ihre Exaltation ist „das feinste Gift, das es gibt", „sie kleidet gut". Sie kann sich selbst in die Leidenschaft nach der großen Wahrheit maskieren, in die Hybris, „nur mit der absoluten Unzufriedenheit zufrieden zu sein". Sie scheint Unersättlichkeit, ist aber eine Trägheit des Geistes, der „nur dämmernd" sich gegenwärtig wird, verliebt in sich wie Narziß, ohne die Kraft, sich zu wählen. „Schwermut ist Sünde, ist eigentlich die Sünde instar omnium."[2] Und doch: Kierkegaard war schwermütig bis zur Neige – und hielt sich dabei gewiß für einen Glaubenden. Der Glaubende aber, sagt er anderswo, ist der einzige, von dem sicher

---

[1] Die Krankheit zum Tode, S. 17.

[2] Entweder-Oder, II, S.159, 164, 169, 171, 196, 205.

gilt, daß er *nicht* verzweifelt ist. Wie löst sich dieser Knoten? Und bei Nietzsche ist er gewiß nicht leichter geknüpft.

Ein Dämon der Zweideutigkeit scheint alle festen Wege gleitend gemacht zu haben. Sehen wir noch einen Augenblick ihrem Ringen um Sokrates zu. Sokrates ist Wahrheitssucher, er ist der mythische Enthüller von Lügen. So begleitet er Kierkegaard sein Leben lang als Schutzgeist der Dialektik, Nietzsche aber bekennt: „Sokrates steht mir so nahe, daß ich fast immer einen Kampf mit ihm kämpfe.“[1] Warum? War denn seine Methode der Zweideutigkeit nicht eindeutig? War es nicht jener große negative Abstieg zum lockenden Zentrum: „Alles Dasein, welches verneint werden kann, verdient es auch, verneint zu werden; und wahrhaftig sein heißt: an ein Dasein glauben, welches überhaupt nicht verneint werden könnte und welches selber wahr und ohne Lüge ist“[2] (Nietzsche). Glauben? Glaubte Sokrates? Oder war ihm nicht das Enthüllen selbst die Wahrheit? Die Wahrheit der Unwahrheit? Denn wenn er *glaubte* – wozu enthüllen? Wenn er enthüllte, woran glauben?

Kierkegaard beginnt also damit, die Verneinungsbewegung des Sokrates mitzumachen. („Um zu schwimmen, kleidet man sich nackt aus, um nach der Wahrheit zu trachten, muß man in einem weit innerlicheren Sinn sich ausziehen von . . . Gedanken, Vorstellungen, Selbstsucht u. ä.“)[3] Vielleicht führt diese Bewegung zu einem Letzten, das nicht mehr zu hebender Schleier ist. Doch nach zwei, drei Experimenten weiß man: am Ende dieser endlosen Bewegung steht nur das Nichtwissen. Aber eben, folgert Kierkegaard, das Wissen um dieses endlose Nichtwissen ist schon je ein Kreis, der von jenseits allem Menschlichen um dieses gezogen ist. Von dorther ist allein Wissen zu erwarten. Gerade das aber kann Nietzsche nie zugeben. Darum untersucht er die scheinbar voraussetzungslose erste Bewegung Kierkegaards. Sollte nicht in der Geradlinigkeit der Sokratischen Enthüllung schon ein Mangel an Instinkt für Wahrheit liegen? Sokrates zerstört die Unmittelbarkeit, indem er sie als „Schleier über . . .“, als „Bild von . . .“ deutet. Aber ist nicht dieses Verschleierte tiefer wahr als das Entschleierte? Ist ein nackter Kern wahrer als eine saftige Frucht? Zeigt sich die Wahrheit der Subjektivität nicht gerade in der un-

[1] X (Nachl. 1903), S. 217.
[2] Schopenhauer als Erzieher, Nr. 4, I, S. 428.
[3] Tg., II, 396.

mittelbaren Welt-Bildung um sich herum? Ist also nicht der Schein wahrer als die Desillusion? Fehlte es Sokrates also nicht gerade am einfachen Instinkt? Seltsam: wechseln hier Kierkegaard und Nietzsche in der Hitze des Nahkampfs wie Hamlet und Laërtes die Waffen? Wird nicht plötzlich Kierkegaards Grundform die Transzendenz, Nietzsches aber die Dialektik? Denn für jenen ist alles Weltliche, „Verneinbare" durch seine bloße Fragwürdigkeit schon hinüberweisend in eine Sphäre wirklicher Wahrheit. Für diesen aber scheint sich Wahrheit nur im dialektischen Gegenspiel von Zentrifugal (lebendigem, mythenbildendem Zentrum) und Zentripetal (analysierendem, desillusionierendem Denken) zu ergeben. Darum derselbe Waffentausch in der Deutung der Stellung des Sokrates. Für Kierkegaard ist er die Öffnung der Welt zur Gnade hin. Darum stellt ihn versucherisches Denken dar als volle Immanenz. Für Nietzsche ist er ein Warnungssignal am Rande der Immanenz. Darum stellt ihn versucherisches Denken dar als die schon vollzogene Transzendenz (den Zerfall ins Instinktlose).

Das paradoxe Ergebnis dieses Waffengangs heißt also: Nietzsche, von eindeutiger Transzendenz ausgehend, bekennt sich zur Instinkt-Sicherheit der schöpferischen Illusion, als Regulator des zersetzend-analytischen Verstandes. Kierkegaard aber, von der Dialektik der Spannung ausgehend, desillusioniert radikal das „Immanente" zugunsten seiner totalen Transzendenz auf Wahrheit.

Aber wo sollte nun aus diesem Labyrinth der Lüge der Weg zu jener großen, verführenden Wahrheit führen, die zu Anfang aufgeblitzt war? Geradlinig, als Technik der Enthüllung, war sie unerreichbar. Nietzsches Weg war durch seine letzte Wendung weiterhin vorbestimmt. Desillusion des „falschen" Rausches (Wagner-Satire) und Berauschung der „philiströsen" Nüchternheit (Strauß-Satire) mußten *eine* Bewegung werden, *die* Bewegung des Dionysos. Gewiß galt nun einerseits: „Die Menschen der erhabenen und verzückten Augenblicke, denen es gewöhnlich . . . elend und trostlos zumute ist, betrachten jene Augenblicke als das eigentliche Selbst . . . Diesen schwärmerischen Trunkenbolden verdankt die Menschheit viel Übles."[1] Aber es galt gleichzeitig: „die Irrtümer des Ego entdecken! Den Egoismus als Irrtum einsehen. Über mich und dich hinaus! Kosmisch empfinden!"[2] Das heißt: Wohl Desillusion schwächlichen, narkotischen Rausches, aber Des-

[1] Morgenröte, IV (1905), Nr. 50 (S. 53).
[2] XII (1901), Nachlaß 1881-1886, Nr. 248 (S. 29).

illusion gerade als neue Glut. Die Kälte verstandlicher Wahrheit von innen her durchleuchtet: Klarheit *als* Verklärung! Das erst ist Dionysos, der tanzende Gott, das erst silbernes Gelächter, und – Transparent der *letzten* Wahrheit. Es ist im Grunde dasselbe, wenn Kierkegaard das Denken eine Leidenschaft nennt, vielleicht die verführendste.[1] Dann aber gewinnt Nietzsche sich selbst wieder auf höherer Stufe: Die Dialektik der Wahrheit als Illusion–Desillusion ist selber nur Spiel der Lichter und Schatten einer tieferen Wahrheit, der einzigen, monistischen Bewegung des Lebens. Es ist *eine* Bewegung, wie früher der ausbrechende Dualismus von Macht-Liebe *eine* Bewegung war.

Aber auch Kierkegaards Weg war vorbestimmt. Wohl war ihm nun die innere Dialektik der Endlichkeit durch die geradlinige Aufhebung des Sokrates zu eindeutiger Transzendenz auf Gott hin geworden. Aber diese Transzendenz, was hieß sie anderes, als daß das Endliche eine Grenze hat, die zugleich seine und nicht seine ist? Daß es Nichtwissen war, aber Wissen dieses Nichtwissens? Am Phänomen der Grenze aber war die Dialektik des Endlichen in sich (zwischen Möglich-Wirklich, „Endlich"-„Unendlich") auf höherer Stufe wiedergewonnen. Nur hatte sich die scheinbar innerweltliche Polarität selber als eine transzendente Dialektik enthüllt, und zwar genauer eine Dialektik, die eine Dialogik war: Wissen um seine Grenze als Angesprochensein von jenseits der Grenze, An-Spannung der Leidenschaft als Gegenrede, Ant-Wort. Damit kam Kierkegaard aber zu ebender Stellung, die Nietzsche aufgegeben hatte: die Möglichkeit einer doppelten Wahrheit als Seinsgrund der Seele: Transzendenz *als* Dialog.

Aber von hier ergreift der Kampf notwendig ein tieferes Gebiet der Seele, wo sich nachhaltigere Entscheidungen vollziehen müssen. Vom sokratischen Problem der Wahrheit geht der Weg ins ethische Problem des Guten. Zunächst dasselbe Waffenaustauschen und Wiedergewinnen: Für Nietzsche die Dialektisierung der *einen* Lebenstranszendenz in Wille zur Macht und Güte des Schenkens, die sich höher zusammenfaßt als Gutheit des vornehmen Menschen, des wohlgelungenen Lebens. Für Kierkegaard die Transzendentalisierung der immanenten Dialektik ästhetischen Verführer-Egoismus und ethischen Treue-Ernstes zur *einen* „Seligkeit des Bewußtseins, allezeit vor Gott Unrecht zu haben", aber die Wieder-

[1] Brocken, 34.

gewinnung der Dialektik auf höherer Stufe als Wesensdialog der Seele-Unwahrheit mit der Gott-Wahrheit. Das heißt für Nietzsche: Das Zerbrechen des Herzens zwischen Macht und Liebe ist selber nichts als die tiefere Apokalypse der inneren Selbst-Mächtigkeit. Macht wird, in *dieser* Form des höheren Selbstbesitzes, die beides übergreifende Kategorie. Für Kierkegaard aber heißt es: Das Sich-Zusammenraffen des zwischen Treue und Untreue taumelnden Herzens zur *einen* Öffnung nach Gott hin ist ein Durchbruch der tieferen Selbst-Unmächtigkeit der Seele und ihrer Wehrlosigkeit gegenüber einem von außen ihr zukommenden Wahrheitsstrahl.

Im Bild: Nietzsche: „Es gibt einen See, der sich eines Tages versagte, abzufließen, und einen Damm dort aufwarf, wo er bisher abfloß: seitdem steigt dieser See immer höher. Vielleicht wird gerade jene Entsagung (des Umgangs mit Gott) uns auch die Kraft verleihen, mit der die Entsagung selber ertragen werden kann; vielleicht wird der Mensch von da an immer höher steigen, wo er nicht mehr in einen Gott *ausfließt*."[1]

Kierkegaard: „Wie der stille See tief unten in dem vor Menschenaugen verborgenen Springquell seinen Grund hat, so hat des Menschen Liebe ihren Grund in Gottes Liebe. Wäre kein Quell im Grund, wäre Gott nicht die Liebe, so gäbe es keinen stillen See, so wäre auch im Menschen keine Liebe."[2]

Unheimliche Nähe und Ferne dieser beiden Bilder! Blitzhaft werden die beiden Stellungen klar. Die Unwahrheit der Dialektik von „Macht"-„Hingabe" klärt sich für Nietzsche in einer Idee höherer Macht auf. Darum kann er von ihr aus die Unwahrheit der „Hingabe" entschleiern. Für Kierkegaard aber klärt sie sich in höherer „Hingabe" auf, darum kann er von ihr aus die Unwahrheit der „Macht" entschleiern. Nietzsche weiß, daß „Hingabe" voll Unwahrheit ist. Sie ist die Schwäche der Selbstsucht, die nicht an sich halten kann, sie ist Geschwätzigkeit, Unreinheit, Unzucht der Seele, die allein in der siebenten Einsamkeit sich selber begegnet. Das „Du" wird aber zur billigen Erleichterung, nicht nur als „crachoir des sentiments", sondern sogar in höherer Liebe zum Mittel der Selbstentbindung, was weder des Ich noch des Du würdig ist. Das „Ausfließen" kann keine *letzte* Bestimmung sein. Kierkegaard aber weiß, daß „Macht" voll Unwahrheit ist. Auch sie ist die Schwäche der Selbstsucht, die aber den Mut zur entschei-

[1] Fröhl. Wiss., V, Nr. 285.
[2] Leben und Walten der Liebe, S. 10-11.

denden Transzendenz nicht finden kann, eine Selbstbewahrung, die sich die Augen vor der eindringenden Wahrheit verschließt, ein törichtes Schweigen auf die alles lösende Anfrage der Liebe, die längst, bevor wir daran denken auszufließen, in uns von innen einfloß und alles mögliche Ausfließen oder Aufstauen so allererst ermöglichte. Unser Verhältnis zu Gott ist nur Unwahrheit, ruft Nietzsche. Ja, antwortet Kierkegaard, und wird es sogar immer mehr, je mehr wir mit ihm umgehen. Aber Gottes Verhältnis zu uns ist Wahrheit – *unsere* Wahrheit! – Wahrheit ist *in* uns, kommt nicht von außen heran, entgegnet Nietzsche. Gott ist *in* uns, kommt von innen her in uns hinein, pariert Kierkegaard. Dann ist Gott *mein* Seelengrund, meint Nietzsche. Dann ist der Grund meiner Seele – die Quell-Offenheit zu Gott, antwortet Kierkegaard. Welche Zweideutigkeit! ruft Nietzsche aus: „Ein Gott, der allwissend und allmächtig ist, und der nicht einmal dafür sorgt, daß seine Absicht von seinen Geschöpfen verstanden wird, – sollte das ein Gott der Güte sein? . . . Aber vielleicht . . . konnte [er] sich nur nicht deutlicher ausdrücken? Mußte er dann nicht beinahe Höllenqualen ausstehen, seine Geschöpfe um seiner Erkenntnis willen so . . . leiden zu sehen und nicht raten und helfen zu können, außer wie ein Taubstummer, der allerhand vieldeutige Zeichen macht?“[1] Darauf Kierkegaard, leiser: Die Menschen „ahnen nicht, daß es im Himmel nicht nur Freude gibt, sondern auch Kummer: wie schwer ist es, dem Lernenden das versagen zu müssen, wonach seine ganze Seele sich sehnt, und es ihm deshalb versagen zu müssen, weil er gerade der Geliebte ist“.[2] – Aber all diese Abgrund-Schwere, sagt Nietzsche, kann nicht letzte Wahrheit des Geistes sein!

> Drei Verwandlungen nenne ich euch des Geistes: wie der Geist zum Kamele wird, und zum Löwen das Kamel und zum Kinde zuletzt der Löwe.
>
> Vieles Schwere gibt es dem Geiste, dem starken tragsamen Geiste, dem Ehrfurcht innewohnt . . ., so kniet er nieder, dem Kamele gleich und will gut beladen sein . . .
>
> Aber in der einsamsten Wüste geschieht die zweite Verwandlung: zum Löwen wird hier der Geist, Freiheit will er sich erbeuten und Herr sein in seiner eigenen Wüste . . .

---

[1] Morgenröte (V, S. 86), Nr. 91.
[2] VI (Brocken), 1, 27.

> Aber sagt, meine Brüder, was vermag noch das Kind, das auch der Löwe nicht vermochte?
> Unschuld ist das Kind und Vergessen, ein Neubeginnen, ein Spiel, ein aus sich rollendes Rad, eine erste Bewegung, ein heiliges Ja-sagen[1]

Gewiß, erwidert Kierkegaard,

> Es ist ganz buchstäblich so, das Gesetz ist steigender Tiefsinn im Mehr-und-mehr-Begreifen, daß man nicht begreifen kann. Hier kommt so all das Kindliche wieder, aber in zweiter Potenz. Der so Gereifte hat Naivität, Einfalt, Staunen . . .
> [Für Christen] ist es doch ein Mißverständnis, so ideal sein zu wollen, daß man nicht lachen kann . . .[2]

Fast scheint solches Gespräch ein anmutiges Fechtspiel und doch ist jedes Wort höchster Ernst, höchste Entscheidung. Aber Nietzsche ist darin wie der Jüngere, immer um einen Schritt voraus, mit trotzendem Übermut und seines spielenden Handgelenks sicher: Kierkegaard pariert gelassener, aber reifer, geistiger. Es klingt fast wie Schüler und Meister, und *in* der blitzenden Kunst erscheint etwas Tieferes, eine Wahrheit des Lebens, „Logik" der Existenz.

Und gerade hier, wo Kierkegaards und Nietzsches Synthesis als höhere „Hingabe" und höhere „Macht" sich nun selber nochmals wie These–Antithese einer übergreifenden Kategorie unterordnen, neigt sich diese, die „Logik" der Existenz, doch dem Pole Kierkegaards zu. Denn was sich hier zuletzt vollzog, war *Dialogik*, in einem entscheidenden Sinn und in einer entscheidenden Tiefe. Dann aber muß sich an Nietzsche der genaue Ort aufweisen lassen, wo er dieser Kategorie nicht mehr gewachsen ist. Dann muß ein Primat von Dialogik hinabreichen durch die Antithetik von Gut–Böse bis zu der von Wahrheit–Unwahrheit.

Die Dialektik von Illusion–Desillusion, also die Zweideutigkeit des „Bildes", löste sich für Nietzsche in den Monismus der einen Klarheit des Geistes. Aber war nicht hier schon ein dialogisches Moment unterschlagen? „Was ist Erziehung?", fragt Nietzsche. „Daß man sofort alles Erlebte unter bestimmten Wahnvorstellungen begreift . . . Diese Wahnvorstellungen werden nur durch die *Wucht der Persönlichkeiten* mitgeteilt . . . Zauberische

[1] VI, Zarathustra, S. 35.
[2] Tg., II, 88, 87.

Einwirkung von *Person* auf *Person*."[1] Sollte *das* die Unwahrheit der Objektivität legitimieren, daß sie – Zaubermittel ist? Dann aber wesentlich Medium *zwischen* . . .? Zeugt *davon* das Fragment „Ödipus", das Zeugnis eines bis zum Wahnsinn vereinsamten Geistes?

> „Den letzten Philosophen nenne ich mich, denn ich bin der letzte Mensch. Niemand redet mit mir als ich selbst, und meine Stimme kommt wie die eines Sterbenden zu mir! . . . Geliebte Stimme . . . durch dich täusche ich mir die Einsamkeit hinweg und lüge mich in die Vielheit und die Liebe hinein, denn mein Herz sträubt sich, zu glauben, daß die Liebe tot sei, es erträgt den Schauder der einsamsten Einsamkeit nicht und zwingt mich zu reden, *als ob ich Zwei wäre*."[2]

Gibt es aber einen solchen Primat des Dialogischen in der „Wahrheit", dann gibt es ihn wohl auch in der „Gutheit". Dann kann das „Es-sich-Ver-sagen" der Liebe, so wahr es als Antithesis sein mag, doch unter der Synthesis nur zu einem dialogischen „Sich-Ver-sprechen" werden, wenn es nicht zu einem einfachen „Sich-Ver-sagen" und darin noch einfacheren „Versagen" werden soll. Dann beginnen die Reflexionen des „Bergsees" gewiß richtig so: „Du wirst niemals mehr beten . . . niemals mehr anbeten, niemals mehr im endlosen Vertrauen ausruhen – du *versagst* es dir, . . .", um dann ebenso richtig zu enden: „deinem Herzen steht keine Ruhestatt mehr offen . . . du *wehrst dich* gegen irgendeinen letzten Frieden."[3] Entsagen und Sichwehren ist doch nicht genau dasselbe.

* * *

Und doch ist damit wiederum nicht alles entschieden. Wich in einem ersten Waffengang die tötende Machtliebe der sich frei darbietenden Liebesmacht Gottes, so standen doch objektive Gestalt gegen objektive Gestalt: Dionysos gegen den Gekreuzigten. Versagte sich im zweiten Waffengang die sich bewahrende Machtliebe der zu höheren Abenteuern lockenden Liebesmacht Gottes, so stand auch hier noch objektiver Sinn eines subjektiven Verhaltens gegen einen anderen objektiven Sinn. Aber letztes Kriterium der Existenz ist das

---

[1] IX, Nachlaß I [1903] (1869-1872), S. 125 (Nr. 116).
[2] X, Nachlaß II [1903] (1872-1876), S. 147 (Nr. 87).
[3] Fröhl. Wiss., V, 216 (Nr. 285).

Existieren, nicht der objektive Sinn. Der kann Deutung sein, wenn auch bedeutsame. Und doch bleibt auch die Selbstauslegung des Daseins (etwa als Sich-Versagendes) *eine* seiner Daseinsweisen, während doch nur seine *ganze* Existenz auch seine ganze Wahrheit ist. Diese *ganze* Existenz sollte für Nietzsche im Dialektischen der „Wahrheit" zwischen Illusion–Desillusion faßlich werden. Aber sie konnte es nicht, ohne selber dialogisch zu werden. So behielt Kierkegaard recht: Diese *ganze* Wahrheit war nur vom *ganz* andern Partner des existentiellen Gesprächs aus erblickbar, war selber nur Antithese, die ihren Sinn aus der gegenüberliegenden These erhielt.

Damit aber erhält die Existenz als Ganzes einen neuen Sinn. Sie wird, mitsamt ihrer Selbstauslegung, zum *Zeichen* der ganzen, inter-dialogischen Wahrheit. Die Selbstauslegung ist darin ein Moment, zusammen mit dem, was die Existenz wirklich dar-lebt. Aber da das Ganze nur von „drüben" sichtbar ist (weil Antwort nur aus Wort verstanden wird), so kann auch sein Sinn nur gebrochen sichtbar sein – ähnlich wie das stückweise Verstehen, wenn wir jemand fernsprechen hören. Ein vereinzeltes „Nein" bezieht sich da vielleicht schon auf ein ganz anderes Thema als das eben noch erörterte.

Und so verstanden sich auch Kierkegaard und Nietzsche. Was jener einst über Chrysostomus sagte: „Er gestikuliert mit seiner ganzen Existenz", gilt ebensosehr von ihnen. Sie sind Zeichen und wollen es sein. Ein höchster Sinn von „Mythus" ist hier erreicht und ein höchster Sinn auch von „Apokalypse der Seele". So beschrieb sich Nietzsche als das große „Feuerzeichen" auf dem Berge. So verstand sich Kierkegaard: „Ein einzelner Mensch kann einer Zeit nicht helfen oder sie retten, er kann nur *ausdrücken*, daß sie untergeht."[1] Was er an Luther schätzt, ist das *Beispiel* der Anfechtung, nicht dessen Selbstdeutung. Und Nietzsche respondiert: „Ich mache mir aus einem Philosophen gerade so viel, als er imstande ist, ein Beispiel zu geben."[2] Hier aber setzt die abgrundtiefe Tragik des Menschen ein, dessen Existieren ein Zeichen sein soll. Sie ist eine dreifache.

Die Existenz als Zeichen muß existierend den Weg zur Wahrheit zeigen. Das ist gerade der Weg der Innerlichkeit zur Begegnung der „großen Wahrheit" hin, der Weg der Höllenkreise der Selbst-

[1] Tg., II, 33.
[2] Schopenhauer als Erzieher, I, S. 403.

einkehr. Wenn aber dieser Weg unrettbar in das Gestrüpp der Zweideutigkeiten, der Masken und Verstellungen führt, in schillernde Sümpfe des Neurotischen und dunkle, unklärbare Abenteuer der Selbstdurchbohrung –, wenn sogar, wie es bei Kierkegaard und Nietzsche der Fall ist, mit der zunehmenden Tiefe die Unklarheit darüber wächst, *wo* der Feind steht, wo Christ und Antichrist, – dann ist es nicht nur paradox, sondern unmöglich, ein Zeichen als Existenz zu sein. Zeichen müssen klar weisen können, leichtleserlich. Aber die Innerlichkeit der Existenz trübt alle plakathafte Übersichtlichkeit. Der Heroldsruf tönt unverstehbarer als die faßlichen objektiven Argumente des Alltags.

Aber die Existenz könnte vielleicht diese Schwierigkeit überwinden, indem sie in aller Dunkelheit und Zweideutigkeit die Wahl ihres Glaubens, als siegreiches Banner in der Schlacht, hochhält und *so* zum Zeichen wird. Doch da lauert ein tieferes Paradox: die Anfechtung über die Möglichkeit dieses Hochhaltens. Denn hochhalten kann man nur *„etwas"*, nicht sich selber. Das wäre sonst der Zopf des Münchhausen. Und so zerspaltet sich unaufhaltsam Zeichen und Zeigender, das Leben und sein Dichter. Die Existenzbewegung geht immer weiter in sich zurück, um immer mehreres als Schale, als zeigbare, hochzuhaltende Selbstobjektivierung aus sich zu erlösen. Und doch ist diese Bewegung auf den konkretesten Kern zu, der auch das Zeichen immer konkreter werden lassen soll, zugleich eine Bewegung ins Abstrakteste. Der nackte Kern des Daseins, durch die Leidenschaft des Existierens bloßgelegt, ist plötzlich wie ausgezogen, abgezogen, ab-strakt. Wer kennt nicht diese „Abstraktheit" aller Existentialphilosophie, -Theologie und -Kunst, gegen die eine „dürre Idealität" wie Hegels Geschichtsphilosophie wie ein blühendes Feld erscheint. Hier gilt Nietzsches „Tot vor Unsterblichkeit", hier weiß man, warum er sich zum „aktiven Nihilisten" ausdeutet. Hier versteht man Kierkegaards Schwermut hinter den hundert Türen seiner Pseudonyme und Marionetten, hier die Blässe seiner Geistigkeit hinter so viel Leibern. Hier endlich seine entscheidende Definition: „Geist ist: zu leben wie gestorben (abzusterben)."[1]

Diese Spaltung der Existenz in die Unwahrheit eines Dichters, der sich dichtet, ist *das* große Leiden. Die ganze Bewegung des Herzens gewinnt nirgends ewigen Boden, endgültigen Ausdruck.

---

[1] Tg., II, 405.

Die Selbsterkenntnis als ewige Anamnesis wird zur tötenden Vivisektion: „Nur Narr, nur Dichter" (Nietzsche). „Dichten, statt zu sein" (Kierkegaard). Selbstdichter, haben beide ihre Existenz „erschaffen", wohl wissend, daß ihnen dabei das Schöpferische entrann. Kierkegaards „Stadien", „Über meine schriftstellerische Wirksamkeit", Nietzsches „Ecce Homo" sind *gedichtete* Existenz, wiewohl auch dichtende. Die Verzweiflung Nietzsches, seinen Zarathustra unter die – „Dichtungen" gerechnet zu finden („sie werden dich schon ‚lösen', sie hungern schon nach deiner ‚Lösung'"),[1] hat ihr Gegenspiel in Kierkegaards „entsetzlichster Kollision", „in zweideutigen Ausdrücken, im Tone leichter Konversation von der Wahrheit des Christentums . . . reden"[2] zu müssen.

Und doch enthüllt sich erst durch das hindurch die letzte Anfechtung: In der Abstraktheit das Zeichen des Konkreten sein zu müssen, – hieße das nicht, im Tode das Leben bezeugen? Wenn Nietzsche schreit: „Ich bin kein Mensch. Ich bin Dynamit",[3] ist dieses „kein Mensch" (das doch im „Ecce *Homo*" steht) nicht abgründige Klage? Und klingt nicht das „vermis sum et non homo" aus der Welt Kierkegaards herüber, wo das letzte Geheimnis „Pfahl im Fleisch" heißt? „Nein! *Dieses* Leben! Und ich bin der Fürsprecher des Lebens!!"[4] (Nietzsche). Gerade das, was ihre Existenz verkündigen soll, das sind und können sie nicht. „Und so bin ich nun von der liebenden Vorsehung mit einem so eminenten Verstehen der Wahrheit bereichert, wie selten einem Menschen gegönnt wurde, dazu noch von derselben Liebe mit eminenten Gaben ausgerüstet, sie darzustellen. In dieser Hinsicht muß ich mich nur unter eines demütigen: daß ich doch nicht die Kräfte habe, selber das *Verstandene* zu sein."[5] Hier gibt es nur noch *einen* Trost: daß dieses *Ganze*, Dichter und Dichtung, im entscheidenden Dialog die *eine* Wahrheit sind, oder besser, als solche befunden, berechnet werden, daß diese Qual durch eine *Berufung* zur sinnvollen gemacht werde, daß das Feuerzeichen wirklich *zeige*.

Denn nun deckt sich in dieser Zeichen-Situation etwas wie ein furchtbares, unentrinnbares „Schuldig-Unschuldig" auf: „Die Anfechtung kann sich auch so äußern, daß es ist, als müßte man es

---

[1] VIII, Dionysos-Dithyr., S. 424.
[2] IV, 246.
[3] Ecce Homo, XV [1912], S. 116.
[4] An Overbeck, S. 202.
[5] Tg., II, 42.

wie eine Sünde bereuen, daß man überhaupt so weit sich hinausgewagt hat . . ."[1] (Kierkegaard). „Alles Große, ein Werk, eine Tat, wendet sich, einmal vollbracht, unverzüglich gegen den, der sie tat"[2] (Nietzsche). Darum wird hier das Ringen mit dem Engel einsetzen um die Berufung, welche das Nichtkönnen, den Pfahl im Fleisch, als Zeichen gelten läßt, und die Schuld des Soseins mit dem Schilde der Erwählung bedeckt.

So also, in solchem „Gestikulieren mit der ganzen Existenz" treten Kierkegaard und Nietzsche für ihre Wahrheit ein. Nun wird auch klar, was hier Apokalypse der Seele wirklich besagt: Vorstoß bis in eine Mitte, wo Eis und Feuer zugleich herrschen, und aus dieser Mitte – Hölle – Bezeugung des Himmels. Denn die Existenzbewegung ist bis zum tiefsten Bodensatz des Seins vorgedrungen, der nun aufgehüllt und nackt heraufbrennt. Der von den Göttern gnädig bedeckte Abgrund des „Tauchers" ist wieder entdeckt („torturiert von meinen Problemen bei Tag und Nacht, eigentlich noch mehr höllenmäßig als höhlenmäßig . . .",[3] Nietzsche). Eine deutlich luziferische Qual wird bloßgelegt, eine wie naturhafte, unwillkürliche Haltung von Trotz („Hybris unsere ganze Stellung zur Natur . . . Hybris unsere Stellung zu Gott . . . Hybris unsere Stellung zu uns, denn wir experimentieren mit uns . . .",[4] Nietzsche), eine unwillkürliche „Hysterie des Geistes" als unlösbare „Verzweiflung" (Kierkegaard). Von dem überstandenen Kampfe mit der Lüge her kennzeichnet es sich als ein Durch-und-durch-Verwundet-sein der Seele. Kierkegaard schildert so die Leiden des „Religiösen" als die des Kranken, dem jede Stellung im Bette weh tut.[5] Nietzsche im selben Bild: „Zuletzt fühlt man sich fortwährend, als ob man hundert Narben hätte und jede Bewegung weh täte."[6] Denn der Tanz des Dionysos, der Tanz der Existenz war wirklich „ein Tanz zwischen Schwertern",[7] die den Geschicktesten verwunden bis zum Gleichnis mit dem „in Stücke geschnittenen Dionysos".[8]

Der aufgehüllte Geist windet sich wie ein Fisch auf dem Sande

---

1 Tg., II, 111.
2 Ecce Homo.
3 An Overb., 327.
4 VII, Genealogie d. Moral, Nr. 9.
5 Nachschrift, II. Teil.
6 An Rohde, 7, 10, 74.
7 Jenseits (VII, S. 181), Nr. 226.
8 Wille zur Macht, XVI, 392.

„in förmlichen Krämpfen des Hochmuts . . . Mit Verachtung gedenkt er der . . . gemütlichen warmen Nebelwelt, in der der Gesunde ohne Bedenken wandelt; mit Verachtung gedenkt er der . . . geliebtesten Illusionen, in denen er früher mit sich selber spielte; er hat einen Genuß daran, diese Verachtung wie aus der tiefsten Hölle heraufzubeschwören und der Seele so das bitterste Leid zu machen“[1] (Nietzsche) –: Abgründiger, selbstquälerischer Hochmut, ein brennender, sich genießender Haß enthüllt sich unter allen „Illusionen“, an den das fast unverständliche Gebot ergeht sich zu lieben („so wird vielleicht just von mir verlangt, daß ich mich selber lieben solle und dem schwermütigen Haß gegen mich selber, was ja schwermütig doch nächstens eine Lust sein kann, zu entsagen“, Kierkegaard).[2] Es ist das Gewürm und Geziefer seiner Kleinheit, die den hochmütigen Geist zernagen („Große Leiden können auch . . . Lebenslust geben . . . Nein, das Tödlichste sind eben die Miseren der Endlichkeit, Geringfügigkeiten u. a.“, Kierkegaard;[3] „Die großartigen Naturen leiden anders, als ihre Verehrer sich einbilden: sie leiden am härtesten durch die unedlen kleinlichen Wallungen mancher böser Augenblicke . . .,[4] Nietzsche). Diese Tiefe enthüllt einen unheilbar kranken Geist, eine über sich hellsichtige „Geisteskrankheit“, die nicht der „Wahnsinn“ ist, sondern dessen Urbild: der *geistige* Tod, Tod mitten im Leben. Anti-Climacus führt die Diagnose der Geisteskrankheit erbarmungslos zu Ende, Nietzsche ruft den erleichternden Wahnsinn an („Ach, so gebt doch Wahnsinn, ihr Himmlischen! Wahnsinn, daß ich endlich an mich selber glaube! . . . Der Zweifel frißt mich auf, ich habe das Gesetz getötet . . . wenn ich nicht *mehr* bin als das Gesetz, so bin ich der Verworfenste von allen“). Wahnsinn kann schon Heilungssymptom sein (Iwan Karamasoff), gegenüber der eigentlichen Krankheit des Geistes, die keine schützende Ohnmacht kennt.

Und doch geschieht, gemäß Kierkegaards Dialektik der Grenze, hier die Bezeugung des Menschen, des Heils, des Himmels. Ist die „Wahrheit“ des Menschen diese verzweifelte Ohnmacht, dieser sich verzehrende Stolz, so ist das doch nur immer schon Antistrophe der existentiellen Dialogik. „Meine Aufgabe ist es . . . leidend Platz zu schaffen“[5] (Kierkegaard). Das Platzschaffen hat alles aufge-

---

[1] Morgenröte (IV, Nr. 114), S. 112.
[2] Tg., II, 72.
[3] Tg., II, 317.
[4] Fröhl. Wiss., V, 201, Nr. 251.
[5] Tg., II, 399.

räumt, bis der Grund sichtbar wurde. Die Wahrheit des Menschen ist entdeckt. Das Zusichkommen hat sich geründet. Nun kann das Ganze *Zeichen* sein. Denn diese Selbstbegegnung *ist* kein Kreis. „Einsamer, du gehst den Weg zu dir selber! Verbrennen mußt du dich wollen in deiner eigenen Flamme: Wie wolltest du neu werden, wenn du nicht erst Asche geworden bist?“ (Nietzsche). „Gott schafft alles aus Nichts – und alles, was Gott gebrauchen will, macht er zuerst zu nichts“[1] (Kierkegaard). Tod und Hölle sind Umgeburt, Wiedergeburt. Und das Feuer der Verdammnis steigt auf als Feuer des Lobes: „Brand und Verbrennung ist mein Leben, und länger als das Opfer lebt der Weihrauch seiner Opferung. Weit über das Meer fliegt sein Duft; er erschüttert den einsam Schiffenden“[2] (Nietzsche). Denn wenn, wie Kierkegaard sagt, die Angst „alles Endliche aus dem Menschen herausgeängstet“[3] hat, kann die Flamme aufsteigen „gerad aufgerichtet vor Ungeduld“[4] (Nietzsche).

„Steht nicht alle Erhebung im geraden Verhältnis zum Druck der Demütigung?“[5] „Das ist ein ewiges Bild: Nacht muß es sein – und Tag wird es mitten in der Nacht“[6] (Kierkegaard). Ins Feuer der Hölle dringt die Kühlung: „Nicht lange durstest du noch, verbranntes Herz . . .“[7] (Nietzsche).

* * *

Das sind die beiden großen Flammenzeichen, aufgerichtet im Dunkel der Jahrhundertmitte: Brennender Mensch als Ineinsschlagen von Höllenflamme und Himmelsflamme. Existenz, deren entzündete Schwären ausbrechen, und zugleich Existenz, in die das Feuer vom Himmel fiel. Als das sind sie *Zeichen*, d. h. das Ineins von schneidendstem Kampf und leidendstem Verzehrtwerden. Fechter des Worts in schärfsten Formeln, daß die Idee auch in allen Kleidern des Objektiven durchscheine, dann aber weit darüber hinaus Dulder im Schweigen, wo die ganze Existenz *ein* Zeigefinger wird. Kierkegaards Feuer geradliniger aus Höllenbrand in Himmelsglut übergehend. Nietzsches wilderer Brand im

[1] Tg., II, 366.
[2] XII, Nachlaß [1901], S. 352, Nr. 653.
[3] Begriff der Angst, V, 155-160.
[4] VIII, Dion.-Dithyr. („Feuerzeichen“), S. 425.
[5] Kierkegaards Angriff auf die Christenheit (Stuttg. 1896), S. 534.
[6] Tg., II, 122.
[7] VIII, Dionysos-Dithyr. („Die Sonne sinkt“), S. 426.

Hin-und-her zwischen beiden, wie auch seine objektive Idee in diesem Hin-und-her verblieb. Verglich er sich doch mit der einsam hohen Pinie, die auf den Blitz wartet. Aber das kann das herausfordernde Warten des Prometheus sein (wie jener „Unbekannte“ in Strindbergs „Nach Damaskus“ den Blitzableiter ins Zimmer leitet, damit Gott ihn erschlage), oder es kann jene Sehnsucht sein, die Nietzsche einmal bekannte: „Ich bin auf *Licht* eingerichtet: – es ist beinahe das einzige, was ich *absolut* nicht zu entbehren und zu ersetzen weiß.“[1] Ist Kierkegaards Flamme eine singende und klar einstimmende („. . . daß es Menschen gibt, deren Bestimmung ist, geopfert zu werden, – und daß ich mit einem besondern Kreuz ein solcher bin . . .“[2]), so windet sich die Nietzsches („dieser geistige, schweigende Hochmut des Leidenden, dieser Stolz des Auserwählten . . . des *beinahe* Geopferten . . .“[3]).

So bringen diese Scheiterhaufen das fertig, was sie wollten, als sie sich selbst in Brand setzten. Nicht nur zu erhellen, mit einem klaren, neuen Nein und Ja – sondern zugleich zu entflammen für neue, heißere Weisen der Existenz. Denn so, als flammendes Dasein wurden sie zu Führern und Verführern der Zeit, sie verlockend in die inneren Abenteuer und Höllenkreise, neue Reisen der Seele bereitend. Und doch immer, über Leuchten und Flammen hinaus, die Zeichen eines größern, ungeheurern Geschehns am Rande und im Kerne der Seele. So sind sie „Apokalypse der Seele“: ein „Selbstbildnis mit Tod“, das doch als solches ein „Selbstbildnis mit Gott“ ist.

So ist es dann aber auch Mythus und Apokalypse der Zeit. Die Entzündung an dieser neuen Flamme „*Existentialität*“ wird darum im folgenden zu schildern sein. Es wird zunächst Aneignung und Wiederholung des Nietzsche-Rhythmus sein, ein Vorgang, der die deutsche Welt bis zum Kriege hin durchformt. Dann Aneignung und Wiederholung des Rhythmus Kierkegaards. In diese – weniger ideelle und kosmische, wie bisher, sondern – existentielle Seelenwanderung treten wir nun ein. Es wird wiederum keine Lebenslehre sein, sondern Mitvollzug einer Lebensbewegung, deren erster formaler Schwung sich an den Zeichen dieses Zweikampfes entzündet.

---

[1] An Overbeck, S. 237.
[2] Tg., II, 326.
[3] Jenseits, VII, Nr. 270, S. 258.

Vorbemerkung zur zweiten Auflage
(„Prometheus. Studien zur Geschichte des deutschen Idealismus“)

Daß es meinem umfangreichen Erstling vergönnt ist, heute in Deutschland neu aufgelegt zu werden, erscheint mir als eine besondere Aufmerksamkeit des Schicksals, dem ich, sofern es sich in menschlichen Helfern und Förderern verkörpert, hier an sichtbar erster Stelle tiefen Dank ausspreche. Wenn die Zeitlage eine Veränderung des Titels nahelegte und dadurch bei unveränderter Wiedergabe des ersten Bandes eine gewisse Unstimmigkeit zwischen dem Leitmotiv der Apokalyptik und dem nunmehr führend gewordenen des Prometheusmythos entstanden ist, so bitte ich hiefür um Nachsicht. Beides zur Deckung zu bringen hätte eine solche Wandlung des Gesamten gefordert, daß sie mir weder möglich war noch auch wünschbar schien. Hätte ich am ersten Bande bessern können, so hätte ich, außer Geringfügigem, vor allem zwei Studien über Stifter und über Marx hinzugefügt.

Der zweite Band, der den Titel „Dionysos“ führt, wird die Hauptteile des früheren zweiten und dritten Bandes vereinen, unter Ausscheidung dessen, was inzwischen unwichtig geworden ist.

Der Untertitel des Gesamtwerks lautete: Studien zu einer Lehre von letzten Haltungen. Er bleibt auch unausgesprochen in Geltung und läßt durchblicken, daß die Absicht dieser Studien, auch wenn sie die Bedingtheit sachlicher, fast unbeteiligter Darstellung nicht verlassen, dennoch geradenweges hinzielt auf Forderung und Ermöglichung unbedingter Entscheidung.

Basel, 1947

Hans Urs von Balthasar

Die kirchliche Druckerlaubnis erteilte das fürsterzbischöfliche Ordinariat Salzburg im April 1937, Ordensimprimatur 14. Juni 1936, P. Augustinus Rösch S.J.